mi lecteur

D0308804

Ce Guide Camping Caravaning France 2000, réalisé en toute indépendance, propose une sélection volontairement limitée de terrains choisis après visites et enquêtes effectuées sur place par nos inspecteurs.

Vos précieux courriers et commentaires seront toujours les bienvenus et nous aiderons à améliorer cet ouvrage.

Merci de votre collaboration.

Bonnes vacances avec Michelin

Sommaire

Page 3   **Comment utiliser ce guide**

Page 4   **Signes conventionnels**

Page 33   **Tableau des localités
            classées par départements**

Page 58   **Atlas des localités
            possédant au moins un terrain sélectionné**

Page 75   **Renseignements
            sur les terrains sélectionnés**

Page 602   **L'Euro**

Page 604   **Calendrier des vacances scolaires**

Page 606   **Lexique**

Comment utiliser ce guide

3 choix possibles

Page 33 ***Par départements***

Le tableau des localités classées par départements vous permettra de choisir dans une région donnée, parmi tous les terrains que nous recommandons, ceux qui disposent d'aménagements particuliers, les campings ouverts en permanence, ceux qui proposent des locations ou une possibilité de restauration, ou bien encore ceux bénéficiant d'un environnement particulièrement calme.

Page 58 ***Par l'atlas***

L'atlas, en repèrant les localités possédant au moins un terrain sélectionné, vous permettra d'établir rapidement un itinéraire. Il signale aussi les villes possédant un camping ouvert à l'année ou les terrains que nous trouvons particulièrement agréables dans leurs catégories.

Page 75 ***Par localités***

La nomenclature alphabétique permet de se reporter à la localité de son choix, de découvrir les terrains que nous avons sélectionnés et au détail de leurs installations.

Signes conventionnels

Terrains

Catégories

⚠⚠⚠⚠	Terrain très confortable, parfaitement aménagé
⚠⚠⚠	Terrain confortable, très bien aménagé
⚠⚠⚠	Terrain bien aménagé, de bon confort
⚠⚠	Terrain assez bien aménagé
⚠	Terrain simple mais convenable

Les terrains sont cités par ordre de préférence dans chaque catégorie.
Notre classification indiquée par un nombre de tentes (⚠⚠⚠⚠ ... ⚠) est indépendante du classement officiel établi en étoiles par les préfectures.

Ouvertures

juin-septembre	Terrain ouvert du début juin à fin septembre
saison	Ouverture probable en saison
permanent	Terrain ouvert toute l'année

Les dates de fonctionnement des locations sont précisées lorsqu'elles diffèrent de celles du camping.
Exemple : **Location** (*avril-sept.*) : 🏠

Sélections particulières

Ⓜ	Terrain d'équipement sanitaire moderne
❄	Caravaneige sélectionné — Ces campings sont équipés spécialement pour les séjours d'hiver en montagne (chauffage, branchements électriques de forte puissance, salle de séchage etc.).

Les Aires Naturelles sont des terrains aménagés avec simplicité dans un cadre naturel et offrent des emplacements de grande surface.

Agrément et tranquillité

⚠⚠⚠⚠ ... ⚠	Terrains particulièrement agréables de par leur situation, leur cadre, leur tranquillité ou le style de leurs aménagements.
🐾 🐾	Terrain très tranquille, isolé — Tranquille surtout la nuit
≼ ≼	Vue exceptionnelle — Vue intéressante ou étendue
« »	Élément particulièrement agréable

Situation et fonctionnement

ℰ ✉	Téléphone — Adresse postale du terrain de camping (si différente de la localité)
N – S – E – O	Direction : Nord – Sud – Est – Ouest (indiquée par rapport au centre de la localité)
Places limitées pour le passage	Terrain à vocation résidentielle réservant cependant des emplacements pour la clientèle de passage.
⊶	Présence d'un gardien ou d'un responsable pouvant être contacté 24 h sur 24 mais ceci ne signifie pas nécessairement une surveillance effective.
⊶	Présence d'un responsable au moins 8 h par jour
🐕	Accès interdit aux chiens — En l'absence de ce signe, ils peuvent être admis et soumis à une redevance particulière. La présentation d'un carnet de vaccination à jour est souvent demandée.
Ⓟ	Parking obligatoire pour les voitures en dehors des emplacements
R	Réservations acceptées — Une somme forfaitaire non remboursable est parfois perçue à titre de frais de réservation
℞	Pas de réservation
GB	Cartes Bancaires acceptées (Eurocard, MasterCard, Visa)
c̆v	Chèques-vacances acceptés

Caractéristiques générales

3 ha	Superficie (en hectares) du camping
60 ha/ 3 campables	Superficie totale (d'un domaine) et superficie du camping proprement dit
(90 empl.)	Capacité d'accueil : en nombre d'emplacements
▭	Emplacements nettement délimités
♀ ♀♀ ♀♀♀	Ombrage léger — Ombrage moyen — Ombrage fort (sous-bois)

Confort

▥	Installations chauffées
♿	Installations sanitaires spéciales pour handicapés physiques
⚲ ♨	Installations avec eau chaude : Douches – Lavabos
⊡	Lavabos en cabines individuelles (avec ou sans eau chaude)
⌂	Salle de bains pour bébés
⊡ ⚲	Éviers ou lavoirs avec eau chaude — Postes distributeurs d'eau chaude
☺ ⚲ ⚲	Branchements individuels pour caravanes : Électricité – Eau – Évacuation

Services

⛟	Aire de services pour camping-cars
⚃	Lave-linge, laverie
🛒 ⚖	Supermarché, centre commercial — Magasin d'alimentation
♟ ✕	Bar (licence III ou IV) — Restauration
⚱	Plats cuisinés à emporter

Loisirs

🏠	Salle de réunion, de séjour, de jeux
🏃	Club pour enfants
🚴 ♨s	Salle de remise en forme — Sauna
🎠	Jeux pour enfants
🚲 ⊙	Location de vélos — Tir à l'arc
🎾 🎾	Tennis : de plein air - couvert
↑m	Golf miniature
🏊 🏊	Piscine : couverte - de plein air
≈	Bains autorisés ou baignade surveillée
⛵	Voile (école ou centre nautique)
🐎	Promenade à cheval ou équitation

La plupart des services et certains loisirs de plein air ne sont généralement accessibles qu'en saison, en fonction de la fréquentation du terrain et indépendamment de ses dates d'ouverture.

A proximité | Nous n'indiquons que les aménagements ou installations qui se trouvent dans les environs immédiats du camping (généralement moins de 500 m) et accessibles pour un campeur se déplaçant à pied.

Tarifs

Redevances journalières :

🚶 8	par personne
🚗 5	pour le véhicule
🗉 10/12	pour l'emplacement (tente/caravane)
[⚡] 7 (4A)	pour l'électricité (nombre d'ampères)

Les prix ont été établis en automne 1999 et s'appliquent à la haute saison (à défaut, nous mentionnons les tarifs pratiqués l'année précédente). Dans tous les cas, ils sont donnés à titre indicatif et susceptibles d'être modifiés si le coût de la vie subit des variations importantes.

Le nom des campings est inscrit en caractères gras lorsque les propriétaires nous ont communiqué tous leurs tarifs.

Certaines prestations (piscine, tennis) de même que la taxe de séjour peuvent être facturées en sus.

Les enfants bénéficient parfois de tarifs spéciaux ; se renseigner auprès du propriétaire.

Locations et tarifs

🚐	Location de caravanes
1 300 à 2 200	Prix à la semaine, basse saison 1 300 et haute saison 2 200, pour 4 personnes maximum
🚍	Location de mobile homes
1 800 à 3 200	Prix à la semaine, basse saison 1 800 et haute saison 3 200, pour 6 personnes maximum
🏠	Location de bungalows ou chalets
2 000 à 3 900	Prix à la semaine, basse saison 2 000 et haute saison 3 900, pour 6 personnes maximum
🛏	Location de chambres. S'adresser au propriétaire pour tous renseignements

Localités

23 700	Numéro de code postal
🔢 🔢 ②	Numéro de page d'atlas (p. 58 à 74) – Nº de la carte Michelin et du pli
G. Bretagne	Localité décrite dans le guide vert Michelin Bretagne
Rennes 47	Distance en kilomètres
1 050 h.	Population
alt. 675	Altitude de la localité
♨	Station thermale
✉ 05000 Gap	Code postal et nom de la commune de destination
1 200/1 900 m	Altitude de la station et altitude maximum atteinte par les remontées mécaniques
2 ⛷	Nombre de téléphériques ou télécabines
14 ⛷	Nombre de remonte-pentes et télésièges
⛷	Ski de fond
⛴	Transports maritimes
🛈	Information touristique

Légende des schémas

Ressources camping

(O)	Localité possédant au moins un terrain sélectionné
△	Terrain de camping situé

Voirie

═══	Autoroute
═══	Double chaussée de type autoroutier
❶ ❷	Echangeurs numérotés : complet, partiel
═══	Route principale
═══	Itinéraire régional ou de dégagement
═══	Autre route
═══╪	Sens unique – Barrière de péage
─ ─ ─	Piste cyclable – Chemin d'exploitation, sentier
⇒ ⇛ ⇛	Pentes (Montée dans le sens de la flèche) 5 à 9 % – 9 à 13 % – 13 % et plus
⇥ B △	Col – Bac – Pont mobile
─┴─ ⊔⊔⊔	Voie ferrée, gare – Voie ferrée touristique
③	Limite de charge (indiquée au-dessous de 5 tonnes)
2ᵐ8	Hauteur limitée (indiquée au-dessous de 3 m)

Curiosités

⌂ ⚓ ⚔	Eglise, chapelle – Château
🗼 🗿 ∩	Phare – Monument mégalithique – Grotte
∴ ▲	Ruines – Curiosités diverses
🌾 ⟩	Table d'orientation, panorama – Point de vue

Repères

	Localité possédant un plan dans le Guide Rouge Michelin
🅱 ⊗	Information touristique – Bureau de poste principal
⌂ 🗿 ⬜	Eglise, chapelle – Château
⚬ ▪ 🏛	Ruines – Monument – Château d'eau
⊞ ✿	Hôpital – Usine
☆ ☾ 🗼	Fort – Barrage – Phare
⚱ ✝✝✝	Calvaire – Cimetière
🛬 🛩 ⌇	Aéroport – Aérodrome – Vol à voile
⬭ ⛳ 🏇	Stade – Golf – Hippodrome
🐎 🦌 ⛸	Centre équestre – Zoo – Patinoire
▪◦▪◦▪	Téléphérique ou télésiège – Forêt ou bois
🏊 🏊 ⟿	Piscine de plein air, couverte – Baignade
◆ 🜂 ✂	Base de loisirs – Centre de voile – Tennis
🛒	Centre commercial

En cas de contestation ou de différend, lors d'un séjour sur un terrain de camping, au sujet des prix, des conditions de réservation, de l'hygiène ou des prestations, efforcez-vous de résoudre le problème directement sur place avec le propriétaire du terrain ou son représentant.

Faute de parvenir à un arrangement amiable, et si vous êtes certain de votre bon droit, adressez-vous aux Services compétents de la Préfecture du département concerné.

En ce qui nous concerne, nous examinons attentivement toutes les observations qui nous sont adressées afin de modifier, le cas échéant, les mentions ou appréciations consacrées aux camps recommandés dans notre guide, mais nous ne possédons ni l'organisation, ni la compétence ou l'autorité nécessaires pour arbitrer et régler les litiges entre propriétaires et usagers.

**D**ear Reader

The 2000 Camping and Caravanning Guide to France, which has been compiled independently, offers you a select number of sites, chosen following visits and on-the-spot research by our inspectors.

Your valued comments and letters are always most welcome, to help us to continue to improve this Guide.

Thank you for your cooperation.

Enjoy your holiday with the Michelin Guide

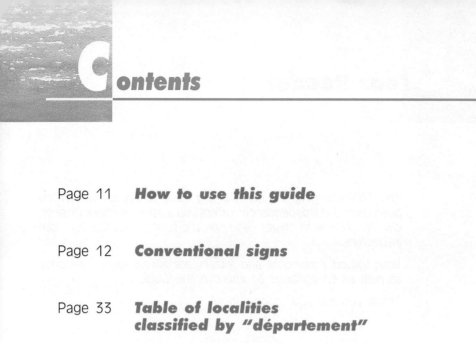

ontents

Page 11   **How to use this guide**

Page 12   **Conventional signs**

Page 33   **Table of localities
classified by "département"**

Page 58   **Maps of localities
with at least one selected camping site**

Page 75   **Details of selected camping sites**

Page 602   **The Euro**

Page 604   **School holidays calendar**

Page 606   **Lexicon**

How to use this guide

Choose in three ways

Page 33 ### By "département"

The table of localities, classified by "département" (administrative district), lists all the camping sites that we recommend in a given area, and shows those which have particular facilities, those which are open throughout the year, those which hire out caravans, mobile homes, bungalows or chalets, those with eating places, and also those which are in particularly quiet surroundings.

Page 58 ### From the maps

The maps mark the places with at least one selected site and make it easy to work out a route. The maps also show the town with sites that are open throughout the year or which we consider above average within a given category.

Page 75 ### By place name

Under the name of a given place in the alphabetical section are listed the sites we have selected and the facilities available.

onventional signs

Camping sites

Categories

⩕	Very comfortable, ideally equipped
⩕	Comfortable, very well equipped
⩕	Well equipped, good comfort
⩕	Reasonably comfortable
△	Quite comfortable

Camping sites are listed in order of preference within each category.
The classification we give (⩕ ... △) is totally independent of the official star classification awarded by the local "préfecture".

Opening periods

juin-septembre	Site open from beginning June to end September
saison	Mainly open in season only
permanent	Site open all year round

Opening dates for rented accommodation are given where they are different from the camping site opening dates:
Exemple: **Location** (*avril-sept.*): 🏠

Special features

Ⓜ	Site with modern facilities
❄	Winter caravan sites – These sites are specially equipped for a winter holiday in the mountains. Facilities generally include central heating, high power electric points and drying rooms for clothes and equipment.

Camping sites in a rural setting offer minimal facilities and their main attraction is their pleasant situation in natural surroundings with spacious pitches.

Peaceful atmosphere and setting

⩕ ... △	Particularly pleasant site in terms of location, setting, quietness or standard of facilities.
⌂ ⌂	Quiet isolated site – Quiet site, especially at night
⩤ ⩤	Exceptional view – Interesting or extensive view
« »	Particularly attractive feature

Location and access

✆ ✉	Telephone – Postal address of camp (if different from name of locality)
N – S – E – O	Direction from nearest listed locality: North – South – East – West
Places limitées pour le passage	Mainly a residential site, but with some pitches for short stays
☛	24 hour security – a warden will usually live on site and can be contacted during reception hours, although this does not mean round-the-clock surveillance outside normal hours
☛	Daytime guard security
⌀	No dogs allowed. If this sign is not shown, specific conditions for dogs may apply-you will often be required to present an up-to-date vaccination certificate.
℗	Cars must be parked away from pitches
R	Reservations accepted – a non-refundable deposit may be requested
Ɍ	Reservations not accepted
GB	Credit cards accepted (Eurocard, MasterCard, Visa)
c⁄v	Chèque-vacances accepted

General characteristics

3 ha	Area available (in hectares; 1ha = 2.47 acres)
60 ha/ 3 campables	Total area of the property and area used for camping
(90 empl.)	Capacity (number of spaces)
⊏⊐	Marked off pitches
♀ ♀♀ ♀♀♀	Shade – Fair amount of shade – Well shaded

Comfort

▥	Heating installations
♿	Sanitary installations for the physically handicapped
⌂ ♨	Sites with running hot water: showers – wash basins
▤	Individual wash rooms or wash basins with or without hot water
⌂	Baby changing facilities
⊔ ⌂	Laundry or dish washing facilities – Running water
⊙ ⌂ ⌂	Each caravan bay is equipped with electricity – water – drainage

Facilities

⛽	Service bay for camper vans
▣	Washing machines, laundry
🛒 ⌂	Supermarket; shopping centre – Food shop
♈ ✕	Bar (serving alcohol) – Eating places (restaurant, snack-bar)
⌂	Take away meals

Recreational facilities

🏛	Common room – Games room
👫	Children's club
🏋 ♨s	Exercice room – Sauna
🛝	Playground
🚲 ·◎	Cycle hire – Archery
🎾 🎾	Tennis courts: open air – covered
⛳m	Mini golf
🏊 🏊	Swimming pool: covered – open air
≋	Bathing allowed or supervised bathing
⛵	Sailing (school or centre)
🏇	Pony trekking, riding

The majority of outdoor leisure facilities are only open in season and in peak periods opening does not necessarily correspond to the opening of the site.

A proximite	We only feature facilities in close proximity to the camping site (generally less than 500m) and easily accessible on foot.

Charges

Daily charge:

🧍 8	per person
🚗 5	per vehicle
🄴 10/12	per pitch (tent/caravan)
[⚡] 7 (4A)	for electricity (by n° of amperes)

We give the prices which were supplied to us by the owners in Autumn 1999 (if this information was not available we show those from the previous year). In any event these should be regarded as basic charges and may alter due to fluctuations in the cost of living.

Camping site names featured in bold text indicate that we have received details of their charges from the owners.

Supplementary charges may apply to some facilities (swimming pool, tennis) as well as for long stays.

Special rates may apply for children – ask owner for details.

Renting and charges

🚐	Caravan hire
1 300 à 2 200	Weekly rates, low season 1 300, high season 2 200, for up to 4 persons
🏚	Mobile home hire
1 800 à 3 200	Weekly rates, low season 1 800, high season 3 200, for up to 6 persons
🏠	Bungalow/Chalet hire
2 000 à 3 900	Weekly rates, low season 2 000, high season 3 900, for up to 6 persons
🛏	Rooms to rent – ask owner for full details

Localities

23 700	Postal code number
🕮 🕮 ②	Maps page number (pp 58 to 74) – Michelin map number and fold
G. Bretagne	Place described in the Michelin Green Guide Brittany
Rennes 47	Distance in kilometres
1 050 h.	Population
alt. 675	Altitude (in metres)
♨	Spa
✉ 05000 Gap	Postal number and name of the postal area
1 200/1 900 m	Altitude (in metres) of resort and highest point reached by lifts
2 ⛷	Number of cable-cars
14 ⛷	Number of ski and chair-lifts
🎿	Cross country skiing
⛴	Maritime services
🛈	Tourist information Centre

Key to the local maps

Camping

(O)	Locality with at least one camping site selected in the guide
▲	Location of camping site

Roads

	Motorway
	Dual carriageway with motorway characteristics
❶ ❷	Numbered junctions: complete, limited
	Major road
	Secondary road network
	Other road
	One-way road – Toll barrier
	Cycle track – Cart track, footpath
⇉ ⇛ ⇛	Gradient (ascent in the direction of the arrow) 1:20 to 1:12; 1:11 to 1:8; + 1:7
⇥ Ⓑ △	Pass – Ferry – Drawbridge or swing bridge
	Railway, station – Steam railways
③	Load limit (given when less than 5tons)
2ᵐ8	Headroom (given when less than 3m)

15

Sights of interest

☗ ‡ ✕	Church, chapel – Castle, château
⅄ ⊓ ∩	Lighthouse – Megalithic monument – Cave
∴ ▲	Ruins – Miscellaneous sights
⚡ ≽	Viewing table, panoramic view – Viewpoint

Landmarks

	Towns having a plan in the Michelin Red Guide
⒑ ⊗	Tourist Information Centre – General Post Office
☖ ‡ ⊡	Church, chapel – Castle, château
⸪ ■ ⍾	Ruins – Statue or building – Water tower
⊞ ✿	Hospital – Factory or power station
☆ ⊂ ⌂	Fort – Dam – Lighthouse
‡ ⴕⴕⴕ	Wayside cross – Cemetery
✈ ⛭ ⊜	Airport – Airfield – Gliding airfield
⬭ ⏄ ⛾	Stadium – Golf course – Racecourse
⛐ ⵎ ⵏ	Horse riding – Zoo – Skating rink
●-o-o-■ ▬	Cable-car or chairlift – Forest or wood
⚊ ⊠ ⚌	Outdoor or indoor, Swimming pool – Bathing spot
◆ ⚲ ⚵	Outdoor leisure park/centre – Sailing – Tennis courts
⛒	Shopping centre

Lieber Leser

Der vorliegende Campingführer Frankreich 2000 wurde in völliger Unabhängigkeit erstellt und bietet eine bewußt begrenzte Auswahl an Campingplätzen, die nach Besichtigung und Begutachtung durch unsere Inspektoren getroffen wurde.

Bei unseren Bemühungen, diesen Campingführer ständig zu verbessern, sind uns Ihre Anmerkungen und Hinweise stets willkommen.

Für Ihre Mithilfe vielen Dank!

Einen schönen Urlaub mit Michelin

nhalt

ab Seite 19   *Über den Gebrauch dieses Führers*

ab Seite 20   *Zeichenerklärung*

ab Seite 34   *Ortstabelle,*
nach Departements geordnet

ab Seite 58   *Übersichtskarten mit den Orten, die*
mindestens einen von uns ausgewählten
Campingplatz besitzen

ab Seite 75   *Beschreibung der*
ausgewählten Campingplätze

ab Seite 602   *Der Euro*

ab Seite 604   *Ferientermine*

ab Seite 606   *Lexikon*

Benutzung des Führers

Drei Möglichkeiten

ab Seite 34 **Auswahl nach Departements**

Das nach Departements geordnete Ortsregister ermöglicht Ihnen, in einer bestimmten Gegend unter den empfohlenen Plätzen eine Wahl zu treffen nach den Einrichtungen, der Öffnungszeit, der Möglichkeit, eine Unterkunft zu mieten (Wohnwagen, Wohnanhänger, Bungalows, Chalets), ein Restaurant vorzufinden, oder wegen der besonders ruhigen Lage.

ab Seite 58 **Auswahl nach Übersichtskarten**

Anhand der Übersichtskarten können Sie rasch eine Route zusammenstellen, indem Sie die Orte heraussuchen, welche mindestens einen empfohlenen Campingplatz besitzen. Diese Übersichtskarten enthalten auch Hinweise auf ganzjährig geöffnete oder innerhalb ihrer Kategorie besonders angenehme Plätze.

ab Seite 75 **Auswahl nach Orten**

Mit Hilfe des alphabetischen Verzeichnisses können Sie direkt auf den von Ihnen gewählten Ort zurückgreifen und finden dort die von uns ausgewählten Plätze sowie nähere Angaben zu deren Ausstattungen.

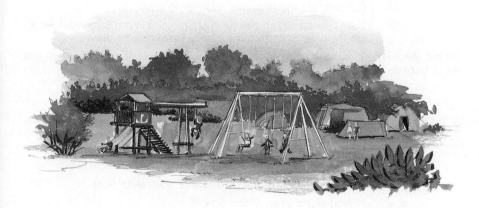

Zeichenerklärung

Campingplätze

Kategorie

⚠ Sehr komfortabler Campingplatz, ausgezeichnet ausgestattet	
⚠ Komfortabler Campingplatz, sehr gut ausgestattet	
⚠ Gut ausgestatteter Campingplatz mit gutem Komfort	
⚠ Ausreichend ausgestatteter Campingplatz	
⚠ Einfacher, aber ordentlicher Campingplatz	

Die Reihenfolge der Campingplätze in jeder Kategorie entspricht einer weiteren Rangfolge. Unsere Klassifizierung, durch eine entsprechende Anzahl von Zelten (⚠ ... ⚠) ausgedrückt, ist unabhängig von der offiziellen Klassifizierung durch Sterne, die von den Präfekturen vorgenommen werden.

Öffnungszeiten

juin-septembre	Campingplatz geöffnet von Anfang Juni bis Ende September
saison	Während der Hauptreisezeit (Saison) geöffnet.
permanent	Campingplatz ganzjährig geöffnet.

Vermietungszeit, sie ist extra angegeben, wenn sie sich von der Offnungszeit des Campingplatzes unterscheidet.

Beispiel: **Location** (*avril-sept.*): 🏠

Spezielle Einrichtungen

Ⓜ	Campingplatz mit moderner sanitärer Ausstattung
❄	Diese Gelände sind speziell für Wintercamping in den Bergen ausgestattet (Heizung, Starkstromanschlüsse, Trockenräume usw.).

Die mit „Aires Naturelles" bezeichneten Plätze sind einfach ausgestattet und zeichnen sich durch reizvolle ländliche Umgebung sowie besonders große Stellplätze aus.

Annehmlichkeiten

⚠ ... ⚠	Campingplätze die durch ihren Rahmen, ihre Lage, durch die gebotene Ruhe oder durch die besonders gute Einrichtung angenehm sind..
⅋ ⅋	Sehr ruhiger, abgelegener Campingplatz Ruhiger Campingplatz, besonders nachts
≼ ≼	Eindrucksvolle Aussicht – Interessante oder weite Sicht
« »	Hervorhebung einer Annehmlichkeit

Lage und Dienstleistungen

ℰ ✉	Telefon – Postanschrift des Campingplatzes (sofern das zuständige Postamt in einem anderen Ort ist)
N – S – E – O	Richtung: Norden – Süden – Osten – Westen (Angabe ab Ortszentrum)
Places limitées pour le passage	Dauercampingplätze, die jedoch eine begrenzte Anzahl von Plätzen für Durchreisende zur Verfügung stellen.
⚷	Eine Aufsichtsperson kann Tag und Nacht bei Bedarf erreicht werden: Dies bedeutet jedoch nicht, daß dieser Platz bewacht ist.
⚷	Eine Aufsichtsperson ist während der üblichen Öffnungszeiten, mindestens 8 Stunden am Tag anwesend.
🐕	Hunde sind nicht erlaubt – Ist dieses Zeichen nicht vorhanden, sind sie gegen eine Gebühr gestattet. Häufig wird eine gültige Impfbescheinigung verlangt.
℗	Parken nur auf vorgeschriebenen Parkplätzen außerhalb der Standplätze
R	Reservierungen werden angenommen – Gelegentlich wird eine pauschale, nicht wieder erstattete Reservierungssumme erhoben.
R̶	Keine Reservierung möglich
GB	Akzeptierte Kredikarten (Eurocard, MasterCard, Visa)
c͗v	"Chèques vacances" werden akzeptiert.

Allgemeine Beschreibung

3 ha	Nutzfläche (in Hektar) des Campingplatzes
60 ha/ 3 campables	Gesamtfläche (eines Geländes) und Nutzfläche für Camping
(90 empl.)	Anzahl der Stellplätze
⊏⊐	Abgegrenzte Standplätze
♀ ♀♀ ♀♀♀	Leicht schattig – ziemlich schattig – sehr schattig

Komfort

▥	Beheizte Sanitäre Anlagen
♿	Sanitäre Einrichtungen für Körperbehinderte
⌂ ⚱	Einrichtungen mit warmem Wasser: Duschen – Waschbecken
⊟	Individuelle Waschräume (mit oder ohne warmes Wasser)
♨	Wickerlraum
⊡ ⚲	Waschgelegenheit (Geschirr oder Wäsche) – Wasserstelle
☺ ⚿ ⚴	Individuelle Anschlüsse für Wohnwagen: Strom – Wasser – Abwasser

Dienstleistungen

⛽	Wartungsmöglichkeit für Wohnmobile (Stromanschluß, Ölwechsel)
🔲	Waschmaschinen, Waschanlage
🛒 🛍	Supermarkt, Einkaufszentrum – Lebensmittelgeschäft
🍷 ✖	Bar mit Alkoholausschank – Restaurant, Snack-Bar
⚱	Fertiggerichte zum Mitnehmen

Freizeitmöglichkeiten

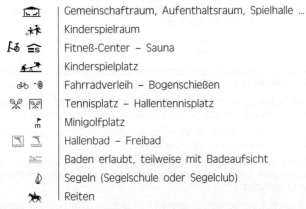

🏠	Gemeinschaftraum, Aufenthaltsraum, Spielhalle ...
🧗	Kinderspielraum
ᛤ ⩶s	Fitneß-Center – Sauna
🛝	Kinderspielplatz
🚲 ⦿	Fahrradverleih – Bogenschießen
⚔ 🎾	Tennisplatz – Hallentennisplatz
⛳	Minigolfplatz
🏊 🏊	Hallenbad – Freibad
≋	Baden erlaubt, teilweise mit Badeaufsicht
⛵	Segeln (Segelschule oder Segelclub)
🐎	Reiten

Die meisten dieser Freizeitmöglichkeiten stehen nur in der Saison zur Verfügung oder sie sind abhängig von der Belegung des Platzes. Auf keinen Fall sind sie identish mit der Öffnungszeit des Platzes.

A proximité | Wir geben nur die Einrichtungen an, welche sich in unmittelbarer Nähe des Platzes befinden (im Allgemeinen ca. 500 m), und zu Fuß leicht erreicht werden können.

Tarife

Tagespreise:

🧍 8	pro Person
🚗 5	für das Auto
🅴 10/12	Platzgebühr (Zelt/Wohnwagen)
[⚡] 7 (4A)	Stromverbrauch (Anzahl der Ampere)

Die Preise wurden uns im Herbst 1999 mitgeteilt, es sind Hochsaisonpreise (falls nicht, sind die Tarife des Vorjahres angegeben). Die Preise sind immer nur als Richtpreise zu betrachten. Sie können sich bei steigenden Lebenshaltungskosten ändern.

Der Name eines Campingplatzes ist fettgedruckt, wenn der Besitzer uns alle seine Preise mitgeteilt hat.

Für einige Einrichtungen (Schwimmbad, Tennis) sowie die Kurtaxe könen separate Gebühren erhoben werden.

Für Kinder erhält man im Allgemeinen spezielle Kindertarife, erkundigen Sie sich beim Besitzer.

Vermietung und Preise

⛺	Vermietung von Wohnwagen
1 300 à 2 200	Wochenpreise, Vorsaison 1 300 und Hochsaison 2 200, für maximal 4 pers.
🚐	Vermietung von Wohnmobilen
1 800 à 3 200	Wochenpreise, Vorsaison 1 800 und Hochsaison 3 200, für maximal 6 pers.
🏡	Vermietung von Bungalows und Chalets
2 000 à 3 900	Wochenpreise, Vorsaison 2 000 und Hochsaison 3 900, für maximal 6 pers.
🛏	Vermietung von Zimmer. Erkundigen Sie sich beim Besitzer nach den Bedingungen

Orte

23 700	Postleitzahl
🔟2️⃣ 7️⃣3️⃣ ②	Seitenangabe der Übersichtskarte (S. 58-74) – Nr. der Michelin-Karte und Faltseite
G. Bretagne	Im Grünen Michelin-Reiseführer „Bretagne" beschriebener Ort
Rennes 47	Entfernung in Kilometer
1 050 h.	Einwohnerzahl
alt. 675	Höhe
⚓	Heilbad
✉ 05000 Gap	Postleitzahl und Name des Verteilerpostamtes
1 200/1 900 m	Höhe des Wintersportgeländes und Maximal-Höhe, die mit Kabinenbahn oder Lift erreicht werden kann
2 🚠	Anzahl der Kabinenbahnen
14 🎿	Anzahl der Schlepp-oder Sessellifte
🎿	Langlaufloipen
⛴	Schiffsverbindungen
🛈	Informationsstelle

Kartenskizzen

Campingplätze

(▲)	Ort mit mindestens einem ausgewählten Campingplatz
▲	Campingplatz, der Lage entsprechend vermerkt

Straßen

══════	Autobahn
══════	Schnellstraße (kreuzungsfrei)
❶ ❷	Numerierte Anschlußstelle: Autobahneinfahrt- und/oder -ausfahrt
══════	Hauptverkehrsstraße
══════	Regionale Verbindungsstraße oder Entlastungsstrecke
══════	Andere Straße
══╪══	Einbahnstraße – Gebührenstelle
─ ──	Radweg – Wirtschaftsweg, Pfad
≫ ≫ ≫	Steigungen, Gefälle (Steigung in Pfeilrichtung 5-9 %, 9-13 %, 13 % und mehr)
⇒⇐ Ⓑ △	Paß – Fähre – Bewegliche Brücke
── ⊓ ── ⊔⊔⊔	Bahnlinie und Bahnhof – Museumseisenbahn-Linie
③	Höchstbelastung (angegeben bis 5t)
2ᵐ8	Zulässige Gesamthöhe (angegeben bis 3m)

Sehenswürdigkeiten

🏰 ⚐ ✕	Kirche, Kapelle – Schloß, Burg
🗼 🕈 ⌂	Leuchtturm – Menhir, Megalithgrab – Höhle
⁂ ▲	Ruine – Sonstige Sehenswürdigkeit
⁑ ⋙	Orientierungstafel, Rundblick – Aussichtspunkt

Orientierungspunkte

	Ort mit Stadtplan im Roten Michelin-Führer
🛈 ⊗	Informationsstelle – Hauptpost
⛪ ⚐ ▢	Kirche, Kapelle – Schloß, Burg
⁂ ▪ 🏛	Ruine – Denkmal – Wasserturm
⊞ ✿	Krankenhaus – Fabrik, Kraftwerk
☆ ☾ ⚔	Festung – Staudamm – Leuchtturm
⚘ ✝✝✝	Bildstock – Friedhof
✈ 🏚 ✈	Flughafen – Flugplatz – Segelflugplatz
▭ ⚑ 🐎	Stadion – Golfplatz – Pferderennbahn
🐎 ♈ ⛸	Reitanlage – Zoo – Schlittschuhbahn
●-○-● ▬	Seilschwebebahn oder Sessellift – Wald oder Gehölz
🏊 🏊 ≋	Freibad – Hallenbad – Strandbad
◆ ⚓ ⚒	Freizeiteinrichtungen – Segelzentrum – Tennisplatz
🛒	Einkaufszentrum

Falls Sie bei Ihrem Aufenthalt auf dem Campingplatz Schwierigkeiten bezüglich der Preise, Reservierung, Hygiene o. ä. antreffen, sollten Sie versuchen, diese direkt an Ort und Stelle mit dem Campingplatzbesitzer oder seinem Vertreter zu regeln.

Wenn Sie von Ihrem Recht überzeugt sind, es Ihnen jedoch nicht gelingt, zu einer allseits befriedigenden. Lösung zukommen, Können Sie sich an die entsprechende Stelle bei der Zuständigen Präfektur wenden.

Unsererseits überprüfen wir sorgfältig alle bei uns eingehenden Leserbriefe und ändern gegebenenfalls die Platzbewertung im Führer. Wir besitzen jedoch weder die rechtlichen Möglichkeiten noch die nötige Autorität, um Rechtsstreitigkeiten zwischen Platzeigentümern und Platzbenutzern zu schlichten.

Beste lezer

De Guide Camping Caravaning France 2000 werd op geheel onafhankelijke manier samengesteld door onze inspecteurs. De selectie van de kampeerterreinen gebeurt op basis van vragenlijsten en bezoeken ter plaatse.

Uw op-en aanmerkingen zijn van harte welkom. Zij zijn van onschatbare waarde voor het bijwerken van deze gids.

Alvast bedankt voor uw waardevolle medewerking.

Goede reis ! Michelin

nhoud

Blz. 27   **Het gebruik van deze gids**

Blz. 28   **Tekens en afkortingen**

Blz. 34   **Lijst van plaatsnamen
            ingedeeld per departement**

Blz. 58   **Kaarten met plaatsen
            waar zich tenminste één
            geselecteerd terrein bevindt**

Blz. 75   **Gegevens over de geselecteerde terreinen**

Blz. 602   **De Euro**

Blz. 604   **Kalender van de schoolvakanties**

Blz. 606   **Woordenlijst**

Het gebruik van deze gids

3 Opzoekmethoden

Blz. 34 ### Per departement

De lijst van de plaatsen, gerangschikt per departement, zal u in staat stellen in de betreffende streek een keuze te maken uit alle terreinen die wij aanbevelen: terreinen die beschikken over een speciale accomodatie, kampeerterreinen die het gehele jaar open zijn, terreinen waar men caravans, stacaravans, bungalows en chalets kan huren of die over een eetgelegenheid beschikken, of terreinen in een bijzonder rustige omgeving.

Blz. 58 ### Met de Kaarten

Op de kaarten zijn de plaatsen aangegeven met tenminste één geselecteerd kampeerterrein, zodat u snel uw reisroute kunt uitstippelen.
Op deze kaarten zijn ook de plaatsen aangegeven die over een kampeerterrein beschikken dat het gehele jaar geopend is of kampeerterreinen die wij in hun categorie bijzonder fraai vinden.

Blz. 75 ### Per plaats

De plaats van uw keuze kunt u terugvinden in de alfabetische plaatsnamenlijst met de door ons geselecteerde terreinen en hun accomodatie.

ekens

Terreinen

Categorie

⩕⩕⩕	Buitengewoon comfortabel terrein, uitstekende inrichting
⩕⩕	Comfortabel terrein, zeer goede inrichting
⩕⩕	Goed ingericht terrein, geriefelijk
⩕	Behoorlijk ingericht terrein
⩕	Eenvoudig maar behoorlijk terrein

De terreinen worden voor iedere categorie opgegeven in volgorde van voorkeur. Onze classificatie wordt aangegeven met een aantal tenten (⩕⩕⩕ ... ⩕). Zij staat los van de officiële classificatie die wordt uitgedrukt in sterren.

Openingstijden

juin-septembre	Terrein geopend van begin juni tot eind september
saison	Waarschijnlijk geopend in het seizoen
permanent	Terrein het gehele jaar geopend

Wanneer de data voor het verhuren verschillen van die van het kampeerterrein, dan worden zij gepreciseerd.
Bijv. **Location** (*avril-sept.*): 🏠

Bijzondere kenmerken

M	Terrein met moderne sanitaire voorzieningen
❄	Geselecteerd caravaneige terrein – Deze terreinen zijn speciaal ingericht voor winterverblijf in de bergen (verwarming, elektriciteitsaansluiting met hoog vermogen, droogkamer, enz.).

De «Aires Naturelles» zijn eenvoudig ingerichte terreinen in een natuurlijke omgeving die beschikken over ruime kampeerplaatsen.

Aangenaam en rustig verblijf

⩕⩕⩕ ... ⩕	Terreinen die bijzonder aangenaam zijn vanwege de ligging, de omgeving, de rust of de wijze van inrichting.
🦐 🦐	Zeer rustig, afgelegen terrein – Rustig, vooral 's nachts
← ←	Zeldzaam mooi uitzicht – Interessant uitzicht of vergezicht
« »	Bijzonder aangenaam gegeven

Ligging en service

✆ ✉	Telefoon – Postadres van het kampeerterrein (indien dit niet hetzelfde is als de plaatsnaam)
N – S – E – O	Richting : Noord – Zuid – Oost – West (gezien vanuit het centrum van de plaats)
Places limitées pour le passage	Terrein bedoeld voor langdurig verblijf maar waar eveneens plaatsen beschikbaar zijn voor kampeerders op doorreis.
⚷	Er is een bewaker of een toezichthouder aanwezig die 24 uur per dag bereikbaar is. Dit betekent echter niet noodzakelijkerwijs dat er sprake is van een daadwerkelijke bewaking.
⚷	Er is tenminste 8 uur per dag een toezichthouder aanwezig.
✖	Verboden toegang voor honden – Bij afwezigheid van dit teken, worden honden toegelaten en dient hiervoor een bijzondere vergoeding te worden betaald. Vaak dient men een recent vaccinatieboekje te kunnen tonen.
℗	Verplichte parkeerplaats voor auto's buiten de staanplaatsen
R	Reserveren is mogelijk – Soms worden er reserveringskosten in rekening gebracht: dit bedrag wordt niet terugbetaald.
Ɍ	Reservering niet mogelijk
GB	Creditcards worden geaccepteerd (Eurocard, MasterCard, Visa)
c̃v	Reischeques worden geaccepteerd

Algemene kenmerken

3 ha	Oppervlakte (in hectaren) van het kampeerterrein
60 ha/ 3 campables	Totale oppervlakte (van een landgoed) en oppervlakte van het eigenlijke kampeerterrein
(90 empl.)	Maximaal aantal staanplaatsen
▭	Duidelijk begrensde staanplaatsen
♀ ♀♀ ♀♀♀	Weinig tot zeer schaduwrijk

Comfort

▥	Verwarmde installaties
♿	Sanitaire installaties voor lichamelijk gehandicapten
🚿 ⚕	Installaties met warm water: Douches – Wastafels
🖻	Individuele wasgelegenheid of wastafels (met of zonder warm water)
⌂	Wasplaats voor baby's
⌑ ⧄	Afwas- of waslokalen – Stromend water
☺ ⚱ ⇞	Individuele aansluitingen voor caravans : Elektriciteit – Watertoe- en afvoer

Voorzieningen

⊡	Serviceplaats voor campingcars
▣	Wasmachines, waslokaal
🛒 ▱	Supermarkt, winkelcentrum – Kampwinkel
♆ ✕	Bar (met vergunning) – Eetgelegenheid (restaurant, snackbar)
⌁	Dagschotels om mee te nemen

29

Ontspanning

🏛	Zaal voor bijeenkomsten, dagverblijf of speelzaal
🏃	Kinderopvang
🚴 🅂	Fitness – Sauna
🤸	Kinderspelen
🚲 ⊙	Verhuur van fietsen – Boogschieten
🎾 🎾	Tennis: overdekt – openlucht
m	Mini-golf
🏊 🏊	Zwembad : overdekt – openlucht
🏊	Vrije zwemplaats of zwemplaats met toezicht
⚓	Zeilsport (school of watersportcentrum)
🐎	Tochten te paard, paardrijden

De meeste voorzieningen en bepaalde recreatiemogelijkheden in de open lucht zijn over het algemeen alleen toegankelijk tijdens het seizoen. Dit is afhankelijk van het aantal gasten op het terrein en staat los van de openingsdata.

A proximité Wij vermelden alleen de faciliteiten of voorzieningen die zich in de onmiddellijke omgeving van de camping bevinden (over het algemeen op minder dan 500 m) en die voor de kampeerders op loopafstand bereikbaar zijn.

Tarieven

Dagtarieven:

🧍 8	per persoon
🚗 5	voor het voertuig
▣ 10/12	voor de staanplaats (tent, caravan)
[⚡] 7 (4A)	voor elektriciteit (aantal ampères)

De prijzen zijn vastgesteld in het najaar van 1999 en gelden voor het hoogseizoen (indien deze niet beschikbaar zijn, vermelden wij de tarieven van het afgelopen jaar).
De prijzen worden steeds ter indicatie gegeven en kunnen gewijzigd worden indien de kosten voor levensonderhoud belangrijke veranderingen ondergaan.
De naam van de camping wordt in vetgedrukte letters aangegeven wanneer de eigenaar ons alle tarieven heeft doorgegeven.
Bepaalde faciliteiten (zwembad, tennisbaan), evenals de toeristenbelasting, kunnen extra in rekening worden gebracht.
Voor kinderen geldt soms een speciaal tarief; informatie hierover bij de eigenaar.

Verhuur en tarieven

🚐	Verhuur van caravans
1 300 à 2 200	Prijs per week, laagseizoen 1300 en hoogseizoenn 2200, voor maximaal 4 personen.
🚐	Verhuur van stacaravans
1 800 à 3 200	Prijs per week, laagseizoen 1800 en hoogseizoen 3200, voor maximaal 6 personen.
🏠	Verhuur van bungalows of huisjes
2 000 à 3 900	Prijs per week, laagseizoen 2000 en hoogseizoen 3900, voor maximaal 6 personen.
🛏	Verhuur van kamers. De eigenaar kan u meer informatie hierover verstrekken.

Plaatsen

23 700	Postcodenummer
🄵🄸 🄶🄹 ②	Bladzijdenummer kaart (blz. 58 t/m 74) – Nummer Michelinkaart en vouwbladnummer
G. Bretagne	Zie de Groene Michelingids Bretagne
Bourges 47	Afstanden in kilometers
1 050 h.	Aantal inwoners
alt. 675	Hoogte
♨	Badplaats met warme bronnen
✉ 05000 Gap	Postcode en plaatsnaam bestemming
1 200/1 900 m	Hoogte van het station en maximale hoogte van de mechanische skiliften
2 ⛷	Aantal kabelbanen
14 ⚡	Aantal skiliften en stoeltjesliften
🎿	Langlaufen
⛴	Bootverbinding
🛈	Informatie voor toeristen

Verklaring tekens op schema's

Kampeerterreinen

(O)	Plaats met minstens één geselecteerd terrein in de gids
△	Ligging kampeerterrein

Wegen en spoorwegen

══════	Autosnelweg
══════	Dubbele rijbaan van het type autosnelweg
❶ ❷	Genummerde knooppunten : volledig, gedeeltelijk
══════	Hoofdweg
══════	Regionale of alternatieve route
══════	Andere weg
═══════╪	Eenrichtingsverkeer – Tol
_ _ _	Fietspad – Bedrijfsweg, voetpad
≫≫≫≫	Hellingen (pijlen in de richting van de helling) 5 tot 9 %, 9 tot 13 %, 13 % of meer
≫≪ Ⓑ △	Pas – Veerpont – Beweegbare brug
___ ப	Spoorweg, station – Spoorweg toeristentrein
③	Maximum draagvermogen (aangegeven onder 5 ton)
2m8	Vrije hoogte (aangegeven onder 3 m)

Bezienswaardigheden

Ᵽ ✝ ⨯	Kerk, kapel – Kasteel
↥ ⛩ ∩	Vuurtoren – Megaliet – Grot
∴ ▲	Ruïnes – Andere bezienswaardigheden
☀ ⇒	Oriëntatietafel, panorama – Uitzichtpunt

Ter oriëntatie

	Plaats met een plattegrond in de Rode Michelingids
ⓘ ⊗	Informatie voor toeristen – Hoofdpostkantoor
Ᵽ ✝ ▢	Kerk, kapel – Kasteel
⸪ ▪ ⍟	Ruïnes – Monument – Watertoren
⊞ ✿	Ziekenhuis – Fabriek
☆ ⊂ ⍋	Fort – Stuwdam – Vuurtoren
꜏ ꜏꜏꜏	Calvarie – Begraafplaats
⚟ 🏳 ⦷	Luchthaven – Vliegveld – Zweefvliegen
▭ ⌐ ⦿	Stadion – Golf – Renbaan
🐎 ⚵ ⚳	Manege – Dierentuin – Schaatsbaan
•—○—○—•	Kabelbaan of stoeltjeslift – Bos
⌇ ⊠ ≋	Zwembad : openlucht, overdekt – Zwemgelegenheid
◈ ⚓ ⚲	Recreatieoord – Zeilvereniging – Tennisbaan
🛒	Winkelcentrum

Indien er tijdens uw verblijf op een kampeerterrein een meningsverschil zou ontstaan over prijzen, reserveringsvoorwaarden, hygiëne of dienstverlening, tracht dan ter plaatse met de eigenaar van het terrein of met zijn vervanger een oplossing te vinden.

Mocht u op deze wijze niet tot overeenstemming komen, terwijl u overtuigd bent van uw goed recht, dan kunt u zich wenden tot de prefectuur van het betreffende departement.

Van onze kant bestuderen wij zorgvuldig alle opmerkingen die wij ontvang-en, om zo nodig wijzigingen aan te brengen in de omschrijving en waardering van door onze gids aanbevolen terreinen. Onze mogelijkheden zijn echter beperkt en ons personeel is niet bevoegd om als scheidsrechter op te treden of geschillen te regelen tussen eigenaren en kampeerders.

Tableau des localités

Classement départemental

Vous trouverez dans le tableau des pages suivantes un classement par départements de toutes les localités citées dans la nomenclature.

Légende

01 – AIN	Numéro et nom du département
1 à **17**	Pages d'atlas situant les localités citées
Le Havre	(Localité en rouge) Localité possédant au moins un terrain agréable sélectionné (△ ··· ⚠⚠)
P	(Permanent) Localité possédant un terrain ouvert toute l'année
⚓	Localité possédant au moins un terrain très tranquille
R	(Restauration) Localité dont un terrain au moins propose une possibilité de restauration
L	(Location) Localité dont un terrain au moins propose des locations
✂ 🏓	Localité possédant au moins un terrain avec tennis (de plein air, couvert)
🏊 🏊	Localité possédant au moins un terrain avec piscine (de plein air, couverte)
🚐	Localité possédant au moins un terrain avec une aire de services pour camping-cars
🛏	Localité possédant au moins un terrain avec des emplacements délimités

Se reporter à la nomenclature (classement alphabétique général des localités pour la description complète des camps sélectionnés et utiliser les cartes détaillées à 1/200 000 pour situer avec précision les localités possédant au moins un terrain sélectionné (**o**).

Table of localities

Classified by "départements"

You will find in the following pages a classification by "département" of all the localities listed in the main body of the guide.

Key

01 – AIN	Number and name of a « département »
1 to **17**	Pages of the maps showing the « département » boundaries and listed localities
Le Havre	(Name of the locality printed in red) Locality with at least one selected pleasant site (△ ··· ⚠⚠)
P	(Permanent) Locality with one selected site open all year
⚓	Locality with at least one selected very quiet, isolated site
R	(Restauration) Locality with at least one selected site offering some form of on-site eating place
L	(Location) Locality with at least one selected site offering renting
✂ 🏓	Locality with at least one selected site with tennis courts (open air, indoor)
🏊 🏊	Locality with at least one selected site with a swimming pool (open air, indoor)
🚐	Locality with at least one selected site with a service bay for camper vans
🛏	Locality with at least one selected site with marked off pitches

Refer to the body of the guide where localities appear in alphabetical order, for a complete description of the selected camping sites. To locate a locality (**o**) with at least one selected camping site, use the detailed maps at a scale of 1 : 200 000.

Ortstabelle

Nach Departements geordnet

Auf der Tabelle der folgenden Seiten erscheinen alle im Führer erwähnten Orte nach Departements geordnet.

Zeichenerklärung

01 – AIN	Nummer und Name des Departements
🛈 bis 🔢	Seite des Kartenteils, auf welcher der erwähnte Ort zu finden ist
Le Havre	(Ortsname in Rotdruck) Ort mit mindestens einem besonders angenehmen Campingplatz (⚠ ⋯ ⚠⚠⚠)
P	(Permanent) Ort mit mindestens einem das ganze Jahr über geöffneten Campingplatz
🦢	Ort mit mindestens einem sehr ruhigen Campingplatz
R	(Restauration) Mindestens ein Campingplatz am Ort mit Imbiß
L	(Location) Ort mit mindestens einem Campingplatz mit Vermietung
✂ 🎾	Ort mit mindestens einem Campingplatz mit Frei- oder Hallentennisplatz
⌇ 🏊	Ort mit mindestens einem Campingplatz mit Frei- oder Hallenbad
🚐	Ort mit mindestens einem Campingplatz mit Wartungsmöglichkeit für Wohnmobile.
⛟	Ort mit mindestens eimem Campingplatz mit abgegrenzte standplätze

Die vollständige Beschreibung der ausgewählten Plätze finden Sie im alphabetisch geordneten Hauptteil des Führers. Benutzen Sie zur Auffindung eines Ortes mit mindestens einem ausgewählten Campingplatz (**o**) die Abschnittskarten im Maßstab 1 : 200 000.

Lijst van plaatsnamen

Indeling per departement

In deze lijst vindt u alle in de gids vermelde plaatsnamen, ingedeeld per departement.

Verklaring van de tekens

01 – AIN	Nummer en naam van het departement
🛈 bis 🔢	Bladzijden van de kaarten waarop de betreffende plaatsen te vinden zijn
Le Havre	(Plaatsnaam rood gedrukt) Plaats met minstens één geselecteerd fraai terrein (⚠ ⋯ ⚠⚠⚠)
P	(Permanent) Plaats met een terrein dat het hele jaar open is
🦢	Plaats met minstens één zeer rustig terrein
R	(Restauration) Plaats met minstens één kampeerterrein dat over een eetgelegenheid beschikt
L	(Location) Plaats met minstens één terrein met huurmogelijkheden
✂ 🎾	Plaats met minstens één terrein met tennisbanen (openlucht, overdekt)
⌇ 🏊	Plaats met minstens één terrein met zwembad (openlucht, overdekt)
🚐	Plaats met minstens één terrein met serviceplaats voor campingcars.
⛟	Plaats met minstens één terrein met duidelijk begrensde staanplaats

Raadpleeg voor een volledige beschrijving van de geselecteerde terreinen de algemene alfabetische opgave van plaatsen en gebruik de deelkaarten schaal 1 : 200 000 om een plaats met minstens één geselecteerd terrein (**o**) te lokaliseren.

PRINCIPAUTÉ-D'ANDORRE ⑭

	Page	Permanent		Restauration	Location					
Canillo	176	–	–	–	–	✂	⛄	–	–
La Massana	342	–	–	R	L	–	⛄	–	–
Ordino	391	–	–	R	L	–	⛄	–	–
Sant-Julia-de-Loria	532	P	–	–	–	–	–	–	–

01-AIN

	Page	Permanent		Restauration	Location					
Ambérieux-en-Dombes	85	–	–	–	–	✂	–	–	⌂
Ars-sur-Formans	116	–	–	–	–	✂	–	–	–
Artemare	116	–	–	–	–	⛄	–	⌂
Bourg-en-Bresse	160	–	–	–	–	⛄🚐	–
Champdor	197	P	–	L	✂	–	–	–
Champfromier	197	–	–	–	–	–	–	–
Châtillon-sur-Chalaronne	206	–	–	R	–	✂	⛄	–	–
Chavannes-sur-Suran	208	–	–	–	–	–	–	–	⌂
Cormoranche-sur-Saône	220	–	–	L	–	–	–	⌂
Culoz	236	–	–	R	–	⊠	–	–	⌂
Divonne-les-Bains	243	–	–	L	✂	⛄	–	–
Dompierre-sur-Veyle	245	–	–	–	–	–	–	⌂
Gex	274	–	–	–	✂	⛄	–	–
Hautecourt-Romanèche	287	–	–	–	–	–	–	–
Massignieu-de-Rives	342	–	–	–	✂	–	–	⌂
Matafelon-Granges	343	–	–	L	–	⛄	–	–
Montrevel-en-Bresse	367	–	–	R	L	✂	⛄🚐	–
Murs-et-Gelignieux	373	–	–	R	L	–	⛄🚐	–
Poncin	416	–	–	–	✂	–	–	–
St-Paul-de-Varax	509	–	–	L	✂	⛄🚐	–
Serrières-de-Briord	543	–	–	R	–	✂	⛄	–	–
Seyssel	544	–	–	R	L	–	⛄	–	⌂
Villars-les-Dombes	591	–	–	R	–	⊠	⛄	–	⌂
Virieu-le-Grand	597	–	–	–	–	–	–	–

02-AISNE ② ⑥ ⑦

	Page	Permanent		Restauration	Location					
Berny-Rivière	146	P	–	R	–	✂	⛄	–	–
Chamouille	197	–	–	L	✂	–	🚐	⌂
Charly	200	–	–	–	✂	–	–	⌂
Chauny	208	–	–	–	–	–	–	⌂
La Fère	259	–	–	–	✂	–	–	⌂
Guignicourt	285	–	–	–	✂	–	–	–
Laon	311	–	–	–	✂	–	–	–
Le Nouvion-en-Thiérache	384	–	–	–	–	⛄	–	⌂
Ressons-le-Long	439	P	–	L	–	⛄	–	⌂
Seraucourt-le-Grand	541	–	–	–	–	🚐	⌂
Soissons	548	P	–	–	⊠	⛄	–	⌂

03-ALLIER ⑩ ⑪

	Page	Permanent		Restauration	Location					
Arfeuilles	108	–	–	–	–	✂	–	–	–
Bourbon-l'Archamb.	157	–	–	–	✂	⛄	–	–
Braize	162	–	–	R	L	–	–	–	–

(suite)

	Page	Permanent		Restauration	Location					
Châtel-de-Neuvre	205	–	–	R	–	–	–	–	–
Chouvigny	211	–	⚲	–	–	–	–	–
Couleuvre	229	–	–	–	–	✂	⛄	–	–
Dompierre-sur-Besbre	245	–	–	–	✂	⛄	–	–
Le Donjon	245	–	–	–	–	✂	–	–	–
Ferrières-sur-Sichon	259	–	–	–	–	✂	–	–	–
Isle-et-Bardais	294	–	–	L	✂	–	–	⌂
Jenzat	299	–	–	–	–	✂	–	–	–
Lapalisse	311	–	–	–	✂	–	–	–
Louroux-de-Bouble	328	–	–	–	✂	–	–	–
Mariol	339	–	–	L	✂	⛄	–	–
Le Mayet-de-Montagne	347	–	–	L	✂	–	–	–
Néris-les-Bains	379	–	–	R	L	✂	⛄	–	–
Pierrefitte-sur-Loire	401	–	–	R	–	–	–	–	⌂
St-Bonnet-Tronçais	467	–	–	L	✂	–	–	–
St-Pourçain-sur-Sioule	513	–	–	–	–	🚐	⌂
St-Yorre	523	–	–	–	✂	⛄	–	–
Sazeret	538	–	–	–	–	–	–	⌂
Treignat	569	–	–	L	–	–	–	⌂
Vallon-en-Sully	576	–	–	R	–	–	–	–
Varennes-sur-Allier	579	–	–	–	–	⛄🚐	–
Vichy	588	–	–	R	L	✂	⛄🚐	⌂

04-ALPES-DE-HAUTE-PROVENCE ⑯ ⑰

	Page	Permanent		Restauration	Location					
Barcelonnette	132	–	–	R	L	✂	⛄🚐	⌂
Barrême	133	–	–	–	–	–	–	–
Castellane	184	–	⚲	R	L	✂	⛄	–	–
Digne-les-Bains	241	–	–	L	✂	–	–	–
Esparron-de-Verdon	253	–	–	R	–	–	–	⌂
Forcalquier	263	–	–	R	L	✂	⛄🚐	–
Gréoux-les-Bains	281	–	⚲	L	✂	⛄	–	–
Larche	312	–	⚲	R	–	–	–	⌂
Manosque	336	–	⚲	–	–	–	–	–
Les Mées	348	–	⚲	L	✂	⛄	–	–
Mézel	355	–	–	L	–	–	–	🚐	–
Montpezat	366	–	–	R	L	✂	⛄	–	–
Moustiers-Ste-Marie	370	–	–	R	L	–	–	🚐	–
Niozelles	382	–	–	R	L	–	⛄	–	–
Peyruis	401	–	–	–	✂	⛄	–	–
St-André-les-Alpes	463	–	–	–	–	✂	–	–	–
St-Jean (Col)	487	–	–	R	L	✂	–	–	–
St-Julien-du-Verdon	497	–	–	–	–	–	–	–
St-Paul	510	–	–	R	–	✂	–	–	–
St-Vincent-les-Forts	522	–	–	R	L	✂	–	–	–
Ste-Croix-de-Verdon	524	–	–	L	✂	–	–	–
Ste-Tulle	527	–	–	–	✂	–	–	⌂
Seyne	544	–	⚲	R	L	✂	⛄	–	⌂
Sisteron	547	–	–	–	–	✂	⛄	–	–
Thoard	558	–	⚲	R	L	–	–	–
Valensole	575	–	–	L	–	⛄🚐	–
Le Vernet	583	–	–	R	–	✂	–	–	–
Villars-Colmars	591	–	–	–	✂	⛄🚐	–
Volonne	600	–	–	R	L	✂	⛄🚐	⌂
Volx	600	–	–	–	–	–	–	–

05-HAUTES-ALPES 🄵🄶🄷

	Page	Permanent	🏊	Restauration	Location	⋈	🎿	📷	🚐
Ancelle	87	P	🏊	—	L	—	🎿	—	—
L'Argentière-la-Bessée	114	—	🏊	—	—	—	—	—	—
Arvieux	117	—	🏊	—	—	—	—	—	—
Barret-le-Bas	133	—	🏊	—	L	—	🎿	—	—
Briançon	166	—	—	R	—	⋈	🎿	📷	—
Ceillac	190	—	—	—	—	—	—	—	—
Château-Queyras	203	—	—	—	—	⋈	—	—	—
Chorges	211	P	—	—	L	—	🎿	—	🚐
Embrun	249	P	🏊	R	L	⋈	🎿	📷	🚐
Espinasses	253	—	—	R	L	—	🎿	—	—
La Faurie	257	P	—	R	—	—	—	—	—
Freissinières	266	—	🏊	R	—	⋈	—	—	—
Gap	270	—	—	R	L	—	🎿	📷	—
La Grave	281	—	—	—	—	—	🎿	—	—
Guillestre	286	P	—	R	L	⋈	🎿	—	—
Névache	381	—	🏊	R	—	—	—	—	—
Orcières	391	—	—	R	L	—	—	—	—
Orpierre	392	—	—	—	L	⋈	🎿	—	—
Prunières	427	—	—	R	L	⋈	🎿	—	🚐
Puy-St-Vincent	429	—	🏊	—	—	—	—	—	—
Réallon	437	—	🏊	—	—	⋈	—	—	—
Réotier	439	—	🏊	—	—	—	—	—	—
La Roche-de-Rame	444	P	—	R	L	—	—	—	—
La Roche-des-Arnauds	445	P	—	R	—	⋈	🎿	—	—
Rosans	451	—	—	R	L	—	🎿	—	—
St-Apollinaire	464	—	—	R	—	—	—	—	—
St-Bonnet-en-Champsaur	467	—	—	—	—	⋈	🎿	—	🚐
St-Clément-sur-Durance	471	—	—	—	—	—	🎿	—	—
St-Étienne-en-Dévoluy	475	P	—	—	—	⋈	—	—	—
St Firmin	476	—	—	—	—	⋈	🎿	—	—
St-Jean-St-Nicolas	496	—	—	—	L	⋈	—	—	—
St-Maurice-en-Valgaudemar	506	—	—	—	—	—	—	—	—
Le Sauzé-du-Lac	537	—	—	R	L	—	—	—	—
Serres	543	—	🏊	R	L	—	🎿	—	🚐
Vallouise	576	—	—	—	L	⋈	—	📷	—
Veynes	585	—	🏊	—	L	—	—	—	—
Villard-Loubière	591	—	—	—	—	—	—	—	—

06-ALPES-MARITIMES 🄷

	Page	Permanent	🏊	Restauration	Location	⋈	🎿	📷	🚐
Antibes	96	P	—	R	L	⋈	🎿	📷	🚐
Auribeau-sur-Siagne	122	—	—	R	L	—	🎿	—	🚐
Le Bar-sur-Loup	134	—	🏊	R	L	—	🎿	—	—
Cagnes-sur-Mer	171	P	—	R	L	⋈	🎿	📷	—
Cannes	177	—	—	R	L	⋈	🎿	—	🚐
La Colle-sur-Loup	214	—	—	R	L	—	🎿	📷	—
Éze	257	—	—	—	—	—	—	—	—
Guillaumes	286	—	🏊	—	—	—	—	—	—
Mandelieu-la-Napoule	336	P	—	R	L	—	🎿	📷	—
Pégomas	396	—	—	R	L	⋈	🎿	—	🚐
Puget-Théniers	428	—	—	—	—	⋈	🎿	—	🚐
Roquebillière	449	—	—	—	L	—	—	—	🚐
St-Martin-d'Entraunes	504	—	🏊	R	L	—	—	—	—
St-Sauveur-sur-Tinée	518	—	—	—	L	⋈	—	—	—
Sospel	549	—	—	—	L	—	🎿	—	—

Tourrettes-sur-Loup	564	—	—	R	L	—	🎿	—	—
Vence	581	—	🏊	R	L	⋈	🎿	—	—
Villeneuve-Loubet	594	—	🏊	R	L	—	🎿	📷	🚐

07-ARDÈCHE 🄹🄵🄶

	Page	Permanent	🏊	Restauration	Location	⋈	🎿	📷	🚐
Andance	88	—	—	R	L	—	🎿	—	🚐
Annonay	95	—	—	—	—	—	🎿	—	—
ARDÈCHE (Gorges de l')	100	—	—	—	—	—	—	—	—
Balazuc	100	—	—	R	L	—	—	—	—
Chauzon	101	—	🏊	R	L	⋈	🎿	—	—
Lagorce	103	—	—	R	L	—	🎿	—	—
Laurac-en-Vivarais	103	—	—	—	L	—	🎿	—	—
Montréal	103	—	—	R	L	—	🎿	—	—
Orgnac-l'Aven	103	—	—	—	L	⋈	🎿	—	—
Pradons	103	—	—	—	L	—	🎿	—	—
Ruoms	104	P	🏊	R	L	⋈	🎿	📷	🚐
St-Alban-Auriolles	105	—	—	R	L	⋈	🎿	📷	—
St-Martin-d'Ardèche	106	—	—	R	L	⋈	🎿	📷	—
St-Maurice-d'Ardèche	106	—	🏊	R	L	—	🎿	—	—
St-Maurice-d'Ibie	106	—	—	R	L	—	—	—	—
St-Remèze	106	—	—	R	L	—	🎿	—	🚐
Vagnas	107	—	🏊	—	—	—	—	—	—
Vallon-Pont-d'Arc	107	—	🏊	R	L	⋈	🎿	📷	🚐
Asperjoc	118	—	🏊	R	L	—	—	—	🚐
Aubenas	119	—	—	R	L	⋈	🎿	—	—
Beauchastel	137	—	—	—	—	—	🎿	—	🚐
Berrias-et-Casteljau	146	—	—	R	L	⋈	🎿	—	🚐
Bessas	147	—	🏊	—	L	—	🎿	—	—
Casteljau	184	—	—	R	L	⋈	🎿	—	—
Chassiers	201	—	—	R	L	⋈	🎿	—	—
Le Cheylard	210	—	—	—	—	—	—	—	—
Cruas	236	—	—	—	L	—	🎿	📷	—
Darbres	239	—	—	R	L	—	🎿	—	—
Eclassan	248	—	🏊	R	L	—	🎿	—	🚐
Félines	258	—	—	—	L	—	🎿	—	—
Grospierres	283	—	🏊	—	L	—	🎿	—	—
Issarlès (Lac d')	296	—	—	—	—	—	—	—	—
Jaujac	298	—	—	—	L	—	🎿	—	—
Joannas	299	—	🏊	R	L	⋈	🎿	—	—
Joyeuse	300	—	—	R	L	⋈	🎿	—	—
Lablachère	303	—	—	—	L	⋈	🎿	—	🚐
Lalouvesc	306	—	—	—	L	⋈	—	—	—
Lamastre	307	—	—	R	L	—	—	—	—
Lavillatte	315	—	—	—	—	—	—	—	—
Maison-Neuve	334	—	—	—	L	⋈	🎿	—	—
Malarce-sur-la-Thines	334	—	🏊	R	L	—	—	—	—
Malbosc	334	—	—	R	—	—	—	—	—
Marcols-les-Eaux	338	—	—	—	L	⋈	—	—	—
Meyras	353	—	—	R	L	—	—	—	🚐
Montpezat-sous-Bauzon	366	—	—	—	L	⋈	—	—	—
Les Ollières-sur-Eyrieux	389	—	—	—	L	—	🎿	—	—
Payzac	396	—	—	—	L	—	—	—	—
Privas	427	—	—	—	—	⋈	🎿	📷	—
Ribes	441	—	—	—	L	⋈	—	—	—
Rosières	451	—	🏊	R	L	⋈	🎿	—	🚐
Sablières	459	P	🏊	R	L	⋈	🎿	—	—
St-Agrève	460	—	🏊	—	L	⋈	—	—	—
St-Cirgues-en-Montagne	470	—	—	R	L	⋈	—	—	—
St-Etienne-de-Lugdarès	474	—	—	—	—	—	—	—	—

	Page	Permanent	Restauration	Location					
St-Fortunat-sur-Eyrieux	476	—	—	—	—	🔪	—	—	—
St-Jean-de-Muzols	494	—	—	L	—	🛶	—	—
St-Jean-le-Centenier	495	—	—	L	—	—	🚐	—
St-Julien-en-St-Alban	497	—	—	R	—	🛶	—	🏕
St-Just	498	—	—	L	—	🛶	—	🏕
St-Lager-Bressac	498	—	—	—	—	🔪	🛶	—	—
St-Laurent-du-Pape	500	—	—	R	—	🔪	🛶	—	—
St-Laurent-les-Bains	500	—	🛎	—	—	🔪	—	—	—
St-Martial	503	—	—	L	🔪	—	—	—
St-Sauveur-de-Cruzières	517	—	—	L	—	🛶	—	—
St-Sauveur-de-Montagut	517	—	—	R	L	—	🛶	—	—
St-Thomé	520	—	—	R	L	—	—	—	—
St-Vincent-de-Barrès	522	—	—	R	L	🔪	🛶	—	—
Satillieu	535	—	—	R	—	—	—	—	🏕
Tournon-sur-Rhône	563	—	—	R	L	—	🛶	—	—
Ucel	572	—	🛎	R	L	🔪	🛶	🚐	🏕
Les Vans	578	P	🛎	R	L	—	🛶	—	—
Vion	597	—	—	L	—	🛶	—	—
Viviers	599	—	—	L	🔪	🛶	—	🏕
Vogüé	599	—	—	R	L	🔪	🛶	—	🏕

08-ARDENNES ② ⑦

	Page	Permanent	Restauration	Location					
Attigny	119	—	—	—	—	🔪	—	—	🏕
Bourg-Fidèle	161	—	—	—	—	—	—	—
Le Chesne	209	P	—	—	—	🔪	—	—
Douzy	247	—	—	—	L	🔪	—	—
Haulmé	287	P	—	—	—	🔪	—	—
Juniville	301	—	—	R	—	—	🛶	—
Les Mazures	348	P	—	—	L	🔪	—	🏕
Mouzon	371	—	—	—	—	🏕	🛶	—
Sedan	539	—	—	—	—	🔪	—	—
Signy-l'Abbaye	545	—	—	—	—	🔪	—	—

09-ARIÈGE ⑭ ⑮

	Page	Permanent	Restauration	Location					
Aigues-Vives	79	P	🛎	—	L	—	🛶	🚐	🏕
Albiès	83	P	—	—	—	—	—	—	🏕
Aston	119	—	—	R	L	🔪	—	—
Augirein	121	—	—	R	L	—	—	🏕
Aulus-les-Bains	121	—	—	R	L	🔪	—	—
Ax-les-Thermes	126	P	—	—	—	—	—	—
La Bastide-de-Sérou	134	—	—	R	L	—	🛶	—
Cos	228	P	—	—	—	🔪	🛶	—	—
Durfort	247	P	—	R	L	—	🛶	—	—
Foix	262	—	—	—	—	🔪	🛶	—	🏕
L'Hospitalet-près-l'Andorre	290	—	—	—	—	🔪	—	—
Lavelanet	315	—	—	—	L	—	🛶	—
Léran	317	—	—	R	L	—	—	—
Mauvezin-de-Prat	346	—	—	—	—	—	—	—
Mazères	347	—	—	—	L	🔪	🛶	🏕
Mérens-les-Vals	351	P	—	—	—	—	—	🏕
Ornolac-Ussat-les-Bains	392	P	—	R	L	—	—	🏕
Oust	393	P	—	—	L	🔪	🛶	🏕
Le Pla	403	P	—	—	L	🔪	🏕	🚐	🏕
Rieux-de-Pelleport	441	—	—	—	L	—	🛶	🏕
St-Girons	482	—	—	R	L	🔪	🛶	—

	Page	Permanent	Restauration	Location					
Seix	539	—	—	L	—	—	—
Sorgeat	549	P	🛎	—	L	—	—	—	🏕
Tarascon-sur-Ariège	554	P	—	R	L	—	🛶 🚐	—
Le Trein-d'Ustou	569	P	—	—	—	🔪	—	—
Verdun	582	P	—	—	—	—	—	—
Vicdessos	587	P	—	L	—	🛶	—	—

10-AUBE ⑥ ⑦

	Page	Permanent	Restauration	Location					
Arcis-sur-Aube	100	—	—	—	—	—	—	🏕
Bar-sur-Aube	134	—	—	—	—	—	—	—
Dienville	241	—	—	R	L	🔪	—	🚐	🏕
Ervy-le-Châtel	252	—	—	—	—	—	—	—
Géraudot	273	—	—	—	—	—	—	—
Radonvilliers	432	—	—	—	—	🔪	—	—
St-Hilaire-sous-Romilly	486	—	🛎	R	L	🔪	—	🏕
Soulaines-Dhuys	551	—	—	—	—	🔪	—	🏕
Troyes	571	—	—	—	—	—	🚐	—

11-AUDE ⑮

	Page	Permanent	Restauration	Location					
Axat	126	—	🛎	—	L	—	🚐	—
Belcaire	142	—	—	—	—	🔪	—	—
Belflou	142	—	🛎	R	L	—	—	—
Brousses-et-Villaret	167	—	🛎	R	—	🛶	—	🏕
Cahuzac	172	P	🛎	R	L	—	—	—
Campagne-sur-Aude	174	—	—	R	L	—	🛶 🚐	—
Camurac	174	—	🛎	R	L	🔪	—	—
Carcassonne	179	—	—	R	L	🔪	🛶 🚐	—
Lagrasse	305	—	—	—	—	—	—	🏕
Lézignan-Corbières	319	—	—	R	L	🔪	—	🏕
Mirepeisset	358	—	—	R	L	🔪	🛶	🏕
Montclar	363	—	🛎	R	L	—	🛶	🏕
Narbonne	377	—	—	R	L	🔪	🛶	🏕
Nébias	378	—	🛎	R	L	🔪	—	—
Puivert	428	—	—	—	—	🔪	—	—
Quillan	431	—	—	—	—	🛶	—	🏕
Rennes-les-Bains	438	—	—	—	—	—	—	🏕
Saissac	528	—	—	—	—	🔪	—	🏕
Sallèles-d'Aude	529	—	—	—	—	🔪	—	🏕
Sigean	545	P	—	R	L	🔪	—	—
Trèbes	566	—	—	R	—	🔪	🛶	🏕
Villefort	592	—	🛎	R	L	🔪	🛶	🏕
Villepinte	594	—	—	—	—	🔪	—	—

12-AVEYRON ⑮

	Page	Permanent	Restauration	Location					
Alrance	85	—	—	—	—	—	—	—
Arvieu	117	—	—	L	🔪	—	🏕
Belmont-sur-Rance	144	—	—	—	🔪	🛶	—
Brusque	168	—	—	R	🔪	—	—
Camarès	173	—	—	R	L	🔪	—	—
Canet-de-Salars	175	P	—	R	L	🔪	🛶	🏕
Capdenac-Gare	177	—	—	R	L	🔪	—	—
Conques	218	—	—	R	—	🛶 🚐	🏕
Decazeville	240	—	—	R	—	🔪	—	—
Entraygues-sur-Truyère	250	—	—	—	🔪	🛶	🏕

The column headers for each table are: Page | Permanent | 🏊 | Restauration | Location | 🞕 (ou) | 🍴 | 🎾 (ou) | 🚲 | ⛺

	Page	Permanent	🏊	Restauration	Location	🞕	🍴	🎾	🚲	⛺
Espalion	253	—		—	L	🍴	🎾	—		—
Le Fel	258	—		—	R	—	🍴	—		—
Golinhac	275	—	🏊	—	L	—	🎾	—		—
Laguiole	306	—		—	—	🍴	🎾	—		🚲
Martiel	340	—		—	—	L	—	🎾	—		🚲
Millau	356	—		—	R	L	🞕	🎾	🚲	—
Mostuéjouls	369	—		—	—	—	—	—		—
Najac	374	—		R	L	🍴	🎾	—		🚲
Nant	375	—	🏊	R	L	🍴	🎾	🚲	—
Naucelle	378	—		R	—	—	—	—		—
Le Nayrac	378	—		—	—	🍴	—	—		—
Pons	417	—		—	L	🍴	—	—		🚲
Pont-de-Salars	418	—		R	L	—	🎾	—		🚲
Recoules-Prévinquières	438	—		—	L	🍴	—	—		🚲
Rignac	442	—		—	—	🍴	🎾	—		🚲
Rivière-sur-Tarn	443	—		R	L	🍴	🎾	🚲	—
Rodez	447	—		—	—	—	—	—		🚲
St-Amans-des-Cots	461	—		R	L	🍴	🎾	—		🚲
St-Geniez-d'Olt	477	—		R	L	🍴	🎾	🚲	—
St-Rome-de-Tarn	516	—		R	L	🞕	🎾	—		🚲
St-Symphorien-de-Th..	520	—		R	—	🍴	—	—		🚲
St-Victor-et-Melvieu	522	—		—	—	—	—	—		🚲
Salles-Curan	530	—		R	L	—	🎾	—		🚲
Sénergues	541	—		—	L	—	—	—		🚲
Sévérac-l'Église	544	—		R	L	🍴	—	—		🚲
Thérondels	557	—		R	L	🍴	—	—		🚲
Le Truel	571	—		—	—	🍴	🎾	—		🚲
Villefranche-de-Rouergue	592	—		—	—	—	🎾	—		🚲

13-BOUCHES-DU-RHÔNE 16

	Page	Permanent	🏊	Restauration	Location	🞕	🍴	🎾	🚲	⛺
Aix-en-Provence	81	P		—	R	L	—	🎾	🚲	—
Arles	114	—		—	R	L	🍴	🎾	—	
Ceyreste	192	—		—	—	L	—	—	🚲	—
Châteaurenard	203	—		—	—	—	🞕	🎾	—	
La Ciotat	211	—		—	R	L	—	—	—	
La Couronne	230	—		—	—	L	—	—	—	
Fontvieille	263	—		—	—	—	—	🎾	—	🚲
Gémenos	272	—		—	R	—	🍴	🎾	—	🚲
Graveson	281	—		—	—	—	🍴	🎾	—	🚲
Mallemort	335	—		—	—	—	🍴	🎾	🚲	🚲
Maussane-les-Alpilles	346	—		—	—	—	🍴	🎾	🚲	🚲
Noves	384	P		—	R	L	—	🎾	—	🚲
Mouriès	370	—	🏊	—	—	—	—	—	—	🚲
Peynier	400	—		—	—	—	—	🎾	—	
Le Puy-Ste-Réparade	429	—		—	—	—	🎾	🞕	—	
La Roque-d'Anthéron	450	P		—	R	L	🍴	🎾	—	🚲
St-Étienne-du-Grès	474	—		—	—	—	—	—	—	🚲
St-Rémy-de-Provence	515	—		—	—	L	🍴	🎾	🚲	🚲
Stes-Maries-de-la-Mer	527	—		—	R	L	🍴	🎾	🚲	—
Salon-de-Provence	531	—		—	R	L	—	🎾	—	🚲
Tarascon	554	—		—	—	—	—	—	—	🚲

14-CALVADOS 4 5

	Page	Permanent	🏊	Restauration	Location	🞕	🍴	🎾	🚲	⛺
Arromanches-les-Bains	116	—		—	—	—	🞕	—	—	
Bayeux	136	—		—	—	—	—	🎾	—	🚲
Bernières-sur-Mer	146	—		R	L	🍴	🎾	—	

	Page	Permanent	🏊	Restauration	Location	🞕	🍴	🎾	🚲	⛺
Blangy-le-Château	152	—		—	R	—	🍴	🎾	🚲	—
Colleville-sur-Mer	214	—		—	R	L	—	—	🚲	—
Condé-sur-Noireau	217	—		—	—	—	🞕	🎾	—	
Courseulles-sur-Mer	230	—		—	R	L	—	🎾	🚲	—
Creully	233	—		—	—	—	—	🎾	—	🚲
Deauville	240	—		—	R	L	—	🎾	—	🚲
Dives-sur-Mer	243	—		—	—	—	—	—	—	
Étréham	255	—	🏊	R	L	—	🎾	—	🚲
Falaise	257	—		—	—	—	—	🎾	—	
Grandcamp-Maisy	277	—		—	R	—	🍴	—	—	🚲
Honfleur	290	—		—	R	L	🍴	🎾	🚲	—
Houlgate	291	—		—	R	L	🞕	🎾	🚲	—
Isigny-sur-Mer	294	—		—	—	L	🍴	🎾	🚲	—
Luc-sur-Mer	329	—		—	—	L	🍴	🎾	🚲	—
Martragny	341	—	🏊	R	—	—	🎾	—	
Merville-Franceville-P.	351	—		—	R	L	—	—	—	🚲
Moyaux	371	—	🏊	R	—	🍴	🎾	🚲	—
Orbec	390	—		—	—	—	🞕	—	—	🚲
Ouistreham	392	—		—	—	—	—	🎾	—	
Pont-Farcy	419	—		—	—	—	—	—	—	🚲
Pont-l'Évêque	419	—		—	—	—	—	—	—	🚲
St-Aubin-sur-Mer	464	—		—	R	L	🍴	🎾	🚲	—
Thury-Harcourt	560	—		—	—	—	🍴	🞕	🚲	—
Tracy-sur-Mer	565	—		—	—	—	—	—	—	🚲
Trévières	570	—		—	—	—	—	—	—	🚲
Vierville-sur-Mer	589	—		—	—	—	—	—	🚲	—

15-CANTAL 10 11 15

	Page	Permanent	🏊	Restauration	Location	🞕	🍴	🎾	🚲	⛺
Arnac	115	P	🏊	R	L	🍴	🎾	—	🚲
Arpajon-sur-Cère	115	—		—	—	—	🎾	—	—	🚲
Aurillac	123	—		—	—	—	—	—	—	🚲
Cassaniouze	183	—		—	—	L	—	—	—	🚲
Champs-sur-Tarentaine	197	—		—	—	L	🍴	🎾	—	🚲
Chaudes-Aigues	207	—		—	—	—	—	—	—	🚲
Faverolles	258	—		—	—	—	—	—	—	🚲
Ferrières-St-Mary	259	—		—	—	—	—	—	—	🚲
Fontanges	262	—		—	—	—	🎾	—	—	
Jaleyrac	297	—		—	R	L	—	🎾	—	🚲
Jussac	301	—		—	—	—	—	🎾	—	🚲
Lacapelle-Viescamp	304	—		—	R	L	—	🎾	—	
Lanobre	310	—		—	—	L	—	—	—	🚲
Madic	333	—		—	—	—	—	—	—	
Massiac	342	—		—	R	—	🎾	🞕	—	🚲
Mauriac	346	—		—	R	L	—	🞕	—	🚲
Maurs	346	—		—	—	—	🎾	🞕	—	🚲
Montsalvy	367	—		—	—	—	—	🎾	—	🚲
Murat	372	—		—	—	—	—	—	—	
Neuvéglise	380	—		—	—	L	🍴	🎾	🚲	—
Pers	399	—		—	—	—	—	—	—	🚲
Pleaux	404	—		—	—	L	—	—	—	🚲
Riom-ès-Montagnes	442	—		—	—	L	—	—	—	🚲
Saignes	459	—		—	—	—	🞕	—	—	🚲
St-Amandin	460	—		—	R	L	🎾	🞕	—	🚲
St-Flour	476	—		—	—	—	—	—	—	🚲
St-Gérons	480	—	🏊	R	L	🍴	🎾	—	🚲
St-Jacques-des-Blats	486	—		—	—	—	🎾	—	—	🚲
St-Just	498	—		—	R	L	🍴	🎾	—	🚲
St-Mamet-la-Salvetat	503	—		—	—	L	🞕	🎾	—	🚲
St-Martin-Cantalès	504	—	🏊							

	Page	Permanent	🐕	Restauration	Location	✂	🏊	🚿	🏠
St-Martin-Valmeroux	505			—	—	✂	🏊	—	🏠
Salers	528			—	—	✂	—	—	—
Thiézac	558			—	—	✂	—	—	🏠
Trizac	571			—	L	—	—	—	—
Vic-sur-Cère	588			R	L	✂	🏊	—	🏠

16-CHARENTE 🟨 9 10

	Page	Permanent	🐕	Restauration	Location	✂	🏊	🚿	🏠
Angoulême	92			—	—	✂	🏊	🚿	—
Aunac	121		🐕	—	—	—	—	—	—
Cognac	214			R	—	—	🏊	🚿	🏠
Le Lindois	320	P	🐕	R	—	—	—	—	🏠
Mansle	337			—	—	—	—	🚿	—
Montbron	362		🐕	R	—	✂	🏊	—	—
Pressignac	426			R	—	—	—	—	—
Sireuil	547			R	L	✂	🏊	—	—

17-CHARENTE-MARITIME 🟨 9

	Page	Permanent	🐕	Restauration	Location	✂	🏊	🚿	🏠
Aigrefeuille-d'Aunis	78			—	L	—	🏊	—	—
Andilly	88			—	—	—	—	—	—
Archiac	100			—	—	✂	🏊	—	—
Arvert	117			—	L	✂	—	—	—
Benon	145			—	—	✂	—	—	—
Bourcefranc-le-Chapus	157			R	—	—	—	—	—
Breuillet	165			—	—	🏊	—	—	🏠
Cadeuil	170	P		R	L	—	—	—	🏠
Charron	200			—	—	✂	—	—	—
Châtelaillon-Plage	204			—	—	🏊	—	—	🏠
Chevanceaux	209			—	—	🏊	—	—	—
Cozes	231			—	—	✂	—	—	—
Dampierre-sur-Boutonne	238			—	—	—	—	—	🏠
Dompierre-sur-Charente	245			—	—	✂	—	—	—
Fouras	265	P		R	—	☒	🏊	—	—
Gémozac	272			—	—	☒	🏊	—	—
Genouillé	273			—	—	—	—	—	—
Jonzac	299			—	—	—	🏊	—	🏠
Landrais	309			—	—	—	—	—	—
Marans	337			—	—	—	🏊	—	🏠
Les Mathes	343			R	L	✂	🏊	🚿	🏠
Médis	348			R	L	—	🏊	🚿	🏠
Meschers-sur-Gironde	351			R	L	✂	🏊	—	🏠
Mosnac	369			—	—	—	—	—	🏠
OLÉRON (Île d')	385			—	—	—	—	—	—
La Brée-les-Bains	385			R	L	✂	—	—	🏠
Le Château-d'Oléron	385		🐕	R	L	✂	🏊	—	—
La Cotinière	386			R	—	—	🏊	—	🏠
Dolus-d'Oléron	387			R	L	—	—	🚿	—
St-Denis-d'Oléron	387			—	L	✂	—	—	—
St-Georges-d'Oléron	387			R	L	✂	🏊	🚿	—
St-Pierre-d'Oléron	388	P		R	L	✂	🏊	🚿	—
St-Trojan-les-Bains	388			R	L	✂	—	—	—
Pons	417			—	—	—	🏊	—	—
Pont-l'Abbé-d'Arnoult	419			—	—	✂	🏊	—	🏠
RÉ (Île de)	434			—	—	—	—	—	—
Ars-en-Ré	434			R	L	✂	🏊	🚿	🏠
Le Bois-Plage-en-Ré	434			R	L	✂	🏊	🚿	—
La Couarde-sur-Mer	434			—	L	—	🏊	—	🏠
La Flotte	434			R	L	✂	🏊	—	—

	Page	Permanent	🐕	Restauration	Location	✂	🏊	🚿	🏠
Loix-en-Ré	436			R	L	✂	🏊	🚿	🏠
Les Portes-en-Ré	436			—	L	✂	—	—	—
St-Clément-des-B.	437			—	L	—	—	—	—
St-Martin-de-Ré	437			—	—	—	—	—	🏠
Rochefort	445	P		—	L	✂	🏊	—	—
La Rochelle	445	P		R	L	☒	🏊	🚿	🏠
Ronce-les-Bains	448			R	L	✂	🏊	—	🏠
La Ronde	449			—	—	—	🏊	—	—
Royan	454			R	L	✂	🏊	🚿	🏠
St-Augustin-sur-Mer	464			R	L	✂	🏊	🚿	—
St-Christophe	469			—	—	✂	—	—	—
St-Georges-de-Didonne	478	P		R	L	✂	—	—	—
St-Jean-d'Angély	487			—	L	—	—	🚿	—
St-Just-Luzac	498			R	L	✂	🏊	🚿	🏠
St-Laurent-de-la-Prée	500			—	L	—	🏊	—	🏠
St-Nazaire-sur-Charente	507			—	L	—	🏊	🚿	—
St-Palais-sur-Mer	508			R	L	✂	🏊	—	—
St-Romain-de-Benet	516			—	—	—	—	—	—
St-Savinien	518			—	L	✂	🏊	—	—
St-Seurin d'Uzet	519			—	—	✂	—	—	—
St-Sornin	519			—	—	—	—	—	—
Saintes	527			R	—	—	🏊	—	—
Thors	559			R	—	—	—	—	🏠
Vergeroux	583			—	—	✂	—	—	—

18-CHER 🟨 6 10 11

	Page	Permanent	🐕	Restauration	Location	✂	🏊	🚿	🏠
Aubigny-sur-Nère	120			—	—	✂	🏊	—	—
Bourges	160			—	—	✂	🏊	—	🏠
La Chapelle-d'Angillon	199			—	—	—	—	—	—
Châteaumeillant	202			—	L	—	—	—	🏠
La Guerche-sur-l'Aubois	285			—	L	—	—	—	🏠
Henrichemont	289			—	—	—	—	—	—
Jars	298			—	L	✂	—	—	—
Nançay	375	P		—	—	—	—	—	—
Oizon	385			R	—	✂	—	—	—
St-Amand-Montrond	461			—	—	—	—	—	—
St-Satur	517			—	L	☒	🏊	—	🏠
Ste-Montaine	526			—	—	✂	—	—	—
Vierzon	589			—	—	—	—	—	🏠

19-CORRÈZE 🟨 10 13

	Page	Permanent	🐕	Restauration	Location	✂	🏊	🚿	🏠
Argentat	113			R	L	✂	🏊	—	—
Aubazine	119			R	L	✂	—	🚿	—
Auriac	122			—	L	—	—	—	🏠
Beaulieu-sur-Dordogne	138			—	—	✂	—	—	—
Beynat	148			R	L	✂	🏊	—	—
Bort-les-Orgues	155		🐕	R	—	—	—	—	—
Camps	174			R	L	✂	—	—	—
Chamberet	194			—	—	—	—	—	🏠
Chauffour-sur-Vell	207		🐕	—	L	—	🏊	—	—
Corrèze	220			—	L	✂	—	—	—
Donzenac	246			—	—	✂	🏊	—	—
Liginiac	319			R	L	✂	—	—	🏠
Lissac-sur-Couze	321			R	L	✂	—	—	—
Marcillac-la-Croisille	338			—	L	✂	—	—	—
Masseret	342			—	L	✂	🏊	—	—
Meymac	353			—	L	—	—	—	—

Meyssac → Viam

	Page	Permanent	Restauration	Location	🏊	🏊	🎾	📷	🏕
Meyssac	355	–	–	L	⚹	⚔	–	–	🔲
Neuvic	380	–	–	R	L	⚹	–	–	🔲
Palisse	394	–	⚘	R	L	⚹	⚔	–	🔲
Reygades	440	–	⚘	–	L	–	⚔	–	🔲
La Roche-Canillac	444	–	⚘	–	L	⚹	–	–	🔲
St-Pantaléon-de-Lapleau	509	P	–	R	–	⚹	–	–	–
St-Pardoux-Corbier	509	–	–	–	⚹	–	–	–	–
St-Salvadour	516	–	–	–	–	–	–	–	–
St-Sornin-Lavolps	519	–	–	L	⚹	–	–	–	–
Seilhac	539	–	–	R	–	⚹	–	–	🔲
Soursac	552	–	–	R	L	–	–	–	–
Tarnac	554	–	–	–	⚹	–	–	–	🔲
Treignac	569	–	–	R	–	–	–	📷	🔲
Tulle	571	–	⚘	–	⚹	⚔	–	–	–
Ussel	573	–	–	R	L	⚹	–	–	–
Uzerche	573	–	–	–	L	⚹	–	–	–
Viam	586	–	–	–	–	–	–	–	🔲

2A-CORSE-DU-SUD 🔢

	Page	Permanent	Restauration	Location	🏊	🏊	🎾	📷	🏕
Ajaccio	220	–	–	R	L	–	–	–	–
Belvédère-Campomoro	221	–	–	–	L	–	–	–	–
Bonifacio	221	–	⚘	R	L	⚹	⚔	📷	🔲
Carbuccia	222	P	⚘	R	L	–	–	–	–
Cargèse	222	–	–	R	L	⚹	–	–	–
Évisa	223	–	–	R	–	–	–	–	–
Favone	223	–	–	R	–	–	–	–	–
La Liscia (Golfe de)	223	–	–	R	L	–	–	–	–
Olmeto	224	–	–	R	L	–	–	–	🔲
Osani	224	–	⚘	R	–	–	–	–	–
Piana	224	–	–	–	–	–	–	–	–
Pianottoli-Caldarello	224	–	⚘	R	–	–	–	–	🔲
Pinarellu	225	–	⚘	R	–	⚹	–	📷	–
Porticcio	225	–	–	R	L	⚹	⚔	📷	🔲
Portigliolo	225	–	⚘	R	L	⚹	–	–	🔲
Porto	225	–	–	R	L	–	–	–	–
Porto-Vecchio	226	–	–	R	L	–	⚔	–	🔲
Ruppione (plage de)	226	–	–	R	L	–	–	–	–
Ste-Lucie-de-Porto-V.	227	P	–	R	L	–	⚔	📷	🔲
Serra-di-Ferro	227	–	–	R	–	–	–	–	–
Solenzara	227	–	–	R	L	–	–	–	🔲
Sotta	227	–	–	–	L	–	–	–	🔲
Tiuccia	227	P	⚘	R	L	–	–	–	–
Vico	228	–	–	R	L	–	⚔	📷	🔲

2B-HAUTE-CORSE 🔢

	Page	Permanent	Restauration	Location	🏊	🏊	🎾	📷	🏕
Aléria	220	–	–	R	L	⚹	–	📷	–
Algajola	220	–	–	R	–	–	–	–	–
Bastia	220	–	–	R	–	⚹	–	–	–
Calvi	222	–	⚘	R	L	⚹	⚔	📷	–
Farinole (Marine de)	223	–	–	R	L	⚹	–	–	–
Ghisonaccia	223	–	–	R	L	⚹	⚔	📷	–
L'Île-Rousse	223	–	–	R	L	–	–	–	–
Lozari	223	–	–	R	L	⚹	⚔	–	–
Moriani-Plage	224	–	–	R	L	–	–	–	🔲
Pietracorbara	224	–	–	–	L	⚹	–	–	🔲
St-Florent	227	–	–	R	L	–	⚔	–	–
Vivario	228	–	–	–	–	–	–	📷	–

21-CÔTE-D'OR 🔢 🔢 🔢

	Page	Permanent	Restauration	Location	🏊	🏊	🎾	📷	🏕
Arnay-le-Duc	115	P	–	–	–	⚹	–	–	🔲
Beaune	140	P	–	R	–	⚹	–	–	🔲
Châtillon-sur-Seine	206	–	–	R	–	–	⚔	–	🔲
Marcenay	337	–	–	R	–	–	–	–	–
Montbard	362	–	–	L	⚹	⚔	–	–	🔲
Nolay	383	–	–	–	⚹	–	–	–	🔲
Pouilly-en-Auxois	423	–	–	–	–	–	–	–	–
Précy-sous-Thil	425	–	–	L	⚹	–	–	–	🔲
Premeaux-Prissey	425	–	–	–	⚹	–	–	–	–
Riel-les-Eaux	441	–	–	–	–	–	–	–	🔲
Santenay	532	–	–	R	–	⚹	⚔	📷	–
Saulieu	535	–	–	L	⚹	⚔	–	–	–
Selongey	540	–	–	–	⚹	–	–	–	–
Semur-en-Auxois	540	–	–	R	–	⚹	–	–	🔲
Vandenesse-en-Auxois	578	–	–	R	L	–	⚔	–	🔲
Venarey-les-Laumes	581	–	–	–	⚹	–	–	–	🔲

22-CÔTES-D'ARMOR 🔢 🔢

	Page	Permanent	Restauration	Location	🏊	🏊	🎾	📷	🏕
Allineuc	85	–	–	R	–	–	–	–	–
Binic	150	–	–	–	L	–	⚔	–	🔲
Callac	172	–	–	–	⚹	–	📷	–	
Caurel	187	–	–	R	–	⚹	⚔	📷	–
Châtelaudren	205	–	–	–	–	–	–	–	–
Dinan	242	–	⚘	R	L	🔲	⚔	📷	🔲
Erquy	251	–	⚘	R	L	⚹	⚔	📷	🔲
Étables-sur-Mer	254	–	–	R	L	–	⚔	📷	–
Jugon-les-Lacs	300	–	–	L	⚹	⚔	📷	–	
Lancieux	308	–	–	–	⚹	–	–	–	–
Lanloup	309	–	–	L	⚹	🔲	–	–	🔲
Lannion	310	–	–	L	–	–	📷	–	
Matignon	344	–	–	🔲	–	📷	–		
Merdrignac	350	–	–	L	🔲	⚔	📷	–	
Mur-de-Bretagne	372	–	–	R	–	–	–	–	–
Paimpol	394	–	–	R	–	–	–	–	🔲
Perros-Guirec	399	–	–	R	L	🔲	⚔	📷	🔲
Plancoët	404	–	–	–	–	–	–	–	🔲
Planguenoual	404	–	–	–	–	–	–	–	–
Pléhédel	404	–	–	–	⚹	–	–	–	–
Plélo	404	–	–	L	⚹	🔲	–	–	🔲
Pléneuf-Val-André	405	–	–	R	L	–	–	–	–
Plestin-les-Grèves	405	–	–	L	–	–	📷	–	
Pleubian	405	–	⚘	R	L	–	⚔	–	–
Pleumeur-Bodou	405	–	⚘	–	–	📷	–		
Pléven	405	–	–	–	⚹	–	–	–	–
Ploubazlanec	409	P	⚘	L	–	–	–	–	–
Plouézec	409	–	⚘	–	L	–	⚔	📷	🔲
Plougrescant	411	P	–	R	L	–	–	📷	🔲
Plouguernével	412	–	⚘	–	L	–	–	–	–
Plouha	412	–	–	L	⚹	⚔	📷	🔲	
Plurien	414	–	–	–	–	–	–	–	–
Pontrieux	420	P	–	–	–	–	–	–	–
Pordic	420	–	⚘	R	L	–	–	–	🔲
St-Alban	460	–	–	–	⚹	–	–	–	–
St-Brieuc	468	–	–	R	L	🔲	⚔	📷	🔲
St-Cast-le-Guildo	468	–	⚘	R	L	🔲	🔲	📷	🔲
St-Jacut-de-la-Mer	487	–	–	–	⚹	–	–	–	–

	Page	Permanent	🍃	Restauration	Location	✕	⌿	🏠	⌂
St-Michel-en-Grève	506	—	—	R	L	✕	⌿	🏠	⌂
Trébeurden	567	—	—	—	L	—	—	—	⌂
Trégastel	568	—	—	R	L	✕	—	🏠	—
Trélévern	569	—	—	R	L	—	⌿🏠		⌂
Trévou-Tréguignec	570	—	—	R	—	—	—	—	⌂

23-CREUSE 🔟

	Page	Permanent	🍃	Restauration	Location	✕	⌿	🏠	⌂
Anzême	96	—	—	—	—	✕	—	—	—
Bourganeuf	158	—	—	—	—	—	—	—	⌂
Le Bourg-d'Hem	159	—	—	—	—	—	—	—	—
Boussac-Bourg	162	—	—	R	L	—	⌿🏠		—
Bussière-Dunoise	170	—	—	—	—	—	—	—	⌂
La Celle-Dunoise	190	—	—	—	—	✕	—	—	—
Chambon-sur-Voueize	195	—	—	—	—	✕	—	—	—
Châtelus-Malvaleix	205	—	—	—	—	✕	—	—	—
Chénérailles	209	—	—	—	—	—	—	—	—
Crozant	235	—	—	—	—	—	—	—	—
Dun-le-Palestel	247	—	—	—	—	—	—	—	—
Évaux-les-Bains	255	—	—	—	L	✕	◪	—	⌂
Felletin	259	🍃	—	—	—	—	⌿	—	⌂
Guéret	285	—	—	—	—	—	—	🏠	⌂
Royère-de-Vassivière	455	—	—	R	L	✕	⌿	—	⌂
St-Vaury	521	—	—	—	—	—	—	—	—
La Souterraine	552	P	—	R	—	—	—	🏠	⌂

24-DORDOGNE 9️⃣ 🔟 1️⃣3️⃣ 1️⃣4️⃣

	Page	Permanent	🍃	Restauration	Location	✕	⌿	🏠	⌂
Abjat-sur-Bandiat	76	—	🍃	R	L	✕	⌿	—	⌂
Alles-sur-Dordogne	84	—	—	R	—	—	⌿🏠		—
Angoisse	92	—	—	R	—	✕	—	—	⌂
Badefols-sur-Dordogne	127	—	—	R	L	✕	⌿	—	⌂
Beaumont	139	—	—	R	L	✕	⌿	—	⌂
Belvès	144	—	🍃	R	L	✕	◪	—	⌂
Bergerac	146	P	—	—	—	—	—	🏠	—
Beynac-et-Cazenac	148	—	—	R	—	✕	⌿	—	—
Biron	151	—	—	R	L	✕	⌿	—	⌂
Brantôme	163	—	—	—	—	✕	—	—	—
Le Bugue	168	—	🍃	—	L	—	⌿🏠		⌂
Le Buisson-Cussac	169	—	🍃	R	L	✕	⌿	—	⌂
Cadouin	171	—	—	—	—	—	—	—	—
Campagne	174	—	—	R	L	—	—	—	⌂
Carsac-Aillac	183	—	—	—	—	—	⌿	—	⌂
Castelnaud-la-Chapelle	186	—	🍃	R	L	—	⌿	—	⌂
Cazoulès	190	—	—	—	—	—	—	—	—
Cénac-et-St-Julien	191	—	—	—	L	—	⌿	—	⌂
Le Change	198	—	—	—	L	✕	⌿	—	⌂
La Chapelle-Aubareil	198	—	🍃	R	L	—	⌿	—	⌂
Coly	215	—	—	—	L	✕	⌿	—	—
Coux-et-Bigaroque	231	—	—	R	L	—	⌿	—	⌂
Couze-et-St-Front	231	—	—	—	—	✕	⌿🏠		—
Daglan	237	—	🍃	R	L	✕	⌿	—	⌂
Domme	245	—	—	—	—	—	—	—	⌂
Eymet	255	—	—	—	—	✕	—	—	—
Les Eyzies-de-Tayac	256	—	🍃	R	L	✕	⌿🏠		⌂
Fossemagne	264	—	—	—	—	✕	—	—	⌂
Groléjac	283	—	—	R	L	—	⌿	—	⌂

	Page	Permanent	🍃	Restauration	Location	✕	⌿	🏠	⌂
Hautefort	288	—	—	R	L	—	⌿	—	—
Lalinde	306	—	—	—	—	✕	⌿	—	—
Le Lardin-St-Lazare	312	—	—	R	L	—	⌿	—	—
Limeuil	320	—	—	—	—	—	⌿🏠		—
Maison-Jeannette	334	—	—	R	—	—	⌿	—	⌂
Marcillac-St-Quentin	338	—	🍃	R	L	—	⌿	—	⌂
Mareuil	339	—	🍃	R	—	✕	⌿	—	⌂
Ménesplet	350	—	—	L	—	—	—	—	—
Molières	359	—	🍃	R	L	—	⌿	—	⌂
Monfaucon	360	—	🍃	R	L	—	⌿	—	⌂
Monpazier	361	—	🍃	R	L	—	⌿	—	⌂
Monplaisant	361	—	—	R	—	—	—	—	⌂
Montpon-Ménestérol	366	—	—	R	—	—	—	—	—
Mouleydier	370	—	—	—	—	✕	—	—	—
Nabirat	374	—	—	L	—	—	⌿	—	⌂
Neuvic	380	—	—	—	—	✕	⌿	—	—
Nontron	383	—	—	—	—	—	⌿	—	⌂
Parcoul	395	—	—	L	✕	⌿	—		⌂
Périgueux	398	P	—	R	L	✕	⌿	—	⌂
Peyrignac	400	P	🍃	R	L	✕	—	🏠	—
Peyrillac-et-Millac	401	—	🍃	—	L	—	⌿🏠		—
Plazac	404	—	—	R	L	—	⌿	—	⌂
Ribérac	440	—	—	—	—	—	⌿	—	⌂
La Roche-Chalais	444	—	—	—	—	—	—	—	⌂
La Roque-Gageac	450	—	—	R	L	✕	⌿	—	⌂
Rouffignac	453	—	—	R	L	✕	⌿	—	⌂
St-Antoine-d'Auberoche	463	—	—	R	L	—	⌿	—	⌂
St-Antoine-de-Breuilh	463	—	—	L	—	✕	—	—	—
St-Astier	464	—	—	L	—	—	—	—	—
St-Aulaye	465	—	—	L	—	✕	—	—	—
St-Avit-de-Vialard	465	—	🍃	R	L	✕	◪🏠		⌂
St-Cirq	470	P	🍃	R	L	✕	⌿	—	⌂
St-Crépin-et-Carlucet	472	—	—	R	L	✕	⌿	—	⌂
St-Cybranet	472	—	—	R	L	—	⌿	—	⌂
St-Geniès	477	—	—	R	L	✕	⌿	—	⌂
St-Jory-de-Chalais	496	—	—	—	—	—	—	—	⌂
St-Julien-de-Lampon	497	—	—	—	—	✕	⌿	—	⌂
St-Léon-sur-Vézère	501	—	—	R	L	✕	⌿🏠		⌂
St-Martial-de-Nabirat	503	—	—	R	L	✕	◪	—	⌂
St-Rémy	514	—	—	R	L	✕	—	—	⌂
St-Saud-Lacoussière	517	—	—	R	L	✕	⌿	—	⌂
St-Seurin-de-Prats	518	—	—	R	L	—	—	—	⌂
St-Vincent-de-Cosse	522	—	—	—	—	—	⌿	—	⌂
Salignac-Eyvigues	529	—	—	L	—	—	⌿	—	⌂
Sarlat-la-Canéda	533	—	🍃	R	L	✕	◪🏠		⌂
Sigoulès	545	—	—	L	—	✕	—	—	—
Siorac-en-Périgord	546	—	—	R	—	✕	—	—	⌂
Tamniès	554	—	—	R	L	✕	⌿	—	⌂
Terrasson-la-Villedieu	556	—	—	—	—	—	⌿	—	⌂
Thenon	557	—	—	L	—	—	⌿	—	—
Thiviers	558	—	—	L	—	—	—	—	⌂
Tocane-St-Apre	560	—	—	L	—	✕	⌿	—	—
Tourtoirac	564	—	—	R	L	—	⌿🏠		⌂
Trémolat	569	—	—	R	—	✕	⌿	—	⌂
Valeuil	575	—	🍃	—	—	—	⌿	—	⌂
Verteillac	584	—	—	—	—	✕	⌿	—	—
Veyrines-de-Domme	585	—	🍃	—	L	—	⌿	—	⌂
Vézac	586	P	🍃	R	L	✕	⌿	—	⌂
Villamblard	590	—	—	—	—	—	—	—	—
Villefranche-de-Lonchat	592	—	—	R	L	✕	—	—	—
Vitrac	597	—	—	R	L	✕	⌿🏠		⌂

		Page	Permanent	🅢	Restauration	Location	✂ ou ❄	🎿 ou ⛺	(loisirs)

25-DOUBS [7] [8] [12]

	Page	Permanent	🅢	Restauration	Location	✂	🎿	❄	🚲
Les Hôpitaux-Neufs	290	—	—	—	—	✂	—	❄	—
Huanne-Montmartin	292	—	—	R	L	—	🎿	—	—
L'Isle-sur-le-Doubs	295	—	—	—	—	—	—	—	—
Labergement-Ste-Marie	303	—	—	R	—	✂	—	—	—
Levier	318	—	—	—	—	—	🎿	—	—
Maiche	333	P	—	—	L	—	—	—	—
Malbuisson	335	—	—	R	L	—	—	❄	—
Montagney	361	—	—	—	—	—	—	—	—
Morteau	368	—	—	—	—	✂	—	—	—
Ornans	391	—	—	—	L	✂	🎿	—	—
Pontarlier	417	P	—	—	L	—	—	❄	—
Quingey	431	—	—	—	—	✂	—	—	🚲
Rougemont	453	—	—	R	—	—	🎿	—	🚲
Le Russey	457	P	—	—	—	✂	—	—	🚲
St-Hippolyte	486	—	—	—	L	—	—	—	—
St-Point-Lac	513	—	—	—	—	—	—	—	—

26-DRÔME [12] [16]

	Page	Permanent	🅢	Restauration	Location	✂	🎿	❄	🚲
Albon	83	—	—	R	L	✂	🎿	❄	—
Bourdeaux	158	—	—	R	L	✂	🎿	—	🚲
Bourg-de-Péage	159	—	—	R	L	—	🎿	—	🚲
Buis-les-Baronnies	168	—	🅢	R	L	✂	🎿	—	🚲
Chabeuil	192	—	🅢	R	L	—	🎿	—	🚲
Charmes-sur-L'herbasse	200	—	—	—	—	—	—	—	—
Châteauneuf-de-Galaure	202	—	—	—	L	✂	🎿	—	—
Châteauneuf-du-Rhône	203	—	—	—	—	✂	🎿	—	—
Châtillon-en-Diois	206	—	—	R	—	—	—	—	—
Crest	233	—	—	R	L	✂	🎿	—	—
Die	240	—	—	R	L	✂	🎿	—	🚲
Dieulefit	241	—	—	R	L	✂	🎿	—	—
Grane	279	—	—	—	—	✂	🎿	—	🚲
Grignan	282	—	—	R	L	—	🎿	❄	—
Lachau	305	—	—	—	—	—	—	—	—
Lens-Lestang	316	—	—	—	—	✂	—	—	—
Lus-la-Croix-Haute	331	—	—	—	L	—	🎿	—	—
Menglon	350	—	—	R	L	—	🎿	—	🚲
Miscon	358	—	🅢	—	—	—	—	—	—
Montrigaud	367	—	—	R	—	—	🎿	—	🚲
La Motte-Chalancon	369	—	—	—	—	—	—	—	—
Nyons	384	—	—	R	—	—	—	—	—
Pierrelongue	402	—	—	—	L	—	🎿	—	—
Le Poët-Laval	414	—	—	—	—	✂	🎿	—	—
Pommerol	416	—	🅢	—	—	—	—	—	—
Recoubeau-Jansac	438	—	—	R	L	—	🎿	—	—
Romans-sur-Isère	448	—	—	R	—	❄	—	—	—
Sahune	459	—	—	R	—	—	🎿	—	—
St-Donat-sur-l'Herbasse	473	—	—	R	—	—	🎿	—	🚲
St-Ferréol-Trente-Pas	475	—	—	R	L	✂	🎿	—	—
St-Jean-en-Royans	495	—	—	—	—	✂	🎿	❄	🚲
St-Martin-en-Vercors	505	—	—	—	—	—	—	—	—
St-Nazaire-en-Royans	507	—	—	—	—	✂	—	—	🚲
St-Nazaire-le-Désert	507	—	—	R	—	✂	🎿	—	—
St-Vallier	521	—	—	—	—	✂	—	—	🚲
Tain-l'Hermitage	553	—	—	R	—	✂	🎿	❄	—
Tulette	571	—	🅢	R	L	—	🎿	—	—
Vassieux-en-Vercors	580	—	🅢	—	—	—	—	—	—
Vercheny	582	—	—	R	L	—	🎿	—	—
Vinsobres	596	P	—	R	L	✂	🎿	❄	🚲

27-EURE [5] [6]

	Page	Permanent	🅢	Restauration	Location	✂	🎿	❄	🚲
Les Andelys	88	—	🅢	—	—	—	🎿	—	🚲
Le Bec-Hellouin	141	—	🅢	—	—	✂	—	—	—
Bernay	146	—	—	—	—	✂	🎿	—	🚲
Bourg-Achard	158	—	—	R	—	—	🎿	—	🚲
Le Gros-Theil	283	P	🅢	R	—	❄	🎿	—	🚲
Louviers	328	—	—	—	L	—	🎿	—	🚲
Lyons-la-Forêt	332	—	—	—	—	✂	—	—	—
Pont-Authou	417	P	—	—	—	—	—	—	—
Poses	422	—	—	—	—	❄	—	—	—
St-Georges-du-Vièvre	479	—	—	—	—	✂	🎿	❄	🚲
St-Pierre-du-Vauvray	512	P	—	—	—	—	—	—	—
Toutainville	564	—	—	—	L	—	—	—	🚲
Verneuil-sur-Avre	584	—	—	—	—	✂	🎿	—	🚲

28-EURE-ET-LOIR [5] [6]

	Page	Permanent	🅢	Restauration	Location	✂	🎿	❄	🚲
Arrou	116	—	—	—	—	✂	—	—	🚲
La Bazoche-Gouet	137	—	—	—	—	✂	—	—	🚲
Bonneval	154	—	—	—	—	—	🎿	❄	🚲
Brou	167	—	—	—	—	✂	🎿	—	🚲
Brunelles	168	—	—	—	—	✂	—	—	—
Chartres	200	—	—	—	—	—	—	—	—
Cloyes-sur-le-Loir	213	—	—	R	L	✂	—	—	🚲
Fontaine-Simon	262	—	—	—	—	—	🎿	—	—
Illiers-Combray	294	—	—	—	L	—	🎿	—	🚲
Maintenon	333	—	🅢	—	—	✂	—	—	—
Nogent-le-Rotrou	382	—	—	—	—	✂	—	—	🚲
St-Rémy-sur-Avre	515	—	—	—	—	✂	—	—	🚲
Senonches	541	—	—	—	—	✂	🎿	—	🚲

29-FINISTÈRE [3]

	Page	Permanent	🅢	Restauration	Location	✂	🎿	❄	🚲
Arzano	117	—	🅢	R	L	✂	🎿	—	🚲
Bénodet	145	—	—	R	L	✂	🎿	❄	🚲
Brest	164	P	—	—	L	—	—	—	🚲
Brignogan-Plages	166	—	—	—	L	—	—	—	🚲
Camaret-sur-Mer	173	—	🅢	R	L	—	🎿	❄	🚲
Carantec	178	—	—	R	L	—	🎿	❄	🚲
Carhaix-Plouguer	180	—	🅢	—	—	—	—	❄	🚲
Châteaulin	202	—	—	—	—	❄	🎿	—	🚲
Cléden-Cap-Sizun	212	P	—	R	—	—	—	—	—
Cléder	213	—	—	R	L	✂	🎿	❄	🚲
Combrit	215	—	—	—	L	—	—	—	🚲
Concarneau	216	—	🅢	—	L	—	🎿	—	🚲
Le Conquet	218	—	—	—	—	—	—	❄	🚲
Crozon	235	P	🅢	R	L	—	—	❄	🚲
Douarnenez	246	—	🅢	R	L	✂	🎿	❄	🚲

	Page	Permanent	≫	Restauration	Location	✂	⚒	🏠	⌂
La Forêt-Fouesnant	263	P	–	R	L	✂	⛏	🏠	⌂
Fouesnant	264	–	≫	R	L	✂	⛏	🏠	⌂
Guilvinec	286	–	–	R	L	✂	⛏	–	–
Guimaëc	286	–	–	–	–	✂	–	🏠	–
Hanvec	287	–	–	–	–	–	–	–	–
Henvic	289	–	–	–	–	🏠	–	–	–
Huelgoat	292	–	≫	R	–	✂	⛏	🏠	⌂
Lampaul-Ploudalmézeau	308	–	–	–	–	–	–	–	–
Landéda	308	–	–	R	L	–	–	🏠	–
Landerneau	308	–	–	–	L	✂	🔲	–	–
Landudec	309	–	≫	R	L	✂	⛏	–	⌂
Lanildut	309	–	≫	–	–	✂	–	–	–
Lesconil	317	–	–	–	L	–	–	🏠	–
Locmaria-Plouzané	322	–	–	–	–	–	–	–	⌂
Loctudy	322	–	–	R	L	🏠	–	–	–
Logonna-Daoulas	323	–	–	–	–	–	–	🏠	⌂
Moëlan-sur-Mer	359	–	≫	R	L	–	⛏	–	–
Névez	381	–	≫	R	–	–	–	–	⌂
Penmarch	397	–	–	–	–	–	–	–	–
Pentrez-Plage	398	–	–	R	L	✂	–	–	–
Plobannalec	406	–	–	–	L	✂	⛏	🏠	⌂
Ploéven	406	–	–	–	–	–	–	–	–
Plomelin	407	–	–	–	–	–	–	–	–
Plomeur	407	–	≫	R	L	–	⛏	🏠	⌂
Plomodiern	408	–	–	R	L	–	⛏	–	⌂
Plonéour-Lanvern	408	–	–	–	–	✂	–	–	⌂
Plonévez-Porzay	409	–	–	R	L	✂	⛏	🏠	–
Plouarzel	409	–	–	–	–	–	–	–	–
Ploudalmézeau	409	–	–	–	–	–	–	–	–
Plouézoch	410	–	–	R	L	–	⛏	–	–
Plougasnou	410	–	≫	–	–	✂	–	–	–
Plougastel-Daoulas	411	P	–	–	L	–	🔲	🏠	⌂
Plougonvelin	411	–	–	–	L	–	–	–	–
Plougoulm	411	–	–	–	–	–	–	–	–
Plouguerneau	412	–	–	–	–	–	–	🏠	–
Plouhinec	413	–	≫	–	–	✂	–	–	⌂
Plouigneau	413	–	≫	–	–	–	–	–	–
Plounévez-Lochrist	413	–	–	–	–	–	–	–	⌂
Plouvorn	414	–	–	R	–	–	–	🏠	⌂
Plozévet	414	–	–	–	L	–	⛏	🏠	⌂
Port-Manech	422	–	–	–	L	–	–	–	⌂
Pouldreuzic	423	–	–	–	L	–	–	–	⌂
Le Pouldu	423	–	–	R	L	✂	⛏	🏠	⌂
Primelin	426	P	–	–	L	✂	–	–	⌂
Quimper	431	–	–	R	L	✂	⛏	🏠	⌂
Quimperlé	431	–	–	–	–	–	–	–	–
Raguenès-Plage	432	–	–	R	L	✂	⛏	🏠	⌂
Rosporden	452	–	≫	–	–	🏠	🔲	–	⌂
St-Jean-du-Doigt	494	–	–	–	–	–	–	–	–
St-Pol-de-Léon	513	–	–	–	L	✂	⛏	🏠	⌂
St-Renan	516	–	–	–	–	✂	–	🏠	⌂
St-Yvi	523	P	≫	–	L	✂	⛏	–	⌂
Santec	532	–	≫	–	–	–	–	–	–
Scaër	538	–	–	–	–	✂	⛏	–	–
Sizun	547	–	–	–	–	✂	⛏	–	–
Telgruc-sur-Mer	555	–	–	R	–	–	–	🏠	–
Treffiagat	567	–	≫	–	L	–	–	–	⌂
Trégarvan	568	–	–	R	L	✂	⛏	–	–
Trégourez	568	–	–	–	–	✂	–	–	–
Tréguennec	568	–	–	R	L	–	⛏	🏠	–
Trégunc	568	–	–	R	L	–	⛏	🏠	⌂

30-GARD 🔟🔟

	Page	Permanent	≫	Restauration	Location	✂	⚒	🏠	⌂
Aigues-Mortes	79	–	–	R	L	✂	⛏	–	⌂
Alès	83	–	–	R	L	✂	⛏	–	⌂
Anduze	90	–	≫	R	L	✂	⛏	🏠	⌂
Aiguèze (Ardèche Gorges de)	100	–	–	–	–	⛏	🏠	⌂	
Barjac (Ardèche Gorges de)	101	–	≫	–	L	✂	⛏	–	⌂
Bagnols-sur-Cèze	129	–	–	R	L	–	⛏	–	–
Beaucaire	137	–	–	–	L	✂	⛏	–	⌂
Bessèges	147	–	–	R	L	–	–	–	–
Boisson	153	–	–	R	L	✂	🔲	–	–
Chambon	194	–	≫	–	L	–	–	–	–
Chamborigaud	195	–	–	–	–	–	–	–	–
Collias	215	–	–	R	L	–	⛏	–	–
Connaux	217	P	–	R	L	✂	⛏	–	–
Crespian	233	–	–	–	L	–	⛏	–	⌂
Domazan	244	P	–	–	L	–	⛏	–	⌂
Gallargues-le-Montueux	270	–	–	R	L	✂	⛏	–	⌂
Génolhac	273	–	–	–	–	✂	–	–	–
Goudargues	276	–	≫	R	L	✂	⛏	🏠	⌂
Le Grau-du-Roi	280	–	–	R	L	✂	🔲	🏠	⌂
Junas	301	–	–	–	–	–	–	–	⌂
Lanuéjols	310	–	≫	R	L	✂	⛏	–	–
Lasalle	313	–	–	R	L	✂	⛏	–	⌂
Le Martinet	341	–	–	–	–	✂	–	–	⌂
Allègre-les-Fumades	84	–	≫	–	L	✂	⛏	–	⌂
Les Plantiers	404	–	≫	–	L	✂	⛏	–	–
Pont-du-Gard	418	–	–	R	L	–	⛏	🏠	–
Pont-St-Esprit	420	–	≫	–	–	–	–	–	–
Remoulins	438	–	–	R	L	✂	⛏	🏠	⌂
St-Ambroix	462	–	≫	–	L	✂	⛏	–	⌂
St-André-de-Roquep.	462	–	–	R	–	–	–	–	–
St-Hippolyte-du-Fort	486	–	–	–	L	–	⛏	–	⌂
St-Jean-de-Ceyrargues	487	–	–	–	L	–	⛏	–	–
St-Jean-du-Gard	494	–	≫	R	L	✂	⛏	🏠	⌂
St-Laurent-d'Aigouze	499	–	–	R	L	✂	⛏	–	⌂
St-Victor-de-Malcap	522	–	–	R	L	✂	⛏	–	⌂
Sauve	536	–	–	R	L	✂	⛏	–	⌂
Souvignargues	552	–	–	R	L	–	⛏	–	⌂
Uzès	573	–	≫	R	L	✂	⛏	–	⌂
Vallabrègues	575	–	–	–	–	✂	⛏	–	⌂
Valleraugue	576	–	–	–	L	–	⛏	–	⌂
Vauvert	580	P	–	R	L	✂	⛏	–	⌂
Le Vigan	589	–	–	R	L	–	⛏	–	–
Villeneuve-lès-Avignon	593	–	≫	R	L	✂	🔲	–	⌂

31-HAUTE-GARONNE 🔟🔟

	Page	Permanent	≫	Restauration	Location	✂	⚒	🏠	⌂
Aspet	118	–	–	–	–	✂	⛏	–	–
Aurignac	123	–	–	–	–	✂	⛏	–	⌂
Avignonet-Lauragais	125	–	–	–	–	✂	–	–	–
Bagnères-de-Luchon	128	P	–	–	L	–	⛏	–	⌂
Boulogne-sur-Gesse	156	–	–	R	L	✂	⛏	–	–
Caraman	178	–	–	–	–	✂	⛏	–	⌂
Cassagnabère-Tournas	183	–	–	–	–	✂	–	–	⌂
Cazères	190	P	–	–	–	–	⛏	–	⌂
Mane	336	–	–	–	L	✂	⛏	–	⌂
Martres-Tolosane	341	–	–	–	L	✂	⛏	🏠	–

32-GERS 13 14 — 33-GIRONDE / left column

	Page	Permanent	Restauration	Location				
Nailloux	374	—	—	R	L	✂	—	—
Puysségur	429	—	🦢	R	—	🏊	—	📞
Revel	439	—	—	—	—	📷🏊	—	📞
Rieux	441	—	—	R	—	✂📷	—	📞
St-Bertrand-de-Comminges	466	—	—	—	—	—	—	—
St-Ferréol	475	—	—	—	L	✂🏊	—	📞
St-Martory	506	—	—	—	—	✂	—	📞

32-GERS 13 14

	Page	Permanent	Restauration	Location				
Barcelonne-du-Gers	132	—	—	—	—	—	—	📞
Bassoues	134	—	—	—	—	✂	—	—
Castéra-Verduzan	186	—	—	—	L	—	—	📞
Cézan	192	—	🦢	R	L	—	🏊	📞
Condom	217	—	—	R	L	✂🏊	—	📞
Estang	254	—	—	R	L	—	🏊📷	📞
Gondrin	276	—	—	R	L	✂🏊📷	—	📞
Lectoure	316	—	—	R	L	✂🏊📷	—	📞
Lepin-Lapujolle	316	P	🦢	R	L	—	🏊	📞
Masseube	342	P	—	—	—	✂🏊	—	—
Mirande	357	—	—	R	L	—	🏊	📞
Mirepoix	358	—	🦢	—	L	—	🏊	📞
Monfort	360	—	—	—	—	—	—	📞
Pouylebon	424	—	🦢	—	—	🏊	—	—
Riscle	442	—	—	R	L	✂🏊	—	📞
Thoux	559	—	—	R	L	✂🏊📷	—	📞

33-GIRONDE 9 13 14

	Page	Permanent	Restauration	Location				
Abzac	76	—	—	R	L	—	📷	—
ARCACHON (Bassin)	98	—	—	—	—	—	—	—
Arcachon	98	P	—	—	—	🏊	—	📞
Arès	98	—	—	R	L	—	🏊📷	—
Biganos	99	—	—	R	L	—	🏊	📞
Gujan-Mestras	99	—	—	—	—	—	—	—
Lège-Cap-Ferret	99	P	—	—	L	—	—	—
Pyla-sur-Mer	99	—	—	R	L	✂🏊📷	—	📞
Le Teich	100	—	—	R	L	—	🏊	📞
La Teste-de-Buch	100	—	—	R	L	—	🏊	📞
Bayas	136	—	—	R	L	—	📷	—
Bazas	137	—	—	—	—	🏊📷	—
Blaye	152	—	—	—	L	—	🏊📷	📞
Carcans	178	—	🦢	R	L	📷🏊	—	📞
Castillon-la-Bataille	187	—	—	—	L	—	—	—
Cazaux	189	—	—	R	—	—	—	—
Coutras	231	—	—	—	—	—	—	—
Grayan-et-l'Hôpital	281	—	🦢	R	—	✂	—	—
Hourtin	291	—	🦢	R	L	📷🏊📷	—	—
Hourtin-Plage	292	—	—	R	L	✂🏊📷	—	—
Lacanau (Étang de)	303	—	—	R	L	✂🏊📷	—	📞
Lacanau-de-Mios	304	P	—	—	—	✂	—	—
Lacanau-Océan	304	—	—	R	L	✂🏊📷	—	📞
Laruscade	313	—	—	—	L	—	🏊	📞
Montalivet-les-Bains	361	—	—	R	—	✂	📷	—
Pauillac	396	—	—	—	—	—	📷	📞
Petit-Palais-et-Cornemps	400	—	—	R	L	—	🏊	📞

right column

	Page	Permanent	Restauration	Location				
Le Porge	421	—	—	—	—	✂	—	—
La Réole	439	—	—	—	—	—	—	—
St-Christoly-de-Blaye	469	P	—	—	L	—	🏊	—
St-Christophe-de-Double	469	P	—	R	—	✂	—	—
St-Émilion	473	—	—	R	—	✂	—	—
Ste-Foy-la-Grande	525	—	—	R	—	—	🏊	—
Salles	530	P	🦢	R	L	—	🏊	—
Sauveterre-de-Guyenne	537	P	—	—	—	🏊📷	—
Soulac-sur-Mer	550	—	—	R	L	✂🏊📷	—
Vendays-Montalivet	581	—	—	—	—	—	—	—
Vensac	581	—	—	R	L	—	🏊	—

34-HÉRAULT 15 16

	Page	Permanent	Restauration	Location				
Agde	77	—	—	R	L	✂🏊📷	—
Balaruc-les-Bains	130	—	—	—	L	—	🏊	📞
Bouzigues	162	—	—	—	L	—	🏊	📞
Brissac	167	—	—	R	L	—	—	📞
Canet	175	—	—	R	L	✂🏊	—	📞
Carnon-Plage	182	—	—	—	—	—	—	—
Castries	187	P	🦢	—	L	✂🏊	—	—
Clermont-L'Hérault	213	P	—	R	L	—	—	—
Creissan	232	—	—	—	L	✂🏊	—	📞
Dio-et-Valquières	242	—	🦢	—	L	—	🏊	📞
Frontignan	269	—	—	R	L	—	🏊📷	📞
Ganges	270	—	—	—	—	—	—	—
Gigean	274	—	—	—	L	—	—	—
Gignac	275	—	🦢	—	—	✂	📷	📞
La Grande-Motte	278	—	—	R	L	—	🏊	📞
Lamalou-les-Bains	307	—	—	R	L	—	📷	—
Laurens	314	P	—	R	L	✂🏊	—	📞
Lodève	322	P	🦢	R	L	—	🏊	📞
Loupian	326	—	—	—	L	—	—	📞
Lunel	330	—	—	R	L	—	🏊	📞
Marseillan	340	—	—	R	L	—	🏊📷	—
Mèze	355	—	—	—	L	✂🏊	—	📞
Montpellier	365	P	—	R	L	✂🏊📷	—	📞
Octon	385	P	🦢	—	L	—	🏊	📞
Palavas-les-Flots	394	—	—	R	L	✂🏊	—	📞
Pézenas	401	—	—	—	L	✂🏊	—	📞
Portiragnes	422	—	—	R	L	✂🏊	—	📞
Le Pouget	422	—	—	—	L	✂	—	—
St-André-de-Sangonis	462	—	—	R	L	—	🏊	📞
St-Martin-de-Londres	504	—	🦢	R	L	—	🏊	—
St-Pons-de-Thomières	513	—	🦢	—	L	—	🏊	📞
St-Thibéry	520	—	—	—	L	—	🏊	📞
La Salvetat-sur-Agout	531	—	—	—	—	✂	—	—
Sauvian	537	—	—	—	L	—	🏊	📞
Sérignan	542	—	—	R	L	✂🏊📷	—	📞
Sète	543	—	—	R	L	✂🏊📷	—	📞
Valras-Plage	577	—	—	R	L	✂🏊📷	—	📞
Vias	586	P	—	R	L	✂🏊📷	—	📞
Villeneuve-lès-Béziers	594	—	—	R	L	—	🏊	📞

35-ILLE-ET-VILAINE 4

	Page	Permanent	Restauration	Location				
Antrain	96	—	—	—	—	—	—	—
Cancale	175	—	—	—	L	—	🏊📷	—
La Chapelle-aux-Filtzm.	199	P	🦢	R	—	—	🏊	—

	Page	Permanent	♞	Restauration	Location	[🎾] ou 🎾	[🏊] ou 🏊	🚐	▭
Châteaugiron	202	—	—	—	—	—	—	—	—
Châtillon-en-Vendelais	206	—	—	R	—	🎾	—	—	▭
Cherrueix	209	—	—	—	L	—	—	—	—
Dinard	242	—	—	R	L	🎾	—	🚐	—
Dol-de-Bretagne	243	—	—	R	L	🎾	🏊	🚐	▭
Feins	258	—	—	—	—	—	—	—	▭
Marcillé-Robert	338	—	—	—	—	—	—	—	▭
Martigné-Ferchaud	341	—	—	—	—	—	—	🚐	▭
Paimpont	394	—	—	—	—	—	—	🚐	—
Le Pertre	400	P	—	—	—	[🎾]	—	—	▭
Rennes	438	—	—	—	—	[🎾]	[🏊]	—	—
St-Aubin-du-Cormier	464	—	—	—	—	—	—	—	▭
St-Benoît-des-Ondes	466	—	—	—	—	—	—	🚐	▭
St-Briac-sur-Mer	467	—	—	R	L	[🎾]	—	🚐	—
St-Coulomb	471	—	♞	—	—	—	—	—	▭
St-Guinoux	482	—	—	—	—	—	—	—	—
St-Malo	502	—	—	R	L	🎾	🏊	🚐	—
St-Marcan	503	—	♞	—	L	—	—	—	—
St-Père	510	—	—	—	L	—	🏊	—	—
La Selle-Guerchaise	540	P	—	—	—	🎾	—	—	▭
Sens-de-Bretagne	541	—	—	—	—	🎾	—	—	—
Tinténiac	560	—	—	—	L	🎾	🏊	🚐	▭
Vitré	598	P	—	—	—	[🎾]	—	🚐	▭

36-INDRE 10

	Page	Permanent	♞	Restauration	Location	[🎾] ou 🎾	[🏊] ou 🏊	🚐	▭
Argenton-sur-Creuse	114	—	—	—	—	—	—	—	—
Arpheuilles	115	—	—	—	L	—	—	—	—
Le Blanc	152	—	—	—	—	—	🏊	—	▭
Buzançais	170	—	—	—	—	🎾	🏊	—	—
Chaillac	193	P	—	—	—	🎾	—	—	▭
Châteauroux	204	—	—	R	—	🎾	[🏊]	🚐	▭
Châtillon-sur-Indre	206	—	—	—	—	—	[🏊]	—	—
La Châtre	206	—	—	—	—	—	—	🚐	▭
Éguzon	248	P	—	—	—	—	—	—	—
Fougères	265	—	—	R	L	🎾	—	—	—
Issoudun	296	—	—	—	—	—	—	—	▭
Luçay-le-Mâle	329	—	—	R	—	🎾	—	—	▭
Mézières-en-Brenne	355	—	—	R	L	—	—	—	—
Migné	356	—	—	—	—	—	—	—	—
La Motte-Feuilly	369	—	—	—	—	—	—	—	—
Neuvy-St-Sépulchre	380	—	—	R	—	🎾	🏊	—	▭
Le Pont-Chrétien-Ch.	417	—	—	—	—	—	—	—	—
Reuilly	439	—	—	—	L	—	—	—	—
Rosnay	452	P	—	—	—	🎾	—	—	—
Ruffec	456	—	—	—	—	🎾	—	—	▭
St-Gaultier	477	—	—	R	L	—	🏊	—	—
Valençay	575	—	—	—	—	🎾	🏊	—	▭
Vatan	580	—	—	—	L	🎾	🏊	🚐	▭

37-INDRE-ET-LOIRE 5 9 10

	Page	Permanent	♞	Restauration	Location	[🎾] ou 🎾	[🏊] ou 🏊	🚐	▭
Abilly	76	—	—	—	—	[🎾]	—	—	▭
Azay-le-Rideau	126	—	—	—	—	🎾	🏊	🚐	—
Ballan-Miré	130	—	—	R	L	🎾	🏊	🚐	▭
Barrou	133	—	—	—	—	—	—	—	—
Bléré	153	—	—	—	—	🎾	🏊	—	—
Bourgueil	161	—	—	—	—	🎾	—	🚐	▭
Château-Renault	204	—	—	—	—	🎾	🏊	—	—
Chemillé-sur-Indrois	209	—	—	R	—	🎾	—	—	—
Chenonceaux	209	—	—	R	—	—	🏊	—	—
Chinon	210	—	—	—	—	🎾	[🏊]	🚐	—
Chisseaux	210	—	—	—	—	🎾	—	🚐	—
Civray-de-Touraine	212	—	—	—	—	🎾	—	—	—
Descartes	240	—	—	—	L	🎾	🏊	—	▭
L'Île-Bouchard	294	—	—	—	L	—	—	—	—
Limeray	319	—	—	R	—	—	—	—	▭
Loches	321	—	—	—	L	🎾	[🏊]	🚐	—
Luynes	331	—	—	—	—	🎾	—	—	▭
Marcilly-sur-Vienne	338	—	—	—	—	—	—	—	▭
Montbazon	362	—	—	R	L	[🎾]	🏊	—	—
Montlouis-sur-Loire	364	—	—	R	—	🎾	🏊	🚐	▭
Preuilly-sur-Claise	426	—	—	—	—	🎾	🏊	—	▭
Reugny	439	—	—	—	—	🎾	—	—	—
Richelieu	441	—	—	—	—	🎾	🏊	—	▭
St-Martin-le-Beau	505	—	—	—	—	—	—	—	—
Ste-Catherine-de-F.	524	—	—	R	L	🎾	🏊	—	▭
Ste-Maure-de-Touraine	526	—	—	—	—	🎾	—	🚐	—
Tours	564	—	—	—	—	[🎾]	—	—	▭
Trogues	571	—	—	R	—	—	🏊	🚐	—
Veigne	581	—	—	R	L	—	🏊	🚐	—
Véretz	583	—	—	—	—	—	—	🚐	▭
Vouvray	600	—	—	—	—	🎾	🏊	—	▭
Yzeures-sur-Creuse	601	—	—	—	—	🎾	🏊	—	—

38-ISÈRE 11 12 16 17

	Page	Permanent	♞	Restauration	Location	[🎾] ou 🎾	[🏊] ou 🏊	🚐	▭
Les Abrets	76	—	♞	R	—	—	🏊	—	▭
Allemont	84	P	—	R	L	🎾	🏊	—	—
Allevard	84	—	♞	—	L	—	🏊	—	▭
Auberive-sur-Varèze	120	—	—	R	L	—	🏊	—	—
Autrans	123	—	—	—	L	🎾	🏊	🚐	—
Les Avenières	124	—	—	—	—	[🎾]	🏊	—	▭
Bilieu	150	—	—	—	—	—	—	—	—
Le Bourg-d'Arud	159	P	—	R	L	🎾	🏊	—	—
Le Bourg-d'Oisans	159	—	—	R	L	🎾	🏊	—	▭
Chanas	198	—	—	—	—	🎾	🏊	—	▭
Charavines	199	—	—	R	—	🎾	—	—	—
Choranche	211	—	♞	R	L	—	—	🚐	▭
Entre-Deux-Guiers	250	—	—	—	L	🎾	🏊	🚐	—
Faramans	257	P	—	—	—	🎾	—	—	—
Le Freney-d'Oisans	267	—	—	—	—	—	—	—	—
Gresse-en-Vercors	282	—	♞	R	L	🎾	🏊	—	—
Lalley	306	—	—	R	—	🎾	🏊	🚐	▭
Lans en Vercors	310	P	—	—	—	—	—	—	—
Malleval	335	—	♞	R	—	🎾	🏊	—	—
Méaudre	348	P	—	R	L	🎾	🏊	—	—
Meyrieu-les-Étangs	354	—	—	R	—	—	—	—	▭
Monestier-de-Clermont	360	—	—	—	—	🎾	🏊	—	▭
Montalieu-Vercieu	361	—	—	R	—	🎾	🏊	—	—
Morestel	368	—	—	—	—	[🎾]	🏊	—	—
Petichet	400	—	—	—	—	—	—	🚐	—
Roybon	455	—	—	—	—	—	—	—	—
St-Christophe-en-Oisans	470	—	♞	—	—	—	—	—	—
St-Clair-du-Rhône	471	—	—	R	L	—	🏊	🚐	▭
St-Étienne-de-Crossey	474	—	—	—	—	🎾	—	—	▭

	Page	Permanent	Restauration	Location	icons
St-Hilaire	482	—	—	—	— ✂ — —
St-Laurent-du-Pont	500	—	—	—	— ✂ 🛶 — —
St-Laurent-en-Beaumont	500	—	—	R	L — — — —
St-Martin-de-Clelles	504	P	—	—	— 🛶 — ⌂
St-Martin-d'Uriage	505	—	—	—	— ✂ 🛶 —
St-Pierre-de-Chartreuse	512	—	—	R	— — 🛶 —
St-Prim	514	—	🖊	R	— — 🛶 — ⌂
St-Théoffrey	520	—	—	—	— — — —
La Salle-en-Beaumont	529	—	🖊	R	L — 🛶 — ⌂
Theys	557	—	🖊	—	— — 🛶 — ⌂
Trept	570	—	—	R	L ✂ — — —
Vernioz	584	—	🖊	R	— ✂ 🛶 🚲 ⌂
Villard-de-Lans	590	—	—	—	L — 🖊 🚲 —
Vizille	599	—	—	R	L — — — —

39-JURA ⑫

	Page	Permanent	Restauration	Location	icons
Arbois	97	—	—	—	— 🛶 — ⌂
Bonlieu	154	—	—	R	— — — —
Champagnole	197	—	—	R	— 🖊 🛶 — —
Chancia	198	—	—	—	— — — —
Clairvaux-les-Lacs	212	—	—	R	L — 🛶 — —
Dole	243	—	—	R	L — 🛶 🚲 —
Doucier	246	—	—	R	L ✂ — 🚲 —
Foncine-le-Haut	262	—	—	—	— — — —
Lons-le-Saunier	324	—	—	—	— ✂ 🖊 🚲 ⌂
Maisod	334	—	—	—	— — — —
Marigny	339	—	—	R	L — 🛶 — ⌂
Monnet-la-Ville	360	—	—	R	L — — — —
Ounans	393	—	—	R	— — — 🚲 —
Pont-de-Poitte	418	—	—	R	— 🛶 — ⌂
Pont-du-Navoy	419	—	—	—	— — — —
St-Claude	471	—	—	R	— 🖊 🛶 — —
St-Laurent-en-Grandvaux	500	—	—	—	— — — —
Salins-les-Bains	529	—	—	—	— — — ⌂
La Tour-du-Meix	562	—	—	R	— — — —

40-LANDES ⑬ ⑭

	Page	Permanent	Restauration	Location	icons
Aire-sur-l'Adour	81	—	—	—	— — — —
Amou	87	—	—	R	— 🛶 — ⌂
Aureilhan	122	—	—	R	— — 🚲 —
Azur	127	—	—	R	L ✂ 🖊 🚲 ⌂
Bélus	144	—	—	R	L ✂ 🛶 — ⌂
Bias	150	—	—	R	— ✂ 🛶 — —
Biscarrosse	151	—	—	R	L ✂ 🛶 🚲 ⌂
Capbreton	177	P	—	R	— ✂ 🛶 🚲 ⌂
Castets	186	—	—	—	L ✂ 🛶 — —
Contis-Plage	218	—	—	R	L ✂ 🖊 🚲 —
Dax	239	P	🖊	R	L ✂ 🛶 🚲 ⌂
Gabarret	269	—	—	—	L — 🛶 — ⌂
Gastes	271	—	—	R	L ✂ 🖊 — ⌂
Habas	287	—	🖊	—	L — ✂ — ⌂
Hagetmau	287	—	—	R	— ✂ 🛶 — ⌂
Hossegor	291	—	—	—	— 🖊 — ⌂
Labenne	302	—	—	R	L ✂ 🛶 🚲 —
Léon	317	—	—	R	L ✂ 🛶 🚲 —
Lesperon	318	—	🖊	—	L — 🛶 — —

	Page	Permanent	Restauration	Location	icons
Linxe	320	—	—	—	— — — —
Lit-et-Mixe	321	—	—	R	L ✂ 🖊 🚲 ⌂
Louer	325	—	—	—	— — — —
Messanges	352	—	—	R	L ✂ 🖊 🚲 —
Mézos	355	—	—	R	L ✂ 🛶 — ⌂
Mimizan	356	—	—	R	L ✂ 🛶 — ⌂
Ondres	389	—	—	R	L ✂ — 🚲 ⌂
Onesse-et-Laharie	389	—	—	—	— — — —
Parentis-en-Born	395	P	—	R	L — 🛶 🚲 —
Pissos	403	—	—	—	L ✂ 🛶 — —
Pontenx-les-Forges	419	—	—	—	— — — —
Roquefort	450	—	—	—	— — — —
Sabres	459	—	—	R	— ✂ — — —
St-André-de-Seignanx	463	P	—	—	— — — —
St-Julien-en-Born	497	—	—	R	— ✂ 🛶 — —
St-Justin	498	—	—	R	L — 🛶 — —
St-Martin-de-Seignanx	505	—	—	R	L — 🛶 🚲 ⌂
St-Michel-Escalus	507	—	—	R	L ✂ — — —
St-Paul-en-Born	509	—	🖊	R	L — — — —
St-Sever	519	—	—	—	— ✂ — — —
Ste-Eulalie-en-Born	525	—	—	R	L ✂ 🛶 🚲 —
Sanguinet	532	P	—	R	L ✂ 🖊 🚲 ⌂
Sarbazan	532	—	—	—	L ✂ — — —
Seignosse	539	—	—	R	L ✂ 🛶 — ⌂
Sorde-L'Abbaye	548	—	—	—	— — — ⌂
Sore	548	—	—	—	L ✂ 🛶 — —
Soustons	552	—	—	—	— ✂ 🛶 — ⌂
Vielle-St-Girons	589	—	—	R	L ✂ 🖊 🚲 ⌂
Vieux-Boucau-les-Bains	589	—	—	—	— ✂ — — —

41-LOIR-ET-CHER ⑤ ⑥

	Page	Permanent	Restauration	Location	icons
Candé-sur-Beuvron	175	—	—	R	L — 🛶 — ⌂
Cellettes	191	—	—	—	L ✂ — — —
Châtres-sur-Cher	207	—	—	—	— ✂ — — —
Chaumont-sur-Loire	208	—	—	—	— — — —
Chémery	208	—	—	—	— 🛶 — —
Cheverny	210	—	—	R	L — 🛶 🚲 —
Crouy-sur-Cosson	234	—	—	—	— — — —
Fréteval	268	P	—	—	L — 🛶 — ⌂
Lunay	330	—	—	—	L ✂ — — —
Mareuil-sur-Cher	339	—	—	—	L ✂ — — —
Mennetou-sur-Cher	350	—	—	—	— ✂ 🛶 — —
Mesland	352	—	—	R	L ✂ 🖊 🚲 ⌂
Les Montils	364	—	—	—	— ✂ — — —
Montoire-sur-le-Loir	365	—	—	—	— — 🖊 — —
Muides-sur-Loire	371	—	—	R	L ✂ 🖊 🚲 —
Neung-sur-Beuvron	379	—	—	—	— ✂ — — —
Nouan-le-Fuzelier	383	—	—	R	— ✂ 🛶 — —
Onzain	390	P	—	R	L ✂ 🛶 — ⌂
Pierrefitte-sur-Sauldre	402	—	🖊	R	L ✂ 🖊 🚲 ⌂
Pruniers-en-Sologne	427	—	—	—	— ✂ — — —
Romorantin-Lanthenay	448	—	—	—	— 🖊 🛶 — ⌂
St-Aignan	460	—	—	—	L — — — —
Salbris	528	—	—	—	L 🖊 🛶 — ⌂
Soings-en-Sologne	548	—	—	—	— ✂ — — ⌂
Suèvres	552	—	—	R	— ✂ 🖊 🚲 ⌂
Thoré-la-Rochette	559	—	—	—	— ✂ — — —
Vernou-en-Sologne	584	—	—	—	— ✂ — — ⌂

42-LOIRE ⒑⒑

	Page	Permanent	☼	Restauration	Location	Services
Balbigny	130	—	—	—	—	🛶 🚐
Belmont-de-la-Loire	144	—	—	—	L	✂ 🚐
Bourg-Argental	158	P	—	—	L	✂ 🏊
Chalmazel	193	P	☼	R	—	✂
Charlieu	200	—	—	—	—	✂ 🏊 📞
Cordelle	219	—	☼	—	—	🏊 📞
Feurs	260	—	—	—	—	✂ 🏊
Montbrison	362	—	—	—	L	✂ 🏊 🚐
Noirétable	382	—	—	—	—	✂ 🏊 📞
La Pacaudière	393	—	—	—	—	✂ 🏊 📞
Pouilly-sous-Charlieu	423	—	—	—	—	✂
St-Galmier	477	—	—	—	L	🏊
St-Genest-Malifaux	477	—	—	—	L	✂
St-Paul-de-Vézelin	509	—	☼	—	—	🏊
St-Sauveur-en-Rue	517	—	—	—	—	📞

43-HAUTE-LOIRE ⒑⒑ ⒑⒍

	Page	Permanent	☼	Restauration	Location	Services
Alleyras	84	—	—	—	L	✂
Aurec-sur-Loire	122	—	—	—	—	📞
Auzon	124	—	—	—	—	✂
Brives-Charensac	167	—	—	R	—	
Céaux-d'Allégre	190	—	—	—	—	✂ 📞
La Chaise-Dieu	193	—	—	—	L	✂
Le Chambon-sur-Lignon	195	—	—	R	L	✂
Champagnac-le-Vieux	197	—	—	—	L	✂
Langeac	309	—	—	—	L	
Lavoûte-sur-Loire	316	—	—	—	—	✂ 📞
Mazet-St-Voy	348	—	—	—	—	✂
Le Monastier-sur-Gazeille	359	—	—	R	—	✂ 🏊 📞
Monistrol-d'Allier	360	—	—	—	—	✂ 📞
Monistrol-sur-Loire	360	—	—	—	—	✂ 🏊 📞
Pinols	402	—	—	—	L	✂
Le Puy-en-Velay	428	—	—	R	L	✂ 🏊 📞
St-Didier-en-Velay	473	—	—	—	—	✂ 🏊
St-Julien-Chapteuil	496	—	—	—	—	✂ 🏊
St-Paulien	510	—	—	R	L	✂ 🏊 🚐 📞
St-Privat-d'Allier	514	—	—	—	—	✂ 📞
Ste-Sigolène	527	—	—	R	L	🏊
Saugues	535	—	—	—	L	✂ 🏊
Sembadel-Gare	540	—	—	R	—	✂ 🚐
Vieille-Brioude	588	—	☼	—	L	
Vorey	600	—	—	—	—	🏊 📞

44-LOIRE-ATLANTIQUE ⒋ ⒐

	Page	Permanent	☼	Restauration	Location	Services
Ancenis	87	—	—	—	L	✂ 🏊 🚐
Arthon-en-Retz	117	—	☼	—	—	📞
Assérac	118	—	—	—	L	
Batz-sur-Mer	135	—	—	—	L	
La Baule	135	—	—	R	—	🏊 📞
La Bernerie-en-Retz	146	—	—	R	L	✂ 🏊
Beslé	147	—	—	—	—	✂
Blain	152	—	—	—	—	✂
Clisson	213	—	—	—	—	

45-LOIRET ⒌ ⒍

	Page	Permanent	☼	Restauration	Location	Services
Le Croisic	233	P	—	R	L	
Le Gâvre	271	—	—	—	L	✂
Guémené-Penfao	284	—	—	—	L	✂ 🏊
Guérande	284	—	—	R	L	🏊 🚐 📞
Herbignac	289	—	—	—	—	🚐
Héric	289	P	—	R	—	✂ 🚐 📞
Machecoul	332	—	—	—	—	✂ 🏊
Mesquer	352	—	—	R	L	✂ 🚐 📞
Missillac	358	—	—	—	—	📞
Les Moutiers-en-Retz	371	—	—	R	L	✂ 🏊 🚐 📞
Nantes	376	P	—	R	—	✂ 🏊 📞
Nort-sur-Erdre	383	—	☼	—	—	✂ 🏊
Nozay	384	—	—	—	—	📞
Piriac-sur-Mer	403	—	—	R	L	✂ 🏊 📞
La Plaine-sur-Mer	403	—	—	—	L	✂ 🏊 📞
Pontchâteau	417	—	—	—	—	📞
Pornic	421	P	—	R	L	✂ 🏊 🚐 📞
St-André-des-Eaux	462	—	—	—	L	🏊 📞
St-Brévin-les-Pins	467	P	—	R	L	✂ 🏊 🚐 📞
St-Étienne-de-Montluc	474	P	—	—	—	📞
St-Julien-de-Concelles	496	—	—	—	L	✂
St-Père-en-Retz	510	—	—	—	—	✂
Ste-Reine-de-Bretagne	527	—	☼	R	L	✂ 🏊 🚐
Savenay	538	—	—	R	—	🏊
La Turballe	572	—	—	R	—	🏊
Vallet	576	—	—	—	—	✂

45-LOIRET ⒌ ⒍

	Page	Permanent	☼	Restauration	Location	Services
Beaulieu-sur-Loire	138	—	—	—	—	📞
Bellegarde	142	—	—	—	—	📞
Châtillon-Coligny	205	—	—	—	—	
Coullons	229	—	—	—	—	📞
Dordives	246	—	—	—	—	🏊 📞
Gien	274	—	—	R	L	✂ 🏊 🚐 📞
Lorris	325	—	—	—	—	📞
Malesherbes	335	P	—	—	—	
Nibelle	381	—	—	R	L	✂ 🏊 📞
Orléans	391	—	—	—	—	📞
St-Père-sur-Loire	511	—	—	—	L	✂
Vitry-aux-Loges	598	—	—	R	—	

46-LOT ⒑⒑ ⒑⒊ ⒑⒋ ⒑⒌

	Page	Permanent	☼	Restauration	Location	Services
Alvignac	85	—	☼	—	—	🏊
Anglars-Juillac	91	—	—	—	—	🏊
Bagnac-sur-Célé	127	—	—	—	—	✂ 🏊
Béduer	141	P	—	—	L	✂ 🏊 🚐 📞
Brengues	164	—	—	R	L	✂
Bretenoux	164	—	—	—	—	🚐
Cahors	172	—	—	—	L	🏊 🚐 📞
Cajarc	172	—	—	—	—	✂ 🏊 📞
Calviac	173	—	☼	R	L	✂ 🏊
Carlucet	180	—	☼	R	L	✂ 🏊
Cassagnes	183	—	—	R	L	✂ 🏊
Castelnau-Montratier	186	—	—	—	—	✂ 🏊
Concorès	216	—	—	—	L	🏊 📞
Crayssac	232	—	—	R	L	✂ 🏊
Creysse	233	—	—	—	—	🏊

	Page	Permanent	✎	Restauration	Location	✗	⛺	🏠	C
Frayssinet	265	—	—	R	L	✗	⛺	—	—
Girac	275	—	—	R	L	—	⛺	—	—
Goujounac	276	—	—	—	—	✗	⛺	—	—
Gourdon	277	—	—	—	L	✗	⛺	—	⊏
Issendolus	296	P	—	R	L	—	⛺	—	—
Lacam-d'Ourcet	303	—	✎	—	L	—	—	—	⊏
Lacapelle-Marival	304	—	—	—	L	✗	⛺	—	—
Lacave	305	—	—	R	L	—	⛺	—	—
Larnagol	312	—	—	—	—	—	⛺	—	—
Leyme	318	—	—	—	L	✗	⛺	—	—
Limogne-en-Quercy	320	—	—	—	L	✗	⛺	—	—
Loubressac	325	—	—	—	L	—	⛺	—	⊏
Loupiac	326	—	—	R	L	—	⛺	—	⊏
Marcilhac-sur-Célé	338	—	—	—	—	✗	—	—	—
Martel	340	—	—	—	—	—	—	—	⊏
Miers	356	—	—	—	L	—	⛺	—	—
Montbrun	362	—	—	—	—	—	—	—	—
Montcabrier	362	—	—	R	—	—	⛺	—	—
Padirac	393	—	—	R	L	—	⛺	🏠	—
Payrac	396	—	—	R	L	✗	⛺	🏠	—
Puybrun	428	—	—	—	L	—	⛺	—	—
Puy-l'Évêque	429	—	—	R	L	✗	—	—	—
Les Quatre-Routes-du-Lot	429	—	—	—	—	—	—	—	⊏
Rocamadour	443	—	—	R	L	—	⛺	🏠	⊏
St-Céré	469	—	—	—	L	✗	—	—	—
St-Cirq-Lapopie	470	P	✎	R	L	—	⛺	🏠	—
St-Germain-du-Bel-Air	479	—	—	—	L	✗	⛺	—	—
St-Pantaléon	508	—	—	R	L	—	⛺	—	⊏
St-Pierre-Lafeuille	512	—	—	R	—	✗	—	—	—
Sénaillac-Latronquière	541	—	—	—	L	—	⛺	—	—
Souillac	549	—	✎	R	L	✗	⛺	—	—
Tauriac	555	—	—	R	—	—	—	—	—
Thégra	556	—	—	R	L	—	⛺	—	—
Touzac	565	—	—	R	L	✗	⛺	—	—
Vayrac	580	—	—	—	L	—	—	—	—
Vers	584	—	—	R	L	✗	⛺	—	—
Le Vigan	589	—	✎	R	L	—	⛺	—	—

47-LOT-ET-GARONNE 14

	Page	Permanent	✎	Restauration	Location	✗	⛺	🏠	C
Beauville	141	—	—	—	L	✗	—	—	⊏
Casteljaloux	184	—	—	R	L	✗	⛺	—	—
Castillonnès	187	—	—	—	—	✗	⛺	—	⊏
Damazan	237	—	—	—	L	✗	—	—	—
Fumel	269	—	—	—	—	✗	⛺	—	—
Lougratte	326	—	—	—	—	✗	⛺	—	—
Miramont-de-Guyenne	357	—	—	R	L	✗	⛺	—	⊏
Parranquet	395	—	—	—	L	✗	⛺	—	—
Penne-d'Agenais	397	—	—	R	L	✗	⛺	—	—
Réaup	437	—	—	—	L	—	—	—	—
St-Sernin	518	—	—	R	—	—	—	🏠	⊏
St-Sylvestre-sur-Lot	519	P	—	—	—	—	⛺	—	⊏
Ste-Livrade-sur-Lot	525	—	—	—	—	✗	⛺	—	—
Salles	530	—	—	R	L	—	⛺	—	—
Sauveterre-la-Lémance	537	—	—	R	L	—	⛺	🏠	⊏
Sérignac-Péboudou	542	—	✎	R	L	—	⛺	—	—
Tonneins	560	—	—	—	—	✗	—	—	⊏
Tournon-d'Agenais	563	—	✎	—	—	—	⛺	—	—
Villefranche-du-Queyran	592	—	—	R	—	—	⛺	—	⊏
Villeréal	595	—	✎	R	L	✗	⛺	—	⊏

48-LOZÈRE 11 15 16

	Page	Permanent	✎	Restauration	Location	✗	⛺	🏠	C
Bédouès	141	—	—	—	L	—	—	—	⊏
Canilhac	176	—	—	R	—	✗	⛺	—	—
Chastanier	201	—	—	R	—	—	—	—	—
Florac	261	—	—	—	L	✗	⛺	🏠	⊏
Grandrieu	278	—	✎	—	L	✗	—	—	—
Ispagnac	296	—	—	—	L	✗	⛺	🏠	⊏
Laubert	314	P	—	R	L	—	—	—	—
Marvejols	342	—	—	—	—	✗	—	—	—
Mende	350	P	—	—	L	⊠	⛺	—	—
Meyrueis	354	—	—	—	L	✗	⛺	🏠	⊏
Nasbinals	377	—	—	—	—	—	—	—	—
Naussac	378	—	—	R	L	✗	—	—	—
Le Pont-de-Montvert	418	—	—	—	—	—	—	—	—
Rocles	447	—	—	R	L	—	⛺	—	⊏
Le Rozier	456	—	—	R	L	✗	⛺	—	⊏
St-Alban-sur-Limagnole	460	—	—	—	L	✗	⛺	—	—
St-Bauzile	466	—	—	—	—	✗	—	—	—
St-Georges-de-Lévéjac	478	—	✎	R	—	—	—	—	—
St-Germain-du-Teil	479	—	—	R	L	—	⛺	—	—
Ste-Énimie	524	—	—	—	L	—	⛺	🏠	⊏
Serverette	543	—	—	—	—	—	—	—	—
Les Vignes	590	—	—	R	L	—	⛺	—	⊏
Villefort	592	—	—	R	L	—	⛺	—	⊏

49-MAINE-ET-LOIRE 4 5 9

	Page	Permanent	✎	Restauration	Location	✗	⛺	🏠	C
Allonnes	85	—	—	R	L	—	⛺	—	—
Angers	91	—	—	R	L	✗	⛺	🏠	⊏
Baugé	135	—	—	—	—	⊠	⛺	—	⊏
Bouchemaine	155	—	—	—	—	✗	⛺	—	—
Brain-sur-l'Authion	162	—	—	—	—	✗	—	—	—
Brissac-Quincé	167	—	—	—	L	—	⛺	🏠	⊏
Challain-la-Potherie	193	—	—	—	—	—	—	—	⊏
Chalonnes-sur-Loire	194	—	—	—	—	✗	⛺	—	—
Châteauneuf-sur-Sarthe	203	—	—	—	—	—	—	—	—
Chaumont d'Anjou	207	—	—	—	—	—	—	—	—
Cheffes	208	—	—	—	—	—	—	—	—
Cholet	211	—	—	R	L	✗	⛺	—	⊏
Concourson-sur-Layon	216	—	—	R	L	✗	⛺	🏠	⊏
Coutures	231	—	—	R	L	✗	⛺	—	⊏
Doué-la-Fontaine	247	—	—	—	—	⊠	⛺	—	—
Durtal	248	—	—	R	L	—	⛺	—	—
Gesté	273	—	—	—	—	—	—	—	⊏
Grez-Neuville	282	—	—	—	—	✗	—	—	—
Le Lion-d'Angers	321	—	—	—	—	—	—	—	—
Montreuil-Bellay	366	—	—	R	L	—	⛺	🏠	—
Montsoreau	367	—	—	R	—	✗	—	—	—
Nyoiseau	384	—	—	—	—	—	—	—	—
Pruillé	427	—	—	—	—	—	—	—	—
Les Rosiers-sur-Loire	452	—	—	—	L	✗	⛺	🏠	⊏
St-Lambert-du-Lattay	498	—	—	—	—	—	—	—	⊏
St-Martin-de-la-Place	504	—	—	—	—	—	—	—	—
Saumur	536	—	✎	R	L	✗	⛺	🏠	⊏
La Tessoualle	556	—	—	R	—	—	—	—	—
Thouarcé	559	—	—	—	—	✗	—	—	—

	Page	Permanent	(jeux enfants)	Restauration	Location	(tennis) ou [tennis]	(piscine) ou [piscine]	(camping-car)	(icône)
La Varenne	579	—	—	—	—	tennis	—	—	□
Varennes-sur-Loire	579	—	—	R	—	tennis	piscine	—	□
Vihiers	590	—	—	—	—	—	—	—	—

50-MANCHE 4

	Page	Permanent	(jeux enfants)	Restauration	Location	(tennis) ou [tennis]	(piscine) ou [piscine]	(camping-car)	(icône)
Agon-Coutainville	78	—	—	—	—	tennis	—	camping-car	—
Annoville	95	—	jeux	—	—	—	—	—	—
Barfleur	132	P	—	—	—	—	—	camping-car	—
Barneville-Carteret	132	—	—	R	L	tennis	piscine	—	□
Baubigny	135	—	jeux	—	—	—	—	—	—
Beauvoir	141	—	—	R	L	—	—	—	—
Biards	148	—	—	R	L	tennis	—	—	□
Brécey	163	—	—	—	—	tennis	piscine	—	—
Carentan	180	P	—	—	—	—	piscine	camping-car	□
Courtils	230	—	—	R	L	—	piscine	camping-car	□
Coutances	231	P	—	R	—	[tennis]	[piscine]	—	—
Denneville	240	—	—	R	L	tennis	—	—	—
Ducey	247	—	—	—	—	tennis	—	—	□
Gatteville-le-Phare	271	—	—	—	L	—	—	—	—
Genêts	272	—	—	—	L	—	piscine	—	□
Granville	279	—	—	R	L	tennis	piscine	camping-car	□
Jullouville	300	—	—	—	L	—	—	camping-car	—
Maupertus-sur-Mer	345	—	—	R	L	tennis	piscine	camping-car	□
Montfarville	363	—	—	—	—	—	—	—	—
Montmartin-sur-Mer	364	—	—	—	L	tennis	—	—	□
Le Mont-St-Michel	367	—	—	R	—	—	—	camping-car	□
Montviron	367	—	—	—	—	—	—	—	□
Les Pieux	402	—	—	R	L	tennis	piscine	camping-car	□
Pontorson	420	—	—	—	—	—	—	—	□
Portbail	421	—	—	R	—	—	—	—	—
Quettehou	430	—	—	—	L	—	—	—	□
Ravenoville	433	—	—	R	L	tennis	piscine	camping-car	□
St-Georges-de-la-Rivière	478	—	—	—	L	—	—	—	□
St-Germain-sur-Ay	480	—	—	R	L	tennis	piscine	—	□
St-Hilaire-du-Harcouët	485	—	—	R	—	—	—	—	—
St-Jéan-le-Thomas	495	—	—	—	—	—	—	—	—
St-Lô-d'Ourville	501	—	—	—	L	—	—	—	□
St-Martin-d'Aubigny	504	—	—	—	—	tennis	—	—	—
St-Pair-sur-Mer	508	—	—	—	—	—	—	camping-car	—
St-Sauveur-le-Vicomte	518	—	—	—	—	—	—	—	—
St-Symphorien-le-Valois	520	—	—	R	L	—	—	camping-car	□
St-Vaast-la-Hougue	521	—	—	R	L	—	—	camping-car	□
Ste-Marie-du-Mont	526	—	—	R	L	—	—	camping-car	□
Ste-Mère-Église	526	P	—	—	—	[tennis]	—	—	□
Siouville-Hague	547	P	—	—	—	—	—	—	—
Surtainville	553	P	—	—	L	tennis	—	—	—
Torigni-sur-Vire	560	P	—	—	—	[tennis]	—	—	□
Tourlaville	563	—	—	R	—	—	[piscine]	—	□
Villedieu-les-Poêles	591	—	—	—	—	tennis	—	—	□

51-MARNE 6 7

	Page	Permanent	(jeux enfants)	Restauration	Location	(tennis) ou [tennis]	(piscine) ou [piscine]	(camping-car)	(icône)
Châlons-en-Champagne	194	—	—	—	—	tennis	—	camping-car	□
Fismes	261	—	—	—	—	—	—	—	—
Le Meix-St-Epoing	349	P	—	—	L	—	—	—	□
Sézanne	545	—	—	—	—	tennis	piscine	—	—

52-HAUTE-MARNE 7

	Page	Permanent	(jeux enfants)	Restauration	Location	(tennis) ou [tennis]	(piscine) ou [piscine]	(camping-car)	(icône)
Andelot	88	—	—	—	—	—	—	—	□
Bannes	130	P	—	R	—	—	—	—	—
Bourbonne-les-Bains	157	—	—	—	L	tennis	[piscine]	camping-car	—
Braucourt	163	—	—	—	—	tennis	—	—	□
Froncles-Buxières	268	—	—	—	—	tennis	—	—	□
Louvemont	328	—	—	—	—	—	—	—	—
Montigny-le-Roi	364	—	—	—	—	tennis	—	—	—
Thonnance-les-Moulins	559	—	—	R	L	—	[piscine]	—	□

53-MAYENNE 4 5

	Page	Permanent	(jeux enfants)	Restauration	Location	(tennis) ou [tennis]	(piscine) ou [piscine]	(camping-car)	(icône)
Ambrières-les-Vallées	86	—	—	—	L	tennis	piscine	—	□
Andouillé	89	—	—	—	L	—	—	—	□
Bais	129	—	—	—	—	tennis	piscine	—	□
Château-Gontier	202	—	—	—	L	tennis	piscine	camping-car	□
Craon	232	—	—	R	L	[tennis]	—	—	□
Daon	238	—	—	R	—	[tennis]	—	—	—
Évron	255	—	—	—	L	[tennis]	[piscine]	camping-car	□
Laval	314	—	—	—	—	—	—	—	□
Mayenne	346	—	—	—	L	—	piscine	—	—
Ménil	350	—	—	—	—	—	—	—	□
Meslay-du-Maine	352	—	—	R	L	—	—	—	□
La Selle-Craonnaise	540	P	—	—	L	—	—	—	□
Villiers-Charlemagne	596	—	—	—	L	[tennis]	—	camping-car	□

54-MEURTHE-ET-MOSELLE 7 8

	Page	Permanent	(jeux enfants)	Restauration	Location	(tennis) ou [tennis]	(piscine) ou [piscine]	(camping-car)	(icône)
Baccarat	127	—	—	—	—	[tennis]	[piscine]	—	—
Jaulny	298	—	—	R	L	—	—	—	—
Lunéville	330	—	—	—	—	[tennis]	[piscine]	—	—
Magnières	333	—	—	R	—	—	—	—	□
Mandres-aux-Quatre-Tours	336	—	—	—	—	—	—	—	—

55-MEUSE 7

	Page	Permanent	(jeux enfants)	Restauration	Location	(tennis) ou [tennis]	(piscine) ou [piscine]	(camping-car)	(icône)
Revigny-sur-Ornain	440	—	—	—	—	[tennis]	—	—	□
Verdun	582	—	—	R	—	—	piscine	camping-car	□

56-MORBIHAN 3 4

	Page	Permanent	(jeux enfants)	Restauration	Location	(tennis) ou [tennis]	(piscine) ou [piscine]	(camping-car)	(icône)
Ambon	86	—	jeux	R	L	—	piscine	—	□
Arradon	115	—	—	R	L	—	piscine	camping-car	□
Arzon	118	—	—	—	—	—	—	camping-car	—
Baden	127	—	—	R	L	—	piscine	camping-car	□
Baud	135	—	—	—	L	—	—	camping-car	□
BELLE-ÎLE-EN-MER	143	—	—	—	—	—	—	—	—
Bangor	130	—	jeux	—	L	tennis	—	—	□
Le Palais	394	—	jeux	R	L	tennis	piscine	camping-car	□

	Page	Permanent		Restauration	Location				
Le Bono	154	—	—	—	—	—	—	—	—
Camors	174	—	—	—	—	—	—	🛏	—
Carnac	180	—	🛶	R	L	🎾	🏊	🛏	—
Caudan	187	—	—	—	—	🎾	—	🛏	—
Crach	232	—	—	—	L	—	🏊	—	🏠
Damgan	238	—	—	R	L	—	—	🛏	🏠
Erdeven	251	P	—	R	L	—	🏊	🛏	🏠
Le Faouët	257	—	—	—	L	—	—	—	—
Guémené-sur-Scorff	284	—	—	—	—	—	—	—	—
Le Guerno	285	—	—	—	—	—	—	🛏	🏠
Île-aux-Moines	293	—	—	—	—	🎾	—	—	—
Josselin	299	—	—	—	—	—	—	🛏	🏠
Larmor-Plage	312	P	—	—	—	🎾	—	🛏	🏠
Locmariaquer	322	—	—	—	L	—	—	—	🏠
Locmiquélic	322	—	—	—	—	—	—	—	—
Loyat	328	—	—	R	L	🎾	—	🛏	—
Melrand	349	—	—	—	—	—	—	—	—
Muzillac	373	—	🛶	—	L	🎾	🏊	—	🏠
Naizin	374	—	—	—	—	—	—	—	🏠
Pénestin	397	—	🛶	R	L	🎾	🏊	🛏	🏠
Ploemel	406	P	—	R	—	—	🏊	—	🏠
Ploemeur	406	P	—	R	L	—	—	—	—
Ploërmel	406	—	—	—	L	🎾	—	🛏	—
Plougoumelen	411	—	🛶	—	L	🎾	—	—	—
Plouharnel	412	—	—	R	L	—	🏊	🛏	—
Plouhinec	413	—	—	R	L	🎾	🏊	—	🏠
Pont-Scorff	420	P	—	—	—	—	—	—	—
Priziac	427	—	—	—	—	—	—	—	—
Questembert	430	—	—	—	—	—	—	🛏	🏠
QUIBERON	430	—	—	—	—	—	—	—	—
Quiberon	430	—	—	R	L	🎾	🏊	🛏	🏠
St-Julien	430	—	—	R	L	—	—	🛏	🏠
La Roche-Bernard	444	—	—	—	—	—	—	—	—
Rochefort-en-Terre	445	—	🛶	R	—	🎾	🏊	—	🏠
Rohan	448	—	—	R	—	🎾	—	—	—
St-Congard	471	—	—	—	—	—	—	—	🏠
St-Gildas-de-Rhuys	480	—	—	R	L	🎾	🏊	🛏	🏠
St-Jacut-les-Pins	487	—	🛶	—	—	—	—	—	—
St-Malo-de-Beignon	502	—	—	R	—	—	—	—	—
St-Philibert	511	—	—	R	L	🎾	🏊	🛏	🏠
St-Vincent-sur-Oust	523	—	🛶	—	—	—	—	—	—
Ste-Anne-d'Auray	523	—	—	—	—	🎾	—	—	—
Sarzeau	534	—	—	—	L	🎾	🏊	🛏	🏠
Sérent	542	P	—	—	—	🎾	🏊	🛏	🏠
Taupont	555	—	🛶	—	L	—	🏊	🛏	🏠
Theix	556	—	🛶	R	L	—	🏊	🛏	—
Le Tour-du-Parc	562	—	—	—	L	🎾	—	—	🏠
Trédion	567	—	—	—	—	🎾	—	—	🏠
La Trinité-sur-Mer	570	—	—	R	L	🎾	🏊	🛏	🏠
Vannes	578	—	—	—	L	—	—	🛏	🏠

57-MOSELLE 7 8

	Page	Permanent		Restauration	Location				
Dabo	237	—	—	—	L	—	—	—	—
Metz	353	—	—	—	—	—	🏊	—	—
Morhange	368	—	—	R	L	—	🏊	—	🏠
St-Avold	465	P	—	R	L	—	—	—	🏠

58-NIÈVRE 6 11

	Page	Permanent		Restauration	Location				
Bazolles	137	—	—	—	—	—	—	—	🏠
La Charité-sur-Loire	199	—	—	—	—	🎾	🏊	—	—
Château-Chinon	201	—	🛶	—	—	—	—	—	🏠
Clamecy	212	—	—	—	—	—	—	—	—
Corancy	219	—	—	—	—	—	—	—	🏠
Crux-la-Ville	236	—	—	—	—	—	—	—	🏠
Dornes	246	—	—	—	—	—	—	—	—
Luzy	332	—	🛶	R	L	—	🏊	—	—
Montigny-en-Morvan	364	—	—	—	—	—	—	—	—
Moulins-Engilbert	370	—	—	—	—	🎾	🏊	—	🏠
La Nocle-Maulaix	382	—	—	—	—	—	—	—	🏠
Ouroux-en-Morvan	393	—	—	—	—	—	—	—	🏠
Prémery	426	—	—	—	L	🎾	—	—	—
St-Honoré-les-Bains	486	—	—	—	—	—	—	—	—
St-Péreuse	511	—	—	R	L	—	🏊	—	—
Les Settons	543	—	—	R	—	🎾	—	—	🏠
Varzy	579	—	—	—	—	🎾	—	—	—

59-NORD 1 2

	Page	Permanent		Restauration	Location				
Aubencheul-au-Bac	120	—	—	—	—	—	—	—	—
Avesnes-sur-Helpe	124	—	—	—	—	—	—	—	🏠
Bray-Dunes	163	—	—	R	—	🎾	—	—	🏠
Coudekerque	228	P	—	—	—	—	—	—	🏠
Grand-Fort-Philippe	278	—	—	—	—	—	—	—	—
Leffrinckoucke	316	—	—	—	—	🎾	—	—	🏠
Maubeuge	345	P	—	—	—	—	—	—	🏠
Prisches	426	—	—	—	—	—	—	—	🏠
St-Amand-les-Eaux	461	—	—	—	—	—	—	—	🏠
Watten	601	—	—	—	—	—	—	—	—
Willies	601	—	—	—	L	🎾	—	—	—

60-OISE 6

	Page	Permanent		Restauration	Location				
Beauvais	140	—	—	—	—	🎾	🏊	—	—
Liancourt	319	P	—	—	—	—	—	—	🏠
Pierrefonds	402	—	—	—	—	—	—	—	🏠
St-Leu-d'Esserent	501	—	—	—	—	—	—	🛏	—

61-ORNE 4 5

	Page	Permanent		Restauration	Location				
Alençon	83	P	—	—	—	🎾	—	🛏	—
Argentan	113	—	—	—	—	🎾	🏊	—	—
Bagnoles-de-l'O.	129	—	—	R	—	—	—	—	🏠
Bellême	143	—	—	—	—	🎾	🏊	—	🏠
Carrouges	183	—	—	—	—	🎾	—	—	🏠
Ceaucé	190	—	—	—	—	🎾	—	—	🏠
Domfront	244	—	—	—	—	🎾	🏊	—	🏠
Essay	254	—	—	—	—	🎾	—	—	—
La Ferté-Macé	260	—	—	—	—	🎾	🏊	—	—
Flers	261	—	—	—	—	—	—	—	🏠
Gacé	269	—	—	—	—	🎾	🏊	—	🏠
Larchamp	312	—	—	—	—	🎾	—	—	🏠
Longny-au-Perche	324	P	—	R	L	—	🏊	—	🏠

	Page	Permanent	Restauration	Location	ou ✂/icon				
Marchainville	337	—	—	—	✂	—	—	⌂
Radon	432	—	R	L	—	—	🚐	⌂
Rânes	433	—	—	—	✂	—	—	—
St-Evroult-N.-D.-du-Bois	475	—	—	—	✂	—	—	—
St-Fraimbault	476	—	—	—	✂	—	—	—
Vimoutiers	596	P	—	—	✂	—	—	—

62-PAS-DE-CALAIS 🗆🗆

	Page	Permanent	Restauration	Location					
Amplier	87	—	R	—	—	—	—	⌂
Ardres	108	—	—	—	—	—	🚐	⌂
Arques	115	—	—	—	—	—	🚐	⌂
Audruicq	121	—	—	—	—	—	—	⌂
Auxi-le-Château	124	—	—	—	📷	—	—	⌂
Beaurainville	140	P	—	—	—	—	—	—
Berck-sur-Mer	145	—	R	L	✂	—	🚐	⌂
Boulogne-sur-Mer	156	—	—	—	✂	—	—	⌂
Condette	217	—	—	L	✂	—	🚐	⌂
Croix-en-Ternois	233	—	—	—	—	—	—	⌂
Fillièvres	260	—	—	—	—	—	—	—
Frévent	268	—	—	—	📷	⛷	—	⌂
Guînes	286	—	R	L	✂	⛷	🚐	—
Leubringhen	318	—	—	—	—	—	—	⌂
Licques	319	—	—	—	—	—	—	⌂
Montreuil	366	P	—	—	—	—	—	⌂
Oye-Plage	393	—	—	—	✂	⛷	—	⌂
Rebecques	437	—	—	—	—	—	—	—
St-Omer	508	—	R	—	✂	⛷	—	⌂
Tortequesne	561	—	R	—	✂	—	—	⌂
Tournehem-sur-la-Hem	563	—	R	L	✂	—	—	—

63-PUY-DE-DÔME 🗆🗆

	Page	Permanent	Restauration	Location					
Ambert	86	—	R	L	—	⛷	—	⌂
Les Ancizes-Comps	87	—	—	L	—	—	—	⌂
Aydat (Lac d')	126	—	R	—	—	—	—	⌂
Bagnols	129	P	—	L	✂	—	—	—
Billom	150	—	—	L	📷	⛷	—	⌂
Blot-l'Église	153	—	—	—	—	—	—	⌂
La Bourboule	157	P	R	L	✂	⛷	—	⌂
Bromont-Lamothe	167	—	—	—	—	—	—	⌂
Ceyrat	192	P	R	L	—	—	—	—
Chambon (Lac)	194	—	R	L	✂	⛷	—	⌂
Châteauneuf-les-Bains	203	—	—	—	✂	—	—	⌂
Châtelguyon	205	—	R	L	—	⛷	—	—
Clémensat	213	—	—	—	—	—	—	—
Cournon-d'Auvergne	229	P	—	L	✂	⛷	—	—
Courpière	230	—	—	—	—	⛷	—	⌂
Issoire	296	—	R	L	✂	📷	—	⌂
Labessette	303	—	—	—	—	—	—	—
Lapeyrouse	311	—	—	L	✂	—	—	⌂
Loubeyrat	325	—	R	L	—	⛷	—	—
Les Martres-de-Veyre	341	—	—	L	✂	—	—	—
Miremont	357	—	R	—	✂	—	—	⌂
Montaigut-le-Blanc	361	—	—	—	✂	⛷	—	—
Le Mont-Dore	363	—	—	—	✂	—	—	⌂
Murol	372	—	R	L	✂	⛷	—	⌂
Nébouzat	378	—	—	L	—	📷	🚐	—
Nonette	383	—	—	L	—	⛷	—	⌂

	Page	Permanent	Restauration	Location					
Orcet	390	P	—	—	✂	⛷	🚐	⌂
Orcival	391	—	R	L	—	—	—	⌂
Perpezat	399	—	—	—	—	—	—	—
Picherande	401	—	—	—	✂	—	—	—
Pont-de-Menat	418	—	—	L	✂	—	—	⌂
Pontgibaud	419	—	R	—	—	—	—	⌂
Rochefort-Montagne	445	—	—	—	✂	—	—	—
Royat	455	—	—	L	✂	—	🚐	⌂
St-Amant-Roche-Savine	462	—	—	—	✂	—	—	⌂
St-Anthème	463	P	—	R	✂	—	🚐	⌂
St-Clément-de-Valorgue	471	—	—	L	—	—	—	—
St-Donat	473	—	—	—	—	—	—	—
St-Éloy-les-Mines	473	—	—	R	—	—	—	⌂
St-Georges-de-Mons	478	—	—	L	—	⛷	—	⌂
St-Germain-l'Herm	479	—	—	L	—	⛷	—	⌂
St-Gervais-d'Auvergne	480	—	—	—	✂	—	—	⌂
St-Nectaire	507	—	—	L	—	⛷	—	⌂
St-Priest-des-Champs	513	—	—	—	—	—	—	—
St-Rémy-sur-Durolle	516	—	—	R	—	📷	⛷ 🚐	—
Sauvessanges	536	—	—	—	—	—	—	⌂
Sauxillanges	537	—	—	—	✂	—	—	⌂
Singles	546	—	—	R	L	✂	⛷ 🚐	⌂
Tauves	555	—	—	L	✂	⛷	—	⌂
Thiers	557	—	—	R	L	📷	⛷ 🚐	⌂
La Tour-d'Auvergne	562	—	—	—	—	—	—	⌂
Viverols	598	—	—	—	✂	—	—	—

64-PYRÉNÉES-ATLANTIQUES 🗆🗆

	Page	Permanent	Restauration	Location					
Ainhoa	80	P	—	R	L	—	—	🚐	—
Aramits	97	—	—	—	—	—	—	—
Arette	108	—	—	—	✂	—	—	—
Ascain	118	—	—	R	L	—	⛷	🚐	—
Aste-Béon	119	—	—	—	—	—	—	—
Bayonne	136	—	—	R	L	✂	⛷	—	—
Bedous	141	—	—	—	—	—	—	—
Biarritz	148	—	—	R	L	✂	📷	🚐	⌂
Bruges	168	—	—	L	—	—	—	—
Bunus	169	—	—	—	—	—	—	—
Cambo-les-Bains	173	—	—	—	✂	⛷	—	—
Eslourenties-Daban	253	—	—	—	✂	—	—	—
Gourette	277	—	—	R	—	—	—	—
Hasparren	287	—	—	L	✂	⛷	—	—
Helette	288	—	—	—	—	—	—	—
Hendaye	288	—	—	R	L	✂	⛷	—	—
Iholdy	293	—	—	—	—	—	—	—
Itxassou	297	—	—	L	—	⛷	🚐	—
Laàs	302	P	—	—	✂	—	—	⌂
Laruns	313	P	—	—	—	—	—	⌂
Lescun	318	—	—	L	—	—	—	—
Louvie-Juzon	328	P	—	—	L	—	—	—
Mauléon-Licharre	345	—	—	L	—	—	🚐	⌂
Navarrenx	378	—	—	L	✂	⛷	—	⌂
Oloron-Ste-Marie	389	—	—	R	L	✂	📷	—	—
Orthez	392	—	—	—	📷	—	—	—
Ossas-Suhare	392	P	—	—	—	—	—	—
Ossès	392	—	—	—	—	—	—	—
St-Étienne-de-Baïgorry	474	P	—	R	—	✂	⛷	—	—
St-Jean-de-Luz	488	P	—	R	L	✂	⛷ 🚐	⌂
St-Jean-Pied-de-Port	495	—	—	R	L	—	⛷	—	—

	Page	Permanent	Restauration	Location				
St-Pée-sur-Nivelle	510	–	🦐	R	L	–	⚒	–	–
Salies-de-Béarn	528	–	–	–	✂	⚒	–	–
Sare	532	–	–	R	L	✂	–	–	–
Sauveterre-de-Béarn	537	–	–	–	–	–	–	–
Souraïde	551	–	–	–	L	✂	⚒	–	☐
Urdos	573	–	–	–	–	✂	–	–
Urrugne	573	–	–	R	L	✂	⚒	–	–

65-HAUTES-PYRÉNÉES 🔢

	Page							
Aragnouet	97	–	–	R	L	–	–	–	–
Argelès-Gazost	109	P	🦐	R	L	–	⚒	🍴	–
Arrens-Marsous	116	P	🦐	–	–	✂	⚒	🍴	–
Aucun	120	P	–	–	L	–	–	–	–
Bagnères-de-B.	128	P	–	–	L	✂	🔲	–	–
Capvern-les-Bains	178	–	–	–	–	–	🍴	–
Cauterets	188	–	–	–	L	✂	⚒	🍴	☐
Estaing	254	P	–	–	–	–	🍴	☐
Gavarnie	271	–	–	L	–	–	–	–
Gèdre	272	P	–	R	L	✂	⚒	–	☐
Gouaux	276	P	–	–	–	–	–	–
Hèches	288	P	–	–	–	–	🍴	–
Loudenvielle	325	P	–	–	–	✂	⚒	–	–
Lourdes	326	P	–	–	L	✂	⚒	🍴	☐
Luz-St-Sauveur	331	P	🦐	R	L	–	🔲	–	–
Orincles	391	–	–	–	–	–	–	–
St-Lary-Soulan	499	P	–	R	L	✂	⚒	–	–
Ste-Marie-de-Campan	526	P	–	R	L	–	⚒	🍴	–
Trébons	567	–	🦐	–	–	–	–	–	–

66-PYRÉNÉES-ORIENTALES 🔢

	Page							
Amélie-les-Bains-Palalda	86	–	–	L	–	⚒	–	☐
Argelès-sur-Mer	110	–	🦐	R	L	✂	⚒	🍴	☐
Arles-sur-Tech	114	–	–	R	L	✂	⚒	–	☐
Le Barcarès	131	P	–	R	L	✂	⚒	🍴	☐
Le Boulou	156	–	–	–	L	–	⚒	–	☐
Bourg-Madame	161	P	–	–	L	–	–	–	–
Canet-Plage	176	–	–	R	L	✂	⚒	🍴	☐
Céret	191	–	–	–	–	–	–	–
Egat	248	P	–	–	–	–	–	–
Elne	249	–	–	R	–	✂	⚒	–	–
Enveigt	250	P	–	L	–	⚒	–	–
Err	252	P	–	L	–	⚒	–	–
Espira-de-Conflent	253	–	🦐	–	L	–	–	–	–
Fuilla	269	–	–	R	L	✂	–	–	–
Laroque-des-Albères	312	–	🦐	R	L	✂	⚒	–	☐
Matemale	343	–	–	R	–	–	⚒	🍴	–
Maureillas-las-Illas	345	–	–	–	L	–	⚒	–	–
Molitg-les-Bains	359	–	–	–	L	✂	–	–	☐
Néfiach	379	P	–	R	L	–	⚒	–	☐
Palau-del-Vidre	394	P	–	R	L	–	⚒	–	☐
Prades	424	–	–	–	L	✂	⚒	–	☐
Ria-Sirach	440	–	–	–	–	–	–	–
Rivesaltes	442	–	–	–	–	✂	–	–	☐
Saillagouse	459	–	–	R	L	✂	⚒	🍴	–
St-Cyprien	472	–	–	R	L	✂	⚒	🍴	–
St-Genis-des-Fontaines	478	–	–	–	L	–	–	–	–
St-Jean-Pla-de-Corts	496	P	–	R	L	✂	⚒	–	–

	Page	Permanent	Restauration	Location				
St-Laurent-de-Cerdans	499	–	–	–	L	–	⚒	–	–
St-Paul-de-Fenouillet	509	–	–	–	–	–	–	☐
Ste-Marie	525	–	–	R	L	✂	⚒	🍴	☐
Sorède	549	–	–	R	L	✂	⚒	–	–
Sournia	552	–	–	–	–	✂	–	–	☐
Tautavel Centre de Préhistoire	555	–	–	–	–	⚒	–	–
Torreilles	561	–	–	R	L	✂	⚒	–	☐
Vernet-les-Bains	583	–	🦐	R	L	✂	⚒	–	☐
Villelongue-dels-Monts	593	P	–	–	–	✂	–	–	☐
Villeneuve-de-la-Raho	593	–	–	R	L	–	–	🍴	☐
Villeneuve-des-Escaldes	593	P	–	–	–	–	–	–	–

67-BAS-RHIN 🔢

	Page							
Bassemberg	134	–	–	L	🔳	🔲	🍴	☐
Dambach-la-Ville	237	–	–	–	–	✂	–	🍴	–
Gerstheim	273	–	–	–	–	–	–	–
Le Hohwald	290	P	–	–	–	–	–	–
Keskastel	301	P	–	L	✂	–	–	–
Lauterbourg	314	–	–	–	–	–	–	–
Niederbronn-les-B.	381	P	🦐	–	✂	🔲	–	–
Oberbronn	384	–	–	L	✂	⚒	–	–
Obernay	385	P	–	–	🔳	⚒	🍴	–
Rhinau	440	–	–	–	✂	⚒	–	–
Rothau	452	–	–	–	–	–	–	–
St-Pierre	511	–	–	–	✂	–	–	–
Saverne	538	–	–	–	✂	–	–	–
Sélestat	540	–	–	–	–	✂	⚒	🍴	–
Wasselonne	601	–	–	R	–	🔳	⚒	🍴	☐

68-HAUT-RHIN 🔢

	Page							
Aubure	120	–	–	–	–	–	–	–
Burnhaupt-le-Haut	169	–	–	–	–	–	–	–
Cernay	191	–	–	R	–	🔳	🔲	–	–
Colmar	215	–	–	R	–	–	–	–
Courtavon	230	–	–	–	–	–	–	–
Éguisheim	248	–	–	–	–	–	🍴	–
Fréland	267	–	–	–	–	–	–	–
Guewenheim	285	–	–	–	✂	⚒	🍴	–
Heimsbrunn	288	P	–	–	–	–	–	☐
Kaysersberg	301	–	–	–	✂	–	–	–
Kruth	302	–	–	–	–	–	–	–
Labaroche	302	–	–	–	–	–	–	☐
Lautenbach-Zell	314	–	–	L	✂	–	–	–
Masevaux	342	–	–	–	✂	🔲	–	–
Mittlach	358	–	🦐	–	–	–	–	–
Moosch	368	–	🦐	–	–	–	–	–
Mulhouse	372	–	–	–	✂	🔲	🍴	–
Munster	372	–	–	–	–	–	–	–
Orbey	390	P	–	R	–	✂	⚒	–	–
Ranspach	433	P	–	–	L	–	⚒	🍴	–
Ribeauvillé	440	–	–	–	✂	⚒	–	–
Riquewihr	442	–	–	–	–	–	🍴	–
Rombach-le-Franc	448	–	–	–	–	–	–	–
Rouffach	453	–	–	–	–	–	–	☐
Ste-Croix-en-Plaine	524	–	–	–	–	✂	🔲	–	–
Seppois-le-Bas	541	–	–	–	–	–	–	–
Turckheim	572	–	–	–	–	–	🍴	–

Header column icons (both columns): **Page · Permanent · Restauration · Location · ou ✂ / ou ⌐ · 🏠 · ⌐**

69-RHÔNE 01 02

	Page	Permanent	Restauration	Location	✂	🏊	🏠	⌐
Anse	96	—	R	L	—	🏊	🏠	⌐
Condrieu	217	—	—	R	—	✂	🏊	🏠 ⌐
Cublize	236	—	—	L	✂	—	—	⌐
Fleurie	261	—	—	—	✂	—	—	⌐
Mornant	368	—	—	—	✂	🏊	—	—
Poule-les-Echarmeaux	423	—	—	—	✂	—	—	⌐
Propières	427	—	—	L	—	—	—	⌐
St-Symphorien-sur-Coise	520	—	—	—	✂	🏠	🏠	⌐
Ste-Catherine	524	🦆	—	—	—	—	—	⌐
Villefranche-sur-Saône	593	—	—	—	—	—	—	—

70-HAUTE-SAÔNE 07 08

	Page	Permanent	Restauration	Location	✂	🏊	🏠	⌐
Cromary	234	—	—	—	—	—	—	⌐
Fresse	268	—	—	L	—	—	—	—
Lure	330	—	—	—	—	—	—	—
Mélisey	349	—	—	—	—	—	—	—
Renaucourt	438	—	—	—	🏊	—	—	
Vesoul	585	—	—	R	—	✂	🏊	⌐
Villersexel	595	—	—	—	—	—	—	—

71-SAÔNE-ET-LOIRE 01 02

	Page	Permanent	Restauration	Location	✂	🏊	🏠	⌐
Anost	95	—	—	—	✂	—	—	—
Autun	123	—	R	—	—	✂	🏠	⌐
Bourbon-Lancy	156	—	—	L	✂	🏊	—	⌐
Chagny	192	—	R	—	✂	🏊	—	⌐
Chambilly	194	—	—	—	—	—	—	—
Charolles	200	—	—	—	🏊	—	—	⌐
Chauffailles	207	—	—	L	✂	🏊	—	⌐
La Clayette	212	P	—	L	✂	🏊	—	—
Cluny	213	—	—	—	🏠	🏊	—	—
Couches	228	—	—	—	—	—	—	⌐
Crêches-sur-Saône	232	—	R	—	—	—	—	—
Digoin	241	—	—	—	🏊	—	—	⌐
Dompierre-les-Ormes	245	—	—	L	✂	🏊	🏠	⌐
Épinac	251	—	R	L	—	—	—	⌐
Gibles	274	🦆	—	—	🏊	—	—	
Gigny-sur-Saône	275	🦆	R	L	✂	🏊	—	⌐
Gueugnon	285	—	—	—	—	—	—	⌐
Issy-l'Evêque	297	—	—	—	🏊	—	—	⌐
Laives	306	—	R	—	—	—	—	—
Louhans	326	—	—	—	✂	🏊	—	⌐
Mâcon	332	—	R	—	🏊	🏠	—	
Matour	345	—	—	L	✂	🏊	—	—
Mervans	351	—	—	—	✂	—	—	
Palinges	394	—	—	—	—	—	—	⌐
St-Germain-du-Bois	479	—	—	—	✂	🏠	—	—
Salornay-sur-Guye	531	—	—	—	✂	—	🏠	—
Toulon-sur-Arroux	562	—	—	—	—	🏠	—	
Tournus	563	—	—	—	🏠	🏊	—	

72-SARTHE 05

	Page	Permanent	Restauration	Location	✂	🏊	🏠	⌐
Avoise	125	—	—	—	—	—	—	⌐
Beaumont-sur-Sarthe	140	—	—	—	—	—	—	⌐
Bessé-sur-Braye	147	—	—	R	—	✂	🏊	—
Bonnétable	154	—	—	—	—	—	🏠	⌐
Bouloire	156	—	—	—	—	🏊	—	—
Chartre-sur-le-Loir	201	—	—	—	—	🏊	—	—
Conlie	217	—	—	—	—	—	—	⌐
Connerré	218	—	—	—	✂	—	—	
Courdemanche	229	—	—	—	—	—	—	—
Dollon	244	—	—	—	✂	🏊	—	⌐
Écommoy	248	—	—	—	✂	—	—	—
La Ferté-Bernard	260	—	—	—	—	—	🏠	⌐
La Flèche	261	—	—	—	✂	🏊	🏠	⌐
Fresnay-sur-Sarthe	268	🦆	—	—	✂	🏊	🏠	⌐
Lavaré	315	—	—	—	✂	—	—	⌐
Loué	325	—	R	L	—	🏊	—	—
Luché-Pringé	329	—	—	L	✂	🏊	—	⌐
Le Lude	329	—	—	L	✂	🏊	—	—
Malicorne-sur-Sarthe	335	—	—	L	🏠	🏊	—	—
Mamers	336	P	—	L	🏠	🏊	—	—
Mansigné	337	—	—	L	🏠	🏊	—	—
Marçon	338	—	R	L	✂	—	—	
Mayet	347	—	—	—	—	—	—	—
Neuville-sur-Sarthe	380	🦆	R	L	✂	—	🏠	—
Précigné	425	—	—	—	✂	—	—	⌐
Roézé-sur-Sarthe	447	—	—	—	✂	—	—	⌐
Ruillé-sur-Loir	457	—	—	—	—	—	—	—
Sablé-sur-Sarthe	459	—	—	—	✂	—	—	⌐
St-Calais	468	—	—	—	✂	—	—	⌐
Sillé-le-Guillaume	546	—	R	L	—	—	—	⌐
Sillé-le-Philippe	546	🦆	R	L	—	🏊	—	—
Tennie	556	P	—	R	—	✂	🏊	🏠 ⌐

73-SAVOIE 02

	Page	Permanent	Restauration	Location	✂	🏊	🏠	⌐
AIGUEBELETTE (Lac d')	79	—	—	—	—	—	—	—
Lépin-le-Lac	79	—	—	—	✂	—	—	
Novalaise-Lac	79	—	—	L	—	🏊	—	—
Aillon-le-Jeune	80	P	—	R	—	✂	—	—
Aime	80	—	—	—	—	—	—	⌐
Aix-les-Bains	81	—	—	R	L	✂	🏊	🏠 ⌐
Albertville	82	—	—	—	—	—	—	—
Les Allues	85	—	—	R	—	—	—	—
Aussois	123	P	—	—	✂	—	—	⌐
La Bâthie	134	P	—	—	—	—	—	—
Beaufort	138	—	—	—	—	—	—	—
Bourg-St-Maurice	161	—	—	—	✂	🏊	🏠	—
Bramans	162	—	—	—	✂	—	—	—
Challes-les-Eaux	193	—	—	—	—	—	—	—
Chanaz	198	—	—	R	L	✂	—	—
Le Châtelard	204	—	—	—	—	—	—	—
Chindrieux	210	—	—	—	✂	—	—	⌐
Entremont-le-Vieux	250	—	R	—	✂	—	—	
Flumet	261	P	—	R	—	—	—	—
Landry	309	—	—	—	—	🏊	—	⌐

73-SAVOIE (continued)

	Page	Permanent	🏊	Restauration	Location	🍴	⛺	🏠	⌐
Lanslevillard	310	—	—	R	—	🍴	—	—	—
Lescheraines	317	—	—	—	—	🍴	—	—	—
Les Marches	337	—	—	—	L	—	—	—	⌐
Marthod	340	—	—	—	—	🍴	—	—	—
Modane	358	—	—	—	—	🍴	—	—	—
Montmélian	364	—	—	—	—	—	—	—	⌐
Pralognan-la-V.	425	—	—	R	L	🍴	⛺	🏠	—
La Rochette	447	—	—	R	—	—	—	—	—
La Rosière 1850	451	—	—	—	—	🍴	—	—	—
Ruffieux	457	—	—	—	L	🍴	⛺	—	⌐
St-Jean-de-Couz	488	—	🏊	—	—	—	—	—	—
St-Pierre-d'Albigny	511	—	—	—	—	—	—	—	⌐
Séez	539	P	—	—	—	—	—	—	—
Sollières-Sardières	548	—	—	—	—	—	—	—	—
Termignon	556	—	—	—	—	🍴	—	—	—
Val-d'Isère	575	—	—	R	—	🍴	—	—	—
Valloire	576	—	—	—	—	🍴	⛺	🏠	—
Villarembert	591	—	—	—	—	—	—	—	—

74-HAUTE-SAVOIE 🏷

	Page	Permanent	🏊	Restauration	Location	🍴	⛺	🏠	⌐
Amphion-les-Bains	87	—	—	—	L	🍴	—	🏠	—
ANNECY (Lac d')	92	—	—	—	—	—	—	—	—
Alex	92	—	—	—	—	—	—	—	—
Bout-du-Lac	92	—	—	R	L	🍴	⛺	—	⌐
Doussard	92	—	—	R	L	🍴	⛺	—	—
Duingt	94	—	—	—	L	—	—	🏠	—
Lathuile	94	—	—	R	L	🍴	⛺	—	—
St-Jorioz	94	—	—	R	L	—	⛺	—	—
Sévrier	95	—	—	R	L	🍴	—	🏠	—
Argentière	114	—	—	—	—	—	—	—	—
Chamonix	196	—	—	R	L	—	—	🏠	⌐
Châtel	204	—	—	R	—	🍴	⛺	🏠	—
Chêne-en-Semine	209	—	—	R	—	🍴	⛺	—	—
Choisy	210	—	🏊	R	—	—	—	—	—
La Clusaz	214	—	—	—	L	—	⛺	🏠	—
Contamine-Sarzin	218	—	—	—	L	—	⛺	—	—
Les Contamines-Montjoie	218	—	—	R	L	🍴	—	—	—
Cusy	237	—	🏊	R	—	—	—	—	—
Excenevex	255	—	—	R	—	🍴	—	🏠	—
Les Gets	274	—	—	—	—	—	—	—	⌐
Le Grand-Bornand	277	—	—	—	L	🍴	⛺	🏠	—
Lugrin	330	—	—	—	L	—	⛺	—	—
Megève	349	—	—	—	—	—	—	—	—
Morzine	369	—	—	—	—	—	—	—	—
Neydens	381	—	—	R	L	—	⛺	🏠	—
Le Petit-Bornand-les-G.	400	—	—	—	—	🍴	—	—	—
Praz-sur-Arly	425	P	—	—	L	🍴	—	—	—
Présilly	426	—	—	—	—	—	—	—	—
Rumilly	457	—	—	—	L	—	⛺	🏠	—
St-Ferréol	475	—	—	—	—	—	—	—	—
St-Gervais-les-Bains	480	—	—	R	—	—	—	🏠	—
St-Jean-d'Aulps	487	P	—	—	—	🍴	—	—	⌐
Sallanches	529	—	—	R	L	—	—	—	—
Sciez	538	—	—	—	L	—	—	—	—
Seyssel	544	—	—	—	—	—	—	—	⌐
Taninges	554	P	—	—	—	🍴	—	—	—
Thônes	558	—	🏊	—	—	—	—	—	—
Vallorcine	576	—	—	—	—	🍴	—	—	—
Verchaix	582	P	—	—	—	🍴	—	—	—

75-PARIS 1 5 6

	Page	Permanent	🏊	Restauration	Location	🍴	⛺	🏠	⌐
Paris	395	P	—	R	L	—	—	🏠	—

76-SEINE-MARITIME 1 5 6

	Page	Permanent	🏊	Restauration	Location	🍴	⛺	🏠	⌐
Aumale	121	—	—	—	—	—	—	🏠	—
Bazinval	137	—	—	—	—	—	—	🏠	—
Blangy-sur-Bresle	152	—	—	—	—	🍴	—	—	—
Bourg-Dun	160	—	—	—	—	🍴	—	—	—
Cany-Barville	177	P	—	—	—	—	—	—	—
Dieppe	241	—	—	R	—	🍴	⛺	🏠	—
Étretat	255	—	—	—	—	🍴	—	—	—
Le Havre	288	—	—	—	—	—	—	—	—
Incheville	294	—	—	—	—	—	—	—	—
Jumièges	301	—	—	—	L	🍴	—	🏠	—
Martigny	341	—	—	—	L	—	⛺	—	—
Offranville	385	—	—	R	L	🍴	—	—	—
Quiberville	431	—	—	—	L	🍴	—	🏠	—
St-Aubin-sur-Mer	464	—	—	R	—	—	—	🏠	—
St-Martin-en-Campagne	505	—	—	—	L	🍴	—	—	⌐
St-Valéry-en-Caux	521	P	—	—	L	🍴	⛺	—	—
Touffreville-sur-Eu	561	—	—	—	—	—	—	—	⌐
Toussaint	564	—	—	—	—	—	—	—	⌐
Le Tréport	569	—	—	—	—	🍴	—	—	—
Veules-les-Roses	585	—	—	—	—	—	—	🏠	—
Vittefleur	598	—	—	—	—	—	—	—	—

77-SEINE-ET-MARNE 6

	Page	Permanent	🏊	Restauration	Location	🍴	⛺	🏠	⌐
Bagneaux-sur-Loing	128	—	—	—	—	🍴	—	—	⌐
Blandy	152	—	—	—	—	—	—	—	—
Boulancourt	155	P	🏊	—	L	🍴	—	—	—
Changis-sur-Marne	198	—	—	—	—	—	—	—	—
La Ferté-Gaucher	260	—	—	—	—	🍴	⛺	🏠	—
La Ferté-sous-Jouarre	260	P	🏊	—	L	—	—	—	⌐
Hermé	290	P	🏊	R	—	🍴	—	—	⌐
Jablines	297	—	—	R	—	🍴	—	🏠	—
Marne-la-Vallée	339	P	—	R	L	🍴	⛺	—	⌐
Melun	349	—	—	—	—	🍴	⛺	🏠	—
Montereau-Fault-Yonne	363	—	—	—	—	—	—	—	—
Pommeuse	416	—	—	—	—	—	—	🏠	—
Touquin	562	—	🏊	—	—	—	⛺	—	⌐
Veneux-les-Sablons	581	—	—	—	—	🍴	—	—	⌐
Verdelot	582	—	—	—	—	🍴	—	—	⌐
Villevaudé	595	P	—	R	—	🍴	—	🏠	—

78-YVELINES 5 6

	Page	Permanent	🏊	Restauration	Location	🍴	⛺	🏠	⌐
Maisons-Laffitte	334	P	—	R	L	—	—	🏠	⌐
Rambouillet	433	P	—	R	—	—	—	🏠	⌐
St-Illiers-la-Ville	486	—	🏊	—	—	—	⛺	—	⌐

79-DEUX-SÈVRES [9]

	Page	Permanent	♨	Restauration	Location	🔪	🏊	⛺	🏠
Airvault	81	—	—	—	—	—	🏊	—	—
Argenton-Château	114	—	—	—	L	🔪	🏊	—	🏠
Azay-sur-Thouet	127	—	—	—	—	🔪	—	—	—
Celles-sur-Belle	190	P	—	—	—	🔪	🏊	—	—
Coulon	229	—	—	—	L	🔪	🏊	—	—
Coulonges-sur-l'Autize	229	—	—	—	—	🔪	🏊	—	🏠
Mauzé-sur-le-Mignon	346	—	—	—	—	—	—	—	—
Niort	382	—	—	—	—	—	—	—	—
Parthenay	396	P	—	R	—	🔪	🏊	—	🏠
Prailles	424	—	—	R	L	🔪	—	—	—
St-Christophe-sur-Roc	470	—	—	R	—	🔪	—	—	—
Secondigny	538	—	—	R	—	🔪	🏊	—	🏠

80-SOMME [1] [2]

	Page	Permanent	♨	Restauration	Location	🔪	🏊	⛺	🏠
Bertangles	147	—	—	—	—	—	—	—	🏠
Cappy	178	—	—	—	—	—	—	—	🏠
Cayeux-sur-Mer	189	—	—	—	—	—	—	⛺	🏠
Le Crotoy	234	—	—	—	—	—	🏊	—	🏠
Fort-Mahon-Plage	264	—	—	—	—	—	🏊	—	🏠
Montdidier	363	P	—	—	—	—	—	—	🏠
Moyenneville	371	—	—	—	—	—	🏊	—	🏠
Nampont-St-Martin	375	—	—	—	—	—	🏊	—	🏠
Pendé	396	—	—	—	—	—	—	—	—
Péronne	398	P	—	—	—	—	—	—	—
Poix-de-Picardie	416	—	—	—	—	—	—	—	🏠
Proyart	427	—	—	—	—	—	—	—	🏠
Quend	429	—	♨	—	—	—	🏊	⛺	🏠
Rue	456	—	—	—	—	—	—	—	—
St-Quentin-en-Tourmont	514	—	—	—	L	—	—	—	🏠
St-Valery-sur-Somme	521	—	—	R	—	🔪	🏊	—	🏠
Villers-sur-Authie	595	—	—	—	L	🔪	🏊	—	🏠
Vironchaux	597	—	—	—	—	—	—	—	🏠

81-TARN [15]

	Page	Permanent	♨	Restauration	Location	🔪	🏊	⛺	🏠
Albi	83	—	—	—	—	—	🏊	⛺	🏠
Albine	83	—	♨	R	—	🔪	—	—	—
Anglès	91	—	—	R	L	🔪	🏊	—	🏠
Le Bez	148	—	♨	—	—	—	—	—	—
Brassac	163	—	—	—	—	—	—	—	—
Les Cabannes	170	—	—	—	L	—	🏊	⛺	🏠
Cahuzac-sur-Vère	172	—	—	—	—	🔪	🏊	—	—
Castelnau-de-Montmiral	186	—	—	—	—	🔪	🏊	—	—
Castres	187	—	—	R	L	—	🏊	—	🏠
Cordes-sur-Ciel	219	—	—	—	L	—	🏊	—	🏠
Damiatte	238	—	—	R	L	—	—	—	🏠
Gaillac	270	—	—	—	—	—	🏊	—	—
Giroussens	275	—	♨	—	—	—	—	—	—
Labastide-Rouairoux	302	—	—	—	—	—	—	—	🏠
Mazamet	347	—	—	—	—	🔪	🏊	⛺	🏠
Mirandol-Bourgnounac	357	—	♨	—	L	—	🏊	—	—
Nages	374	—	—	R	L	🔪	🏊	—	🏠
Pampelonne	395	—	—	—	—	—	—	—	—
Rabastens	432	—	—	—	—	—	🏊	—	🏠
Réalmont	437	—	—	—	—	—	—	—	🏠
Rivières	442	—	—	R	L	🔪	🏊	—	🏠
Roquecourbe	450	—	—	—	—	🔪	—	—	—
Rouquié	453	—	—	R	L	—	—	—	—
St-Christophe	469	—	♨	R	L	—	—	⛺	🏠
St-Pierre-de-Trivisy	512	—	—	—	L	🔪	🏊	—	🏠
Serviès	543	—	♨	R	L	—	🏊	—	🏠
Sorèze	549	—	—	—	—	—	🔪	—	—
Teillet	555	P	—	R	L	—	🏊	—	🏠

82-TARN-ET-GARONNE [14]

	Page	Permanent	♨	Restauration	Location	🔪	🏊	⛺	🏠
Beaumont-de-Lomagne	139	—	—	R	L	🔪	—	—	—
Caussade	188	—	—	R	—	🔪	🏊	⛺	—
Caylus	189	—	—	—	—	—	—	⛺	—
Cayriech	189	P	—	—	—	—	🏊	—	🏠
Lafrançaise	305	—	—	R	—	🔪	🏊	—	🏠
Laguépie	306	—	—	—	L	🔪	—	—	—
Lavit-de-Lomagne	316	—	—	—	—	—	—	—	🏠
Moissac	359	—	—	—	L	—	🏊	—	🏠
Montpezat-de-Quercy	366	—	—	—	L	🔪	🏊	—	🏠
Nègrepelisse	379	—	—	—	—	—	🏊	⛺	—
St-Antonin-Noble-Val	463	—	—	—	L	🔪	🏊	—	🏠
St-Nicolas-de-la-Grave	508	—	—	—	—	—	🏊	⛺	—
St-Sardos	517	—	—	R	—	🔪	🏊	—	🏠
Touffailles	561	—	—	—	—	🔪	—	—	—
Varen	579	—	—	—	L	🔪	🏊	—	🏠

83-VAR [17]

	Page	Permanent	♨	Restauration	Location	🔪	🏊	⛺	🏠
Les Adrets-de-l'Esterel	76	—	—	R	L	—	🏊	—	🏠
Agay	76	—	♨	R	L	🔪	🏊	⛺	🏠
Artignosc-sur-Verdon	117	—	♨	R	—	—	🏊	—	—
Aups	121	—	—	R	L	🔪	🏊	—	—
Bandol	130	—	—	R	L	🔪	—	—	—
Belgentier	142	—	—	R	L	🔪	🏊	—	🏠
Bormes-les-Mimosas	155	P	—	R	L	🔪	🏊	—	🏠
Callas	173	—	—	R	L	🔪	🏊	—	—
Le Camp-du-Castellet	174	P	—	R	L	🔪	🏊	—	—
Carqueiranne	183	—	—	R	L	🔪	🏊	—	🏠
Cavalaire-sur-Mer	188	—	—	R	L	🔪	🏊	⛺	🏠
Comps-sur-Artuby	215	—	—	R	L	—	—	—	—
La Croix-Valmer	234	—	—	R	L	🔪	🏊	⛺	🏠
Fréjus	266	—	—	R	L	🔪	🏊	⛺	🏠
Grimaud	282	P	—	R	L	🔪	🏊	—	—
Hyères	293	P	—	R	L	🔪	🏊	—	🏠
Le Lavandou	315	—	—	R	L	🔪	🏊	—	🏠
La Londe-les-Maures	323	—	—	R	L	🔪	—	⛺	🏠
Le Muy	373	—	—	R	L	🔪	🏊	—	🏠
Nans-les-Pins	375	P	♨	R	L	🔪	🏊	—	🏠
Le Pradet	424	—	—	—	L	—	—	—	—
Puget-sur-Argens	428	—	—	R	L	🔪	🏊	—	—
Ramatuelle	433	—	♨	R	L	🔪	🏊	⛺	🏠
Roquebrune-sur-Argens	449	—	♨	R	L	🔪	🏊	⛺	🏠
St-Aygulf	465	—	—	R	L	🔪	🏊	⛺	🏠
St-Cyr-sur-Mer	472	—	—	R	L	🔪	🏊	—	🏠
St-Mandrier-sur-Mer	503	—	—	R	—	🔪	—	—	—
St-Maximin-la-Ste-B.	506	P	—	R	L	—	🏊	⛺	—
St-Paul-en-Forêt	510	—	♨	R	L	🔪	🏊	—	—
St-Raphaël	514	—	—	R	L	🔪	🏊	—	🏠

	Page	Permanent	🐴	Restauration	Location	[🎾] ou 🎾	[🏊] ou 🏊	🚐	🔌
Ste-Anastasie-sur-Issole	523	—	—	R	L	🎾	🏊	—	🔌
Salernes	528	—	—	—	L	—	—	🚐	🔌
Les Salles-sur-Verdon	531	—	—	—	—	—	—	🚐	🔌
Sanary-sur-Mer	531	—	—	R	L	🎾	🏊	🚐	🔌
La Seyne-sur-Mer	544	P	—	R	L	—	🏊	—	—
Signes	545	P	—	R	L	—	🏊	—	🔌
Sillans-la-Cascade	546	P	—	R	L	—	[🏊]	—	—
Six-Fours-les-Plages	547	—	—	R	L	—	—	—	🔌
Solliès-Toucas	548	—	—	—	L	🎾	🏊	—	—
Vidauban	588	—	—	—	—	—	—	—	—
Villecroze	591	—	—	R	L	—	🏊	🚐	—
Vinon-sur-Verdon	596	—	—	—	L	🎾	—	—	—

84-VAUCLUSE 16

	Page	Permanent	🐴	Restauration	Location	[🎾] ou 🎾	[🏊] ou 🏊	🚐	🔌
Apt	97	—	🐴	R	L	—	🏊	—	—
Aubignan	120	—	—	—	—	🎾	—	—	—
Avignon	125	P	—	R	L	🎾	🏊	🚐	🔌
Beaumes-de-Venise	139	—	—	—	—	🎾	—	🚐	🔌
Beaumont-du-Ventoux	139	—	🐴	—	L	—	—	—	🔌
Bédoin	141	—	🐴	—	—	—	—	—	🔌
Bollène	153	P	🐴	R	L	—	🏊	—	—
Bonnieux	154	—	🐴	—	—	—	—	—	🔌
Cadenet	170	—	—	R	L	—	🏊	—	🔌
Caromb	182	—	—	—	—	—	—	—	🔌
Carpentras	182	—	—	—	—	🎾	🏊	🚐	🔌
Cucuron	236	—	🐴	R	L	—	—	🚐	🔌
L'Isle-sur-la-Sorgue	295	—	—	R	L	—	—	🚐	—
Jonquières	299	—	—	—	—	🎾	🏊	—	—
Loriol-du-Comtat	324	—	—	—	—	🎾	🏊	—	🔌
Malemort-du-Comtat	335	—	—	R	L	🎾	🏊	—	🔌
Maubec	345	—	—	—	L	—	—	—	—
Mazan	347	P	—	R	—	—	🏊	—	—
Mondragon	359	—	—	—	—	—	—	—	—
Monteux	363	—	—	—	—	—	—	—	🔌
Murs	373	—	🐴	—	—	—	—	—	—
Orange	390	—	—	—	L	🎾	—	🚐	🔌
Pernes-les-Fontaines	398	—	—	—	—	🎾	🏊	🚐	🔌
Roussillon	453	—	🐴	—	L	—	—	—	—
Sault	536	—	—	—	—	🎾	🏊	—	—
Le Thor	559	—	—	R	L	—	🏊	🚐	—
La Tour-d'Aigues	562	—	—	—	—	🎾	—	—	—
Vaison-la-Romaine	574	—	🐴	R	L	🎾	🏊	🚐	🔌
Vedène	580	—	—	R	L	—	🏊	—	—
Villes-sur-Auzon	595	—	—	R	L	🎾	🏊	—	🔌
Violès	597	—	—	—	—	—	🏊	—	🔌
Visan	597	—	—	R	—	—	🏊	—	🔌

85-VENDÉE 9

	Page	Permanent	🐴	Restauration	Location	[🎾] ou 🎾	[🏊] ou 🏊	🚐	🔌
L'Aiguillon-sur-Mer	79	—	—	R	L	—	—	—	—
Aizenay	82	—	—	—	L	🎾	—	—	—
Angles	91	—	—	R	L	🎾	[🏊]	—	🔌
Apremont	97	—	—	—	L	—	🏊	—	—
Avrillé	125	—	—	R	L	🎾	🏊	—	🔌
La Boissière-de-Montaigu	153	—	🐴	R	L	🎾	🏊	—	—
Bournezeau	161	—	—	—	—	—	—	—	—
Brem-sur-Mer	163	—	—	R	L	🎾	🏊	—	🔌
Brétignolles-sur-Mer	165	—	—	R	L	🎾	[🏊]	—	🔌

	Page	Permanent	🐴	Restauration	Location	[🎾] ou 🎾	[🏊] ou 🏊	🚐	🔌
Chaillé-les-Marais	193	—	—	—	—	🎾	—	🚐	🔌
La Chapelle-Hermier	199	—	—	R	L	—	🏊	—	🔌
Commequiers	215	—	—	—	—	—	🏊	—	—
Les Epesses	250	—	—	—	L	—	🏊	—	🔌
Les Essarts	253	—	—	—	—	🎾	[🏊]	—	—
La Faute-sur-Mer	257	—	—	—	L	—	🏊	—	🔌
Fontenay-le-Comte	262	—	—	—	—	—	—	—	—
Le Givre	275	—	🐴	—	—	—	—	—	—
Grand'Landes	278	P	—	—	—	—	🏊	—	🔌
Jard-sur-Mer	297	—	—	R	L	🎾	[🏊]	—	🔌
Landevieille	308	—	🐴	R	L	🎾	🏊	—	🔌
Longeville-sur-Mer	323	—	🐴	R	L	🎾	🏊	—	🔌
Luçon	329	—	—	R	L	🎾	—	—	🔌
Les Lucs-sur-Boulogne	329	—	—	R	—	—	—	—	🔌
Maillezais	333	—	—	—	—	🎾	—	—	🔌
Mareuil-sur-Lay-Dissais	339	—	—	—	—	🎾	🏊	—	🔌
Le Mazeau	347	—	—	—	—	—	—	—	🔌
Mervent	351	P	—	R	L	—	🏊	—	🔌
La Mothe-Achard	369	—	—	—	L	—	🏊	—	—
Mouchamps	369	—	—	—	L	—	🏊	—	🔌
Nalliers	375	—	—	—	—	🎾	—	—	🔌
NOIRMOUTIER (Île de)	382	—	—	—	—	—	—	—	—
Barbâtre	382	—	—	R	L	🎾	🏊	—	—
La Guérinière	383	—	—	—	L	—	🏊	—	—
La Pommeraie-sur-Sèvre	416	—	—	—	—	🎾	—	—	—
Pouzauges	424	—	—	—	—	—	—	—	—
Les Sables-d'Olonne	457	—	—	R	L	🎾	[🏊]	🚐	🔌
St-Étienne-du-Bois	474	—	—	—	—	🎾	—	—	🔌
St-Gilles-Croix-de-Vie	481	—	🐴	R	L	🎾	[🏊]	🚐	🔌
St-Hilaire-de-Riez	482	—	—	R	L	🎾	[🏊]	🚐	🔌
St-Hilaire-la-Forêt	485	—	—	R	L	🎾	🏊	—	🔌
St-Jean-de-Monts	490	P	🐴	R	L	🎾	[🏊]	🚐	🔌
St-Julien-des-Landes	497	—	🐴	R	—	🎾	[🏊]	—	🔌
St-Malô-du-Bois	503	—	—	R	—	—	—	—	—
St-Michel-en-l'Herm	507	—	—	—	—	—	🏊	—	—
St-Révérend	516	—	—	—	—	—	🏊	—	🔌
St-Vincent-sur-Jard	522	—	—	R	L	🎾	[🏊]	—	🔌
Sallertaine	530	—	—	—	—	—	—	—	—
Soullans	551	—	—	—	—	🎾	—	—	🔌
Talmont-St-Hilaire	553	—	—	R	L	🎾	[🏊]	—	🔌
Tiffauges	560	—	—	—	—	—	—	—	—
La Tranche-sur-Mer	565	—	🐴	R	L	[🎾]	[🏊]	🚐	🔌
Triaize	570	—	—	—	L	🎾	—	—	🔌
Vairé	574	—	—	—	—	—	—	—	🔌
Vix	599	—	—	—	—	—	—	—	🔌

86-VIENNE 9 10

	Page	Permanent	🐴	Restauration	Location	[🎾] ou 🎾	[🏊] ou 🏊	🚐	🔌
Availles-Limouzine	124	—	—	—	—	🎾	🏊	🚐	—
Bonnes	154	—	—	—	L	🎾	—	—	—
Châtellerault	205	—	—	—	—	—	🏊	—	🔌
Chauvigny	208	P	—	—	—	—	—	—	—
Couhé	228	—	—	R	—	—	🏊	—	🔌
Dangé-St-Romain	238	—	—	—	—	—	—	—	—
Ingrandes	294	—	—	R	—	—	🏊	—	—
Latillé	313	—	—	—	—	—	—	—	🔌
Lésigny	318	—	—	—	—	—	—	—	🔌
Montmorillon	365	—	—	—	—	—	[🏊]	—	—
Poitiers	414	P	—	R	L	🎾	🏊	🚐	🔌
La Roche-Posay	447	—	—	—	—	—	—	—	🔌

Colonnes : Page · Permanent · Restauration · Location · ✂ ou · 🎿 ou · 🏊 · 📷 · ♿ · ☎

Commune	Page	Permanent	Restauration	Location	✂ ou	🎿 ou	🏊	📷	♿	☎
St-Pierre-de-Maillé	512	—	—	—	—	—	—	—	—	—
St-Savin	518	—	—	L	—	🎿	📷	—	—	—
Vouillé	600	—	—	—	✂	🎿	—	—	—	—
Vouneuil-sur-Vienne	600	—	R	L	✂	🎿	—	—	—	—

87-HAUTE-VIENNE ⑩

Commune	Page	Permanent	Restauration	Location	✂ ou	🎿 ou	🏊	📷	♿	☎
Aixe-sur-Vienne	81	—	—	—	—	🎿	—	—	—	—
Beaumont-du-Lac	139	—	—	—	—	—	—	—	—	☎
Bellac	142	P	—	—	✂	🎿	—	—	—	—
Bessines-sur-Gartempe	148	—	—	—	—	—	—	—	—	☎
Bujaleuf	169	—	—	R	—	—	—	—	—	—
Bussière-Galant	170	—	—	—	✂	—	—	—	—	☎
Châteauneuf-la-Forêt	203	—	—	L	✂	—	—	—	—	—
Châteauponsac	203	—	R	L	—	🎿	—	—	—	—
Cognac-la-Forêt	214	—	—	—	✂	—	—	—	—	—
Coussac-Bonneval	230	—	—	—	✂	—	—	—	—	☎
Eymoutiers	256	—	🏊	—	—	—	—	—	—	☎
Ladignac-le-Long	305	—	—	L	✂	—	—	—	—	☎
Laurière	314	—	—	L	—	—	—	—	—	—
Magnac-Bourg	333	—	—	—	—	—	—	—	—	☎
Meuzac	353	—	—	—	✂	—	—	—	—	☎
Morterolles-sur-Semme	368	P	—	—	—	—	—	—	—	☎
Nexon	381	—	—	L	—	—	—	—	—	☎
Peyrat-le-Château	400	—	R	—	✂	—	—	—	—	—
Razès	433	—	R	L	✂	—	—	—	—	—
St-Germain-les-Belles	479	—	—	—	✂	—	—	—	—	☎
St-Hilaire-les-Places	485	—	—	L	✂	—	—	—	—	—
St-Laurent-les-Églises	501	—	R	L	✂	🎿	—	—	—	☎
St-Léonard-de-Noblat	501	—	—	—	—	—	—	—	—	☎
St-Martin-Terressus	505	—	—	—	—	—	—	—	—	☎
St-Pardoux	509	—	—	L	✂	📷	—	—	—	—
St-Sulpice-les-Feuilles	519	—	—	—	📺	—	—	—	—	—
St-Yrieix-la-Perche	523	—	R	—	—	—	—	—	—	☎

88-VOSGES ⑦⑧

Commune	Page	Permanent	Restauration	Location	✂ ou	🎿 ou	🏊	📷	♿	☎
Anould	95	—	—	—	—	—	—	—	—	—
La Bresse	164	P	—	R	L	✂	—	📷	—	☎
Bulgnéville	169	—	—	—	—	—	—	—	—	—
Bussang	169	P	—	—	✂	🎿	—	—	—	—
Celles-sur-Plaine	191	—	—	L	✂	🎿	—	—	—	☎
La Chapelle-Devant-B.	199	—	—	L	✂	🎿	—	—	—	☎
Contrexéville	219	—	—	—	—	—	—	—	—	—
Corcieux	219	—	—	R	L	✂	🎿	—	—	☎
Épinal	251	P	—	R	L	—	🎿	📷	—	☎
Fontenoy-le-Château	262	—	—	R	—	✂	—	—	—	☎

Colonnes : Page · Permanent · Restauration · Location · ✂ ou · 🎿 ou · 🏊 · 📷 · ♿ · ☎

Commune	Page	Permanent	Restauration	Location	✂ ou	🎿 ou	🏊	📷	♿	☎
Gemaingoutte	272	—	—	—	—	—	—	—	—	—
Gérardmer	273	—	—	—	✂	—	—	—	—	☎
Granges-sur-Vologne	279	—	—	—	✂	—	—	—	—	—
Herpelmont	290	—	R	L	—	—	—	—	—	☎
Neufchâteau	379	—	—	—	📺	🎿	—	—	—	—
Plombières-les-Bains	407	—	—	—	—	🎿	—	—	—	☎
St-Dié	473	P	—	—	—	—	—	—	—	—
St-Maurice-sur-Moselle	506	—	—	L	✂	🎿	📷	—	—	—
Saulxures-sur-Moselotte	536	P	—	L	—	—	—	—	—	☎
Le Thillot	558	—	—	—	✂	—	—	—	—	—
Le Tholy	558	—	—	L	✂	🎿	—	—	—	—
Val-d'Ajol	575	—	—	—	✂	🎿	—	—	—	☎
Xonrupt-Long.	601	—	—	R	—	—	—	📷	—	—

89-YONNE ⑥⑦

Commune	Page	Permanent	Restauration	Location	✂ ou	🎿 ou	🏊	📷	♿	☎
Ancy-le-Franc	88	—	—	—	✂	—	—	—	—	—
Andryes	90	—	🏊	R	L	—	🎿	—	—	—
Auxerre	124	—	—	—	📺	🎿	📷	—	—	—
Cézy	192	—	—	—	✂	—	—	—	—	—
L'Isle-sur-Serein	295	—	—	—	✂	—	—	—	—	—
Ligny-le-Châtel	319	—	—	—	✂	—	—	—	—	—
St-Fargeau	475	—	—	R	—	—	—	—	—	—
Vermenton	583	—	—	—	✂	—	—	📷	—	—
Villeneuve-les-Genêts	594	P	🏊	R	L	✂	🎿	—	—	—
Vincelles	596	—	—	—	✂	—	—	—	—	—

90-TERRITOIRE-DE-BELFORT

Commune	Page	Permanent	Restauration	Location	✂ ou	🎿 ou	🏊	📷	♿	☎
Belfort	142	—	—	—	—	—	—	—	—	—
Lachapelle-sous-Rougemont	305	—	—	R	—	—	—	—	—	—

91-ESSONNE ⑥

Commune	Page	Permanent	Restauration	Location	✂ ou	🎿 ou	🏊	📷	♿	☎
Étampes	254	—	—	—	✂	—	—	—	—	☎
Monnerville	360	—	🏊	—	—	🎿	—	—	—	☎
St-Chéron	469	—	🏊	R	—	✂	🎿	—	—	☎
Villiers-sur-Orge	596	P	—	—	L	—	—	📷	—	☎

95-VAL-D'OISE ⑥

Commune	Page	Permanent	Restauration	Location	✂ ou	🎿 ou	🏊	📷	♿	☎
Nesles-la-Vallée	379	—	🏊	—	—	—	—	—	—	☎

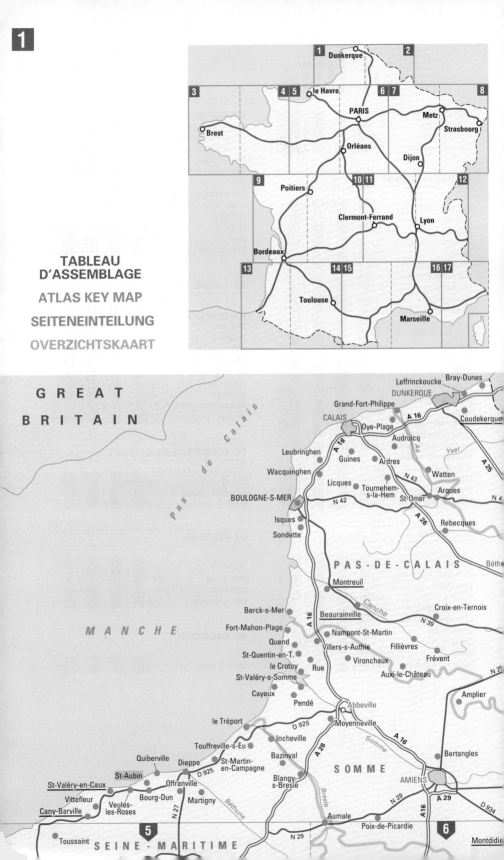

1

**TABLEAU
D'ASSEMBLAGE**

ATLAS KEY MAP

SEITENEINTEILUNG

OVERZICHTSKAART

LÉGENDE

Localité possédant au moins un terrain de camping sélectionné	● Apt	
Localité possédant un schéma dans le guide	■ Carnac	
Région possédant un schéma dans le guide	**Ile de Ré**	
Localité possédant au moins un terrain agréable sélectionné	Moyaux	
Localité possédant au moins un terrain sélectionné ouvert toute l'année	Lourdes	
Localité repère	LILLE	

LEGEND

● Apt	Town with at least one selected camping site
■ Carnac	Town with a plan in the guide
Ile de Ré	Region with a local map in the guide
Moyaux	Town with at least one selected camping site classified as pleasant
Lourdes	Town with at least one selected camping site open all the year round
LILLE	Town appearing as reference point only

2

ZEICHENERKLÄRUNG

Ort mit mindestens einem ausgewählten Campingplatz	● Apt	
Ort mit Stadtplan oder Übersichtskarte im Führer	■ Carnac	
Gebiet mit Übersichtskarte im Führer	**Ile de Ré**	
Ort mit mindestens einem ausgewählten und besonders angenehmen Campingplatz	Moyaux	
Ort mit mindestens einem ganzjährig geöffneten Campingplatz	Lourdes	
Orientierungspunkt	LILLE	

VERKLARING

● Apt	Plaats met tenminste één geselekteerd kampeerterrein
■ Carnac	Plaats met schema in de gids
Ile de Ré	Gebiet met schema in de gids
Moyaux	Plaats met tenminste één fraai geselekteerd kampeerterrein
Lourdes	Plaats met tenminste één gedurende het gehele jaar geopend kampeerterrein
LILLE	Plaats ter oriëntering

Pour situer exactement une localité,
utilisez la carte Michelin à 1 / 200 000.

To find a locality,
use a Michelin 1 / 200 000 map.

Zur Lokalisierung eines Campingplatzes
benutzen Sie bitte die Michelin-Karte im Maßstab 1:200 000.

Om precies de ligging van een plaats te bepalen
gebruik de Michelin kaart 1 / 200 000.

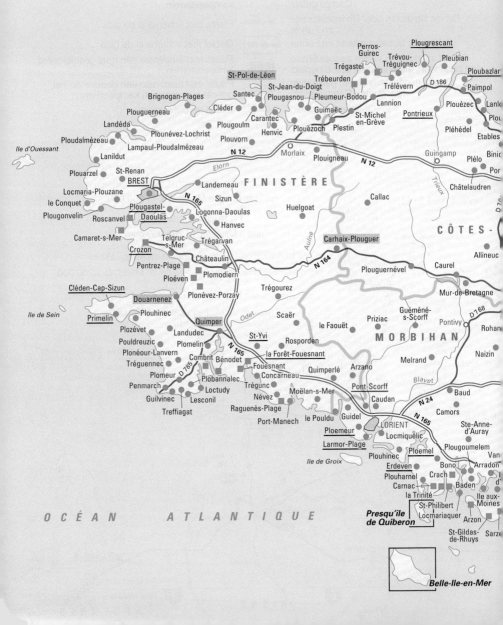

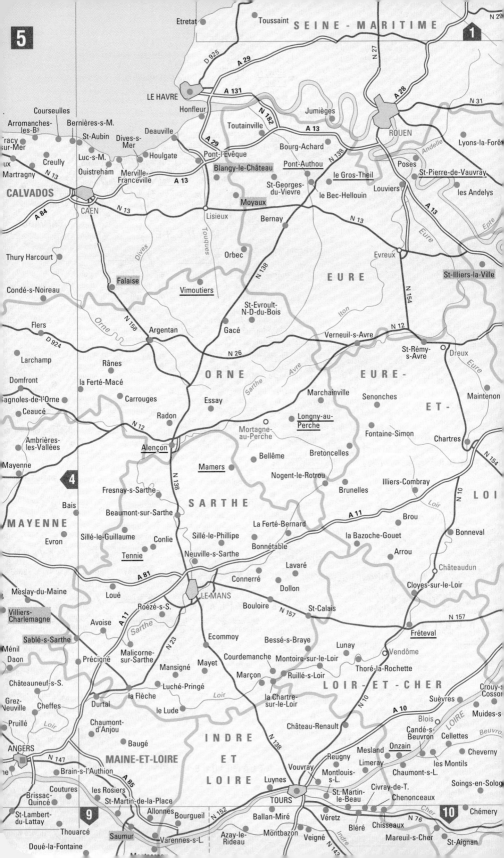

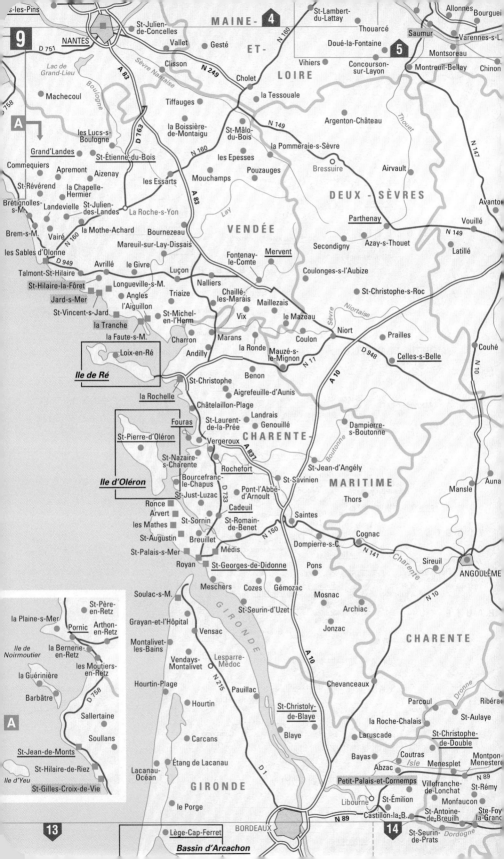

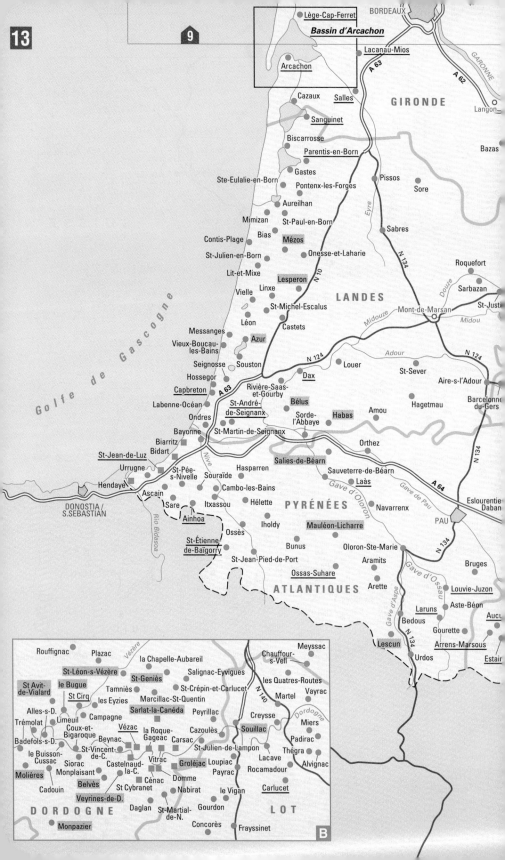

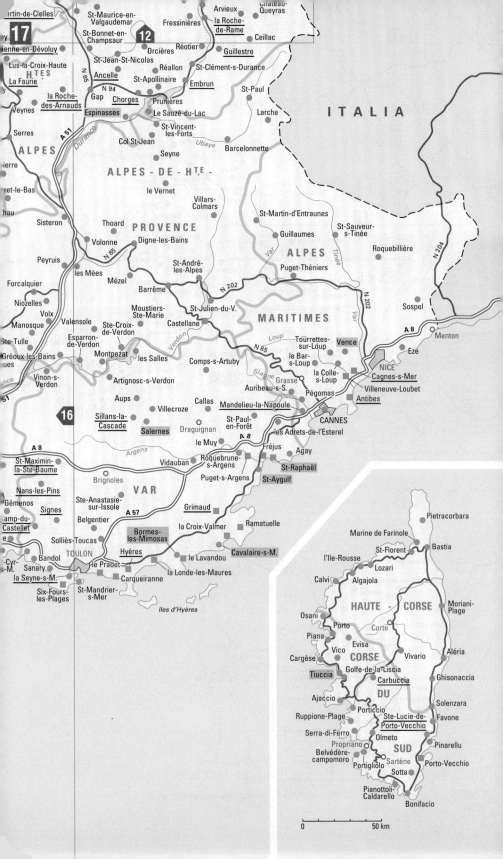

Renseignements
sur les terrains sélectionnés

Particulars
of selected camping sites

Beschreibung
der ausgewählten Campingplätze

Gegevens
over de geselekteerde terreinen

ABILLY

37160 I.-et-L. ⓾ – ⓺⓼ ⑤ – 1 145 h. alt. 55.
Paris 298 – Châtellerault 29 – Descartes 5 – Loches 37 – La Roche-Posay 23 – Tours 63.

⚠ *Municipal* 15 mai-15 sept.
au bourg, par sortie Sud, rte de Leugny, dans une île de la Claise – **R** – ⚐
1 ha (33 empl.) plat, herbeux ⬚ ⚲⚲
⚒ ⛱ 🏠 ⛲ ⊕ – A proximité : ✖ 🛶
Tarif : ⚑ 6,30 – 🅴 6,90 – 🅸 8 (10A)

ABJAT-SUR-BANDIAT

24300 Dordogne ⓾ – ⓻⓶ ⑮ ⑯ – 693 h. alt. 300.
Paris 449 – Angoulême 57 – Châlus 25 – Limoges 57 – Nontron 11 – Périgueux 60.

⚠ *Le Moulin de Masfrolet* juin-15 sept.
🕿 05 53 56 82 70 – à 2,4 km au Nord du bourg, bord du Bandiat et d'un étang – ⚲ « Cadre pittoresque » ☛ – **R** indispensable – ⌧ ⚐
12 ha/6 campables (200 empl.) plat, incliné, en terrasses, herbeux ⬚ ⚲⚲
♿ 🔥 ⚒ 🏠 ⛲ ⊕ ⚂ ☂ 🖻 – ⚓ 🍴 snack, pizzeria ⚒ – 🏩 🏊 discothèque 🛶 🚲 ✖ 🏊
Tarif : ⚑ 28 piscine et tennis compris – 🅴 30 – 🅸 20 (6A)
Location : 🏠 800 à 2400 – 🏚 1200 à 2950 – 🏡 1300 à 3800

⚠ *La Ripole* 15 juin-15 sept.
🕿 05 53 56 86 85 – S : 0,8 km par D 96, rte de St-Saud-Lacousière puis à droite 2 km par rte de Chabanas – ⚲ ☛ – **R** indispensable – ⚐
1,35 ha (34 empl.) peu incliné et plat, terrasse, herbeux, étang ⬚ ⚲
♿ ⚒ ⛱ 🏠 ⊕ 🖻 – ⚓ ⚲
Tarif : (Prix 1999) ⚑ 19 piscine comprise – 🅴 22 – 🅸 14
Location : 🏠 850 à 1550 – 🏚 1000 à 1800 – 🏡 1150 à 2100

Les ABRETS

38490 Isère ⓬ – ⓻⓸ ⑭ – 2 804 h. alt. 398.
Paris 517 – Aix-les-Bains 43 – Belley 32 – Chambéry 38 – Grenoble 52 – La Tour-du-Pin 13 – Voiron 23.

⚠ *Le Coin Tranquille* avril-oct.
🕿 04 76 32 13 48, Fax 04 76 37 40 67 – E : 2,3 km par N 6, rte du Pont-de-Beauvoisin et rte à gauche – ⚲ ≤ ☛ – **R** conseillée 10 juil.-15 août – ⌧ ⚐
4 ha (180 empl.) herbeux ⬚
⚒ ♿ ⚒ ⚒ 🏠 ⛱ ⛲ 🖻 – ⚓ 🍴 ✖ ⚒ – 🏩 Centre de documentation touristique 🛶 🚲 ⊙ 🏊
Tarif : 🅴 piscine comprise 2 pers. 132, pers. suppl. 34 – 🅸 8 (2A) 12 (3A) 19 (6A)

ABZAC

33230 Gironde ⓽ – ⓻⓹ ② – 1 472 h. alt. 30.
Paris 534 – Bergerac 59 – Blaye 51 – Bordeaux 47 – Coutras 3 – Mussidan 41.

⚠ *Le Paradis* fév.-15 nov.
🕿 05 57 49 05 10, Fax 05 57 49 18 88 – SE : 1,5 km par D 247, à 300 m de la N 89, bord de l'Isle et d'un lac – ☛ – **R** conseillée été – ⌧ ⚐
5 ha (60 empl.) plat, herbeux ⚲ (2 ha)
⚒ ⛱ 🏠 ⛱ ⊕ 🖻 🖻 – ⚒ – 🛶 ≈ (plage)
Tarif : ⚑ 18 – 🅴 28 – 🅸 17 (6A)
Location : 🏚 1100 à 2400

Les ADRETS-DE-L'ESTEREL

83600 Var ⓱ – ⓼⓸ ⑧ – 1 474 h. alt. 295.
🛈 Office de Tourisme pl. de la Mairie 🕿 04 94 40 93 57, Fax 04 94 19 36 69.
Paris 886 – Cannes 25 – Draguignan 44 – Fréjus 17 – Grasse 31 – Mandelieu-la-Napoule 16 – St-Raphaël 18.

⚠ *Les Philippons* avril-15 oct.
🕿 04 94 40 90 67, Fax 04 94 19 35 92 – E : 3 km par D 237, rte de l'Eglise d'Adrets – ⚲ ≤ « Cadre et site agréables » ☛ – **R** – ⌧ ⚐
5 ha (150 empl.) en terrasses, plat, peu incliné, accidenté, herbeux ⬚ ⚲⚲
⚒ 🏠 ⊕ 🖻 – ⚒ 🍴 snack, pizzeria – 🛶 🏊
Tarif : ⚑ 28 piscine comprise – 🅴 25 – 🅸 15 (3A) 20 (6A) 28 (10A)
Location : 🏚 1600 à 3000

AGAY

83530 Var ⓱ – ⓼⓸ ⑧ G. Côte d'Azur.
🛈 Office de Tourisme bd de la Plage N 98 🕿 04 94 82 01 85, Fax 04 94 82 74 20.
Paris 886 – Cannes 32 – Draguignan 44 – Fréjus 13 – Nice 63 – St-Raphaël 9.

⚠ *Esterel Caravaning* avril-sept.
🕿 04 94 82 03 28, Fax 04 94 82 87 37 –, réservé aux caravanes, NO : 4 km – ⚲ ≤ Massif de l'Esterel « Site et cadre agréables » ☛ – **R** conseillée Pâques, juil.-août
12,5 ha (495 empl.) en terrasses, peu incliné, pierreux ⬚ ⚲⚲
⚒ ♿ ⚒ ⛱ ⛱ 🏠 - 18 empl. avec sanitaires individuels (⚒ ⛱ wc) ⊕ ⚂ ☂ 🖻 – ⚒ 🍴 ✖ pizzeria ⚒ – 🏩 ⚒ 🛶 ⊙ ✖ 🏊 🏊 squash
Tarif : 🅴 élect. piscine et tennis compris 2 pers. 170, pers. suppl. 40
Location : 🏚 1000 à 3900

△△△ **Vallée du Paradis** 15 mars-15 oct.
℘ 04 94 82 16 00, Fax 04 94 82 72 21 – NO : 1 km, bord de l'Agay – ≼ « Cadre boisé au pied du Massif de l'Esterel » ⌂ – **R** indispensable juil.-août – ⚭
3 ha (213 empl.) plat, herbeux ⊡ ٩٩
♿ ⌂ ⇆ 🗇 ⌄ ⊕ 🖻 – 🚿 🍴 ✗ pizzeria ⚲ – 🏠 🚣
Tarif : 🔲 1 à 4 pers. 145, pers. suppl. 25 – 🔌 25 (10A)
Location : 🏚 1300 à 2750

△△ **Les Rives de l'Agay** 15 fév.-1ᵉʳ nov.
℘ 04 94 82 02 74, Fax 04 94 82 74 14 – NO : 0,7 km, bord de l'Agay et à 500 m de la plage – ⌂⚊
– **R** conseillée – **GB** ⚭
1,4 ha (96 empl.) plat, herbeux, sablonneux ⊡ ٩٩
🎱 ♿ ⌂ ⇆ 🗇 ⌄ ⌄ ⊕ ⚘ ⚙ 🖻 – 🚿 ✗ ⚲ – 🏠 🚣
Tarif : 🔲 piscine comprise 4 pers. 156 – 🔌 16 (6A)
Location : 🏚 1610 à 3500 – studios

△△△ **Azur Rivage** avril-sept.
℘ 04 94 44 83 12, Fax 04 94 44 84 39 – à Anthéor-Plage, E : 5 km « Près de la plage » ⌂⚊
R indispensable juil.-août – ⚭
1 ha (66 empl.) plat, en terrasses, peu incliné, pierreux ٩٩
♿ ⌂ ⇆ 🗇 ⌄ ⊕ ⚰ 🖻 – 🚿 – 🚣 – A proximité : 🍴 ✗ ⚲
Tarif : 🔲 piscine comprise 3 pers. 172 – 🔌 22 (6A)
Location : 🏚 1000 à 3700

△ **Agay-Soleil** 15 mars-15 nov. ≼ « Dans la Baie d'Agay, accès direct à la plage » ⌂⚊ ⚙ juil.-août
℘ 04 94 82 00 79 – E : 0,7 km – ≼ « Dans la Baie d'Agay, accès direct à la plage » ⌂⚊ ⚙ juil.-août
– **R** conseillée
0,7 ha (53 empl.) plat, peu incliné, sablonneux ⊡ ٩٩
♿ ⌂ ⇆ 🗇 ⌄ ⊕ 🖻 – 🍴 ✗ pizzeria ⚲ – 🏠 – A proximité : ⚙
Tarif : 🔲 1 ou 2 pers. 154 – 🔌 24 (6A)

△ **Royal-Camping** 20 janv.-oct.
℘ 04 94 82 00 20 – S : 1,5 km « Bord de plage » ⌂⚊ – **R** juil.-août
0,6 ha (45 empl.) plat, herbeux, gravier ٩٩
⌂ ⇆ 🗇 ⌄ ⚘ ⊕ 🖻 – 🏠 – A proximité : 🚿 🍴 ✗ ⚲
Tarif : 🔲 2 pers. 135, 3 pers. 145, pers. suppl. 30 – 🔌 16 (3A) 20 (6A)
Location : 🏚 2000 à 3500

△ **Le Viaduc** Pâques-sept.
℘ 04 94 44 82 31 – à Anthéor-Plage, E : 5 km, à 100 m de la plage – ⌂⚊ – **R** conseillée
1,1 ha (69 empl.) plat, en terrasses, peu incliné, herbeux, pierreux ٩٩
♿ ⌂ ⇆ 🗇 ⌄ ⊕ ⚘ 🖻 – A proximité : 🚿 🍴 ✗ ⚲
Tarif : 🔲 3 pers. 153, pers. suppl. 35 – 🔌 22 (6A)

AGDE

34300 Hérault 🔟🟥 – 🟨🟥 ⑮ ⑯ G. Languedoc Roussillon –
17 583 h. alt. 5.
🅱 Office de Tourisme 1 pl. Molière ℘ 04 67 94 29 68,
Fax 04 67 94 03 50.
Paris 761 – Béziers 24 – Lodève 59 – Millau 118 –
Montpellier 55 – Sète 25.

△△△ **La Pinède**
℘ 04 67 21 25 00, Fax 04 67 94 32 44 – SE :
2,5 km par D 32ᴱ¹⁰, rte du Cap d'Agde, faire
demi-tour au 3ème rond-point après Intermarché et 0,6 km par chemin à droite (hors schéma),
accès conseillé par N 112 – ⚲ ≼ « Sur le versant
Nord du Mᵗ Sᵗ Loup » ⌂⚊ ⚙ dans locations
5 ha (247 empl.) en terrasses et incliné, pierreux,
herbeux ⊡ ٩٩ pinède
♿ ⌂ ⇆ 🗇 ⌄ ⊕ ⚘ ⚙ 🖻 – 🚿 🍴 ✗ ⚲ – 🚣
Location : 🏚

△△△ **International de l'Hérault** mai-20 sept.
℘ 04 67 94 12 83, Fax 04 67 94 42 84 – S :
1,5 km, à 80 m de l'Hérault – ⌂⚊ – **R** conseillée
– **GB** ⚭
11 ha/9 campables (417 empl.) plat, herbeux ٩
♿ ⌂ 🗇 ⌄ ⚘ ⊕ 🖻 – 🚿 🍴 snack ⚲ –
🚐 salle d'animation ⚙ 🛝 toboggan aquatique
Tarif : 🔲 élect. et piscine comprises 2 pers. 133
Location : 🏚 920 à 3170 – bungalows toilés

△△△ **Le Rochelongue** Pâques-15 sept.
℘ 04 67 21 25 51, Fax 04 67 94 04 23 – S :
4 km, à Rochelongue – ⌂⚊ saison – **R** conseillée
juil.-août – **GB** ⚭
2 ha (70 empl.) plat, herbeux ⊡ ٩
♿ ⌂ 🗇 ⌄ ⊕ ⚘ 🖻 – 🚿 🍴 snack ⚲ – 🛝
Tarif : 🔲 piscine comprise 1 ou 2 pers. 110, pers.
suppl. 25 – 🔌 20 (5A) 25 (10A)
Location : 🏚 1400 à 2900

⚠ **La Clape** 26 mars-sept.
𝒫 04 67 26 41 32, Fax 04 67 26 45 25 – SE : par D 32^E10, au Cap d'Agde, près de la mer (hors schéma)
– ⊶ – **R** conseillée juil.-août – ⒼⒷ ⱴ
7,5 ha (450 empl.) plat, herbeux, pierreux ▭ ♀
▥ ⅋ ⅏ ⇌ ⌷ 🖳 ⊛ ⬚ 🖳 – ⏚ 🍴 snack ⤚ – ⤳ 🛝 – A proximité : ✗
Tarif : (Prix 1999) 🗉 piscine comprise 2 pers. 125, pers. suppl. 28 – ⚡ 17 (6A)
Location : 🚐 1600 à 3300 – 🏠 1800 à 3700

⚠ **Neptune** avril-sept.
𝒫 04 67 94 23 94, Fax 04 67 94 48 77 ✉ 34309 Agde Cedex – S : 2 km, près de l'Hérault « Cadre fleuri » ⊶ ✗ 10 juil.-20 août – **R** conseillée – ⱴ
2,1 ha (165 empl.) plat, herbeux ▭ ♀
⏚ ⅋ ⌷ ⇌ ⌷ ⌲ ⬚ 🖳 – 🍴 – ⤳ 🚲 🛝 – A proximité : ✗ 🐎
Tarif : 🗉 piscine comprise 2 pers. 130 (145 avec élect. 6A)
Location : 🚐 700 à 3500

⚠ **La Mer** 10 mai-15 sept.
𝒫 04 67 94 72 21 – S : 4 km, rte de Rochelongue, à 200 m de la mer – ⊶ – **R** conseillée juil.-août – ⱴ
2 ha (65 empl.) plat, herbeux, sablonneux ▭ ♀♀
⏚ ⅋ ⌷ ⇌ ⬚ ⊛ 🖳 – ⤳
Tarif : 🗉 2 pers. 90, pers. suppl. 20 – ⚡ 19 (6A)
Location : 🏠 (sans sanitaires)

⚠ **Les Romarins** 20 avril-sept.
𝒫 04 67 94 18 59 ✉ 34309 Agde Cedex – S : 3 km, près de l'Hérault – ⊶ juil.-août – **R** conseillée – ⒼⒷ ⱴ
1,8 ha (120 empl.) plat, herbeux, sablonneux ♀
⅋ ⇌ ⌷ ⬚ ⊛ 🖳 – ⤳ ✗ 🛝
Tarif : 🗉 piscine et tennis compris 2 pers. 100, pers. suppl. 29 – ⚡ 18 (6A)

Si vous recherchez :
> *un terrain agréable ou très tranquille, ouvert toute l'année,*
> *avec tennis ou piscine,*

Consultez le tableau des localités citées, classées par départements.

AGON-COUTAINVILLE

50230 Manche ④ – ⑤④ ⑫ – 2 510 h. alt. 36.
🛈 Office de Tourisme pl. 28 Juillet 1944 𝒫 02 33 47 01 46, Fax 02 33 45 47 68.
Paris 347 – Barneville-Carteret 48 – Carentan 43 – Cherbourg 78 – Coutances 13 – St-Lô 42.

⚠ **Municipal le Marais** juil.-août
𝒫 02 33 47 25 72 – sortie Nord-Est, près de l'hippodrome – ⊶ – **R** conseillée – ⒼⒷ ⱴ
2 ha (148 empl.) plat, herbeux
⏚ ⅋ ⇌ ⌷ ⬚ ⊛ 🖳 – ⤳ – A proximité : ⛳ ✗ ⚘
Tarif : ⚤ 20 – ⬛ 9 – 🗉 22 – ⚡ 14 (5A)

⚠ **Municipal le Martinet** avril-oct.
𝒫 02 33 47 05 20 – sortie Nord-Est, près de l'hippodrome – ⊶ – **R** conseillée juil.-août – ⒼⒷ ⱴ
1 ha (122 empl.) plat, herbeux ♀ (0,5 ha)
⏚ ⅋ ⇌ ⬚ ⊛ ⌲ – A proximité : ⛳ ✗ ⚘
Tarif : ⚤ 20 – ⬛ 9 – 🗉 20 – ⚡ 14 (5A)

⚠ **Aire Naturelle le Casrouge** 15 avril-15 oct.
𝒫 02 33 46 84 70 – N : 2,3 km par D 72, rte de Coutainville et D 272, rte de St-Malo-de-la-Lande, au lieu-dit Casrouge – ⌂ ⊶ – **R** conseillée – ⱴ
0,6 ha (15 empl.) plat, herbeux
⏚ ⅋ ⇌ ⌷ ⊛
Tarif : ⚤ 17 – ⬛ 7 – 🗉 18 – ⚡ 14 (5A)

AGOS-VIDALOS

65 H.-Pyr. – ⑧⑤ ⑰ ⑱ – rattaché à Argelès-Gazost.

AIGREFEUILLE-D'AUNIS

17290 Char.-Mar. ⑨ – ⑦① ⑬ – 2 944 h. alt. 20.
Paris 456 – Niort 47 – Rochefort 23 – La Rochelle 25 – Surgères 16.

⚠ **La Taillée** 15 juin-5 sept.
𝒫 05 46 35 50 88 – à l'Est du bourg, près de la piscine – ⊶ – **R** conseillée 1er au 20 août – ⒼⒷ ⱴ
1,8 ha (83 empl.) plat, herbeux ♀♀
⏚ ⅋ ⇌ ⌷ ⬚ ⊛ 🖳 – ⌂ ⤳ ⚘ – A proximité : 🛝
Tarif : ⚤ 20 – ⬛ 10 – 🗉 10 – ⚡ 16 (6A)
Location (avril-15 sept.) ✗ : gîtes

AIGUEBELETTE (Lac d')

73 Savoie **12** – **74** ⑮ G. Alpes du Nord.

Lépin-le-Lac 255 h. alt. 400 – ✉ 73610 Lépin-le-Lac.
Paris 556 – Belley 38 – Chambéry 24 – Les Échelles 18 – Le Pont-de-Beauvoisin 13 – Voiron 34.

⚠ **Le Curtelet** mai-sept.
  ℰ 04 79 44 11 22 – NO : 1,4 km – ≼ « En bordure du lac » ⊶ juil.-20 août – **R** conseillée juil.-août – ⊶
  1,3 ha (94 empl.) peu incliné, herbeux
  Å ⌂ ⊠ ☺ ⊟ – ▾ – ⬥ – A proximité : ⚻ ⤢ ≌
  Tarif : ⚹ 19,50 – ⇦ 8 – ▣ 15,50 – 🔌 14 (2A)
  16 (4A)

Novalaise-Lac 1 234 h. alt. 427 – ✉ 73470
Novalaise.

Paris 553 – Belley 26 – Chambéry 21 – Les Échelles 24 –
Le Pont-de-Beauvoisin 17 – Voiron 40.

⚠ **Les Charmilles** juil.-août
  ℰ 04 79 36 04 67 – à 150 m du lac – ≼ ⊶ –
  R conseillée – ⊶
  2,3 ha (100 empl.) en terrasses, gravillons, herbeux
  Å ⌂ ⇄ ⊠ ☺ ⊟ – ⛺ ⬥ ⤢ ⚲ 🚲 ♯ –
  A proximité : ≌
  Tarif : ▣ 2 pers. 74, pers. suppl. 22 – 🔌 16 (3A)
  20 (6A)

⚠ **Le Grand Verney** avril-oct.
  ℰ 04 79 36 02 54, Fax 04 79 36 06 60 – SO :
  1,2 km, au lieu-dit le Neyret – Places limitées
  pour le passage ≼ ⊶ – **R** conseillée – ⊶
  2,5 ha (112 empl.) plat, peu incliné et en
  terrasses, herbeux ⚲
  Å ⌂ ⊠ ☺ ⚲ ⚿ ⊟ – ⛺
  Tarif : (Prix 1999) ⚹ 22 piscine comprise – ▣ 26
  – 🔌 12 (2A) 14 (3A) 16 (4A)
  Location : ⟺ 2000 à 3000

AIGUES-MORTES

30220 Gard **16** – **83** ⑧ G. Provence – 4 999 h. alt. 3.
🛈 Office de Tourisme porte de la Gardette ℰ 04 66 53 73 00, Fax 04 66 53 65 94.
Paris 748 – Arles 49 – Montpellier 36 – Nîmes 42 – Sète 54.

⚠ **La Petite Camargue** 21 avril-23 sept.
  ℰ 04 66 53 98 98, Fax 04 66 53 98 80 – O : 3,5 km par D 62, rte de Montpellier, accès à la plage
  par navettes gratuites « Entrée fleurie » ⊶ – **R** conseillée juil.-août – GB ⊶ ⊶
  42 ha/10 campables (611 empl.) plat, herbeux, sablonneux ⟺ ⚲⚲ (5 ha)
  Å ⌂ ⇄ ⚿ ⇅ ☺ ⚲ ⚿ ⊟ – ⤢ ▾ ✗ ⬥ – ⛺ ⬥ discothèque ⬥⬥ 🚲 ⚻ ⤡
  Tarif : ▣ piscine comprise 1 ou 2 pers. 166 (186 avec élect. 5A), pers. suppl. 35
  Location ⚻ : ⟺ 550 à 2600 – ⟺ 770 à 3980

AIGUES VIVES

09600 Ariège **14** – **86** ⑤ – 462 h. alt. 425.
Paris 787 – Carcassonne 63 – Castelnaudary 45 – Foix 35 – Lavelanet 8 – Pamiers 34 – Quillan 40.

⚠ **La Serre** Permanent
  ℰ 05 61 03 06 16, Fax 05 61 01 83 81 – à l'Ouest du bourg – ⚲ ≼ ⊶ – **R** conseillée – ⊶
  5 ha (40 empl.) en terrasses, peu incliné à incliné, accidenté, herbeux ⟺ ⚲
  Ⅲ Å ⌂ ⇄ ☺ ⊟ – ⛺ ⬥ –
  Tarif : ▣ piscine comprise 1 pers. 35, 2 pers. 70 – 🔌 15 (5A)
  Location : ⟺ 1400 à 1600 – ⟺ 2500 à 3000

AIGUÈZE

30 Gard – **80** ⑨ – voir à Ardèche (Gorges de l').

L'AIGUILLON-SUR-MER

85460 Vendée **9** – **71** ⑪ G. Poitou Vendée Charentes – 2 175 h. alt. 4.
Paris 457 – Luçon 20 – Niort 82 – La Rochelle 49 – La Roche-sur-Yon 48 – Les Sables-d'Olonne 50.

Schéma à la Tranche-sur-Mer

⚠ **Le Pré des Sables**
  ℰ 02 51 27 13 88, Fax 02 51 97 11 65 – au Nord de la ville – ⚲ ⊶
  1,6 ha (130 empl.) plat, herbeux ⚲
  Å ⌂ ⇄ ☺ ⊟ – ▾ ⬥ – ♯
  Location : ⟺

⚠ *Municipal de la Baie* avril-sept.
    ☎ 02 51 56 40 70 – au Sud-Est du bourg, par rte en direction de Luçon – ⊶ – **R** conseillée
    15 juil.-20 août – ⚲
    3 ha (192 empl.) plat, herbeux ⚲
    ♿ ⌨ ⇄ ⌷ ⛺ ☺ ⊞ – 🔟 🚣
    Tarif : (Prix 1999) ☗ *23* – 🄴 *24* – 🄿 *20 (6A)*

⚠ *Aire Naturelle Cléroca* 25 juin-25 août
    ☎ 02 51 27 19 92, Fax 02 51 97 09 84 ✉ 85580 Grues – NO : 2,2 km par D 44, rte de Grues – ⊶
    – **R** conseillée – ⚲
    1 ha (25 empl.) plat, herbeux
    ♿ ⌨ ⇄ ⋙ ☺ ⊞ – 🔟 🚣
    Tarif : 🄴 *2 pers. 62, pers. suppl. 20* – 🄿 *14 (5A) 20 (10A)*
    Location : 🛏 *1200 à 1500*

    ⚠⚠⚠ ... ⚠

Terrains particulièrement agréables dans leur ensemble et dans leur catégorie.

AILLON-LE-JEUNE

73340 Savoie ⑫ – ⑰ ⑯ G. Alpes du Nord – 261 h. alt. 900 – Sports d'hiver : 960/1 840 m ☇22 ☃.
🛈 Office de Tourisme (Les Aillons) ☎ 04 79 54 63 65, Fax 04 79 54 61 11.
Paris 571 – Aix-les-Bains 36 – Annecy 36 – Chambéry 26 – Montmélian 27 – Rumilly 38.

⚠ *C.C.D.F. Jeanne et Georges Cher* Permanent
    ☎ 04 79 54 60 32 – SE : 1,8 km par D 32, à l'entrée de la station, à 50 m d'une rivière – ❄ ⋸ ⊶
    – **R** conseillée vacances de fév., juil.-août – Adhésion obligatoire – ⚲
    1 ha (40 empl.) non clos, plat, pierreux, herbeux
    ▦ ♿ ⌨ ⇄ ⌷ ⋙ ☺ ⊞ – 🔟 – A proximité : piste de bi-cross ☗ snack ✗ ⛷
    Tarif : 🄴 *2 pers. 36 (hiver 54,40), pers. suppl. 9 (hiver 13,60)* – 🄿 *10,20 (3A) 15,30 (6A)*
    20,40 (10A)

AIME

73210 Savoie ⑫ – ⑰ ⑱ G. Alpes du Nord – 2 963 h. alt. 690.
🛈 Syndicat d'Initiative av. Tarentaise ☎ 04 79 55 67 00.
Paris 652 – Albertville 42 – Bourg-Saint-Maurice 12 – Chambéry 90 – Moutiers 15.

⚠ *La Glière* juin-août
    ☎ 04 79 09 77 61 – SO : 3,5 km par N 90 rte de Moutiers et à Villette, D 85 à droite,
    bord d'un ruisseau – ⋸ « Emplacements ombragés agréables » ⊶ – **R** conseillée juil.-
    août – ⚲
    1,5 ha (50 empl.) en terrasses, pierreux, herbeux ⊡ ⚲
    ⌨ ⇄ ⌷ ⛺ ☺ ⚲ ▽ ⊞
    Tarif : ☗ *20* – 🄴 *20* – 🄿 *15 (5A) 22 (10A)*

à Centron SO : 5 km par N 90, rte de Moutiers – ✉ 73210 Aime :

⚠ *Le Tuff* avril-sept.
    ☎ 04 79 55 67 32 – S : 0,7 km, bord de l'Isère – ⋸ ⊶ – **R** conseillée – ⚲
    2,8 ha (150 empl.) plat, herbeux, gravier, petit plan d'eau ⚲ (1 ha)
    ♿ ⌨ ⇄ ⌷ ☺ ⊞ – ☗ – 🔟
    Tarif : ☗ *22* – 🄴 *25* – 🄿 *13 (3A) 20 (6A) 32 (10A)*

AINHOA

64250 Pyr.-Atl. ⑬ – ⑮ ② G. Aquitaine – 539 h. alt. 130.
Paris 797 – Bayonne 28 – Biarritz 29 – Cambo-les-Bains 11 – Pau 127 – St-Jean-de-Luz 24.

⚠ *Xokoan* Permanent
    ☎ 05 59 29 90 26, Fax 05 59 29 73 82 – à Dancharia, SO : 2,5 km, puis à gauche avant la douane,
    bord d'un ruisseau (frontière) – ⚲ ⊶ – **R** – ⚲
    0,6 ha (30 empl.) plat, peu incliné, herbeux ⚲
    ⌨ ⇄ ⌷ ⛺ ☺ ⚲ ⊞ – ☗ ✗ ☇ – 🔟
    Tarif : 🄴 *2 pers. 62, pers. suppl. 17* – 🄿 *15 (10A)*
    Location : 🛏 *(hôtel)*

⚠ *Aire Naturelle Harazpy* juil.-août
    ☎ 05 59 29 89 38, Fax 05 59 29 73 82 – au Nord-Ouest du bourg, accès par place de l'église – ⚲
    ⋸ ⊶ – **R** – ⚲
    1 ha (25 empl.) peu incliné, terrasses, herbeux
    ♿ ⌨ ⇄ ⌷ ⛺ ☺ ⊞ – 🔟
    Tarif : 🄴 *2 pers. 62, pers. suppl. 17* – 🄿 *15 (10A)*

LES AIRES

34 Hérault – ⑧⑬ ④ – rattaché à Lamalou-les-Bains.

AIRE-SUR-L'ADOUR

40800 Landes **13** – **82** ② G. Aquitaine – 6 205 h. alt. 80.
🛈 Office de Tourisme (fermé le dim.) 🖉 05 58 71 64 70, Fax 05 58 71 64 70.
Paris 726 – Auch 84 – Condom 68 – Dax 86 – Mont-de-Marsan 32 – Orthez 58 – Pau 53 – Tarbes 71.

    🔺 **S.I. les Ombrages de l'Adour** mai-sept.
        🖉 05 58 71 75 10 – près du pont, derrière les arènes, bord de l'Adour – ⌒ – **R** – 𝄞
        2 ha (100 empl.) plat, herbeux ♀
        🗟 ⇔ 🖸 ⇔ ⊛ 📷
        Tarif : ⚹ 20 – 🖃 20 – 🔌 12 (10A)

AIRVAULT

79600 Deux Sèvres **9** – **67** ⑱ G. Poitou Vendée Charentes – 3 234 h. alt. 119.
🛈 Syndicat d'Initiative (saison) 🖉 05 49 70 84 03   Mairie 🖉 05 49 64 70 13.
Paris 343 – Bressuire 30 – Loudun 31 – Mirebeau 28 – Parthenay 25 – Thouars 23.

    🔺 **Courte Vallée** mai-sept.
        🖉 05 49 64 70 65 – NO : 1,5 km par D 121, rte de St-Généroux et rue à gauche, à proximité
        du Thouet, accès conseillé par D 725 et le pont de Soulieures – ⌒ – **R** conseillée 15 juil.-
        15 août – 𝄞
        3,5 ha (41 empl.) plat, peu incliné, herbeux
        & 🗟 ⇔ 🖸 ⇔ ⊛ 📷 – 🏄 ⟋ – A proximité : 🐎
        Tarif : ⚹ 21 piscine comprise – 🖃 41 – 🔌 15 (8A)

AIX-EN-PROVENCE

13100 B.-du-R. **16** – **84** ③ G. Provence – 123 842 h. alt. 206.
🛈 Office de Tourisme 2 pl. du Gén.-de-Gaulle 🖉 04 42 16 11 61, Fax 04 42 16 11 62.
Paris 758 – Aubagne 38 – Avignon 84 – Manosque 56 – Marseille 31 – Salon-de-Provence 37 – Toulon 83.

    🏔 **Chantecler** Permanent
        🖉 04 42 26 12 98, Fax 04 42 27 33 53 – Par centre ville : SE : 2,5 km, accès par cours Gambetta,
        avenue du Val St-André – ⥁ « De la pinède vue sur la Montagne-Ste-Victoire » ⌒ 🦟 dans locations
        et juil.-août sur le camping – **R** saison – ⬛ 𝄞
        8 ha (240 empl.) plat à peu incliné et en terrasses, pierreux, herbeux ⊡ ♀
        ▥ & 🗟 ⇔ 🖸 ⇔ ⇔ ⊛ 🔁 📷 – 🖳 snack 🍴 – 🖼 🏓 ⟋ 🏊
        Tarif : ⚹ 31 piscine comprise – 🖃 36 – 🔌 21 (5A)
        Location (mars-oct.) 🛖 1900 à 2950

AIXE-SUR-VIENNE

87700 H.-Vienne **10** – **72** ⑰ G. Berry Limousin – 5 566 h. alt. 204.
🛈 Office de Tourisme 46 av. du Prés.-Wilson 🖉 05 55 70 19 71   (hors saison) Mairie 🖉 05 55 70 77 00.
Paris 404 – Châlus 21 – Confolens 52 – Limoges 12 – Nontron 54 – Rochechouart 30 – St-Yrieix-la-Perche 39.

    🔺 **Municipal les Grèves** 15 juin-15 sept.
        🖉 05 55 70 12 98 – av. des Grèves, bord de la Vienne – ⌒ – **R** conseillée – 𝄞
        3 ha (80 empl.) plat, herbeux ♀
        & 🗟 ⇔ 🖸 ⇔ ⊛ 📷 – 🖼 🏄 – A proximité : 🏊 (découverte l'été)
        Tarif : (Prix 1999) 🖃 2 pers. 52 – 🔌 15 (5 à 16A)

AIX-LES-BAINS

73100 Savoie **12** – **74** ⑮ G. Alpes du Nord – 24 683 h. alt. 200 – ♨ (10 janv.-mi déc.) et Marlioz
🛈 Office de Tourisme pl. M.-Mollard 🖉 04 79 35 05 92, Fax 04 79 88 88 01 Annexe (saison) Grand Port Embar-
cadaire 🖉 04 79 34 15 80.
Paris 541 – Annecy 34 – Bourg-en-Bresse 111 – Chambéry 18 – Lyon 108.

    🏔 **International du Sierroz** 15 mars-15 nov.
        🖉 04 79 61 21 43 – NO : 2,5 km, bd Robert-Barrier « Cadre agréablement boisé, près du lac » ⌒
        – **R** – ⬛ 𝄞
        5 ha (290 empl.) plat, herbeux, gravier ⊡ ♀♀
        ▥ & 🗟 ⇔ 🖸 ⇔ ⇔ ⊛ 🔺 ⤳ 🔁 📷 – 🖳 🍽 🍴 – 🖼 – A proximité : ◔
        Tarif : (Prix 1999) ⚹ 18 – 🖃 39 (49 ou 62 avec élect. 6 ou 10A)

    🏔 **Alp'Aix** 5 avril-sept.
        🖉 04 79 88 97 65 – NO : 2,5 km, 20 bd du Port-aux-Filles « Cadre verdoyant et ombragé, proche
        du lac » ⌒ – **R** conseillée saison – 𝄞
        1,2 ha (90 empl.) plat, herbeux, gravillons ⊡ ♀
        ▥ & 🗟 ⇔ 🖸 ⇔ ⊛ 🔺 ⤳ 📷 – 🖼 – A proximité : 🍴 🏄 🏊 ⟋ toboggan aquatique
        Tarif : 🖃 2 pers. 70, pers. suppl. 18 – 🔌 12 (6A) 17 (10A)
        Location : 🛖 1840 à 2200

à Brison-St-Innocent N : 4 km par D 991 – 1 445 h. alt. 288 – ✉ 73100 Brison-St-Innocent :

    🔺 **Le Lac des Berthets** mai-sept.
        🖉 04 79 54 36 66 – chemin des Berthets – ⥁ « Face au lac » ⌒ – **R** conseillée – 𝄞
        1,6 ha (93 empl.) incliné à peu incliné, herbeux ♀
        & 🗟 ⇔ 🖸 ⬔ ⊛ – ♈
        Tarif : ⚹ 16,50 – 🖃 28 – 🔌 12 (4A)

à Grésy-sur-Aix NE : 4 km par N 201 et D 911 – 2 374 h. alt. 350 – ✉ 73100 Grésy-sur-Aix :

▲ **Municipal Roger Milesi** juin-sept.
✆ 04 79 88 28 21 – O : 2 km, accès par N 201, rte d'Annecy et chemin à gauche, au lieu-dit Antoger – ≤ – **R** conseillée – ✂
0,5 ha (40 empl.) plat, herbeux, pierreux
Tarif : (Prix 1999) 🚶 *12* – 🚗 *8* – ▣ *13* – ⚡ *15 (10A)*

AIZENAY

85190 Vendée 9 – 67 ⑬ – 5 344 h. alt. 62.
ℹ Office de Tourisme (saison) Rd-Pt de l'Ancienne Gare ✆ 02 51 94 62 72.
Paris 442 – Challans 25 – Nantes 60 – La Roche-sur-Yon 18 – Les Sables-d'Olonne 34.

▲ **La Forêt** mai-oct.
✆ 02 51 34 78 12 – SE : 1,5 km par D 948, rte de la Roche-sur-Yon et chemin à gauche – ⊶ juil.-août – **R** – ✂
2,5 ha (92 empl.) plat, herbeux, bois attenant ♀ (1 ha)
– A proximité : piste de bi-cross
Tarif : ▣ *2 pers. 54* – ⚡ *17 (6A)*
Location *(mars-nov.)* : *1000 à 2000*

AJACCIO

2A Corse-du-Sud – 90 ⑰ – voir à Corse.

ALBERTVILLE

73200 Savoie 12 – 74 ⑰ **G. Alpes du Nord** – 17 411 h. alt. 344.
ℹ Office de Tourisme 11 r. Pargoud ✆ 04 79 32 04 22, Fax 04 79 32 87 09.
Paris 585 – Annecy 45 – Chambéry 52 – Chamonix-Mont-Blanc 67 – Grenoble 82.

à Venthon NE : 3 km par D 925, rte de Beaufort – 587 h. alt. 520 – ✉ 73200 Venthon :

▲ **Les Marmottes** mai-sept.
✆ 04 79 32 57 40 – au bourg – ≤ « Cadre boisé face aux montagnes » ⊶ – **R** conseillée 15 juil.-15 août
1,6 ha (80 empl.) plat et peu incliné, herbeux ♀♀
Tarif : ▣ *2 pers. 62 (78 avec élect. 3 à 6A)*

ALBI

81000 Tarn **15** – **82** ⑩ G. Midi Pyrénées – 46 579 h. alt. 174.
🖪 Office de Tourisme Palais de la Berbie pl. Ste-Cécile ℘ 05 63 49 48 80, Fax 05 63 49 48 98.
Paris 690 – Béziers 149 – Clermont-Ferrand 295 – St-Étienne 349 – Toulouse 75.

    ▲ **Parc de Caussels** avril-15 sept.
    ℘ 05 63 60 37 06 – E : 2 km, accès par la rocade – ⌂ ⊶ – **R** – ⋌
    1,6 ha (100 empl.) plat, terrasses, herbeux ⊏⊐ ⚭
    ⅋ ⅏ ⋧ ⎙ ⏚ ⊕ ⏦ – ⛴ Centre de documentation touristique – A proximité : ⏚ ⊠ ⌇
    Tarif : 🅴 2 pers. 65 – ⚡ 13 (4A) 25 (10A)

ALBIÈS

09310 Ariège **14** – **86** ⑤ – 141 h. alt. 560.
Paris 807 – Andorra-la-Vella 75 – Ax-les-Thermes 14 – Foix 29 – Lavelanet 44.

    ▲ **Municipal la Coume** Permanent
    ℘ 05 61 64 98 99 – au bourg, à 100 m de l'Ariège – ⩽ ⊶ – **R** juil.-août – ⋌
    1 ha (53 empl.) peu incliné, en terrasses, herbeux ⊏⊐
    ⅋ ⅏ ⋧ ⎙ ⏚ ⊕ – ⛴
    Tarif : ⚲ 15 – ⚗ 9 – 🅴 16 – ⚡ 10 (5A) 15 (10A)

ALBINE

81240 Tarn **15** – **83** ⑫ – 566 h. alt. 320.
Paris 771 – Albi 29 – Béziers 75 – Carcassonne 64 – Castres 33 – Mazamet 15.

    ▲ **L'Estap** mai-sept.
    ℘ 05 63 98 34 74 – sortie Ouest : 1,8 km par rte du lac à gauche et chemin empierré à droite, bord
    d'un plan d'eau – ⌂ ⩽ ⊶ – **R** conseillée juil.-août – ⋌
    4 ha/2 campables (42 empl.) en terrasses, plat, herbeux, forêt ⚘
    ⅏ ⏚ ⊕ ⚵ ⥿ – snack ⋧ – ⤲ ⚔ ⚎
    Tarif : 🅴 2 pers. 55, pers. suppl. 13 – ⚡ 17

ALBON

26140 Drôme **12** – **77** ① ② G. Vallée du Rhône – 1 543 h. alt. 174.
Paris 523 – Annonay 19 – Beaurepaire 23 – Romans-sur-Isère 42 – Tournon-sur-Rhône 25 – Valence 41.

    ▲▲ **Senaud** mars-oct.
    ℘ 04 75 03 11 31, Fax 04 75 03 08 06 – S : 1 km par D 122, au château – ⊶ – **R** conseillée 3 juil.-
    20 août – ⋌
    30 ha/3 campables (140 empl.) plat et peu incliné, herbeux, pierreux ⚭
    ⅋ ⅏ ⋧ ⎙ ⚵ ⋈ ⊕ ⚵ ⥿ ⏦ ▦ – ⅟ ⚑ snack (dîner seulement) ⋧ – ⛴ ⚔ ⚎ ⚒ ⌇ ⌇ toboggan
    aquatique half-court, golf
    Tarif : ⚲ 28 piscine comprise – 🅴 38 – ⚡ 20 (6A) 22 (10A)
    Location (mai-oct.) : ⌂⌂ 1600 à 3000 – ⌂ 1900 à 3500

ALENÇON

61000 Orne **5** – **60** ③ G. Normandie Cotentin – 29 988 h. alt. 135.
🖪 Office de Tourisme Maison d'Ozé pl. Lamagdelaine ℘ 02 33 26 11 36, Fax 02 33 32 10 53.
Paris 193 – Chartres 118 – Évreux 119 – Laval 90 – Le Mans 50 – Rouen 148.

    ▲▲ **Municipal de Guéramé** Permanent
    ℘ 02 33 26 34 95 – au Sud-Ouest de la ville, par bd périphérique, rte de Guéramé « Cadre agréable,
    au bord de la Sarthe » ⊶ – **R**
    1,5 ha (87 empl.) plat et en terrasses, herbeux, gravillons
    ⅋ ⅏ ⋧ ⎙ ⏚ ⊕ ⚵ ⏦ ▦ – ⚑ ⚎
    Tarif : (Prix 1999) ⚲ 12 – ⚗ 13 – 🅴 13 – ⚡ 11 (2 à 4A) 16 (6A) 20 (10A)

ALÉRIA

2B H.-Corse – **90** ⑥ – voir à Corse.

ALÈS

30100 Gard **16** – **80** ⑱ G. Languedoc Roussillon – 41 037 h. alt. 136.
🖪 Office de Tourisme pl. Gabriel-Péri ℘ 04 66 52 32 15, Fax 04 66 56 57 09.
Paris 708 – Albi 227 – Avignon 72 – Montpellier 70 – Nîmes 46 – Valence 149.

à Cendras NO : 5 km par D 916 – 2 022 h. alt. 155 – ⊠ 30480 Cendras :

    ▲▲▲ **La Croix Clémentine** avril-21 sept.
    ℘ 04 66 86 52 69, Fax 04 66 86 54 84 – NO : 2 km par D 916 et D 32 à gauche – ⌂ « Cadre agréable
    et boisé » ⊶ – **R** conseillée juil.-août – ⊟ ⋌
    10 ha (250 empl.) plat et en terrasses, pierreux, herbeux ⊏⊐ ⚭
    ⅋ ⅏ ⋧ ⎙ ⏚ ⊕ ⚵ ▦ – ⚑ ⚒ ⚑ ⋧ – ⛴ ⚔ ⚎ ⚒ ⌇ discothèque ⤲ ⚔ ⚎ ⚒ ⌇ ⌇
    Tarif : 🅴 piscine comprise 2 pers. 112, pers. suppl. 41 – ⚡ 14 (6A) 22 (10A) 35 (16A)
    Location : ⌂⌂ 1200 à 2200 – ⌂ 1600 à 2300

ALEX

74 H.-Savoie – **74** ⑥ – voir à Annecy (Lac d').

ALGAJOLA

2B H.-Corse – 🔟 ⑬ – voir à Corse.

ALLÈGRE-LES-FUMADES

30 Gard 🔟 – 🔟 ⑧ – 623 h. alt. 135 – ✉ 30500 St-Ambroix.
Paris 685 – Alès 17 – Barjac 17 – La grand-Combe 27 – St-Ambroix 10.

▲▲▲ **Domaine des Fumades** 13 mai-17 sept.
     🖉 04 66 24 80 78, Fax 04 66 24 82 42 – accès par D 241, à proximité de l'Établissement Thermal, bord de l'Alauzène – 🏊 �o━ – **R** indispensable juil.-août – ⚡
     15 ha/6 campables (178 empl.) plat et peu incliné, herbeux, pierreux ▭ ⚑
     🗄 ⟐ 🗟 🗄 ⚙ ▣ – 🔥 ⚑ ✕ pizzeria, crêperie 🐸 – 🚗 salle d'animation 🏊 ⚼ ♪ 🎿 half-court
     – A proximité : 🐎
     Tarif : ▣ élect. (4A) et piscine comprises 2 pers. 161, pers. suppl. 32
     Location : 🚐 1750 à 3660 – 🏠 1750 à 3770

ALLEMONT

38114 Isère 🔟 – 🔟 ⑥ G. Alpes du Nord – 600 h. alt. 830.
Paris 614 – Le Bourg-d'Oisans 11 – Grenoble 47 – St-Jean-de-Maurienne 62 – Vizille 29.

▲▲ **Municipal le Plan** Permanent
     🖉 04 76 80 76 88 – au pied du barrage du Verney, près de l'Eau d'Olle, alt. 730 – ≼ o━ – **R** conseillée été – ⚡
     1,5 ha (101 empl.) plat, gravier, pierreux, herbeux
     🗄 🗟 ⟐ 🗄 ⚙ 🏊 ⚐ – 🚗 – A proximité : ✕ 🎿 mur d'escalade
     Tarif : (Prix 1999) ▣ 2 pers. 34,50/45, pers. suppl. 12,50 – [⚡] 9,50 (16A)

▲ **Le Grand Calme** Permanent
     🖉 04 76 80 70 03 – au Sud du bourg, sur D 526, près de l'Eau d'Olle, alt. 720 – ≼ o━ juil.-août – **R** conseillée juil.-août – 🅶🅱 ⚡
     3 ha (130 empl.) plat, herbeux ⚑⚑ (1 ha)
     🗄 🗟 ⟐ 🗄 ⚙ ▣ – A proximité : ⚑ ✕ ✱ ♪ 🏊 🎿
     Tarif : ▣ 2 pers. 55 – [⚡] 20 (5A) 35 (10A)
     Location : ⊨ (hôtel)

ALLES-SUR-DORDOGNE

24480 Dordogne 🔟 – 🔟 ⑯ – 302 h. alt. 70.
Paris 535 – Bergerac 39 – Le Bugue 9 – Les Eyzies-de-Tayac 20 – Périgueux 52 – Sarlat-la-Canéda 42.

▲▲ **Port de Limeuil** avril-15 oct.
     🖉 05 53 63 29 76, Fax 05 53 63 04 19 – NE : 3 km sur D 51^E, près du pont de Limeuil, au confluent de la Dordogne et de la Vézère – 🏊 « Cadre agréable » o━ – **R** conseillée juil.-août – 🅶🅱 ⚡
     7 ha/4 campables (90 empl.) plat, herbeux, sablonneux ⚑
     🗄 ⟐ 🗟 🗄 ⚙ 🏊 ▣ – 🔥 ⚑ 🐸 – 🚗 🏊 🚴 ♪ 🎿 🏊 (plage)
     Tarif : ▣ piscine comprise 2 pers. 102, pers. suppl. 25 – [⚡] 20 (5A)

ALLEVARD

38580 Isère 🔟 – 🔟 ⑯ G. Alpes du Nord – 2 558 h. alt. 470 – ✚ (mai-oct.).
🄱 Office de Tourisme pl. Résistance 🖉 04 76 45 10 11, Fax 04 76 45 01 88.
Paris 596 – Albertville 51 – Chambéry 34 – Grenoble 41 – St-Jean-de-Maurienne 68.

▲▲ **Clair Matin** mai-10 oct.
     🖉 04 76 97 55 19, Fax 04 76 45 87 15 – sortie Sud-Ouest par D 525, rte de Grenoble à droite – 🏊 ≼ « Décoration florale » o━ – **R** conseillée juil.-août – 🅶🅱 ⚡
     5,5 ha (210 empl.) plat, peu incliné et en terrasses, herbeux ⚑⚑
     🗄 🗟 ⟐ 🗄 ⚙ 🏊 ▣ – 🔥 🏊 – A proximité : 🐸
     Tarif : ♦ 17 piscine comprise – ▣ 64,70 – [⚡] 12,50 (2A) 14,50 (4A) 20 (6A)
     Location : 🚐 1030 à 1580 – 🚐 1840 à 2940

à la Ferrière S : 12 km par D 525^A – 191 h. alt. 926 – ✉ 38580 La Ferrière :

▲▲ **Neige et Nature** juin-15 sept.
     🖉 04 76 45 19 84 – à l'Ouest du bourg, bord du Bréda, alt. 900 – Ⓜ 🏊 ≼ « Site agréable » o━ – **R** conseillée 15 juil.-15 août – ⚡
     1,2 ha (45 empl.) plat, peu incliné, terrasses, herbeux ▭
     🗄 ⟐ 🗟 🗄 ⚙ ▣ – 🚗
     Tarif : ♦ 23 – ▣ 22 – [⚡] 15 (10A)
     Location : 🚐 1300 à 1600

ALLEYRAS

43580 H.-Loire 🔟 – 🔟 ⑯ – 232 h. alt. 779.
Paris 556 – Brioude 71 – Langogne 43 – Le Puy-en-Velay 32 – St-Chély-d'Apcher 59.

▲ **Municipal** mai-sept.
     NO : 2,5 km, à Pont-d'Alleyras, accès direct à l'Allier, alt. 660 – 🏊 ≼ o━ juil.-août – **R** juil.-août – ⚡
     0,9 ha (60 empl.) plat et peu incliné, terrasse, herbeux
     ⟐ 🗄 ⚙ ▣ – 🏊 – A proximité : ✕
     Tarif : ▣ 2 pers. 40 – [⚡] 13 (6A)
     Location : huttes

ALLINEUC

22460 C.-d'Armor **3** – 🔢 ⑬ – 545 h. alt. 190.
Paris 457 – Lamballe 42 – Loudéac 21 – Pontivy 36 – Rostrenen 43 – St-Brieuc 26.

△ *Municipal de Bosméléac* 15 juin-15 sept.
℘ 02 96 28 87 88 – SO : 3 km par D 41, rte d'Uzel et à droite rte du barrage – 🦢 « Près d'un plan d'eau » ⚬▬ juil.-août – **R** juil.-août – ⚡
1 ha (49 empl.) plat, peu incliné, herbeux, pierreux
⅙ 🗑 ⇆ 🗒 📍 – 🍴 crêperie – 🔄 🏊 🚲 – A proximité : ≈
Tarif : (Prix 1999) 🚶 13 – 🔲 16 – 🔋 13

ALLONNES

49650 M.-et-L. **5** – 🔢 ⑫ – 2 498 h. alt. 28.
Paris 296 – Angers 63 – Azay-le-Rideau 43 – Chinon 28 – Noyant 33 – Saumur 13.

△ *Le Pô Doré* avril-15 oct.
℘ 02 41 38 78 80, Fax 02 41 38 78 81 – NO : 3,2 km par D 10, rte de Saumur et chemin à gauche – 🦢 ⚬▬ – **R** – **GB** ⚡
2 ha (90 empl.) plat, herbeux
⅙ 🗑 ⇆ 🗒 🎣 ⚬ 📍 🔄 🐙 – snack 🍴 – 🔄 🚲 🏊
Tarif : 🔲 *piscine comprise 2 pers. 85* – 🔋 *17 (6A) 25 (10A)*
Location : 🏠 *1200 à 2500*

Bonne route avec **36.15 MICHELIN !**

Economies en temps, en argent, en sécurité.

Les ALLUES

73550 Savoie **12** – 🔢 ⑰ – 1 570 h. alt. 1 125.
Paris 646 – Albertville 36 – Annecy 80 – Bourg-St-Maurice 37 – Méribel-les-Allues 7 – Moûtiers 9.

△ *Le Martagon* 15 déc.-20 avril, juil.-août
℘ 04 79 00 56 29 – réservé caravanes et camping-cars, S : 3,3 km par D 90, rte de Méribel, au Raffort, près du Doron, à 100 m des télécabines, alt. 1 310 – ❄ Ⓜ ≤ « Situation dominante » ⚬▬
hiver – **R** conseillée hiver **R** été – **GB**
0,5 ha (15 empl.) plat, terrasse, pierreux
🎵 ⅙ 🗑 ⇆ 🗒 🎣 ⚬ 🔄 🐙 📍 – 🍴 🗡 – 🔄
Tarif : 🔲 *élect. (10A) comprise 1 à 3 pers. 120 - hiver :* 🔲 *1 à 3 pers. 150, pers. suppl. 30* – 🔋 *30 (10A)*

ALRANCE

12430 Aveyron **11** – 🔢 ⑫ ⑬ – 468 h. alt. 750.
Paris 671 – Albi 64 – Millau 55 – Rodez 39 – St-Affrique 51.

△ *Les Cantarelles* mai-sept.
℘ 05 65 46 40 35 – S : 3 km sur D 25, bord du lac de Villefranche-de-Panat – ≤ ⚬▬ – **R** conseillée – ⚡
3,5 ha (165 empl.) plat, peu incliné, herbeux 🍃
⅙ 🗑 ⇆ 🗒 🎣 ⚬ 🔄 📍 – 🍴 – 🔄 ≈
Tarif : 🔲 *2 pers. 85,30* – 🔋 *15 (6A)*

ALVIGNAC

46500 Lot **13** – 🔢 ⑲ – 473 h. alt. 400.
Paris 532 – Brive-la-Gaillarde 52 – Cahors 63 – Figeac 42 – Gourdon 38 – Rocamadour 9 – Tulle 66.

△ *La Chataigneraie* Permanent
℘ 05 65 33 72 11 ✉ 46500 Rocamadour – SO : 1,6 km par D 20, rte de Rignac et chemin de Varagnes à droite – 🦢 ⚬▬ – **R** conseillée – ⚡
3 ha (50 empl.) peu incliné, herbeux
🗑 ⇆ 🗒 🐙 ⚬ 📍 – 🔄 🏊
Tarif : 🚶 *20 piscine comprise* – 🔲 *20* – 🔋 *15 (6 ou 10A)*

AMBÉRIEUX-EN-DOMBES

01330 Ain **12** – 🔢 ① ② – 1 156 h. alt. 296.
Paris 433 – Bourg-en-Bresse 40 – Lyon 35 – Mâcon 42 – Villefranche-sur-Saône 17.

△ *Municipal le Cerisier* mi-avril-mi-oct.
℘ 04 74 00 83 40 – S : 0,8 km par D 66, rte de St-Jean-de-Thurigneux et à gauche – Places limitées pour le passage ≤ « Cadre verdoyant, près d'un étang » ⚬▬ – **R** conseillée
2 ha (72 empl.) plat, herbeux 🞈 🍃
⅙ 🗑 ⇆ 📍 ⚬ – A proximité : ✂
Tarif : 🚶 *14,40* – 🚗 *7,55* – 🔲 *13,30* – 🔋 *13,85 (6A)*

AMBERT

63600 P.-de-D. ⓫ – 🎫 ⑯ G. Auvergne – 7 420 h. alt. 535.

🅱 Office de Tourisme 4 pl. Hôtel-de-Ville 𝒫 04 73 82 61 90, Fax 04 73 82 48 36 et (saison) pl. G.-Courtial 𝒫 04 73 82 14 15.

Paris 446 – Brioude 60 – Clermont-Ferrand 78 – Montbrison 47 – Le Puy-en-Velay 71 – Thiers 55.

   🏕 **Municipal les Trois Chênes** 13 mai-15 sept.
     𝒫 04 73 82 34 68 – S : 1,5 km par D 906, rte de la Chaise-Dieu, bord de la Dore (rive gauche) – ⪦
     ○━ – **R** conseillée 15 juil.-20 août – ⚡
     3 ha (120 empl.) plat, herbeux ⛺ 🔾🔾 (1 ha)
     🚻 ⵊ 🖫 ♨ 🖳 ⚲ ⊙ ♨ ⵣ ▽ 🖳 – 🍵 – 🚗 ⧉ 🏊 toboggan aquatique – A proximité : ⴱ
     snack ⵙ
     Tarif : ✚ *17 – ⇌ 11 –* 🅴 *15 –* ⚡ *17 (10A)*
     Location *(permanent) :* 🏚 *1200 à 2500*

      Ⓜ   Ce signe distingue certains terrains
          d'équipement sanitaire moderne.

AMBON

56190 Morbihan ❹ – 🔢 ⑬ – 1 006 h. alt. 30.
Paris 469 – Muzillac 7 – Redon 43 – La Roche-Bernard 23 – Sarzeau 19 – Vannes 22.

   🏕 **Bédume** avril-sept.
     𝒫 02 97 41 68 13, Fax 02 97 41 56 79 – SE : 6 km par rte de Bétahon « Près de la plage (accès
     direct) » ○━ – **R** conseillée juil.-20 août – ⚡
     4,5 ha (200 empl.) plat, herbeux ⛺ 🔾
     🚻 ⵊ ⵷ 🖫 ♨ ⊙ 🖳 – ⵙ 🍵 ⵣ – 🚗 ⧉ ⵌ 🏊 toboggan aquatique
     Tarif : ✚ *21,50 piscine comprise –* 🅴 *35 –* ⚡ *17 (5A)*
     Location ⚹ : 🚐 *1500 à 3200*

   🏕 **Les Peupliers** 15 avril-oct.
     𝒫 02 97 41 12 51 – sortie par D 140, rte de Damgan puis Ouest 0,8 km par chemin à droite – ○━
     – **R** – ⚡
     4 ha (165 empl.) plat, herbeux
     🚻 ⵊ ⵷ 🖫 ♨ ⵣ ⊙ 🖳 – 🍵 snack ⵙ – 🚗 ⧉ ⵌ 🏊 toboggan aquatique
     Tarif : ✚ *21 piscine comprise –* 🅴 *31 –* ⚡ *16 (10A)*
     Location : 🚐 *1000 à 3000*

   🛖 **Le Kermadec** 20 juin-15 sept.
     𝒫 02 97 41 15 90 – SO : 2,5 km par D 140, rte de Damgan et rte à droite – Places limitées pour
     le passage ⵇ ○━ – **R** conseillée août – ⚡
     1,2 ha (35 empl.) plat, herbeux ⛺ 🔾
     ⵊ ⵷ 🖫 ♨ ⊙ 🖳 – ⧉ 🏊
     Tarif : 🅴 *piscine comprise 2 pers. 59, pers. suppl. 14 –* ⚡ *10 (10A)*
     Location : 🚐 *1000 à 1800 –* 🚐 *1400 à 2700 –* 🏚 *1200 à 2500*

AMBRIÈRES-LES-VALLÉES

53300 Mayenne ❹ – 🔢 ⑳ – 2 841 h. alt. 144.
Paris 279 – Alençon 60 – Domfront 22 – Fougères 47 – Laval 42 – Mayenne 13 – Mortain 67.

   🛖 **Municipal de Vaux** avril-26 sept.
     𝒫 02 43 04 00 67, Fax 02 43 08 93 28 – SE : 2 km par D 23, rte de Mayenne et à gauche,
     à la piscine – ⵇ « Agréable parc boisé au bord de la Varenne (plan d'eau) » ○━ – **R** conseil-
     lée – ⚡
     0,75 ha (61 empl.) plat et en terrasses, herbeux, gravillons ⛺ 🔾🔾
     🚻 ⵊ 🖫 ♨ ⊙ ⵣ ▽ 🖳 – 🚗 ♬ – A proximité : ⦿ ⵯ ⵌ 🚗
     Tarif : (Prix 1999) 🅴 *piscine comprise 2 pers. 60, pers. suppl. 15 –* ⚡ *14 (10A)*
     Location : 🚐 *1000 à 1900*

AMÉLIE-LES-BAINS-PALALDA

66110 Pyr.-Or. 🔢 – 🔢 ⑱ G. Languedoc Roussillon – 3 239 h. alt. 230 – ⵙ (17 janv.-21 déc.).
🅱 Office du Tourisme et du Thermalisme quai du 8-Mai-1945 𝒫 04 68 39 01 98, Fax 04 68 39 20 20.
Paris 891 – Céret 9 – La Jonquera 33 – Perpignan 39 – Prats-de-Mollo-la-Preste 24 – Quillan 107.

   🏕 **Hollywood Camping** 15 mars-15 nov.
     𝒫 04 68 39 08 61, Fax 04 68 39 00 49 – sortie Nord-Est par rte de Céret, à la Forge, chemin
     à droite – ⵇ ⪦ ○━ – **R** conseillée juil.-août – ⚡
     1,5 ha (80 empl.) en terrasses, peu incliné, gravillons, herbeux ⛺ 🔾🔾
     🎞 ⵊ ⵊ ⵷ 🖫 ♨ ⊙ ⵣ ▽ 🖳 – ⵌ
     Tarif : 🅴 *piscine comprise 2 pers. 78 (avec élect. 96 (4A) 99 (6A), pers. suppl. 26*
     Location ⚹ : 🚐 *1350 à 2500 – appartements*

L'AMÉLIE-SUR-MER

33 Gironde – 🎫 ⑯ – rattaché à Soulac-sur-Mer.

AMOU

40330 Landes 🔢 – 🔢 ⑦ – 1 481 h. alt. 44.
Paris 759 – Aire-sur-l'Adour 52 – Dax 32 – Hagetmau 18 – Mont-de-Marsan 48 – Orthez 14 – Pau 50.

▲ **Municipal la Digue** avril-oct.
au Sud du centre bourg par D 346, rte de Bonnegarde et chemin à droite devant la piscine, au stade,
bord du Luy – 🏕 – **R**
0,6 ha (33 empl.) plat, peu incliné, herbeux 🔲 ⚲ (0,4 ha)
🎿 🛁 ⊙ 🌲 parcours sportif – A proximité : 🔺
Tarif : (Prix 1999) 🔥 8 – 🚐 7 – 🔳 20/22 avec élect.

AMPHION-LES-BAINS

74 H.-Savoie 🔢 – 🔢 ⑰ G. Alpes du Nord – ✉ 74500 Évian-les-Bains.
🅱 Office de Tourisme r. du Port 🌀 04 50 70 00 03.
Paris 576 – Annecy 80 – Évian-les-Bains 4 – Genève 40 – Thonon-les-Bains 6.

▲▲ **La Plage** fermé 2 nov.-24 déc.
🌀 04 50 70 00 46 – à 200 m du lac Léman – 🔌 – **R** conseillée juil.-août – ⚡
0,7 ha (43 empl.) plat, herbeux ⚲
🎿 🛁 🎿 🛁 🛁 🌲 ⊙ 🌲 🔲 🔳 – 🍴 – 🔲 🛶 🚢 🏊 (petite piscine découverte l'été) –
A proximité : 🎾 🏓 🚴 parcours sportif
Tarif : 🔳 2 pers. 110, pers. suppl. 30 – 🔌 10 (2A) 20 (5A) 30 (10A)
Location : 🏠 1750 à 3150

AMPLIER

62760 P.-de-C. 🔢 – 🔢 ⑧ – 271 h. alt. 66.
Paris 180 – Abbeville 47 – Amiens 34 – Arras 36 – Doullens 7.

▲▲ **Le Val d'Authie** 15 avril-15 oct.
🌀 03 21 48 57 07, Fax 03 21 58 08 60 – au Sud du bourg par D 24, 93 r. des Marais, bord de l'Authie
et d'un petit étang – 🔌 – **R** – 🆖 ⚡
2 ha (75 empl.) plat, herbeux 🔲 ⚲ (1 ha)
🎿 🛁 🔲 🌲 ⊙ 🌲 🔲 – 🍴 🗙 🛒 – 🔲 🏓
Tarif : 🔥 17 – 🔳 20 – 🔌 15 (6A)

ANCELLE

05260 H.-Alpes 🔢 – 🔢 ⑯ – 600 h. alt. 1 340 – Sports d'hiver : 1 330/1 807 m 🎿 13 🎿.
🅱 Syndicat d'Initiative Mairie 🌀 04 92 50 83 05, Fax 04 92 50 89 89.
Paris 671 – Gap 20 – Grenoble 104 – Orcières 18 – Savines-le-Lac 30.

▲▲ **Les Auches** Permanent
🌀 04 92 50 80 28, Fax 04 92 50 84 58 – sortie Nord par rte de Pont du Fossé et à droite – Places
limitées pour le passage 🏕 ≼ 🔌 – **R** indispensable hiver – 🆖 ⚡
2 ha (90 empl.) peu incliné, terrasses, herbeux
🎿 🛁 🎿 🛁 ⊙ 🔲 – 🔲 🏓
Tarif : 🔳 piscine comprise 2 pers. 82, pers. suppl. 24 – 🔌 16,50 (2A)
Location : 🏠 1600 à 3100 – studios

ANCENIS

44150 Loire-Atl. 🔢 – 🔢 ⑱ G. Châteaux de la Loire – 6 896 h. alt. 13.
🅱 Office de Tourisme pl. Millénaire 🌀 02 40 83 07 44,
Paris 346 – Angers 53 – Châteaubriant 45 – Cholet 49 – Laval 93 – Nantes 37 – La Roche-sur-Yon 103.

▲ **L'Île Mouchet** avril-1er oct.
🌀 02 40 83 08 43 – sortie Ouest par bd Joubert et à gauche avant le stade, près de la Loire – 🔌
juil.-août – **R** conseillée juil.-août – ⚡
3,5 ha (130 empl.) plat, herbeux ⚲
🛁 🎿 🌲 ⊙ 🔲 🔲 – 🔲 🔺 – A proximité : parcours sportif 🎾 🏓
Tarif : 🔳 piscine comprise 1 pers. 48, pers. suppl. 12 – 🔌 8 (6A)
Location : bungalows toilés

Les ANCIZES-COMPS

63770 P.-de-D. 🔢 – 🔢 ③ G. Auvergne – 1 910 h. alt. 710.
Paris 393 – Clermont-Ferrand 35 – Pontaumur 17 – Pontgibaud 19 – Riom 32 – St-Gervais-d'Auvergne 17.

▲▲ **Comps-les-Fades** 13 mai-16 sept.
🌀 04 73 86 81 64 – N : 1,8 km par D 62 et rte de Comps à gauche – 🏕 🔌 – **R** conseillée mi-juil.-
mi-août – ⚡
2,3 ha (90 empl.) peu incliné, herbeux 🔲 ⚲
🛁 🎿 🔲 🌲 ⊙ 🔲 – 🏓
Tarif : (Prix 1999) 🔥 14 – 🔳 18 – 🔌 15 (6A)
Location (avril-oct.) : 🏠 1200 à 2100

ANCY-LE-FRANC

89160 Yonne **7** – 🗹 ⑦ G. Bourgogne – 1 174 h. alt. 180.
Paris 216 – Auxerre 55 – Châtillon-sur-Seine 38 – Montbard 29 – Tonnerre 18.

⚠ **Municipal** juin-15 sept.
sortie Sud par D 905, rte de Montbard, face au château, bord d'un ruisseau et près d'un étang – **R**
0,5 ha (30 empl.) plat, herbeux 🌳🌳
🔥 🏕 ♿ 🚻 ☺ – A proximité : 🍴
Tarif : (Prix 1999) 🏃 *12* – 🚗 *6* – 🔲 *6/12* – 🔌 *12 (3A)*

*Inclusion in the **MICHELIN Guide** cannot be achieved by pulling strings or by offering favours.*

ANDANCE

07340 Ardèche 🔢 – 🔢 ⑩ – 1 009 h. alt. 135.
Paris 525 – Annonay 14 – Beaurepaire 29 – Condrieu 29 – Privas 82 – Tournon-sur-Rhône 24.

⚠ **Les Sauzets** avril-oct.
🔥 04 75 34 20 20 – N : 2 km par N 86, rte de Serrières et à droite, bord du Rhône et d'un plan d'eau – Places limitées pour le passage ≼ 🔓 – **R** conseillée – 🇬🇧 ⚡
14 ha/9 campables (60 empl.) plat, gravier, pierreux, herbeux 🌳 🌊
🏊 🔥 🏕 ♿ 🚻 🚿 ☺ 🎣 🚱 🔲 – pizzeria – 🚣 🏄
Tarif : 🏃 *20 piscine comprise* – 🚗 *15* – 🔲 *20* – 🔌 *20 (4 ou 6A)*
Location : 🚐 *720 ou 900*

ANDELOT

52700 H.-Marne **7** – 🗹 ⑫ – 1 024 h. alt. 286.
Paris 287 – Bologne 13 – Chaumont 23 – Joinville 33 – Langres 57 – Neufchâteau 35.

⚠ **Municipal du Moulin** 15 juin-15 sept.
🔥 03 25 01 38 72 – N : 1 km par D 147, rte de Vignes-la-Côte, bord du Rognon – 🔓 – **R**
1,92 ha (56 empl.) plat, herbeux 🔲
🔥 🏕 ♿ 🚻 🌳 ☺ 🎣 🚱 – 🚣 🏄 ♨
Tarif : (Prix 1999) 🏃 *16* – 🔲 *12/20* – 🔌 *14*

Les ANDELYS

27700 Eure **5** – 🗹 ⑰ G. Normandie Vallée de la Seine – 8 455 h. alt. 28.
🅱 Office de Tourisme 24 r. Philippe-Auguste 🔥 02 32 54 41 93.
Paris 104 – Beauvais 62 – Évreux 38 – Gisors 30 – Mantes-la-Jolie 52 – Rouen 39.

à Bernières-sur-Seine SO : 6 km par D 135 – 234 h. alt. 15 – ✉ 27700 Bernières-sur-Seine :

⚠ **Château-Gaillard** fermé janv.
🔥 02 32 54 18 20, Fax 02 32 54 32 66 – SO : 0,8 km rte de la Mare, à 200 m de la Seine – Places limitées pour le passage 🚶 🔓 – **R** conseillée juil.-août – 🇬🇧 ⚡
22 ha/13 campables (223 empl.) plat et peu incliné, herbeux, pierreux, sablonneux 🌳 🌊
🏊 🏕 ♿ 🚻 🚿 ☺ 🌳 🚱 🚱 – 🍴 – 🚣 🏄 ♨ 🚱 – A proximité : 🎣
Tarif : 🏃 *28 piscine comprise* – 🔲 *26/54 avec élect.*

à Bouafles S : 4 km par D 313 – 682 h. alt. 19 – ✉ 27700 Bouafles :

⚠ **Château de Bouafles** fermé fév.
🔥 02 32 54 03 15 –, réservé aux caravanes, sortie Nord par D 313, bord de la Seine – Places limitées pour le passage 🚶 « Cadre agréable » 🔓 – **R** – ⚡
9 ha (191 empl.) plat, herbeux, gravier 🔲 🌊
🏊 🔥 🏕 ♿ 🚻 🚿 ☺ 🌳 🚱 – 🍴 – 🚣 🚣 – A proximité : 🐴
Tarif : 🏃 *29* – 🔲 *24* – 🔌 *16*

ANDILLY

17230 Char.-Mar. **9** – 🗹 ⑫ – 1 481 h. alt. 10.
Paris 466 – Fontenay-le-Comte 33 – Mauzé-sur-le-Mignon 35 – La Rochelle 19 – Les Sables-d'Olonne 84.

⚠ **Aire Naturelle Municipale** mai-sept.
🔥 05 46 01 40 08 – à 3,8 km au Nord-Ouest du bourg, bord du canal du Curé et près du canal de Marans-la-Rochelle, itinéraire par Villedoux vivement conseillé (chemin d'accès à droite dangereux après le pont), croisement difficile pour caravanes – 🔓 – **R**
1 ha (24 empl.) plat, herbeux 🌊
🏕 ☺
Tarif : (Prix 1999) 🏃 *10* – 🔲 *15* – 🔌 *10 (6A)*

🏕 – 86 ⑭ ⑮ G. Languedoc Roussillon – 61 599 h. alt. 1 241.

🛈 Office de Tourisme à Andorre-la-Vieille, r. du Dr-Vilanova ✆ (00-376) 82 02 14, Fax (00-376) 82 58 23.

Canillo Andorra-la-Vella 12.

⌂ **Santa-Creu** 15 juin-sept.
✆ (00-376) 85 14 62 – au bourg, bord du Valira del Orient (rive gauche) – ≼ o━ – **R**
0,5 ha peu incliné et terrasse, herbeux ♀
👍 🏕 🍽 🛁 ⊕ 🖥 – 🍽 – A proximité : ✂ 🏊
Tarif : ✚ 17 – 🚐 17 – ▣ 17 avec élect.

⌂ **Jan-Ramon** 15 juin-sept.
✆ (00-376) 85 14 54 – NE : 0,4 km par rte de Port d'Envalira, bord du Valira del Orient (rive gauche)
– ≼ o━ – **R**
0,6 ha plat, herbeux ♀
🏕 🍽 ⛵ ⊕ 🖥 – 🍽 – 🛖 – A proximité : ✂ 🏊
Tarif : ✚ 17 – 🚐 17 – ▣ 17 avec élect.

La Massana Andorra-la-Vella 4.

⌂⌂⌂ **La Xixerella** fermé oct.
✆ (00-376) 83 66 13, Fax (00-376) 83 91 13 – NO : 3,5 km par rte de Pal, bord d'un ruisseau, alt. 1 450 – ≼ o━ – **R** – **GB**
5 ha plat, peu incliné, en terrasses, pierreux, herbeux ♀
🏕 👍 🏕 🍽 🛁 🖥 🍽 🍽 snack – 🛖 discothèque (juil. seulement) 🏊 ♬ 🏊
A proximité : ✗
Tarif : ✚ 24 piscine comprise – 🚐 24 – ▣ 24 – ⒢ 24 (3A)
Location (permanent) - ✂ : 🏠 5285 – appartements

Ordino Andorra-la-Vella 7.

⌂⌂ **Borda d'Ansalonga**
✆ (00-376) 85 03 74, Fax (00-376) 86 45 34 – NO : 2,3 km par rte du Circuit de Tristaina, bord du Valira del Nord – ✿ ≼ o━
3 ha plat, herbeux ♀
🏕 👍 🏕 🍽 🛁 ⊕ 🖥 – 🍽 snack 🛖 – 🛖 🏊
Location : appartements

(Carte / map)

ANDORRA LA VELLA

Arinsal · Erts · Ordino · Borda d'Ansalonga · Canillo · Santa-Creu · Jan-Ramon · Pal · La Xixerella · la Massana · Anyos · Santuàri de Méritxell · AX-LES-THERMES · Encamp · Estany d'Engolasters · Sta. Coloma · les Escaldes · Riu Madriu · GR 7 · Huguet · Sant Juliá de Lòria · Gran Valira · CG1 · SEO DE URGEL · 0 — 3 km

Sant-Julia-de-Loria Andorra-la-Vella 7.

⌂ **Huguet** Permanent
✆ (00-376) 84 37 18, Fax (00-376) 84 38 03 – sortie Sud, bord du Gran Valira (rive droite) – ≼ o━ – **R** – **GB**
1,5 ha plat, terrasses, herbeux, gravillons ♀♀
🏕 🍽 👍 🖥 🛁 ⊕ – 🛖 🏊
Tarif : (Prix 1999) ✚ 21 – 🚐 21 – ▣ 21

Ce guide n'est pas un répertoire de tous les terrains de camping mais une sélection des meilleurs camps dans chaque catégorie.

53240 Mayenne ◪ – 🗺 ⑳ – 1 926 h. alt. 103.
Paris 284 – Fougères 42 – Laval 14 – Mayenne 23 – Rennes 84 – Vitré 48.

⌂ **Municipal le Pont** mars-oct.
✆ 02 43 01 18 10 – par D 104, rte de St-Germain-le-Fouilloux, attenant au jardin public, bord de l'Ernée – o━ juil.-août – **R** – ⚲
0,8 ha (31 empl.) plat, herbeux 🗍 ♀
👍 🏕 🍽 🖥 🛁 ⊕ 🖥 – A proximité : parcours de santé 🏊
Tarif : (Prix 1999) ✚ 6,60 – 🚐 3,30 – ▣ 3,40 – ⒢ 5,40
Location : 🏠 890 à 1575

ANDRYES

89480 Yonne ⑥ – 𝟨𝟧 ⑮ – 406 h. alt. 162.
Paris 204 – Auxerre 39 – Avallon 41 – Clamecy 10 – Cosne-sur-Loire 49.

⚠ **Au Bois Joli** avril-sept.
℘ 03 86 81 70 48 – SO : 0,8 km par rte de Villeprenoy – ⌑ « Cadre boisé » ⚬☞ – R conseillée juil.-août – ⒼⒷ ⚲
5 ha (100 empl.) incliné et en terrasses, herbeux, pierreux ΩΩ
▥ ⅋ ⌂ ⇆ ⊡ ⏚ ⊙ ⚊ ▽ ▤ – ⚊ ⅋ – ⊡ ⅙ ⚬⏚ ⅃
Tarif : ▣ *piscine comprise 2 pers. 82,50/88,50* – ⒤ *16,80 (6A)*
Location : ⌂ 1100 à 2800

⌂ ⅋ ⏚
*Douches, lavabos et lavoirs avec **eau chaude**.*

Si ces signes ne figurent pas dans le texte, les installations ci-dessus existent mais fonctionnent à l'eau froide seulement.

ANDUZE

30140 Gard ⒗ – 𝟪𝟢 ⑰ G. Languedoc Roussillon – 2 913 h. alt. 135.
🛈 Office de Tourisme plan de Brie ℘ 04 66 61 98 17, Fax 04 66 61 79 77.
Paris 721 – Alès 14 – Florac 67 – Lodève 84 – Montpellier 60 – Nîmes 46 – Le Vigan 51.

⚠ **L'Arche** avril-sept.
℘ 04 66 61 74 08, Fax 04 66 61 88 94 – NO : 2 km, bord du Gardon – ⌑ ≼ « Site agréable » ⚬☞ – R conseillée saison – ⚲
5 ha (250 empl.) plat, peu incliné et terrasses, herbeux ΩΩ
▥ ⅋ ⌂ ⇆ ⊡ ⏚ ⊙ ⚊ ▽ ▤ – ⚋ ⅋ snack, pizzeria ⅋ – ⊡ ⋇ ⚬⏚ ·⊙ ≋ half-court –
À proximité : ⅋
Tarif : ▣ *2 pers. 95 (112 avec élect. 6A), pers. suppl. 22*
Location ⚞ *juil.-août* : ⌂1800 à 3400

⚠ **Les Fauvettes** mai-sept.
℘ 04 66 61 72 23 – NO : 1,7 km – ≼ ⚬☞ – R conseillée juil.-août – ⚲
7 ha/3 campables (120 empl.) plat, peu incliné et en terrasses, herbeux ⊡ ΩΩ
⅋ ⌂ ⇆ ⊡ ⏚ ⊙ ▤ – ⅋ – ⊡ ⚬⏚ ⅃ toboggan aquatique – À proximité : ⅋ ✗
Tarif : ▣ *piscine comprise 2 pers. 95, pers. suppl. 20* – ⒤ *17 (6A)*
Location *(Pâques-sept.)* : ⌂ 1400 à 2800 – ⌂1400 à 3000

⚠ **Le Malhiver** mai-15 sept.
℘ 04 66 61 76 04 – SE : 2,5 km, accès direct au Gardon – ⚬☞ – R conseillée juil.-20 août – ⚲
2,26 ha (97 empl.) plat, herbeux Ω
⅋ ⌂ ⇆ ⊡ ⏚ ⊙ ⚊ ▽ ▤ – ⊡ ⚬⏚ ⅃
Tarif : ▣ *élect. (6A) et piscine comprises 3 pers. 142*
Location ⚞ : ⌂ 1400 à 2800

à Corbès NO : 5 km – 113 h. alt. 200 – ✉ 30140 Corbès :

⚠ **Cévennes-Provence** avril-oct.
℘ 04 66 61 73 10, Fax 04 66 61 60 74 – au Mas-du-Pont, bord du Gardon de Mialet et près du Gardon de St-Jean – ⌑ ≼ « Cadre et site agréables » ⚬☞ – R conseillée juil.-août –
ⒼⒷ ⚲
30 ha/10 campables (230 empl.) plat, accidenté et en terrasses, herbeux ⊡
ΩΩ
⅋ ⌂ ⊡ ⏚ ⊙ ⊙ ⏠ ▤ – ⚋ ⅋ ⅋ –
⊡ ⚬⏚ ⚞ ⅋ ↟ ≋
Tarif : ▣ *2 pers. 89, pers. suppl. 22* – ⒤ *14 (3A) 17 (6A) 20 (10A)*
Location : ⌂2000 à 2900

à Massillargues-Attuech SE : 7,5 km – 419 h. alt. 156 – ✉ 30140 Massillargues :

⚠ **Le Fief** Pâques-sept.
℘ 04 66 61 81 71 – N : 1,5 km, à Attuech, par D 982, près d'un petit lac (accès direct) – ⌑ ⚬☞ – R conseillée 10 juil.-15 août – ⒼⒷ ⚲
5 ha (80 empl.) plat, herbeux ⊡
ΩΩ
⌂ ⇆ ⊡ ⏚ ⊙ ⚊ ⊙ ▤ – ⚋ pizzeria ⅋ – ⊡ ⚬⏚ ⅃ – À proximité : ⚞
≋
Tarif : ▣ *piscine comprise 1 ou 2 pers. 85, pers. suppl. 18* – ⒤ *16 (6A)*
Location : ⌂ 1200 à 2400

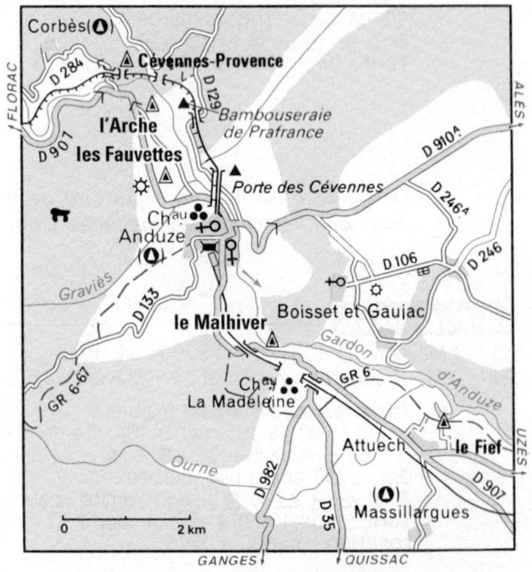

49000 M.-et-L. **4** – **63** ⑳ G. Châteaux de la Loire – 141 404 h. alt. 41.
⊟ Office de Tourisme 13 prom. du Bout du Monde ℘ 02 41 23 51 11, Fax 02 41 23 51 66.
Paris 295 – Caen 247 – Laval 79 – Le Mans 96 –
Nantes 91 – Saumur 67 – Tours 108.

ᴀᴀ **Lac de Maine** 25 mars-10 oct.
℘ 02 41 73 05 03, Fax 02 41 73 02 20 –
SO : 4 km par D 111, rte de Pruniers, près
du lac (accès direct) et à proximité de la
Base de Loisirs « Décoration arbustive »
•–ᴦ – **R** conseillée 15 juil.-15 août – **GB** ⚲
4 ha (163 empl.) plat, herbeux, gravillons ⊡
▥ ⅋ ⌂ ⇌ ⅋ ☷ ⌕ ⚐ ⌂ ▦ – snack
⅋– ⊡ ⬩ ⩐ ⩨ – A proximité : ⚿ ⬩
Tarif : (Prix 1999) ▤ *piscine comprise*
2 pers. 73, pers. suppl. 11,50 – [*] 17,30
(6A) 29 (10A)
Location : *bungalows toilés*

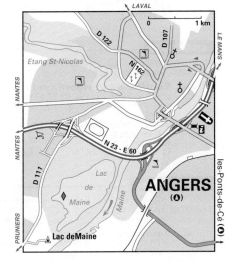

aux Ponts-de-Cé S : 6,5 km (hors schéma) –
11 032 h. alt. 25 – ⊠ 49130 les Ponts-de-Cé

ᴀ **Ile du Château** 15 mars-Toussaint
℘ 02 41 44 62 05 – dans l'île du château,
près de la Loire – •–ᴦ – **R** conseillée juil.-
août – ⚲
2,3 ha (138 empl.) plat, herbeux, jardin
public attenant ⊡ ♋
⅋ ⌂ ⇌ ☷ ⅋ ⌂ ⚐ ▦ – ⊡ ⩐ ⌕ –
A proximité : ⚿ ⬩ toboggan aquatique
Tarif : ▤ *piscine et tennis compris 2 pers.*
72, pers. suppl. 18 – [*] 16 (4 à 10A)

46140 Lot **14** – **79** ⑦ – 329 h. alt. 98.
Paris 585 – Cahors 25 – Gourdon 40 – Sarlat-la-Canéda 56 – Villeneuve-sur-Lot 51.

ᴀ **Base Nautique Floiras** avril-15 oct.
℘ 05 65 36 27 39, Fax 05 65 21 41 00 – à Juillac, bord du Lot – ⬩ •–ᴦ – **R** conseillée juil.-août
– **GB**
1 ha (25 empl.) plat, herbeux
⅋ ⌂ ☷ ⌕ ⚐ ▦ – ⩐ ⬥
Tarif : ⚲ *21 – ▤ 35 – [*] 15 (10A)*

81260 Tarn **15** – **83** ② – 588 h. alt. 750.
Paris 742 – Béziers 78 – Carcassonne 73 – Castres 35 – Lodève 99 – Narbonne 78.

ᴀ **Le Manoir de Boutaric** 23 avril-sept.
℘ 05 63 70 96 06 – au Sud du bourg, rte de Lacabarède – ⬩ •–ᴦ – **R** conseillée 14 juil.-15 août
– ⚲
3,3 ha (178 empl.) plat et peu incliné, terrasse, herbeux ⊡ ♋
⅋ ⌂ ⇌ ☷ ⅋ ⚐ ⌕ – ⚿ ⅄ ⅋– ⊡ ⩨ discothèque ⩐ ⬥ ⌕ – A proximité : ⚿
Tarif : ▤ *élect. et piscine comprises 2 pers. 143, pers. suppl. 27*
Location *(permanent) :* ⌂ *1600 à 3250 –* ⌂ *1700 à 3800 –* ⊨ *(hôtel)*

85750 Vendée **9** – **71** ⑪ G. Poitou Vendée Charentes – 1 314 h. alt. 10.
Paris 450 – Luçon 22 – La Mothe-Achard 38 – Niort 85 – La Rochelle 56 – La Roche-sur-Yon 32 – Les Sables-
d'Olonne 38.

ᴀᴀ **Moncalm et l'Atlantique** (en deux parties distinctes) avril-sept.
℘ 02 51 97 55 50, Fax 02 51 28 91 09 – au bourg, sortie vers la Tranche-sur-Mer et rue à gauche
– •–ᴦ – **R** indispensable – **GB** ⚲
11 ha (500 empl.) plat, herbeux, pierreux ⊡ ♋
⅋ ⌂ ⇌ ☷ ⅋ ⚐ ⬩ ⅋ ⌕ – ⚲ ⅄ ⅋– – ⊡ ⩨ ⌕ ⩐ ⩐ ⬥ ⚿ ⌕ ⅄ half-court, toboggans
aquatiques
Tarif : (Prix 1999) ▤ *piscine comprise 2 pers. 110, pers. suppl. 25 – [*] 15 (3A) 20 (6A) 25 (10A)*
Location : ⌂ *900 à 2650 –* ⌂ *950 à 3700 –* ⌂ *1400 à 4100*

ᴀ **Le Clos Cottet** 3 avril-sept.
℘ 02 51 28 90 72, Fax 02 51 28 90 50 – S : 2,2 km par rte de la Tranche-sur-Mer, près de la D 747
– •–ᴦ – **R** conseillée juil., indispensable août – **GB** ⚲
4,5 ha (196 empl.) plat, herbeux, petit étang ⊡
⅋ ⌂ ⇌ ☷ ⅋ ⚐ ▦ – ⅋ – ⅄ ⅋– ⌕ ⩐ ⩐ ⬥ ⌕ ⚿ toboggan aquatique terrain omnisports
Tarif : ▤ *piscine comprise 2 pers. 92 (107 avec élect. 6 ou 10A), pers. suppl. 24*
Location : ⌂ *1000 à 2300 –* ⌂ *1200 à 3500 – bungalows toilés*

▲ **Le Trousseipoil** 15 juin-15 sept.
ℹ 02 51 97 51 50 ✉ 85560 Longeville-sur-Mer – O : 1,3 km par D 70, rte de Longeville-sur-Mer
– ⏼ – **R** conseillée – ✝
0,80 ha (40 empl.) plat, herbeux
♿ 😀 😀 😀 😀 😀 😀 – 😀 😀 – A proximité : 🐴
Tarif : (Prix 1999) 😀 *piscine comprise 2 pers. 65*
Location : 😀 *1800 ou 2400*

ANGOISSE

24270 Dordogne ❶ – ▯ ① – 559 h. alt. 345.
Paris 445 – Brive-la-Gaillarde 62 – Excideuil 17 – Limoges 54 – Périgueux 52 – Thiviers 22.

▲▲▲ **Rouffiac en Périgord** juin-15 sept.
ℹ 05 53 52 68 79, Fax 05 53 62 55 83 – SE : 4 km par D 80, rte de Payzac, à 150 m d'un
plan d'eau (accès direct) – ∝ « Site agréable » ⏼ juil.-août – **R** indispensable juil.-août –
😀 ✝
54 ha/6 campables (100 empl.) en terrasses et peu incliné, herbeux 😀 😀 (3,5 ha)
♿ 😀 😀 😀 😀 😀 😀 😀 😀 – 😀 – 😀 – A proximité : mur d'escalade 😀 ✗ ☉ ♀ 😀 (plage) toboggan
aquatique 💦 🐴
Tarif : ✱ *24* – 😀 *27 (42 ou 55 avec élect. 12A)*

ANGOULÊME

16000 Charente ❱ – ▯▯ ③ ⑭ G. Poitou Vendée Charentes – 42 876 h. alt. 98.
🚩 Office de Tourisme pl. des Halles ℹ 05 45 95 16 84, Fax 05 45 95 91 76.
Paris 449 – Bordeaux 120 – Châteauroux 209 – Limoges 103 – Niort 115 – Périgueux 85 – Royan 108.

▲ **Bourgines** avril-sept.
ℹ 05 45 92 83 22 – sortie Nord-Ouest vers rte de la Rochelle, quartier St-Cybard, près de la Charente
– ⏼ – **R** conseillée – 😀 ✝
2,3 ha (160 empl.) plat, herbeux 😀 😀
😀 ♿ 😀 😀 😀 😀 😀 😀 😀 – 😀 – A proximité : ☉ ♀ 😀 😀
Tarif : 😀 *2 pers. 56, pers. suppl. 16* – 😀 *17 ou 27*

ANGOULINS

17 Char.-Mar. – ▯▯ ⑬ – rattaché à la Rochelle.

ANNECY (Lac d')

74 H.-Savoie ❲ – ▯▯ ⑥ ⑯ G. Alpes du Nord.
🚩 Office de Tourisme Clos Bonlieu 1 r. Jean-Jaurès ℹ 04 50 45 00 33, Fax 04 50 51 87 20.

Alex 574 h. alt. 589 – ✉ 74290 Alex.
Paris 548 – Albertville 42 – Annecy 13 – La Clusaz 20 – Genève 55.

▲ **La Ferme des Ferrières** juin-sept.
ℹ 04 50 02 87 09 – O : 1,5 km par D 909, rte d'Annecy et chemin à droite – ∝ ✠ « Situation
panoramique sur montagnes boisées » ⏼ – **R** conseillée 14 juil.-15 août – ✝
5 ha (200 empl.) peu incliné à incliné, herbeux
♿ 😀 😀 😀 😀 😀 – 😀 – 😀 😀
Tarif : (Prix 1999) 😀 *2 pers. 50, pers. suppl. 13* – 😀 *13 (5A)*

Bout-du-Lac ✉ 74210 Faverges.
Paris 557 – Albertville 28 – Annecy 18 – Megève 44.

▲▲▲ **International du Lac Bleu** Pâques-27 sept.
ℹ 04 50 44 30 18, Fax 04 50 44 84 35 – rte d'Albertville – ✠ « Situation agréable au bord du lac
(plage) » ⏼ 15 mai-15 sept. ✠ juil.-20 août – **R** juil.-août – 😀 ✝
3,3 ha (221 empl.) plat, herbeux, pierreux 😀 😀
♿ 😀 😀 😀 😀 😀 😀 – 😀 snack 😀 – 😀 😀 – A proximité : 😀 ☉ ♀ 💦
Tarif : (Prix 1999) 😀 *piscine comprise 2 pers. 121, pers. suppl. 26* – 😀 *20 (6A)*
Location : 😀 – *studios et appartements*

Doussard 2 070 h. alt. 456 – ✉ 74210 Doussard.
Paris 559 – Albertville 27 – Annecy 20 – La Clusaz 36 – Megève 43.

▲▲▲ **La Serraz** 15 mai-sept.
ℹ 04 50 44 30 68, Fax 04 50 44 81 07 – au bourg, sortie Est près de la poste – ✠ « Au pied des
montagnes » ⏼ – **R** conseillée juil.-25 août – ✝
3,5 ha (197 empl.) plat, herbeux 💦
♿ 😀 😀 😀 😀 😀 😀 😀 😀 – 😀 – 😀 😀 😀 😀
Tarif : 😀 *piscine comprise 2 pers. 117, pers. suppl. 28* – 😀 *18 (3A) 23 (6A) 30 (10A)*
Location : 😀 *1300 à 3500*

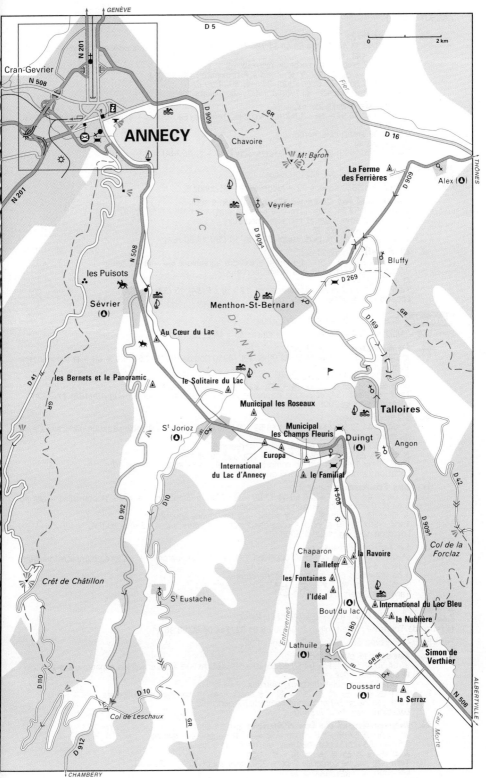

GENÈVE

D 5

N 201

Cran-Gevrier

N 508

Fier

D 909

ANNECY

Chavoire

Mt Baron

La Ferme
des Ferrières

Alex

THÔNES

D 16

D 909

GR

Veyrier

D 909A

Bluffy

LAC

D 269

N 508

les Puisots

Sévrier

Menthon-St-Bernard

D 169

GR

Au Cœur du Lac

D'ANNECY

les Bernets et le Panoramic

le Solitaire du Lac

Talloires

D 41

GR

Municipal les Roseaux

St Jorioz

Municipal
les Champs Fleuris

Duingt

Angon

Europa

International
du Lac d'Annecy

le Familial

D 42

D 912

D 10

Crêt de Châtillon

St Eustache

Chaparon

la Ravoire

Col de la
Forclaz

le Taillefer

D 909A

les Fontaines

l'Idéal

N 508

International du Lac Bleu

Bout du lac

la Nublière

D 110

Entravernes

Lathuile

D 180

GR 96

Simon de
Verthier

D 10

Doussard

la Serraz

ALBERTVILLE

N 508

Col de Leschaux

GR

Eau Morte

D 912

CHAMBÉRY

   ▲▲ **La Nublière** 22 avril-sept.
     📞 04 50 44 33 44, Fax 04 50 44 31 78 – N : 1,8 km – ≤ « Situation agréable au bord du lac (plage) »
     o━ – **R** – **GB** ⚲
     9,2 ha (467 empl.) plat, herbeux, pierreux ᵖᵖ
     & ⌂ ⇌ ▤ ♨ 🖱 ⊕ 🖩 – ☂ ✗ – ≅ – A proximité : 🏊 ✗ ⋔ ⊘
     Tarif : 🔲 2 pers. 82, pers. suppl. 24 – [⚡] 20 (4 ou 6A)
     Location (permanent) : 🏠1500 à 3500 – bungalows toilés

   ▲ **Simon de Verthier** mai-sept.
     📞 04 50 44 36 57 – NE : 1,6 km, à Verthier, près de l'Eau Morte – ≤ o━ – **R** conseillée 14 juil.-
     15 août
     0,5 ha (26 empl.) plat, herbeux ᵖ
     & ⌂ ▤ ⚲ ⊕
     Tarif : (Prix 1999) 🔲 2 pers. 60, pers. suppl. 10 – [⚡] 10 (4A)

Duingt 635 h. alt. 450 – ✉ 74410 Duingt.
Paris 552 – Albertville 33 – Annecy 12 – Megève 49 – St-Jorioz 3.

   ▲ **Municipal les Champs Fleuris** 10 juin-9 sept.
     📞 04 50 68 57 31 – O : 1 km – ≤ o━ – **R** – ⚲
     1,3 ha (112 empl.) plat et terrasses, herbeux
     & ⌂ ⇌ ▤ ⚲ ⊕ 🖱 🖩
     Tarif : 🔲 3 pers. 78, pers. suppl. 24 – [⚡] 10 (3A) 14,50 (6A)

   ▲ **Le Familial** avril-21-oct.
     📞 04 50 68 69 91 – SO : 1,5 km – ≤ « Cadre agréable » o━ – **R** conseillée
     0,5 ha (40 empl.) plat et peu incliné, herbeux ᵖ
     ⌂ ⇌ ▤ 🖱 🖩
     Tarif : 🔲 1 ou 2 pers. 64, pers. suppl. 12 – [⚡] 13 (3A) 15 (5A) 16 (6A)
     Location : 🖭 1500 à 2800

Lathuile 668 h. alt. 510 – ✉ 74210 Lathuile.
Paris 559 – Albertville 28 – Annecy 19 – La Clusaz 38 – Megève 44.

   ▲▲▲ **La Ravoire** 15 mai-15 sept.
     📞 04 50 44 37 80, Fax 04 50 32 90 60 ✉ 74210 Doussard – N : 2,5 km – ≤ o━ – **R** indispensable
     10 juil.-20 août – **GB** ⚲
     2 ha (103 empl.) plat, herbeux ᵖ
     & ⌂ ⇌ ▤ 🖱 ⌂ ⊕ 🌿 🇻 🖩 – 🏊 ♨ ☒ toboggan aquatique
     Tarif : 🔲 élect. (5A) et piscine comprises 2 pers. 150, pers. suppl. 33 – [⚡] 10 (10A) 17 (15A)
     Location ✗ : 🏠2000 à 3900

   ▲▲ **L'Idéal** mai-sept.
     📞 04 50 44 32 97, Fax 04 50 44 36 59 – N : 1,5 km – 🏊 ≤ « Agréable situation panoramique sur
     les montagnes boisées » o━ – **R** – **GB** ⚲
     3,2 ha (300 empl.) plat et peu incliné, herbeux ᵖ
     & ⌂ ▤ 🖱 ⌂ ⊕ 🖩 – 🏊 ☂ ✗ ⋔ – 🔲 ♨ ✗ ⋔ ☒
     Tarif : (Prix 1999) 🔲 piscine comprise 2 pers. 95, pers. suppl. 22 – [⚡] 20
     Location (avril-sept.) : 🖭 2500 ou 3000

   ▲▲▲ **Les Fontaines** mai-sept.
     📞 04 50 44 31 22, Fax 04 50 44 87 80 – N : 2 km, à Chaparon – ≤ o━ – **R** conseillée – **GB** ⚲
     3 ha (170 empl.) plat, en terrasses, herbeux ᵖᵖ
     & ⌂ ⇌ ▤ 🖱 ⌂ ⊕ 🖩 – 🏊 ☂ snack – ☒ tobbogans aquatiques
     Tarif : (Prix 1999) 🔲 piscine comprise 2 pers. 105, pers. suppl. 22 – [⚡] 20 (6A)
     Location ✗ : 🖭 1700 à 3000

   ▲ **Le Taillefer** mai-sept.
     📞 04 50 44 30 34 ✉ 74210 Doussard – N : 2 km, à Chaparon – ≤ « Cadre champêtre dominant
     le lac » o━ – **R** conseillée – ⚲
     1 ha (32 empl.) plat, en terrasses, herbeux ᵖ
     & ⌂ ⇌ ⌂ ⊕ 🖩 – ☂ – 🔲 🏊
     Tarif : 🔲 2 pers. 70 – [⚡] 20 (6A)

St-Jorioz 4 178 h. alt. 452 – ✉ 74410 St-Jorioz.
🛈 Office de Tourisme pl. de l'Église 📞 04 50 68 61 82, Fax 04 50 68 96 11.
Paris 549 – Albertville 36 – Annecy 9 – Megève 52.

   ▲▲▲ **Europa** 15 mai-20 sept.
     📞 04 50 68 51 01, Fax 04 50 68 55 20 – SE : 1,4 km – ≤ « Bel ensemble aquatique » o━ saison –
     R conseillée – **GB** ⚲
     3 ha (210 empl.) plat, herbeux, pierreux
     & ⌂ ⇌ ▤ 🖱 ⌂ ⚲ ⊕ 🌿 🇻 🖩 – ☂ snack – 🚲 ☒ toboggans aquatiques
     Tarif : 🔲 élect.(6A) et piscine comprises 2 pers. 158
     Location : 🖭 1400 à 3400

   ▲▲▲ **International du Lac d'Annecy** juin-15 sept.
     📞 04 50 68 67 93 – SE : 1 km – ≤ o━ – **R** conseillée – **GB** ⚲
     2,5 ha (163 empl.) plat, herbeux, pierreux ᵖ (1,5 ha)
     & ⌂ ⇌ ▤ 🖱 ⌂ ⊕ 🌿 🇻 🖩 – ☂ – 🔲 🏊
     Tarif : 🔲 piscine comprise 2 pers. 100, pers. suppl. 22 – [⚡] 20 (6A)
     Location ✗ : 🖭 1600 à 3000

⚠ **Le Solitaire du Lac** avril-sept.
🗺 04 50 68 59 30 – N : 1 km – 🦫 ⟨ « Situation agréable près du lac (accès direct) » ⚓ –
R conseillée juil.-août – **GB** 🐕
3,5 ha (200 empl.) plat, herbeux 🌳🌳
🚿 🗑 🍴 🖼 🛒 🔥 🛁 🛝 🖼 – 🛒 🚤 m
Tarif : 🔲 2 pers. 95, 3 pers. 110 – 🔌 20 (5A)
Location : 🏠 1750 à 3150

⚠ **Municipal les Roseaux** juin-sept.
🗺 04 50 68 66 59 – NE : 1,5 km, à 150 m du lac – 🦫 ⚓ – **R** conseillée – 🐕
0,6 ha (49 empl.) plat, herbeux, pierreux 🌳🌳
🗑 🛁 ⊕
Tarif : (Prix 1999) 🔲 1 ou 2 pers. 65, pers. suppl. 18 – 🔌 18 (6A)

Sévrier 2 980 h. alt. 456 – ✉ 74320 Sévrier.
🛈 Office de Tourisme, pl. de la Mairie 🗺 04 50 52 40 56, Fax 04 50 52 48 66.
Paris 545 – Albertville 40 – Annecy 5 – Megève 56.

⚠ **Les Bernets et le Panoramic** 15 mai-sept.
🗺 04 50 52 43 09 – S : 3,5 km – ⟨ « Situation surplombant le lac » – **R** – **GB** 🐕
3 ha (233 empl.) plat et peu incliné, herbeux 🌳 (1 ha)
🗑 🖼 🛁 ⊕ 🖼 – 🛒, 🍴 snack – 🛒
Tarif : (Prix 1999) 🔲 2 pers. 90, pers. suppl. 18 – 🔌 18 (3A)
Location : 🏠 2000 à 3600

⚠ **Au Coeur du Lac** 5 avril-sept.
🗺 04 50 52 46 45, Fax 04 50 19 01 45 – S : 1 km – ⟨ « Situation agréable près du lac (accès direct) »
⚓ – **R** conseillée saison – **GB** 🐕
1,7 ha (100 empl.) en terrasses et peu incliné, herbeux, gravillons 🌳
🚿 🗑 🍴 🖼 🛁 ⊕ 🖼 🖼 – 🛒, – 🛒 – A proximité : 🎾 🐎
Tarif : 🔲 2 pers. 93 – 🔌 18 (4A)

ANNONAY

07100 Ardèche 🔢 – 🔢 ⓘ G. Vallée du Rhône – 18 525 h. alt. 350.
🛈 Office de Tourisme pl. des Cordeliers 🗺 04 75 33 24 51, Fax 04 75 32 47 79.
Paris 534 – Grenoble 108 – St-Étienne 43 – Tournon-sur-Rhône 37 – Valence 52 – Vienne 45 – Yssingeaux 58.

⚠ **Municipal de Vaure** avril-oct.
🗺 04 75 32 47 49 – sortie Nord, rte de St-Étienne, attenant à la piscine et près d'un parc – ⟨ ⚓
– **R** – 🐕
2,5 ha (78 empl.) plat et peu incliné, herbeux 🌳🌳
🏠 🚿 🗑 🍴 🖼 🛁 ⊕ 🛝 🚗 🖼 – A proximité : 🛒 🍴 🖼
Tarif : (Prix 1999) 🧍 13 – 🚗 6 – 🔲 12/17 – 🔌 11 (6A) 17 (10A)

ANNOVILLE

50660 Manche 🔢 – 🔢 ⑫ – 474 h. alt. 28.
Paris 334 – Barneville-Carteret 59 – Carentan 48 – Coutances 14 – Granville 19 – St-Lô 43.

⚠ **Municipal les Peupliers** 15 juin-15 sept.
🗺 02 33 47 67 73 – SO : 3 km par D 20 et chemin à droite, à 500 m de la plage – 🦫 ⚓ –
🍴 – 🐕
2 ha (100 empl.) plat, sablonneux, herbeux
🗑 🍴 🖼 🛁 ⊕ 🖼 – 🛒,
Tarif : 🧍 12,50 – 🔲 15,50 – 🔌 12 (6A)

ANOST

71550 S.-et-L. 🔢 – 🔢 ⑦ G. Bourgogne – 746 h. alt. 454.
Paris 273 – Autun 24 – Château-Chinon 20 – Luzy 46 – Saulieu 33.

⚠ **Municipal Pont de Bussy** juin-sept.
🗺 03 85 82 79 07 – O : 0,5 km par D 88, rte d'Arleuf, bord d'un ruisseau et près d'un petit plan
d'eau – ⚓ juil.-août – **R** conseillée 15 juil.-25 août – 🐕
1,5 ha (45 empl.) plat et peu incliné, herbeux 🛒
🚿 🗑 🖼 🛁 ⊕ 🛝 🚗 – 🛒 – A proximité : half-court, terrain omnisports 🎾 🛝
Tarif : 🔲 élect. comprise 1 à 4 pers. 45 à 90

ANOULD

88650 Vosges 🔢 – 🔢 ⑰ – 2 960 h. alt. 457.
Paris 403 – Colmar 45 – Épinal 48 – Gérardmer 17 – St-Dié 11.

⚠ **Les Acacias** fermé 11 oct.-nov.
🗺 03 29 57 11 06 – sortie Ouest par N 415, rte de Colmar et chemin à droite – ⚓ juil.-août –
🍴 – 🐕
0,8 ha (60 empl.) plat, herbeux 🌳
🏠 🚿 🗑 🍴 🖼 🛁 🛝 ⊕ 🖼 – 🍴 – 🛝 (petite piscine)
Tarif : (Prix 1999) 🧍 18 – 🔲 20 – 🔌 14 (3A) 19 (6A) 32 (10A)

ANSE

69480 Rhône **11** – **74** ① – 4 458 h. alt. 170.

8 Office de Tourisme pl. du 8-Mai-1945, en face du Château 𝒫 04 74 60 26 16, Fax 04 74 67 29 74.
Paris 437 – L'Arbresle 19 – Bourg-en-Bresse 58 – Lyon 28 – Mâcon 49 – Villefranche-sur-Saône 6.

⚠ *Les Portes du Beaujolais* 15 mars-oct.
𝒫 04 74 67 12 87, Fax 04 74 09 90 97 – sortie Sud-Est, rte de Lyon et 0,6 km par chemin à gauche avant le pont, au confluent de l'Azergues et de la Saône – ⊶ – **R** – ⊖⊟ ⚲
7,5 ha (198 empl.) plat, herbeux ▭ ♀ (tentes)
🔧 🔥 🗓 🛁 ⊙ ⚘ ⚗ 🖫 🖲 – ▾ snack 🛒 – 🛖 🏊 🛶 ·◉ 🛶 🏊
Tarif : 🔲 élect. (8A) et piscine comprises 2 pers. 113,40, pers. suppl. 27
Location (permanent) : 🚐 1800 à 2150 – 🏠 2450 à 2950

ANTIBES

06600 Alpes-Mar. **17** – **84** ⑨ G. Côte d'Azur – 70 005 h. alt. 2.

8 Office de Tourisme 11 pl. Gén.-de-Gaulle 𝒫 04 92 90 53 00, Fax 04 92 90 53 01.
Paris 915 – Aix-en-Provence 160 – Cannes 10 – Nice 23.

⚠ *Antipolis* avril-sept.
𝒫 04 93 33 93 99, Fax 04 92 91 02 00 – N :
5 km par N 7 et chemin à gauche, bord de la Brague – ⊶ ⚘ – **R** conseillée juil.-août – ⊖⊟ ⚲
4,5 ha (260 empl.) plat, herbeux ▭ ♀♀
🔧 🔥 🗓 🛁 ⊙ ⚘ ⚗ 🖫 🖲 – 🔩 ▾ snack, pizzeria 🛒 – 🛖 🛶 ✿ 🎯 – 🛖
Tarif : 🔲 élect. (10A) et piscine comprises 2 pers. 140, pers. suppl. 30
Location : 🚐 1600 à 3500

⚠ *Le Pylone* Permanent
𝒫 04 93 33 52 86, Fax 04 93 33 30 54 – N :
4,5 km par N 7, à 300 m de la plage et au bord de la Brague – Places limitées pour le passage ⊶ ⚘ – **R** juil.-août – ⚲
16 ha/10 campables (800 empl.) plat, herbeux, gravillons, gravier ▭ ♀♀
🎰 🔥 🗓 🛁 ⊙ ⚘ ⚗ 🖫 🖲 – 🛖 ▾ ✕ 🛒 – 🛖
Tarif : 🛖 35 – 🚗 25 – 🔲 30 avec élect. (10A)

⚠ *Le Rossignol* 15 avril-fin sept.
𝒫 04 93 33 56 98, Fax 04 92 91 98 99 – N :
3 km par N 7 et av. Jules-Grec à gauche – ⊶ –
R conseillée juil.-août – ⊖⊟ ⚲
1,6 ha (111 empl.) plat et en terrasses, herbeux, gravier ▭ ♀♀
🔧 🔥 🗓 🛁 ⊙ ⚘ ⚗ 🖫 🖲 – ▾ – 🛖
Tarif : (Prix 1999) 🔲 piscine comprise 3 pers. 124/131 – 🔋 15 (3A) 18 (6A) 28 (10A)
Location ⚘ juil.-août : 🏠 1800 à 3300

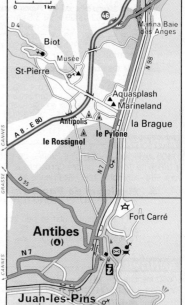

ANTONNE-ET-TRIGONANT

24 Dordogne – **75** ⑥ – rattaché à Périgueux.

ANTRAIN

35560 I.-et-V. **4** – **59** ⑰ G. Bretagne – 1 489 h. alt. 40.
Paris 350 – Avranches 31 – Dol-de-Bretagne 26 – Fougères 28 – Rennes 50.

⚠ *Municipal*
à l'Ouest du centre ville, 4 rue des Pungeoirs – ⬱
0,4 ha (25 empl.) incliné, herbeux ♀
🔧 🎰 🔥 🛁 ⊙ – A proximité : 🛒

ANZÊME

23000 Creuse **10** – **72** ⑨ – 519 h. alt. 325.
Paris 348 – Aigurande 28 – Le Grand-Bourg 32 – Guéret 12 – La Souterraine 42.

⚠ *Municipal de Péchadoire* mai-sept.
𝒫 05 55 51 01 49 – SE : 2 km par rte de Péchadoire puis 0,7 km par chemin à gauche, à 150 m de la Creuse (plan d'eau) – ⬱ ⬱ « Situation agréable » – 🛐
1 ha (30 empl.) plat et peu incliné, en terrasses, herbeux ♀ (0,2 ha)
🔧 🎰 🔥 🛁 ⊙ ⚘ 🖳 – 🛖 – A proximité : ▾ ✿ 🏊 (plage)
Tarif : (Prix 1999) 🔲 2 pers. 50, pers. suppl. 15 – 🔋 15

85220 Vendée 🖪 – 🕼 ⑫ G. Poitou Vendée Charentes – 1 152 h. alt. 19.
Paris 446 – Challans 17 – Nantes 64 – La Roche-sur-Yon 29 – Les Sables-d'Olonne 33 – St-Gilles-Croix-de-Vie 18.

⚠ **Les Prairies du Lac** mai-sept.
  𝓟 02 51 55 70 58, Fax 02 51 55 76 04 – NE : 2 km, sur D 40, rte de Maché – 🐾 🔣 –
  GB 𝒳
  6 ha (200 empl.) plat, herbeux ♀ (2 ha)
  ⚹ 🗟 ⇆ 🗒 🖄 ⊕ 🖳 – ♈ – ▵
  Tarif : 🄴 *piscine comprise 1 ou 2 pers. 76* – 🄸 *18 (6A)*
  Location : 🚐 *1300 à 2600*

⚠ **Les Charmes** avril-sept.
  𝓟 02 51 54 48 08 – N : 3,6 km par D 21, rte de Challans et rte à droite, direction la Roussière –
  🐾 🔣 – **R** conseillée début août – 𝒳
  1 ha (30 empl.) plat, herbeux
  ⚹ 🗟 ⇆ 🗒 🖄 ⊕ 🖳 – ▦ 🚣 🚲
  Tarif : 🄴 *2 pers. 60, pers. suppl. 26* – 🄸 *13 (4A) 15 (6A) 18 (10A)*
  Location : 🏠 *800 à 1500* – 🚐 *950 à 2300*

84400 Vaucluse 🔟 – 🛇 ⑭ G. Provence – 11 506 h. alt. 250.
🄱 Syndicat d'Initiative av. Ph.-de-Girard 𝓟 04 90 74 03 18, Fax 04 90 04 64 30.
Paris 730 – Aix-en-Provence 51 – Avignon 54 – Carpentras 49 – Cavaillon 32 – Digne-les-Bains 93.

⚠ **Le Lubéron** 30 mars-29 sept.
  𝓟 04 90 04 85 40, Fax 04 90 74 12 19 – SE : 2 km par D 48 rte de Saignon – 🐾 ≼ 🔣 – **R** conseillée
  – GB 𝒳
  5 ha (110 empl.) plat et peu incliné, terrasses, gravillons, herbeux ♀♀
  ⚹ 🗟 ⇆ 🗒 🖄 ⊕ 🖳 – snack 🍴 – 🚣 🏐 ▵
  Tarif : 🄴 *piscine comprise 2 pers. 85, pers. suppl. 23* – 🄸 *21 (jusqu'à 8A)*
  Location *(15 mai-15 sept.)* - 🏠 : 🚐 *1800 à 2600*

⚠ **Aire Naturelle la Clé des Champs** avril-sept.
  𝓟 04 90 74 41 41 – N : 3 km, accès par rte de la Cucuronne (près de la poste) et quartier St-Michel
  – 🐾 ≼Le Lubéron 🔣 – **R** conseillée saison – 𝒳
  1 ha (25 empl.) plat, herbeux, pierreux ♀ verger
  🗟 ⇆ 🗒 🖄 ⊕ 🞀 ♨ 🖳
  Tarif : ⚹ *18* – 🚗 *12* – 🄴 *14/20* – 🄸 *15 (4A) 18 (6A) 21 (10A)*

65170 H.-Pyr. 🔢 – 🛇 ⑲ G. Midi Pyrénées – 336 h. alt. 1 100.
Paris 864 – Arreau 23 – Bagnères-de-Luchon 55 – Lannemezan 51 – La Mongie 61.

⚠ **Pic de Bern** 15 juin-15 sept.
  𝓟 05 62 39 63 37, Fax 05 62 39 62 39 – NE : 2,8 km par D 118, rte de St-Lary-Soulan, à Fabian,
  près de la Neste-d'Avre – 🐾 ≼ – GB
  3 ha (60 empl.) plat et peu incliné, terrasses, herbeux ♀ (0,5 ha)
  ⚹ 🗟 🞀 ⊕ – ♈ snack 🍴 – 🚐
  Tarif : *(Prix 1999)* ⚹ *17* – 🄴 *16* – 🄸 *16 (4A)*
  Location : 🛏

64570 Pyr.-Atl. 🔢 – 🛇 ⑤ G. Aquitaine – 588 h. alt. 293.
Paris 831 – Mauléon-Licharre 27 – Oloron-Ste-Marie 15 – Pau 49 – St-Jean-Pied-de-Port 62.

⚠ **Barétous-Pyrénées** fermé nov.
  𝓟 05 59 34 12 21 – sortie Ouest par D 918, rte de Mauléon-Licharre, bord du Vert de Barlanes –
  🐾 – **R** conseillée – 𝒳
  0,5 ha (50 empl.) plat, herbeux ♀
  ⚹ 🗟 ⇆ 🗒 🖄 ⊕ – 🚐
  Tarif : ⚹ *21* – 🄴 *27* – 🄸 *16 (6A) 25 (12A)*

39600 Jura 🔢 – 🛇 ④ ⑭⑮② G. Jura – 3 900 h. alt. 350.
🄱 Office de Tourisme r. de l'Hôtel-de-ville 𝓟 03 84 66 55 50, Fax 03 84 66 25 50.
Paris 394 – Besançon 47 – Dole 35 – Lons-le-Saunier 39 – Salins-les-Bains 12.

⚠ **Municipal les Vignes** avril-sept.
  𝓟 03 84 66 14 12 – sortie Est par D 107, rte de Mesnay, près du stade et de la piscine – ≼
  « Emplacements agréablement ombragés » 🔣 – **R** conseillée – 𝒳
  2,3 ha (139 empl.) en terrasses et peu incliné, herbeux, gravillons, gravier 🗂 ♀
  ⚹ 🗟 ⇆ 🗒 🖄 ⇆ 🞀 ⊕ ♨ 🖳 – 🖳 – 🚐 – A proximité : ▵
  Tarif : 🄴 *piscine comprise 1 ou 2 pers. 66, pers. suppl. 22* – 🄸 *16,50 (10A)*

3

ARCACHON (Bassin d')

33 Gironde 13 – 71 ⑲ ⑳ G. Aquitaine.

Arcachon
11 770 h. alt. 5 – ✉ 33120 Arcachon.

Office de Tourisme espl. G.-Pompidou ✆ 05 57 52 97 97, Fax 05 57 52 97 77, (juil.-août) accueil : l'Aiguillon.

Paris 653 – Agen 196 – Bayonne 184 – Bordeaux 74 – Dax 145 – Royan 191.

Camping Club d'Arcachon Permanent
✆ 05 56 83 24 15, Fax 05 57 52 28 51 – au Sud de la ville, allée de la Galaxie, quartier des Abatilles
« Cadre agréable » – R conseillée – GB
5,2 ha (250 empl.) vallonné, sablonneux
Tarif : *piscine comprise 1 à 3 pers. 135/145, pers. suppl. 30 – 25 (6 à 10A)*

Arès
3 911 h. alt. 6 – ✉ 33740 Arès.

Office de Tourisme espl. G.-Dartiquelongue ✆ 05 56 60 18 07, Fax 05 56 60 39 41.

Paris 631 – Arcachon 46 – Bordeaux 48.

Municipal les Goëlands avril-sept.
✆ 05 56 82 55 64, Fax 05 57 76 02 24 – SE : 1,7 km, près d'étangs et à 500 m du Bassin – – R conseillée – GB
10 ha/6 campables (400 empl.) plat et vallonné, sablonneux
– – – A proximité : (étang)
Tarif : *2 pers. 92 – 17,50 (6A)*

Les Abberts mai-sept.
✆ 05 56 60 26 80 – sortie Nord puis r. des Abberts à gauche – – R conseillée juil.-août –
2 ha (125 empl.) plat, sablonneux, herbeux
– snack – (petite piscine)
Tarif : *2 pers. 100 – 25 (6A)*

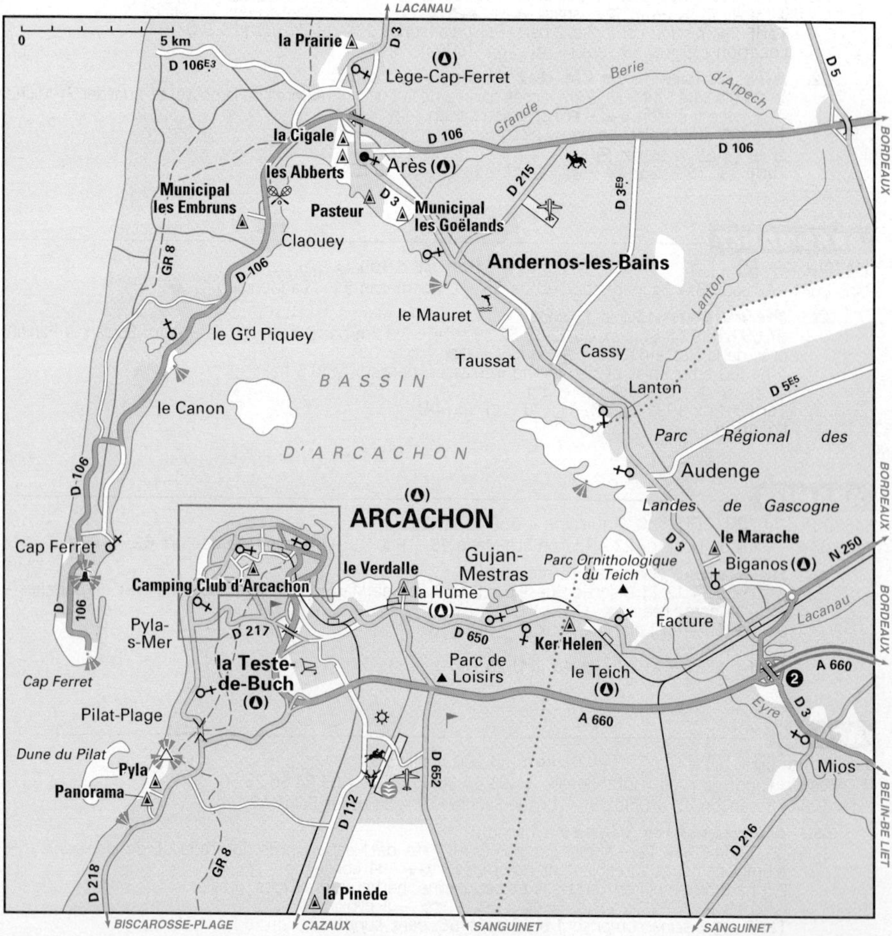

▲▲ **La Cigale** avril-10 oct.
  ℘ 05 56 60 22 59, Fax 05 57 70 41 66 – sortie Nord – ⚬⟶ – **R** conseillée juil.-août – ⊖⊟ ⚹
  2,4 ha (95 empl.) plat, herbeux, sablonneux ○○
  ♿ ⚲ ⇆ 🗄 ⛺ ⌂ ⚙ ▣ – 🍸 – ⛱ 🛶 ⟔ – A proximité : pizzeria
  Tarif : 🄴 *piscine comprise 2 pers. 120 – ⒔ 22 (4A)*

▲ **Pasteur** 25 mars-sept.
  ℘ 05 56 60 33 33, Fax 05 56 60 05 05 – par sortie Sud-Est, à 300 m du bassin – ⚬⟶ – **R** conseillée
  – ⚹
  1 ha (50 empl.) plat, herbeux, sablonneux ○○
  ♿ ⚲ 🗄 ⛺ ⚙ ⛽ ▣ – ≋ (petite piscine)
  Tarif : 🄴 *2 pers. 95 ou 100 – ⒔ 20 (6A)*
  Location : 🛏 *1200 à 2800 – 🏠 1300 à 3000*

▐ **Biganos** ▌ 5 908 h. alt. 16 – ✉ 33380 Biganos :
Paris 632 – Andernos-les-Bains 15 – Arcachon 26 – Bordeaux 54.

▲ **Le Marache** avril-oct.
  ℘ 05 56 70 61 19, Fax 05 56 82 62 60 – sortie Nord par D 3, rte d'Audenge et rte à droite – ⚬⟶
  – **R** conseillée – ⊖⊟ ⚹
  1,4 ha (64 empl.) plat, herbeux ⊐ ○○
  ♿ ⚲ 🗄 ⛺ ⚙ ▣ – 🍸 ⇆ – ⛱ ⟔
  Tarif : ⚲ *28 piscine comprise – 🄴 40 – ⒔ 20 (3A) 25 (6A) 30 (10A)*
  Location : 🛏 *1600 à 3100 – 🏠 2000 à 3600 – bungalows toilés*

▐ **Gujan-Mestras** ▌ 11 433 h. alt. 5 – ✉ 33470 Gujan-Mestras.
Paris 641 – Andernos-les-Bains 26 – Arcachon 16 – Bordeaux 62.

à La Hume O : 3,8 km – ✉ 33470 Gujan-Mestras :

▲ **Verdalle** mai-sept.
  ℘ 05 56 66 12 62 – au Nord de la localité, par av. de la Plage et chemin à droite, près du bassin,
  accès direct à la plage – ⚬⟶ juil.-août – **R** conseillée juil.-août – ⚹
  1,5 ha (108 empl.) plat, sablonneux, pierreux
  ♿ ⚲ ⇆ 🗄 ⚙ ▣
  Tarif : ⚲ *23,50 – 🄴 25 – ⒔ 23,50 (6A)*

▐ **Lège-Cap-Ferret** ▌ 5 564 h. alt. 9 – ✉ 33950 Lège-Cap-Ferret.
🅱 Office de Tourisme le Canon ℘ 05 56 60 86 43, Fax 05 56 60 94 54.
Paris 633 – Arcachon 64 – Belin-Beliet 56 – Bordeaux 49 – Cap-Ferret 24.

▲ **La Prairie** Permanent
  ℘ 05 56 60 09 75 – NE : 1 km par D 3, rte du Porge – ⚬⟶ – **R** indispensable 15 juil.-15 août – ⚹
  1,5 ha (70 empl.) plat, herbeux
  ♿ ⚲ ⇆ 🗄 ⛺ ⚲ ▣ – ⛱ ⟔
  Tarif : 🄴 *2 pers. 60 – ⒔ 16 (10A)*
  Location : *bungalows toilés*

▐ **Pyla-sur-Mer** ▌ ✉ 33115 Pyla-sur-Mer.
🅱 Office de Tourisme Rd-Pt du Figuier ℘ 05 56 54 02 22, Fax 05 56 22 58 84 et Pavillon de la Grande Dune
℘ 05 56 22 12 85.
Paris 651 – Arcachon 8 – Biscarrosse 34 – Bordeaux 73.

▲▲▲ **Panorama** mai-sept.
  ℘ 05 56 22 10 44, Fax 05 56 22 10 12 – S : 7 km par D 218, rte de Biscarrosse, accès piétons à
  la plage par escalier abrupt et chemin – ≼ ⚬⟶ – **R** – ⚹
  15 ha/10 campables (450 empl.) accidenté et en terrasses, plat, sablonneux ○○ pinède
  ♿ ⚲ ⇆ 🗄 ⛺ ⚲ ⚙ ▣ – ⛯ 🍸 ✗ ⇆ – cases réfrigérées – ⛱ 🏓 ⛵ ⟔ ⚹ ⊾ ⟔
  Tarif : ⚲ *29 piscine comprise – 🄴 95 – ⒔ 20 (3A) 30 (6 ou 10A)*
  Location : 🛏 *2550 à 3750 – 🏠 2550 à 4450 – bungalows toilés*

⚠️ **Pyla-Camping** Pâques-sept.
℘ 05 56 22 74 56, Fax 05 56 22 10 31 – S : 6 km par D 218, rte de Biscarrosse, Accès à la plage par la dune – ⚬➡ – **R** conseillée – ⊕⊞ ⚡ᵥ
9 ha (400 empl.) vallonné, accidenté et en terrasses, plat, sablonneux ▱ ♉♉
♿ 🕃 ⇆ 🗔 ♨ ⚬ ⊡ ⚏ – ⚏ ♟ ✗ pizzeria ⚘ – cases réfrigérées – 🎪 ⚛ ⚒ ✇ ⤓
Tarif : ⒠ piscine comprise 2 pers. 128/133 – ⚡ 19 (4 à 6A)
Location ⚅ : 🛏 1740 à 3790 – bungalows toilés

Le Teich 3 607 h. alt. 5 – ✉ 33470 Le Teich.
🅑 Office de Tourisme (saison) ℘ 05 56 22 80 46, Fax 05 56 22 89 65.
Paris 636 – Arcachon 20 – Belin-Béliet 34 – Bordeaux 57.

⚠️ **Ker Helen** mars-nov.
℘ 05 56 66 03 79, Fax 05 56 66 51 59 – O : 2 km par D 650 rte de Gujan-Mestras – ⚬➡ – **R** conseillée – ⊕⊞ ⚡ᵥ
4 ha (140 empl.) plat, herbeux ♀
♿ 🕃 ⇆ 🗔 ♨ ⚑ ⚏ ⚠ ⚗ ♨ – ⚏ ♟ snack ⚘ – ⚒ ⬚ 🔆
Tarif : (Prix 1999) ♦ 26 piscine comprise – ⒠ 50 – ⚡ 21 (6 ou 10A)
Location ⚅ : 🛏 1600 à 2800 – 🏠 2100 à 3700 – bungalows toilés

La Teste-de-Buch 20 331 h. alt. 5 – ✉ 33260 La Teste-de-Buch.
🅑 Office de Tourisme pl. J.-Hameau ℘ 05 56 66 45 59, Fax 05 56 54 45 94 et (saison) pl. Marché.
Paris 645 – Andernos-les-Bains 35 – Arcachon 5 – Belin-Béliet 44 – Biscarrosse 34 – Bordeaux 67.

⚠️ **La Pinède** mai-sept.
℘ 05 56 22 23 24 – bord du canal des Landes « Cadre agréable » ⚬➡ – **R** conseillée juil.-août – ⊕⊞ ⚡ᵥ
5 ha (200 empl.) plat, sablonneux, herbeux ▱ ♀ pinède
♿ 🕃 ⇆ 🗔 ⚑ ⚑ ⚏ – ⚏ ♟ snack – ⚒ 🔆
Tarif : ⒠ piscine comprise 2 pers. 98, pers. suppl. 25 – ⚡ 20 (5A)
Location : 🏠 1800 à 3600

ARCHIAC

17520 Char.-Mar. ⑨ – ⑦⑫ ⑫ – 837 h. alt. 111.
Paris 517 – Angoulême 48 – Barbezieux 15 – Cognac 22 – Jonzac 16 – Pons 22.

⚠️ **Municipal** juin-15 sept.
℘ 05 46 49 10 46 – près de la piscine – **R** – ⚡ᵥ
1 ha (44 empl.) plat, en terrasses, herbeux, pierreux ▱ ♀
🕃 ⇆ 🗔 ⚑ ⚏ – ⚒ – A proximité : ⚿ 🔆 toboggan aquatique
Tarif : ♦ 10 – ⚘ 6,50 – ⒠ 6,50 – ⚡ 15 (5A)

ARCIS-SUR-AUBE

10700 Aube ⑦ – ⑥①⑦ ⑦ G. Champagne Ardenne – 2 855 h. alt. 98.
Paris 159 – Châlons-en-Champagne 50 – Fère-Champenoise 32 – Romilly-sur-Seine 34 – Troyes 29 – Vitry-le-François 55.

⚠️ **L'Île** 15 avril-sept.
℘ 03 25 37 98 79 – sortie Nord rte de Châlons-en-Champagne, bord de l'Aube « Cadre agréable dans une île » ⚬➡ saison – **R** conseillée saison
1,3 ha (80 empl.) plat, herbeux, gravillons ▱ ♉♉
🕃 ⇆ 🗔 ⚑ ⚑
Tarif : ♦ 17 – ⒠ 18 – ⚡ 12 (10A)

ARCIZANS-AVANT

65 H.-Pyr. – ⑧⑤ ⑰ – rattaché à Argelès-Gazost.

ARDÈCHE (Gorges de l')

07 Ardèche ⑯ – ⑧⓪ ⑧ ⑨ G. Provence.

Aiguèze Gard – 215 h. alt. 91 – ✉ 30760 Aiguèze – schéma C.
Paris 646 – Alès 58 – Aubenas 69 – Bagnols-sur-Cèze 21 – Bourg-St-Andéol 15 – Pont-St-Esprit 10.

⚠️ **Les Cigales** 15 mars-15 oct.
℘ 04 66 82 18 52 – au Sud-Est du bourg, sur D 141, avant le pont de St-Martin – ⚬➡ – **R** conseillée saison – ⊕⊞ ⚡ᵥ
0,5 ha (36 empl.) plat et terrasse, herbeux ▱ ♉♉
▥ 🕃 🗔 ⚑ ⚑ ⚏ ⚏ – 🔆 (couverte hors saison)
Tarif : ⒠ piscine comprise 1 ou 2 pers. 73 – ⚡ 17 (4A) 29 (6A)

Balazuc Ardèche – 277 h. alt. 170 – ✉ 07120 Balazuc – schéma B.
Paris 647 – Aubenas 16 – Largentière 10 – Privas 46 – Vallon-Pont-d'Arc 20 – Viviers 41.

⚠️ **Le Retourtier** 15 avril-15 sept.
℘ 04 75 37 77 67 – E : 1 km – ⚘ ⚬➡ ℗ (tentes) – **R** – ⚡ᵥ
1,2 ha (70 empl.) en terrasses, plat, peu incliné, accidenté, herbeux, pierreux ♀
♿ 🕃 ⇆ ⚑ ⚑ ⚏ – ♟ ⚘ – ⬚ (petite piscine) – A proximité : ✗ ⚒
Tarif : ⒠ 2 pers. 70/80, pers. suppl. 20 – ⚡ 15 (3A)
Location : 🚐 700 à 1600

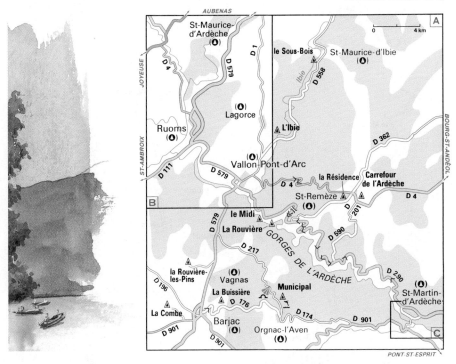

Gard – 1 361 h. alt. 171 – ⊠ 30430 Barjac – schéma A.
Paris 669 – Alès 34 – Aubenas 48 – Pont-St-Esprit 33 – Vallon-Pont-d'Arc 13.

▲▲ **La Buissière** avril-sept.
    ☎ 04 66 24 54 52 – NE : 2,5 km, sur
D 176, rte d'Orgnac-l'Aven –
« Cadre sauvage » •─ – **R** conseillée
14 juil.-15 août –
1,1 ha (70 empl.) plat, terrasses, peu
accidenté, pierreux

Tarif : piscine comprise 2 pers. 88
– [½] 13 (2A) 17 (4A) 29 (10A)
Location : 1000 à 1900 – 1500
à 2600

▲ **La Combe** avril-sept.
    ☎ 04 66 24 51 21 – O : 3 km par
D 901, rte des Vans et D 384 à droite,
rte de Mas Reboul – •─ –
R conseillée juil.-août –
2,5 ha (100 empl.) plat et peu incliné,
herbeux (1 ha)

Tarif : (Prix 1999) piscine comprise
2 pers. 77, pers. suppl. 36 – [½] 15 (6A)
Location : 1500 – 2000 à 2250

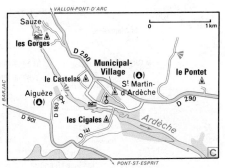

Ardèche – 224 h. alt. 128 – ⊠ 07120 Chauzon – schéma B
Paris 652 – Aubenas 19 – Largentière 13 – Privas 49 – Ruoms 6 – Vallon-Pont-d'Arc 15.

▲▲ **La Digue** 20 mars-sept.
    ☎ 04 75 39 63 57, Fax 04 75 39 75 17 – à 1 km à l'Est du bourg, à 100 m de l'Ardèche (accès direct),
Accès et croisement difficiles pour caravanes – •─ saison – **R** conseillée saison – GB
2 ha (100 empl.) plat et en terrasses, herbeux
     snack – A proximité :
Tarif : piscine et tennis compris 2 pers. 98, pers. suppl. 26 – [½] 20 (6 à 10A)
Location : 1500 à 3100 – 1600 à 3200

101

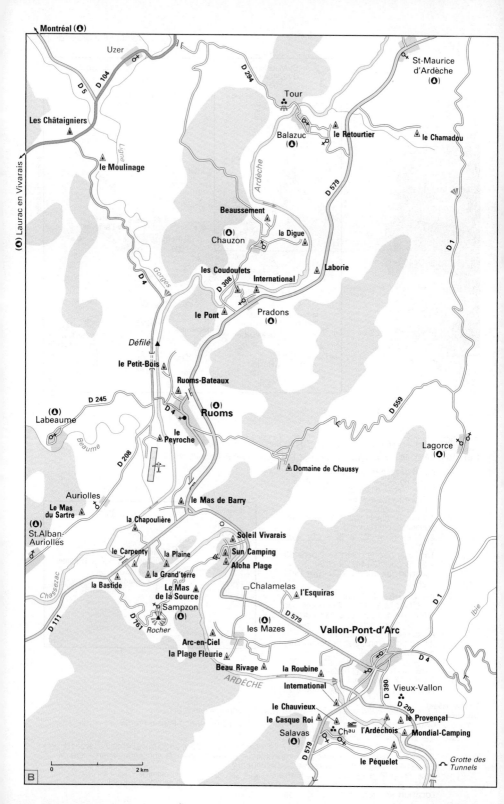

Montréal (⚓)

Uzer

St-Maurice
d'Ardèche
(⚓)

D 5   D 104   D 294

Les Châtaigniers

Tour

le Moulinage

Balazuc
(⚓)   le Retourtier   le Chamadou

Ardèche

D 579

Beaussement

la Digue

(⚓)
Chauzon

les Coudoulets   Laborie

International
D 308

le Pont   Pradons
(⚓)

Défilé

le Petit-Bois

Ruoms-Bateaux

D 245

(⚓)   Ruoms

D 4

Labeaume   le
Peyroche

(⚓)
Labeaume   Beaume

D 208   Domaine de Chaussy

D 559

Lagorce
(⚓)

Auriolles   le Mas de Barry

Le Mas
du Sartre   la Chapoulière

(⚓)   le Carpenty   Soleil Vivarais
St.Alban-
Auriollés   la Plaine   Sun Camping

Aloha Plage

la Grand'terre   Chalamelas   l'Esquiras

la Bastide   Le Mas
de la Source

Chassezac   Sampzon

D 111   D 761   Rocher   (⚓)
les Mazes   D 579   Vallon-Pont-d'Arc
(⚓)

Arc-en-Ciel
la Plage Fleurie   Ibie

Beau Rivage   la Roubine
D 390   Vieux-Vallon
ARDÈCHE   International   D 4
D 290
le Chauvieux   le Provençal
le Casque Roi   l'Ardéchois   Mondial-Camping
Salavas   Ch.au
(⚓)   D 579   le Péquelet   Grotte des
Tunnels

0   2 km

B

(⚓) Laurac en Vivarais

△ **Beaussement** 18 mars-19 sept.
  ℘ 04 75 39 72 06, Fax 04 75 39 71 97 – à 0,7 km au Nord du bourg, Accès et croisement difficiles pour caravanes – ⑊ « Au bord de l'Ardèche » ⚬⟋ juil.-août – **R** conseillée 14 juil.-15 août – GB ⚸
  2,3 ha (83 empl.) plat et terrasses, peu incliné, pierreux, herbeux ♨♨ (1ha)
  ♿ ⌕ ↻ 🖽 ♨ ⌂ ⊙ ⚲ ▽ 🖵 – 🛒 ⚌
  Tarif : 🔳 2 pers. 72 – ⚡ 16,50

Lagorce Ardèche – 706 h. alt. 120 – ✉ 07150 Lagorce – schéma B.
Paris 651 – Aubenas 23 – Bourg-St-Andéol 34 – Privas 53 – Vallon-Pont-d'Arc 6 – Viviers 45.

△ **L'Ibie** avril-15 sept.
  ℘ 04 75 88 01 26, Fax 04 75 88 06 58 – SE : 3 km par D 1, rte de Vallon-Pont-d'Arc, puis 2 km à gauche par D 558, rte de la Vallée de l'Ibie et chemin à gauche avant le pont, près de la rivière – ⑊ ≼ « Cadre agréable » ⚬⟋ – **R** conseillée – GB ⚸
  3 ha (34 empl.) plat et en terrasses, pierreux, herbeux ♨♨
  ♿ ⌕ ↻ 🖽 ⌂ ⊙ 🖵 – snack – ☎ ⌇
  Tarif : 🔳 piscine comprise 2 pers. 94 – ⚡ 16 (5A)
  Location : 🏠 1700 à 3200

Laurac-en-Vivarais Ardèche – 789 h. alt. 182 – ✉ 07110 Laurac-en-Vivarais – schéma B
Paris 649 – Alès 60 – Mende 102 – Privas 48.

△ **Les Chataigniers** avril-oct.
  ℘ 04 75 36 86 26 – au Sud-Est du bourg, accès conseillé par D 104 – Ⓜ ⚬⟋ – **R** juil.-août – ⚸
  1,2 ha (47 empl.) plat, peu incliné, herbeux ♨♨
  ♿ ⌕ 🖽 ♨ ⌂ ⊙ 🖵 – 🛒 ⌇
  Tarif : 🔳 piscine comprise 2 pers. 75, pers. suppl. 18 – ⚡ 15 (10A)
  Location ⚹ : ⌂ 1500 – 🏚 1800 à 2500

Montréal 381 h. alt. 180 – ✉ 07110 Montréal – schéma B.
Paris 651 – Aubenas 20 – Largentière 4 – Privas 50 – Vallon-Pont-d'Arc 23.

△△△ **Le Moulinage** avril-sept.
  ℘ 04 75 36 86 20, Fax 04 75 36 98 46 – SE : 5,5 km par D 5, D 104 et D 4 rte de Ruoms – ≼ « Au bord de la Ligne » ⚬⟋ – **R** conseillée – GB ⚸
  4 ha (90 empl.) peu incliné, terrasses, herbeux, pierreux ♨♨ (0,8 ha)
  ♿ ⌕ ↻ 🖽 ♨ ⌂ ⊙ 🖵 – ⛾ snack ⚱ – 🛒 ⌖ ⊛ ⌇ ⚌
  Tarif : (Prix 1999) 🔳 piscine comprise 2 pers. 98, pers. suppl. 22 – ⚡ 18 (4A)
  Location : 🏚 1400 à 3150 – 🏠 1400 à 3400 – bungalows toilés

Orgnac-l'Aven Ardèche – 327 h. alt. 190 – ✉ 07150 Orgnac-l'Aven – schéma A.
Paris 658 – Alès 44 – Aubenas 52 – Pont-St-Esprit 23 – Privas 83 – Vallon-Pont-d'Arc 18.

△ **Municipal** juil.-août
  ℘ 04 75 38 63 68 – au Nord du bourg par D 217, rte de Vallon-Pont-d'Arc – ⚬⟋ – **R** conseillée – ⚸
  2,6 ha (150 empl.) plat, pierreux ♨♨ chênaie
  ♿ ⌕ 🖽 ⌂ ⊙ 🖵 – 🛒 ⚹ ⌇ – A proximité : ⌖
  Tarif : 🔳 piscine comprise 2 pers. 70, pers. suppl. 17 – ⚡ 19 (6A)
  Location : ⌂ 1530

Pradons Ardèche – 220 h. alt. 124 – ✉ 07120 Pradons – schéma B.
Paris 650 – Aubenas 22 – Largentière 15 – Privas 52 – Ruoms 4 – Vallon-Pont-d'Arc 13.

△△△ **Les Coudoulets** mai-15 sept.
  ℘ 04 75 93 94 95, Fax 04 75 39 65 89 – au Nord-Ouest du bourg – ⑊ « Accès direct à l'Ardèche » ⚬⟋ – **R** conseillée – GB ⚸
  1,5 ha (94 empl.) plat et peu incliné, pierreux, herbeux ♨
  ♿ ⌕ 🖽 ⚮ ⊙ 🖵 – ⛾ – ⌖ ⌇ ⚌ – A proximité : ⚹
  Tarif : 🔳 piscine comprise 2 pers. 88 – ⚡ 18 (6A)
  Location : 🏚 1300 à 2800 – gîtes

△△△ **International** avril-11 nov.
  ℘ 04 75 39 66 07, Fax 04 75 39 79 08 – Nord-Est sur D 579, rte d'Aubenas « Accès direct à l'Ardèche (escalier) » ⚬⟋ – **R** conseillée – GB ⚸
  1,5 ha (45 empl.) peu incliné, plat, herbeux ♨
  ♿ ⌕ ↻ 🖽 ⌂ ⊙ 🖵 – 🛒 ⌖ ⚹ ⌇ ⚌
  Tarif : 🔳 piscine et tennis compris 2 pers. 100 – ⚡ 25 (6A)
  Location : 🏠 1600 à 3000

△ **Laborie** Pâques-15 sept
  ℘ 04 75 39 72 26 – NE : 1,8 km par rte d'Aubenas « Au bord de l'Ardèche » ⚬⟋ juil.-août – **R** conseillée – ⚸
  3 ha (100 empl.) plat, herbeux ♨♨♨ (2 ha)
  ♿ ⌕ ↻ 🖽 ⊙ 🖵 – ⛾ – ⌖ ⚌
  Tarif : 🔳 2 pers. 72, pers. suppl. 16 – ⚡ 16 (5A)

⚠ **Le Pont** avril-sept.
℘ 04 75 93 93 98 – O : 0,3 km par D 308 rte de Chauzon « Accès direct à l'Ardèche (escalier) » ⊶
juil.-août – **R** conseillée 14 juil.-15 août – ⊖⊟ ⬧
1,2 ha (65 empl.) plat, herbeux, pierreux ♀♀
⬧ ⬧ ⬧ ⬧ ⬧ ⬧ ⬧ ⬧ – ▾ – ⬧ ⬧ ⬧
Tarif : (Prix 1999) ▣ *2 pers. 75 –* ⚡ *15 (6A)*
Location : ⬧ *1200 à 1950*

▐ **Ruoms** ▐ Ardèche – 1 858 h. alt. 121 – ⊠ 07120 Ruoms – schéma B.
Paris 653 – Alès 54 – Aubenas 26 – Pont-St-Esprit 55.

⚠⚠⚠ **Domaine de Chaussy** Pâques-fin sept.
℘ 04 75 93 99 66, Fax 04 75 93 90 56 – E : 2,3 km par D 559 rte de Lagorce – ⬧ ⊶ – **R** conseillée
juil.-août – ⊖⊟ ⬧
18 ha/5,5 campables (250 empl.) plat et peu accidenté, herbeux, pierreux, sablonneux ♀♀
⬧ ⬧ ⬧ ⬧ ⬧ ⬧ ⬧ ⬧ ⬧ – ⬧ ▾ ✕ pizzeria ⬧ – ⬧ ⬧ discothèque ⬧ ⬧ ⬧ ⬧ ⬧ parcours
de santé
Tarif : ▣ *piscine comprise 2 pers. 140, pers. suppl. 35 –* ⚡ *25 (5A)*
Location : ⬧ *1590 à 3880 –* ▭ *(hôtel) – pavillons, bungalows toilés*

⚠⚠⚠ **La Bastide** avril-12 sept.
℘ 04 75 39 64 72, Fax 04 75 39 73 28 – SO : 4 km, à Labastide – ⬧ « Accès direct à l'Ardèche »
⊶ – **R** conseillée avril et juil.-août – ⬧
7 ha (300 empl.) plat, herbeux, pierreux ♀♀
⬧ ⬧ ⬧ ⬧ ⬧ ⬧ ⬧ ⬧ ⬧ ⬧ ⬧ – ⬧ ▾ ✕ pizzeria ⬧ – ⬧ ⬧ ⬧ discothèque ⬧ ⬧ ⬧ ⬧
Tarif : ▣ *élect. (3 à 6A) et piscine comprises 2 pers. 168*
Location ⬧ : ⬧ *2000 à 4000*

⚠⚠ **La Plaine** avril-sept.
℘ 04 75 39 65 83, Fax 04 75 39 74 38 – S : 3,5 km – ⬧ « Au bord de l'Ardèche » ⊶ –
R conseillée – ⊖⊟ ⬧
4,5 ha (217 empl.) plat, peu incliné, sablonneux, herbeux ♀♀♀ (2 ha)
⬧ ⬧ ⬧ ⬧ ⬧ ⬧ ⬧ ⬧ ⬧ ⬧ ⬧ ⬧ – ⬧ ▾ ⬧ – ⬧ ⬧ ⬧
Tarif : ▣ *2 pers. 90 –* ⚡ *21 (5 à 10A)*

⚠⚠ **Ruoms-Bateaux** avril-sept.
℘ 04 75 39 62 05 – N : 0,6 km par D 579 rte de Pradons et chemin à gauche – ⊶ – **R** conseillée
– ⬧
1 ha (45 empl.) plat, herbeux ⬧
⬧ ⬧ ⬧ ⬧ ⬧ ⬧ ⬧ ⬧ ⬧ – ▾ – ⬧ ⬧
Tarif : ▣ *piscine comprise 2 pers. 140, pers. suppl. 35 –* ⚡ *25 (6A)*
Location : ⬧ *1700 à 3400 – bungalows toilés*

⚠ **La Grand'Terre** Pâques-15 sept.
🕿 04 75 39 64 94, Fax 04 75 39 78 62 – S : 3,5 km « Au bord de l'Ardèche (accès direct) » ⊶ –
R conseillée – ⊞ 🗴
10 ha (300 empl.) plat, sablonneux, herbeux ⊕⊕⊕
🗴 🗴 🗴 🗴 🗴 🗴 🗴 🗴 – 🗴 ♀ pizzeria 🗴 – 🗴 🗴 🗴 🗴
Tarif : 🗷 2 pers. 95, pers. suppl. 25 – 🗷 20 (6 à 10A)

⚠ **Le Petit Bois** 15 mars-oct.
🕿 04 75 39 60 72, Fax 04 75 93 95 50 – à 0,8 km au Nord du bourg, à 80 m de l'Ardèche - Accès piétons à la rivière par rampe abrupte – 🗴 ⊶ – **R** conseillée juil.-août – 🗴
2,5 ha (84 empl.) peu incliné et plat, en terrasses, pierreux, rochers, herbeux
🗴 🗴 🗴 🗴 🗴 🗴 🗴 – 🗴 ♀ pizzeria – 🗴
Tarif : 🗷 piscine comprise 2 pers. 88 – 🗷 20 (4 à 6A)
Location : 🗴 1200 à 2900 – gîtes

⚠ **Le Mas de Barry** Permanent
🕿 04 75 39 67 61, Fax 04 75 39 76 33 – S : 2 km – ⩽ ⊶ – **R** conseillée – ⊞ 🗴
1,5 ha (80 empl.) plat, peu incliné, herbeux ♀
🗴 🗴 🗴 🗴 🗴 🗴 🗴 – ♀ snack 🗴 – 🗴 🗴 🗴
Tarif : 🗷 piscine comprise 2 pers. 100, pers. suppl. 25 – 🗷 25 (6A)

⚠ **La Chapoulière** Pâques-oct.
🕿 04 75 39 64 98 – S : 3,5 km – 🗴 « Au bord de l'Ardèche » ⊶ – **R** conseillée – ⊞ 🗴
2,5 ha (100 empl.) plat et peu incliné, herbeux ⊕⊕⊕
🗴 🗴 🗴 🗴 🗴 🗴 🗴 – ♀ pizzeria – 🗴 🗴
Tarif : 🗷 2 pers. 93, pers. suppl. 25 – 🗷 22 (4 ou 5A)
Location : 🗴 1700 à 2650

⚠ **Le Carpenty** juil.-août
🕿 04 75 39 74 29 – S : 3,6 km « Au bord de l'Ardèche (accès direct) » ⊶ – **R** conseillée – 🗴
0,7 ha (45 empl.) plat, pierreux, herbeux ♀♀
🗴 🗴 🗴 🗴 🗴 🗴 🗴 – 🗴 🗴
Tarif : 🗷 2 pers. 74 – 🗷 17 (5A) 20 (10A)

à Labeaume O : 4,2 km par D 208 – 455 h. alt. 116 – ✉ 07120 Labeaume

⚠ **Le Peyroche** 25 mars-17 sept.
🕿 04 75 39 79 39, Fax 04 75 39 79 40 – E : 4 km « Au bord de l'Ardèche » ⊶ – **R** conseillée
8 juil.-27 août – ⊞ 🗴
8 ha/5 campables (160 empl.) plat, herbeux, sablonneux ♀♀
🗴 🗴 🗴 🗴 🗴 🗴 🗴 – snack 🗴 – 🗴 🗴 🗴
Tarif : 🗷 2 pers. 85, pers. suppl. 18 – 🗷 18 (5A) 32 (10A)
Location : 🗴 2000 à 3400 – bungalows toilés

à Sampzon S : 6 km – 163 h. alt. 120 – ✉ 07120 Sampzon

⚠ **Soleil Vivarais** avril-20 sept.
🕿 04 75 39 67 56, Fax 04 75 39 64 69 – ⩽ « Au bord de l'Ardèche, sur la presqu'île de Sampzon »
⊶ – **R** conseillée – ⊞ 🗴
6 ha (200 empl.) plat, herbeux, pierreux ♀♀
🗴 🗴 🗴 🗴 🗴 🗴 🗴 🗴 🗴 🗴 🗴 – 🗴 ♀ ✗ pizzeria 🗴 – 🗴 discothèque 🗴 🗴 🗴 🗴 🗴 🗴
Tarif : 🗷 élect. (10A) et piscine comprises 2 pers. 205
Location : 🗴 1500 à 4300 – 🗴 1900 à 4290 – bungalows toilés

⚠ **Aloha Plage** avril-sept.
🕿 04 75 39 67 62, Fax 04 75 89 10 26 « Au bord de l'Ardèche, sur la presqu'île de Sampzon (accès direct) » ⊶ – **R** conseillée juil.-août – ⊞ 🗴
1,5 ha (120 empl.) plat, terrasses, peu incliné, herbeux, sablonneux ♀♀
🗴 🗴 🗴 🗴 🗴 🗴 🗴 – ♀ 🗴 – 🗴
Tarif : 🗷 piscine comprise 2 pers. 110 – 🗷 22 (6A)
Location : 🗴 1600 à 2100 – 🗴 2900 à 3400 – bungalows toilés

⚠ **Sun Camping** Pâques-sept.
🕿 04 75 39 76 12 – à 200 m de l'Ardèche « Sur la presqu'île de Sampzon » ⊶ mai-fin août –
R conseillée juil.-août – 🗴
1,2 ha (70 empl.) plat, terrasses, herbeux ♀♀
🗴 🗴 🗴 🗴 🗴 🗴 🗴 – ♀ pizzeria – 🗴 – A proximité : 🗴 ✗ 🗴 🗴
Tarif : 🗷 2 pers. 90 – 🗷 21 (10A)
Location : 🗴 1050 à 1800 – 🗴 1400 à 3200

⚠ **Le Mas de la Source** avril-sept.
🕿 04 75 39 67 98 – 🗴 « Sur la presqu'île de Sampzon, au bord de l'Ardèche (accès direct) » ⊶
– **R** conseillée – 🗴
1,2 ha (30 empl.) en terrasses, plat, herbeux 🗴 ♀♀
🗴 🗴 🗴 🗴 🗴 🗴 🗴 🗴 🗴 – 🗴 🗴 🗴
Tarif : 🗷 piscine comprise 2 pers. 115 – 🗷 22 (6A)

St-Alban-Auriolles Ardèche – 584 h. alt. 108 – ✉ 07120 St-Alban-Auriolles – schéma B.
Paris 658 – Alès 50 – Aubenas 27 – Pont-St-Esprit 61 – Ruoms 7 – Vallon-Pont-d'Arc 15.

⚠ **Le Ranc Davaine** avril-16 sept.
🕿 04 75 39 60 55, Fax 04 75 39 38 50 – SO : 2,3 km par D 208 rte de Chandolas (hors schéma) « Près du Chassezac » ⊶ juil.-août – **R** conseillée – ⊞ 🗴
10 ha (356 empl.) plat et peu incliné, rocailleux, herbeux 🗴 ♀
🗴 🗴 🗴 🗴 🗴 🗴 🗴 🗴 🗴 – 🗴 ♀ ✗ pizzeria 🗴 – 🗴 🗴 🗴 🗴 🗴 🗴 🗴
Tarif : 🗷 piscine comprise 2 pers. 160 (185 avec élect. 3 à 10A), pers. suppl. 38
Location : 🗴 1800 à 4200 – 🗴 2000 à 4500

⚲ **Le Mas du Sartre** avril-sept.
    ℘ 04 75 39 71 74 – à Auriolles, NO : 1,8 km – ⌾⊷ – **R** conseillée – **GB** ⚡ᵥ
1 ha (25 empl.) plat et peu incliné, en terrasses, pierreux, herbeux 🌳🌳
    ⚅ 🗄 ♨ ⛺ ⊕ 📷 – pizzeria – 🍴 🔭 🏊
Tarif : 🅴 *piscine comprise 2 pers. 80* – 🔌 *12 (3A)*
Location : 🚐 *1450 à 2850*

St-Martin-d'Ardèche   Ardèche – 537 h. alt. 46 – ✉ 07700 St-Martin-d'Ardèche – schéma C.
Paris 645 – Bagnols-sur-Cèze 22 – Barjac 27 – Bourg-St-Andéol 14 – Pont-St-Esprit 11 – Vallon-Pont-d'Arc 33.

⚲ **Le Pontet** 2 avril-sept.
    ℘ 04 75 04 63 07, Fax 04 75 98 76 59 – E : 1,5 km par D 290 rte de St-Just et chemin à gauche
– ⚡ᵥ ⌾⊷ – **R** conseillée juil.-août – ⚡ᵥ
1,8 ha (100 empl.) plat et terrasse, herbeux 🌳🌳
    ⚅ 🗄 ♨ 📅 ⛺ ⊕ 📷 📷 – ▼ 🍴 🔧 – 🍴 🔭 🏊
Tarif : (Prix 1999) 🅴 *piscine comprise 2 pers. 90* – 🔌 *15 (6A)*
Location : 🚐 *1500 à 2600*

⚲ **Les Gorges** avril-sept.
    ℘ 04 75 04 61 09 – NO : 1,5 km, au lieu-dit Sauze – ≼ « Près de l'Ardèche » ⌾⊷ – **R** conseil-
lée – ⚡ᵥ
1,2 ha (92 empl.) plat, terrasses, herbeux, pierreux 🌳🌳
    🏛 ⚅ 🗄 ♨ 📅 ♨ 📅 🔧 ⊕ 📷 📷 – 🔧 ▼ – 🏊
Tarif : 🅴 *2 pers. 102* – 🔌 *20 (5A) 40 (10A)*
Location : 🚐 *1600 à 3000*

⚲ **Le Castelas** avril-sept.
    ℘ 04 75 04 66 55 – sortie Nord-Ouest par D 290 et chemin à gauche, à 250 m de l'Ardèche – ≼
⌾⊷ – **R** conseillée – **GB** ⚡ᵥ
1,1 ha (65 empl.) peu incliné, herbeux 🌳
    🗄 ♨ 📅 ⛺ ⊕ 📷 – 🍴 🔭 – A proximité : ⚒ 🔧 🏊
Tarif : 🅴 *2 pers. 62* – 🔌 *11 (3A) 12 (4A)*

⚲ **Municipal le Village**
    ℘ 04 75 04 65 25 – au Nord du bourg, à 300 m de l'Ardèche – ⌾⊷
1,5 ha (70 empl.) plat et peu incliné, terrasses, herbeux, gravillons 🌳
    🏛 ⚅ 🗄 ♨ 🔧 ⊕ 📷 – A proximité : 🏊
Location : 🚐

St-Maurice-d'Ardèche   Ardèche – 214 h. alt. 140 – ✉ 07200 St-Maurice-d'Ardèche – schéma B.
Paris 642 – Aubenas 14 – Largentière 15 – Privas 44 – Vallon-Pont-d'Arc 21 – Viviers 36.

⚲ **Le Chamadou** avril-sept.
    ℘ 04 75 37 00 56, Fax 04 75 37 70 61 ✉ 07120 Balazuc – SE : 3,2 km par D 579, rte de Ruoms
et chemin à gauche, à 500 m d'un étang – 🎣 ≼ ⌾⊷ – **R** conseillée – **GB** ⚡ᵥ
1 ha (40 empl.) peu incliné, plat, herbeux 🍴
    ⚅ 🗄 ♨ 🔧 ⊕ 📷 – pizzeria, snack – 🍴 🔧 🏊
Tarif : 🅴 *piscine comprise 2 pers. 84* – 🔌 *18 (5A)*
Location (avril-oct.) : 🚐 *1000 à 3200*

St-Maurice-d'Ibie   Ardèche – 163 h. alt. 220 – ✉ 07170 St-Maurice-d'Ibie – schéma A.
Paris 638 – Alès 63 – Aubenas 23 – Pont-St-Esprit 62 – Ruoms 25 – Vallon-Pont-d'Arc 16.

⚲ **Le Sous-Bois** Pâques-15 sept.
    ℘ 04 75 94 86 95 – S : 2 km par D 558 rte de Vallon-Pont-d'Arc, puis chemin empierré à droite –
🎣 « Au bord de l'Ibie » ⌾⊷ – **R** conseillée 15 juil.-15 août – ⚡ᵥ
2 ha (50 empl.) plat, herbeux, pierreux 🌳🌳
    ⚅ 🗄 ♨ 🗄 📅 ♨ 📅 🔧 ⊕ 📷 – ▼ pizzeria – 🔭 🚲 🏊
Tarif : (Prix 1999) 🅴 *piscine comprise 2 pers. 79* – 🔌 *18 (5A) 20 (10A)*
Location : 🏠 *1100 à 1800* – 🚐 *1200 à 2500*

St-Remèze   Ardèche – 454 h. alt. 365 – ✉ 07700 St-Remèze – schéma A.
Paris 644 – Barjac 27 – Bourg-St-Andéol 16 – Pont-St-Esprit 24 – Privas 64 – Vallon-Pont-d'Arc 14.

⚲ **Carrefour de l'Ardèche** Pâques-15 oct.
    ℘ 04 75 04 15 75, Fax 04 75 04 35 05 – sortie Est, par D 4, rte de Bourg-St-Andéol – ≼ ⌾⊷
R conseillée – **GB** ⚡ᵥ
1,7 ha (90 empl.) plat, peu incliné, herbeux, pierreux 🍴
    ⚅ 🗄 ♨ 🗄 🔧 ⊕ 📷 – ▼ snack 🔧 – 🍴 🔭 🏊
Tarif : 🅴 *piscine comprise 2 pers. 98, pers. suppl. 24* – 🔌 *20 (6 ou 10A)*
Location : 🏠 *1100 à 2100* – 🚐 *1500 à 2900*

⚲ **La Résidence** 15 avril-21 oct.
    ℘ 04 75 04 26 87, Fax 04 75 04 39 52 – au bourg vers sortie Est, rte de Bourg-St-Andéol – ≼ ⌾⊷
– **R** conseillée – **GB** ⚡ᵥ
1,6 ha (60 empl.) peu incliné à incliné, en terrasses, herbeux, pierreux, verger 🌳
    ⚅ 🗄 ♨ 🗄 📅 ⊕ 📷 – snack – 🔭 🏊
Tarif : 🅴 *piscine comprise 1 pers. 40* – 🔌 *20 (5A)*
Location : 🚐 *1750 à 2900*

Vagnas Ardèche – 383 h. alt. 200 – ⊠ 07150 Vagnas – schéma A.
Paris 673 – Aubenas 43 – Barjac 5 – St-Ambroix 21 – Vallon-Pont-d'Arc 9 – Les Vans 30.

▲▲ **La Rouvière-Les Pins** Pâques-15 sept.
    ☎ 04 75 38 61 41, Fax 04 75 38 63 80 – sortie Sud par rte de Barjac puis 1,5 km par chemin à droite
    – ⬙ ⊶ – **R** conseillée – **GB** ⚥
    2 ha (100 empl.) plat et peu incliné, terrasses, herbeux ♀
    🏠 ⇋ 🖫 🛁 ⊙ ⚱ ⚲ 🖲 – ▼ – 🍴 🚣
    Tarif : 🔲 *piscine comprise 2 pers. 94* – (4) *23 (4A) 28 (6A)*

Vallon-Pont-d'Arc Ardèche – 1 914 h. alt. 117 – ⊠ 07150 Vallon-Pont-d'Arc – schéma B.
Paris 658 – Alès 47 – Aubenas 35 – Avignon 81 – Carpentras 89 – Montélimar 49.

▲▲▲ **L'Ardéchois** avril-20 sept.
    ☎ 04 75 88 06 63, Fax 04 75 37 14 97 – SE : 1,5 km – ≤ « Accès direct à l'Ardèche » ⊶ –
    R conseillée juil.-août – **GB**
    5 ha (244 empl.) plat, herbeux 🖵 ♀♀
    🕭 🏠 ⇋ 🖫 🛁 🛁 ⊙ ⚱ ⚲ 🖾 🖲 – ▼ ▼ ✗ snack 🚣 – 🏠 🚣 🕸 ⨏ ⩍ – A proximité :
    🛶
    Tarif : 🔲 *piscine comprise 2 pers. 150/191, pers. suppl. 37* – (4) *23 (6A)*
    Location : 🏠 *2780 à 3830*

▲▲▲ **Mondial-Camping** 20 mars-10 oct.
    ☎ 04 75 88 00 44, Fax 04 75 37 13 73 – SE : 1,5 km – ≤ « Accès direct à l'Ardèche » ⊶ –
    R conseillée 10 juil.-20 août – **GB** ⚥
    4 ha (240 empl.) plat, herbeux ♀♀
    🕭 🕭 🏠 ⇋ 🖫 🛁 🛁 ⊙ ⚱ ⚲ 🖾 🖲 – ▼ ▼ ✗ snack, pizzeria – 🏠 discothèque 🚣 ⊙ 🕸 ⨏ ⩍
    – A proximité : 🛶
    Tarif : 🔲 *piscine comprise 2 pers. 145* – (4) *21 (6 à 10A)*
    Location *(mars-8 sept.) :* 🏠 *2500 à 3900*

▲▲▲ **La Roubine** 15 avril-15 sept.
    ☎ 04 75 88 04 56 – O : 1,5 km – ⬙ « Au bord de l'Ardèche (plan d'eau) » ⊶ – **R** conseillée –
    ⚥
    7 ha/4 campables (135 empl.) plat, herbeux, sablonneux 🖵 ♀♀
    🕭 🕭 🏠 ⇋ 🖫 🛁 🛁 ⊙ 🖾 🖲 – ▼ ▼ ✗ snack, pizzeria 🚣 – 🏃 🚣 ⨏ ⩍ half-court
    Tarif : 🔲 *piscine comprise 2 pers. 139* – (4) *22 (6A)*
    Location : 🏠 *1900 à 3500*

▲▲▲ **Le Provençal** avril-fin sept.
    ☎ 04 75 88 00 48, Fax 04 75 37 18 69 – SE : 1,5 km – ≤ « Accès direct à l'Ardèche » ⊶ –
    R conseillée juil.-août – **GB** ⚥
    3,5 ha (200 empl.) plat, herbeux 🖵 ♀♀
    🕭 🕭 🏠 ⇋ 🖫 🛁 🛁 ⊙ 🖲 – ▼ ▼ ✗ 🚣 – 🏠 🚣 🕸 ⨏ ⩍ – A proximité : 🛶
    Tarif : 🔲 *piscine comprise 2 pers. 136* – (4) *20 (6A)*

▲▲ **Le Chauvieux** Pâques-mi-sept.
    ☎ 04 75 88 05 37 – SO : 1 km, à 100 m de l'Ardèche – ⊶ – **R** conseillée – **GB** ⚥
    1,8 ha (100 empl.) plat et peu incliné, herbeux, sablonneux ♀♀
    🏠 ⇋ 🖫 🛁 ⚱ ⊙ ⚱ ⚲ 🖲 – ▼ ▼ pizzeria 🚣 – 🚣 ⨏ – A proximité : ⩍
    Tarif : 🔲 *piscine comprise 2 pers. 105* – (4) *18 (4A) 20 (6A)*

▲▲ **International** mai-25 sept
    ☎ 04 75 88 00 99, Fax 04 75 88 05 67 – SO : 1 km – ≤ « Bord de l'Ardèche » ⊶ – **R** conseillée
    – **GB** ⚥
    2,7 ha (130 empl.) plat, peu incliné, herbeux, sablonneux 🖵 ♀♀
    🏠 ⇋ 🖫 🛁 ⊙ 🖾 🖲 – ▼ ▼ snack 🚣 – ⩍
    Tarif : (Prix 1999) 🔲 *2 pers. 100, pers. suppl. 25* – (4) *25 (6A)*
    Location : 🏠 *1400 à 3100*

▲▲ **La Rouvière** avril-sept.
    ☎ 04 75 37 10 07, Fax 04 75 88 03 99 – SE : 6,6 km par D 290, rte des Gorges, à Chames – ⬙
    « Accès direct à l'Ardèche » ⊶ saison – **R** conseillée – ⚥
    3 ha (152 empl.) en terrasses, peu incliné et plat, sablonneux, pierreux, herbeux
    🏠 ⇋ 🖫 🛁 🛁 ⊙ 🖲 – ▼ snack 🚣 – 🚣 ⩍
    Tarif : 🔲 *2 pers. 101, pers. suppl. 35* – (4) *25*
    Location : 🏠 *1400 à 3100*

▲ **Le Midi** avril-sept.
    ☎ 04 75 88 06 78 – SE : 6,5 km par D 290, rte des Gorges, à Chames – ⬙ ≤ « Accès direct à
    l'Ardèche » ⊶ – **R** conseillée – ⚥
    1,6 ha (52 empl.) en terrasses, peu incliné, herbeux, sablonneux 🖵 ♀♀
    🏠 🏠 ⇋ 🖫 🛁 ⊙ 🖲 – ▼
    Tarif : 🔲 *2 pers. 94* – (4) *20 (6A)*

▲ **L'Esquiras** avril-sept.
    ☎ 04 75 88 04 16 – NO : 2,8 km par D 579, rte de Ruoms et chemin à droite après la station-service
    Intermarché – ⬙ ≤ ⊶ – **R** conseillée – ⚥
    0,5 ha (34 empl.) plat, peu incliné, herbeux, pierreux
    🏠 🏠 ⇋ 🖫 🛁 🛁 ⊙ 🖲 – snack – 🚣 ⨏
    Tarif : 🔲 *piscine comprise 2 pers. 95, pers. suppl. 20* – (4) *18 (6A) 20 (8A)*
    Location : 🏠 *2000 à 2800*

aux Mazes O : 3,5 km – ⊠ 07150 Vallon-Pont-d'Arc

▲▲▲ **La Plage Fleurie** 15 mai-15 sept.
𝒫 04 75 88 01 15, Fax 04 75 88 11 31 – O : 3,5 km – ≼ « Au bord de l'Ardèche » ⊶ – **R** conseillée juil.-août – ⚲
12 ha/6 campables (300 empl.) plat et peu incliné, terrasses, herbeux ⚬⚬
& ⚘ ⇆ ⬜ ☖ ⊕ ⊠ – ⚓ ▼ ✕ snack, pizzeria ⚲ – ⚹ ⚱ ⌁ ≃ (plage)
Tarif : (Prix 1999) ⓔ *piscine comprise 2 pers. 105, pers. suppl. 27* – ⒢ *21 (4 ou 6A)*
Location : ⛺ *1680 à 3290*

▲▲ **Beau Rivage** mai-15 sept.
𝒫 04 75 88 03 54 – ⚲ « Au bord de l'Ardèche (plan d'eau) » ⊶ – **R** conseillée – ⊜ ⚲
2 ha (100 empl.) plat et terrasse, herbeux ⚬⚬
& ⚘ ⇆ ⬜ ⚘ ⚱ ⊠ – ⚓ pizzeria – ⚱ ≃
Tarif : ⓔ *2 pers. 102* – ⒢ *16 (6A)*
Location : ⛺ *1800 à 2700*

▲▲ **Arc-en-Ciel** Pâques-17 sept.
𝒫 04 75 88 04 65, Fax 04 75 37 16 99 – ⚲ « Bord de l'Ardèche (plan d'eau) » ⊶ – **R** conseillée – ⊜ ⚲
5 ha (218 empl.) plat et peu incliné, herbeux, pierreux ⚬⚬
& ⚘ ⬜ ⚘ ⊕ ⊠ – ⚓ ▼ pizzeria ⚲ – ⚱ ⚱ ≃
Tarif : ⓔ *2 pers. 102* – ⒢ *18 (6 ou 10A)*
Location : ⛺ *1750 à 3000*

à Salavas SO : 2 km – 402 h. alt. 96 – ⊠ 07150 Salavas

▲▲ **Le Péquelet** avril-sept.
𝒫 04 75 88 04 49 – sortie Sud par D 579, rte de Barjac et 2 km par rte à gauche – ⚲ « Au bord de l'Ardèche (accès direct) » ⊶ – **R** conseillée juil.-août – ⊜ ⚲
2 ha (60 empl.) plat, herbeux ⛶ ⚬⚬
& ⚘ ⇆ ⬜ ⊕ ⊠ – ⚱ ✕ ≃
Tarif : ⓔ *tennis compris 2 pers. 95* – ⒢ *18 (3 à 10A)*
Location : ⛺ *2000 à 3000*

▲ **Le Casque Roi** mars-15 nov.
𝒫 04 75 88 04 23, Fax 04 75 37 18 64 – à la sortie Nord du bourg, rte de Vallon-Pont-d'Arc – ⊶ – **R** indispensable juil.-août – ⊜ ⚲
0,4 ha (29 empl.) plat, herbeux ⛶ ⚬⚬
▥ & ⚘ ⇆ ⬜ ⚑ ⊕ ⚘ ⚐ ⊠ – ▼ snack, pizzeria – ⚱ ⌁
Tarif : ⓔ *piscine comprise 2 pers. 100* – ⒢ *19 (10A)*
Location : ⛺ *1500 à 3650*

ARDRES

62610 P.-de-C. 🄓 – 🄝🄟 ② G. Picardie Flandres Artois – 3 936 h. alt. 11.
Paris 275 – Arras 96 – Boulogne-sur-Mer 42 – Calais 16 – Dunkerque 43 – Lille 90 – St-Omer 26.

▲ **St-Louis** avril-oct.
𝒫 03 21 35 46 83 – à Autingues, S : 2 km par D 224, rte de Licques et D 227 à gauche – Places limitées pour le passage ⚲ ⊶ – **R** conseillée juil.-août – ⚲
1,5 ha (84 empl.) plat, herbeux ⛶ ⚱ (0,5 ha)
& ⚘ ⇆ ⬜ ⚘ ⊕ ⚐ ⚘ ⚒ ⊠ – ⚱ ⚱
Tarif : ⚹ *15* – ⓔ *22* – ⒢ *10 (4A)*

ARÈS

33 Gironde – 🄟🄝 ⑲ – voir à Arcachon (Bassin d').

ARETTE

64570 Pyr.-Atl. 🄝🄔 – 🄤🄥 ⑤ ⑮ G. Aquitaine – 1 137 h. alt. 320.
Paris 833 – Accous 28 – Aramits 4 – Oloron-Ste-Marie 18 – Pau 53 – Tardets-Sorholus 15.

▲ **Municipal Pont de l'Aroue** 5 fév.-20 fév., juin-sept.
sortie Nord-Ouest par D 918 rte de Lanne, bord du Vert d'Arette – ≼ – **R** conseillée juil.-août – ⚲
0,5 ha (34 empl.) plat, herbeux ⛶ ⚬⚬
⚘ ⚱ ⊕ – A proximité : ✗
Tarif : (Prix 1999) ⓔ *1 à 7 pers. 21 à 51* – ⒢ *6A : 10 (hiver 20)*

ARFEUILLES

03120 Allier 🄝🄝 – 🄦🄒 ⑥ – 843 h. alt. 425.
Paris 367 – Clermont-Ferrand 110 – Lapalisse 16 – Moulins 65 – Roanne 37 – Thiers 58 – Vichy 32.

▲ **Municipal** mai-1er oct.
sortie Nord-Est par rte de St-Pierre-Laval et chemin à droite, bord d'un étang – ⚲ – ℞
1,5 ha (66 empl.) incliné à peu incliné, terrasses, herbeux ⚬
⚘ ⇆ ⬜ ⚑ ⊕ – A proximité : ✗
Tarif : ⚹ *14* – ⛌ *8* – ⓔ *8* – ⒢ *13 (jusqu'à 6A) 15 (jusqu'à 10A)*

65400 H.-Pyr. **14** – **85** ⑰ G. Midi Pyrénées – 3 229 h. alt. 462 – ⌘ (10 avril-21 oct.).
🛈 Office de Tourisme Grande Terrasse ℰ 05 62 97 00 25, Fax 05 62 97 50 60.
Paris 827 – Lourdes 13 – Pau 58 – Tarbes 31.

▲▲▲ **Les Trois Vallées** avril-10 oct.
ℰ 05 62 90 35 47, Fax 05 62 97 53 64 – sortie Nord – Ⓜ ≤ ⊶ – **R** conseillée juil.-août – ⚲
7 ha (380 empl.) plat, herbeux ♀
▥ ఈ ⌂ ⇆ ▤ ♨ ☺ ▣ – ♈ – ♟ 〓 ≨ ⟳ toboggans aquatiques – A proximité : ⇾
Tarif : ✴ 30 piscine comprise – ▣ 30 – [ⅎ] 15 (3A) 30 (6A)

▲ **Deth Potz** Permanent
ℰ 05 62 90 37 23 – NE : 2 km par D 100, rte de Beaucens et à gauche, rte de Boo-Silhen (D 100[A])
– ⚲ ⊶ – **R** conseillée juil.-août – ⚲
2 ha (100 empl.) peu incliné à incliné, herbeux
▥ ఈ ⌂ ⇆ ⚲ ☺ ⊞ ▣ – ⌂ ≨
Tarif : ✴ 20 piscine comprise – ▣ 20 – [ⅎ] 11 (2A) 27 (6A)
Location : ⟨ 1200 à 1500

à Agos-Vidalos NE : 5 km par N 21, rte de
Lourdes – 270 h. alt. 450 – ⊠ 65400 Agos-Vidalos :

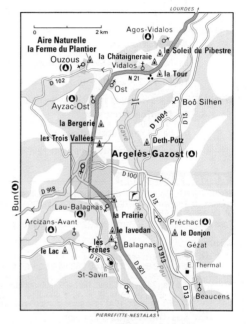

▲▲▲ **Le Soleil du Pibeste** Permanent
ℰ 05 62 97 53 23 – sortie Sud, par la
N 21 – ≤ ⊶ – **R** conseillée – ⚲
1,5 ha (90 empl.) plat et peu incliné,
terrasses, herbeux,
▥ ఈ ⌂ ⇆ ▤ ⇆ ☺ ▣ – ⚲ – ⌂
≨ ⟳
Tarif : (Prix 1999) ▣ élect. (3A) et
piscine comprises 2 pers. 86, pers.
suppl. 24
Location : ⟨ 2000 à 2500 – ⟨ 2800
à 3200

▲▲▲ **La Tour** avril-sept.
ℰ 05 62 97 55 59 – par la N 21, à Vida-
los – ≤ ⊶ – **R** conseillée juil.-août –
GB ⚲
2 ha (130 empl.) plat, herbeux ♀♀
▥ ఈ ⌂ ⇆ ▤ ⚲ ☺ ▣ – ⌂ ≨ ⟳
Tarif : (Prix 1999) ✴ 26 piscine
comprise – ▣ 26 – [ⅎ] 10 (2A) 15 (3A)
25 (5A)

▲▲▲ **La Châtaigneraie** Permanent
ℰ 05 62 97 07 40 – par N 21, à Vida-
los – ≤ ⊶ – **R** conseillée juil.-
août – ⚲
1,5 ha (100 empl.) plat, peu incliné,
terrasses, herbeux ♀♀
▥ ఈ ⌂ ⇆ ▤ ⚲ ☺ ▣ – ⌂ ≨ ⟳
Tarif : ✴ 22 piscine comprise – ▣ 22
– [ⅎ] 10 à 24 (2 à 6A)
Location : ⟨ 1800 à 2500 – studios

à Arcizans-Avant S : 5 km par St-Savin –
258 h. alt. 640 – ⊠ 65400 Arcizans-Avant :

▲▲▲ **Le Lac** juin-sept.
ℰ 05 62 97 01 88 – sortie Ouest, à proximité du lac – ⚲ ≤ lac, château et montagnes ⊶ –
R conseillée – ⚲
2 ha (90 empl.) peu incliné, herbeux ♀♀
⌂ ⇆ ▤ ☺ ▣ – ⚲ ⚲ – ⌂ ⚲ ⟳
Tarif : (Prix 1999) ✴ 26 piscine comprise – ▣ 26 – [ⅎ] 15 (3A)

à Ayzac-Ost N : 2 km par N 21, rte de Lourdes – 369 h. alt. 430 – ⊠ 65400 Ayzac-Ost :

▲ **La Bergerie** mai-sept.
ℰ 05 62 97 59 99 – sortie Sud par N 21 et chemin à gauche – ≤ ⊶ – **R** conseillée juil.-
août – ⚲
2 ha (50 empl.) plat, herbeux ♀
⌂ ⇆ ▤ ☺ ▣ – ≨ ⟳
Tarif : ▣ piscine comprise 2 pers. 62, pers. suppl. 20 – [ⅎ] 10 (2A) 15 (3A) 20 (4A)
Location ⚲ (permanent) : appartements

à Bun SO : 7 km par D 918 et D 103 – 101 h. alt. 800 – ⊠ 65400 Bun :

▲ **Le Bosquet** Permanent
ℰ 05 62 97 07 81 – sortie Ouest du bourg (hors schéma), Pour les caravanes, accès conseillé par
D 918, rte d'Aucun et D 13 – Ⓜ ⚲ ≤ ⊶ saison – **R** conseillée – ⚲
1,5 ha (35 empl.) plat, herbeux
ఈ ⌂ ⇆ ⚲ ☺ ▣ – ⌂
Tarif : ✴ 17 – ▣ 17 – [ⅎ] 15 (2A)
Location : gîtes

à Lau-Balagnas SE : 1 km par D 921, rte de Pierrefitte-Nestalas – 519 h. alt. 430 – ⊠ 65400 Lau-Balagnas :

⚑ **Le Lavedan** fermé nov.-19 déc.
℘ 05 62 97 18 84, Fax 05 62 97 55 56 – SE : 1 km – ❄ ≤ o━ – **R** conseillée – ⟋ᵥ
2 ha (137 empl.) plat, herbeux ⚘ (1 ha)
▥ ₰ ⌂ ♻ ♨ ⚗ 🗠 ⊙ ⚞ ⟱ ▣ – 🍴 snack ⚓ – 🏊 ⤢ ⌇ (couverte hors saison estivale)
Tarif : ▣ piscine comprise 2 pers. 90, pers. suppl. 26 – [₰] 12 (2A) 18 (3A) 36 (6A)
Location : ▦ 1400 à 2800

⚑ **Les Frênes** fermé 16 oct.-14 déc.
℘ 05 62 97 25 12, Fax 05 62 97 01 41 – SE : 1,2 km – ≤ o━ – **R** conseillée juil.-août – ⟋ᵥ
3 ha (165 empl.) plat et terrasses, herbeux ⚘
▥ ₰ ⌂ ♻ ♨ ⚗ 🗠 ⚞ ⟱ – ▱ 🏊 ⤢ ⌇
Tarif : ⋆ 24,50 piscine comprise – ▣ 26 – [₰] 5,50 par ampère (2 à 15A)
Location : ▦ 1500 à 2500

⚑ **La Prairie** 20 juin-10 sept.
℘ 05 62 97 11 87 – au bourg – ≤ montagnes o━ – **R̄** – ⟋ᵥ
1 ha (60 empl.) plat, herbeux ⚘
₰ ⌂ ♻ ⊟ ♨
Tarif : ⋆ 17 – ▣ 17 – [₰] 18 (3A) 24 (4A) 36 (6A)

à Ouzous N : 4,4 km par N 21, rte de Lourdes et D 102 à gauche – 128 h. alt. 550 – ⊠ 65400 Ouzous :

⚑ **Aire Naturelle la Ferme du Plantier** juin-sept.
℘ 05 62 97 58 01 – au bourg – ⚲ ≤ montagnes o━ – **R̄** – ⟋ᵥ
0,6 ha (15 empl.) incliné, plat, terrasse, herbeux
₰ ⌂ ♻ ⊟ ♨ 🗠 ⊙ ▣ – 🏊
Tarif : ⋆ 12 – 🚗 12 – ▣ 12/14 – [₰] 12 (3A)

à Préchac SE : 3 km par D 100 et nouvelle route à droite – 209 h. alt. 448 – ⊠ 65400 Préchac :

⚑ **Le Donjon** fermé sept.
℘ 05 62 90 31 82 – sortie Sud-Est par D 13, rte de Beaucens – ≤ o━ – **R**
0,5 ha (35 empl.) plat, herbeux ⚘⚘
₰ ⌂ ♻ ⊟ ♨ ⊙
Tarif : ⋆ 14 – ▣ 14 – [₰] 14 (2A) 22 (6A)

ARGELÈS-SUR-MER

66700 Pyr.-Or. ⑮ – ⑧⑥ ⑳ G. Languedoc Roussillon – 7 188 h. alt. 19.
🛈 Office de Tourisme pl. de l'Europe ℘ 04 68 81 15 85, Fax 04 68 81 16 01 Annexe (saison) face à l'Hôtel-de-Ville
℘ 04 68 95 81 55.
Paris 883 – Céret 28 – Perpignan 22 – Port-Vendres 9 – Prades 67.

Centre :

⚑ **Pujol** juin-sept.
℘ 04 68 81 00 25, Fax 04 68 81 21 21 ⊠ 66702 Argelès-sur-Mer cedex – o━ – **R** conseillée juil.-août – ⟋ᵥ
4,1 ha (249 empl.) plat, herbeux, sablonneux ⚘⚘
₰ ⌂ ♻ ⊟ ♨ ⊙ ▣ – 🍻 🍴 snack ⚓ – ▱ 🃏 🏊 ⌇
Tarif : ▣ élect. (6A) et piscine comprises 2 pers. 140

⚑ **Les Ombrages** 3 juin-sept.
℘ 04 68 81 29 83 – à 400 m de la plage – o━ – **R** conseillée juil.-août – 🅖🅑 ⟋ᵥ
4,1 ha (270 empl.) plat, herbeux, sablonneux ⚘⚘
₰ ⌂ ♻ ⊟ ♨ 🗠 ⊙ ▣ – ▱ 🏊 ⌇ half-court
Tarif : ▣ 2 pers. 105 – [₰] 20 (6A)
Location ⚠ : ▦ 1300 à 3000

⚑ **Le Stade** avril-sept.
℘ 04 68 81 04 40, Fax 04 68 95 84 55 – rte de la plage – o━ – **R** conseillée juil.-août –
🅖🅑 ⟋ᵥ
2,4 ha (185 empl.) plat, herbeux ▭ ⚘⚘
₰ ⌂ ♻ ⊟ ♨ ⊙ ▣ – pizzeria ⚓ – 🏊 – A proximité : ※ ⌇
Tarif : ▣ 2 pers. 105 – [₰] 20 (6 ou 10A)
Location ⚠ : ▦ 1200 à 1700 – ▦ 1800 à 2700

⚑ **La Massane** 15 mars-15 oct.
℘ 04 68 81 06 85, Fax 04 68 81 59 18 « Cadre agréable » o━ – **R** conseillée juil.-août –
🅖🅑 ⟋ᵥ
2,7 ha (184 empl.) plat, herbeux ▭ ⚘⚘ (1,6 ha)
₰ ⌂ ♻ ⊟ ♨ 🗠 ⊙ ▣ – ⚓ – ▱ 🏊 ⌇ – A proximité : ※
Tarif : ▣ piscine comprise 2 pers. 115,50 (136 avec élect. 4 ou 6A), pers. suppl. 26 – [₰] 40,50 (10A)
Location : ▦ 1080 à 2400 – ▦ 1495 à 3300

⚑ **Paris-Roussillon** mai-sept.
℘ 04 68 81 19 71, Fax 04 68 81 68 77 ⊠ 66702 Argelès-sur-Mer Cedex – ⚲ o━ – **R** indispensable
juil.-18 août – ⟋ᵥ
3,5 ha (200 empl.) plat, herbeux ⚘⚘
₰ ⌂ ⊟ ♨ 🗠 ⊙ ▣ – 🍻 🍴 snack ⚓ – 🏊
Tarif : ▣ piscine comprise 2 pers. 112 (132 avec élect. 4A), pers. suppl. 26
Location : ▦ 900 à 2600 – 🛏

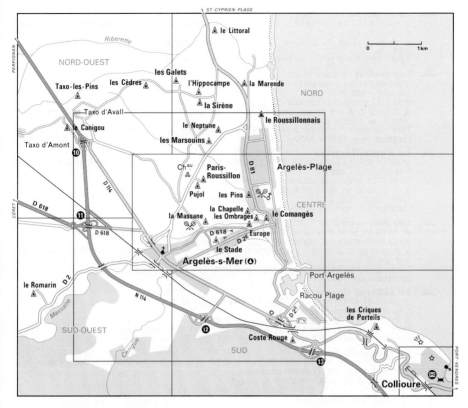

▲ **Comangès** mai-sept.
☎ 04 68 81 15 62, Fax 04 68 95 87 74 – à 300 m de la plage – ⚓ – **R** conseillée 10 juil.-20 août
– **GB** ⚡
1,2 ha (90 empl.) plat, herbeux ⊏⊐ 🔥
♻ 🔥 🌳 🏕 🍽 ☺ 🔥 – 🚴 —
Tarif : 🔲 *2 pers. 105 (127 avec élect. 10A), pers. suppl. 30*

▲ **Les Pins** mai- sept.
☎ 04 68 81 10 46, Fax 04 68 81 35 06 ✉ 66703 Argelès-sur-mer Cedex – av. du Tech, à 500 m
de la plage – ⚓ – **R** conseillée juil.-août – **GB** ⚡
4,5 ha (326 empl.) plat, herbeux, sablonneux ⊏⊐ 🔥
♻ 🔥 🏕 🌊 ☺ 🔥 – 🚴 – A proximité : 🐎 ❌ ♏
Tarif : 🔲 *élect. comprise 2 pers. 127, pers. suppl. 27*

▲ **Europe** avril-28 oct.
☎ 04 68 81 08 10, Fax 04 68 95 71 84 ✉ 66701 Argelès-sur-mer Cedex – à 500 m de la plage –
⚓ – **R** conseillée juil.-août – **GB** ⚡
1,2 ha (91 empl.) plat, herbeux 🔥
♻ 🔥 🌳 🏕 🍽 🌊 ☺ 🔥 – 🏊
Tarif : 🔲 *2 pers. 99 –* 🔌 *18 (3A) 20 (6A) 22 (10A)*
Location 🏖 🚐 *1000 à 2900*

▲ **La Chapelle** mai-23 sept.
☎ 04 68 81 28 14, Fax 04 68 95 83 82 ✉ 66701 Argelès-sur-mer Cedex – av. du Tech, à 400 m
de la plage – ⚓ – **R** conseillée – **GB** ⚡
5 ha (365 empl.) plat, herbeux ⊏⊐ 🔥
♻ 🔥 🌳 🏕 🍽 ☺ 🔥 – 🚴 – A proximité : 🐎 ❌ ♏
Tarif : 🔲 *2 pers. 110, pers. suppl. 28 –* 🔌 *17 (4A) 20 (6A)*

Nord :

🔺🔺🔺 **La Sirène et l'Hippocampe** 15 avril-29 sept.
☎ 04 68 81 04 61, Fax 04 68 81 69 74 ✉ 66702 Argelès-sur-mer Cedex – en deux camps distincts
« Cadre agréable, parc aquatique » ⚓ – **R** indispensable – ⚡
21 ha (903 empl.) plat, herbeux ⊏⊐ 🔥 (13 ha)
♻ 🔥 🌳 🏕 🍽 ☺ 🔥 🌊 – 🏊 🍷 ❌ 🚿 – 🍴 🎪 discothèque 🚗 🚴 ·🎯 ❌ ♏ 🏊 toboggan
aquatique 🐎
Tarif : 🔲 *piscine et tennis compris 1 à 3 pers. 215 (235 avec élect. 6A), pers. suppl. 45*
Location : 🚐 *1300 à 3950 –* 🏠 *1500 à 4200*

▲▲▲ **Le Neptune** mai-15 sept.
    ℘ 04 68 81 02 98, Fax 04 68 81 00 41 ✉ 66702 Argelès-sur-Mer Cedex – ⊶ – **R** conseillée – GB
    4,7 ha (215 empl.) plat, herbeux ⚲
    🔥 🛁 ⇔ 🖼 ♨ 🗑 ⚓ ⊙ 🐾 ⚐ 🔲 – ♟ snack ⚒ – 🏠 🔒 ⚊ toboggan aquatique – A proximité : 🐎
    Tarif : (Prix 1999) 🔲 *piscine comprise 2 pers. 150, pers. suppl. 40* – (ᵼ) *30 (10A)*

▲▲▲ **Les Galets** 18 mars-14 oct.
    ℘ 04 68 81 08 12, Fax 04 68 81 68 76 – Places limitées pour le passage ⚭ ⊶ – **R** indispensable juil.-août – GB ⚲
    5 ha (232 empl.) plat, herbeux ⟐ ⚲⚲ (1 ha)
    🔥 🛁 🗑 ⇔ ⊙ 🖼 – ♟ ✗ ⚒ salle d'animation – ⚡ ⚓ ⚊ – A proximité : •⊙ toboggan aquatique, poneys, 🐎 (centre équestre) 🔒
    Tarif : 🔲 *piscine comprise 2 pers. 119 (142 avec élect.), pers. suppl. 32*
    Location : 🏠 *1330 à 3400*

▲▲▲ **Le Roussillonnais** mi-avril-début oct.
    ℘ 04 68 81 10 42, Fax 04 68 95 96 11 ✉ 66702 Argelès-sur-Mer Cedex – bord de la plage – ⊶
    – **R** juil.-août – GB ⚲
    10 ha (723 empl.) plat, sablonneux, herbeux ⚲
    🔥 🛁 🗑 ⚓ ⊙ 🖼 – ☕ ✗ pizzeria ⚒ – 🏠 ⚓ ⚑ ∅ discothèque
    Tarif : (Prix 1999) 🔲 *2 pers. 110, pers. suppl. 29* – (ᵼ) *20 (5A)*
    Location ⚑ : 🏠 *1700 à 3600*

▲▲▲ **Les Marsouins** avril-sept.
    ℘ 04 68 81 14 81, Fax 04 68 95 93 58 – ⊶ – **R** conseillée juil.-août – GB ⚲
    10 ha (587 empl.) plat, herbeux ⟐ ⚲⚲
    🔥 🛁 ⇔ 🗑 ⊙ 🐾 ⚐ 🖼 – snack, pizzeria, crêperie ⚒ – ⚡ Centre de documentation touristique ⚓ 🚲
    Tarif : 🔲 *élect. (5A) et piscine comprises 2 pers. 140, pers. suppl. 30*
    Location : 🏠 *1000 à 3800*

▲▲▲ **Le Littoral** 15 avril-sept.
    ℘ 04 68 81 17 74, Fax 04 68 95 94 89 – ⊶ saison – **R** indispensable juil.-août – GB ⚲
    5 ha (292 empl.) plat, herbeux ⚲⚲
    🔥 🛁 🗑 🛁 ⊙ 🖼 – ☕ pizzeria ⚒ – ⚡ ⚓ ⚊
    Tarif : 🔲 *piscine comprise 2 pers. 130/156 avec élect. (2A), pers. suppl. 26*
    Location (22 avril-sept.) ⚑ juil.-août : 🏠 *1000 à 3400*

▲▲▲ **La Marende** 20 mai-sept.
    ℘ 04 68 81 12 09, Fax 04 68 81 88 52 – à 400 m de la plage – ⊶ – **R** conseillée – GB ⚲
    3 ha (168 empl.) plat, herbeux, sablonneux ⟐ ⚲⚲
    🔥 🛁 ⇔ 🗑 🛁 ⇔ ⊙ 🖼 – ♟ snack ⚒ – ⚓
    Tarif : 🔲 *1 ou 2 pers. 105 (125 avec élect. 6A), pers. suppl. 26*
    Location : 🏠 *1300 à 3200*

Nord-Ouest :

▲▲▲ **Le Canigou** avril-sept.
    ℘ 04 68 81 02 55 ✉ 66701 Argelès-sur-Mer Cedex – à Taxo d'Amont – ⊶ – **R** conseillée – ⚲
    1,2 ha (110 empl.) plat, herbeux ⟐ ⚲⚲
    🔥 🛁 🗑 ⚓ ⊙ 🖼 – réfrigérateurs ⚓ ⚊
    Tarif : 🔲 *piscine comprise 2 pers. 76* – (ᵼ) *17 (3A) 25 (10A)*
    Location : 🏠 *1500 à 2600*

▲▲▲ **Taxo-les-Pins** fermé déc.-janv.
    ℘ 04 68 81 06 05, Fax 04 68 81 06 40 ✉ 66702 Argelès-sur-Mer Cedex – à Taxo d'Avall – Places limitées pour le passage ⊶ – **R** indispensable juil.-août – GB ⚲
    7 ha (406 empl.) plat, herbeux ⟐ ⚲⚲
    🔥 🛁 ⇔ 🗑 ⚓ ⊙ 🐾 ⚐ 🖼 – ☕ snack ⚒ – ⚓ 🚲 ⚑ ⚊
    Tarif : ✳ *30 piscine comprise* – 🔲 *42/63 ou 68 avec élect. (3 ou 10A)*
    Location : 🏠 *900 à 3450*

▲ **Les Cèdres** juin-sept.
    ℘ 04 68 81 03 82, Fax 04 68 81 02 25 – ⚭ ⊶ – **R** conseillée août – ⚲
    3 ha (170 empl.) plat, herbeux ⚲⚲
    🔥 🛁 🗑 ⚓ ⊙ 🖼 – 🏠 – A proximité : 🔒
    Tarif : 🔲 *2 pers. 90, pers. suppl. 24* – (ᵼ) *19,50 (5A)*

Sud :

▲▲▲ **Les Criques de Porteils** 15 mars-15 oct.
    ℘ 04 68 81 12 73, Fax 04 68 95 85 76 – SE : 5 km « Situation dominante ≤ mer et Argelès » ⊶
    – **R** conseillée juil.-août – ⚲
    5 ha (230 empl.) en terrasses et peu incliné, pierreux ⚲
    🔥 🛁 🗑 ⚓ ⊙ 🖼 – ☕ ♟ ✗ ⚒ cases réfrigérées – 🏠 ⚓
    Tarif : 🔲 *1 à 3 pers. 165, pers. suppl. 27* – (ᵼ) *19*

▲▲▲ **Coste Rouge** 15 avril-15 oct.
    ℘ 04 68 81 08 94, Fax 04 68 95 94 17 – SE : 3 km – ⊶ – **R** conseillée juil.-août – GB ⚲
    3 ha (92 empl.) plat, peu incliné, terrasses, herbeux, gravillons ⟐ ⚲⚲
    🔥 🛁 🗑 ⚓ ⊙ 🖼 – snack ⚒ – 🏠 ⚓ ⚊
    Tarif : 🔲 *piscine comprise 2 pers. 110 (131 avec élect. 6A), pers. suppl. 28*
    Location (permanent) : 🏠 *1300 à 3560 – studios*

Sud-Ouest :

△ **Le Romarin** 15 mai-sept.

ℯ 04 68 81 02 63, Fax 04 68 56 62 33 – SO : 2,8 km – ♿ ⚭ – **R** conseillée juil.-août – **GB** ✗
2,5 ha (143 empl.) plat, peu incliné, sablonneux, pierreux ☑ ⚭⚭
♻ ♻ ♻ ♻ ♻ ♻ ♻ – ♻ – ♻
Tarif : ⊢ *piscine comprise 2 pers. 88, pers. suppl. 21* – ♻ *16 (6A) 20 (10A)*
Location : ♻ *1000 à 2000* – ♻ *1500 à 3500*

Toutes les insertions dans ce guide sont entièrement gratuites
et ne peuvent en aucun cas être dues à une prime ou à une faveur.

ARGENTAN

61200 Orne ♻ – ♻♻ ④ G. Normandie Cotentin – 16 413 h. alt. 160.
♻ Office de Tourisme pl. du Marché ℯ 02 33 67 12 48, Fax 02 33 39 96 61.
Paris 194 – Alençon 46 – Caen 59 – Dreux 115 – Évreux 111 – Flers 43 – Lisieux 58.

△ **Municipal du Parc de la Noë** avril-sept.

ℯ 02 33 36 05 69 – au Sud de la ville, r. de la Noë, à proximité de l'Orne, accès par centre ville
« Situation agréable près d'un parc et d'un plan d'eau » ⚭ – **R** – ✗
0,3 ha (23 empl.) plat, herbeux ☑ ⚭
♻ ♻ ♻ ♻ ♻ ♻ – ♻ – A proximité : ♻ ♻ ♻
Tarif : ♻ *11,20* – ♻ *9,80* – ⊢ *12* – ♻ *12,70*

ARGENTAT

19400 Corrèze ♻♻ – ♻♻ ⑧ G. Berry Limousin – 3 189 h. alt. 183.
♻ Office de Tourisme (15 juin-15 sept.) 30 av. Pasteur ℯ 05 55 28 16 05 et (hors saison) Mairie
ℯ 05 55 28 10 91.
Paris 508 – Aurillac 54 – Brive-la-Gaillarde 45 – Mauriac 50 – St-Céré 42 – Tulle 30.

△△△ **Le Gibanel** juin-14 sept.

ℯ 05 55 28 10 11, Fax 05 55 28 81 62 – NE : 4,5 km par D 18 rte d'Egletons puis chemin à droite
– ♿ ≤ « Situation agréable au bord de la Dordogne et près d'un château XVI⁰ » ⚭ – **R** conseillée
10 juil.-15 août – **GB** ✗
60 ha/8,5 campables (250 empl.) plat, terrasses, herbeux ⚭⚭
♻ ♻ ♻ ♻ ♻ ♻ ♻ ♻ ♻ – ♻ ♻ ♻ ♻ – ♻ ♻ ♻ terrain omnisports
Tarif : (Prix 1999) ♻ *27 piscine comprise* – ⊢ *29* – ♻ *16 (6A)*
Location : ♻ *950 à 2300*

△△△ **Le Vaurette** mai-21 sept.

ℯ 05 55 28 09 67, Fax 05 55 28 81 14 ✉ 19400 Monceaux-sur-Dordogne – SO : 9 km par D 12 rte
de Beaulieu, bord de la Dordogne – ≤ ⚭ – **R** – **GB** ✗
4 ha (120 empl.) plat et peu incliné, herbeux ⚭⚭ (2 ha)
♻ ♻ ♻ ♻ ♻ ♻ – ♻ ♻ snack ♻ – ♻ salle d'animation ♻ ♻ ♻
Tarif : ⊢ *piscine comprise 2 pers. 120* – ♻ *18 (6A)*

△△△ **Saulou** avril-sept.

ℯ 05 55 28 12 33, Fax 05 55 28 80 67 ✉ 19400 Monceaux-sur-Dordogne – sortie Sud rte d'Aurillac
puis 6 km par D 116 à droite, à Vergnolles, bord de la Dordogne – ♿ ≤ « Cadre agréable » ⚭ –
R conseillée – **GB** ✗
5,5 ha (150 empl.) plat, herbeux, sablonneux ⚭⚭
♻ ♻ ♻ ♻ ♻ ♻ – ♻ ♻ ♻ – ♻ ♻ ♻ terrain omnisports
Tarif : ⊢ *piscine comprise 2 pers. 99 ou 109* – ♻ *12 (2A) 16 (5A) 19 (10A)*
Location ♻ : ♻ *1590 à 3290*

△△ **Au Soleil d'Oc** avril-oct.

ℯ 05 55 28 84 84, Fax 05 55 28 12 12 ✉ 19400 Monceaux-sur-Dordogne – SO : 4,5 km par D 12,
rte de Beaulieu puis D 12⁰, rte de Vergnolles et chemin à gauche après le pont, bord de la Dordogne
– ♿ ≤ « Cadre agréable » ⚭ – **R** conseillée juil.-août – ✗
4 ha (70 empl.) plat, terrasse, herbeux ⚭
♻ ♻ ♻ ♻ ♻ ♻ – ♻ – ♻ ♻ ♻ ♻ ♻ ♻
Tarif : ♻ *29 piscine comprise* – ♻ *13* – ⊢ *20* – ♻ *16 (5 ou 6A)*
Location : ♻ *990 à 3200* – ♻ *1500 à 3600*

△△△ **L'Echo du Malpas** 15 mars-15 nov.

ℯ 05 55 28 10 92, Fax 05 55 28 05 89 – SO : 2,1 km par D 12 rte de Beaulieu, bord de la Dordogne
– ⚭ – 15 avril-15 sept. – **R** indispensable 14 juil.-15 août – **GB** ✗
5 ha (100 empl.) plat, herbeux ⚭⚭ (3 ha)
♻ ♻ ♻ ♻ ♻ ♻ ♻ – ♻ ♻ – ♻ ♻ ♻ ♻ ♻
Tarif : ⊢ *piscine comprise 2 pers. 98, pers. suppl. 26* – ♻ *17 (10A)*
Location : *bungalows toilés*

△ **Aire Naturelle le Vieux Port** juil.-août

ℯ 05 55 28 19 55 ✉ 19400 Monceaux-sur-Dordogne – SO : 4,3 km par D 12 rte de Beaulieu puis
D 12⁰, rte de Vergnolles et chemin à gauche après le pont – ♿ ⚭ – ℿ – ✗
1 ha (25 empl.) plat et terrasse, herbeux ⚭
♻ ♻ ♻ – ♻ ♻
Tarif : ♻ *12* – ♻ *6,50* – ⊢ *6,50* – ♻ *12 (5A)*

ARGENTIÈRE

74 H.-Savoie **12** – **74** ⑨ G. Alpes du Nord – Sports d'hiver : voir Chamonix – ⊠ 74400 Chamonix-Mont-Blanc.
Paris 622 – Annecy 104 – Chamonix-Mont-Blanc 9 – Vallorcine 9.

⚠ **Le Glacier d'Argentière** 15 mai-sept.
℘ 04 50 54 17 36 – S : 1 km par rte de Chamonix, aux Chosalets, à 200 m de l'Arve – ≤ ⟿ juil.-août
– ⊮ – ⚲
1 ha (80 empl.) incliné, herbeux
⛓ 🍳 ⇌ ⊙ ▣ – 🏪
Tarif : ⚹ 25 – 🚐 8 – ▣ 12/18 – ⅋ 14 (2A) 16 (3A) 18 (4A)

L'ARGENTIÈRE-LA-BESSÉE

05120 H.-Alpes **12** – **77** ⑱ G. Alpes du Sud – 2 191 h. alt. 1 024.
Paris 699 – Briançon 16 – Gap 74 – Embrun 34 – Mont-Dauphin 17 – Savines-le-Lac 46.

⚠ **Municipal les Ecrins** avril-oct.
℘ 04 92 23 03 38 – S : 2,3 km par N 94 rte de Gap, et D 104 à droite – ≤ « Près d'un plan d'eau
et d'un stade d'eau vive » ⟿ – ⊮ conseillée saison – ⊟ ⚲
3 ha/1 campable (60 empl.) plat, herbeux, pierreux
▦ ⛓ 🍳 ⇌ ⊙ ⅋ ▣ – 🏪 – A proximité : ⊠
Tarif : (Prix 1999) ▣ 2 pers. 70 – ⅋ 18 (10A)

ARGENTON-CHÂTEAU

79150 Deux-Sèvres **9** – **68** ① G. Poitou Vendée Charentes – 1 078 h. alt. 123.
Paris 356 – Bressuire 19 – Doué-la-Fontaine 30 – Mauléon 26 – Niort 82 – Thouars 20.

⚠ **Municipal du lac d'Hautibus** avril-oct.
℘ 05 49 65 95 08 – à l'Ouest du bourg, rue de la Sablière (accès près du rond-point de la D 748
et D 759), à 150 m du lac (accès direct) – ≤ ⟿ juil.-août – ⊮ saison – ⚲
0,7 ha (70 empl.) peu incliné et en terrasses, incliné, herbeux ⊡
🍳 ⇌ 🗔 ⊙ ▣ – A proximité : ⚹ 🔥 ⧄
Tarif : (Prix 1999) ⚹ 10 – 🚐 9 – ▣ 10 – ⅋ 9
Location : 🏠 1000 à 1700

ARGENTON-SUR-CREUSE

36200 Indre **10** – **68** ⑰ ⑱ G. Berry Limousin – 5 193 h. alt. 100.
🅱 Office de Tourisme 13 pl. de la République ℘ 02 54 24 05 30, Fax 02 54 24 28 13.
Paris 300 – Châteauroux 31 – Guéret 67 – Limoges 94 – Montluçon 103 – Poitiers 101 – Tours 129.

⚠ **Les Chambons**
℘ 02 54 24 15 26 – sortie Nord-Ouest par D 927, rte du Blanc et à gauche, 37 rue des Chambons,
à St-Marcel, bord de la Creuse – ⟿
1,5 ha (60 empl.) plat, herbeux ⅋⅋
⛓ 🍳 ⇌ 🗔 ⇌ ⊙

ARLES

13200 B.-du-R. **16** – **83** ⑩ G. Provence – 52 058 h. alt. 13.
🅱 Office de Tourisme espl. Charles-de-Gaulle ℘ 04 90 18 41 20, Fax 04 90 18 41 29, Accueil Gare SNCF
℘ 04 90 49 36 90.
Paris 721 – Aix-en-Provence 78 – Avignon 36 – Cavaillon 44 – Marseille 95 – Montpellier 82 – Nîmes 32 –
Salon-de-Provence 44.

◯ : **14 km** par N 572 rte de St-Gilles et D 37 à gauche – ⊠ 13123 Albaron :

⚠⚠ **Crin Blanc** avril-sept.
℘ 04 66 87 48 78, Fax 04 66 87 18 66 – au Sud-Ouest de Saliers par D 37 – ⟿ – ⊮ conseillée –
⚲
4,5 ha (89 empl.) plat, herbeux, pierreux
⛓ 🍳 ⇌ 🗔 ⇌ ⊙ ⅋ ⟲ ▣ – snack 🍴 – 🏠 🚣 ⚒ ⧄ mini-tennis
Tarif : ▣ élect. (10A), piscine et tennis compris 2 pers. 98, pers. suppl. 30
Location (permanent) : 🏕 1700 à 2800 – 🏠 2000 à 3800

ARLES-SUR-TECH

66150 Pyr.-Or. **15** – **86** ⑱ G. Languedoc Roussillon – 2 837 h. alt. 280.
Paris 895 – Amélie-les-Bains-Palalda 4 – Perpignan 42 – Prats-de-Mollo-la-Preste 19.

⚠ **Le Vallespir-La Rive** avril-oct.
℘ 04 68 39 90 00, Fax 04 68 39 90 09 – NE : 2 km rte d'Amélie-les-Bains-Palalda, bord du Tech –
≤ ⟿ – ⊮ conseillée – ⊟ ⚲
4 ha (230 empl.) plat et peu incliné, herbeux ⊡ ⅋⅋
⛓ 🍳 🗔 🍳 ⊙ ⅋ ▣ – 🍷 snack 🍴 – 🏠 🚣 ⚒ ⧄
Tarif : ⚹ 29 piscine comprise – ▣ 31 (avec élect. 45 (4A) 52 (6A) 56 (10A))
Location : 🏕 1400 à 2750 – 🏠 1200 à 2500

ARNAC

15150 Cantal 10 – 76 ① – 203 h. alt. 620.
Paris 544 – Argentat 37 – Aurillac 35 – Mauriac 39 – Égletons 64.

⚠ **La Gineste** Permanent
    𝒫 04 71 62 91 90 – NO : 3 km par D 61 rte de Pleaux puis 1,2 km par chemin à droite, à la Gineste, bord du lac d'Enchanet – ⚲ ≼ ⊶ juil.-août – **R** conseillée été – **GB** ⚲
    3 ha (74 empl.) en terrasses, herbeux ▭ ♀
    ⚲ ⚲ ⚲ 🖪 ⚲ ⚲ ▣ – ❢ ✕ ⚲ – ⚲ ⚲ ⚲ ✄ ⚲ (plage) ⚲
    Tarif : ▣ élect. (6A) et piscine comprises 2 pers. 83, 4 pers. 140, pers. suppl. 31 – [½] 15 (12A)
    Location : 🏠 1000 à 2100 – 🏠 1200 à 2400

ARNAY-LE-DUC

21230 Côte-d'Or 11 – 65 ⑱ G. Bourgogne – 2 040 h. alt. 375.
Paris 286 – Autun 27 – Beaune 36 – Chagny 41 – Dijon 59 – Montbard 74 – Saulieu 29.

⚠ **Municipal de l'Étang de Fouché** Permanent
    𝒫 03 80 90 02 23, Fax 03 80 90 11 91 – E : 0,7 km par D 17C, rte de Longecourt – ⚲ ≼ « Situation plaisante au bord d'un étang » ⊶ – **R** conseillée juil.-août – **GB** ⚲
    5 ha (190 empl.) plat, peu incliné, herbeux ▭ ♀ (1 ha)
    ⫿ ⚲ ⚲ ⚲ 🖪 ⚲ ⚲ ▣ – ⚲ – ⚲ – ⚲ ⚲ – A proximité : ⚲ ✄ (plage)
    Tarif : ⚲ 14 – ⚲ 8 – ▣ 14

ARPAJON-SUR-CÈRE

15130 Cantal 10 – 76 ⑫ – 5 296 h. alt. 613.
Paris 562 – Argentat 55 – Aurillac 4 – Maurs 44 – Sousceyrac 47.

⚠ **Municipal de la Cère** juin-15 sept.
    𝒫 04 71 64 55 07 – au Sud de la ville, accès par D 920, face à la station Esso, bord de la rivière – ⊶ – **R** conseillée – ⚲
    2 ha (106 empl.) plat, herbeux ▭ ♀
    ⚲ ⚲ ⚲ 🖪 ⚲ ⚲ ▣ – ⚲ – A proximité : ⚲
    Tarif : (Prix 1999) ▣ 1 à 3 pers. 53, pers. suppl. 11 – [½] 14,30 (6A) 20 (10A)

ARPHEUILLES

36700 Indre 10 – 68 ⑦ – 273 h. alt. 100.
Paris 272 – Le Blanc 39 – Buzançais 14 – Châteauroux 38 – La Roche-Posay 48.

⚠ **Aire Naturelle Municipale** Pâques-Toussaint
    au bourg, derrière l'église, bord d'un petit étang et du Rideau – ⚲ – **R** conseillée juil.-août
    0,6 ha (8 empl.) peu incliné, herbeux
    ⚲ ⚲ ⚲ ⚲
    Tarif : ⚲ ⚲ ▣ gratuits
    Location : gîte d'étape

ARQUES

62510 P.-de-C. 1 – 51 ③ G. Picardie Flandres Artois – 9 014 h. alt. 10.
Paris 251 – Aire-sur-la-Lys 16 – Arras 71 – Boulogne-sur-Mer 56 – Hesdin 51 – St-Omer 3.

⚠ **Municipal le Beauséjour** avril-1er oct.
    𝒫 03 21 88 53 66 – sortie Est rte de Cassel puis 1,5 km par D 10, rte de Clairmarais et rue à gauche – Places limitées pour le passage « Près d'étangs et d'un parc public » ⊶ – **R** conseillée juil.-août – ⚲
    10 ha/2 campables (150 empl.) plat, herbeux ▭
    ⫿ ⚲ ⚲ ⚲ 🖪 ⚲ ⚲ ⚲ ▣ – ⚲
    Tarif : ⚲ 13,10 – ▣ 22 – [½] 16,20 (6A)

ARRADON

56610 Morbihan 3 – 63 ③ – 4 317 h. alt. 40.
🛈 Syndicat d'Initiative 2 pl. de l'Église 𝒫 02 97 44 77 44, Fax 02 97 44 81 22.
Paris 468 – Auray 16 – Lorient 55 – Quiberon 43 – Vannes 8.

⚠ **Penboch** 8 avril-24 sept.
    𝒫 02 97 44 71 29, Fax 02 97 44 79 10 – SE : 2 km par rte de Roguedas, à 200 m de la plage – Places limitées pour le passage ⊶ – **R** conseillée juil.-août – **GB** ⚲
    3,5 ha (175 empl.) plat, herbeux ▭ ♀
    ⚲ ⚲ ⚲ 🖪 ⚲ ⚲ ⚲ ⚲ ⚲ ⚲ ▣ – ❢ snack ⚲ – ⚲ ⚲ ⚲ ⚲ toboggan aquatique
    Tarif : ⚲ 25 piscine comprise – ▣ 90 – [½] 18 (6A) 22 (10A)
    Location : 🏠 1200 à 3800 – 🏠 1400 à 4200

⚠ **L'Allée** avril-sept.
    𝒫 02 97 44 01 98, Fax 02 97 44 73 74 – O : 1,5 km par rte du Moustoir et à gauche – ⚲ « Verger » ⊶ – **R** indispensable 15 juil.-15 août – ⚲
    3 ha/ 2 campables (100 empl.) plat et peu incliné, herbeux ▭ ♀
    ⚲ ⚲ ⚲ 🖪 ⚲ ⚲ ⚲ ▣ – ⚲ ⚲ ⚲
    Tarif : (Prix 1999) ⚲ 22 piscine comprise – ▣ 48 – [½] 16 (6A) 20 (10A)

ARRENS-MARSOUS

65400 H.-Pyr. **13** – **85** ⑰ G. Midi Pyrénées – 721 h. alt. 885.
🛈 Office de Tourisme Maison du Val-d'Azun ✆ 05 62 97 49 49, Fax 05 62 97 49 45.
Paris 839 – Argelès-Gazost 13 – Cauterets 29 – Laruns 37 – Lourdes 25 – Taches 43.

▲▲ **La Hèche** Permanent
✆ 05 62 97 02 64 – E : 0,8 km par D 918 rte d'Argelès-Gazost et chemin à droite, bord du Gave
d'Arrens – ⑲ ≼ « Situation agréable » ⚬━ – ℞ – ⬒ ⚷
5 ha (166 empl.) plat, herbeux ⚹⚹ (1 ha)
▥ ఉ ⚏ ≜ ⚘ ▣ – ⛺ ⚒ – À proximité : toboggan aquatique ⚐ ⚒ ⚓ ⚒
Tarif : ⚹ 16 – ▣ 13 – ⚡ 12 (3A) 20 (6A)

▲ **Le Moulian** juin-15 sept.
✆ 05 62 97 41 18 – à Marsous, à 0,5 km au Sud-Est du bourg, bord du Gave d'Azun – ⑲ ≼ ⚬━
– **R** – ⬒ ⚷
4 ha (100 empl.) plat, herbeux ⚹
ఉ ⚏ ▦ ≜ ⚘ ⚏ ▣ – ⛺
Tarif : ⚹ 17 – ▣ 17 – ⚡ 12 (3A) 24 (6A)

▲ **Le Gerrit** 24 juin-27 août
✆ 05 62 97 25 85 – à Marsous, à l'Est du bourg – ⑲ ≼ ⚬━ – **R** – ⚷
1 ha (30 empl.) plat, herbeux ⚹⚹
ఉ ⚏ ▦ ≜ ⚘ – ⚒
Tarif : ⚹ 12 – ▣ 12 – ⚡ 12 (2A)

*Les **cartes** MICHELIN sont constamment tenues à jour.*

ARROMANCHES-LES-BAINS

14117 Calvados **4** – **54** ⑮ G. Normandie Cotentin – 409 h. alt. 15.
Paris 260 – Bayeux 11 – Caen 28 – St-Lô 47.

▲ **Municipal** avril-oct.
✆ 02 31 22 36 78 – au bourg, av. de Verdun, à 300 m de la plage – ⚬━ juil.-août – ℞ – ⚷
1 ha (97 empl.) plat, peu incliné, terrasses, herbeux
ఉ ⚏ ⚜ ▦ ⚏ ⚘ – À proximité : ⚏ ⚒ ▩
Tarif : ⚹ 16 – ⚗ 13 – ▣ 20 – ⚡ 16 (6A)

ARROU

28290 E.-et-L. **5** – **60** ⑯ – 1 777 h. alt. 160.
Paris 142 – Brou 15 – Chartres 52 – Châteaudun 20 – Cloyes-sur-le-Loir 16.

▲▲ **Municipal le Pont de Pierre** mai-sept.
sortie Ouest par D 111 rte du Gault-Perche « Près de l'Yerre et d'un plan d'eau (accès direct) » –
R conseillée saison
1,4 ha (75 empl.) plat, peu incliné, herbeux ▭
ఉ ⚏ ▦ ≜ ⚘ ≜ ⚏ – ⚒ ⚒ ▱ (petite plage)
Tarif : ▣ 2 pers. 28 – ⚡ 12 (6A) 18,40 (10A)

ARS-EN-RÉ

17 Char.-Mar. – **71** ⑫ – voir à Ré (Ile de).

ARS-SUR-FORMANS

01480 Ain **12** – **74** ① G. Vallée du Rhône – 851 h. alt. 248.
Paris 438 – Bourg-en-Bresse 46 – Lyon 40 – Mâcon 39 – Villefranche-sur-Saône 11.

▲ **Municipal le Bois de la Dame** avril-sept.
✆ 04 74 00 77 23 – à 0,5 km à l'Ouest du centre bourg, près d'un étang – ⑲ ⚬━ – **R** conseillée
– ⚷
1 ha (103 empl.) peu incliné et terrasse, herbeux ⚹
ఉ ⚏ ⚜ ▦ ⚏ ⚘ – ⚒ – À proximité : ⚒
Tarif : (Prix 1999) ▣ 2 pers. 42, pers. suppl. 10 – ⚡ 10 (6A)

ARTEMARE

01510 Ain **12** – **74** ④ – 961 h. alt. 245.
Paris 507 – Aix-les-Bains 34 – Ambérieu-en-Bugey 47 – Belley 17 – Bourg-en-Bresse 77 – Nantua 49.

▲ **Municipal Au Vaugrais** juin-sept.
✆ 04 79 87 37 34 – O : 0,7 km par D 69ᴰ rte de Belmont, à Cerveyrieu, bord du Séran – ≼ ⚬━ –
R conseillée
1 ha (33 empl.) plat, herbeux ▭
ఉ ⚏ ⚜ ⚏ ⚘ ≜ ⚏ – À proximité : ⚐
Tarif : ⚹ 10 – ⚗ 8 – ▣ 10 – ⚡ 15 (8A)

44320 Loire-Atl. ⑨ – ⑥⑦ ② – 2 321 h. alt. 10.
Paris 424 – Challans 41 – Nantes 37 – Pornic 13 – St-Nazaire 41.

  ▲ **Retz-Jade** 15 juin-10 sept.
    ℘ 02 40 64 84 20 – NO : 3,4 km par D 5, rte de Chauvé et à Haute-Perche, rte de Feuillardais, à
    droite – ⬟ « Cadre boisé » ⟞ – **R** conseillée août – ⤳
    1,3 ha (50 empl.) plat, herbeux ⟦⟧ ꭥ
    ⅋ �🎍 ⇄ ⬚ ⚏ ⊕ ⚲ ⌇ ▨ – ⟨⟩ ⚌ (petite piscine)
    Tarif : ▣ *2 pers. 90, pers. suppl. 20* – ⚡ *15 (5A)*

83630 Var ⑰ – ⑧④ ⑤ – 201 h. alt. 504.
Paris 818 – Aups 18 – Draguignan 47 – Gréoux-les-Bains 32 – Riez 26 – St-Maximin-la-Ste-Baume 48.

  ▲ **L'Avelanède** 15 mai-15 sept.
    ℘ 04 94 80 71 57 – SE : 3 km, à l'intersection de la D 471 et de la D 71 – ⬟ ⟞ – **R** conseillée
    juil.-août – ⊖⊟ ⤳
    14 ha (100 empl.) plat et peu incliné, terrasses, pierreux, herbeux ꭥ (2 ha)
    ⅋ 🎍 ⇄ ⬚ ⊕ – ⚇ ⤳ – ⟨⟩ ⚌ ꭥ
    Tarif : ⚐ *26 piscine comprise* – ▣ *30* – ⚡ *16 (4A)*

17530 Char.-Mar. ⑨ – ⑦① ⑭ – 2 734 h. alt. 20.
Paris 513 – Marennes 14 – Rochefort 35 – La Rochelle 73 – Royan 19 – Saintes 45.

                       Schéma aux Mathes

  ▲ **Le Petit Pont** Pâques-15 sept.
    ℘ 05 46 36 07 20 – NO : 2,5 km, sur D 14 – ⟞ – **R** conseillée
    0,6 ha (33 empl.) plat, herbeux ꭥ
    🎍 ⚏ ⊕ ▨ – ⟨⟩
    Tarif : ▣ *2 pers. 58, pers. suppl. 24* – ⚡ *15 (4A) 17 (6A)*
    Location : ⌗ *1300 à 1700*

  ▲ **Municipal du Bois Vollet** 10 juin-17 sept.
    ℘ 05 46 36 81 76 – au Nord du bourg, à 150 m de la D 14 – **R**
    0,8 ha (66 empl.) plat, herbeux, sablonneux ꭥꭥ
    ⅋ 🎍 ⇄ ⬚ ⊟ ⊕ ▨ – A proximité : ✗
    Tarif : ▣ *3 pers. 42, pers. suppl. 15* – ⚡ *17 (10A)*

12120 Aveyron ⑮ – ⑧⓪ ② – 925 h. alt. 730.
🛈 Syndicat d'Initiative (juil.-août) à la plage ℘ 05 65 46 00 07 et (hors saison) à la Mairie ℘ 05 65 46 71 06.
Paris 668 – Albi 67 – Millau 62 – Rodez 33.

  ▲ **Le Doumergal** 2 juil.-3 sept.
    ℘ 05 65 74 24 92 – à l'Ouest du bourg – ⬟ ⟞ – **R** conseillée – ⤳
    2 ha (25 empl.) plat, peu incliné, herbeux ⟦⟧
    ⅋ 🎍 ⇄ ⬚ ⊕ ⚇ ⤳ – ⤻ – A proximité : ✗
    Tarif : ▣ *1 ou 2 pers. 60, pers. suppl. 10* – ⚡ *12 (5A)*
    Location : ⌗ *1092*

05350 H.-Alpes ⑰ – ⑦⑦ ⑱ – 338 h. alt. 1 550.
🛈 Office de Tourisme ℘ 04 92 46 75 76, Fax 02 92 46 83 03.
Paris 713 – Briançon 30 – Gap 82 – Guillestre 21 – St-Véran 19.

  ▲ **Le Planet** 15 juin-6 sept.
    ℘ 04 92 46 79 15 – N : 5 km par D 902 puis chemin à gauche, alt. 1 800 – ⬟ ⪻ « Cadre et site
    montagnards » ⟞ juil.-août – **R**
    5 ha (100 empl.) accidenté, pierreux, herbeux ꭥꭥ
    ⅋ 🎍 ⬚ ⊟ ⊕ ▨ – ⚌
    Tarif : ⚐ *17* – ⇔ *5* – ▣ *18* – ⚡ *16 (5A)*

29300 Finistère ③ – ⑤⑧ ⑰ – 1 224 h. alt. 91.
Paris 507 – Carhaix-Plouguer 54 – Châteaulin 81 – Concarneau 40 – Pontivy 45 – Quimper 57.

  ▲▲▲ **Ty-Nadan** 29 avril-3 sept.
    ℘ 02 98 71 75 47, Fax 02 98 71 77 31 ✉ 29310 Locunolé – O : 3 km par rte de Locunolé, bord
    de l'Ellé – ⬟ « Bel espace aquatique » ⟞ – **R** conseillée 10 juil.-25 août – ⊖⊟ ⤳
    12 ha/3 campables (220 empl.) plat et peu incliné, herbeux ⟦⟧ ꭥꭥ
    ⅋ 🎍 ⇄ ⬚ ⊟ ⊕ ▨ – ⚇ ⟡ ✗ crêperie, pizzeria ⤳ – ⟨⟩ ⫘ ⟱ garderie, discothèque
    ⤻ 🚲 ⚲ ✗ ⟐ ⚎ ⚌ (plage) toboggan aquatique ⚘
    Tarif : ⚐ *32 piscine comprise* – ▣ *68* – ⚡ *25 (10A)*
    Location : ⌗ *1600 à 3800* – ⌂ *1800 à 4000* – gîte d'étape

ARZON

56640 Morbihan **3** – **63** ⑫ G. Bretagne – 1 754 h. alt. 9.
Paris 489 – Auray 51 – Lorient 91 – Quiberon 79 – La Trinité-sur-Mer 64 – Vannes 33.

Schéma à Sarzeau

△△ Municipal du Tindio avril-1er nov.
℘ 02 97 53 75 59 – NE : 0,8 km, à Kerners – ≤ « En bord de mer » ⊶ – ⋒ – ⋌
5 ha (220 empl.) plat et peu incliné, herbeux
⅄ ⅋ ⅊ ⅌ ⌂ ⍎ ⊚ ⎗ ⍁ – ⍩
Tarif : (Prix 1999) ⍭ 15,80 – ⟳ 9 – ⊡ 17,80 – ⒤ 12,40 (6A) 15,40 (10A)

ASCAIN

64310 Pyr.-Atl. **13** – **78** ⑪ ⑱ G. Aquitaine – 2 653 h. alt. 24.
⊟ Office de Tourisme ℘ 05 59 54 00 84, hors saison ℘ 05 59 54 68 34.
Paris 797 – Biarritz 23 – Cambo-les-Bains 26 – Hendaye 23 – Pau 137 – St-Jean-de-Luz 7.

△△△ Zélaïa 15 juin-15 sept.
℘ 05 59 54 02 36, Fax 05 59 54 03 62 – O : 2,5 km sur D 4 rte d'Ibardin « Cadre agréable » ⊶ –
R conseillée – ⊖⊟ ⋌
2,4 ha (168 empl.) plat, herbeux ⍉⍉
⅄ ⅋ ⅌ ⌂ ⍎ ⊚ ⊕ ⎗ ⍁ – ⍭ ⍩ – ⍩ ⍩
Tarif : ⊡ piscine comprise 2 pers. 101, pers. suppl. 22,70 – ⒤ 19,70 (6A)
Location : ⍩ 1414 à 3197 – ⍩ 1540 à 3485 – bungalows toilés

△ Les Truites 15 juin-sept.
℘ 05 59 54 01 19 – NO : 2 km par la vieille route de Ciboure et à droite, bord de la Nivelle – ⍩
≤ – **R** – ⋌
1,2 ha (93 empl.) plat, herbeux ⍉⍉
⅋ ⌂ ⍎ ⊚ ⍁ – ⍩
Tarif : ⍭ 24 – ⊡ 33 – ⒤ 18 (6A)

Reisen Sie nicht heute mit einer Karte von gestern.

ASPERJOC

07600 Ardèche **16** – **76** ⑲ G. Vallée du Rhône – 370 h. alt. 430.
Paris 642 – Antraigues-sur-Volane 11 – Aubenas 13 – Privas 41 – Vals-les-Bains 8.

△ Vernadel avril-15 oct.
℘ 04 75 37 55 13 – N : 3,7 km par D 243 et D 543 à droite, rte de Thieuré, accès par D 543
par pente assez forte, difficile pour caravanes, alt. 500 – Places limitées pour le passage
⍩ ≤ vallée et montagnes « Belle situation dominant un cadre sauvage » ⊶ – **R** indispensable
juil.-août – ⋌
4 ha/2 campables (22 empl.) en terrasses, peu incliné, herbeux, pierreux ⍁ ⍉
⅄ ⅋ ⍎ ⊚ ⍩ ⍩ ⍁ – snack ⍩ – ⍩ ⍩ ⍩
Tarif : ⊡ piscine comprise 2 pers. 102 – ⒤ 15 (4A)
Location : ⍩1200 à 4100 – ⍩

ASPET

31160 H.-Gar. **14** – **86** ② – 986 h. alt. 472.
Paris 790 – Lannemezan 49 – St-Béat 31 – St-Gaudens 17 – St-Girons 41.

△ Municipal le Cagire avril-sept.
℘ 05 61 88 51 55 – sortie Sud par rte du col de Portet-d'Aspet et chemin à droite, bord du Ger
– ⊶ juil.-août – **R** conseillée 10 juil.-15 août
1,5 ha (42 empl.) plat, herbeux ⍉
⅋ ⍎ ⍁ ⊚ – ⍩ – A proximité : ⍩ ⍩
Tarif : ⍭ 12 – ⊡ 13 – ⒤ 9 (6A)

ASSÉRAC

44410 Loire-Atl. **4** – **63** ⑭ G. Bretagne – 1 239 h. alt. 12.
Paris 456 – La Baule 21 – Pontchâteau 25 – La Roche-Bernard 16 – St-Nazaire 35.

△ La Baie Pâques-sept.
℘ 02 40 01 71 16, Fax 02 40 01 79 23 – O : 6 km rte de la pointe de Pen-Bé, après le lieu-dit Mes-
query, à proximité de la mer – ⍩ ⊶ – **R** – ⊖⊟ ⋌
2 ha (68 empl.) plat, herbeux ⍁
⅋ ⌂ ⍌ ⊚ ⍁ – ⍩ ⍩
Tarif : (Prix 1999) ⊡ 2 pers. 72 – ⒤ 16,50 (5A)
Location : ⍩ 1000 à 2850

△ Le Traverno juin-sept.
℘ 02 40 01 73 35 – sortie Ouest par D 82 puis chemin à droite – ⍩ ⊶ – **R** – ⋌
2 ha (50 empl.) plat et peu incliné, herbeux ⍉
⅋ ⍌ ⊚ ⍁
Tarif : ⍭ 16 – ⟳ 6,80 – ⊡ 11,50 – ⒤ 13 (3A) 17 (5 ou 6A)

ASTE-BÉON

64260 Pyr.-Atl. **13** – **85** ⑯ G. Aquitaine – 159 h. alt. 490.
Paris 811 – Argelès-Gazost 52 – Lourdes 47 – Oloron-Ste-Marie 30 – Pau 35.

△ *Aire Naturelle Toussaü* juin-15 sept.
 P 05 59 34 91 01 – sortie Sud du bourg – ⌂ ≼ – **R** – ⚒
 1 ha (25 empl.) plat, herbeux
 ⴲ ⵚ ⴳ ⴽ ☺
 Tarif : ⭑ 15 – 回 20 – ⓰ 10 (3A)

ASTON

09310 Ariège **14** – **86** ⑤ – 231 h. alt. 563.
Paris 807 – Andorra-la-Vella 79 – Ax-les-Thermes 19 – Foix 63 – Lavelanet 43 – St-Girons 73.

⚠ *Le Pas de l'Ours* juin-sept.
 P 05 61 64 90 33, Fax 05 61 64 90 32 – au Sud du bourg, près du torrent – Ⓜ ⌂ ≼ o━ –
 R conseillée – ⚒
 3,5 ha (50 empl.) plat et peu incliné, herbeux, rochers
 ⴲ ⵚ ⴷ ⴳ ⴵ ☺ ▦ – ⚐ – 🏠 ⴵ salle d'animation 🚴 ⵡ
 Tarif : 回 2 pers. 71 – ⓰ 17 (6A) 24 (10A)
 Location (fermé du 2 au 20 oct.) : 🏠 1190 à 2390 – gîtes

ATTIGNY

08130 Ardennes **7** – **56** ⑧ – 1 216 h. alt. 83.
Paris 205 – Charleville-Mézières 37 – Reims 55 – Rethel 18.

△ *Municipal le Vallage* avril-sept.
 P 03 24 71 23 06 – sortie Nord, rte de Charleville-Mézières et rue à gauche après le pont sur l'Aisne,
 près d'un étang – Places limitées pour le passage o━ – **R** – ⚒
 1,2 ha (68 empl.) plat, herbeux, goudronné ⌷
 ▦ ⵚ ⴷ ⴳ ⴵ ☺ ⴵ ⵡ – A proximité : ⵡ ᜭ
 Tarif : ⭑ 10,70 – ⛟ 6,60 – 回 6,60 – ⓰ 15,90 (10A)

ATUR

24 Dordogne – **75** ⑤ – rattaché à Périgueux.

AUBAZINE

19190 Corrèze **10** – **75** ⑨ G. Périgord Quercy – 788 h. alt. 345.
Paris 496 – Aurillac 86 – Brive-la-Gaillarde 14 – St-Céré 54 – Tulle 18.

⚠ *Centre Touristique du Coiroux* juin-sept.
 P 05 55 27 21 96, Fax 05 55 27 19 16 – E : 5 km par D 48, rte du Chastang, à proximité d'un plan
 d'eau et d'un Parc de Loisirs – ⌂ o━ – **R** conseillée 10 juil.-20 août – 🆖 ⚒
 165 ha/6 campables (143 empl.) peu incliné, herbeux, bois attenants ⌷ ᵠᵠ (1 ha)
 ⴲ ⵚ ⴷ ⴳ ⴵ ☺ 🏠 ▦ – ⚐ snack ⵚ – 🏠 ⴵ 🚴 – A proximité : golf 💡 ✕ ·⊙ ⵡ ᜭ ᜲ
 (plage) ⵞ
 Tarif : 回 tennis compris 2 pers. 95, pers. suppl. 22 – ⓰ 19 (5A)
 Location : 🏠 1390 à 2990 – bungalows toilés

AUBENAS

07200 Ardèche **16** – **76** ⑲ G. Vallée du Rhône – 11 105 h. alt. 330.
🛈 Office de Tourisme 4 bd Gambetta *P* 04 75 89 02 03, Fax 04 75 89 02 04.
Paris 632 – Alès 76 – Mende 113 – Montélimar 41 – Privas 31 – Le Puy-en-Velay 91.

⚠ *La Chareyrasse* avril-15 sept.
 P 04 75 35 14 59, Fax 04 75 35 00 06 – SE : 3,5 km par rte à partir de la gare, à St-Pierre-sous-
 Aubenas – ⌂ « Agréable cadre boisé, au bord de l'Ardèche » o━ – **R** conseillée juil.-août – 🆖 ⚒
 2,3 ha (90 empl.) plat, herbeux, pierreux ᵠᵠ
 ▦ ⴲ ⵚ ⴷ ⴳ ⴵ ⴽ ☺ ⴵ ⵡ ▦ – ⴵ 💡 pizzeria ⵚ – ᜭ 🚴 ⵚ – A proximité : ⵡ
 Tarif : 回 piscine comprise 2 pers. 108 – ⓰ 20 (10A)
 Location : 🏠 1950 à 3100 – bungalows toilés

△ *Aubenas les Pins* 15 avril-sept.
 P 04 75 35 18 15 – O : 2,5 km par D 235, rte de Mercuer – ⌂ « Situation et cadre agréables »
 o━ – **R** conseillée – 🆖 ⚒
 7 ha/4,5 campables (130 empl.) en terrasses, pierreux ᵠᵠ
 ⴲ ⵚ ⴷ ⴵ ⴽ ☺ ⴵ ⵡ ▦ – 💡 ⵚ – 🏠 ⴵ
 Tarif : 回 piscine comprise 1 pers. 40, 2 pers. 78, pers. suppl. 18 – ⓰ 16 (6 ou 10A)
 Location : 🏠 1800 à 2400

à *St-Privat* NE : 4 km par N 104 rte de Privas – 1 359 h. alt. 304 – ✉ 07200 St-Privat :

⚠ *Le Plan d'Eau* juin-15 sept.
 P 04 75 35 44 98 – SE : 2 km par D 259 rte de Lussas – ⌂ « Au bord de l'Ardèche » o━ juil.-août
 – **R** conseillée 10 juil.-15 août – ⚒
 3 ha (100 empl.) plat, pierreux, herbeux ᵠᵠ
 ⴲ ⵚ ⴷ ⴳ ⴵ ⴽ ☺ ▦ – 💡 snack – ᜲ
 Tarif : 回 piscine comprise 2 pers. 100 – ⓰ 20 (4A) 25 (8A)
 Location ⵞ : 🏠 1000 à 2100

AUBENCHEUL-AU-BAC

59265 Nord **2** – **53** ③ – 516 h. alt. 40.
Paris 187 – Arras 33 – Cambrai 12 – Douai 15 – Lille 57 – Valenciennes 37.

⚠ **Municipal les Colombes** 15 mars-15 oct.
𝒫 03 27 89 25 90 – sortie Sud par N 43, rte de Cambrai puis 0,5 km par D 71 à gauche –
Places limitées pour le passage « Au bord d'un étang et près du canal de la Sensée » ⊶ –
R juil.-août – ⚡
2,5 ha (101 empl.) plat, herbeux
🏠 😃 ⊕
Tarif : (Prix 1999) ⚹ 18,50 – 🔲 19,50 – ⚡ 11,30 (4A) 19,50 (6A)

AUBERIVES-SUR-VARÈZE

38550 Isère **11** – **77** ① – 896 h. alt. 195.
Paris 503 – Annonay 30 – Grenoble 90 – Lyon 44 – St-Étienne 62 – Valence 62.

⚠⚠ **Les Nations** avril-15 oct.
𝒫 04 74 84 95 13 ✉ 38550 Clonas-sur-Varèze – S : 1 km sur N 7 – ⊶ – R – ☖ ⚡
1 ha (40 empl.) plat, herbeux ♀
🏢 ⚓ 🏠 ⇆ 🗗 😃 ⊕ – ⍏ – 🍴 ⏟ – A proximité : ✗
Tarif : (Prix 1999) 🔲 élect. (5A) et piscine comprises 2 pers. 80, pers. suppl. 30
Location : studios

Pas de publicité payée dans ce guide.

AUBIGNAN

84810 Vaucluse **16** – **81** ⑫ – 3 347 h. alt. 65.
🛈 Office de Tourisme 9 r. Baroncelli de Javon 𝒫 04 90 62 65 36, Fax 04 90 62 75 15.
Paris 672 – Avignon 30 – Carpentras 6 – Orange 22 – Vaison-la-Romaine 26.

⚠⚠ **Intercommunal du Brégoux** 15 mars-oct.
𝒫 04 90 62 62 50, Fax 04 90 62 65 21 – SE : 0,8 km par D 55 rte de Caromb et chemin à droite
– ⪦ ⊶ – R conseillée – ⚡
3,5 ha (174 empl.) plat, herbeux ♀
🏢 🏠 ⇆ 😃 ⊕ ⚓ 🖽 – 🍴 ⏟ ⚲ – 🍴 – 🍴
Tarif : (Prix 1999) ⚹ 15,50 tennis compris – 🚗 15,50 – 🔲 15,50 – ⚡ 13,50 (6A)

AUBIGNY-SUR-NÈRE

18700 Cher **6** – **65** ⑪ G. Châteaux de la Loire – 5 803 h. alt. 180.
🛈 Office de Tourisme 1 r. de l'Église 𝒫 02 48 58 40 20.
Paris 182 – Bourges 49 – Cosne-sur-Loire 41 – Gien 30 – Orléans 67 – Salbris 32 – Vierzon 44.

⚠⚠ **Municipal les Etangs** avril-oct.
𝒫 02 48 58 02 37 – E : 1,4 km par D 923 rte d'Oizon, près d'un étang (accès direct) – ⋟ ⊶ –
R conseillée – ⚡
3 ha (100 empl.) plat, herbeux ♀♀ (chênaie)
⚓ 🏠 ⇆ 🗗 😃 ⊕ ⚓ ⍗ 🖽 – 🍴 ⚲ – A proximité : ✗ 🍴 ⏟
Tarif : (Prix 1999) ⚹ 13 – 🚗 7,20 – 🔲 13,40 – ⚡ 14 (6A) 25 (10A)

AUBURE

68150 H.-Rhin **8** – **62** ⑱ G. Alsace Lorraine – 372 h. alt. 800.
Paris 429 – Colmar 26 – Gérardmer 53 – St-Dié 38 – Ste-Marie-aux-Mines 14 – Sélestat 29.

⚠ **Municipal la Ménère** 15 mai-sept.
𝒫 03 89 73 92 99 – au bourg, près de la poste, Accès conseillé par sortie Sud, rte de
Ribeauvillé et chemin à droite – ⋟ ⪦ « A l'orée d'une pinède » ⊶ – R conseillée 14 juil.-
15 août – ⚡
1 ha (70 empl.) en terrasses, herbeux, gravillons ♀
🏠 ⇆ 🗗 😃 ⊕
Tarif : ⚹ 15 – 🔲 18 – ⚡ 16 (6A)

AUCUN

65400 H.-Pyr. **13** – **85** ⑰ – 199 h. alt. 853.
Paris 836 – Argelès-Gazost 10 – Cauterets 26 – Lourdes 22 – Pau 73 – Tarbes 40.

⚠ **Lascrouts** Permanent
𝒫 05 62 97 42 62 – E : 0,7 km par D 918, rte d'Argelès-Gazost et rte à droite, à 300 m du Gave
d'Azun – ⋟ ⪦ ⊶ – R conseillée – ⚡
2 ha (60 empl.) plat, peu incliné, terrasse, herbeux
🏢 🏠 ⇆ 🗗 😃 ⊕ 🖽 – 🍴
Tarif : ⚹ 14 – 🔲 14 – ⚡ 12 (4 ou 6A)
Location : 🏚 1000 à 2000

AUDRUICQ

62370 P.-de-C. **1** – **51** ③ – 4 586 h. alt. 10.
Paris 276 – Arras 97 – Boulogne-sur-Mer 58 – Calais 22 – St-Omer 26.

▲▲ **Municipal les Pyramides** avril-sept.
    ℘ 03 21 35 59 17 – au Nord-Est de la localité, accès par rocade (D 219), près d'un canal – Places limitées pour le passage ⊶ – **R** conseillée
2 ha (86 empl.) plat, herbeux ⊏⊐
    & 🔥 ⇌ 🖻 🗗 ⊕ 丞 ⊽ 🔊 – ⏚ 🚣
Tarif : (Prix 1999) 🖭 *2 pers. 42, pers. suppl. 10* – [ₕ] *20 (6A)*

AUGIREIN

09800 Ariège **14** – **86** ② – 73 h. alt. 629.
Paris 811 – Aspet 22 – Castillon-en-Couserans 12 – St-Béat 32 – St-Gaudens 38 – St-Girons 23.

▲ **Bellongue** mai-15 oct.
    ℘ 05 61 96 82 66 – à l'Est du bourg, bord de la Bouigane – ⅀ ⊶ – **R** 15 juil.-20 août – ♨
0,3 ha (15 empl.) plat, herbeux ⊏⊐ ⓠ
    & 🔥 ⇌ 🗗 ⊕ 🔊 – ⏚ – A proximité : ▼ snack
Tarif : ✦ *22* – 🖭 *28* – [ₕ] *15 (3A) 24 (6A) 35 (9A)*
Location : *gîtes*

AULUS-LES-BAINS

09140 Ariège **14** – **86** ③ ④ G. Midi Pyrénées – 210 h. alt. 750.
🛈 Office de Tourisme (fermé de nov. à janvier) résidence de l'Ars ℘ 05 61 96 01 79, Fax 05 61 96 01 79.
Paris 829 – Foix 62 – Oust 16 – St-Girons 33.

▲▲ **Le Coulédous**
    ℘ 05 61 96 02 26, Fax 05 61 96 06 74 – sortie Nord-Ouest par D 32 rte de St-Girons, près du Garbet – ❄ ≤ ⊶ – Adhésion obligatoire pour séjour supérieur à 4 jours
1,6 ha (70 empl.) plat, herbeux, pierreux, gravillons ⓠ
    ▥ & 🔥 ⇌ 🖻 🗗 ⊕ ⅀ ⊕ 丞 ⊽ 🔊 – ⊣ – ⏚ 🚣 ⊹⊕ – A proximité : ⅂⅄ ♨ ┏
Location : 🏠

AUMALE

76390 S.-Mar. **1** – **52** ⑯ G. Normandie Vallée de la Seine – 2 690 h. alt. 130.
Paris 137 – Amiens 47 – Beauvais 50 – Dieppe 69 – Gournay-en-Bray 35 – Rouen 75.

▲ **Municipal le Grand Mail** avril-sept.
par centre ville – Ⓜ ≤ « A flanc de colline sur les hauteurs de la ville »
0,4 ha (40 empl.) plat, herbeux ⓠ
    ▥ & 🔥 ⇌ 🖻 🗗 ⊕ 🕾
Tarif : (Prix 1999) ✦ *10* – 🚙 *7* – 🖭 *7* – [ₕ] *12 (7A)*

AUNAC

16460 Charente **9** – **72** ④ – 292 h. alt. 70.
Paris 420 – Angoulême 38 – Confolens 42 – Ruffec 15 – St-Jean-d'Angély 73.

▲ **Municipal** 15 juin-15 sept.
à 1 km au Sud-Est du bourg – ⅀ « Situation agréable au bord de la Charente » – ♨
1,2 ha (25 empl.) plat, herbeux ⓠⓠ (0,6 ha)
    🔥 ⇌ 🗗 ⊕ 丞 – 🚣
Tarif : ✦ *7,20* – 🚙 *5,50* – 🖭 *5,50/7,20* – [ₕ] *9*

AUPS

83630 Var **17** – **84** ⑥ G. Côte d'Azur – 1 796 h. alt. 496.
🛈 Office de Tourisme pl. F.-Mistral ℘ 04 94 70 00 80, Fax 04 94 84 00 69.
Paris 822 – Aix-en-Provence 90 – Castellane 72 – Digne-les-Bains 79 – Draguignan 29 – Manosque 60.

▲▲ **International Camping** avril-sept.
    ℘ 04 94 70 06 80, Fax 04 94 70 10 51 – O : 0,5 km par D 60, rte de Fox-Amphoux – ⅀ ⊶ – **R** conseillée juil.-août – ⒼⒷ ♨
4 ha (150 empl.) plat, pierreux, herbeux ⊏⊐ ⓠⓠ
    🔥 ⇌ 🖻 🗗 ⊕ – ⊹ – discothèque ⅂⅄ ⅃
Tarif : ✦ *25 piscine comprise* – 🖭 *20* – [ₕ] *18,50 (10A)*
Location : 🛖 *1800 à 2400*

▲ **St-Lazare** avril-sept.
    ℘ 04 94 70 12 86, Fax 04 94 70 01 55 – NO : 1,5 km, par D 9, rte de Régusse – ⊶ – **R** conseillée juil.-15 août – ♨
2 ha (56 empl.) plat, peu incliné, pierreux, herbeux ⊏⊐ ⓠ
    🔥 ⇌ 🖻 🗗 ⊕ ⅀ ⊕ – snack ⊹ – ⏚ ⅃
Tarif : ✦ *18 piscine comprise* – 🖭 *15* – [ₕ] *13 (10A)*
Location : 🛖 *1500 à 3000*

AUREC-SUR-LOIRE

43110 H.-Loire **11** – **76** ⑧ – 4 510 h. alt. 435.

🖫 Office de Tourisme 2 av. du Pont *℘* 04 77 35 42 65, Fax 04 77 35 29 58.

Paris 541 – Firminy 15 – Montbrison 41 – Le Puy-en-Velay 58 – St-Étienne 22 – Yssingeaux 32.

▲▲ **Municipal le Port-Buisson** mai-sept.

℘ 04 77 35 24 65 – SO : 1,5 km par D 46 rte de Bas-en-Basset, à 100 m de la Loire (accès direct) – Places limitées pour le passage ≤ ⊶ – **R** conseillée juil.-août – ⚡
3,5 ha (158 empl.) en terrasses, peu incliné et plat, herbeux ▭

♿ 🕋 ⇌ 🖭 ♨ ☺ 🖳 – 🖼 ⚓ – A proximité : ⚏

Tarif : ⚹ *14,50* – 🚗 *10* – 🄴 *12,50* – 🄐 *16,50 (10A)*

AUREILHAN

40200 Landes **13** – **78** ⑭ – 562 h. alt. 10.

Paris 682 – Castets 53 – Mimizan 3 – Mont-de-Marsan 78 – Parentis-en-Born 22.

▲▲ **Municipal** 20-mai-24-sept.

℘ 05 58 09 10 88 – NE : 1 km, près du lac – ⊶ – **R** – **GB** ⚡
6 ha (480 empl.) plat, herbeux, sablonneux ⚬⚬

♿ 🕋 ⇌ ♨ ☺ 🖳 🖭 🖼 – 🖭 🗼 – ⚓ – A proximité : poneys ⚏ 🐎

Tarif : (Prix 1999) 🄴 *2 pers. 50 (63 avec élect. 6A), pers. suppl. 13*

▲ **La Route des Lacs** avril-10 oct.

℘ 05 58 09 01 42 – E : 1,5 km par D 626, rte de St-Paul-en-Born et chemin à gauche – ⚲ ⊶ –
R conseillée 15 juil.-15 août – ⚡
3,5 ha (100 empl.) plat, herbeux ⚲ (annexe ⚬⚬)

🕋 ⇌ 🖭 ☺ 🖳

Tarif : ⚹ *17* – 🚗 *8* – 🄴 *16* – 🄐 *15 (6A)*

AURIAC

19220 Corrèze **10** – **76** ① – 250 h. alt. 608.

Paris 526 – Argentat 27 – Égletons 33 – Mauriac 23 – Tulle 49.

▲▲ **Municipal** 15 juin-15 sept.

℘ 05 55 28 25 97 – sortie Sud-Est par D 65 rte de St-Privat, près d'un étang et d'un parc boisé – ⚲ ≤ « Site agréable, entrée fleurie » ⊶ – **R** conseillée juil.-20 août – ⚡
1,7 ha (70 empl.) peu incliné, plat, herbeux ⚲ (1 ha)

🕋 ⇌ 🖭 🖳 – 🖭 ⚓ – ⚏ (plage) – A proximité : ✗ ⚑

Tarif : ⚹ *14* – 🚗 *6* – 🄴 *7* – 🄐 *12 (6A)*

AURIBEAU-SUR-SIAGNE

06810 Alpes-Mar. **17** – **84** ⑧ G. côte d'Azur – 2 072 h. alt. 85.

🖫 Syndicat d'Initiative Moulin du Sault *℘* 04 92 60 20 20, Fax 04 93 60 93 07.

Paris 905 – Cannes 14 – Draguignan 63 – Grasse 9 – Nice 43 – St-Raphaël 42.

▲▲ **Le Parc des Monges** 20 mai-1er oct.

℘ 04 93 60 91 71 – NO : 1,4 km par D 509, rte de Tanneron – ⚲ ≤Vallée du Gabre « Bord du Siagne » ⊶ – **R** conseillée – ⚡
1,3 ha (50 empl.) plat, pierreux, herbeux ▭ ⚲

♿ 🕋 ⇌ 🖭 ☺ ⚏ ⚒ 🖳 – 🗼 – A proximité : ♟ ✗ snack ⚏

Tarif : 🄴 *piscine comprise 2 pers. 95* – 🄐 *18 (4A) 21 (5A) 26 (10A)*

Location ⚏ : 🛏 *1300 à 2700*

31420 H.-Gar. **14** – **82** ⑯ G. Midi Pyrénées – 983 h. alt. 430.

B Office de Tourisme ℰ 05 61 98 70 06, (hors saison) Mairie ℰ 05 61 98 90 08, Fax 05 61 98 71 33.

Paris 772 – Auch 72 – Bagnères-de-Luchon 68 – Pamiers 92 – St-Gaudens 24 – St-Girons 42 – Toulouse 74.

▲▲ **An. Ac. Aur.** mai-sept.

ℰ 05 61 98 70 08 – sortie Sud-Est par D 635 rte de Boussens et à droite, près du stade – **R** conseillée 20 juil.-20 août – ⚲

0,9 ha (40 empl.) peu incliné et plat, herbeux ⌷ ♀

🗯 ⇆ 🖤 ⊕ – 🖼 – A proximité : ✗ ⌇ 🐎

Tarif : ♣ 25 piscine et tennis compris – 🖻 10 – (₤) 5 (3A)

15000 Cantal **10** – **76** ⑫ G. Auvergne – 30 773 h. alt. 610.

B Office de Tourisme pl. Square ℰ 04 71 48 46 58, Fax 04 71 48 99 39.

Paris 560 – Brive-la-Gaillarde 97 – Clermont-Ferrand 161 – Montauban 172 – Montluçon 263.

▲ **Municipal l'Ombrade** mai-sept.

ℰ 04 71 48 28 87, Fax 04 71 43 31 58 – N : 1 km par D 17 et chemin du Gué-Bouliaga à droite, de part et d'autre de la Jordanne « Décoration florale » ⚬━ – **R** conseillée – ⚲

7,5 ha (200 empl.) plat et en terrasses, herbeux ♀

⅁ 🗯 ⇆ 🗟 🖤 ⊕ ⚲ ⇝ 🗨 – 🖼 🛁 – A proximité : 🗦

Tarif : 🖻 2 pers. 40/50 – (₤) 10 (10A)

73500 Savoie **12** – **77** ⑧ G. Alpes du Nord – 530 h. alt. 1 489 – Sports d'hiver : 1 500/2 750 m ⚡11 ⚑.

B Office de Tourisme rte des Barrages ℰ 04 79 20 30 80, Fax 04 79 20 37 00.

Paris 672 – Albertville 100 – Chambéry 110 – Lanslebourg-Mont-Cenis 17 – Modane 7 – St-Jean-de-Maurienne 40.

▲▲ **Municipal la Buidonnière** Permanent

ℰ 04 79 20 35 58 – sortie Sud par D 215, rte de Modane et chemin à gauche – ❄ ⚲ ≤ Parc de la Vanoise « Site agréable » ⚬━ – **R** – **GB** ⚲

4 ha (160 empl.) en terrasses et peu incliné, pierreux, herbeux ⌷

〽 ⅁ 🗯 ⇆ 🗟 ⚲ ⊕ 🖤 – 🖼 🛁 ⋅⚬ ✗ ♪ - parcours sportif

Tarif : 🖻 1 pers. 28,50 – (₤) 11 (2A) 25 (6A) 34,50 (10A)

38880 Isère **12** – **77** ④ – 1 406 h. alt. 1 050 – Sports d'hiver : 1 050/1 650 m ⚡16 ⚑.

B Office de Tourisme rte de Méaudre ℰ 04 76 95 30 70, Fax 04 76 95 38 63.

Paris 591 – Grenoble 37 – Romans-sur-Isère 58 – St-Marcellin 46 – Villard-de-Lans 16.

▲▲ **Au Joyeux Réveil** fermé oct. et nov.

ℰ 04 76 95 33 44, Fax 04 76 95 72 98 – sortie Nord-Est par rte de Montaud et à droite – ❄ ≤

⚬━ – **R** conseillée – ⚲

1,5 ha (100 empl.) plat, herbeux

〽 🗯 ⇆ 🗟 🖤 ⊕ 🖼 🖻 – 🖼 🛁

Tarif : 🖻 piscine comprise 2 pers. 76 – (₤) été : 13 (2A) 16 (4A), hiver : 37 (6A) 50 (10A)

Location : 🚐 1300 à 2550 – 🏠 1600 à 3400

▲▲ **Le Vercors** fermé du 16 au 31 mai et du 16 au 30 sept.

ℰ 04 76 95 31 88, Fax 04 76 95 36 82 – S : 0,6 km par D 106c rte de Méaudre – ❄ ≤ ⚬━ –

R conseillée été et hiver – **GB** ⚲

1 ha (90 empl.) en terrasses, herbeux, pierreux

〽 🖤 🗯 ⇆ 🗟 🖦 🖤 ⊕ 🖼 – 🖼 🛁 – A proximité : ✗ ♪

Tarif : (Prix 1999) 🖻 2 pers. 65, pers. suppl. 17,50 – (₤) 14 (2A) 23 (6A) 29,50 (10A)

Location : 🚐 1400 à 2580

71400 S.-et-L. **11** – **69** ⑦ G. Bourgogne – 17 906 h. alt. 326.

B Office de Tourisme 2 av. Ch.-de-Gaulle ℰ 03 85 86 80 38, Fax 03 85 86 80 49 et (juin- sept.) pl. du Terreau ℰ 03 85 52 56 03.

Paris 287 – Auxerre 126 – Avallon 78 – Chalon-sur-Saône 53 – Dijon 85 – Mâcon 112 – Moulins 98 – Nevers 105.

▲▲ **Municipal de la Porte d'Arroux** Rameaux-oct.

ℰ 03 85 52 10 82, Fax 03 85 86 19 28 – sortie Nord par D 980, rte de Saulieu, Faubourg d'Arroux, bord du Ternin « Beaux emplacements ombragés au bord d'une rivière » ⚬━ – **R** conseillée juil.-août – **GB** ⚲

2,8 ha (104 empl.) plat, herbeux ⌷ ♀

🖤 🗯 ⇆ 🗟 🖤 ⊕ 🖼 – 🍽 snack 🖦 – 🖼 🖦

Tarif : 🖻 2 pers. 65,50, pers. suppl. 16,50 – (₤) 15,50 (6A)

89000 Yonne 🖥 – 🖥🖥 ⑤ G. Bourgogne – 38 819 h. alt. 130.
🅱 Office de Tourisme 1 et 2 quai République ✆ 03 86 52 06 19, Fax 03 86 51 23 27.
Paris 166 – Bourges 144 – Chalon-sur-Saône 176 – Chaumont 144 – Dijon 152 – Nevers 110 – Sens 60 – Troyes 81.

△△ **Municipal** avril-sept.
✆ 03 86 52 11 15, Fax 03 86 51 17 54 – au Sud-Est de la ville, près du stade, 8 rte de Vaux, à 150 m de l'Yonne – ⊶ – **R** – ⊝⊟ ⟋⟍
4,5 ha (220 empl.) plat, herbeux 🔱🔱
🎚 ⅊ 🗂 ⛉ 🗊 ⛫ ⊕ 🗛 🖃 – 🌊 – 🖂 – A proximité : 🎾 🖼 🖳 ⅃
Tarif : ⚹ 15 – 🔲 13 – 🚐 12 (3 ou 6A)

62390 P.-de-C. 🖥 – 🖥🖥 ⑦ G. Picardie Flandres Artois – 3 051 h. alt. 32.
🅱 Office de Tourisme Hôtel-de-Ville ✆ 03 21 04 02 03, Fax 03 21 04 10 22.
Paris 187 – Abbeville 28 – Amiens 46 – Arras 57 – Hesdin 24.

△ **Municipal des Peupliers** avril-sept.
✆ 03 21 41 10 79 – sortie Sud-Ouest vers Abbeville et 0,6 km par rte à droite, au stade, bord de l'Authie – Places limitées pour le passage ⊶ – **R** conseillée – ⟋⟍
1,6 ha (82 empl.) plat, herbeux 🖂
⅊ 🗂 ⛉ 🗊 ⊕ 🖃 – 🚗 – A proximité : 🛝 🖼
Tarif : (Prix 1999) ⚹ 12,50 tennis compris – 🚐 6,75 – 🔲 12,50 – 🚐 9,20 (3A) 15,80 (6A)

43390 H.-Loire 🖥🖥 – 🖥🖥 ⑤ G. Auvergne – 920 h. alt. 430.
Paris 480 – Brassac-les-Mines 6 – Brioude 12 – La Chaise-Dieu 40 – Massiac 27 – Le Puy-en-Velay 72.

△ **Municipal la Rivière Haute** juin-15 sept.
✆ 04 71 76 18 61 – NE : 0,5 km par D 652, rte de St-Jean-St-Gervais, près d'un ruisseau – 🐟 ⊶ – **R** juil.-août – ⟋⟍
0,8 ha (40 empl.) plat, terrasses, herbeux 🖂
⅊ 🗂 🖃 🐟 ⊕ – A proximité : 🎾
Tarif : (Prix 1999) 🔲 tennis compris 1 pers. 40, 2 pers. 60, pers. suppl. 25 – 🚐 17 (6A)

86460 Vienne 🖥🖥 – 🖥🖥 ⑤ – 1 324 h. alt. 142.
Paris 408 – Confolens 14 – L'Isle-Jourdain 14 – Niort 97 – Poitiers 67.

△ **Municipal le Parc** mai-sept.
✆ 05 49 48 51 22 – sortie Est par D 34, à gauche après le pont – 🐟 « Cadre et situation agréables au bord de la Vienne » ⊶ juil.-août – **R** juil.-août – ⟋⟍
2,7 ha (120 empl.) plat, herbeux 🔱🔱
⅊ 🗂 ⛉ 🗊 ⛫ 🐟 ⊕ 🗛 🖃 – 🖂 🚗 👣 ⅃ – A proximité : 🎾
Tarif : 🔲 élect. et piscine comprises 1 pers. 39, 2 pers. 52, pers. suppl. 13

86 Vienne – 🖥🖥 ⑬ – rattaché à Poitiers.

38630 Isère 🖥🖥 – 🖥🖥 ⑭ – 3 933 h. alt. 245.
Paris 510 – Les Abrets 14 – Aix-les-Bains 46 – Belley 25 – Chambéry 40 – La Tour-du-Pin 17.

△ **Municipal les Épinettes** avril-oct.
✆ 04 74 33 92 92 – à 0,8 km du centre bourg par D 40 rte de St-Genix-sur-Guiers puis à gauche – Places limitées pour le passage ⊶ – **R** conseillée juil.-août – ⊝⊟ ⟋⟍
2,7 ha (84 empl.) plat et peu incliné, herbeux, gravier 🖂
🎚 ⅊ 🗂 ⛉ ⛉ 🗊 ⊕ 🗛 ⟟ 🖃 – 🖂 – A proximité : 🎾 🖼 ⅃
Tarif : (Prix 1999) 🔲 piscine et tennis compris 1 pers. 30, 2 pers. 55, pers. suppl. 15 – 🚐 15 (10A)

59440 Nord 🖥 – 🖥🖥 ⑥ G. Picardie Flandres Artois – 5 108 h. alt. 151.
🅱 Office de Tourisme 41 pl Gén.-Leclerc ✆ 03 27 57 92 40, Fax 03 27 61 23 48.
Paris 208 – Charleroi 55 – St-Quentin 67 – Valenciennes 46 – Vervins 33.

△ **Municipal le Champ de Mars** 15 avril-sept.
✆ 03 27 57 99 04 – à Avesnelles, r. Léo-Lagrange « Cadre agréable » ⊶ – **R**
1 ha (44 empl.) peu incliné, herbeux 🖂 🔱
🎚 ⅊ ⛉ 🗊 ⛫ ⊕
Tarif : (Prix 1999) ⚹ 15 – 🚐 15 – 🔲 15 – 🚐 15 (6A)

AVIGNON

84000 Vaucluse **16** – **81** ⑪ ⑫ G. Provence – 86 939 h. alt. 21.
🛈 Office de Tourisme 41 cours J.-Jaurès 𝄞 04 90 82 65 11, Fax 04 90 82 95 03, annexe au Pont d'Avignon 𝄞 04 90 85 60 16.
Paris 685 – Aix-en-Provence 84 – Arles 36 – Marseille 100 – Nîmes 47 – Valence 126.

△△△ **Municipal du Pont St-Bénézet** 27 mars-29 oct.
𝄞 04 90 82 63 50, Fax 04 90 85 22 12 – sortie Nord-Ouest rte de Villeneuve-lès-Avignon par le pont Edouard-Daladier et à droite, dans l'île de la Barthelasse – ≼Palais des Papes et le pont 🕳 – **R** conseillée juil. – ⊖🅑 ⚲
8 ha (300 empl.) plat, herbeux ⊡ ⚲
&. 🗊 ⇄ 🗒 ⊙ ⊡ ☎ ▣ – ⬚ 🍴 snack – 🏠 ⚓ 🎾
Tarif : 🛉 *30,50 tennis compris* – ▣ *22/30,50* – 🔌 *18 (6 ou 10A)*

△△ **Les 2 Rhône** Permanent
𝄞 04 90 85 49 70, Fax 04 90 85 91 75 – sortie Nord-Ouest, rte de Villeneuve-lès-Avignon par le pont Edouard-Daladier et à droite, au Nord de l'île de la Barthelasse – 🕳 – **R** conseillée juil. – ⚲
1,5 ha (100 empl.) plat, herbeux, gravier ⊡ ⚲⚲ (1 ha)
&. 🗊 🗒 ⚲ ⊙ ⚐ ☎ ▣ – 🍴 snack – 🏠 🚲 ⬓
Tarif : ▣ *piscine comprise 2 pers 60/65* – 🔌 *15 (6A)*
Location *(mai-sept.) : bungalows toilés*

au Pontet NE : 4 km par rte de Carpentras – 15 688 h. alt. 40 – ✉ 84130 le Pontet :

△ **Le Grand Bois** mai-sept.
𝄞 04 90 31 37 44 – NE : 3 km par D 62, rte de Vedène et rte à gauche, au lieu-dit la Tapy, Par A 7 : sortie Avignon-Nord « Agréable cadre boisé » 🕳 – **R** conseillée – ⊖🅑 ⚲
1,5 ha (134 empl.) plat, herbeux ⊡ ⚲⚲
&. 🗊 ⇄ ⚲ ⊙ ⚐ ☎ ▣ – 🏠 ⬓
Tarif : 🛉 *20 piscine comprise* – 🚗 *10* – ▣ *30* – 🔌 *12 (5A)*
Location *(permanent) :* 🛏 *(hôtel)*

Voir aussi à Vedène

AVIGNONET-LAURAGAIS

31290 H.-Gar. **14** – **82** ⑲ – 954 h. alt. 178.
Paris 739 – Belpech 30 – Castelnaudary 15 – Foix 64 – Revel 25 – Toulouse 41.

△ **Municipal le Radel** avril-sept.
𝄞 05 61 27 07 48 – sortie Nord-Ouest par N 113, rte de Villefranche-de-Lauragais puis 1,3 km par D 43, rte de Beauteville à gauche, près du canal du midi – **R**
0,9 ha (25 empl.) non clos, plat, peu incliné, herbeux
🗊
Tarif : (Prix 1999) 🛉 *15* – ▣ *10/20*

AVOISE

72430 Sarthe **5** – **64** ② – 495 h. alt. 112.
Paris 243 – La Flèche 28 – Le Mans 41 – Sablé-sur-Sarthe 11.

△ **Municipal** juin-6 sept.
au bourg, par D 57 « Au bord de la Sarthe » – **R**
1,8 ha (50 empl.) plat, herbeux ⊡ ⚲⚲
🗊 ⇄ 🗒 ⊖ ⊙ ⚐ ☎
Tarif : (Prix 1999) ▣ *élect. comprise (3 ou 5A), 1 ou 2 pers. 38, pers. suppl. 11*

AVRILLÉ

85440 Vendée **9** – **67** ⑪ ⑫ – 1 004 h. alt. 45.
Paris 444 – Luçon 27 – La Rochelle 67 – La Roche-sur-Yon 27 – Les Sables-d'Olonne 25.

△△ **Les Forges** Pâques-sept.
𝄞 02 51 22 38 85 – sortie Nord-Est par D 19, rte de Moutiers-les-Mauxfaits et à gauche, 0,7 km par rue des Forges – 🕳 – **R** conseillée 14 juil.-15 août – ⊖🅑 ⚲
15 ha/8 campables (136 empl.) plat et peu incliné, herbeux, étang, bois ⊡
&. 🗊 ⇄ 🖏 ⊖ ⊙ ▣ – 🍴 crêperie – 🏠 🎾 ⬓
Tarif : ▣ *piscine comprise 2 pers. 85, pers. suppl. 17* – 🔌 *16 (6A)*
Location : 🚐 *900 à 3100*

△△ **Les Mancelières** mai-sept.
𝄞 02 51 90 35 97 – S : 1,7 km par D 105 rte de Longeville-sur-Mer – 🕳 – **R** indispensable août – ⚲
2,6 ha (130 empl.) plat et peu incliné, herbeux ⊡ ⚲⚲
&. 🗊 ⇄ 🗒 🖏 ⊖ ⊙ ▣ – ⬚ – 🏠 ⚓ ⬓ toboggan aquatique
Tarif : ▣ *piscine comprise 2 pers. 89* – 🔌 *18 (6A)*
Location : 🏠 *800 à 2000* – 🚐 *800 à 3100* – *bungalows toilés*

△ **Municipal de Beauchêne** mai-sept.
𝄞 02 51 22 30 49 – sortie Sud-Est par D 949 rte de Luçon, bord d'un petit étang – 🕳
2,5 ha (160 empl.) plat et peu incliné, herbeux ⚲
🗊 ⇄ ⚲ ⊙ ⚐ – ⚓

125

11140 Aude 🗓 – 🗓 ⑦ – 919 h. alt. 398.
Paris 832 – Ax-les-Thermes 52 – Belcaire 33 – Carcassonne 65 – Font-Romeu-Odeillo-Via 65 – Perpignan 66.

   ▲ *La Crémade* Pâques-sept.
      ℰ 04 68 20 50 64 – E : 2,8 km par D 118, D 117, rte de Perpignan et chemin du château à droite
      – ⅏ ≤ « Agréable cadre boisé » ⊶ – **R** – ⅍
      3,3 ha (100 empl.) plat, peu incliné, herbeux, forêt ⊡ 🙰
      ♿ 🗊 ⇆ 🖫 🗚 ⊚ 🖫 🖾 – 🖾 🏖
      Tarif : 🖹 *2 pers. 56 –* 🔌 *13 (6A)*
      Location : gîte d'étape

09110 Ariège 🗓 – 🗓 ⑮ G. Midi Pyrénées – 1 489 h. alt. 720 – ⚘ (27 mars/11 nov.) – Sports d'hiver : au Saquet par route du plateau de Bonascre (8 km) et télécabine : 720/2 400 m ⚐1 ⚐16.
Tunnel de Puymorens : Péage en 1999 aller simple : autos 30 F, P.L 75 ou 120 F, Deux-roues 18 F. Tarifs spéciaux A.R.
🚩 Office de Tourisme pl. du Breilh ℰ 05 61 64 60 60, Fax 05 61 64 41 08.
Paris 821 – Andorra-la-Vella 61 – Carcassonne 107 – Foix 43 – Prades 100 – Quillan 55.

   ▲ *Municipal Malazéou* Permanent
      ℰ 05 61 64 69 14, Fax 05 61 64 05 60 – NO : 1,5 km sur N 20 rte de Foix, bord de l'Ariège – Places
      limitées pour le passage ≤ ⊶ – **R** conseillée – ⊞ ⅍
      5 ha (300 empl.) plat, peu incliné, herbeux 🙰
      🗐 🗊 ⇆ 🖫 ⇶ ⊚ 🖫 – 🏖
      Tarif : 🖹 *1 pers. 39, 2 pers. 57, pers. suppl. 18 –* 🔌 *13 (4A) 21 (6A) 28 (10A)*

63 P.-de-D. 🗓 – 🗓 ⑭ G. Auvergne – 1 322 h. alt. 850 – ✉ 63970 Aydat.
Paris 447 – La Bourboule 35 – Clermont-Ferrand 21 – Issoire 38 – Pontgibaud 34 – Rochefort-Montagne 28.

   ▲▲ *Chadelas* avril-oct.
      ℰ 04 73 79 38 09 – à 2 km au Nord-Est d'Aydat par D 90 et rte à droite, près du lac (accès direct)
      « Agréable pinède » ⊶ – **R** conseillée – ⊞ ⅍
      7 ha (150 empl.) plat, peu incliné, vallonné, terrasses, herbeux, pierreux ⊡ 🙰
      🗐 ♿ 🗊 ⇆ 🖫 ⇶ ⇶ 🗚 ⊚ 🖫 – 🖾 🏖 – A proximité : snack, pizzeria ⚲
      Tarif : 🖹 *2 pers. 72,20, pers. suppl. 19,70 –* 🔌 *19,70 (6A)*

   ▲▲ *Le Domaine du Lac* mai-sept.
      ℰ 04 73 79 37 07, Fax 04 73 79 39 18 – NE : 1,5 km par D 90 au lieu-dit Sauteyras, à 100 m du
      lac – ⊶ juil.-août – **R** conseillée – ⅍
      1,2 ha (80 empl.) plat, en terrasses, herbeux ⊡
      ♿ 🗊 ⇆ 🖫 ⇶ 🗚 ⊚ 🖫 – A proximité : centre de documentation touristique, 🖥 🛋 ⅊ snack, crêperie
      🛋 🖾 🚲 ≃ ◊
      Tarif : ⚲ *15 –* 🖹 *36 –* 🔌 *20 (5A)*

   ▲ *Les Volcans* juin-4 sept.
      ℰ 04 73 79 33 90 – **à la Garandie**, à 3,2 km à l'Ouest d'Aydat, par D 788, alt. 1 020 – ⅏ ≤ ⊶
      – **R** – ⅍
      1,3 ha (54 empl.) peu incliné, herbeux ◊
      🗊 ⇆ ⇶ ⊚
      Tarif : ⚲ *15 –* ⇆ *6 –* 🖹 *10 –* 🔌 *15 (4A)*

   ▲ *La Clairière* mai-sept.
      ℰ 04 73 79 31 15 – **à Rouillas-Bas**, à 3,2 km au Nord-Est d'Aydat, par D 213 – ⅏ ⊶ – **R** – ⅍
      1 ha (48 empl.) en terrasses, herbeux ⊡ ◊
      🗊 ⇆ 🖫 ⇶ 🗚 ⊚ 🖫
      Tarif : ⚲ *18 –* 🖹 *35 –* 🔌 *15 (5A)*

65 H.-Pyr. – 🗓 ⑰ – rattaché à Argelès-Gazost.

37190 I.-et-L. 🗓 – 🗓 ⑭ G. Châteaux de la Loire – 3 053 h. alt. 51.
🚩 Office de Tourisme 5 pl. de l'Europe ℰ 02 47 45 44 40, Fax 02 47 45 31 46.
Paris 267 – Châtellerault 61 – Chinon 21 – Loches 54 – Tours 27 – Saumur 49.

   ▲ *Municipal le Sabot* Pâques-oct.
      ℰ 02 47 45 42 72 – sortie Est par D 84, rte d'Artannes et rue du stade à droite, bord de l'Indre,
      château à proximité : spectacle « Son et Lumière » – ⅏ « Situation agréable, entrée fleurie » ⊶
      – **R** conseillée – ⅍
      6 ha (228 empl.) plat, herbeux ◊
      ♿ 🗊 ⇆ 🖫 ⇶ ⊚ 🖫 – 🖾 🏖 🚲 – A proximité : ✗ ⚲ ⎗
      Tarif : (Prix 1999) 🖹 *piscine comprise 1 ou 2 pers. 53, pers. suppl. 15,60 –* 🔌 *12,50 (10A)*

79130 Deux-Sèvres 🔟 – 🔢 ⑪ – 1 013 h. alt. 161.
Paris 387 – Bressuire 32 – Coulonges-sur-l'Autize 27 – Niort 39 – Parthenay 9.

⚠ *Municipal les Peupliers* juin-sept.
sortie Sud par D 139 rte de St-Pardoux, bord du Thouet – 🦢 – 🅁 – ⚸
0,6 ha (16 empl.) plat, herbeux
🍴 🤽 🛁 ⊕ – A proximité : 🎾
Tarif : (Prix 1999) 🧍 10 – 🅴 17

40140 Landes 🔢 – 🔢 ⑯ – 377 h. alt. 9.
Paris 727 – Bayonne 44 – Dax 24 – Mimizan 76 – Soustons 8 – Tartas 48.

⚠⚠⚠ *La Paillotte* 22 avril-sept.
℘ 05 58 48 12 12, Fax 05 58 48 10 73 – SO : 1,5 km, bord du lac de Soustons – 🦢 ≼ 🚿 🎾 –
R conseillée – **GB** ⚸
7 ha (310 empl.) plat, sablonneux, herbeux 🌲 🌿🌿
🔥 🍴 🤽 🗃 🛁 🖳 🔌 ⊕ 🌡 🚰 🖫 🖭 – 🖳 🍽 🍴 ✗ 🍳 – 🏠 🏕 🚣 🚲 🏊 🏛 ⌀ escrime, toboggans
aquatiques – A proximité : ·◉ 🎾 🏓 🖭
Tarif : 🅴 *piscine comprise 2 pers. 159, 3 pers. 191, pers. suppl. 32* – 🔌 *28 (10A)*
Location : 🏠 *1300 à 3890*

⚠⚠ *Municipal* Pentecôte-20 sept.
℘ 05 58 48 30 72 – S : 2 km, à 100 m du lac de Soustons – 🦢 🚿 – **R** conseillée 14 juil.-15 août
– **GB** ⚸
6,5 ha (250 empl.) plat, sablonneux, pierreux, herbeux ♀
🔥 🍴 🤽 🗃 🛁 ⊕ 🌡 🖳 🖫 – 🖳 cases réfrigérées – 🚣 🚲 – A proximité : ·◉ 🎾 🏓 🖭
Tarif : 🧍 *17* – 🅴 *27,50* – 🔌 *12 (6A) 20 (10A)*

54120 M.-et-M. 🔳 – 🔢 ⑦ G. Alsace Lorraine – 5 022 h. alt. 260.
🅱 Office de Tourisme pl. du Gén.-Leclerc ℘ 03 83 75 13 37, Fax 03 83 75 36 76.
Paris 363 – Épinal 43 – Lunéville 26 – Nancy 58 – St-Dié 29 – Sarrebourg 44.

⚠ *Municipal* 15 mai-15 sept.
sortie Sud-Est par D 158, rte de Lachapelle et à gauche – 🦢 « Cadre boisé en bordure de rivière »
– **R** – ⚸
0,7 ha (50 empl.) plat, herbeux 🌿🌿
🍴 🤽 🛁 ⊕ 🌡 – 🚣 – A proximité : 🛒 🎾 🖭 🖫
Tarif : (Prix 1999) 🧍 *7* – 🚗 *6* – 🅴 *7/9* – 🔌 *11 (10A)*

24150 Dordogne 🔢 – 🔢 ⑮ ⑯ G. Périgord Quercy – 188 h. alt. 42.
Paris 546 – Bergerac 27 – Périgueux 65 – Sarlat-la-Canéda 47.

⚠⚠⚠ *Les Bö-Bains* 15 avril-sept.
℘ 05 53 73 52 52, Fax 05 53 73 52 55 – sortie Ouest, par D 29, rte de Lalinde, bord de la Dordogne
– 🚿 – **R** conseillée – **GB** ⚸
5 ha (97 empl.) plat, terrasse, herbeux 🌲 🌿🌿
🔥 🍴 🤽 🗃 🛁 ⊕ 🌡 🖳 🖫 – 🖳 🍴 ✗ snack 🍳 – 🏠 🏕 🚣 🚲 ·◉ 🏓 🏊 toboggan aquatique
– A proximité : 🎾
Tarif : 🅴 *piscine comprise 2 pers. 110* – 🔌 *18 (6A)*
Location (permanent) : 🏠 *1500 à 3890* – 🏠 *2100 à 4975*

56870 Morbihan 🔳 – 🔢 ② – 2 844 h. alt. 28.
Paris 476 – Auray 10 – Lorient 53 – Quiberon 40 – Vannes 16.

⚠⚠⚠ *Mané Guernehué* avril-sept.
℘ 02 97 57 02 06, Fax 02 97 57 15 43 – SO : 1 km par rte de Mériadec et à droite – 🦢 🚿 –
R conseillé 10 juil.-23 août – **GB** ⚸
5,3 ha (200 empl.) plat, peu incliné à incliné et en terrasses, herbeux 🌲 ♀
🔥 🍴 🤽 🗃 🛁 ⊕ 🌡 🚰 🖳 🖫 – 🖳 🍴 snack, pizzeria 🍳 – 🏠 🏕 🏋 🏬 salle d'animation
🚣 🚲 ·◉ 🏓 🏊 toboggan aquatique parcours sportif, terrain omnisports
Tarif : 🧍 *31 piscine comprise* – 🅴 *87* – 🔌 *19 (6A) 25 (10A)*
Location : 🏠 *1200 à 3700* – 🏠 *1900 à 3950*

46270 Lot 🔢 – 🔢 ⑪ – 1 582 h. alt. 234.
Paris 587 – Cahors 83 – Decazeville 16 – Figeac 15 – Maurs 8.

⚠ *Les Berges du Célé* 26 juin-août
℘ 05 65 34 94 31 – au Sud-Est du bourg, derrière la gare, bord du Célé – **R** conseillée – ⚸
1 ha (44 empl.) plat, herbeux ♀
🍴 🛁 ⊕ 🖳 – 🏊 – A proximité : 🎾
Tarif : 🅴 *2 pers. 55/64 avec élect. (6A), pers. suppl. 15*

BAGNEAUX-SUR-LOING

77167 S.-et-M. 🖸 – 🔟 ⑫ – 1 516 h. alt. 45.
Paris 85 – Fontainebleau 22 – Melun 39 – Montargis 29 – Pithiviers 43 – Sens 49.

▲▲ **Municipal de Pierre le Sault** avril-oct.
    🖉 01 64 29 24 44 – au Nord-Est de la ville, près du terrain de sports, entre le canal et le Loing, à 200 m d'un plan d'eau – Places limitées pour le passage �o─┱ – **R**
    3 ha (160 empl.) plat, herbeux, bois attenant ⌕ ♀
    🕪 🕭 🎍 🖳 ⏚ ⊛ 🐦 🌱 🖳 – 🖼 🚣 🛝
    Tarif : ✚ 15,50 – 🗉 12 – 🗓 11,50 (3A) 18,50 (6A) 26 (10A)

BAGNÈRES-DE-BIGORRE

65200 H.-Pyr. 🔟 – 🔠 ⑱ G. Midi Pyrénées – 8 424 h. alt. 551 – ⚐ (01 03/30 11.).
🅱 Office de Tourisme 3 allée Tournefort 🖉 05 62 95 50 71, Fax 05 62 95 33 13.
Paris 817 – Lourdes 24 – Pau 63 – St-Gaudens 64 – Tarbes 22.

▲▲ **Le Monlôo** Permanent
    🖉 05 62 95 19 65 – sortie Nord-Est, par D 938, rte de Toulouse puis à gauche 1,4 km par D 8, rte de Tarbes et chemin à droite – ⋟ ≤ o─┱ – **R** conseillée – 🔠 🕸
    3 ha (125 empl.) peu incliné et plat, herbeux ♀
    🕪 🕭 🎍 🖳 🐦 ⊛ 🖳 – 🖼 🚣 🏐 🛝 toboggan aquatique
    Tarif : 🗉 piscine comprise 3 pers. 88, pers. suppl. 21 – 🗓 12 (2A) 16 (3A) 25 (6A)
    Location : 🚐 1200 à 2450 – 🏠 1600 à 2950

▲▲ **Les Fruitiers** mai-oct.
    🖉 05 62 95 25 97 – 91 route de Toulouse – ≼Pic du Midi o─┱ – **R** conseillée 10 juil.-20 août – 🔠 🕸
    1,5 ha (112 empl.) plat, herbeux ♀
    🕭 🍳 🖳 ⏚ ⊛ 🖳 – 🖼 🚣 – A proximité : 🏊
    Tarif : ✚ 22 – 🗉 22 – 🗓 12 (2A) 22 (4A) 30 (6A)

▲▲ **Les Tilleuls** mai-sept.
    🖉 05 62 95 26 04 – sortie Nord-Ouest, rte de Labassère, av. Alan-Brooke – **R** – 🕸
    2, 8 ha (100 empl.) plat et peu incliné, herbeux ♀♀
    🕭 🍳 🖳 ⏚ 🐦 ⊛ 🖳 – 🖼 🚣
    Tarif : 🗉 élect. (4A) comprise 2 pers. 84,20, pers. suppl. 20,10 – 🗓 11 (6A)

à Pouzac NO : 2,5 km par D 935, rte de Tarbes – 1 000 h. alt. 505 – ✉ 65200 Pouzac :

▲▲ **Bigourdan** mars-nov.
    🖉 05 62 95 13 57 – S : par D 935 – o─┱ – **R** conseillée 10 juil.-20 août – 🕸
    1 ha (33 empl.) plat, herbeux ♀♀
    🕭 🍳 🖳 ⏚ 🐦 ⊛ 🖳 – 🖼 🛝 – A proximité : 🏇
    Tarif : ✚ 20 piscine comprise – 🗉 22 – 🗓 12 (2A) 18 (3A) 28 (6A)
    Location : 🚐 1300 à 1500

BAGNÈRES-DE-LUCHON

31110 H.-Gar. 🔟 – 🔠 ⑳ G. Midi Pyrénées – 3 094 h. alt. 630 – Sports d'hiver : à Superbagnères, 1 440/2 260 m ⚡1 ⚡15 ⚒.
🅱 Office de Tourisme 18 allée d'Etigny 🖉 05 61 79 21 21, Fax 05 61 79 11 23.
Paris 834 – Bagnères-de-Bigorre 70 – St-Gaudens 46 – Tarbes 94 – Toulouse 139.

▲▲ **Pradelongue** avril-sept.
    🖉 05 61 79 86 44, Fax 05 61 79 18 64 ✉ 31110 Moustajon – N : 2 km par D 125ᶜ, rte de Moustajon, près du magasin Intermarché – ≼ o─┱ – **R** conseillée juil.-août – 🔠 🕸
    4 ha (135 empl.) plat, herbeux, pierreux
    🕪 🕭 🍳 🖳 🖳 ⏚ ⊛ 🐦 🌱 🖳 🖳 – 🖼 🚣 🛝 – A proximité : 🏇
    Tarif : ✚ 28 piscine comprise – 🗉 28 – 🗓 12 (2A) 20 (5A) 27 (10A)
    Location (mai-sept.) - 🏕 – 🏠 950 à 2200 – bungalows toilés

▲▲ **Les Myrtilles** fermé nov.
    🖉 05 61 79 89 89, Fax 05 61 79 09 41 ✉ 31110 Moustajon – N : 2,5 km par D 125ᶜ, à Moustajon, bord d'un ruisseau – ≼ o─┱ – **R** conseillée juil.-août – 🔠 🕸
    2 ha (100 empl.) plat, herbeux
    🕭 🕪 🍳 🖳 ⏚ 🐦 ⊛ 🌱 🖳 🖳 – 🍽 – 🖼 🛝 – A proximité : 🐎 (centre équestre)
    Tarif : 🗉 piscine comprise 1 pers. 55, pers. suppl. 21 – 🗓 15 (3A) 20 (6A) 30 (10A)
    Location : gîte d'étape, studios, bungalows toilés

à Salles-et-Pratviel N : 4 km par D 125 – 129 h. alt. 625 – ✉ 31110 Salles-et-Pratviel :

▲ **Le Pyrénéen** Permanent
    🖉 05 61 79 59 19, Fax 05 61 79 75 75 – S : 0,6 km par D 27 et chemin, bord de la Pique – Places limitées pour le passage ❀ ⋟ ≼ o─┱ 🌱 – **R** conseillée – 🕸
    1,1 ha (75 empl.) plat, pierreux, herbeux ♀
    🕪 🕭 🍳 🖳 🐦 ⊛ 🐦 🖳 – 🖼 🛝
    Tarif : 🗉 piscine comprise 1 à 3 pers. 95 (110 avec élect. 10A)- hiver : ✚ 19 🗉 19 – 🗓 hors saison estivale : 5 par ampère
    Location : 🚐 600 à 1800

à Garin O : 8,5 km par D 618 – 108 h. alt. 1 100 – ⊠ 31110 Garin :

△ **Les Frênes** Permanent
    𝒫 05 61 79 88 44 – à l'Est du bourg par D 618, rte de Bagnères-de-Luchon et à gauche (D 76ᴱ vers
    rte de Billière) – 𝕊 ≤ ⊶ – **R** conseillée 14 juil.-15 août – ♂
    0,8 ha (50 empl.) en terrasses, peu incliné, herbeux, pierreux
    ▥ ᵹ ⌂ ⇆ ⇌ ⊕ – ▱
    Tarif : ⚹ 20 – ▣ 22 – [⊭] 12 (hiver 15)

BAGNOLES-DE-L'ORNE

61140 Orne 🖪 – 🔟 ① G. Normandie Cotentin – 875 h. alt. 140 – ⚓ (avril-fin oct.).
🖪 Office de Tourisme pl. du Marché 𝒫 02 33 37 85 66, Fax 02 33 30 06 75.
Paris 237 – Alençon 49 – Argentan 39 – Domfront 19 – Falaise 49 – Flers 28.

△ **La Vée** avril-28 oct.
    𝒫 02 33 37 87 45, Fax 02 33 30 14 32 – SO : 1,3 km, près de Tessé-la-Madeleine, à 30 m de la rivière
    – 𝕊 « Situation agréable » ⊶ – **R** – ♂
    2,8 ha (260 empl.) plat, herbeux, peu incliné ⊡ ᚒ
    ▥ ᵹ ⌂ ⇆ ▤ ⇌ ⊕ ⚹ ⊻ ▱ ▦ – ᐧ – ▱ ⚞
    Tarif : (Prix 1999) ▣ 1 pers. 31, pers. suppl. 16 – [⊭] 15 (3A) 19 (6A) 23,50 (10A)

△ **Le Clos Normand** mai-sept.
    𝒫 02 33 37 92 43 ⊠ 61410 Couterne – SE : 2,5 km par D 916 rte de Couterne – ⊶ – **R** – ♂
    1 ha (65 empl.) plat, herbeux ᚒ
    ⌂ ⇆ ▤ ⇌ ⊕ ▦ – crêperie – ▱ ⚞
    Tarif : ▣ 2 pers. 40, pers. suppl. 14,30 – [⊭] 15 (5A) 21 (10A)

Michelinkaarten worden voortdurend bijgewerkt.

BAGNOLS

63810 P.-de-D. 🔟🔟 – 🔢 ⑫ G. Auvergne – 712 h. alt. 862.
🖪 Office de Tourisme de Saney-Artense r. de la Pavade à la Tour d'Auvergne 𝒫 04 73 21 79 78,
Fax 04 73 21 79 70.
Paris 490 – Bort-les-Orgues 20 – La Bourboule 22 – Bourg-Lastic 40 – Clermont-Ferrand 67.

△ **Municipal la Thialle** Permanent
    𝒫 04 73 22 28 00 – sortie Sud-Est par D 25, rte de St-Donat, bord de la Thialle – ⊶ été –
    R conseillée 15 juil.-15 août – ♂
    2,8 ha (90 empl.) plat, herbeux ᚒ
    ▥ ᵹ ⌂ ⇆ ▤ ⇌ ⊕ ▦ – ▱ ⚞ ⓜ ⚟ (petite piscine) – A proximité : ⚒
    Tarif : ⚹ 14 – ⇔ 9 – ▣ 10 – [⊭] 12 (3A) 24 (10A)
    Location : huttes

BAGNOLS-SUR-CÈZE

30200 Gard 🔟🖪 – 🔢 ① ⑪ G. Provence – 17 872 h. alt. 51.
🖪 Office de Tourisme espace St-Gilles, av. Léon Blum 𝒫 04 66 89 54 61, Fax 04 66 89 83 38.
Paris 656 – Alès 53 – Avignon 34 – Nîmes 54 – Orange 30 – Pont-St-Esprit 11.

△ **Les Genêts d'Or** avril-sept.
    𝒫 04 66 89 58 67 – sortie Nord par N 86 puis 2 km par D 360 à droite, bord de la Cèze – ⊶ ⚒
    juil.-20 août – **R** conseillée 14 juil.-14 août – ⊟⊞ ♂
    8 ha/3,5 campables (95 empl.) plat, herbeux ᚒᚒ
    ᵹ ⌂ ⇆ ▤ ⇌ ⊕ ▦ – ⚹ ⚒ ᐧ – ⚞ ⓜ – ▱ ⚞
    Tarif : ⚹ 25 piscine comprise – ⇔ 25 – ▣ 45 – [⊭] 16 (3A) 21 (8A)
    Location : ▦ 1800 à 2950

△ **La Coquille** Pâques-15 sept.
    𝒫 04 66 89 03 05, Fax 04 66 89 59 86 – sortie Nord par N 86 rte de Pont-St-Esprit puis 1,7 km par
    D 360 à droite, près de la Cèze – ⊶ – **R** conseillée juil.-août – ♂
    1,2 ha (30 empl.) plat, herbeux, sablonneux ᚒ
    ᵹ ⌂ ⇆ ▤ ⇌ ⊕ ▦ – ⊶ – ᐧ – ▱ ⓜ ⚟
    Tarif : ▣ piscine comprise 2 pers. 100 – [⊭] 15 (3A) 20 (6A)

BAIS

53160 Mayenne 🖪 – 🔟 ⑪ – 1 571 h. alt. 183.
Paris 250 – Laval 47 – Le Mans 53 – Mayenne 20 – Sablé-sur-Sarthe 54.

△ **Municipal Claires Vacances** 15 mai-15 sept.
    𝒫 02 43 37 02 41 – sortie Ouest par D 241 rte d'Hambers « Près d'un étang » ⊶ – **R** conseillée
    – ♂
    1 ha (20 empl.) plat, herbeux ⊡ ᚒᚒ
    ⌂ ⇆ ⇌ ⊕ ⚹ – Syndicat d'Initiative ⚒ ⚟
    Tarif : (Prix 1999) ⚹ 9,50 – ⇔ 3,10 – ▣ 3,10 – [⊭] 3,90

BALARUC-LES-BAINS

34540 Hérault 🔢 – 🔢 ⑯ G. Languedoc Roussillon – 5 013 h. alt. 3 – ♨ (21 fév.-27 nov.).
🅱 Office de Tourisme (fermé dim. en janv. et fév.) Pavillon Sévigné ℘ 04 67 46 81 46, Fax 04 67 48 40 40 et (fermé week-end de déc. à fév.) 37 av. du Port ℘ 04 67 48 50 07, Fax 04 67 43 47 52.
Paris 784 – Agde 30 – Béziers 51 – Frontignan 8 – Lodève 55 – Montpellier 32 – Sète 9.

    ▲▲ **Les Vignes** avril-oct.
      ℘ 04 67 48 04 93, Fax 04 67 18 74 32 – NE : 1,7 km par D 129, D 2^{E6}, à droite, rte de Sète et chemin à gauche – Places limitées pour le passage ⊶ – **R** indispensable saison – **GB** ⚲
      2 ha (129 empl.) plat, herbeux, pierreux 🔲
      🔗 🏕 ⇌ 🗄 🛁 ⊕ 🔛 🖼 – 🔲 🛒
      Tarif : 🔳 piscine comprise 2 pers. 90, pers. suppl. 20 – [½] 12 (4A) 15 (6A) 18 (10A)

    ▲▲ **Le Mas du Padre** avril-22 oct.
      ℘ 04 67 48 53 41, Fax 04 67 48 08 94 – NE : 3 km par D 2^E, direction A9 et Montpellier – Ⓜ ⤳
      ⊶ – **R** conseillée juil.-août – **GB** ⚲
      1,8 ha (116 empl.) plat et peu incliné, herbeux, pierreux 🔲 ♉♉
      🔗 🏕 ⇌ 🗄 🛁 🛁 ⊕ 🖼 – 🔲 réfrigérateurs 🛒 ⅃ half-court
      Tarif : 🔳 élect. (5A) et piscine comprises 2 pers. 123, 4 pers. 175, pers. suppl. 22
      Location : 🛖 1085 à 2000 – 🚐 1500 à 2750

BALAZUC

07 Ardèche – 🔢 ⑨ – voir à Ardèche (Gorges de l').

BALBIGNY

42510 Loire 🔢 – 🔢 ⑱ – 2 415 h. alt. 331.
Paris 425 – Feurs 9 – Noirétable 44 – Roanne 29 – St-Étienne 51 – Tarare 29.

    ▲▲ **La Route Bleue** 15 mars-oct.
      ℘ 04 77 27 24 97, Fax 04 77 28 18 05 – NO : 2,8 km par N 82 et D 56 à gauche, rte de St-Georges-de-Baroille, près de la Loire – ⤳ ⊶ – **R** conseillée – **GB** ⚲
      2 ha (100 empl.) plat, peu incliné, herbeux
      🔗 🏕 ⇌ 🗄 🛁 ⊕ ⚘ 🔛 🖼 – 🍽 – 🔲 ⅃
      Tarif : ✶ 20 piscine comprise – 🔳 20 – [½] 18 (6A)

BALLAN-MIRÉ

37510 I.-et-L. 🔢 – 🔢 ⑭ ⑮ – 5 937 h. alt. 88.
🅱 Office de Tourisme 1 pl. du 11-Novembre ℘ 02 47 53 87 47.
Paris 252 – Azay-le-Rideau 15 – Langeais 26 – Montbazon 12 – Tours 12.

    ▲▲▲ **La Mignardière** 10 avril-sept.
      ℘ 02 47 73 31 00, Fax 02 47 73 31 01 – à 2,5 km au Nord-Est du bourg, à proximité du plan d'eau de Joué-Ballan – ⊶ – **R** conseillée 10 juil.-20 août – **GB** ⚲
      2,5 ha (177 empl.) plat, herbeux, petit bois attenant 🔲
      ▥ 🔗 🏕 ⇌ 🗄 🛁 🛁 – 🔲 – 🚲 ·🔞 ⚒ ⅃ – A proximité : poneys 🍽 grill 🛝 🛒
      Tarif : 🔳 piscine comprise 2 pers. 108 – [½] 18 (6A)
      Location : 🚐 1000 à 3000 – 🏠 1200 à 3300

BANDOL

83150 Var 🔢 – 🔢 ⑭ G. Côte d'Azur – 7 431 h. alt. 1.
🅱 Office de Tourisme allées Vivien ℘ 04 94 29 41 35, Fax 04 94 32 50 39.
Paris 825 – Aix-en-Provence 71 – Marseille 51 – Toulon 18.

    ▲ **Vallongue** avril-1er oct.
      ℘ 04 94 29 49 55 – N : 3 km par D 559, rte de St-Cyr-sur-Mer et à gauche à l'entrée du supermarché – ⩾ ⊶ Ⓟ(tentes) – **R** saison – **GB** ⚲
      1,2 ha (70 empl.) plat et en terrasses, pierreux, herbeux ♀
      🏕 ⇌ 🗄 🛁 ⊕ 🖼 – ⅃ – A proximité : 🖐
      Tarif : 🔳 piscine comprise 2 pers. 80/85, pers. suppl. 20 – [½] 15 (6A)
      Location (mars-1er déc.) : studios

BANGOR

56 Morbihan – 🔢 ⑪ ⑫ – voir à Belle-Ile-en-Mer.

BANNES

52360 H.-Marne 🔢 – 🔢 ③ – 393 h. alt. 388.
Paris 289 – Chaumont 35 – Dijon 85 – Langres 9 – Nancy 125.

    ▲ **Hautoreille** Permanent
      ℘ 03 25 84 83 40 – sortie Sud-Ouest par D 74, rte de Langres puis 0,7 km par chemin à gauche – ⤳ ⊶ – **R** – ⚲
      3 ha (100 empl.) plat, peu incliné, herbeux
      🔗 🏕 ⇌ 🗄 🛁 ⚘ ⊕ 🖼 – 🍽 ✗ (dîner seulement) – 🔲
      Tarif : ✶ 18 – 🔳 25 – [½] 10A : 18 (hiver 25)

BARATIER

05 H.-Alpes – **77** ⑰ ⑱ – rattaché à Embrun.

BARBÂTRE

85 Vendée – **67** ① – voir à Noirmoutier (Ile de).

BARBIÈRES

26 Drôme – **77** ② – rattaché à Bourg-de-Péage.

Le BARCARÈS

66420 Pyr.-Or. **15** – **86** ⑩ – 2 422 h. alt. 3.
B Office de Tourisme Front de Mer ℘ 04 68 86 16 56, Fax 04 68 86 34 20 et (saison) centre culturel Cocteau-Marais ℘ 04 68 86 18 23.
Paris 848 – Narbonne 56 – Perpignan 23 – Quillan 84.

    ▲▲▲ **L'Europe** Permanent
℘ 04 68 86 15 36, Fax 04 68 86 47 88 – SO : 2 km par D 90, à 200 m de l'Agly – ⌐ – **R** –
GB ⋇
6 ha (360 empl.) plat, herbeux ⌧ ⋅
⅄ Plates-formes aménagées et sanit. individuels (⌐ ⋄ ⌐ wc) ⍰ – ⍔ ⍩ ✕ ⌁ – ⌑ ⍦ ⌦
⍞ ⍑
Tarif : ⍰ élect. (10A), piscine et tennis compris 2 pers. 200
Location : ⌦ 1000 à 2900 – ⌦ 1500 à 3800 – ⌂ 1500 à 3800

    ▲▲▲ **La Salanque** (location exclusive de bungalows)
℘ 04 68 86 14 86, Fax 04 68 86 47 98 – O : 1,8 km par chemin de l'Hourtou – ⌐
3,5 ha (107 empl.) plat, herbeux ⌧ Sanitaires individuels (⌐ ⋄ wc) ⍰ – ⍔ ⍩ snack ⌁ – ⌑ ⍦
⍜ ⍦ salle d'animation ⌦ ⍞ ⍑
Location : ⌂

    ▲▲▲ **California** mai-23 sept.
℘ 04 68 86 16 08, Fax 04 68 86 18 20 ✉ 66423 Le Barcarès Cedex – SO : 1,5 km par D 90 – ⌐
– **R** conseillée juil.-août – **GB** ⋇
5 ha (246 empl.) plat, herbeux, verger ⌧ ⍖
⅄ ⌐ ⋄ ⌐ ⍕ ⋄ ⍓ ⋄ ⋈ ⍎ ⍰ – ⍔ ⍩ pizzeria, snack ⌁ – ⌑ ⍦ ⍜ ⌦ ⍵ ⍞ ⍑ toboggan
aquatique
Tarif : ⍰ piscine comprise 2 pers. 110, pers. suppl. 29 – ⍡ 18 (10A)
Location : ⌦ 1200 à 2660 – ⌂ 1450 à 3460

    ▲▲ **Le Soleil Bleu** avril-12 nov.
℘ 04 68 86 15 50, Fax 04 68 86 40 90 – SO : 1,4 km par D 90, à 100 m de l'Agly – ⌐ – **R** conseillée
– **GB** ⋇
3 ha (176 empl.) plat, sablonneux ⌧ ⍖
⅄ ⌐ ⋄ ⌐ ⌐ ⍓ ⋄ ⍎ ⍰ – ⍔ ⍩ pizzeria, snack ⌁ – ⍦ discothèque ⌦ ⍑
Tarif : ⍰ piscine comprise 2 pers. 130 ou 140, pers. suppl. 25 ou 30 – ⍡ 15 (6A)
Location : ⌦ 1200 à 3590 – ⌂ 1350 à 3760

    ▲▲ **Las Bousigues** avril-oct.
℘ 04 68 86 16 19, Fax 04 68 86 28 44 – O : 0,6 km, avenue des Corbières – ⌐ – **R** conseillée
juil.-août – **GB** ⋇
3 ha (199 empl.) plat, sablonneux ⌧ ⍖
⅄ ⌐ ⋄ ⌐ ⍕ ⌐ - 51 sanitaires individuels (⌐ ⋄ wc) ⍎ ⍰ – ⍔ ⍩ pizzeria, snack ⌁ – ⍦ ⌦
⍑ toboggan aquatique
Tarif : ⍰ piscine comprise 2 pers. 115, pers. suppl. 31 – ⍡ 20 (5A)
Location ⍵ : ⌦ 890 à 3590 – ⌂ 990 à 3490

    ▲▲ **La Croix du Sud** avril-sept.
℘ 04 68 86 16 61, Fax 04 68 86 20 03 – SO : 1,4 km par D 90, par D 83 sortie 10 – ⌐ – **R** conseillée
– **GB** ⋇
3,5 ha (200 empl.) plat, herbeux ⌧ ⋅
⅄ ⌐ ⋄ ⌐ ⍎ ⍎ ⍰ – ⌁ – ⌑ ⍦ ⌦ ⍑ terrain omnisports
Tarif : ⍰ piscine comprise 2 pers. 108 ou 145 – ⍡ 16 (3A) 22 (6A)
Location : ⌦ 900 à 2700 – ⌦ 1100 à 3400 – ⌂ 1300 à 3600

    ▲▲ **Le Pré Catalan** 8 mai-9 sept.
℘ 04 68 86 12 60, Fax 04 68 86 40 17 – SO : 1,5 km par D 90 puis 0,6 km par chemin à droite –
⌐ – **R** conseillée juil.-août – **GB** ⋇
4 ha (210 empl.) plat, sablonneux, herbeux ⌧ ⋅
⌐ ⋄ ⍓ ⌐ ⍎ ⍰ – ⍔ ⍩ ✕ ⌁ – ⌑ ⍦ ⌦ ⍵ ⍞ ⍑
Tarif : ⍰ piscine et tennis compris 2 pers. 125, pers. suppl. 28 – ⍡ 21 (10A)
Location : ⌦ 2950 – ⌦ 1380 à 3860

à Port-Barcarès N : 2,5 km par D 83, rte de Port-Leucate – ✉ 66420 Le Barcarès

    ▲▲ **La Presqu'île** avril-oct.
℘ 04 68 86 12 80, Fax 04 68 86 25 09 – à l'Est : sortie 11, bord de l'étang de Leucate – ⍋ ⌐
– **R** conseillée juil.-août – **GB** ⋇
3 ha (160 empl.) plat, sablonneux ⌧ ⍖ pinède
⅄ ⌐ ⍓ ⍎ ⍰ ⍰ – ⍔ ⍩ ⌁ – ⌑ ⍜ ⌦ ⍞ ⍑ toboggan aquatique
Tarif : ⍰ piscine et tennis compris 2 pers. 114, 3 pers. 169 avec élect. (6A)
Location : ⌦ 1100 à 3600 – ⌂ 1100 à 3400

BARCELONNE-DU-GERS

32720 Gers **14** – **82** ② – 1 312 h. alt. 96.
Paris 727 – Aire-sur-l'Adour 2 – Mont-de-Marsan 33 – Nogaro 19 – Riscle 15.

▲ *Municipal les Rives de l'Adour* 15 juin-15 sept.
S : 1,5 km par D 107 rte de Lembeye et à gauche avant le pont, bord de la rivière – ॐ – **R** – ♂
0,5 ha (40 empl.) plat, herbeux, pierreux ⊑ ⚌
& ⌂ ⇌ ⊕
Tarif : ✶ *10* – 📧 *15* – [⚡] *10 (6A)*

BARCELONNETTE

04400 Alpes-de-H.-Pr. **17** – **81** ⑧ G. Alpes du Sud – 2 976 h. alt. 1 135 – Sports d'hiver : Le Sauze/Super Sauze
1 400/2440 m ⨠24 ⨓ et Pra-Loup 1 500/2 500 m ⨠6 ⨠47.
🏢 Office de Tourisme pl. F.-Mistral ℘ 04 92 81 04 71, Fax 04 92 81 22 67.
Paris 740 – Briançon 89 – Cannes 162 – Cuneo 97 – Digne-les-Bains 84 – Gap 69 – Nice 146.

à l'Ouest sur D 900 rte du Lauzet-Ubaye :

▲▲▲ *Le Rioclar* 18 juin-4 sept.
℘ 04 92 81 10 32 ⊠ 04340 Meolans-Revel – à 11 km de Barcelonnette, près de l'Ubaye
et d'un petit plan d'eau, alt. 1 073 – ॐ ⩽ « Site et cadre agréables » ➊ – **R** conseillée
– ♂
8 ha (200 empl.) accidenté et en terrasses, pierreux, herbeux ⊑ ⚌ (pinède)
& ⌂ ⇌ 🖥 ⎕ ⇌ ⊕ 🖼 – ⊿ ▼ ✗ ⚓ – ⬚ ⚙ ⚲ ·⊛ ✗ ⅄ ⅃ – A proximité :
⩊⩊
Tarif : 📧 *piscine comprise 2 pers. 95, pers. suppl. 23* – [⚡] *18 (4 à 16A)*
Location : ⊡ *1300 à 2200* – ⊡ *2000 à 3200* – ⊡ *2200 à 3400*

▲ *Le Fontarache* juin-10 sept.
℘ 04 92 81 90 42 ⊠ 04400 Les Thuiles – à 7 km de Barcelonnette, près de l'Ubaye, alt. 1 108 –
⩽ ➊ – **R** conseillée août – ♂
6 ha (150 empl.) plat et peu accidenté, pierreux, gravier, herbeux, petit plan d'eau ⊑ ⚌
& ⌂ ⇌ 🖥 ⇌ ⩘ ⊕ ⧇ 🖼 – ⚓ ✗ ⩊⩊
Tarif : 📧 *2 pers. 58, pers. suppl. 17* – [⚡] *15 (3 ou 6A)*
Location : ⊡ *1200 ou 1500* – ⊡ *1700 à 2300*

BARFLEUR

50760 Manche **4** – **54** ③ G. Normandie-Cotentin – 599 h. alt. 5.
🏢 Office de Tourisme 2 Rd-Pt G.-le-Conquérant ℘ 02 33 54 02 48, Fax 02 33 68 13 29.
Paris 352 – Caen 120 – Carentan 49 – Cherbourg 29 – St-Lô 77 – Valognes 26.

▲ *Municipal la Blanche Nef* Permanent
℘ 02 33 23 15 40, Fax 02 33 23 95 14 – à 500 m au Nord-Ouest de la ville, près de la mer – ॐ
⩽ ➊ – **R** conseillée juil.-août – **GB** ♂
2,5 ha (90 empl.) plat et peu incliné, herbeux
⫿ & ⌂ ⇌ ⊕ ⧇ 🖼 – ⬚ ⚲ ◊
Tarif : (Prix 1999) 📧 *2 pers. 45,50, pers. suppl. 12,50* – [⚡] *12 (2A) 18 (5A) 25 (10A)*

BARJAC

30 Gard – **80** ⑨ – voir à Ardèche (Gorges de l').

BARNEVILLE-CARTERET

50270 Manche **4** – **54** ① G. Normandie Cotentin – 2 222 h. alt. 47.
🏢 Office de Tourisme 10 r. des Écoles ℘ 02 33 04 90 58, Fax 02 33 04 90 58.
Paris 350 – Caen 118 – Carentan 43 – Cherbourg 39 – Coutances 48 – St-Lô 63.

▲▲ *Les Bosquets* avril-sept.
℘ 02 33 04 73 62 – SO : 2,5 km par rte de Barneville-Plage et rue à gauche, à 450 m de la plage
– ॐ « Cadre sauvage » ➊ – **R** conseillée juil.-août – **GB** ♂
10 ha/6 campables (331 empl.) plat et accidenté, sablonneux, herbeux, dunes boisées ◊
(1 ha)
⌂ ⇌ ⩘ ⊕ 🖼 – ▼ – ⬚ ⚓ ⅃ – A proximité : ⚞
Tarif : ✶ *26 piscine comprise* – 📧 *26* – [⚡] *18 (10A)*
Location : ⊡ *1200 à 2200*

à Carteret O : 2,5 km – ⊠ 50270 Barneville-Carteret :.
🏢 Office de Tourisme (Pâques-sept.) pl. des Flandres-Dunkerque ℘ 02 33 04 94 54

▲▲ *Le Bocage* avril-sept.
℘ 02 33 53 86 91 – par rue face à la mairie – ➊ – **R** juil.-août – **GB** ♂
4 ha (200 empl.) plat, herbeux ⊑ ◊
⌂ ⇌ 🖥 ⩘ ⊕ ⩘ 🖼 – ⬚ ⚓ – A proximité : ✗ ⚲
Tarif : ✶ *24* – 📧 *25* – [⚡] *10 (2A) 13 (3A) 16 (6A)*

à St-Jean-de-la-Rivière SE : 2,5 km – 218 h. alt. 20 – ⊠ 50270 St-Jean-de-la-Rivière :

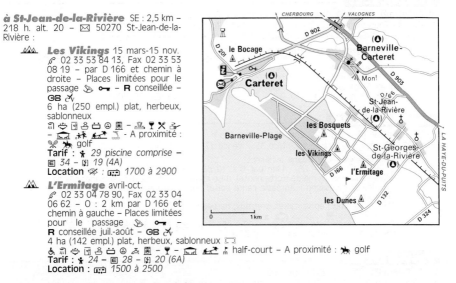

▲▲▲ **Les Vikings** 15 mars-15 nov. ℘ 02 33 53 84 13, Fax 02 33 53 08 19 – par D 166 et chemin à droite – Places limitées pour le passage ⌂ ⊶ **R** conseillée – GB ⚲
6 ha (250 empl.) plat, herbeux, sablonneux
⌂ ⌂ ⌂ ⌂ ⌂ ◉ ⊠ – ⚲ ♈ ✗ ⌂
– ⌂ ⌂ ⌂ ⌂ – A proximité : ⚷ ☗ golf
Tarif : ★ 29 piscine comprise – 囸 34 – [ŧ] 19 (4A)
Location ⚷ : ⌂⌂⌂ 1700 à 2900

▲▲ **L'Ermitage** avril-oct. ℘ 02 33 04 78 90, Fax 02 33 04 06 62 – O : 2 km par D 166 et chemin à gauche – Places limitées pour le passage ⌂ ⊶ – **R** conseillée juil.-août – GB ⚲
4 ha (142 empl.) plat, herbeux, sablonneux ⌂
⌂ ⌂ ⌂ ⌂ ⌂ ◉ ⌂ ⊠ – ♈ – ⌂ ⌂ ⌂ half-court – A proximité : ⚷ golf
Tarif : ★ 24 – 囸 28 – [ŧ] 20 (6A)
Location : ⌂⌂⌂ 1500 à 2500

Voir aussi à St-Georges-de-la-Rivière

LA BARRE-DE-MONTS

85 Vendée – 🔢 ① ⑪ – rattaché à St-Jean-de-Monts.

En juillet et août, beaucoup de terrains sont saturés et leurs emplacements retenus longtemps à l'avance.

N'attendez pas le dernier moment pour réserver.

BARRÊME

04330 Alpes-de-H.-Pr. 🔢 – 🔢 ⑰ G. Alpes du Sud – 473 h. alt. 720.
Paris 771 – Castellane 25 – Digne-les-Bains 30 – Moustiers-Ste-Marie 55 – St-André-les-Alpes 14.

▲ **Napoléon** juin-15 sept. ℘ 04 92 34 22 70 – sortie Sud-Est par rte de Castellane et 0,6 km par chemin à gauche après le pont, bord de l'Asse de Moriez – ⌂ < ⊶ – **R** – ⚲
2,5 ha (130 empl.) plat, terrasse, herbeux ⌂⌂
⌂ ⌂ ⌂ ⌂ ◉ – ⌂ ⌂ ⌂ ⌂
Tarif : 囸 2 pers. 50 – [ŧ] 10 (10A)

BARRET-LE-BAS

05300 H.-Alpes 🔢 – 🔢 ⑤ – 237 h. alt. 640.
Paris 707 – Laragne-Montéglin 14 – Sault 45 – Séderon 20 – Sisteron 25.

▲ **Les Gorges de la Méouge** mai-sept. ℘ 04 92 65 08 47, Fax 04 92 65 05 33 – sortie Est par D 942, rte de Laragne-Montéglin et chemin à droite, près de la Méouge – ⌂ < ⊶ – **R** – ⚲
2,5 ha (95 empl.) plat, herbeux ⌂⌂
⌂ ⌂ ⌂ ⌂ ⌂ ◉ ⌂ ⚲ ⊠ – ⚲ ⌂
Tarif : 囸 piscine comprise 2 pers. 71, pers. suppl. 18,70 – [ŧ] 13,50 (2A) 15 (6A) 20 (10A)
Location : ⌂⌂⌂ 1302 à 1694 – ⌂⌂ 1561 à 1953

BARROU

37350 I.-et-L. 🔢 – 🔢 ⑤ – 511 h. alt. 50.
Paris 307 – Châtellerault 22 – Descartes 14 – Loches 43 – La Roche-Posay 60 – Tours 72.

▲ **Municipal** 15 juin-15 sept. sortie Nord-Ouest, rte de Descartes puis 0,8 km par route et chemin à gauche, près de la Creuse, Croisement difficile pour caravanes – ⌂ – **R** conseillée juil.-août
0,5 ha (40 empl.) peu incliné, plat, herbeux
⌂ ⌂ ⌂ ◉
Tarif : ★ 7 – 囸 7 – [ŧ] 8 (2A)

BAR-SUR-AUBE

10200 Aube **7** – **61** ⑲ G. Champagne Ardenne – 6 707 h. alt. 190.
🛈 Office de Tourisme pl. de l'Hôtel-de-Ville 𝒫 03 25 27 24 25, Fax 03 25 27 40 02.
Paris 228 – Châtillon-sur-Seine 60 – Chaumont 41 – Troyes 53 – Vitry-le-François 66.

⚠ *Municipal la Gravière* avril-15 oct.
𝒫 03 25 27 12 94 – sortie Nord-Ouest par N 19, rte de Troyes et à gauche avenue du Parc « Parc boisé au bord de l'Aube » ⊶ – **R** juil.-août
1,25 ha (65 empl.) plat, herbeux ₀₀
🔥 ⇆ 🗟 ♨ ⊙ – ⚓ – A proximité : 🏋
Tarif : (Prix 1999) ⚹ 5,60 – ⇚ 3,30 – 🅴 3,40 – ⚡ 15 (6A) 25 (10A)

Le BAR-SUR-LOUP

06620 Alpes-Mar. **17** – **84** ⑨ G. Côte d'Azur – 2 465 h. alt. 320.
Paris 922 – Cannes 22 – Grasse 10 – Nice 35 – Vence 17.

⚠ *Les Gorges du Loup* avril-sept.
𝒫 04 93 42 45 06 – NE : 1 km par D 2210 puis 1 km par chemin des Vergers à droite, Accès difficile aux emplacements (forte pente), mise en place et sortie des caravanes à la demande – ⌘ ≼ vallée et montagne « Agréable cadre boisé, belle situation dominante » ⊶ **P** – **R** conseillée juil.-août – ⚗
1,6 ha (70 empl.) en terrasses, pierreux, herbeux ⊏⊐ ₀₀
🔥 ⇆ 🗟 ⚘ ♨ ⊙ – ⚘ – 🍴 ⚓
Tarif : 🅴 piscine comprise 2 pers. 80 à 155 – ⚡ 15 à 25 (2 à 10A)
Location ⚖ juil.-août : ⛺ 1100 à 3000

BASSEMBERG

67220 B.-Rhin **8** – **62** ⑧ – 234 h. alt. 280.
Paris 420 – Barr 21 – St-Dié 36 – Sélestat 19 – Strasbourg 61.

⚠⚠ *Le Giessen* 30 avril-sept.
𝒫 03 88 58 98 14, Fax 03 88 57 02 33 – sortie Nord-Est sur D 39, rte de Villé, bord du Giessen – ≼ « Près d'un complexe aquatique » ⊶ – **R** – **GB** ⚗
4 ha (175 empl.) plat, herbeux ⊏⊐
🎞 ᴥ 🔥 ⇆ 🗟 ♨ ⊙ ⚘ ⚡ ⛺ 🖼 – 🍴 – ⚓ – A proximité : 🎣 ⚓ ⚒ 🖼 ♪ 🔲 ⚒ toboggan aquatique
Tarif : 🅴 piscine comprise 2 pers. 80
Location : bungalows toilés

BASSOUES

32320 Gers **14** – **82** ③ – 454 h. alt. 225.
Paris 773 – Aire-sur-l'Adour 48 – Auch 40 – Condom 59 – Mont-de-Marsan 79 – Tarbes 55.

⚠ *Municipal* 15 juin-15 oct.
E : 0,8 km par D 943, rte de Montesquiou, près du stade et bord du lac de St-Fris – ⌘ – **R** conseillée juil.-août
1 ha (50 emp.) plat, peu incliné, herbeux
🔥 ⇆ ♨ ⊙ – ⚒
Tarif : 🅴 1 pers. 30/40 – ⚡ 5

BASTIA

2B H.-Corse – **90** ③ – voir à Corse.

La BASTIDE DE SÉROU

09240 Ariège **14** – **86** ④ G. Midi Pyrénées – 933 h. alt. 410.
🛈 Office de Tourisme rte de St-Girons 𝒫 05 61 64 53 53, Fax 05 61 64 50 48.
Paris 775 – Foix 17 – Le Mas-d'Azil 17 – Pamiers 33 – St-Girons 27.

⚠⚠ *L'Arize* mars-oct.
𝒫 05 61 65 81 51, Fax 05 61 65 83 34 – sortie Est par D 117, rte de Foix puis 1,5 km par D 15, rte de Nescus à droite, bord de la rivière – ⌘ ⊶ – **R** conseillée juil.-août – **GB** ⚗
7,5 ha/1,5 campable (70 empl.) plat, herbeux
ᴥ 🔥 ⇆ 🗟 ♨ ⊙ 🔲 – A proximité : ✗ ⚓
Tarif : (Prix 1999) 🅴 élect. et piscine comprises 2 pers. 98, pers. suppl. 29
Location : ⛺ 950 à 1660 – bungalows toilés

La BÂTHIE

73540 Savoie **12** – **74** ⑰ – 1 880 h. alt. 360.
Paris 620 – Albertville 9 – Bourg-St-Maurice 47 – Méribel-les-Allues 35 – Moûtiers 19.

⚠⚠ *Le Tarin* Permanent
𝒫 04 79 89 60 54 – O : 0,5 km par D 66, rte d'Esserts-Blay, près N 90 (voie express : sortie ㉝) – ≼ « Situation panoramique sur les montagnes de la Tarentaise » ⊶ – **R** conseillée – **GB**
1 ha (43 empl.) plat, herbeux
🎞 ᴥ 🔥 ⇆ 🗟 ♨ ⊙ ⚘ ⚡ – 🍴 – ⛺ discothèque
Tarif : ⚹ 16 (hiver 19) – 🅴 18 – ⚡ 16 (10A)

44740 Loire-Atl. 4 – 63 ⑭ G. Bretagne – 2 734 h. alt. 12.
Paris 462 – La Baule 7 – Nantes 86 – Redon 62 – Vannes 76.

   Les Paludiers avril-17 sept.
     𝒫 02 40 23 85 84, Fax 02 40 23 75 55 – sortie Ouest par N 171, rte du Croisic et chemin à gauche, près de la D 45 et à 150 m de la plage – ⊶ – **R** conseillée 20 juil.-15 août – GB ⚲
     8 ha (300 empl.) plat, peu incliné, sablonneux
     ⚹ ⛺ ⇌ 🖼 ♨ ⊟ 🌀 🛒 – ☂ – 🚗 ⛟ 🚲 – A proximité : 🏊
     Tarif : 🔲 2 pers. 94, pers. suppl. 30 – 🔋 20 (3 à 10A)
     Location : bungalows toilés

50270 Manche 4 – 54 ① – 174 h. alt. 30.
Paris 361 – Barneville-Carteret 9 – Cherbourg 33 – Valognes 28 – Laval 199.

   Bel Sito Pâques-15 sept.
     𝒫 02 33 04 32 74 – au bourg – ⚲ ≤ « Cadre et site sauvages dans les dunes » ⊶ – 🍴 – ⚲
     6 ha/4 campables (85 empl.) incliné à peu incliné, plat, sablonneux, herbeux, dunes
     ⚹ ⛺ ⇌ 👥 🌀 ♨ ⊟ – 🛒 🚗
     Tarif : ✴ 22 – 🚗 10 – 🔲 17 – 🔋 13 (3A) 20 (6A)

56150 Morbihan 3 – 63 ② G. Bretagne – 4 658 h. alt. 54.
🛈 Syndicat d'Initiative Mairie 𝒫 02 97 51 02 29, Fax 02 97 39 07 22.
Paris 470 – Auray 29 – Locminé 17 – Lorient 35 – Pontivy 26 – Vannes 35.

   Municipal de Pont-Augan avril-sept.
     𝒫 02 97 51 04 74, Fax 02 97 39 07 23 – O : 7 km par D 3 rte de Bubry – ⚲ « Au bord du Blavet et d'un bassin » ⊶ juil.-août – **R** conseillée – ⚲
     0,9 ha (50 empl.) plat, herbeux, pierreux 🌳 🌿
     ⛺ ⇌ 👥 ♨ ⊟ 🛒 🌀 – 🚲
     Tarif : (Prix 1999) ✴ 10 – 🚗 10 – 🔲 10 – 🔋 12
     Location : gîtes

49150 M.-et-L. 5 – 64 ② ⑫ G. Châteaux de la Loire – 3 748 h. alt. 55.
🛈 Office de Tourisme au Château 𝒫 02 41 89 18 07, Fax 02 41 84 12 19.
Paris 261 – Angers 42 – La Flèche 19 – Le Mans 63 – Saumur 40 – Tours 67.

   Municipal du Pont des Fées 15 mai-15 sept.
     𝒫 02 41 89 14 79 – E par D 766 rte de Tours et rue à gauche, bord du Couasnon – ⚲ « Cadre agréable » ⊶ juil.-août – **R**
     1 ha (65 empl.) plat, herbeux 🌳 🌿 (0,5 ha)
     ⛺ ⇌ 👥 ⊟ ♨ 🌀 – A proximité : 🏓 ❄ 🏊
     Tarif : (Prix 1999) ✴ 11 – 🚗 8 – 🔲 8 – 🔋 13 (4A)

44500 Loire-Atl. 4 – 63 ⑭ G. Bretagne – 14 845 h. alt. 31.
🛈 Office de Tourisme et Accueil de France 8 pl. Victoire 𝒫 02 40 24 34 44, Fax 02 40 11 08 10.
Paris 453 – Nantes 77 – Rennes 123 – St-Nazaire 18 – Vannes 72.

   Les Ajoncs d'Or avril-sept.
     𝒫 02 40 60 33 29, Fax 02 40 24 44 37 – chemin du Rocher – ⚲ « Décoration arbustive » ⊶ – **R** conseillée – GB ⚲
     5,8 ha (222 empl.) plat, peu incliné, herbeux 🌳 🌿
     ⚹ ⛺ ⇌ 👥 ⊟ ♨ 🌀 ❄ 🛒 🖼 – 🍴 ☂ 🚲 – 🚗 🏊
     Tarif : (Prix 1999) 🔲 piscine comprise 2 pers. 105 (120 avec élect. 6A)
     Location : 🏠 1540 à 3325

   L'Eden 8 avril-sept.
     𝒫 02 40 60 03 23 – à 1 km au Nord-Ouest de la Baule-Escoublac, vers Guérande « Cadre agréable » ⊶ – **R** conseillée 14 juil.-20 août – ⚲
     4,5 ha (197 empl.) peu incliné, herbeux, étang 🌳 🌿
     ⚹ ⛺ ⇌ 👥 ⚱ ⊟ ♨ ❄ 🌀 🖼 – 🍴 ☂ – 🏊 🔁 toboggan aquatique
     Tarif : ✴ 35 piscine comprise – 🔲 50 – 🔋 25 (10A)
     Location : 🏠 1600 à 3300

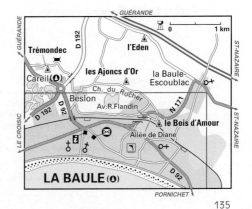

La BAULE

⚠ **Le Bois d'Amour** 10 mars-10 oct.
𝒫 02 40 60 17 40, Fax 02 40 60 11 48 – av. du Capitaine R. Flandin et allée de Diane, à droite après le pont du chemin de fer « Cadre agréable » ⚟ ⚟ juil.-août – **R** – GB ⚟
5 ha (250 empl.) plat, accidenté et terrasses, sablonneux ⚟ (caravaning) ⚟⚟ (camping)
⚟ ⚟ ⚟ ⚟ ⚟ ⚟ ⚟ ⚟ – ⚟ – A proximité : ⚟
Tarif : ⚟ 2 pers. 80/112 avec élect. (6A), pers. suppl. 25

à Careil NO : 2 km par D 92 – ⊠ 44350 Guérande :

⚠ **Trémondec** avril-sept.
𝒫 02 40 60 00 07, Fax 02 40 60 91 10 – ⚟ – **R** conseillée juil.-août – GB ⚟
2 ha (100 empl.) peu incliné et en terrasses, herbeux ⚟ ⚟
⚟ ⚟ ⚟ ⚟ ⚟ ⚟ ⚟ ⚟ – ⚟ ⚟ – ⚟ ⚟
Tarif : ⚟ 26 – ⚟ 55 – ⚟ 20 (6A)
Location : ⚟ 1550 à 3500

BAYAS

33230 Gironde ⚟ – ⚟⚟ ② – 447 h. alt. 66.
Paris 539 – Bordeaux 49 – Coutras 9 – Libourne 19 – Montendre 35.

⚠ **Le Chêne** avril-sept.
𝒫 05 57 69 13 78 – N : 2,2 km par D 247 rte de Laruscade et chemin à droite, par D 133, bord d'un plan d'eau – ⚟ – **R** conseillée juil.-août – ⚟
2,3 ha (80 empl.) plat, herbeux ⚟
⚟ ⚟ ⚟ ⚟ ⚟ ⚟ ⚟ ⚟ ⚟ – ⚟ ⚟ – ⚟ ⚟ ⚟ ⚟
Tarif : ⚟ 20 – ⚟ 22 – ⚟ 15 (4A) 20 (6A) 28 (10A)
Location : ⚟ 1100 à 1450 – ⚟ 1800 à 2000

BAYEUX

14400 Calvados ⚟ – ⚟⚟ ⑮ G. Normandie Cotentin – 14 704 h. alt. 50.
🛈 Office de Tourisme Pont St-Jean 𝒫 02 31 51 28 28, Fax 02 31 51 28 29.
Paris 260 – Caen 29 – Cherbourg 95 – Flers 71 – St-Lô 36 – Vire 61.

⚠ **Municipal** 15 mars-oct.
𝒫 02 31 92 08 43 – N : sur bd périphérique d'Eindhoven « Décoration arbustive » ⚟ – **R** – GB
2,5 ha (140 empl.) plat, herbeux, goudronné ⚟
⚟ ⚟ ⚟ ⚟ ⚟ ⚟ ⚟ ⚟ – ⚟ ⚟ – A proximité : ⚟ ⚟ (découverte l'été)
Tarif : ⚟ 17,80 – ⚟ 22 – ⚟ 18,10 (5A)

BAYONNE

64100 Pyr.-Atl. ⚟⚟ – ⚟⚟ ⑱ G. Aquitaine – 40 051 h. alt. 3.
🛈 Office de Tourisme pl. des Basques 𝒫 05 59 46 01 46, Fax 05 59 59 37 55 et (saison) gare SNCF 𝒫 05 59 55 20 45.
Paris 770 – Bordeaux 192 – Biarritz 9 – Pamplona 111 – San Sebastiàn 57 – Toulouse 300.

⚠ **La Chêneraie** avril-sept.
𝒫 05 59 55 01 31, Fax 05 59 55 11 17 – NE : 4 km par N 117, rte de Pau et rte à droite « Cadre agréable » ⚟ – **R** conseillée juil.-août – ⚟
10 ha/6 campables (257 empl.) plat et peu incliné, terrasses, herbeux, étang ⚟⚟
⚟ ⚟ ⚟ ⚟ ⚟ ⚟ ⚟ ⚟ ⚟ ⚟ ⚟ – ⚟ ⚟ ⚟ – ⚟ ⚟ ⚟ ⚟
Tarif : ⚟ 26 piscine comprise – ⚟ 58 – ⚟ 20 (6A)
Location ⚟ : ⚟ 1100 à 3300 – bungalows toilés

Voir aussi à St-Martin-de-Seignanx

Si vous recherchez :
un terrain agréable ou très tranquille
un terrain ouvert toute l'année
un terrain effectuant la location de caravanes,
de mobile homes, de bungalows ou de chalets
un terrain avec tennis ou piscine
un terrain possédant une aire de services
pour camping-cars

Consultez le tableau des localités citées, classées par départements.

BAZAS

33430 Gironde 🔢 – 🔢 ② G. Aquitaine – 4 379 h. alt. 70.
🅱 Office de Tourisme (fermé le dim. en hiver) 1 pl. de la Cathédrale ☎ 05 56 25 25 84, Fax 05 56 25 25 84.
Paris 641 – Agen 83 – Bergerac 97 – Bordeaux 62 – Langon 17 – Mont-de-Marsan 70.

▲ **Le Grand Pré** avril-oct.
☎ 05 56 65 13 17, Fax 05 56 25 90 52 – SE : 2,1 km par D 655, rte de Casteljaloux et chemin à droite, au château d'Arbien – 🏊 ≤ o🔑 – **R** – 🆖 ⚘
70 ha/20 campables (18 empl.) plat, peu incliné, herbeux
🔥 🔥 🔥 🔥 🔥 🔥 🔥 🔥 🔥 🔥 🔥 🔥
Tarif : (Prix 1999) 🔲 *piscine comprise 1 ou 2 pers. 102/120, pers. suppl. 25* – 🔌 *20 (6A) 25 (10A) 30 (16A)*

BAZINVAL

76340 S.-Mar. 🔢 – 🔢 ⑥ – 335 h. alt. 120.
Paris 166 – Abbeville 33 – Amiens 62 – Blangy-sur-Bresle 9 – Le Tréport 21.

▲ **Municipal de la Forêt** avril-oct.
sortie Sud-Ouest par D 115 et rte à gauche, près de la mairie « Décoration arbustive des emplacements » – **R**
0,4 ha (20 empl.) plat, peu incliné, herbeux 🔲
🔥 🔥 🔥 🔥 🔥
Tarif : (Prix 1999) 🔥 *8* – 🚗 *7* – 🔲 *7* – 🔌 *16 (10A)*

▲▲▲▲ ... ▲

Sites which are particularly pleasant in their own right and outstanding in their class.

La BAZOCHE-GOUET

28330 E.-et-L. 🔢 – 🔢 ⑯ G. Châteaux de la Loire – 1 281 h. alt. 185.
Paris 148 – Brou 18 – Chartres 61 – Châteaudun 34 – La Ferté-Bernard 31 – Vendôme 49.

▲ **Municipal la Rivière du Gué** Pâques-15 oct.
☎ 02 37 49 36 49 – SO : 1,5 km par D 927, rte de la Chapelle-Guillaume et chemin à gauche – 🏊
« Au bord de l'Yerre et d'étangs » o🔑 – **R**
1,8 ha (30 empl.) plat, herbeux 🔲
🔥 🔥 🔥 🔥 🔥 – 🔥 🔥
Tarif : 🔲 *2 pers. 20/25 avec élect. jusqu'à (4A) (4 pers. 40), pers. suppl. 10* – 🔌 *10 (5 ou 6A) 26,10 (7 à 10A)*

BAZOLLES

58110 Nièvre 🔢 – 🔢 ⑮ – 260 h. alt. 260.
Paris 250 – Corbigny 15 – Nevers 44 – Prémery 27 – St-Saulge 10.

▲ **Base de Plein Air et de Loisirs** avril-oct.
☎ 03 86 38 90 33 – N : 5,5 km par D 958, rte de Corbigny et D 135 à gauche – 🏊 « Près de l'étang de Baye » o🔑 – **R** conseillée – ⚘
1,5 ha (70 empl.) plat, gravillons 🔲 ♀
🔥 🔥 🔥 🔥 🔥 🔥 – A proximité : 🔥 🔥 🔥 🔥
Tarif : (Prix 1999) 🔥 *12* – 🔲 *19* – 🔌 *17 (16A)*

BEAUCAIRE

30300 Gard 🔢 – 🔢 ⑪ G. Provence – 13 400 h. alt. 18.
🅱 Office de Tourisme 24 cours Gambetta ☎ 04 66 59 26 57, Fax 04 66 59 68 51.
Paris 706 – Alès 72 – Arles 18 – Avignon 25 – Nîmes 25 – St-Rémy-de-Provence 19.

▲ **Municipal le Rhodanien** 15 juin-15 sept.
☎ 04 66 59 25 50 – au champ de foire – à 50 m du Rhône – o🔑 – **R** conseillée
1,2 ha (80 empl.) plat, gravier, herbeux 🔲 ♀
🔥 🔥 🔥 🔥 🔥 🔥 🔥 🔥 🔥 🔥
Tarif : 🔥 *26 piscine et tennis compris* – 🔲 *26* – 🔌 *16 (10A)*

BEAUCHASTEL

07800 Ardèche 🔢 – 🔢 ⑪ – 1 462 h. alt. 105.
Paris 579 – Aubenas 56 – Le Cheylard 46 – Crest 28 – Privas 25 – Valence 15.

▲ **Municipal les Voiliers** avril-oct.
☎ 04 75 62 24 04, Fax 04 75 62 42 32 – E : 1,5 km par rte de l'usine hydro-électrique, bord du Rhône – 🏊 o🔑 juil.-août – **R** conseillée juil.-août – ⚘
1,5 ha (114 empl.) plat, herbeux 🔲 ♀♀
🔥 🔥 🔥 🔥 🔥 – 🔥 🔥 – A proximité : 🔥 🔥 🔥
Tarif : 🔥 *17,50 piscine comprise* – 🚗 *12,50* – 🔲 *15* – 🔌 *16 (5A)*

73 Savoie 🄱🄲 – 🄷🄸 ⑰ ⑱ G. Alpes du Nord – 1 996 h. alt. 750 – ✉ 73270 Beaufort-sur-Doron.
🖪 Office de Tourisme pl. Mairie ℘ 04 79 38 37 57, Fax 04 79 38 16 70.
Paris 597 – Albertville 20 – Chambéry 71 – Megève 41.

⚠ **Municipal Domelin** juin-sept.
℘ 04 79 38 33 88 – N : 1,2 km par rte d'Albertville et rte à droite – 🐟 ≤ ⚙ – **R** conseillée
15 juil.-15 août – ⚒
2 ha (100 empl.) plat, peu incliné, herbeux ♀
🚻 📶 🍴 📧 🖳 🕳 ⊕ 🖼
Tarif : ⚹ 17,50 – 🚗 11 – 🔲 15,50 – 🔌 14 (4 ou 5A)

⚠ **Les Sources** 15 mai-sept.
℘ 04 79 38 31 77 – SE : 5 km par D 925, rte de Bourg-St-Maurice, à 100 m du Doron, alt. 1 000
– 🐟 ≤ « Dans un site agréable » ⚙ – **R** conseillée juil.-20 août – ⚒
0,9 ha (55 empl.) plat, herbeux
📶 🚻 📶 🍴 📧 ⊕ 🖼 – 🚙
Tarif : ⚹ 18,50 – 🚗 11,50 – 🔲 14,50/17 – 🔌 14 (4A)

19120 Corrèze 🄶🄸 – 🄷🄵 ⑲ G. Berry Limousin – 1 265 h. alt. 142.
🖪 Office de Tourisme (Pâques-sept.) pl. Marbot ℘ 05 55 91 09 94, Fax 05 55 91 10 97.
Paris 522 – Aurillac 70 – Brive-la-Gaillarde 45 – Figeac 61 – Sarlat-la-Canéda 69 – Tulle 44.

⚠⚠ **Les Îles** mai-20 sept.
℘ 05 55 91 02 65, Fax 05 55 91 05 19 – à l'Est du centre bourg, par bd St-Rodolphe-
de-Turenne « Situation agréable dans une île de la Dordogne » ⚙ juil.-août – **R** conseillée
juil.-août – ⚒
4 ha (120 empl.) plat, légèrement accidenté, herbeux ♀♀
🚻 📶 🍴 📧 🕳 ⊕ 🖼 – 🚙 🛶 🌊 – A proximité : 🍴 🏊
Tarif : ⚹ 22 – 🔲 25 – 🔌 17 (10A)

45630 Loiret 🄶 – 🄶🄵 ⑫ – 1 644 h. alt. 156.
Paris 172 – Aubigny-sur-Nère 36 – Briare 15 – Gien 27 – Cosne-sur-Loire 19.

⚠ **Municipal Touristique du Canal** 23 avril-1er nov.
sortie Est par D 926, rte de Bonny-sur-Loire, près du canal (halte nautique) – **R** conseillée
– ⚒
0,6 ha (37 empl.) plat, herbeux 🛏
🚻 📶 🍴 📧 ⊕ 🖼 – 🛶
Tarif : (Prix 1999) ⚹ 13,25 – 🔲 6,60 – 🔌 8,20 (3A) 15,30 (6A)

BEAUMES-DE-VENISE

84190 Vaucluse 🔞 – 🔞 ⑫ G. Provence – 1 784 h. alt. 100.
🚇 Office de Tourisme Cours Jean-Jaurès ℰ 04 90 62 94 39, Fax 04 90 62 94 39.
Paris 670 – Avignon 33 – Nyons 40 – Orange 23 – Vaison-la-Romaine 25.

⚠ **Municipal de Roquefiguier** avril-oct.
ℰ 04 90 62 95 07 – sortie Nord par D 90, rte de Malaucène et à droite, bord de la Salette – ≤ o═┐
– 🍴 – ⚿
1,5 ha (63 empl.) peu incliné et en terrasses, herbeux, pierreux ▭ ⌕
🔥 🔥 🔥 🔥 ⊙ 🔥 🔥 🔥 – A proximité : 🎾 🔥
Tarif : ⚡ 13 – 🔲 12 – 🔋 12 (6A)

BEAUMONT

24440 Dordogne 🔞 – 🔞 ⑮ G. Périgord Quercy – 1 155 h. alt. 160.
🚇 Office de Tourisme pl. Centrale ℰ 05 53 22 39 12, Fax 05 53 22 05 35.
Paris 553 – Bergerac 29 – Brive-la-Gaillarde 100 – Cahors 77 – Périgueux 67 – Villeneuve-sur-Lot 48.

⚠ **Les Remparts** mai-sept.
ℰ 05 53 22 40 86 – sortie Sud-Ouest par D 676 rte de Villeréal, près du stade – o═┐ – 🅡 conseillée
– ⚿
1,2 ha (66 empl.) en terrasses, herbeux, pierreux ▭ 🔥🔥
🔥 🔥 🔥 🔥 🔥 🔥 – 🔥 – 🔥 🔥 – A proximité : 🎾
Tarif : ⚡ 25 piscine comprise – 🔲 30 – 🔋 13 (6A)
Location : 🏠 1400 à 2700

BEAUMONT-DE-LOMAGNE

82500 T.-et-G. 🔞 – 🔞 ⑥ G. Midi Pyrénées – 3 488 h. alt. 400.
🚇 Office de Tourisme 3 r. Fermat ℰ 05 63 02 42 32, Fax 05 63 65 61 17.
Paris 683 – Agen 60 – Auch 50 – Castelsarrasin 26 – Condom 61 – Montauban 36 – Toulouse 64.

⚠ **Le Lomagnol** Pâques-sept.
ℰ 05 63 65 26 43, Fax 05 63 65 60 22 – E : 0,8 km, accès par la déviation et chemin, bord d'un plan
d'eau – ≤ « Site agréable » o═┐ – 🅡 conseillée – ⚿
1,5 ha (100 empl.) plat, herbeux ▭
🔥 🔥 🔥 🔥 ⊙ 🔥 🔥 🔥 – snack – 🔥 🔥 🔥 🔥 🎾 🔥 🔥 toboggan aquatique 🔥 – A proximité :
parcours de santé
Tarif : ⚡ 20 – 🚐 6 – 🔲 15 – 🔋 20 (10A)
Location (permanent) : gîtes

BEAUMONT-DU-LAC

87120 H.-Vienne 🔞 – 🔞 ⑲ – 129 h. alt. 636.
Paris 431 – Bourganeuf 31 – Eymoutiers 10 – Gentioux 16 – Limoges 54 – Peyrat-le-Château 12.

⚠ **Châteaucourt** 15 juin-août
ℰ 05 55 69 22 40 – NE : 3,5 km par D 43, rte de Royère-de-Vassivière, près du lac de Vassivière
(accès direct) – ≤ o═┐ – 🅡 – ⚿
4 ha (112 empl.) incliné, en terrasses, herbeux ▭ 🔥🔥 (2 ha)
🔥 🔥 🔥 ⊙
Tarif : (Prix 1999) ⚡ 17 – 🔲 17 – 🔋 12,50 (10A)

BEAUMONT-DU-VENTOUX

84340 Vaucluse 🔞 – 🔞 ③ – 260 h. alt. 360.
Paris 679 – Avignon 47 – Carpentras 21 – Nyons 28 – Orange 41 – Vaison-la-Romaine 12.

⚠ **Mont-Serein** 15 avril-15 sept.
ℰ 04 90 60 49 16 – E : 20 km par D 974 et D 164ᴬ, rue du Mont-Ventoux par Malaucène, accès
conseillé par Malaucène, alt. 1 400 – 🔥 ≤ Mont-Ventoux et chaîne des Alpes « Agréable situation
dominante » o═┐ – 🅡 – ⚿
1,2 ha (60 empl.) plat, pierreux, herbeux ▭
🔥 🔥 🔥 🔥 ⊙ 🔥 🔥 – 🔥 – 🔥
Tarif : ⚡ 20 – 🔲 25/30 – 🔋 16 (6A) 26 (10A)
Location (Permanent) : 🏠 1800 à 2000

72170 Sarthe 🖥 – 🔟 ⑬ – 1 874 h. alt. 76.

🚩 Syndicat d'Initiative Mairie ℰ 02 43 97 00 21, Fax 02 43 97 02 21 et (en saison) Chalet Point I.

Paris 223 – Alençon 24 – La Ferté-Bernard 49 – Le Mans 26 – Mayenne 62.

   ▲▲▲ *Municipal du Val de Sarthe* mai-sept.

     ℰ 02 43 97 01 93 – au bourg – Ⓜ ⅍ « Cadre agréable au bord de la Sarthe » ⚓ – **R** conseillée – GB ⚭

     1 ha (73 empl.) plat, herbeux ▭

     & 🗊 ⇄ 🗟 ⌂ ☺ 🖳 – �· ⛹ parcours de santé – A proximité : ⚓

     Tarif : 🔲 2 pers. 31,50, pers. suppl. 9,20 – 🔌 12,10 (5A)

21200 Côte-d'Or 🕮 – 🔟 ⑨ G. Bourgogne – 21 289 h. alt. 220.

🚩 Office de Tourisme pl. l'Hôtel-Dieu ℰ 03 80 26 21 30, Fax 03 80 26 21 39.

Paris 312 – Autun 49 – Auxerre 152 – Chalon-sur-Saône 30 – Dijon 45 – Dole 65.

   ▲▲▲ *Municipal les Cent Vignes* 15 mars-oct.

     ℰ 03 80 22 03 91 – sortie Nord par r. du Faubourg-St-Nicolas et D 18 à gauche, 10 r. Auguste-Dubois

     « Belle délimitation des emplacements et entrée fleurie » ⚓ – **R** conseillée – GB ⚭

     2 ha (116 empl.) plat, herbeux, gravillons ▭ ⚲

     ▥ & 🗊 ⇄ 🗟 ⌂ ☺ ⚌ 🖳 – snack ⛾ – �· ⛹ terrain omnisports

     Tarif : ⚹ 16 – 🔲 23 – 🔌 19 (6A)

à Savigny-lès-Beaune NO : 6 km par sortie rte de Dijon et D 18 à gauche – 1 392 h. alt. 237 – ✉ 21420 Savigny-lès-Beaune :.

🚩 Syndicat d'Initiative (saison) r. Vauchey-Véry ℰ 03 80 26 12 56, Mairie ℰ 03 80 21 51 21, Fax 03 80 21 56 63

   ▲ *Municipal les Premiers Prés* mai-sept.

     ℰ 03 80 26 15 06 – NO : 1 km par D 2 rte de Bouilland « Cadre verdoyant au bord d'un ruisseau » – **R**

     1,5 ha (90 empl.) plat et peu incliné, herbeux ⚲⚲ (0,5 ha)

     & 🗊 ⇄ 🗟 ⌂ ☺ – ⛹

     Tarif : ⚹ 12 – ⇔ 6 – 🔲 18 – 🔌 20 (4A)

à Vignoles E : 3 km rte de Dole puis D 20 H à gauche – 552 h. alt. 202 – ✉ 21200 Vignoles :

   ▲ *Les Bouleaux* Permanent

     ℰ 03 80 22 26 88 – à Chevignerot, bord d'un ruisseau – ⚓

     1 ha (40 empl.) plat, herbeux ▭ ⚲

     🗟 (🗊 ⚲ avril-1er nov.) ☺ – 🚗 – A proximité : ✂ ⛹

     Tarif : (Prix 1999) ⚹ 20 – ⇔ 8 – 🔲 13 – 🔌 3A : 12 (oct.-avril 14) 6A : 20 (oct.-avril 25)

62990 P.-de-C. 🬀 – 🔟 ⑫ – 2 093 h. alt. 17.

Paris 231 – Abbeville 47 – Amiens 95 – Berck-sur-Mer 26 – Le Crotoy 37 – Hesdin 14.

   ▲ *Municipal de la Source* Permanent

     ℰ 03 21 81 40 71 – E : 1,5 km par D 130, rte de Loison et chemin à droite après le pont, entre la Canche et le Fliez – Places limitées pour le passage ⅍ ⚓ – **R** juil.-août – ⚭

     2,5 ha (120 empl.) plat, herbeux, étang

     ▥ & 🗊 ⇄ 🗟 ⌂ ☺ 🖳 – 🚗 ⛹

     – A proximité : ⛹

     Tarif : ⚹ 17,50 – 🔲 17,50 – 🔌 13,90 (4A)

60000 Oise 🗗 – 🔟 ⑨ ⑩ G. Picardie Flandres Artois – 54 190 h. alt. 67.

🚩 Office de Tourisme r. Beauregard ℰ 03 44 15 30 30, Fax 03 44 15 30 31.

Paris 88 – Amiens 61 – Arras 135 – Boulogne-sur-Mer 182 – Compiègne 61 – Dieppe 108 – Évreux 97 – Rouen 83.

   ▲ *Municipal* 15 mai-15 sept.

     ℰ 03 44 02 00 22 – au Sud du centre ville, rte de Paris et à gauche, rue Binet, Accès difficile pour caravanes (forte pente) – ≼ « Situation dominant la ville » ⚓ – **R**

     1,9 ha (75 empl.) peu incliné, herbeux

     ▥ 🗊 ⇄ 🗟 ⌂ ☺ ⚌ ⚌ – 🚗 ⛹

     – A proximité : ✂ 🖼 (découverte l'été)

     Tarif : ⚹ 12,50 – ⇔ 8 – 🔲 8 – 🔌 6 (3 ou 4A)

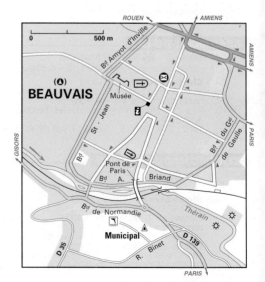

BEAUVILLE

47470 L.-et-G. **14** – **79** ⑯ G. Aquitaine – 548 h. alt. 208.
Paris 634 – Agen 26 – Moissac 33 – Montaigu-de-Quercy 16 – Valence 27 – Villeneuve-sur-Lot 28.

▲▲ **Les 2 Lacs** mars-oct.
📞 05 53 95 45 41, Fax 05 53 95 45 31 – SE : 0,9 km par D 122, rte de Bourg-de-Visa, chemin d'accès aux emplacements à forte pente - mise en place et sortie des caravanes à la demande – ➢
« Situation agréable près de deux plans d'eau » ― – **R** – 🐾
22 ha/2,5 campables (50 empl.) plat et terrasse, herbeux □ ♀
♿ ’ ↻ 📇 🗑 ☉ ⛺ ⇅ ▰ – ↗ ♟ ⏸
Tarif : 🧍 22 tennis compris – 📺 34 – 🔄 12 (5A)
Location : 🚚 1450 à 2900 – bungalows toilés

BEAUVOIR

50 Manche – **59** ⑦ – rattaché au Mont-St-Michel.

Le BEC-HELLOUIN

27800 Eure **5** – **55** ⑮ G. Normandie Vallée de la Seine – 434 h. alt. 101.
Paris 151 – Bernay 23 – Évreux 48 – Lisieux 47 – Pont-Audemer 24 – Rouen 41.

▲ **Municipal St-Nicolas** 31 mars-1er oct.
📞 02 32 44 83 55 – E : 2 km par D 39 et D 581, rte de Malleville-sur-le-Bec et chemin à gauche – ➢ « Cadre fleuri » ― – **R** – 🐾
3 ha (90 empl.) plat, herbeux ♀
♿ ’ ↻ 📇 ☉ – ↗ ♟
Tarif : (Prix 1999) 📺 1 ou 2 pers. 43, pers. suppl. 15 – 🔄 16 (10A)

BÉDOIN

84410 Vaucluse **16** – **81** ⑬ – 2 215 h. alt. 295.
Paris 695 – Avignon 42 – Carpentras 16 – Vaison-la-Romaine 21.

▲ **Aire Naturelle les Oliviers** avril-sept.
📞 04 90 65 68 89 – NO : 3,3 km par D 19, rte de Malaucène et chemin à gauche – ➢ ←
― – **R**
2 ha (25 empl.) plat, peu incliné, terrasses, pierreux, herbeux □ ♀
’ ⌀ ☉
Tarif : 🧍 16 – 🚘 5 – 📺 10 – 🔄 10 (6A)

BÉDOUÈS

48400 Lozère **15** – **80** ⑥ – 194 h. alt. 565.
Paris 631 – Alès 71 – Florac 5 – Mende 39.

▲▲ **Chon du Tarn** avril-20 oct.
📞 04 66 45 09 14 – au bourg, bord du Tarn – ➢ ― – **R** conseillée juil.-20 août – 🐾
2 ha (100 empl.) plat, peu incliné, herbeux □
♿ ’ ↻ 📇 ☉ ⌀ ▰ – 🍽 ↗ ⏸
Tarif : (Prix 1999) 🧍 18 – 📺 19 – 🔄 11 (6A)
Location ✂ : 🚚 1190 à 1540

BEDOUS

64490 Pyr.-Atl. **13** – **85** ⑯ – 554 h. alt. 410.
Paris 835 – Accous 4 – Oloron-Ste-Marie 25 – Pau 59 – Tardets-Sorholus 39.

▲ **Municipal de Carolle** mars-nov.
📞 05 59 34 59 19 – sortie Ouest rte d'Osse-en-Aspe et chemin à gauche après le passage à niveau, à 150 m du Gave d'Aspe – ➢ ← ― juil.-août – **R** – 🐾
0,7 ha (46 empl.) plat, herbeux ♀♀
’ ☉ ▰
Tarif : 🧍 14 – 🚘 5 – 📺 5 – 🔄 13

BÉDUER

46100 Lot **15** – **79** ⑩ – 596 h. alt. 260.
Paris 575 – Cahors 64 – Figeac 9 – Villefranche-de-Rouergue 36.

▲▲ **Pech Ibert** Permanent
📞 05 65 40 05 85, Fax 05 65 40 08 33 – NO : 1 km par D 19, rte de Cajarc et rte à droite – ➢ ← « Entrée fleurie » ― – **R** conseillée juil.-août – 🐾
1 ha (18 empl.) plat, herbeux, gravillons, pierreux ♀
♿ ’ ↻ 📇 ⌀ ☉ 🚿 ▰ – réfrigérateurs – 🚗 ↗ – A proximité : ♟
Tarif : 🧍 15 piscine comprise – 🚘 7 – 📺 15 – 🔄 15
Location : 🚚 900 à 1600 – 🚘 1400 à 2500

BEG-MEIL

29 Finistère – **58** ⑮ – rattaché à Fouesnant.

BELCAIRE

11340 Aude **15** – **86** ⑥ G. Languedoc Roussillon – 360 h. alt. 1 002.
Paris 822 – Ax-les-Thermes 26 – Axat 33 – Foix 53 – Font-Romeu-Odeillo-Via 73 – Quillan 29.

▲ *Municipal la Mousquière* juin-sept.
    𝄢 04 68 20 39 47 – sortie Ouest par D 613, rte d'Ax-les-Thermes, à 150 m d'un plan d'eau – ≼
    o━ – **R** conseillée – ⋎
    0,6 ha (37 empl.) peu incliné, herbeux ♀
    🗃 ⇆ 🛁 ⊕ 🗐 – 🖼 – A proximité : ❀ ≅
    Tarif : ☂ *15* – 📧 *25* – ⒢ *10 (10A)*

BELFLOU

11410 Aude **15** – **82** ⑲ – 85 h. alt. 234.
Paris 744 – Belpech 21 – Castelnaudary 19 – Foix 58 – Revel 29 – Toulouse 46.

▲ *Aire Naturelle le Cathare* avril-sept.
    𝄢 04 68 60 32 49, Fax 04 68 60 37 90 – E : 2,5 km par D 33 et chemin à gauche, au château
    de la Barthe, à 250 m d'un plan d'eau – ⌇ ≼ « Cadre et situation agréables » o━ – **R** conseillée
    juil.-août – ⋎
    1,2 ha (25 empl.) peu incliné, terrasse, herbeux, pierreux ♀ (tentes)
    🗃 🛁 ⊕ 🗐 – ✕ 🍴 – 🖼 ♏
    Tarif : ☂ *15* – 📧 *15* – ⒢ *12 (3A)*
    Location : 🏠 – ⇤

BELFORT

90000 Ter.-de-Belf. **8** – **66** ⑧ G. Jura – 50 125 h. alt. 360.
🛈 Office de Tourisme 2 bis r. G.-Clemenceau 𝄢 03 84 55 90 90, Fax 03 84 50 90 99.
Paris 421 – Lure 33 – Luxeuil-les-Bains 52 – Montbéliard 23 – Mulhouse 40 – Vesoul 64.

▲▲ *Camping International de l'Étang des Forges* mai-20 oct.
    𝄢 03 84 22 54 92, Fax 03 84 22 76 55 – N : 1,5 km par D 13, rte d'Offemont et à droite, rue
    Béthouart – ≼ « Près du lac » o━ – **R** conseillée – ⒼⒷ ⋎
    3,4 ha (90 empl.) plat, herbeux, pierreux
    🎬 ⅙ 🗃 ⇆ 🗄 🛋 🛁 ⊕ 🕭 🗐 – 🖼 🏊 – A proximité : ⋅⊚ ◊
    Tarif : ☂ *22* – 🚗 *16* – 📧 *32* – ⒢ *15 (6A)*

BELGENTIER

83210 Var **17** – **84** ⑮ – 1 442 h. alt. 152.
Paris 827 – Bandol 40 – Brignoles 28 – Cuers 15 – Hyères 22 – Toulon 25.

▲▲ *Les Tomasses* avril-15 oct.
    𝄢 04 94 48 92 70, Fax 04 94 48 94 73 – SE : 1,5 km par rte de Toulon puis 0,7 km par chemin à
    droite, bord du Gapeau – o━ – **R** conseillée juil.-août – ⋎
    2,5 ha (91 empl.) plat, pierreux, herbeux 🛒 ♀♀
    🗃 ⇆ 🗄 🛁 ⊕ 🛋 🗐 🍴 – snack, pizzeria 🍴 – 🏊 ❀ 🏊 – A proximité : 🐎
    Tarif : ☂ *24 piscine comprise* – 📧 *27* – ⒢ *20 (3A) 23 (6A)*
    Location : 🏠 *1000 à 1600*

BELLAC

87300 H.-Vienne **10** – **72** ⑦ G. Berry Limousin – 4 924 h. alt. 236.
🛈 Office de Tourisme 1 bis r. L.-Jouvet 𝄢 05 55 68 12 79, Fax (Mairie) 05 55 68 78 74.
Paris 378 – Angoulême 99 – Châteauroux 109 – Guéret 74 – Limoges 40 – Poitiers 81.

▲ *Municipal les Rochettes* Permanent
    𝄢 05 55 68 13 27 – sortie Nord par D 675 vers le Dorat et à gauche – o━
    1,2 ha (100 empl.) plat et en terrasses, herbeux
    🎬 🗃 ⇆ 🗄 🛁 ⊕ – A proximité : toboggans aquatiques ❀ 🏊
    Tarif : (Prix 1999) 📧 *2 pers. 45, pers. suppl. 15* – ⒢ *15 (6A) 30 (10A)*

BELLEGARDE

45270 Loiret **6** – **65** ① G. Châteaux de la Loire – 1 442 h. alt. 113.
🛈 Office de Tourisme pl. Charles-Desvergnes 𝄢 02 38 90 25 37, Fax 02 38 90 28 32   à la Mairie
𝄢 02 38 90 10 03, Fax 02 38 90 24 95.
Paris 110 – Gien 41 – Montargis 23 – Nemours 40 – Orléans 50 – Pithiviers 30.

▲ *Municipal du Donjon* début juin-15 sept.
    sortie Sud Ouest par N 60, rte d'Orléans et 0,5 km par rue à gauche (allée du château) – o━ –
    R – ⋎
    0,5 ha (39 empl.) plat, herbeux 🛒
    ⅙ 🗃 ⇆ 🛁 ⊕
    Tarif : ☂ *14* – 📧 *22* – ⒢ *20 (6A)*

142

56 Morbihan 🗿 – 🖾🗿 ⑪ ⑫ G. Bretagne.
⚓ - En été réservation indispensable pour le passage des véhicules et des caravanes. Départ de **Quiberon (Port-Maria), arrivée au Palais** – Traversée 45 mn – Renseignements et tarifs : Cie Morbihannaise et Nantaise de Navigation, 56360 Le Palais (Belle-Ile-en-Mer) 🎵 02 97 31 80 01, Fax 02 97 31 56 81.

Bangor 735 h. alt. 45 – ⊠ 56360 Bangor.

⚑ **Municipal de Kernest** avril-sept.
🎵 02 97 31 81 20 – O : 1,2 km – 🔊 ⌿ – **R** indispensable juil.-août – ⚲
4 ha (100 empl.) plat, herbeux, gravillons 🛱 ♀ (1 ha)
🖐 🗐 ⇆ 🖴 ⊕ 🖩 – 🖼 ✕
Tarif : (Prix 1999) 🜲 20 – 🚗 8 – 🗉 16 – 🗐 10
Location : 🛏 1400 à 2500

⚑ **Municipal de Bangor** 30 juin-15 sept.
🎵 02 97 31 89 75 – à l'Ouest du bourg – 🔊 ⌿ – **R** indispensable juil.-août – ⚲
0,8 ha (55 empl.) incliné, peu incliné, herbeux 🛱
🗐 ⊕ – A proximité : ✕
Tarif : (Prix 1999) 🜲 13 – 🚗 6 – 🗉 10 – 🗐 10

Le Palais 2 435 h. alt. 7 – ⊠ 56360 le Palais.

🛈 Office de Tourisme q. Bonnelle 🎵 02 97 31 81 93, Fax 02 97 31 56 17.

⚑⚑⚑ **Bordenéo** 5 avril-20 sept.
🎵 02 97 31 88 96, Fax 02 97 31 87 77 – NO : 1,7 km par rte de Port Fouquet, à 500 m de la mer – 🔊 « Décoration florale et arbustive » ⌿ – **R** conseillée juil.-août – 🆖 ⚲
3 ha (202 empl.) plat, herbeux 🛱 ♀♀
🖐 🗐 ⇆ 🖩 🖴 ⊕ 🖙 🖩 – 🍴 ♀ snack – 🖼 🏊 🚲 ✕ 🛝 toboggan aquatique
Tarif : 🜲 30 piscine comprise – 🚗 9 – 🗉 42 – 🗐 15 (5A)
Location ✕ : 🛏 1800 à 3500 – studios

⚑⚑ **L'Océan** avril-15 sept.
🎵 02 97 31 83 86, Fax 02 97 31 87 60 – au Sud-Ouest du bourg, à 500 m du port – Places limitées pour le passage 🔊 ⌿ ✕ juil.-août – **R** indispensable juil.-août – 🆖 ⚲
2,7 ha (125 empl.) plat, peu incliné, herbeux 🛱 pinède
🖐 🗐 ⇆ 🖩 🖴 ⊕ 🖙 🖩 – snack, crêperie 🖼 – 🏊 🛝 – A proximité : 🖙
Tarif : 🜲 30 piscine comprise – 🗉 50 – 🗐 20 (3A)
Location (mars-11 nov.) 🛏 1800 à 3950 – bungalows toilés

61130 Orne 🗿 – 🖾🗿 ⑭ G. Normandie Vallée de la Seine – 1 788 h. alt. 241.
🛈 Office de Tourisme bd Bansard-des-Bois 🎵 02 33 73 09 69, Fax 02 33 83 95 17.
Paris 176 – Alencon 41 – Chartres 75 – La Ferté-Bernard 23 – Mortagne-au-Perche 18.

⚑ **Municipal** avril-15 oct.
sortie Ouest par D 955, rte de Mamers et rte à gauche, à la piscine – 🔊 – **R** – ⚲
1,5 ha (50 empl.) plat, peu incliné, terrasses, herbeux 🛱 ♀
🗐 ⇆ 🖩 🖴 ⊕ 🖩 – ✕ 🛝 – A proximité : golf
Tarif : 🜲 10 – 🚗 8 – 🗉 8 – 🗐 13 (4A)

BELLERIVE-SUR-ALLIER

03 Allier – **73** ⑤ – rattaché à Vichy.

BELMONT-DE-LA-LOIRE

42670 Loire **11** – **73** ⑧ – 1 528 h. alt. 525.
Paris 399 – Chauffailles 6 – Roanne 39 – St-Étienne 111 – Tarare 47 – Villefranche-sur-Saône 51.

  ▲ ***Municipal les Écureuils*** juin-sept.
      04 77 63 72 25 – O : 1,4 km par D 4, rte de Charlieu et chemin à gauche, à 300 m d'un étang
     –   « Près d'un parc d'agrément »   juil.-août – **R** –
     0,6 ha (28 empl.) peu incliné et en terrasses, gravillons, herbeux
               – A proximité :
     Tarif :   *10,25* –   *4,50* –   *5,70* –   *11,60 (5A)*
     Location : *gîtes*

BELMONT-SUR-RANCE

12370 Aveyron **15** – **80** ⑬ – 1 021 h. alt. 475.
Paris 694 – Camarès 14 – Lacaune 21 – Millau 50 – St-Sernin-sur-Rance 20.

  ▲ ***Le Val Fleuri*** juin-août
      05 65 99 95 13 – sortie Sud-Ouest par rte de Lacaune et chemin à droite, bord du Rance –
       – **R**
     1 ha (49 empl.) plat, herbeux, pierreux
                 –   – A proximité : parcours sportif
     Tarif : (Prix 1999)   *1 ou 2 pers. 70, pers. suppl. 30* –   *14 (4A) 16 (6A)*

BÉLUS

40300 Landes **13** – **78** ⑦ ⑰ – 400 h. alt. 135.
Paris 754 – Bayonne 37 – Dax 19 – Orthez 36 – Peyrehorade 6.

  ▲▲ ***La Comtesse*** 15 mars-oct.
      05 58 57 69 07, Fax 05 58 57 62 50 – NO : 2,5 km par D 75 et rte à droite, bord d'un ruisseau
     et d'un étang –   – **R** conseillée – **GB**
     6 ha (115 empl.) plat, herbeux
                     –   – A proximité :
     Tarif :   *20 piscine comprise* –   *8* –   *35* –   *16 (10A)*
     Location *(permanent)* :   *1250 à 2950*

BELVEDÈRE-CAMPOMORO

2A Corse-du-Sud – **90** ⑱ – voir à Corse.

BELVÈS

24170 Dordogne **13** – **75** ⑯ G. Périgord Quercy – 1 553 h. alt. 175.
Paris 561 – Bergerac 51 – Le Bugue 23 – Les Eyzies-de-Tayac 25 – Sarlat-la-Canéda 34 – Villeneuve-
sur-Lot 66.

  ▲▲▲ ***Les Hauts de Ratebout*** 22 avril-16 sept.
      05 53 29 02 10, Fax 05 53 29 08 28 – SE : 7 km par D 710 rte de Fumel, D 54 et rte à gauche
     –   – **R** conseillée juil.-20 août – **GB**
     12 ha/6 campables (200 empl.) plat, incliné, en terrasses, herbeux
                           –   –
     Tarif :   *piscine comprise 2 pers. 145* –   *20 (6A)*
     Location :   *1540 à 3290 – villas*

  ▲▲▲ ***Le Moulin de la Pique*** 22 avril-28 oct.
      05 53 29 01 15, Fax 05 53 28 29 09 – SE : 3 km par D 710 rte de Fumel, bord de la Nauze, d'un
     étang et d'un bief –   – **R** conseillée juil.-août – **GB**
     12 ha/6 campables (110 empl.) plat, terrasses, herbeux   (2 ha)
                       –   snack   –   toboggan aquatique
     Tarif :   *39 élect. (6A) et piscine comprises* –   *79*
     Location :   *1290 à 4070*

  ▲▲▲ ***Les Nauves*** 20 mai-15 sept.
      05 53 29 12 64 – SO : 4,5 km par D 53, rte de Monpazier et rte de Larzac à gauche –   « Entrée
     fleurie »   15 juil.-15 août – **R** conseillée 15 juil.-15 août –
     40 ha/5 campables (100 empl.) peu incliné, herbeux
                   –   snack   –   half-court
     Tarif :   *26 piscine comprise* –   *36* –   *14 (6A)*
     Location :   *1000 à 1600* –   *1500 à 3000*

BÉNIVAY-OLLON

26 Drôme – **81** ③ – rattaché à Buis-les-Baronnies.

29950 Finistère **3** – 58 ⑮ G. Bretagne – 2 436 h. alt. 20.

B Office de Tourisme 29 av. de la Mer ℘ 02 98 57 00 14, Fax 02 98 57 23 00.

Paris 565 – Concarneau 20 – Fouesnant 9 – Pont-l'Abbé 12 – Quimper 18 – Quimperlé 49.

△△△ *Le Letty* 15 juin-6 sept.

℘ 02 98 57 04 69, Fax 02 98 66 22 56 – ⌘ « Agréable situation en bordure de plage » ⚬⚋ – 🅿 – GB ⚘

10 ha (493 empl.) plat, herbeux ♀

⚒ 🏠 ⚙ 🖼 ♨ 🖼 – ♨ ▼ ♨ salle d'animation – 🏠 🎣 ≋ bibliothèque ♨ ⚡

✂ ≋ (plage) squash – A proximité : ♆

Tarif : (Prix 1999) ★ 26 – 🚗 11 – 🗉 38 – (½) 10 à 26 (1 à 10A)

△△ *Le Poulquer* 15 mai-sept.

℘ 02 98 57 04 19, Fax 02 98 66 20 30 – r. du Poulquer, à 150 m de la mer – ⚬⚋ – 🅿 conseillée – ⚘

3 ha (240 empl.) plat et peu incliné, herbeux 🔲 ♀

⚒ 🏠 ⚙ 🖼 ♨ 🖼 – ▼ snack – 🏠 ♨ 🌀 toboggan aquatique – A proximité : ♆

Tarif : (Prix 1999) ★ 30 piscine comprise – 🚗 14 – 🗉 36 – (½) 20 (6A)

Location ✂ : 🏚 – 🏚 1200 à 3300

△△ *La Mer Blanche* 15 juin-15 sept.

℘ 02 98 57 00 75, Fax 02 98 57 25 04 – E : 2,5 km par D 44, rte de Fouesnant – ⚬⚋ – 🅿 conseillée – ⚘

6,5 ha (200 empl.) plat, herbeux 🔲 ♀

⚒ 🏠 ⚙ ♨ ⚙ ♨ 🖼 – ♨ ▼ ✕ 🏠 – ♨ 🎣 🌀

Tarif : ★ 23,50 piscine comprise – 🚗 11 – 🗉 38 – (½) 16,50 (2A) 18,50 (4A) 20,50 (6A)

Location : 🏚 2150 à 2700

Voir aussi à Combrit

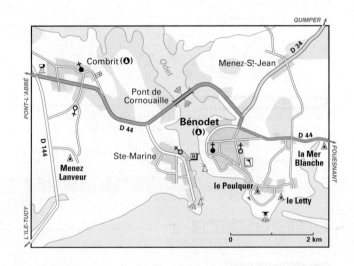

17170 Char.-Mar. **9** – 71 ② – 426 h. alt. 21.

Paris 447 – Fontenay-le-Comte 37 – Niort 38 – La Rochelle 32 – Surgères 16.

△ *Municipal du Château* mai-sept.

au bourg « Parc » ⚬⚋ – 🅿 conseillée 1er-15 août – ⚘

1 ha (70 empl.) plat, peu incliné, herbeux ♀

⚒ 🏠 ⚙ 🖼 ♨ ⚙ 🖼 – ✂

Tarif : ★ 13 – 🚗 7 – 🗉 7 – (½) 13 (6A)

62600 P.-de-C. **1** – 51 ⑪ G. Picardie Flandres Artois – 14 167 h.

B Office de Tourisme 5 av. Tattegrain ℘ 03 21 09 50 00, Fax 03 21 09 15 60.

Paris 234 – Abbeville 50 – Boulogne-sur-Mer 41 – Montreuil 17 – Le Touquet-Paris-Plage 18.

△△ *L'Orée du Bois* avril-1ernov.

℘ 03 21 84 28 51, Fax 03 21 84 28 56 – NE : 2 km, à Rang-du-Fliers – Places limitées pour le passage

« Dans un cadre forestier agréable » ⚬⚋ – 🅿 conseillée juil.-août – GB ⚘

18 ha/12 campables (532 empl.) plat, sablonneux, herbeux, bois, étang 🔲 ♀♀

⚒ 🏠 ⚙ 🖼 ♨ ⚙ 🖼 – ▼ snack – ♨ 🎣 🌀 ✂ parcours sportif – A proximité : 🏑

Tarif : 🗉 élect. (5A) et tennis compris 2 pers. 120, pers. suppl. 26

Location (4 mars-6 nov.) : 🏚 910 à 3080

BERGERAC

24100 Dordogne 🔟 – 7️⃣5️⃣ ⑭ ⑮ G. Périgord Quercy – 26 899 h. alt. 37.
🅑 Office de Tourisme 97 r. Neuve-d'Argenson 𝒫 05 53 57 03 11, Fax 05 53 61 11 04.
Paris 538 – Agen 91 – Angoulême 111 – Bordeaux 94 – Pau 218 – Périgueux 48.

⚠️ *Municipal la Pelouse* Permanent
𝒫 05 53 57 06 67 – r. J.J.-Rousseau, par rte de Bordeaux et r. Boileau à droite, bord de la Dordogne
– o—ㄱ – **R** – ⚙️
1,5 ha (70 empl.) plat et peu incliné, herbeux ♀️
▥ 🛁 🗂️ 🍽️ 🎨 ⊙ 🖼️ – ⛓️
Tarif : ⚡ 17 – 🚗 7 – 🔲 7/12 – ⚡ 18 (6A)

BERNAY

27300 Eure 5️⃣ – 5️⃣4️⃣ ⑲ G. Normandie Vallée de la Seine – 10 582 h. alt. 105.
🅑 Office de Tourisme 29 r. Thiers 𝒫 02 32 43 32 08, Fax 02 32 45 82 68.
Paris 152 – Argentan 70 – Évreux 50 – Le Havre 70 – Louviers 52 – Rouen 58.

⚠️ *Municipal* 15 mai-15 sept.
𝒫 02 32 43 30 47 – SO : 2 km par N 138 rte d'Alençon et rue à gauche, Accès conseillé par la
déviation et ZI Malouve – o—ㄱ – **R** conseillée
1 ha (50 empl.) plat, herbeux ⛓️
🗂️ 🍽️ 🖼️ 🍽️ ⊙ 🎨 🔄 – 🖼️ 🏃 – A proximité : 💲 🔲 🔲
Tarif : (Prix 1999) ⚡ 14,50 – 🚗 15,50 – 🔲 15,50/25,50 – ⚡ 17,50 (10A)

La BERNERIE-EN-RETZ

44760 Loire-Atl. 9️⃣ – 6️⃣7️⃣ ① ② – 1 828 h. alt. 24.
Paris 434 – Challans 39 – Nantes 47 – St-Nazaire 36.

⚠️ *Les Écureuils* 28 avril-15 sept.
𝒫 02 40 82 76 95, Fax 02 40 64 79 52 – sortie Nord-Est rte de Nantes et à gauche après le passage
à niveau, av. Gilbert-Burlot, à 350 m de la mer – o—ㄱ 💲 – **R** conseillée – ☎️ ⚙️
5,3 ha (325 empl.) plat et peu incliné, herbeux ♀️ (2,5 ha)
🖼️ 🛁 🍽️ 🗂️ 🍽️ ⊙ 🎨 🔄 🖼️ – 🍽️ 💲 🔲
Tarif : 🔲 *piscine et tennis compris 2 pers. 129* – ⚡ *19 (6A)*
Location : 🏠 *1250 à 2650*

BERNIÈRES-SUR-MER

14990 Calvados 5️⃣ – 5️⃣4️⃣ ⑮ G. Normandie Cotentin – 1 563 h..
Paris 250 – Bayeux 23 – Cabourg 35 – Caen 20 – St-Lô 59.

⚠️ *Le Hâvre de Bernières* avril-oct.
𝒫 02 31 96 67 09, Fax 02 31 97 31 06 – à l'Ouest de la station, par D 514, à 300 m de la plage –
o—ㄱ – **R** indispensable juil.-août – ⚙️
6 ha (240 empl.) plat, herbeux ♀️
▥ 🛁 🗂️ 🍽️ 🗂️ 🍽️ ⚡ 🎨 ⊙ 🖼️ – 🍽️ pizzeria 🏃 – 🖼️ 🏃 🏃 🚲 ⚡ 🔲 – A proximité : 💲
Tarif : ⚡ 28 *piscine comprise* – 🔲 39 – ⚡ 23 (6A) 30 (10A)
Location : 🏠 *2000 à 3000*

BERNIÈRES-SUR-SEINE

27 Eure – 5️⃣5️⃣ ⑰ – rattaché aux Andelys.

BERNY-RIVIÈRE

02290 Aisne 6️⃣ – 5️⃣6️⃣ ③ – 528 h. alt. 49.
Paris 106 – Compiègne 24 – Laon 52 – Noyon 28 – Soissons 17.

⚠️ *La Croix du Vieux Pont* Permanent
𝒫 03 23 55 50 02, Fax 03 23 55 05 13 – S : 1,5 km sur D 91, à l'entrée de Vic-sur-Aisne, bord de
l'Aisne – Places limitées pour le passage 💲 « Bel ensemble de loisirs avec piscines et restaurant »
o—ㄱ – **R** conseillée juil.-août
20 ha (370 empl.) plat et peu incliné, herbeux, étang ⛓️ ♀️
▥ 🛁 🗂️ 🍽️ 🗂️ 🍽️ ⊙ 🎨 🔄 🖼️ – 🍽️ 💲 🍽️ ✖️ 🏃 – 🖼️ 🏃 🚲 💲 🔲 🔲 🐴 et poneys
Tarif : 🔲 *piscine comprise 2 pers. 110, 3 pers. 145, pers. suppl. 15* – ⚡ 5 (6A)

BERRIAS ET CASTELJAU

07460 Ardèche 1️⃣6️⃣ – 8️⃣0️⃣ ⑧ – 541 h. alt. 126.
Paris 670 – Aubenas 39 – Largentière 29 – St-Ambroix 19 – Vallon-Pont-d'Arc 22 – Les Vans 10.

⚠️ *Les Cigales* avril-oct.
𝒫 04 75 39 30 33 – NE : 1 km, à la Rouvière – 💲 « Cadre agréable et fleuri » – **R** conseillée – ☎️ ⚙️
3 ha (70 empl.) plat et peu incliné, terrasses, herbeux ♀️
🛁 🗂️ 🍽️ 🍽️ ⊙ 🖼️ – 🍽️ 🏃 – 🖼️ 💲 🔲
Tarif : 🔲 *piscine comprise 2 pers. 60* – ⚡ 12 (5A)
Location : 🏠 *1000 à 1400* – 🏠 *1500 à 2600 – gîtes*

⚠️ *La Source* 14 avril-17 sept.
ℰ 04 75 39 39 13 – sortie Nord-Est, rte de Casteljau – Ⓜ ⟋ ⚬━ saison – **R** conseillée – ⨯
2,5 ha (81 empl.) plat, pierreux, herbeux ⊏⊐ ♀
⚒ 🔌 ⇆ 🖻 ⅄ ⌴ ⊕ 🖾 – 🏖 pizzeria – 🏟 ⅀
Tarif : 🖸 *piscine comprise 2 pers. 75 –* [⌁] *14 (6A)*
Location : 🚐 *1200 à 2290*

BERTANGLES

80260 Somme 🄸 – 🄝🄝 ⑧ G. Picardie Flandres Artois – 700 h. alt. 95.
Paris 154 – Abbeville 44 – Amiens 11 – Bapaume 50 – Doullens 24.

⚠️ *Le Château* 21 avril-11 sept.
ℰ 03 22 93 37 73, Fax 03 22 93 68 36 – au bourg – ⟋ « Près du château, dans un verger » ⚬━
– **R** conseillée saison
0,7 ha (33 empl.) plat, herbeux ⊏⊐ ♀
⚒ 🔌 ⇆ 🖻 ⅄ ⊕
Tarif : ⚹ *17 –* �car *11 –* 🖸 *17 –* [⌁] *13 (5A)*

Consultez le tableau des localités citées,
classées par départements, avec indication éventuelle
des caractéristiques particulières des terrains sélectionnés.

BESLÉ

44 Loire-Atl. 🄵 – 🄞🄝 ⑥ – ✉ 44290 Guémené Penfao.
Paris 384 – Châteaubriant 42 – Maure-de-Bretagne 26 – Nantes 73 – Redon 21.

⚠️ *Municipal le Port* juin-août
ℰ 02 40 87 23 18 – sortie Nord par D 15, rte de Pipriac et à droite après le passage à niveau, près
de la Vilaine (halte nautique) – ⚬━ – **R** conseillée – ⨯
0,5 ha (35 empl.) plat, herbeux
⚒ 🔌 ⇆ ⅄ ⊕ – A proximité : ✗ ⌖
Tarif : 🖸 *2 pers. 22 (37 avec élect.), pers. suppl. 11*
Location : 🚐 *(sans sanitaires)*

BESSAS

07150 Ardèche 🄝🄖 – 🄞🄜 ⑧ – 147 h. alt. 280.
Paris 676 – Alès 35 – Florac 92 – Privas 76 – Vallon-Pont-d'Arc 17.

⚠️ *La Fontinelle* juin-15 sept.
ℰ 04 75 38 65 69 – SO : 1 km par D 202 et D 255, rte de St-Sauveur-de-Cruzières – ⟋ ≼ ⚬━ –
R conseillée 10 juil.-25 août – ⨯
1,5 ha (12 empl.) en terrasses, plat, gravillons, herbeux ⊏⊐
⚒ 🔌 ⇆ 🖻 ⅄ ⊕ 🖾 – 🏟 ⅀
Tarif : 🖸 *piscine comprise 2 pers. 60, pers. suppl. 15 –* [⌁] *12 (5A)*
Location *(mars-nov.)* : *pavillons*

BESSÈGES

30160 Gard 🄝🄖 – 🄞🄜 ⑧ – 3 635 h. alt. 170.
🄱 Office de Tourisme 50 r. de la République ℰ 04 66 25 08 60, Fax 04 66 25 17 12.
Paris 659 – Alès 33 – La Grand-Combe 20 – Les Vans 18 – Villefort 34.

⚠️ *Les Drouilhèdes* avril-1ᵉʳ oct.
ℰ 04 66 25 04 80, Fax 04 66 25 10 95 ✉ 30160 Peyremale – O : 2 km par D 17 rte de Génolhac
puis 1 km par D 386 à droite, bord de la Cèze – ⟋ ≼ ⚬━ – **R** conseillée juil.-août – ⨯
2 ha (90 empl.) plat, pierreux, herbeux ⊏⊐ ♀♀
⚒ 🔌 ⇆ 🖻 ⅄ ⚲ ⊕ ⌖ 🖾 – ⬦ – ⚓ ⌖ ⚿
Tarif : (Prix 1999) 🖸 *2 pers. 90, pers. suppl. 20 –* [⌁] *17 (6A)*
Location : 🚐 *2030 à 2900*

BESSÉ-SUR-BRAYE

72310 Sarthe 🄓 – 🄞🄓 ⑤ – 2 815 h. alt. 72.
Paris 198 – La Ferté-Bernard 43 – Le Mans 56 – Tours 55 – Vendôme 32.

⚠️ *Municipal du Val de Braye* 15 avril-15 sept.
ℰ 02 43 35 31 13 – Sud-Est par D 303, rte de Pont-de-Braye, bord de la Braye « Belle décoration
arbustive » ⚬━ – 🄡 – ⨯
2 ha (120 empl.) plat, herbeux ♀ (1 ha)
⚒ 🔌 ⇆ 🖻 ⅄ ⊕ 🖾 – 🏟 – A proximité : ✗ ✗ ⅀
Tarif : (Prix 1999) ⚹ *7,90 –* 🚗 *5,30 –* 🖸 *5,30 –* [⌁] *11,60 (5A et plus)*

87250 H.-Vienne ⑩ – ⑰ ⑧ – 2 988 h. alt. 335.
Paris 359 – Argenton-sur-Creuse 63 – Bellac 30 – Guéret 54 – Limoges 38 – La Souterraine 20.

   ⚠ **Municipal de Sagnat** 15 juin-15 sept.
      🕿 05 55 76 17 69 – SO : 1,5 km par D 220, rte de Limoges, D 27, rte de St-Pardoux à droite et
      rue à gauche, bord de l'étang – ≼ « Situation agréable » ⚬┳ juil.-août – **R** conseillée juil.-août – ⚲
      0, 8 ha (50 empl.) en terrasses, plat, peu incliné, herbeux ▭ ♀
      🕭 🗟 🖥 ⚲ ⊕ 🖩 – 🖾 🖘 ▱ (plage) – A proximité : parcours de santé
      Tarif : 🖹 *2 pers. 60* – [₺] *14*

24220 Dordogne ⑬ – ⑮ ⑰ G. Périgord Quercy – 498 h. alt. 75.
Paris 541 – Bergerac 62 – Brive-la-Gaillade 62 – Fumel 62 – Gourdon 28 – Périgueux 66 – Sarlat-la-Canéda 11.

Schéma à La Roque Gageac

   ⚠ **Le Capeyrou** 15 mai-15 sept.
      🕿 05 53 29 54 95, Fax 05 53 28 36 27 – sortie Est, face à la station-service, bord de la Dordogne
      – ≼ ⚬┳ – **R** conseillée juil.-août – ⊖🅱 ⚲
      4,5 ha (100 empl.) plat, herbeux ♀♀
      🕭 🗟 🖙 ⚲ ⊕ 🗗 🖩 – snack 🖁 – 🖾 🖘 ⅃ ▱ – A proximité : 🖳 ▾ ✗ ✗
      Tarif : ★ *25 piscine comprise* – 🖹 *35*

19190 Corrèze ⑩ – ⑮ ⑨ – 1 068 h. alt. 420.
Paris 503 – Argentat 47 – Beaulieu-sur-Dordogne 27 – Brive-la-Gaillarde 20 – Tulle 22.

   ⚠ **L'Étang de Miel** avril-oct.
      🕿 05 55 85 50 66, Fax 05 55 85 57 96 – E : 4 km par N 121 rte d'Argentat, bord de l'étang – ≼
      « Situation agréable » ⚬┳ – **R** conseillée – ⊖🅱 ⚲
      50 ha/9 campables (180 empl.) vallonné, peu incliné, herbeux ♀♀
      🕭 🗟 🖙 🖐 ⚲ ⊕ 🖩 – 🖳 ▾ – 🖾 🖘 ✗ ▱ (plage) poneys – A proximité : ✗
      Tarif : 🖹 *2 pers. 79* – [₺] *18 (6A)*
      Location : *gîtes*

81260 Tarn ⑮ – ⑧⑧ ② – 654 h. alt. 644.
Paris 742 – Albi 65 – Anglès 12 – Brassac 5 – Castres 23 – Mazamet 28.

   ⚠ **Le Plô** juil.-août
      🕿 05 63 74 00 82 – O : 0,9 km par D 30 rte de Castres et chemin à gauche – ⚲ ≼ ⚬┳ – **R** – ⚲
      2,5 ha (60 empl.) en terrasses, peu accidenté, herbeux, bois ♀
      🕭 🗟 🖙 🖐 ⊕ – 🖾 🖘
      Tarif : 🖹 *2 pers. 83, pers. suppl. 18* – [₺] *15 (4A)*

26 Drôme – ⑰ ⑬ – rattaché à Bourdeaux.

50540 Manche ④ – ⑤⑨ ⑧ alt. – 495.
Paris 353 – Alençon 108 – Avranches 22 – Caen 123 – Fougères 38 – Laval 75 – St-Lô 79.

   ⚠ **La Mazure** avril-oct.
      SO : 2,4 km par D 85E en face de l'église suivre la Mazure – ⚲ « Proche d'une base de loisirs » –
      R – ⚲
      3,5 ha/0,4 campable (28 empl.) plat, en terrasse, herbeux ▭
      🕭 🗟 🖙 🖥 🖐 ⚲ 🖾 🗇 🖩 –A la Base de Loisirs : 🖘 🚲 -⊙ ✗ 🖉 🐎 – A proximité : ▾ 🖁 🖾
      Tarif : ★ *14* – 🖹 *14/20* – [₺] *12*
      Location : *gîte*

64200 Pyr.-Atl. ⑬ – ⑱ ⑪ ⑱ G. Aquitaine – 28 742 h. alt. 19.
🇧 Office de Tourisme square d'Ixelles 🕿 05 59 22 37 10, Fax 05 59 24 14 19 antennes sortie autoroute A 63 et
gare de Biarritz.
Paris 778 – Bayonne 9 – Bordeaux 199 – Pau 124 – San Sebastiàn 50.

   ⚠ **Biarritz-Camping** mai-25 sept.
      🕿 05 59 23 00 12, Fax 05 59 43 74 67 – 28 rue d'Harcet – ⚬┳ ✗ – **R** indispensable juil.-août –
      ⊖🅱 ⚲
      3 ha (196 empl.) plat et peu incliné, terrasses, herbeux ♀
      🕭 🗟 🖙 🖥 🖐 🖐 ⚲ ⊕ 🖩 – 🖳 ▾ ✗ 🖁 – 🖘 ⅃
      Tarif : 🖹 *piscine comprise 2 pers. 105, pers. suppl. 22* – [₺] *20 (6A)*
      Location : 🛏 *1500 à 3000*

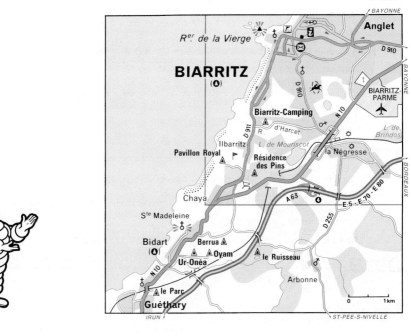

à Bidart SO : 6,5 km par D 911 et N 10 – 4 123 h. alt. 40 – ⊠ 64210 Bidart :.
🖸 Office de Tourisme r. d'Erretegia 𝒫 05 59 54 93 85, Fax 05 59 54 70 51

⚠ **Le Ruisseau** 28 mai-16 sept.
𝒫 05 59 41 94 50, Fax 05 59 41 95 73 – E : 2 km sur rte d'Arbonne, bord de l'Ouhabia et d'un ruisseau « Agréable cadre boisé près de deux plans d'eau » ⊶ – **R** conseillée juil.-août – **GB** ⚲
15 ha/7 campables (440 empl.) plat et en terrasses, herbeux ☐ ⚭ (5 ha)
🔧 ⓝ ⇄ 🗟 🖧 ⇌ ⊕ ⌧ – ⌦ ⚑ cafétéria, pizzeria ⛱ – 🔲 🖙 ⇌ ⚓ 🚲 ⚒ 🏔 🔲 ⤒ toboggans aquatiques
Tarif : 🔲 *piscine comprise 2 pers. 130 – ⟨ 23 (6A)*
Location : 🔲 *1100 à 3900*

⚠ **Pavillon Royal** 15 mai-24 sept.
𝒫 05 59 23 00 54, Fax 05 59 23 44 47 – N : 2 km, av. Prince-de-Galles, bord de la plage – ⚲ ⋜ ⊶
⚒ ⓟ(tentes) – **R** conseillée juil.-août – **GB** ⚲
5 ha (303 empl.) plat et en terrasses, sablonneux, herbeux ☐ ⚲ (1,7 ha)
🔧 ⓝ ⇄ 🗟 🖧 ⇌ ⊕ ⌧ – ⌦ ⚑ ✗ pizzeria ⛱ – 🔲 🖙 ⚓ ⤒ – A proximité : ⌕ golf (18 trous)
Tarif : 🔲 *élect. (5A) et piscine comprises 2 pers. 189*

⚠ **Résidence des Pins** 20 mai-sept.
𝒫 05 59 23 00 29, Fax 05 59 41 24 59 – N : 2 km « Belle décoration florale » ⊶ – **R** conseillée, indispensable 10 juil.-20 août – **GB** ⚲
6 ha (400 empl.) en terrasses, herbeux, sablonneux ☐ ⚭
🔧 ⓝ ⇄ 🗟 🖧 ⇌ ⊕ 🖳 🖧 – ⌦ ⚑ snack ⛱ – 🔲 ⚡ ⚓ ⤒ – A proximité : ⌕
Tarif : 🔲 *piscine comprise 2 pers. 130, pers. suppl. 29 – ⟨ 26 (10A)*
Location ⚲ : 🔲 *1600 à 3600*

⚠ **Berrua** avril-sept.
𝒫 05 59 54 96 66, Fax 05 59 54 78 30 – E : 0,5 km rte d'Arbonne « Entrée fleurie » ⊶ –
R conseillée juil.-août – **GB** ⚲
5 ha (285 empl.) peu incliné et en terrasses, herbeux ☐ ⚲ (1,5 ha)
🔧 ⓝ ⇄ 🗟 🖧 ⇌ ⊕ – ⌦ ⚑ snack, pizzeria ⛱ – 🔲 ⚡ ⚓ 🚲 ⚬ ⚒ ⤒
Tarif : 🔲 *piscine comprise 1 ou 2 pers. 122 – ⟨ 22 (6A)*
Location ⚲ : 🔲 *1200 à 3800 – 🏠 1800 à 4300*

⚠ **Ur-Onéa** avril-26 sept..
𝒫 05 59 26 53 61, Fax 05 59 26 53 94 – E : 0,3 km, r. de la Chapelle, à 500 m de la plage – ⊶ –
R conseillée – **GB** ⚲
5 ha (280 empl.) peu incliné et en terrasses, herbeux, sablonneux ☐ ⚲
🔧 ⓝ ⇄ 🗟 🖧 ⇌ ⊕ ⚑ ⇌ 🖧 🖳 – ⚑ ⛱ cases réfrigérées, réfrigérateurs – 🔲 ⚓ ⤒ – A proximité : ⚒ poneys
Tarif : (Prix 1999) 🔲 *piscine comprise 2 pers. 92 (112 ou 127 avec élect. 10A), pers. suppl. 20*
Location *(permanent)* ⚲ : 🔲 *1500 à 2300 – 🔲 1400 à 3200 – 🏠 1700 à 3600*

△△△ **Oyam** juin-sept.
 𝒫 05 59 54 91 61 – E : 1 km par rte d'Arbonne puis rte à droite – o⊶ juin-sept. – **R** conseillée
 juil.-août – ⚲
 5 ha (230 empl.) plat, peu incliné, terrasses, herbeux 🖵 ΩΩ
 & ⚲ ⇆ △ 🔾 ⊕ 🗐 – � snack, pizzeria ⌗ – 🖵 ⇆ 🅜 🏊 half-court
 Tarif : 🄴 *piscine comprise 2 pers. 114, pers. suppl. 26 – 🗲 20 (3A)*
 Location *(15 avril-15 oct.)* ⚭ : 🚐 *1250 à 3400 – 🏠1350 à 3700 – bungalows toilés*

△△ **Le Parc** juin-20 sept.
 𝒫 05 59 26 54 71 – S : 1,2 km, à 400 m de la plage – o⊶ – **R** conseillée juil.-août – 🅶🅱 ⚲
 3 ha (200 empl.) en terrasses, herbeux ΩΩ
 & ⚲ 🖽 △ ⊕ 🗐 – ☯ – 🖵
 Tarif : 🄴 *2 pers. 92 – 🗲 18 (6A)*
 Location : *pavillons*

BIAS

40170 Landes 🔢 – 🔢 ⑭ – 505 h. alt. 41.
Paris 708 – Castets 43 – Mimizan 7 – Morcenx 29 – Parentis-en-Born 32.

△△ **Municipal le Tatiou** Pâques-oct.
 𝒫 05 58 09 04 76, Fax 05 58 82 44 30 – O : 2 km par rte de Lespecier – ⚲ o⊶ – **R** conseillée
 15 juil.-15 août – ⚲
 10 ha (505 empl.) plat, sablonneux ΩΩ pinède
 & ⚲ ⇆ △ ⊕ 🗐 – ☲ ☯ snack – ⇆ 🚲 🅜 🏊 – A proximité : ⚒
 Tarif : 🄴 *piscine comprise 2 pers. 74,55 – 🗲 19,95 (2A) 27,30 (4A) 33,60 (10A)*

BIDART

64 Pyr.-Atl. – 🔢 ⑪ – rattaché à Biarritz.

BIGANOS

33 Gironde – 🔢 ⑳ – voir à Arcachon (Bassin d').

BILIEU

38850 Isère 🔢 – 🔢 ⑭ – 741 h. alt. 580.
Paris 534 – Belley 49 – Chambéry 54 – Grenoble 41 – La Tour-du-Pin 26 – Voiron 11.

△ **Municipal Bord du Lac** 15 avril-sept.
 𝒫 04 76 06 67 00 – O : 1,9 km, accès conseillé par D 50^D et D 90 « Belles terrasses, au bord du
 lac de Paladru » o⊶ – **R** conseillée – ⚲
 1,3 ha (81 empl.) plat, herbeux, gravillons ΩΩ
 ⚲ ⇆ ⇌ ⊕ 🗐 – ⚓
 Tarif : ⭐ *16,80 – ⇌ 5 – 🄴 8,90 – 🗲 12,60 (5A) 22,80 (10A)*

BILLOM

63160 P.-de-D. 🔢 – 🔢 ⑮ G. Auvergne – 3 968 h. alt. 340.
🅱 Office de Tourisme 13 r. Carnot 𝒫 04 73 68 39 85, Fax 04 73 68 38 91.
Paris 443 – Clermont-Ferrand 29 – Cunlhat 30 – Issoire 30 – Thiers 27.

△△ **Municipal le Colombier** 15 mai-sept.
 𝒫 04 73 68 91 50 – au Nord-Est de la localité par rte de Lezoux et rue des Tennis – o⊶ –
 R conseillée
 1 ha (40 empl.) plat et peu incliné, herbeux 🖵 Ω
 & ⚲ 🖽 ⇌ ⊕ 🗐 – 🖵 ⇆ – A proximité : 🖾 ⚒ 🏊 🏊
 Tarif : (Prix 1999) ⭐ *13,20 – ⇌ 6,50 – 🄴 11,20 – 🗲 11,20 (4A) 22,30 (10A)*
 Location : 🏠

BINIC

22520 C.-d'Armor 🔢 – 🔢 ③ G. Bretagne –
2 798 h. alt. 35.
🅱 Office de Tourisme av. du Gén.-de-Gaulle
𝒫 02 96 73 60 12, Fax 02 96 73 35 23.
Paris 462 – Guingamp 36 – Lannion 67 – Paimpol
33 – St-Brieuc 15 – St-Quay-Portrieux 8.

△△ **Le Panoramic** avril-15 sept.
 𝒫 02 96 73 60 43 – S : 1 km – o⊶ –
 R conseillée 15 juil.-15 août – ⚲
 4 ha (150 empl.) plat, peu incliné, en
 terrasses, herbeux 🖵 Ω
 ⚲ ⇆ 🖽 ⇌ ⊕ 🗐 – ☯ – 🖵 ⇆
 Tarif : 🄴 *piscine comprise 2 pers.*
 84, pers. suppl. 20 – 🗲 15 (3A) 19 (6A)
 Location : 🚐 *1000 à 1650 – 🚐 1650*
 à 2850

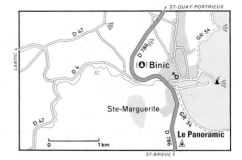

BIRON

24540 Dordogne 🔢 – 🔢 ⑯ G. Périgord Quercy – 132 h. alt. 200.
Paris 566 – Beaumont 25 – Bergerac 47 – Fumel 22 – Sarlat-la-Canéda 58 – Villeneuve-sur-Lot 36.

▲▲▲ **Étang du Moulinal** 22 avril-16 sept.
 𝒫 05 53 40 84 60, Fax 05 53 40 81 49 – S : 4 km rte de Lacapelle-Biron puis 2 km par rte de Villeréal à droite – ◈ ≼ « Situation agréable au bord de l'étang » ⌐ – **R** conseillée – GB ⌀
10 ha/5 campables (250 empl.) plat, terrasses, herbeux ⌐ ♀
⅃ ⌂ ⌂ ⌂ ⌂ ⊕ ⌐ ▽ ⌐ ▣ – ⌐ ⌐ ✗ ⌐ – ⌐ ⌐ ⌐ ⌐ ⌐ ·◉ ❃ ⌐ ⌐ half-court, poneys
Tarif : ▣ *piscine comprise 2 pers. 144 à 169, pers. suppl. 42 – [⌐] 21 (3A)*
Location : ⌐ *950 à 3950 – ⌐ 1350 à 4450 – bungalows toilés*

*Ihre Meinung über die von uns empfohlenen Campingplätze interessiert uns.
Teilen Sie uns Ihre Erfahrungen mit und schreiben Sie uns auch,
wenn Sie eine gute Entdeckung gemacht haben.*

BISCARROSSE

40600 Landes 🔢 – 🔢 ⑬ G. Aquitaine – 9 054 h. alt. 22.
🅱 Office de Tourisme 55 pl. de la Fontaine 𝒫 05 58 78 20 96, Fax 05 58 78 23 65.
Paris 659 – Arcachon 40 – Bayonne 130 – Bordeaux 80 – Dax 91 – Mont-de-Marsan 85.

▲▲▲ **Mayotte** Pâques-sept.
 𝒫 05 58 78 00 00, Fax 05 58 78 83 91 – N : 6 km par rte de Sanguinet puis, à Goubern, 2,5 km par rte à gauche, à 150 m de l'étang de Cazaux (accès direct) – ◈ « Cadre agréable » ⌐ – **R** indispensable – GB ⌀
12 ha/7 campables (630 empl.) plat, sablonneux, herbeux ⌐ ♀♀
⅃ ⌂ ⌂ ⌂ ⌂ ⊕ ⌐ ▽ ⌐ ▣ – ⌐ ⌐ ✗ ⌐ – ⌐ ⌐ ⌐ discothèque, ⌐ ⌐ ·◉ ⌐ ⌐
– A proximité : ⌐
Tarif : ▣ *élect. (6 à 10A) et piscine comprises 1 à 6 pers. 140 à 234*
Location ❃ : ⌐ *1390 à 3890 – ⌐ 1590 à 4890 – bungalows toilés*

▲▲▲ **Domaine de la Rive** avril-oct.
 𝒫 05 58 78 12 33, Fax 05 58 78 12 92 – NE : 8 km par D 652, rte de Sanguinet, puis 2,2 km par rte à gauche, bord de l'étang de Cazaux – ◈ « Bel ensemble avec piscines et plantations » ⌐ –
R conseillée – GB ⌀
15 ha (640 empl.) plat, sablonneux, herbeux ♀♀ pinède
⅃ ⌂ ⌂ ⌂ ⌂ ⌂ ⊕ ⌐ ▽ ⌐ ▣ – ⌐ ⌐ ✗ snack – pizzeria ⌐ cases réfrigérées – ⌐ ⌐ théâtre de plein air ⌐ ⌐ ❃ ⌐ ⌐ ⌐ toboggans aquatiques,
Tarif : ▣ *élect. (6A) et piscine comprises 2 pers. 165, pers. suppl. 27*
Location ❃ : ⌐ *1210 à 3850 – ⌐ 1750 à 4270 – bungalows toilés*

▲▲ **Les Écureuils** avril-sept.
 𝒫 05 58 09 80 00, Fax 05 58 09 81 21 – N : 4,2 km par rte de Sanguinet et rte de Navarrosse à gauche, à 400 m de l'étang de Cazaux – Ⓜ « Cadre agréable » ⌐ – **R** conseillée
6 ha (230 empl.) plat, herbeux, sablonneux ⌐ ♀
⅃ ⌂ ⌂ ⌂ ⌂ ⌂ ⊕ ⌐ ▣ – ⌐ snack – ⌐ ⌐ ⌐ ❃ ⌐ ⌐ – A proximité : ⌐ ⌐ ♭
Tarif : ▣ *piscine et tennis compris 2 pers. 100, pers. suppl. 30 – [⌐] 22 (4A) 33 (6A)*
Location *(permanent) :* ⌐ *2600 – ⌐ 700 à 3900 – ⌐ 900 à 4700*

▲ **Navarrosse** mai-sept.
 𝒫 05 58 09 84 32, Fax 05 58 09 86 22 – N : 4,5 km par rte de Sanguinet et rte à gauche, bord de l'étang de Cazaux et du canal Transaquitain – ⌐ – **R** conseillée – GB ⌀
16 ha/7 campables (500 empl.) plat, sablonneux ♀♀
⅃ ⌂ ⌂ ⌂ ⌂ ⌂ ⊕ ⌐ ▣ – ⌐ ❃ ⌐ ♭ – A proximité : ⌐
Tarif : ▣ *2 pers. 105 – [⌐] 20 (6A)*
Location : ⌐ *1600 à 3800 – bungalows toilés*

Biscarrosse-Plage NO : 9,5 km par D 146 – ✉ 40600 Biscarrosse.
🅱 Office de Tourisme 55 pl. de la Fontaine 𝒫 05 58 78 20 96, Fax 05 58 78 23 65

▲ **Plage Sud** mai-sept.
 𝒫 05 58 78 21 24, Fax 05 58 78 34 23 – au Sud de la station, 230 rue des Bécasses – ⌐ –
R conseillée
20 ha (1387 empl.) plat, terrasses, sablonneux, herbeux ♀♀
⅃ ⌂ ⌂ ⌂ ⌂ ⌂ ⊕ ⌐ ▣ – ⌐ ⌐ ⌐ – A proximité : ⌐ ⌐ ✗
Location : ⌐ *– bungalows toilés*

▲ **Le Vivier** mai-20 sept.
 𝒫 05 58 78 25 76, Fax 05 58 78 35 23 – au Nord de la station – ◈ ⌐ – **R** – GB ⌀
17 ha (830 empl.) plat, vallonné, sablonneux, herbeux ♀♀
⅃ ⌂ ⌂ ⌂ ⌂ ⌂ ⊕ ⌐ ▣ – ⌐ – ⌐ ·◉ ❃ ⌐
Tarif : ▣ *piscine comprise 2 pers. 100 ou 108 – [⌐] 20 (10A)*
Location : ⌐ *1600 à 3800 – bungalows toilés*

151

BLAIN

44130 Loire-Atl. ④ – ⑥③ ⑯ G. Bretagne – 7 434 h. alt. 23.
🛈 Office de Tourisme 2 pl. Jean-Guihard 🖉 02 40 87 15 11, Fax 02 40 79 09 93.
Paris 394 – Nantes 42 – Nort-sur-Erdre 22 – Nozay 15 – St-Nazaire 45.

⚠ **Municipal le Château** mai-sept.
🖉 02 40 79 11 00 – sortie Sud-Ouest par N 171 rte de St-Nazaire et chemin à gauche, près du
château (14ᵉ siècle) et à 250 m du canal de Nantes à Brest – ⊶ – **R** – ⚲
1 ha (44 empl.) plat, herbeux
🔣 🔣 🔣 🔣 🔣 🔣 – 🔣 🔣
Tarif : (Prix 1999) ⚲ 7,50 – 🚗 7,50 – 🔲 7,50 – 🔋 10 (10A)

Le BLANC

36300 Indre ⑩ – ⑥⑧ ⑯ G. Berry Limousin – 7 361 h. alt. 85.
🛈 Office de Tourisme pl. de la Libération 🖉 02 54 37 05 13, Fax 02 54 37 31 93.
Paris 330 – Bellac 62 – Châteauroux 61 – Châtellerault 51 – Poitiers 63.

⚠ **L'Île d'Avant** 15 mai-15 sept.
🖉 02 54 37 88 22 – E : 2 km sur N 151 rte de Châteauroux, bord de la Creuse – ⊶ –
R – ⚲
1 ha (80 empl.) plat, herbeux 🔣 🔣
🔣 🔣 🔣 – 🔣 🔣 – A proximité : 🔣
Tarif : 🔲 2 pers. 62 – 🔋 12,50 (5A)

BLANDY

77115 S.-et-M. ⑥ – ⑥① ② G. Île de France – 667 h. alt. 86.
Paris 54 – Fontainebleau 22 – Melun 12 – Montereau-Fault-Yonne 29 – Provins 40.

⚠ **Le Pré de l'Étang** mars-déc.
🖉 01 60 66 96 34 – sortie Est, rte de St-Méry – 🔣 ⊶ – **R** – ⚲
1 ha (60 empl.) plat, herbeux, étang
🔣 🔣 🔣 🔣 🔣 🔣
Tarif : ⚲ 15 – 🚗 10 – 🔲 30

BLANGY-LE-CHÂTEAU

14130 Calvados ⑤ – ⑤④ ⑱ – 618 h. alt. 60.
Paris 195 – Caen 55 – Deauville 22 – Lisieux 16 – Pont-Audemer 26.

⚠⚠ **Le Brévedent** 12 mai-20 sept.
🖉 02 31 64 72 88, Fax 02 31 64 33 41 – SE : 3 km par D 51, au château, bord d'un étang –
🔣 ≤ « Dans le parc d'un château du XVIᵉ siècle agrémenté d'un étang » ⊶ 🔣 – **R** conseillée
15 juin-août – 🔣
6 ha/3,5 campables (138 empl.) plat et incliné, herbeux 🔣 verger
🔣 🔣 🔣 🔣 🔣 🔣 🔣 🔣 🔣 – 🔣 🔣 🔣 – 🔣 🔣 🔣 🔣 🔣 – A proximité : 🔣 🔣
Tarif : ⚲ 30 piscine comprise – 🔲 45 – 🔋 18 (10A)

BLANGY-SUR-BRESLE

76340 S.-Mar. ① – ⑤② ⑥ – 3 447 h. alt. 70.
🛈 Office de Tourisme 1 r. Chekroun 🖉 02 35 93 52 48, Fax 02 35 94 06 14.
Paris 157 – Abbeville 28 – Amiens 54 – Dieppe 55 – Neufchâtel-en-Bray 33 – Le Tréport 26.

⚠ **Municipal les Étangs** 15 mars-15 oct.
🖉 02 35 94 55 65 – à 2,3 km au Sud-Est du centre ville, entre deux étangs et à 200 m de la Bresle,
accès par rue du Maréchal-Leclerc, près de l'église et rue des Étangs – ≤ ⊶ – **R**
0,8 ha (59 empl.) plat, herbeux
🔣 🔣 🔣 🔣 🔣 – 🔣 – A proximité : 🔣 🔣
Tarif : ⚲ 12,50 – 🚗 7,50 – 🔲 10 – 🔋 6,55 (5A) 12,45 (10A)

BLAVOZY

43 H.-Loire – ⑦⑥ ⑦ – rattaché au Puy-en-Velay.

BLAYE

33390 Gironde ⑨ – ⑦① ⑧ G. Aquitaine – 4 286 h. alt. 7.
🛈 Office de Tourisme allées Marines 🖉 05 57 42 12 09, Fax 05 57 42 91 94.
Paris 545 – Bordeaux 50 – Jonzac 48 – Libourne 45.

⚠ **Municipal la Citadelle** mai-sept.
🖉 05 57 42 00 20 – à l'Ouest, dans l'enceinte de la citadelle – 🔣 ≤ ⊶ saison – 🔣
1 ha (47 empl.) plat, peu incliné, terrasses, herbeux 🔣 🔣
🔣 🔣 🔣 🔣
Tarif : (Prix 1999) 🔲 1 pers. 30, 2 pers. 50, pers. suppl. 25 – 🔋 15 (6 ou 15A)

BLÉRÉ

37150 I.-et-L. **5** – **64** ⑯ G. Châteaux de la Loire – 4 388 h. alt. 59.
🛈 Office de Tourisme 8 r. Jean-Jacques Rousseau ℰ 02 47 57 93 00, Fax 02 47 30 81 88.
Paris 233 – Blois 46 – Château-Renault 34 – Loches 24 – Montrichard 17 – Tours 27.

   ▲▲ **Municipal la Gâtine** Pâques-15 oct.
     ℰ 02 47 57 92 60 – à l'Est de la ville, r. du Commandant-Lemaître « Situé près du Cher » ⊶ –
     R – ⚙
     4 ha (270 empl.) plat, herbeux ⚲
     ⚹ ⛺ ⇆ ⬚ ⚑ ⚲ ⊙ ▣ – ⛱ – A proximité : ✂ ⚘ ⛵ ⚓ ♪
     Tarif : ▣ 1 ou 2 pers. 53,50 – ⚡ 19,60 (5A) 23,70 (10A) 34 (16A)

BLOT-L'ÉGLISE

63440 P.-de-D. **11** – **73** ③ ④ – 392 h. alt. 640.
Paris 384 – Clermont-Ferrand 48 – Manzat 13 – Pontgibaud 34 – Riom 31 – St-Gervais-d'Auvergne 16.

   ▲ **Municipal** 15 juin-15 sept.
     ℰ 04 73 97 44 94 – S : 0,5 km par D 50 rte de Manzat – ⊶ – **R** – ⚙
     0,5 ha (50 empl.) plat, herbeux ⬚
     ⛺ ⛌ ⊙ – ✂
     Tarif : ▣ tennis compris 1 pers. 23, pers. suppl. 12 – ⚡ 12

La BOCCA

06 Alpes-Mar. – **84** ⑨ – rattaché à Cannes.

Le BOIS-PLAGE-EN-RÉ

17 Char.-Mar. – **71** ⑫ – voir à Ré (Ile de).

La BOISSIÈRE-DE-MONTAIGU

85600 Vendée **9** – **67** ④ – 1 584 h. alt. 62.
Paris 384 – Cholet 138 – Nantes 50 – La Roche-sur-Yon 50.

   ▲▲▲ **Domaine de l'Eden** 15 mars-15 nov.
     ℰ 02 51 41 62 32, Fax 02 51 41 56 07 – SO : 2,5 km par D 62, rte de Chavagnes-en-Paillers puis rte
     à droite – ⚶ ⊶ – **R** conseillée 9 juil.-20 août – **GB** ⚙
     15 ha/8 campables (150 empl.) plat, pierreux, herbeux, prairies, étang et sous-bois ⚲⚲
     ⚹ ⛺ ⇆ ⬚ ⛌ ⊙ ⚐ ⚑ ▣ – ⛾ crêperie – ⛺ salle d'animation ✂ ⚘ ⚓ ⛷ poneys, piste de bi-cross
     Tarif : (Prix 1999) ▣ élect. (4A), piscine et tennis compris 2 pers. 105
     Location : ⌂ 1750 à 2950

BOISSON

30 Gard **16** – **80** ⑧ – ✉ 30500 St-Ambroix.
Paris 684 – Alès 19 – Barjac 15 – La Grand-Combe 29 – Lussan 16 – St-Ambroix 12.

   ▲▲▲ **Château de Boisson** 29 avril-sept.
     ℰ 04 66 24 85 61, Fax 04 66 24 80 14 – au bourg – ⚶ ⊶ ✂ juil.-août – **R** conseillée juil.-août
     – **GB** ⚙
     7,5 ha (174 empl.) plat, herbeux, pierreux ⬚ ⚲⚲
     ⚹ ⛺ ⇆ ⬚ ⛌ ⊙ ⚐ ⚑ ▣ – ⛾ ✕ snack ⚒ cases réfrigérées – ⛺ ⚓ ✂ ▦ ⚓ toboggan
     aquatique – A proximité : ⚑
     Tarif : ▣ piscine comprise 2 pers. 145, pers. suppl. 40 – ⚡ 20 (5A)
     Location : ⌂ 1505 à 3696 – appartements

BOLLÈNE

84500 Vaucluse **16** – **81** ① G. Provence – 13 907 h. alt. 40.
🛈 Office de Tourisme pl. Reynaud-de-la-Gardette ℰ 04 90 40 51 45, Fax 04 90 40 51 44.
Paris 637 – Avignon 53 – Montélimar 35 – Nyons 35 – Orange 25 – Pont-St-Esprit 10.

   ▲▲ **Le Barry** Permanent
     ℰ 04 90 30 13 20, Fax 04 90 40 48 64 – N : 3,7 km par D 26, rte de Pierrelatte et rte à droite, par
     St-Pierre – ⚶ ⊶ – **R** conseillée juil.-août – **GB** ⚙
     3 ha (120 empl.) plat, peu incliné et en terrasses, pierreux, herbeux ⚲⚲
     ▥ ⚹ ⛺ ⇆ ⬚ ⛌ ⊙ ⚐ ⚑ ▣ – ⚑ ⛾ snack ⚒ – ⛺ ⚓ ✂ ▦ ⚓
     Tarif : ⚹ 28 piscine comprise – ▣ 34 – ⚡ 21 (6A)
     Location : ⌂ 1680 à 2800 – ⌂ 1920 à 3200

   ▲ **La Simioune** Permanent
     ℰ 04 90 30 44 62 – NE : 5 km par rte de Lambisque (accès sur D 8 par ancienne rte de Suze-la-Rousse
     longeant le Lez) et chemin à gauche – ⚶ « Dans une agréable pinède » ⊶ – **R** conseillée saison
     2 ha (80 empl.) plat et en terrasses, sablonneux ⚲⚲
     ▥ ⚹ ⛺ ⇆ ⬚ ⚲ ⊙ ⚑ ▣ – ⚓ ⛷ centre équestre, poneys
     Tarif : ▣ élect. (6A) et piscine comprises 2 pers. 70
     Location : ⌂ 1200 à 2000

BONIFACIO

2A Corse-du-Sud – 🔢 ⑨ – voir à Corse.

BONLIEU

39130 Jura 🔢 – 🔢 ⑮ G. Jura – 206 h. alt. 785.
Paris 444 – Champagnole 23 – Lons-le-Saunier 33 – Morez 24 – St-Claude 42.

  ▲ **L'Abbaye** mai-sept.
     ℘ 03 84 25 57 04 – E : 1,5 km par N 78, rte de St-Laurent-en-Grandvaux – ≤ ⊶ – **R** conseillée
     – ⚒
     3 ha (112 empl.) incliné et plat, herbeux ▭
     🔧 🔺 ♨ 🔲 🔺 💧 ☺ 🔳 – ▼ ✕ 🔩 – 🔺 – A proximité : 🐎
     Tarif : 🔺 20,50 – ▤ 22 – 🔋 14 (6A)

BONNAL

25 Doubs – 🔢 ⑥ – rattaché à Rougemont.

BONNES

86300 Vienne 🔢 – 🔢 ⑭ – 1 290 h. alt. 70.
Paris 334 – Châtellerault 25 – Chauvigny 7 – Poitiers 24 – La Roche-Posay 33 – St-Savin 26.

  ▲ **Municipal** mai-sept.
     ℘ 05 49 56 44 34 – au Sud du bourg, bord de la Vienne – ⊶ juil.-août – **R** conseillée – ⚒
     1,2 ha (65 empl.) plat, herbeux
     🔧 🔺 🔲 ♨ 🔺 🔳 – 🔺 ⊙ ✖ 🔩 ≃
     Tarif : 🔺 17 – �car 6 – ▤ 11 – 🔋 15 (10A)
     Location (permanent) : gîtes

BONNÉTABLE

72110 Sarthe 🔢 – 🔢 ⑭ – 3 899 h. alt. 110.
🅱 Syndicat d'Initiative pl. du Marché ℘ 02 43 29 57 82.
Paris 186 – Alençon 48 – La Ferté-Bernard 23 – Le Mans 30 – Mayenne 88 – Mortagne-au-Perche 45.

  ▲ **Municipal la Prairie** 15 mai-sept.
     ℘ 02 43 29 43 77 – E : 1 km par D 7, rte de la Ferté-Bernard et chemin à gauche « Près d'un étang »
     – **R** – ⚒
     0,5 ha (25 empl.) peu incliné, herbeux ▭
     🔧 🔺 ♨ 🔺 ♨ 🔳 ✇ 🔳 – 🔺
     Tarif : (Prix 1999) 🔺 8,10 – 🚗 5,10 – ▤ 5,10/6,10 – 🔋 12,20 (7A)

BONNEVAL

28800 E.-et-L. 🔢 – 🔢 ⑰ G. Châteaux de la Loire – 4 420 h. alt. 128.
🅱 Office de Tourisme (fermé le mardi) pl. de la Mairie ℘ 02 37 47 55 89, Fax 02 37 96 28 62, Mairie
℘ 02 37 47 21 93.
Paris 118 – Ablis 62 – Chartres 31 – Châteaudun 14 – Étampes 90 – Orléans 58.

  ▲▲▲ **Municipal le Bois Chièvre** mars-nov.
     ℘ 02 37 47 54 01 – S : 1,5 km par rte de Conie et rte de Vouvray à droite, bord du Loir – 🐿
     « Agréable chênaie dominant le Loir » ⊶ – **R** conseillée juil.-août – ⚒
     4,5 ha/2,5 campables (130 empl.) plat et peu incliné, herbeux, gravier, bois attenant ▭ ⑨⑨
     🎿 🔧 🔺 ♨ 🔲 🔺 🔺 🔲 ✇ 🔳 🔳 – 🔲 🔺 🚲 🔳
     Tarif : ▤ 2 pers. 43 (56 avec élect.)

BONNIEUX

84480 Vaucluse 🔢 – 🔢 ② G. Provence – 1 422 h. alt. 400.
🅱 Office de Tourisme 7 pl. Carnot ℘ 04 90 75 91 90, Fax 04 90 75 92 94.
Paris 724 – Aix-en-Provence 44 – Apt 11 – Cavaillon 26 – Salon-de-Provence 46.

  ▲ **Municipal du Vallon** 15 mars-15 nov.
     ℘ 04 90 75 86 14 – sortie Sud par D 3, rte de Ménerbes et chemin à gauche – 🐿 ≤ ⊶ – **R**
     1,3 ha (80 empl.) plat et en terrasses, pierreux, herbeux, bois attenant ▭ ⑨⑨ (0,7 ha)
     🔺 ♨ 🔲 🔺 ♨ 🔺 ✇ 🔳 – 🔺
     Tarif : 🔺 13 – 🚗 9 – ▤ 11/15,50 – 🔋 16 (10A)

Le BONO

56400 Morbihan 🔢 – 🔢 ② – 1 747 h. alt. 10.
Paris 478 – Auray 6 – Lorient 49 – Quiberon 36 – Vannes 18.

  ▲ **Parc-Lann** mai-10 oct.
     ℘ 02 97 57 93 93 – NE : 1,2 km par D 101ᴱ, rte de Plougoumelen – ⊶ juil.-août – **R** conseillée
     août – ⚒
     2 ha (60 empl.) plat, herbeux ▭
     🔧 🔺 ♨ 🔲 🔺 🔺 ♨ 🔳 – 🔲 🔺
     Tarif : 🔺 20 – ▤ 27 – 🔋 12 (6A)

BORMES-LES-MIMOSAS

83234 Var 🔟 – 🎱 ⑯ G. Côte d'Azur – 5 083 h. alt. 180.
🅱 Office de Tourisme pl. Gambetta ℰ 04 94 71 15 17, Fax 04 94 64 79 57 et bd de la Plage La Favière ℰ 04 94 64 82 57, Fax 04 94 64 79 61.
Paris 877 – Fréjus 58 – Hyères 22 – Le Lavandou 4 – St-Tropez 35 – Ste-Maxime 37 – Toulon 42.

   ▲▲ **Manjastre** Permanent
ℰ 04 94 71 03 28, Fax 04 94 71 63 62 – NO : 5 km, sur N 98, rte de Cogolin – 🦴 ≤ « Bel ensemble de terrasses parmi les mimosas et les chênes-lièges » ⊶ 🌿 juil.-août – **R** indispensable juil.-août – ⚾
3,5 ha (120 empl.) en terrasses, pierreux, plat et peu incliné ⊏⊐ ♉♉
▥ ♿ ⌂ 🖹 ❄ ☺ 🔥 ♿ 🖼 – ▼ – ⛱
Tarif : 🖹 piscine comprise 3 pers. 135 – ⚡ 16 (2A) 25 (6A) 34 (10A)

   ▲ **La Griotte** mai-23 sept.
ℰ 04 94 15 20 72 – SO : 4,5 km par D 41, D 559 et rte du Fort de Brégançon à droite, accès conseillé par D 559 – 🦴 ⊶ – **R** conseillée juil.-août
0,7 ha (65 empl.) plat et peu incliné, herbeux, gravillons ♉♉
♿ ⌂ ⛺ ☺ – ♨ – 🖼
Tarif : 🖹 2 pers. 79/84, pers. suppl. 19,50 – ⚡ 18 (6A) 20 (10A)
Location 🌿 : 🏚 1000 à 1350 – 🏘 1850 à 3090

Voir aussi au Lavandou

BORT-LES-ORGUES

19110 Corrèze 🔟 – 🔟 ② G. Auvergne – 4 208 h. alt. 430.
🅱 Office de Tourisme pl. Marmontel ℰ 05 55 96 02 49, Fax 05 55 96 90 79.
Paris 480 – Aurillac 82 – Clermont-Ferrand 84 – Mauriac 30 – Le Mont-Dore 48 – St-Flour 83 – Tulle 81 – Ussel 31.

   ▲ **Outre-Val** Pâques-oct.
ℰ 05 55 96 05 82 – N : 12,3 km par D 979, rte d'Ussel et D 82, rte de Monestier-Port-Dieu à droite, Accès difficile pour caravanes (forte pente), mise en place et sortie à la demande – 🦴 ≤ « Belle situation au bord du lac » ⊶ Pentecôte-oct. – **R** conseillée juil.-août – ⚾ ⚘
3,2 ha (43 empl.) en terrasses, herbeux, sablonneux, pierreux ♀
⌂ ⛺ 🖹 ♨ ♨ ☺ – ▼ ✗ – ⛿ ♪
Tarif : ✶ 15 – 🖹 20 – ⚡ 15 (3A)

   ▲ **Le Bois d'Enval** mai-oct.
ℰ 05 55 96 06 62 – N : 11,5 km par D 979, rte d'Ussel et D 82, rte de Monestier-Port-Dieu à droite, alt. 660 – 🦴 « Belle situation dominante ≤ monts du Cantal » – **R** conseillée
2 ha (43 empl.) incliné, plat, herbeux
⌂ ⛺ ☺
Tarif : ✶ 12 – 🚗 7 – 🖹 12 – ⚡ 12 (5A)

Les BOSSONS

74 H.-Savoie – 🔟 ⑧ – rattaché à Chamonix-Mont-Blanc.

BOUAFLES

27 Eure – 🔟 ⑰ – rattaché aux Andelys.

BOUCHEMAINE

49080 M.-et-L. 🔟 – 🔟 ⑳ – 5 799 h. alt. 25.
🅱 Syndicat d'Initiative Mairie ℰ 02 41 22 20 00, Fax 02 41 22 20 01.
Paris 302 – Angers 9 – Candé 40 – Chenillé 33 – Le Lion-d'Angers 27.

   ▲ **Municipal le Château** mai-15 sept.
ℰ 02 41 77 11 04 – Sud par D 111, rte de Possonnière, près de la Maine « Entrée fleurie » ⊶ juil.-août – **R**
1 ha (71 empl.) plat, herbeux ♉♉
⌂ ⛺ ♨ ☺ – A proximité : 🌿 ⛱
Tarif : ✶ 16,50 – 🚗 16,50 – 🖹 16,50

BOULANCOURT

77760 S.-et-M. 🔟 – 🔟 ⑪ – 287 h. alt. 79.
Paris 82 – Étampes 34 – Fontainebleau 28 – Melun 43 – Nemours 25 – Pithiviers 21.

   ▲ **Île de Boulancourt** Permanent
ℰ 01 64 24 13 38 – S : par D 103[A], rte d'Angerville-la-Rivière – 🦴 « Agréable situation dans une boucle de l'Essonne » ⊶ – **R** – ⚘
5 ha (100 empl.) plat, peu incliné, herbeux ♀
▥ ⌂ ⛺ 🖹 ♨ 🖼 – A proximité : golf, practice de golf 🌿
Tarif : ✶ 18 – 🖹 20 – ⚡ 10 (3A)
Location : gîtes

31350 H.-Gar. **14** – **82** ⑮ – 1 531 h. alt. 320.
Paris 755 – Auch 47 – Aurignac 25 – Castelnau-Magnoac 13 – Lannemezan 34 – L'Isle-en-Dodon 21.

▲ **Le Lac** Permanent
ℰ 05 61 88 20 54, Fax 05 61 88 62 16 – SE : 1,3 km par D 633 rte de Montréjeau et rte à gauche,
à 300 m du lac – ⌘ ⊶ – **R** juil.-août – ⚸
2 ha (160 empl.) plat et peu incliné, herbeux ⚲
🔥 🔲 🛁 🔆 ⚒ ⛲ – A proximité : 🛒 🍸 ✗ ✗ 🔥 🚣 ⛴ toboggan aquatique
Tarif : ✶ 17,50 – 🔲 18/22 – ⓖ 18 (6 ou 10A)
Location : 🏠 1250 à 3400 – bungalows toilés

62200 P.-de-C. **1** – **51** ① G. Picardie Flandres Artois – 43 678 h. alt. 58.
🅱 Office de Tourisme quai de la Poste ℰ 03 21 31 68 38, Fax 03 21 33 81 09 annexe (saison) Parvis de Nausicaa
ℰ 03 21 33 92 51.
Paris 263 – Calais 38 – Montreuil 39 – St-Omer 53 – Le Touquet-Paris-Plage 30.

à **Isques** SE : 4 km par N 1 – 1 171 h. alt. 15 – ⊠ 62360 Isques

▲ **Les Cytises** avril-15 oct.
ℰ 03 21 31 11 10 – au bourg, accès par N 1, près du stade – ⊶ – **R** conseillée juil.-août – ⚸
2,5 ha (100 empl.) plat, terrasse, herbeux ▭
🔥 🔥 🔆 🔲 🛁 🛁 ⚒ ⛲ 🔲 – 🚗 🚣 ⚓ ⚒ – A proximité : ✗
Tarif : 🔲 tennis compris 2 pers. 73 – ⓖ 15 (3A) 15 (6A) 25 (10A)

à **Wacquinghen** NE : 8 km par A 16 – 188 h. alt. 61 – ⊠ 62250 Marquise

▲▲ **L'Escale** 15 mars-15 oct.
ℰ 03 21 32 00 69 – sortie Nord-Est, par A 16 sortie 4 – Places limitées pour le passage ⊶ – **R** –
GB ⚸
11 ha (198 empl.) plat et peu incliné, herbeux
🖿 🔥 🔥 🔆 🛁 ⚒ ⛲ 🔲 – 🍸 – 🚗 🚣
Tarif : ✶ 22 – 🚗 11 – 🔲 15/23 – ⓖ 15 (4A)

72440 Sarthe **5** – **64** ④ – 1 829 h. alt. 105.
Paris 187 – La Chartre-sur-le-Loir 34 – Connerré 12 – Le Mans 30 – Vendôme 49.

▲ **Municipal** mai-sept.
ℰ 02 43 35 52 09 – sortie Est rte de St-Calais – **R** – ⚸
1,3 ha (30 empl.) plat, peu incliné et terrasse, herbeux ⚲
🖿 🔥 🔆 🛁 ⚒ – A proximité : 🛒
Tarif : (Prix 1999) ✶ 15 – 🚗 7,50 – 🔲 7,50 – ⓖ 15 ou 30

66160 Pyr.-Or. **15** – **86** ⑲ G. Languedoc Roussillon – 4 436 h. alt. 90 – ♨ (07 fév.-09 déc.).
🅱 Office de Tourisme 1 r. des Écoles ℰ 04 68 87 50 95, Fax 04 68 87 50 96.
Paris 878 – Amélie-les-Bains-Palalda 18 – Argelès-sur-Mer 19 – Barcelona 171 – Céret 11 – Perpignan 21.

▲▲ **Le Mas Llinas** fév.-nov.
ℰ 04 68 83 25 46 – N : 3 km par N 9 rte de Perpignan et chemin à gauche, devant Intermarché
– ⚘ ⇐Chaîne des Albères « Agréable situation » ⊶ – **R** conseillée juil.-août – ⚸
15 ha/4 campables (100 empl.) en terrasses, gravier, herbeux, bois ▭
🖿 🔥 🔥 🔆 🛁 ⚒ 🛁 ⚒ 🔲 – 🚗 🚲 ⛴
Tarif : ✶ 27,50 piscine comprise – 🔲 33 – ⓖ 12 (5A) 17 (10A)
Location : 🏠 1500 – 🏠 1050 à 2850

▲ **L'Olivette** 15 mars-oct.
ℰ 04 68 83 48 08, Fax 04 68 87 46 00 – S : 2 km par N 9, aux Thermes du Boulou, bord de la Rome
– ⊶ – **R** juil.-août – **GB** ⚸
2,7 ha (158 empl.) plat et terrasse, herbeux ⚲⚲
🔥 🔥 🔆 🛁 ⚒ ⚒ 🔲
Tarif : 🔲 2 pers. 68 – ⓖ 12 (6A) 17 (10A)
Location : 🏠 1000 à 1600 – 🏠 1290 à 2100

71140 S.-et-L. **11** – **69** ⑯ G. Bourgogne – 6 178 h. alt. 240 – ♨ (06-03/11-11).
🅱 Office de Tourisme pl. Aligre ℰ 03 85 89 18 27, Fax 03 85 89 28 38.
Paris 313 – Autun 63 – Mâcon 110 – Montceau-les-Mines 55 – Moulins 36 – Nevers 72.

▲▲ **Saint-Prix** avril-oct.
ℰ 03 85 89 14 85 – vers sortie Sud-Ouest rte de Digoin, à la piscine « A 200 m d'un plan d'eau »
⊶ – **R** conseillée – ⚸
2,5 ha (128 empl.) plat, peu incliné et en terrasses, herbeux ▭ ⚲
🔥 🔲 🛁 🔆 ⚒ 🔲 – A proximité : 🛒 ✗ 🚣 ⛴ 🚲
Tarif : ✶ 15,25 – 🚗 12,50 – 🔲 12,50/13,75 – ⓖ 14,25 (10A)
Location : 🏠 1530 à 2980

BOURBON-L'ARCHAMBAULT

03160 Allier **11** – **69** ⑬ G. Auvergne – 2 630 h. alt. 367 – ⚓ (1er mars-13 nov.).
🛈 Office de Tourisme (saison) 1 pl. Thermes ℰ 04 70 67 09 79, Fax 04 70 67 09 79.
Paris 297 – Montluçon 50 – Moulins 24 – Nevers 53 – St-Amand-Montrond 55.

⚠ **Municipal Parc Jean Bignon** mars-oct.
ℰ 04 70 67 08 83 – sortie Sud-Ouest par rte de Montluçon et rue à droite – ⊗ ⊶ avril-fin sept.
– ℛ – ⊘
3 ha (157 empl.) plat et peu incliné, herbeux ♀
♿ ⚒ ⛲ ⇄ ⊙ ⏚ ⛺ ▦ – 🏠 – A proximité : ✗ ⛵ ⊻
Tarif : (Prix 1999) ✶ 13,50 – ⇌ 5,50 – ▣ 8 – ⒢ 12,50 (moins de 5A) 14,50 (plus de 5A)

BOURBONNE-LES-BAINS

52400 H.-Marne **7** – **62** ⑬ G. Alsace Lorraine – 2 764 h. alt. 290 – ⚓ (1er mars- 30 nov.).
🛈 Office de Tourisme Centre Borvo 34 pl. des Bains ℰ 03 25 90 01 71, Fax 03 25 90 14 12.
Paris 314 – Chaumont 57 – Dijon 125 – Langres 40 – Neufchâteau 53 – Vesoul 59.

⚠ **Le Montmorency** avril-oct.
ℰ 03 25 90 08 64 – sortie Ouest par rte de Chaumont et rue à droite, à 100 m du stade – ⟨ ⊶
– ℛ conseillée – ⊘
2 ha (74 empl.) peu incliné, herbeux, gravillons ♀
⚒ ⇄ ⛲ ⏚ ⊙ ⇄ ⛺ ▦ – A proximité : ✗ ⊻ (découverte l'été)
Tarif : ✶ 16 – ▣ 15 – ⒢ 12 (6A)
Location : 🏠

La BOURBOULE

63150 P.-de-D. **11** – **73** ⑬ G. Auvergne – 2 113 h. alt. 880 – ⚓ (fév.-oct.).
🛈 Office de Tourisme 15 pl. de la République ℰ 04 73 65 57 71, Fax 04 73 65 50 21.
Paris 474 – Aubusson 85 – Clermont-Ferrand 51 – Mauriac 71 – Ussel 61.

⚠ **Les Clarines** Permanent
ℰ 04 73 81 02 30, Fax 04 73 81 09 34 – E : 1,5 km, par av. du Maréchal Leclerc et D 996 rte du
Mont-Dore – ⟨ ⊶ – ℛ conseillée juil.-août – ⒼⒷ ⊘
3 ha (190 empl.) peu incliné et en terrasses, herbeux, gravier ♀♀ (2 ha)
▦ ♿ ⚒ ⇄ ⛲ ⏚ ⊙ ⇄ ▦ – ♀ – 🏠 ⛵ ⊻ – A proximité : ⌇
Tarif : (Prix 1999) ▣ piscine comprise 2 pers. 73 – ⒢ 14 (3A) 23 (6A) 38 (10A)
Location : 🏠 1900 à 2500

⚠ **Municipal les Vernières** vacances de printemps-sept.
ℰ 04 73 81 10 20 – sortie Est par D 130 rte du Mont-Dore, près de la Dordogne – ⟨ ⊶ –
ℛ – ⊘
1,5 ha (165 empl.) plat et terrasse, herbeux ▭ ♀
▦ ♿ ⚒ ⛲ ⏚ ⊙ ▦ – 🏠 – A proximité : ✗ ⊻ ⊻
Tarif : (Prix 1999) ✶ 17 – ▣ 14 – ⒢ 16 (5A) 32 (10A)

à Murat-le-Quaire N : 2,5 km par D 88 – 435 h. alt. 1 050 – ✉ 63150 Murat-le-Quaire :

⚠ **Le Panoramique** vacances de printemps-sept.
ℰ 04 73 81 18 79, Fax 04 73 65 57 34 – E : 1,4 km par D 219, rte du Mont-Dore et chemin à gauche,
alt. 1 000 – ⊗ ⟨ Les Monts Dore ⊶ – ℛ conseillée juil.-août – ⊘
3 ha (85 empl.) en terrasses, herbeux ▭
▦ ♿ ⚒ ⇄ ⛲ ⏚ ⊙ ⇄ ▦ – 🏠 ⛵
Tarif : ▣ piscine comprise 2 pers. 74 – ⒢ 14 (4A) 22 (6A) 35 (10A)

⚠ **Municipal les Couderts** vacances de fév. et Pâques-sept.
ℰ 04 73 65 54 81 – sortie Nord rte de la Banne d'Ordanche, bord d'un ruisseau, alt. 1 040 – ⊗
⟨ ⊶ juil.-août – ℛ conseillée juil.-août – ⊘
1,7 ha (58 empl.) plat, peu incliné, en terrasses, herbeux ▭ ♀
▦ ♿ ⚒ ⇄ ⛲ ⏚ ⊡ ⊙ ▦
Tarif : ✶ 16 – ▣ 12 – ⒢ 10 (3A) 19 (6A) 28 (10A)
Location : huttes

⚠ **Municipal du Plan d'Eau** juil.-août
ℰ 04 73 81 10 05 – N : 1 km, sur D 609 rte de la Banne-d'Ordanche, bord d'un ruisseau et près
d'un plan d'eau, alt. 1 050 – ⊗ ⟨ ⊶ – ℛ conseillée – ⊘
0,8 ha (40 empl.) plat, peu incliné, herbeux ▭
♿ ⚒ ⇄ ⛲ ⏚ ⊙ ▦ – 🏠 – A proximité : ♀ ✗ ⊸ (plan d'eau)
Tarif : ✶ 16 – ▣ 12 – ⒢ 10 (3A) 19 (6A) 28 (10A)

BOURCEFRANC-LE-CHAPUS

17560 Char.-Mar. **9** – **71** ⑭ G. Poitou Vendée Charentes – 2 851 h. alt. 5.
Paris 502 – Le Château-d'Oléron 9 – Marennes 4 – Rochefort 25 – La Rochelle 63.

Schéma à Oléron

⚠ **Municipal la Giroflée** mai-29 sept.
ℰ 05 46 85 06 43 – SO : 2 km, près de la plage, Accès sur D 26 – ⊗ ⊶ juil.-août – ℛ conseillée
15 juil.-15 août – ⊘
3,2 ha (150 empl.) plat, herbeux, sablonneux ♀ (2 ha)
♿ ⇄ ⛲ ⏚ ⊙ ▦ – A proximité : ♀ crêperie ⌁
Tarif : ✶ 12,50 – ▣ 11,50 – ⒢ 16 (5 ou 8A)

BOURDEAUX

26460 Drôme 🔟 – 🔟 ⑬ – 562 h. alt. 426.
Paris 614 – Crest 24 – Montélimar 41 – Nyons 39 – Pont-St-Esprit 71 – Valence 53.

▲▲ **Les Bois du Châtelas** mai-sept.
    𝒫 04 75 00 60 80, Fax 04 75 00 60 81 – SO : 1,4 km par D 538, rte de Dieulefit – Ⓜ 🛁 ⇐ ⊶ –
    R conseillée juil.-août – ⒼⒷ 🗶
    17 ha/6,5 campables (80 empl.) en terrasses, peu incliné, pierreux, herbeux ⫍
    🏛 🛠 🍴 ♨ 🗄 ♨ 🗄 👶 ☿ 🚲 🎿 – snack – 🖭 🛶 🚴 🛶 🏊
    Tarif : 🅴 *piscine comprise 2 pers. 93* – 🅹 *23 (10A)*
    Location : 🏠 *1800 à 2500*

▲ **Municipal le Gap des Tortelles** 15 avril-sept.
    𝒫 04 75 53 30 45 – sortie Sud-Est par D 70, rte de Nyons et chemin à droite, bord du Roubion –
    🛁 ⇐ ⊶ – **R** conseillée – 🗶
    0,7 ha (44 empl.) plat et terrasse, herbeux, pierreux 🝆🝆
    🛠 🍴 🗄 ♨ ♨ 🗄 – 🛶 – A proximité : 🎾 🏊
    Tarif : 🅴 *2 pers. 52* – 🅹 *15*

à Bézaudun-sur-Bîne NE : 4 km par D 538 et D 156 – 47 h. alt. 496 – ✉ 26460 Bézaudun-sur-Bîne :

▲ **Aire Naturelle le Moulin** avril-sept.
    𝒫 04 75 53 37 21 – sortie Ouest rte de Bourdeaux, bord de la Bîne – 🛁 ⇐ ⊶ – **R** – 🗶
    2,5 ha (25 empl.) plat, herbeux
    🍴 ☿ 🗄 ♨ 🗄 – 🏊
    Tarif : 🛧 *15 piscine comprise* – 🚗 *10* – 🅴 *10* – 🅹 *10 (4A)*

au Poët-Célard NO : 4 km par D 328 – 142 h. alt. 590 – ✉ 26460 Bourdeaux :

▲▲ **Le Couspeau** mai-sept.
    𝒫 04 75 53 30 14, Fax 04 75 53 37 23 – SE : 1,3 km par D 328A, alt. 600 – Ⓜ 🛁 ⇐ « Site agréable »
    ⊶ – **R** conseillée juil.-août – ⒼⒷ 🗶
    2 ha (66 empl.) en terrasses et peu incliné, herbeux ⫍
    🏛 🛠 🍴 ☿ 🗄 👶 ♨ 🗄 – 🛁 🍴 snack 🛶 – 🛶 🚲 🎾 🎿 🏊 ⛱ (petite piscine couverte)
    Tarif : 🅴 *piscine comprise 2 pers. 120* – 🅹 *18 (6A)*
    Location : 🏠 *1300 à 3150* – 🏠 *1750 à 3500*

Zoekt u in een bepaalde streek
- *een fraai terrein (▲ ... ▲▲▲)*
- *een terrein dat het hele jaar open is (Permanent)*
- *of alleen een terrein op uw reisroute of een terrein voor een langer verblijf,*

raadpleeg dan de lijst van plaatsnamen in de inleiding van de gids.

BOURG-ACHARD

27310 Eure 🅵 – 🔝 ⑤ G. Normandie Vallée de la Seine – 2 255 h. alt. 124.
Paris 138 – Bernay 43 – Évreux 62 – Le Havre 62 – Rouen 28.

▲▲ **Le Clos Normand** avril-sept.
    𝒫 02 32 56 34 84 – sortie Ouest, rte de Pont-Audemer « Belle entrée fleurie » ⊶ – **R** juil.-août
    – 🗶
    1,4 ha (85 empl.) plat et peu incliné, herbeux, bois attenant (0,5 ha) ⫍ 🌳
    🍴 ☿ 🗄 ♨ ♨ 🗄 – 🍴 🛶 – 🛶 🏊
    Tarif : 🛧 *24 piscine comprise* – 🚗 *8* – 🅴 *19* – 🅹 *15 (6A)*

BOURGANEUF

23400 Creuse 🔟 – 🔝 ⑨ G. Berry Limousin – 3 385 h. alt. 440.
🏢 Office de Tourisme Tour Lastic 𝒫 05 55 64 12 20, Fax 05 55 64 04 33.
Paris 401 – Aubusson 40 – Guéret 34 – Limoges 49 – Tulle 95 – Uzerche 77.

▲ **Municipal la Chassagne** 15 juin-15 sept.
    N : 1,5 km par D 912, rte de la Souterraine, bord du Taurion – **R** – 🗶
    0,7 ha (41 empl.) plat, peu incliné, herbeux ⫍
    🍴 🗄 ♨ ♨ – A proximité : 🏊
    Tarif : (Prix 1999) 🛧 *12* – 🚗 *10* – 🅴 *10* – 🅹 *11 (10A)*

BOURG-ARGENTAL

42220 Loire 🔟 – 🔝 ⑨ G. Vallée du Rhône – 2 877 h. alt. 534.
Paris 533 – Annonay 16 – Condrieu 33 – Montfaucon-en-Velay 31 – St-Étienne 28 – Vienne 45.

▲▲ **L'Astrée** Permanent
    𝒫 04 77 39 72 97 – E : 1,7 km par N 82 rte d'Annonay, bord de la Déôme – ⇐ ⊶ – **R** – 🗶
    1 ha (67 empl.) plat, peu incliné, herbeux 🝆
    🏛 🛠 🍴 ☿ 🗄 ♨ 🗄 – A proximité : 🛶 🎾 🛶 🏊 toboggan aquatique
    Tarif : 🛧 *20* – 🚗 *13* – 🅴 *15/18* – 🅹 *16 (4A) 20 (6A)*
    Location : 🏠 *1300 à 2400*

Le BOURG-D'ARUD

38 Isère 🎱 – 🎱 ⑥ G. Alpes du Nord – ✉ 38520 Venosc.
Paris 631 – L'Alpe-d'Huez 25 – Le Bourg-d'Oisans 14 – Les Deux-Alpes 28 – Grenoble 64.

⚠ **Le Champ du Moulin** Permanent
    𝒫 04 76 80 07 38, Fax 04 76 80 24 44 – sortie Ouest par D 530 – ⛺ ≼ village de Vénosc « Entouré par les montagnes de l'Oisans, bord du Vénéon » ⊶ – **R** conseillée juil.- août – **GB** ⚲
    1,5 ha (80 empl.) plat, herbeux, pierreux
    ▥ ⚅ ♻ 🗒 ♨ ⊚ 🖪 – 🗠 – A proximité : 🚲 •⊚ ⚒ ⎓ toboggan aquatique 🐎
    Tarif : ▣ 2 pers. 105, pers. suppl. 26 – ⚡ 3A : 13 (hiver 17) 6A : 21 (hiver 33) 10A : 32 (hiver 55)
    Location : appartements, gîte d'étape

BOURG-DE-PÉAGE

26300 Drôme 🎱 – 🎱 ② – 9 248 h. alt. 151.
🛈 Office de Tourisme allée Alpes de Provence 𝒫 04 75 72 18 36, Fax 04 75 70 95 57.
Paris 561 – Pont-en-Royans 27 – Romans-sur-Isère 2 – Tournon-sur-Rhône 19 – Valence 20.

à Barbières SE : 15 km par D 149 – 583 h. alt. 426 – ✉ 26300 Barbières :

⚠ **Le Gallo-Romain** mai-20 sept.
    𝒫 04 75 47 44 07 – SE : 1,2 km par D 101, rte du Col de Tourniol, bord de la Barberolle – ≼ ⊶
    – **R** conseillée – ⚲
    3 ha (50 empl.) plat et peu incliné, terrasses, herbeux, pierreux 🗠 ♀
    ▥ ⚅ ♻ 🗒 ♨ ⊚ 🖪 – 🍽 ✗ ♨ – 🗠 ⎓
    Tarif : ⚲ 18 piscine comprise – ▣ 60 – ⚡ 15 (6A)
    Location : 🚐 1500 à 2600

Des vacances réussies sont des vacances bien préparées !

Ce guide est fait pour vous y aider... mais :
– N'attendez pas le dernier moment pour réserver
– Évitez la période critique du 14 juillet au 15 août
Pensez aux ressources de l'arrière-pays,
à l'écart des lieux de grande fréquentation.

Le BOURG-D'HEM

23220 Creuse 🎱 – 🎱 ⑨ G. Berry Limousin – 278 h. alt. 320.
Paris 337 – Aigurande 21 – Le Grand-Bourg 29 – Guéret 18 – La Souterraine 39.

⚠ **Municipal** juin-sept.
    𝒫 05 55 62 84 36 – à 1,7 km à l'Ouest du bourg par D 48 rte de Bussière-Dunoise et chemin à droite,
    bord de la Creuse (plan d'eau) – ≼ « Site agréable » – **R** conseillée juil.-août – ⚲
    0,33 ha (36 empl.) en terrasses, herbeux ♀
    ⚅ ♻ 🗒 ⊡ ⊚ ♨ – 🗠 (plage) – A proximité : 🍽
    Tarif : ▣ 2 pers. 50, pers. suppl. 15 – ⚡ 15 (4A)

Le BOURG-D'OISANS

38520 Isère 🎱 – 🎱 ⑥ G. Alpes du Nord – 2 911 h. alt. 720 – Sports d'hiver : 🎿.
🛈 Office de Tourisme quai Girard 𝒫 04 76 80 03 25, Fax 04 76 80 10 38.
Paris 617 – Briançon 68 – Gap 98 – Grenoble 50 – St-Jean-de-Maurienne 73 – Vizille 32.

⚠ **A la Rencontre du Soleil** 27 mai-10 sept.
    𝒫 04 76 79 12 22, Fax 04 76 80 26 37 – NE : 1,7 km rte de l'Alpe-d'Huez – ≼ « Entrée fleurie, au
    bord de la Sarenne » ⊶ – **R** conseillée juil.-25 août – **GB** ⚲
    1,6 ha (73 empl.) plat, herbeux 🗠 ♀♀
    ⚅ ♻ 🗒 ⊡ ⊚ 🖪 – ✗ pizzeria ♨ – 🗠 ♨ ⚒ ⎓
    Tarif : ▣ piscine comprise 2 pers. 134, 3 pers. 148, pers. suppl. 33 – ⚡ 17 (2A) 22 (6A) 24 (10A)

⚠ **Le Colporteur** 27 mai-23 sept.
    𝒫 04 76 79 11 44, Fax 04 76 79 11 49 – au Sud de la localité, accès par rue de la piscine – Ⓜ ⛺
    ≼ « Site et cadre agréables, au bord d'une petite rivière ⊶ – **R** conseillée juil.-août – **GB** ⚲
    3,3 ha (150 empl.) plat, herbeux ♀
    ⚅ ♻ 🗒 ⊡ ⊚ 🖪 – 🍽 snack – 🗠 ⚒ ♨ – A proximité : ⎓ toboggan aquatique
    Tarif : (Prix 1999) ▣ 1 pers. 85, 2 pers. 99, 3 pers. 110, pers. suppl. 20 – ⚡ 19 (6A) 23 (15A)
    Location : 🚐 1700 à 2900

⚠ **La Cascade** fév.-sept.
    𝒫 04 76 80 02 42, Fax 04 76 80 22 63 – NE : 1,5 km rte de l'Alpe-d'Huez, près de la Sarennes – ❄
    ≼ ⊶ – **R** juil.-août – **GB** ⚲
    2,4 ha (140 empl.) plat, herbeux, pierreux 🗠 ♀
    ▥ ⚅ ♻ 🗒 ⊡ ⊚ 🖪 – 🗠 ♨ ⎓
    Tarif : ▣ piscine comprise 2 pers. 130, pers. suppl. 30 – ⚡ 16
    Location (permanent) : 🚐 1700 à 3500

à Rochetaillée N : 7 km par N 91 rte de Grenoble et rte d'Allemont à droite – ⊠ 38520 le Bourg-d'Oisans :

△△△ *Belledonne* juin-9 sept.
ℰ 04 76 80 07 18, Fax 04 76 79 12 95 – ≤ « Bel ensemble de piscines » •━ – **R** conseillée 8 juil.-
20 août – **GB** ⚲
3,5 ha (150 empl.) plat, herbeux ♀♀
⬥ ♒ ⇆ 🗟 ♨ ⊙ ▣ – ▦ ▼ snack, pizzeria ⛴ – ▤ ⇌ ♨ ⚖ ⋙ ⅃ parcours de santé
Tarif : ▣ *piscine comprise 2 pers. 117, 3 pers. 137* – ⚡ *16 (3A) 23 (6A)*

△△△ *Le Château* 15 juin-17 sept.
ℰ 04 76 11 04 40, Fax 04 76 80 21 23 – bord d'une petite rivière – ≤ •━ – **R** conseillée 8 juil.-
19 août – **GB** ⚲
2,6 ha (75 empl.) plat, herbeux ▭ ♀♀ (1 ha)
⬥ ♒ ⇆ 🗟 ⚲ ⇌ ⊙ ♒ ▽ ▣ – ▼ snack, pizzeria – ▤ 🎣 ⇌ ♨ ↟ ⅃
Tarif : ▣ *piscine comprise 2 pers. 113, 3 pers. 136, pers. suppl. 27* – ⚡ *22 (6A)*
Location : ⌂ *1200 à 3300 – bungalows toilés*

BOURG-DUN

76740 S.-Mar. 🔢 – 🔢 ③ ④ G. Normandie Vallée de la Seine – 481 h. alt. 17.
Paris 186 – Dieppe 20 – Fontaine-le-Dun 7 – Rouen 56 – St-Valery-en-Caux 15.

△ *Les Garennes* avril-15 oct.
ℰ 02 35 83 10 44 – S : 0,8 km par D 237 et D 101, rte de Luneray, au stade – Places limitées pour
le passage ⚲ •━ – **R** conseillée juil.-août – **GB** ⚲
1,5 ha (90 empl.) plat, peu incliné, herbeux
♒ ⇆ 🗟 ⇌ ⊙ ▣ – ⋙
Tarif : ♣ *15 tennis compris* – ▣ *20* – ⚡ *15 (16A) 20 (20A)*

BOURG-EN-BRESSE

01000 Ain 🔢 – 🔢 ③ G. Bourgogne – 40 972 h. alt. 251.
🅱 Office de Tourisme 6 av. Alsace-Lorraine ℰ 04 74 22 49 40, Fax 04 74 23 06 28, (saison) bd de Brou
ℰ 04 74 22 27 76.
Paris 426 – Annecy 113 – Besançon 150 – Chambéry 121 – Genève 112 – Lyon 66 – Mâcon 37.

△△ *Municipal de Challes* avril-15 oct.
ℰ 04 74 45 37 21 – sortie Nord-Est par rte de Lons-le-Saunier, à la piscine « Emplacements
agréablement ombragés » •━ – **R** conseillée – ⚲
1,3 ha (120 empl.) plat, peu incliné, goudronné, herbeux ♀♀
▥ ♒ ⇆ 🗟 ⇌ ⊙ ♒ ▽ ⬚ ▣ – ▦ – A proximité : ⅃
Tarif : ♣ *17 piscine comprise* – ▣ *31/37* – ⚡ *12 (6A)*

BOURGES

18000 Cher 🔢 – 🔢 ① G. Berry Limousin – 75 609 h. alt. 153.
🅱 Office de Tourisme 21 r. V.-Hugo ℰ 02 48 23 02 60, Fax 02 48 23 02 69.
Paris 247 – Châteauroux 66 – Dijon 254 – Nevers 69 – Orléans 122 – Tours 155.

△△ *Municipal* 15 mars-15 nov.
ℰ 02 48 20 16 85 – vers sortie Sud par N 144, rte de Montluçon et bd de l'Industrie à gauche, près
de l'Avron « Entrée fleurie » •━ – ▩ – **GB**
2,2 ha (116 empl.) plat et peu incliné, herbeux, gravier ▭ ♀ (1 ha)
▥ ⬥ ♒ ⇆ 🗟 ⇌ ⊙ ♒ ▽ ▣ – ♨ ↟ – A proximité : ⋙ ⅃
Tarif : (Prix 1999) ♣ *18 piscine comprise* – ▣ *18/26* – ⚡ *15 (6A) 25 (10A)*

BOURG-FIDÈLE

08230 Ardennes **2** – **53** ⑱ – 732 h. alt. 370.
Paris 246 – Charleville-Mézières 21 – Fumay 20 – Hirson 39 – Rethel 52.

▲ **La Murée** avril-sept.
      𝒫 03 24 54 24 45 – N : 1 km par D 22 rte de Rocroi – ⌘ « Cadre boisé en bordure d'étangs »
      ○┰ – **R**
      1,5 ha (23 empl.) peu incliné, herbeux ♀
      ⊞ & ⅏ ⇔ 🗗 ⌣ ⊛ ⩰ ⏁ ▣ – ▼ – 🖵 🏊
      Tarif : ⚿ 20 – ⇔ 10 – ▣ 30 – [½] 25 (10A)

BOURG-MADAME

66760 Pyr.-Or. **15** – **86** ⑯ G. Languedoc Roussillon – 1 238 h. alt. 1 140.
🛈 Syndicat d'Initiative pl. de Catalogne 𝒫 04 68 04 55 35, Fax 04 68 04 55 35.
Paris 866 – Andorra-la-Vella 68 – Ax-les-Thermes 45 – Carcassonne 143 – Foix 88 – Font-Romeu-Odeillo-Via 19 – Perpignan 101.

▲▲ **La Gare** fermé oct.
      𝒫 04 68 04 80 95 ⊠ 66760 Ur – N : 2,5 km par N 20 – ○┰ – **R** conseillée juil.-août, indispensable
      hiver – ⒼⒷ ⚭
      1 ha (69 empl.) plat, herbeux ⌑ ♀
      ⊞ & ⅏ ⇔ 🗗 ⌀ ⌣ ⩰ ⊛ ▣ – 🖵 🏊
      Tarif : (Prix 1999) ⚿ 17 – ▣ 16 – [½] 12,50 (2A) 14,50 (3A) 16,50 (4A)
      Location : ⌂ 1205 – 🚐(sans sanitaires)

▲▲ **Mas Piques** Permanent
      𝒫 04 68 04 62 11, Fax 04 68 04 68 32 – au Nord de la ville, rue du Train Jaune, près du Rahur
      (frontière) – Places limitées pour le passage ≪ ○┰ – **R** conseillée juil.-août – ⚭
      1,5 ha (103 empl.) plat, herbeux ♀
      ⊞ & ⅏ ⇔ 🗗 ⌣ ⩰ ⊛ ⩰ ⏁ ▣ – 🖵 – A proximité : terrain omnisports 🏹
      Tarif : ▣ 2 pers. 70 – [½] 16 (3A) 21 (6A) 26 (10A)
      Location ⚙ : ⌂ 1855

▲ **Le Sègre** Permanent
      𝒫 04 68 04 65 87, Fax 04 68 04 91 82 – sortie Nord par N 20, rte d'Ur, bord du Sègre – ○┰ –
      R conseillée juil.-août – ⚭
      0,9 ha (49 empl.) plat, herbeux ♀♀
      ⊞ & ⅏ ⇔ 🗗 ⌣ ⊛ ⩰ ⏁ ▣ – 🖵 🏊 – A proximité : terrain omnisports 🏹
      Tarif : ▣ 2 pers. 70, pers. suppl. 20 – [½] 16 (3A) 20 (6A)

BOURG-ST-MAURICE

73700 Savoie **12** – **74** ⑱ G. Alpes du Nord – 6 056 h. alt. 850 – Sports d'hiver : aux Arcs : 1 600/3 226 m
⛄5 ⬋64 ⚹.
🛈 Office de Tourisme pl. Gare 𝒫 04 79 07 12 57, Fax 04 79 07 45 96.
Paris 665 – Albertville 54 – Aosta 81 – Chambéry 103 – Chamonix-Mont-Blanc 82 – Moûtiers 27 –
Val-d'Isère 32.

▲▲ **Le Versoyen** fermé 6 nov.-14 déc.
      𝒫 04 79 07 03 45, Fax 04 79 07 25 41 – sortie Nord-Est par N 90 rte de Séez puis 0,5 km par rte
      des Arcs à droite, près d'un torrent – ❄ ⌘ ≪ ○┰ – **R** conseillée vacances scolaires – ⒼⒷ ⚭
      3,5 ha (200 empl.) plat, herbeux, goudronné, pierreux, bois attenant ♀
      ⊞ ⅏ ⇔ 🗗 ⌣ ⊛ 🚐 ▣ – 🖵 – A proximité : Au parc de loisirs : ⚒ ♨ ▣ ⏁ 🏇 parcours
      sportif 🏹
      Tarif : ⚿ 26,60 – ▣ 24 – [½] 22,50 (4A) 25,50 (6A)

BOURGUEIL

37140 I.-et-L. **5** – **64** ⑬ G. Châteaux de la Loire – 4 001 h. alt. 42.
Paris 284 – Angers 80 – Chinon 17 – Saumur 24 – Tours 47.

▲ **Municipal Parc Capitaine** mai-15 sept.
      𝒫 02 47 97 85 62 – S : 1,5 km par D 749, rte de Chinon, près d'un plan d'eau – ○┰ – **R** conseillée
      juil.-15 août – ⚭
      2 ha (80 empl.) plat, herbeux ⌑
      & ⅏ ⇔ 🗗 ⌣ ⩰ ⊛ 🚐 ▣ – ⚒ ♨ – A proximité : 🏹 ▼ 🏊 ⩬
      Tarif : (Prix 1999) ⚿ 10 tennis compris – ▣ 33 – [½] 10,50 (10A)

BOURISP

65 H.-Pyr. – **85** ⑲ – rattaché à St-Lary-Soulan.

BOURNEZEAU

85480 Vendée **9** – **67** ⑭ – 2 336 h. alt. 73.
Paris 415 – Cholet 65 – Nantes 77 – Niort 69 – La Rochelle 62 – La Roche-sur-Yon 21.

▲ **Municipal les Humeaux** 15 juin-15 sept.
      𝒫 02 51 40 01 31 – sortie Nord par D 7, rte de St-Martin-des-Noyers – **R**
      0,6 ha (15 empl.) plat, herbeux
      & ⅏ ⇔ 🗗 ⌣ ⊛ ▣ – A proximité : 🏊
      Tarif : ⚿ 14 – ▣ 14 – [½] 16 (15A)

BOUSSAC-BOURG

23600 Creuse ⑩ – ⑱ ⑳ G. Berry Limousin – 899 h. alt. 423.
🛈 Office de Tourisme pl. de l'Hôtel-de-Ville 🖉 05 55 65 05 95, Fax 05 55 65 05 28.
Paris 337 – Aubusson 52 – La Châtre 38 – Guéret 44 – Montluçon 33 – St-Amand-Montrond 54.

▲▲▲ **Le Château de Poinsouze** 28 avril-17 sept.
🖉 05 55 65 02 21, Fax 05 55 65 86 49 – N : 2,8 km par D 917, rte de la Châtre, bord d'un étang
– Ⓜ ⚲ ≤ « Agréable domaine : parc, bois et prairies » ⊶ ⚲ dans locations et juil.-août sur le
camping – **R** conseillée juil.-août – ⊖⊟ ⚲
150 ha/22 campables (102 empl.) peu incliné, herbeux
🚿 ♿ ⇆ 🖥 🛒 🗘 ⊕ ☕ 🕿 – 🍴 🔧 – 🏊 🏋 🚲 🛝 toboggan aquatique
Tarif : 🔲 piscine comprise 2 pers. 110 (150 ou 155 avec élect. 6 ou 10A)
Location : 🏠 1400 à 3000

BOUT-DU-LAC

74 H.-Savoie – ⑭ ⑯ – voir à Annecy (Lac d').

BOUZIGUES

34140 Hérault ⑮ – ⑳ ⑯ – 907 h. alt. 3.
Paris 757 – Agde 25 – Béziers 50 – Montpellier 31 – Pézenas 24 – Sète 14.

▲ **Lou Labech** 10 juin-20 sept.
🖉 04 67 78 30 38 – à 0,7 km à l'Est du bourg, chemin du stade, à 100 m du bassin de Thau – ⚲
≤ ⊶ – **R** conseillée – ⊖⊟ ⚲
0,6 ha (45 empl.) peu incliné, en terrasses, pierreux, herbeux ⌁ ♀
🚿 ♿ ⇆ ⊕ 🖥 – A proximité : ⚓
Tarif : 🔲 1 à 5 pers. 60 à 160 – 🔌 15 (5A)

Si vous recherchez, dans une région déterminée :
- *un terrain agréable (▲ ... ▲▲▲)*
- *un terrain ouvert toute l'année (Permanent)*
- *ou simplement un camp d'étape ou de séjour*

Consultez le tableau des localités dans le chapitre explicatif.

BRAIN-SUR-L'AUTHION

49800 M.-et-L. ⑤ – ⑭ ⑪ – 2 622 h. alt. 22.
Paris 292 – Angers 15 – Baugé 28 – Doué-la-Fontaine 44 – Longué 29 – Saumur 38.

▲ **Municipal Caroline** 15 mars-oct.
🖉 02 41 80 42 18 – sortie Sud par D 113 rte de la Bohalle, à 100 m de l'Authion – ⊶ – **R** – ⚲
3,5 ha (121 empl.) plat, herbeux ⌁ ♀
🚿 ♿ 🖥 ⇆ ⊕ 🖥 – 🔧 🏋 – A proximité : ⚓
Tarif : 🏕 13 – 🚗 10 – 🔲 10 – 🔌 15 (6A)

BRAIZE

03360 Allier ⑪ – ⑲ ⑫ – 254 h. alt. 240.
Paris 305 – Dun-sur-Auron 30 – Cérilly 18 – Culan 34 – Montluçon 39.

▲ **Champ de la Chapelle** 15 avril-17 sept.
🖉 04 70 06 15 45 – S : 5,7 km par D 28 rte de Meaulnes et D 978^A à gauche, rte de Tronçais puis
1 km par chemin empierré, à gauche – ⚲ « Situation agréable en forêt » ⊶ – **R** conseillée août
– ⚲
5,6 ha (80 empl.) plat et peu incliné, accidenté, herbeux ♀♀ pinède
🚿 ♿ ⇆ 🖥 🗘 ⊕ ⚓ 🖥 – 🏋 🏊 (petite piscine) – A proximité : 🍴 ✕
Tarif : 🔲 1 pers. 46, pers. suppl. 16 – 🔌 16 (16A)
Location : 🏠 1400

BRAMANS

73500 Savoie ⑫ – ⑰ ⑧ – 331 h. alt. 1 200.
🛈 Syndicat d'Initiative 🖉 04 79 05 03 45, Fax 04 79 05 36 07.
Paris 675 – Albertville 103 – Briançon 73 – Chambéry 113 – St-Jean-de-Maurienne 42 – Torino 106 –
Val-d'Isère 64.

▲▲ **Municipal le Val d'Ambin** juin-sept.
🖉 04 79 05 03 05 – 0,7 km au Nord-Est de la commune, près de l'église et à 200 m d'un torrent,
accès conseillé par le Verney, sur N6 – ⚲ ≤ « Belle situation panoramique » ⊶ – **R** conseillée
juil.-20 août – ⚲
4 ha (150 empl.) plat et terrasses, vallonné, herbeux, pierreux
🚿 ♿ 🖥 🗘 ⊕ ⚓ 🖥 – 🏊 ⚓ – A proximité : ⊛
Tarif : 🔲 2 pers. 56,50, pers. suppl. 15,50 – 🔌 18,50 (8 à 12A)

BRANTÔME

24310 Dordogne ⅟ – ⅟ ⑤ G. Périgord Quercy – 2 080 h. alt. 104.
🛈 Syndicat d'Initiative Pavillon Renaissance 🖉 05 53 05 80 52, Fax 05 53 05 80 52.
Paris 478 – Angoulême 59 – Limoges 86 – Nontron 23 – Périgueux 27 – Ribérac 37 – Thiviers 26.

⚠ *Municipal* mai-sept.
🖉 05 53 05 75 24 – E : 1 km par D 78, rte de Thiviers, bord de la Dronne – ⊶ – **R** – ⚲
4 ha (170 empl.) plat, herbeux ♀
🛁 🗊 ⇌ 🖻 🗄 🗓 ⊕ 📼 – ⚓ ⚒
Tarif : 🕇 *15* – 🗐 *14* – 🗐 *10 (6A)*

BRASSAC

81260 Tarn ⅟ – ⅟ ② G. Midi Pyrénées – 1 539 h. alt. 487.
Paris 737 – Albi 67 – Anglès 16 – Castres 25 – Lacaune 21 – Vabre 15.

⚠ *Municipal de la Lande* avril-oct.
🖉 05 63 74 09 11 – sortie Sud-Ouest vers Castres et à droite après le pont, près de l'Agout et au
bord d'un ruisseau, Pour caravanes, faire demi-tour au rond-point – ⚲ ⊶ – **R** conseillée juil.-août
0,6 ha (50 empl.) plat, herbeux ♀
🗊 🗓 ⊕ 📼 – ⚓
Tarif : 🕇 *9* – ⚓ *4* – 🗐 *8* – 🗐 *9 (5A)*

BRAUCOURT

52 H.-Marne ⅟ – ⅟ ⑨ – ✉ 52290 Eclaron-Braucourt.
Paris 212 – Bar-sur-Aube 39 – Brienne-le-Château 29 – Châlons-en-Champagne 67 – Joinville 32 – St-Dizier 17.

⚠⚠ *Presqu'île de Champaubert* 15 avril- sept.
🖉 03 25 04 13 20, Fax 03 25 94 33 51 – NO : 3 km par D 153 – ≼ « Situation agréable au bord du
lac du Der-Chantecoq » ⊶ – **R** conseillée – ⊟ ⚲
3,5 ha (195 empl.) plat et peu incliné, herbeux ♀
🛁 🗊 ⇌ 🖻 🗓 ⊕ 📼 – 🖞 – ⚓ – A proximité : ⚒ ⚓ ⚓ ♨
Tarif : 🕇 *27 tennis compris* – ⚓ *20* – 🗐 *27* – 🗐 *23 (5A)*

BRAY-DUNES

59123 Nord ⅟ – ⅟ ④ G. Picardie Flandres Artois – 4 755 h. alt. 3.
🛈 Office de Tourisme pl. J.-Rubben 🖉 03 28 26 61 09, Fax 03 28 26 64 09.
Paris 295 – Calais 58 – Dunkerque 14 – Hazebrouck 46 – Lille 76 – St-Omer 59 – Veurne 14.

⚠⚠⚠ *Le Perroquet* avril-1ᵉʳ oct.
🖉 03 28 58 37 37, Fax 03 28 58 37 01 – NE : 3 km par rte de la Panne, avant la douane française
– Places limitées pour le passage « Vaste domaine de dunes, au bord de la plage » ⊶ – **R** conseillée
– ⚲
28 ha (856 empl.) plat et accidenté, dunes ⊟
🗊 ⇌ 🖻 🗓 ⇌ 🖾 ⊕ 📼 – ⚓ 🖞 ✕ 🖳 – ⚓ ⚓ 🗗 ⚓ ⚓ ·⊕ ⚒ 🗊 ♢ 🐴 arbalette, practice de
golf, terrain omnisports
Tarif : 🕇 *30 tennis compris* – ⚓ *10* – 🗐 *12/15* – 🗐 *20 (4A) 26 (10A)*

BRÉCEY

50370 Manche ⅟ – ⅟ ⑧ – 2 029 h. alt. 75.
Paris 322 – Avranches 17 – Granville 42 – St-Hilaire-du-Harcouët 20 – St-Lô 50 – Villedieu-les-Poêles 16 –
Vire 29.

⚠⚠ *Municipal le Pont Roulland* juin-sept.
🖉 02 33 48 60 60 – E : 1,1 km par D 911 rte de Cuves – ⚲ « Près d'un plan d'eau » ⊶ –
R – ⚲
1 ha (50 empl.) plat et peu incliné, herbeux ♀
🗊 ⇌ 🖻 🗓 ⊕ 📼 – ⚓ ⚓ ⚓ – A proximité : ⚒ 🐴
Tarif : (Prix 1999) 🕇 *15 piscine comprise* – 🗐 *14* – 🗐 *12*

La BRÉE-LES-BAINS

17 Char.-Mar. – ⅟ ⑬ – voir à Oléron (Ile d').

BREM-SUR-MER

85470 Vendée ⅟ – ⅟ ⑫ – 1 709 h. alt. 13.
Paris 467 – Aizenay 26 – Challans 30 – La Roche-sur-Yon 34 – Les Sables-d'Olonne 17.

⚠⚠⚠ *Le Chaponnet* 15 mai-15 sept.
🖉 02 51 90 55 56, Fax 02 51 90 91 67 – à l'Ouest du bourg – ⚲ ⊶ – **R** conseillée – ⊟ ⚲
6 ha (340 empl.) plat, herbeux ⊟ ♀♀ (2 ha)
🛁 🗊 ⇌ 🖻 🗓 ⇌ ⚓ 🖾 – 🖞 snack – ⚓ 🗗 ⚓ ⚒ 🗊 toboggans aquatiques
Tarif : 🗐 *piscine comprise 3 pers. 138 (154 avec élect.)*
Location : 🛏 *1200 à 3200* – 🛖 *1400 à 3600*

▲ **Le Brandais** mai-sept.
  𝒫 02 51 90 55 87, Fax 02 51 20 12 74 – sortie Nord-Ouest par D 38 et rte à gauche – Places limitées pour le passage ⌂ ⊶ juil.-août – **R** conseillée 14 juil.-20 août – ⚴
  2,3 ha (172 empl.) plat et peu incliné, herbeux ⊡ ⅋⅋
  ⅍ ⌂ ⊖ ⊡ ⊖ ⊙ ▣ – ▼ – ⌑ ⟲ ⅃ – A proximité : ※
  Tarif : ⊡ *piscine comprise 2 pers. 89 –* ⚡ *16 (6A)*

▲ **L'Océan** 15 juin-15 sept.
  𝒫 02 51 90 59 16 – O : 1 km – ⌂ ⊶ – **R** – ⚴
  4 ha (210 empl.) plat, herbeux, sablonneux ⊡ ♀
  ⅍ ⌂ ⊖ ⊡ ⊖ ⩘ ⊙ ▣ – ⊒, ▼ snack ⚖ – ⌑ ⟲ – A proximité : ※
  Tarif : ⊡ *2 pers. 75 –* ⚡ *15 (6A)*

BRENGUES

46320 Lot 🇮🇫 – 🇷🇴 ⑧ G. Périgord Quercy – 159 h. alt. 135.
Paris 569 – Cajarc 15 – Cahors 55 – Figeac 21 – Livernon 10.

▲ **Le Moulin Vieux** mai-sept.
  𝒫 05 65 40 00 41, Fax 05 65 40 05 65 – N : 1,5 km par D 41, rte de Figeac, bord du Célé – ⌂ ≼
  ⊶ – **R** conseillée juil.-août – **GB** ⚴
  3 ha (81 empl.) plat, herbeux, pierreux ⅋⅋ (1 ha)
  ⅍ ⌂ ⊖ ⊡ ⊖ ⊙ ▣ – ⊒, ▼ ✗ ⚖ – ⌑ ⟲ ⊙ ▥ ⅃
  Tarif : ⚡ *25 piscine comprise –* ⊡ *25 –* ⚡ *15 (10A)*
  Location : ⌂ *1000 à 1800 –* ⌂ *1800 à 2600 –* ⊨

La BRESSE

88250 Vosges 🇮🇫 – 🇬🇧 ⑰ G. Alsace Lorraine – 5 191 h. alt. 636 – Sports d'hiver : 900/1 350 m
⚞26 ⚵.
🅱 Office de Tourisme 2a r. des Proyes 𝒫 03 29 25 41 29, Fax 03 29 25 64 61.
Paris 440 – Colmar 54 – Épinal 57 – Gérardmer 14 – Remiremont 32 – Thann 39 – Le Thillot 20.

▲ **Municipal le Haut des Bluches** Permanent
  𝒫 03 29 25 64 80, Fax 03 29 25 78 03 – E : 3,2 km par D 34, rte du Col de la Schlucht et à droite chemin des Planches, bord de la Moselotte, alt. 708 – ✿ ≼ « Cadre pittoresque traversé par un ruisseau » ⊶ juil.-août – **R** conseillée juil.-août – **GB** ⚴
  4 ha (154 empl.) en terrasses, plat, peu incliné, herbeux, pierreux, rochers
  ▥ ⅍ ⌂ ⊖ ⊡ ⊖ ⩘ ⊙ ⚭ ⌑ ▣ – ▼ snack ⚖ – ⌑ ⟲ – A proximité : parcours sportif
  Tarif : (Prix 1999) ⊡ *2 pers. 60, pers. suppl. 15 –* ⚡ *4A : 8 (hiver 20) 8A : 16 (hiver 40) 13A : 24 (hiver 60)*
  Location : ⊨

▲ **Belle Hutte** Permanent
  𝒫 03 29 25 49 75, Fax 03 29 25 52 63 – NE : 9 km par D 34, rte du col de la Schlucht, bord de la Moselotte, alt. 900 – ✿ ≼ « Dans un agréable site boisé » ⊶ – **R** hiver – ⚴
  GB ⚴
  3,2 ha (100 empl.) en terrasses, herbeux, pierreux ⊡
  ▥ ⅍ ⌂ ⊖ ⊡ ⊖ ⩘ ⊙ – ⌑ ⟲ ⟲ ⅀ (petite piscine) – A proximité : ※
  Tarif : ⚡ *18 (hiver 25) tennis compris –* ⟲ *9 (hiver 10) –* ⊡ *11/12 (hiver 13) –* ⚡ *2A : 8 (hiver 11) 5A : 18 (hiver 23) 10A : 32 (hiver 41)*

BREST

29200 Finistère 🇮🇫 – 🇬🇧 ④ G. Bretagne – 147 956 h. alt. 35.
🅱 Office de Tourisme pl. de la Liberté 𝒫 02 98 44 24 96, Fax 02 98 44 53 73.
Paris 596 – Lorient 134 – Quimper 71 – Rennes 245 – St-Brieuc 144.

▲ **Le Goulet** Permanent
  𝒫 02 98 45 86 84 – O : 6 km par D 789 rte du Conquet puis à gauche rte de Ste-Anne-du-Portzic, au lieu-dit Lanhouarnec – Places limitées pour le passage ⊶ – **R** conseillée – ⚴
  3 ha (100 empl.) en terrasses, herbeux, gravier ⊡
  ▥ ⅍ ⌂ ⊖ ⊡ ⊖ ⊙ ⚭ ⚘ ▣
  Tarif : ⚡ *19 –* ⟲ *7 –* ⊡ *22 –* ⚡ *10 (3A) 15 (6A) 20 (10A)*
  Location ※ **:** ⌂ *1500 à 2300 –* ⊨

BRETENOUX

46130 Lot 🇮🇫 – 🇷🇴 ⑲ G. Périgord Quercy – 1 211 h. alt. 136.
🅱 Office de Tourisme av. Libération 𝒫 05 65 38 59 53, Fax 05 65 39 72 14.
Paris 528 – Brive-la-Gaillarde 45 – Cahors 81 – Figeac 49 – Sarlat-la-Canéda 67 – Tulle 50.

▲ **La Bourgnatelle** mai-sept.
  𝒫 05 65 38 44 07 – sortie Nord-Ouest, à gauche après le pont – ⌂ « Situation agréable au bord de la Cère » ⊶ – **R** conseillée – ⚴
  2,3 ha (135 empl.) plat, herbeux ⅋⅋
  ⅍ ⌂ ⊖ ⊡ ⊖ ⊙ ⌑ ▣ – ⌑ ⟲ ⅀ – A proximité : ※ ⅃
  Tarif : ⚡ *21 –* ⊡ *21 –* ⚡ *14 (5 à 16A)*

BRÉTIGNOLLES-SUR-MER

85470 Vendée 🮇 – 🮐🮐 ⑫ – 2 165 h. alt. 14.
🮀 Office de Tourisme bd du Nord ℘ 02 51 90 12 78, Fax 02 51 22 40 72.
Paris 466 – Challans 30 – La Roche-sur-Yon 36 – Les Sables-d'Olonne 21.

    ⏶⏶ **Les Dunes** avril-oct.
       ℘ 02 51 90 55 32, Fax 02 51 90 54 85 – S : 2,5 km par D 38 et rte à droite, à 200 m de
       la plage (accès direct) – Places limitées pour le passage ⊶ – **R** conseillée juil.-août –
       ɢʙ ⚲
       12 ha (760 empl.) plat, sablonneux ⊟ ọọ (3 ha)
       🮀🮀🮀🮀🮀🮀🮀🮀🮀🮀 – 🮀 🮀 ✗ crêperie 🮀 – 🮀 🮀 🮀 🮀 🮀 🮀 🮀 🮀 toboggan aquatique
       – A proximité : 🮀
       Tarif : 🮀 élect. et piscine comprises 2 pers. 189, pers. suppl. 32
       Location : 🮀🮀 1590 à 4150

    ⏶⏶ **La Motine** avril-sept.
       ℘ 02 51 90 04 42, Fax 02 51 33 80 52 – par av. de la Plage et à droite, r. des Morinières « Cadre
       agréable » ⊶ – **R** conseillée juil.-août – ⚲
       1,8 ha (103 empl.) peu incliné, herbeux ⊟ ọ
       🮀🮀🮀🮀🮀🮀🮀🮀🮀 – 🮀 ♥ crêperie 🮀 – 🮀 – A proximité : 🮀
       Tarif : 🮀 21 piscine et élect. (6 à 10A) comprises – 🮀 95

    ⏶⏶ **La Trevillière** 5 avril-28 sept.
       ℘ 02 51 90 09 65 – sortie Nord par la rte du stade et à gauche – ⊶ – **R** conseillée juil.-août –
       ɢʙ ⚲
       3 ha (180 empl.) plat, peu incliné, herbeux ⊟ ọ
       🮀🮀🮀🮀🮀🮀🮀 – 🮀 – 🮀 🮀 🮀 toboggan aquatique
       Tarif : 🮀 piscine comprise 2 pers. 75 à 130 – 🮀 20 (6A)
       Location : 🮀🮀 1300 à 3800 – 🮀 1300 à 4000

    ⏶⏶ **Les Vagues** avril-oct.
       ℘ 02 51 90 19 48, Fax 02 40 02 49 88 – au Nord du bourg, sur D 38 vers St-Gilles-Croix-de-Vie –
       ⊶ – **R** conseillée – ɢʙ ⚲
       4,5 ha (281 empl.) plat, peu incliné, herbeux ọọ
       🮀🮀🮀🮀🮀🮀🮀 – 🮀 🮀 🮀 🮀 toboggan aquatique
       Tarif : 🮀 piscine comprise 3 pers. 117 – 🮀 18 (5 à 10A)
       Location 🮀 : 🮀🮀 1500 à 3200

    ⏶ **Le Marina** mai-sept.
       ℘ 02 51 33 83 17 – sortie Nord-Ouest par D 38, rte de St-Gilles-Croix-de-Vie puis à gauche 1 km
       par rte des Fermes Marines et chemin à droite – ⊶ – **R** conseillée juil.-août – ⚲
       2,7 ha (131 empl.) plat, herbeux
       🮀🮀🮀🮀🮀🮀🮀🮀 – 🮀 – A proximité : 🮀
       Tarif : 🮀 piscine comprise 2 pers. 82, pers. suppl. 22 – 🮀 16 (6A) 22 (10A)
       Location : 🮀🮀 1500 à 3000

    ⏶ **Au Bon Accueil** mai-15 sept.
       ℘ 02 51 90 15 92 – NO : 1,2 km par D 38 rte de St-Gilles-Croix-de-Vie – ⊶ – **R** conseillée juil.-août
       – ⚲
       3 ha (146 empl.) plat, peu incliné, herbeux ọọ (1,5 ha)
       🮀🮀🮀🮀🮀🮀🮀🮀 – 🮀
       Tarif : 🮀 piscine comprise 2 pers. 90 – 🮀 16 (6A)
       Location : 🮀🮀 2000 à 2700

BREUILLET

17920 Char.-Mar. 🮇 – 🮐🮐 ⑮ – 1 863 h. alt. 28.
Paris 505 – Rochefort 37 – La Rochelle 74 – Royan 9 – Saintes 36.

    ⏶ **Le Relax** mai-10 sept.
       ℘ 05 46 22 75 11 – S : 2,3 km par D 140 et rte à droite, à Taupignac – ⊶ – **R** conseillée –
       ⚲
       1,9 ha (100 empl.) plat, herbeux ⊟ ọọ (0,9 ha)
       🮀🮀🮀🮀🮀🮀🮀 – 🮀 – 🮀 🮀 🮀 🮀
       Tarif : 🮀 piscine comprise 2 pers. 72,50 – 🮀 15 (3A) 20 (5A) 22 (6A)

BRÉVILLE-SUR-MER

50 Manche – 🮐🮐 ⑦ – rattaché à Granville.

      LES GUIDES VERTS **MICHELIN**

      Paysages, monuments
         Routes touristiques
            Géographie
              Histoire, Art
                Itinéraire de visite
                  Plans de villes et de monuments

05100 H.-Alpes **12** – **77** ⑱ G. Alpes du Sud – 11 041 h. alt. 1 321 – Sports d'hiver : 1 200/2 800 m 🎿2 🎿7 🎿.

🛈 Office de Tourisme pl. du Temple 📞 04 92 21 08 50, Fax 04 92 20 56 45 Annexe (juil. et août) Central Parc.

Paris 685 – Digne-les-Bains 145 – Gap 90 – Grenoble 117 – Nice 216 – Torino 111.

à Chantemerle NO : 6 km par N 91 alt. – 1 350 – ⊠ 05330 St-Chaffrey :.
🛈 Office de Tourisme 📞 04 92 24 98 97, Fax 04 92 24 98 83

⌃⌃⌃ *Caravaneige Serre-Chevalier* 18 déc.-23 avril, 11 juin-7 sept.
📞 04 92 24 01 14, Fax 04 92 24 18 62 – sortie Nord-Ouest, près de la N 91, bord de la Guisane – ❅ ⩽ « Cadre et site agréables au bord de la Guisane » ⌐ – **R** conseillée hiver 🅁 été – **GB** ⚲
3 ha (170 empl.) plat, herbeux, pierreux, étang ♀
🏛 ♿ ⚱ 🖥 ⛺ ⊙ ⚙ ⏚ ⊡ – 🍴 ✗ pizzeria ⚓ – 🏕 ⛵ ✂ ⚓ – A proximité : patinoire ·⊙
Tarif : 🔲 *piscine et tennis compris 2 pers. 120 –* ⚡ *18 (2 ou 3A) 22 (5A)- hiver : 22 (2 ou 3A) 40 (5A) 55 (10A)*

29890 Finistère **3** – **58** ④ G. Bretagne – 836 h. alt. 17.
🛈 Office de Tourisme r. de l'Église 📞 02 98 83 41 08, Fax 02 98 83 40 47.
Paris 586 – Brest 35 – Carhaix-Plouguer 84 – Landerneau 27 – Morlaix 48 – St-Pol-de-Léon 30.

⌃ *Les Nymphéas* 15 juin-15 sept.
📞 02 98 83 52 57 – sortie Sud par D 770 rte de Lesneven « Décoration florale et arbustive variée » ⌐ – **R** conseillée 1er au 15 août – ⚲
1,2 ha (52 empl.) plat, herbeux ⊡ ♀
⚱ 🖥 ⛺ ⊙ 📺 – 🏕 ⚏ (petite piscine)
Tarif : ⚡ *16 –* 🔲 *28 –* ⚡ *12 (3A) 14 (6A)*
Location : 🏠 *1500 –* 🏚 *1700 à 2350*

⌃ *La Côte des Légendes* mai-oct.
📞 02 98 83 41 65 – NO : 2 km par rte de la plage, bord de plage – ⚲ ⌐ – **R** conseillée juil.-août
3,5 ha (140 empl.) plat, herbeux, sablonneux
♿ ⚱ ⚙ 🖥 ⛺ ⊙ 📱 – 🏕 – A proximité : ⚗
Tarif : 🔲 *2 pers. 70 –* ⚡ *13 (4A)*

73 Savoie – **74** ⑮ – rattaché à Aix-les-Bains.

BRISSAC

34190 Hérault **15** – **80** ⑯ G. Languedoc Roussillon – 365 h. alt. 145.
Paris 737 – Ganges 7 – Montpellier 44 – St-Hippolyte-du-Fort 20 – St-Martin-de-Londres 18 – Le Vigan 26.

▲▲ **Le Val d'Hérault** 15 mars-Toussaint
℘ 04 67 73 72 29, Fax 04 67 73 30 81 – S : 4 km par D 4 rte de Causse-de-la-Selle, à 250 m de l'Hérault (accès direct) – ⑤ ≼ ⊶ – **R** indispensable – GB ⚲
4 ha (135 empl.) peu incliné et en terrasses, pierreux ▭ ⚺⚺
& ⚏ ⚑ ⬚ ⚲⚲ ⊙ ♨ ♥ ▣ – ▱, ☗ snack ⚙ – ▭ ⚝ – A proximité : ⚆ (plage)
Tarif : ☗ 20 – ▣ 50 – 🚗 18 (6A)
Location : ⚏ 1260 à 1650 – 🚐 2450 à 2800

BRISSAC-QUINCÉ

49320 M.-et-L. **5** – **64** ⑪ – 2 275 h. alt. 65.
🛈 Office de Tourisme (mai-sept.) 8 pl. de la République ℘ 02 41 91 21 50.
Paris 308 – Angers 18 – Cholet 58 – Doué-la-Fontaine 23 – Saumur 36.

▲▲ **Domaine de l'Étang** mai-15 sept.
℘ 02 41 91 70 61, Fax 02 41 91 72 65 – NE : 2 km par D 55 rte de St-Mathurin et chemin à droite, bord de l'Aubance et près d'un étang – ⑤ ⊶ juil.-août – **R** conseillée 15 juil.-15 août – GB ⚲
3,5 ha (50 empl.) plat, herbeux, petit étang ▭
▥ & ⚏ ⇔ ⬚ ⚺ ⊙ ⚏ ▣ – ▭ ⚝ ⚴ – A proximité : ⚝ toboggan aquatique
Tarif : ☗ 27,50 piscine comprise – ▣ 64,50 – 🚗 18 (6A)
Location : 🚐 1800 à 3500

BRIVES-CHARENSAC

43700 H.-Loire **11** – **76** ⑦ – 4 399 h. alt. 607.
🛈 Syndicat d'Initiative Mairie ℘ 04 71 02 12 55, Fax 04 71 09 41 10.
Paris 550 – La Chaise-Dieu 46 – Craponne-sur-Arzon 43 – Le Puy-en-Velay 4 – St-Étienne 72 – Saugues 47.

▲ **Municipal d'Audinet** 8 avril-1er oct.
℘ 04 71 09 10 18 – S : 0,5 km par D 535 et chemin à droite, bord de la Loire – ⊶ – **R** – ⚲
3 ha (177 empl.) plat, herbeux
& ⚏ ⇔ ⬚ ⚺ ⊙ ▣ – pizzeria – ▭ – A proximité : ⚆
Tarif : (Prix 1999) ▣ 2 pers. 65, pers. suppl. 15 – 🚗 15 (6A)

BROMONT-LAMOTHE

63230 P.-de-D. **11** – **73** ⑬ – 779 h. alt. 750.
Paris 441 – Châtelguyon 32 – Clermont-Ferrand 27 – Pontaumur 15 – Rochefort-Montagne 21.

▲ **Municipal Préguda** mai-sept.
sortie Ouest par D 941 rte de Pontaumur, bord d'un étang – **R** – ⚲
1 ha (45 empl.) plat et peu incliné, herbeux ▭ ⚺
⚏ ⚲⚲ ⊙
Tarif : ☗ 10 – ▣ 10 – 🚗 12 (10A)

BROU

28160 E.-et-L. **5** – **60** ⑯ G. Châteaux de la Loire – 3 803 h. alt. 150.
🛈 Office de Tourisme (Pâques-fin oct.) r. de la Chevalerie ℘ 02 37 47 01 12, Fax 02 37 47 01 12, (hors saison) à la Mairie ℘ 02 37 47 07 85, Fax 02 37 47 03 90.
Paris 128 – Chartres 38 – Châteaudun 22 – Le Mans 81 – Nogent-le-Rotrou 33.

▲▲ **Parc de Loisirs** 16 fév.-14 déc.
℘ 02 37 47 02 17, Fax 02 37 47 86 77 – O : 1,5 km par D 13, rte d'Authon-du-Perche, à la Base de Plein Air – Places limitées pour le passage ≼ ⊶ juin-sept. – **R** – ⚲
63 ha/5 campables (226 empl.) plat, herbeux ▭ ⚺
& ⚏ ⇔ ⬚ ⚺ ⊙ ▣ – ☗ – ▭ ⚝ ⚙ ⚏ m ⚆ (plage) toboggan aquatique ⚴ swin-golf – A proximité : ⚘
Tarif : ☗ 20 piscine comprise – ▣ 25 – 🚗 20 (5A) 35 (10A)

BROUSSES-ET-VILLARET

11390 Aude **15** – **83** ⑪ – 254 h. alt. 412.
Paris 791 – Carcassonne 20 – Castelnaudary 36 – Foix 88 – Mazamet 28 – Revel 31.

▲ **Le Martinet-Rouge** avril-oct.
℘ 04 68 26 51 98 – S : 0,5 km par D 203 et chemin à droite, à 200 m de la Dure – ⑤ ⊶ – **R** conseillée 10 juil.-20 août – ⚲
2,5 ha (35 empl.) plat et peu accidenté, herbeux, pierreux, rochers ▭ ⚺⚺
& ⚏ ⬚ ⇔ ⚺ ⊙ ▣ – ☗ ⚙ – ▭ ⚝ ⚴ – A proximité : ✗
Tarif : ▣ piscine comprise 2 pers. 65 – 🚗 15 (6A)

BRUGES

64 Pyr.-Atl. 🔢 – 🔢 ⑦ G. Aquitaine – 833 h. alt. 343 – ✉ 64800 Bruges-Capbis-Mifaget.
Paris 810 – Arudy 17 – Lourdes 27 – Oloron-Ste-Marie 33 – Pau 33.

▲ *Landistou* 15 fév.-déc.
  🅟 05 59 71 06 98 – sortie Sud-Ouest par D 35, rte de Louvie-Juzon, bord de la rivière et d'un étang
  – 🔣 ≤ ⊶ – R – 🔣
  2 ha (25 empl.) plat, herbeux 🔣
  🔣 🔣 🔣 🔣 🔣 ⊛ 🔣 – 🔣 🔣 (petite piscine)
  Tarif : ⚹ 18 – 🔲 19 – 🔣 17 (3A) 22 (6A) 30 (10A)
  Location : 🔣 1000 à 1300

BRUNELLES

28400 E.-et-L. 🔢 – 🔢 ⑮ ⑯ – 468 h. alt. 203.
Paris 154 – Brou 32 – Chartres 55 – La Ferté-Bernard 29 – Nogent-le-Rotrou 8.

▲ *Le Bois Jahan* permanent
  🅟 02 37 52 14 73 – E : 2,5 km par D 110 et chemin, sur D 351-7 – Places limitées pour le passage
  🔣 ≤ – R – 🔣
  2 ha (60 empl.) en terrasses, peu incliné, herbeux, bois attenant (5 ha) 🔣
  🔣 🔣 🔣 🔣 🔣 ⊛ 🔣 🔣 – 🔣 🔣
  Tarif : ⚹ 17 – 🔲 15/17 – 🔣 15 (6A) 22 (10A)

BRUSQUE

12360 Aveyron 🔢 – 🔢 ⑭ – 422 h. alt. 465.
Paris 705 – Albi 90 – Béziers 75 – Lacaune 32 – Lodève 50 – Rodez 108 – St-Affrique 35.

▲▲ *Val les Pibouls* juil.-26 août
  🅟 05 65 49 50 66, Fax 05 65 49 57 17 – S : 1,5 km par D 92, rte d'Arnac, bord du Dourdou et d'un
  petit plan d'eau – 🔣 ≤ « Agréable situation » – R conseillée – Adhésion obligatoire pour séjour
  supérieur à une nuit – 🔣 🔣
  1 ha (45 empl.) plat et peu incliné, herbeux, gravier 🔣 🔣 (0,5 ha)
  🔣 🔣 🔣 🔣 🔣 ⊛ 🔣 – 🔣 🔣 (plage) - Au Village Vacances : 🔣 🔣 🔣 🔣 🔣 🔣 🔣
  Tarif : 🔣 tennis compris 4 pers. 136 – 🔣 18 (6A)

Le BUGUE

24260 Dordogne 🔢 – 🔢 ⑯ G. Périgord Quercy – 2 764 h. alt. 62.
Paris 526 – Bergerac 47 – Brive-la-Gaillarde 74 – Cahors 84 – Périgueux 43 – Sarlat-la-Canéda 32.

▲▲ *La Linotte* avril-20 oct.
  🅟 05 53 07 17 61, Fax 05 53 54 16 96 – NE : 3,5 km par D 710, rte de Périgueux, D 32^E à droite,
  rte de Rouffignac et chemin – 🔣 ≤ ⊶ – R indispensable juil.-août – 🔣
  13 ha/2,5 campables (88 empl.) en terrasses, plat et peu incliné, herbeux 🔣 🔣
  🔣 🔣 🔣 🔣 🔣 ⊛ 🔣 🔣 🔣 🔣 – 🔣 🔣 toboggan aquatique
  Tarif : ⚹ 42 piscine comprise – 🔲 42 – 🔣 16 (6A)
  Location 🔣 : 🔣 1850 à 3250 – 🔣 2150 à 3550 – bungalows toilés

BUIS-LES-BARONNIES

26170 Drôme 🔢 – 🔢 ③ G. Alpes du Sud – 2 030 h. alt. 365.
Paris 689 – Carpentras 40 – Nyons 30 – Orange 49 – Sault 37 – Sisteron 72 – Valence 129.

▲▲ *Les Éphélides* 15 avril-sept.
  🅟 04 75 28 10 15, Fax 04 75 28 13 04 – SO : 1,4 km par av. de Rieuchaud – 🔣 ≤ « Sous les cerisiers,
  au bord de l'Ouvèze » ⊶ – R conseillée juil.-août – 🔣 🔣
  2 ha (70 empl.) plat, herbeux, pierreux 🔣
  🔣 🔣 🔣 🔣 🔣 ⊛ 🔣 – snack – 🔣 🔣 – A proximité : 🔣 🔣
  Tarif : ⚹ 20 piscine comprise – 🔣 13 – 🔲 26 – 🔣 14 (3A) 17 (6A) 20 (10A)
  Location : 🔣 1400 à 1700 – 🔣 2030 à 2650 – bungalows toilés

▲ *Municipal du Jalinier* mars-11 nov.
  🅟 04 75 28 04 96 – au Nord-Est du bourg vers rte de Séderon, près de la piscine et à 50 m de
  l'Ouvèze – ≤ – R
  1,2 ha (55 empl.) plat, herbeux, gravier 🔣
  🔣 🔣 🔣 🔣 🔣 ⊛ – A proximité : 🔣
  Tarif : ⚹ 14 – 🔣 10 – 🔲 10 – 🔣 17 (15A)

à **Bénivay-Ollon** O : 9 km par D 5, D 147 et D 347 – 74 h. alt. 450 – ✉ 26170 Bénivay-Ollon :

▲ *L'Écluse* avril-sept.
  🅟 04 75 28 07 32 – S : 1 km sur D 347, bord d'un ruisseau – 🔣 ≤ « Sous les cerisiers, entouré par
  le vignoble » ⊶ – R conseillée juil.-août – 🔣
  4 ha (45 empl.) plat et en terrasses, pierreux, accidenté, gravillons, herbeux 🔣 🔣
  🔣 🔣 🔣 ⊛ 🔣 – 🔣 snack, pizzeria – 🔣 🔣 toboggan aquatique
  Tarif : ⚹ 23 piscine comprise – 🔲 36 – 🔣 15 (6A)
  Location : 🔣 1200 à 3100 – 🔣 1600 à 3600

Le BUISSON-CUSSAC

24 Dordogne **13** – **75** ⑯ – 2 003 h. alt. 63 – ⊠ 24480 le Buisson-de-Cadouin.
Paris 536 – Bergerac 38 – Périgueux 53 – Sarlat-la-Canéda 35 – Villefranche-du-Périgord 35.

   ▲▲ **Domaine de Fromengal** avril-oct.
     𝄞 05 53 63 11 55, Fax 05 53 73 03 28 – SO : 6,5 km par D 29, rte de Lalinde, D 2 à gauche, rte
     de Cadouin et chemin à droite – ⅏ « Site agréable » ⊶ – **R** conseillée – ⚲
     22 ha/3 campables (56 empl.) en terrasses, herbeux, bois attenant ⬚
     ♿ 🛖 ❄ 🏠 🛁 ☺ ⚲ ☵ 🖥 – 🎣 🛶 – 🏊 ⚾ ⬦
     Tarif : ⚹ 26 piscine comprise – 🔲 42 – [2] 13 (5A)
     Location : 🚐 900 à 1900 – 🚙 1300 à 3400

   ▲ **Du Pont de Vicq** avril-sept.
     𝄞 05 53 22 01 73, Fax 05 53 22 06 70 – N : 0,8 km par D 51E rte du Bugue, à droite avant le pont
     de Vicq, bord de la Dordogne – ⊶ – **R** conseillée juil.-août – **GB** ⚲
     5,5 ha (130 empl.) plat, herbeux ♉♉ (1,5 ha)
     ♿ 🛖 ❄ 🏠 🛁 ☺ 🖥 – 🍴 – 🎣 🛶
     Tarif : ⚹ 28 – 🔲 18 – [2] 18 (10A)
     Location : 🚐 1100 à 1700

BUJALEUF

87460 H.-Vienne **10** – **72** ⑲ G. Berry Limousin – 999 h. alt. 380.
🅱 Office de Tourisme 𝄞 05 55 69 54 54 Mairie 𝄞 05 55 69 50 04, Fax 05 55 69 56 06.
Paris 427 – Bourganeuf 30 – Eymoutiers 13 – Limoges 35 – St-Léonard-de-Noblat 15.

   ▲ **Municipal du Lac** 15 mai-sept.
     𝄞 05 55 69 54 54 – N : 1 km par D 16 et rte à gauche, près du lac – ⅏ ≤ « Belles terrasses dominant
     le lac » ⊶ juil.-août – **R** conseillée – ⚲
     2 ha (110 empl.) en terrasses, herbeux ♉
     ♿ 🛖 ❄ 🏠 ☺ 🖥 – A proximité : 🍴 snack ≈ (plage)
     Tarif : 🔲 2 pers. 45, pers. suppl. 10 – [2] 11 (5A)

BULGNÉVILLE

88140 Vosges **7** – **62** ⑭ G. Alsace Lorraine – 1 260 h. alt. 350.
Paris 331 – Contrexéville 7 – Épinal 54 – Neufchâteau 22 – Vittel 85.

   ▲ **Porte des Vosges** 10 mai-15 sept.
     𝄞 03 29 09 12 00, Fax 03 29 09 15 71 – SE : 1,3 km par D 164, rte de Contrexéville et D 14, rte
     de Suriauville à droite « Cadre champêtre » ⊶ – **R** – **GB** ⚲
     2,5 ha (66 empl.) peu incliné, plat, herbeux, gravier et gravillons ♀ (0,8 ha)
     ♿ 🛖 ❄ 🏠 ☺ ⚲
     Tarif : ⚹ 19 – 🚗 10 – 🔲 15/22 – [2] 19 (5A)

BUN

65 H.-Pyr. **85** ⑰ – rattaché à Argeles-Gazost.

BUNUS

64120 Pyr.-Atl. **13** – **85** ④ – 151 h. alt. 186.
Paris 810 – Bayonne 62 – Hasparren 41 – Mauléon-Licharre 21 – St-Jean-Pied-de-Port 22 – St-Palais 21.

   ▲ **Inxauseta** juil.-août
     𝄞 05 59 37 81 49 – au bourg, près de l'église – ⅏ ≤ ⊶ – **R** – ⚲
     0,8 ha (40 empl.) peu incliné, terrasses, herbeux ♀
     🛖 ❄ 🏠 ☺ – 🎣
     Tarif : ⚹ 19 – 🔲 19 – [2] 13 (5A)

BURNHAUPT-LE-HAUT

68520 H.-Rhin **8** – **87** ⑲ – 1 426 h. alt. 300.
Paris 455 – Altkirch 16 – Belfort 28 – Mulhouse 18 – Thann 12.

   ▲▲ **Les Castors** avril-1ᵉʳ oct.
     𝄞 03 89 48 78 58 – NO : 2,5 km par D 466, rte de Guewenheim « Cadre champêtre en bordure de
     rivière et d'un étang« ⊶ – **R** conseillée juil.-août – **GB** ⚲
     2,5 ha (135 empl.) plat, herbeux ♀
     ♿ 🛖 ❄ 🏠 🛁 ☺ ♒ ☺ 🖥 – 🍴 – 🎣
     Tarif : ⚹ 19 – 🔲 20 – [2] 15 (3A) 20 (5A) 30 (6A)

BUSSANG

88540 Vosges **8** – **66** ⑧ G. Alsace Lorraine – 1 809 h. alt. 605.
🅱 Office de Tourisme 7 r. d'Alsace 𝄞 03 29 61 50 37, Fax 03 29 61 58 20.
Paris 421 – Belfort 44 – Épinal 60 – Gérardmer 40 – Mulhouse 47 – Thann 27.

   ▲▲ **Domaine de Champé** Permanent
     𝄞 03 29 61 61 51, Fax 03 29 61 56 90 – au Nord-Est de la localité, accès par rte à gauche de l'église,
     bord de la Moselle et d'un ruisseau – ≤ ⊶ – **R** conseillée juil.-août – **GB** ⚲
     3 ha (75 empl.) plat, herbeux
     ▥ ♿ 🛖 ❄ 🏠 ☺ 🖥 – 🍴 – 🛶 ⚾ ⬦
     Tarif : ⚹ 19 piscine et tennis compris – 🔲 19 – [2] 17 (3 ou 5A) 19 (6 ou 10A)

BUSSIÈRE-DUNOISE

23320 Creuse ⅏ – ⅐ ⑨ – 1 139 h. alt. 450.
Paris 342 – Aigurande 25 – Le Grand-Bourg 20 – Guéret 19 – La Souterraine 31.

⚠ **Municipal de la Vergne** juil.-août
      ℘ 05 55 81 68 90 – SE : 1,5 km par D 47, rte de Guéret et chemin à gauche, près d'un plan d'eau
      – ⌕ ⪕ – **R** conseillée
      1 ha (35 empl.) plat, herbeux ⌑ ⚭ (0,5 ha)
      ⌦ ⇌ ⇪ ☺ – A proximité : ⛟ ⚓ (plage) ⟀
      Tarif : (Prix 1999) ⚗ 11 – ⇔ 8 – ▣ 7 – ⚡ 10 (10A)

BUSSIÈRE-GALANT

87230 H.-Vienne ⅏ – ⅐ ⑯ – 1 329 h. alt. 410.
Paris 428 – Aixe-sur-Vienne 25 – Châlus 6 – Limoges 36 – Nontron 39 – St-Yrieix-la-Perche 21.

⚠ **Municipal les Ribières** 15 juin-15 sept.
      ℘ 05 55 78 86 47 – SO : 1,7 km par D 20, rte de la Coquille et chemin à droite, près du stade et
      à 100 m d'un plan d'eau – ⪕ ⊶ – **R** – ⚗
      1 ha (25 empl.) en terrasses, peu incliné, herbeux ⌑
      ⚂ ⌦ ⇌ ⇪ ☺ ⚘ – A proximité : parcours sportif, voiturettes à vélo sur rail (draisines) ⚔ ⚓ ⚓
      (plage)
      Tarif : (Prix 1999) ⚗ 13 – ⇔ 13 – ▣ 13 – ⚡ 13 (5A)

BUZANÇAIS

36500 Indre ⅏ – ⅚ ⑦ – 4 749 h. alt. 111.
Paris 289 – Le Blanc 46 – Châteauroux 24 – Châtellerault 78 – Tours 91.

⚠ **Municipal la Tête Noire** mai-sept.
      ℘ 02 54 84 17 27 – au Nord-Ouest de la ville par la r. des Ponts, bord de l'Indre – ⪕ ⊶ – **R** conseillée
      juil.-août – ⚗
      2,5 ha (134 empl.) plat, herbeux ⟀
      ⚂ ⇌ ⌂ ⇪ ☺ – ⌦ ⚓ – A proximité : terrain omnisports ⚔ ⚓
      Tarif : (Prix 1999) ⚗ 15 – ▣ 10 – ⚡ 10 (6A) 13 (10A)

Les CABANNES

81170 Tarn ⅐ – ⅞ ⑳ – 292 h. alt. 200.
Paris 664 – Albi 27 – Montauban 57 – Rodez 88 – Toulouse 84.

⚠ **Le Garissou** 29 avril-14 oct.
      ℘ 05 63 56 27 14, Fax 05 63 56 26 95 – O : 1,6 km par D 600, rte de Vindrac et chemin à gauche
      – Ⓜ ⪕ ⪕Cordes sur Ciel et Vallée ⊶ juil.-août – **R** conseillée – ⒼⒷ ⚗
      7 ha/4 campables (42 empl.) plat, peu incliné et en terrasses, pierreux, herbeux ⌑ ⟀
      (0,5 ha)
      ⚂ ⌦ ⇌ ⌂ ⇪ ☺ ⚘ ⌦ ⚓ – ⚵ ⚓ toboggan aquatique
      Tarif : ▣ piscine comprise 3 pers. 85 ou 90 – ⚡ 15 (16A)
      Location ⚔ : ⌂ 1700 à 3800

CADENET

84160 Vaucluse ⅖ – ⅛ ⑭ G. Provence – 3 232 h. alt. 170.
🛈 Office de Tourisme pl. du Tambour d'Arcole ℘ 04 90 68 38 21, Fax 04 90 68 38 21.
Paris 737 – Aix-en-Provence 28 – Apt 23 – Avignon 63 – Digne-les-Bains 108 – Manosque 47 – Salon-de-Provence
34.

⚠ **Val de Durance** avril-1er oct.
      ℘ 04 90 68 37 75, Fax 04 90 68 16 34 – SO : 2,7 km par D 943 rte d'Aix, D 59 à droite et
      chemin à gauche – ⪕ ⪕ « Au bord d'un plan d'eau, à 300 m de la Durance » ⊶ – **R** conseillée
      – ⒼⒷ ⚗
      10 ha/2,4 campables (232 empl.) plat, herbeux, pierreux ⌑ ⟀
      ⚂ ⌦ ⇌ ⌂ ⇪ ☺ ⚘ ⚘ ⊶ ⌦ – ⚑ ⚐ pizzeria ⚵ – ⌦ ⚓ ⚓ ⚓ (plan d'eau et plage
      aménagée)
      Tarif : ⚗ 35 piscine comprise – ▣ 51 – ⚡ 18 (4A) 25 (10A)
      Location : ⌸ 1800 à 3200 – bungalows toilés

CADEUIL

17250 Char.-Mar. ⑨ – ⅐ ⑭.
Paris 491 – Marennes 18 – Rochefort 25 – La Rochelle 63 – Royan 21 – Saintes 23.

⚠ **Lac le Grand Bleu** Permanent
      ℘ 05 46 22 90 99, Fax 05 46 22 14 95 ✉ 17250 Ste-Gemme – au Nord-Est du hameau, par D 733,
      rte de Rochefort, bord d'un étang – ⊶ – **R** conseillée – ⒼⒷ ⚗
      14 ha/2 campables (100 empl.) plat, herbeux ⌑ ⚭
      ⚂ ⇌ ⌂ ⇪ ☺ ⚘ – ⚐ snack – ⚓ (plage)
      Tarif : ▣ 1 à 3 pers. 92 – ⚡ 18 (6A)
      Location : ⌸ 1500 à 2800 – ⌂ 2100 à 3200

24 Dordogne ⓘⒷ – ⑦Ⓑ ⑯ G. Périgord Quercy – ⊠ 24480 le Buisson-de-Cadouin.
Paris 542 – Bergerac 36 – Le Bugue 16 – Les Eyzies-de-Tayac 27 – Sarlat-la-Canéda 41 – Villeneuve-sur-Lot 59.

⚠ *Municipal Panoramique* 15 juin-15 sept.
sortie Sud par D 2, rte de St-Avit-Rivière – **R** conseillée
1 ha (33 empl.) en terrasses, herbeux ⚏⚏
🛱 ⛱ 🚿 ☺
Tarif : (Prix 1999) 👤 *15,40* – 🅔 *9,20* – ⚡ *12*

This Guide is not intended as a list of all the camping sites in France ;
its aim is to provide a selection of the best sites in each category.

06800 Alpes-Mar. ⓘⒼ – ⑧Ⓐ ⑨ G. Côte d'Azur – 40 902 h. alt. 20.
🅑 Office de Tourisme 6 bd Mar.-Juin ℰ 04 93 20 61 64, Fax 04 93 20 52 63.
Paris 919 – Antibes 11 – Cannes 21 – Grasse 25 – Nice 14 – Vence 11.

⚠ *La Rivière* Permanent
ℰ 04 93 20 62 27 – N : 3,5 km par r. J.-Feraud et chemin des Salles, bord de la Cagne – 🌿 ⛵
R conseillée été – 🆎 🔾
1,2 ha (90 empl.) plat, herbeux ⬚ ⚲
🛱 🗟 🔾 ☺ 🔲 – 🔾, snack, pizzeria 🍴 – 🏠 🛶 🌊
Tarif : 🅔 *piscine comprise 2 pers. 75, pers. suppl. 17* – ⚡ *13 (2A) 16 (4A) 18,50 (6A)*
Location : 🚐 *1200 à 1900*

⚠ *Le Val de Cagnes* Permanent
ℰ 04 93 73 36 53 – N : 3,8 km par rue J-Féraud et chemin des Salles – 🌿 ⛵ – **R** conseillée juil.-août
– 🔾
1,1 ha (34 empl.) en terrasses, herbeux, pierreux ⬚ ⚲
🛱 ⛱ 🗟 ☺ 🔾 🔲 – 🏠 🌊
Tarif : 🅔 *piscine comprise 1 à 4 pers. 76 à 145* – ⚡ *12,50 (2A) 15 (3A) 20 (6A)*

⚠ *Le Colombier* avril-sept.
ℰ 04 93 73 12 77 – N : centre ville direction le Haut-de-Cagnes par avenue de Verdun, au rond-point
en face du chemin de Ste-Colombe – 🌿 ⛵ 🚫 dans locations et juil.-août dans camping –
R conseillée – 🔾 ⬚ ⚏⚏
🛱 🗟 ⛱ ☺ 🔾 🔲 – snack – 🏠 🛶 (petite piscine)
Tarif : 🅔 *2 pers. 119, 3 pers. 126* – ⚡ *12 (3A) 15 (4A) 17 (6A)*
Location : 🚐 *1490 à 3050*

à Cros-de-Cagnes Sud-Est : 2 km – ⊠ 06800 Cagnes-sur-Mer :.
🅑 Office de Tourisme av. des Oliviers ℰ 04 93 07 67 08, Fax 04 93 07 61 59 (été) sur la Plage

⚠⚠ *Green Park* mars-oct.
ℰ 04 93 07 09 96, Fax 04 92 12 81 66
– N : 3,8 km, chemin du Vallon des Vaux
– Places limitées pour le passage Ⓜ 🌿
⛵ – **R** conseillée juil.-août – 🆎 🔾
3 ha/1,5 campable (67 empl.) plat, en
terrasses, herbeux, gravillons ⬚
🔾 🛱 🗟 🛁 ☺ 🔾 🔲 – 🏠 🛶 🌊
A proximité : snack, pizzeria 🍴 🔔
Tarif : (Prix 1999) 🅔 *piscine comprise*
2 pers. 115 ou 159, pers. suppl. 20 –
⚡ *19,50 (5A) 25 (10A)*
Location : 🚐 *1600 à 3300* – 🚐 *1450*
à 3400

⚠ *Le Val Fleuri* Permanent
ℰ 04 93 31 21 74 – N : 3,5 km, chemin
du Vallon des Vaux – 🌿 ⛵ – **R** – 🔾
1,5 ha (93 empl.) plat, herbeux,
pierreux ⚏⚏ (0,4 ha)
🎦 🔾 🛱 🗟 ⛱ – 🍽 – 🛶 🌊
Tarif : 🅔 *piscine comprise 2 pers. 88 ou*
98 – ⚡ *14 (5A)*
Location : 🚐 *1800 à 2800* – studios

⚠ *Panoramer* mars-oct.
ℰ 04 93 31 16 15 – N : 2,5 km, chemin
des Gros Buaux – ≤ Baie des Anges ⛵
– **R** conseillée
1,4 ha (90 empl.) en terrasses, pierreux,
herbeux ⬚ ⚲
🛱 ⛱ 🗟 🔾 ☺ 🔾 🔾 🔲 – pizzeria
🍴 – 🛶
Tarif : 🅔 *3 pers. 125/135, pers. suppl.*
20 – ⚡ *20 (16A)*

▲ **Le Todos** fév.-fin oct.
✆ 04 93 31 20 05, Fax 04 92 12 81 66 – N : 3,8 km, chemin du Vallon des Vaux – ☘ ⊶ – **R** conseillée juil.-août – **GB** ✗
1,6 ha (68 empl.) plat et terrasses, herbeux, pierreux ♀♀
♿ ⚿ ⚸ ☺ ▣ – snack, pizzeria – ≋ – A proximité : ✂ ⚑
Tarif : (Prix 1999) ▤ *piscine comprise 2 pers. 92 à 159, pers. suppl. 20 – ⚡ 16,50 (3A) 19,50 (5A)*
Location : ⌂ *1600 à 3050 – ⌂ 1450 à 2690*

CAHORS

46000 Lot **14** – **79** ⑧ G. **Périgord Quercy** – 19 735 h. alt. 135.
ℹ Office de Tourisme pl. F.-Mitterand ✆ 05 65 53 20 65, Fax 05 65 53 20 74.
Paris 582 – Agen 88 – Albi 108 – Bergerac 106 – Brive-la-Gaillarde 102 – Montauban 61 – Périgueux 127.

▲▲▲ **Rivière de Cabessut** avril-oct.
✆ 05 65 30 06 30, Fax 05 65 23 99 46 – au Nord de la localité, par D 653, rte d'Aurillac, pont Cabessut à droite puis à gauche, 1,6 km par quai Ludo-Rolles, bord du Lot – ☘ ⋞ ⊶ – **R** conseillée – ✗
2 ha (102 empl.) plat, herbeux ⊡
♿ ⚿ ⚸ ▣ ⊟ ☺ ⚐ ▣ – ⌂ ⛹ ⚑ ≋
Tarif : ✱ *12 piscine comprise* – ▤ *50 – ⚡ 15 (10A)*
Location : ⌂ *1200 à 2500*

Kataloge der MICHELIN–Veröffentlichungen erhalten Sie beim Buchhändler und direkt von Michelin (Karlsruhe).

CAHUZAC

11420 Aude **15** – **86** ⑤ – 32 h. alt. 320.
Paris 763 – Carcassonne 50 – Castelnaudary 24 – Foix 47 – Narbonne 110 – Pamiers 27.

▲ **Le Lac** Permanent
✆ 04 68 60 51 65 – au Sud-Est du bourg, bord du plan d'eau – ☘ ⋞ ⊶ – **R** conseillée juil.-août – ✗
3 ha (25 empl.) plat, peu incliné, terrasses, herbeux ♀
♿ ⚿ ▣ ⚸ ☺ ▣ – ♈ pizzeria – ≈
Tarif : ✱ *20* – ▤ *25 – ⚡ 15 (5A)*
Location : ⌂ *1000 à 1400*

CAHUZAC-SUR-VÈRE

81140 Tarn **15** – **79** ⑲ – 1 074 h. alt. 240.
Paris 668 – Albi 28 – Bruniquel 31 – Cordes-sur-Ciel 15 – Gaillac 11 – Montauban 59.

▲ **Municipal** 15 juin-15 sept.
✆ 05 63 33 91 94 – sortie Nord-Est par D 122, rte de Cordes, près de la Vère – ⊶ juil.-août – **R** conseillée 15 juil.-15 août
1 ha (42 empl.) plat et peu incliné, herbeux ♀
⚿ ⊟ ☺ – ✂ – A proximité : ≋
Tarif : ✱ *12 piscine comprise* – ▤ *8,50 – ⚡ 8 (3A)*

CAJARC

46160 Lot **15** – **79** ⑨ G. **Périgord Quercy** – 1 033 h. alt. 160.
Paris 585 – Cahors 51 – Figeac 25 – Villefranche-de-Rouergue 28.

▲ **Municipal le Terriol** mai-sept.
✆ 05 65 40 72 74 – sortie Sud-Ouest par D 662, rte de Cahors et à gauche – ⋞ ⊶ juil.-août – **R** indispensable 14 juil.-août – ✗
0,8 ha (45 empl.) plat, herbeux ⊡ ♀
⚿ ⚸ ⊟ ☺ ▣ – A proximité : ✂ ⛹ ≋
Tarif : (Prix 1999) ✱ *13* – ▤ *18 – ⚡ 14 (6A)*

CALLAC

22 C.-d'Armor **3** – **58** ⑦ G. **Bretagne** – 2 592 h. alt. 172 – ✉ 22160 Callac-de-Bretagne.
Paris 510 – Carhaix-Plouguer 21 – Guingamp 28 – Morlaix 41 – St-Brieuc 59.

▲ **Municipal Verte Vallée** 15 juin-15 sept.
✆ 02 96 45 58 50 – sortie Ouest par D 28, rte de Morlaix et av. Ernest-Renan à gauche, à 50 m d'un plan d'eau – ☘ ⊶ – **R**
1 ha (60 empl.) peu incliné et incliné, herbeux ⊡
♿ ⚿ ⚸ ⊟ ⚸ ☺ ⚐ – 🚲 ✂ ⚑
Tarif : (Prix 1999) ✱ *13 – 🚗 6* – ▤ *10 – ⚡ 10 (16A)*

CALLAS

83830 Var 17 – 84 ⑦ G. Côte d'Azur – 1 276 h. alt. 398.
Paris 875 – Castellane 52 – Draguignan 16 – Toulon 95.

△ **Les Blimouses** 15 mars-15 oct.
  ℰ 04 94 47 83 41, Fax 04 94 76 77 76 – S : 3 km par D 25 et D 225 rte de Draguignan – ⌂ ⚬⇥
  – **R** conseillée juil.-août – ⚴
  3 ha (90 empl.) plat à incliné, en terrasses, pierreux, herbeux ૰
  ⅙ 🗒 🗇 ⚴ ☺ 📰 – ⊆ – ⚴ – 🏕 ⚴
  Tarif : 🔲 piscine comprise 2 pers. 70, pers. suppl. 15 – ⁅ 15 (5A)
  Location : ⚌ 2000 à 3000

CALVI

2B H.-Corse – 90 ⑬ – voir à Corse.

CALVIAC

46190 Lot 10 – 75 ⑳ – 230 h. alt. 627.
Paris 537 – Argentat 30 – Brive-la-Gaillarde 70 – Cahors 104 – St-Céré 24 – Sousceyrac 8.

△△△ **Les 3 Sources** mars-nov.
  ℰ 05 65 33 03 01, Fax 05 65 33 06 45 – N : 2,3 km par D 25, rte de Lamativie, bord de l'Escaumels
  – ⌂ ⚬⇥
  7,5 ha/3,5 campables (150 empl.) peu incliné à incliné, en terrasses, pierreux, herbeux, petit étang
  ⚌ ૰
  🗒 🍴 🗇 ⚴ ⚬ ☺ ⚴ ⚴ 📰 – 🍴 🍷 ✗ ⚴ – 🏕 ⚴ ⚴ ⚴ ⅀ toboggan aquatique
  Location : ⚌

CAMARÈS

12360 Aveyron 15 – 80 ⑬ – 1 127 h. alt. 384.
🅱 Syndicat d'Initiative 29 Grande-Rue ℰ 05 65 49 53 76, Fax 05 65 49 53 76.
Paris 693 – Albi 78 – Castres 78 – Rodez 96 – St-Affrique 23.

△△ **Résidence du Château** mars-nov.
  ℰ 05 65 99 59 36, Fax 05 65 49 57 12 – au bourg « Dans le parc d'une belle demeure » ⚬⇥ –
  R – ⚴
  0,5 ha (22 empl.) plat, herbeux ૰
  🗒 🍴 🗇 ⚴ ☺ 📰 – ✗ ⚴ – 🏕 ⚴ ⅀ (petite piscine)
  Tarif : ⚴ 15 tennis compris – 🔲 18 – ⁅ 15
  Location : ⚌ (hôtel) – appartements

CAMARET-SUR-MER

29570 Finistère 3 – 58 ③ G. Bretagne – 2 933 h. alt. 4.
🅱 Office de Tourisme 15 q. Kléber ℰ 02 98 27 93 60, Fax 02 98 27 87 22.
Paris 596 – Brest 4 – Châteaulin 43 – Crozon 9 – Morlaix 89 – Quimper 57.

Schéma à Crozon

△△ **Le Grand Large** avril-15 sept.
  ℰ 02 98 27 91 41, Fax 02 98 27 93 72 – NE : 3 km par D 355 et rte à droite, à 400 m de la plage,
  à Lambézen – ⌂ ≤ ⚬⇥ – **R** conseillée 10 juil.-20 août – ⚿ ⚴
  2,8 ha (123 empl.) plat et peu incliné, herbeux ⚌
  ⅙ 🗒 🍴 🗇 ⚴ ⚬ ☺ ⚴ ⚴ 📰 – 🍴 🍷 ⚴ – 🏕 ⚴ ⚴ ⚴ ⅀ toboggan aquatique half-court
  Tarif : ⚴ 29 piscine comprise – 🔲 62 – ⁅ 18 (5A)
  Location ⚴ juil.-août : ⚌ 1500 à 3200 – ⚌ 1600 à 3300

△ **Plage de Trez Rouz** Pâques-fin sept.
  ℰ 02 98 27 93 96, Fax 02 98 27 84 54 ✉ 29160 Crozon – NE : 3,5 km par D 355 – ≤ Anse de
  Camaret « Près de la plage » ⚬⇥ – **R** conseillée juil.-août – ⚴
  3 ha/1 campable (80 empl.) peu incliné, herbeux
  ⅙ 🗒 🍴 🗇 ⚴ ☺ ⚴ 📰 – 🏕 ⚴
  Tarif : ⚴ 26 – ⚴ 10 – 🔲 22 – ⁅ 16 (10A)
  Location : ⚌ 1000 à 2200

CAMBO-LES-BAINS

64250 Pyr.-Atl. 13 – 85 ③ G. Aquitaine – 4 128 h. alt. 67 – ⚴ (27 mars/16 déc.).
🅱 Office de Tourisme parc St-Joseph ℰ 05 59 29 70 25, Fax 05 59 29 90 77.
Paris 788 – Bayonne 19 – Biarritz 20 – Pau 117 – St-Jean-de-Luz 32 – St-Jean-Pied-de-Port 35 – San Sebastiàn
64.

△△ **Bixta-Eder** 15 avril-15 oct.
  ℰ 05 59 29 94 23, Fax 05 59 29 23 70 – SO : 1,3 km par D 918, rte de St-Jean-de-Luz – Ⓜ ⚬⇥ saison
  – **R** conseillée saison – ⚿ ⚴
  1 ha (90 empl.) plat et peu incliné, herbeux, gravier ⚌ ૰
  ⅙ 🗒 🍴 🗇 ⚴ ☺ 📰 – 🏕 ⚴ – A proximité : ⚴ ⅀
  Tarif : 🔲 1 ou 2 pers. 75 – ⁅ 15 (6A)

173

CAMORS

56330 Morbihan **3** – **63** ② – 2 375 h. alt. 113.
Paris 474 – Auray 25 – Lorient 37 – Pontivy 30 – Vannes 32.

▲ *Municipal du Petit Bois* juil.-4 sept.
 ℰ 02 97 39 18 36 – O : 1,1 km par D 189, rte de Lambel-Camors – ⑤ – **R** conseillée – ⚒
 1 ha (30 empl.) peu incliné, en terrasses, plat, forêt et étangs attenants
 ⚹ 🐿 ⇆ 🖩 ⚐ ⏚ ⊕ 🅰 ▽ ⛁ 🖩 – A proximité : parcours sportif ⚹ 🚣
 Tarif : ⚹ *12* – 🚐 *8* – 🗐 *8*

CAMPAGNE

24260 Dordogne **18** – **75** ⑯ G. Périgord Quercy – 281 h. alt. 60.
Paris 524 – Bergerac 51 – Belvès 18 – Les Eyzies-de-Tayac 7 – Sarlat-la-Canéda 28.

▲▲ *Le Val de la Marquise* Pâques-15 oct.
 ℰ 05 53 54 74 10, Fax 05 53 08 85 38 – E : 0,5 km par D 35, rte de St-Cyprien, bord d'un étang
 – ⚬┳ – **R** conseillée juil.-août – ⚒
 4 ha (104 empl.) plat et en terrasses, herbeux ⛾
 ⚹ 🐿 ⇆ 🖩 ⚐ ⚏ ⊕ 🖩 – ⚒ – 🛒
 Tarif : 🗐 *2 pers. 105, pers. suppl. 38* – ㈣ *20 (6A)*
 Location (mars-nov.) : 🚐 *1300 à 3200*

CAMPAGNE-SUR-AUDE

11260 Aude **15** – **86** ⑦ – 641 h. alt. 251.
Paris 813 – Ax-les-Thermes 61 – Carcassonne 46 – Foix 66 – Quillan 6.

▲▲ *Petit Paradis*
 ℰ 04 68 74 32 02 – NE : 1,2 km par D 118, rte de Limoux et chemin à droite, à Campagne-les-Bains
 – ⚬┳
 22 ha/2,5 campables (30 empl.) en terrasses, plat, herbeux, forêt
 ⚹ 🐿 ⇆ 🖩 ⚏ ⊕ 🅰 ⛁ 🖩 – ⛾ ✕ ⚒ – 🛒 🏊
 Location : 🏠

 ⚒ ✕   ATTENTION...
 ⚒   ces éléments ne fonctionnent généralement qu'en saison,
 🏊 🐎   quelles que soient les dates d'ouverture du terrain.

Le CAMP-DU-CASTELLET

83 Var **17** – **84** ⑭ – ✉ 83330 le Beausset.
Paris 810 – Aubagne 20 – Bandol 17 – La Ciotat 17 – Marseille 37 – Toulon 30.

▲▲ *Les Grands Pins* Permanent
 ℰ 04 94 90 71 44, Fax 04 94 32 60 11 – SE : 0,6 km par D 26, rte du Brulat – Places limitées pour
 le passage ⚬┳ – **R** conseillée juil.-août – ⚒
 4,5 ha (200 empl.) plat, pierreux ⚌ pinède
 ⚹ 🐿 ⇆ 🖩 ⊕ 🖩 – ⚌, snack, pizzeria ⚒ – 🚣 🏊 🏊
 Tarif : 🗐 *piscine comprise 2 pers. 72/78* – ㈣ *18 (6A) 20 (10A)*
 Location : 🚐 *1950 à 2600* – 🏠 *1500 à 2000*

CAMPS

19430 Corrèze **10** – **75** ⑳ – 293 h. alt. 700.
Paris 525 – Argentat 18 – Aurillac 45 – Bretenoux 21 – Sousceyrac 25.

▲ *Municipal la Châtaigneraie* juin-sept.
 ℰ 05 55 28 53 15 (juil.-août) – à l'Ouest du bourg, par D 13 et chemin à droite, près d'un étang
 (accès direct) – ⑤ ≼ ⚬┳ juil.-août – **R** conseillée juil.-août
 1 ha (18 empl.) peu incliné à incliné, herbeux ⚌
 ⚹ 🐿 ⇆ 🖩 ⚐ ⊕ 🖩 – A proximité : ✕ ⚒ 🏊 🚣 ⚌
 Tarif : ⚹ *11* – 🗐 *14* – ㈣ *14*
 Location : huttes

CAMURAC

11340 Aude **15** – **86** ⑥ G. Languedoc Roussillon – 149 h. alt. 1 200.
Paris 828 – Ax-les-Thermes 20 – Carcassonne 87 – Foix 59 – Font-Romeu-Odeillo-Via 77 – Quillan 35.

▲▲ *Les Sapins* mai-oct.
 ℰ 04 68 20 38 11, Fax 04 68 20 74 75 – S : 2 km par D 1020, rte de la station de ski et rte à droite,
 alt. 1 300 – ⑤ ≼ ⚬┳ – **R** conseillée juil.-août – ⚐ㅂ ⚒
 3,55 ha (69 empl.) plat, peu incliné, terrasses, herbeux, forêt ⚌
 ⚹ 🐿 ⇆ 🖩 ⚏ ⊕ 🖩 – crêperie, snack – 🛒 🚣 🏊 🐎 – A proximité : discothèque
 Tarif : ⚹ *23 piscine comprise* – 🚐 *13* – 🗐 *26* – ㈣ *20 (4A) 40 (8A)*
 Location (permanent) : 🏠 – gîte, bungalows toilés

35260 I.-et-V. **4** – **59** ⑥ G. Bretagne – 4 910 h. alt. 50.

🛈 Office de Tourisme 44 r. du Port ℘ 02 99 89 63 72, Fax 02 99 89 75 08 et (saison et vacances scolaires) Port de la Houle à la Criée ℘ 02 99 89 74 80.

Paris 394 – Avranches 63 – Dinan 35 – Fougères 81 – Le Mont-St-Michel 50 – St-Malo 16.

    ▲▲ *Le Bois Pastel* avril-1er oct.
       ℘ 02 99 89 66 10, Fax 02 99 89 60 11 – NO : 7 km par D 201, rte côtière et à gauche rue de la Corgnais – 🐟 « Entrée fleurie » ⊶ – **R** conseillée juil.-août – **GB** ⚓
       2 ha (136 empl.) plat, herbeux ⚲
       🔥 ⚏ ⇌ 🗟 🛁 ⊛ 🖭 – 🖩 🏊 ⛵ – 🎣 🛝
       Tarif : 🖃 *piscine comprise 1 ou 2 pers. 120* – 🔋 *18 (6A)*
       Location : 🚐 *1500 à 3200*

    ▲▲ *Notre-Dame du Verger* avril-1er oct.
       ℘ 02 99 89 72 84 – NO : 6,5 km par D 201, rte côtière, à 500 m de la plage (accès direct par sentier) – ⊶ – **R** – **GB** ⚓
       2,5 ha (56 empl.) en terrasses et peu incliné, herbeux
       🔥 ⚏ ⇌ 🗟 ⊛ ⚴ ⛵ 🚐 🖭 – 🖩 – 🎣
       Tarif : 🖃 *1 ou 2 pers. 120* – 🔋 *18 (6A)*

Wilt u een stad of streek bezichtigen ?
Raadpleed de groene Michelingidsen.

41120 L.-et-C. **5** – **64** ⑰ – 1 134 h. alt. 70.

Paris 199 – Blois 15 – Chaumont-sur-Loire 7 – Montrichard 22 – Orléans 77 – Tours 50.

    ▲▲ *La Grande Tortue* Pâques-sept.
       ℘ 02 54 44 15 20, Fax 02 54 44 19 45 – S : 0,5 km par D 751, rte de Chaumont-sur-Loire et à gauche rte de la Pieuse, à proximité du Beuvron – 🐟 ⊶ – **R** conseillée juil.-août – ⚓
       5 ha (208 empl.) plat, peu incliné, herbeux, sablonneux 🖾 ⚲
       🔥 ⚏ ⇌ 🗟 🛁 ⊛ ⚴ ⛵ 🖭 – 🖩 snack 🍴 – 🎣 🛝 mini-tennis
       Tarif : 🖃 *piscine comprise 2 pers. 101 (117 avec élect. 6A)*
       Location : *bungalows toilés*

34800 Hérault **15** – **83** ⑤ ⑥ – 1 402 h. alt. 42.

Paris 726 – Béziers 44 – Clermont-l'Hérault 6 – Gignac 9 – Montpellier 39 – Sète 38.

    ▲▲ *Les Rivières* 15 mai-5 sept.
       ℘ 04 67 96 75 53 – N : 1,8 km par D 131E, à la Sablière, près de l'Hérault (accès direct) – 🐟 ⊶ – **R** conseillée 10 juil.-14 août – ⚓
       3 ha (90 empl.) plat, pierreux, herbeux 🖾 ⚲
       🔥 ⚏ ⇌ 🗟 ⚴ ⊛ 🖭 – snack, pizzeria 🍴 – 🖩 🎣 🏑 🛝 🌊
       Tarif : (Prix 1999) 🖃 *piscine comprise 2 pers. 82, pers. suppl. 20* – 🔋 *18 (6A)*
       Location : 🚐 *1200 à 1760* – 🏠 *1600 à 2600*

12290 Aveyron **15** – **80** ③ – 440 h. alt. 850.

Paris 655 – Pont-de-Salars 10 – Rodez 35 – St-Beauzély 28 – Salles-Curan 8.

    ▲▲▲ *Le Caussanel* Permanent
       ℘ 05 65 46 85 19, Fax 05 65 46 89 85 – SE : 2,7 km par D 538 et à droite – 🐟 ≤ « Situation agréable au bord du lac de Pareloup » ⊶ – **R** conseillée juil.-août – ⚓
       10 ha (235 empl.) plat, peu incliné, terrasses, herbeux
       🔥 ⚏ ⇌ 🗟 🛁 ⊛ ⚴ ⛵ 🖭 – 🖩 snack 🍴 – 🚐 🛖 salle d'animation 🎣 🚲 🏑 🛝 🌊 – A proximité : discothèque
       Tarif : 🖃 *piscine comprise 2 pers. 105, pers. suppl. 25* – 🔋 *18 (5A)*
       Location (avril-oct.) : 🏠 *1120 à 3100*

    ▲▲ *Soleil Levant* avril-oct.
       ℘ 05 65 46 03 65, Fax 05 65 46 03 62 – SE : 3,7 km par D 538 et D 993, rte de Salles-Curan, à gauche, avant le pont – 🐟 ≤ « Situation agréable au bord du lac de Pareloup » ⊶ – **R** conseillée juil.-août – **GB** ⚓
       11 ha (206 empl.) plat, en terrasses, peu incliné, herbeux ⚲⚲
       🔥 ⚏ ⇌ 🗟 🛁 ⊛ ⚴ 🖭 – 🍴 – 🚐 🎣 🌊
       Tarif : 🖃 *2 pers. 88 (102 avec élect. 3 à 6A)*

    ▲▲ *La Retenue de Pareloup* 17 juin-10 sept.
       ℘ 05 65 46 33 26, Fax 05 65 46 03 93 – SO : 5 km par D 538 et D 176, à droite avant le barrage, près du lac – ⊶ – **R** conseillée – **GB** ⚓
       2 ha (80 empl.) non clos, en terrasses, plat, pierreux, herbeux 🖾 ⚲⚲
       🔥 ⚏ ⇌ 🗟 ⊛ 🖭 – 🍴 snack 🍴 – 🚐 🎣 – A proximité : 🌊 (plage)
       Tarif : 🖃 *2 pers. 85 ou 95, pers. suppl. 20* – 🔋 *15 (5A)*
       Location : 🚐 *1200 à 3000* – 🛏

66 Pyr.-Or. **15** – **86** ⑳ G. Languedoc Roussillon – ✉ 66140 Canet-en-Roussillon.
🛈 Office de Tourisme pl. de la Méditerranée ℰ 04 68 73 61 00, Fax 04 68 73 61 10.
Paris 859 – Argelès-sur-Mer 20 – Le Boulou 34 – Canet-en-Roussillon 3 – Perpignan 13 – St-Laurent-de-la-Salanque 12.

▲▲▲▲ **Le Brasilia** 8 avril-7 oct.
ℰ 04 68 80 23 82, Fax 04 68 73 32 97 – bord de la Têt et accès direct à la plage – ⚬━ – **R** conseillée – ᴳᴮ ♂
15 ha (826 empl.) plat, sablonneux, herbeux 🔲 ୨୨ (6 ha)
♿ 🏠 ⇄ 🗔 ♨ 🗑 ⊙ ⚲ ▽ 🖳 🍴 – ᴮ ❢ ✗ self ♂ – 🛖 🏃 discothèque 🏊 ♂ ❅ ⅀ terrain omnisports – A proximité : ♞
Tarif : 🄴 2 pers. 164, pers. suppl. 35 – ⓖ 16 (5 ou 6A)
Location : 🛒 1600 à 3300 – 🏚1400 à 3600

▲▲▲ **Ma Prairie** 5 mai-25 sept.
ℰ 04 68 73 26 17, Fax 04 68 73 28 82 – O : 2,5 km, à Canet-Village (hors schéma) - sortir par D 11, rte d'Elne et chemin à droite – ⚬━ – **R** conseillée juil.-août – ᴳᴮ ♂
4 ha (260 empl.) plat, herbeux 🔲 ୨୨
♿ 🏠 ⇄ 🗔 ♨ 🗑 ⊙ 🖳 – ᴮ ❢ snack ♂ – 🛖 🏃 ♂
❅ ⅀ – A proximité : 🏇
Tarif : 🄴 piscine comprise 2 pers. 142, pers. suppl. 30 – ⓖ 17 (3A) 23 (6A)
Location : 🛒 1720 à 3400

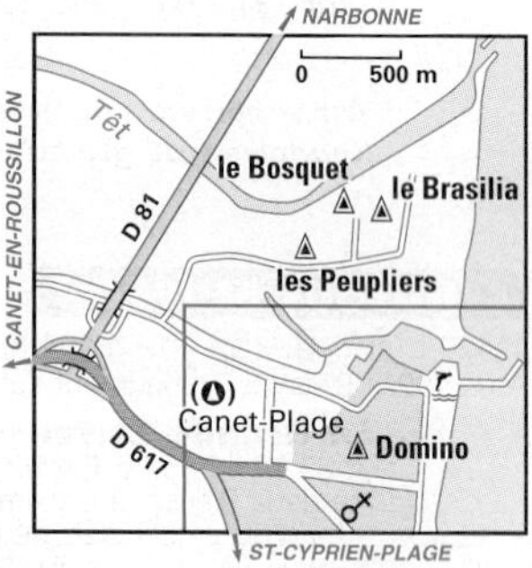

▲▲▲ **Les Peupliers** juin-20 sept.
ℰ 04 68 80 35 87, Fax 04 68 73 38 75 – à 500 m de la mer – ⚬━ – **R** conseillée juil.-août – ᴳᴮ ♂
4 ha (245 empl.) plat, herbeux 🔲 ୨୨
♿ 🏠 ⇄ 🗔 ♨ 🗑 ⚲ ⊙ 🖳 – ᴮ ❢ snack ♂ – 🥢 🏃 ᴹ ⅀ half-court – A proximité : ♞
Tarif : (Prix 1999) ♦ 27 – 🚗 14 – 🄴 71 – ⓖ 17 (5A)
Location : 🛒 1750 à 2950 – 🏚1850 à 3100

▲▲▲ **Mar Estang** avril-sept.
ℰ 04 68 80 35 53, Fax 04 68 73 32 94 – S : 1,5 km par D 18A, rte de St-Cyprien-Plage, près de l'étang et de la plage, accès direct par souterrain (hors schéma) – ⚬━ – **R** indispensable juil.-août – ᴳᴮ ♂
20 ha (600 empl.) plat, sablonneux 🔲
♿ 🏠 ⇄ 🗔 ♨ 🗑 ⊙ 🖳 – ᴮ ❢ ✗ pizzeria ♂ – 🛖 🏃 ♬ discothèque, théâtre de plein air 🏊 ♂ ❅ ⅀
Tarif : 🄴 2 pers. 138, pers. suppl. 35 – ⓖ 17 (6A)
Location ❅ : 🛒 1090 à 3800

▲▲ **Domino** avril-sept.
ℰ 04 68 80 27 25, Fax 04 68 73 47 41 – r. des Palmiers, à 250 m de la plage et du port – ⚬━ – **R** indispensable 10 juil.-21 août – ♂
0,7 ha (52 empl.) plat, herbeux 🔲 ୨୨
♿ 🏠 ⇄ 🗔 ♨ 🗑 ⊙ ⚲ ▽ 🖳 – 🛖
Tarif : 🄴 2 pers. 135, pers. suppl. 28 – ⓖ 17 à 30 (3 à 16A)
Location : 🛒 2300 à 3000

▲ **Le Bosquet** mai-sept.
ℰ 04 68 80 23 80 – bord de la Têt, à 500 m de la mer – ⚬━ – **R** conseillée – ♂
1,5 ha (125 empl.) plat, herbeux, sablonneux 🔲 ୨୨
♿ 🏠 ⊙ 🖳 – ♂ – 🛖 – A proximité : 🏇
Tarif : (Prix 1999) 🄴 2 pers. 86, pers. suppl. 25 – ⓖ 16 (5A)
Location : 🛒 1100 à 1600

[map]

NARBONNE

0   500 m

CANET-EN-ROUSSILLON

Têt

D 81

le Bosquet ▲   ▲ le Brasilia

▲ les Peupliers

D 617

(O)
Canet-Plage   ▲ Domino

ST-CYPRIEN-PLAGE

48500 Lozère **15** – **80** ④ – 68 h. alt. 700.
Paris 599 – La Canourgue 8 – Marvejols 25 – Mende 51 – St-Geniez-d'Olt 24 – Sévérac-le-Château 18.

▲ **Municipal la Vallée** 15 juin-15 sept.
ℰ 04 66 32 91 14 – N : 12 km par N 9, rte de Marvejols, D 988 à gauche, rte de St-Geniez-d'Olt et chemin à gauche, bord du Lot, par A 75, sortie 40 direction St-Laurent-d'Olt puis 5 km par D 988 – 🌿 ⚬━ – **R** conseillée juil.-août – ♂
1 ha (50 empl.) plat, herbeux 🔲 ୨
♿ 🏠 ⇄ 🗔 ♨ 🗑 ⚲ 🖳 – 🛖 ⅀ 🚣 – A proximité : ❅
Tarif : 🄴 piscine et tennis compris 2 pers. 60, pers. suppl. 13 – ⓖ 15 (10A)

Principauté d'Andorre – **86** ⑭ – voir à Andorre.

*Bonne route avec **36.15 MICHELIN !***

Économies en temps, en argent, en sécurité.

CANNES

06400 Alpes-Mar. **17** – **84** ⑨ G. Côte d'Azur – 68 676 h. alt. 2.
🛈 Office de Tourisme SEMEC Palais des Festivals ℰ 04 93 39 24 53, Fax 04 93 99 84 23 Gare SNCF (1ᵉʳ étage) ℰ 04 93 99 19 77.
Paris 905 – Aix-en-Provence 150 – Grenoble 337 – Marseille 163 – Nice 34 – Toulon 125.

à la Bocca O : 3 km – ⊠ 06150 Cannes-la Bocca :.
🛈 Office de Tourisme (saison) 1 r.P.-Sémard ℰ 04 93 47 04 12, Fax 04 93 90 99 85

🔺 **Le Grand Saule** 15 avril-sept.
ℰ 04 93 90 55 10, Fax 04 93 47 24 55 ⊠ 06110 Le Cannet – NO : 2 km, par D 9 – ⚬━ – **R** conseillée
juil.-août – **GB** ⨲
1 ha (55 empl.) plat, herbeux 🟉🟉
🏮 🖕 🗄 ⚲ ⊕ ≗ ⟿ 🖥 – 🍴 snack – 🚗 ⛴ ⚊ – A proximité : ⚒
Tarif : 🄴 *piscine comprise* 2 pers. 129, 3 pers. 169 – 🄶 19 (4 à 10A)
Location *(avril-oct.)* : studios

🔺 **Ranch-Camping** avril-oct.
ℰ 04 93 46 00 11, Fax 04 93 46 44 30 ⊠ 06110 Le Cannet – NO : 1,5 km par D 9 puis bd de l'Esterel
à droite – ⚬━ – **R** conseillée – **GB** ⨲
2 ha (130 empl.) peu incliné, en terrasses, herbeux, pierreux ⬜ 🟉🟉
🏮 🖕 🗄 ⊕ ≗ 🖥 – 🔀 – 🚗⤴ ⚏ (petite piscine couverte)
Tarif : (Prix 1999) 👤 30 – 🚗 15 – 🄴 65/75 – 🄶 15 (6A)
Location : 🛏 2000 à 2900 – 🛏

CANY-BARVILLE

76450 S.-Mar. **1** – **52** ⑬ G. Normandie Vallée de la Seine – 3 349 h. alt. 25.
🛈 Office de Tourisme pl. Ch.-de-Gaulle ℰ 02 35 38 81 82, Fax 02 35 38 15 37.
Paris 187 – Bolbec 32 – Dieppe 46 – Fécamp 21 – Rouen 57.

🔺 **Municipal** Permanent
ℰ 02 35 97 70 37 – sortie Sud par D 268, rte d'Yvetot, après le stade – ≼ ⚬━ – **R** conseillée –
⨲
2,9 ha (100 empl.) plat, cimenté, herbeux ⬜
🏮 🖕 🏮 🖕 🗄 ⊕ ⊕ ≗ ⟿ 🖥 – 🚗
Tarif : 👤 12 – 🚗 7 – 🄴 10/15 (30 avec élect.)

CAPBRETON

40130 Landes **13** – **78** ⑰ G. Aquitaine – 5 089 h. alt. 6.
🛈 Office de Tourisme av. G.-Pompidou ℰ 05 58 72 12 11, Fax 05 58 41 00 29.
Paris 753 – Bayonne 18 – Biarritz 26 – Mont-de-Marsan 88 – St-Vincent-de-Tyrosse 12 – Soustons 25.

🔺 **La Civelle** 3 juin-17 sept.
ℰ 05 58 72 15 11 – sortie Sud et r. des Biches à droite, à 50 m du Boudigau – ⚬━ – **R**
6 ha (600 empl.) plat, peu incliné, sablonneux, pierreux 🟉🟉
🏮 🖕 🗄 ⚲ ⊕ 🖥 – 🔀, pizzeria ⤴ – 🚗 🚸 salle d'animation ⚊ – A proximité : ⚒
🗓 half-court

🔺 **La Pointe**
ℰ 05 58 72 14 98 – S : 2 km par D 652 rte de Labenne et av. Lartigau à droite, bord du Boudigau
– 🐾 ⚬━
3 ha (283 empl.) plat, sablonneux, herbeux 🟉🟉
🏮 🖕 🗄 ⚲ ⊕ 🚇 🖥 – 🔀 🍴 ✗ ⤴ – 🚗 🗓

🔺 **Municipal Bel Air** Permanent
ℰ 05 58 72 12 04 – sortie Nord par D 152, rte d'Hossegor, près du Parc des Sports – ⚬━ –
R conseillée – **GB** ⨲
1,5 ha (119 empl.) plat, sablonneux ⬜ 🟉
🖕 🏮 🗄 🖕 ⚲ ⊕ 🖥 – A proximité : ⚒
Tarif : 👤 29 – 🄴 33 – 🄶 18,10 (10A)

CAP-COZ

29 Finistère – **58** ⑮ – rattaché à Fouesnant.

CAPDENAC-GARE

12700 Aveyron **15** – **79** ⑩ – 4 818 h. alt. 175.
🛈 Office de Tourisme 14 r. Carnot ℰ 05 65 64 74 87, Fax 05 65 80 88 15.
Paris 581 – Decazeville 20 – Figeac 9 – Maurs 25 – Rodez 59.

🔺 **Municipal les Rives d'Olt** 15 avril-sept.
ℰ 05 65 80 88 87 – sortie Ouest par D 994 rte de Figeac et bd P.-Ramadier à gauche avant le pont,
près du Lot, jardin public attenant – ⚬━ – **R** – ⨲
1,3 ha (60 empl.) plat, herbeux ⬜ 🟉🟉
🏮 🖕 🏮 🖕 🗄 🖕 ⊕ ≗ – A proximité : parcours sportif 🍴 snack ⚒ 🗓
Tarif : (Prix 1999) 👤 15 – 🚗 9 – 🄴 10/15 – 🄶 14 (6 à 9A)
Location *(permanent)* : huttes

⚠ *La Diège*
  𝒫 05 65 64 61 25 – S : par D 86 rte de Cajarc puis à gauche 7 km par D 558, bord de la Diège – ⊶
  2,5 ha (50 empl.) plat et terrasse, herbeux 🗤
  🔥 🖼 🔊 ⊕ 🈴 – 🍽 🍸 🎠 – A proximité : 🏊
  Location : 🛖

CAPPY

80340 Somme 🔢 – 🔢 ⑫ – 484 h. alt. 43.
Paris 139 – Amiens 42 – Bapaume 28 – Péronne 16 – Roye 34.

⚠ *Municipal les Charmilles* 15 mars-oct.
  𝒫 03 22 76 14 50 – O : 1,3 km par D 1, rte de Bray-sur-Somme et chemin à gauche, bord d'un ruisseau – Places limitées pour le passage 🈴 – **R**
  2 ha (60 empl.) plat, herbeux 🏕
  🏛 🔥 🖼 🚽 🖼 🈴 ⊕
  Tarif : 🔥 15 – 🚐 10 – 🈴 10 avec élect. (4A)

CAPVERN-LES-BAINS

65130 H.-Pyr. 🔢 – 🔢 ⑨ alt. – 450 – 🌊 (24 04/21 10).
🄸 Office de Tourisme r. Thermes 𝒫 05 62 39 00 46, Fax 05 62 39 08 14.
Paris 826 – Arreau 32 – Bagnères-de-Bigorre 18 – Bagnères-de-Luchon 69 – Lannemezan 9 – Tarbes 34.

⚠ *Les Craoues* mai-15 oct.
  𝒫 05 62 39 02 54 – SE : 2,5 km, au carrefour des N 117 et D 938, alt. 606 – ⊶ – **R** conseillée juil.-août – 🐕
  1,5 ha (78 empl.) peu incliné, herbeux 🌳
  🔥 🖼 🚽 🖼 🚽 🔊 ⊕ 🈴 🈴 – 🏠
  Tarif : 🔥 19,50 – 🈴 22,50 – 🈴 16 (3A) 25 (6A)

CARAMAN

31460 H.-Gar. 🔢 – 🔢 ⑲ – 1 765 h. alt. 285.
Paris 723 – Lavaur 25 – Puylaurens 28 – Revel 23 – Toulouse 28 – Villefranche-de-Lauragais 18.

⚠ *Municipal de l'Orme Blanc* 15 juin-15 sept.
  𝒫 05 62 18 96 64 – SO : 1,5 km par D 11, rte de Villefranche-de-Lauragais et rte de Labastide-Beauvoir, près d'un lac – 🈴 🄿(tentes) – **R**
  0,6 ha (30 empl.) plat, peu incliné, herbeux 🏕 🌿
  🔥 🖼 🚽 🚽 ⊕ 🌊 ☂ – A proximité : parcours sportif 🍴
  Tarif : 🔥 11 – 🚐 5 – 🈴 12 – 🈴 10 (15A)

CARANTEC

29660 Finistère 🔢 – 🔢 ⑥ G. Bretagne – 2 609 h. alt. 37.
🄸 Office de Tourisme 4 r. Pasteur 𝒫 02 98 67 00 43, Fax 02 98 67 07 44.
Paris 554 – Brest 68 – Lannion 54 – Morlaix 15 – Quimper 90 – St-Pol-de-Léon 10.

⚠⚠ *Les Mouettes* 30 avril-17 sept.
  𝒫 02 98 67 02 46, Fax 02 98 78 31 46 – SO : 1,5 km par rte de St-Pol-de-Léon et rte à droite, à la Grande Grève – Places limitées pour le passage 🈴 « Cadre agréable, près de la mer » ⊶ – **R** conseillée – 🄶🄱 🐕
  7 ha (273 empl.) plat et en terrasses, herbeux, étang 🏕 🗤
  🔥 🖼 🚽 🖼 🚽 🔊 ⊕ 🌊 ☂ 🈴 🈴 – 🍽 🍸 pizzeria 🎠 – 🏠 🎯 ⚡ 🎣 🏊 toboggans aquatiques, half-court
  Tarif : 🔥 32 piscine comprise – 🈴 92 – 🈴 20
  Location : 🛖 1600 à 3800

CARBUCCIA

2A Corse-du-Sud – 🔢 ⑯ – voir à Corse.

CARCANS

33121 Gironde 🔢 – 🔢 ⑱ – 1 503 h. alt. 22.
Paris 628 – Andernos-les-Bains 43 – Bordeaux 50 – Lesparre-Médoc 29 – Soulac-sur-Mer 56.

⚠ *Le Chêne Vert* 20 juin-10 sept.
  𝒫 05 56 03 37 12 – S : 1 km par D 3 rte de Lacanau – ⊶ – **R** – 🐕
  2 ha (100 empl.) plat, sablonneux, herbeux 🗤 pinède
  🔥 🖼 🔊 ⊕ 🈴 – 🎯
  Tarif : 🔥 15 – 🈴 20 – 🈴 12 (6A)
  Location : 🛖 1350

⚠ *Les Arbousiers* 15 juin-début sept.
  𝒫 05 56 03 35 04 – O : 2,3 km par D 207, rte de Carcans-plage et à droite – ⊶ – **R** conseillée – 🐕
  2,3 ha (63 empl.) plat, sablonneux, herbeux 🗤
  🔥 🖼 🔊 ⊕ 🈴
  Tarif : 🈴 2 pers. 54 – 🈴 13 (3A)

⚠ **Le Cap de Ville** mai-oct.
    🏕 05 56 03 33 74 – O : 2,3 km par D 207, rte de Carcans-Plage – ⌾₸ – **R** conseillée
juil.-août – ⚲
2 ha (78 empl.) plat, herbeux, sablonneux ♀♀
🔥 🏕 🖫 ⚲ ⊕
Tarif : 🔲 *1 pers. 35, 2 pers. 60, pers. suppl. 10 –* ⚡ *12 (3 ou 5A)*

⚠ **Les Mimosas** avril-sept.
    🏕 05 56 03 39 05, Fax 05 56 03 37 25 – NO : 2,2 km par D 3, rte d'Hourtin et rte de Barrade à gauche
    – ⚲ ⌾₸ – **R** conseillée 1ᵉʳ au 15 août – ⊞ ⚲
4,7 ha (100 empl.) plat, herbeux, sablonneux, forêt attenante ♀
🔥 🏕 ♨ ⚲ ⊕ 🖫 – snack ♨ – ⚽ 🚲 🏊
Tarif : (Prix 1999) 🔲 *piscine comprise 1 pers. 50, 2 pers. 70 –* ⚡ *15 (6A)*
Location : 🛖 *900 à 1800 –* 🚐 *1500 à 2950 – bungalows toilés*

à Bombannes O : 12 km par D 207, rte de Carcans-Plage et RF à droite – ✉ 33121 Carcans :

⚠⚠ **Domaine de Bombannes** fév.-nov.
    🏕 05 56 03 84 84, Fax 05 56 03 84 82 – en 3 camps distincts, bord du lac d'Hourtin-Carcans – ⌾₸
    – **R** conseillée
200 ha/30 campables (550 empl.) plat, accidenté, sablonneux ♀ pinède
🔥 🏕 ♨ 🖫 ♨ ⊕ 🚐 🖫 – ♨ 🍷 ✗ snack ♨ – ⚽ 🏌 ⚾ ⚽ 🚲 ⚫ 🎿 🖼 🔫 🏊 ⚓ 🜂 terrain omnisports

11000 Aude 🔢 – 🔢 ⑪ G. Languedoc Roussillon – 43 470 h. alt. 110.
🅱 Office de Tourisme 15 bd Camille-Pelletan 🏕 04 68 10 24 30, Fax 04 68 10 24 38 et Tour Narbonnaise
🏕 04 68 10 24 36, Fax 04 68 10 24 37.
Paris 790 – Albi 110 – Béziers 90 – Narbonne 61 – Perpignan 114 – Toulouse 92.

⚠⚠⚠ **La Cité** mars-8 oct.
    🏕 04 68 25 11 77, Fax 04 68 47 33 13 – sortie Est par N 113, rte de Narbonne puis 1,8 km par D 104,
rte de Cavérac, près d'un bras de l'Aude – ≼ ⌾₸ – **R** – ⊞ ⚲
7 ha (200 empl.) plat, herbeux, verger ▱
🔥 🏕 ♨ 🖫 ♨ ╩ ⊕ 🚐 🖫 – ♨
snack – 🚐 ⚾ 🏊
Tarif : 🔲 *piscine comprise*
2 pers. 95 – ⚡ *17 (10A)*
Location ⚾ : *bungalows*
toilés

⚠ **Aire Naturelle la Bas-**
tide de Madame juil.-
août
    🏕 04 68 26 80 06, Fax 04 68
26 91 65 ✉ 11090 Carcas-
sonne – SO : 6 km par D 118
rte de Limoux et chemin à
droite après le passage à
niveau – ≼ ⌾₸ – **R** conseillée
15 juil.-15 août – ⚲
1 ha (25 empl.) plat, en
terrasses et peu incliné,
herbeux ♀
🔥 🏕 ♨ 🖫 ⚲ ⊕ 🖫 – 🏊
Tarif : 🔲 *piscine comprise*
2 pers. 73 – ⚡ *20 (15A)*

à Preixan SO : 9 km par D 118, rte
de Limoux - Par A 61 sortie Carcassonne
Ouest – 431 h. alt. 165 – ✉ 11250
Preixan :

⚠⚠ **Air Hôtel Grand Sud**
15 avril-15 sept.
    🏕 04 68 26 88 18, Fax 04 68
26 85 07 – NE : 1 km par
D 118, rte de Carcassonne,
bord d'un plan d'eau – ⌾₸ –
R 15 juil.-20 août – ⊞ ⚲
11 ha/5 campables (100
empl.) plat, herbeux ▱ ♀♀
(1,5 ha)
🔥 🏕 ♨ 🖫 ⊕ ♨ ⚡ 🚐 🖫
– ♨, pizzeria – ⚽ ⚾ 🖫
Tarif : 🔲 *élect. (3A), piscine*
et tennis compris 2 pers.
110
Location : 🚐 *2200 à 3000 –*
bungalows toilés

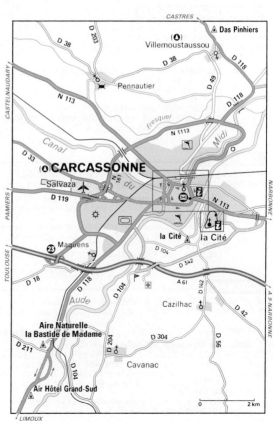

à Villemoustaussou N : 5 km par D 118, rte de Mazamet – 2 729 h. alt. 114 – ⊠ 11620 Villemoustaussou

▲ **Das Pinhiers** avril-sept.
    ☎ 04 68 47 81 90, Fax 04 68 71 43 49 – à 1 km au Nord du bourg – ≼ « Cadre agréable et fleuri »
    o━ – **R** conseillée – ⚡
    2 ha (72 empl.) plat à incliné, en terrasses, sous-bois attenant ▭ ♀
    ⅙ ⋒ ⇆ 🗐 ⇌ ⚌ ⊕ ⚏ 🖪 – 🖻 ⥀ 🏊 – A proximité : ✂
    Tarif : ✶ 20 piscine comprise – 🖻 21 – 🗲 18 (10A)
    Location : 🛏 1520 à 2300 – bungalows toilés

CAREIL

44 Loire-Atl. – 🖽 ⑭ – rattaché à la Baule.

CARENTAN

50500 Manche 🛙 – 🖾 ⑬ G. Normandie Cotentin – 6 300 h. alt. 18.
🛈 Office de Tourisme bd Verdun ☎ 02 33 42 74 01, Fax 02 33 42 74 29.
Paris 304 – Avranches 86 – Caen 72 – Cherbourg 52 – Coutances 36 – St-Lô 29.

▲ **Municipal le Haut Dyck** Permanent
    ☎ 02 33 42 16 89 – au bord du canal, près de la piscine – ⚐ « Emplacements délimités par
    plantations décoratives » o━ – **R** – ⚡
    2,5 ha (120 empl.) plat, herbeux ▭ ♀
    ⅙ ⋒ ⇆ 🗐 ⇌ ⊕ ⚏ – 🖻 ⥀ 🏊 – A proximité : 🏊
    Tarif : ✶ 14 – 🚗 7 – 🖻 17/18 – 🗲 6A : 16 (hiver 20)

CARGÈSE

2A Corse-du-Sud – 🗐 ⑯ – voir à Corse.

CARHAIX-PLOUGUER

29270 Finistère 🛾 – 🖾 ⑰ G. Bretagne – 8 198 h. alt. 138.
🛈 Office de Tourisme r. Brizeux ☎ 02 98 93 04 42, Fax 02 98 93 23 83.
Paris 506 – Brest 85 – Concarneau 65 – Guingamp 48 – Lorient 74 – Morlaix 46 – Pontivy 59 – Quimper 61 – St-Brieuc 79.

▲ **Municipal de la Vallée de l'Hyères** juin-15 sept.
    ☎ 02 98 99 10 58 – O : 2,3 km en direction de Morlaix et rte devant la gendarmerie,
    bord de l'Hyères et d'étangs – ⚐ « Belle décoration arbustive autour des étangs »
    o━ – **R**
    1 ha (62 empl.) plat, herbeux ♀
    ⋒ ⇆ ⇌ ⊕ ⚏ – ♀ – A proximité : parcours de santé 🐎 (centre équestre)
    Tarif : ✶ 9,10 – 🚗 6,60 – 🖻 8,10 – 🗲 10,30

CARLUCET

46500 Lot 🔢 – 🗓 ⑧ G. Périgord Quercy – 168 h. alt. 322.
Paris 556 – Cahors 45 – Gourdon 25 – Labastide-Murat 12 – Rocamadour 14.

▲▲ **Château de Lacomté** 10 mars-15 oct.
    ☎ 05 65 38 75 46, Fax 05 65 33 17 68 – à 1,8 km au Nord-Ouest du bourg, au château – ⚐ o━
    – **R** conseillée – ⊞
    12 ha/4 campables (100 empl.) plat et terrasse, peu incliné, pierreux, herbeux, bois
    ⅙ ⋒ ⇆ 🗐 ⇌ ⊕ ⚌ ⚏ 🖪 – ♀ ✗ ⥀ – 🖻 🚲 ✂ 🏊
    Tarif : ✶ 30 – 🖻 40 – 🗲 20 (10A)
    Location : 🛏 1500 à 3200

CARNAC

56340 Morbihan 🛾 – 🖾 ⑫ G. Bretagne – 4 243 h. alt. 16.
🛈 Office de Tourisme 74 av. des Druides (Carnac-Plage) ☎ 02 97 52 13 52, Fax 02 97 52 86 10 et pl. de l'Église.
Paris 490 – Auray 13 – Lorient 36 – Quiberon 18 – Quimperlé 57 – Vannes 31.

▲▲▲ **La Grande Métairie** avril-16 sept.
    ☎ 02 97 52 24 01, Fax 02 97 52 83 58 – NE : 2,5 km « Site et cadre agréables au bord de l'étang
    de Kerloquet » o━ – **R** conseillée juil.-août – ⊞ ⚡
    15 ha/11 campables (575 empl.) plat et peu incliné, herbeux, rocheux ▭ ♀
    ⅙ ⋒ ⇆ 🗐 ⇌ ⊕ ⚌ ⚏ 🖪 – 🏊 ♀ ✗ pizzeria ⥀ – 🖻 🏕 🏊 🚲 ✂ 🏊 poneys, théâtre
    de plein air
    Tarif : ✶ 32 piscine comprise – 🖻 135 – 🗲 20 (6A)
    Location : 🛏 1200 à 4500

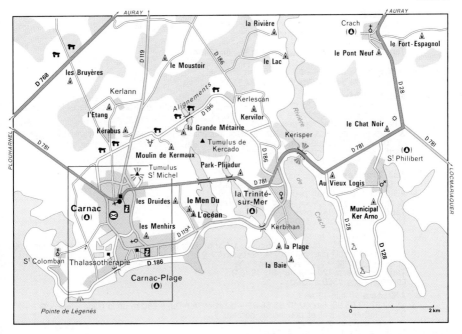

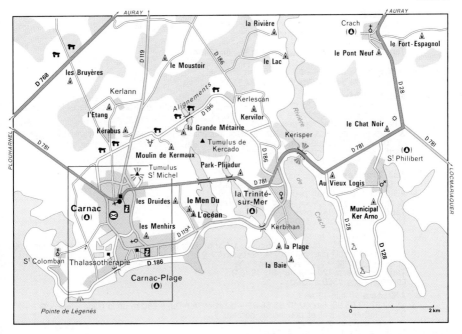Moulin de Kermaux 5 avril-15 sept.
📞 02 97 52 15 90, Fax 02 97 52 83 85 – NE : 2,5 km – ☜ ⚊ – R indispensable 15 juil.-15 août
– ⊖B ⋌ᵥ
3 ha (150 empl.) plat et peu incliné, herbeux ▭ ♀
♿ 🎇 ⇌ 🗄 🍴 ⊕ ㋫ ▿ 📬 🔲 – 🗜 🍴 🛒 – 💈 ⚞ 🚴 🏇 ⅄ ⊿ terrain omnisports
Tarif : ✶ 24 piscine comprise – 🔲 75 – [₡] 16 (3A) 18 (6A)
Location : 🚐 1200 à 3400

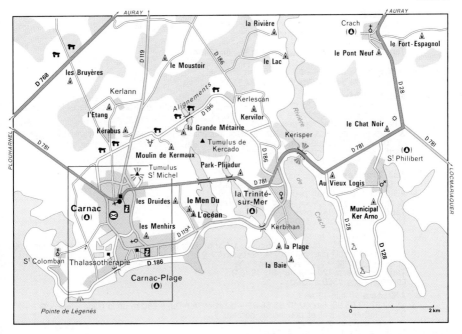Les Bruyères avril-15 oct.
📞 02 97 52 30 57 – N : 3 km – ☜ ⚊ – R conseillée juil.-août – ⊖B ⋌ᵥ
2 ha (112 empl.) plat, herbeux ♀
🎇 ⇌ 🗄 ⇌ ⊕ 📬 🔲 – 🗜 – 💈 🏇 💈 🍴 ⅋
Tarif : ✶ 19 – 🔲 38 – [₡] 13 (4A) 16 (6A) 22 (10A)
Location : 🚐 1200 à 3000

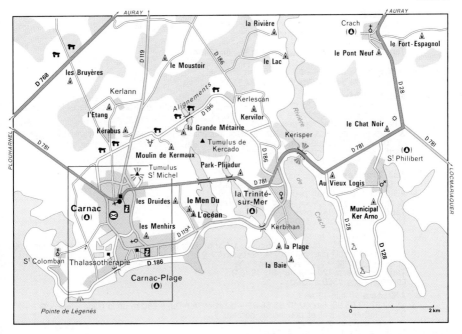Le Lac avril-20 sept.
📞 02 97 55 78 78, Fax 02 97 55 86 03 – NE : 6,3 km – ☜ « Cadre et site agréables au bord du
lac » ⚊ juil.-août – R conseillée 14 juil.-20 août
2,5 ha (140 empl.) non clos, plat, terrasses, vallonné, herbeux ♀
♿ 🎇 ⇌ 🗄 ⇌ ⚶ ⊕ ㋫ 📬 🔲 – 🗜 – 💈 🏇
Tarif : ✶ 26 – 🔲 44 – [₡] 13 (4 à 6A)
Location : 🚐 1400 à 2700

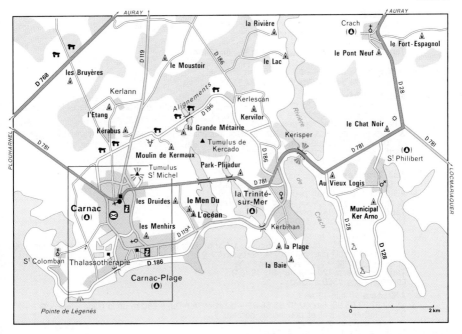Le Moustoir 22 avril-10 sept.
📞 02 97 52 16 18, Fax 02 97 52 88 37 – NE : 3 km – ⚊ – R conseillée juil.-août – ⊖B ⋌ᵥ
5 ha (165 empl.) incliné, plat, herbeux ▭ ♀
🎇 ⇌ 🗄 ⇌ ⚶ ⊕ ㋫ ▿ 📬 🔲 – 🍴 🛒 – 💈 🏇 🎾 ⅄ toboggan aquatique
Tarif : ✶ 25 piscine comprise – 🔲 70 – [₡] 18 (6 ou 10A)
Location : 🚐 950 à 2500 – 🚐 1300 à 3300

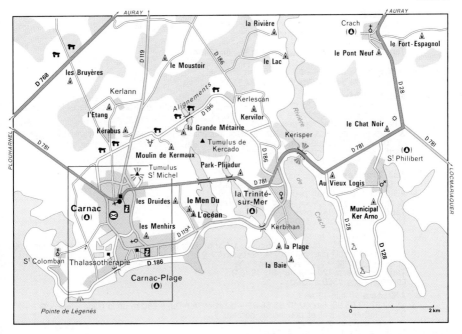L'Étang avril-15 oct.
📞 02 97 52 14 06 – N : 2 km par D 119 direction Aunay puis à gauche, à Kerlann, à 50 m de l'étang
– ☜ ⚊ – R
2,5 ha (165 empl.) plat, herbeux ▭
🎇 ⇌ 🗄 ⇌ ⚶ ⊕ 🔲 – 🍴 – 🏇 🎾 ⅄ toboggan aquatique
Tarif : ✶ 25 piscine comprise – 🔲 40 – [₡] 16 (6A)
Location : 🚐 1500 à 3000

Kérabus mai-15 sept.
📞 02 97 52 24 90 – NE : 2 km – ☜ ⚊ – R conseillée – ⋌ᵥ
1,4 ha (73 empl.) plat, herbeux ♀
🎇 ⇌ 🗄 ⊕ 🔲 – 🏇 – A proximité : 🎾
Tarif : ✶ 16,50 – 🔲 22 – [₡] 12,50 (4A) 14,50 (6A)
Location (avril-sept.) - 🎾 🚐 1200 à 3200

⚠ **La Rivière** avril-sept.
    ✆ 02 97 55 78 29 – NE : 6,5 km – 🦌 « Cadre agréable » ⚷ – ⛨
0,5 ha (33 empl.) plat, herbeux ⊟ ♀
🛖 😊 📺 ♿ ⊕
Tarif : (Prix 1999) ⚹ 15 – 🚗 8 – 🅴 9 – ⓖ 12 (6A)

à Carnac-Plage S : 1,5 km : – ✉ 56340 Carnac-Plage.
🄱 Office de Tourisme 74 av. des Druides ✆ 02 97 52 13 52

⚠⚠ **Les Menhirs** mai-sept.
    ✆ 02 97 52 94 67, Fax 02 97 52 25 38 – allée St-Michel, à 400 m de la plage – Places limitées pour
le passage ⚷ – **R** conseillée juil.-août – ⅁⅁ ⚵
6 ha (360 empl.) plat, herbeux ⊟ ♀♀
♿ 🛖 😊 📺 ♨ ⊕ ♒ ₩ ▦ – 🍺 ♟ snack, pizzeria 🍴 – 🎣 🏸 🎣 salle d'animation 🛝 ☆
    ♒ toboggan aquatique 🐴 poneys – A proximité : 🚲
Tarif : ⚹ 41 piscine comprise – 🅴 161 – ⓖ 21 (6A)
Location : 🏠 1600 à 3950

⚠⚠ **Les Druides** 22 mai-8 sept.
    ✆ 02 97 52 08 18 – E : quartier Beaumer, à 500 m de la plage – ⚷ – **R** – ⅁⅁ ⚵
2,5 ha (110 empl.) plat, peu incliné, herbeux ♀
♿ 🛖 😊 📺 ♨ ⊕ ♒ ₩ ▦ 🎣 – 🎣 terrain omnisports
Tarif : 🅴 2 pers. 139, pers. suppl. 25 – ⓖ 20 (6A)
Location : 🏠 1600 à 3300

⚠ **Le Men-Du** avril-fin sept.
    ✆ 02 97 52 04 23 – quartier le Men-Du, à 300 m de la plage – ⚷ – **R** conseillée juil.-août – ⚵
1,5 ha (100 empl.) plat, peu incliné, herbeux ⊟ ♀
🛖 😊 📺 ♨ ⊕ ▦ – 🍴 – A proximité : 🍴
Tarif : 🅴 2 pers. 120 – ⓖ 16 (4A) 18 (6A)
Location : 🏠 1300 à 3200

⚠ **L'Océan** 10 juin-10 sept.
    ✆ 02 97 52 03 98, Fax 02 97 65 56 63 – quartier Men-Du, à 250 m de la plage – ⚷ – **R** – ⚵
0,5 ha (50 empl.) plat et peu incliné, herbeux ♀
🛖 😊 📺 ♨ ⊕ ▦ – 🛝
Tarif : ⚹ 22 – 🅴 55 – ⓖ 17 (5A)

Voir aussi à Crach, St-Philibert et la Trinité-sur-Mer

Verwar niet :

    ⚠ ... tot ... ⚠⚠⚠ : **MICHELIN** *indeling*

en
    ★... tot ... ★★★★ : *officiële classificatie*

CARNON-PLAGE

34 Hérault 🔢 – 🔢 ⑦ G. Languedoc Roussillon – ✉ 34280 la Grande-Motte.
Paris 763 – Aigues-Mortes 19 – Montpellier 19 – Nîmes 56 – Sète 35.

⚠ **Intercommunal les Saladelles** avril-15 sept.
    ✆ 04 67 68 23 71 – par D 59, Carnon Est, à 100 m de la plage – ⚷ – **R** conseillée – ⅁⅁ ⚵
7,6 ha (384 empl.) plat, sablonneux
♿ 🛖 😊 📺 ♨ ⊕ ♒ ₩
Tarif : 🅴 2 pers. 65,50 (86,50 avec élect.), pers.suppl. 17

CAROMB

84330 Vaucluse 🔢 – 🔢 ⑬ – 2 640 h. alt. 95.
Paris 680 – Avignon 36 – Carpentras 10 – Malaucène 10 – Orange 29 – Vaison-la-Romaine 19.

⚠ **Municipal le Bouquier** avril-15 oct.
    ✆ 04 90 62 30 13 – N : 1,5 km par D 13, rte de Malaucène – ⚷ Ⓟ(tentes) – **R**
1,5 ha (70 empl.) en terrasses, plat, gravier, pierreux ⊟ ♀
♿ 🛖 😊 📺 ♨ ⊕ ♒ ▦
Tarif : (Prix 1999) ⚹ 13 – 🚗 10 – 🅴 10/12 – ⓖ 13 (10A)

CARPENTRAS

84200 Vaucluse 🔢 – 🔢 ⑫ G. Provence – 24 212 h. alt. 102.
🄱 Office de Tourisme 170 av. J.-Jaurès ✆ 04 90 63 57 88, Fax 04 90 60 41 02.
Paris 682 – Avignon 28 – Cavaillon 26 – Orange 25.

⚠⚠ **Lou Comtadou** 28 mars-oct.
    ✆ 04 90 67 03 16, Fax 04 90 86 62 95 – SE : 1,5 km par D 4, rte de St-Didier et rte à droite, près
du complexe sportif – ⚷ – **R** – ⅁⅁ ⚵
1 ha (99 empl.) plat, pierreux, herbeux, petit plan d'eau ⊟
♿ 🛖 😊 📺 ♨ ⊕ ♒ 🎣 ▦ – 🍺 ♟ – 🎣 🛝 – A proximité : ☆ ♒ toboggan aquatique
Tarif : (Prix 1999) 🅴 élect. (6A) comprise 2 pers. 96

CARQUEIRANNE

83320 Var 🔟 – 🔟 ⑮ – 7 118 h. alt. 30.
🅱 Syndicat d'Initiative pl. République 🖉 04 94 01 40 40.
Paris 852 – Draguignan 81 – Hyères 9 – Toulon 17.

△△△ **Le Beau-Vezé** 15 mai-20 sept.
🖉 04 94 57 65 30 – NO : 2,5 km par D 559, rte de Toulon puis 1 km par D 76 à droite – ⑤ « Cadre
agréable » ⊶ – **R** conseillée saison – ⚙
7 ha (150 empl.) plat, peu incliné, en terrasses, pierreux ▭ 🙾 pinède
🏕 ⚙ 🍴 🚿 🚻 ⊛ 🔲 – �.– ⚙ ✂ 🛒 ⚙
Tarif : 🄴 *piscine comprise 2 pers. 135, pers. suppl. 39* – 🔋 *22 (6A)*
Location : 🏠 *3000 à 3400*

CARROUGES

61320 Orne 🔟 – 🔟 ② G. Normandie Cotentin – 760 h. alt. 335.
Paris 214 – Alençon 29 – Argentan 23 – Domfront 40 – La Ferté-Macé 18 – Mayenne 53 – Sées 27.

△ **Municipal** juil.-15 sept.
NE : 0,5 km par rte de St-Sauveur-de-Carrouges, au stade – ⑤ – **R**
0,5 ha (10 empl.) plat, terrasse, herbeux ▭
🛁 🏚 ⚙ 🚻 ⊛ – 🛒
Tarif : (Prix 1999) 🌴 *12* – 🚐 *6* – 🄴 *6* – 🔋 *12*

CARSAC-AILLAC

24200 Dordogne 🔟 – 🔟 ⑰ G. Périgord Quercy – 1 219 h. alt. 80.
Paris 538 – Brive-la-Gaillarde 57 – Gourdon 20 – Sarlat-la-Canéda 12.

Schéma à la Roque-Gageac

△△△ **Le Plein Air des Bories** juin-15 sept.
🖉 05 53 28 15 67 – S : 1,3 km par D 703, rte de Vitrac et chemin à gauche, bord de la Dordogne
– ⑤ ⊶ – **R** conseillée juil.-août
2,8 ha (110 empl.) plat, sablonneux, herbeux ▭ 🙾
🛁 🏚 ⚙ 🍴 🚿 🚻 ⊛ 🔲 – 🍴 – 🛒 🛥 🛶 🏊
Tarif : (Prix 1999) 🄴 *piscine comprise 2 pers. 88, pers. suppl. 26* – 🔋 *16 (6A)*

CARTERET

50 Manche – 🔟 ① – rattaché à Barneville-Carteret.

CASSAGNABÈRE-TOURNAS

31420 H.-Gar. 🔟 – 🔟 ⑮ – 426 h. alt. 380.
Paris 781 – Auch 78 – Bagnères-de-Luchon 64 – Pamiers 101 – St-Gaudens 20 – St-Girons 49 – Toulouse 86.

△△△ **Pré Fixe** avril-15 oct.
🖉 05 61 98 71 00 – au Sud-Ouest du bourg – ⑤ ⩽ « Entrée fleurie » ⊶ ✂ – **R** conseillée – ⚙
1,2 ha (43 empl.) terrasses, plat, herbeux ▭
🛁 🏚 ⚙ 🍴 ⊛ 🔲 – 🛒 🏊 – A proximité : ✂
Tarif : 🄴 *piscine comprise 1 pers. 38, 2 pers. 76, pers. suppl. 20* – 🔋 *15 (15A)*

CASSAGNES

46700 Lot 🔟 – 🔟 ⑦ – 212 h. alt. 185.
Paris 582 – Cahors 35 – Cazals 16 – Fumel 19 – Puy-l'Évêque 7 – Villefranche-du-Périgord 15.

△ **Le Carbet** mai-10 sept.
🖉 05 65 36 61 79 – NO : 1,5 km par D 673, rte de Fumel, près d'un lac – ⊶ – **R** conseillée juil.-août
– 🄶🄱 ⚙
3 ha (25 empl.) non clos, accidenté et en terrasses, pierreux, herbeux 🙾
🏚 🛶 ⊛ – 🍴 🚿 – 🛒 🏊
Tarif : 🌴 *22 piscine comprise* – 🄴 *27* – 🔋 *15 (6A)*
Location : 🚐 *1700 à 2500*

CASSANIOUZE

15340 Cantal 🔟 – 🔟 ⑪ – 587 h. alt. 638.
Paris 594 – Aurillac 36 – Entraygues-sur-Truyère 31 – Montsalvy 18 – Rodez 54.

△ **Coursavy** 20 avril-20 sept.
🖉 04 71 49 97 70 – SO : 10 km par D 601, rte de Conques et D 141 à gauche, rte d'Entraygues,
bord du Lot et d'un ruisseau – ⑤ ⩽ ⊶ – **R** conseillée juil.-août – ⚙
2 ha (50 empl.) plat, terrasse, herbeux
🛁 🏚 ⚙ 🛶 ⊛ 🔲 – 🛶 (petite piscine)
Tarif : 🌴 *15* – 🄴 *45* – 🔋 *14 (5A)*
Location : *huttes*

CASTEIL

66 Pyr.-Or. – 🔟 ⑰ – rattaché à Vernet-les-Bains.

CASTELJALOUX

47700 L.-et-G. **14** – **79** ⑬ G. Aquitaine – 5 048 h. alt. 52.
B Office de Tourisme Maison du Roy 🖉 05 53 93 00 00, Fax 05 53 20 74 32.
Paris 678 – Agen 55 – Langon 46 – Marmande 23 – Mont-de-Marsan 74 – Nérac 30.

⚠ **Lac de Clarens** juin-sept.
🖉 05 53 93 07 45, Fax 05 53 93 93 09 – SO : 2,5 km par D 933, rte de Mont-de-Marsan, bord du lac et près de la Base de Loisirs – ⌕ – **R** conseillée – **GB** ⚙
4 ha (100 empl.) plat et accidenté, herbeux ♀♀ (3 ha)
🎿 🖥 ⊕ 🖲 – ☲ (plage) – A proximité : golf, parcours de santé ❣ ✕ snack 🗂 ⚒ ♬ 🚣 toboggan aquatique ◊
Tarif : 🔲 1 pers. 29, pers. suppl. 26 – 🔋 13 (3A)
Location : 🏠 1800 à 2700

⚠ **Municipal de la Piscine** 27 mars-oct.
🖉 05 53 93 54 68 – sortie Nord-Est par D 933, rte de Marmande, bord d'un ruisseau – ⌕ –
R conseillée juil.-août – ⚙
0,5 ha (45 empl.) plat, herbeux ♀♀
♿ 🎿 🖥 🛅 ⊕ – ☲
Tarif : 🏃 12,50 – 🔲 11,50/23 – 🔋 14 (6A)

There is no paid publicity in this guide.

CASTELJAU

07 Ardèche **16** – **80** ⑧ – ✉ 07460 Berrias-et-Casteljau.
Paris 669 – Aubenas 38 – Largentière 28 – Privas 68 – St-Ambroix 30 – Vallon-Pont-d'Arc 34.

⚠⚠ **La Rouveyrolle** 5 avril-25 sept.
🖉 04 75 39 00 67, Fax 04 75 39 07 28 – à l'Est du bourg, à 100 m du Chassezac – ⚏ ⌕ juin-août
– **R** conseillée – **GB** ⚙
3 ha (100 empl.) plat, herbeux, pierreux ☷ ♀♀
♿ 🎿 ⇄ 🖥 🛅 ⊕ 🖲 – ☲ ❣ ✕ ⚓ – 🗂 🚣 ☲ – A proximité : ⚒ ☲
Tarif : 🔲 piscine et tennis compris 2 pers. 125, pers. suppl. 35 – 🔋 20
Location : 🚐 1300 à 2900

⚠⚠ **Les Tournayres** avril-sept.
🖉 04 75 39 36 39 – N : 0,5 km rte de Chaulet plage – ⌕ – **R** conseillée – ⚙
1,3 ha (30 empl.) peu incliné et plat, herbeux ♀
♿ 🎿 ⇄ 🖥 ⊕ 🖲 – ❣ snack – 🗂 🚣 ☲ – A proximité : ⚒
Tarif : 🔲 piscine comprise 2 pers. 93, pers. suppl. 25 – 🔋 18 (5A)
Location : 🚐 1500 à 2700

⚠⚠ **Mazet-Plage** avril-oct.
🖉 04 75 39 32 56 – SO : 1 km par rte du Bois de Païolive – ⚏ ⪕ « Au bord du Chassezac » ⌕
– **R** conseillée – **GB** ⚙
3 ha (100 empl.) plat, en terrasses, herbeux, pierreux ♀♀
♿ 🎿 ⇄ 🖥 🛅 ⊕ 🖲 – ☲ ❣ snack ⚓ – 🚣 ⚒ ☲
Tarif : 🔲 2 pers. 80, pers. suppl. 20 – 🔋 16 (6A)
Location : 🚐 1663 à 1995

⚠⚠ **Chaulet Plage** 15 avril-1er nov.
🖉 04 75 39 30 27, Fax 04 75 39 35 42 – N : 0,6 km, rte de Chaulet-Plage – ⚏ « Site agréable, accès direct au Chassezac » ⌕ – **R** conseillée – **GB** ⚙
1,5 ha (62 empl.) en terrasses, pierreux, herbeux ♀♀
♿ 🎿 ⇄ 🖥 🛅 ⊕ 🖲 – ☲ ❣ snack – ☲ – A proximité : ⚒
Tarif : 🔲 2 pers. 67 – 🔋 15 (6A)
Location : 🚐 1260 à 1890 – (gîtes)

⚠⚠ **Les Blaches** 31 mars-1er nov.
🖉 04 75 39 05 26 – N : 0,7 km, rte de Chaulet-Plage « Site agréable et cadre sauvage au bord du Chassezac (accès direct) » ⌕ juil.-août – **R** conseillée juil.-août – **GB** ⚙
2 ha (80 empl.) en terrasses, accidenté, rocheux, pierreux, herbeux ♀♀
♿ 🎿 🖥 ⇄ 🖲 ⊕ 🖲 – snack, pizzeria ⚓ – 🗂 🚲 ☲ – A proximité : ☲ ❣ ⚒
Tarif : 🔲 67 – 🔋 15 (6A)
Location : 🚐 1250 à 2350 – 🏠 1450 à 2350

CASTELLANE

04120 Alpes-de-H.-Pr. **17** – **81** ⑱ G. Alpes du Sud – 1 349 h. alt. 730.
B Office de Tourisme r. Nationale 🖉 04 92 83 61 14, Fax 04 92 83 76 89.
Paris 795 – Digne-les-Bains 55 – Draguignan 59 – Grasse 64 – Manosque 93.

⚠⚠ **Le Clavet** 15 mai-15 sept.
🖉 04 92 83 68 96, Fax 04 92 83 75 40 – à La Garde, SE : 7 km par N 85, rte de Grasse, Accès aux emplacements par forte pente, mise en place et sortie des caravanes à la demande, alt. 1 000 –
⚏ ⪕ ⌕ – **R** conseillée – ⚙
7 ha (200 empl.) en terrasses, peu incliné, pierreux, herbeux, bois attenant ☷
♿ 🎿 ⇄ 🖥 ⊕ 🖲 ⚡ ⚏ – ☲ ❣ snack ⚓ – 🗂 🚣 🚣 ⚒ ☲ – A proximité : 🐎
Tarif : 🔲 piscine comprise 2 pers. 108 (128 avec élect. 10A)
Location ⚒ : 🚐 1900 à 3600 – 🏠 1900 à 3600 – bungalows toilés

184

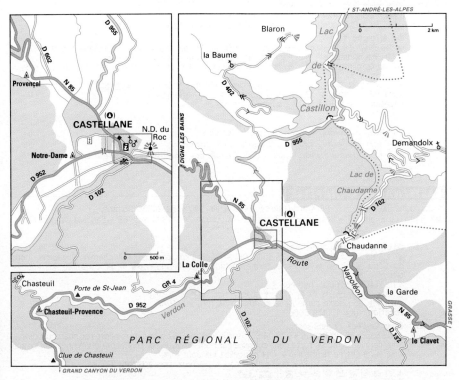

Chasteuil-Provence mai-20 sept.
ℂ 04 92 83 61 21, Fax 04 92 83 75 62 – SO : 8 km par D 952, rte de Moustiers-Ste-Marie, bord du
Verdon, alt. 650 – ≼ « Site agréable » ⊶ juil.-août – **R** conseillée juil.-août – ⟋ₓ
6,8 ha (210 empl.) plat, peu incliné, en terrasses, pierreux, herbeux 𝟎𝟎
Tarif : ▣ piscine comprise 3 pers. 115, pers. suppl. 26 – ⑆ 18 (3A) 25 (6A)
Location : 🚐 2100 à 3800

Notre-Dame avril-14 oct.
ℂ 04 92 83 63 02 – SO : 0,5 km par D 952, rte de Moustiers-Ste-Marie, bord d'un ruisseau – ≼ ⊶
– **R** conseillée juil.-août – ⟋ₓ
0,6 ha (44 empl.) plat, herbeux 𝟎𝟎
Tarif : (Prix 1999) ▣ 3 pers. 80, pers. suppl. 18,50 – ⑆ 17 (3A) 21 (6A)
Location ⚓ : 🚐 1280 à 1850

Provençal mai-15 sept.
ℂ 04 92 83 65 50 – NO : 2 km par N 85, rte de Digne, près d'un petit torrent – ≼ ⊶ – **R** conseillée
juil.-15 août – ⒼⒷ ⟋ₓ
0,8 ha (45 empl.) plat et peu incliné, herbeux, pierreux 𝟎
Tarif : ▣ 2 pers. 63 – ⑆ 15 (3A) 20 (6A)
Location : 🚐 1300 à 1800 – 🚐 1700 à 2400

La Colle avril-oct.
ℂ 04 92 83 61 57 – SO : 2,5 km par D 952, rte de Moustiers-Ste-Marie et GR4 à droite – ⛅ ≼ « Cadre
sauvage » ⊶ – **R** conseillée juil.-août – ⟋ₓ
3,5 ha/1 campable (41 empl.) plat, peu incliné et en terrasses, pierreux, herbeux ⛺ 𝟎𝟎
Tarif : ✶ 19 – 🚗 11 – ▣ 21 – ⑆ 17 (6A) 20 (10A)
Location : 🚐 1100 à 1800 – 🚐 1700 à 2600

Si vous recherchez :
un terrain effectuant la location de caravanes, de mobile homes, de
bungalows
ou de chalets

Consultez le tableau des localités citées, classées par départements.

81140 Tarn 🔢 – 🔢 ⑲ – 910 h. alt. 287.
Paris 659 – Albi 32 – Bruniquel 21 – Cordes-sur-Ciel 24 – Gaillac 12 – Montauban 47.

▲▲ *Le Rieutort* juin-sept.
    𝒫 05 63 33 16 10, Fax 05 63 33 20 80 – NO : 3,5 km par D 964, rte de Caussade, D 1 et D 87, rte de Penne, à gauche – ⬙ ≤ « Agréable chênaie » �o━ – **R** conseillée – ⚡
10 ha/2 campables (45 empl.) peu accidenté, plat et peu incliné, en terrasses, herbeux ▭ 🔲

    🔲 🔲 🔲 🔲 🔲 🔲 – 🔲 - A la Base de Loisirs (800 m) : 🍷 snack 🔲 🔲 🔲 🔲
Tarif : (Prix 1999) 🔲 *19 piscine comprise* – 🔲 *25* – 🔲 *16(10A)*
Location : 🔲 *1750 à 3000* – *bungalows toilés*

    Met dit teken worden bepaalde terreinen
🔲 *met moderne uitrusting aangeduid, waarvan*
    de algemene indruk, stijl en de installaties praktisch en modern zijn.

24 Dordogne 🔢 – 🔢 ⑰ G. Périgord Quercy – 408 h. alt. 140 – ✉ 24250 Domme.
Paris 542 – Le Bugue 27 – Les Eyzies-de-Tayac 25 – Gourdon 24 – Périgueux 69 – Sarlat-la-Canéda 12.

Schéma à la Roque-Gageac

▲▲▲ *Maisonneuve* avril-15 oct.
    𝒫 05 53 29 51 29, Fax 05 53 30 27 06 – SE : 1 km par D 57 et chemin à gauche, bord du Céou – ⬙ ≤ « Ancienne ferme restaurée et fleurie » o━ – **R** conseillée juil.-août –
🔲 ⚡
3 ha (140 empl.) plat, herbeux 🔲🔲
    🔲 🔲 🔲 🔲 🔲 🔲 🔲 🔲 – 🔲 🍷 snack – 🔲 🔲 🔲 🔲 🔲
Tarif : 🔲 *25 piscine comprise* – 🔲 *40* – 🔲 *16 (6A) 20 (10A)*
Location : 🔲 *1200 à 3000*

▲▲ *Lou Castel* 22 avril-sept.
    𝒫 05 53 29 89 24, Fax 05 53 28 94 85 – sortie Sud par D 57 puis 3,4 km par rte du château à droite, pour caravanes, accès fortement conseillé par Pont-de-Cause et D 50, rte de Veyrines-de-Domme
– 🔲 ⬙ « Entrée fleurie » o━ – **R** conseillée juil.-août – ⚡
5,5 ha/2,5 campables (67 empl.) plat, herbeux, pierreux, bois attenant ▭ 🔲
    🔲 🔲 🔲 🔲 🔲 🔲 🔲 🔲 🔲 – 🔲 🔲 🔲
Tarif : 🔲 *25 piscine comprise* – 🔲 *32* – 🔲 *17 (16A)*
Location (permanent) : 🔲 *800 à 2100* – 🔲 *950 à 2600* – 🔲 *1200 à 2950*

46170 Lot 🔢 – 🔢 ⑰ ⑱ G. Périgord Quercy – 1 820 h. alt. 240.
Paris 613 – Cahors 30 – Caussade 27 – Lauzerte 22 – Montauban 37.

▲ *Municipal des 3 Moulins* juin-sept.
    sortie Nord-Ouest par D 19, rte de Lauzette – ≤ – **R**
1 ha (50 empl.) en terrasses, herbeux, pierreux 🔲
    🔲 🔲 🔲 🔲 – A proximité : 🔲 🔲
Tarif : 🔲 *13* – 🔲 *13* – 🔲 *8 (15A)*

32410 Gers 🔢 – 🔢 ④ – 794 h. alt. 114.
🔲 Office de Tourisme av. des Thermes 𝒫 05 62 68 10 66, Fax 05 62 68 14 58.
Paris 752 – Agen 61 – Auch 47 – Condom 21.

▲▲ *La Plage de Verduzan* Pâques-sept.
    𝒫 05 62 68 12 23 – au Nord du bourg, bord de l'Aulone et d'un plan d'eau – o━ – **R** conseillée –
🔲 ⚡
2 ha (100 empl.) plat, herbeux 🔲
    🔲 🔲 🔲 🔲 🔲 🔲 – 🔲 🔲 – A proximité : 🔲 toboggan aquatique
Tarif : 🔲 *élect.(3A) comprise 3 pers. 110, pers. suppl. 20*
Location : 🔲 *880 à 2350* – *bungalows toilés*

40260 Landes 🔢 – 🔢 ⑯ – 1 719 h. alt. 48.
🔲 Office de Tourisme 30 av. Jean-Noël Serret 𝒫 05 58 89 44 79.
Paris 712 – Dax 22 – Mimizan 40 – Mont-de-Marsan 62 – St-Vincent-de-Tyrosse 30.

▲ *Municipal de Galan*
    𝒫 05 58 89 43 52 – E : 1 km par D 42, rte de Taller et rte à droite – o━
4 ha (200 empl.) plat, peu incliné, sablonneux, herbeux 🔲
    🔲 🔲 🔲 🔲 🔲 🔲 🔲 🔲 – 🔲 – A proximité : 🔲
Location : 🔲

CASTILLON LA BATAILLE

33350 Gironde 🔟 – 🔟 ⑬ G. Aquitaine – 3 020 h. alt. 17.
Paris 553 – Bergerac 46 – Libourne 18 – Montpon-Ménestérol 27 – Sauveterre-de-Guyenne 21.

△ **Municipal la Pelouse** 13 mai-10 sept.
🖉 05 57 40 04 22 – à l'Est du bourg, bord de la Dordogne – ⚬━ – ⚭
1,5 ha (38 empl.) plat, herbeux 🖭
🗟 ⚒ 🗇 ⚐ ⊕ – A proximité : 🏊
Tarif : 🔲 2 pers. 53 (57 avec élect. 16A), pers. suppl. 15
Location (permanent) : gîtes

CASTILLONNÈS

47330 L.-et-G. 🔢 – 🔢 ⑤ G. Aquitaine – 1 424 h. alt. 119.
Paris 565 – Agen 64 – Bergerac 28 – Marmande 44 – Périgueux 75.

△ **Municipal la Ferrette** juin-sept.
🖉 05 53 36 94 68 – sortie Nord par N 21, rte de Bergerac – ⚬━ – **R** – ⚭
1 ha (32 empl.) plat et peu incliné, herbeux 🖵
⚹ 🗟 ⚒ 🗇 ⚐ ⊕ 🗟 – A proximité : ✂ 🏊
Tarif : (Prix 1999) 🕴 14 – 🔲 14 – 🔅 12 (6A)

CASTRES

81100 Tarn 🔢 – 🔢 ① G. Midi Pyrénées – 44 812 h. alt. 170.
🅱 Office de Tourisme 3 r. Milhau-Ducommun 🖉 05 63 62 63 62, Fax 05 63 62 63 60.
Paris 738 – Albi 43 – Béziers 107 – Carcassonne 69 – Toulouse 71.

△△ **Parc de Loisirs de Gourjade** avril-sept.
🖉 05 63 59 56 49, Fax 05 63 50 88 91 – NE : 2 km par D 89, rte de Roquecourbe, bord de l'Agout
– ⚘ ⚬━ – **R** indispensable juil.-août – 🇬🇧 ⚭
53 ha/4 campables (80 empl.) plat et terrasse, herbeux 🖵 ⚱ (1 ha)
⚹ 🗟 ⚒ 🗇 ⚐ ⊕ 🗟 – 🖳 – 🖭 🏊 – A proximité : golf, practice de golf, patinoire ✖ 🚲 ⚬ 🗟
🗟 🏊 toboggan aquatique
Tarif : 🔲 2 pers. 26,50/34,50 – 🔅 14 (6A)
Location : bungalows toilés

CASTRIES

34160 Hérault 🔢 – 🔢 ⑦ G. Midi Pyrénées – 3 992 h. alt. 70.
Paris 750 – Lunel 14 – Montpellier 19 – Nîmes 44.

△△ **Fondespierre** Permanent
🖉 04 67 91 20 03 – NE : 2,5 km par N 110, rte de Sommières et rte à gauche, mise en place des
caravanes à la demande – ⚘ ⚬━ – **R** conseillée juil.-août – 🇬🇧 ⚭
1,1 ha (66 empl.) en terrasses, plat et peu incliné, herbeux, pierreux, forêt attenante 🖵 ⚱
⚹ 🗟 ⚒ 🗇 ⚐ ⊕ 🗟 – réfrigérateurs 🗟 – A proximité : ✂
Tarif : 🔲 piscine comprise 3 pers. 113 – 🔅 15 (10A)
Location : 🗟 500 à 1800

CAUDAN

56850 Morbihan 🔢 – 🔢 ① – 6 674 h. alt. 54.
Paris 501 – Auray 38 – Lorient 10 – Quiberon 50 – Quimperlé 21.

△ **Municipal de Kergoff** mai-sept.
🖉 02 97 05 73 87 – à l'Ouest du bourg, près du stade, à 200 m d'un plan d'eau – ⚘ ⚬━ – **R̶** – ⚭
0,6 ha (55 empl.) plat et peu incliné, herbeux
⚹ 🗟 ⚒ ⊕ 🗟 🏊 – A proximité : ✂ ✖
Tarif : 🕴 7,60 – 🚗 4,40 – 🔲 7,60 – 🔅 11,30

CAUREL

22530 C.-d'Armor 🔢 – 🔢 ⑲ – 384 h. alt. 188.
Paris 462 – Carhaix-Plouguer 44 – Guingamp 48 – Loudéac 24 – Pontivy 22 – St-Brieuc 48.

△△△ **Nautic International** mai-25 sept.
🖉 02 96 28 57 94, Fax 02 96 26 02 00 – SO : 2 km, au lieu-dit Beau-Rivage, bord du lac de Guerlédan
– ⚘ ⚬━ – **R** conseillée juil.-août – 🇬🇧 ⚭
3,6 ha (120 empl.) peu incliné et plat, en terrasses, herbeux 🖵 ⚱
⚹ 🗟 ⚒ 🗇 ⚐ ⊕ ⚮ ⚐ 🗟 🖳 – 🖭 🗟 🏊 🗟 🏊 – A proximité : ⚑ ✖ crêperie 🗟
Tarif : 🕴 30 piscine et tennis compris – 🚗 10 – 🔲 45 – 🔅 22 (10A)

---

*The classification (1 to 5 tents, **black** or red) that we award to*
selected sites in this Guide is a system that is our own.

It should not be confused with the classification (1 to 4 stars) of official organisations.

CAUSSADE

82300 T.-et-G. **14** – **79** ⑱ G. Périgord Quercy – 6 009 h. alt. 109.
🅱 Office de Tourisme r. de la République ✆ 05 63 26 04 04.
Paris 621 – Albi 69 – Cahors 39 – Montauban 25 – Villefranche-de-Rouergue 52.

⚠ **Municipal la Piboulette** mai-oct.
✆ 05 63 93 09 07 – NE : 1 km par D 17, rte de Puylaroque et à gauche, au stade, à 200 m d'un étang – ⚲ ⚍ – **R** conseillée juil.-août
1,5 ha (100 empl.) plat, herbeux ♀
🚿 🗺 🖻 ⚲ ⊕ 🗟 🖥 – 🛏 – A proximité : ⚗ ⚒ 🏊

CAUTERETS

65110 H.-Pyr. **14** – **85** ⑰ G. Midi Pyrénées – 1 201 h. alt. 932 – ⚡ – Sports d'hiver : 1 000/2 350 m ⚡3 ⚡18 ⚡.
🅱 Office de Tourisme pl. du Mar.-Foch ✆ 05 62 92 50 27, Fax 05 62 92 59 12.
Paris 844 – Argelès-Gazost 17 – Lourdes 30 – Pau 75 – Tarbes 48.

⚠ **Aire Naturelle GR 10** 25 juin-25 août
✆ 05 62 92 54 02, Fax 05 62 92 00 49 – N : 2,8 km par D 920, rte de Lourdes, à Concé, près du Gave de Pau – ⚲ ⚍ ⚍ – **R** indispensable – ⚲
1,5 ha (25 empl.) plat et peu incliné, terrasses, herbeux
🚿 🗺 ⚽ 🖻 ⚲ ⊕ 🖥 – 🛏 ⚒⚒ ⚒ 🏊 – Tarif : ⚡ *24 piscine et tennis compris* – 🖻 *26* – 🚗 *16 (6 à 8A)*
Location : *gîtes*

⚠ **Les Glères** fermé du 21 oct. au 30 nov.
✆ 05 62 92 55 34, Fax 05 62 92 03 53 – sortie Nord par D 920, bord du Gave – ❄ ⚍ ⚍ – **R** conseillée – ⚲
1,2 ha (80 empl.) plat, herbeux, gravillons 🏕 ♀
🚿 🗺 ⚽ 🖻 ⚲ ⊕ 🖥 – 🛏 ⚒⚒ – A proximité : ⚒ patinoire
Tarif : 🖻 *élect. (2A) comprise 1 pers. 42 (hiver 46), pers. suppl. 15 (hiver 16)* – 🚗 *6 par ampère supplémentaire*
Location : 🏠 *875 à 1250* – 🚐 *1680 à 2400* – 🚃 *1155 à 1650*

⚠ **Le Cabaliros** juin-sept.
✆ 05 62 92 55 36 – N : 1,6 km par rte de Lourdes et au pont à gauche, bord du Gave de Pau – ⚍ ⚍ – **R** conseillée juil.-août – **GB** ⚲
2 ha (100 empl.) peu incliné, accidenté, herbeux
🚿 🗺 ⚽ 🖻 ⚲ ⊕ ⚒ ⚒ 🗟 🖥 – 🛏
Tarif : 🖻 *2 pers. 57, pers. suppl. 19* – 🚗 *11 (2A) 15 (4A) 17 (6A)*

⚠ **Le Péguère** vacances de printemps-26 sept.
✆ 05 62 92 52 91 – N : 1,5 km par rte de Lourdes, bord du Gave de Pau – ⚍ ⚍ – **R** juil.-août – **GB** ⚲
3,5 ha (195 empl.) peu incliné, herbeux ♀ (1,5 ha)
🚿 🗺 ⚽ 🖻 ⚒ ⚲ ⊕ ⚒ ⚒ 🗟 🖥 – 🛏
Tarif : ⚡ *21* – 🖻 *17,80/30,50 avec élect.*

CAVALAIRE-SUR-MER

83240 Var **17** – **84** ⑰ G. Côte d'Azur – 4 188 h. alt. 2.
🅱 Office de Tourisme à la Maison de la Mer, square de Lattre-de-Tassigny ✆ 04 94 01 92 10, Fax 04 94 05 49 89.
Paris 882 – Draguignan 56 – Fréjus 43 – Le Lavandou 22 – St-Tropez 19 – Ste-Maxime 22 – Toulon 63.

⚠⚠⚠ **La Baie** 15 mars-15 nov.
✆ 04 94 64 08 15, Fax 04 94 64 66 10 – sortie Sud-Ouest par rte du Lavandou et à gauche, à 400 m de la plage – ⚍ – **R** conseillée saison – **GB** ⚲
5,5 ha (440 empl.) plat, peu incliné et en terrasses, herbeux 🏕 ♀♀
🚿 🗺 🖻 ⚲ ⊕ ⚒ 🗟 🖥 – ⚒ ⚑ ⚒ snack, pizzeria ⚗ – 🛏 ⚒⚒ 🏊 – A proximité : ⚒
Tarif : 🖻 *piscine comprise 3 pers. 171, pers. suppl. 41* – 🚗 *26 (10A)*
Location : 🚐 *2000 à 3300* – 🚃 *2500 à 3700*

⚠⚠ **Cros de Mouton** 15 mars-oct.
✆ 04 94 64 10 87, Fax 04 94 05 46 38 – NO : 1,5 km, Certains emplacements difficiles d'accès (forte pente). Mise en place et sortie des caravanes à la demande – ⚲ ⚍ ⚍ – **R** conseillée – **GB** ⚲
5 ha (199 empl.) en terrasses, pierreux 🏕 ♀
🚿 🗺 ⚽ 🖻 ⚲ ⊕ ⚒ ⚒ 🗟 🖥 – ⚒ ⚑ snack ⚗ – 🛏 ⚒⚒ 🏊
Tarif : ⚡ *39 piscine comprise* – 🖻 *39* – 🚗 *20 (10A)*
Location : 🚐 *2100 à 3500* – 🚃 *2100 à 3600*

⚠⚠ **Roux** 25 mars-sept.
✆ 04 94 64 05 47, Fax 04 94 05 46 59 – NE : 3 km par D 559, rte de la Croix-Valmer et à gauche, rte du cimetière – ⚲ ⚍ juil.-août – **R** conseillée juil.-août – **GB** ⚲
4 ha (245 empl.) peu incliné, en terrasses, pierreux ♀♀
🚿 🗺 ⚽ 🖻 ⚲ ⊕ 🖥 – ⚒ snack ⚗ – 🛏 ⚒⚒
Tarif : 🖻 *2 pers. 100* – 🚗 *19 (10A)*
Location : *studios, appartements*

⚠ **La Pinède** 15 mars-15 oct.
✆ 04 94 64 11 14, Fax 05 94 64 19 25 – sortie Sud-Ouest par rte du Lavandou et rte à droite – ⚍ – **R** conseillée juil.-août – **GB** ⚲
2 ha (165 empl.) plat, peu incliné, herbeux 🏕 ♀♀
🚿 🗺 ⚽ 🖻 ⚲ ⊕ 🖥 – 🛏 ⚒⚒
Tarif : 🖻 *2 pers. 115, pers. suppl. 26* – 🚗 *19 (5A)*

CAYEUX-SUR-MER

80410 Somme **1** - **52** ⑤ G. Picardie Flandres Artois - 2 856 h. alt. 2.
Paris 217 - Abbeville 29 - Amiens 82 - Le Crotoy 26 - Dieppe 50.

⚊ **Municipal les Galets de la Mollière** avril-oct.
    ☎ 03 22 26 61 85 - NE : 3,3 km par D 102, rte littorale, à la Mollière-d'Aval - ⚡ - **R** - ⚡
    6 ha (200 empl.) plat, peu incliné, sablonneux, galets, herbeux, pinède
    🚻 🏠 ⚡ 🗑 🔥 ☺ 🌊 🌾 🔥 ▣ - 🍽 - 🔙
    Tarif : (Prix 1999) ▣ *2 pers. 90, pers. suppl. 17,50* - [½] *10A : 23,50 (hiver 35)*

⚊ **Municipal de Brighton les Pins**
    ☎ 03 22 26 71 04 -, réservé aux caravanes, NE : 2 km par D 102 rte littorale, à Brighton, à 500 m
    de la mer - Places limitées pour le passage ⚡
    4 ha (163 empl.) plat, herbeux 🔲
    🏕 🚻 🏠 ⚡ 🗑 🔥 ☺ 🌊 🌾 ▣ - 🍽 - 🏠 🚣

CAYLUS

82160 T.-et-G. **14** - **79** ⑲ G. Périgord Quercy - 1 308 h. alt. 228.
Paris 633 - Albi 60 - Cahors 61 - Montauban 47 - Villefranche-de-Rouergue 30.

⚊ **Vallée de la Bonnette** avril-sept.
    ☎ 05 63 65 70 20 - sortie Nord-Est par D 926, rte de Villefranche-de-Rouergue et D 97 à droite,
    rte de St-Antonin-Noble-Val, bord de la Bonnette et à prox. d'un plan d'eau - ⚡ - **R** conseillée août
    - ⚡
    1,5 ha (60 empl.) plat, herbeux 🔲
    🚻 🏠 ⚡ 🔥 ☺ 🔥 ▣ - A proximité : 🌊 (plan d'eau)
    Tarif : 🕴 *17* - ▣ *17/26* - [½] *18 (6A)*

CAYRIECH

82240 T.-et-G. **14** - **79** ⑱ - 132 h. alt. 140.
Paris 622 - Cahors 39 - Caussade 11 - Caylus 16 - Montauban 36.

⚊ **Le Clos de la Lère** Permanent
    ☎ 05 63 31 20 41 - sortie Sud-Est par D 9, rte de Septfonds - 🏊 ⚡ - **R** conseillée
    juil.-août - ⚡
    1 ha (49 empl.) plat, herbeux 🔲
    🏕 🚻 🏠 ⚡ 🗑 🔥 🔥 ☺ ▣ - 🏊
    Tarif : 🕴 *19 piscine comprise* - 🚗 *12* - ▣ *12* - [½] *12 (6A) 18 (10A)*

CAZAUX

33260 Gironde **13** - **78** ②.
Paris 652 - Arcachon 18 - Belin-Béliet 51 - Biscarrosse 136 - Bordeaux 74.

⚊ **Municipal du Lac** avril-sept.
    ☎ 05 56 22 22 33 - SO : 1,3 km par rte du lac, à 100 m du canal des Landes et à proximité de l'Etang
    de Cazaux - ⚡ - **R** conseillée - ⚡
    1,5 ha (84 empl.) plat, herbeux, sablonneux
    🚻 🏠 ⚡ 🔥 ☺ ▣ - A proximité : 🍽 ✕ 🌊
    Tarif : 🕴 *17,30* - 🚗 *1* - ▣ *28,80/34,40* - [½] *15,60 (6A)*

CAZÈRES

31220 H.-Gar. **14** – **82** ⑯ ⑰ G. Midi Pyrénées – 3 155 h. alt. 240.
🛈 Office de Tourisme 13 r. de la Case *&* 05 61 90 06 81, Fax 05 61 90 16 43.
Paris 754 – Aurignac 21 – Le Fousseret 10 – Montesquieu-Volvestre 18 – St-Gaudens 38 – St-Girons 38.

▲▲ **Municipal le Plantaurel** Permanent
& 05 61 97 03 71, Fax 05 61 90 62 04 – SO : 2,8 km par D 6, D 7 et D 62 rte de Mauran, près de la Garonne – Places limitées pour le passage 🏊 « Cadre agréable, entrée fleurie » ⊶ – **R** – ⚡
3,5 ha (160 empl.) plat, herbeux ⊏⊐ 🛒 ☷☷
🛶 ⇆ 🚽 ⊙ 🛒 ▦ – 🏠 ≟
Tarif : 🅴 *piscine comprise 1 à 4 pers. 31 à 91 (37 à 108 avec élect. 10A), pers. suppl. 15*

CAZOULÈS

24370 Dordogne **13** – **75** ⑱ – 397 h. alt. 101.
Paris 524 – Brive-la-Gaillarde 44 – Gourdon 26 – Sarlat-la-Canéda 24 – Souillac 5.

▲▲ **Municipal la Borgne** 15 juin-août
& 05 53 29 81 64 – à 1,5 km au Sud-Ouest du bourg, bord de la Dordogne – ⊶ – **R** conseillée – ⚡
5 ha (100 empl.) plat, herbeux ♀
🛂 🛶 ⇆ 🖼 🚽 ≈ ⊙ ▦ – 🏠 ≟ ≈
Tarif : ✹ *24 piscine comprise* – 🚗 *11* – 🅴 *16* – 🔌 *15 (16A)*

CEAUCÉ

61330 Orne **4** – **59** ⑳ – 1 244 h. alt. 150.
Paris 252 – Alençon 61 – Domfront 12 – Fougères 57 – Laval 52 – Mayenne 23 – Mortain 34.

▲ **Municipal la Veillotière** mai-15 sept.
& 02 33 38 06 14 – au Nord du bourg – 🏊 – **R**
1 ha (10 empl.) plat, herbeux, étang ⊏⊐
🛂 🛶 ⇆ 🚽 ⊙ – ≟
Tarif : *(Prix 1999)* 🅴 *jusqu'à 3 pers. 50, pers. suppl. 5* – 🔌 *7 (6A)*

CEAUX-D'ALLEGRE

43270 H.-Loire **11** – **76** ⑥ – 428 h. alt. 905.
Paris 531 – Allègre 5 – La Chaise-Dieu 21 – Craponne-sur-Arzon 23 – Le Puy-en-Velay 27 – Retournac 36.

▲ **Municipal** juil.-août
& 04 71 00 79 66 – NE : 1,1 km par D 134, rte de Bellevue-la-Montagne et chemin à gauche, bord de la Borne et près d'un petit plan d'eau – 🏊 ⊶ – **R**
0,5 ha (35 empl.) plat, herbeux, pierreux ⊏⊐
🛂 🛶 ⇆ 🚽 ⊙ ≟ ⊽ – 🏠 – A proximité : ✗ ≈
Tarif : ✹ *10* – 🚗 *5* – 🅴 *5/10*

CEILLAC

05600 H.-Alpes **17** – **77** ⑱ ⑲ G. Alpes du Sud – 289 h. alt. 1 640 – Sports d'hiver : 1 700/2 495 m ⚡6 ⚡.
🛈 Office de Tourisme à la Mairie *&* 04 92 45 05 74, Fax 04 92 45 47 00.
Paris 733 – Briançon 51 – Gap 76 – Guillestre 14.

▲ **Les Mélèzes** juin-10 sept.
& 04 92 45 21 93, Fax 04 92 45 01 83 – SE : 1,8 km – 🏊 ≤ « Site et cadre agréables au bord du Mélezet » ⊶ – **R** – **GB** ⚡
3 ha (100 empl.) peu incliné, accidenté et terrasses, pierreux, herbeux ♀
▥ 🛶 ⇆ 🖼 🛁 ≈ ⊙ ▦ – ≟
Tarif : ✹ *27* – 🚗 *16* – 🅴 *16* – 🔌 *13 à 20 (2 à 10A)*

La CELLE-DUNOISE

23800 Creuse **10** – **68** ⑱ – 589 h. alt. 230.
Paris 334 – Aigurande 18 – Aubusson 69 – Dun-le-Palestel 10 – Guéret 26.

▲ **Municipal de la Baignade** avril-oct.
à l'Est du bourg, par D 48ᴬ rte du Bourg d'Hem, près de la Creuse (accès direct) – **R** – ⚡
1,4 ha (30 empl.) plat, terrasse, herbeux
🛶 ⇆ 🚽 ⊙ ≟ – 🏠 ✗ – A proximité : ≈ 🐴 poneys
Tarif : *(Prix 1999)* ✹ *15* – 🚗 *10* – 🅴 *10* – 🔌 *15 (16A)*

CELLES-SUR-BELLE

79370 Deux Sèvres **9** – **72** ② G. Poitou Vendée Charentes – 3 425 h. alt. 117.
🛈 Office de Tourisme (15 avril- 15 oct.) Les Halles *&* 05 49 32 92 28.
Paris 410 – Couhé 36 – Niort 22 – Poitiers 76 – St-Jean-d'Angély 52.

▲ **Municipal la Boissière** Permanent
sortie Sud par rte de Melle – **R** – ⚡
1,2 ha (40 empl.) peu incliné, plat, herbeux ☷☷
🛂 🛶 🚽 ⊙ – A proximité : parcours de santé ✗ ≟
Tarif : 🅴 *2 pers. 36,90, pers. suppl. 11,60* – 🔌 *6A : 11,60 (hors été 19)*

CELLES-SUR-PLAINE

88110 Vosges 🗟 – 🖾 ⑦ – 843 h. alt. 318.
Paris 383 – Baccarat 20 – Blâmont 25 – Lunéville 47 – Raon-l'Étape 11.

ᴧᴧᴧ **Les Lacs** avril-sept.
⚲ 03 29 41 19 25, Fax 03 29 41 18 69 – au Sud-Ouest du bourg – ≼ « En bordure de rivière et à proximité d'un lac » ⊶ – **R** conseillée juil.-août – ⒼⒷ ⚸
15 ha/4 campables (135 empl.) plat, herbeux, gravillons, pierreux ▭
▦ ὕ ⛴ ⏦ 🗟 ⏦ ☉ ⚐ ⛱ ▤ – ☖ 🚣 ⚔ ▞ ⅀ – A proximité : Au lac : ⚲ ◊
Tarif : (Prix 1999) ⚲ 30 piscine comprise – 🗐 30 – ⅋ 16 (4A) 24 (10A)
Location : ⌂ 1500 à 2100

Si vous recherchez un terrain avec tennis ou piscine,
consultez le tableau des localités citées, classées par départements.

CELLETTES

41120 Loir-et-Cher 🗟 – 🖾 ⑰ – 1 922 h. alt. 78.
Paris 191 – Blois 9 – Montrichard 31 – Romorantin-Lanthenay 35 – St-Aignan 32.

ᴧ **Municipal**
⚲ 02 54 70 48 41 – sortie Sud-Est par rte de Contres et D 77 à gauche, rte de Cour-Cheverny, près du Beuvron – ⊶ – ℞
1 ha (60 empl.) plat, herbeux
⛴ ⏦ ☉ – ▞

CÉNAC-ET-ST-JULIEN

24250 Dordogne 🗓 – 🖾 ⑰ G. Périgord Quercy – 993 h. alt. 70.
Paris 542 – Le Bugue 32 – Gourdon 20 – Sarlat-la-Canéda 12 – Souillac 32.

Schéma à la Roque-Gageac

ᴧᴧ **Le Pech de Caumont** avril-sept.
⚲ 05 53 28 21 63 – S : 2 km – ⚘ ≼ « Situation agréable » ⊶ – **R** conseillée juil.-août – ⒼⒷ ⚸
2,2 ha (100 empl.) en terrasses, peu incliné, herbeux ▭ ♀
ὕ ⛴ ⏦ 🗟 ⏦ ⚐ ☉ ⚐ ▤ – ☖ ⅀
Tarif : 🗐 piscine comprise 2 pers. 85, pers. suppl. 25,50 – ⅋ 15 (6A)
Location : ⌂ 900 à 1600 – ⌂ 1250 à 2850

CENDRAS

30 Gard – 🖾🖂 ⑱ – rattaché à Alès.

CENTRON

73 Savoie – 🖾 ⑱ – rattaché à Aime.

CÉRET

66400 Pyr.-Or. 🗓 – 🖾🖸 ⑲ G. Languedoc Roussillon – 7 285 h. alt. 153.
🛈 Office de Tourisme 1 av. G.-Clemenceau ⚲ 04 68 87 00 53, Fax 04 68 87 00 56.
Paris 884 – Gerona 80 – Perpignan 32 – Port-Vendres 38 – Prades 55.

ᴧ **Municipal Bosquet de Nogarède** avril-oct.
⚲ 04 68 87 26 72 – E : 0,5 km par D 618, rte de Maureillas-las-Illas, bord d'un ruisseau – ⊶ – ℞ – ⚸
3 ha (95 empl.) plat et accidenté, pierreux, herbeux ♀♀
ὕ ⛴ ⏦ 🗟 ⏦ ☉ ▤ – 🚣
Tarif : ⚲ 13 – ⛺ 7 – 🗐 12 – ⅋ 15 (6A)

CERNAY

68700 H.-Rhin 🗟 – 🖾🖾 ⑨ G. Alsace Lorraine – 10 313 h. alt. 275.
🛈 Office de Tourisme 1 r. Latouche ⚲ 03 89 75 50 35, Fax 03 89 75 49 24.
Paris 461 – Altkirch 26 – Belfort 37 – Colmar 36 – Guebwiller 16 – Mulhouse 18 – Thann 6.

ᴧᴧ **Municipal les Acacias** 19 avril-sept.
⚲ 03 89 75 56 97, Fax 03 89 39 72 29 – sortie rte de Belfort puis à droite après le pont, r. René-Guibert, bord de la Thur – ⊶ – **R** conseillée juil.-août – ⒼⒷ ⚸
3,5 ha (204 empl.) plat, herbeux ♀
▦ ὕ ⛴ ⏦ 🗟 ⏦ ☉ ▤ – ☖ – A proximité : ⚘ et poneys ▼ snack ▞ 🖾 ⃞ (découverte l'été)
Tarif : (Prix 1999) ⚲ 19 – 🗐 22 – ⅋ 20 (5A)

CEYRAT

63122 P.-de-D. 🔟 – 🔢 ⑭ G. Auvergne – 5 283 h. alt. 560.
🅱 Syndicat d'Initiative à la Mairie 🏃 04 73 61 42 55.
Paris 428 – Clermont-Ferrand 6 – Issoire 37 – Le Mont-Dore 42 – Royat 6.

▲▲ Le Chanset (Municipal Clermont Ceyrat) Permanent
🏃 04 73 61 30 73 – av. J.-B. Marrou, alt. 600 – ≼ �o━ – **R** indispensable juil.-août – ⊟ ⊟ ⨍ᵥ
5 ha (140 empl.) plat et incliné, herbeux ♀
▥ ♿ ⛺ ❄ ⊡ ⊡ ⊚ ♨ ✿ ▽ ▦ – 🍴 ♈ snack ⏚ – 🛖
Tarif : 🅴 1 pers. 22 (36 ou 44 avec élect. 10A), pers. suppl. 15,50
Location : 🛖980 à 2100

CEYRESTE

13600 B.-du-R. 🔟🔢 – 🔢🔢 ⑭ – 3 004 h. alt. 60.
🅱 Syndicat d'Initiative pl. Gén.-de-Gaulle 🏃 04 42 71 53 17.
Paris 808 – Aubagne 18 – Bandol 19 – La Ciotat 5 – Marseille 34 – Toulon 37.

▲▲ Ceyreste Pâques-oct.
🏃 04 42 83 07 68, Fax 04 42 83 19 92 – N : 1 km par av. Eugène-Julien – ⊗ « Cadre agréable »
o━ – **R** conseillée juil.-août – ⨍ᵥ
3 ha (150 empl.) en terrasses, pierreux ▭ ♀♀ pinède
▥ ♿ ⛺ ❄ ⊡ ♨ ⊚ ♨ ✿ ▽ ▦ 🍴 – 🍴 ♈ – cases réfrigérées ⏚ ♨ – A proximité : parcours de santé
Tarif : ✶ 28 – 🅴 29 – 🔋 14 (2A) 20 (6A)
Location (permanent) : 🛖 1600 à 1950 – 🛖 2650 à 3100

CÉZAN

32410 Gers 🔟🔢 – 🔢🔢 ④ – 158 h. alt. 207.
Paris 753 – Auch 28 – Fleurance 17 – Lectoure 21 – Valence-sur-Baïse 15 – Vic-Fézensac 22.

▲▲ Les Angeles avril-15 sept.
🏃 05 62 65 29 80 – SE : 2,5 km par D 303, rte de Réjaumont, à droite rte de Préhac puis 0,9 km par chemin empierré – ⊗ o━ – **R** conseillée juil.-août – ⨍ᵥ
3 ha (62 empl.) incliné à peu incliné, terrasses, herbeux ▭
⛺ ❄ ⊡ ⊡ ♨ 🍴 – 🍴 ⏚ – 🛖 ♨ ♨
Tarif : 🅴 piscine comprise 2 pers. 89 – 🔋 16 (6A) 21 (10A)
Location : 🛖 1700 à 2500 – 🛖1700 à 2500

CÉZY

89410 Yonne 🔢 – 🔢🔢 ⑭ – 1 085 h. alt. 82.
Paris 144 – Auxerre 34 – Joigny 6 – Montargis 52 – Sens 28.

▲ Municipal mai-sept.
🏃 03 86 63 17 87 – sortie Nord-Est sur D 134, rte de St-Aubin sur-Yonne après le pont suspendu, près de l'Yonne et à 250 m du canal, Pour caravanes accès conseillé par St-Aubin-sur-Yonne « Près du pont suspendu » o━ – **R** conseillée juil.-15 août – ⨍ᵥ
1 ha (70 empl.) plat, herbeux ♀
♿ ⛺ ❄ ⊡ ♨ ⊚ 🍴 – A proximité : ⛲ ≅
Tarif : ✶ 14 – 🚗 7 – 🅴 7 – 🔋 12 (6A)

CHABEUIL

26120 Drôme 🔟🔢 – 🔢🔢 ⑫ – 4 790 h. alt. 212.
🅱 Office de Tourisme pl. Genissieu 🏃 04 75 59 28 67, Fax 04 75 59 28 60.
Paris 577 – Crest 22 – Die 60 – Romans-sur-Isère 17 – Valence 12.

▲▲▲ Le Grand Lierne 15 avril-15 sept.
🏃 04 75 59 83 14, Fax 04 75 59 87 95 – NE : 5 km par D 68, rte de Peyrus, D 125 à gauche et D 143 à droite - Par A 7 sortie Valence Sud et direction Grenoble – ⊗ o━ ⨯ dans locations et juil.-21 août sur le camping – **R** conseillée – ⊟ ⨍ᵥ
3,6 ha (134 empl.) plat, pierreux, herbeux ▭ ♀♀
♿ ⛺ ❄ ⊡ ♨ ⊚ 🍴 – 🍴 ♈ snack ⏚ cases réfrigérées – ⏚ ♨ ♨ ≅ (petite piscine couverte) toboggan aquatique mini-tennis
Tarif : 🅴 piscine comprise 2 pers. 139 – 🔋 22 (6A) 32 (10A)
Location : 🛖 1400 à 3690 – 🛖1500 à 3990 – bungalows toilés

CHAGNY

71150 S.-et-L. 🔟🔟 – 🔢🔢 ⑨ G. Bourgogne – 5 346 h. alt. 215.
🅱 Office de Tourisme 2 r. Halles 🏃 03 85 87 25 95, Fax 03 85 87 14 44.
Paris 328 – Autun 45 – Beaune 16 – Chalon-sur-Saône 19 – Mâcon 77 – Montceau 46.

▲▲ Municipal du Pâquier Fané juin-sept.
🏃 03 85 87 21 42 – à l'Ouest de la ville, rue Pâquier Fané, bord de la Dheune « Cadre agréable »
o━ – **R** – ⊟ ⨍ᵥ
1,8 ha (85 empl.) plat, herbeux ▭ ♀
♿ ⛺ ⊡ ♨ ⊚ 🍴 – snack ⏚ – A proximité : ⛲ ≅
Tarif : ✶ 15,50 – 🅴 24,50 – 🔋 18,50 (5 ou 6A)

CHAILLAC

36310 Indre ⑩ – ⑥⑧ ⑰ – 1 246 h. alt. 180.
Paris 336 – Argenton-sur-Creuse 29 – Le Blanc 34 – Magnac-Laval 35 – La Trimouille 23.

▲ *Municipal les Vieux Chênes* Permanent
    ℰ 02 54 25 61 39 – au Sud-Ouest du bourg, au terrain de sports, bord d'un étang et à 500 m d'un plan d'eau « Cadre agréable » ⊶ – **R** conseillée juil.-août – ⚲
2 ha (40 empl.) incliné à peu incliné, herbeux ⟋⟍
▥ ⚏ ⇆ ⌺ ⇌ ☺ ⚎ – ⚑ ♣ – A proximité : ஃ ≃ toboggan aquatique
Tarif : (Prix 1999) ⚲ 10 – ▣ 10/15 – ⚡ 10

CHAILLÉ-LES-MARAIS

85450 Vendée ⑨ – ⑦① ⑪ G. Poitou Vendée Charentes – 1 553 h. alt. 16.
⯃ Office de Tourisme *ℰ* 02 51 56 71 17, Fax 02 51 56 71 36.
Paris 445 – Fontenay-le-Comte 26 – Niort 54 – La Rochelle 35 – La Roche-sur-Yon 48.

▲ *Municipal l'Île Cariot* 15 juin-15 sept.
    ℰ 02 51 56 75 27 – au Sud du bourg, rue du 8-mai-1945, bord de petits ruisseaux et près du stade
– Ⓜ ⊶ juil.-août – **R** – ⊖⊟ ⚲
1,2 ha (45 empl.) plat, herbeux ⟋⟍
♿ ⚏ ⇆ ⌺ ⇌ ⇌⚋ ☺ – ⚏ ♣ – A proximité : ஃ
Tarif : ⚲ 15 – ⇔ 11 – ▣ 14 – ⚡ 13 (5A)

*Benutzen Sie immer die neuesten Ausgaben
der MICHELIN-Straßenkarten und -Reiseführer.*

La CHAISE-DIEU

43160 H.-Loire ⑪ – ⑦⑥ ⑥ G. Auvergne – 778 h. alt. 1 080.
⯃ Office de Tourisme pl. Mairie *ℰ* 04 71 00 01 16, Fax 04 71 00 03 45.
Paris 510 – Ambert 30 – Brioude 35 – Issoire 58 – Le Puy-en-Velay 42 – St-Étienne 80 – Yssingeaux 59.

▲ *Municipal les Prades*
    ℰ 04 71 00 07 88 – NE : 2 km par D 906, rte d'Ambert, près du plan d'eau de la Tour (accès direct)
– ⊶ – **R** conseillée juil.-août
3 ha (100 empl.) peu incliné et accidenté, herbeux ⚏⚏ sapinière
♿ ⚏ ⇆ ⌺ ⇌ ☺ ⚎ – ♣ – A proximité : ஃ ≃ ⚘
Location : *huttes*

CHALLAIN-LA-POTHERIE

49440 M.-et-L. ④ – ⑥③ ⑲ – 873 h. alt. 58.
Paris 341 – Ancenis 35 – Angers 47 – Château-Gontier 42.

▲ *Municipal de l'Argos* mai-sept.
    au Nord-Est du bourg par D 73, rte de Loiré – ≼ « Agréable situation près d'un étang » – **R**
0,8 ha (20 empl.) plat, herbeux ⟋⟍
♿ ⚏ ⇆ ⌺ ☺
Tarif : ⚲ 7 – ⇔ 3 – ▣ 5 – ⚡ 10 (7A)

CHALLES-LES-EAUX

73190 Savoie ⑫ – ⑦④ ⑮ G. Alpes du Nord – 2 801 h. alt. 310 – ♨ (03-04/14-10).
⯃ Office de Tourisme av. Chambéry *ℰ* 04 79 72 86 19, Fax 04 79 71 38 51.
Paris 568 – Albertville 49 – Chambéry 6 – Grenoble 54 – St-Jean-de-Maurienne 70.

▲▲ *Municipal le Savoy* mai-sept.
    ℰ 04 79 72 97 31 – par r. Denarié, à 100 m de la N 6 – ≼ « Beaux emplacements bordés de haies,
à proximité d'un plan d'eau » ⊶ – **R** conseillée 10 juil.-20 août – ⊖⊟ ⚲
2,8 ha (88 empl.) plat, herbeux, gravillons ⟋⟍ ⚲ (1ha)
⚏ ⇆ ⌺ ⇌ ☺ ⚲ ⚐ – ⚏⚋ – A proximité : ஃ ≃ (plan d'eau)
Tarif : (Prix 1999) ⚲ 20 – ⇔ 8 – ▣ 15/17 – ⚡ 16 ou 28 (5A) 35 (10A)

CHALMAZEL

42920 Loire ⑪ – ⑦③ ⑰ G. Vallée du Rhône – 597 h. alt. 867 – Sports d'hiver : 1 130/1 600 m ⚞1 ⚟7 ⚶.
⯃ Syndicat d'Initiative pl. de l'Église *ℰ* 04 77 24 84 92 et Mairie *ℰ* 04 77 24 80 27, Fax 04 77 24 80 49.
Paris 447 – Ambert 38 – Boën 21 – Noirétable 24 – St-Étienne 80 – Thiers 48.

▲ *Les Epilobes* Permanent
    ℰ 04 77 24 80 03 – SO : 3,5 km par D 6, rte du col du Béal puis à gauche 2,5 km par rte de la station,
alt. 1 150 – ❅ ⚶ ≼ « Situation agréable face aux Monts du Forez, au pied des pistes » – **R** conseillée
1,7 ha (58 empl.) en terrasses, peu incliné, herbeux
▥ ⚏ ⇆ ⌺ ☺ ⚎ – ≃ (bassin pour enfants) – A proximité : ⚑ ✕ ⚲ ⚐ ஃ ⚘
Tarif : ▣ 2 pers. 40/80 avec élect. 6 ou 10A (hiver 90)

49290 M.-et-L. **4** – 63 ⑲ ⑳ G. Châteaux de la Loire – 5 354 h. alt. 25.

🖼 Office de Tourisme (mai-sept.) pl. de l'Hôtel-de-Ville ℘ 02 41 78 26 21, Fax 02 41 74 91 54.

Paris 319 – Ancenis 38 – Angers 26 – Châteaubriant 63 – Château-Gontier 62 – Cholet 40.

⚠ **Municipal le Candais** 15 mai-sept.
℘ 02 41 78 02 27 – E : 1 km par D 751, rte des Ponts-de-Cé, bord de la Loire et près d'un plan d'eau – ⚓ juil.-août – **R** – ⚒
3 ha (210 empl.) plat, herbeux ⚲
♿ 🍴 🗄 🚿 ⊕ 🅿 – 🏪 – A proximité : 🏊 ⚒ 🎣 🏊
Tarif : (Prix 1999) 🗐 *2 pers.* 48 – 🔌 *14 (5A)*

51000 Marne **7** – 56 ⑰ G. Champagne Ardenne – 48 423 h. alt. 83.

🖼 Office de Tourisme 3 q. des Arts ℘ 03 26 65 17 89, Fax 03 26 21 72 92.

Paris 165 – Charleville-Mézières 105 – Dijon 257 – Metz 160 – Nancy 163 – Orléans 282 – Reims 48 – Troyes 84.

⚠ **Municipal** Rameaux-oct.
℘ 03 26 68 38 00 – sortie Sud-Est par N 44, rte de Vitry-le-François et D 60, rte de Sarry « Entrée fleurie et cadre agréable au bord d'un étang » ⚓ – **R** conseillée juil.-août – ⚒
3,5 ha (131 empl.) plat, herbeux, gravier ⛺ ⚲ (1,5 ha)
🔟 ♿ 🍴 🚿 🗄 🍳 ⊕ 🚰 ⚡ 🖳 🅿 – 🏪 ⚒
Tarif : (Prix 1999) 🔆 26 – 🚐 17 – 🗐 24 – 🔌 18 (5A)

19370 Corrèze **10** – 72 ⑲ – 1 376 h. alt. 450.

🖼 Syndicat d'Initiative à la Mairie ℘ 05 55 98 30 12, Fax 05 55 97 90 66.

Paris 449 – Guéret 84 – Limoges 57 – Tulle 45 – Ussel 64.

⚠ **Municipal** fin mai-15 sept.
SO : 1,3 km par D 132, rte de Meilhards et chemin à droite, à 100 m d'un petit plan d'eau et d'un étang – ⛵ ≤ – **R**
1 ha (34 empl.) en terrasses et peu incliné, pierreux, herbeux, bois attenant ⛺ ⚲⚲
♿ 🍴 🚿 🏊 ⊕ – A proximité : 🚣 🏊
Tarif : 🔆 10 – 🗐 12 – 🔌 8

71110 S.-et-L. **11** – 73 ⑦ – 516 h. alt. 249.

Paris 368 – Chauffailles 29 – Digoin 27 – Dompierre-sur-Besbre 53 – Lapalisse 36 – Roanne 32.

⚠ **Aire Naturelle la Motte aux Merles** avril-15 oct.
℘ 03 85 25 19 84 – SO : 5 km par D 990, rte de Lapalisse et chemin à gauche – ⛵ ≤ ⚓ – **R** conseillée – ⚒
1 ha (25 empl.) peu incliné, plat, herbeux
♿ 🍴 🚿 🗄 🍳 ⊕ 🅿 – 🚣 🚲 🏊 (petite piscine)
Tarif : 🔆 16 – 🗐 22 – 🔌 15

30450 Gard **16** – 80 ⑦ – 196 h. alt. 260.

Paris 653 – Alès 32 – Florac 61 – Génolhac 12 – La Grand-Combe 20 – St-Ambroix 25.

⚠ **Municipal le Luech** juil.-août
℘ 04 66 61 51 32 – NO : 0,6 km par D 29, rte de Chamborigaud, en deux parties, bord du Luech – **R** conseillée – ⚒
0,4 ha (30 empl.) non clos, plat, peu incliné et en terrasses, pierreux, herbeux ⚲⚲
♿ 🍴 🚿 🗄 🍳 ⊕
Tarif : (Prix 1999) 🔆 11,20 – 🚐 8,10 – 🗐 13,30 – 🔌 15,30 (4A)

⚠ **Aire Naturelle** mai-oct.
℘ 04 66 61 45 11 – E : 3,9 km par D 29, rte de Peyremale et chemin à gauche, au lieu-dit le Chamboredon, bord du Luech, Accès difficile pour caravanes – ⛵ ≤ ⚓ – **R** – ⚒
3 ha (25 empl.) peu incliné et en terrasses, herbeux, pierreux
🍴 🚿 🗄 ⊕ – 🏪 🏊
Tarif : 🗐 *1 pers.* 19,70 – 🔌 10 (10A)
Location : *gîtes*

63790 P.-de-D. **11** – 73 ⑬ G. Auvergne – Sports d'hiver : 1 150/1 760 m ⚡9 🎿.

Paris 463 – Clermont-Ferrand 37 – Condat 39 – Issoire 32 – Le Mont-Dore 19.

⚠⚠ **La Plage** mai-sept.
℘ 04 73 88 60 27, Fax 04 73 88 80 08 – E : 3 km par D 996, rte de Murol et chemin à droite – ≤ « Site et cadre agréables au bord du lac » ⚓ – **R** conseillée 15 juil.-15 août – 🆖 ⚒
7 ha (372 empl.) plat, incliné et en terrasses, herbeux, pierreux ⛺ ⚲⚲
♿ 🍴 🚿 🗄 🍳 🏊 ⊕ 🅿 – 🍽 🍹 🗙 🚴 – 🏪 salle de spectacles et d'animation 🚣 ⚒ 🎣 🏊 (plage)
Tarif : (Prix 1999) 🔆 25 – 🚐 10 – 🗐 30 – 🔌 16 (6A) 22 (10A)
Location (22 avril-sept.) 🏠 *2000 à 2800*

▲▲ **Le Pré Bas** mai-sept.
  📞 04 73 88 63 04 – à Varennes, près du lac (accès direct) – ≼ o━ saison – **R** – ⚲
  3,8 ha (180 empl.) plat et peu incliné, herbeux ▱ ♀ (1,5 ha)
  🔥 🍳 🍽 🗓 🖥 ⊕ 🖼 – ♥ ⚲ – 🍴 ♨️ ☂️ – A proximité : 🏊
  Tarif : 🖥 piscine comprise 2 pers. 87 – 🔌 18,50 (4A)
  Location : 🚐 1500 à 3000

▲▲ **Serrette** juin-15 sept.
  📞 04 73 88 67 67 – O : 2,5 km par D 996, rte du Mont-Dore et D 636 (à gauche) rte de Chambon des Neiges (hors schéma), alt. 1 000 – 🍖
  ≼ lac et montagnes o━ – **R** conseillée – ⚲
  2 ha (75 empl.) en terrasses, incliné, herbeux, pierreux ♀
  🔥 🍳 🍽 🗓 🖥 ⊕ 🖼 – 🍴 ▦ (découverte l'été)
  Tarif : ♦ 24 piscine comprise – 🖥 26 – 🔌 17 (3A) 26 (6A)
  Location : 🚐 1000 à 1850

▲ **Municipal les Bombes** 15 juin-15 sept.
  📞 04 73 88 64 03 – à l'Est de Chambon-sur-Lac vers rte de Murol et à droite, bord de la Couze de Chambon (hors schéma) – ≼ vallée de Chaudefour o━ – **R** – ⊞ ⚲
  2,4 ha (150 empl.) plat, herbeux ♀ (1 ha)
  🔥 🍳 🍽 🗓 🖥 ⊕ 🖼 – 🍴 ♨️ – A proximité : 🚐 ♟
  Tarif : (Prix 1999) ♦ 20 – 🖥 26 – 🔌 17 (3A) 25 (6A)

Voir aussi à Murol

Le CHAMBON-SUR-LIGNON

43400 H.-Loire **11** – **76** ⑧ G. Vallée du Rhône – 2 854 h. alt. 967.
🛈 Office de Tourisme r. des Quatre Saisons 📞 04 71 59 71 56, Fax 04 71 65 88 78.
Paris 579 – Annonay 48 – Lamastre 33 – Le Puy-en-Velay 46 – Privas 82 – St-Étienne 63 – Yssingeaux 25.

▲▲ **Les Hirondelles** 24 juin-août
  📞 04 71 59 73 84 – S : 1 km par D 151 et D 7 à gauche, rte de la Suchère, alt. 1 000 – 🍖 ≼ « Cadre agréable » o━ – **R** conseillée 14 juil.-15 août – ⊞ ⚲
  1 ha (45 empl.) plat, en terrasses, herbeux ▱ ♀
  🔥 🍳 🍽 🗓 🖥 ⊕ 🖼 – 🍴 ⚲ – 🍴 ♨️
  Tarif : (Prix 1999) 🖥 2 pers. 89,50 – 🔌 15 (2A) 19 (4A) 23 (7A)
  Location : 🏠 1400 à 2300 – 🚂

▲▲ **Municipal le Lignon** mai-15 oct.
  📞 04 71 59 72 86, Fax 04 71 65 95 35 – sortie Ouest, rte de Mazet-sur-Voy et à droite avant le pont, près de la rivière, alt. 1 000 – o━ – **R** juil.-août – ⚲
  2 ha (130 empl.) plat, herbeux ♀
  📻 🔥 🍳 🍽 🗓 🖥 ⊕ 🖼 – ⚲ – 🍴 ♨️ – A proximité : 🍽
  Tarif : 🖥 2 pers. 48/55 – 🔌 16 (6A)

CHAMBON-SUR-VOUEIZE

23170 Creuse **10** – **73** ② G. Berry Limousin – 1 105 h. alt. 333.
Paris 360 – Aubusson 39 – Guéret 49 – Marcillat-en-Combraille 21 – Montluçon 25.

▲ **Municipal la Pouge** avril-oct.
  📞 05 55 82 13 21 – SE : 0,8 km par D 915, rte d'Evaux-les-Bains et chemin à gauche, longeant Écomarché, attenant au stade et bord de la Tardes – o━ – **R** conseillée
  1 ha (50 empl.) plat, herbeux ♀
  🍳 🍽 🗓 🖥 ⊕ – 🍴 🍽 – A proximité : 🚲
  Tarif : ♦ 10 – 🚗 6 – 🖥 6 – 🔌 8 (hors saison 13,50)

CHAMBORIGAUD

30530 Gard **16** – **80** ⑦ – 716 h. alt. 297.
Paris 648 – Alès 31 – Florac 52 – Génolhac 7 – La Grand-Combe 19 – St-Ambroix 30.

▲ **La Châtaigneraie** mai-15 sept.
  📞 04 66 61 44 29 ✉ 30450 Génolhac – N : 0,5 km par D 906, rte de Génolhac, bord du Luech – Places limitées pour le passage o━ – **R** conseillée juil.-août – ⚲
  0,7 ha (53 empl.) en terrasses, pierreux, herbeux ♀♀
  🍳 ⚘ ⊕ 🖼 – 🍽
  Tarif : ♦ 13 – 🚗 7 – 🖥 12

74400 H.-Savoie 🔟🔟 – 🔟🔟 ⑧ G. Alpes du Nord – 9 701 h. alt. 1 040 – Sports d'hiver : 1 035/3 840 m
⤓ 13 ⤓ 36 ⤓.
Tunnel du Mont-Blanc : fermé pour travaux-réouverture : oct. 2000.
🛈 Office de Tourisme 85 pl. Triangle-de-l'Amitié 🕾 04 50 53 00 24, Fax 04 50 53 58 90.
Paris 613 – Albertville 68 – Annecy 95 – Aosta 60 – Genève 82 – Lausanne 112.

△ **L'Île des Barrats** 29 avril-2 oct.
🕾 04 50 53 51 44 – au Sud-Ouest de la ville, à 150 m de l'Arve – ≼ Massif du Mont-Blanc et glaciers
⊶ – **R** conseillée juil.-août – ⤓
0,8 ha (56 empl.) peu incliné et plat, herbeux ⊑ ♀
⅋ 🏔 ⇆ 🗟 ⊟ ⊕ ⚲ ⩩ 🖳 – ⛺
Tarif : ⚹ 31 – ⇦ 12 – 🔲 29 – ⚡ 18 (5A) 24 (10A)

△ **Les Rosières** 3 fév.-1er nov.
🕾 04 50 53 10 42, Fax 04 50 53 29 55 – NE : 1,2 km par N 506, à 50 m de l'Arve – ≼ vallée et massif
du Mont-Blanc ⊶ – **R** conseillée hiver – ⤓
1,6 ha (147 empl.) plat, herbeux
▥ ⅋ 🏔 ⇆ 🗟 ⊟ ⊕ 🖳 – 🚲
Tarif : 🔲 2 pers. 97 (hiver 100), pers. suppl. 32 (hiver 36) – ⚡ 16 (4A) 18 (5A) 20 (10A)
Location : 🚐 2000 à 3200

aux Bossons SO : 3,5 km alt. – 1 005 – ⊠ 74400 Chamonix-Mont-Blanc :

△ **Les Deux Glaciers** fermé 16 nov.-14 déc.
🕾 04 50 53 15 84 – rte du tremplin olympique – ❄ ≼ « A proximité des glaciers, cadre agréable »
⊶ – **R** conseillée hiver – ⤓
1,6 ha (130 empl.) en terrasses, herbeux ♀♀
▥ ⅋ 🏔 ⇆ 🗟 ⊟ ⊕ 🖳 – ⤓
Tarif : 🔲 2 pers. 72, pers. suppl. 27 – ⚡ 14 (2A) 17 (3A) 21 (5A)

△ **Les Marmottes** 15 juin-sept.
🕾 04 50 53 61 24 – au bourg – ≼ massif du Mont-Blanc et glaciers « Site agréable au bord de l'Arve »
⊶ – **R** – ⤓
1,3 ha (100 empl.) plat, herbeux, pierreux
⅋ 🏔 ⇆ 🗟 ⊟ ⊕ 🖳 – ⛺
Tarif : ⚹ 25 – 🔲 22 – ⚡ 12 (3A) 16 (6A) 20 (10A)

△ **Les Ecureuils** avril-sept.
🕾 04 50 53 83 11 – au bourg, à 100 m de l'Arve – ≼ massif du Mont-Blanc et glaciers « Cadre
agréable au bord d'un torrent » ⊶ – **R** conseillée juil.-août – ⤓
0,6 ha (45 empl.) non clos, plat et peu incliné, herbeux, gravillons ♀♀
▥ 🏔 ⇆ 🗟 ⊟ ⊕ 🖳
Tarif : ⚹ 22 – 🔲 20 – ⚡ 16 (6A)

aux Praz-de-Chamonix NE : 2,5 km – ⊠ 74400 Chamonix-Mont-Blanc :

△ **La Mer de Glace** 13 mai-sept.
🕾 04 50 53 08 63, Fax 04 50 53 60 83 – aux Bois, à 80 m de l'Arveyron (accès direct) – ⥲ ≼ vallée
et massif du Mont-Blanc « Dans une clairière » ⊶ – **R**
2 ha (150 empl.) plat, herbeux, pierreux ⊑ ♀
▥ ⅋ 🏔 ⇆ 🗟 ⊟ ⊕ 🖳 – ⛺
Tarif : 🔲 2 pers. 107, pers. suppl. 34 – ⚡ 15 (3A) 19 (6A) 22 (10A)

CHAMOUILLE

02860 Aisne 🖪 – 🖫🖫 ⑤ – 147 h. alt. 112.
Paris 138 – Fère-en-Tardenois 44 – Laon 14 – Reims 44 – Soissons 34.

  ⚐ *Le Parc de l'Ailette* avril-1er oct.
       𝒫 03 23 24 66 86, Fax 03 23 24 66 87 – SE : 2 km par D 19, à la Base de Plein Air et de Loisirs, à 200 m du plan d'eau (accès direct) – ≼ « Site et cadre agréables » ⊶ – **R** conseillée – **GB** ⚲
       4,5 ha (201 empl.) peu incliné, plat, en terrasses, bois ⌁
       & ⌂ ⋒ ⌂ ⌗ ⚲ ⌰ ⊕ ⌨ ⬛ – ⚑ – ⌂ – A proximité : toboggan aquatique ✖ ⋔ ⟡ ≋ (plage)
       Tarif : ▣ *2 pers.* 98 – ⚡ 18 (10A)
       Location : 🚪 *1500 à 2800*

CHAMPAGNAC-LE-VIEUX

43440 H.-Loire 🖩 – 🖫🖬 ⑤ G. Auvergne – 301 h. alt. 880.
Paris 495 – Brioude 16 – La Chaise-Dieu 25 – Clermont-Ferrand 80 – Le Puy-en-Velay 67.

  ⚐ *Le Chanterelle* avril-oct.
       𝒫 04 71 76 34 00 – N : 1 km par D 5, rte d'Auzon, près d'un plan d'eau – ⚲ ⊶ – **R** conseillée juil.-août – **GB** ⚲
       4 ha (90 empl.) en terrasses, plat, herbeux, gravillons ⌁ ♉
       ⧉ & ⋒ ⌂ ⌗ ⌂ ⊕ ⚲ ⌵ ⬛ – ⌂ ⚑ ⚲ – A proximité : ✖ ≋
       Tarif : ⚲ 15 – ⚑ 8 – ▣ 30 – ⚡ 15 (10A)
       Location : *bungalows toilés*

CHAMPAGNOLE

39300 Jura 🖩🖪 – 🖫🖩 ⑤ G. Jura – 9 250 h. alt. 541.
🖪 Office de Tourisme Annexe Hôtel-de-Ville 𝒫 03 84 52 43 67, Fax 03 84 52 54 57.
Paris 421 – Besançon 67 – Dole 61 – Genève 83 – Lons-le-Saunier 37 – Pontarlier 46 – St-Claude 53.

  ⚐ *Municipal de Boyse* 3 juin-17 sept.
       𝒫 03 84 52 00 32, Fax 03 84 52 01 16 – sortie Nord-Ouest par D 5, rte de Lons-le-Saunier et rue Georges Vallerey à gauche – ⚲ « Accès direct à l'Ain » ⊶ – **R** conseillée – **GB** ⚲
       7 ha (240 empl.) plat, peu incliné, herbeux ♉
       & ⋒ ⌂ ⌗ ⌂ ⊕ ⚲ – snack � – ⌂ ⋔ ⟍ – A proximité : parcours sportif, mini-tennis ✖ ⊞
       Tarif : ⚲ 24 *piscine comprise* – ⚑ 14 – ▣ 14 – ⚡ 17 (10A)

CHAMPDOR

01110 Ain 🖩🖪 – 🖫🖪 ④ – 459 h. alt. 833.
Paris 489 – Ambérieu-en-Bugey 38 – Bourg-en-Bresse 62 – Hauteville-Lompnes 7 – Nantua 26.

  ⚐ *Municipal le Vieux Moulin* Permanent
       𝒫 04 74 36 01 72 – NO : 0,8 km par D 57A, rte de Corcelles – ≼ « Près de deux plans d'eau » ⊶
       juil.-août – **R** conseillée juil.-août – ⚲
       1,6 ha (60 empl.) plat, herbeux
       ⧉ & ⋒ ⌂ ⌂ ⊕ – ⌂ ✖ – A proximité : ≋ (bassin)
       Tarif : ⚲ 17 – ⚑ 6 – ▣ 10 – ⚡ 4A : 8 (hiver 16) 8A : 16 (hiver 32) 16A : 32 (hiver 64)
       Location : *gîte d'étape*

CHAMPFROMIER

01410 Ain 🖩🖪 – 🖫🖪 ⑤ – 440 h. alt. 640.
Paris 500 – Bellegarde-sur-Valserine 15 – Mijoux 27 – Nantua 25 – Oyonnax 32.

  ⚐ *Municipal les Georennes* 15 juin-15 sept.
       SE : 0,6 km par D 14, rte de Nantua et chemin à gauche – ⚲ ≼ ⊶ juil.août – **R** – ⚲
       0,7 ha (30 empl.) plat et terrasse, herbeux, pierreux ♀
       & ⋒ ⌂ ⊕
       Tarif : (Prix 1999) ⚲ 11 – ⚑ 10 – ▣ 10 – ⚡ 12 (16A)

CHAMPS-SUR-TARENTAINE

15270 Cantal 🖩🖪 – 🖫🖫 ② G. Auvergne – 1 088 h. alt. 450.
🖪 Office de Tourisme (juil.-août) Antenne 𝒫 04 71 78 76 33.
Paris 506 – Aurillac 88 – Clermont-Ferrand 83 – Condat 24 – Mauriac 36 – Ussel 38.

  ⚐ *Municipal de la Tarentaine* 15 juin-15 sept.
       𝒫 04 71 78 71 25 – SO : 1 km par D 679 et D 22, rte de Bort-les-Orgues et rte de Saignes, bord de la Tarentaine – ⊶ – **R** – ⚲
       4 ha (126 empl.) plat, herbeux ⌁
       & ⋒ ⌂ ⌗ ⚲ ⊕ ⌂ ⬛ – ⌂ – A proximité : ✖ ⋔ ⟡ ⟍
       Tarif : ⚲ 13 – ⚑ 8 – ▣ 9 – ⚡ 12,50 (5 ou 6A)
       Location : 🚪 *1050 à 1300*

CHANAS

38150 Isère **12** – **77** ① – 1 727 h. alt. 150.
Paris 515 – Grenoble 88 – Lyon 56 – St-Étienne 74 – Valence 51.

⚠ **Les Guyots** avril-oct.
  ℓ 04 74 84 25 36 – sortie Nord-Est rte d'Agnin, rue des Guyots, bord d'un ruisseau – Places limitées pour le passage ⊶ – **R** juil.-août
  1,7 ha (75 empl.) plat, herbeux
  🔥 🗺 🎣 ⊕ ♨ ⊽ 📷 – ▾ – 🏎 🎿 ⌻
  Tarif : ⚹ *19 piscine et tennis compris* – 🔲 *20* – [⑨] *10 (3A) 12 (6A)*

⚠ **Beauséjour** Pâques-sept.
  ℓ 04 74 84 31 01 – au Sud du bourg, par D 519, à 300 m du Dolon – ⊶ – **R**
  0,9 ha (50 empl.) plat, herbeux, gravier ⌻
  🔥 🗺 🎣 ⊕ – 🔲 ⌇ (petite piscine) – A proximité : 🎾
  Tarif : (Prix 1999) ⚹ *17,20* – 🚗 *9,60* – 🔲 *9,50/12* – [⑨] *15,90 (5A)*

CHANAZ

73310 Savoie **12** – **74** ⑮ – 416 h. alt. 232.
Paris 522 – Aix-les-Bains 21 – Annecy 42 – Bellegarde-sur-Valserine 43 – Belley 18 – Chambéry 37.

⚠ **Municipal des Îles** mars-15 déc.
  ℓ 04 79 54 58 51 – O : 1 km par D 921, rte de Culoz et chemin à gauche après le pont, à 300 m du Rhône (plan d'eau et port de plaisance) – Places limitées pour le passage ≼ « Près d'un pittoresque village et du canal de Savière » ⊶ – **R** conseillée juil.-août – ↝
  1,5 ha (103 empl.) plat, gravier, herbeux ⒐⒐
  🏙 🛠 🔥 ⇌ 🗺 🎣 ⊕ ♨ 📷 – 🔲 – A proximité : ▾ snack 🎾 ⌇ (petite piscine)
  Tarif : (Prix 1999) ⚹ *21,80 tennis compris* – 🔲 *21,30* – [⑨] *16,30 (6A) 22,35 (10A)*
  Location *(permanent)* : 🚐 *1400 à 2840*

CHANCIA

39 Jura **12** – **70** ⑭ – 87 h. alt. 320 – ✉ 01590 Dortan.
Paris 456 – Bourg-en-Bresse 47 – Lons-le-Saunier 46 – Nantua 30 – Oyonnax 14 – St-Claude 29.

⚠ **Municipal les Cyclamens** mai-sept.
  ℓ 04 74 75 82 14 – SO : 1,5 km par D 60E et chemin à gauche, au confluent de l'Ain et de la Bienne – Places limitées pour le passage 🚣 ≼ « Agréable situation près du lac de Coiselet » ⊶ – **R** – ↝
  2 ha (160 empl.) plat, herbeux
  🛠 🔥 🗺 🎣 ⊕ ♨ 📷 – 🔲 – A proximité : terrain omnisports ⌇ 🚿
  Tarif : (Prix 1999) ⚹ *13* – 🚗 *13* – 🔲 *13* – [⑨] *12 (5A)*

Le CHANGE

24640 Dordogne **10** – **75** ⑥ – 516 h. alt. 110.
Paris 487 – Brive-la-Gaillarde 62 – Excideuil 27 – Périgueux 17 – Thiviers 35.

⚠ **Auberoche** 15 juin-15 sept.
  ℓ 05 53 06 04 19, Fax 05 53 35 09 51 – N : 1,8 km par D 5, rte de Cubjac, bord de l'Auvézère – ⊶ – **R** conseillée – ↝
  3 ha (50 empl.) plat, herbeux ⌻ ♀
  🛠 🔥 ⇌ 🗺 🎣 ⊕ ♨ 📷 – 🔲 🎾 🎿 ⌻ – 🐎
  Tarif : ⚹ *19 piscine et tennis compris* – 🔲 *30* – [⑨] *16 (10A)*
  Location : 🚐 *1600* – *gîtes*

CHANGIS-SUR-MARNE

77660 S.-et-M. **6** – **56** ⑬ – 939 h. alt. 64.
Paris 62 – Château-Thierry 38 – Meaux 12 – Melun 64 – Senlis 49 – Soissons 70.

⚠ **Les Îlettes** avril-oct.
  ℓ 01 64 35 76 36 – au Sud du bourg, près de la Marne – Places limitées pour le passage ⊶ – ↝
  0,4 ha (24 empl.) plat, herbeux ♀
  🔥 ⇌ 🗺 🛠 ⊕ 📷
  Tarif : 🔲 *élect.(10A) comprise 1 pers. 80, pers. suppl. 30*

CHANTEMERLE

05 H.-Alpes – **77** ⑱ – rattaché à Briançon.

La CHAPELLE-AUBAREIL

24290 Dordogne **18** – **75** ⑰ – 330 h. alt. 230.
Paris 502 – Brive-la-Gaillarde 43 – Les Eyzies-de-Tayac 20 – Montignac 9 – Sarlat-la-Canéda 17.

⚠ **La Fage** mai-20 sept.
  ℓ 05 53 50 76 50, Fax 05 53 50 79 19 – NO : 1,2 km par rte de St-Amand-de-Coly (vers D 704) et chemin à gauche – 🚣 « Cadre agréable » ⊶ – **R** conseillée 14 juil.-15 août – 🅶🅱 ↝
  5 ha (60 empl.) en terrasses, peu incliné, herbeux ⌻ ♀
  🛠 🔥 ⇌ 🗺 🛠 ⊕ ♨ ⊽ 📷 – 🍴 🎿 – 🔲 🎿
  Tarif : ⚹ *30 piscine comprise* – 🔲 *41* – [⑨] *16 (6 ou 10A)*
  Location 🚿 *juil.-août* : 🚐 *1690 à 3120*

La CHAPELLE-AUX-FILTZMÉENS

35190 I.-et-V. ④ – 🟥🟥 ⑯ – 314 h. alt. 40.
Paris 386 – Combourg 6 – Dinan 23 – Dol-de-Bretagne 23 – Rennes 40.

▲▲▲ **Le Château** Permanent
🕿 02 99 45 21 55, Fax 02 99 45 27 00 – SO : 0,8 km par D 13, rte de St-Domineuc et à droite –
💧 « Dans les dépendances d'un château du 17ᵉ siècle » ⊶ – **R** conseillée – ⊖⊞ ♂
20 ha/5 campables (200 empl.) plat, herbeux
🚽🏕️🖬🖬🖬🖬 🖬 – 🖬 🍴 snack 🖬 – 🖬 🖬 discothèque 🖬 🖬 🗻
Tarif : 🧍 30 piscine comprise – 🚗 10 – 🖬 50 – [¿] 20 (6A) 28 (10A)

La CHAPELLE-D'ANGILLON

18380 Cher ⑥ – 🟥🟥 ⑪ G. Berry Limousin – 687 h. alt. 195.
Paris 196 – Aubigny-sur-Nère 14 – Bourges 35 – Salbris 35 – Sancerre 36 – Vierzon 34.

▲ **Municipal des Murailles** mai-15 sept.
SE : 0,8 km par D 12 rte d'Henrichemont et chemin à droite, près de la petite Sauldre et d'un plan
d'eau – 💧 – ℝ – ♂
2 ha (49 empl.) plat, herbeux ♀
🖬🖬🖬🖬 – A proximité : 🖬 🖬 (plage)
Tarif : (Prix 1999) 🧍 10 – 🖬 16 – [¿] 17

Donnez-nous votre avis sur les terrains que nous recommandons.
Faites-nous connaître vos observations et vos découvertes.

La CHAPELLE-DEVANT-BRUYÈRES

88600 Vosges ⑧ – 🟥🟥 ⑰ – 633 h. alt. 457.
Paris 417 – Épinal 33 – Gérardmer 22 – Rambervillers 27 – Remiremont 30 – St-Dié 28.

▲▲▲ **Les Pinasses** 15 avril-15 sept.
🕿 03 29 58 51 10, Fax 03 29 58 54 21 – NO : 1,2 km sur D 60, rte de Bruyères – ⊶ – **R** conseillée
15 juil.-15 août – ⊖⊞ ♂
3 ha (139 empl.) plat, herbeux, pierreux, petit étang 🖬 ♀♀
🖬🖬🖬🖬🖬🖬🖬🖬🖬 – 🖬 🖬 🖬
Tarif : 🖬 piscine et tennis compris 2 pers. 96, pers. suppl. 27 – [¿] 18 (4A) 23 (6A)
Location (permanent) : 🖬 1400 à 2650

La CHAPELLE-HERMIER

85220 Vendée ⑨ – 🟥🟥 ⑫ – 563 h. alt. 58.
Paris 453 – Aizenay 13 – Challans 26 – La Roche-sur-Yon 26 – Les Sables-d'Olonne 24 – St-Gilles-Croix-
de-Vie 21.

▲▲▲ **Pin Parasol** 15 mai-sept.
🕿 02 51 34 64 72 – SO : 3,3 km par D 42, rte de l'Aiguillon-sur-Vie puis 1 km par rte à gauche, près
du lac du Jaunay – 💧 ⪡ ⊶ – **R** indispensable juil.-août – ⊖⊞ ♂
5 ha (125 empl.) plat, peu incliné, terrasses, herbeux 🖬
🚽🏕️🖬🖬🖬🖬🖬 – 🍴 🖬 – 🖬
Tarif : 🖬 piscine comprise 2 pers. 94 – [¿] 16 (4A) 20 (6A)
Location : 🖬 1800 à 2900

CHARAVINES

38850 Isère ⑫ – 🟥🟥 ⑭ – 1 251 h. alt. 500.
🅱 Office de Tourisme 🕿 04 76 06 60 31, Fax 04 76 06 60 50.
Paris 537 – Belley 48 – Chambéry 54 – Grenoble 40 – La Tour-du-Pin 65 – Voiron 13.

▲ **Les Platanes** avril-sept.
🕿 04 76 06 64 70 – sortie Nord par D 50ᴰ, rte de Bilieu, à 150 m du lac – ⊶ – **R** – ♂
1 ha (67 empl.) plat, herbeux ♀♀
🖬🚽🏕️🖬🖬🖬🖬 – snack 🖬 – A proximité : 🖬 🖬 🖬 (plage) 🖬
Tarif : 🖬 1 pers. 35, 2 pers. 56, pers. suppl. 19 – [¿] 15 (10A)

La CHARITÉ-SUR-LOIRE

58400 Nièvre ⑪ – 🟥🟥 ⑬ G. Bourgogne – 5 686 h. alt. 170.
🅱 Office de Tourisme pl. Ste-Croix 🕿 03 86 70 15 06, Fax 03 86 70 21 55.
Paris 217 – Bourges 51 – Clamecy 54 – Cosne-sur-Loire 29 – Nevers 25.

▲ **Municipal la Saulaie** 29 avril-17 sept.
🕿 03 86 70 00 83 – sortie Sud-Ouest, rte de Bourges « Dans l'île de la Saulaie, près de la plage »
⊶ juil.-août – **R** – ♂
1,7 ha (100 empl.) plat, herbeux ♀
🚽🏕️🖬🖬🖬🖬🖬 🗻 – A proximité : 🖬 🖬
Tarif : (Prix 1999) 🖬 piscine comprise 2 pers. 56, pers. suppl. 20 – [¿] (10 ou/16A) : 12 (hors saison 15)

CHARLIEU

42190 Loire **11** – **73** ⑧ G. Vallée du Rhône – 3 727 h. alt. 265.

B Office de Tourisme pl. St-Philibert ✆ 04 77 60 12 42, Fax 04 77 60 16 91.

Paris 389 – Digoin 48 – Lapalisse 56 – Mâcon 78 – Roanne 20 – St-Étienne 105.

  ▲ *Municipal* mai-15 oct.

    ✆ 04 77 69 01 70 – à l'Est de la ville, au stade, bord du Sornin « Décoration arbustive » ⌐ –
R conseillée juil.-août – ⚡
2,7 ha (100 empl.) plat, herbeux ⌐
🎿 ⏚ 🛁 ⊕ ⚲ ☷ 📻 – ⚐ – A proximité : ⚙ ☷
Tarif : ⚡ *13 piscine et tennis compris* – 🚗 *5,50* – 🔲 *6,50/8,50* – ⚡ *9 (4A) 10,50 (6A) 21 (10A)*

CHARLY

02310 Aisne **6** – **56** ⑭ – 2 475 h. alt. 63.

Paris 84 – Château-Thierry 14 – Coulommiers 30 – La Ferté-sous-Jouarre 16 – Montmirail 27 – Soissons 55.

  ▲ *Municipal des illettes* avril-sept.

    ✆ 03 23 82 12 11 – au Sud du bourg, à 200 m du D 82 (accès conseillé) « Décoration arbustive »
⌐ – R – ⚡
1,2 ha (43 empl.) plat, herbeux, gravier ⌐
🎿 ⏚ 🎿 ⏚ 🛁 ⊕ ⚲ ☷ 📻 – 🎿 – A proximité : 🥅 ·⊕ ⚙
Tarif : (Prix 1999) 🔲 *1 pers. 35, pers. suppl. 15* – ⚡ *10 (5 ou 10A)*

Do not confuse :

  ▲ ... *to* ... ▲▲▲▲ : **MICHELIN** *classification*

and

  ★ ... *to* ... ★★★★ : *official classification*

CHARMES-SUR-L'HERBASSE

26260 Drôme **16** – **77** ② – 631 h. alt. 251.

Paris 554 – Annonay 46 – Beaurepaire 27 – Romans-sur-Isère 17 – Tournon-sur-Rhône 22 – Valence 32.

  ▲ *Municipal les Falquets* mai-sept.

    ✆ 04 75 45 75 57 – sortie Sud-Est, par D 121, rte de Margès, bord de l'Herbasse – 🦢 ⌐ saison
– R juil.-août – ⚡
1 ha (75 empl.) plat, herbeux 👥
⏚ 🎿 🛁 ⊕ – 🎿 🖂
Tarif : (Prix 1999) ⚡ *13* – 🚗 *10* – 🔲 *11* – ⚡ *12 (5A)*

CHAROLLES

71120 S.-et-L. **11** – **69** ⑰ G. Bourgogne – 3 048 h. alt. 279.

B Office de Tourisme Couvent des Clarisses, r. Baudinot ✆ 03 85 24 05 95, Fax 03 85 24 05 95.

Paris 367 – Autun 75 – Chalon-sur-Saône 65 – Mâcon 54 – Moulins 81 – Roanne 61.

  ▲ *Municipal* avril-5 oct.

    ✆ 03 85 24 04 90 – sortie Nord-Est, rte de Mâcon et D 33 rte de Viry à gauche, bord de l'Arconce
« Cadre agréable » ⌐ – R conseillée – ⚡
1 ha (60 empl.) plat, herbeux, gravillons ⌐ ⚲
🎿 ⏚ 🛁 ⊕ ⚲ ☷ 📻 – A proximité : 🔲 ☷
Tarif : (Prix 1999) ⚡ *12 piscine comprise* – 🚗 *7,50* – 🔲 *11* – ⚡ *7 (10A)*

CHARRON

17230 Char.-Mar. **9** – **71** ⑫ – 1 512 h. alt. 4.

Paris 471 – Fontenay-le-Comte 36 – Luçon 24 – La Rochelle 17 – La Roche-sur-Yon 59.

  ▲ *Municipal les Prés de Charron*

    ✆ 05 46 01 53 09 – sortie Nord-Est par D 105, rte de Marans et à gauche, rue du 19-mars-1962
– ⌐
1,2 ha (50 empl.) plat, herbeux
⏚ 🎿 🛁 ⊕ ⚲ – A proximité : ⚙

CHARTRES

28000 E.-et-L. **5** – **60** ⑧ G. Ile de France – 39 595 h. alt. 142.

B Office de Tourisme pl. Cathédrale ✆ 02 37 21 50 00, Fax 02 37 21 51 91.

Paris 89 – Évreux 78 – Le Mans 115 – Orléans 77 – Tours 142.

    ▲ *Municipal des Bords de l'Eure* fin avril-début sept.

      ✆ 02 37 28 79 43 – au Sud-Est de la ville « Cadre verdoyant au bord de la rivière » ⌐ – R – ⚡
3,5 ha (97 empl.) plat, herbeux ⌐ ⚲
🎿 ⏚ 🎿 🛁 ⊕ ⚲ – 🔲 🎿 – A proximité : parcours de santé
Tarif : (Prix 1999) 🔲 *1 ou 2 pers. 51, pers. suppl. 16* – ⚡ *18,50 (10A)*

CHARTRE-SUR-LE-LOIR

72340 Sarthe 5 – 64 ④ G. Châteaux de la Loire – 1 669 h. alt. 55.
🛈 Office de Tourisme ℘ 02 43 44 40 04, Fax (Mairie) 02 43 44 27 40.
Paris 217 – La Flèche 57 – Le Mans 50 – St-Calais 30 – Tours 42 – Vendôme 44.

⚠ *Municipal le Vieux Moulin* mi-avril-fin oct.
℘ 02 43 44 41 18 – à l'Ouest du bourg, bord du Loir – ⛽ – **R** conseillée juil.-août – ⚒
2,5 ha (140 empl.) plat, herbeux,
🔥 🔲 🍴 🔲 🔲 🔲 🔲 – 🏠 🏊
Tarif : 🔲 élect. et piscine comprises 2 pers. 59

CHASSAGNES

07 Ardèche – 80 ⑧ – rattaché aux Vans.

*Nos guides hôteliers, nos guides touristiques et nos cartes routières
sont complémentaires. Utilisez-les ensemble.*

CHASSIERS

07110 Ardèche 16 – 80 ⑧ – 930 h. alt. 340.
Paris 648 – Aubenas 17 – Largentière 3 – Privas 47 – Valgorge 26 – Vallon-Pont-d'Arc 24.

⚠ *Les Ranchisses* 22 avril-25 sept.
℘ 04 75 88 31 97, Fax 04 75 88 32 73 – NO : 1,6 km, accès par D 5, rte de Valgorge – 🅼
« Sur le domaine d'un mas de 1824, au bord de la Ligue » ⛽ – **R** indispensable 14 juil.-15 août
– 🔲 ⚒
4 ha (150 empl.) plat, peu incliné, herbeux 🔲 ⚲ (2 ha)
🔥 🔲 🍴 🔲 🔲 🔲 🔲 🔲 🔲 – ⛴ ✗ pizzeria 🔲 – 🔲 🔲 🔲 ✗ 🔲 🏊 🔲
Tarif : 🔲 piscine comprise 2 pers. 120, pers. suppl. 29 – 🔲 19,50
Location 🔲 : 🔲 1400 à 3250 – 🔲 1600 à 3550 – bungalows toilés

CHASTANIER

48300 Lozère 16 – 76 ⑯ – 113 h. alt. 1 090.
Paris 577 – Langogne 10 – Châteauneuf-de-Randon 17 – Marvejols 74 – Mende 46 – Saugues 42.

⚠ *Pont de Braye* 15 mai-15 sept.
℘ 04 66 69 53 04 – O : 1 km, carrefour D 988 et D 34, bord du Chapeauroux – ⛽ – **R** conseillée
– ⚒
1,5 ha (35 empl.) en terrasses, pierreux, herbeux
🔥 🔲 🔲 🔲 🔲 🔲 🔲 – 🔲 – A proximité : ⛴ ✗
Tarif : 🔲 2 pers. 62, pers. suppl. 18 – 🔲 11 (3A) 15 (5A)

CHÂTEAU-CHINON

58120 Nièvre 11 – 69 ⑥ G. Bourgogne – 2 502 h. alt. 510.
🛈 Office de Tourisme pl. Notre-Dame ℘ 03 86 85 06 58, Fax 03 86 85 06 58.
Paris 281 – Autun 40 – Avallon 62 – Clamecy 68 – Moulins 89 – Nevers 65 – Saulieu 45.

⚠ *Municipal du Pertuy d'Oiseau* mai-sept.
℘ 03 86 85 08 17 – sortie Sud par D 27 rte de Luzy et à droite – 🔲 ≤ « A l'orée d'une forêt »
⛽ – ⚒
1,8 ha (100 empl.) peu incliné à incliné, herbeux 🔲 ⚲ (0,3 ha)
🔥 🔲 🍴 🔲 🔲 🔲 🔲 – 🔲
Tarif : ⛺ 12 – 🔲 15 – 🔲 15

à St-Léger-de-Fougeret SO : 9,5 km par D 27 rte de St-Léger-sous-Beuvray et D 157 à droite – 280 h. alt. 500 – ⊠ 58120 St-Léger-de-Fougeret :

⚠ **L'Étang de Fougeraie** mai-1ᵉʳ oct.
   ℰ 03 86 85 11 85, Fax 03 86 79 45 72 – SE : 2,4 km par D 157 rte d'Onlay, bord d'un étang – 🛶
   ≼ « Cadre champêtre autour d'un étang » ⊶ – **R** conseillée juil.-août – ⚲
   7 ha (60 empl.) plat et vallonné, herbeux
   ⅖ ⌁ 🖫 ⊕ 🗐 – 🍴 – ⌁
   Tarif : 🔲 1 pers. 45, 2 pers. 65, pers. suppl. 22 – 🔋 12 (1A)

Le CHÂTEAU-D'OLÉRON

17 Char.-Mar. – 🔢 ⑭ – voir à Oléron (Île d').

CHÂTEAUGIRON

35410 I.-et-V. 🔢 – 🔢 ⑦ G. Bretagne – 4 166 h. alt. 45.
Paris 338 – Angers 112 – Châteaubriant 45 – Fougères 49 – Nozay 67 – Rennes 17 – Vitré 28.

⚠ **Municipal les Grands Bosquets** avril-sept.
   sortie Est par D 34, rte d'Ossé « Au bord d'un plan d'eau » – **R**
   0,6 ha (33 empl.) plat, herbeux ⚲
   ⌁ ⇆ 🗑 ⊕ – ⌁
   Tarif : (Prix 1999) 🚶 8,40 – 🔲 13,70 – 🔋 11,20

CHÂTEAU-GONTIER

53200 Mayenne 🔢 – 🔢 ⑩ G. Châteaux de la Loire – 11 085 h. alt. 33.
🅱 Office de Tourisme Péniche L'Elan q. Alsace ℰ 02 43 70 42 74, Fax 02 43 70 95 62.
Paris 279 – Angers 49 – Châteaubriant 56 – Laval 30 – Le Mans 85 – Rennes 105.

⚠ **Le Parc** 30 avril-sept.
   ℰ 02 43 07 35 60 – N : 0,8 km par N 162 rte de Laval, près du complexe sportif « Emplacements
   bordés d'une grande variété d'arbres et de la Mayenne » ⊶ – **R** conseillée – **GB** ⚲
   2 ha (55 empl.) plat et peu incliné, herbeux ⬜
   ⅖ ⌁ ⇆ 🗑 ⊕ 🗄 🗐 – 🗗 ⚓ – A proximité : ✖ ⌁
   Tarif : 🔲 piscine et tennis compris 1 ou 2 pers. 46, pers. suppl. 19,60 – 🔋 11,50 (10A)
   Location : ⬜ 1220 à 1620

CHÂTEAULIN

29150 Finistère 🔢 – 🔢 ⑮ G. Bretagne – 4 965 h. alt. 10.
🅱 Office de Tourisme q. Cosmao ℰ 02 98 86 02 11, Fax 02 98 86 38 74, (hors saison) Mairie ℰ 02 98 86 10 05.
Paris 549 – Brest 47 – Douarnenez 28 – Châteauneuf-du-Faou 23 – Quimper 29.

⚠ **Municipal Rodaven** début mars-fin oct.
   ℰ 02 98 86 32 93 – au Sud de la ville, bord de l'Aulne (rive droite) – ⊶ juil.-août – **R** conseillée
   14 juil.-15 août – ⚲
   2 ha (100 empl.) plat, herbeux
   ⅖ ⌁ 🗑 ⚲ ⊕ – ⚓ – A proximité : ✖ 🗺 ⌁
   Tarif : (Prix 1999) 🔲 1 pers. 35, 2 pers. 57, pers. suppl. 11,20 – 🔋 12 (3,5 à 8A)

CHÂTEAUMEILLANT

18370 Cher 🔟 – 🔢 ⑳ – 2 081 h. alt. 247.
🅱 Office de Tourisme r. de la Victoire ℰ 02 48 61 39 89, Fax 02 48 61 32 98.
Paris 305 – Aubusson 79 – Bourges 66 – La Châtre 19 – Guéret 60 – Montluçon 45 – St-Amand-Montrond 37.

⚠ **Municipal l'Étang Merlin** mai-sept.
   ℰ 02 48 61 31 38 – NO : 1 km par D 70, rte de Beddes D 80 à gauche rte de Vicq-Exemplet et chemin,
   attenant au stade et près d'un étang – ⊶ – **R** conseillée juil.-août
   1,5 ha (30 empl.) plat, herbeux ⬜
   ⅖ ⌁ ⇆ 🗑 ⚲ ⊕ ⚲ 🗐 – ⚓ 🚲 – A proximité : ✖ ⌁
   Tarif : (Prix 1999) 🔲 3 pers. 60, pers. suppl. 15 – 🔋 13 (5A)

CHÂTEAUNEUF-DE-GALAURE

26330 Drôme 🔢 – 🔢 ② – 1 246 h. alt. 253.
Paris 536 – Annonay 32 – Beaurepaire 19 – Romans-sur-Isère 27 – St-Marcellin 41 – Tournon-sur-Rhône 30 – Valence 41.

⚠ **Château de Galaure** avril-sept.
   ℰ 04 75 68 65 22, Fax 04 75 68 60 60 – SO : 0,8 km par D 51, rte de St-Vallier « Bel ensemble de
   piscines » ⊶ – **R** – **GB**
   12 ha (200 empl.) plat, herbeux
   ⅖ ⌁ ⇆ 🗑 ⚲ ⊕ 🗐 – 🍴 – 🗗 ⚓ ⌁ toboggan aquatique – A proximité : ✖
   Tarif : 🔲 piscine et tennis compris 2 pers. 100, pers. suppl. 20 – 🔋 18 (5A)
   Location : 🏠 1500 à 3200

CHÂTEAUNEUF-DU-RHÔNE

26780 Drôme 16 – 81 ① G. Vallée du Rhône – 2 094 h. alt. 80.
Paris 618 – Aubenas 42 – Grignan 23 – Montélimar 9 – Pierrelatte 15 – Valence 58.

⚠ **Municipal la Graveline** 3 juin-3 sept.
    🖉 04 75 90 80 96 – sortie Nord par D 73, rte de Montélimar puis chemin à droite – 🦢 ⩽ –
R conseillée 15 juil.-15 août
0,6 ha (66 empl.) plat et peu incliné, herbeux ♀
🗻 ⏚ 🗟 🖰 ⊛ – A proximité : 🍴 🏊
Tarif : ⚹ 9 – 🚗 6 – 🗉 6 – 🔌 9

CHÂTEAUNEUF-LA-FORÊT

87130 H.-Vienne 10 – 72 ⑱ ⑲ – 1 805 h. alt. 376.
Paris 429 – Eymoutiers 14 – Limoges 37 – St-Léonard-de-Noblat 21 – Treignac 34.

⚠ **Municipal du Lac** juin-15 sept.
    🖉 05 55 69 39 29 – à 0,8 km à l'Ouest du centre bourg, rte du stade, à 100 m d'un plan d'eau –
R conseillée 1er-15 août – 🗡
1,5 ha (65 empl.) plat, herbeux ♀ (0,7 ha)
🕭 🗻 🗺 ⊛ 🖳 – 🍴 – A proximité : 🍴 🌊 (plage)
Tarif : 🗉 2 pers. 69 – 🔌 18 (10A)
Location (permanent) : 🚐 1370 à 2050 – gîtes

CHÂTEAUNEUF-LES-BAINS

63390 P.-de-D. 11 – 73 ③ G. Auvergne – 330 h. alt. 390 – ⚕ (1er mai-1er oct.).
🅱 Office de Tourisme (mai-sept.) 🖉 04 73 86 67 86.
Paris 385 – Aubusson 80 – Clermont-Ferrand 49 – Montluçon 55 – Riom 33 – Ussel 95.

⚠⚠ **Municipal les Prés Dimanche** 2 mai-sept.
    🖉 04 73 86 41 50 – sortie Est du bourg par D 109, près de la Sioule – ⩽ 🔑 – **R** conseillée – 🗡
0,5 ha (45 empl.) plat, herbeux, pierreux 🗀
🕭 🗻 ⏚ 🗟 🖰 ⊛ 🖳 – A proximité : 🚃 🍴
Tarif : (Prix 1999) 🗉 2 ou 3 pers. 55, pers. suppl. 5 – 🔌 5 (6A)

CHÂTEAUNEUF-SUR-SARTHE

49330 M.-et-L. 4 – 64 ① – 2 370 h. alt. 20.
Paris 278 – Angers 31 – Château-Gontier 25 – La Flèche 33.

⚠ **Municipal du Port** mai-15 oct.
    🖉 02 41 69 82 02 – sortie Sud-Est par D 859 rte de Durtal et 2ème chemin à droite après le pont,
bord de la Sarthe (halte nautique) « Décoration arbustive » 🔑 saison – **R** conseillée
1 ha (60 empl.) plat, herbeux 🗀 ♀ (0,3 ha)
🕭 🗻 🗟 🗺 ⊛ 🖳
Tarif : (Prix 1999) ⚹ 8,50 – 🚗 4 – 🗉 4 – 🔌 10,10 (7A)

CHÂTEAUPONSAC

87290 H.-Vienne 10 – 72 ⑦ G. Berry Limousin – 2 409 h. alt. 290.
Paris 364 – Rellac 22 – Bélâbre 55 – Limoges 48 – St-Junien 46.

⚠⚠ **Municipal la Gartempe**
    🖉 05 55 76 55 33 – sortie Sud-Ouest par D 711 rte de Nantiat, à 200 m de la rivière – 🔑
1,5 ha (43 empl.) plat, peu incliné et terrasses, herbeux
🕭 🗻 ⏚ 🗟 🖰 ⊛ 🖳 – 🍴 snack – 🚃 🚶 – A proximité : 🚴 ⚡ 🎣 🏊
Location : 🚐

CHÂTEAU-QUEYRAS

05350 H.-Alpes 17 – 77 ⑲ G. Alpes du Sud alt. – 1 380.
Paris 719 – Briançon 37 – Gap 80 – Guillestre 19 – St-Véran 14.

⚠ **Municipal de l'Iscle** 15 juin-10 sept.
    🖉 04 92 46 76 21 – sortie Est par D 947, rte d'Aiguilles, à 50 m du Guil – ⩽ 🔑 – **R** – 🗡
2 ha (75 empl.) plat, pierreux, herbeux ♀
🕭 🗻 ⏚ 🖰 – 🍴
Tarif : (Prix 1999) ⚹ 11,60 – 🚗 5,30 – 🗉 8,90

CHÂTEAURENARD

13160 B.-du-R. 16 – 84 ① G. Provence – 11 790 h. alt. 37.
🅱 Office de Tourisme 1 r. R.-Salengro 🖉 04 90 94 23 27, Fax 04 90 94 14 97.
Paris 695 – Avignon 11 – Carpentras 31 – Cavaillon 21 – Marseille 96 – Nîmes 45 – Orange 39.

⚠ **La Roquette** mars-nov.
    🖉 04 90 94 46 81 – E : 1,5 km par D 28 rte de Noves et à droite, près de la piscine, Par A 7 sortie
Avignon-Sud – 🔑 – **R** – ⊜
2 ha (75 empl.) plat, herbeux
🎚 🕭 🗻 ⏚ 🗟 🗺 ⊛ 🚜 🖳 – 🚴 – A proximité : 🍴 🎏 🏊
Tarif : ⚹ 20 – 🗉 20 – 🔌 15 (5 ou 6A) 25 (10A)

CHÂTEAU-RENAULT

37110 I.-et-L. **5** – **64** ⑤ ⑥ G. Châteaux de la Loire – 5 787 h. alt. 92.
🛈 Office de Tourisme 32 pl. J.-Jaurès 🖉 02 47 56 22 22.
Paris 217 – Angers 122 – Blois 33 – Loches 60 – Le Mans 89 – Tours 32 – Vendôme 27.

⚠ *Municipal du Parc de Vauchevrier* mai-sept.
🖉 02 47 29 54 43 – vers sortie Ouest par D 766, rte d'Angers et rue à droite, à la piscine, bord de la Brenne – ⚡ – **R** – ⚐
3,5 ha (110 empl.) plat, herbeux
⚒ 🗺 ⇆ 🗓 ⚞ ⊕ – 🏊 💥 🟫 ⚓
Tarif : 🏕 *10 tennis compris* – 🚐 *5,50* – 🅔 *10* – *(*) 11*

CHÂTEAUROUX

36000 Indre **10** – **68** ⑧ G. Berry Limousin – 50 969 h. alt. 155.
🛈 Office de Tourisme pl. de la Gare 🖉 02 54 34 10 74, Fax 02 54 27 57 97.
Paris 268 – Blois 100 – Bourges 66 – Châtellerault 99 – Guéret 89 – Limoges 125 – Montluçon 98 – Tours 115.

⚠ *Municipal de Rochat Belle-Isle* 2 mai-sept.
🖉 02 54 34 26 56, Fax 02 54 60 85 26 – Nord par av. de Paris et rue à gauche, bord de l'Indre et à 100 m d'un plan d'eau – ⚡ – **R** conseillée – **GB** ⚐
4 ha (205 empl.) plat, herbeux, gravillons 🖵 ♉♉
⚒ ⚒ 🗺 ⇆ 🗓 ⚞ ⊕ ⚐ ⚟ 🗜 🅔 – 🚐 – A proximité : bowling, toboggan aquatique 🍷 ✗ 💥
🗺 ⚓
Tarif : (Prix 1999) 🏕 *12,70* – 🚐 *10,70* – 🅔 *15,80* – *(*) 6,60 (3A) 12,70 (6A) 17,80 (10A)*

CHÂTEL

74390 H.-Savoie **12** – **70** ⑱ G. Alpes du Nord – 1 255 h. alt. 1 180 – Sports d'hiver : 1 200/2 200 m ⚡2 ⚡36 ⚐.
🛈 Office de Tourisme 🖉 04 50 73 22 44, Fax 04 50 73 22 87.
Paris 578 – Annecy 113 – Évian-les-Bains 42 – Morzine 38 – Thonon-les-Bains 39.

⚠ *L'Oustalet* 20 juin-1er sept., 15 déc.-avril
🖉 04 50 73 21 97, Fax 04 50 73 37 46 – SO : 2 km par la rte du col de Bassachaux, bord de la Dranse, alt. 1 110 – ✿ ≤ « Site agréable de la vallée d'Abondance » ⚡ – **R** conseillée été, indispensable par temps neigeux en hiver, séjour minimum 1 semaine – **GB** ⚐
3 ha (100 empl.) plat et peu incliné, herbeux, pierreux, gravillons
⚒ ⚒ 🗺 ⇆ 🗓 ⚞ ⊕ ⚟ 🗜 – 🚐 🏊 💥 🗺 (découverte l'été) – A proximité : practice de golf
🏹 🍷 ✗ snack ⚓ ⚐ 🏇
Tarif : 🅔 *piscine comprise 2 pers. 100, pers. suppl. 25* – *(*) 20 (2A) 24 (3A) 6A : 32*

CHÂTELAILLON-PLAGE

17340 Char.-Mar. **9** – **71** ⑬ G. Poitou Vendée Charentes – 4 993 h. alt. 3.
🛈 Office de Tourisme av. de Strasbourg 🖉 05 46 56 26 97, Fax 05 46 56 09 49.
Paris 472 – Niort 63 – Rochefort 23 – La Rochelle 18 – Surgères 28.

⚠ *Le Clos des Rivages* 15 juin-10 sept.
🖉 05 46 56 26 09 – S : av. des Boucholeurs – ⚡ – **R** conseillée – ⚐
3 ha (150 empl.) plat, herbeux, étang 🖵 ♉
🗺 ⇆ 🗓 ⚞ ⚞ ⊕ 🅔 – 🚐 🏊
Tarif : (Prix 1999) 🅔 *piscine comprise 2 pers. 92, pers. suppl. 19* – *(*) 17 (3A) 22 (6A) 27 (10A)*

⚠ *L'Océan* 15 juin-15 sept.
🖉 05 46 56 87 97 – N : 1,3 km par D 202, rte de la Rochelle et à droite – ⚡ – **R** conseillée – **GB** ⚐
1,8 ha (94 empl.) plat, herbeux, pierreux
⚒ 🗺 ⇆ 🗓 ⚞ ⊕ 🅔
Tarif : 🅔 *2 pers. 80* – *(*) 20 (10A)*

⚠ *Les Sables* 15 juin-15 sept.
🖉 05 46 56 86 37 – N : 2,2 km par D 202, rte de la Rochelle et à droite – ⚡ – **R** conseillée – ⚐
0,7 ha (50 empl.) plat, herbeux ♉ (0,3 ha)
⚒ 🗺 🗓 ⚞ ⊕ – 🏊
Tarif : 🏕 *15* – 🅔 *40* – *(*) 15 (3A) 18 (5A) 22 (10A)*

Le CHÂTELARD

73630 Savoie **12** – **74** ⑯ G. Alpes du Nord – 491 h. alt. 750.
Paris 565 – Aix-les-Bains 30 – Annecy 30 – Chambéry 35 – Montmélian 35 – Rumilly 32.

⚠ *Les Cyclamens* 15 mai-15 sept.
🖉 04 79 54 80 19 – vers sortie Nord-Ouest et chemin à gauche, rte du Champet – 🏔 ≤ « Cadre boisé agréable » ⚡ – **R** conseillée juil.-août – ⚐
0,6 ha (33 empl.) plat, herbeux ♉
🗺 ⇆ 🗓 ⚞ ⊕ 🅔 – 🚐 🏊
Tarif : 🏕 *21* – 🅔 *22* – *(*) 13 (2A) 15 (3A) 18 (4A)*

CHÂTELAUDREN

22170 C.-d'Armor **3** – **58** ⑨ – 947 h. alt. 105.
Paris 470 – Guingamp 15 – Lannion 46 – St-Brieuc 19 – St-Quay-Portrieux 21.

  ▲ *Municipal de l'Etang* mai-sept.
      𝒸 02 96 74 17 71 – au bourg, rue de la gare, bord d'un étang – 🐟 – 👪 – 🖋
      0,2 ha (17 empl.) plat, herbeux ☐
      👍 🔥 ♻ 🖽 🗑 ④ – ≅
      Tarif : 🏕 15 – 🚐 5 – 🅴 15 – 🔌 15 (5 ou 10A)

CHÂTEL-DE-NEUVRE

03500 Allier **11** – **69** ⑭ G. Auvergne – 512 h. alt. 224.
Paris 317 – Montmarault 37 – Moulins 20 – St-Pourçain-sur-Sioule 13 – Vichy 41.

  ▲ *Deneuvre* avril-1ᵉʳ oct.
      𝒸 04 70 42 04 51 – N : 0,5 km par N 9 puis chemin à droite, bord de l'Allier – ⚿ – **R** conseillée
      – 🖋
      1,3 ha (75 empl.) plat, herbeux
      👍 🔥 ♻ 🖽 🗑 ④ 🖳 – snack – 🚲 ≅
      Tarif : 🏕 22 – 🅴 22 – 🔌 14 (4A)

CHÂTELGUYON

63140 P.-de-D. **11** – **73** ④ G. Auvergne – 4 743 h. alt. 430 – 🛁 (04 mai-30 sept.).
🅱 Office de Tourisme av. de l'Europe 𝒸 04 73 86 01 17, Fax 04 73 86 27 03.
Paris 417 – Aubusson 94 – Clermont-Ferrand 21 – Gannat 32 – Vichy 43 – Volvic 11.

  🅼 *Clos de Balanède* 10 avril-2 oct.
      𝒸 04 73 86 02 47 – sortie Sud-Est par D 985, rte de Riom – ⚿ – **R** conseillée 15 juil.-21 août –
      🆖 🖋
      4 ha (285 empl.) plat et peu incliné, herbeux 🌿🌿
      👍 🔥 ♻ 🖽 🛝 🗑 ④ 🌲 🌬 🖳 – 🍴 🛒 – 🏠 🎣 🔥 ☒ half-court
      Tarif : 🏕 21 piscine comprise – 🚐 7 – 🅴 15 – 🔌 12 (3A) 18 (5A) 25 (10A)
      Location : 🏠 900 à 1400 – 🚐 1600 à 2900

à St-Hippolyte SO : 1,5 km – ✉ 63140 Châtelguyon :

  ▲ *Municipal de la Croze* mai-5 oct.
      𝒸 04 73 86 08 27 – SE : 1 km par D 227, rte de Riom – 🐟 ⚿ – 👪 – 🖋
      3,7 ha (150 empl.) plat, peu incliné et en terrasses, herbeux, pierreux 🌿
      🔥 🌬 ④ 🖳 – 🎣
      Tarif : 🏕 13,75 – 🚐 7,75 – 🅴 7,75/12,65 – 🔌 12,35 (4A) 18,50 (6A) 31 (10A)

Voir aussi à Loubeyrat

CHÂTELLERAULT

86100 Vienne **10** – **68** ④ G. Poitou Vendée Charentes – 34 678 h. alt. 52.
🅱 Office de Tourisme 2 av. Treuille 𝒸 05 49 21 05 47, Fax 05 49 02 03 26.
Paris 307 – Châteauroux 99 – Cholet 131 – Poitiers 37 – Tours 72.

  🅼 *Relais du Miel* mai-sept.
      𝒸 05 49 02 06 27, Fax 05 49 93 25 76 – sortie Nord, par N 10 rte de Paris, puis, rocade à gauche
      en direction du péage de l'A 10 et à droite par D 1 rte d'Antran, près de la Vienne (accès direct) –
      Par A 10, sortie ㉖ Châtellerault-Nord et D 1 à gauche rte d'Antran « Dans les dépendances d'une
      demeure du 18ᵉ siècle » ⚿ – **R** conseillée juil.-août – 🆖 🖋
      7 ha/4 campables (80 empl.) plat, terrasses, peu incliné, herbeux, pierreux ☐
      👍 🔥 ♻ 🖽 🗑 ④ 🌲 🌬 🖳 – 🍴 – 🏠 🎣
      Tarif : 🅴 élect. (10A) et piscine comprises 2 pers. 130

CHÂTELUS-MALVALEIX

23270 Creuse **10** – **68** ⑲ – 558 h. alt. 410.
Paris 336 – Aigurande 28 – Aubusson 46 – Boussac 19 – Guéret 25.

  ▲ *Municipal la Roussille* juin-sept.
      𝒸 05 55 80 52 71 – à l'Ouest du bourg, près d'un étang – 🐟 – **R**
      0,5 ha (33 empl.) peu incliné, plat, herbeux
      🔥 🌬 – 🎾 – A proximité : ≅ (plage)
      Tarif : (Prix 1999) 🏕 6 – 🚐 3 – 🅴 3 – 🔌 10 (15A)

CHÂTILLON-COLIGNY

45230 Loiret **6** – **65** ② G. Bourgogne – 1 903 h. alt. 130.
Paris 140 – Auxerre 70 – Gien 27 – Joigny 48 – Montargis 22.

  ▲ *Municipal de la Lancière* avril-sept.
      𝒸 02 38 92 54 73 – au Sud du bourg, entre le Loing et le canal de Briare (halte fluviale) – Places
      limitées pour le passage ⚿ – **R** conseillée juil.-août – 🖋
      1,9 ha (55 empl.) plat, herbeux 🌿🌿 (1 ha)
      🔥 🌬 ④ 🖳 – cases réfrigérées – 🏠
      Tarif : 🏕 10,40 – 🚐 5,60 – 🅴 8,20 – 🔌 10,15 (3A) 16,80 (6A)

CHÂTILLON-EN-DIOIS

26410 Drôme 🔟 – 🔢 ⑭ – 545 h. alt. 570.
🛈 Office de Tourisme Sq. Jean Giono ℰ 04 75 21 10 07, Fax 04 75 21 10 07.
Paris 642 – Die 14 – Gap 79 – Grenoble 83 – La Mure 67.

    🔺 **Le Lac Bleu** avril-sept.
      ℰ 04 75 21 85 30, Fax 04 75 21 82 05 – SO : 4 km par D 539, rte de Die et D 140, de Menglon, chemin à gauche, avant le pont – ≼ ↦ – **R** conseillée – 🇬🇧 ⚲
      6 ha (25 empl.) plat, herbeux ⚲
      🛆 ⇄ 📛 ⊕ ⚘ – 🍽 ✕ pizzeria – discothèque 🏊 ≅
      Tarif : (Prix 1999) 🔲 *2 pers. 65, pers. suppl. 20* – 🔌 *18 (6A)*

CHÂTILLON-EN-VENDELAIS

35210 I.-et-V. 🔢 – 🔢 ⑱ – 1 526 h. alt. 133.
Paris 311 – Fougères 18 – Rennes 49 – Vitré 13.

    🔺 **Municipal du Lac**
      ℰ 02 99 76 06 32 – N : 0,5 km par D 108, bord de l'étang de Châtillon – 🦢 ≼ « Site et cadre agréables » ↦
      0,6 ha (61 empl.) peu incliné, herbeux 🗔 ⚲
      🛆 ⇄ 📛 📛 ⊕ – ≅ – A proximité : 🍽 crêperie ✕

CHÂTILLON-SUR-CHALARONNE

01400 Ain 🔢 – 🔢 ② G. Vallée du Rhône – 3 786 h. alt. 177.
🛈 Office de Tourisme pl. Champ-de-Foire ℰ 04 74 55 02 27, Fax 04 74 55 34 78.
Paris 418 – Bourg-en-Bresse 28 – Lyon 53 – Mâcon 27 – Meximieux 35 – Villefranche-sur-Saône 29.

    🔺 **Municipal du Vieux Moulin** 15 avril-15 sept.
      ℰ 04 74 55 04 79, Fax 04 74 55 13 11 – sortie Sud-Est par D 7 rte de Chalamont, bord de la Chalaronne, à 150 m d'un étang (accès direct) – Places limitées pour le passage 🦢 « Cadre verdoyant et ombragé en bordure de rivière » ↦ – **R** conseillée juil.-août – ⚲
      3 ha (140 empl.) plat, herbeux ⚲⚲
      🛆 🛆 ⇄ 📛 ⊕ 📛 – 🔲 🏊 – A proximité : 🛒 🍽 snack ✕ 🏊 toboggan aquatique
      Tarif : (Prix 1999) 🔹 *23* – 🚗 *10* – 🔲 *20* – 🔌 *18 (15A)*

CHÂTILLON-SUR-INDRE

36700 Indre 🔟 – 🔢 ⑥ G. Berry Limousin – 3 262 h. alt. 115.
🛈 Office de Tourisme (mai-sept.) pl. du Champ-de-Foire ℰ 02 54 38 74 19 (hors saison) ℰ 02 54 38 81 16.
Paris 258 – Le Blanc 42 – Blois 76 – Châteauroux 48 – Châtellerault 64 – Loches 24 – Tours 68.

    🔺 **Municipal de la Ménétrie** 15 mai-15 sept.
      au Nord de la localité, en direction de Loches puis à droite vers la gare, rue du Moulin la Grange, bord d'un ruisseau – **R** – ⚲
      0,8 ha (55 empl.) plat, herbeux ⚲
      🛆 🛆 ⇄ 📛 🛆 ⊕ – 🔲 – A proximité : parcours sportif 🏊 🔲 toboggan aquatique
      Tarif : (Prix 1999) 🔹 *12* – 🔲 *15* – 🔌 *12 (6A)*

CHÂTILLON-SUR-SEINE

21400 Côte-d'Or 🔢 – 🔢 ⑧ G. Bourgogne – 6 862 h. alt. 219.
🛈 Office de Tourisme pl. Marmont ℰ 03 80 91 13 19.
Paris 232 – Auxerre 85 – Avallon 73 – Chaumont 59 – Dijon 84 – Langres 73 – Saulieu 80 – Troyes 68.

    🔺 **Municipal** avril-sept.
      ℰ 03 80 91 03 05 – esplanade St-Vorles par rte de Langres – 🦢 « Sur les hauteurs ombragées de la ville » ↦ – **R** conseillée juil.-août – ⚲
      0,8 ha (54 empl.) peu incliné, plat, herbeux, goudronné 🗔 ⚲
      🛆 🛆 ⇄ 📛 ⊕ 📛 – A proximité : 🍽 ✕ 🔲 🔲 🏊
      Tarif : 🔹 *16* – 🚗 *8* – 🔲 *12* – 🔌 *12 (5A) 23 (10A)*

La CHÂTRE

36400 Indre 🔟 – 🔢 ⑲ G. Berry Limousin – 4 623 h. alt. 210.
🛈 Office de Tourisme Sq. G.-Sand ℰ 02 54 48 22 64, Fax 02 54 06 09 15.
Paris 301 – Bourges 68 – Châteauroux 36 – Guéret 54 – Montluçon 64 – Poitiers 139 – St-Amand-Montrond 52.

    🔺 **Intercommunal le Val Vert** juin-sept.
      ℰ 02 54 48 32 42, Fax 02 54 48 32 87 – sortie Sud-Est par D 943, rte de Montluçon puis 2 km par D 83ᴬ, rte de Briante à droite et chemin, à proximité de l'Indre – 🦢 ↦ – **R** conseillée
      2 ha (77 empl.) en terrasses, plat, herbeux 🗔
      🛆 🛆 ⇄ 📛 🛆 ⊕ ⚘ ⊽ 📛
      Tarif : 🔲 *2 pers. 50* – 🔌 *15 (5A)*

à Montgivray N : 2,5 km – 1 661 h. alt. 210 – ✉ 36400 Montgivray :

⚠ **Municipal Solange Sand** 15 mars-15 oct.
𝄞 02 54 06 10 34 – au château Solange-Sand, bord de l'Indre – 🐾 « Cadre agréable » – **R** conseillée 5 juil.-15 août – ⚴
1 ha (70 empl.) plat, herbeux, parc attenant
🛉 ⏚ 🗟 🗟 ⊕ – ⚄
Tarif : (Prix 1999) ⚲ *11,60 –* 🅴 *16,50 –* [⚡] *9,20 (3A) 14,10 (6A) 25,80 (10A)*

CHÂTRES-SUR-CHER

41320 L.-et-Ch. 🔢 – 🔢 ⑲ – 1 074 h. alt. 70.
Paris 210 – Bourges 53 – Romorantin-Lanthenay 21 – Selles-sur-Cher 30 – Vierzon 13.

⚠ **Municipal des Saules** juin-août
𝄞 02 54 98 04 55 – au bourg, près du pont, bord du Cher (plan d'eau) – ⊶ – **R** – ⚴
1 ha (80 empl.) plat, herbeux, sablonneux ♀
🛉 🗟 ⊕ – A proximité : ✼ ⚱
Tarif : 🅴 *2 pers. 38, pers. suppl. 8 –* [⚡] *10,50 (3A)*

Avant de prendre la route, consultez **36.15 MICHELIN** *sur votre Minitel :*
votre meilleur itinéraire, le choix de votre hôtel, restaurant, camping,
des propositions de visites touristiques.

CHAUDES-AIGUES

15110 Cantal 🔢 – 🔢 ⑭ G. Auvergne – 1 110 h. alt. 750 – ♨ (1er mai/21 oct.).
🅱 Office de Tourisme 1 av. G.-Pompidou 𝄞 04 71 23 52 75, Fax 04 71 23 51 98.
Paris 547 – Aurillac 100 – Entraygues-sur-Truyère 63 – Espalion 54 – St-Chély-d'Apcher 30 – St-Flour 29.

⚠ **Municipal le Couffour** mai-20 oct.
𝄞 04 71 23 57 08 – S : 2 km par D 921, rte de Laguiole puis chemin à droite, au stade, alt. 900 –
🐾 < ⊶ – **R** – ⚴
2,5 ha (170 empl.) plat, peu incliné, terrasses, herbeux ⌑ ♀ (0,5 ha)
▥ ⚲ 🛉 ⏚ 🗟 ⊕ 🖪 – 🖭 ⚄ ✼
Tarif : (Prix 1999) ⚲ *12 –* ⬛ *5 –* 🅴 *6 –* [⚡] *12 (6A)*

CHAUFFAILLES

71170 S.-et-L. 🔢 – 🔢 ⑧ – 4 485 h. alt. 405.
🅱 Office de Tourisme 1 r. Gambetta 𝄞 03 85 26 07 06, Fax 03 85 26 92 94.
Paris 394 – Charolles 34 – Lyon 80 – Mâcon 63 – Roanne 35.

⚠ **Municipal les Feuilles** mai-sept.
𝄞 03 85 26 48 12 – au Sud-Ouest de la ville, par r. du Chatillon, bord du Botoret « Cadre verdoyant »
⊶ juil.-août – **R** conseillée – 🆖🅱 ⚴
4 ha (75 empl.) plat et peu incliné, herbeux, gravillons ⌑ ♀
⚲ 🛉 🗟 ⏚ 🗟 ⊕ 🗟 🖪 – 🖭 ⚄ ✼ – A proximité : ⚖
Tarif : (Prix 1999) 🅴 *2 pers. 39,50, pers. suppl. 13 –* [⚡] *15 (5A)*
Location : *huttes*

CHAUFFOUR-SUR-VELL

19500 Corrèze 🔢 – 🔢 ⑲ – 325 h. alt. 160.
Paris 511 – Beaulieu-sur-Dordogne 22 – Brive-la-Gaillarde 28 – Rocamadour 32 – Souillac 27.

⚠ **Feneyrolles** avril-sept.
𝄞 05 55 84 09 58 – à 2,2 km à l'Est de la commune par chemin, au lieu-dit Feneyrolles – 🐾 « Cadre boisé » ⊶ juil.-août – **R** conseillée juil.-août – 🆖🅱 ⚴
3 ha (90 empl.) en terrasses, peu incliné, pierreux, herbeux ♀♀
⚴ 🛉 🗟 🗟 ⊕ 🖪 – ⛻ – 🖭 ⚄ ⚖
Tarif : ⚲ *20 piscine comprise –* 🅴 *20 –* [⚡] *14 (6A)*
Location : 🛖 *800 à 1200 –* 🛖 *1200 à 2200*

CHAUMONT-D'ANJOU

49140 M.-et-L. 🔢 – 🔢 ① – 261 h. alt. 54.
Paris 279 – Angers 30 – Baugé 15 – Châteauneuf-sur-Sarthe 25 – La Flèche 32.

⚠ **Municipal de Malagué** 15 mai-15 sept.
NO : 1,5 km par rte de Seiches-sur-le-Loir et chemin à droite – 🐾 « En forêt, près d'un étang » ⊶
– **R** conseillée – ⚴
1 ha (50 empl.) plat ♀♀
🗟 ⏚ 🗟 ⊕ – A proximité : ⚖
Tarif : 🅴 *élect.(6A) comprise 1 pers. 55, pers. suppl. 10*

CHAUMONT-SUR-LOIRE

41150 L.-et-Ch. **5** – **64** ⑯ G. Châteaux de la Loire – 876 h. alt. 69.
Paris 204 – Amboise 21 – Blois 19 – Contres 23 – Montrichard 19 – St-Aignan 33.

⚠ **Municipal Grosse Grève** 15 mai-sept.
    ☎ 02 54 20 95 22 – sortie Est par D 751, rte de Blois et rue à gauche, avant le pont, bord de la Loire – ⊶ – **R** – ⊘
4 ha (150 empl.) plat et peu accidenté, herbeux, sablonneux ♀
    ⅃ 🗊 ⇔ 🖬 ⛺ ⊕ 🖻
Tarif : ⚹ *14* – ⌑ *5* – 🅴 *10* – 🔌 *10 (5 ou 7A)*

CHAUNY

02300 Aisne **6** – **56** ③ ④ – 12 926 h. alt. 50.
🅗 Office de Tourisme pl. du Marché Couvert ☎ 03 23 52 10 79, Fax 03 23 39 38 77.
Paris 123 – Compiègne 40 – Laon 36 – Noyon 17 – St-Quentin 30 – Soissons 32.

⚠ **Municipal** avril-sept.
    ☎ 03 23 52 09 96 – NO : 1,5 km par rte de Noyon et D 56 à droite, près N 32 « Décoration florale et arbustive » ⊶ – 🅶🅱
2,7 ha (35 empl.) plat et peu incliné, gravier, herbeux ⌁
    ⅃ 🗊 ⇔ 🖬 🗄 ⊕
Tarif : (Prix 1999) ⚹ *12* – ⌑ *8* – 🅴 *8* – 🔌 *15 (4A) 21 (6A) 33 (10A)*

Vermelding in deze gids gebeurt geheel kosteloos en is in geen geval te danken aan het betalen van een premie of aan een gunst.

CHAUVIGNY

86300 Vienne **10** – **68** ⑭ G. Poitou Vendée Charentes – 6 665 h. alt. 65.
🅗 Office de Tourisme (saison) 5 r. Saint-Pierre ☎ 05 49 46 39 01 et Mairie ☎ 05 49 45 99 10.
Paris 339 – Bellac 65 – Le Blanc 37 – Châtellerault 30 – Montmorillon 27 – Ruffec 76.

⚠⚠ **Municipal de la Fontaine** Permanent
    ☎ 05 49 46 31 94 – sortie Nord par D 2, rte de la Puge et à droite, rue de la Fontaine – ≼ « Jardin public attenant, pièces d'eau » ⊶ – **R** conseillée juil.-août
2,8 ha (120 empl.) plat, herbeux, gravillons ♀
    ⅃ 🗊 ⇔ 🖬 🗄 ⇌ ⊕ ⚹ ☝ 🖻 – ⛾
Tarif : ⚹ *9,80* – ⌑ *6,50* – 🅴 *6,50* – 🔌 *15A : 12 (hiver 17)*

CHAUZON

07 Ardèche – **80** ⑨ – voir à Ardèche (Gorges de l').

CHAVANNES-SUR-SURAN

01250 Ain **12** – **70** ⑬ – 419 h. alt. 312.
Paris 447 – Bourg-en-Bresse 20 – Lons-le-Saunier 51 – Mâcon 59 – Nantua 37 – Pont-d'Ain 28.

⚠ **Municipal** mai-oct.
sortie Est par D 3 rte d'Arnans – ⚲ ≼ « Cadre verdoyant au bord du Suran » – **R**
1 ha (25 empl.) plat, herbeux ⌁
    🗊 ⇔ ⚲ ⊕
Tarif : 🅴 *2 pers. 30, pers. suppl. 10* – 🔌 *12*

CHEFFES

49125 M.-et-L. **5** – **64** ① – 857 h. alt. 19.
Paris 282 – Angers 24 – Château-Gontier 33 – La Flèche 37.

⚠ **Municipal de l'Écluse** 15 juin-15 sept.
    ☎ 02 41 42 85 52 – sortie Est par D 74 rte de Tiercé, près de la Sarthe – ⊶ – **R** – ⊘
2 ha (70 empl.) plat, herbeux ♀
    🗊 ⇔ 🖬 🗄 ⊕
Tarif : (Prix 1999) ⚹ *8,80* – 🅴 *11* – 🔌 *11,50 (4A) 17,50 (6A) 33 (10A)*

CHÉMERY

41700 L.-et-Ch. **5** – **64** ⑰ – 875 h. alt. 90.
Paris 214 – Blois 32 – Montrichard 26 – Romorantin-Lanthenay 29 – St-Aignan 14 – Selles-sur-Cher 11.

⚠ **Municipal le Gué** 15 mai-sept.
    ☎ 02 54 71 37 11 – à l'Ouest du bourg par rte de Couddes, bord d'un ruisseau – ⚲ ⊶ – **R** – ⊘
1,2 ha (50 empl.) plat, herbeux
    🗊 ⇔ 🗄 ⊕ – ⚲
Tarif : (Prix 1999) 🅴 *piscine comprise 2 pers. 40* – 🔌 *14 (6A)*

CHEMILLÉ-SUR-INDROIS

37460 I.-et-L. ⑩ – ⑥④ ⑯ – 207 h. alt. 97.
Paris 244 – Châtillon-sur-Indre 26 – Loches 15 – Montrichard 25 – St-Aignan 22 – Tours 57.

   ▲ **Municipal du Lac** Pâques-15 oct.
        𝒫 02 47 92 77 83 – au Sud-Ouest du bourg – ≤ « Agréable situation près d'un plan d'eau » ⚬⚌
        juil.-août – **R** conseillée juil.-août – ⋌
        1 ha (72 empl.) plat et peu incliné, herbeux
        🗊 ⇆ 🖳 ⊛ – A proximité : ☂ brasserie ✗ ⤸ ≊ poneys
        Tarif : (Prix 1999) ⚲ *10 –* ⚙ *7 –* 🗉 *10 –* ⒡ *11 (5A)*

CHÊNE-EN-SEMINE

74270 H.-Savoie ⑫ – ⑦④ ⑤ – 234 h. alt. 500.
Paris 507 – Annecy 35 – Bellegarde-sur-Valserine 10 – Genève 39 – Nantua 35 – Rumilly 29.

   ⋀⋀ **La Croisée** 15 mai-15 oct.
        𝒫 04 50 77 90 06 – au Centre de Loisirs de la Semine, N : 2 km, à l'intersection des N 508 et D 14
        « Cadre boisé » ⚬⚌ – **R** – ⋌
        2,9 ha (164 empl.) plat, herbeux, pierreux ⵕⵕ
        🗊 ⇆ 🖳 ⊛ ⚥ – ⤸ ✗ – A proximité : ☂ ✗ 🖾 ⟆
        Tarif : (Prix 1999) ⚲ *25 tennis compris –* ⚙ *5 –* 🗉 *15/20 –* ⒡ *15 (10A)*

CHÉNÉRAILLES

23130 Creuse ⑩ – ⑦③ ① G. Berry Limousin – 794 h. alt. 537.
Paris 374 – Aubusson 19 – La Châtre 63 – Guéret 34 – Montluçon 46.

   ▲ **Municipal la Forêt** 15 juin-15 sept.
        𝒫 05 55 62 38 26 – SO : 1,3 km par D 55 rte d'Ahun – ≤ « Cadre boisé près d'un étang » – **R** juil.-août
        – ⋌
        0,5 ha (33 empl.) peu incliné, plat, pierreux, herbeux ⵕⵕ sapinière
        ⅄ 🗊 ⇆ 🖳 ⊛ ⚄ – A proximité : ⤳ ⤸ ≊ (plage)
        Tarif : ⚲ *10 –* 🗉 *20 –* ⒡ *12 (16A)*

CHENONCEAUX

37150 I.-et-L. ⑤ – ⑥④ ⑯ G. Châteaux de la Loire – 313 h. alt. 62.
🅑 Office de Tourisme (mai-sept.) 1 r. du Dr Bretonneau 𝒫 02 47 23 94 45.
Paris 235 – Amboise 12 – Château-Renault 36 – Loches 33 – Montrichard 10 – Tours 31.

   ⋀⋀ **Le Moulin Fort**
        𝒫 02 47 23 86 22, Fax 02 47 23 80 93 ✉ 37150 Francueil – SE : 2 km par D 40, rte de Montrichard,
        D 80 rte de Francueil à droite et chemin à gauche après le pont, bord du Cher – ⚬⚌
        3 ha (137 empl.) plat, herbeux, sablonneux ⵕ
        ⅄ 🗊 ⇆ 🖳 ⇅ 🖳 ⊛ 🖾 – ☂ snack ⤲ – 🖾 🖳 ⟆

CHERRUEIX

35120 I.-et-V. ④ – ⑤⑨ ⑦ – 983 h. alt. 3.
Paris 371 – Cancale 21 – Dinard 31 – Dol-de-Bretagne 10 – Rennes 67 – St-Malo 25.

   ▲ **L'Aumône** avril-oct.
        𝒫 02 99 48 95 11 – S : 0,5 km, sur D 797 – ⚬⚌ – **R** conseillée 15 juil.-15 août – ⋌
        1,6 ha (70 empl.) plat, herbeux
        🗊 🖳 ⵘ ⊛ 🖾 – 🖾 ⤸
        Tarif : 🗉 *2 pers. 54, pers. suppl. 18 –* ⒡ *15 (6A)*
        Location : *gîte d'étape*

Le CHESNE

08390 Ardennes ⑦ – ⑥⑥ ⑨ G. Champagne Ardenne – 974 h. alt. 164.
Paris 217 – Buzancy 19 – Charleville-Mézières 39 – Rethel 32 – Vouziers 18.

   ⋀⋀ **Départemental Lac de Bairon** Permanent
        𝒫 03 24 30 11 66 – NE : 2,8 km par D 991, rte de Charleville-Mézières et rte de Sauville, à droite,
        Pour caravanes : accès conseillé par D 977, rte de Sedan et D 12 à gauche – ⚲ ≤ « Situation agréable
        au bord du lac » ⚬⚌ – **R** conseillée juil.-août – ⋌
        6,8 ha (170 empl.) plat et en terrasses, herbeux, gravillons ⵕⵕ (0,5 ha)
        ▥ ⅄ 🗊 ⇆ 🖳 ⵘ ⊛ – 🖾 ⤶ – A proximité : ✗ ≊ ⵁ
        Tarif : (Prix 1999) ⚲ *15,20 –* ⚙ *8,05 –* 🗉 *8,05 –* ⒡ *11,50 (3,5A) 14,80 (6A) 24,60 (10A)*

CHEVANCEAUX

17210 Char.-Mar. ⑨ – ⑦① ⑦ – 1 008 h. alt. 140.
Paris 503 – Barbezieux 20 – Blaye 47 – Bordeaux 66 – Libourne 49.

   ▲ **Municipal Bellevue** 15 mars-15 nov.
        au bourg, près de la poste – **R**
        0,6 ha (20 empl.) peu incliné, herbeux, pierreux ⵕ
        🗊 ⇆ 🖳 – ⟆
        Tarif : (Prix 1999) ⚲ *10 –* 🗉 *20 –* ⒡ *13,50*

CHEVERNY

41700 L.-et-Ch. ⑤ – ⑥④ ⑰ G. Châteaux de la Loire – 900 h. alt. 110.
Paris 197 – Blois 15 – Romorantin-Lanthenay 29 – St-Aignan 27 – Tours 78.

⚠ **Les Saules** avril-25 sept.
    𝄞 02 54 79 90 01, Fax 02 54 79 28 34 – S : 2,5 km par D 102, rte de Contres – ⚡ – **R** conseillée
14 juil.-15 août – ⬛ ⌀
10 ha/6 campables (169 empl.) plat, herbeux ⌁ ꝗꝗ (2 ha)
    ⬚ ⬚ ⬚ ⬚ ⬚ ⬚ ⬚ – ⬚ ⬚ ⬚ – A proximité : golf
Tarif : ✻ 31 piscine comprise – ▣ 45 – ⑂ 16 (2A) 22 (5A)
Location : ⬚ 1000 à 2800

Le CHEYLARD

07160 Ardèche ⑪ – ⑦⑥ ⑲ – 3 833 h. alt. 450.
🅱 Office de Tourisme r. de la Poste 𝄞 04 75 29 18 71, Fax 04 75 29 46 75.
Paris 597 – Aubenas 50 – Lamastre 22 – Privas 47 – Le Puy-en-Velay 62 – St-Agrève 24 – Valence 60.

⚠ **Municipal la Chèze** mai-sept.
    𝄞 04 75 29 09 53 – sortie Nord-Est par D 120, rte de la Voulte puis à droite, 1 km par D 204 et
D 264, rte de St-Christol, au château – ⬚ ⩽ le Cheylard et montagnes « Belle situation dominante
dans le parc d'un château » ⚡ – **R** conseillée juil.-août – ⌀
3 ha (96 empl.) plat et en terrasses ꝗꝗ
    ⬚ ⬚ ⬚ ⬚ ⬚ ⬚ – ⬚ ⬚ parcours de santé
Tarif : ▣ 2 pers. 55 – ⑂ 15 (10A)

    Ⓜ   *Ce signe distingue certains terrains*
           d'équipement sanitaire moderne.

CHINDRIEUX

73310 Savoie ⑫ – ⑦④ ⑮ – 1 059 h. alt. 300.
Paris 521 – Aix-les-Bains 16 – Annecy 37 – Bellegarde-sur-Valserine 39 – Bourg-en-Bresse 91 – Chambéry 34.

⚠ **Les Peupliers** 15 avril-oct.
    𝄞 04 79 54 52 36 – S : 1 km par D 991 rte d'Aix-les-Bains et chemin à droite, à Chaudieu – ⩽ « Cadre
verdoyant » ⚡ – **R** conseillée – ⌀
1,5 ha (65 empl.) plat, herbeux, gravier ⌁ ⍩
    ⬚ ⬚ ⬚ ⬚ ⬚ ⬚ ⬚ ⬚ – ⬚ ⬚ ⬚
Tarif : ▣ 2 pers. 70 – ⑂ 15 (10A)

CHINON

37500 I.-et-L. ⑨ – ⑥④ ⑬ G. Châteaux de la Loire – 8 627 h. alt. 40.
🅱 Office de Tourisme pl. Hofheim 𝄞 02 47 93 17 85, Fax 02 47 93 93 05 et (juil.-août) rte de Tours.
Paris 287 – Châtellerault 51 – Poitiers 80 – Saumur 30 – Thouars 43 – Tours 47.

⚠ **Municipal de l'Île Auger** 15 mars-15 oct.
    𝄞 02 47 93 08 35 – quai Danton, bord de la Vienne – ⩽ ville et château ⚡ – **R** – ⬛ ⌀
3 ha (277 empl.) plat, herbeux
    ⬚ ⬚ ⬚ ⬚ ⬚ ⬚ ⬚ – ⬚ ⬚ – A proximité : ⬚ ⬚ ⬚ ⬚
Tarif : (Prix 1999) ✻ 10,70 – ⬚ 11,10 – ▣ 11,10 – ⑂ 10,40 (4A)

CHISSEAUX

37150 I.-et-L. ⑤ – ⑥④ ⑯ – 522 h. alt. 58.
Paris 226 – Amboise 14 – Chenonceaux 2 – Montbazon 35 – Montrichard 8 – Tours 33.

⚠ **Municipal de l'Écluse** 29 avril-16 sept.
    𝄞 02 47 23 87 10 – au Sud du bourg, près du Cher – ⚡ saison – **R** – ⌀
1,2 ha (80 empl.) plat, herbeux ⍩
    ⬚ ⬚ ⬚ ⬚ ⬚ ⬚ ⬚ ⬚ – ⬚
Tarif : (Prix 1999) ✻ 16 – ▣ 17 – ⑂ 16

CHOISY

74330 H.-Savoie ⑫ – ⑦④ ⑥ – 1 068 h. alt. 626.
Paris 529 – Annecy 17 – Bellegarde-sur-Valserine 32 – Bonneville 35 – Genève 38.

⚠ **Aire Naturelle Chez Langin** 14 avril-14 oct.
    𝄞 04 50 77 41 65, Fax 04 50 77 45 01 – NE : 1,3 km par D 3, rte d'Allonzier-la-Caille puis 1,3 km
par rte des Mégevands à gauche et chemin - Par autoroute A 41 : sortie Cruseilles et D 3 – ⬚ ⩽
« A l'orée d'un bois, face aux montagnes » ⚡ – **R** conseillée – ⌀
2 ha (25 empl.) peu incliné, herbeux
    ⬚ ⬚ ⬚ ⬚ ⬚ ⬚ ⬚ – ⬚ – ⬚ (petite piscine)
Tarif : ▣ 2 pers. 90, pers. suppl. 30 – ⑂ 20 (3A)

CHOLET

49300 M.-et-L. 🗾 – 🟦67🟦 ⑤ ⑥ G. Châteaux de la Loire – 55 132 h. alt. 91.
🅱 Office de Tourisme pl. Rougé ℘ 02 41 49 80 00, Fax 02 41 49 80 09.
Paris 350 – Ancenis 49 – Angers 61 – Nantes 57 – Niort 104 – La Roche-sur-Yon 67.

    ▲▲▲ **S.I. Lac de Ribou** avril-oct.
        ℘ 02 41 49 74 30, Fax 02 41 58 21 22 – SE : 5 km par D 20, rte de Maulevrier et D 600 à droite,
à 100 m du lac – 🐟 « Décoration florale et arbustive » ⚬⊸ – **R** conseillée juil.-août – 🆖 🐕
5 ha (178 empl.) plat et peu incliné, herbeux ▭
🕮 ⅙ 🗔 🏊 🖥 🛁 🗑 ⊕ 🛒 ▽ 🖩 – 🍴 ✗ 🔆 – 🚗 🏕 🛥 ⚙ ⌁ toboggan aquatique – A proximité :
practice de golf ⁓⊙ 🎯 🧘 🐎
Tarif : 🔲 piscine et tennis compris 2 pers. 88, pers. suppl. 22 – ⚡ 21 (10A)
Location (permanent) - ✗ : �Ⓡ 1410 à 2885 – 🏠1410 à 3275

CHORANCHE

38680 Isère 🟦12🟦 – 🟦77🟦 ③ ④ – 132 h. alt. 280.
Paris 595 – La Chapelle-en-Vercors 24 – Grenoble 52 – Romans-sur-Isère 31 – St-Marcellin 20 – Villard-de-Lans 20.

    ▲ **Le Gouffre de la Croix** 15 mars-15 sept.
        ℘ 04 76 36 07 13 – au Sud-Est du bourg, rte de Chatelas, bord de la Bourne – 🐟 ≤ ⚬⊸ –
R conseillée juil.-août – 🆖 🐕
2,5 ha (52 empl.) plat et en terrasses, herbeux 🌳
⅙ 🗔 🏊 🛒 ⊕ 🖩 🖥 – snack – 🚗 🆒
Tarif : 🔲 2 pers 56, pers. suppl. 18 – ⚡ 16 (4A)
Location : 🚗 800 à 1400 – 🚚 1500 à 2500

    ▲ **Municipal les Millières** mars-oct.
au Sud-Est du bourg – ≤ « Au pied des Rochers de Presles, près de la Bourne » – **R** conseillée – 🐕
0,4 ha (26 empl.) plat et terrasse, herbeux, pierreux ▭
⅙ 🗔 ⊕ 🛒 ▽
Tarif : (Prix 1999) 🚶 14 – 🚙 5 – 🔲 8

CHORGES

05230 H.-Alpes 🟦17🟦 – 🟦77🟦 ⑰ – 1 561 h. alt. 864.
Paris 682 – Embrun 23 – Gap 18 – Savines-le-Lac 11.

    ▲▲ **Le Serre du Lac** Permanent
        ℘ 04 92 50 67 57, Fax 04 92 50 64 56 – SE : 4,5 km par N 94 rte de Briançon et rte de la baie de
St-Michel – ≤ ⚬⊸ – **R** conseillée – 🐕
2,5 ha (91 empl.) en terrasses, pierreux, herbeux ▭
🕮 ⅙ 🗔 🏊 🗔 🛒 🖩 ⊕ 🛁 ▽ 🖥 – 🚗 🆒
Tarif : 🚶 28 piscine comprise – 🔲 18 – ⚡ 18 (15A)
Location : 🚚 1800 à 2800

CHOUVIGNY

03450 Allier 🟦11🟦 – 🟦73🟦 ④ G. Auvergne – 240 h. alt. 525.
Paris 373 – Châtelguyon 36 – Gannat 19 – Montmarault 34 – Vichy 39.

    ▲ **Municipal le Bel** Pâques-15 sept.
        ℘ 04 70 90 90 48 – SE : 3 km par D 915 rte d'Ébreuil puis 0,6 km par chemin à droite, à Péraclos,
bord de la Sioule – 🐟 ⚬⊸ – **R** juil.-août – 🐕
1,2 ha (33 empl.) plat et en terrasses, herbeux, pierreux 🌳
🗔 🖥 🛁 🏊 ⊕ – 🛥
Tarif : 🔲 1 ou 2 pers. 40/45 – ⚡ 13

La CIOTAT

13600 B.-du-R. 🟦16🟦 – 🟦84🟦 ⑭ G. Provence – 30 620 h.
🅱 Office de Tourisme bd A.-France ℘ 04 42 08 61 32, Fax 04 42 08 17 88.
Paris 805 – Aix-en-Provence 51 – Brignoles 63 – Marseille 31 – Toulon 40.

    ▲▲ **St-Jean** avril-1ᵉʳ oct.
        ℘ 04 42 83 13 01, Fax 04 42 71 46 41 – NE : 2 km, av. de St-Jean, vers Toulon « En bord de mer »
⚬⊸ – 🍴 – 🆖
1 ha (80 empl.) plat, pierreux, herbeux 🌳🌳
⅙ 🗔 🏊 🛒 ⊕ 🖥 – 🍱 ✗ 🔆
Tarif : (Prix 1999) 🔲 3 pers. 130 ou 155, pers. suppl. 32 – ⚡ 18 (2A) 20 (3A) 27 (6A)
Location : studios

    ▲ **Le Soleil** 31 mars-15 oct.
        ℘ 04 42 71 55 32 – sortie Nord-Ouest rte de Cassis par av. Émile Bodin, après le centre commercial
Intermarché – ⚬⊸ – **R** conseillée juil.-août – 🐕
0,5 ha (33 empl.) plat, herbeux 🌳🌳
🗔 🖥 🏊 ⊕ 🖥 – 🚗 🎣 – A proximité : 🍱 ✗ pizzeria
Tarif : 🔲 3 pers. 110, pers. suppl. 27 – ⚡ 16 (2A) 19 (6A)
Location : 🚚 1650 à 2450 – 🏠 1850 à 2650 – huttes

CIVRAY-DE-TOURAINE

37150 I.-et-L. **5** – **64** ⑯ – 1 377 h. alt. 60.
Paris 234 – Amboise 11 – Chenonceaux 1 – Montbazon 32 – Montrichard 11 – Tours 30.

   ▲ **Municipal de l'Isle** mi-juin-août
     S : 0,6 km par D 81 rte de Bléré, près du Cher – **R** – ⚡
     1,2 ha (50 empl.) plat, herbeux ⚫⚫ (0,6 ha)
     ⚒ 🗻 🗗 ⚄ ⚙ – A proximité : ✖
     Tarif : (Prix 1999) ⚹ 12 – ⟋ 10 – ▣ 12 – ⚡ 12

CLAIRVAUX-LES-LACS

39130 Jura **12** – **70** ⑭ G. Jura – 1 361 h. alt. 540.
Paris 432 – Bourg-en-Bresse 92 – Champagnole 35 – Lons-le-Saunier 21 – St-Claude 33 – St-Laurent-en-Grand-vaux 25.

   ▲▲▲ **Le Fayolan** 6 mai-17 sept.
     ✆ 03 84 25 26 19, Fax 03 84 25 26 20 – SE : 1,2 km par D 118 rte de Châtel-de-Joux et chemin
     à droite – ⪕ « Au bord du lac » ⚮ – **R** conseillée juil.-20 août – **GB** ⚡
     13 ha (516 empl.) peu incliné, plat et en terrasses, herbeux, gravillons, pinède ⚫ (3 ha)
     ⚒ 🗻 ⚅ 🗗 ⚄ ⚙ ⚄ ⚮ ▣ – 🍴 ⚑ snack ⚮ – 🏕 🏊 ⚓ ⚓ 🌊 plage – A proximité : parcours
     de santé
     Tarif : ▣ piscine comprise 2 pers. 125 – ⚡ 18 (6A)
     Location : ⛺ 1200 à 3500

CLAMECY

58500 Nièvre **6** – **65** ⑮ G. Bourgogne – 5 284 h. alt. 144.
🛈 Office de Tourisme r. Grand Marché ✆ 03 86 27 02 51.
Paris 208 – Auxerre 42 – Avallon 38 – Bourges 104 – Cosne-
sur-Loire 52 – Dijon 144 – Nevers 69.

   ▲ **S.I. Pont Picot** mai-sept.
     ✆ 03 86 27 05 97 – S : bord de l'Yonne et du
     canal du Nivernais, Accès conseillé par Beaugy –
     ⚑ « Situation agréable dans une petite île » ⚮
     – **R** – ⚡
     1 ha (90 empl.) plat, herbeux ⚫ (0,5 ha)
     🗻 ⚅ ⚄ ⚙
     Tarif : (Prix 1999) ⚹ 16 – ⟋ 12 – ▣ 12 – ⚡ 16)

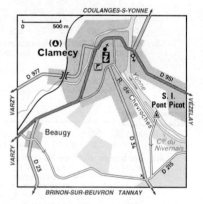

CLAPIERS

34 Hérault – **83** ⑦ – rattaché à Montpellier.

La CLAYETTE

71800 S.-et-L. **11** – **69** ⑰ ⑱ G. Bourgogne – 2 307 h. alt. 369.
🛈 Office de Tourisme 3 rte de Charolles ✆ 03 85 28 16 35, Fax 03 85 26 87 25.
Paris 380 – Charolles 20 – Lapalisse 63 – Lyon 89 – Mâcon 56 – Roanne 41.

   ▲▲ **Les Bruyères** Permanent
     ✆ 03 85 28 09 15 – E : sur D 79 rte de St-Bonnet-de-Joux « Face au lac et au château » ⚮ –
     R conseillée – ⚡
     2,2 ha (100 empl.) plat, peu incliné, herbeux, gravier ⚫
     ▥ ⚒ 🗻 ⚅ 🗗 ⚄ ⚙ ▣ – 🏕 🌊 (bassin) – A proximité : toboggan aquatique ✖ ⚓ 🌊
     Tarif : ▣ élect. comprise 2 pers. 87, pers. suppl. 21
     Location : ⛺ 1400 à 2200

CLÉDEN-CAP-SIZUN

29770 Finistère **3** – **58** ⑬ – 1 181 h. alt. 30.
Paris 613 – Audierne 10 – Douarnenez 28 – Quimper 47.

   ▲ **La Baie** Permanent
     ✆ 02 98 70 64 28 – O : 2,5 km, à Lescleden – ⚑ ⪕ ⚮
     0,4 ha (27 empl.) peu incliné et terrasse, herbeux
     🗻 ⚅ ⚙ – ⚑ ⚑ ✖ (dîner seulement)
     Tarif : ⚹ 16 – ⟋ 6 – ▣ 14 – ⚡ 12 (3A)

*Participez à notre effort permanent
de mise à jour.*

*Adressez-nous vos remarques et
vos suggestions.*

Cartes et Guides MICHELIN
46, avenue de Breteuil – 75324 Paris Cedex 07.

CLÉDER

29233 Finistère 🎯 – 🔢 ⑤ – 3 801 h. alt. 51.
🏢 Office de Tourisme 2 r. de Plouescat 🕿 02 98 69 43 01, Fax 02 98 69 43 01.
Paris 565 – Brest 53 – Brignogan-Plages 21 – Morlaix 27 – St-Pol-de-Léon 9.

⚠ *Camping Village de Roguennic* avril-sept.
🕿 02 98 69 63 88, Fax 02 98 61 95 45 – N : 5 km – 🐾 « Au bord d'une très belle plage de sable fin » ⟲ juil.-août – **R** conseillée – 📺 ♺
8 ha (300 empl.) plat et accidenté, sablonneux, herbeux, dunes, bois attenant
🔧 🔥 🗑 🖙 ⊕ 🔲 🖳 – 🏪 snack, crêperie ⛱ – 🔲 🎯 🎿 – A proximité : au Centre de Loisirs : parcours sportif 🎾 🎯 🏊
Tarif : 🔲 *piscine comprise 1 pers. 43,50, pers. suppl. 16* – [❄] *12 (4A)*
Location *(permanent) :* 🏠*1300 à 2950*

CLÉMENSAT

63320 P.-de-D. 🔢 – 🔢 ⑭ – 69 h. alt. 600.
Paris 452 – Clermont-Ferrand 37 – Issoire 14 – Pontgibaud 53 – Rochefort-Montagne 47 – St-Nectaire 13.

⚠ *La Gazelle* 15 juin-15 sept.
🕿 04 73 71 14 79 – sortie Sud-Est, rte de St-Floret – 🐾 ⟲ – **R** 15 juil.-15 août – 📺 ♺
0,7 ha (30 empl.) peu incliné, herbeux
🔥 🖙 ⊕ – 🔲 🎯
Tarif : ⚹ *12* – 🚗 *7* – 🔲 *10* – [❄] *12 (6A)*

CLERMONT-L'HÉRAULT

34800 Hérault 🔢 – 🔢 ⑤ G. Languedoc Roussillon – 6 041 h. alt. 92.
Paris 720 – Béziers 47 – Lodève 19 – Montpellier 42 – Pézenas 22 – Sète 44.

⚠ *Municipal du Lac du Salagou* Permanent
🕿 04 67 96 13 13 – NO : 5 km par D 156^{E4}, à 300 m du lac – ≼ « Site agréable » ⟲ – **R** conseillée – 📺 ♺
7,5 ha (388 empl.) plat et en terrasses, peu incliné, pierreux, gravier, herbeux. 🔲 ♀ (4 ha)
🔧 🔥 ♨ ⊕ 🖳 – cases réfrigérées – 🔲 🎯 – A proximité : 🍴 ✗ pizzeria ⛱ 🚲 🎿 ♨
Tarif : (Prix 1999) ⚹ *12* – 🔲 *46* – [❄] *15 (5A)*
Location : *gîtes*

CLISSON

44190 Loire-Atl. 🎯 – 🔢 ④ G. Poitou Vendée Charentes – 5 495 h. alt. 34.
🏢 Office de Tourisme r. et plage du Minage 🕿 02 40 54 02 95, Fax 02 40 54 07 77.
Paris 384 – Ancenis 37 – Cholet 42 – Nantes 29 – La Roche-sur-Yon 54.

⚠ *Municipal le Moulin* avril-oct.
🕿 02 40 54 44 48 – sortie Nord par N 149, rte de Nantes, à proximité de la Sèvre Nantaise avec accès direct – ⟲ 15 juin-15 sept. – **R** conseillée juil.-août – ♺
1,6 ha (47 empl.) plat, peu incliné, herbeux 🔲
🔧 🔥 ♺ 🖙 ⊕ – 🔲 – A proximité : 🍖
Tarif : 🔲 *élect. (10A) comprise 1 pers. 56, pers. suppl. 15*

CLOYES-SUR-LE-LOIR

28220 E.-et-L. 🎯 – 🔢 ⑰ G. Châteaux de la Loire – 2 593 h. alt. 97.
Paris 143 – Blois 55 – Chartres 56 – Châteaudun 12 – Le Mans 93 – Orléans 63.

⚠ *Parc de Loisirs* 16 mars-14 nov.
🕿 02 37 98 50 53, Fax 02 37 98 33 84 – sortie Nord par N 10 rte de Chartres puis D 23 à gauche – Places limitées pour le passage « Agréable parc de loisirs au bord du Loir » ⟲ – **R** – 📺 ♺
5 ha (196 empl.) plat, herbeux 🔲 ♀
🔧 🔥 ♺ 🖙 🔨 🖳 – 🍴 ♀ crêperie, snack, pizzeria ⛱ – 🔲 🎯 🚲 🎿 (petite piscine) toboggan aquatique poneys – A proximité : 🎾
Tarif : (Prix 1999) ⚹ *25* – 🔲 *45* – [❄] *20 (5A)*
Location : 🚐 *2000 à 2800*

CLUNY

71250 S.-et-L. 🔢 – 🔢 ⑲ G. Bourgogne – 4 430 h. alt. 248.
🏢 Office de Tourisme (fermé dim. de nov. à mars) 6 r. Mercière 🕿 03 85 59 05 34, Fax 03 85 59 06 95.
Paris 384 – Chalon-sur-Saône 48 – Charolles 42 – Mâcon 26 – Montceau-les-Mines 44 – Roanne 84 – Tournus 33.

⚠ *Municipal St-Vital* mai-sept.
🕿 03 85 59 08 34 – sortie Est par D 15, rte d'Azé – ≼ ⟲ – **R** conseillée – 📺 ♺
3 ha (174 empl.) peu incliné, plat, herbeux
🔥 ♺ 🖙 🖙 ⊕ 🖳 – A proximité : 🎾 🔲 🎿 🏇
Tarif : (Prix 1999) ⚹ *18 piscine comprise* – 🚗 *9,50* – 🔲 *9,50* – [❄] *15 (6A)*

La CLUSAZ

74220 H.-Savoie **12** – **74** ⑦ G. Alpes du Nord – 1 845 h. alt. 1 040 – Sports d'hiver : 1 100/2 600 m ⤒ 5 ⤋51 ⚡.
🛈 Office de Tourisme ℰ 04 50 32 65 00, Fax 04 50 32 65 01.
Paris 568 – Albertville 38 – Annecy 33 – Bonneville 26 – Chamonix-Mont-Blanc 63 – Megève 27 – Morzine 65.

   Le Plan du Fernuy 18 déc.-24 avril et 3 juin-10 sept.
    ℰ 04 50 02 44 75, Fax 04 50 32 67 02 – E : 1,5 km par rte des Confins – ❄ 🏊 ⩽ « Belle piscine d'intérieur et site agréable au pied des Aravis » ⊶ – **R** conseillée juil.-août et vacances scolaires d'hiver – ⅁ℬ ⤹
    1,3 ha (80 empl.) en terrasses, peu incliné, gravier, herbeux
    ▥ ♿ 🚿 ⇆ 🗓 🖄 ⇄ ☺ ⚲ ☡ 🕾 🖻 – 🍴 – 🛖 🔲
    Tarif : 🗉 piscine comprise 2 pers. 100 (hiver 121) – 🔌 4A : 19 (hiver 26) 8A : 26 (hiver 37)
    Location : appartements

Utilisez les **cartes MICHELIN** *détaillées à 1/200 000,*
complément indispensable de ce guide.

O *Ce symbole signale la localité sélectionnée*
dans le **guide Michelin « CAMPING CARAVANING FRANCE ».**

COGNAC

16100 Charente **9** – **71** ⑤ G. Poitou Vendée Charentes – 19 528 h. alt. 25.
🛈 Office de Tourisme 16 r. du 14-Juillet ℰ 05 45 82 10 71, Fax 05 45 82 34 47.
Paris 480 – Angoulême 43 – Bordeaux 120 – Libourne 116 – Niort 82 – La Roche-sur-Yon 171 – Saintes 26.

   Municipal mai-15 oct.
    ℰ 05 45 32 13 32 – N : 2,3 km par D 24 rte de Boutiers, entre la Charente et le Solençon – ⊶ juil.-août – **R** conseillée juil.-août – ⅁ℬ ⤹
    2 ha (170 empl.) plat, herbeux 🔲 ῂ (1 ha)
    ♿ 🚿 ⇆ 🗓 ⚲ ☺ 🕾 🖻 – 🛶 ⅀ – A proximité : 🍴 ✕
    Tarif : (Prix 1999) 🗉 piscine comprise 2 pers 67/78 (avec élect. 6A)

COGNAC-LA-FORÊT

87310 H.-Vienne **10** – **72** ⑯ – 893 h. alt. 410.
Paris 419 – Bellac 41 – Châlus 27 – Limoges 24 – Rochechouart 17 – St-Junien 13.

   Les Alouettes avril-sept.
    ℰ 05 55 03 80 86 – SO : 1,5 km par D 10, rte de Rochechouart et chemin à gauche – 🏊 ⊶ – **R** – ⤹
    3 ha (100 empl.) peu incliné, plat, herbeux, bois attenant
    ♿ 🚿 ⇆ 🗓 ῂ ☺ ⚲ 🕾 – 🛖 🛶 – A proximité : (1 km) : plan d'eau ✕ ⚓ (plage) 🐎
    Tarif : ✶ 16 – ⇆ 9 – 🗉 9 – 🔌 8,50 (2,5A)

La COLLE-SUR-LOUP

06480 Alpes-Mar. **17** – **84** ⑨ G. Côte d'Azur – 6 025 h. alt. 90.
🛈 Office de Tourisme 28 av. Mar.-Foch ℰ 04 93 32 68 36, Fax 04 93 32 05 07.
Paris 924 – Antibes 15 – Cagnes-sur-Mer 6 – Cannes 25 – Grasse 19 – Nice 19 – Vence 8.

   Les Pinèdes mars-15 oct.
    ℰ 04 93 32 98 94, Fax 04 93 32 50 20 – O : 1,5 km par D 6 rte de Grasse, à 50 m du Loup – ⊶ – **R** conseillée juil.-août – ⅁ℬ ⤹
    3,8 ha (164 empl.) en terrasses, gravillons, herbeux 🔲 ῂ
    ▥ 🚿 ⇆ 🗓 ☺ ⚲ ☡ 🕾 🖻 – 🍴 ✕ ⤴ cases réfrigérées – 🛖 🛶 ⚛ ⅀
    Tarif : 🗉 piscine comprise 2 pers. 119/124 – 🔌 17 (3A) 21 (6A) 24 (10A)
    Location : 🛏 1200 à 2600 – 🏚 1500 à 3300 – 🏠 1800 à 3600

   Le Vallon Rouge avril-1er oct.
    ℰ 04 93 32 86 12, Fax 04 93 32 80 09 – O : 3,5 km par D 6, rte de Grasse, bord du Loup – 🏊 ⊶ – **R** conseillée – ⅁ℬ ⤹
    3 ha (103 empl.) plat, herbeux, gravillons et terrasses 🔲 ῂ
    ♿ 🗓 ⇄ ῂ ☺ ⚲ 🖻 – ⅀, pizzeria, snack ⤴ – 🛖 ⅀ ⚓
    Tarif : ✶ 25 piscine comprise – 🗉 45 ou 115 – 🔌 25 (10A)
    Location : 🏚 1200 à 3280 – 🏠 1200 à 3280

COLLEVILLE-SUR-MER

14710 Calvados **4** – **54** ⑭ G. Normandie Cotentin – 146 h. alt. 42.
Paris 277 – Bayeux 17 – Caen 46 – Carentan 35 – St-Lô 42.

   Le Robinson avril-sept.
    ℰ 02 31 22 45 19 – NE : 0,8 km par D 514 rte de Port-en-Bessin – **R** conseillée juil.-août – ⅁ℬ ⤹
    1 ha (53 empl.) plat, herbeux
    ♿ 🚿 ⇆ 🗓 ῂ ☺ 🕾 🖻 – 🍴 – 🛶
    Tarif : (Prix 1999) ✶ 25 – 🗉 20/25 – 🔌 18 (3A) 22 (6A)
    Location : 🛏 1200 à 1600

COLLIAS

30210 Gard 16 – 80 ⑲ – 756 h. alt. 45.
Paris 698 – Alès 44 – Avignon 32 – Bagnols-sur-Cèze 35 – Nîmes 25 – Pont-du-Gard 8.

Le Barralet Pâques-20 sept.
✆ 04 66 22 84 52, Fax 04 66 22 89 17 – NE : 1 km par D 3 rte d'Uzès et chemin à droite – ≤
– **R** conseillée juil.-août – GB
2 ha (90 empl.) plat et peu incliné, herbeux
– pizzeria –
Tarif : *piscine comprise 2 pers. 80, 3 pers. 98, 4 pers. 115, pers. suppl. 22 – 16 (6A)*
Location : *1000 à 1800*

COLMAR

68000 H.-Rhin 8 – 62 ⑲ G. Alsace Lorraine – 63 498 h. alt. 194.
Office de Tourisme 4 r. des Unterlinden ✆ 03 89 20 68 92, Fax 03 89 41 34 13.
Paris 447 – Basel 67 – Freiburg 51 – Nancy 143 – Strasbourg 73.

Intercommunal de l'Ill fév.-nov.
✆ 03 89 41 15 94 – E : 2 km par N 415, rte de Fribourg, à Horbourg, bord de l'Ill – – R –
GB
2,2 ha (200 empl.) plat et terrasses, herbeux
– snack –
Tarif : *18 – 20 – 15 (6A) 24 (10A)*

COLY

24120 Dordogne 10 – 75 ⑦ – 193 h. alt. 113.
Paris 494 – Brive-la-Gaillarde 32 – Montignac 12 – Sarlat-la-Canéda 24.

La Grande Prade Pâques-sept.
✆ 05 53 51 66 13, Fax 05 53 50 83 11 – SE : 2 km par D 62, rte de la Cassagne, près d'un étang et d'un plan d'eau – – **R** conseillée –
3,5 ha (100 empl.) peu incliné, herbeux, pierreux
– – – A proximité :
Tarif : *20 piscine comprise – 28 – 15 (5A) 18 (10A)*
Location : *1000 à 1700 – 1700 à 2800*

COMBRIT

29120 Finistère 3 – 58 ⑮ G. Bretagne – 2 673 h. alt. 35.
Paris 569 – Audierne 37 – Bénodet 6 – Douarnenez 32 – Quimper 19.

Schéma à Bénodet

Menez Lanveur mai-sept.
✆ 02 98 56 47 62 – S : 2 km par rte d'Ile-Tudy et rte à gauche – saison – **R** conseillée –
1,8 ha (80 empl.) plat, herbeux
–
Tarif : (Prix 1999) *16,50 – 9,50 – 21 – 16 (2A)*
Location : *1400 – (sans sanitaires)*

COMMEQUIERS

85220 Vendée 9 – 67 ⑫ – 2 053 h. alt. 19.
Paris 446 – Challans 13 – Nantes 64 – La Roche-sur-Yon 38 – Les Sables-d'Olonne 36 – St-Gilles-Croix-de-Vie 12.

La Vie avril-sept.
✆ 02 51 54 90 04, Fax 02 51 54 36 63 – SE : 1,3 km par D 82 rte de Coëx et chemin à gauche –
– **R** – GB
3 ha (50 empl.) plat, herbeux, petit étang
–
Tarif : (Prix 1999) *20 piscine comprise – 10 – 18 – 18 (6A)*

COMPS-SUR-ARTUBY

83840 Var 17 – 84 ⑦ G. Alpes du Sud – 272 h. alt. 898.
Paris 833 – Castellane 28 – Digne-les-Bains 83 – Draguignan 31 – Grasse 61 – Manosque 97.

Aire Naturelle l'Iscloun avril-sept.
✆ 04 94 85 68 59 – à Jabron, N : 5 km par D 955, rte de Castellane, bord du Jabron, alt. 760 – ≤
– **R** conseillée juil.-août – GB
0,7 ha (20 empl.) plat, herbeux, pierreux
– snack
Tarif : *2 pers. 80, pers. suppl. 15*
Location : *1500 à 2300*

CONCARNEAU

29900 Finistère **8** – **58** ⑪ ⑮ G. Bretagne – 18 630 h. alt. 4.
1 Office de Tourisme q. d'Aiguillon ℰ 02 98 97 01 44, Fax 02 98 50 88 81.
Paris 548 – Brest 93 – Lorient 51 – Quimper 22 – St-Brieuc 131 – Vannes 103.

Les Prés Verts mai-10 sept.
ℰ 02 98 97 09 74, Fax 02 98 50 72 34 – NO : 3 km par rte du bord de mer et à gauche, à 250 m de la plage (accès direct) – ⚘ « Décoration florale et arbustive » ⚷ – **R** conseillée 15 juil.-20 août – GB ⚕
2,5 ha (150 empl.) plat et peu incliné, herbeux ⚲
⌂ ⚒ ⚏ ⚐ ⚓ ⊕ ⚑ – ⚡ – ⚏ ⚓ ⚓ – ⚑
Tarif : (Prix 1999) ⚏ *piscine comprise* 2 pers. 130, pers. suppl. 38 – ⚏ 19 (2A) 21 (3A) 25 (4A)
Location ⚕ : ⚏ *1800 à 3400*

Lochrist 15 juin-15 sept.
ℰ 02 98 97 25 95, Fax 02 98 50 66 99 – N : 3,5 km par D 783 rte de Quimper et chemin à gauche « Dans un verger, autour d'une ancienne ferme restaurée » ⚷ – **R** conseillée – ⚕
1,5 ha (100 empl.) plat, herbeux ⚲ (1 ha)
⌂ ⚒ ⚏ ⚐ ⊕ ⚑ – ⚡ – ⚏ ⚓
Tarif : ⚹ 20 – ⚏ 9 – ⚏ 23 – ⚏ 19 (10A)
Location : ⚏ *1800 à 2500*

Les CONCHES

85 Vendée – **67** ⑫ – rattaché à Longeville-sur-Mer.

CONCORÈS

46310 Lot **13** – **75** ⑱ – 287 h. alt. 312.
Paris 558 – Cahors 30 – Gourdon 12 – Rocamadour 40 – Labastide-Murat 20.

Moulin des Donnes Pâques-fin sept.
ℰ 05 65 31 03 90, Fax 05 65 24 51 45 – O : 0,9 km par D 12 rte de Gourdon et chemin à gauche, bord du Céou – ⚘ ⚷ juil.-août – **R** conseillée juil.-août – GB ⚕
1,5 ha (65 empl.) plat, herbeux ⚏ ⚲
⌂ ⚒ ⚏ ⚐ ⚓ ⊕ ⚑ – ⚡ – ⚏ ⚑
Tarif : ⚹ 23 *piscine comprise* – ⚏ 23 – ⚏ 14 (6A) 16 (10A)
Location : ⚏ *1400 à 1800* – ⚏ *(sans sanitaires)*

CONCOURSON-SUR-LAYON

49700 M.-et-L. **9** – **64** ⑪ – 532 h. alt. 55.
Paris 335 – Angers 46 – Cholet 45 – Saumur 25.

La Vallée des Vignes 14 avril-sept.
ℰ 02 41 59 86 35 – O : 0,9 km par D 960, rte de Vihiers et rte à droite après le pont, bord du Layon – Ⓜ ⚷ – **R** conseillée juil.-août – GB ⚕
3,5 ha (63 empl.) plat, herbeux ⚏ ⚲
⚒ ⌂ ⚏ ⚐ ⚓ ⊕ ⚒ ⚓ ⚏ ⚑ – ⚡ ⚏ – ⚓ ⚓ ⚓ ⚑ ⚑
Tarif : ⚏ *piscine comprise* 2 pers. 110 (125 avec élect. 10A)
Location : ⚏ *1500 à 3250*

CONNERRÉ

72160 Sarthe **5** – **60** ⑭ G. Châteaux de la Loire – 2 545 h. alt. 80.
Paris 182 – Bonnétable 20 – Bouloire 12 – La Ferté-Bernard 20 – Le Mans 25.

▲ *Municipal la Plage aux Champs* mai-août
    𝒫 02 43 89 13 64 – r. de la Gare, sortie Nord par D 33, bord de l'Huisne et d'un ruisseau – ⚷
    juil.-août – **R** – ⚔
    1,2 ha (100 empl.) plat, herbeux ⚲
    🔊 ⚙ 🖫 🔥 ⊛ – ☂ – A proximité : parcours de santé ✹
    Tarif : (Prix 1999) ✶ *8* – �car *6,50* – ▣ *5,50/6,50* – [⚡] *16*

CONQUES

12320 Aveyron **15** – **80** ① G. Midi Pyrénées – 362 h. alt. 350.
🏢 Office de Tourisme pl. de L'Abbatiale 𝒫 05 65 72 85 00, Fax 05 65 72 87 03.
Paris 611 – Aurillac 53 – Decazeville 26 – Espalion 51 – Figeac 45 – Rodez 37.

▲ *Beau Rivage* avril-sept.
    𝒫 05 65 69 82 23 – à l'Ouest du bourg, par D 901, bord du Dourdou – ⚷ juil.-août – **R** conseillée
    juil.-août – **GB** ⚔
    1 ha (60 empl.) plat, herbeux ⊡ ⚲⚲
    ⅙ 🔊 ⚙ 🔥 ⊛ 🖫 ▣ – snack – ☂
    Tarif : ✶ *23 piscine comprise* – 🚗 *13* – ▣ *20* – [⚡] *15 (6 ou 10A)*

Le CONQUET

29217 Finistère **3** – **58** ③ G. Bretagne – 2 149 h. alt. 30.
🏢 Office de Tourisme Parc de Beauséjour 𝒫 02 98 89 11 31, Fax 02 98 89 08 20.
Paris 617 – Brest 24 – Brignogan-Plages 56 – St-Pol-de-Léon 83.

▲ *Municipal le Théven* avril-sept.
    𝒫 02 98 89 06 90 – NE : 5 km par rte de la plage des Blancs Sablons, à 400 m de la plage, Chemin
    et passerelle pour piétons reliant le camp à la ville – ⚓ ⚷ saison – **R** conseillée juil.-août – ⚔
    12 ha (393 empl.) plat, sablonneux, herbeux ⊡
    ⅙ 🔊 ⚙ 🔥 ⊛ 🖫 ▣ – ☂
    Tarif : (Prix 1999) ✶ *16* – ▣ *16* – [⚡] *15 (16A)*

CONTAMINE-SARZIN

74270 H.-Savoie **12** – **74** ⑤ – 293 h. alt. 450.
Paris 521 – Annecy 25 – Bellegarde-sur-Valserine 24 – Bonneville 45 – Genève 33.

▲ *Le Chamaloup* juin-15 sept.
    𝒫 04 50 77 88 28 ✉ 74270 Frangy – S : 2,8 km par D 123, près de la N 508 et de la rivière les
    Usses – ⚷ – **R** conseillée 15 juil.-15 août – ⚔
    1,5 ha (75 empl.) plat, herbeux ⚲
    ⅙ 🔊 ⚙ 🔥 ⊛ ▣ – ☕ – ☂
    Tarif : (Prix 1999) ✶ *23 piscine comprise* – 🚗 *5* – ▣ *15/20* – [⚡] *14 (10A)*
    Location : 🏠 *2600 à 2800*

Les CONTAMINES-MONTJOIE

74170 H.-Savoie **12** – **74** ⑧ G. Alpes du Nord – 994 h. alt. 1 164 – Sports d'hiver : 1 165/2 500 m
⛷3 ⚡23 ⚘.
🏢 Office de Tourisme 18 rte de N.-D. de la Gorge 𝒫 04 50 47 01 58, Fax 04 50 47 09 54.
Paris 608 – Annecy 91 – Bonneville 50 – Chamonix-Mont-Blanc 33 – Megève 20 – St-Gervais-les-Bains 9.

▲▲ *Le Pontet* déc.-avril et 15 mai-sept.
    𝒫 04 50 47 04 04, Fax 04 50 47 18 10 – S : 2 km par D 902, bord du Bon Nant – ❄ ≤ « Site agréable
    au départ des pistes de ski et de randonnée » ⚷ – **R** conseillée – **GB** ⚔
    2,8 ha (157 empl.) plat, gravillons, herbeux
    🔊 🔊 ⚙ 🔥 ⊛ ▣ – ☂ – A proximité : practice de golf ⌖ ✗ snack ·⊛ ✹ 🏇 ☂
    Tarif : ▣ *3 pers. 100 (hiver 110)* – [⚡] *15 (2A) 26 (4A) 35 (6A)*
    Location : *gîte d'étape*

CONTIS-PLAGE

40170 Landes **13** – **78** ⑮.
Paris 715 – Bayonne 89 – Castets 32 – Dax 58 – Mimizan 24 – Mont-de-Marsan 75.

▲▲▲ *Lou Serrots* avril-sept.
    𝒫 05 58 42 85 82, Fax 05 58 42 49 11 – sortie Sud-Est par D 41, près du Courant de Contis – ⚷
    juil.-août – **R** conseillée – **GB** ⚔
    14 ha (540 empl.) plat et vallonné, sablonneux ⚲⚲ pinède
    🔊 🔊 ⚙ 🔥 ⊛ 🖫 ▣ – ☕ ⌖ ✗ 🎣 – ☂ 🏊 🏇 ☂ ·⊛ ✹ ☂ théâtre de plein air –
    A proximité : 🏃
    Tarif : (Prix 1999) ▣ *2 pers. 128, pers. suppl. 27* – [⚡] *21 (6A)*
    Location : 🚐 *990 à 3750* – 🏠 *1430 à 3990*

218

CONTREXÉVILLE

88140 Vosges **7** – 62 ⑭ G. Alsace Lorraine – 3 945 h. alt. 342 – ⚓ (avril-mi oct.).
🛈 Office de Tourisme r. du Shah-de-Perse 𝒫 03 29 08 08 68, Fax 03 29 08 25 40.
Paris 337 – Épinal 48 – Langres 68 – Luxeuil 70 – Nancy 81 – Neufchâteau 28.

  ▲ **Municipal Tir aux Pigeons** mi-avril-mi-oct.
    𝒫 03 29 08 15 06 – SO : 1 km par D 13 rte de Suriauville – ⟳ « A l'orée d'un bois » ⟜ – **R** conseillée
    1,8 ha (80 empl.) plat, herbeux, gravillons ⚏
    ⓑ 🗂 ⟳ 🗓 ⚘ 🔁 ⊙ 🖩 – 🏠
    Tarif : (Prix 1999) ✳ 12 – 🅴 15 - *Redevance pour une seule nuit* : ✳ 25 🅴 30 – 🔋 15 (5A)

Benutzen Sie die Grünen MICHELIN-Reiseführer,
wenn Sie eine Stadt oder Region kennenlernen wollen.

CORANCY

58120 Nièvre **11** – 69 ⑥ G. Bourgogne – 404 h. alt. 368.
Paris 276 – Château-Chinon 7 – Corbigny 38 – Decize 59 – Nevers 69 – St-Honoré-les-Bains 32.

  ▲ **Municipal les Soulins** 15 juin-15 sept.
    𝒫 03 86 78 01 62 – NO : 3,5 km par D 12, D 161 rte de Montigny-en-Morvan et D 230 à gauche
    après le pont – ⟳ ≤ « Près du lac » ⟜ – **R** – ⋌
    1,2 ha (42 empl.) plat et peu incliné, herbeux
    ⓑ 🗂 ⟳ 🗓 ⊙ 🖩 – 🏠 ⚤
    Tarif : (Prix 1999) ✳ 15 – 🅴 25

CORBÈS

30 Gard – 80 ⑰ – rattaché à Anduze.

CORCIEUX

88430 Vosges **8** – 62 ⑰ – 1 718 h. alt. 534.
Paris 424 – Épinal 41 – Gérardmer 17 – Remiremont 39 – St-Dié 18.

  ⛰ **Domaine des Bans et la Tour** mai-sept.
    𝒫 03 29 51 64 67, Fax 03 29 51 64 65 – en deux camps distincts (Domaine des Bans : 600 empl.
    et la Tour : 34 empl.), pl. Notre-Dame – ≤ « Cadre agréable, au bord d'un plan d'eau » ⟜ –
    R conseillée juil.-août – 🇬🇧 ⋌
    15,7 ha (634 empl.) plat, herbeux, pierreux ▭ ⚲
    🎦 ⓑ 🗂 ⟳ 🗓 ⚘ 🔁 ⊙ ⚐ ⚘ ⌇ 🖩 – 🔥 🍴 ✗ snack 🍡 – 🏠 discothèque ⚤ 🚲 ✂ 🔲 ⌁
    Tarif : 🅴 élect. (6A) et piscine comprises 2 pers. 150, pers. suppl. 35
    Location : 🏠 2700 à 3800 – appartements

CORDELLE

42123 Loire **11** – 73 ⑦ – 749 h. alt. 450.
Paris 413 – Feurs 35 – Roanne 15 – St-Just-en-Chevalet 29 – Tarare 42.

  ▲ **Municipal le Mars** avril-sept.
    𝒫 04 77 64 94 42 – S : 4,5 km par D 56 et chemin à droite – ⟳ ≤ « Agréable situation dominante
    sur les gorges de la Loire » ⟜ – **R** conseillée juil.-août – ⋌
    1,2 ha (65 empl.) plat et en terrasses, peu incliné, herbeux ▭
    🗂 ⟳ 🗓 🔁 ⊙ ⚘ ⚐ 🖩 – 🍴 – 🛝 ⌁
    Tarif : ✳ 18 piscine comprise – 🅴 23 – 🔋 17 (6A)

CORDES-SUR-CIEL

81170 Tarn **15** – 79 ⑳ G. Midi Pyrénées – 932 h. alt. 279.
🛈 Office de Tourisme Maison Fonpeyrouse 𝒫 05 63 56 00 52, Fax 05 63 56 19 52 et pl. Bouteillerie
𝒫 05 63 56 14 11.
Paris 665 – Albi 26 – Montauban 58 – Rodez 87 – Toulouse 82 – Villefranche-de-Rouergue 48.

  ⛰ **Moulin de Julien** avril-sept.
    𝒫 05 63 56 11 10 – SE : 1,5 km par D 922 rte de Gaillac, bord d'un ruisseau « Décoration originale »
    ⟜ – **R** conseillée – ⋌
    9 ha (130 empl.) plat, incliné et en terrasses, herbeux, étang ⚲
    ⓑ 🗂 🔁 ⊙ 🖩 – 🍴 – 🏠 ⚤ 🛝 ⌁ toboggan aquatique
    Tarif : 🅴 piscine comprise 3 pers. 120 – 🔋 10 (2A) 16 (5A)
    Location (15 juin-sept.) : 🏠 2200 à 3000

  ▲ **Camp Redon** 26 mars-15 oct.
    𝒫 05 63 56 14 64 ⊠ 81170 Livers-Cazelles – SE : 5 km par D 600 rte d'Albi puis 0,8 km par D 107
    rte de Virac à gauche – ⟳ ⟜ – **R** conseillée
    2 ha (40 empl.) plat, peu incliné, herbeux ▭ ⚲
    🗂 ⟳ 🔁 🖩 – 🏠 ⌁
    Tarif : 🅴 piscine comprise 2 pers. 60, pers. suppl. 20 – 🔋 10 (6A)
    Location ✂ : 🚐 1200

CORMORANCHE-SUR-SAÔNE

01290 Ain **11** – **74** ① – 780 h. alt. 172.
Paris 403 – Bourg-en-Bresse 41 – Châtillon-sur-Chalaronne 23 – Mâcon 8 – Villefranche-sur-Saône 34.

▲▲ *Intercommunal du Plan d'Eau* mai-sept.
   ℘ 03 85 31 70 23 – à la Base de Loisirs : sortie Ouest par D 51ᴬ et 1,2 km par rte à droite « Décoration arbustive des emplacements, près d'un beau plan d'eau » ⊶ – **R** conseillée mi-juil.-mi-août – ⚇
48 ha/4,5 campables (117 empl.) plat, herbeux, sablonneux, bois attenant ⊏⊐ ♀ (1 ha)
   ᕞ ⴳ ⇄ ⌷ ⴲ ⚘ ⵣ ⵎ ᰦ – ᰦ ♀ – ⛎ ⴹ ᰦ – ⴹ ᰰ (plage) ♨
Tarif : (Prix 1999) ⚲ 27 – ▣ 31/42 avec élect. (6A)
Location (permanent) : ⌂ 800 à 2000

CORNEILLA-DE-CONFLENT

66 Pyr.-Or. – **86** ⑰ – rattaché à Vernet-les-Bains.

CORRÈZE

19800 Corrèze **10** – **75** ⑨ G. Berry Limousin – 1 145 h. alt. 455.
Paris 483 – Argentat 46 – Brive-la-Gaillarde 46 – Égletons 22 – Tulle 18 – Uzerche 35.

▲▲ *Municipal la Chapelle* 15 juin-15 sept.
   ℘ 05 55 21 29 30 – sortie Est par D 143, rte d'Egletons et à droite, rte de Bouysse – ⚇ « Situation agréable près d'une chapelle, au bord de la Corrèze » ⊶ – **R**
3 ha (54 empl.) plat, terrasse, peu incliné, herbeux, forêt attenante ♀ (1 ha)
   ᕞ ⴳ ⇄ ⌷ ⴲ ⚘ ▣ – ⛙ ᰦ – A proximité : ᰱ
Tarif : (Prix 1999) ⚲ 15 – ⟿ 7 – ▣ 14 – ⑭ 12 (5A)
Location : gîtes

CORSE

17 – 90 G. Corse.
⚓ Par Société Nationale Corse-Méditerranée (S.N.C.M.) – Départ de **Marseille** : 61 bd des Dames (2ᵉ)
℘ 04 91 56 30 10, Fax 04 91 56 95 86 – Départ de **Nice** : (Ferryterranée) quai du Commerce ℘ 04 93 13 66 99
– Départ de **Toulon** : 21 et 49 av. Infanterie de Marine ℘ 04 94 16 66 66.

Ajaccio   Corse-du-Sud, pli ⑰ – 58 315 h. – ⊠ 20000 Ajaccio.
🄱 Office de Tourisme bd du Roi Jérôme ℘ 04 95 51 53 03, Fax 04 95 51 53 01.
Bastia 146 – Bonifacio 136 – Calvi 164 – Corte 77 – L'Ile-Rousse 140.

▲ *Les Mimosas* avril-15 oct.
   ℘ 04 95 20 99 85, Fax 04 95 10 01 77 – sortie Nord par D 61, rte d'Alata et à gauche, rte des Milelli
– ⚇ ⊶ – **R** conseillée – ⚇
2,5 ha (70 empl.) plat et en terrasses ♀♀
   ᕞ ⴳ ⌷ ⚘ ⴲ ▣ – snack
Tarif : ⚲ 30 – ⟿ 12 – ▣ 12/24 – ⑭ 14 (16A)
Location : ⌂ 1450 à 1650 – ⌂ 2000 à 2500

Aléria   H.-Corse, pli ⑥ – 2 022 h. alt. 20 – ⊠ 20270 Aléria.
Bastia 71 – Corte 51 – Vescovato 52.

▲▲▲ *Marina d'Aléria* avril-oct.
   ℘ 04 95 57 01 42, Fax 04 95 57 04 29 – à 3 km à l'Est de Cateraggio par N 200, à la plage de
Padulone, bord du Tavignano – ⚇ « Décoration florale » ⊶ – **R** conseillée juil.-août – ⒼⒷ ⚇
17 ha/7 campables (220 empl.) plat, sablonneux, herbeux ♀♀ (4 ha)
   ᕞ ⴳ ⇄ ⚘ ⴲ ⌷ ▣ – ⛙ grill, pizzeria ᰦ cases réfrigérées – ⊏⊐ ᰰ ⴹ ⴺ ⵀ ᰦ
Tarif : ⚲ 40 – ⟿ 14 – ▣ 10/13 – ⑭ 18 (9A)
Location : ⌂ 1200 à 4400 – bungalows toilés

Algajola   H.-Corse, pli ⑬ – 211 h. alt. 2 – ⊠ 20220 Algajola.
Bastia 76 – Calvi 16 – L'Ile-Rousse 9.

▲ *A Marina* 15 avril-15 oct.
   ℘ 04 95 60 75 41, Fax 04 95 60 63 88 ⊠ 20220 Aregno – E : 0,5 km par N 197 rte de l'Ile-Rousse,
à 200 m de la plage (accès direct) – ⊶ – **R** – ⒼⒷ
5,5 ha (187 empl.) plat, herbeux, sablonneux ♀♀
   ᕞ ⴳ ⚘ ⴺ ▣ – ⛙ pizzeria, snack – ⊏⊐
Tarif : ⚲ 28 – ⟿ 8 – ▣ 15/18 – ⑭ 16

Bastia   H.-Corse, pli ③ – 37 845 h. alt. 3 – ⊠ 20200 Bastia.
🄱 Office de Tourisme pl. Saint-Nicolas ℘ 04 95 55 96 37, Fax 04 95 55 96 00.
Ajaccio 147 – Bonifacio 169 – Calvi 91 – Corte 70 – Porto 135.

▲▲ *San Damiano* avril-10 oct.
   ℘ 04 95 33 68 02, Fax 04 95 30 84 10 ⊠ 20620 Biguglia – SE : 9 km par N 193 et rte du cordon
lagunaire à gauche, à 100 m de la plage (accès direct) « Situation agréable » ⊶ – **R** – ⒼⒷ ⚇
12 ha (280 empl.) plat, sablonneux ♀ pinède
   ᕞ ⴳ ⌷ ⚘ ▣ – ⛙ ♀ ⴼ – ⊏⊐ ᰰ ⵀ ᰦ
Tarif : (Prix 1999) ⚲ 32 – ⟿ 12 – ▣ 12/16 – ⑭ 18 (10A)

Belvédère-Campomoro Corse-du-Sud, pli ⑱ – 128 h. alt. 5 – ⊠ 20110 Belvédère-Campomoro.
Ajaccio 89 – Bonifacio 70 – Porto 78 – Sartène 24.

⚠ *La Vallée* mai-sept.
  ℘ 04 95 74 21 20 – au bourg, à 50 m de la plage – ⚷ – ℟
  3,5 ha (199 empl.) plat, peu incliné, terrasses, herbeux, sablonneux ⚲
  ⅋ ♒ 🖫 ☺ 🏢 – A proximité : 🏊.
  Tarif : ⚦ *35* – 🚐 *15* – 🗉 *15/20* – ⚡ *25 (16A)*
  Location : *appartements*

Bonifacio Corse-du-Sud, pli ⑨ – 2 683 h. alt. 55 – ⊠ 20169 Bonifacio.
🖸 Office de Tourisme 2 r. Fred Scamaroni ℘ 04 95 73 11 88, Fax 04 95 73 14 97.
Ajaccio 137 – Corte 149 – Sartène 53.

⛰ *Rondinara* 15 mai-sept.
  ℘ 04 95 70 43 15, Fax 04 95 70 56 79 – NE : 18 km par N 198, rte de Porto-Vecchio et D 158 à
  droite, rte de la pointe de la Rondinara, à 400 m de la plage – 🏖 ≤ « Belle décoration florale et
  site agréable » ⚷ – ℟ – ☎ ⚸
  5 ha (120 empl.) peu incliné et en terrasses, pierreux
  ⅋ ♒ 🍴 🖫 ♨ 🔁 ☺ 🕀 🏢 – 🏊, ⚑ snack, crêperie 🍴 – 🏤 🚣 ⚓
  Tarif : ⚦ *37 piscine comprise* – 🚐 *17* – 🗉 *17/20* – ⚡ *20 (6A)*
  Location ☀ : 🚃 *2800 à 4200*

⛰ *U Farniente*
  ℘ 04 95 73 05 47, Fax 04 95 73 11 42 – NE : 5 km par N 198 rte de Bastia, à Pertamina Village –
  🏖 « Agréable domaine » ⚷
  15 ha/3 campables (150 empl.) plat, peu incliné, pierreux 🔲 ⚸
  ♒ 🍴 🖫 ♨ 🔁 ☺ 🕀 🏢 – 🏊, ✗ pizzeria 🍴 cases réfrigérées – 🏃 🚣 ✗ ⚓ toboggan
  aquatique
  Location : 🚃 – 🏠 – *bungalows toilés*

⛰ *Les Iles* Pâques-15 oct.
  ℘ 04 95 73 11 89, Fax 04 95 73 18 77 – E : 4,5 km rte de Piantarella, vers l'embarcadère de Cavallo
  – ≤ la Sardaigne et les îles ⚷ – ℟ – ☎ ⚸
  8 ha (100 empl.) peu incliné, vallonné, pierreux
  ⅋ ♒ 🍴 🖫 ♨ 🔁 ☺ 🕀 🏢 – 🏊, snack 🍴 – 🏤 ✗ ♒ ⚓
  Tarif : ⚦ *43 piscine comprise* – 🚐 *14* – 🗉 *16/22* – ⚡ *18 (5A)*
  Location : 🚃 *1900 à 3500* – 🚃 *2100 à 4200*

⛰ *Pian del Fosse* Pâques-oct.
  ℘ 04 95 73 16 34 – NE : 3,8 km sur D 58 rte de Santa-Manza – ≤ « Belles terrasses ombragées »
  ⚷ Ⓟ – ℟ conseillée juil.-août – ☎ ⚸
  5,5 ha (52 empl.) peu incliné et incliné, en terrasses, pierreux, oliveraie 🔲 ⚸
  ⅋ ♒ 🍴 🖫 ♨ 🔁 ☺ 🕀 🏢 – 🏊, – 🚣
  Tarif : 🗉 *2 pers. 114/119, pers. suppl. 38* – ⚡ *18 (4A) 20 (10A)*
  Location : 🏠 *2500 à 4500* – *bungalows toilés*

⛰ *La Trinité*
  ℘ 04 95 73 10 91, Fax 04 95 73 16 90 – NO : 4,5 km par N 196 rte de Sartène – ≤ Bonifacio ⚷
  4 ha (100 empl.) accidenté, plat et peu incliné, sablonneux, herbeux, rocheux ⚲
  ⅋ ♒ 🔁 🕀 ☺ 🏢 – 🏊, ⚑ snack – 🏤 🚣 – A proximité : ✗ ♒ ⚓
  Location : 🚃 – 🚃

⚠ **Campo-di-Liccia** avril-oct.
   ℘ 04 95 73 03 09 – NE : 5,2 km par N 198, rte de Bastia « Agréable cadre boisé » ⌒ – ℞ – ⚲
5 ha (161 empl.) plat, peu incliné, terrasses ♤♤
& 🏠 🅿 – 🏖 snack, pizzeria ⚓ – 🏊
Tarif : ✳ 35 – ⇔ 15 – 🅴 piscine comprise 15/20 – ⚡ 16 (3A)
Location : 🚃 2200 à 3600 – 🏠 2500 à 4200

Calvi H.-Corse, pli ⑬ – 4 815 h. alt. 29 – ✉ 20260 Calvi.
🅱 Office du Tourisme Port de Plaisance ℘ 04 95 65 16 67, Fax 04 95 65 14 09 et (juin-sept.) à l'entrée de la
Citadelle ℘ 04 95 65 36 74.
Bastia 91 – Corte 88 – L'Ile-Rousse 24 – Porto 71.

⚠ **Paduella** 10 mai-15 oct.
   ℘ 04 95 65 06 16, Fax 04 95 65 17 50 – SE : 1,8 km par N 197 rte de l'Ile-Rousse, à 400 m de la
plage « Cadre agréable » ⌒ – ℞ – ⚲
4 ha (130 empl.) plat et en terrasses, sablonneux ♤♤
& 🏠 🅸 🔌 ☺ 🅿 – 🏖 🍷 – A proximité : 🐎
Tarif : ✳ 31 – ⇔ 13 – 🅴 14 – ⚡ 17 (6A)
Location : 🚃 1330 à 1925 – bungalows toilés

⚠ **Bella Vista** Pâques-début oct.
   ℘ 04 95 65 11 76, Fax 04 95 65 03 03 – S : 1,5 km par N 197 et rte de Pietra-Major à droite – 🐕
≼ « Cadre fleuri » ⌒ 🅿 (juil.-août) – ℞ – ⅁⅁ ⚲
6 ha/4 campables (156 empl.) plat et peu incliné ♤♤
& 🏠 ⛺ ☺ ⚘ 🔌 🅿 – 🏖 snack ⚓ – 🏊
Tarif : ✳ 38 – ⇔ 10 – 🅴 15/25 – ⚡ 5 (10A) 10 (20A)

⚠ **Paradella** 15 juin-sept.
   ℘ 04 95 65 00 97, Fax 04 95 65 11 11 ✉ 20214 Calenzana – SE : 9,5 km par N 197 rte de l'Ile-
Rousse et D 81 à droite rte de l'aéroport « Beaux emplacements sous les eucalyptus » ⌒ – ⚲
5 ha (150 empl.) plat, sablonneux, herbeux 🗆 ♤♤
& 🏠 🔌 ☺ 🆒 🅿 – 🏖 – ⚓ 🚲 🍴 🏊
Tarif : ✳ 33 piscine comprise – ⇔ 12 – 🅴 15 – ⚡ 15 (3A)
Location 🍴 : 🚃 1600 à 2000 – 🏠 2600 à 3100

⚠ **Dolce Vita** mai-sept.
   ℘ 04 95 65 05 99, Fax 04 95 65 31 25 – SE : 4,5 km par N 197 rte de l'Ile-Rousse, à l'embouchure
de la Figarella, à 200 m de la mer – ⌒ – ℞ – ⚲
6 ha (200 empl.) plat, herbeux, sablonneux ♤♤
🏠 🅸 ☺ 🆒 🅿 – 🏖 snack – ⚓
Tarif : ✳ 40 – ⇔ 16 – 🅴 16/20 – ⚡ 20 (10A)

⚠ **Les Castors** mai-1er oct
   ℘ 04 95 65 13 30, Fax 04 95 65 31 95 – S : 1 km par N 197 et rte de Pietra-Major à droite – ⌒
🍴 – ℞ juil.-août – ⅁⅁ ⚲
2ha (80 empl.) plat, herbeux ♤♤
🏠 ⛺ 🅸 🅿 – pizzeria, snack – ⚓ 〰 (petite piscine)
Tarif : ✳ 40 – ⇔ 15 – 🅴 20/35 – ⚡ 20 (15A)
Location : studios

à Lumio NE : 10 km par N 197 – 895 h. alt. 150 – ✉ 20260 Lumio :

⚠ **Le Panoramic** mai-15 sept.
   ℘ 04 95 60 73 13 – NE : 2 km sur D 71, rte de Belgodère – 🐕 ≼ « Belles terrasses ombragées »
⌒ – ℞ – ⚲
6 ha (100 empl.) en terrasses, pierreux, sablonneux ♤♤
🏠 ☺ – 🏖 pizzeria – 🏊
Tarif : ✳ 33 piscine comprise – ⇔ 9 – 🅴 14/23 – ⚡ 19
Location : 🚃 1300 à 1800

Carbuccia Corse-du-Sud, pli ⑯ – 182 h. alt. 450 – ✉ 20133 Carbuccia.
Ajaccio 29 – Calvi 142 – Corte 56 – Vico 67.

⚠ **Adumbratu** Permanent
   ℘ 04 95 52 88 39 – SO : 4,8 km par D 29, vers la N 193 – 🐕 ≼ « Au milieu d'une forêt de
chênes-lièges » ⌒ conseillée juil.-août
1,7 ha (20 empl.) en terrasses 🗆 ♤♤
🏠 ⛺ 🅸 🔌 ☺ 🅿 – snack, pizzeria – réfrigérateurs ⚓ 🚲
Tarif : ✳ 26 – ⇔ 11 – 🅴 12/16 – ⚡ 14,50
Location : 🚃 1320 à 1650 – 🚃 2040 à 2550

Cargèse Corse-du-Sud, pli ⑯ – 915 h. alt. 75 – ✉ 20130 Cargèse.
🅱 Office de Tourisme r. du Dr.-Dragacci ℘ 04 95 26 41 31, Fax 04 95 26 48 80.
Ajaccio 52 – Calvi 104 – Corte 117 – Piana 21 – Porto 33.

⚠ **Torraccia** 15 mai-sept.
   ℘ 04 95 26 42 39, Fax 04 95 20 40 21 – N : 4,5 km par D 81 rte de Porto – ≼ vallée, montagne
et la côte ⌒ – ℞ – ⅁⅁ ⚲
3 ha (66 empl.) en terrasses, accidenté, pierreux ♤
& 🏠 🅸 🅿 – ⚓ – 🍴
Tarif : (Prix 1999) ✳ 34 – ⇔ 14 – 🅴 14 – ⚡ 15
Location : 🏠 1500 à 3100

Évisa Corse-du-Sud, pli ⑮ – 257 h. alt. 850 – ⊠ 20126 Évisa.
Ajaccio 72 – Calvi 94 – Corte 64 – Piana 33 – Porto 23.

△ **L'Acciola** 15 mai-sept.
🅟 04 95 26 23 01 – E : 2 km par D 84 rte de Calacuccia et D 70 à droite, rte de Vico, à proximité de la forêt d'Aitone, alt. 920 – ≼ montagne et golfe de Porto ⊶ – **R**
2,5 ha (70 empl.) incliné, en terrasses, pierreux, herbeux ♀
♿ 🔥 ▣ – ✕ pizzeria
Tarif : ✸ 27 – 🚗 10 – ▣ 12/18 – 🔌 12,50

Farinole (Marine de) H.-Corse, plis ② ③ – 176 h. alt. 250 – ⊠ 20253 Farinole.
Bastia 21 – Rogliano 59 – St-Florent 13.

△ **A Stella** 15 avril-oct.
🅟 04 95 37 14 37, Fax 04 95 37 13 84 – par D 80, bord de mer – ⅍ ≼ ⊶ – ⚲
3 ha (100 empl.) plat, peu incliné et en terrasses, pierreux ♀ (1,5 ha)
🔥 ⊕ ▣ – ⚱ – 🔲
Tarif : ✸ 30 – 🚗 15 – ▣ 15/30 – 🔌 20
Location : 🏠 1750 à 2200

Favone Corse-du-Sud, pli ⑦ – ⊠ 20144 Ste-Lucie-de-Porto-Vecchio.
Ajaccio 125 – Bonifacio 57.

△ **Bon'Anno** juin-sept.
🅟 04 95 73 21 35 – à 500 m de la plage – ⅍ ⊶ – **R** conseillée – ⚲
3 ha (150 empl.) plat, peu incliné, terrasses, pierreux, herbeux ♀♀
♿ 🔥 ⇆ 🔲 ⊟ ⊕ ▣ – ⚱ – A proximité : ✗
Tarif : ✸ 34 – 🚗 10 – ▣ 12/16

Ghisonaccia H.-Corse, pli ⑥ – 3 270 h. alt. 25 – ⊠ 20240 Ghisonaccia.
🅑 Office de Tourisme rte de Ghisoni 🅟 04 95 56 12 38, Fax 04 95 56 06 47.
Bastia 85 – Aléria 14 – Ghisoni 27 – Venaco 57.

▲▲▲ **Marina d'Erba Rossa** 15 mai-sept.
🅟 04 95 56 25 14, Fax 04 95 56 27 23 – E : 4 km par D 144, bord de plage « Bel ensemble résidentiel » ⊶ – **R** conseillée – 🅶🅱 ⚲
12 ha/8 campables (160 empl.) plat, herbeux ▭ ♀♀ (4 ha)
♿ 🔥 ⇆ 🔲 ⊟ ⊕ 🅰 🔁 ▣ – ⚱ ⏚ ✕ pizzeria 🍴 cases réfrigérées – 🏠 ⚑ ⚒ 🚲 ✗ 🎣 ⚒
parc animalier – A proximité : discothèque ✗
Tarif : ✸ 33 piscine comprise – ▣ 78 – 🔌 18,50 (5 ou 6A)
Location (avril-oct.) : 🚐 950 à 4100 – 🏠 1290 à 5300

▲▲ **Arinella-Bianca** Pâques-sept.
🅟 04 95 56 04 78, Fax 04 95 56 12 54 – E : 3,5 km par D 144 puis 0,7 km par chemin à droite « Cadre agréable au bord de la plage » ⊶ – **R** indispensable – 🅶🅱 ⚲
10 ha (300 empl.) plat, herbeux, sablonneux ♀♀ (7 ha)
♿ 🔥 ⇆ 🔲 ⊕ 🔁 ▣ – ⚱ ⏚ ✕ pizzeria 🍴 cases réfrigérées – 🏠 ⚑ 🚲 ✗ 🎣 – A proximité : discothèque ✗
Tarif : ▣ 2 pers. 104 à 154, pers. suppl. 41 – 🔌 20 (6A)
Location (Pâques-oct.) : 🚐 1190 à 4290 – 🏠 1490 à 5190

L'Île-Rousse H.-Corse, pli ⑬ – 2 288 h. alt. 6 – ⊠ 20220 l'Île-Rousse.
🅑 Office de Tourisme 7 pl. Paoli 🅟 04 95 60 04 35, Fax 04 95 60 24 74.
Bastia 67 – Calvi 24 – Corte 64.

△ **Le Bodri**
🅟 04 95 60 10 86 ⊠ 20256 Corbara – SO : 2,5 km rte de Calvi, à 300 m de la plage – ≼ ⊶
6 ha (333 empl.) plat, peu incliné à incliné, pierreux ♀
🔥 ⊟ ⊕ ▣ – ⚱ snack, pizzeria – 🎣
Location : 🏠

La Liscia (Golfe de) Corse-du-Sud, pli ⑯ – ⊠ 20111 Calcatoggio.
Ajaccio 28 – Calvi 128 – Corte 93 – Vico 24.

▲▲ **La Liscia** mai-15 oct.
🅟 04 95 52 20 65, Fax 04 95 52 30 24 – par D 81, à 5 km au Nord-Ouest de Calcatoggio, bord de la Liscia – ⊶ – **R** conseillée juil.-août – 🅶🅱 ⚲
3 ha (100 empl.) plat et en terrasses, herbeux ♀♀
🔥 🅰 ⊕ ▣ – ⚱ ♀ snack, pizzeria – 🏠 discothèque 🚲
Tarif : ✸ 32 – 🚗 15 – ▣ 16/18 – 🔌 15 (5A)
Location : 🚐 1800 à 2100

Lozari H.-Corse, pli ⑬ – ⊠ 20226 Belgodère.
Bastia 61 – Belgodère 9 – Calvi 31 – L'Île-Rousse 7.

▲▲ **Le Clos des Chênes** Pâques-sept.
🅟 04 95 60 15 13, Fax 04 95 60 21 16 – S : 1,5 km par N 197 rte de Belgodère – ⅍ ≼ « Situation agréable » ⊶ – **R** conseillée 10 juil.-21 août – 🅶🅱 ⚲
5 ha (235 empl.) plat, peu incliné, pierreux ♀
♿ 🔥 ⇆ 🔲 ⊟ ⊕ ▣ – ⚱ snack ⏚ – 🏠 🎣 ✗ ⚒ toboggan aquatique
Tarif : ✸ 36 piscine comprise – ▣ 29/32 – 🔌 18 (4A) 23 (6A)

⚴ **Le Belgodère** mai-25 sept.
🖉 04 95 60 20 20, Fax 04 95 60 22 58 – NE : 0,6 km par N 1197 rte de St-Florent, à 400 m de la plage – ⌂ ≼ �o🡒 – **R** indispensable juil.-août – ⊖⊟ ⋋
2 ha (150 empl.) plat et peu incliné, pierreux ♀
⅋ 🗟 ⌣ 🖽 ⌃ ⊕ 🖾 – snack – ⌂
Tarif : 🔳 *2 pers. 89* – 🚰 *20 (10 à 16A)*
Location : 🚃 *2400 à 3300 – bungalows toilés*

Moriani-Plage H.-Corse, pli ④ – ✉ 20230 San Nicolao.
Bastia 39 – Corte 69 – Vescovato 20.

⚠ **Merendella** 20 mai-10 oct.
🖉 04 95 38 53 47, Fax 04 95 38 44 01 – S : 1,2 km par N 198 rte de Porto-Vecchio, bord de plage
« Agréable chênaie » o🡒 – **R** conseillée – ⊖⊟ ⋋
7 ha (133 empl.) plat, herbeux, sablonneux ⊏⊐ ♀♀
🗟 ⌣ 🖽 ⌃ ⊕ 🖾 – ⌂ – A proximité : ✗
Tarif : 🔳 *2 pers. 101/104, pers. suppl. 35* – 🚰 *17 (2A) 19 (5A)*
Location : 🚙 *(sans sanitaires)*

Olmeto Corse-du-Sud, pli ⑱ – 1 019 h. alt. 320 – ✉ 20113 Olmeto.
Ajaccio 65 – Propriano 8 – Sartène 20.

à la Plage SO : 7 km par D 157 – ✉ 20113 Olmeto :

⚠ **Village Club du Ras L'Bol** avril-sept.
🖉 04 95 74 04 25, Fax 04 95 74 01 30 – à 7 km par D 157, à 50m de la plage – o🡒 – **R** conseillée juil.-août – ⊖⊟ ⋋
6 ha (150 empl.) plat, peu incliné et en terrasses, herbeux, rochers ♀
🗟 🖽 ⊕ 🖾 – ⚖ ❢ ✗ snack, pizzeria – 🏃 ♣ – A proximité : discothèque ⋔
Tarif : (Prix 1999) ⭍ *35* – 🔳 *30/38* – 🚰 *18 (16A)*
Location : 🚙 *1890 à 4270*

⚴ **L'Esplanade** avril-15 oct.
🖉 04 95 76 05 03, Fax 04 95 76 16 22 – 1,6 km par D 157, à la Tour de la Calanda, à 100 m de la plage (accès direct) – o🡒
4,5 ha (100 empl.) en terrasses, plat, peu incliné, vallonné, accidenté, rochers ⊏⊐ ♀♀
⅋ 🗟 ⌣ ⊕ 🖾 – ⚖ pizzeria
Tarif : ⭍ *35* – 🚗 *15* – 🔳 *19* – 🚰 *17 (10A)*
Location *(Pâques-oct.) :* 🚃 *1250 à 2400* – 🚙 *1850 à 3700*

Osani Corse-du-Sud, pli ⑮ – 103 h. alt. 180 – ✉ 20147 Osani.
Ajaccio 106 – Calvi 52 – Porto 22.

⚴ **E Gradelle** juin-sept.
🖉 04 95 27 32 01 – SE : 3 km par D 424, à 400 m de la plage – ⌂ ≼ golfe de Porto et montagne
o🡒 ℗ – **R** conseillée – ⊖⊟
2,2 ha (90 empl.) incliné, accidenté, en terrasses, pierreux ⊏⊐ ♀
🗟 – ⚖ snack – 🏃 ⌇
Tarif : ⭍ *25* – 🚗 *8* – 🔳 *10/22*

Piana Corse-du-Sud, pli ⑮ – 500 h. alt. 420 – ✉ 20115 Piana.
Ajaccio 72 – Calvi 83 – Évisa 33 – Porto 12.

⚴ **Plage d'Arone**
🖉 04 95 20 64 54 – SO : 11,5 km par D 824, à 500 m de la plage – ⌂ ≼ o🡒
3,8 ha (125 empl.) plat, sablonneux, pierreux ♀
⅋ 🗟 ⌣ ⌣ 🖾 – ⚖

Pianottoli-Caldarello Corse-du-Sud, pli ⑨ – 653 h. alt. 60 – ✉ 20131 Pianottoli-Caldarello.
Ajaccio 117 – Bonifacio 20 – Porto-Vecchio 28 – Sartène 33.

⚠ **Kévano** mai-24 sept.
🖉 04 95 71 83 22, Fax 04 95 71 83 83 – SE : 3,3 km par D 122 et rte à droite, à 500 m de la plage – ⌂ ≼ « Cadre sauvage et fleuri » o🡒
6 ha (100 empl.) en terrasses, plat, peu incliné, sablonneux, accidenté, rochers ⊏⊐ ♀♀
🗟 ⌣ ⧄ ⊕ 🖾 – ⚖ snack, pizzeria 🏃 – ♣
Tarif : ⭍ *40* – 🚗 *13* – 🔳 *13/22* – 🚰 *15 (3A)*

Pietracorbara H.-Corse, pli ② – 363 h. alt. 150 – ✉ 20233 Pietracorbara :
Bastia 23.

⚠ **La Pietra** avril-15 oct.
🖉 04 95 35 27 49, Fax 04 95 35 28 57 – SE : 4 km par D 232 et chemin à gauche, à 500 m de la plage – ⌂ ≼ « Beaux emplacements délimités » o🡒 juil.-15 sept. – ⏏ – ⋋
3,3 ha (33 empl.) plat, herbeux ⊏⊐ ♀♀
⅋ 🗟 ⌣ 🖽 ⌣ ⊕ 🖾 – ⌂ 🏃 ⌇
Tarif : ⭍ *35 tennis compris* – 🚗 *17* – 🔳 *25/27* – 🚰 *18 (10A)*

Pinarellu Corse-du-Sud, pli ⑧ – ⊠ 20144 Ste-Lucie-de-Porto-Vecchio.
Ajaccio 142 – Bonifacio 44 – Porto-Vecchio 16.

⚠️ **California** 15 mai-15 oct.
℘ 04 95 71 49 24 – S : 0,8 km par D 468 et 1,5 km par chemin à gauche, à 50 m de la plage (accès direct) – ⚶ ⚬⇥ ₽ (saison) – ℞ – ⚸
7 ha/5 campables (100 empl.) peu accidenté et plat, sablonneux, étang ⚲
⚙ 🗂 🖼 ⚶ ⊕ 🏧 🔳 – ⚊ pizzeria, snack – 🔜 ☒
Tarif : ⚹ 36 – 🚗 10 – 🔳 15/26 – ⟨⚡⟩ 15 (4A)

Porticcio Corse-du-Sud, pli ⑰ – ⊠ 20166 Porticcio.
Ajaccio 19 – Sartène 68.

⚠️ **U-Prunelli** mars-oct.
℘ 04 95 25 19 23, Fax 04 95 25 16 87 – NE : 3,5 km par D 55, rte d'Ajaccio, au pont de Pisciatello « Agréable cadre fleuri, au bord du Prunelli » ⚬⇥ – ℞ juil.-août – ⚸
5,5 ha (260 empl.) plat, herbeux 🔲 ⚲⚲
🗂 🖼 ⚱ ⊕ ⚶ ☇ 🏧 🔳 – ⚊ ☙ pizzeria, snack 🔜 – 🔜 ⧄ half-court
Tarif : ⚹ 37 piscine comprise – 🚗 15 – 🔳 16/19 – ⟨⚡⟩ 10 ou 18 (4 à 20A)
Location : 🏠 1550 à 4450 – 🏚 2200 à 4250

⚠️ **Benista** avril-oct.
℘ 04 95 25 19 30, Fax 04 95 25 93 70 – NE : 3 km par D 55 rte d'Ajaccio, à la station Mobil, bord du Prunelli – ⚬⇥ juil.-août – ℞ conseillée 10 juil.-20 août – ⚸
4,5 ha (200 empl.) plat, sablonneux, herbeux 🔲 ⚲⚲ (3,5 ha)
⚙ 🗂 ⚱ 🖼 ⚱ ⊕ ⚶ ☇ 🏧 🔳 – ☙ snack 🔜 – 🔜 ☒ ⧄ practice de golf – A proximité : ⚊
Tarif : 🔳 piscine comprise 2 pers. 115 – ⟨⚡⟩ 16 (5A)
Location : 🏠 1600 à 2000 – 🏚 1400 à 2900

Portigliolo Corse-du-Sud, pli ⑱ – ⊠ 20110 Propriano.
Ajaccio 81 – Propriano 9 – Sartène 15.

⚠️ **Lecci e Murta** avril-15 oct.
℘ 04 95 76 02 67, Fax 04 95 77 03 38 – à 500 m de la plage – ⚶ ⟨ « Site sauvage » ⚬⇥ ₽ –
℞ conseillée juil.-août – ⟨GB⟩ ⚸
4 ha (150 empl.) en terrasses, plat, pierreux, herbeux 🔲 ⚲⚲
🗂 ⚶ ⊕ 🖼 – ⚊ pizzeria – ☒
Tarif : ⚹ 38 – 🚗 16 – 🔳 16/25 – ⟨⚡⟩ 20 (10A)
Location ☒ : 🏚 1600 à 3800

Porto Corse-du-Sud, pli ⑮ – ⊠ 20150 Ota.
🅘 Office de Tourisme pl. de la Marine ℘ 04 95 26 10 55, Fax 04 95 26 14 25.
Ajaccio 84 – Calvi 71 – Corte 87 – Évisa 23.

⚠️ **Les Oliviers** 25 mars-5 nov.
℘ 04 95 26 14 49, Fax 04 95 26 12 49 – par D 81, au pont, bord du Porto – ⚶ ⟨ ⚬⇥ ₽ (juil.-août) – ℞ conseillée juil.-août – ⟨GB⟩ ⚸
5,4 ha (216 empl.) en terrasses 🔲 ⚲⚲
🗂 🖼 ⚱ ⚶ ⊕ 🖼 – snack 🔜 cases réfrigérées – ⊕ ☒ half-court – A proximité : 🛒 🚲
Tarif : ⚹ 37 – 🚗 15 – 🔳 15/22 – ⟨⚡⟩ 15 (10A)
Location ☒ juil.-août : 🏚 1600 à 4300

⚠️ **Funtana al Ora** 25 avril-sept.
℘ 04 95 26 11 65, Fax 04 95 26 10 83 – SE : 1,4 km par D 84 rte d'Evisa, à 200 m du Porto – ⚶
⟨ « Cadre sauvage » ⚬⇥ – ℞ – ⚸
2 ha (70 empl.) en terrasses, rochers 🔲 ⚲⚲
⚙ 🗂 ⚱ 🖼 ⚶ ⊕ 🖼 – 🔜
Tarif : ⚹ 33 – 🚗 13 – 🔳 13/15 – ⟨⚡⟩ 14 (10A)
Location : 🏚 1000 à 3000

⚠️ **Sole e Vista** 25 mars-oct.
℘ 04 95 26 15 71 – accès principal par parking du supermarché, accès secondaire E : 1 km par D 124, rte d'Ota, à 150 m du Porto – ⚶ ⟨ « Belle situation » ⚬⇥ ₽ – ℞ conseillée – ⚸
3,5 ha (150 empl.) en terrasses, rochers 🔲 ⚲
🗂 ⚶ ⊕ 🖼 – A proximité : 🛒 🔜
Tarif : ⚹ 31 – 🚗 12 – 🔳 12/15 – ⟨⚡⟩ 20 (16A)

⚠️ **Porto** 15 juin-20 sept.
℘ 04 95 26 13 67 – sortie Ouest par D 81 rte de Piana, à 200 m du Porto – ⟨ « Belles terrasses ombragées » ⚬⇥ – ℞ conseillée – ⚸
2 ha (60 empl.) en terrasses, herbeux ⚲⚲
⚙ 🗂 ⚶ ⊕ 🖼 – A proximité : 🔜
Tarif : ⚹ 30 – 🚗 12 – 🔳 12/14 – ⟨⚡⟩ 20 (16A)

Avant de vous installer, consultez les tarifs en cours,
affichés obligatoirement à l'entrée du terrain,
et renseignez-vous sur les conditions particulières de séjour.

Les indications portées dans le guide ont pu être modifiées depuis la mise à jour.

Porto-Vecchio Corse-du-Sud, pli ⑧ – 9 307 h. alt. 40 – ⊠ 20137 Porto-Vecchio.
🛈 Office de Tourisme r. du Dr Camille de Rocca Serra 𝒫 04 95 70 09 58, Fax 04 95 70 03 72.
Ajaccio 130 – Bonifacio 27 – Corte 121 – Sartène 61.

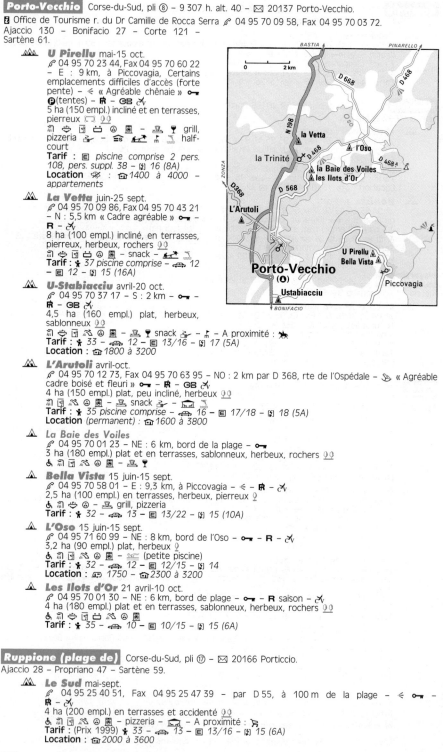

▲▲▲ **U Pirellu** mai-15 oct.
𝒫 04 95 70 23 44, Fax 04 95 70 60 22
– E : 9 km, à Piccovagia, Certains emplacements difficiles d'accès (forte pente) – ≼ « Agréable chênaie » o═┓
℗(tentes) – ℞ – GB ⚲
5 ha (150 empl.) incliné et en terrasses, pierreux ⌑ 🍴
▥ ⊜ ▤ ⌂ ⊛ ▣ – ≜ 🍷 grill, pizzeria ♨ – ☰s 🛶 ▟ ⅃ half-court
Tarif : ▣ *piscine comprise 2 pers. 108, pers. suppl. 38* – [½] *16 (8A)*
Location ⌖ : ☎*1400 à 4000* – *appartements*

▲▲ **La Vetta** juin-25 sept.
𝒫 04 95 70 09 86, Fax 04 95 70 43 21
– N : 5,5 km « Cadre agréable » o═┓
℞ – ⚲
8 ha (100 empl.) incliné, en terrasses, pierreux, herbeux, rochers 🍴
▥ ⊜ ▤ ⌂ ⊛ ▣ – snack – 🛶 ⅃
Tarif : ⽕ *37 piscine comprise* – 🚗 *12* – ▣ *12* – [½] *15 (16A)*

▲▲ **U-Stabiacciu** avril-20 oct.
𝒫 04 95 70 37 17 – S : 2 km – o═┓ –
℞ – GB ⚲
4,5 ha (160 empl.) plat, herbeux, sablonneux 🍴🍴
▥ ⊜ ▤ ⊛ ▣ – ≜ 🍷 snack ♨ – ⅃ – A proximité : ☆
Tarif : ⽕ *33* – 🚗 *12* – ▣ *13/16* – [½] *17 (5A)*
Location : ☎*1800 à 3200*

▲▲ **L'Arutoli** avril-oct.
𝒫 04 95 70 12 73, Fax 04 95 70 63 95 – NO : 2 km par D 368, rte de l'Ospédale – ♨ « Agréable cadre boisé et fleuri » o═┓ – ℞ – GB ⚲
4 ha (150 empl.) plat, peu incliné, herbeux 🍴🍴
▥ ▤ ◿ ⊛ – ≜ snack ♨ – ▣ 🍴
Tarif : ⽕ *35 piscine comprise* – 🚗 *16* – ▣ *17/18* – [½] *18 (5A)*
Location *(permanent) :* ☎*1600 à 3800*

▲ **La Baie des Voiles**
𝒫 04 95 70 01 23 – NE : 6 km, bord de la plage – o═┓
3 ha (180 empl.) plat et en terrasses, sablonneux, herbeux, rochers 🍴🍴
⚰ ▥ ▤ ◿ ⊛ ▣ – ≜ 🍷

▲ **Bella Vista** 15 juin-15 sept.
𝒫 04 95 70 58 01 – E : 9,3 km, à Piccovagia – ≼ – ℞ – ⚲
2,5 ha (100 empl.) en terrasses, herbeux, pierreux 🍴
⚰ ▥ ⊜ ⊛ – ≜ grill, pizzeria
Tarif : ⽕ *32* – 🚗 *13* – ▣ *13/22* – [½] *15 (10A)*

▲ **L'Oso** 15 juin-15 sept.
𝒫 04 95 71 60 99 – NE : 8 km, bord de l'Oso – o═┓ – ℞ – ⚲
3,2 ha (90 empl.) plat, herbeux 🍴
⚰ ▥ ⊛ ▣ – ⛲ (petite piscine)
Tarif : ⽕ *32* – 🚗 *12* – ▣ *12/15* – [½] *14*
Location : ⌂ *1750* – ☎*2300 à 3200*

▲ **Les Ilots d'Or** 21 avril-10 oct.
𝒫 04 95 70 01 30 – NE : 6 km, bord de plage – o═┓ – ℞ saison – ⚲
4 ha (180 empl.) plat et en terrasses, sablonneux, herbeux, rochers 🍴🍴
⚰ ▥ ⊜ ▤ ⌂ ◿ ⊛ ▣
Tarif : ⽕ *35* – 🚗 *10* – ▣ *10/15* – [½] *15 (6A)*

Ruppione (plage de) Corse-du-Sud, pli ⑰ – ⊠ 20166 Porticcio.
Ajaccio 28 – Propriano 47 – Sartène 59.

▲▲▲ **Le Sud** mai-sept.
𝒫 04 95 25 40 51, Fax 04 95 25 47 39 – par D 55, à 100 m de la plage – ≼ o═┓ –
℞ – ⚲
4 ha (200 empl.) en terrasses et accidenté 🍴🍴
⚰ ▥ ▤ ◿ ⊛ ▣ – pizzeria – 🛖 – A proximité : ☇
Tarif : *(Prix 1999)* ⽕ *33* – 🚗 *13* – ▣ *13/16* – [½] *15 (6A)*
Location : ☎*2000 à 3600*

St-Florent H.-Corse, pli ③ – 1 350 h. alt. 10 – ⊠ 20217 St-Florent.
🛈 Office de Tourisme Centre Administratif ℘ 04 95 37 06 04.
Bastia 22 – Calvi 70 – Corte 81 – L'Île-Rousse 46.

△ **La Pinède** mai-sept.
℘ 04 95 37 07 26, Fax 04 95 37 17 73 – S : 1,8 km par rte de l'Ile-Rousse et chemin empierré à gauche après le pont, bord de l'Aliso – ⚲ ⊶ – ℞ – ⊞ ♋
3 ha (80 empl.) plat, incliné et en terrasses, pierreux, herbeux ♤♤
⚤ ⌂ ✥ ⛺ ⚲ ⊙ ▨ – ⚏, pizzeria – ⚐
Tarif : ✴ 30 piscine comprise – ⛺ 18 – ▣ 16/22 – ⅀ 21 (4 ou 6A)
Location ⚿ : ⛟ 1500 à 2200 – ⛺2200 à 3200

△ **Olzo** avril-sept.
℘ 04 95 37 03 34, Fax 04 95 37 09 55 – NE : 2,3 km par D 81 rte de Bastia – ⊶ ⚿ juil.-août – ℞ – ⊞ ♋
2 ha (60 empl.) plat, herbeux ♤♤
⌂ ⚲ ⊙ – ⚏, snack, pizzeria
Tarif : ✴ 29 – ⛺ 16 – ▣ 16/22 – ⅀ 20 (5A)

Ste-Lucie-de-Porto-Vecchio Corse-du-Sud, pli ⑧ – ⊠ 20144 Ste-Lucie-de-Porto-Vecchio.
Ajaccio 138 – Porto-Vecchio 16.

△△ **Santa-Lucia** 23 avril-15 sept.
℘ 04 95 71 45 28 – sortie Sud-Ouest, rte de Porto-Vecchio « Agréable cadre boisé » ⊶ saison – ℞ conseillée – ⊞ ♋
3 ha (160 empl.) plat et peu incliné, sablonneux, pierreux, rochers ♤♤
⚤ ⌂ ▦ ⊙ ▨ – snack ⚕ – ⚹⚹ ⚿ ⌂ – A proximité : ☍
Tarif : ✴ 36 piscine comprise – ⛺ 14 – ▣ 19 – ⅀ 17 (4 à 6A)
Location (avril-15 oct.) - ⚿ : ⛟1580 à 3850 – bungalows toilés

△△ **Acqua e Sole** Permanent
℘ 04 95 71 57 07, Fax 04 95 71 54 13 ⊠ 20135 Conca – sortie Nord-Est par N 198, rte de Bastia et à gauche après le pont, bord du Cavo – ≼ ⊶ – ℞ conseillée – ⊞ ♋
4,5 ha (100 empl.) plat et terrasse, pierreux, herbeux ▭
⚤ ⌂ ✥ ▦ ⚿ ⛺ ▨ – ⚕ – ☍
Tarif : ✴ 38 piscine comprise – ⛺ 17 – ▣ 17/28 – ⅀ 20 (6A)
Location : ⛺2800 à 3950

Serra-di-Ferro Corse-du-Sud, pli ⑱ – 327 h. alt. 140 – ⊠ 20140 Serra-di-Ferro.
Ajaccio 46 – Propriano 20 – Sartène 32.

△ **Alfonsi U Caseddu** juin-15 oct.
℘ 04 95 74 01 80, Fax 04 95 74 07 67 – S : 5 km par D 155, rte de Propriano et D 757 à droite, à l'entrée de Porto-Pollo, bord de mer – ⊶ – ℞ – ⊞ ♋
3,5 ha (100 empl.) plat, peu incliné, sablonneux, herbeux ♀ (1,5 ha)
⚤ ⌂ ▦ ⊙ ▨ – ⚑ snack
Tarif : ✴ 35 – ⛺ 10 – ▣ 15/20 – ⅀ 19 (6A)

Solenzara Corse du Sud, pli ⑦ – alt. – 310 – ⊠ 20145 Sari Solenzara.
Ajaccio 115 – Bonifacio 67 – Sartène 76.

△ **La Côte des Nacres**
℘ 04 95 57 40 65, Fax 04 95 57 45 12 – N : 0,8 km par N 198, rte de Bastia et chemin à droite après le pont – ≼ « Au bord de la mer » ⊶ (50 empl.) plat, sablonneux ▭ ♀
⌂ ⊙ ▨ – ⚑ snack ⚕
Location (permanent) : ⛺

Sotta Corse-du-Sud, pli ⑧ – 762 h. alt. 80 – ⊠ 20146 Sotta.
Ajaccio 135 – Bonifacio 28 – Porto-Vecchio 10 – Sartène 51.

△ **U Moru** 15 avril-sept.
℘ 04 95 71 23 40, Fax 04 95 71 26 19 – SO : 3 km par D 859 rte de Figari – ⚲ ≼ ⊶ – ℞ conseillée août – ⊞ ♋
6 ha (120 empl.) peu incliné et plat, herbeux, sablonneux ▭ ♤♤
⌂ ⊙ ▨ – ⚏ – ⛿ ☍
Tarif : ✴ 32 – ⛺ 11 – ▣ 12/18 – ⅀ 15 (6A)
Location : ⛟ 1500 à 2100

Tiuccia Corse-du-Sud, pli ⑯ – ⊠ 20111 Calcatoggio.
Ajaccio 31 – Cargèse 21 – Vico 21.

△△ **Les Couchants** Permanent
℘ 04 95 52 26 60, Fax 04 95 52 31 77 ⊠ 20111 Casaglione – N : 4,9 km par D 81 et D 25 à droite, rte de Casaglione – ⚲ ≼ « Agréable cadre fleuri » ⊶ – ℞ – ⊞
5 ha (120 empl.) en terrasses, peu incliné, herbeux ▭ ♤♤
⚤ ⌂ ✥ ▦ ⊙ ⚲ ▨ – ⚑✕ ⚕ – ⌂ m
Tarif : (Prix 1999) ✴ 30 – ⛺ 12 – ▣ 12/20 – ⅀ 25
Location : ⛟ 1200 à 1700 – ⛺2300 à 3200

Vico Corse-du-Sud, pli ⑮ – 921 h. alt. 400 – ✉ 20118 Vico.
Ajaccio 52 – Calvi 110 – Corte 82.

⚠ *Le Sagone* mai-sept.
 ℰ 04 95 28 04 15, Fax 04 95 28 08 28 – N : 2 km par D 70, rte de Vico – ⚲ ⩻ « Agréable cadre fleuri et ombragé, au bord d'une rivière » ⚬⊶ – **R** – **GB** ⚲
 7,5 ha (300 empl.) plat, herbeux ⬚ 〇〇
 ♿ ⚒ ⬚ ♨ ⚲ ☺ ⚱ ⬚ 🖥 – crêperie, pizzeria ⚗ – 🏠 cases réfrigérées ⚓ ⚊ half-court –
 A proximité : ⚑
 Tarif : ⚹ *36 piscine comprise* – ⚗ *18* – 🅴 *18* – [๕] *16 (10A)*
 Location *(avril-sept.)* : ⛺ *1350 à 3250 – bungalows toilés*

Vivario H.-Corse pli ⑤ – 493 h. alt. 850 – ✉ 20219 Vivario.
Bastia 90 – Aléria 50 – Corte 21 – Bocognano 19.

⚠ *Aire Naturelle le Soleil* mai-oct.
 ℰ 04 95 47 21 16 – SO : 6 km par N 193, rte d'Ajaccio, à Tattone, près de la gare, alt. 800 – ⚲
 ⩻ ⚬⊶ – **R** conseillée juil.-août
 1 ha (25 empl.) en terrasses, peu incliné et plat, herbeux ♀
 ⚒ ☺ ⬚ – ⚲
 Tarif : ⚹ *24* – ⚗ *10* – 🅴 *10/15* – [๕] *10*

COS

09000 Ariège **14** – **86** ④ – 236 h. alt. 486.
Paris 783 – La Bastide-de-Sérou 14 – Foix 4 – Pamiers 24 – St-Girons 41 – Tarascon-sur-Ariège 19.

⚠ *Municipal* Permanent
 SO : 0,7 km sur D 61, bord d'un ruisseau – ⚬⊶ été – **R** conseillée juil.-août – ⚲
 0,7 ha (32 empl.) plat, peu incliné, herbeux 〇〇
 ♿ ⚒ ⚙ ⬚ ☺ ☺ ⚲ ⚑ – 🏠 ⚲ – A proximité : ⚊
 Tarif : 🅴 *piscine et tennis compris 2 pers. 45* – [๕] *10 (5A) 15 (10A) 20 (15A)*

La COTINIÈRE

17 Char.-Mar. – **71** ⑬ ⑭ – voir à Oléron (Ile d').

La COUARDE-SUR-MER

17 Char.-Mar. – **71** ⑫ – voir à Ré (Ile de).

COUBON

43 H.-Loire – **76** ⑰ – rattaché au Puy-en-Velay.

COUCHES

71490 S.-et-L. **11** – **69** ⑧ G. Bourgogne – 1 457 h. alt. 320.
Paris 311 – Autun 25 – Beaune 32 – Le Creusot 16 – Chalon-sur-Saône 28.

⚠ *Municipal la Gabrelle* juin-sept.
 ℰ 03 85 45 59 49 – NO : 1,7 km par D 978 rte d'Autun, près d'un petit plan d'eau – ⚬⊶ – **R** conseillée
 1 ha (50 empl.) en terrasses, herbeux ⬚
 ♿ ⚒ ⚙ ⬚ ☺ 🖥 – ⚲ – 🏠 ⚓
 Tarif : ⚹ *10* – 🅴 *15* – [๕] *10*

COUDEKERQUE

59380 Nord **1** – **51** ④ – 903 h. alt. 1.
Paris 289 – Calais 48 – Dunkerque 6 – Hazebrouck 40 – Lille 70 – St-Omer 37.

⚠ *Le Bois des Forts* Permanent
 ℰ 03 28 61 04 41 –, réservé aux caravanes, à 0,7 km au Nord-Ouest de Coudekerque-Village, sur le D 72 – Places limitées pour le passage ⚬⊶ – **R** conseillée juil.-août – ⚲
 3,25 ha (130 empl.) plat, herbeux ⬚
 ♿ ⚒ ⚙ ⬚ ☺ ☺ ⚲ ⚑ – ⚲ – ⚓
 Tarif : ⚹ *10* – ⚗ *12* – 🅴 *25 et 7 pour eau chaude* – [๕] *10 (10A)*

COUHÉ

86700 Vienne **9** – **68** ⑬ – 1 706 h. alt. 140.
Paris 372 – Confolens 57 – Montmorillon 62 – Niort 58 – Poitiers 36 – Ruffec 32.

⚠ *Les Peupliers* 2 mai-sept.
 ℰ 05 49 59 21 16, Fax 05 49 37 92 09 – N : 1 km rte de Poitiers, à Valence – ⚲ « Cadre boisé traversé par une rivière pittoresque » ⚬⊶ – **R** conseillée juil.-août – **GB** ⚲
 8 ha/2 campables (120 empl.) plat, herbeux, étang ⬚ ♀
 ♿ ⚒ ⚙ ⬚ ♨ ☺ ⚲ ⚑ 🖥 – ⚲ ⚲ snack ⚗ – 🏠 ⚓ ⚒ ⚊ toboggan aquatique
 Tarif : ⚹ *29 piscine comprise* – 🅴 *39* – [๕] *15 (10A)*

COULEUVRE

03320 Allier **11** – **69** ⑬ – 716 h. alt. 267.
Paris 294 – Bourbon-l'Archambault 18 – Cérilly 9 – Cosne-d'Allier 28 – Moulins 42.

▲ *Municipal la Font St-Julien* avril-sept.
℘ 04 70 66 13 54 – sortie Sud-Ouest par D 3, rte de Cérilly et à droite, bord d'un étang – ⌚ –
R – ⌀
2 ha (50 empl.) peu incliné, herbeux ♀
🗟 ⚲ 🖃 ⚱ ⊕ – ✗ ⚒ parc animalier
Tarif : (Prix 1999) ♦ *12* – 🚗 *6* – 🄴 *7* – ⓖ *15 (6A)*

COULLONS

45720 Loiret **6** – **65** ① – 2 258 h. alt. 166.
Paris 167 – Aubigny-sur-Nère 18 – Gien 15 – Orléans 60 – Sancerre 50 – Sully-sur-Loire 22.

▲ *Municipal Plancherotte* avril-oct.
℘ 02 38 29 20 42 – O : 1 km par D 51, rte de Cerdon et rte des Brosses à gauche, à 50 m d'un
plan d'eau (accès direct) – ⌚ « Entrée fleurie » ⊶ – **R** – ⌀
1,85 ha (60 empl.) plat, herbeux 🔲
⚹ 🗟 ⚲ ⚱ ⊕ ⚒ ⚑ – A proximité : ✗ ⚓ ≈
Tarif : (Prix 1999) ♦ *9,50* – 🚗 *9* – 🄴 *10* – ⓖ *13 (16A)*

COULON

79510 Deux-Sèvres **9** – **71** ② G. Poitou Vendée Charentes – 1 870 h. alt. 6.
🄱 Office de Tourisme pl. Église ℘ 05 49 35 99 29, Fax 05 49 35 84 31.
Paris 420 – Fontenay-le-Comte 25 – Niort 11 – La Rochelle 63 – St-Jean-d'Angély 56.

▲▲ *La Venise Verte* avril-sept.
℘ 05 49 35 90 36, Fax 05 49 35 84 69 – SO : 2,2 km par D 123, rte de Vanneau, bord d'un canal
et près de la Sèvre Niortaise – ⊶ – **R** conseillée – ⌀
2,2 ha (140 empl.) plat, herbeux ♀ (1 ha)
⚹ 🗟 ⚲ 🖃 ⚱ ⊕ ⚑ ⚒ 🖾 – ▼ – ⚓ ⚲🚲 ⚒
Tarif : 🄴 *élect. (10A) et piscine comprises 2 pers. 100, pers. suppl. 22*
Location : 🚐 *1650 à 3150 – bungalows toilés*

▲ *Municipal la Niquière* avril-15 oct.
℘ 05 49 35 81 19 – sortie Nord par D 1, rte de Benet et chemin à droite – ⊶ – **R**
1 ha (40 empl.) plat, herbeux ♀♀ (0,3 ha)
🗟 🔊 ⊕ – ✗
Tarif : (Prix 1999) ♦ *11* – 🚗 *5* – 🄴 *7* – ⓖ *16,50*
Location : 🏠

COULONGES-SUR-L'AUTIZE

79160 Deux Sèvres **9** – **71** ① – 2 021 h. alt. 80.
Paris 421 – Bressuire 48 – Fontenay-le-Comte 17 – Niort 23 – Parthenay 36 – La Rochelle 68.

▲ *Municipal le Parc*
℘ 05 49 06 19 52 – S : 0,5 km par D 1, rte de St-Pompain et rue à gauche, près de la piscine et
à 100 m d'un jardin public « Belle délimitation des emplacements »
0,5 ha (30 empl.) plat, herbeux 🔲 ♀♀
⚹ 🗟 ⚲ ⚱ ⊕ – A proximité : ✗ ⚒

COURBIAC

47 L.-et-G. – **79** ⑥ – rattaché à Tournon-d'Agenais.

COURDEMANCHE

72150 Sarthe **5** – **64** ④ – 628 h. alt. 80.
Paris 214 – La Flèche 58 – Le Mans 41 – St-Calais 24 – Tours 53 – Vendôme 48.

▲ *Municipal de l'Étangsort* mai-15 oct.
au bourg, bord du ruisseau – ⌚ – **R**
0,5 ha (13 empl.) plat, herbeux
⚹ 🗟 ⚲ 🖃 ⚱ ⊕
Tarif : (Prix 1999) ♦ *8* – 🚗 *4* – 🄴 *4/6* – ⓖ *10 (6A)*

COURNON-D'AUVERGNE

63800 P.-de-D. **11** – **73** ⑭ G. Auvergne – 19 156 h. alt. 380.
Paris 426 – Clermont-Ferrand 15 – Issoire 32 – Le Mont-Dore 53 – Thiers 41 – Vichy 54.

▲▲▲ *Municipal le Pré des Laveuses* Permanent
℘ 04 73 84 81 30 – E : 1,5 km par rte de Billom et rte de la plage à gauche, à la Base de Loisirs,
bord de l'Allier et d'un plan d'eau – ⊶ – **R** – ⏣ ⌀
5 ha (150 empl.) plat, herbeux, pierreux, gravier ♀♀
⏛ ⚹ 🗟 ⚲ 🖃 ⚱ ⊛ ⊕ 🖾 – ⚲ ⚓ ✗ – A proximité : ♨ ⚒ (couverte l'hiver) ≈
Tarif : (Prix 1999) ♦ *20 tennis compris* – 🄴 *27* – ⓖ *18 (5A) 26,50 (10A)*
Location : 🏠 *924 à 1981*

La COURONNE

13 B.-du-R. **16** – **84** ⑫ – ⊠ 13500 Martigues.
Paris 778 – Istres 23 – Marignane 21 – Marseille 42 – Martigues 9 – Port-de-Bouc 14.

▲ **Municipal l'Arquet** avril-2 oct.
℘ 04 42 42 81 00 – S : 1 km, chemin de la Batterie, à 200 m de la mer – Places limitées pour le passage ⅍ ⋖ ⊶ juil.-août – **R** conseillée – **GB** ⅍
6 ha (380 empl.) peu incliné, accidenté, pierreux ⚲ pinède
⅏ ⌂ ⇆ 🖻 ⌁ ⊕ 🖼
Tarif : 🄴 *1 pers. 93, 2 pers. 116* – 🔌 *22 (10A)*
Location : 🚐 *1000 à 3000*

COURPIÈRE

63120 P.-de-D. **11** – **73** ⑯ G. Auvergne – 4 674 h. alt. 320.
🛈 Office de Tourisme pl. de la Cité Administrative ℘ 04 73 51 20 27.
Paris 405 – Ambert 41 – Clermont-Ferrand 50 – Issoire 54 – Lezoux 18 – Thiers 15.

▲ **Municipal les Taillades** 26 juin-3 sept.
℘ 04 73 51 22 80 – sortie Sud par D 906, rte d'Ambert, D 7 à gauche, rte d'Aubusson-d'Auvergne et chemin à droite, à la piscine et près d'un ruisseau – ⅍ ⊶ – **R** – ⅍
0,5 ha (40 empl.) plat, herbeux 🏕
⅏ ⌂ 🖻 ⌁ ⊕ 🖼 – ⌇
Tarif : (Prix 1999) 🛉 *10,50* – 🚗 *6,80* – 🄴 *8* – 🔌 *16 (3A)*

COURSEULLES-SUR-MER

14470 Calvados **5** – **54** ⑮ G. Normandie Cotentin – 3 182 h. alt. 4.
🛈 Office de Tourisme 54 r. Mer ℘ 02 31 37 46 80, Fax 02 31 36 17 18.
Paris 250 – Arromanches-les-Bains 14 – Bayeux 21 – Cabourg 33 – Caen 20.

▲▲ **Municipal le Champ de Course** Pâques-sept.
℘ 02 31 37 99 26, Fax 02 31 37 96 37 – N : av. de la Libération, près de la plage – ⊶ – **R** conseillée – **GB** ⅍
5,5 ha (310 empl.) plat, herbeux 🏕
⅏ ⌂ ⇆ 🖻 ⊕ 🖳 🖼 – 🛍 🚣 – A proximité : 🛉 ⌇
Tarif : (Prix 1999) 🄴 *1 ou 2 pers. 58, pers. suppl. 19* – 🔌 *18 (6A) 27 (9A)*
Location : 🏠 *850 à 2530* – *bungalows toilés*

▲ **Municipal Plaisance** Pâques-sept.
℘ 02 31 37 46 10 – O : 2 km par D 514, rte d'Arromanches puis à droite, presqu'île de Plaisance – Places limitées pour le passage « Dans les dunes, au bord de la plage » ⊶ – **R** – ⅍
3,5 ha (180 empl.) non clos, plat et peu incliné, herbeux, sablonneux
⅏ ⌂ ⇆ 🖻 ⌂ ⌁ ⊕ 🖼 – ⅍ – 🚣 – A proximité : ◊
Tarif : 🄴 *2 pers. 54, pers. suppl. 17,50* – 🔌 *15 (3A) 18 (6A) 27 (10A)*

COURTAVON

68480 H.-Rhin **8** – **87** ⑳ – 290 h. alt. 480.
Paris 463 – Altkirch 24 – Basel 41 – Belfort 48 – Delémont 30 – Montbéliard 46.

▲ **Plan d'Eau de Courtavon** 15 mai-15 oct.
℘ 03 89 08 12 50 – NE : 1,2 km par D 473, rte de Liebsdorf « Près du plan d'eau » ⊶ – **R** indispensable juil.-août
2 ha (70 empl.) peu incliné, herbeux
⅏ ⌂ ⇆ 🖻 ⌂ ⊕ – A proximité : 🍷 ⌇
Tarif : 🛉 *16* – 🄴 *16* – 🔌 *15 (10A)*

COURTILS

50220 Manche **4** – **59** ⑧ – 271 h. alt. 35.
Paris 344 – Avranches 12 – Fougères 43 – Pontorson 14 – St-Hilaire-du-Harcouët 26 – St-Lô 70.

▲▲ **St-Michel** 27 mars-15 oct.
℘ 02 33 70 96 90, Fax 02 33 70 99 09 – sortie Ouest par D 43, rte du Mont-St-Michel « Entrée agréablement fleurie et décorée » ⊶ – **R** – **GB** ⅍
2,5 ha (100 empl.) plat et peu incliné, herbeux 🏕 ⚲
🎦 ⌂ ⇆ ⌂ ⊕ 🖳 🖼 – pizzeria ⅍ – 🚣 🚲
Tarif : 🛉 *19 piscine comprise* – 🄴 *19/25* – 🔌 *14 (6A)*
Location : 🚐 *1000 à 1350* – 🚐 *1500 à 2300*

COUSSAC-BONNEVAL

87500 H.-Vienne **10** – **72** ⑰ ⑱ G. Berry Limousin – 1 447 h. alt. 376.
🛈 Office de Tourisme (saison) Mairie ℘ 05 55 75 28 46, Fax 05 55 75 28 46.
Paris 435 – Brive-la-Gaillarde 70 – Limoges 43 – St-Yrieix-la-Perche 11 – Uzerche 30.

▲ **Municipal les Allées** 15 juin-15 sept.
℘ 05 55 75 28 72 – N : 0,7 km par D 17, rte de la Roche l'Abeille, au stade – **R**
1 ha (26 empl.) peu incliné, gravillons, pierreux 🏕
⅏ ⌂ ⇆ ⌂ ⊕ – A proximité : ⅍
Tarif : (Prix 1999) 🛉 *5,50* – 🚗 *4,50* – 🄴 *4,50* – 🔌 *8*

COUTANCES

50200 Manche **4** – **54** ⑫ G. Normandie Cotentin – 9 715 h. alt. 91.
fl Office de Tourisme pl. Georges-Leclerc ✆ 02 33 45 17 79, Fax 02 33 45 25 42.
Paris 335 – Avranches 50 – Cherbourg 77 – St-Lô 29 – Vire 56.

⚠ *Municipal les Vignettes* Permanent
✆ 02 33 45 43 13 – O : 1,2 km sur D 44 rte de Coutainville – ≤ o━ été – **R** conseillée 15 juil.-
15 août – **GB** ⚕
1,3 ha (82 empl.) plat et en terrasses, herbeux, gravillons
⚹ 🔥 ⇌ 🖐 ④ – 🏠 – A proximité : parcours de santé et parcours sportif ✗ ℀ 🖼 ⚓ 🔲 toboggan
aquatique
Tarif : ⚹ *16 piscine comprise* – 🔳 *16* – 🔋 *12 (4A)*

COUTRAS

33230 Gironde **9** – **75** ② – 6 689 h. alt. 15.
fl Office de Tourisme pl. du Château ✆ 05 57 69 36 53, Fax 05 57 49 07 09 et Mairie ✆ 05 57 56 09 09,
Fax 05 57 56 09 04.
Paris 531 – Bergerac 61 – Blaye 51 – Bordeaux 48 – Jonzac 59 – Libourne 18 – Périgueux 79.

⚠ *Municipal Frais Rivage*
✆ 05 57 49 12 00 – sortie Ouest par D 10, rte de Guîtres et rte à droite, bord de la Dronne – o━
1 ha (25 empl.) plat, herbeux 🌳🌳
⚹ 🔥 ⇌ 🖐 ④

COUTURES

49320 M.-et-L. **5** – **64** ⑪ – 481 h. alt. 81.
Paris 306 – Angers 25 – Baugé 35 – Doué-la-Fontaine 26 – Longué 22 – Saumur 27.

⚠⚠ *L'Européen* mai-sept.
✆ 02 41 57 91 63 – NE : 1,5 km, près du château de Montsabert – 🦌 « Cadre agréable » o━ –
R conseillée juil.-août – **GB** ⚕
5 ha (159 empl.) plat et peu incliné, herbeux, pierreux, sous bois ▭ 🌳🌳
📶 ⚹ 🔥 ⇌ 🖻 🖐 🔥 🔲 ④ 🔥 ▽ 🖥 – snack – 🏠 ⚓ ℀ 🔥 🔲 swin golf
Tarif : 🔳 *piscine et tennis compris 1 à 3 pers. 102* – 🔋 *18 (5A)*
Location : 🛖 *1400 à 2500*

COUX-ET-BIGAROQUE

24220 Dordogne **13** – **75** ⑯ – 708 h. alt. 85.
Paris 533 – Bergerac 44 – Le Bugue 14 – Les Eyzies-de-Tayac 17 – Sarlat-la-Canéda 31 – Villeneuve-sur-
Lot 72.

⚠ *Les Valades* mars-nov.
✆ 05 53 29 14 27, Fax 05 53 28 19 28 – à 4 km au Nord-Ouest du bourg, au lieu-dit les Valades,
croisement peu facile pour caravanes – 🅼 🦌 ≤ o━ – **R** conseillée – ⚕
11 ha/2,5 campables (45 empl.) en terrasses et vallonné, herbeux, étang, sous-bois ▭ 🌳 (0,5 ha)
⚹ 🔥 ⇌ 🖻 🖐 🔥 ④ 🔥 ▽ 🖥 – 🏠 ⚓ 🔲
Tarif : (Prix 1999) ⚹ *21* – 🔳 *29* – 🔋 *16,50 (5A)*

⚠ *La Faval* avril-sept.
✆ 05 53 31 60 44, Fax 05 53 28 39 71 – E : 1 km, près du carrefour des D 703 et 710, vers Siorac-
en-Périgord « Décoration florale et arbustive » o━ – **R** conseillée – ⚕
2,2 ha (100 empl.) plat, herbeux ▭ 🌳🌳
⚹ 🔥 ⇌ 🖻 🖐 ④ 🖥 – 🍽 🔥 – 🏠 ⚓ 🔲 – A proximité : ✗
Tarif : (Prix 1999) ⚹ *30 piscine comprise* – 🔳 *30/40* – 🔋 *17 (3A) 19 (6A)*
Location : 🛖 *900 à 2950* – 🏡 *1000 à 3300*

COUZE-ET-ST-FRONT

24150 Dordogne **10** – **75** ⑮ – 781 h. alt. 45.
Paris 548 – Bergerac 20 – Lalinde 4 – Mussidan 47 – Périgueux 58.

⚠ *Les Moulins* avril-oct.
✆ 05 53 61 18 36, Fax 05 53 24 99 72 – sortie Sud-Est par D 660 rte de Beaumont et à droite, près
du terrain de sports, bord de la Couze – o━ – **R** conseillée juil.-août – ⚕
2,5 ha (42 empl.) plat et peu incliné, herbeux
⚹ 🔥 ⇌ 🖐 ④ 🖼 🖥 – 🏠 ⚓ 🔥 ℀ 🔲
Tarif : ⚹ *24 piscine et tennis compris* – 🔳 *24* – 🔋 *17 (10A)*

COZES

17120 Char.-Mar. **9** – **71** ⑮ – 1 730 h. alt. 43.
Paris 496 – Marennes 42 – Mirambeau 34 – Pons 25 – Royan 18 – Saintes 27.

⚠ *Municipal le Sorlut* 15 avril-15 oct.
✆ 05 46 90 75 99 – au Nord de la ville, près de l'ancienne gare – 🦌 o━ – **R** conseillée – ⚕
1,4 ha (120 empl.) plat, herbeux 🌳
🔥 🖻 🔥 ④ 🖥 – A proximité : toboggan aquatique 🏠 ℀ 🔥 🔲
Tarif : (Prix 1999) ⚹ *13* – 🔳 *14* – 🔋 *14 (5A)*

CRACH

56950 Morbihan **3** – 🗓🗓 ② – 2 762 h. alt. 35.
Paris 483 – Auray 6 – Lorient 44 – Quiberon 28 – Vannes 25.

Schéma à Carnac

▲▲▲ **Le Fort Espagnol** Pâques-15 sept.
      ℘ 02 97 55 14 88, Fax 02 97 30 01 04 – E : 0,8 km par rte de la Rivière d'Auray – ⑤ ⊶ –
R conseillée – ⑤ ⑦
5 ha (190 empl.) peu incliné et plat, herbeux ⊏⊐ ♀ pinède (1,5 ha)
🎬 ⅃ ⅃ ⅃ ⅃ ⅃ ⅃ ⅃ ⅃ – ⅃ ♀ – ⅃ ⅃ ⅃ toboggan aquatique half-court
Tarif : ⅄ 27 piscine comprise – ⅃ 53 – ⅃ 20 (10A)
Location : ⅃ 1400 à 3600 – bungalows toilés

▲ **Le Pont Neuf** 27 juin-4 sept.
      ℘ 02 97 55 14 83 – au Sud du bourg, 6 r. des Écoles – ⊶ – **R** conseillée 14 juil.-20 août – ⑦
1 ha (68 empl.) non clos, peu incliné, herbeux ⊏⊐ ♀
⅃ ⅃ ⅃ ⅃ ⅃ – ⅃⅃
Tarif : (Prix 1999) ⅄ 20 – ⅃ 24 – ⅃ 10 (6A)

Die im MICHELIN-Führer

verwendeten Zeichen und Symbole haben - fett oder dünn
gedruckt, in Rot oder Schwarz - jeweils eine andere Bedeutung.

Lesen Sie daher die Erklärungen aufmerksam durch.

CRAON

53400 Mayenne **4** – 🗓🗓 ⑨ – 4 767 h. alt. 75.
🖪 Office de Tourisme 4 r. du Mürier ℘ 02 43 06 10 14 (hors saison) ℘ 02 43 06 12 59.
Paris 309 – Fougères 71 – Laval 30 – Mayenne 60 – Rennes 72.

▲ **Municipal** mai-sept.
      ℘ 02 43 06 96 33 – E : 0,8 km rte de Château-Gonthier et chemin à gauche « Cadre agréable près
d'un plan d'eau » ⊶ – **R** – ⑦
1 ha (51 empl.) plat, herbeux ⊏⊐ ♀
⅃ ⅃ ⅃ ⅃ ⅃ ⅃ ⅃ – ⅃ ⅃⅃ – A proximité : ⅄ ✕ ⅃
Tarif : ⅄ 16 – ⅃ 21 – ⅃ 11 (6A)
Location : ⅃(sans sanitaires)

CRAYSSAC

46150 Lot **14** – 🗓🗓 ⑦ – 413 h. alt. 300.
Paris 576 – Cahors 13 – Fumel 37 – Gourdon 31 – Labastide-Murat 34.

▲▲▲ **Les Reflets du Quercy** Pâques-sept.
      ℘ 05 65 30 91 48, Fax 05 65 30 97 87 – NO : 1,8 km par D 23 rte de Catus et rte à gauche, Accès
conseillé par D 911 – ⑤ ≤ ⊶ – ⑤ ⑦
7,5 ha/3 campables (95 empl.) en terrasses, plat, pierreux, gravier, herbeux ⊏⊐ ♀
⅃ ⅃ ⅃ ⅃ ⅃ ⅃ ⅃ ⅃ – ⅃ ⅄ ✕ ⅃ – ⅃⅃ ⅃ ⅃
Tarif : ⅄ 20 piscine comprise – ⅃ 70/100 avec élect. (6A)
Location : ⅃ 1500 à 3450 – bungalows toilés

CRÊCHES-SUR-SAÔNE

71680 S.-et-L. **11** – 🗓🗓 ① – 2 531 h. alt. 180.
Paris 400 – Bourg-en-Bresse 44 – Mâcon 8 – Villefranche-sur-Saône 30.

▲ **Municipal Port d'Arciat** mai-sept.
      ℘ 03 85 37 11 83 – E : 1,5 km par D 31, rte de Pont de Veyle « En bordure de Saône et près d'un
plan d'eau avec accès direct » ⊶ – **R** – ⑤ ⑦
5 ha (160 empl.) plat, herbeux ♀
⅃ ⅃ ⅃ ⅃ ⅃ ⅃ ⅃ – ⅃⅃ – A proximité : ⅄ snack ⅃ ⅃ toboggan aquatique
Tarif : ⅃ 2 pers. 55 – ⅃ 19 (6A)

CREISSAN

34370 Hérault **15** – 🗓🗓 ⑭ – 861 h. alt. 90.
Paris 784 – Béziers 21 – Murviel-lès-Béziers 20 – Narbonne 27 – Olonzac 30 – St-Chinian 11.

▲ **Municipal les Oliviers** avril-sept.
      ℘ 04 67 93 81 85 – au Nord-Ouest du bourg – ⊶ – **R** conseillée – ⑦
0,4 ha (20 empl.) plat, herbeux ⊏⊐ ♀
⅃ ⅃ ⅃ ⅃ ⅃ ⅃ ⅃ – ⅃ ⅃
Tarif : (Prix 1999) ⅄ 10 – ⅃ 25 – ⅃ 15 (20A)
Location (permanent) : ⅃875 à 1295

CREISSELS

12100 Aveyron – 🗓🗓 ⑭ – rattaché à Millau.

CRESPIAN

30260 Gard 🔲🔲 – 🔲🔲 ⑱ – 159 h. alt. 80.
Paris 735 – Alès 32 – Anduze 27 – Nîmes 24 – Quissac 11 – Sommières 13.

⚠ **Mas de Reilhe** 20 mai-sept.
  𝒫 04 66 77 82 12 – sortie Sud par N 110, rte de Sommières – ⚬ₜ – **R** conseillée juil.-août –
  ⚏ ⚒
  2 ha (90 empl.) plat, accidenté et en terrasses, herbeux, pierreux ⌒ ⚏⚏ pinède
  🔲 ⚏ 🔲 ⚏ ⚏ ⚬ ⚏ ⚏ – 🔲 – ⚏ ⚏ ⚏ ⚏
  Tarif : ⚏ 31 piscine comprise – 🔲 50 – ⚏ 20 (6A) 25 (10A)
  Location : bungalows toilés

*Deze gids is geen overzicht van alle kampeerterreinen maar een selektie
van de beste terreinen in iedere categorie.*

CREST

26400 Drôme 🔲🔲 – 🔲🔲 ⑫ ⓖ. Vallée du Rhône – 7 583 h. alt. 196.
🔲 Office de Tourisme pl. Dr Maurice-Rozier 𝒫 04 75 21 11 38, Fax 04 75 76 79 65.
Paris 590 – Die 37 – Gap 130 – Grenoble 114 – Montélimar 37 – Valence 29.

⚠ **Les Clorinthes** mai-sept.
  𝒫 04 75 25 05 28, Fax 04 75 76 75 09 – sortie Sud par D 538 puis chemin à gauche après le pont,
  près de la Drôme et du complexe sportif – ⚏ ⚬ₜ – **R** conseillée
  4 ha (160 empl.) plat, herbeux et peu incliné ⚏
  ⚏ 🔲 ⚏ 🔲 ⚏ ⚏ ⚏ 🔲 – 🔲 pizzeria – 🔲 ⚏ – A proximité : poneys ⚏ ⚏
  Tarif : 🔲 piscine comprise 2 pers. 78 – ⚏ 17 (4A) 22 (6A)
  Location ⚏ : 🔲1750 à 3250

CREULLY

14480 Calvados 🔲 – 🔲🔲 ⑮ ⓖ. Normandie Cotentin – 1 396 h. alt. 27.
Paris 251 – Bayeux 14 – Caen 19 – Deauville 64.

⚠ **Intercommunal des 3 Rivières** Pâques-sept.
  𝒫 02 31 80 12 00 – NE : 0,8 km, rte de Tierceville, bord de la Seulles – ⚏ ⚏ ⚬ₜ – **R** – ⚏
  2 ha (82 empl.) plat et peu incliné, herbeux ⌒ ⚏
  🔲 🔲 ⚏ 🔲 ⚏ ⚏ 🔲 – 🔲 ⚏ ⚏ – A proximité : parcours de santé ⚏
  Tarif : (Prix 1999) ⚏ 14 – 🔲 17

CREYSSE

46600 Lot 🔲🔲 – 🔲🔲 ⑱ ⓖ. Périgord Quercy – 227 h. alt. 110.
Paris 521 – Brive-la-Gaillarde 41 – Cahors 69 – Gourdon 37 – Rocamadour 20 – Souillac 15.

⚠ **Le Port** mai-sept.
  𝒫 05 65 32 27 59, Fax 05 65 32 20 40 – au Sud du bourg, près du château, bord de la Dordogne
  – ⚏ ⚏ « Entrée fleurie » ⚬ₜ – **R** – ⚏ ⚒
  3,5 ha (100 empl.) peu incliné et plat, herbeux ⚏⚏ (1 ha)
  🔲 🔲 ⚏ ⚏ – 🔲 – 🔲 ⚏ ⚏ ⚏
  Tarif : ⚏ 21 piscine comprise – 🔲 21 – ⚏ 15 (5A)

Le CROISIC

44490 Loire-Atl. 🔲 – 🔲🔲 ⑬ ⑭ ⓖ. Bretagne – 4 428 h. alt. 6.
🔲 Office de Tourisme pl. 18-Juin-1940 𝒫 02 40 23 00 70, Fax 02 40 62 96 60.
Paris 464 – La Baule 9 – Guérande 11 – Nantes 88 – Le Pouliguen 8 – Redon 64 – Vannes 78.

⚠ **La Pierre Longue** Permanent
  𝒫 02 40 23 13 44, Fax 02 40 23 23 13 – sortie Ouest vers la Pointe du Croisic par av. Henri-Dunant,
  à 500 m de la mer – ⚬ₜ – **R** conseillée juil.-août – ⚏ ⚒
  3 ha (139 empl.) plat, herbeux
  ⚏ 🔲 ⚏ ⚏ 🔲 – 🔲 ⚏ ⚏ ⚏
  Tarif : 🔲 2 pers. 80 – ⚏ 17 (3A) 22 (6A)
  Location : 🔲 1400 à 2900

CROIX-EN-TERNOIS

62130 P.-de-C. 🔲 – 🔲🔲 ⑬ – 218 h. alt. 125.
Paris 218 – Arras 40 – Béthune 40 – Hesdin 17 – St-Pol-sur-Ternoise 6.

⚠ **Le Ternois** avril-oct.
  𝒫 03 21 03 39 87 – au bourg – ⚬ₜ – **R** conseillée juil.-août – ⚒
  0,3 ha (19 empl.) plat, herbeux
  🔲 ⚏ ⚏ ⚏ ⚏ ⚏ – 🔲 ⚏ – A proximité : ⚏
  Tarif : 🔲 élect. (3 à 6A) comprise 2 pers. 80

La CROIX-VALMER

83420 Var **17** – **84** ⑦ G. Côte d'Azur – 2 634 h. alt. 120.

🛈 Office de Tourisme Jardin de la Gare ℘ 04 94 55 12 12, Fax 04 94 55 12 10.

Paris 876 – Brignoles 68 – Draguignan 50 – Fréjus 37 – Le Lavandou 28 – Ste-Maxime 16 – Toulon 69.

Schéma à Grimaud

▲▲ **Sélection Camping** avril-15 oct.
℘ 04 94 55 10 30, Fax 04 94 55 10 39 – SO : 2,5 km par D 559, rte de Cavalaire et au rond-point chemin à droite – ⅋ ⊶ ✄ dans locations et juil.-août sur le camping – **R** conseillée juil.-août – GB ⚲
4 ha (215 empl.) en terrasses, pierreux, herbeux ⊡ ᐁᐁ
⅋ ♨ ⊖ ⬚ ᗺ ⊕ ᕮ ▣ – ᐧᒲ ⍟ snack ⅋ – ᐛ ᵐ
Tarif : ▣ 3 pers. 145 – ⒡ 25 (10A)
Location : ᨀ 1900 à 3500 – studios, appartements

à Gassin NE : 6 km par D 559 et D 89 – 2 622 h. alt. 200 – ⊠ 83580 Gassin :

▲▲▲ **Parc Saint James** mars-15 nov.
℘ 04 94 55 20 20, Fax 04 94 56 34 77 – NO : 3 km par D 89, rte du Bourrian, accès conseillé par D 559 – ⅋ « Agréable parc boisé » ⊶ – **R** conseillée – GB ⚲
33 ha/23 campables (650 empl.) plat et en terrasses, accidenté, pierreux, herbeux ⊡ ᐁᐁ
⅋ ♨ ⊖ ⬚ ⊕ ᕮ ▣ – ᐧᒲ ⍟ ✕ pizzeria ⅋ cases réfrigérées – ᗕ ᖨᶠ ᐛ ✄ ᵐ ⩍ ᒲ 罢 terrain omnisports
Tarif : ▣ piscine comprise 2 pers. 150 (175 avec élect. 6A), pers. suppl. 25
Location : ᨀ 1900 à 4180

CROMARY

70190 H.-Saône **8** – **66** ⑮ – 171 h. alt. 219.

Paris 417 – Belfort 91 – Besançon 20 – Gray 50 – Montbéliard 75 – Vesoul 35.

▲ **L'Esplanade** mai-15 sept.
℘ 03 84 91 82 00 – au Sud du bourg par D 276 – ≼ « Dans un site champêtre avec un accès direct à l'Ognon » ⊶ juil.-août – **R** conseillée 15 juil.-15 août – ⚲
2 ha (44 empl.) plat, herbeux ⊡
⅋ ♨ ⬚ ⊕ ▣ – ᒲᒐ
Tarif : ✶ 12 – ᐧᒲ 6 – ▣ 8/10 – ⒡ 12 (4A) 20 (8A)

CROS-DE-CAGNES

06 Alpes-Mar. – **84** ⑨ – rattaché à Cagnes-sur-Mer.

Le CROTOY

80550 Somme **1** – **52** ⑥ G. Picardie Flandres Artois – 2 440 h. alt. 1.

🛈 Office de Tourisme r. Carnot ℘ 03 22 27 05 25, Fax 03 22 27 90 58.

Paris 210 – Abbeville 22 – Amiens 74 – Berck-sur-Mer 29 – Montreuil 34.

▲▲ **Les Trois Sablières** 15 avril-15 nov.
℘ 03 22 27 01 33, Fax 03 22 27 10 06 – NO : 4 km par rte de St-Quentin-en-Tourmont et chemin à gauche, au lieu-dit la Maye, à 400 m de la plage – Places limitées pour le passage ⅋ « Cadre verdoyant et fleuri » ⊶ – **R** indispensable juil.-août – ⚲
1,5 ha (97 empl.) plat, herbeux, sablonneux ⊡ ᐁ
⅋ ♨ ⊖ ⬚ ⊕ ▣ – ᒲᒐ
Tarif : ✶ 25 piscine comprise – ᐧᒲ 15 – ▣ 25 – ⒡ 20 (3A) 25 (6A)

▲ **Les Aubépines** avril-oct.
℘ 03 22 27 01 34 – N : 4 km par rte de St-Quentin-en-Tourmont et chemin à gauche – Places limitées pour le passage ⊶ – **R** conseillée – ⚲
2,5 ha (150 empl.) plat, herbeux, sablonneux ⊡
⅋ ♨ ⊖ ⬚ ᐣ ⊕ ᐧ ▣
Tarif : ✶ 18 – ᐧᒲ 11 – ▣ 16 – ⒡ 12 (3A) 16 (5A)

CROUY-SUR-COSSON

41220 L.-et-C. **8** – **64** ⑧ – 471 h. alt. 86.

Paris 173 – Beaugency 19 – Blois 28 – Chambord 10 – Vendôme 60.

▲ **Municipal le Cosson** 15 avril-oct.
sortie Sud par D 33, rte de Chambourd et rte à gauche, près de la rivière – ⅋ – **R** conseillée – ⚲
1,5 ha (60 empl.) plat, herbeux, pierreux ᐁᐁ (0,5 ha)
⅋ ♨ ⊖ ᐣ ⊕ – ᒲᒐ – A proximité : ✄
Tarif : (Prix 1999) ✶ 11 – ▣ 18/19 – ⒡ 11 (5A)

Pour une meilleure utilisation de cet ouvrage,
LISEZ ATTENTIVEMENT LE CHAPITRE EXPLICATIF.

CROZANT

23160 Creuse ⑩ – 🗒 ⑱ G. Berry Limousin – 636 h. alt. 263.
Paris 334 – Argenton-sur-Creuse 32 – La Châtre 50 – Guéret 39 – Montmorillon 76 – La Souterraine 24.

⚑ **Municipal la Fontbonne** mai-sept.
au Sud du bourg, par rte de Dun-le-Palestel et rue à droite, après la poste, à 300 m de la Sédelle
– 🐾 – **R**
1 ha (33 empl.) plat et peu incliné, herbeux ⚜
♿ 🔥 ⇆ 📷 ☺
Tarif : (Prix 1999) 🅴 *2 pers. 40* – *⛽ 12 (6A)*

CROZON

29160 Finistère ③ – 🗒 ④ G. Bretagne – 7 705 h. alt. 85.
🅱 Office de Tourisme bd Pralognan ℘ 02 98 27 07 92, Fax 02 98 27 24 89, Annexe (saison) bd de la Plage à
Morgat ℘ 02 98 27 29 49.
Paris 588 – Brest 58 – Châteaulin 35 – Douarnenez 41 – Morlaix 81 – Quimper 49.

⚑ **Les Pieds dans l'Eau** 15 juin-15 sept.
℘ 02 98 27 62 43 – NO : 6 km par rte de Roscanvel et à droite, à St-Fiacre, bord de mer – 🐾 ≤
☞ – **R** conseillée – ⚒
1,8 ha (118 empl.) peu incliné, herbeux
🔥 ⇆ 🖻 ⇆ ☺ ⚶ 📷 – 🏊
Tarif : ⚡ *21* – 🚗 *10,50* – 🅴 *21* – *⛽ 17,50 (3A) 20,50 (6A)*
Location : 🛖 *1900*

⚑ **Plage de Goulien** 27 mai-10 sept.
℘ 02 98 27 17 10 – O : 5 km par D 308 rte de la Pointe de Dinan et rte à droite, à 200 m de la
plage – 🐾 ☞ – **R** conseillée juil.-août – ⚒
1,8 ha (115 empl.) plat et incliné, herbeux ▭ ⚜
🔥 ⇆ 🖻 ⇆ ☺ 📷 – A proximité : 🍴 crêperie
Tarif : ⚡ *22* – 🚗 *11,50* – 🅴 *22* – *⛽ 17 (5A)*
Location : 🛖 *1650 à 2750*

⚑ **L'Aber** Permanent
℘ 02 98 27 02 96 – E : 5 km par D 887, rte de Châteaulin, puis à Tal-ar-Groas, 1 km à droite, rte
de l'Aber – ≤ baie de Douarnenez « Agréable situation en terrasses, dominant la mer » ☞ –
R conseillée 1ᵉʳ-15 août – **GB** ⚒
1,6 ha (100 empl.) en terrasses, plat, peu incliné, herbeux
🔥 ⇆ 🖻 ⇆ ☺ 📷 – 🍴 – 🏊
Tarif : ⚡ *16* – 🚗 *8* – 🅴 *15* – *⛽ 13 (5A)*
Location : 🛖 *1086 à 1600*

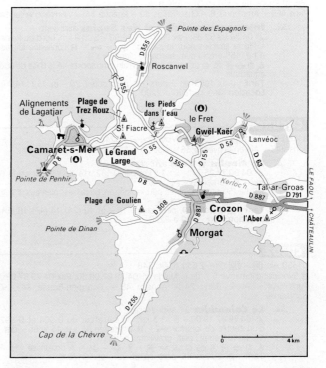

au Fret N : 5,5 km par D 155 puis D 55 – ⊠ 29160 Crozon

   ▲▲ **Gwël Kaër** avril-sept.
       ℰ 02 98 27 61 06 – sortie Sud-Est par D 55, rte de Crozon, bord de mer – Ⓜ ⑤ ≼ ⊶ saison –
       R conseillée juil.-août – ⚲
       2,2 ha (98 empl.) en terrasses, plat et peu incliné ♀
       ♻ ⌂ ⇌ ⊟ ♨ ♨ ⊕ ⌨ 🖭 – 🏎 mini-tennis
       Tarif : (Prix 1999) ⚹ 20 – ⊜ 10 – 🅴 20 – ᵷ 16 (4A)

Voir aussi à Camaret-sur-Mer

CRUAS

07350 Ardèche 🔟🅶 – 🔢🅶 ⑳ G. Vallée du Rhône – 2 200 h. alt. 83.
Paris 598 – Aubenas 48 – Montélimar 17 – Privas 23 – Valence 38.

   ▲ **Les Ilons** permanent
       ℰ 04 75 49 55 43 – E : 1,4 km rte du Port, près d'un plan d'eau, à 300 m du Rhône – ⑤ ⊶ –
       R conseillée – ☖ ⚲
       2,5 ha (80 empl.) plat, herbeux, gravillons ♀
       ♮ ♻ ⌂ ⇌ ⊟ ♨ ⊕ ⚶ ⩩ 🖭 – ⛁ 🏎 ⚲ ⚗ – A proximité : ✖ ⌇
       Tarif : (Prix 1999) 🅴 élect. (6A) comprise 1 pers. 58, 2 pers. 78, pers. suppl. 20
       Location ✖ : ⛌ 1500 à 2100 – ⌂ 1500 à 2100

CRUX-LA-VILLE

58330 Nièvre 🔟🅸 – 🔢🅴 ⑮ – 413 h. alt. 319.
Paris 252 – Autun 85 – Avallon 137 – La Charité-sur-Loire 44 – Clamecy 38 – Nevers 41.

   ▲ **L'Étang du Merle** mai-sept.
       ℰ 03 86 58 38 42 – SO : 4,5 km par D 34 rte de St-Saulge et D 181 à droite, rte de
       Ste-Marie, bord de l'étang – ⑤ « Cadre boisé dans un site agréable » ⊶ – **R** conseillée
       juil.-août – ⚲
       2,6 ha (100 empl.) plat, peu incliné, herbeux ♀♀
       ♻ ⌂ ⇌ ⊟ ⩩ ⊕ 🖭 – ⛁ 🏎 – A proximité : ⌇
       Tarif : 🅴 2 pers. 65 – ᵷ 18 (6A)

CUBLIZE

69550 Rhône 🔟🅸 – 🔢🅲 ⑧ ⑨ – 984 h. alt. 452.
Paris 468 – Amplepuis 8 – Chauffailles 30 – Roanne 31 – Villefranche-sur-Saône 42.

   ▲▲ **Intercommunal du Lac des Sapins** avril-sept.
       ℰ 04 74 89 52 83, Fax 04 74 89 58 90 – S : 0,8 km, bord du Reins et à 300 m du lac (accès direct)
       – Places limitées pour le passage ⑤ ≼ ⊶ – **R** conseillée juil.-août – ⚲
       4 ha (155 empl.) plat, herbeux, pierreux ⛱
       ♻ ⌂ ⇌ ⊟ ⩩ ⊕ ⚶ ⩩ 🖭 – ✖ terrain omnisports - A la Base de Loisirs : 🏊 🏎 ⌇ (plage) toboggan
       aquatique
       Tarif : (Prix 1999) 🅴 2 pers. 60, pers. suppl. 20 – ᵷ 15 (11A)
       Location ✖ : ⌂ 1300 à 2200

CUCURON

84160 Vaucluse 🔟🅶 – 🔢🅰 ③ G. Provence – 1 624 h. alt. 350.
Paris 745 – Aix-en-Provence 36 – Apt 25 – Cadenet 8 – Manosque 36.

   ▲ **Le Moulin à Vent** avril-sept.
       ℰ 04 90 77 25 77 – S : 1,5 km par D 182, rte de Villelaure puis 0,8 km par rte à gauche – ⑤ ≼
       ⊶ – **R** conseillée – ⚲
       2,2 ha (50 empl.) plat et peu incliné, en terrasses, pierreux ⛱ ♀♀
       ♻ ⌂ ⇌ ⊟ ♨ ⩩ ⊕ 🖭 🖭 – ⚗ – ⛁ 🏎
       Tarif : 🅴 2 pers. 54, pers. suppl. 18 – ᵷ 10 (2A) 14 (4A) 18 (6A)
       Location : ⛌ 1900 à 2250

CULOZ

01350 Ain 🔢🅰 – 🔢🅰 ⑤ – 2 639 h. alt. 248.
🅱 Syndicat d'Initiative 6 r. de la Mairie ℰ 04 79 87 00 30, Fax 04 79 87 09 73.
Paris 514 – Aix-les-Bains 24 – Annecy 45 – Bourg-en-Bresse 84 – Chambéry 42 – Genève 69 –
Nantua 65.

   ▲▲ **Le Colombier** 21 avril-24 sept.
       ℰ 04 79 87 19 00 – E : 1,3 km, au carrefour du D 904 et D 992, bord d'un ruisseau – ≼ « Près
       d'un centre de loisirs » ⊶ – **R** conseillée 14 juil.-15 août – ☖ ⚲
       1,5 ha (81 empl.) plat, gravillons, herbeux ⛱ ♀♀
       ♻ ⌂ ⇌ ⊟ ♨ ⩩ ⊕ ⚶ ⩩ 🖭 – ⚲ ⚗ – ⚗ – A proximité : ✖ 🖼 🏊 ⌇ (petit plan d'eau)
       Tarif : 🅴 2 pers. 65, pers. suppl. 22 – ᵷ 19 (10A)

CUSY

74540 H.-Savoie ⓘ2 – ⓘ4 ⑮ ⑯ – 969 h. alt. 560.
Paris 548 – Annecy 22 – Belley 50 – Chambéry 34 – Rumilly 15.

⚠ **Le Chéran** avril-sept.
  𝒫 04 50 52 52 06, Fax 04 50 52 50 68 – sortie Est par D 911, rte de Lescheraines puis 1,4 km par chemin à forte pente, Accès par chemin à forte pente - sortie des caravanes à la demande – ⊗ ≤ « Dans un vallon pittoresque, au bord de la rivière » ⌀ – **R** conseillée 14 juil.-15 août – ⊖ ⚲
  1 ha (26 empl.) plat, herbeux
  ⚹ 🔥 ⇄ 🛁 ☺ – ✗
  Tarif : ⚹ 25 – 🚗 10 – 🅴 22 – 🔌 14 (3A) 19 (6A)

In deze « Guide » komt geen betaalde reclame voor.

DABO

57850 Moselle ⓘ – ⓘ2 ⑧ G. Alsace Lorraine – 2 789 h. alt. 500.
Paris 453 – Baccarat 66 – Metz 125 – Phalsbourg 18 – Sarrebourg 21.

⚠ **Le Rocher** Pâques-oct.
  SE : 1,5 km par D 45, au carrefour de la route du Rocher « Dans une agréable forêt de sapins » – **R** conseillée juil.-août – ⚲
  0,5 ha (42 empl.) plat et peu incliné, herbeux ⚲
  🏛 🔥 🗄 🛁 – 🛒
  Tarif : (Prix 1999) ⚹ 11 – 🚗 6 – 🅴 6/14 – 🔌 7,50 (6A) 13 (10A)
  Location *(permanent)* : gîte d'étape

DAGLAN

24250 Dordogne ⓘ3 – ⓘ5 ⑰ – 477 h. alt. 101.
Paris 553 – Cahors 49 – Fumel 45 – Gourdon 18 – Périgueux 80 – Sarlat-la-Canéda 23.

⛰ **Le Moulin de Paulhiac** 20 mai-16 sept.
  𝒫 05 53 28 20 88, Fax 05 53 29 33 45 – NO : 4 km par D 57, rte de St-Cybranet, bord du Céou – ⊗ « Cadre agréable » ⌀ – **R** conseillée – ⊖ ⚲
  5 ha (150 empl.) plat, herbeux ▭ ⚲⚲ (3 ha)
  ⚹ 🔥 ⇄ 🗄 ⚿ 🛁 ☺ ⚙ ▾ 🍽 – 🛒 🍴 snack 🛒 – 🛏 🏊 ❊ ⛱ toboggan aquatique
  Tarif : ⚹ 33 piscine comprise – 🅴 46 – 🔌 18,50 (6A)
  Location : 🛖 1750 à 3250

⛰ **Le Daguet** mai-15 sept.
  𝒫 05 53 28 29 55, Fax 05 53 59 61 81 – sortie Nord par D 57, rte de St-Cybranet puis 3,5 km par chemin du Mas-de-Causse, à gauche, croisement peu facile pour caravanes – ⊗ ≤ ⌀ – **R** conseillée 14 juil.-15 août – ⊖ ⚲
  3 ha (45 empl.) plat et peu incliné, herbeux ▭ ⚲ (0,5 ha)
  ⚹ 🔥 ⇄ 🗄 ☺ ⚿ 🛁 – 🏊 ⚲ 🏊
  Tarif : ⚹ 25 piscine comprise – 🅴 35 – 🔌 15 (3A) 18 (6A)

⚠ **La Peyrugue** Pâques-oct.
  𝒫 05 53 28 40 26, Fax 05 53 28 86 14 – N : 1,5 km par D 57, rte de St-Cybranet, à 150 m du Céou – ⊗ ≤ ⌀ – **R** conseillée juil.-août – ⚲
  2,6 ha (50 empl.) peu incliné à incliné, herbeux, pierreux
  ⚹ 🔥 ⇄ 🗄 🛁 🌲 ☺ ▾ – 🏊 🏊
  Tarif : ⚹ 25 piscine comprise – 🅴 25 – 🔌 20 (6A)
  Location *(permanent)* : 🛖 1250 à 1850 – 🛖 2100 à 2900

DAMAZAN

47160 L.-et-G. ⓘ4 – ⓘ9 ⑭ – 1 164 h. alt. 45.
Paris 684 – Agen 38 – Aiguillon 6 – Casteljaloux 19 – Marmande 31 – Nérac 23.

⚠ **Intercommunal le Lac** 15 juin-15 sept.
  S : 1 km par D 108, rte de Buzet-sur-Baïse puis chemin à droite, bord du lac – **R** – ⚲
  1 ha (66 empl.) plat et peu incliné, herbeux ⚲⚲
  🔥 ⇄ 🗄 🛁 ☺ ▾ – 🏊 – A proximité : 🚲 ⚲ ❊ 🔥 ⛱
  Tarif : ⚹ 12 – 🅴 9 – 🔌 12 (4A)
  Location *(permanent)* : gîtes

DAMBACH-LA-VILLE

67650 B.-Rhin ⓘ – ⓘ7 ⑯ G. Alsace Lorraine – 1 800 h. alt. 210.
🅱 Office de Tourisme Mairie 𝒫 03 88 92 61 00, Fax 03 88 92 60 09.
Paris 509 – Barr 16 – Obernai 24 – Saverne 61 – Sélestat 9 – Strasbourg 48.

⚠ **Municipal** 15 mai-sept.
  𝒫 03 88 92 48 60 – E : 1,2 km par D 210 rte d'Ebersheim et chemin à gauche « Cadre ombragé » ⌀ – **R** conseillée 15 juil.-15 août – ⚲
  1,8 ha (120 empl.) plat, herbeux ⚲
  ⚹ 🔥 ⇄ 🗄 🛁 ☺ ⚙ 🌲 – A proximité : ❊
  Tarif : (Prix 1999) ⚹ 14 – 🚗 7 – 🅴 10/12 – 🔌 11 (3A)

DAMGAN

56750 Morbihan 4 – 63 ⑬ – 1 032 h.
Paris 472 – Muzillac 10 – Redon 46 – La Roche-Bernard 25 – Vannes 27.

à Kervoyal E : 2,5 km – ⊠ 56750 Damgan :

  ▲▲ **Oasis-Camping** avril-20 oct.
      𝒫 02 97 41 10 52 – à 100 m de la plage – 🐾 ≤ o━ – 🛉 – ⚡
      3 ha (150 empl.) plat, herbeux ♀
      🗺 🗄 🖸 ⚙ 🖥 – 🏊
      Tarif : 🖭 1 ou 2 pers. 78, pers. suppl. 15 – 👔 15 (4A) 16 (6A)
      Location : 🛖 1100 à 3090

  ▲ **Mar-Atlantis** début avril-oct.
      𝒫 02 97 41 02 31 – à 450 m de la plage – 🐾 – **R** conseillée juil.-août – ⚡
      4 ha/2 campables (100 empl.) plat, herbeux 🗔 ♀
      🕭 🗺 🖸 🗄 ⚙ 🖳 🖥 – 🛒 – 🏠
      Tarif : 🚹 16 – 🖭 89 avec élect.
      Location (juil.-août) : 🛖 1395 à 3895

  ▲ **Côte d'Amour** avril-15 oct.
      𝒫 02 97 41 01 49, Fax 02 97 41 11 39 – au bourg, à 200 m de la plage – Places limitées pour le
      passage – **R** conseillée juil.-août – ⚡
      1,3 ha (100 empl.) plat, herbeux 🗔 ♀
      🕭 🗺 🖸 🗄 ⚙ 🖥 – 🛒 – A proximité : 🍴 crêperie
      Tarif : 🚹 16 – 🖭 89 avec élect.
      Location : 🛖 1095 à 3495

DAMIATTE

81220 Tarn 15 – 82 ⑩ – 746 h. alt. 148.
Paris 718 – Castres 25 – Graulhet 16 – Lautrec 18 – Lavaur 15 – Puylaurens 11.

  ▲▲ **Le Plan d'Eau St-Charles** 15 mai-sept.
      𝒫 05 63 70 66 07, Fax 05 63 70 52 14 – sortie rte de Graulhet puis 1,2 km par rte à gauche avant
      le passage à niveau, bord d'un plan d'eau – 🐾 ≤ « Cadre agréable » o━ – **R** – ⚡
      7,5 ha/2 campables (82 empl.) plat, pierreux, herbeux 🗔 ♀♀ (1 ha)
      🕭 🗺 🖸 🗄 ⚙ 🏊 ❄ 🖥 – 🛢 – 🛒 🚲 🛶 toboggan aquatique
      Tarif : 🖭 2 pers. 78 – 👔 18 (4A)
      Location (avril-nov.) : 🛖 1000 à 2500 – 🏠 1000 à 3000 – bungalows toilés

DAMPIERRE-SUR-BOUTONNE

17470 Char.-Mar. 9 – 71 ③ G. Poitou Vendée Charentes – 335 h. alt. 60.
Paris 426 – Beauvoir-sur-Niort 21 – Niort 36 – La Rochelle 67 – Ruffec 55 – St-Jean-d'Angély 19.

  ▲ **Municipal** juin-sept.
      au bourg, derrière la salle municipale, bord de la Boutonne – 🐾 – **R**
      0,6 ha (16 empl.) plat, herbeux 🗔 ♀♀ (0,3 ha)
      🕭 🗺 🖸 🗄 ⚙ 🛢 ❄
      Tarif : 🚹 12 – 🚗 8 – 🖭 8 – 👔 10

DANGÉ-ST-ROMAIN

86220 Vienne 10 – 68 ④ – 3 150 h. alt. 50.
🅱 Office de Tourisme 5 pl. de la Promenade 𝒫 05 49 86 40 37, Fax 05 49 86 47 14.
Paris 294 – Le Blanc 54 – Châtellerault 15 – Chinon 45 – Loches 44 – Poitiers 50 – Tours 59.

  ▲ **Municipal** Ascension-15 sept.
      sortie Ouest par D 22, rte de Vellèches, près de la Vienne – **R** – ⚡
      0,2 ha (17 empl.) plat et peu incliné, herbeux, pierreux ♀
      🕭 🗺 🖸 🗄 ❄ ⚙ 🛢 ❄
      Tarif : 🚹 14,30 – 🚗 11 – 🖭 14,30 – 👔 14,30 (5A)

DAON

53200 Mayenne 4 – 63 ⑩ G. Châteaux de la Loire – 408 h. alt. 42.
Paris 282 – Angers 39 – Château-Gontier 11 – Châteauneuf-sur-Sarthe 15 – Segré 23.

  ▲▲ **Municipal** avril-sept.
      𝒫 02 43 06 94 78, Fax 02 43 06 91 35 – sortie Ouest par D 213 rte de la Ricoullière et à droite avant
      le pont, près de la Mayenne – 🐾 « Près d'une base de loisirs, halte nautique » o━ – **R** conseillée
      juil.-août – ⚡
      1,8 ha (98 empl.) plat, herbeux ♀
      🕭 🗺 🖸 🗄 ⚙ 🖥 – 🛒 – A proximité : 🍴 ✕ 🖾 🎣 🏊 🛶 (plage) toboggan aquatique
      Tarif : (Prix 1999) 🖭 2 pers. 35, pers. suppl. 12 – 👔 12 (10A)

Dieser Führer stellt kein vollständiges Verzeichnis aller Campingplätze dar,
sondern nur eine Auswahl der besten Plätze jeder Kategorie.

DARBRES

07170 Ardèche 🔢 – 🔢 ⑲ – 213 h. alt. 450.
Paris 621 – Aubenas 18 – Montélimar 34 – Privas 21 – Villeneuve-de-Berg 15.

⚠ **Les Lavandes** début avril-15 oct.
    𝒫 04 75 94 20 65 – au bourg – ≼ ⊶ – **R** conseillée – **GB** ⚒
1,5 ha (70 empl.) plat, en terrasses, herbeux, pierreux ⚲⚲
🏕 📺 🛁 🚻 🅰 – 🔄 ♜ snack – 🏊
Tarif : 🔲 piscine comprise 2 pers. 96 – (2) 22 (6A)
Location : 🏠 1300 à 2900

DAX

40100 Landes 🔢 – 🔢 ⑥ ⑦ G. Aquitaine – 19 309 h. alt. 12 – ⚕.
🅱 Office de Tourisme pl. Thiers   𝒫 05 58 56 86 86, Fax 05 58 56 86 80.
Paris 732 – Bayonne 53 – Biarritz 60 – Bordeaux 153 – Mont-de-Marsan 54 – Pau 88.

⚠ **Les Chênes** 18 mars-4 nov.
    𝒫 05 58 90 05 53, Fax 05 58 90 42 43 – à 1,8 km à l'Ouest du centre ville, au Bois de Boulogne, à 200 m de l'Adour – ⊶ – **GB** ⚒
5 ha (230 empl.) plat, herbeux, sablonneux, gravillons 🔄 (caravaning) ⚲⚲
🏕 👥 ⚒ 📺 🛁 🚿 ⊙ 🅰 ♜ 🔲 – 🔄 – 🚗 🏊 – A proximité : practice de golf, parcours de santé ♜ ✗ 🐴
Tarif : (Prix 1999) 🔲 élect. (5A) et piscine comprises 2 pers. 95 ou 111, pers. suppl. 18
Location : 🏕 1400 à 1850 – pavillons

⚠ **Les Pins du Soleil** avril-28 oct.
    𝒫 05 58 91 37 91, Fax 05 58 91 00 24 ✉ 40990 St-Paul-lès-Dax – NO : 5,8 km par N 124, rte de Bayonne et à gauche par D 459 – ⊶ – **R** conseillée juil.-août – **GB** ⚒
6 ha (145 empl.) plat et peu incliné, herbeux, sablonneux 🔄 ♜
🅷 🏕 👥 📺 🛁 ⊙ 🅰 🔄 🔲 – 🔄 – 🚗 🏊
Tarif : 🔲 piscine comprise 2 pers. 90 ou 95 (125 ou 130 avec élect. 5A)
Location : 🏕 1512 à 3073 – 🏠 1834 à 3430

⚠ **L'Étang d'Ardy** avril-21 oct.
    𝒫 05 58 97 57 74, Fax 05 58 97 52 82 ✉ 40990 St-Paul-lès-Dax – NO : 5,5 km par N 124, rte de Bayonne puis avant la bretelle de raccordement, 1,7 km par chemin à gauche, bord d'un étang – ❧ ⊶ – **R** conseillée saison – ⚒
3 ha (90 empl.) plat, herbeux, sablonneux 🔄 ♜
🅷 🏕 👥 📺 🛁 – 60 sanitaires individuels (🏕 👥 🛁 wc) ⊙ 🅰 🔄 🔲 – 🟍 🏊
Tarif : ♜ 21 piscine comprise – 🔲 31 (44 avec sanitaires individuels) – (2) 13,50 (5A) 19,50 (10A)
Location : 🏕 1350 à 2200 – 🏠 1500 à 2500

⚠ **Abesses** mi-mars-nov.
    𝒫 05 58 91 65 34 ✉ 40990 St-Paul-lès-Dax – NO : 7,5 km par rte de Bayonne, D 16 à droite et chemin d'Abesse – ❧ ⊶ – **R** conseillée – **GB** ⚒
4 ha (100 empl.) plat, herbeux, sablonneux 🔄
🏕 🅷 🏕 👥 📺 🛁 ⊙ 🅰 🔲 – 🔄 – ✗
Tarif : ♜ 20 tennis compris – 🔲 26 – (2) 13,70
Location : 🏕 – 🏠 – studios

⚠ **Le Bascat** 15 mars-4 nov.
    𝒫 05 58 56 16 68, Fax 05 58 56 20 56 – à 2,8 km à l'Ouest du centre ville par le Bois de Boulogne, rue de Jouandin, Accès à partir du Vieux Pont (rive gauche) et avenue longeant les berges de l'Adour – ❧ ⊶ – **R** conseillée – **GB** ⚒
3,5 ha (129 empl.) plat et en terrasses, gravier, herbeux 🔄
🅷 🏕 👥 📺 🛁 ⊙ 🅰 🔲 🔄 🔲 – 🟍 – 🏠
Tarif : ♜ 16 – 🔲 32 avec élect. (6A)
Location : 🏕 1000 à 1600

⚠ **St-Vincent-de-Paul** avril-oct.
    𝒫 05 58 89 99 60 ✉ 40990 St-Vincent-de-Paul – à **St-Vincent-de-Paul**, NE : 6 km, par rte de Mont-de-Marsan, à 200 m de la N 124, r. du stade – ⊶ – **R** conseillée juil.-août – ⚒
1,8 ha (97 empl.) plat et peu incliné, herbeux 🔄
🅷 🏕 👥 🛁 ⊙ 🔲 – 🟍 – A proximité : ✗
Tarif : (Prix 1999) ♜ 14,50 – 🔲 20 – (2) 13 (6A)
Location : 🏕 1100 à 1950

à Rivière-Saas-et-Gourby SO : 9,5 km par N 124, rte de Bayonne et D 13 à gauche – 809 h. alt. 50 – ✉ 40180 Rivière-Saas-et-Gourby

⚠ **Lou Bascou** Permanent
    𝒫 05 58 97 57 29, Fax 05 58 97 59 52 – au Nord-Est du bourg – ❧ ⊶ – **R** conseillée août – ⚒
1 ha (60 empl.) plat, herbeux
🅷 🏕 👥 🛁 🔄 🔲 – A proximité : ✗
Tarif : ♜ 15 tennis compris – 🔲 25 – (2) 13 (6A) 18 (10A)
Location : 🏠 (sans sanitaires)

Campeurs...

N'oubliez pas que le feu est le plus terrible ennemi de la forêt.

Soyez prudents !

DEAUVILLE

14800 Calvados 5 – 54 ⑰ G. Normandie Vallée de la Seine – 4 261 h. alt. 2.
Office de Tourisme pl. Mairie ✆ 02 31 14 40 00, Fax 02 31 88 78 88.
Paris 200 – Caen 47 – Évreux 101 – Le Havre 42 – Lisieux 30 – Rouen 90.

à St-Arnoult S : 3 km par D 278 – 766 h. alt. 4 – ✉ 14800 St-Arnoult :

La Vallée avril-oct.
✆ 02 31 88 58 17, Fax 02 31 88 11 57 – S : 1 km par D 27, rte de Varaville et D 275, rte de Beaumont-en-Auge à gauche, bord d'un ruisseau et près d'un plan d'eau – – **R** conseillée juil.-août – GB
3 ha (267 empl.) plat, herbeux (2 ha)
– snack – toboggan aquatique
Tarif : (Prix 1999) *piscine comprise 2 pers. 115, pers. suppl. 30 – 29 (6A) 39 (10A)*
Location : *1895 à 3195*

DECAZEVILLE

12300 Aveyron 15 – 80 ① G. Midi Pyrénées – 7 754 h. alt. 230.
Office de Tourisme Sq. J.-Ségalat ✆ 05 65 43 18 36, Fax 05 65 43 19 89.
Paris 599 – Aurillac 65 – Figeac 27 – Rodez 39 – Villefranche-de-Rouergue 40.

Le Roquelongue mars-déc.
✆ 05 65 63 39 67 – NO : 4,5 km par D 963, D 21 et D 42, rte de Boisse-Penchot, bord du Lot – – **R** conseillée 15 juil.-15 août –
3,5 ha (66 empl.) plat, pierreux, herbeux
– snack – Centre de documentation touristique
Tarif : *15 tennis compris – 30 – 15*

DENNEVILLE

50580 Manche 4 – 54 ⑪ – 442 h. alt. 5.
Paris 341 – Barneville-Carteret 14 – Carentan 34 – St-Lô 54.

L'Espérance avril-sept.
✆ 02 33 07 12 71, Fax 02 33 07 58 32 – O : 3,5 km par D 137, à 500 m de la plage – Places limitées pour le passage – **R** conseillée juil.-août – GB
3 ha (104 empl.) plat, herbeux, sablonneux (1 ha)
– pizzeria – – A proximité :
Tarif : *21 – 26 – 18 (4A) 22 (6A)*
Location : *1400 à 2500*

DESCARTES

37160 I.-et-L. 10 – 68 ⑤ G. Poitou Vendée Charentes – 4 120 h. alt. 50.
Syndicat d'Initiative à la Mairie ✆ 02 47 92 42 20, Fax 02 47 59 72 20.
Paris 293 – Châteauroux 93 – Châtellerault 24 – Chinon 50 – Loches 32 – Tours 58.

Municipal la Grosse Motte Rameaux-oct.
✆ 02 47 59 85 90 – sortie Sud par D 750, rte du Blanc et allée Léo-Lagrange à droite, jardin public attenant, près de la Creuse – « Parc » saison – **R** juil.-août –
1 ha (50 empl.) plat et vallonné, herbeux
– A proximité : toboggan aquatique
Tarif : *10,10 – 10,10 – 10,10*
Location *(permanent) : gîte d'étape*

DIE

26150 Drôme 16 – 77 ⑬ G. Alpes du Sud – 4 230 h. alt. 415.
Office de Tourisme pl. St-Pierre ✆ 04 75 22 03 03, Fax 04 75 22 40 46.
Paris 628 – Gap 93 – Grenoble 97 – Montélimar 73 – Nyons 84 – Sisteron 101 – Valence 67.

La Pinède 20 avril-15 sept.
✆ 04 75 22 17 77, Fax 04 75 22 22 73 – O : 1,7 km par D 93, rte de Crest puis 1 km par chemin à gauche, Accès par chemin et pont étroits – « Cadre agréable au bord de la Drôme » – **R** conseillée juil.-22 août –
8 ha/2,5 campables (110 empl.) plat et en terrasses, pierreux, herbeux
– pizzeria – –
Tarif : *piscine comprise 2 pers. 90 à 140 – 20 (5A) 30 (10A)*
Location *(mars-15 nov.) : 1320 à 3675 – 1690 à 4165*

Le Glandasse 20 avril-15 sept.
✆ 04 75 22 02 50, Fax 04 75 22 04 91 – SE : 1 km par D 93, rte de Gap puis chemin à droite – « Au bord de la Drôme » – **R** conseillée juil.-août
3,5 ha (90 empl.) peu incliné et plat, herbeux, pierreux (1 ha)
– snack, pizzeria –
Tarif : (Prix 1999) *piscine comprise 2 pers. 82, pers. suppl. 24 – 17 (3A) 22 (6A) 28 (10A)*
Location : *1560 à 1960*

DIENVILLE

10500 Aube **7** – **61** ⑱ – 796 h. alt. 128.
Paris 221 – Bar-sur-Aube 20 – Bar-sur-Seine 32 – Brienne-le-Château 6 – Troyes 38.

ᗰᗰ **Le Tertre** 30 mars-15 oct.
    🖉 03 25 92 26 50 – sortie Ouest sur D 11, rte de Radonvilliers « Face à la station nautique de la
Base de Loisirs » ⟳ juin-sept. – **R** juil.-août – **GB** ⚡
3,5 ha (158 empl.) plat, herbeux 🔲
    ⚄ 🗑 ⇆ 🖳 🛁 ⚲ 🏊 ⌇ 🌳 📷 🚤 – A proximité : practice de golf ⛳ brasserie, crêperie 🍴 🛶
Tarif : ⚹ *22 tennis compris –* 🔲 *40 –* [⚡] *16 (4A)*
Location : 🏠 *800 à 3100*

DIEPPE

76200 S.-Mar. **8** – **52** ④ G. Normandie Vallée de la Seine – 35 894 h. alt. 6.
🏢 Office de Tourisme Pont Jehan-Ango q. du Carenage 🖉 02 35 84 11 77, Fax 02 35 06 27 66.
Paris 195 – Abbeville 68 – Beauvais 107 – Caen 172 – Le Havre 110 – Rouen 65.

ᗰᗰ **La Source** 15 mars-15 oct.
    🖉 02 35 84 27 04 ✉ 76550 Offranville – SO : 3 km par D 925, rte du Havre puis D 153 à gauche,
à Petit-Appeville – Places limitées pour le passage « Cadre pittoresque au bord de la Scie » ⟳ –
R – **GB** ⚡
2,5 ha (120 empl.) plat, herbeux ⚲ (1 ha)
    ⚄ 🗑 ⇆ 🖳 🛁 ⚲ 🖳 🖼 – ⛳ – 🛶 🚤
Tarif : (Prix 1999) ⚹ *22 –* 🚐 *6 –* 🔲 *28/38 –* [⚡] *16 (6A)*

ᗰᗰ **Vitamin'** avril-15 oct.
    🖉 02 35 82 11 11 – S : 3 km par N 27, rte de Rouen et à droite, chemin des Vertus – Places limitées
pour le passage ⟳ – **R** indispensable juil.-août – **GB**
5,3 ha (152 empl.) plat, herbeux 🔲
    ⚄ 🗑 ⇆ 🖳 🛁 ⚲ 🖼 – ⛳ – 🛶 ⌇ – A proximité : 🎣, squash, 🎳 🔭 ✗ 🍴 🎮 🏊
Tarif : ⚹ *24 piscine comprise –* 🔲 *25/40 avec élect. (10A)*

DIEULEFIT

26220 Drôme **16** – **81** ② G. Vallée du Rhône – 2 924 h. alt. 366.
Paris 627 – Crest 32 – Montélimar 28 – Nyons 30 – Orange 58 – Pont-St-Esprit 58 – Valence 67.

ᗏ **Municipal les Grands Prés** mars-15 oct.
    🖉 04 75 46 87 50 – sortie Ouest par D 540, rte de Montélimar, près du Jabron, Chemin piétonnier
reliant directement le camping au bourg – 🏊 ⟳ – **R** conseillée juil.-août – **GB** ⚡
1,8 ha (101 empl.) plat, herbeux ⚲⚲ (1 ha)
    🏛 ⚄ 🗑 🏊 ⚲ 🖼 – A proximité : 🔭 🍴 ⌇
Tarif : (Prix 1999) ⚹ *12 –* 🔲 *23 –* [⚡] *12 (3 à 10A)*

ᗏ **La Source du Jabron** mai-15 sept.
    🖉 04 75 90 61 30 ✉ 26220 Comps – NE : 3,5 km par D 538, rte de Bourdeaux et chemin à droite,
bord du Jabron – 🏊 ⟳ – **R** conseillée juil.-août – ⚡
4 ha (50 empl.) plat, peu incliné et en terrasses, herbeux, pierreux ⚲
    🗑 🖳 🏊 ⚲ 🖼 – ⛵ – ⌇
Tarif : ⚹ *17 piscine comprise –* 🚐 *10 –* 🔲 *25 –* [⚡] *16 (6A)*
Location : 🏠 *1000 à 1500*

DIGNE-LES-BAINS

04000 Alpes-de-H.-Pr. **17** – **81** ⑰ G. Alpes du Sud – 16 087 h. alt. 608 – ♨ (14 fév./02 déc.).
🏢 Office de Tourisme pl. du Tampinet 🖉 04 92 36 62 62, Fax 04 92 32 27 24.
Paris 748 – Aix-en-Provence 109 – Antibes 141 – Avignon 166 – Cannes 136 – Gap 89 – Nice 154.

ᗏ **Les Eaux Chaudes** avril-oct.
    🖉 04 92 32 31 04, Fax 04 92 33 50 49 – SE : 1,5 km par D 20, rte des thermes, bord d'un ruisseau
– ⚘ ⟳ – **R** conseillée saison – ⚡
3,7 ha (153 empl.) plat et peu incliné, herbeux ⚲
    🏛 ⚄ 🗑 ⇆ 🖳 🛁 ⚲ 🚩 🖼 – 🖳 – A proximité : 🍴
Tarif : 🔲 *2 pers. 75 –* [⚡] *14 (4A) 18 (6A) 28 (10A)*
Location : 🏠 *1890 ou 2170*

DIGOIN

71160 S.-et-L. **11** – **69** ⑯ G. Bourgogne – 10 032 h. alt. 232.
🏢 Office de Tourisme 8 r. Guilleminot 🖉 03 85 53 00 81, Fax 03 85 53 27 54 et (saison) pl. de la Grève
🖉 03 85 88 56 12.
Paris 341 – Autun 68 – Charolles 26 – Moulins 55 – Roanne 57 – Vichy 68.

ᗏ **La Chevrette** avril-nov.
    🖉 03 85 53 11 49 – sortie Ouest en direction de Moulins, vers le stade municipal, près de la Loire
– ⟳ – **R** – ⚡
1,6 ha (100 empl.) plat et terrasse, herbeux, gravillons 🔲 ⚲
    🏛 ⚄ 🗑 ⇆ 🛁 ⚲ 🚩 🖼 – 🖳 – A proximité : ⛲ ⌇
Tarif : (Prix 1999) ⚹ *16 piscine comprise –* 🔲 *35 –* [⚡] *18 (10A)*

22100 C.-d'Armor 🎲 – 59 ⑮ G. Bretagne – 11 591 h. alt. 92.
🛈 Office de Tourisme 6 r. de l'Horloge ℘ 02 96 39 75 40, Fax 02 96 39 01 64.
Paris 401 – Avranches 67 – Fougères 73 – Rennes 55 – St-Brieuc 59 – St-Malo 32 – Vannes 119.

à St-Samson-sur-Rance N : 4,5 km par
D 766 rte de Dinard et D 57 à droite – 1 180 h. alt.
64 – ✉ 22100 St-Samson-sur-Rance :

   ▲ *Municipal Beauséjour* juin-
   sept.
   ℘ 02 96 39 53 27 – E : 3 km, par D 12
   – ⚲ ⌾ – **R** conseillée 1er au 20 août
   – ⚷
   3 ha (120 empl.) plat, herbeux
   🔥 🏠 ⇄ 🗟 🖸 ⊙ 🖳 – 🍴 ⅏ –
   A proximité : 🍽 ⌖
   Tarif : (Prix 1999) ⚡ *15,50* – 🖸 *20* –
   [⚡] *15 (10A)*

à Taden NE : 3,5 km par rte de Dol-de-Bretagne
et D 2 à droite avant le pont – 1 698 h. alt. 46 –
✉ 22100 Taden :

   ▲▲ *Municipal de la Hallerais*
   15 mars-oct.
   ℘ 02 96 39 15 93, Fax 02 96 39 94 64
   – au Sud-Ouest du bourg – ⚲
   « Situation agréable au bord de la
   Rance » ⌾ – **R** conseillée juil.-août –
   ⒼⒷ ⚷
   5 ha (228 empl.) plat, peu incliné et en
   terrasses, herbeux 🏕 ⅃
   🏢 🔥 🏠 ⇄ 🗟 🖸 ⊙ 🗻 ⅏ 🖳 🖸 – 🍴 🍷
   🍽 ✕ 🏊 – 🍴 ⚽ 🎣 – 🏊‍♂️
   A proximité : 🅿
   Tarif : (Prix 1999) ⚡ *23 piscine et
   tennis compris* – 🖸 *52/70 avec élect.*
   Location : 🏠 *1085 à 2660*

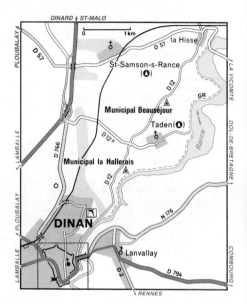

35800 I.-et-V. 🎲 – 59 ⑤ G. Bretagne – 9 918 h. alt. 25.
🛈 Office de Tourisme 2 bd Féart ℘ 02 99 46 94 12, Fax 02 99 88 21 07.
Paris 421 – Dinan 22 – Dol-de-Bretagne 29 – Lamballe 47 – Rennes 75 – St-Malo 12.

à la Richardais SE : 3,5 km par D 114 – 1 801 h. alt. 40 – ✉ 35780 La Richardais

   ▲ *Municipal Bellevue* avril-15 sept.
   ℘ 02 99 88 50 80 – à l'Ouest du bourg – ⌾ – **R** conseillée – ⚷
   1 ha (70 empl.) plat, peu incliné, herbeux ⅃
   🏠 ⇄ 🖸 ⊙ 🖸 – A proximité : 🅿
   Tarif : (Prix 1999) ⚡ *13,80* – ⇦ *6,70* – 🖸 *9,20* – [⚡] *16,50 (16A)*

à St-Lunaire 2 163 h. alt. 20 – ✉ 35800 St-Lunaire.
🛈 Office de Tourisme bd du Gén.-de-Gaulle ℘ 02 99 46 31 09, Fax 02 99 46 31 09

   ▲▲ *La Touesse* avril-sept.
   ℘ 02 99 46 61 13, Fax 02 99 16 02 58 – E : 2 km par D 786 rte de Dinard, à 400 m de la plage –
   ⌾ – **R** conseillée – ⚷
   2,5 ha (160 empl.) plat, herbeux ⅃
   🏢 🔥 🏠 ⇄ 🗟 🖸 ⊙ ⅏ 🖳 🍷 snack, pizzeria 🍴 – 🍴 ⅏ 🏊‍♂️ – A proximité : crêperie
   Tarif : ⚡ *27* – ⇦ *19* – 🖸 *35* – [⚡] *17 (5A) 20 (10A)*
   Location *(permanent)* : 🏠 *1200 à 2100* – 🏠 *1500 à 3100* – *studios*

34650 Hérault 15 – 83 ④ – 134 h. alt. 250.
Paris 724 – Bédarieux 11 – Béziers 46 – Lunas 10 – Montpellier 68.

   ▲ *La Garenne* 15 avril-15 oct.
   ℘ 04 67 95 45 24 – E : 0,7 km par D8E et rte de Valquières à gauche – ⚲ ⟨ « Situation dominante
   sur le village médiéval et son château » ⌾ – **R** conseillée juil.-août
   4 ha/1,6 campable (30 empl.) en terrasses, pierreux, herbeux 🏕 ⅃⅃
   🏠 ⅍ ⊙ – ⅃
   Tarif : 🖸 *piscine comprise 2 pers. 80, pers. suppl. 30* – [⚡] *15*
   Location : *bungalows toilés*

77 S.-et-M. – 56 ⑫ – voir à Marne-la-Vallée.

DIVES-SUR-MER

14160 Calvados 🖥 – 🔢 ⑰ G. Normandie Vallée de la Seine – 5 344 h. alt. 3.
🅱 Syndicat d'Initiative (15 juin-15 sept.) r. du Gén.-de-Gaulle ✆ 02 31 91 24 66, Fax 02 31 24 42 28 (hors saison)
Mairie 02 31 28 12 50.
Paris 217 – Cabourg 2 – Caen 30 – Deauville 17 – Lisieux 34.

   ▲ **Municipal les Tilleuls** Pâques-mi-sept.
     ✆ 02 31 91 25 21, Fax 02 31 91 72 13 – sortie Est, rte de Lisieux – ⩽ « Entrée fleurie » ⚬⇥ – ⋕ –
     GB ⚲
     4 ha (250 empl.) vallonné, prairie
     ⚓ 🛋 ⇆ 🛆 ⊙ – ⛳
     Tarif : ⚽ *13* – ⚗ *9* – ▣ *11* – [⚡] *12,50 (4A) 14,50 (6A) 19 (9A)*

DIVONNE-LES-BAINS

01220 Ain 🔢 – 🔢 ⑯ G. Jura – 5 580 h. alt. 486.
🅱 Office de Tourisme r. des Bains ✆ 04 50 20 01 22, Fax 04 50 20 32 12.
Paris 491 – Bourg-en-Bresse 129 – Genève 18 – Gex 10 – Lausanne 49 – Nyon 13 – Les Rousses 29 – Thonon-les-Bains 51.

   ▲▲ **Le Fleutron** avril-29 oct.
     ✆ 04 50 20 01 95, Fax 04 50 20 34 39 – N : 3 km, après Villard – ⬨ « Cadre boisé adossé à une
     montagne« ⚬⇥ – **R** conseillée – GB ⚲
     8 ha (253 empl.) incliné, en terrasses, pierreux, herbeux ⚧⚧ (3 ha)
     ▥ 🛋 ⇆ 🛆 ⊙ ⚲ ⩢ ▣ – ⚕ 🍴 – 🏠 ⚒ ⚓
     Tarif : ⚽ *32 piscine comprise* – ▣ *42* – [⚡] *18 (4A) 25 (10A)*
     Location : ⌂ *1200 à 2600* – ⌂ *1800 à 3200* – *bungalows toilés*

Raadpleeg, voordat U zich op een kampeerterrein installeert,
de tarieven die de beheerder verplicht
is bij de ingang van het terrein aan te geven.
Informeer ook naar de speciale verblijfsvoorwaarden.
De in deze gids vermelde gegevens kunnen
sinds het verschijnen van deze heredite gewijzigd zijn.

DOL-DE-BRETAGNE

35120 I.-et-V. 🔢 – 🔢 ⑥ G. Bretagne – 4 629 h. alt. 20.
🅱 Office de Tourisme 3 Grande Rue des Stuarts ✆ 02 99 48 15 37, Fax 02 99 48 14 13, Fax (Mairie) 02 99 48
19 63.
Paris 372 – Alençon 153 – Dinan 26 – Fougères 53 – Rennes 58 – St-Malo 27.

   ▲▲▲ **Les Ormes** 20 mai-10 sept.
     ✆ 02 99 73 53 00, Fax 02 99 73 53 55 ✉ 35120 Epiniac – S : 7,5 km par D 795, rte de Combourg
     puis chemin à gauche – ⬨ ⩽ « Beau château du 16ᵉ siècle entouré de bois et d'étangs » ⚬⇥ –
     R conseillée – GB
     160 ha/40 campables (730 empl.) plat et peu incliné, herbeux ⚧⚧ (5 ha)
     ⚓ 🛋 ⇆ ▣ 🛆 ⊙ ▣ – ⚕ 🍴 ✗ pizzeria ⚗ – 🏠 ⚓ discothèque, salle d'animation ⚓ 🚲
     ⚬ ⚒ ⚒ ⚓ toboggan aquatique ⚓ poneys, golf, parc animalier, théâtre de plein air, terrain omnis-
     ports
     Tarif : ⚽ *33 piscine comprise* – ▣ *98* – [⚡] *19 (3A) 21 (6A)*
     Location (permanent) : ⌂ *3125 à 4800* – ⊨ *(hôtel)* – *gîtes, studios*

   ▲▲▲ **Le Vieux Chêne** Pâques-15 sept.
     ✆ 02 99 48 09 55, Fax 02 99 48 13 37 ✉ 35120 Baguer-Pican – E : 5 km, par N 176, rte de Pon-
     torson, à Baguer-Pican, Accès conseillé par la déviation, sortie Dol-de-Bretagne-Est et D 80 – ⬨
     « Situation plaisante autour d'une ferme bordée d'étangs » ⚬⇥ – **R** conseillée juil.-août – GB ⚲
     4 ha/2 campables (199 empl.) plat, peu incliné, herbeux ▭ ⚧⚧
     ⚓ 🛋 ⇆ ▣ ⚖ 🛆 ⊙ ⚲ ⩢ ▣ – 🍴 snack, crêperie ⚗ – 🏠 ⚓ ⚒ ⚒ ⚓ toboggan aquatique
     poneys
     Tarif : ⚽ *28 piscine et tennis compris* – ▣ *79* – [⚡] *20 (5 ou 10A)*
     Location ⚲ : ⌂ *1600 à 3600* – ⌂ *1800 à 3800* – *gîtes*

DOLE

39100 Jura 🔢 – 🔢 ③ G. Jura – 26 577 h. alt. 220.
🅱 Office de Tourisme 6 pl. Grévy ✆ 03 84 72 11 22, Fax 03 84 72 31 12.
Paris 364 – Besançon 51 – Chalon-sur-Saône 66 – Dijon 50 – Genève 144 – Lons-le-Saunier 52.

   ▲ **Le Pasquier** 15 mars-15 oct.
     ✆ 03 84 72 02 61, Fax 03 84 79 23 44 – Sud-Est par av. Jean-Jaurès « Cadre verdoyant, près du
     Doubs » ⚬⇥ – **R** – GB ⚲
     2 ha (120 empl.) plat, herbeux, gravillons ⚧
     ⚓ 🛋 ▣ 🛆 ⊙ ⚲ ⩢ ▣ – ⚓ – A proximité : ⚕
     Tarif : ▣ *2 pers. 72* – [⚡] *15 (6A) 30 (10A)*

à Nenon NE : 10 km par N 73 et D 76 à droite – ⊠ 39100 Nenon :

 Les Marronniers avril-oct.
    ✆ 03 84 70 50 37, Fax 03 84 70 55 05 ⊠ 39700 Rochefort-sur-Nenon – au Nord du bourg, sur D 76,
bord d'un ruisseau « Emplacements bordés de haies de cyprès » ⊶ – **R** – ⚕
3,8 ha (130 empl.) plat, herbeux ⬜ ᎧᎧ
    ⚹ ⚶ ⬠ ⬡ ⬢ ⚙ ⚘ ▣ – ♈ ♙ – 🚣 ⛺ ▯ 丁 – A proximité : discothèque
Tarif : ▣ *piscine comprise 2 pers. 80, pers. suppl. 26* – ⒢ *16 (6 à 10A)*
Location : 🏠 *1340 à 1540* – 🏚 *2200 à 2600*

DOLLON

72390 Sarthe **⑤** – **⑥⓪** ⑭ – 1 200 h. alt. 103.
Paris 177 – Châteaudun 63 – Mamers 49 – Le Mans 33 – Nogent-le-Rotrou 41.

 Municipal mai-15 oct.
    sortie Est par D 302, au stade – **R**
1 ha (30 empl.) plat, herbeux ⬜ ₵
    🔥 ⬡ ⊛ – A proximité : ⚒ 🚣 丁 toboggan aquatique
Tarif : ⚹ *7* – ⛟ *5* – ▣ *4/5* – ⒢ *12 (5A)*

DOLUS-D'OLÉRON

17 Char.-Mar. – **⑦①** ⑭ – voir à Oléron (Ile d').

DOMAZAN

30390 Gard **①⑥** – **⑧⓪** ⑳ – 671 h. alt. 52.
Paris 687 – Alès 59 – Avignon 17 – Nîmes 34 – Orange 33 – Pont-St-Esprit 47.

 Le Bois des Ecureuils Permanent
    ✆ 04 66 57 10 03 – NE : 4 km, sur N 100, rte d'Avignon – ⊶ – **R** conseillée juil.-août – ⚕
1,4 ha (46 empl.) plat, herbeux, gravillons, gravier ⬜ ᎧᎧ chênaie
    ⚹ 🔥 ⚶ ⬡ ⊛ ▣ – ⬚ 丁
Tarif : ⚹ *18 piscine comprise* – ⛟ *10* – ▣ *35/45* – ⒢ *15 (4A) 18 (6A)*
Location : 🏠 *1000 à 1500* – 🏚 *1500 à 2400*

DOMFRONT

61700 Orne **④** – **⑤⑨** ⑩ G. Normandie Cotentin – 4 410 h. alt. 185.
🏛 Office de Tourisme 12 pl. de la Voirie ✆ 02 33 38 53 97, Fax 02 33 37 40 27.
Paris 253 – Alençon 61 – Argentan 54 – Avranches 65 – Fougères 56 – Mayenne 34 – Vire 40.

 Municipal le Champ Passais Rameaux-15 oct.
    ✆ 02 33 37 37 66 – au Sud de la ville par rue de la gare et à gauche, rue du Champ-Passais –
R conseillée juil.-août
1,5 ha (34 empl.) en terrasses, plat, herbeux ⬜
    ⚹ 🔥 ⚶ ⬠ ⬡ ⚙ ⚘ ▣ – ⬚ 🚣 – A proximité : ⚒ ▯
Tarif : *(Prix 1999)* ⚹ *12* – ▣ *13/24* – ⒢ *12 (5A)*

DOMME

24250 Dordogne 🔟 – 🔢 ⑰ G. Périgord Quercy – 1 030 h. alt. 250.
🏢 Office de Tourisme pl. de la Halle 𝒫 05 53 31 71 00, Fax 05 53 31 71 09.
Paris 542 – Cahors 52 – Fumel 57 – Gourdon 22 – Périgueux 76 – Sarlat-la-Canéda 12.

Schéma à la Roque-Gageac

△ ***Le Moulin de Caudon*** juin-15 sept.
𝒫 05 53 31 03 69 – NE : 6 km par D 46ᴱ et D 50, rte de Groléjac, près de la Dordogne, pour les caravanes, accès conseillé par Vitrac-Port – ⊶ – **R** conseillée – ⚡
2 ha (60 empl.) plat, herbeux 🔲
⚡ 🛉 ⇌ 🗓 ♨ ⊕ – 🔲 – A proximité : ≋
Tarif : 🛉 *16* – 🖻 *14* – 🔌 *15 (6A)*

DOMPIERRE-LES-ORMES

71520 S.-et-L. 🔟 – 🔢 ⑱ – 833 h. alt. 480.
Paris 406 – Chauffailles 34 – Cluny 24 – Mâcon 36 – Montceau-les-Mines 51 – Paray-le-Monial 35.

△△ ***Municipal le Village des Meuniers*** 2 mai-sept.
𝒫 03 85 50 29 43 – sortie Nord-Ouest par D 41, rte de la Clayette et chemin à droite, près du stade – ⛰ ≤ « Situation dominante et panoramique » ⊶ – **R** conseillée juil.-août – **GB** ⚡
3 ha (113 empl.) en terrasses, plat et peu incliné, herbeux 🔲
⚡ 🛉 ⇌ 🗓 🖸 ♨ ⊕ 🅰 ⚐ 🔲 🖭 – 🍽 – 🔲 🛶 ♨ 🏊 toboggan aquatique – A proximité : terrain omnisports 🎾
Tarif : 🛉 *35 piscine comprise* – 🖻 *35* – 🔌 *15 (15A)*
Location *(permanent) gîtes*

DOMPIERRE-SUR-BESBRE

03290 Allier 🔟 – 🔢 ⑮ – 3 807 h. alt. 234.
Paris 329 – Bourbon-Lancy 18 – Decize 52 – Digoin 26 – Lapalisse 36 – Moulins 30.

△ ***Municipal*** mai-sept.
𝒫 04 70 34 55 57 – sortie Sud-Est par N 79, rte de Digoin, près de la Besbre – ⛰ « Décoration arbustive et florale » ⊶ – **R** conseillée juil.-août – ⚡
2 ha (70 empl.) plat, herbeux 🔲 ♀
🎦 🛉 ⇌ 🗓 ⊕ 🅰 ⚐ 🖸 – 🛶 ♨ – A proximité : 🎾 🏊
Tarif : (Prix 1999) 🛉 *11* – 🚗 *4,50* – 🖻 *4,50* – 🔌 *10 (10A)*

DOMPIERRE-SUR-CHARENTE

17610 Charente 🟑 – 🔢 ⑤ – 398 h. alt. 14.
Paris 486 – Cognac 14 – Pons 21 – St-Jean-d'Angély 33 – Saintes 14.

△ ***Municipal la Fontaine du Pré St-Jean*** 15 juin-15 sept.
au Sud du bourg, près de la Charente – ⊶
1 ha (100 empl.) plat, herbeux
🎦 🗓 ⊕ – A proximité : 🎾
Tarif : (Prix 1999) 🖻 *2 pers. 33, pers. suppl. 13* – 🔌 *12*

DOMPIERRE-SUR-VEYLE

01240 Ain 🔢 – 🔢 ③ – 828 h. alt. 285.
Paris 441 – Belley 70 – Bourg-en-Bresse 18 – Lyon 57 – Mâcon 53 – Nantua 46 – Villefranche-sur-Saône 45.

△ ***Municipal*** avril-sept.
sortie Ouest par D 17 et à gauche, bord de la Veyle et à 150 m d'un étang – Places limitées pour le passage ⛰ « Cadre champêtre » – **R**
1,2 ha (50 empl.) plat, herbeux 🔲 ♀
🎦 ⇌ 🗓 ⊕ – A proximité : 🎾
Tarif : 🛉 *9* – 🚗 *5* – 🖻 *9* – 🔌 *8 (10A)*

Le DONJON

03130 Allier 🔟 – 🔢 ⑯ – 1 258 h. alt. 300.
Paris 351 – Digoin 24 – Dompierre-sur-Besbre 24 – Lapalisse 22 – Moulins 49 – Vichy 45.

△ ***Municipal*** juin-15 sept.
sortie Nord par D 166, rte de Monétay-sur-Loire – ⛰ ⊶ – **R**
0,5 ha (40 empl.) peu incliné, herbeux
🎦 ⇌ 🗓 🖸 ⊕ 🅰 ⚐ – 🔲 🛶
Tarif : (Prix 1999) 🛉 *8* – 🚗 *4* – 🖻 *8* – 🔌 *14 (10A)*

DONVILLE-LES-BAINS

50 Manche – 🔢 ⑦ – rattaché à Granville.

DONZENAC

19270 Corrèze 🔟 – 🔢 ⑧ G. Périgord Quercy – 2 050 h. alt. 204.
Paris 473 – Brive-la-Gaillarde 11 – Limoges 81 – Tulle 30 – Uzerche 26.

⚠ **La Rivière** avril-sept.
𝒫 05 55 85 63 95, Fax 05 55 98 16 47 – à 1,6 km au Sud du bourg par rte de Brive et chemin, bord
du Maumont – ⚬⤙ – **R** conseillée 15 juil.-15 août – ⨯√
1,2 ha (77 empl.) plat, herbeux ⛺ 𝑞
⛫ 🗊 ⇄ ⛁ ⛱ ⊛ 🖳 – ⨬ 🚲 ⚒ ⤳ – A proximité : 🏛
Tarif : 🔆 20 piscine et tennis compris – 🔲 17 – ⒢ 15 (6A)

DORDIVES

45680 Loiret 🔢 – 🔢 ⑫ – 2 388 h. alt. 80.
Paris 95 – Fontainebleau 35 – Montargis 18 – Nemours 19 – Orléans 95 – Sens 42.

⚠ **La Garenne** 15 fév.-nov.
𝒫 02 38 92 72 11 – sortie Est par D 62, rte d'Egreville et rue à gauche, près du Betz – Places limitées
pour le passage ⚬⤙ – **R**
7 ha/3 campables (110 empl.) en terrasses, plat, herbeux, gravillons ⛺
▥ ⛫ 🗊 ⇄ 🖳 ⛱ ⊛ ⚘ ⩊ 🖳 – ⨭ ⤳ 🚲 🛶
Tarif : (Prix 1999) 🔆 18 – ⨯ 12 – 🔲 12 – ⒢ 17 (5A)

DORNES

58390 Nièvre 🔢 – 🔢 ⑭ – 1 257 h. alt. 232.
Paris 285 – Bourbon-l'Archambault 30 – Decize 18 – Dompierre-sur-Besbre 39 – Moulins 19 – Nevers 40.

⚠ **Municipal des Baillys** 15 juin-août
𝒫 03 86 50 60 86 – O : 2,3 km par D 13 et D 22, rte de Chantenay puis 0,5 km par chemin à gauche
« Près d'un étang » – **R** conseillée
0,7 ha (20 empl.) non clos, plat, herbeux 𝑞𝑞 (0,3 ha)
⛫ 🗊 ⇄ ⛱ ⊛ ⚘
Tarif : (Prix 1999) 🔆 8,50 – ⨯ 4 – 🔲 4 – ⒢ 12,50

DOUARNENEZ

29100 Finistère 🔢 – 🔢 ⑭ G. Bretagne – 16 457 h. alt. 25.
🅑 Office de Tourisme 2 r. Dr-Mével 𝒫 02 98 92 13 35, Fax 02 98 92 70 47.
Paris 588 – Brest 76 – Châteaulin 28 – Lorient 91 – Quimper 24 – Vannes 143.

à Tréboul O par bd Jean-Moulin et rue du Commandant-Fernand – ✉ 29100 Douarnenez :

⚠ **Kerleyou** mai-sept.
𝒫 02 98 74 13 03, Fax 02 98 74 09 61 – O : 1 km par r. du Préfet-Collignon – 🦢 ⚬⤙ – **R** conseillée
juil.-août – 🆖 ⨯√
3,5 ha (100 empl.) plat et peu incliné, herbeux ⛺ 𝑞𝑞
⛫ 🗊 ⇄ 🖳 ⛱ ⊛ 🖳 – 🍴 crêperie, pizzeria – ⨭ 🛶
Tarif : 🔆 23 piscine comprise – ⨯ 10 – 🔲 38 – ⒢ 16 (10A)
Location (avril-oct.) : ⛺ 1200 à 3000 – 🏠 1200 à 3000

⚠ **Trézulien** avril-15 sept.
𝒫 02 98 74 12 30 – par r. Frédéric-Le-Guyader – 🦢 ≼ ⚬⤙ saison – **R** conseillée – ⨯√
3 ha (150 empl.) en terrasses, peu incliné, plat, herbeux 𝑞
⛫ 🗊 ⇄ 🖳 ⛱ ⚘ ⊛ 🖳 – 🍴
Tarif : (Prix 1999) 🔆 17 – ⨯ 8 – 🔲 17 – ⒢ 12 (6A) 14 (10A)

à Poullan-sur-Mer O : 7,5 km par D 7 – 1 627 h. alt. 79 – ✉ 29100 Poullan-sur-Mer :

⚠ **Le Pil Koad** 29 avril-sept.
𝒫 02 98 74 26 39, Fax 02 98 74 55 97 – à 0,6 km à l'Est de la localité de Poullan-sur-Mer – 🦢
« Cadre agréable » ⚬⤙ – **R** – 🆖 ⨯√
5,7 ha/4,2 campables (110 empl.) plat, herbeux ⛺ 𝑞
⛫ 🗊 ⇄ 🖳 ⛱ ⊛ ⚘ ⩊ 🖳 🖳 – 🍴 🍴 ⤳ – ⨭ 🏃 salle d'animation ⤳ ⊛ ⚒ 🏛 🏊
Tarif : 🔆 29 piscine et tennis compris – 🔲 79 – ⒢ 22 (10A)
Location (avril-sept.) : ⛺ 990 à 3390 – 🏠 1490 à 3990

DOUCIER

39130 Jura 🔢 – 🔢 ⑭ ⑮ G. Jura – 231 h. alt. 526.
Paris 430 – Champagnole 20 – Lons-le-Saunier 25.

⚠ **Domaine de Chalain** mai-21 sept.
𝒫 03 84 24 29 00, Fax 03 84 24 94 07 – NE : 3 km – ≼ « Agréablement situé entre forêts et lac
de Chalain » ⚬⤙ – **R** indispensable juil.-19 août – 🆖 ⨯√
30 ha/18 campables (804 empl.) plat, herbeux, pierreux 𝑞
▥ ⛫ 🗊 ⇄ 🖳 ⛱ ⊛ ⚘ ⩊ 🖳 🖳 – 🍴 🍴 snack ⤳ – ⨭ ⤳ 🚲 ⚒ 🏛 🏊 piste de bi-cross,
parcours VTT
Tarif : 🔲 3 pers. 130 – ⒢ 16 (6A)
Location ⚒ : huttes

DOUÉ-LA-FONTAINE

49700 M.-et-L. **9** – **64** ⑪ G. Châteaux de la Loire – 7 260 h. alt. 75.
🛈 Office de Tourisme pl. du Champ-de-Foire 🞔 02 41 59 20 49, Fax 02 41 59 93 85.
Paris 322 – Angers 41 – Châtellerault 83 – Cholet 51 – Saumur 18 – Thouars 30.

⚠ **Municipal le Douet** avril-sept.
🞔 02 41 59 14 47 – sortie Nord-Ouest par D 761 rte d'Angers et chemin à droite attenant au parc des sports, bord du Doué – ⚓ – **R** – ⚒
2 ha (148 empl.) plat, herbeux 🟢🟢 (0,8 ha)
🔥 🗝 🗟 🛁 ⊕ – 🏕 – A proximité : ✖ 🖼 🏊 🏊
Tarif : 🕴 *12,50 –* 🔲 *13,50 –* 🔋 *11,50 (6A) 16,50 (10A)*

If in a given area you are looking for
a pleasant camping site (⚠ *...* ⚠⚠⚠ **),**
one that is open all year (Permanent)
or simply a place to stay or break your journey,

consult the table of localities in the explanatory chapter.

DOUSSARD

74 H.-Savoie – **74** ⑯ – voir à Annecy (Lac d').

DOUZY

08140 Ardennes **7** – **53** ⑲ – 1 518 h. alt. 165.
🛈 Office de Tourisme 🞔 03 24 26 31 48, Fax 03 24 26 84 01.
Paris 263 – Bouillon 20 – Charleville-Mézières 31 – Montmédy 36 – Mouzon 9 – Sedan 9.

⚠⚠ **Municipal du Lac** avril-15 oct.
🞔 03 24 26 31 19, Fax 03 24 22 29 25 – S : 1 km par D 964, rte de Mouzon et chemin à gauche – ≼ « Au bord du lac » ⚓ – **R** conseillée – ⚒
3 ha (115 empl.) plat, herbeux, pierreux
🏢 🔥 🗝 🍴 🗟 🛁 ⊕ 🏖 🌟 🖼 – A proximité : ✖ ≈ toboggan aquatique
Tarif : 🕴 *15 –* 🔲 *25 (40 ou 50 avec élect.)*
Location : 🏠 *600 à 1900*

DUCEY

50220 Manche **4** – **59** ⑧ G. Normandie Cotentin – 2 069 h. alt. 15.
Paris 343 – Avranches 11 – Fougères 41 – Rennes 78 – St-Hilaire-du-Harcouët 16 – St-Lô 69.

⚠ **Municipal la Sélune** avril-sept.
🞔 02 33 48 46 49 – sortie Ouest par N 176 et D 178, rte de St-Aubin-de-Terregatte à gauche, au stade « Emplacements bien délimités par des haies de Thuyats » – **R** – ⚒
0,42 ha (40 empl.) plat, herbeux 🔲
🔥 🗝 🌟 🛁 ⊕ – A proximité : ✖
Tarif : (Prix 1999) 🕴 *14 –* �'🚗 *4 –* 🔲 *6,50 –* 🔋 *9 (6A)*

DUINGT

74 H.-Savoie – **74** ⑥ – voir à Annecy (Lac d').

DUN-LE-PALESTEL

23800 Creuse **10** – **68** ⑱ – 1 203 h. alt. 370.
🛈 Office de Tourisme (saison) pl. de la Poste 🞔 05 55 89 24 61 et à la Mairie 🞔 05 55 89 01 30.
Paris 342 – Aigurande 22 – Argenton-sur-Creuse 40 – La Châtre 49 – Guéret 28 – La Souterraine 19.

⚠ **Municipal de la Forêt** 15 juin-15 sept.
N : 1,5 km par D 913, rte d'Éguzon et chemin à droite – ≼ – **R** – ⚒
2 ha (40 empl.) plat, peu incliné, herbeux
🗝 🌟 🛁 ⊕
Tarif : (Prix 1999) 🕴 *6 et 15 pour eau chaude et élect. –* 🚗 *3 –* 🔲 *3/4*

DURFORT

09130 Ariège **14** – **82** ⑱ – 111 h. alt. 294.
Paris 752 – Auterive 23 – Foix 40 – Montesquieu-Volvestre 28 – Pamiers 25 – Saverdun 12.

⚠ **Le Bourdieu** Permanent
🞔 05 61 67 30 17, Fax 05 61 60 00 89 – S : 2 km par D 14, rte du Fossat et chemin à gauche, à 300 m du Latou (accès direct) – ⚓ ≼ ⚓ – **R** conseillée juil.-août – **GB** ⚒
16 ha/2,5 campables (24 empl.) en terrasses, herbeux, pierreux 🟢🟢
🏢 🗝 🌟 ⊕ 🖼 – 🍴 ✖ ⚒ – 🚘 🗝 🏊 🏊
Tarif : 🕴 *16 piscine comprise –* 🔲 *42 –* 🔋 *15 (6A)*
Location : 🏠 *1470 à 2100*

247

DURTAL

49430 M.-et-L. **⑤** – **⑥④** ② G. Châteaux de la Loire – 3 195 h. alt. 39.
❙ Syndicat d'Initiative « Les Marchés de l'Anjou » (fermé les lundi) *ℰ* 02 41 76 37 26, Fax 02 41 24 76 12.
Paris 261 – Angers 38 – La Flèche 14 – Laval 67 – Le Mans 63 – Saumur 65.

   ⚠ *International* Pâques-sept.
    ℰ 02 41 76 31 80 – sortie Nord-Est par rte de la Flèche et rue à droite, bord du Loir – ⋙ « Situation
    et cadre agréables » ⊶ – **R** conseillée juil.-août – ⚡
    3,5 ha (125 empl.) plat, herbeux ⚲
    ⅙ ⓝ ⇆ ⬚ ⌂ ⚶ ⊛ ⧈ – ⟇ – A proximité : ⤳ parcours sportif
    Tarif : ⊟ *élect. (6A) comprise 2 pers. 52, pers. suppl. 16*

ECLASSAN

07370 Ardèche **⑪** – **⑦⑥** ⑩ – 633 h. alt. 420.
Paris 538 – Annonay 22 – Beaurepaire 42 – Condrieu 43 – Privas 82 – Tournon-sur-Rhône 24.

   ⚠ *L'Oasis* avril-15 oct.
    ℰ 04 75 34 56 23, Fax 04 75 34 47 94 – NO : 4,5 km par rte de Fourany et chemin à gauche,
    Accès aux emplacements par forte pente, mise en place et sortie des caravanes à la
    demande – ⋙ ≤ « Agréable situation en terrasses, près de l'Ay » ⊶ – **R** conseillée juil.-
    août – ⚡
    4 ha (39 empl.) en terrasses, pierreux, herbeux ⟼ ⚲
    ⅙ ⓝ ⇆ ⬚ ⚸ ⌂ ⊛ ⚶ ⟟ ⧈ – ⟇ snack, pizzeria ⟿ – 🏠 ⟲ ⊛ 🅿 ⤳
    Tarif : ⊟ *piscine comprise 2 pers. 80* – [⚡] *15 (3A) 19 (6A)*
    Location : 🚐 *1100 à 1600* – 🚙 *1800 à 2600* – 🏠 *2000 à 3000*

ÉCOMMOY

72220 Sarthe **⑤** – **⑥④** ③ – 4 235 h. alt. 85.
❙ Office de Tourisme Mairie *ℰ* 02 43 42 10 14.
Paris 220 – Château-du-Loir 19 – La Flèche 35 – Le Grand-Lucé 19 – Le Mans 23.

   ⚠ *Municipal les Vaugeons* 30 avril-sept.
    ℰ 02 43 42 14 14 – sortie Nord-Est, rte du stade – **R** – ⚡
    1 ha (60 empl.) plat et peu incliné, sablonneux ⚲⚲
    ⓝ ⇆ ⬚ ⌂ ⊛ ⧈ – ⤳ – A proximité : ⚽
    Tarif : ⊟ *tennis compris 1 pers. 17/18,70* – [⚡] *12 (6A)*

EGAT

66120 Pyr.-Or. **⑮** – **⑧⑥** ⑯ G. Languedoc Roussillon – 419 h. alt. 1 650.
Paris 876 – Andorra-la-Vella 75 – Ax-les-Thermes 55 – Bourg-Madame 17 – Font-Romeu-Odeillo-Via 3 –
Saillagouse 12.

   ⚠ *Las Clotes* Permanent
    ℰ 04 68 30 26 90 – à 400 m au Nord du bourg, bord d'un petit ruisseau – ⋙ ≤ Sierra del Cadi
    et Puigmal ⊶ juil.-août – **R** conseillée – ⚡
    2 ha (80 empl.) plat et en terrasses, accidenté, herbeux
    ▥ ⅙ ⓝ ⇆ ⌂ ⊛ ⧈ – 🏠
    Tarif : ⊟ *2 pers. 65, pers. suppl. 17* – [⚡] *21 (6A) 35 (10A)*

ÉGUISHEIM

68420 H.-Rhin **⑧** – **⑥②** ⑲ G. Alsace Lorraine – 1 530 h. alt. 210.
Paris 450 – Belfort 66 – Colmar 7 – Gérardmer 52 – Guebwiller 21 – Mulhouse 42 – Rouffach 10.

   ⚠ *Municipal des Trois Châteaux* avril-15 oct.
    ℰ 03 89 23 19 39, Fax 03 89 24 10 19 – à l'Ouest du bourg – ⋙ ≤ « Situation agréable près du
    vignoble » ⊶ – ⚡
    2 ha (128 empl.) plat et peu incliné, herbeux, gravier ⚲
    ⅙ ⓝ ⬚ ⚶ ⊛ 🚉 ⧈
    Tarif : (Prix 1999) ✶ *18* – ⊟ *19* – [⚡] *16 (4A) 21 (6A)*

ÉGUZON

36270 Indre **⑩** – **⑥⑧** ⑱ G. Berry Limousin – 1 384 h. alt. 243.
❙ Office de Tourisme 2 r. Jules-Ferry *ℰ* 02 54 47 24 43, Fax 02 54 47 35 60.
Paris 322 – Argenton-sur-Creuse 20 – La Châtre 47 – Guéret 48 – Montmorillon 64 – La Souterraine 33.

   ⚠ *Municipal du Lac Les Nugiras* Permanent
    ℰ 02 54 47 45 22 – SE : 3 km par D 36, rte du lac de Chambon puis 0,5 km par rte à droite,
    à 450 m du lac – ≤ ⊶ – **R** – ⚡
    4 ha (180 empl.) plat et en terrasses, peu incliné, herbeux, pierreux
    ⅙ ⓝ ⇆ ⬚ ⌂ ⊛ ⚸ ⚶ ⧈ – 🗺 ⟇ – 🏠 – A proximité : 🏖 (plage) toboggan aquatique ⚲
    Tarif : ⊟ *2 pers. 40, pers. suppl. 14* – [⚡] *18 (10A)*

66200 Pyr.-Or. 🔟 – 🔞 ⑳ G. Languedoc Roussillon – 6 262 h. alt. 30.
🅱 Office de Tourisme 2 r. Dr-Bolte ℘ 04 68 22 05 07, Fax 04 68 37 95 05.
Paris 875 – Argelès-sur-Mer 8 – Céret 30 – Perpignan 14 – Port-Vendres 18 – Prades 59.

⚠ **Municipal Al Mouly** juin-sept.
℘ 04 68 22 08 46 – NE : 1,8 km par D 40, rte de St-Cyprien, D 11 rte de Canet à gauche et rue
Gustave-Eiffel à droite – ⚬ – **R** conseillée juil.-août – **GB** ⚡
5 ha (285 empl.) plat, herbeux, sablonneux ♀
♿ ⛺ ⛲ ⬚ ♨ ⊛ ⟲ ▽ ▣ – ▼ snack ⚓ – ⚡ ⚡ ⚡
Tarif : ♦ 25,75 piscine et tennis compris – ▣ 36 – ⚡ 16 (3A)

05200 H.-Alpes 🔟 – 🔟 ⑰ ⑱ G. Alpes du Sud – 5 793 h. alt. 871.
🅱 Office de Tourisme pl. Gén.-Dosse ℘ 04 92 43 72 72, Fax 04 92 43 54 06.
Paris 705 – Barcelonnette 58 – Briançon 50 – Digne-les-Bains 95 – Gap 40 – Guillestre 22 – Sisteron 87.

⚠ **Municipal de la Clapière** mai-sept.
℘ 04 92 43 01 83, Fax 04 92 43 50 22 – SO : 2,5 km par N 94, rte de Gap et à droite « Près d'un
plan d'eau » ⚬ – **R** – **GB** ⚡
6,5 ha (367 empl.) plat, accidenté et en terrasses, pierreux, herbeux ♀♀
▥ ♿ ⛺ ⛲ ⬚ ♨ ⊜ ⊛ ▣ – ▭ ⚓ – A proximité : parcours sportif ⚑ ⚡ ✗ ⚓ ⚡ ⚡ ▣
(découverte l'été) ≅ toboggan aquatique ♨
Tarif : (Prix 1999) ▣ piscine comprise 1 pers. 57, 2 pers. 72,50, pers. suppl. 21 – ⚡ 16 (5A) 26 (plus
de 5A)

⚠ **Le Moulin** juin-15 sept.
℘ 04 92 43 00 41 – SO : 2,6 km par N 94, rte de Gap et rte à gauche après le pont – ≼ ⚬ –
R – ⚡
2 ha (70 empl.) peu incliné, herbeux, verger ♀
♿ ⛺ ⬚ ⊜ ⊛ ▣
Tarif : (Prix 1999) ♦ 20 – ▣ 23 – ⚡ 12 (3A) 16 (5A)

à Baratier S : 4 km par N 94 et D 40 – 356 h. alt. 855 – ✉ 05200 Baratier :

⚠ **Le Verger** Permanent
℘ 04 92 43 15 87, Fax 04 92 43 49 81 – sortie Ouest, Pour caravanes, accès conseillé par le village
– ⚜ ≼ « Entrée fleurie et site agréable » ⚬ – **R** – ⚡
4,3 ha/2,5 campables (110 empl.) peu incliné, en terrasses, herbeux, pierreux ▱ ♀♀
▥ ⛺ ⛲ ⬚ ♨ ⊛ ▣ – ▭ ⚡ – A proximité : ✗ ⚡
Tarif : ▣ piscine comprise 2 pers. 80, pers. suppl. 27 – ⚡ 13 (2A) 20 (5A) 30 (10A)
Location : pavillons

⚠ **Les Airelles** 13 juin-13 sept.
℘ 04 92 43 11 57, Fax 04 92 43 69 07 – SE : 1,2 km par D 40, rte des Orres et rte à droite, Accès
direct au village par chemin forestier – ⚜ ≼ ⚬ – **R** juil.-août – **GB** ⚡
5 ha/4 campables (130 empl.) peu incliné à incliné, terrasses, plat, pierreux, herbeux ♀♀ (2 ha)
♿ ⛺ ⛲ ⬚ ⚡ ⊛ ▣ – ▼ snack – ▭ ⚡ ⚡
Tarif : ♦ 24 piscine comprise – ▣ 24 – ⚡ 12 (3A) 16 (6A)
Location : 🏠 1900 à 2700

⚠ **Les Grillons** 15 mai-15 sept.
    ☎ 04 92 43 32 75 – N : 1 km par D 40, D 340 et chemin à gauche – ⌂ ≤ ⚷ – **R** conseillée 15 juil.-
15 août – ⋏
1,5 ha (95 empl.) peu incliné, herbeux ⚲
    ♿ ⌱ 🗟 ♨ ⚒ ⊛ 🗊 – ✖ ☲
Tarif : 🗊 *piscine comprise 2 pers. 84, pers. suppl. 22 –* ⚡ *16 (3A) 20 (6A) 26 (10A)*

⚠ **Les Esparons** 15 juin-août
    ☎ 04 92 43 02 73 – sortie Nord par D 40 et D 340 – ⌂ ≤ « Agréable verger, près d'un torrent »
⚷ – **R** conseillée juil.-15 août – ⋏
1,5 ha (83 empl.) plat et peu incliné, herbeux ⊡ ⚲⚲
    ♿ ⌱ 🗟 ♨ ⊛ 🗊 – 🏇 ☲
Tarif : ⚹ *22 piscine comprise –* 🗊 *25 –* ⚡ *10 (2A) 14 (4A)*

12140 Aveyron **15** – **76** ⑫ Ⓖ. Midi Pyrénées – 1 495 h. alt. 236.
🛈 Office de Tourisme 30 Tour-de-Ville ☎ 05 65 44 56 10, Fax 05 65 44 50 85.
Paris 602 – Aurillac 44 – Figeac 59 – Mende 135 – Rodez 46 – St-Flour 84.

⚠ **Le Lauradiol** (Municipal de Campouriez) 20 juin-10 sept.
    ☎ 05 65 44 53 95 ✉ 12460 Campouriez – NE : 5 km par D 34, rte de St-Amans-des-Cots, bord de
la Selves – ⌂ ≤ « Situation agréable » ⚷ – **R** conseillée – ⋏
1 ha (34 empl.) plat, herbeux ⊡ ⚲
    ♿ ⌱ ⇆ 🗟 ⊟ ⊛ ⚲ ▽ 🗊 – 🛖 ✖ ☲
Tarif : (Prix 1999) 🗊 *piscine, tennis, et élect. (10A) compris 1 ou 2 pers. 60/80, 3 ou 4 pers. 70/90,
5 ou 6 pers. 80/110*

38380 Isère **12** – **74** ⑮ Ⓖ. Alpes du Nord – 1 544 h. alt. 380.
Paris 541 – Les Abrets 24 – Chambéry 24 – Grenoble 39 – Le Pont-de-Beauvoisin 16 – St-Laurent-du-Pont 5.

⚠ **L'Arc-en-Ciel** mars-oct.
    ☎ 04 76 66 06 97 – au bourg par rue piétonne vers les Echelles, près du vieux pont, bord du Guiers
– ≤ ⚷ – **R** conseillée juil.-août – ⒼⒷ ⋏
1 ha (50 empl.) plat, herbeux ⚲⚲
    ▥ ♿ ⌱ 🗟 ⊟ ♨ ⊛ ⬚ 🗊 – 🛖 – A proximité : ✖ 🛖 ☲
Tarif : ⚹ *16,40 –* 🚗 *8,90 –* 🗊 *13,80 –* ⚡ *10,10 (2A) 16,40 (4A)*
Location : 🚐 *1390 à 1990*

73670 Savoie **12** – **74** ⑮ – 444 h. alt. 816.
Paris 556 – Aix-les-Bains 38 – Chambéry 21 – Le Pont-de-Beauvoisin 31 – St-Laurent-du-Pont 19 –
La Tour-du-Pin 53.

⚠ **L'Ourson**
    ☎ 04 79 65 82 50 – sortie Ouest par D 7, rte du Désert d'Entremont, alt. 841 – ≤ « Site agréable,
proche du Massif de la Chartreuse, au bord du Cozon » ⚷
1 ha (38 empl.) peu incliné et plat, herbeux, gravillons ⊡
    ▥ ♿ ⌱ ⇆ 🗟 ♨ ⊛ 🗊 – 🛖 – A proximité : ⛄ ✖ ☲

66760 Pyr.-Or. **15** – **86** ⑯ – 545 h. alt. 1 260.
Paris 860 – Andorra-la-Vella 59 – Ax-les-Thermes 39 – Font-Romeu-Odeillo-Via 19 – Perpignan 105.

⚠ **Robinson** Permanent
    ☎ 04 68 04 80 38, Fax 04 68 04 87 43 – au Sud du bourg, face à la mairie, accès conseillé par N 20
et D 34, rte de la gare et rte à gauche – ⌂ ⚷ – **R** conseillée juil.-août – ⒼⒷ ⋏
2,7 ha (165 empl.) plat et peu incliné, herbeux ⚲⚲
    ▥ ♿ ⌱ ⇆ 🗟 ⊟ ⊛ ⚲ ▽ 🗊 – 🛖 ⊟ 🏇 🛖 ☲
Tarif : 🗊 *piscine comprise 2 pers. 88, pers. suppl. 26 –* ⚡ *18 (4A) 36 (8A) 54 (13A)*
Location : *bungalows toilés*

85590 Vendée **9** – **67** ⑮ – 2 107 h. alt. 214.
Paris 372 – Bressuire 38 – Chantonnay 32 – Cholet 24 – Clisson 43 – La Roche-sur-Yon 51.

⚠ **La Bretèche** mai-sept.
    ☎ 02 51 57 33 34, Fax 02 51 57 41 98 – sortie Nord par D 752, rte de Cholet et chemin à droite,
près d'un étang « Décoration arbustive » ⚷ – **R** conseillée 10 juil.-20 août – ⒼⒷ ⋏
3 ha (95 empl.) peu incliné, plat, herbeux ⊡
    ♿ ⌱ ⇆ 🗟 ⊛ 🗊 – ⛄ – ☲
Tarif : 🗊 *piscine comprise 2 pers. 85, pers. suppl. 20 –* ⚡ *15 (15A)*
Location : 🚐 *1500 à 2500*

ÉPINAC

71360 S.-et-L. **11** – 🔟 ⑧ – 2 569 h. alt. 340.
Paris 305 – Arnay-le-Duc 19 – Autun 20 – Chagny 30 – Beaune 35.

🏕 *Municipal le Pont Vert* juin-sept.
📞 03 85 82 00 26 – sortie Sud par D 43 et chemin à droite, – 🦢 ⊶ juil.-août – **R** conseillée août
– ⊖ ⚡
2,9 ha (71 empl.) plat, herbeux 🔲 ₀₀
& 🏠 ⇌ 🎣 🔊 🔵 – A proximité : 🍴 snack 🎿 🚣
Tarif : (Prix 1999) 🧍 *12* – 🔲 *23* – 🔌 *15 (6A)*
Location : *huttes*

ÉPINAL

88000 Vosges 🔟 – 🔟 ⑯ G. Alsace Lorraine – 36 732 h. alt. 324.
🅱 Office de Tourisme 13 r. Comédie 📞 03 29 82 53 32, Fax 03 29 35 26 16.
Paris 384 – Belfort 96 – Colmar 92 – Mulhouse 107 – Nancy 71 – Vesoul 88.

à Sanchey O : 8 km par rte de Darney – 668 h. alt. 368 – ✉ 88390 Sanchey :

🏕 *Lac de Bouzey* Permanent
📞 03 29 82 49 41, Fax 03 29 64 28 03 – S : par D 41 – 🦢 « Face au lac, agréables installations
d'accueil et de loisirs » ⊶ – **R** conseillée – ⊖ ⚡
3 ha (160 empl.) plat et peu incliné, en terrasses, herbeux 🔲 ₀₀ (2 ha)
🏢 & 🏠 ⇌ 🎣 ♨ 🔲 ⊙ 🌊 🔵 🎥 🔵 – 🍴 🍹 ✕ 🎿 – 🎪 salle de spectacle, discothèque
🚲 🛶
Tarif : 🔲 *piscine comprise 2 pers. 85, (hiver 130), pers. suppl. 40 (hiver 20)* – 🔌 *22 à 28 (4 à 10A)*
Location : 🚐 *1200 à 2300* – 🚐 *1600 à 3000*

ERDEVEN

56410 Morbihan 🔟 – 🔟 ① – 2 352 h. alt. 18.
Paris 495 – Auray 19 – Carnac 9 – Lorient 27 – Quiberon 20 – Quimperlé 48 – Vannes 37.

🏕 *Les Sept Saints* 15 mai-15 sept.
📞 02 97 55 52 65, Fax 02 97 55 22 67 – NO : 2 km par D 781, rte de Plouhinec et rte à gauche –
⊶ – **R** conseillée juil.-août – ⊖ ⚡
7 ha/5 campables (200 empl.) plat et peu incliné, herbeux, 🔲 ₀₀ pinède (1ha)
& 🏠 ⇌ 🎣 ♨ 🔲 ⊙ 🌊 🎥 🔵 🔵 – 🍴 🍹 🎿 – 🎿 🚣 🚲 🛶
Tarif : 🧍 *28 piscine comprise* – 🔲 *79* – 🔌 *20 (6A)*
Location (avril-oct.) : 🚐 *1000 à 2800* – 🚐 *1500 à 3600* – 🏠 *1700 à 3950*

🏕 *Les Mégalithes* avril-sept.
📞 02 97 55 68 76 – S : 1,5 km par D 781, rte de Carnac et rte à droite – ⊶ – **R** conseillée
– ⚡
4,3 ha (100 empl.) plat, herbeux 🔲
& 🏠 ⇌ 🎣 ⊙ 🔵 🔵
Tarif : 🧍 *20* – 🚗 *10* – 🔲 *30* – 🔌 *15 (10A)*
Location : 🚐 *1500 à 2800*

🏕 *La Croëz-Villieu* mai-sept.
📞 02 97 55 90 43, Fax 02 97 55 64 83 – SO : 1 km par rte de Kerhillio – Places limitées pour le
passage ⊶ – **R** conseillée – ⊖ ⚡
3 ha (134 empl.) plat, herbeux 🔲 🦶 salle d'animation 🎿 🛶
Tarif : (Prix 1999) 🧍 *23 piscine comprise* – 🚗 *9,50* – 🔲 *14/20* – 🔌 *16,50 (4A) 18,50 (6 ou
10A)*
Location (avril-oct.) : 🚐 *1650 à 2900*

🏕 *Idéal Camping* Permanent
📞 02 97 55 67 66 – SO : 2,2 km rte de Kerhillio, à Lisveur – Places limitées pour le passage ⊶ –
R conseillée juil.-août – ⊖ ⚡
0,5 ha (35 empl.) plat, herbeux 🔲
& 🏠 ⇌ 🎣 🔊 ⊙ 🔵 – 🍴 snack 🎿 – 🚣
Tarif : 🔲 *élect. (16A) comprise 3 pers. 111, pers. suppl. 20*
Location : 🚐 *1800 à 3300 – appartements*

ERQUY

22430 C.-d'Armor 🔟 – 🔟 ④ G. Bretagne – 3 568 h. alt. 12.
🅱 Office de Tourisme bd de la Mer 📞 02 96 72 30 12, Fax 02 96 72 02 88.
Paris 453 – Dinan 48 – Dinard 41 – Lamballe 22 – Rennes 103 – St-Brieuc 34.

🏕 *Le Vieux Moulin* 20 avril-20 sept.
📞 02 96 72 34 23, Fax 02 96 72 36 63 – E : 2 km « Cadre agréable » ⊶ – **R** conseillée juil.-août
– ⚡
2,5 ha (173 empl.) plat et peu incliné, herbeux 🔲 🦶
& 🏠 ⇌ 🎣 🔊 🔊 ⊙ 🌊 🎥 🔵 🔵 – 🍴 🍹 crêperie 🎿 – 🎪 🦶 discothèque 🎿 🛶 toboggan
aquatique half-court
Tarif : 🧍 *29 piscine comprise* – 🚗 *23* – 🔲 *57* – 🔌 *19 (3A) 26 (6A) 29 (9A)*
Location : 🚐 *1900 à 3650*

▲▲▲ **Les Pins** Pâques-15 sept.
 ℰ 02 96 72 31 12, Fax 02 96 28 65 91 – N :
 1 km – 🐾 – ⛒ – **R** conseillée – ⒼⒷ ⚡
 10 ha (385 empl.) peu incliné et plat, herbeux,
 vallonné 🔲
 🔥 ♿ ♨ 🗃 🛁 🔌 📻 – 🚿 Ⓨ ✕ 🛒 – 🏪 🌊 🎣
 🛶 ✂ ⛵ – A proximité : 🕴
 Tarif : 🕴 *25 piscine comprise* – 🚐 *18* – Ⓔ *43*
 – 🔌 *21 (6A)*
 Location : 🚐 *1650 à 3300* – 🏠 *1850 à 3650*
 – *bungalows toilés*

▲▲▲ **Bellevue** Pâques-sept.
 ℰ 02 96 72 33 04, Fax 02 96 72 48 03 – SO :
 5,5 km « Entrée fleurie et belle décoration
 arbustive des emplacements » ⛒ –
 R indispensable 1er-15 août – ⒼⒷ ⚡
 2 ha (140 empl.) plat, herbeux 🔲 Ⓥ
 🔥 ♨ ♿ 🗃 🛁 🔌 🔥 📻 🚿 – 🏪 🛶 ✂ 🌊 –
 A proximité : crêperie
 Tarif : 🕴 *24 piscine comprise* – Ⓔ *38* – 🔌 *16 (6A)*
 18 (10A)
 Location ⚡ *juil.-août :* 🚐 *1400 à 3000* –
 🏠 *(sans sanitaires)*

▲▲▲ **St-Pabu** avril-10 oct.
 ℰ 02 96 72 24 65, Fax 02 96 72 87 17 – SO :
 4 km – 🐾 ≤ « Face à la baie d'Erquy, au bord de la plage » ⛒ – **R** conseillée 10 juil.-15 août –
 ⒼⒷ ⚡
 5,5 ha (409 empl.) plat, peu incliné et en terrasses, herbeux 🔲
 🔥 ♨ ♿ 🗃 🛁 🔌 📻 🚿 – 🚿 Ⓨ – 🏪 🛶 ✂
 Tarif : 🕴 *21* – Ⓔ *42* – 🔌 *17 (6A) 20 (10A)*
 Location : 🚐 *1600 à 3000*

▲▲▲ **Les Roches** avril-sept.
 ℰ 02 96 72 32 90 – SO : 3 km – 🐾 ⛒ – **R** conseillée mi-juil.-mi-août – ⚡
 3 ha (160 empl.) plat, peu incliné et en terrasses, herbeux
 🔥 ♨ ♿ 🗃 🛁 🔌 📻 🚿 – 🚿 – 🏪 🛶 ✂
 Tarif : 🕴 *17* – 🚐 *12* – Ⓔ *17* – 🔌 *13 (3A) 16 (6A) 20 (10A)*
 Location ⚡ : 🚐 *1200 à 1600* – 🚐 *1600 à 2400*

▲▲▲ **Les Hautes Grées** 15 avril-15 sept.
 ℰ 02 96 72 34 78, Fax 02 96 72 30 15 – NE : 3,5 km, à 400 m de la plage St-Michel – 🐾 ≤ ⛒ –
 R conseillée – ⒼⒷ ⚡
 2,5 ha (148 empl.) plat et peu incliné, herbeux
 🔥 ♨ ♿ 🗃 🛁 🔌 📻 🚿 – 🚿 – 🛶
 Tarif : 🕴 *20* – Ⓔ *36* – 🔌 *15 (6A)*
 Location : 🚐 *1500 à 2800*

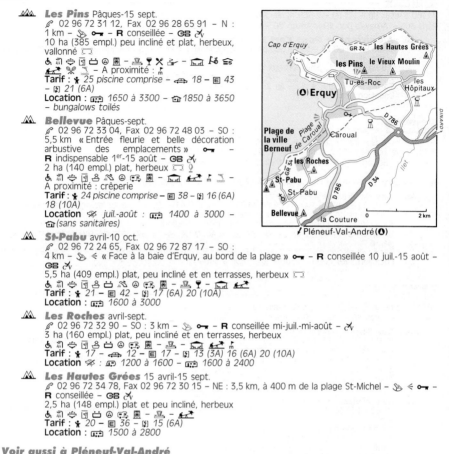

*Voir aussi à **Pléneuf-Val-André***

ERR

66800 Pyr.-Or. 🗓 – 🗓 ⑯ – 398 h. alt. 1 350 – Sports d'hiver : 1 850/2 520 m 🎿8 ⚡.
Paris 873 – Andorra-la-Vella 77 – Ax-les-Thermes 52 – Bourg-Madame 9 – Font-Romeu-Odeillo-Via 15 – Saillagouse 2.

▲▲▲ **Le Puigmal** fermé oct.
 ℰ 04 68 04 71 83, Fax 04 68 04 04 88 – par D 33B, à Err-Bas, bord d'un ruisseau – 🐾 ≤ ⛒ –
 R conseillée juil.-août – ⒼⒷ ⚡
 3,2 ha (125 empl.) peu incliné, herbeux 🔲🔲
 🏕 🔥 ♨ ♿ 🗃 🛁 🔌 ⊙ ☂ 📻 – 🚿 🏪 ✂ – A proximité : 🚿 ·⊙ 🛶 toboggan aquatique
 Tarif : Ⓔ *2 pers. 67, pers. suppl. 22* – 🔌 *18 (3A) 28 (6A)*
 Location : 🚐 *1500 à 2000*

▲▲▲ **Las Closas** Permanent
 ℰ 04 68 04 71 42, Fax 04 68 04 07 20 – par D 33B, à Err-Bas – ≤ ⛒ – **R** – ⒼⒷ ⚡
 2 ha (118 empl.) plat et peu incliné, herbeux 🔲🔲
 🏕 🔥 ♨ ♿ 🗃 🛁 ⊙ ♨ ☂ 📻 – Ⓨ – 🏪 🛶 – A proximité : 🚿 ·⊙ 🛶 toboggan aquatique
 Tarif : Ⓔ *2 pers. 68, pers. suppl. 22* – 🔌 *19 (3A) 29 (6A) 39 (10A)*

ERVY-LE-CHÂTEL

10130 Aube 🗗 – 🗓 ⑯ G. Champagne Ardenne – 1 221 h. alt. 160.
Paris 169 – Auxerre 48 – St-Florentin 18 – Sens 62 – Tonnerre 24 – Troyes 39.

▲ **Municipal les Mottes** 15 mai-15 sept.
 ℰ 03 25 70 07 96 – E : 1,8 km par D 374, rte d'Auxon, D 92 et chemin à droite après le passage
 à niveau – 🐾 « En bordure d'une petite rivière et d'un bois » – **R**
 0,7 ha (53 empl.) plat, herbeux
 🔥 ♨ ♿ 🗃 🛁 ⊙
 Tarif : 🕴 *10* – 🚐 *7* – Ⓔ *8* – 🔌 *12 (5A)*

ESLOURENTIES-DABAN

64420 Pyr.-Atl. **13** – **82** ⑫ – 185 h. alt. 385.
Paris 780 – Aire-sur-l'Adour 54 – Auch 60 – Mirande 61 – Pau 24 – Tarbes 24.

⚠ *Municipal les Noisetiers* mai-sept.
au Nord-Ouest du bourg – ⚡ ⚞ – **R** juil.-août
1 ha (20 empl.) plat, herbeux ♀
🔌 🏕 ⚡ 🏠 ⊕ – 🔲 ✗
Tarif : ⚡ 10 tennis compris – 🔲 20 – 🔋 10 (10A)

ESPALION

12500 Aveyron **15** – **80** ③ G. Midi Pyrénées – 4 614 h. alt. 342.
🎪 Office de Tourisme 2 r. Saint-Antoine ⚡ 05 65 44 10 63, Fax 05 65 48 02 57.
Paris 601 – Aurillac 70 – Figeac 93 – Mende 108 – Millau 82 – Rodez 31 – St-Flour 82.

⚠ *Roc de l'Arche* 15 avril-15 oct.
⚡ 05 65 44 06 79 – E : rue du Foirail par avenue de la Gare et à gauche, après le terrain des sports,
bord du Lot – ⚞ – **R** conseillée juil.-20 août – ✗
2,5 ha (87 empl.) plat, herbeux 🔲 ♀♀
🔌 🏕 ⚡ 🔲 🛁 🏠 ⊕ ⚡ ⚞ 🖼 – 🔲 🎣 🏊 ➚ ≈ – A proximité : ✗
Tarif : 🔲 piscine comprise 1 ou 2 pers. 65/75 (70/85 avec élect. 6 à 10A), pers. suppl. 20
Location : 🏠 1000 à 1500

ESPARRON-DE-VERDON

04800 Alpes-de-H.-Pr. **17** – **81** ⑯ G. Alpes du Sud – 290 h. alt. 397.
Paris 779 – Barjols 33 – Digne-les-Bains 58 – Gréoux-les-Bains 12 – Moustiers-Ste-Marie 33 – Riez 17.

⚠ *Le Soleil* Pâques-sept.
⚡ 04 92 77 13 78 – sortie Sud par D 82, rte de Quinson, puis 1 km par rte à droite – ⚡ ≤ « Cadre
agréable au bord d'un lac » ⚞ ✗ **P** (tentes) – **R** conseillée juil.-août – **GB** ✗
2 ha (100 empl.) en terrasses, pierreux, gravillons 🔲 ♀
🔌 🏕 ⚡ 🔲 🏠 ⊕ 🖼 – 🔲 ♈ snack 🛒 – ≈
Tarif : ⚡ 28 – 🔲 33/37 – 🔋 16 (6A)

⚠ *La Grangeonne* 18 juin- août
⚡ 04 92 77 16 87 – SE : 1 km par D 82, rte de Quinson et rte à droite – ⚡ ⚞ – **R** conseillée
15 juil.-15 août – ✗
1 ha (57 empl.) plat, peu incliné et en terrasses, pierreux, herbeux ♀♀
🔌 🏕 ⊕ 🔲 🖼 – crêperie, pizzeria – 🔲
Tarif : ⚡ 18 – 🔲 18 – 🔋 14 (4A) 18 (6A)

ESPINASSES

05190 H.-Alpes **17** – **81** ⑦ – 505 h. alt. 630.
Paris 697 – Chorges 18 – Gap 26 – Le Lauzet-Ubaye 22 – Savines-le-Lac 29 – Turriers 15.

⚠ *La Viste* 15 mai-15 sept.
⚡ 04 92 54 43 39, Fax 04 92 54 42 45 ✉ 05190 Rousset – NE : 5,5 km par D 900^B, D 3 rte de
Chorges et D 103 à gauche rte de Rousset, alt. 900 – ⚡ ≤ lac de Serre-Ponçon, montagnes et
barrage « Belle situation dominant le lac de Serre-Ponçon » ⚞ – **R** – **GB** ✗
4,5 ha/2,5 campables (160 empl.) plat, terrasse, peu incliné, accidenté, herbeux, pierreux ♀ (1 ha)
🔌 🏕 ⚡ 🔲 🔌 ⊕ 🖼 – 🔲 ♈ snack – 🎣 🏊
Tarif : ⚡ 30 piscine comprise – 🔲 33 – 🔋 16 (5A)
Location : 🏠 1750 à 3300

ESPIRA-DE-CONFLENT

66320 Pyr.-Or. **15** – **86** ⑱ – 132 h. alt. 330.
Paris 896 – Céret 51 – Font-Romeu-Odellio-Via 56 – Pérpignan 40 – Vernet-les-Bains 23.

⚠ *Le Canigou* mars-oct.
⚡ 04 68 05 85 40, Fax 04 68 05 86 20 – à l'Est du bourg – ⚡ ≤ ⚞ – **R** conseillée – **GB** ✗
4 ha (115 empl.) plat, peu incliné et en terrasses, herbeux, pierreux 🔲 ♀
🔌 🏕 ⊕ 🖼 – ♈ – 🔲 🎣 ≈
Tarif : ⚡ 20 – 🚗 10 – 🔲 25 – 🔋 20 (6A)
Location : 🏠 1500 à 2500

Les ESSARTS

85140 Vendée **9** – **67** ⑭ G. Poitou Vendée Charentes – 3 907 h. alt. 78.
🎪 Syndicat d'Initiative 1 r. Armand-de-Rougé ⚡ 02 51 62 85 96.
Paris 397 – Cholet 47 – Nantes 60 – Niort 90 – La Roche-sur-Yon 21.

⚠ *Municipal le Pâtis* 15 juin-15 sept.
⚡ 02 51 62 95 83 – O : 0,8 km par rte de Chauché et à gauche, près de la piscine – ⚡ – **R**
1 ha (50 empl.) plat, herbeux ♀
🔌 🏕 🏠 🔌 ⊕ – A proximité : ✗ 🔲 🏊
Tarif : ⚡ 13 – 🚗 8 – 🔲 11 – 🔋 11

61500 Orne 🖪 – 🗗🗗 ③ – 516 h. alt. 180.
Paris 181 – Alençon 19 – Argentan 34 – Mortagne-au-Perche 27 – Sées 10.

   ▲ **Les Charmilles** avril-sept.
      sortie Sud, par D 326, rte du Ménil-Broût – 🌤 🥀 – **R** conseillée – 🞋
      0,5 ha (23 empl.) plat, herbeux ⌑
      🗂 🜂 📛
      Tarif : 🛉 8 – 🚗 5,50 – 🗐 7,50

         Ask your bookseller for the catalogue of **MICHELIN** *publications.*

65400 H.-Pyr. 🔢 – 🖽🖪 ⑰ G. Midi Pyrénées – 86 h. alt. 970.
Paris 838 – Argelès-Gazost 12 – Arrens 7 – Laruns 44 – Lourdes 24 – Pau 69 – Tarbes 42.

   ▲▲ **Pyrénées Natura** avril-sept.
      🞋 05 62 97 45 44, Fax 05 62 97 45 81 – au Nord du bourg – 🅼 🌤 ≼ « Grange du 19ᵉ siècle »
      🞋 – **R** conseillée – 🖷🖧 🞋
      3 ha (60 empl.) plat et peu incliné, terrasses, herbeux ⌑
      🛱 🗂 🜂 🖫 📛 🜂 ⊕ 🞋 🜲 🖵 – 🜲 🛉 – 🗟
      Tarif : 🗐 élect. (6A) comprise 2 pers. 110

   ▲ **Le Vieux Moulin** Permanent
      🞋 05 62 97 43 23 – sortie Sud par D 103, rte du lac, bord du Gave et d'un ruisseau – 🌤 ≼ 🞋
      – **R** juil.-août – 🞋
      1 ha (50 empl.) peu incliné, herbeux ♀
      🎞 🞋 🗂 🜂 📛 ⊕ 📛 – 🞋 (petite piscine)
      Tarif : 🛉 15 – 🗐 15 – 🞋 14 (3A) 28 (6A) 45 (10A)

   ▲ **Aire Naturelle la Pose** Permanent
      🞋 05 62 97 43 10 – SO : 2,2 km par D 103, près du Gave de Bun – 🌤 ≼ 🞋 – **R** conseillée – 🞋
      2 ha (25 empl.) plat et peu incliné, en terrasses, herbeux
      🗂 🜂 📛 ⊕
      Tarif : 🛉 12 – 🚗 7 – 🗐 7 – 🞋 15 (10A)

32240 Gers 🔢 – 🖽🖪 ② – 724 h. alt. 120.
Paris 716 – Aire-sur-l'Adour 25 – Eauze 17 – Mont-de-Marsan 37 – Nérac 57 – Nogaro 17.

   ▲▲ **Les Lacs de Courtès** Pâques-sept.
      🞋 05 62 09 61 98 – au Sud du bourg par D 152, près de l'église et au bord d'un lac – 🌤 🞋 –
      R conseillée juil.-août – 🖷🖧 🞋
      4 ha (114 empl.) en terrasses, peu incliné, plat, herbeux ♀
      🞋 🗂 🜂 🖫 📛 🜂 🜲 ⊕ 🖫 📛 – 🜲 – 🗟 🛉 🜲 🞋 🜲 🞋
      Tarif : 🛉 25 piscine comprise – 🚗 15 – 🗐 42 – 🞋 15 (6A)
      Location : 🞋 1250 à 1950 – 🞋 2000 à 2900 – 🞋 1350 à 2250 – gîtes

66 Pyr.-Or. – 🖽🖪 ⑯ – rattaché à Saillagouse.

22680 C.-d'Armor 🖪 – 🖽🖪 ③ G. Bretagne – 2 121 h. alt. 65.
Paris 467 – Guingamp 30 – Lannion 55 – St-Brieuc 20 – St-Quay-Portrieux 3.

   ▲▲ **L'Abri-Côtier** 6 mai-20 sept.
      🞋 02 96 70 61 57, Fax 02 96 70 65 23 – N : 1 km par rte de St-Quay-Portrieux et à gauche, rue
      de la Ville-es-Rouxel – 🌤 🞋 – **R** conseillée juil.-août – 🖷🖧 🞋
      2 ha (140 empl.) plat et peu incliné, herbeux
      🎞 🞋 🗂 🜂 🖫 📛 ⊕ 🜲 🜲 🖫 📛 – 🛉 🜲 – 🜲 (couverte hors saison)
      Tarif : 🛉 30 piscine comprise – 🗐 46 – 🞋 20 (6A) 32 (10A)
      Location : 🞋 1750 à 3200

91150 Essonne 🖪 – 🗗🗗 ⑩ G. Ile de France – 21 457 h. alt. 80.
Paris 51 – Chartres 60 – Évry 37 – Fontainebleau 46 – Melun 46 – Orléans 68 – Versailles 58.

   ▲▲ **Le Vauvert** fermé 16 déc.-14 janv.
      🞋 01 64 94 21 39, Fax 01 69 92 72 59 ✉ 91150 Ormoy-la-Rivière – S : 2,3 km par D 49 rte de Saclas
      – Places limitées pour le passage « Cadre agréable, au bord de la Juine » 🞋 – 🞋
      8 ha (288 empl.) plat, herbeux ⌑ ♀
      🎞 🞋 🗂 🜂 🖫 📛 ⊕ 🜲 🜲 – 🛉 🜲 – 🗟 🜲 🜲
      Tarif : 🛉 22 – 🗐 30 – 🞋 16 (10A)

ÉTRÉHAM

14400 Calvados **4** – **54** ⑭ – 236 h. alt. 30.
Paris 271 – Bayeux 10 – Caen 39 – Carentan 38 – St-Lô 39.

  ▲▲▲ *Reine Mathilde* avril-sept.
    ℘ 02 31 21 76 55, Fax 02 31 22 18 33 – O : 1 km par D 123 et chemin à droite – ☒ « Entrée
    fleurie » ☛ – **R** conseillée juil.-août – ⚡
    4 ha (115 empl.) plat, herbeux ☒ ⚲
    ⚒ ⚙ ⇌ ⊞ ⚑ ⊕ ⚐ – ▾ snack ⚓ – ⚓ ⚡ ⚲ ⚒
    Tarif : ♦ *24 piscine comprise* – 🔲 *24* – ⚡ *20 (6A)*
    Location : 🚐 *1900 à 2500 – bungalows toilés*

ÉTRETAT

76790 S.-Mar. **5** – **52** ⑪ G. Normandie Vallée de la Seine – 1 565 h. alt. 8.
🄱 Office de Tourisme pl. M.-Guillard ℘ 02 35 27 05 21, Fax 02 35 29 39 79.
Paris 205 – Bolbec 28 – Fécamp 17 – Le Havre 29 – Rouen 87.

  ▲ *Municipal* 20 mars-10 oct.
    ℘ 02 35 27 07 67 – SE : 1 km par D 39, rte de Criquetot-l'Esneval – ☛ – **R** – ⚡
    1,2 ha (93 empl.) plat, herbeux, gravier
    ⚙ ⇌ ⊞ ⚑ ⊕ – ⚓ – A proximité : ⚒ ☒
    Tarif : (Prix 1999) ♦ *13* – 🔲 *13,50/15,50* – ⚡ *14 (4A) 17,50 (5A) 21 (6A)*

ÉVAUX-LES-BAINS

23110 Creuse **10** – **73** ② G. Berry Limousin – 1 716 h. alt. 469 – ♨ (03-04/21-10).
Paris 357 – Aubusson 44 – Guéret 54 – Marcillat-en-Combraille 16 – Montluçon 26.

  ▲ *Municipal* avril-oct.
    ℘ 05 55 65 55 82 – au Nord du bourg, derrière le château – ☒ ☛ – **R** – ⚡
    1 ha (49 empl.) plat et peu incliné, herbeux ☒
    ⚙ ⚒ ⇌ ⊞ ⚑ ⊕ – ⚓ – A proximité : ⚒ ⚓ ☒
    Tarif : (Prix 1999) ♦ *8,20* – ⚘ *5,50* – 🔲 *4,50/6,50* – ⚡ *9,10 (3A) 19,30 (6A)*
    Location : *huttes*

ÉVISA

2A Corse-du-Sud – **90** ⑮ – voir à Corse.

ÉVRON

53600 Mayenne **5** – **60** ⑪ G. Normandie Cotentin – 6 904 h. alt. 114.
🄱 Office de Tourisme pl. de la Basilique ℘ 02 43 01 63 75.
Paris 261 – Alençon 56 – La Ferté-Bernard 109 – La Flèche 69 – Laval 35 – Le Mans 55 – Mayenne 25.

  ▲▲▲ *Municipal du Parc des Loisirs* 15 mars-15 oct.
    ℘ 02 43 01 65 36, Fax 02 43 37 46 20 – sortie Ouest, bd du Maréchal-Juin « Décoration arbustive »
    ☛ – **R** conseillée – ⚡
    3 ha (92 empl.) plat et peu incliné, herbeux ☒ ⚲ (1 ha)
    ⚒ ⚙ ⇌ ⊞ ⚑ ⊕ ⚐ ⚑ ⊞ ▦ – ⚓ ⚓ parcours sportif – A proximité : ⚒ ☒ ⚡ ☒ ⚒
    Tarif : (Prix 1999) 🔲 *1 pers. 26,50/35,40- pers. suppl. 11,40* – ⚡ *9,40 (6A) 17,30 (10A)*
    Location : 🚐 *1116 à 1240*

EXCENEVEX

74140 H.-Savoie **12** – **70** ⑰ G. Alpes du Nord – 657 h. alt. 375.
🄱 Office de Tourisme ℘ 04 50 72 89 22.
Paris 569 – Annecy 73 – Bonneville 43 – Douvaine 11 – Genève 28 – Thonon-les-Bains 13.

  ▲▲▲ *Municipal la Pinède* mars-oct.
    ℘ 04 50 72 85 05, Fax 04 50 72 93 00 – SE : 1 km par D 25 « Agréable site boisé en bordure d'une
    plage du lac Léman » ☛ juil.-août – **R** – ⊞ ⚡
    12 ha (619 empl.) plat et accidenté, sablonneux ⚲⚲
    ⚒ ⚙ ⚙ ⇌ ⊞ ⚑ ⊕ ⚑ ▦ – ⚓ – ⚓ – A proximité : ▾ ✗ snack ⚓ ⚒ ⚓
    Tarif : (Prix 1999) ♦ *16* – 🔲 *40* – ⚡ *10 (5A) 15 (10A) 25 (15A)*

EYMET

24500 Dordogne **14** – **79** ④ G. Périgord Quercy – 2 769 h. alt. 54.
Paris 562 – Bergerac 24 – Castillonnès 19 – Duras 21 – Marmande 33 – Ste-Foy-la-Grande 30.

  ▲ *Municipal* mai-sept.
    ℘ 05 53 23 80 28 – r. de la Sole, derrière le château, bord du Dropt – Ⓜ « Cadre agréable » ☛
    – **R**
    1,5 ha (66 empl.) plat, herbeux, jardin public attenant ⚲⚲ (0,5 ha)
    ⚙ ⚒ ⇌ ⊞ ⚑ ⊕ ▦ – A proximité : ⚓
    Tarif : ♦ *20* – 🔲 *18* – ⚡ *16 (5A)*

87120 H.-Vienne **10** – **72** ⑲ G. Berry Limousin – 2 441 h. alt. 417.
Paris 436 – Aubusson 54 – Guéret 62 – Limoges 44 – Tulle 67 – Ussel 70.

⚠ **Municipal** juin-sept.
   SE : 2 km par D 940, rte de Tulle et chemin à gauche, à St-Pierre – ♦ – ⚲ – ⚲
   1 ha (33 empl.) plat, incliné à peu incliné, terrasses, herbeux ⊟ ⚲
   ♿ ⚲ ♻ 🗓 🛁 ♨ ⊕
   Tarif : (Prix 1999) 🅴 *2 pers. 40, pers. suppl. 10* – [⚡] *12 (16A)*

24620 Dordogne **13** – **75** ⑯ G. Périgord Quercy – 853 h. alt. 70.
🅱 Office de Tourisme pl. Mairie ☎ 05 53 06 97 05, Fax 05 53 06 90 79.
Paris 517 – Brive-la-Gaillarde 63 – Fumel 64 – Lalinde 36 – Périgueux 47 – Sarlat-la-Canéda 21.

⚠⚠ **La Rivière** 15 avril-sept.
   ☎ 05 53 06 97 14, Fax 05 53 35 20 85 – NO : 1 km par D 47, rte de Périgueux et rte à gauche après
   le pont, à 200 m de la Vézère – ≪ ⚲ – **R** conseillée juil.-août – **GB** ⚲
   3 ha (120 empl.) plat, herbeux ⊟ ⚲ (2 ha)
   ♿ ⚲ ♻ 🗓 🛁 ♨ ⊕ ≈ ⚐ 🗓 🖳 – 🍴 ✕ 🛒 – ⚓ 🏊 – A proximité : half-court ≌
   Tarif : ⚲ *26,50 piscine comprise* – 🅴 *42* – [⚡] *18 (6A)*
   Location : ⌂ *1200 à 3400* – 🛏

⚠⚠ **Le Mas** 13 mai-17 sept.
   ☎ 05 53 29 68 06, Fax 05 53 31 12 73 – E : 7 km par D 47 rte de Sarlat-la-Canéda puis 2,5 km par
   rte de Sireuil à gauche – ♦ ≪ ⚲ juil.-août – **R** conseillée 10 juil.-20 août – **GB** ⚲
   5 ha/3 campables (136 empl.) plat et peu incliné, en terrasses, herbeux ⊟ ⚲
   ♿ ⚲ ♻ 🗓 🛁 ♨ ⊕ ≈ ⚐ 🗓 – 🍴 ✕ 🍴 ✕ – ⚓ 🏊 ✕ 🛒 – A proximité : ✕ 🚲
   Tarif : ⚲ *27 piscine comprise* – 🅴 *47* – [⚡] *17 (6A)*
   Location (8 avril-sept.) : ⌂ *2200 à 3700* – 🛏

⚠ **La Ferme du Pelou** 15 mars-15 nov.
   ☎ 05 53 06 98 17 ✉ 24620 Tursac – NE : 4 km par D 706, rte de Montignac puis rte à droite –
   ♦ ≪ ⚲ – **R** conseillée juil.-août – ⚲
   1 ha (65 empl.) plat et peu incliné, herbeux ⚲
   ♿ ⚲ ♻ 🗓 ♨ ⊕ 🖳
   Tarif : ⚲ *16* – 🅴 *17* – [⚡] *14 (6A)*
   Location : ⌂ *800 à 1100*

⚠⚠ **Le Vézère Périgord** mai-sept.
   ☎ 05 53 06 96 31, Fax 05 53 50 78 96 – NE : 0,8 km par D 706 rte de Montignac et chemin à droite
   – ♦ « Cadre agréable » ⚲ – **R** conseillée juil.-août – ⚲
   3,5 ha (103 empl.) en terrasses et peu incliné, herbeux, pierreux ⊟ ⚲⚲
   ♿ ⚲ ♻ 🗓 🛁 ♨ ⊕ 🖳 – 🍴 crêperie ⚓ – ⚓ 🏊 ✕ 🛒 piste de bi-cross
   Tarif : ⚲ *27 piscine comprise* – 🅴 *42* – [⚡] *16 (10A)*
   Location : ⌂ *1600 à 3200*

⚠ **Le Pigeonnier** juin-sept.
   ☎ 05 53 06 96 90 – accès par rte face à l'église et chemin à droite – ♦ ⚲ – **R** conseillée juil.-août
   1 ha (25 empl.) peu incliné, herbeux ⊟ ⚲
   ⚲ ♻ 🗓 ♨ ⊕ 🖳
   Tarif : ⚲ *22* – 🅴 *23* – [⚡] *15 (10A)*

ÉZE

06360 Alpes-Mar. **17** – **84** ⑩ G. Côte d'Azur – 2 446 h. alt. 390.
🛈 Office de Tourisme pl. Gén.-de-Gaulle ✆ 04 93 41 26 00, Fax 04 93 41 04 80.
Paris 943 – Antibes 34 – Cannes 44 – Menton 20 – Nice 12.

� **Les Romarins** 15 avril-sept.
✆ 04 93 01 81 64 – réservé aux tentes, NO : 4 km par D 46, Col d'Èze et D 2564, rte de Nice –
🦶 ≤ ⊶ Ⓟ
0,6 ha (43 empl.) en terrasses, pierreux, herbeux
🔔 🗓 ⚲ 📧 – 🍷
Tarif : 📧 1 pers. 98, pers. suppl. 29

FALAISE

14700 Calvados **5** – **55** ⑫ G. Normandie Cotentin – 8 119 h. alt. 132.
🛈 Office de Tourisme bd de la Libération ✆ 02 31 90 17 26, Fax 02 31 40 13 00.
Paris 221 – Argentan 23 – Caen 36 – Flers 40 – Lisieux 46 – St-Lô 105.

⚲ **Municipal du Château** Rameaux-sept.
✆ 02 31 90 16 55 – à l'Ouest de la ville, au val d'Ante – ≤ château ⊶ – **R** conseillée juil.-août –
⚯
2 ha (66 empl.) plat et peu incliné, herbeux ⚲
📧 ⚲ 🔔 ⚙ 📧 ⚲ ⊕ – 🛒 🖈 ⚞ – A proximité : ⚲
Tarif : (Prix 1999) 🛉 17 – 📧 15 – 🔋 14 (5A)

Le FAOUËT

56320 Morbihan **3** – **58** ⑰ G. Bretagne – 2 869 h. alt. 68.
🛈 Office de Tourisme (juin-sept.) 1 r. de Quimper ✆ 02 97 23 23 23, Fax 02 97 23 11 66.
Paris 516 – Carhaix-Plouguer 35 – Lorient 39 – Pontivy 47 – Quimperlé 22.

⚲ **Municipal Beg er Roch** mars-sept.
✆ 02 97 23 15 11 – SE : 2 km par D 769 rte de Lorient – 🦶 « Cadre agréable au bord de l'Ellé »
⊶ saison – **R** indispensable 1er-15 août – ⚯
3 ha (65 empl.) plat, herbeux ⚲ (1 ha)
📧 ⚲ 🔔 ⚙ 📧 ⚲ ⊕ ⚲ 🖈 – 🛒 🖈 ⚞ half-court
Tarif : 🛉 20 – 🚐 12 – 📧 18 – 🔋 12 (3A) 20 (5A)
Location : bungalows toilés

FARAMANS

38260 Isère **12** – **77** ③ – 679 h. alt. 375.
Paris 525 – Beaurepaire 12 – Bourgoin-Jallieu 34 – Grenoble 58 – Romans-sur-Isère 49 – Vienne 33.

⚲ **Municipal des Eydoches** Permanent
✆ 04 74 54 21 78 – sortie Est par D 37 rte de la Côte-St-André « Au cœur d'un parc de loisirs et
au bord d'une rivière » ⊶ – **R** – ⚯
1 ha (60 empl.) plat, herbeux ⚲⚲ (0,5 ha)
📧 ⚲ 🔔 ⚙ 📧 ⚲ ⊕ ⚲ ⚲ 📧 – A proximité : golf, practice de golf ⚲ 🖈
Tarif : 🛉 19,50 (hiver 26) – 📧 24/28 – 🔋 18 (5A)

FARINOLE (Marine de)

2B H.-Corse – **90** ② ③ – voir à Corse.

La FAURIE

05140 H.-Alpes **16** – **77** ⑮ – 224 h. alt. 845.
Paris 656 – Aspres-sur-Buëch 9 – Gap 35 – Sisteron 54.

⚲ **Municipal la Garrigue** Permanent
✆ 04 92 58 13 16 – sortie Sud par D 428, rte de Seille et à gauche – ≤ « Près de la Buëch »
⊶ – **R**
2 ha (60 empl.) plat, herbeux, pierreux
📧 ⚲ 🔔 ⚲ ⚙ 📧 – pizzeria
Tarif : 🛉 19 – 📧 26 – 🔋 16 (2 à 15A)

La FAUTE-SUR-MER

85460 Vendée **9** – **71** ⑪ – 885 h. alt. 4.
Paris 455 – Luçon 22 – Niort 84 – La Rochelle 51 – La Roche-sur-Yon 47 – Les Sables-d'Olonne 48.

Schéma à la Tranche-sur-Mer

⚲ **Le Grand R** avril-sept.
✆ 02 51 56 42 87 – NO : 1,6 km rte de la Tranche-sur-Mer – ⊶ saison – **R** conseillée – ⚯
2,5 ha (172 empl.) plat, herbeux ⚲ (1 ha)
🔔 🗓 ⚲ ⚙ 📧 – ⚲ 🍷 – 🖈
Tarif : 📧 piscine comprise 2 pers. 95 – 🔋 26 (10A)
Location : 🏠 1200 à 3000

⚠ **Les Flots Bleus** 28 avril-10 sept.
  𝒫 02 51 27 11 11, Fax 02 51 29 40 76 – SE : 1 km par rte de la pointe d'Arçay, à 200 m de la plage
  – ⊶ – **R** conseillée – ⚒
  1,5 ha (124 empl.) plat, sablonneux, herbeux ⊡ ᵔᵔ
  ⚅ ⌂ ⇆ 🖥 ♨ ≙ ⊙ 圖 – ⚗ – A proximité : ⛾
  Tarif : 🔲 3 pers. 109 – ⚡ 21 (5A) 26 (10A)
  Location ⚿ juil.-août ⛽ 1300 à 2800

⚠ **Le Pavillon Bleu** juin-15 sept.
  𝒫 02 51 27 15 01 – NO : 2,4 km par rte de la Tranche-sur-Mer et chemin à droite – ⊶ juil.-août
  – **R** – ⚒
  1,3 ha (85 empl.) plat, sablonneux, herbeux ⊡
  ⚅ ⌂ ⇆ ≙ ⊙ ♨ ⇌ 圖 – ≅ (petite piscine)
  Tarif : 🔲 1 ou 2 pers. 78, pers. suppl. 25 – ⚡ 22 (6 à 10A)

FAVEROLLES ─────────────────────────────

15320 Cantal ⑪ – ⑦⑥ ⑭ – 378 h. alt. 950.
Paris 532 – Chaudes-Aigues 25 – Langeac 60 – St-Chély-d'Apcher 27 – St-Flour 19.

⚠ **Municipal** 15 juin-15 sept.
  𝒫 04 71 23 49 91 – au Sud du village – ⚲ ⊶ – **R** conseillée juil.-août – ⚒
  1 ha (33 empl.) en terrasses, plat, herbeux ⊡
  ⚅ ⌂ ⇆ 🖥 ≙ ⊙ ♨ – ⚗ ⚿
  Tarif : 🔲 élect. comprise 2 pers. 55, pers. suppl. 14

La FAVIÈRE ─────────────────────────────

83 Var – ⑧④ ⑯ – rattaché au Lavandou.

FAVONE ─────────────────────────────

2A Corse-du-Sud – ⑨⓪ ⑦ – voir à Corse.

FEINS ─────────────────────────────

35440 I.-et-V. ④ – ⑤⑨ ⑰ – 658 h. alt. 104.
Paris 357 – Avranches 53 – Fougères 43 – Rennes 34 – St-Malo 51.

⚠ **Municipal l'Étang de Boulet** mai-oct.
  𝒫 02 99 69 63 23 – NE : 2 km par D 91, rte de Marcillé-Raoul et chemin à gauche – Ⓜ ⚲ ⚆ « Site
  agréable, au bord de l'étang de Boulet » – **R** – ⚒
  1,5 ha (40 empl.) plat, herbeux ⊡
  ⚅ ⌂ ⇆ 🖥 ≙ ⊙ ♨ ⇌ 圖 – ⚗ ≅ ◗ – A proximité : 🐎 (centre équestre)
  Tarif : ⚑ 14 – ⇔ 5 – 🔲 13 – ⚡ 15 (10A)

LE FEL ─────────────────────────────

12140 Aveyron ⑮ – ⑦⑥ ⑫ – 186 h. alt. 530.
Paris 609 – Aurillac 51 – Entraygues-sur-Truyère 12 – Montsalvy 20 – Mur-de-Barrez 38 – Rodez 58.

⚠ **Municipal le Fel**
  𝒫 05 65 48 61 12 – au bourg – ⚲ « Belle situation dominante sur la vallée du Lot »
  0,4 ha (23 empl.) non clos, plat, herbeux, pierreux ⊡
  ⚅ ⌂ ⇆ ≙ ⊙ ♨ – ⛃ ⚗ ⚿ – A proximité : ⛾ ✗

FÉLINES ─────────────────────────────

07340 Ardèche ⑪ – ⑦⑦ ① – 876 h. alt. 380.
Paris 524 – Annonay 13 – Beaurepaire 33 – Condrieu 24 – Tournon-sur-Rhône 45 – Vienne 35.

⚠ **Bas-Larin** avril-sept.
  𝒫 04 75 34 87 93 – SE : 2 km, par N 82 rte de Serrières et chemin à droite – ⊶ – **R** conseillée
  juil.-20 août – ⚒
  1,5 ha (67 empl.) incliné à peu incliné, en terrasses, herbeux ⊡ ᵔ
  ⚅ ⌂ ⇆ 🖥 ≙ ⊙ ♨ ⇌ 圖 – ⛃ ⚗ ⛽ ⚿
  Tarif : 🔲 piscine comprise 2 pers. 70 – ⚡ 13 (4A) 18 (10A)
  Location : ⛽ 700 à 1400

Dans ce guide
un même symbole, un même mot,
*imprimés en **noir** ou en **rouge**, en maigre ou en **gras**,*
n'ont pas tout à fait la même signification.

Lisez attentivement les pages explicatives.

FELLETIN

23500 Creuse ⑩ – ⑰ ① G. Berry Limousin – 1 985 h. alt. 580.
Paris 402 – Aubusson 10 – Auzances 38 – Bourganeuf 44 – La Courtine 28 – Ussel 48.

    ⚠ **Les Combes** avril-sept.
      ℰ 05 55 66 16 43, Fax 05 55 83 88 64 – sortie Nord rte d'Aubusson puis 5 km par rte du barrage
      des Combes à gauche, après le passage à niveau, bord de la Creuse (plan d'eau) – ⌇ ≼ « Site
      agréable » ⊶ – **R** juil.-août – ⚗
      2 ha (30 empl.) en terrasses, herbeux, pierreux ▭ ♀
      🎱 ⛺ 🖼 ⚁ ☻ 🖲 – 🛝
      Tarif : ✶ *14 piscine comprise* – ⇌ *10* – 🅴 *14* – [⚡] *14 (10A)*

Le FENOUILLER

85 Vendée – ⑥⑦ ⑫ – rattaché à St-Gilles-Croix-de-Vie.

La FÈRE

02800 Aisne ⑥ – ⑤⑥ ④ G. Picardie Flandres Artois – 2 930 h. alt. 54.
Paris 138 – Compiègne 55 – Laon 24 – Noyon 32 – St-Quentin 23 – Soissons 42.

    ⚠ **Municipal du Marais** avril-sept.
      ℰ 03 23 56 82 94 – par centre ville vers Tergnier et av. Auguste Dromas, à droite, au complexe
      sportif, près d'un bras de l'Oise – ⊶ – **R** conseillée
      0,7 ha (26 empl.) plat, herbeux ▭
      & 🎱 ⛺ ⚁ ☻ – A proximité : ✗
      Tarif : ✶ *10,70* – ⇌ *8,80* – 🅴 *8,80* – [⚡] *16 (15A)*

La FERRIÈRE

38 Isère – ⑦⑦ ⑥ – rattaché à Allevard.

FERRIÈRES-ST-MARY

15170 Cantal ⑪ – ⑦⑥ ④ – 402 h. alt. 660.
Paris 506 – Allanche 23 – Blesle 24 – Massiac 17 – Murat 20 – St-Flour 24.

    ⚠ **Municipal les Vigeaires** 15 juin-août
      ℰ 04 71 20 61 47 – SO : 0,5 km par N 122 rte de Murat, bord de l'Alagnon – ≼ ⊶ – **R** conseillée
      – ⚗
      0,6 ha (62 empl.) non clos, plat, herbeux ▭ ♀
      🎱 ⛺ 🖼 ⚄ ☻ 🖲 – 🚣 ✗
      Tarif : ✶ *9* – ⇌ *5* – 🅴 *5/6* – [⚡] *10 (10A)*

FERRIÈRES-SUR-SICHON

03 Allier ⑪ – ⑦③ ⑥ – 632 h. alt. 545 – ✉ 03250 Le Mayet-de-Montagne.
Paris 381 – Lapalisse 30 – Roanne 55 – Thiers 35 – Vichy 26.

    ⚠ **Municipal** juin-sept.
      à 0,7 km au Sud-Est du bourg par D 122, rte Thiers et chemin à gauche après le petit pont, près
      du Sichon – ⌇ – **R**
      0,7 ha (32 empl.) plat, herbeux, pierreux ♀
      🎱 ⛺ 🖼 ⚄ ☻ – ✗ – A proximité : ⚓
      Tarif : ✶ *8,50* – ⇌ *3* – 🅴 *4* – [⚡] *8,50 (10A)*

LA FERTE-BERNARD

72400 Sarthe 5 – 60 ⑮ G. Châteaux de la Loire – 9 355 h. alt. 90.
🛈 Office de Tourisme 15 pl. de la Lice ℘ 02 43 71 21 21, Fax 02 43 93 25 85.
Paris 165 – Brou 44 – Châteauroux 66 – Le Mans 49 – Nogent-le-Rotrou 22 – St-Calais 33.

⚠ **Municipal le Valmer** mai-sept.
℘ 02 43 71 70 03 – SO : 1,5 km par N 23, à la Base de Loisirs, bord de l'Huisne – 🏊 « Décoration arbustive et florale » ⚬━ – **R** – ⚒
3 ha (90 empl.) plat, herbeux ⌁ ◯
🔆 🖫 🗇 🗐 ⊕ 🗇 🛋 ⚐ 🗔 🖽 – 🗂 🗗 – A proximité : ⦿ ≅ (plage) ⟲
Tarif : ⚡ 17 – 🖻 30 – [₤] 12 (6A)

La FERTÉ-GAUCHER

77320 S.-et-M. 6 – 61 ④ – 3 924 h. alt. 116.
🛈 Syndicat d'Initiative 2 bis r. E.-Delbet ℘ 01 64 20 25 69.
Paris 80 – Coulommiers 19 – Meaux 43 – Melun 62 – Provins 28 – Sézanne 34.

⚠ **Municipal Joël Teinturier** mars-nov.
℘ 01 64 20 20 40 – sortie Est par D 14, bord du Grand Morin – Places limitées pour le passage ⚬━ – **R** conseillée juil.-août – ⚒
4,5 ha (200 empl.) plat, herbeux ◯
🖩 🔆 🖫 🗇 🗐 🗇 🗔 – 🗂 🗗 – A proximité : ✂ ⌐
Tarif : ⚡ 16 – 🚗 16 – 🖻 16 – [₤] 21 (5A)

De gids wordt jaarlijks bijgewerkt.
Doe als wij, vervang hem, dan blijf je bij.

La FERTÉ-MACÉ

61600 Orne 5 – 60 ① G. Normandie Cotentin – 6 913 h. alt. 250.
🛈 Office de Tourisme 11 r. Victoire ℘ 02 33 37 10 97, Fax 02 33 37 13 37.
Paris 232 – Alençon 46 – Argentan 32 – Domfront 23 – Falaise 42 – Flers 26 – Mayenne 40.

⚠ **Municipal la Saulaie** 15 avril-1er oct.
℘ 02 33 37 44 15 – sortie Nord rte de Briouze, près du stade – ⚬━ – **R** indispensable
0,7 ha (33 empl.) plat, herbeux
🔆 🖫 🗇 🗐 ⊕ – A proximité : ✂ ⌐
Tarif : (Prix 1999) ⚡ 10,40 – 🚗 3,60 – 🖻 4,60 – [₤] 10,40 (6A)

La FERTÉ-SOUS-JOUARRE

77260 S.-et-M. 6 – 56 ⑬ – 8 236 h. alt. 58.
🛈 Office de Tourisme 26 pl. de l'Hôtel-de-Ville ℘ 01 60 22 63 43, Fax 01 60 22 19 73.
Paris 67 – Melun 69 – Reims 84 – Troyes 123.

⚠ **Les Bondons** Permanent
℘ 01 60 22 00 98, Fax 01 60 22 97 01 –, réservé aux caravanes, E : 2 km par D 407 et D 70, rte de Montmenard puis 1,4 km rue des Bondons – Places limitées pour le passage 🏊 « Dans le parc du Château des Bondons » ⚬━ – **R** conseillée – 🅖🅑
30 ha/10 campables (247 empl.) plat et peu incliné, herbeux, étang ⌁ ◯◯ (5 ha)
🖩 🔆 🖫 🗇 🗐 ⊕ 🛋 ⚐ – 🗂
Tarif : (Prix 1999) ⚡ 40 – 🖻 60 avec élect. (5 ou 10A)
Location : 🛏 (hôtel)

FEURS

42110 Loire 11 – 73 ⑱ G. Vallée du Rhône – 7 803 h. alt. 343.
🛈 Office de Tourisme (fermé le dim.) pl. du Forum ℘ 04 77 26 05 27, Fax 04 77 26 00 55.
Paris 434 – Lyon 64 – Montbrison 26 – Roanne 38 – St-Étienne 42 – Thiers 69 – Vienne 89.

⚠ **Municipal du Palais** mars-nov.
℘ 04 77 26 43 41 – sortie Nord par N 82 rte de Roanne et à droite rte de Civens – Places limitées pour le passage ⚬━ – **R**
9 ha (385 empl.) plat, herbeux, petit étang ◯◯ (2 ha)
🖩 🔆 🖫 🗇 🗇 🕮 ◯ 🛋 ⚐ – 🗗 – A proximité : ✂ ⌐
Tarif : ⚡ 10 tennis compris – 🚗 5,50 – 🖻 6 – [₤] 12 (6A) 25 (10A) 40 (16A)

FILLIÈVRES

62770 P.-de-C. 1 – 51 ⑬ – 536 h. alt. 46.
Paris 205 – Arras 52 – Béthune 51 – Hesdin 13 – St-Pol-sur-Ternoise 18.

⚠ **Les Trois Tilleuls** avril-sept.
℘ 03 21 47 94 15 – sortie Sud-Est, sur D 340, rte de Frévent – Places limitées pour le passage « Au cœur de la vallée de la Canche » ⚬━ – **R** conseillée juil.-août – ⚒
4,5 ha (120 empl.) plat et peu incliné, herbeux
🔆 🖫 🗇 🕮 ⊕ 🖽 – 🗗 terrain omnisports
Tarif : ⚡ 10 – 🚗 10 – 🖻 10 – [₤] 20 (4A)

51170 Marne 🔟 – 🔢 ⑤ G. Champagne Ardenne – 5 286 h. alt. 70.
🅱 Office de Tourisme 28 r. René-Letilly 🖋 03 26 48 81 28, Fax 03 26 48 12 09.
Paris 129 – Fère-en-Tardenois 20 – Laon 37 – Reims 28 – Soissons 29.

⚠ *Municipal* mai-15 sept.
🖋 03 26 48 10 26 – Nord-Ouest par N 31, près du stade – ⚬━ – **R** conseillée
0,8 ha (33 empl.) plat, herbeux, gravillons
🛏 ⇔ 🛁 ⊕ – ⚰ – A proximité : 🏖
Tarif : 🛉 *6,90* – ⚘ *6,90* – 🅴 *6,90* – 🔋 *13,50*

72200 Sarthe 🔟 – 🔢 ② G. Châteaux de la Loire – 14 953 h. alt. 33.
🅱 Office de Tourisme bd de Montréal 🖋 02 43 94 02 53, Fax 02 43 94 44 15.
Paris 243 – Angers 52 – Châteaubriant 104 – Laval 71 – Le Mans 44 – Tours 70.

⚠ *Municipal de la Route d'Or* mars-oct.
🖋 02 43 94 55 90 – sortie Sud vers rte de Saumur et à droite, allée de la Providence, bord du Loir
– ⚬━ – **R** conseillée saison – 🔆
4 ha (250 empl.) plat, herbeux 🔲 ♀
🏠 🛁 🛏 ⇔ 🎇 🛁 📺 – 🛒 🎠 ⚙ 🔧
Tarif : (Prix 1999) 🛉 *17,30 piscine comprise* – ⚘ *4,50* – 🅴 *4,90/7,40* – 🔋 *6A : 8,10 (hiver 16,40)*
plus de 6A : 19 (hiver 38,10)

61100 Orne 🔟 – 🔢 ① G. Normandie Cotentin – 17 888 h. alt. 270.
🅱 Office de Tourisme pl. Gén.-de-Gaulle 🖋 02 33 65 06 75.
Paris 237 – Alençon 72 – Argentan 43 – Caen 60 – Fougères 77 – Laval 85 – Lisieux 85 – St-Lô 68 – Vire 31.

⚠ *Municipal la Fouquerie* avril-15 oct.
🖋 02 33 65 35 00 – E : 1,7 km par D 924, rte d'Argentan et chemin à gauche – 🔆 ⚬━ – **R**
1,5 ha (50 empl.) peu incliné, herbeux 🔲 ♀
🏠 🛁 🛏 ⇔ 🎇 🛁 📺 ⚙ 🔧 – 🔧
Tarif : 🛉 *13,20* – 🅴 *13,20* – 🔋 *8,10 (3A) 13,60 (6A) 27,60 (10A)*

69820 Rhône 🔟🔟 – 🔢 ① G. Vallée du Rhône – 1 105 h. alt. 320.
Paris 413 – Bourg-en-Bresse 46 – Chauffailles 45 – Lyon 62 – Mâcon 22 – Villefranche-sur-Saône 28.

⚠ *Municipal la Grappe Fleurie* 11 mars-21 oct.
🖋 04 74 69 80 07 – à 0,6 km au Sud du bourg par D 119E et à droite – 🔆 ≤ « Au cœur du vignoble »
⚬━ – **R** conseillée saison – **GB**
2,5 ha (96 empl.) en terrasses, herbeux 🔲
🛁 🛏 ⇔ 🎇 🛁 🔧 ⊕ 🌂 ⚙ 🔧 – 🔧 🔧
Tarif : (Prix 1999) 🛉 *19 tennis compris* – 🅴 *18/20*

48400 Lozère 🔟🔟 – 🔢 ⑥ G. Languedoc Roussillon – 2 065 h. alt. 542.
🅱 Office de Tourisme av. J.-Monestier 🖋 04 66 45 01 14, Fax 04 66 45 25 80.
Paris 629 – Alès 67 – Mende 38 – Millau 78 – Rodez 122 – Le Vigan 65.

⚠ *Municipal le Pont du Tarn* avril-15 oct.
🖋 04 66 45 18 26, Fax 04 66 45 26 43 – N : 2 km par N 106 rte de Mende et D 998 à droite, accès
direct au Tarn – ≤ ⚬━ – **R** conseillée juil.-août – 🔆
3 ha (181 empl.) plat, terrasse, herbeux ♀
🛁 🛏 ⇔ 🎇 🛁 ⊕ 🌂 📺 📱 – centre de documentation touristique 🔧 🔧 🔧 – A proximité : 🔧
🎠
Tarif : (Prix 1999) 🛉 *15 piscine comprise* – ⚘ *11* – 🅴 *15* – 🔋 *16 (6A)*
Location : 🛖 *1400 à 2100*

17 Char.-Mar. – 🔢 ⑫ – voir à Ré (Ile de).

73590 Savoie 🔟🔟 – 🔢 ⑦ G. Alpes du Nord – 760 h. alt. 920.
Paris 585 – Albertville 21 – Annecy 51 – Chambéry 73 – Chamonix-Mont-Blanc 46 – Megève 10.

⚠ *Le Vieux Moulin* Permanent
🖋 04 79 31 70 06 – NE : 1,8 km par N 212, rte de Megève et rte à droite, à 200 m du télésiège
et des téléskis, alt. 1 000 – 🌸 ≤ « Au bord de l'Arly » ⚬━ – **R** conseillée juil.-août – 🔆
1,5 ha (80 empl.) plat, herbeux, gravier
🏠 🛁 🛏 ⇔ 🎇 🛁 📺 – 🛒 – A proximité : 🔧 🔧
Tarif : 🛉 *21,50 (hiver 24)* – ⚘ *5 (hiver 6)* – 🅴 *16,50 (hiver 18)* – 🔋 *3A : 17,50 (hiver 26) 6A :*
23,50 (hiver 37) 10A : 35,50 (hiver 45)

FOIX

09000 Ariège **14** – **86** ④ G. Midi Pyrénées – 9 964 h. alt. 375.
⊞ Office de Tourisme 45 Crs G.-Fauré *℘* 05 61 65 12 12, Fax 05 61 65 64 63.
Paris 779 – Andorra-la-Vella 104 – Carcassonne 89 – Perpignan 139 – St-Girons 44 – Toulouse 85.

⚠ *Le Lac de Labarre* avril-oct.
℘ 05 61 65 11 58, Fax 05 61 05 32 62 – N : 3,3 km par N 20, rte de Pamiers, près de l'Ariège et
d'un plan d'eau – ☛ – **R** conseillée juil.-août – **GB** ⚲
5 ha (135 empl.) plat, herbeux ⌐ ♀
▥ ॳ ⚐ 🖫 ☷ ⇌ 🖪 – 🔲 🚣 ⚼ 🏊
Tarif : 🖫 *piscine et tennis compris 1 ou 2 pers. 76* – **[⚡]** *15 (4A) 25 (8A) 35 (13A)*

FONCINE-LE-HAUT

39460 Jura **12** – **70** ⑯ G. Jura – 855 h. alt. 790.
Paris 445 – Champagnole 24 – Clairvaux-les-Lacs 35 – Lons-le-Saunier 56 – Mouthe 13.

⚠ *Municipal Val de Saine* juin-15 sept.
℘ 03 84 51 92 76 – sortie Sud-Ouest par D 437, rte de St-Laurent-en-Grandvaux et à gauche, au
stade, bord de la Saine – ☛ – **R** conseillée 15 juil.-15 août – ⚲
1 ha (72 empl.) non clos, plat, herbeux ♀♀
ॳ ॿ ⚐ 🖫 ☷ ☺ ⇌ ⚙ 🖪 – 🚣 ⚼ mini-tennis – A proximité : parcours de santé
Tarif : ☀ *15* – ⇌ *8* – 🖫 *16/19* – **[⚡]** *10 (6A)*

Geef ons uw mening over de kampeerterreinen die wij aanbevelen.
Schrijf ons over uw ervaringen en ontdekkingen.

FONTAINE-SIMON

28240 E.-et-L. **5** – **60** ⑥ – 760 h. alt. 200.
Paris 131 – Dreux 39 – Chartres 39 – Évreux 66 – Mortagne-au-Perche 42 – Nogent-le-Rotrou 29.

⚠ *Municipal* Pâques-Toussaint
℘ 02 37 81 88 11 – N : 1,2 km par rte de Senonches et rte de la Ferrière à gauche « Au bord de
l'Eure et d'un plan d'eau » ☛ juil.-août – **R** – ⚲
4 ha (112 empl.) plat, herbeux
ॳ ॿ ⚐ 🖫 ☷ ☷ ☺ ☷ 🖪 – 🚣 ⚡ – A proximité : 🔲 ᴸᴸ toboggan aquatique
Tarif : ☀ *13* – ⇌ *6* – 🖫 *10* – **[⚡]** *15 (6A)*

FONTANGES

15140 Cantal **10** – **76** ② G. Auvergne – 292 h. alt. 692.
Paris 524 – Aurillac 42 – Mauriac 29 – Murat 49 – Salers 6.

⚠ *Municipal la Pierre Plate* 20 juin-10 sept.
au bourg, bord de rivière – **R** – ⚲
0,4 ha (40 empl.) plat, herbeux ♀
ॿ ☷ ☺ – A proximité : ⚼
Tarif : (Prix 1999) ☀ *10* – ⇌ *5,50* – 🖫 *5,50* – **[⚡]** *10*

FONTENAY-LE-COMTE

85200 Vendée **9** – **71** ① G. Poitou Vendée Charentes – 14 456 h. alt. 21.
⊞ Office de Tourisme q. Poey-d'Avant *℘* 02 51 69 44 99, Fax 02 51 50 00 90.
Paris 438 – Cholet 77 – La Rochelle 51 – La Roche-sur-Yon 63.

⚠ *La Rivière* juil.-août
℘ 02 51 50 01 07, Fax 02 51 50 07 65 – sortie Nord par D 938ter rte de Bressuire puis 2,2 km par
rue à droite et rte d'Orbrie à gauche, bord de la Vendée – ☙ « Situation agréable » ☛ –
R indispensable 15 juil.-15 août
1 ha (25 empl.) plat, herbeux ♀
ॳ ॿ ⚐ 🖫 ☷ ☺
Tarif : 🖫 *2 pers. 56* – **[⚡]** *15 (6A)*

FONTENOY-LE-CHÂTEAU

88240 Vosges **8** – **62** ⑮ – 729 h. alt. 258.
Paris 359 – Bains-les-Bains 7 – Épinal 26 – Plombières-les-Bains 31 – Vittel 46.

⚠ *Le Fontenoy* 15 avril-15 sept.
℘ 03 29 36 34 74 – S : 2,2 km par D 40 rte de St-Loup-sur-Semouse « A la lisière d'une forêt » ☛
saison – **R** conseillée 6 juil.-15 août – ⚲
1,5 ha (69 empl.) peu incliné, herbeux ♀
ॿ ☷ 🖫 ☷ ☺ 🖪 – ▼ snack – ⚲ – A proximité : ⚼
Tarif : ☀ *16* – ⇌ *12* – 🖫 *14* – **[⚡]** *12 (4A)*

FONTVIEILLE

13990 B.-du-R. 🔢 – 🔢 ⑩ G. Provence – 3 642 h. alt. 20.
🅱 Office de Tourisme 5 r. Marcel-Honorat 𝒫 04 90 54 67 49, Fax 04 90 54 69 82.
Paris 715 – Arles 10 – Avignon 30 – Marseille 90 – St-Rémy-de-Provence 18 – Salon-de-Provence 37.

⋀⋀ **Municipal les Pins** avril-14 oct.
𝒫 04 90 54 78 69 – sortie Est par D 17, rte de Maussane-les-Alpilles puis à droite 0,9 km par rue Michelet et chemin – ⅋ « Plaisante situation au cœur d'une pinède » ⊶ – **R** conseillée juil.-août
– GB
3,5 ha (166 empl.) plat et peu incliné, pierreux, herbeux ⊏⊐ ♨ (2,5 ha)
⅋ 🎣 ⇌ 🍴 ⊕ 🌲 ▽ 🔳 – 🔲 ⚡ – A proximité : parcours sportif ⅃
Tarif : (Prix 1999) 🔲 2 pers. 60, pers. suppl. 15 – ⚡ 15 (6A)

FORCALQUIER

04300 Alpes-de-H.-Pr. 🔢 – 🔢 ⑮ G. Alpes du Sud – 3 993 h. alt. 550.
🅱 Office de Tourisme 8 pl. du Bourguet 𝒫 04 92 75 10 02, Fax 04 92 75 26 76.
Paris 753 – Aix-en-Provence 80 – Apt 43 – Digne-les-Bains 50 – Manosque 23 – Sisteron 43.

⋀⋀ **St-Promasse** avril-oct.
𝒫 04 92 75 27 94, Fax 04 92 75 18 10 – sortie Est sur D 16, rte de Sigonce – ⊶ – **R** conseillée
– GB ⅋
2,9 ha (115 empl.) plat, peu incliné, terrasses, pierreux, herbeux ♀ (1 ha)
📶 ⅋ 🎣 ⇌ 🍴 🔲 ⊕ 🌲 ▽ 🔳 🔳 – snack – 🔲 ⚡ – A proximité : ⚒ ⅃
Tarif : ⚡ 20 – 🚐 10 – 🔲 18 – ⚡ 15 (8A)
Location : 🏠 1800 à 2500

La FORÊT-FOUESNANT

29940 Finistère 🔢 – 🔢 ⑮ G. Bretagne – 2 369 h. alt. 19.
🅱 Office de Tourisme 2 r. du Vieux Port 𝒫 02 98 56 94 09, Fax 02 98 51 42 07.
Paris 553 – Carhaix-Plouguer 66 – Concarneau 8 – Pont-l'Abbé 23 – Quimper 17 – Quimperlé 36.

⋀⋀⋀ **Manoir de Pen ar Steir** Permanent
𝒫 02 98 56 97 75, Fax 02 98 51 40 34 – sortie Nord-Est, rte de Quimper et à gauche – ⅋ « Entrée accueillante avec mini-golf aménagé en jardin d'agrément » ⊶ – **R** conseillée 15 juil.-15 août – ⅋
3 ha (105 empl.) plat, peu incliné et en terrasses, herbeux ⊏⊐ ♀
📶 ⅋ 🎣 ⇌ 🍴 ⇌ ⊕ 🌲 ▽ 🔳 🔳 – 🔲 ⚡ ⚒ ⅃
Tarif : ⚡ 28 – 🔲 47 – ⚡ 14 (3A) 18 (6A) 20 (10A)
Location : 🏠 1300 à 3000

⋀⋀⋀ **Kérantérec** 8 avril-sept.
𝒫 02 98 56 98 11, Fax 02 98 56 81 73 – SE : 2,8 km – ⅋ « Autour d'une ancienne ferme restaurée, au bord de la mer » ⊶ – **R** conseillée 25 juil.-15 août – GB ⅋
6,5 ha (265 empl.) plat, peu incliné et en terrasses, herbeux ⊏⊐ ♀
⅋ 🎣 ⇌ 🍴 ⇌ ⊕ 🌲 ▽ 🔳 – ♀ pizzeria – 🔲 🕺 salles d'animation ⚡ ⚒ ⅃
Tarif : ⚡ 34 piscine et tennis compris – 🔲 46 – ⚡ 18 (10A)
Location : 🏠 1300 à 3450

⋀⋀ **Kerleven** juin-sept.
𝒫 02 98 56 98 83, Fax 02 98 56 82 22
– SE : 2 km, à 200 m de la plage – ⊶
– **R** conseillée 15 juil.-15 août – GB ⅋
4 ha (185 empl.) plat et en terrasses, herbeux ⊏⊐ ♀
⅋ 🎣 ⇌ 🍴 ⇌ ⊼ ⊕ 🔳 – ♀ crêperie, snack ⇌ – 🔲 🕺 ⚡ 🔳 toboggan aquatique half-court
Tarif : ⚡ 30 piscine comprise – 🚐 16
– 🔲 36 – ⚡ 18 (3A) 20 (5A) 26 (10A)
Location : 🏠 1400 à 3200 – bunga-lows toilés

⋀⋀ **Les Saules - Stéréden-Vor**
15 mai-20 sept.
𝒫 02 98 56 98 57, Fax 02 98 56 86 60
– SE : 2,5 km, à 150 m de la plage de Kerleven (accès direct) « Entrée fleurie » ⊶ – **R** conseillée juil.-août –
GB ⅋
3,5 ha (177 empl.) plat et peu incliné, herbeux ⊏⊐ ♀
🎣 ⇌ 🍴 ⊕ 🔳 – 🔲 🕺 ⚡ ⅃
Tarif : 🔲 piscine comprise 2 pers. 103
– ⚡ 15 (6A)
Location (avril-sept.) 🏠 1300 à 3300

⋀ **Les Falaises** avril-sept.
𝒫 02 98 56 91 26 – SE : 2,5 km – ⋖ « Accès direct à la mer » ⊶ – **R** – GB ⅋
2,2 ha (100 empl.) peu incliné, en terrasses, herbeux ⊏⊐ ♀
🎣 ⇌ 🍴 ⊕ – ⚡
Tarif : ⚡ 22 – 🚐 8 – 🔲 27 – ⚡ 15 (5A)
Location : 🏠 1400 à 2800 – 🏠 1000 à 1800

[Carte de la Forêt-Fouesnant avec emplacements des campings]

56 Morbihan – 58 ⑫ – rattaché à Ploemeur.

80790 Somme **1** – 51 ⑪ G. Picardie Flandres Artois – 1 042 h. alt. 2.
Paris 226 – Abbeville 42 – Amiens 90 – Berck-sur-Mer 19 – Calais 93 – Étaples 34 – Montreuil 26.

⚠ *Le Royon* 3 mars-29 oct.
  ℘ 03 22 23 40 30, Fax 03 22 23 65 15 – S : 1 km rte de Quend – Places limitées pour le passage
  ⊶ – **R** conseillée – GB ⚒
  4 ha (280 empl.) plat, herbeux, sablonneux ⌑ ⚲
  ▥ & ℵ ⊡ ♨ ⚲ ⊛ ⚬ 🏠 – 🍽 – ⚓ 🏊
  Tarif : ▤ élect. (6A) et piscine comprises 3 pers. 131

24210 Dordogne **10** – 75 ⑥ – 535 h. alt. 70.
Paris 496 – Brive-la-Gaillarde 48 – Excideuil 31 – Les Eyzies-de-Tayac 29 – Périgueux 26.

⚠ *Municipal le Manoire* 15 juin-15 sept.
  ℘ 05 53 04 43 46 – au Sud-Ouest du bourg, près d'un plan d'eau – ⊶ – **R** conseillée – ⚒
  1 ha (35 empl.) plat, herbeux ⌑ ⚲
  & ℵ ⚬ ⊡ ♨ ⚬ – A proximité : 🎾 ⚓
  Tarif : ⚹ 14 tennis compris – ▤ 13 – ⓖ 13 (6A)

29170 Finistère **3** – 58 ⑮ G. Bretagne – 6 524 h. alt. 30.
🛈 Office de Tourisme (fermé le dim.) 49 r. de Kérourgué ℘ 02 98 56 00 93, Fax 02 98 56 64 02.
Paris 557 – Carhaix-Plouguer 70 – Concarneau 24 – Quimper 17 – Quimperlé 40 – Rosporden 18.

⚠⚠ *L'Atlantique* mai-11 sept.
  ℘ 02 98 56 14 44, Fax 02 98 56 18 67 – S : 4,5 km, à 400 m de la plage (accès direct) – Places
  limitées pour le passage ⚲ « Bel ensemble aquatique » ⊶ ⚒ – **R** conseillée – GB ⚒
  9 ha (284 empl.) plat, herbeux ⚲
  & ℵ ⚬ ⊡ ♨ ⚲ ⊛ ⚬ ⚓ ⚘ 🏠 ▤ – 🍷 🍽 snack – 🏠 ⚓ ⚘ ⚒ 🎾 🏊 toboggan aquatique
  Tarif : ▤ élect. et piscine comprises 2 pers. 220, pers. suppl. 36
  Location : 🏚 1500 à 4350 – 🏠1800 à 4550

⚠⚠ *Cleut Rouz* avril-sept.
  ℘ 02 98 56 53 19, Fax 02 98 56 65 49 – SO : 4,8 km, à 400 m de la plage – ⚲ ⊶ – **R** conseillée
  juil.-août – GB ⚒
  4 ha (143 empl.) plat, herbeux ⌑ ⚲ verger (0,5 ha)
  & ℵ ⚬ ⊡ ♨ ⊛ ▤ – 🍷 🍽 – ⚓ 🎣 ⚒ – A proximité : ✗ discothèque
  Tarif : ⚹ 22 – ⛺ 13,50 – ▤ 26 – ⓖ 14 (3A) 20 (6A) 26 (10A)
  Location : 🏚 1000 à 2400 – 🏚 1300 à 3000 – 🏠1300 à 3400

⚠ *La Grande Allée* avril-28 oct.
  ℘ 02 98 56 52 95, Fax 02 98 71 55 07 – S : 1,5 km – ⚲ ⊶ – **R** conseillée juil.-août – ⚒
  2 ha (120 empl.) plat et peu incliné, herbeux ⌑ ⚲
  ℵ ⚬ ⊡ ♨ ⊛ ▤ – ⚓
  Tarif : ▤ 1 pers. 50, 2 pers. 64, 3 pers. 78, pers. suppl. 17 – ⓖ 13 (2A) 17 (6A)

à Beg-Meil SE : 5,5 km – ✉ 29170 Fouesnant :
🛈 Office de Tourisme (15 juin-15 sept.)
℘ 02 98 94 97 47

⚠⚠ *La Piscine* 15 mai-15 sept.
  ℘ 02 98 56 56 06, Fax 02 98 56 57 64
  – NO : 4 km – ⚲ ⊶ – **R** conseillée
  juil.-août – GB ⚒
  3,8 ha (185 empl.) plat, herbeux ⌑ ⚲
  & ℵ ⚬ ⊡ ♨ ⚲ ⊛ ⚓ ⚘ 🏠 ▤ – 🍷
  ⚒ ⚓ ⇆ ⚒ ⚒ – toboggan
  aquatique half-court, piste de bi-cross
  Tarif : ⚹ 26 piscine comprise – ▤ 52
  – ⓖ 15,50 (3A) 18,50 (6A) 24 (10A)
  Location ⚲ : 🏚 1250 à 2500 – 🏚
  1600 à 3200

⚠ *La Roche Percée* 20 avril-sept.
  ℘ 02 98 94 94 15, Fax 02 98 94 48 05
  – N : 1,5 km par D 45, direction Fouesnant puis chemin à droite, plage de Kerveltrec, à 500 m de la mer – ⚲ ⊶ –
  R conseillée juil.-août – GB ⚒
  2 ha (123 empl.) plat, incliné, herbeux

  ℵ ⚬ ⊡ ♨ ⊛ 🏠 ▤ – 🍷 – ⚘ 🏊
  toboggan aquatique – A proximité : ✗
  Tarif : ⚹ 27 piscine comprise – ▤ 75
  – ⓖ 18 (6 et 10A)
  Location : 🏚 1500 à 3500

Carte: CONCARNEAU – Fouesnant – Pen an Cap – les Mimosas – Cap-Coz – la Grande Allée – Kerscolper – Croaz-Hent Kernein – Kerangoff – Kerveltrec – La Roche Percée – Beg-Meil – Kerbader – la Piscine – Cleut Rouz – l'Atlantique – Kost-Ar-Moor – Le Grand Large – Pointe de Mousterlin – BÉNODET – D 44 – D 145 – D 45 – D 134 – 0 1 km

à Cap-Coz SE : 3 km – ✉ 29170 Fouesnant :

⚠ **Les Mimosas** 15 avril-15 sept.
    𝒫 02 98 56 55 81, Fax 02 98 51 62 56 – NO : 1 km « Entrée fleurie » ⊶ – **R** conseillée –
    ⊞ ⋋
    1,2 ha (95 empl.) plat et peu incliné, terrasses, herbeux ♀
    ⌁ ⬚ ⇌ ⩘ ⊕ ▦
    Tarif : ▣ élect. (2 à 6A) comprise 2 pers. 79, pers. suppl. 17
    Location : 🏠 1200 à 2950

⚠ **Pen an Cap** mai-15 sept.
    𝒫 02 98 56 09 23 – au Nord de la station, à 300 m de la mer – ⚘ ⊶ – **R** conseillée juil.-15 août
    – ⋋
    1,3 ha (100 empl.) peu incliné, herbeux, verger ♀
    ⌁ ⬚ ⇌ ⩘ – ⤒
    Tarif : ✹ 18 – ⇌ 9 – ▣ 20 – 🔌 14 (2A) 17 (6A)
    Location : 🏠 – 🏠 1200 à 2700

⚠ **Kerscolper** mai-10 sept.
    𝒫 02 98 56 09 48, Fax 02 98 51 69 24 – SO : 1 km, à 500 m de la plage – ⚘ ⊶ – **R** conseillée
    – ⋋
    3 ha (160 empl.) plat et peu incliné, herbeux, verger
    ⌁ ⬚ ⇌ ⩘ ⊕ ▦ – 🍴 ⤒ ⍾ – A proximité : 🍷 ✗ ✗ ◊
    Tarif : ✹ 17 piscine comprise – ⇌ 11 – ▣ 19 – 🔌 14 (3A) 16 (6A)
    Location : 🏠 1050 à 2800

à la Pointe de Mousterlin SO : 6,5 km – ✉ 29170 Fouesnant :

⚠⚠ **Le Grand Large** 29 avril-9 sept.
    𝒫 02 98 56 04 06, Fax 02 98 56 58 26 – à la Pointe de Mousterlin, près de la plage – ⚘ ⊶ –
    R conseillée 15 juil.-15 août – ⊞ ⋋
    5,8 ha (300 empl.) plat, herbeux ⊡ ♀
    & ⌁ ⇌ ⬚ ⩘ ⊕ ⚲ ▽ ▦ – 🍴 ⍾ 🍷 – 🏠 ⟰ 🚴 ✗ 🎱
    Tarif : ✹ 30 piscine et tennis compris – ▣ 99 – 🔌 10 (2A) 16 (6A) 20 (10A)
    Location : 🏠 1500 à 3900 – bungalows toilés

⚠⚠ **Kost-Ar-Moor** avril-sept.
    𝒫 02 98 56 04 16, Fax 02 98 56 65 02 – à 500 m de la plage – ⚘ ⊶ – **R** conseillée – ⊞ ⋋
    4 ha (360 empl.) plat, herbeux ♀ (2 ha)
    & ⌁ ⇌ ⬚ ⇌ ⩘ ⊕ ▦ – 🍴 🍷 – 🏠
    Tarif : ✹ 23 – ⇌ 12 – ▣ 26 – 🔌 14,50 (6A) 18 (10A)
    Location (vacances scolaires avril-sept.) : 🏠 1800 à 2800 – appartements, gîtes

FOUGÈRES

36 Indre ⑩ – ⑱ – ✉ 36190 Orsennes.
Paris 325 – Aigurande 18 – Argenton-sur-Creuse 25 – Crozant 9 – Guéret 48.

⚠⚠ **Municipal de Fougères** avril-oct.
    𝒫 02 54 47 20 01, Fax 02 54 47 34 41 – au bord du **lac de Chambon** – ≼ « Site agréable » ⊶
    – ⊞ – ⊞ ⋋
    4,5 ha (150 empl.) en terrasses, plat, peu incliné, herbeux, pierreux ♀ (0,5 ha)
    & ⌁ ⇌ ⬚ ⩘ ⊕ – 🍴 – 🏠 ✗ ⍾ – A proximité : ✗ snack ⍾
    Tarif : ▣ 2 pers. 42, pers. suppl. 14,50 – 🔌 19
    Location : 🏠 1270 à 2270 – bungalows toilés

FOURAS

17450 Char.-Mar. ⑨ – ⑳ ⑬ G. Poitou Vendée Charentes – 3 238 h. alt. 5.
🅱 Office de Tourisme Fort Vauban 𝒫 05 46 84 60 69, Fax 05 46 84 28 04.
Paris 481 – Châtelaillon-Plage 18 – Rochefort 16 – La Rochelle 34.

⚠⚠ **Municipal le Cadoret** Permanent
    𝒫 05 46 82 19 19, Fax 05 46 84 51 59 – côte Nord, bord de l'Anse de Fouras – ⊶ – **R** conseillée
    juil.-août – ⊞ ⋋
    7,5 ha (519 empl.) plat, sablonneux, herbeux ⊡ ♀♀
    & ⌁ ⇌ ⬚ ⇌ ⩘ ⊕ ⚲ ▽ ▦ – 🍷 – 🏠 🚴 ⍾ 🎱 – A proximité : ⚲ ⚘ ✗ 🎱
    Tarif : ▣ piscine comprise 2 pers. 113, pers. suppl. 29 – 🔌 18 (6A) 30 (10A)

FRAYSSINET

46310 Lot ⑭ – ⑲ ⑧ – 251 h. alt. 247.
Paris 551 – Cahors 31 – Cazals 26 – Fumel 64 – Puy-l'Évêque 46 – Villefranche-du-Périgord 38.

⚠ **Plage du Relais** 15 juin-5 sept.
    𝒫 05 65 31 00 16, Fax 05 65 31 09 60 – à Pont-de-Rhodes, N : 1 km sur N 20, bord du Céou – ⊶
    – **R** conseillée – ⊞ ⋋
    2 ha (50 empl.) plat, herbeux ♀
    ⌁ ⇌ ⬚ ⩘ ⊕ ▦ – 🏠 ✗ 🎱 – A proximité : 🍷 ✗ 🏠 🎱
    Tarif : ✹ 20 piscine et tennis compris – ▣ 20 – 🔌 12,50 (2 à 6A)
    Location : 🏠 1500 à 3000 – 🛏 (hôtel)

05310 H.-Alpes **17** – **77** ⑱ G. Alpes du Sud – 167 h. alt. 1 150.
Paris 710 – Briançon 27 – Gap 75 – Embrun 35 – Mont-Dauphin 18 – Savines-le-Lac 47.

⚠ **Municipal des Allouviers** mai-15 sept.
    🕿 04 92 20 93 24, Fax 04 92 20 91 09 – SE : 3 km par D 238 et chemin à droite après le pont –
    « Au bord de la Biaïsse » ⛳ – **R** conseillée – ⚘
    3,2 ha (160 empl.) plat, pierreux, herbeux 🌳🌳
    🍴 🆚 🖥 ⚡ 🌀 🖼 – 🏖 – 🛶 ⛵ 🔥
    Tarif : (Prix 1999) ⚹ 16 tennis compris – 🚗 11,50 – 🖽 24/24,50 – [✦] 15,50 (3 ou 5A)

🍴 🛁 🚻

*Duschen und Waschbecken mit **Warmwasser.***

*Wenn diese Zeichen im Text nicht aufgeführt sind,
sind die obengenannten Einrichtungen nur mit Kaltwasser vorhanden.*

83600 Var **17** – **84** ⑧ G. Côte d'Azur – 41 486 h. alt. 20.
🛈 Office de Tourisme 325 r. J.-Jaurès 🕿 04 94 51 83 83, Fax 04 94 51 00 26.
Paris 873 – Brignoles 64 – Cannes 39 – Draguignan 31 – Hyères 91.

🔺🔺 **La Baume** avril-sept.
    🕿 04 94 19 88 88, Fax 04 94 19 83 50 – N : 4,5 km par D 4, rte de Bagnols-en-Forêt « Bel ensemble
    avec piscines, palmiers et plantations » ⛳ – **R** indispensable juil.-août, conseillée mai, juin et sept.
    – 🆖 ⚘
    26 ha/20 campables (780 empl.) plat et peu incliné, herbeux, pierreux 🔲 🌳🌳
    🏛 🔥 🍴 🛁 🖥 🚻 ⚡ 🌀 🖼 🖻 – 🏖 🍸 ✕ snack, pizzeria 🏪 – 🏬 🎯 discothèque, théâtre de
    plein air 🚲 ·◯ ⛵ 🔥 toboggans aquatiques
    Tarif : 🖽 élect. (6A), piscine et tennis compris 3 pers. 220
    Location : bastidons (studios)

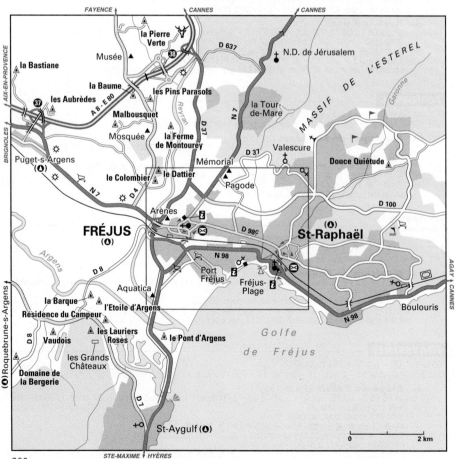

▲▲▲ **Les Pins Parasols** Pâques-sept.
  𝄞 04 94 40 88 43, Fax 04 94 40 81 99 – N : 4 km par D 4, rte de Bagnols-en-Forêt « Bel aménagement de l'espace piscine » ⚬━ saison – **R** conseillée juil.-août
  4,5 ha (189 empl.) plat et en terrasses, herbeux, pierreux ⌑ ᥍᥍
  ⊞ & 🛉 ⛺ ⏚ ⏚ - 48 empl. avec sanitaires individuels (🛉 ⬆ ⏚ wc) ⊛ 🖾 – ᴗ ✗ pizzeria ⸓ –
  🖵 🏊 ⅃ toboggan aquatique half-court
  Tarif : 🖃 *élect. (4A) et piscine comprises 2 pers. 135, pers. suppl. 35*

▲▲▲ **Le Colombier** avril-sept.
  𝄞 04 94 51 56 01, Fax 04 94 51 55 57 – N : 2 km par D 4, rte de Bagnols-en-Forêt « Agréable cadre vallonné et boisé » ⚬━ – **R** indispensable juil.-août – ⅁⅁ ⵚ
  10 ha (470 empl.) en terrasses, plat, peu incliné, vallonné, herbeux ⌑ ᥍᥍
  & 🛉 ⛺ ⏚ ⏚ ⊛ ᴗ ⵗ 🖾 – ᴗ ? ✗ snack, pizzeria ⸓ – 🖵 ⋇ discothèque 🏊 ⅃ toboggan aquatique half-court
  Tarif : 🖃 *piscine comprise 1 à 3 pers. 179 (205 avec élect. 10A), pers. suppl. 37*
  Location : ⌂ᣗ *1500 à 4000*

▲▲▲ **La Pierre Verte** avril-sept.
  𝄞 04 94 40 88 30, Fax 04 94 40 75 41 – N : 6,5 km par D4, rte de Bagnols-en-Forêt et chemin à droite – ⵢ ⵜ « Cadre sauvage » ⚬━ – **R** indispensable juil.-août – ⅁⅁ ⵚ
  28 ha (440 empl.) plat et en terrasses, accidenté, pierreux, rochers ⌑ ᥍
  & 🛉 ⬆ 🖾 ⏚ ⛺ 🖵 ⊛ ᴗ -⊙ ⋇ ⅃ toboggan aquatique
  Tarif : 🖃 *piscine et tennis compris 2 pers. 130 – [⚡] 25 (6A)*
  Location : ⌂ *1200 à 2400 – ⌂ᣗ 1200 à 3800*

▲▲ **Le Dattier** avril-sept.
  𝄞 04 94 40 88 93, Fax 04 94 40 89 01 – N : 2,5 km par D 4, rte de Bagnols-en-Forêt – ⵞ « Entrée fleurie » ⚬━ juil.-août – **R** indispensable juil.-août – ⵚ
  3,5 ha (181 empl.) en terrasses, plat, herbeux ⌑ ᥍᥍ (3 ha)
  & 🛉 ⬆ 🖾 ⏚ ⵔ ⊛ – ᴗ ✗ ⸓ – 🖵 discothèque 🏊 ⋇ ⅃
  Tarif : 🖃 *élect. (4A) et piscine comprises 2 pers. 157 ou 184 – [⚡] 28 (4A)*
  Location : ⌂ᣗ *1500 à 3800*

▲▲ **Le Pont d'Argens** avril-20 oct.
  𝄞 04 94 51 14 97, Fax 04 94 51 29 44 – S : 3 km par N 98, rte de Ste-Maxime « Au bord de l'Argens » ⚬━ – **R** conseillée juil.-août – ⅁⅁ ⵚ
  7 ha (500 empl.) plat, herbeux ᥍᥍
  & 🛉 🖾 ⬆ 🖵 ⊛ – ᴗ ? ✗ snack ⸓ – 🏊 ⅃ – A proximité : (1,2 km) parc de loisirs aquatiques
  Tarif : 🖃 *piscine comprise 2 pers. 139, pers. suppl. 42 – [⚡] 18 (5A)*
  Location : ⌂ᣗ *2050 à 3850*

▲▲ **La Ferme de Montourey** avril-sept.
  𝄞 04 94 53 26 41, Fax 04 94 53 26 75 – N : 4 km par D4, rte de Bagnols-en-Forêt et chemin à droite – ⵞ ⚬━ – **R** – ⅁⅁ ⵚ
  5 ha (199 empl.) plat, herbeux ⌑ ᥍᥍
  & 🛉 ⬆ 🖾 ⊛ – snack ⸓ – 🖵 🏊 ⋇ ⅃
  Tarif : 🖃 *piscine et tennis compris 2 pers. 113, pers. suppl. 30 – [⚡] 23 (3A)*
  Location : ⌂ᣗ *1385 à 3590*

▲ **Malbousquet** avril-sept.
  𝄞 04 94 40 87 30 – N : 4,5 km par D 4, rte de Bagnols-en-Forêt et chemin à gauche – ⵞ « Agréable cadre boisé » ⚬━ – **R** conseillée juil.-août – ⵚ
  3 ha (75 empl.) plat et peu incliné, terrasses, herbeux, pierreux ⌑ ᥍᥍
  & 🛉 🖾 ⵔ ⊛ – 🖵 🏊
  Tarif : 🛉 *28 piscine comprise – 🖃 33 – [⚡] 23 (6A)*
  Location : ⌂ *1200 à 1900 – studios*

Voir aussi à Puget-sur-Argent, St-Aygulf, Roquebrune-sur-Arg

FRÉLAND

68240 H.-Rhin ⑧ – ⑥② ⑱ – 1 134 h. alt. 425.
Paris 432 – Colmar 19 – Gérardmer 46 – St-Dié 41 – Ste-Marie-aux-Mines 21 – Sélestat 34.

▲ **Municipal les Verts Bois** 15 avril-oct.
  𝄞 03 89 47 57 25 – sortie Nord-Ouest par rte d'Aubure et à gauche rue de la Fonderie, bord d'un ruisseau – ⵜ ⚬━ saison – **R** conseillée juil.-15 août – ⅁⅁
  0,6 ha (33 empl.) en terrasses, herbeux ⵚ
  ᥲ (🛉 15 juin-sept.) ⊛ 🖾 – ? – 🖵
  Tarif : 🛉 *14 – ⸓ 7 – 🖃 14/20 – [⚡] 12*

Le FRENEY-D'OISANS

38142 Isère ⑫ – ⑦⑦ ⑥ – 177 h. alt. 926.
Paris 629 – Bourg-d'Oisans 12 – La Grave 17 – Grenoble 62.

▲ **Le Traversant** janv.-mars et 15 juin-sept.
  𝄞 04 76 80 18 84, Fax 04 76 80 18 59 – S : 0,5 km par N 91 rte de Briançon – ⵢ ⚬━ –
  R – ⵚ
  1,5 ha (67 empl.) en terrasses, plat, gravillons, herbeux
  🛉 ⬆ 🖾 ⊛ ⵗ 🖾 – ? – 🖵
  Tarif : 🛉 *25 – ⸓ 15 – 🖃 25 – [⚡] 16 (6A)*

FRESNAY-SUR-SARTHE

72130 Sarthe ⑤ – ⑥⓪ ⑬ G. Normandie Cotentin – 2 452 h. alt. 95.
🛈 Office de Tourisme pl. du Dr-Riant ℰ 02 43 33 28 04, Fax 02 43 34 19 62.
Paris 235 – Alençon 22 – Laval 73 – Mamers 30 – Le Mans 38 – Mayenne 53.

△ **Municipal Sans Souci** avril-sept.
ℰ 02 43 97 32 87 – O : 1 km par D 310 rte de Sillé-le-Guillaume – ⅖ « Cadre agréable au bord de la Sarthe » o━ – **R** juil.-août – ⚡
2 ha (90 empl.) plat, en terrasses, herbeux 🗔
⚹ ⚷ ⛭ 🖥 ♨ ⚘ ⚑ 📇 ◪ – ⚏ – 🗔 ⚓ – A proximité : ⌕ ⏚
Tarif : ▣ piscine comprise 2 pers. 45, pers. suppl. 13,50 – ⓰ 12,50 (6A)

*Don't get lost, use **MICHELIN Maps** which are kept up to date.*

FRESSE

70270 H.-Saône ⑧ – ⑥⑥ ⑦ – 686 h. alt. 472.
Paris 405 – Belfort 30 – Épinal 71 – Luxeuil-les-Bains 29 – Vesoul 49.

△ **Aire Naturelle la Broche** 15 avril-15 oct.
ℰ 03 84 63 31 40 – sortie Ouest, rte de Melesey et chemin à gauche – ⅖ ⬉ « Dans un site vallonné et boisé, au bord d'un étang » – **R** conseillée juil.-août – ⚡
2 ha (25 empl.) peu incliné, plat, terrasse, herbeux
⚹ ⚷ ⚶ 🖥 ⚘ ☺
Tarif : ⚹ 15 – ▣ 10 – ⓰ 10 (10A)
Location : ⚏ 800

FRESSE-SUR-MOSELLE

88 Vosges – ⑥⑥ ⑧ – rattaché au Thillot.

Le FRET

29 Finistère – ⑤⑧ ④ – rattaché à Crozon.

FRÉTEVAL

41160 L.-et-C. ⑤ – ⑥④ ⑦ G. Châteaux de la Loire – 848 h. alt. 89.
Paris 158 – Beaugency 40 – Blois 39 – Cloyes-sur-le-Loir 17 – Vendôme 19.

△ **La Maladrerie** Permanent
ℰ 02 54 82 62 75 – au Nord-Ouest du bourg par rte du Plessis et chemin à gauche après le passage à niveau, bord de deux étangs – o━ – **R** conseillée – ⚡
16 ha/1,5 campable (50 empl.) plat, pierreux, herbeux ⚘⚘ (0,3 ha)
⚹ ⚷ ⚶ 🖥 ⚘ ◪ – ⚑ – ⌕ ⏚ 🛥 poneys
Tarif : ⚹ 15 piscine comprise – ▣ 10/15 – ⓰ 10 (6A)
Location : ⚏ 840

FRÉVENT

62270 P.-de-C. ① – ⑤① ⑬ G. Picardie Flandres Artois – 4 121 h. alt. 86.
🛈 Office de Tourisme 12 r. Wilson ℰ 03 21 47 18 55, Fax (Mairie) 03 21 41 99 96.
Paris 195 – Abbeville 42 – Amiens 48 – Arras 45 – St-Pol-sur-Ternoise 13.

△△ **Les Longuigneules**
ℰ 03 21 03 78 79 – sortie Sud-Est par D 339 vers Arras – Places limitées pour le passage ⅖ « Au bord d'un petit cours d'eau et d'un bois » o━
5,5 ha (110 empl.) plat, herbeux, gravier, étang 🗔 ♀ (2 ha)
⚷ ⚶ 🖥 ⚘ ☺ ⚑ – ⚏ – 🗔 ⚓ – A proximité : ⌕ 🎯 🗔

FROMENTINE

85 Vendée – ⑥⑦ ① – rattaché à St-Jean-de-Monts.

FRONCLES-BUXIÈRES

52320 H.-Marne ⑦ – ⑥① ⑳ – 2 026 h. alt. 226.
Paris 273 – Bar-sur-Aube 40 – Chaumont 24 – Joinville 21 – Rimaucourt 22.

△ **Municipal les Deux Ponts** 15 mars-15 oct.
ℰ 03 25 03 34 16 – sortie Nord par D 253 rte de Doulaincourt, bord de la Marne et près du canal de la Marne à la Saône – ⅖ o━ – **R**
0,5 ha (23 empl.) plat, herbeux 🗔
⚷ ⚶ ⚶ ☺ – A proximité : ⌕
Tarif : (Prix 1999) ⚹ 7,35 – ▣ 11,20 – ⓰ 14,20 (6A)

FRONTIGNAN

34110 Hérault 🔟🔟 – 🔟🔟 ⑯ ⑰ G. Languedoc Roussillon – 16 245 h. alt. 2.
🚩 Office de Tourisme r. de la Raffinerie 🕿 04 67 48 33 94, Fax 04 67 43 26 34.
Paris 781 – Lodève 60 – Montpellier 26 –
Sète 7.

à **Frontignan-Plage** S : 1 km –
✉ 34110 Frontignan

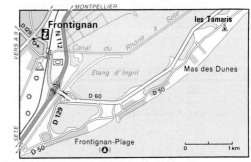

    ⚠️ **Les Tamaris** avril-sept.
    🕿 04 67 43 44 77, Fax 04 67 18
    97 90 – NE par D 60, bord de plage
    « Cadre agréable » ⚬ᵣ –
    R conseillée – ⨎ ⚲
    4 ha (250 empl.) plat, herbeux,
    pierreux ⌁ ♀ (2 ha)
    🔌 🔙 🗑 🖼 🛁 ⚌ ⊕ 🛒 ☂ ⏏ 🖼 –
    🏊 ⛵ ✗ pizzeria 🚴 cases
    réfrigérées – ⏩ 👟 🎣 🛝
    Tarif : 🖼 élect. (6A) et piscine
    comprises 2 pers. 170, pers. suppl.
    35
    Location ✗ : 🏚 2100 à 3600

FUILLA

66820 Pyr.-Or. 🔟🔟 – 🔟🔟 ⑰ – 297 h. alt. 547.
Paris 910 – Font-Romeu-Odeillo-Via 42 – Perpignan 54 – Prades 9 – Vernet-les-Bains 10.

    ⚠️ **Le Rotja** juin-sept.
    🕿 04 68 05 26 01 – au bourg – ⚲ ⚓ ⚬ᵣ juin-sept. – **R** conseillée juil.-25 août – ⚲
    1,2 ha (50 empl.) plat, peu incliné, herbeux, pierreux ⌁ ♀
    🔌 🔙 🛁 ⊕ 🖼 – 🎣 – A proximité : 🏊 ☂ snack ✗
    Tarif : 🔥 15 – 🖼 15 – 🗲 13 (4A) 18 (6A) 26 (8A)
    Location : 🏚 1100 à 1300

FUMEL

47500 L.-et-G. 🔟🔟 – 🔟🔟 ⑥ G. Aquitaine – 5 882 h. alt. 70.
🚩 Office de Tourisme pl. G.-Escande 🕿 05 53 71 13 70, Fax 05 53 71 40 91.
Paris 599 – Agen 55 – Bergerac 68 – Cahors 48 – Montauban 77 – Villeneuve-sur-Lot 27.

    ⚠️ **Condat** avril-oct.
    🕿 05 53 71 11 99, Fax 05 53 71 36 69 – E : 2 km par D 911 rte de Cahors puis, à la sortie de Condat,
    1,2 km par rte à droite, bord du Lot – ⚲ ⚬ᵣ – **R** conseillée juil.-août – ⚲
    2,3 ha (50 empl.) plat, herbeux, goudronné ♀♀ (0,5 ha)
    🔙 ⚌ 🛁 ⊕ 🖼 – ⚓
    Tarif : 🔥 18 – 🖼 34 – 🗲 13 (10A)

FUTUROSCOPE

86 Vienne – 🔟🔟 ⑳ – voir à Poitiers.

GABARRET

40310 Landes 🔟🔟 – 🔟🔟 ⑬ – 1 335 h. alt. 153.
🚩 Office de Tourisme pl. de la Mairie 🕿 05 58 44 35 77, Fax 05 58 44 35 38.
Paris 719 – Agen 66 – Auch 77 – Bordeaux 140 – Mont-de-Marsan 47 – Pau 97.

    ⚠️ **Parc Municipal Touristique la Chêneraie** mars-oct.
    🕿 05 58 44 92 62 – sortie Est par D 35 rte de Castelnau-d'Auzan et chemin à droite – ⚲ ⚬ᵣ saison
    – **R** indispensable juil.-août – ⚲
    0,7 ha (36 empl.) peu incliné, herbeux ⌁ ♀
    🔌 🔙 ⚌ 🛁 🖼 ⊕ 🖼 – A proximité : ⚓
    Tarif : 🔥 11,80 piscine comprise – 🚗 4,10 – 🖼 5,80/10,40 – 🗲 10,40 (10A)
    Location (permanent) : gîtes

GACÉ

61230 Orne 🔟 – 🔟🔟 ④ – 2 247 h. alt. 210.
Paris 168 – L'Aigle 28 – Alençon 48 – Argentan 28 – Bernay 42.

    ⚠️ **Municipal le Pressoir** juin-3 sept.
    à l'Est du bourg par N 138 – 🚫
    0,8 ha (24 empl.) peu incliné à incliné, herbeux ⌁
    🔙 ⊕ – 🎣 – A proximité : ✗ 🖼 ⚓
    Tarif : (Prix 1999) 🔥 8 – 🖼 8 – 🗲 10

GAILLAC

81600 Tarn 🔳 – 🔳 ⑨ ⑩ G. Midi Pyrénées – 10 378 h. alt. 143.
🅱 Office de Tourisme Abbaye de St-Michel 𝒫 05 63 57 14 65, Fax 05 63 57 61 37.
Paris 671 – Albi 26 – Cahors 89 – Castres 51 – Montauban 49 – Toulouse 58.

   ▲ *Municipal le Lido* juin-15 sept.
    𝒫 05 63 57 18 30 – sortie Sud-Est par D 964 rte de Graulhet et r. St-Roch à droite, bord du Tarn
    « Près d'un parc » ⊶ – **R** conseillée
    1 ha (20 empl.) plat, herbeux 🟢🟢
    🕭 🏕 ⏛ 📠 🛁 ⊕ 🛒 – A proximité : 🏊
    Tarif : 🛉 *15* – 🔲 *22/28*

GALLARGUES-LE-MONTUEUX

30660 Gard 🔳 – 🔳 ⑧ – 1 988 h. alt. 55.
Paris 732 – Aigues-Mortes 21 – Montpellier 37 – Nîmes 26 – Sommières 11.

   ▲▲ *Les Amandiers* 29 avril-10 sept.
    𝒫 04 66 35 28 02 – sortie Sud-Ouest, rte de Lunel et rue du stade, à droite – ⊶ – **R** conseillée
    juil.-août – 🆖 ⚡
    3 ha (150 empl.) plat, pierreux, herbeux 🔲
    🕭 🏕 📠 🛁 🛏 ⚲ ⊕ 📠 – 🍴 🍹 🛒 – 🏃 🚴 🏓 🏊 – A proximité : 🔘
    Tarif : 🔲 *piscine comprise 2 pers. 78 (93 avec élect. 4 ou 6A)*
    Location : 🏚 *1295 à 2989*

GANGES

34190 Hérault 🔳 – 🔳 ⑯ G. Languedoc Roussillon – 3 343 h. alt. 175.
Paris 730 – Lodève 50 – Montpellier 45 – Le Vigan 19.

   ▲ *Le Tivoli* juin-août
    𝒫 04 67 73 97 28 ✉ 34190 Laroque – SE : 1 km par D 986 rte de Montpellier, accès direct à l'Hérault
    – ⊶ – **R** conseillée
    1,2 ha (61 empl.) plat, herbeux 🟢🟢
    🕭 🏕 ⊕ 📠 – 🚴 – A proximité : 🏊
    Tarif : 🛉 *20* – 🔲 *15/19* – ⚡ *12 (3A)*

GAP

05000 H.-Alpes 🔳 – 🔳 ⑯ G. Alpes du Sud – 33 444 h. alt. 735.
🅱 Office de Tourisme 12 r. Faure du Serre 𝒫 04 92 52 56 56, Fax 04 92 52 56 57.
Paris 671 – Avignon 169 – Grenoble 104 – Sisteron 52 – Valence 161.

   ▲▲▲ *Alpes-Dauphiné* fév.-15 nov.
    𝒫 04 92 51 29 95, Fax 04 92 53 58 42 – N : 3 km sur N 85 rte de Grenoble, alt. 850 – ≤ ⊶ –
    R conseillée juil.-août – 🆖 ⚡
    10 ha/6 campables (180 empl.) incliné, en terrasses, herbeux 🟢
    🎠 🕭 🏕 ⏛ 📠 🛁 🛏 ⚲ ⊕ 🛒 ⚏ 📠 – 🍹 🍴 ✗ pizzeria 🛒 – 🏚 🚡 🏊
    Tarif : 🛉 *30 piscine comprise* – 🔲 *35* – ⚡ *16 (3A) 25 (6A)*
    Location : 🏕 *900 à 2100* – 🏚 *1600 à 3000* – 🏠 *2000 à 3600* – *gîtes*

à la Rochette NE : 9 km par N 94 rte d'Embrun, D 314 et D 14 – 397 h. alt. 1 100 – ✉ 05000 la Rochette :

⚠ **Aire Naturelle le Chapeau de Napoléon** juin-sept.
    𝄐 04 92 51 28 80 – alt. 1 130 – ⟲ ≤ ⌐ – **R**
    1 ha (25 empl.) peu incliné et plat, herbeux ♀
    🞵 ⇆ 🗓 ⚲ ⊕ 🖥 – 🔄
    Tarif : 🛉 *20 –* 🔲 *20 –* [*] *15 (6A)*
    Location : 🛖 *1000*

GARIN

31 H.-Gar. – 🎱🎱 ⑳ – rattaché à Bagnères-de-Luchon.

La GARONNE

83 Var – 🎱🎱 ⑮ – voir au Pradet.

Ce guide n'est pas un répertoire de tous les terrains de camping
mais une sélection des meilleurs camps dans chaque catégorie.

GASSIN

83 Var – 🎱🎱 ⑰ – rattaché à la Croix-Valmer.

GASTES

40160 Landes 🎱🎱 – 🎱🎱 ⑬ ⑭ – 368 h. alt. 24.
Paris 669 – Arcachon 50 – Biscarrosse 18 – Mimizan 18 – Parentis-en-Born 9.

⛰ **La Réserve**
    𝄐 05 58 09 75 96, Fax 05 58 09 76 13 – SO : 3 km par D 652 rte de Mimizan et chemin à droite,
    à 100 m de l'étang (accès direct) « Bel ensemble de piscines » ⌐
    27 ha (628 empl.) plat, herbeux, sablonneux 🔄 ♀♀
    🔳 🞵 ⇆ 🗓 ⛺ ⊕ 🕭 ❄ 🖥 – 🔄 ♀ ✗ cafétéria 🔄 – 🔲 ⚒ centre de documentation touristique
    🔄 🚲 ❄ ✂ ⚹ 🔲 ⚒ ≋ practice de golf
    Location : 🛖

GATTEVILLE-LE-PHARE

50760 Manche 🎱 – 🎱🎱 ③ G. Normandie Cotentin – 556 h. alt. 22.
Paris 354 – Caen 122 – Carentan 51 – Cherbourg 28 – St-Lô 79 – Valognes 28.

⚠ **La Ferme du Bord de Mer** mars-nov.
    𝄐 02 33 54 01 77 – S : 1 km par D 116 rte de Barfleur, près de la mer – ⟲ ⌐ – **R** conseillée
    14 juil.-15 août – ⚘
    2 ha (50 empl.) peu incliné, herbeux
    🞵 🔳 ⇆ 🗓 ⚲ ⊕ 🖥 – ♀ – 🔲 🔄 🚲 ⚹
    Tarif : 🛉 *14,50 –* 🚗 *7,50 –* 🔲 *16,00 –* [*] *11 (3A) 15 (6A) 21 (10A)*
    Location : 🛖 *700 à 1400 –* 🛖 *1200 à 2350*

GAVARNIE

65120 H.-Pyr. 🎱🎱 – 🎱🎱 ⑱ G. Midi Pyrénées – 177 h. alt. 1 350 – Sports d'hiver : 1 350/2 400 m ⚐11 ⚐.
🅱 Office de Tourisme 𝄐 05 62 92 49 10, Fax 05 62 92 41 00.
Paris 865 – Lourdes 51 – Luz-St-Sauveur 20 – Pau 96 – Tarbes 69.

⚠ **Le Pain de Sucre** 15 déc.-15 avril, juin-sept.
    𝄐 05 62 92 47 55 – N : 3 km par D 921 rte de Luz-St-Sauveur, bord du Gave de Gavarnie, alt. 1 273
    – ≤ ⌐ – **R** – 🇬🇧 ⚘
    1,5 ha (50 empl.) plat, herbeux
    🔳 🞵 ⇆ ⚲ ⊕ 🖥
    Tarif : 🛉 *14 –* 🔲 *15 –* [*] *10 (2A) 27 (6A) 35 (10A)*
    Location : 🛖 *700*

Le GÂVRE

44130 Loire-Atl. 🎱 – 🎱🎱 ⑯ G. Bretagne – 995 h. alt. 30.
Paris 400 – Châteaubriant 40 – Nantes 48 – Redon 36 – St-Nazaire 51.

⚠ **Municipal de la Forêt** Pâques-oct.
    𝄐 02 40 51 20 62 – sortie Sud rte de Blain et à droite, bord d'un plan d'eau – **R** – ⚘
    2,5 ha (82 empl.) plat, herbeux, forêt attenante
    🔳 🞵 ⇆ ⚲ ⊕ 🖥 – A proximité : ✂ ⚹
    Tarif : (Prix 1999) 🛉 *11 tennis compris –* 🚗 *5 –* 🔲 *10 –* [*] *12*

GÈDRE

65120 H.-Pyr. **14** – **85** ⑱ G. **Midi Pyrénées** – 317 h. alt. 1 000.
Paris 857 – Lourdes 43 – Luz-St-Sauveur 12 – Pau 88 – Tarbes 61.

⛺ **Le Mousca** juil.-août
✆ 05 62 92 47 53 – N : 0,7 km par D 921 rte de Luz-St-Sauveur et chemin à gauche, bord du Gave de Gavarnie – 🔇 ⋞ 🔑 – **R**
1 ha (50 empl.) plat, herbeux
♿ 🚿 ◈ ▤ 🧺 🚰 ⊙ ▣ – A proximité : toboggan aquatique 🎾 🏊
Tarif : 🚶 *15* – ▣ *17* – ⚡ *12 (2A) 15 (3A) 24 (6A)*

⛺ **Le Relais d'Espagne** Permanent
✆ 05 62 92 47 70 – N : 2,8 km par D 921 rte de Luz-St-Sauveur, à la station service, bord du Gave de Gavarnie – ⋞ 🔑 – **R** conseillée juil.-août – ⊘
2 ha (34 empl.) plat, pierreux, herbeux 🌳
♨ 🚿 ◈ ▤ 🚰 ⊙ ▣ – 🍸 snack
Tarif : 🚶 *20* – ▣ *16* – ⚡ *13 (2A) 24 (4A) 32 (6A)*
Location : 🚐 *800 à 1400* – 🛏 – *gîte*

⛺ **Le Soumaoute** 20 juin-29 sept.
✆ 05 62 92 48 70 – vers sortie Sud par D 921, rte de Gavarnie, accès par petite place de l'église – ⋞ montagnes 🔑 – **R** juil.-août – ⊘
0,3 ha (22 empl.) plat et en terrasses, herbeux ▭ 🌳
🚿 🚰 ⊙ ▣ – 🏠 🛝 – A proximité : toboggan aquatique 🍸 🎾 🏊
Tarif : 🚶 *13* – ▣ *13* – ⚡ *6 (1A) 12 (2A) 18 (3A)*
Location *(permanent) : gîte d'étape, appartements*

Verwechseln Sie bitte nicht :
*⛺... bis ... ⛺⛺⛺⛺⛺ : **MICHELIN**-Klassifizierung*
und
★ ... bis ... ★★★★ : offizielle Klassifizierung

GEMAINGOUTTE

88520 Vosges **8** – **62** ⑱ – 123 h. alt. 446.
Paris 405 – Colmar 44 – Ribeauvillé 30 – St-Dié 14 – Ste-Marie-aux-Mines 12 – Sélestat 34.

⛺ ***Municipal le Violu*** mai-oct.
sortie Ouest par N 59 rte de St-Dié, bord d'un ruisseau – **R** – ⊘
1 ha (48 empl.) plat, herbeux
♿ 🚿 🚰 ⊙ ▣
Tarif : (Prix 1999) 🚶 *12* – 🚗 *10* – ▣ *10* – ⚡ *10 (5A)*

GÉMENOS

13420 B.-du-R. **16** – **84** ⑭ G. **Provence** – 5 025 h. alt. 150.
ℹ Office de Tourisme Crs Pasteur ✆ 04 42 32 18 44, Fax 04 42 32 15 49.
Paris 793 – Aix-en-Provence 38 – Brignoles 50 – Marseille 24 – Toulon 51.

⛺ **Le Clos** avril-20 sept.
✆ 04 42 32 18 24, Fax 04 42 32 03 56 – sortie Sud rte de Toulon – ⋞ 🔑 – **R** conseillée – ⊘
1,7 ha (81 empl.) plat, herbeux ▭ 🌳🌳
🚿 ▤ 🧺 🚰 ⊙ ▣ – 🍴 cases réfrigérées – 🏠 🎾 – A proximité : 🏊
Tarif : ▣ *2 pers. 75, 3 pers. 110, 4 pers. 140* – ⚡ *14 (4A)*

GÉMOZAC

17260 Char.-Mar. **9** – **71** ⑤ – 2 333 h. alt. 39.
Paris 497 – Cognac 34 – Jonzac 27 – Royan 31 – Saintes 22.

⛺ ***Municipal***
✆ 05 46 94 50 16 – sortie Ouest, rte de Royan, près de la piscine – 🔑
1 ha (40 empl.) plat, herbeux 🌳🌳
🚿 ◈ 🧺 ⊙ ▣ – A proximité : 🎾 ⛳ 🏊

GENÊTS

50530 Manche **4** – **59** ⑦ G. **Normandie Cotentin** – 481 h. alt. 2.
Paris 340 – Avranches 10 – Granville 24 – Le Mont-St-Michel 32 – St-Lô 66 – Villedieu-les-Poêles 30.

⛺⛺ **Les Coques d'Or** avril-sept.
✆ 02 33 70 82 57, Fax 02 33 70 86 83 – NO : 0,7 km par D 35E1 rte du Bec d'Andaine – 🔇 🔑 – **R** conseillée – CB ⊘
4,7 ha (225 empl.) plat, herbeux ▭ 🌳
♿ 🚿 ◈ ▤ 🚸 🧺 ⊙ ▣ – 🍸 – 🛝 🏊
Tarif : 🚶 *27 piscine comprise* – 🚗 *11* – ▣ *12* – ⚡ *14 (3A) 17 (6A) 23 (10A)*
Location : 🚐 *1500 à 2728*

GÉNOLHAC

30450 Gard 🔟🔟 – 🔟🔟 ⑦ G. Languedoc Roussillon – 827 h. alt. 490.
🅱 Office de Tourisme (du 01/07 au 31/08 fermé dim. après-midi et lundi matin) ℘ 04 66 61 18 32,
Fax 04 66 61 15 29.
Paris 642 – Alès 38 – Florac 49 – La Grand-Combe 25 – Nîmes 80 – Villefort 17.

   ▲ **Les Esparnettes** avril-sept.
     ℘ 04 66 61 44 50 – S : 4,5 km par D 906, rte de Chamborigaud puis 0,4 km par D 278 à droite, à
     Pont-de-Rastel, bord du Luech – 🦌 ⫷ �o⟶ – **R** juil.-août – ⚡
     1,5 ha (63 empl.) plat, herbeux ♀
     🕭 🗓 ⇆ 🗓 ⇄ ☺ 🗓 – ⟬ – A proximité : ✀
     Tarif : ✶ 14 – ⇐⇒ 10 – 🗐 14 – 🗓 14 (4A)

GENOUILLÉ

17430 Char.-Mar. 🔟 – 🔟🔟 ③ – 533 h. alt. 38.
Paris 456 – Rochefort 20 – La Rochelle 42 – St-Jean-d'Angély 26 – Surgères 12 – Tonnay-Boutonne 9.

   ▲ **Municipal l'Étang des Rosées** 11 juin-12 sept.
     ℘ 05 46 27 70 01 – S : 1 km, à 50 m de l'étang – 🦌 o⟶ – **R**
     1 ha (33 empl.) plat, peu incliné, herbeux
     🕭 ⇆ ⇄ ☺ – A proximité : ⚲⟶
     Tarif : ✶ 13 – ⇐⇒ 7 – 🗐 7 – 🗓 11

GÉRARDMER

88400 Vosges 🔟 – 🔟🔟 ⑰ G. Alsace Lorraine – 8 951 h. alt. 669 – Sports d'hiver : 750/1 150 m ⚡20 ⚡.
🅱 Office de Tourisme pl. des Déportés ℘ 03 29 27 27 27, Fax 03 29 26 23 25.
Paris 424 – Belfort 79 – Colmar 52 – Épinal 41 – St-Dié 28 – Thann 51.

   ⚠ **Les Granges-Bas** juin-15 sept.
     ℘ 03 29 63 12 03 – O : 4 km par D 417 puis, à Costet-Beillard, 1 km par chemin à gauche (hors
     schéma) – 🦌 ⫷ o⟶ – **R** – ⚡
     2 ha (100 empl.) peu incliné et plat, herbeux
     🕭 ⇆ 🗓 ⇄ ☺ – ⟬ ⚲⟶ ✀
     Tarif : ✶ 17 – ⇐⇒ 8 – 🗐 8 – 🗓 10 (2A) 17 (5A) 20 (6A)

   ▲ **Les Sapins** avril-sept.
     ℘ 03 29 63 15 01, Fax 03 29 60 03 30 – SO : 1,5 km, à 200 m du lac – o⟶ – **R** conseillée 14 juil.-
     15 août – ⚡
     1,3 ha (70 empl.) plat, herbeux, gravier ⟬ ♀
     🕭 ⇆ 🗓 ⇄ ☺ – ⍟ – A proximité : ⚲
     Tarif : (Prix 1999) ✶ 20,50 – ⇐⇒ 11 – 🗐 14 – 🗓 15 (4A) 28 (6A)

GÉRAUDOT

10220 Aube 🔟 – 🔟🔟 ⑰ G. Champagne Ardenne – 274 h. alt. 146.
Paris 195 – Bar-sur-Aube 37 – Bar-sur-Seine 28 – Brienne-le-Château 23 – Troyes 22.

   ▲ **L'Épine aux Moines** 15 mars-15 oct.
     ℘ 03 25 41 24 36 – SE : 1,3 km par D 43 « Cadre verdoyant près du lac de la Forêt d'Orient » o⟶
     – **R** conseillée – ⚡
     2,8 ha (186 empl.) plat et peu incliné, herbeux ♀ (1 ha)
     ▥ 🗓 🕭 ⇆ 🗓 ⇄ ☺ 🗓 – A proximité : ⚲ ⚱ (plage) ⟡
     Tarif : 🗐 2 pers. 52, pers. suppl. 20 – 🗓 14 (4A) 20 (6A)

GERSTHEIM

67150 B.-Rhin 🔟 – 🔟🔟 ⑩ G. Alsace Lorraine – 2 808 h. alt. 154.
Paris 516 – Marckolsheim 31 – Obernai 22 – Sélestat 28 – Strasbourg 30.

   ▲ **Municipal Au Clair Ruisseau** 15 avril-sept.
     ℘ 03 88 98 30 04 – sortie Nord-Est par D 924 vers le Rhin et chemin à gauche, bord d'un étang
     et d'un cours d'eau – 🦌 o⟶ juil.-août – **R** conseillée – ⚡
     3 ha (70 empl.) plat, herbeux ♀ (0,8 ha)
     🕭 ⇆ 🗓 ⬫ ☺ – ⚲⟶ ⚱
     Tarif : (Prix 1999) ✶ 14 – 🗐 16 – 🗓 17 (6A)

GESTÉ

49600 M.-et-L. 🔟 – 🔟🔟 ⑤ – 2 447 h. alt. 88.
Paris 357 – Ancenis 28 – Beaupreau 12 – Cholet 29 – Nantes 39.

   ▲ **La Thévinière** 15 juin-15 sept.
     ℘ 02 41 56 69 46 – SE : 3 km par D 67 rte de St-Germain-sur-Moine et chemin à gauche, à la Base
     de Loisirs – 🦌 « Agréable cadre boisé près d'un étang » o⟶ – **R** – ⚡ ♏♏
     22 ha/1 campable (28 empl.) plat, herbeux ⟬ ♏♏
     🗓 🕭 ⇆ 🗓 ⬫ ☺ 🗓 – A proximité : ⚱ ✀
     Tarif : (Prix 1999) 🗐 2 pers. 50 – 🗓 13 (10A)

Les GETS

74260 H.-Savoie 🔢 – 🔢 ⑧ G. Alpes du Nord – 1 287 h. alt. 1 170 – Sports d'hiver : 1 170/2 002 m ✦ 5 ✦ 55 ✦.
🅱 Office de Tourisme 📞 04 50 75 80 80, Fax 04 50 79 76 90.
Paris 585 – Annecy 72 – Bonneville 32 – Chamonix-Mont-Blanc 63 – Cluses 22 – Morzine 8 – Thonon-les-Bains 37.

🔺 **Le Frêne** 15 juin-15 sept.
📞 04 50 75 80 60 – sortie Sud-Ouest par D 902 rte de Taninges puis 2,3 km par rte des Platons à droite, alt. 1 315 – ⬕ ≤ massif du Mt-Blanc « Belle situation dominante » ⚷ – **R** conseillée –
GB ⚸
0,3 ha (19 empl.) non clos, en terrasses, peu incliné, herbeux 🔲
🔣 🔣 🔣 🔣 🔣 🔣 🔣 🔣 🔣 – 🔣 🔣
Tarif : 🔳 3 pers. 90 – 🔋 10 (2A) 20 (4A)

GEU

65 H.-Pyr. – 🔢 ⑱ – rattaché à Lourdes.

GEX

01170 Ain 🔢 – 🔢 ⑮ ⑯ G. Jura – 6 615 h. alt. 626.
🅱 Office de Tourisme sq. Jean-Clerc 📞 04 50 41 53 85, Fax 04 50 41 81 00.
Paris 492 – Genève 21 – Lons-le-Saunier 95 – Pontarlier 93 – St-Claude 43.

🔺 **Municipal les Genêts** juin-16 sept.
📞 04 50 41 61 46 – E : 1 km par D 984ᶜ rte de Divonne-les-Bains et chemin à droite – ≤ « Décoration arbustive » ⚷ – **R** conseillée juil.-août – ⚸
3,3 ha (140 empl.) peu incliné et plat, goudronné, gravillons, herbeux 🔲
🔣 🔣 🔣 🔣 🔣 🔣 🔣 🔣 – 🔣 – A proximité : 🔣 🔣
Tarif : 🔣 20 – 🔳 32 – 🔋 16 (16A)

GHISONACCIA

2B H.-Corse – 🔢 ⑥ – voir à Corse.

GIBLES

71800 S.-et-L. 🔢 – 🔢 ⑱ – 604 h. alt. 463.
Paris 383 – Charlieu 30 – Charolles 17 – Cluny 36 – Mâcon 48 – Paray-le-Monial 30.

🔺🔺 **Château de Montrouant** juin-7 sept.
📞 03 85 84 51 13, Fax 03 85 84 52 80 – sortie Nord-Ouest par D 25, rte de Charolles puis 1,5 km par chemin à droite – ⬕ ≤ « Parc au bord d'un étang » ⚷ – **R** indispensable juil.-août –
GB ⚸
11 ha/1 campable (45 empl.) plat, en terrasses, gravillons, herbeux 🔲 ♀
🔣 🔣 🔣 🔣 🔣 🔣 – 🔣 🔣 🔣 poneys, half-court
Tarif : (Prix 1999) 🔣 27 piscine comprise – 🔣 23,50 – 🔳 23,50 – 🔋 22,50 (6A)

GIEN

45500 Loiret 🔢 – 🔢 ② G. Châteaux de la Loire – 16 477 h. alt. 162.
🅱 Office de Tourisme Centre Anne-de-Beaujeu pl. J.-Jaurès 📞 02 38 67 25 28, Fax 02 38 38 23 16.
Paris 153 – Auxerre 84 – Bourges 78 – Cosne-sur-Loire 47 – Orléans 70 – Vierzon 73.

🔺🔺🔺 **Les Bois du Bardelet** avril-29 sept.
📞 02 38 67 47 39, Fax 02 38 38 27 16 – SO : 5 km par D 940 rte de Bourges et 2 km par rte à gauche, Pour les usagers venant de Gien, accès conseillé par D 53 rte de Poilly-lez-Gien et 1ʳᵉ rte à droite – ⬕ « Cadre agréable, belle piscine d'intérieur » ⚷ – **R** conseillée juil.-15 août –
GB ⚸
12 ha/6 campables (260 empl.) plat, herbeux, étang 🔲 ♀♀
🔣 🔣 🔣 🔣 🔣 🔣 🔣 🔣 🔣 – 🔣 🔣 🔣 – 🔣 🔣 🔣 🔣 🔣 🔣 🔣 🔣 🔣 🔣 🔣 🔣 🔣 toboggan aquatique 🔣
Tarif : 🔳 2 à 5 pers. 125 à 210 (150 à 235 avec élect. 10A)
Location 🔣 : 🔣 1245 à 3500 – 🔣 1145 à 3880

GIGEAN

34770 Hérault 🔢 – 🔢 ⑯ – 2 529 h. alt. 44.
Paris 777 – Agde 32 – Gignac 30 – Frontignan 11 – Pézenas 31.

🔺 **Municipal** juil.-15 sept.
📞 04 67 78 69 12 – vers sortie Sud-Ouest et 0,5 km par chemin du stade à droite, bord de la N 113 – ⚷ – **R** conseillée
1 ha (63 empl.) plat, pierreux, herbeux ♀
🔣 🔣 🔣 🔣 – A proximité : 🔣
Tarif : (Prix 1999) 🔳 1 ou 2 pers. 47, 3 pers. 55, pers. suppl. 13,50 – 🔋 16,50

GIGNAC

34150 Hérault 🔡 – 🔡 ⑥ G. Languedoc Roussillon – 3 652 h. alt. 53.
🅱 Office de Tourisme pl. Gén.-Claparède ℘ 04 67 57 58 83, Fax 04 67 57 67 95.
Paris 727 – Béziers 52 – Clermont-l'Hérault 12 – Lodève 26 – Montpellier 31 – Sète 45.

▲ *Municipal la Meuse* juin-8 sept.
℘ 04 67 57 92 97 – NE : 1,2 km par D 32, rte d'Aniane puis chemin à gauche, à 200 m de l'Hérault
et d'une Base Nautique – 🕭 ⊶ – **R** conseillée 15 juil.-15 août – ⚡
3,4 ha (61 empl.) plat, herbeux 🗀
🕭 🗔 🗓 🕭 ⊛ 🖼 🖼 – 🕷 parcours sportif – A proximité : ⸱⊛ ≊
Tarif : 🕭 *10 tennis compris* – 🗉 *45* – ⒤ *12 (5A)*

▲ *Moulin de Siau* 15 juin-15 sept.
℘ 04 67 57 51 08 ⊠ 34150 Aniane – NE : 2,2 km par D 32 rte d'Aniane puis chemin à gauche, bord
d'un ruisseau et à 200 m de l'Hérault (accès direct) – 🕭 ⊶ – **R** conseillée juil.-août – ⊖🅱 ⚡
2,8 ha (115 empl.) plat, pierreux, herbeux 🗀 ♊
🕭 🗔 🗓 🕭 ⊛ 🖼 – A proximité : ≊
Tarif : 🗉 *2 pers. 58* – ⒤ *14 (5A)*

GIGNY-SUR-SAÔNE

71240 S.-et-L. 🔡 – 🔡 ⑫ – 401 h. alt. 178.
Paris 359 – Chalon-sur-Saône 27 – Le Creusot 54 – Louhans 30 – Mâcon 46 – Tournus 13.

▲▲▲ *Château de l'Épervière* avril-15 oct.
℘ 03 85 94 16 90, Fax 03 85 94 16 93 – S : 1 km, à l'Épervière – Places limitées pour le passage
🕭 « agréable parc boisé au bord d'un étang » ⊶ – **R** conseillée saison – ⊖🅱
7 ha (100 empl.) plat, herbeux, gravillons 🗀 ♊♊
🕭 🗔 🕭 🗓 🕭 ⊛ 🖼 – 🞜 🛒 🗶 (dîner seulement) pizzeria 🗃 – 🏠 🛒 🏊 🗠 ≊ (bassin pour
enfants) – A proximité : 🕷
Tarif : 🕭 *35 piscine comprise* – 🗉 *53* – ⒤ *23 (6A)*
Location 🞦 gîtes

GIRAC

46130 Lot 🔡 – 🔡 ⑩ – 329 h. alt. 123.
Paris 528 – Beaulieu-sur-Dordogne 12 – Brive-la-Gaillarde 44 – Gramat 28 – St-Céré 12 – Souillac 37.

▲▲ *Les Chalets sur Dordogne* mai-15 sept.
℘ 05 65 10 93 33, Fax 05 65 10 93 34 – NO : 1 km par D 703, rte de Vayrac et chemin à gauche,
bord de la Dordogne – Ⓜ ⊶ – **R** conseillée – ⊖🅱 ⚡
2 ha (39 empl.) plat, herbeux, sablonneux ♊
🕭 🗔 🕭 🗓 ⊛ 🖼 – 🞜 grill 🗃 – 🏊 ≊ – A proximité : 🕷
Tarif : (Prix 1999) 🕭 *22 piscine comprise* – 🗉 *27* – ⒤ *16 (3 à 10A)*
Location (permanent) : 🏠 *1000 à 3200*

GIROUSSENS

81500 Tarn 🔡 – 🔡 ⑨ – 1 051 h. alt. 204.
Paris 694 – Albi 41 – Castelnaudary 100 – Castres 50 – Montauban 51 – Toulouse 42.

▲ *Aire Naturelle la Rigaudié* avril-nov.
℘ 05 63 41 67 20 – SE : 4 km par D 631, rte de Lavaur et chemin à gauche – 🕭 ⊶ – **R** conseillée
juil.-août
3 ha/1 campable (24 empl.) plat, herbeux ♊♊
🕭 🗔 🕭 🗓 🕭 ⊛ 🕭 🖼 🖼 – 🛒
Tarif : 🗉 *1 pers. 25* – ⒤ *12 (6A)*

LE GIVRE

85540 Vendée 🅨 – 🔡 ⑪ – 265 h. alt. 20.
Paris 447 – Luçon 19 – La Mothe-Achard 35 – Niort 81 – La Rochelle 59 – La Roche-sur-Yon 29 – Les Sables-
d'Olonne 35.

▲ *Aire Naturelle la Grisse* 15 avril-15 oct.
℘ 02 51 30 83 03 – S : 2,5 km par rte reliant la D 949 et la D 747 – 🕭 ⊶ – **R** conseillée juil.-août
– ⚡
1 ha (25 empl.) plat, herbeux
🕭 🗔 🕭 🗓 🕭 ⊛ 🖼
Tarif : 🕭 *25* – 🗉 *10* – ⒤ *15 (5A)*

GOLINHAC

12140 Aveyron 🔡 – 🔡 ② G. Midi Pyrénées – 458 h. alt. 630.
Paris 612 – Conques 28 – Entraygues-sur-Truyère 10 – Espalion 23 – Rodez 37.

▲▲ *Municipal Bellevue* mai-sept.
℘ 05 65 44 50 73 – au Sud-Ouest du bourg – 🕭 ≼ ⊶ juil.-août – **R** – ⚡
2 ha (58 empl.) incliné, en terrasses, plat, herbeux 🗀 ♊♊
▥ 🕭 🗔 🗓 🕭 ⊛ 🕭 🖼 – 🏠 ♊ – A proximité : ☷
Tarif : 🗉 *piscine comprise 2 pers. 56* – ⒤ *16 (6A)*
Location (permanent) : 🏠 *1800 à 2500* – gîte d'étape

32330 Gers 🔲 – 🔲 ③ – 1 042 h. alt. 174.
🛈 Syndicat d'Initiative av. Jean-Moulin 🖉 05 62 29 15 89.
Paris 742 – Agen 58 – Auch 43 – Condom 17 – Mont-de-Marsan 66 – Nérac 38.

  ⚠ **Le Pardaillan** 4 avril-20 sept.
    🖉 05 62 29 16 69 – à l'Est du bourg « Entrée fleurie » ⚬━ – **R** conseillée juil.-août – **GB** ⚲
    2,5 ha (100 empl.) plat, terrasses, herbeux, gravillons ⬜ ♉♉
    🛁 🗟 ♨ 🗟 🗂 ⊙ 🛋 ⛾ 🗋 🖷 – ♈ pizzeria, crêperie 🍴 – 🗂 🏋 🏌 – A proximité : 🏊 🗻 toboggan
    aquatique
    Tarif : 🖃 élect. (6A) et piscine comprises 4 pers. 150
    Location : 🚐 1200 à 2850 – 🏠 1450 à 3350

Wilt u een stad of streek bezichtigen ?
Raadpleeg de groene Michelingidsen.

14 Calvados – 🔲 ⑯ – rattaché à Merville-Franceville-Plage.

65240 H.-Pyr. 🔲 – 🔲 ⑲ – 62 h. alt. 923.
Paris 846 – Arreau 6 – Bagnères-de-Bigorre 43 – Bagnères-de-Luchon 37 – Lannemezan 33 – Tarbes 65.

  ⚠ **Le Ruisseau** Permanent
    🖉 05 62 39 95 49 – au bourg, par D 25, Accès conseillé par D 19 – Places limitées pour le passage
    🏊 ≼ – **R** 15 juil.-15 août – ⚲
    2 ha (125 empl.) peu incliné, en terrasses, herbeux
    ▥ 🛁 🗟 ♨ 🗂 ⊙ – 🗋
    Tarif : ⚹ 16 – 🖃 18 – 🔋 20 (4A) 27 (6A)

30630 Gard 🔲 – 🔲 ⑨ G. Provence – 788 h. alt. 77.
Paris 670 – Alès 50 – Bagnols-sur-Cèze 17 – Barjac 21 – Lussan 17 – Pont-St-Esprit 25.

  ⚠ **Les Amarines** avril-15 oct.
    🖉 04 66 82 24 92, Fax 04 66 82 38 64 – NE : 1 km par D 23, bord de la Cèze – ≼ ⚬━ – **R** conseillée
    – **GB** ⚲
    3,7 ha (120 empl.) plat, herbeux ⬜ ♉♉
    🛁 🗟 ♨ 🗟 🗂 🖳 ⊙ 🛋 ⛾ 🖷 – 🍴 – 🗂 🏌 🚲 🗻
    Tarif : 🖃 piscine comprise 2 pers. 92, 3 pers. 110, 4 pers. 129 – 🔋 21 (6A)
    Location 🏊 : 🚐 1600 à 2800

  ⚠ **St-Michelet** avril-sept.
    🖉 04 66 82 24 99, Fax 04 66 82 34 43 – NO : 1 km par D 371, rte de Frigoulet, bord de la Cèze –
    🏊 ⚬━ – **R** conseillée juil.-août – **GB** ⚲
    4 ha (140 empl.) plat et peu incliné, terrasse, herbeux ♉♉ (1 ha)
    🛁 🗟 ♨ 🗟 🗂 🖳 ⊙ 🛋 ⛾ 🖷 – ♈ – 🏌
    Tarif : 🖃 1 pers. 55, pers. suppl. 17 – 🔋 12 (3A) 18 (6A)
    Location : 🏠 900 à 1300 – 🚐 1600 à 2100

  ⚠ **La Grenouille** avril-sept.
    🖉 04 66 82 21 36, Fax 04 66 82 27 77 – au bourg, près de la Cèze (accès direct) et bord d'un
    ruisseau – 🏊 ⚬━ juil.-août – **R** conseillée – ⚲
    0,8 ha (50 empl.) plat, herbeux ⬜ ♉♉
    🛁 🗟 ♨ 🗟 🗂 🖳 ⊙ 🖷 – 🗻 – A proximité : 🏊
    Tarif : 🖃 piscine comprise 2 pers. 83, pers. suppl. 16 – 🔋 16 (4A)

  ⚠ **Le Mas de Rome**
    🖉 04 66 82 25 24 – S : 0,5 km par D 23, rte d'Uzès puis 1,5 km par chemin à gauche, bord de la
    Cèze – 🏊 ⚬━
    8 ha (130 empl.) plat et accidenté, en terrasses, pierreux, herbeux ⬜ ♉♉
    🛁 🗟 🗟 🗂 ⊙ 🖷 – 🏌 🗻

46250 Lot 🔲 – 🔲 ⑦ G. Périgord Quercy – 174 h. alt. 250.
Paris 577 – Cahors 28 – Fumel 24 – Gourdon 31 – Villeneuve-sur-Lot 52.

  ⚠ **La Pinède** 15 juin-15 sept.
    🖉 05 65 36 61 84 – sortie Ouest par D 660, rte de Villefranche-du-Périgord – ⚬━ juil.-août –
    R conseillée juil.-août – ⚲
    0,5 ha (16 empl.) en terrasses, herbeux ♉
    🗟 ♨ 🗟 🗂 ⊙ 🖷 – 🏊 🗻
    Tarif : ⚹ 20 piscine et tennis compris – 🖃 20 – 🔋 10

GOURDON

46300 Lot 🔢 – 🔢 ⑱ G. Périgord Quercy – 4 851 h. alt. 250.
🅑 Office de Tourisme 24 r. du Majou ☎ 05 65 27 52 50, Fax 05 65 27 52 52.
Paris 546 – Bergerac 90 – Brive-la-Gaillarde 66 – Cahors 45 – Figeac 64 – Périgueux 94 – Sarlat-la-Canéda 26.

   ⚠️ **Municipal Écoute s'il Pleut** juin-sept.
     ☎ 05 65 41 06 19 – NO : 1,6 km par D 704 rte de Sarlat-la-Canéda et chemin à gauche, près d'un
     plan d'eau – 🛒 ⊶ – **R** – ⚒
     5 ha (160 empl.) en terrasses, peu incliné, pierreux, gravier 🔲 🔸
     🔧 🔥 ⏚ 🔲 🔲 ⊙ 🔲 – 🔲 – 🔲 – ✕ 🔲 – A proximité : 🔲 🔲
     Tarif : ⚹ *20 piscine et tennis compris* – 🔲 *22* – 🔲 *15 (6A)*
     Location : 🔲 *1600 à 3100* – *gîtes, bungalows toilés*

   ⚠️ **Aire Naturelle le Paradis** juin-15 sept.
     ☎ 05 65 41 65 01 – SO : 2 km par D 673, rte de Fumel et chemin à gauche, près du parking Inter-
     marché – 🛒 ⊶ – **R** conseillée 15 juil.-15 août – ⚒
     1 ha (25 empl.) plat et en terrasses, herbeux ♀ (0,5 ha)
     🔧 🔥 ⏚ ⊙ 🔲 – 🔲 – A proximité : 🔲
     Tarif : ⚹ *27 piscine comprise* – 🔲 *10* – 🔲 *10 (6A)*
     Location : 🔲 *1300 à 1500* – 🔲

In deze gids
heeft een zelfde letter of teken, **zwart** *of* **rood**, *dun of* **dik** *gedrukt niet helemaal*
dezelfde
betekenis.

Lees aandachtig de bladzijden met verklarende tekst.

GOURETTE

64 Pyr.-Atl. 🔢 – 🔢 ⑰ G. Aquitaine alt. – 1 400 – Sports d'hiver : 1 400/2 400 m ⚡3 ✦23 – ✉ 64440
Eaux-Bonnes.
🅑 Office de Tourisme pl. Sarrière ☎ 05 59 05 12 17, Fax 05 59 05 12 56 et à Eaux-Bonnes ☎ 05 59 05 33 08,
Fax 05 59 05 32 58.
Paris 830 – Argelès-Gazost 36 – Eaux-Bonnes 8 – Laruns 14 – Lourdes 48 – Pau 52.

   ⚠️ **Le Ley** 15 déc.-avril, juil.-août
     ☎ 05 59 05 11 47 – O : 2 km rte d'Eaux-Bonnes, bord du Valentin, alt. 1 175 – ❄️ 🛒 ≼ ⊶ – **R** hiver
     – ⚒
     1,5 ha (50 empl.) plat, en terrasses, goudronné
     🔲 🔧 🔥 ⏚ 🔲 🔲 – ▼ ✕ 🔲
     Tarif : 🔲 *1 pers. 30, pers. suppl. 20* – 🔲 *18 à 43 (2 à 16A)*

Le GRAND-BORNAND

74450 H.-Savoie 🔢 – 🔢 ⑦ G. Alpes du Nord – 1 925 h. alt. 934 – Sports d'hiver : 1 000/2 100 m ⚡2 ✦36 ⚞.
🅑 Office de Tourisme pl. Église ☎ 04 50 02 78 00, Fax 04 50 02 78 01 et (saison) annexe du Chinaillon
☎ 04 50 02 78 02.
Paris 568 – Albertville 46 – Annecy 32 – Bonneville 23 – Chamonix-Mont-Blanc 78 – Megève 34.

   ⚠️ **L'Escale** déc.-sept.
     ☎ 04 50 02 20 69, Fax 04 50 02 36 04 – à l'Est du bourg, à proximité de l'Eglise, près du Borne –
     ❄️ 🛒 ≼ ⊶ – **R** conseillée – ⚒
     2,8 ha (149 empl.) plat et peu incliné, terrasse, herbeux, pierreux
     🔲 🔧 🔥 ⏚ 🔲 🔲 ⊙ 🔲 🔲 🔲 🔲 – 🔲 🔲 – A proximité : parcours sportif •🔲 🔲 🔲 toboggan
     aquatique
     Tarif : (Prix 1999) 🔲 *tennis compris 1 ou 2 pers. 70, (hiver 92), pers. suppl. 20 (hiver 24)* – 🔲 *3*
     à 10A : 24 à 39,50 (hiver 26 à 48)
     Location : 🔲 – *studios et appartements*

   ⚠️ **Le Clos du Pin** déc.-10 mai, 15 juin-20 sept.
     ☎ 04 50 02 27 61 – E : 1,3 km par rte du Bouchet, bord du Borne, alt. 1 015 – ❄️ Ⓜ 🛒 ≼chaîne
     des Aravis ⊶ – **R** conseillée – ⚒
     1,3 ha (61 empl.) peu incliné, herbeux
     🔲 🔧 🔥 ⏚ 🔲 🔲 ⊙ 🔲 – 🔲
     Tarif : 🔲 *2 pers. 68* – 🔲 *17 (2A) 24 (6A) 30 (10A)*

GRANDCAMP-MAISY

14450 Calvados 🔢 – 🔢 ③ G. Normandie Cotentin – 1 881 h. alt. 5.
Paris 291 – Caen 60 – Cherbourg 73 – St-Lô 42.

   ⚠️ **Joncal** avril-sept.
     ☎ 02 31 22 61 44 – au port, par le quai Ouest, bord de mer – Places limitées pour le passage ⊶
     – ⚐ – ⚒
     4 ha (300 empl.) plat, terrasse, herbeux, sablonneux ♀
     🔧 🔥 ⏚ 🔲 ⊙ 🔲 🔲 – 🔲 – A proximité : 🔲 ▼ pizzeria
     Tarif : ⚹ *20* – 🔲 *10* – 🔲 *10* – 🔲 *15 (3A) 18 (5A) 25 (6A)*

La GRANDE-MOTTE

34280 Hérault 🔟🟦 – 🟦🟦 ⑧ G. Languedoc Roussillon – 5 016 h. alt. 1.
🅱 Office de Tourisme av. J.-Bene 🏕 04 67 56 40 50, Fax 04 67 56 78 30, pl. de la Mairie 🏕 04 67 29 03 37,
Fax 04 67 29 03 45 et Pavillon d'Accueil 🏕 04 67 56 00 61 et (saison) espace Levant et Roxin.
Paris 752 – Aigues-Mortes 11 – Lunel 16 – Montpellier 27 – Nîmes 45 – Palavas-les-Flots 15 – Sète 44.

▲▲▲ **Le Garden** mars-oct.
🏕 04 67 56 50 09, Fax 04 67 56 25 69 –
sortie Ouest par D 59, à 300 m de la plage
– ⊶ – ℞ juil.-août – GB
3,5 ha (222 empl.) plat, sablonneux, herbeux
🗐 ♊
⅊ 🗻 ⛲ 🗓 ♨ ♨ ⊙ ♨ ☸ 🗖 – 🚲 ▾ ✗ self,
pizzeria ♨ – 🗐 ♨ – A proximité : 🐎 et
poneys
Tarif : 🖼 piscine comprise 3 pers. 150 (186
avec élect. 6A)
Location ♨ : 🚐 1800 à 4100

▲▲ **Municipal Lou Gardian**
🏕 04 67 56 14 14, Fax 04 67 56 31 03 –
sortie Ouest par D 59 – ⊶
2,6 ha (160 empl.) plat, sablonneux, herbeux
🗐 ♊
⅊ 🗻 ⛲ 🗓 ♨ ♨ ⊙ ♨ ☸ 🗖 – ♨ – 🗐 🚲
– A proximité : 🐎 et poneys

▲▲ **Lous Pibols** avril-sept.
🏕 04 67 56 50 08, Fax 04 67 56 01 50 –
sortie Ouest par D 59, à 400 m de la plage
– ⊶ – ℞ – 🚲
3 ha (231 empl.) plat, sablonneux 🗐 ♊
🗻 ⛲ 🗓 ♨ ⊙ ♨ ☸ 🗖 – cases réfrigérées
– 🗐 ♨ – A proximité : 🐎 et poneys
Tarif : (Prix 1999) 🖼 élect. et piscine comprises 1 à 3 pers. 185, pers. suppl. 35
Location : 🚐 1000 à 3700 – bungalows toilés

▲ **Intercommunal les Cigales** avril-15 oct.
🏕 04 67 56 50 85 – sortie Ouest par D 59 – ⊶ – ℞ conseillée juil.-15 août – GB 🚲
2,5 ha (180 empl.) plat, sablonneux ♊
🗻 🗓 ♨ ⊙ ♨ ☸ 🗖 – 🚲 – A proximité : 🐎 et poneys
Tarif : 🖼 élect. (10A) comprise 2 pers. 90

La GRANDE-PAROISSE

77 S.-et-M. – 🟦🟦 ⑬ – voir à Montereau-Fault-Yonne.

GRAND-FORT-PHILIPPE

59153 Nord 🟦 – 🟦🟦 ③ – 6 477 h. alt. 5.
🅱 Office de Tourisme à Gravelines 11 r. de la République 🏕 03 28 51 94 00, Fax 03 28 65 58 19.
Paris 291 – Calais 20 – Cassel 40 – Dunkerque 25 – St-Omer 39.

▲ **Municipal de la Plage** avril-oct.
🏕 03 28 65 31 95 – au Nord-Ouest de la localité, rue du Maréchal Foch – ⊶ – ℞ conseillée – 🚲
1,5 ha (84 empl.) plat, herbeux
🏘 ⅊ 🗻 ⛲ 🗓 ♨ ♨ ☸ 🗖
Tarif : (Prix 1999) 🔺 23,40 – 🚗 9,20 – 🖼 18,40 – 🔋 17,90 (10A)

GRAND'LANDES

85670 Vendée 🟦 – 🟦🟦 ⑬ – 407 h. alt. 52.
Paris 435 – Aizenay 12 – Challans 21 – Nantes 53 – La Roche-sur-Yon 30 – St-Gilles-Croix-de-Vie 30.

▲ **Municipal les Blés d'Or** Permanent
au bourg, par D 94, rte de St-Etienne-du-Bois, à 100 m d'un étang – ℞ conseillée
1 ha (40 empl.) peu incliné, plat, herbeux 🗐
⅊ 🗻 ⛲ 🗓 ♨ ⊙ ♨ ☸ – A proximité : 🗻
Tarif : 🔺 12 – 🚗 5 – 🖼 7 – 🔋 10

GRANDRIEU

48600 Lozère 🔟🟦 – 🟦🟦 ⑯ – 844 h. alt. 1 160.
Paris 561 – Langogne 28 – Châteauneuf-de-Randon 19 – Marvejols 60 – Mende 48 – Saugues 26.

▲ **Municipal le Valadio** 15 juin-15 sept.
🏕 04 66 46 31 39 – au Sud du bourg, accès par rue devant la poste, à 100 m du Grandrieu et d'un
plan d'eau, alt. 1 200 – ≼ – ℞ – 🚲
1 ha (33 empl.) plat et en terrasses, incliné, pierreux, herbeux
⅊ 🗻 ⛲ 🗓 ♨ ⊙ – A proximité : ✗ ≤
Tarif : (Prix 1999) 🔺 10 – 🚗 5 – 🖼 10 – 🔋 10

⚠ **Le Vieux Moulin** mai-oct.
🔊 04 66 46 40 37 – NE : 5 km par D 5, rte de Laval-Atger puis chemin à droite, bord de rivière, alt.
1 000 – 🏕 ⋘ ⚬⊸ – **R** juil.-août – ⚒
1 ha (50 empl.) plat et peu incliné, herbeux
🏔 ⇄ 🛖 ⊕ 🖾 – 🍴 – 🚲
Tarif : 🖾 *2 pers. 47, pers. suppl. 15 –* 🔌 *10 (2A) 13 (4A)*
Location : 🛖 *900 à 1300*

GRANE

26400 Drôme 🔢 – 🔢 ⑫ – 1 384 h. alt. 175.
🅱 Syndicat d'Initiative rte de Roche-sur-Grane 🔊 04 75 62 66 08.
Paris 594 – Crest 9 – Montélimar 34 – Privas 31 – Valence 29.

⚠ **Les Quatre Saisons** 15 avril-15 oct.
🔊 04 75 62 64 17, Fax 04 75 62 69 06 – sortie Sud-Est, 0,9 km par D 113, rte de la Roche-sur-Grâne
– Ⓜ 🏕 ⋘ ⚬⊸ – **R** conseillée juil.-août – **GB** ⚒
2 ha (55 empl.) en terrasses, herbeux, sablonneux, pierreux 🗖 ♀
🎳 👫 🏔 ⇄ 🖾 🛖 ⊕ 🜨 ▽ 🖾 – 🍴 – 🏊 – A proximité : 🏸
Tarif : 🖾 *piscine comprise 2 pers. 77, pers. suppl. 26 –* 🔌 *22 (6A) 28 (16A)*

GRANGES-SUR-VOLOGNE

88640 Vosges 🔢 – 🔢 ⑰ G. Alsace Lorraine – 2 485 h. alt. 502.
Paris 419 – Bruyères 10 – Épinal 35 – Gérardmer 14 – Remiremont 30 – St-Dié 28.

⚠ **Les Peupliers** mai-sept.
🔊 03 29 57 51 04 – par centre bourg vers Gérardmer et chemin à droite après le pont – 🏕 ⋘
« Cadre verdoyant au bord de la Vologne et d'un ruisseau » ⚬⊸ – ℝ
2 ha (32 empl.) plat, herbeux ♀
👫 🏔 ⇄ 🛖 ⊕ – A proximité : 🏸
Tarif : 🍴 *12 –* 🖾 *16 –* 🔌 *16 (6A)*

GRANVILLE

50400 Manche 🔢 – 🔢 ⑦ G. Normandie Cotentin – 12 413 h. alt. 10.
🅱 Office de Tourisme 4 Crs Jonville 🔊 02 33 91 30 03, Fax 02 33 91 30 19.
Paris 336 – Avranches 26 – Caen 106 – Cherbourg 105 – Coutances 28 – St-Lô 57 – St-Malo 93 – Vire 56.

🏕 **Lez-Eaux** mai-15 sept.
🔊 02 33 51 66 09, Fax 02 33 51 92 02 ✉ 50380 St-Pair-sur-Mer – 🏕 « Dans le parc du château,
ensemble aquatique » ⚬⊸ – **R** conseillée juil.-août – **GB** ⚒
12 ha/8 campables (229 empl.) plat et peu incliné, herbeux ♀
👫 🏔 ⇄ 🖾 🛖 ⊕ 🜨 ▽ 🖾 🖾 – 🏊 🍴 🜨 – 🛶 🏊 🚲 🏸 🏊 toboggan aquatique
Tarif : 🖾 *piscine comprise 2 pers. 129 (155 avec élect. 5 ou 10A), pers. suppl. 39*
Location *(mars-15 oct.) :* 🛖 *950 à 3600*

🏕 **La Vague** Pâques-fin sept.
🔊 02 33 50 29 97 – SE : 2,5 km par D 911, rte de St-Pair et D 572 à gauche, quartier St-Nicolas,
à 150 m de la plage – ⚬⊸ – **R** – ⚒
2 ha (145 empl.) plat, herbeux, sablonneux 🗖 ♀ (1 ha)
👫 🏔 ⇄ 🖾 🛖 ⊕ 🖾 🖾 – 🛶
Tarif : 🍴 *26 –* 🖾 *28 –* 🔌 *17 (4A) 23 (6A)*

à **Bréville-sur-Mer** NE : 4,5 km par rte de Coutances – 530 h. alt. 70 – ✉ 50290 Bréville-sur-Mer :

⚠ **La Route Blanche** mai-sept.
🔊 02 33 50 23 31, Fax 02 33 50 26 47 – NO : 1 km par rte de la plage, près du golf – ⚬⊸ –
R conseillée – **GB** ⚒
4,5 ha (145 empl.) plat, herbeux, sablonneux ♀♀ 1,5 ha
🏔 ⇄ 🖾 🛖 ⊕ – A proximité : golf 🏸
Tarif : (Prix 1999) 🍴 *13 –* 🚗 *7 –* 🖾 *12,50 (23,50 avec élect. 5A)*

à **Donville-les-Bains** NE : 3 km rte de Coutances – 3 199 h. alt. 40 – ✉ 50350 Donville-les-Bains :

🏕 **Intercommunal de l'Ermitage** Rameaux-Toussaint
🔊 02 33 50 09 01, Fax 02 33 50 88 19 – N : 1 km par r. du Champ de Courses, à 50 m de la plage
– ⚬⊸ – **R** conseillée juil.-août – **GB** ⚒
5,5 ha (350 empl.) plat et peu incliné, herbeux, sablonneux
👫 🏔 ⇄ 🖾 🜨 ⊕ 🜨 ▽ 🖾 🖾 – 🜨 – A proximité : bowling 🏊 🍴 🏸 🜨 🏸 🐎
Tarif : 🍴 *20 –* 🖾 *22 (37 avec élect.)*

🏕 **L'Oasis de la Plage** avril-15 nov.
🔊 02 33 50 52 01 – N : 1, 5 km par r. du Champ de Courses, près de l'hippodrome – Places
limitées pour le passage « Dans les dunes, au bord de la plage » ⚬⊸ avril-sept. – **R** conseillée –
GB ⚒
2 ha (131 empl.) plat, herbeux, sablonneux 🗖
🏔 ⇄ 🖾 🛖 ⊕ 🖾 🖾 🏸 – A proximité : 🐎
Tarif : 🍴 *29 –* 🖾 *33 –* 🔌 *12 (2A) 16 (4A) 22 (6A)*
Location : 🛖 *2000 à 3000*

30240 Gard 🔟 – 🟦🟦 ⑧ G. Provence – 5 253 h. alt. 2.

🅱 Office de Tourisme r. M.-Rédares 𝒫 04 66 51 67 70, Fax 04 66 51 06 80 et (saison) Maison des Services, Nouveau Port de Pêche 𝒫 04 66 53 14 06.

Paris 754 – Aigues-Mortes 6 – Arles 55 – Lunel 22 – Montpellier 33 – Nîmes 48 – Sète 50.

  ᴀᴀᴀ **Le Boucanet** 29 avril-sept.

𝒫 04 66 51 41 48, Fax 04 66 51 41 87 – NO : 1 km, rte de la Grande Motte, au lieu-dit le Boucanet, bord de mer (hors schéma) – �o— ✗ – **R** conseillée – 🅶🅱 ⚲
7,5 ha (458 empl.) plat, sablonneux ⌂ ♀
♿ ♨ ⇌ 🖃 ♨ ⊕ 🛒 🖼 – ⛬ ☕ ✗ ⚐ cases réfrigérées – ⚶ ⚶ 🚴 ✗ ⌿ – A proximité : ⚞
Tarif : ▣ piscine comprise 2 pers. 135, pers. suppl. 44 – 🔌 18 (6A)
Location : 🚐 2500 à 3900 – bungalows toilés

à Port-Camargue S : 3,5 km – ✉
30240 le Grau-du-Roi :

🅱 Office de Tourisme Carrefour 2000 (Pâques-sept.) 𝒫 04 66 51 71 68

  ᴀᴀᴀ **La Marine** avril-25 oct.

𝒫 04 66 53 36 90, Fax 04 66 51 50 45 – rte de l'Espiguette – o—
– **R** conseillée juil., indispensable 1ᵉʳ au 15 août – 🅶🅱 ⚲
4,2 ha (287 empl.) plat, sablonneux, herbeux ⌂ ♀
♿ ♨ ⇌ 🖃 ♨ ⊕ ⚶ ⚐ 🛒 🖼 – ⛬
☕ ✗ ⚐ cases réfrigérées – ⚶
⚶ ⌿ – A proximité : ⚞
Tarif : ▣ élect. et piscine comprises 4 pers. 225
Location ✂ : 🚐 1340 à 3900 – bungalows toilés

  ᴀᴀ **L'Abri de Camargue** avril-oct.

𝒫 04 66 51 54 83, Fax 04 66 51 76 42 – rte de l'Espiguette –
– **R** conseillée juil.-août – 🅶🅱 ⚲
4 ha (277 empl.) plat, sablonneux, herbeux ⌂ ♀♀
♨ ⇌ 🖃 ♨ ⊕ ⚶ ⚐ 🛒 🖼 – ⛬
☕ ✗ ⚐ – ⚶ ⚶ ⌿ ⌿ –
A proximité : ⚞
Tarif : (Prix 1999) ▣ élect. (5A) et piscine comprises 1 ou 2 pers. 140 à 250, 3 à 5 pers. 160 à 250
Location : 🚐 1820 à 3430

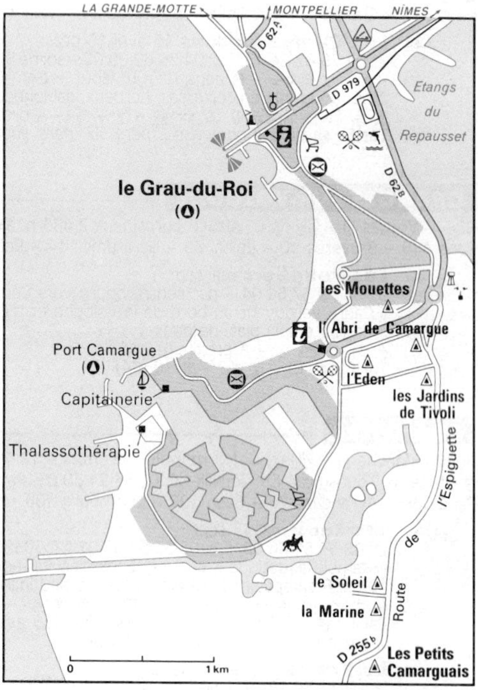

  ᴀᴀᴀ **L'Eden** 8 avril-3 oct.

𝒫 04 66 51 49 81, Fax 04 66 53 13 20 – rte de l'Espiguette, près du rond-point de Port-Camargue –
o— – **R** conseillée juil.-août –
🅶🅱 ⚲
5,25 ha (377 empl.) plat, sablonneux, herbeux ⌂ ♀♀
♿ ♨ ⇌ 🖃 ♨ ⊕ ⚶ ⚐ 🛒 🖼 – ⛬ ☕ ✗ ⚐ – 🚗 ⚶ ⌱ ⚌ ⚶ 🚴 ·⊕ ⚑ ⌿ toboggan aquatique, half-court – A proximité : ⚞
Tarif : ▣ élect. (10A) et piscine comprises 2 pers. 182 à 204
Location ✂ dans mobile-homes : 🚐 1204 à 4060 – 🏠 1540 à 4725 – bungalows toilés

  ᴀᴀᴀ **Les Jardins de Tivoli** avril-10 oct.

𝒫 04 66 53 97 00, Fax 04 66 51 09 81 – rte de l'Espiguette – Places limitées pour le passage o—
– **R** conseillée juil.-août – ⚲
7 ha (400 empl.) plat, sablonneux ⌂ ♀♀ - Sanitaires individuels (🗲 lavabo et évier eau froide, wc)
⊕ 🛒 ⚑ ⚶ – ⛬ ☕ snack, pizzeria ⚐ réfrigérateurs – 🚐 discothèque ⚶ 🚴 ✗ ⌿ – A proximité : ⚞
Tarif : ▣ élect. (10A), piscine et tennis compris 4 pers. 280
Location ✂ : 🏠 2600 à 3800

  ᴀᴀ **Les Petits Camarguais** 21 avril-24 sept.

𝒫 04 66 51 16 16, Fax 04 66 51 16 17 – rte de l'Espiguette – o— – **R** conseillée juil.-août – 🅶🅱 ⚲
3,5 ha (202 empl.) plat, sablonneux, herbeux ⌂ ♀♀
♿ ♨ ⇌ 🖃 ⚶ ⊕ 🖼 – ⛬ ☕ snack ⚐ – ⌿ – A proximité : ⚞
Tarif : ▣ piscine comprise 2 pers. 166 (186 avec élect. 6A), pers. suppl. 35
Location : ✂ 🚐 550 à 2600 – 🚐 770 à 3980

  ᴀ **Le Soleil** avril-29 sept.

𝒫 04 66 51 50 07, Fax 04 66 51 74 74 – rte de l'Espiguette, bord d'un plan d'eau – Places limitées pour le passage o— ✂ – **R** conseillée juil.-août – ⚲
3 ha (247 empl.) plat, sablonneux ♀♀
♿ ♨ ⚶ ⊕ 🖼 – ⛬ ☕ ✗ ⚐ – A proximité : ⚞ ·
Tarif : ▣ 2 pers. 65, pers. suppl. 20 – 🔌 15 (6A)
Location : 🚐 1000 à 2800

LA GRANDE-MOTTE · MONTPELLIER · NÎMES

le Grau-du-Roi (o)

Etangs du Repausset

les Mouettes

l'Abri de Camargue

Port Camargue (o)

Capitainerie

Thalassothérapie

l'Eden

les Jardins de Tivoli

le Soleil

la Marine

Les Petits Camarguais

l'Espiguette

Route de

0   1 km

⍀ **Les Mouettes** avril-sept.
℘ 04 66 51 44 00 – Nord-Est, rte du Grau-du-Roi, près du rond-point de Port-Camargue – o╾ –
R conseillée – ⊖B ♒
1,2 ha (82 empl.) plat, sablonneux, herbeux ⊑⊐ ᵠᵠ
♿ ⌂ ♒ ⬚ ⬓ ☺ ⚲ ▽ ▣ – ♟ – ⌂⎕ – A proximité : ⅄
Tarif : ▣ élect. comprise 1 à 3 pers. 100 ou 125, pers. suppl. 20

La GRAVE

05320 H.-Alpes 🔢 – 🔢 ⑦ G. Alpes du Nord – 455 h. alt. 1 526 – Sports d'hiver : 1 400/3 550 m ⚡2 ⚡2 ✗.
🅱 Office de Tourisme ℘ 04 76 79 90 05, Fax 04 76 79 91 65.
Paris 646 – Briançon 39 – Gap 127 – Grenoble 79 – Col du Lautaret 11 – St-Jean-de-Maurienne 68.

⍀ **Le Gravelotte** 20 juin-10 sept.
℘ 04 76 79 93 14, Fax 04 76 79 95 62 – O : 1,2 km par N 91 rte de Grenoble et chemin à gauche
– ⩽ « Agréable situation au pied des montagnes et au bord de la Romanche » o╾ juil.-août –
R – ♒
4 ha (50 empl.) plat, herbeux
♿ ⌂ ♒ ⬚ ⬓ ▣ – ♟ – ⬨
Tarif : ▣ piscine comprise 2 pers. 65, pers. suppl. 20 – ⚡ 13 (2A)

Ⓜ **Campingplatz mit Ausstattung moderner Sanitärer.**

GRAVESON

13690 B.-du-R. 🔢 – 🔢 ⑩ G. Provence – 2 752 h. alt. 14.
Paris 699 – Arles 25 – Avignon 14 – Cavaillon 27 – Nîmes 38 – Tarascon 11.

⍁ **Micocouliers** 15 mars-15 oct.
℘ 04 90 95 81 49 – SE : 1,2 km par D 28, rte de Châteaurenard et D 5 à droite, rte de Maillane
– Ⓜ o╾ – **R** conseillée 14 juil.-15 août – ♒
3,5 ha/2 campables (60 empl.) plat, pierreux, herbeux ⊑⊐
♿ ⌂ ♒ ⬚ ⬓ ☺ ▣ – ⬨
Tarif : (Prix 1999) ▣ piscine comprise 2 pers. 75, pers. suppl. 25 – ⚡ 15 (4A) 22 (8A) 30 (13A)

GRAVIÈRES

07 Ardèche – 🔢 ⑧ – rattaché aux Vans.

GRAYAN-ET-L'HÔPITAL

33590 Gironde 🔢 – 🔢 ⑯ – 617 h. alt. 6.
Paris 523 – Bordeaux 89 – Lesparre-Médoc 23 – Soulac-sur-Mer 11.

⍀ **Municipal du Gurp**
℘ 05 56 09 44 53, Fax 05 56 09 59 78 – O : 5 km, à 300 m de la plage – ⌖ o╾
24 ha/10 campables (1000 empl.) plat, légèrement accidenté, dunes ᵠᵠ pinède
♿ ⌂ ⬚ ⩗ – A proximité : ⬛ ♟ ✗ ☶ ⌐

GRÉOUX-LES-BAINS

04800 Alpes-de-H.-Pr. 🔢 – 🔢 ⑮ G. Alpes du Sud – 1 718 h. alt. 386 – ♨ (01-03/21-12).
🅱 Office de Tourisme 5 av. Marronniers ℘ 04 92 78 01 08, Fax 04 92 78 13 00.
Paris 768 – Aix-en-Provence 55 – Brignoles 56 – Digne-les-Bains 66 – Manosque 14 – Salernes 51.

⍁ **La Pinède** mars-nov.
℘ 04 92 78 05 47, Fax 04 92 77 69 05 – S : 1,5 km par D 8, rte de St-Pierre, à 200 m du Verdon
– ⌖ ⩽ o╾ – **R** conseillée juil.-août – ⊖B ♒
3 ha (160 empl.) plat, peu incliné et en terrasses, pierreux, gravillons ⊑⊐ ᵠᵠ
▥ ♿ ⌂ ♒ ⬚ ⩗ ☺ ▣ – ♟ – ⏦ ☶ ⬨
Tarif : ▣ élect. (3A), piscine et tennis compris 2 pers. 80, pers. suppl. 20 – ⚡ 5 (6A) 10 (10A)
Location : ⌸ 2200 à 2900

⍁ **Verseau** avril-oct.
℘ 04 92 77 67 10 – S : 1,2 km par D 8, rte de St-Pierre et chemin à droite, près du Verdon – Ⓜ
⌖ ⩽ o╾ – **R** conseillée juil.-août – ♒
2,5 ha (120 empl.) plat, peu incliné, pierreux, herbeux ⊑⊐
▥ ♿ ⌂ ♒ ⬚ ☺ ⚲ ▽ ▣ – ⌂⎕ ⏦ ⬨
Tarif : (Prix 1999) ▣ piscine comprise 2 pers. 70, pers. suppl. 18 – ⚡ 15 (10A)
Location : ⌸ 1400 à 2345

⍀ **Regain** avril-20 oct.
℘ 04 92 78 09 23 – S : 2 km par D 8, rte de St-Pierre – ⌖ ⩽ « Au bord du Verdon » o╾ – **R** conseillée
– ♒
3 ha (83 empl.) plat et terrasse, pierreux, herbeux ᵠ
♿ ⌂ ♒ ⬚ ⬓ ☺ ⚲ ▽ – ⟿
Tarif : ⚲ 18 – ▣ 25 – ⚡ 10 (3A) 15 (6A) 20 (9A)

GRESSE-EN-VERCORS

38650 Isère 🔢 – 🔢 ⑭ G. Alpes du Nord – 265 h. alt. 1 205 – Sports d'hiver : 1 300/1 700 m ⚡16 ⚡.
🅱 Office de Tourisme ☎ 04 76 34 33 40, Fax 04 76 34 31 26.
Paris 615 – Clelles 21 – Grenoble 48 – Monestier-de-Clermont 14 – Vizille 44.

⚠️ **Les 4 Saisons** 26 déc.-15 mars, 25 mai-3 sept.
☎ 04 76 34 30 27, Fax 04 76 34 39 52 – SO : 1,3 km, au lieu-dit la Ville – ❄ 🔅 ≤ massif du Vercors
« Situation agréable » ⊶ – **R** – ⬛ ⚡
2,2 ha (90 empl.) en terrasses, plat, pierreux, gravillons, herbeux
🔳 🔥 🎋 ⇌ 🗔 🛏 ⊕ 🖥 – 🚗 🚚 ⚙ 🎿 – A proximité : parcours sportif 🍴 snack 🚲 discothèque
🔹⊕ 🎽 🏉
Tarif : (Prix 1999) 🔲 piscine comprise 1 ou 2 pers. 71, pers. suppl. 21 – ⚡ 2 à 10A : 16 à 28 (hiver 22 à 55)
Location 🎽 en hiver 🚐 1400 à 2400 – 🏠 1650 à 2900

Om een reisroute uit te stippelen en te volgen,
om het aantal kilometers te berekenen,
om precies de ligging van een terrein te bepalen
(aan de hand van de inlichtingen in de tekst),
*gebruikt u de **Michelinkaarten** schaal 1 : 200 000 ;*
een onmisbare aanvulling op deze gids.

GRÉSY-SUR-AIX

73 Savoie – 🔢 ⑮ – rattaché à Aix-les-Bains.

GREZ-NEUVILLE

49220 M.-et-L. 🔢 – 🔢 ⑳ G. Châteaux de la Loire – 1 040 h. alt. 15.
Paris 296 – Angers 24 – Candé 30 – Château-Gontier 29 – La Flèche 51.

⚠️ **Municipal** 13 mai-12 sept.
☎ 02 41 95 61 19 – parc de la mairie, bord de la Mayenne – ⊶ juil.-août – **R** – ⬛ ⚡
1,5 ha (36 empl.) plat, peu incliné, herbeux ♀
🔥 🎋 ⇌ 🗔 🛏 ⊕ – 🚚 🎽
Tarif : 👤 8,60 – 🚗 4,90 – 🔲 5,50 – ⚡ 10 (6A)

GRIGNAN

26230 Drôme 🔢 – 🔢 ② – 1 300 h. alt. 198.
Paris 632 – Crest 48 – Montélimar 24 – Nyons 24 – Orange 49 – Pont-St-Esprit 34 – Valence 72.

⚠️ **Les Truffières** avril-sept.
☎ 04 75 46 93 62 – SO : 2 km par D 541, rte de Donzère, D 71, rte de Chamaret à gauche et chemin
– 🔅 « Cadre boisé » ⊶ 🎽 – **R** conseillée juil.-août – ⬛
1 ha (35 empl.) plat, herbeux, pierreux, bois attenant 🏕 ♀♀
🔥 🎋 ⇌ 🗔 🛏 ⊕ 🐟 🛏 – snack – 🚗 🚚
Tarif : (Prix 1999) 🔲 piscine comprise 2 pers. 85, pers. suppl. 26 – ⚡ 23 (10A)
Location : 🚐 1000 à 1800 – 🚐 1500 à 2450

GRIMAUD

83310 Var 🔢 – 🔢 ⑰ G. Côte d'Azur – 3 322 h. alt. 105.
🅱 Syndicat d'Initiative bd des Aliziers ☎ 04 94 43 26 98, Fax 04 94 43 32 40 annexe (saison) Port-Grimaud.
Paris 865 – Brignoles 57 – Fréjus 32 – Le Lavandou 33 – St-Tropez 11 – Ste-Maxime 11 – Toulon 65.

⚠️ **Charlemagne** Permanent
☎ 04 94 43 22 90, Fax 04 94 43 37 13 – O : 2 km par D 558 et D 14, rte de Collobrières – 🔅 ⊶
– **R** conseillée juil.-août – ⬛ ⚡
2 ha (100 empl.) non clos, plat, peu incliné et en terrasses, pierreux, herbeux ♀♀
🎋 ⇌ 🗔 🛏 🔅 ⊕ 🖥 – 🍴 snack 🚲 – 🎿
Tarif : (Prix 1999) 🔲 piscine comprise 2 pers. 93, pers. suppl. 30 – ⚡ 19 (4A)
Location : 🚐 1750 à 3000 – bungalows toilés

⚠️ **La Pinède** 25 mars-15 oct.
☎ 04 94 56 04 36, Fax 04 94 56 30 86 – E : 3,5 km par D 558 et D 14, rte de Ste-Maxime – ⊶
– **R** – ⬛ ⚡
4,3 ha (204 empl.) plat, peu incliné, herbeux ♀
🔥 🎋 🗔 🔅 ⊕ 🖥 – 🍴 ✗ snack, pizzeria 🚲 – 🚚
Tarif : 🔲 2 pers. 110 – ⚡ 22 (4A) 25 (6A) 27 (10A)
Location : 🚐 1800 à 3000

Voir aussi à la Croix-Valmer et à Ramatuelle

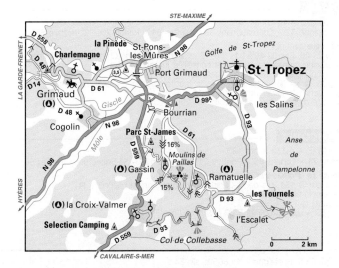

Teneinde deze gids beter te kunnen gebruiken,
DIENT U DE VERKLARENDE TEKST AANDACHTIG TE LEZEN.

GROLÉJAC

24250 Dordogne **18** – **75** ⑰ – 545 h. alt. 67.
Paris 543 – Gourdon 14 – Périgueux 79 – Sarlat-la-Canéda 12.

Schéma à la Roque-Gageac

▲▲▲ **Les Granges** 2 mai-16 sept.
  𝒫 05 53 28 11 15, Fax 05 53 28 57 13 – au bourg – ⌂ ⚊ – **R** conseillée juil.-août –
  ⊖ℬ ⚐
  6 ha (173 empl.) plat, incliné et en terrasses, herbeux ☷ 🎯
  ⅍ 🏠 ⚐ ⊡ 🔥 ⊟ ⊕ 🗐 ⚐ 🖥 – 🍴 ✗ 🗲 – ▭ ⟿ 🚲 🖈 🗲 toboggan aquatique – A proxi-
  mité : 🏊
  Tarif : 🗐 *piscine comprise 4 pers. 200* – 🔌 *20 (6A)*
  Location : 🚃 *1995 à 3675* – 🛖 *1995 à 4270*

▲ **Municipal le Roc Percé** 15 juin-15 sept.
  𝒫 05 53 59 48 70 – S : 2 km par D 704, D 50 rte de Domme et rte de Nabirat à gauche, bord d'un
  plan d'eau – Ⓜ ⌂ ≼ ⚊ – **R** conseillée – ⚐
  2 ha (92 empl.) plat, herbeux ☷
  ⅍ 🏠 ⚐ ⊡ ⊟ ⊕ 🗐 🖥 – 🏊
  Tarif : ✳ *20* – 🗐 *25* – 🔌 *12 (10A)*

GROSPIERRES

07120 Ardèche **16** – **80** ⑧ – 507 h. alt. 124.
Paris 662 – Aubenas 35 – Largentière 22 – Privas 65 – St-Ambroix 27 – Vallon-Pont-d'Arc 14.

▲ **Aire Naturelle les Chadenèdes** avril-oct.
  𝒫 04 75 39 09 19 – au Sud du bourg – ⌂ ≼ – **R** juil.-août – ⚐
  1 ha (25 empl.) en terrasses, plat, peu incliné, herbeux 🌳
  ⅍ 🏠 🗐 🔥 ⊕ 🖥 – 🗲 🏊
  Tarif : 🗐 *piscine comprise 2 pers. 60* – 🔌 *14 (6A)*
  Location : *gîtes*

Le GROS-THEIL

27370 Eure **5** – **54** ⑳ – 925 h. alt. 145.
Paris 132 – Bernay 30 – Elbeuf 16 – Évreux 35 – Pont-Audemer 32.

▲▲▲ **Salverte** Permanent
  𝒫 02 32 35 51 34, Fax 02 32 35 92 79 – SO : 3 km par D 26, rte de Brionne et chemin à
  gauche – Places limitées pour le passage ⌂ « Agréable cadre boisé » ⚊ – **R** conseillée
  – ⊖ℬ
  17 ha/10 campables (300 empl.) plat, herbeux ☷ 🎯
  ▥ 🏠 🗐 ⊡ ⊕ 🔥 ⚐ 🖥 – 🍴 snack 🗲 – ▭ salle d'animation 🗲 ⊕ 🏞 🖈 🏊 (découverte l'été)
  Tarif : 🗐 *élect. (3A) et piscine comprises 2 pers. 80, pers. suppl. 30* – 🔌 *15 (4A) 20 (6A)*

GUÉMENÉ-PENFAO

44290 Loire-Atl. ④ – ⑥③ ⑯ – 4 464 h. alt. 37.
Paris 389 – Bain-de-Bretagne 32 – Châteaubriant 39 – Nantes 61 – Redon 20 – St-Nazaire 58.

⚠ *L'Hermitage* avril-oct.
     ⌀ 02 40 79 23 48, Fax 02 40 51 11 87 – E : 1,2 km par rte de Châteaubriant et chemin à droite,
près de la piscine municipale – ⚊ – **R** conseillée juil.-août – ⌦ ⤬
2,5 ha (83 empl.) plat, et peu incliné, herbeux ○○
     ⅁ ⚲ ⇌ ⌧ ⚏ ◎ ▽ ▣ – ⌂ ⚡ ⚲ ⤥ (petite piscine) – A proximité : ✂ ⌇
Tarif : ▣ 2 pers. 55, pers. suppl. 16 – ⒢ 13 (6A)
Location : *gîte d'étape, bungalows toilés*

GUÉMENÉ-SUR-SCORFF

56160 Morbihan ③ – ⑤⑨ ⑪ – 1 332 h. alt. 180.
Paris 484 – Concarneau 71 – Lorient 45 – Pontivy 21 – Rennes 129 – St-Brieuc 69 – Vannes 66.

⚠ *Municipal le Palévart* 15 juin-15 sept.
sortie Ouest par D 131, rte de St-Caradec-trégomel, bord du Scorff – **R**
0,2 ha (19 empl.) plat, herbeux ○
     ⅁ (⚲ juil.-août) ◎
Tarif : ⚹ 7,60 – ⊂⇒ 5,20 – ▣ 5,20 – ⒢ 10,30 (6A)

GUÉRANDE

44350 Loire-Atl. ④ – ⑥③ ⑭ G. Bretagne – 11 665 h. alt. 54.
🛈 Office de Tourisme 1 pl. Marché aux Bois ⌀ 02 40 24 96 71, Fax 02 40 62 04 24.
Paris 456 – La Baule 7 – Nantes 80 – St-Nazaire 21 – Vannes 67.

⚠⚠ *Parc de Lévéno* 29 avril-sept.
     ⌀ 02 40 24 79 30, Fax 02 40 62 01 23 – E : 3 km par D 247, rte de St-André-des-Eaux, à gauche
au rond point, direction Etang de Sandun – Places limitées pour le passage ⅏ ⚊ – **R** conseillée
15 juil.-août – ⌦ ⤬
5 ha (307 empl.) plat, herbeux ○
     ⅁ ⚲ ⇌ ⌧ ☰ ◎ ⚏ ▽ ▣ – ⚑ ⚲ ✗ ⟲ – ⌂ ⚡ ✂ ⌇ ⌇ toboggan aquatique
Tarif : ⚹ 25 piscine comprise – ▣ 65 (82 avec élect. 6A)
Location : 1515 à 3505

⚠⚠ *Le Bréhadour* avril-1ᵉʳ oct.
     ⌀ 02 40 24 93 12, Fax 02 40 62 10 47 – NE : 2 km par D 51, rte de St-Lyphard et rte à gauche,
accès conseillé par D 99ᴱ – ⅏ ⚊ – **R** conseillée – ⌦ ⤬
7 ha (271 empl.) plat et vallonné, herbeux ○○ (2 ha)
     ⅁ ⚲ ⇌ ⌧ ⚏ ⇌ ◎ ☰ ▣ – ⚑ ⚲ – ✂ ⌇ ⌇ – A proximité : ⊸ 🎿
Tarif : ⚹ 34 piscine comprise – ▣ 45 – ⒢ 20 (4A) 25 (10A)
Location : 1200 à 2600 – 1600 à 3200

⚠⚠ *L'Étang* 15 avril-15 sept.
     ⌀ 02 40 61 93 51, Fax 02 40 61 96 21 – NE : 5 km par rte de St-Lyphard puis 3 km par D 48
à droite et rte à gauche, près de l'étang – ⅏ ⚊ juil.-août – **R** conseillée juil.-août –
⌦ ⤬
2 ha (109 empl.) plat, herbeux ○
     ⅁ ⚲ ⇌ ⌧ ⚏ ⚲ ◎ ▣ – ⟲ – ⚡ ⌇
Tarif : ⚹ 22,50 piscine comprise – ⊂⇒ 11 – ▣ 28,50 – ⒢ 16,50 (4A) 20,50 (10A)
Location : 1200 à 3300 – bungalows toilés

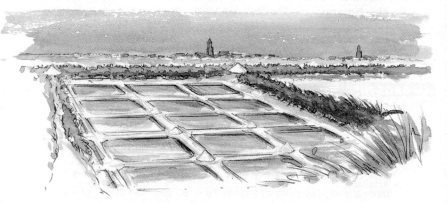

La GUERCHE-SUR-L'AUBOIS

18150 Cher 🔟 – 🔢 ③ – 3 219 h. alt. 184.
🟦 Office de Tourisme 1 pl. Auguste-Fournier 📞 02 48 74 25 60, Fax 02 48 74 25 60.
Paris 248 – Bourges 47 – La Charité-sur-Loire 31 – Nevers 22 – Sancoins 16.

  ▲ **Municipal le Robinson** mai-sept.
    📞 02 48 74 18 86 – SE : 1,4 km par D 200, rte d'Apremont puis à droite, 0,6 km par D 218 et chemin
    à gauche, près d'un plan d'eau « Situation agréable » o⊸ – **R** conseillée – ⚲
    1,5 ha (33 empl.) plat et peu incliné, herbeux ⊏⊐
    🔌 🏠 ⇆ 🖫 🖆 🖲 – 🖵 🦽 ≊ – A proximité : 🍴 🦽 ≊
    Tarif : (Prix 1999) 🛉 11 – 🚗 10 – 🖃 11 – 🔌 16 (16A)
    Location (permanent) : 🏠 1375 à 1985

GUÉRET

23000 Creuse 🔟 – 🔢 ⑨ G. Berry Limousin – 14 706 h. alt. 457.
🟦 Office de Tourisme 1 av. Ch.-de-Gaulle 📞 05 55 52 14 29, Fax 05 55 41 19 38.
Paris 355 – Bourges 122 – Châteauroux 90 – Clermont-Ferrand 135 – Limoges 90 – Montluçon 66 –
Tulle 129.

  ▲▲ **Municipal du Plan d'Eau de Courtille** juin-sept.
    📞 05 55 81 92 24 – SO : 2,5 km par D 914, rte de Benevent et chemin à gauche, près d'un plan
    d'eau (accès direct) – ⚲ ≼ « Situation agréable » o⊸ – **R** conseillée – ⚲
    2,4 ha (70 empl.) incliné à peu incliné, plat, herbeux ⊏⊐
    🔌 🏠 ⇆ 🖫 🖆 ⊕ 🖭 🖲 – A proximité : ≊ (plage)
    Tarif : (Prix 1999) 🛉 11 – 🚗 7 – 🖃 34 avec élect. (3 ou 10A)

LA GUÉRINIÈRE

85 Vendée – 🔢 ① – voir à Noirmoutier (Île de).

Le GUERNO

56190 Morbihan 🔢 – 🔢 ⑭ G. Bretagne – 580 h. alt. 60.
Paris 456 – Muzillac 9 – Redon 31 – La Roche-Bernard 15 – Sarzeau 34 – Vannes 34.

  ▲ **Municipal de Borg-Néhué** avril-1er nov.
    NO : 0,5 km par rte de Noyal-Muzillac – ⚲ – **R** conseillée – ⚲
    1,4 ha (50 empl.) plat, herbeux ⊏⊐
    🔌 🏠 ⇆ 🖫 🖆 🖲 – 🦽
    Tarif : (Prix 1999) 🖃 2 pers. 39,20, pers. suppl. 13,95 – 🔌 9,90

GUEUGNON

71130 S.-et-L. 🔟 – 🔢 ⑰ – 9 697 h. alt. 243.
Paris 339 – Autun 52 – Bourbon-Lancy 26 – Digoin 16 – Mâcon 86 – Montceau-les-Mines 29 – Moulins 62.

  ▲ **Municipal de Chazey** juin-sept.
    📞 03 85 85 23 11 – S : 4 km par D 994, rte de Digoin et chemin à droite – ⚲ « Près d'un petit
    canal et de deux plans d'eau » o⊸ – **R**
    1 ha (20 empl.) plat, herbeux ⊏⊐
    🔌 🏠 ⇆ 🖫 🖆 ⚲ – 🖵 🦽 – A proximité : 🛋 ≊ (plage)
    Tarif : (Prix 1999) 🛉 12,10 – 🚗 7,10 – 🖃 22,70 – 🔌 12,10 (4A) 27,20 (10A)

GUEWENHEIM

68116 H.-Rhin 🔢 – 🔢 ⑨ – 1 140 h. alt. 323.
Paris 443 – Altkirch 22 – Belfort 25 – Mulhouse 21 – Thann 9.

  ▲▲ **La Doller**
    📞 03 89 82 56 90, Fax 03 89 82 82 31 – N : 1 km par D 34 rte de Thann et chemin à droite, bord
    de la Doller – ⚲ « Ambiance familiale dans un cadre verdoyant et fleuri » o⊸ – Adhésion FFCC
    obligatoire
    0,8 ha (40 empl.) plat, herbeux ♀
    🎦 🔌 🏠 ⇆ 🖫 🖆 🔥 ⊕ 🖭 🖲 – 🍴 – 🖵 🦽 ⊐ – A proximité : half-court ✂ 🖈

GUIGNICOURT

02190 Aisne 🔢 – 🔢 ⑥ – 2 008 h. alt. 67.
Paris 166 – Laon 40 – Reims 32 – Rethel 38 – Soissons 54.

  ▲ **Municipal du Bord de l'Aisne** avril-15 oct.
    📞 03 23 79 74 58 – sortie Sud-Est par D 925 et rue à droite – Places limitées pour le passage « Au
    bord de l'Aisne » o⊸ – **R** – ⚲
    1,5 ha (100 empl.) plat, herbeux ♀
    🎦 🏠 🔥 ⊕ – ✂
    Tarif : (Prix 1999) 🛉 10 – 🖃 12 – 🔌 18 (6A) 30 (10A)

GUILLAUMES

06470 Alpes-Mar. **17** – **81** ⑲ – 533 h. alt. 800.
🛈 Office de Tourisme Mairie 𝒫 04 93 05 52 23, Fax 04 93 05 54 75.
Paris 801 – Annot 28 – Barcelonnette 61 – Puget-Théniers 32.

⚠ **Aire Naturelle du Pont de la Mariée** 30 avril-sept.
SE : 1,6 km par D 2202, rte de Daluis puis 1 km à gauche avant le pont du Var – 🐾 ⩽ �o🚐 – **R** conseillée
15 juil.-15 août – ⚡
2,5 ha (25 empl.) peu incliné à incliné, terrasses, herbeux, pierreux
🗠
Tarif : 🗉 *2 pers. 50*

GUILLESTRE

05600 H.-Alpes **17** – **77** ⑱ Ⓖ. Alpes du Sud – 2 000 h. alt. 1 000.
🛈 Office de Tourisme pl. Salva 𝒫 04 92 45 04 37, Fax 04 92 45 09 19.
Paris 719 – Barcelonnette 53 – Briançon 37 – Digne-les-Bains 117 – Gap 62.

🏕 **Le Villard** Permanent
𝒫 04 92 45 06 54, Fax 04 92 45 00 52 – O : 2 km par D 902ᴬ, rte de Gap, bord du Chagne – ❄
⩽ o🚐 – **R** conseillée – ⚡
3,2 ha (120 empl.) plat et peu incliné, herbeux, pierreux ♀
▥ & 🗠 ⇆ 🗔 🏖 ⊙ 🖩 – snack ⇲ – 🖳 🏊 🛝 ⊿ half-court
Tarif : (Prix 1999) 🗉 *piscine comprise 2 pers. 105 (hiver 75), pers. suppl. 28 (hiver 15)* – 🔌 *2A : 5
(hiver 9) 6A : 14 (hiver 30) 10A : 18 (hiver 32)*
Location ⚡ *juil.-août :* 🏠 *1500 à 2900 – gîte d'étape*

🏕 **St-James-les-Pins** Permanent
𝒫 04 92 45 08 24, Fax 04 92 45 18 65 – O : 1,5 km par rte de Risoul et rte à droite – ❄ ⩽ « Agréable
pinède, au bord du Chagne » o🚐 – **R** conseillée juil.-août – ⚡
2,5 ha (105 empl.) plat et peu incliné, herbeux, pierreux ♀♀ pinède
▥ & 🗠 ⇆ 🗔 🏖 ⊙ 🖩 – 🖳 🏊 – A proximité : ❳ ⊿
Tarif : (Prix 1999) 🗉 *2 pers. 74, pers. suppl. 15* – 🔌 *9 (3A) 15 (5A)*
Location : 🏠 *1700 à 3000* – ⊨

⚠ **La Ribière** 10 juin-17 sept.
𝒫 04 92 45 25 54 – au Sud du bourg, accès par chemin près du carrefour D 902ᴬ et D 86, rte de
Risoul – 🐾 ⩽ « Au bord de la Chagne » o🚐 – **R** conseillée juil.-15 août – ⚡
5 ha/2 campables (50 empl.) peu incliné, plat, terrasses, herbeux, pierreux ♀
🗠 ⇆ 🔊 ⊙ 🖩
Tarif : 🗉 *2 pers. 58/60, pers. suppl. 19* – 🔌 *11 (3A) 15 (6A) 18(10A)*
Location ⚡ : 🏠 *1300 à 1450*

GUILVINEC

29730 Finistère **3** – **58** ⑭ Ⓖ. Bretagne – 3 365 h. alt. 5.
🛈 Office de Tourisme 62 r. de la Marine 𝒫 02 98 58 29 29, Fax 02 98 58 34 05.
Paris 588 – Douarnenez 40 – Pont-l'Abbé 12 – Quimper 32.

🏕 **Grand Camping de la Plage** 29 avril-9 sept.
𝒫 02 98 58 61 90, Fax 02 98 58 89 06 – O : 2 km, rte de la Corniche vers Penmarch, à 100 m de
la plage (accès direct) – o🚐 – **R** indispensable 15 juil.-15 août – 🄶🄱 ⚡
7 ha (410 empl.) plat, herbeux, sablonneux
& 🗠 ⇆ 🗔 🏖 ⊙ 🔊 ⊙ ⚥ 🏐 🖩 – 🖳 🍽 crêperie – 🖽 🏌 🛶 🏊 ⚴ ❳ ⊿ ⊿ toboggan aquatique
Tarif : 🏕 *30 piscine comprise* – 🗉 *99* – 🔌 *10 (2A) 16 (6A) 20 (10A)*
Location : 🏠 *1500 à 3900 – bungalows toilés*

GUIMAËC

29620 Finistère **3** – **58** ⑥ – 880 h. alt. 110.
Paris 540 – Brest 74 – Lannion 28 – Morlaix 17.

⚠ **Municipal de Pont-Pren** 15 juin-15 sept.
𝒫 02 98 78 80 77 – NO : 0,5 km par rte de St-Jean-du-Doigt, au stade – 🐾 – **R** – ⚡
1,4 ha (50 empl.) plat, herbeux
🗠 ⇆ 🏖 ⊙ ⚥ 🖳 – ❳
Tarif : 🏕 *8,40 et 2,75 pour eau chaude* – 🚗 *5,10* – 🗉 *5,10* – 🔌 *8,40 (2A) 10,40 (4A) 15,20 (6A)*

GUÎNES

62340 P.-de-C. **1** – **51** ② Ⓖ. Picardie Flandres Artois – 5 105 h. alt. 5.
Paris 284 – Arras 105 – Boulogne-sur-Mer 33 – Calais 12 – St-Omer 35.

🏕 **La Bien-Assise** 25 avril-25 sept.
𝒫 03 21 35 20 77, Fax 03 21 36 79 20 – sortie Sud-Ouest par D 231 rte de Marquise – 🐾 « Cadre
agréable » o🚐 – **R** conseillée juil.-août – 🄶🄱 ⚡
20 ha/12 campables (176 empl.) plat, peu incliné, herbeux, petit étang ♀♀ (0,4 ha)
& 🗠 ⇆ 🗔 🏖 ⊙ ⚥ 🖩 – 🖳 🍽 snack – 🏊 ⚴ ❳ ⊿ ⊿ toboggan aquatique
Tarif : 🗉 *piscine comprise 2 pers. 110* – 🔌 *20 (6A)*
Location ⚡ : 🏠 *1750 à 2450* – ⊨ *(hôtel)*

GUJAN-MESTRAS

33 Gironde – 🗺️🔢 ② – voir à Arcachon (Bassin d').

HABAS

40290 Landes 🔢 – 🔢 ⑦ – 1 310 h. alt. 105.
Paris 757 – Bayonne 57 – Dax 22 – Orthez 22 – Salies-de-Béarn 16.

   ▲ **Aire Naturelle les Tilleuls** Pâques-Toussaint
     𝒫 05 58 98 04 21 – N : 1,2 km par D 3 et chemin à gauche – 🏖️ – **R** conseillée saison
     0,5 ha (12 empl.) peu incliné, herbeux 🖵 ♀
     🏠 🕙 🛁 ⊕ – 🚗
     Tarif : 🄴 1 pers. 20 – [⚡] 10
     Location : 🏠850 à 1000

HAGETMAU

40700 Landes 🔢 – 🔢 ⑦ G. Aquitaine – 4 449 h. alt. 96.
🅱 Office de Tourisme pl. de la République 𝒫 05 58 79 38 26, Fax 05 58 79 47 27.
Paris 741 – Aire-sur-l'Adour 34 – Dax 47 – Mont-de-Marsan 30 – Orthez 25 – Pau 56 – Tartas 30.

   ▲▲ **Municipal de la Cité Verte** juin-sept.
     𝒫 05 58 05 77 59 – au Sud de la ville par av. du Dr-Edouard-Castera, près des arènes et de la piscine,
     bord d'une rivière – 🏖️ 🚰 ⊕ – **R** conseillée 15 juil.-20 août – ⚡
     0,4 ha (24 empl.) plat, herbeux 🖵 Sanitaires individuels : 🏠 🕙 🛁 (évier) wc, ⊕ 🏖️ ⬩ – 🖼️ –
     A proximité : parcours sportif, golf, 🚉, 🅵 self service 🍴 🚗 🏊
     Tarif : (Prix 1999) 🄴 élect. comprise 95 sans limitation du nombre de pers.

HANVEC

29224 Finistère 🔢 - 🔢 ⑤ – 1 474 h. alt. 103.
Paris 585 – Brest 32 – Carhaix-Plouguer 59 – Châteaulin 22 – Landerneau 24 – Morlaix 48 – Quimper 46.

   ▲ **Municipal de Kerliver** 15 juin-15 sept.
     𝒫 02 98 20 03 14 – O : 4 km par D 47 et rte d'Hôpital-Camfrout à gauche – 🏖️ 🚰 juil.-août –
     R conseillée juil.-août – ⚡
     1,25 ha (75 empl.) peu incliné, herbeux, verger et sous-bois ♀
     🏠 🕙 🛁 ⊕
     Tarif : 🚶 13,50 – 🚗 4,10 – 🄴 4,10/8,20 – [⚡] 6,80 (10A)

HASPARREN

64240 Pyr.-Atl. 🔢 – 🔢 ③ G. Aquitaine – 5 399 h. alt. 50.
🅱 Office de Tourisme 2 pl. Saint-Jean 𝒫 05 59 29 62 02, Fax 05 59 29 13 80.
Paris 789 – Bayonne 23 – Biarritz 34 – Cambo-les-Bains 9 – Pau 108 – Peyrehorade 36 – St-Jean-Pied-de-Port 34.

   ▲▲ **Chapital** mai-15 oct.
     𝒫 05 59 29 62 94, Fax 05 59 29 69 71 – O : 0,5 km par D 22 rte de Cambo-les-Bains (en deux parties
     distinctes) – 🚰 juil.-août – **R** conseillée juil.-août – ⚡
     2,5 ha (138 empl.) plat, en terrasses, peu incliné, herbeux ♀♀ (1 ha)
     🔥 🏠 🕙 🗄️ 🛁 ⊕ 🏖️ ⬩ 🖼️ – 🖼️ – A proximité : 🍴 🚗 🏊
     Tarif : 🚶 20 – 🚗 6 – 🄴 23 – [⚡] 19 (6 à 10A)
     Location (avril-oct.) : 🏠1300 à 3190

HAULMÉ

08800 Ardennes 🔢 – 🔢 ⑲ – 86 h. alt. 175.
Paris 264 – Charleville-Mézières 23 – Dinant 65 – Namur 106 – Sedan 47.

   ▲▲ **Base de Loisirs Départementale** Permanent
     𝒫 03 24 32 81 61 – sortie Nord-Est, puis 0,8 km par chemin à droite après le pont – ≼ « Au bord
     de la Semoy » 🚰 – **R** conseillée juil.-août – 🇬🇧 ⚡
     15 ha (405 empl.) plat, herbeux ♀
     🔲 🔥 🏠 🕙 🗄️ 🛁 ⊕ 🖼️ – 🖼️ 🚗 🚲 🏊 – A proximité : parcours sportif
     Tarif : (Prix 1999) 🚶 15,50 – 🚗 7,95 – 🄴 8,55 – [⚡] 11,50 (3,5A) 14,80 (6A) 24,60 (10A)

HAUTECOURT-ROMANÈCHE

01250 Ain 🔢 – 🔢 ③ – 588 h. alt. 370.
Paris 444 – Bourg-en-Bresse 19 – Nantua 23 – Oyonnax 32 – Pont-d'Ain 19.

   ▲ **Municipal de Chambod** Pâques-sept.
     𝒫 04 74 37 25 41 – SE : 4,5 km par D 59 rte de Poncin puis rte à gauche, à 300 m de l'Ain (plan
     d'eau) – ≼ 🚰 – **R** conseillée été – ⚡
     2,4 ha (110 empl.) plat, herbeux ♀
     🔥 🏠 🕙 🗄️ 🛁 ⊕ 🖼️ – A proximité : parcours sportif 🎣 🏊
     Tarif : 🚶 17 – 🚗 9 – 🄴 14 – [⚡] 10 (5A) 18 (10A)

HAUTEFORT

24390 Dordogne **10** – **75** ⑦ G. Périgord Quercy – 1 048 h. alt. 160.
Paris 467 – Brive-la-Gaillarde 46 – Juillac 29 – Périgueux 43 – Sarlat-la-Canéda 54.

▲ **Le Moulin des Loisirs** Pâques-sept.
  ℰ 05 53 50 46 55 – SO : 2 km par D 72 et D 71 puis chemin à droite, à 100 m de l'étang du Coucou
  – ⌂ ⟶ – **R** conseillée juil.-août – ⊖ ✗
  4 ha (50 empl.) plat, incliné, en terrasses, herbeux, bois attenant ⌣ ♀ (1 ha)
  ⅊ ⌁ ⇄ ⌸ ⌫ ⌿ ⌖ ⌷ – ✗ ⇲ – ⊿ ⌇ poneys – A proximité : parcours sportif
  Tarif : ▣ *piscine comprise 2 pers. 72 –* ⍟ *18 (6A)*
  Location : ⌸ *850 à 1550*

Le HAVRE

76600 S.-Mar. **5** – **52** ⑪ G. Normandie Vallée de la Seine – 195 854 h. alt. 4.
Env. Pont de Normandie en 1999 Péage : auto 33 F, autos et caravanes 38 F, autocar 41 à 82 F et gratuit
pour motos.
▣ Office de Tourisme 186 bd Clemenceau ℰ 02 32 74 04 04, Fax 02 35 42 38 39.
Paris 198 – Amiens 182 – Caen 86 – Lille 292 – Nantes 374 – Rouen 88.

▲ **La Forêt de Montgeon** avril-oct.
  ℰ 02 35 46 52 39 ✉ 76620 Le Havre – Nord par D 32 rte de Montvilliers et rte à gauche, dans
  la forêt de Montgeon – ⌂ « Cadre et site agréables en forêt » ⟶ – **R** – ⊖ ✗
  3,8 ha (202 empl.) plat, peu incliné, herbeux ♀♀
  ⅊ ⌁ ⇄ ⌸ ⌫ ⌶ ⌻ ⌷ – ⊿ ⌮
  Tarif : ▣ *2 pers. 55/80 –* ⍟ *15 (5A) 26 (10A)*

HÈCHES

65250 H.-Pyr. **14** – **85** ⑲ – 553 h. alt. 690.
Paris 827 – Arreau 14 – Bagnères-de-Bigorre 35 – Bagnères-de-Luchon 47 – Lannemezan 14 – Tarbes 45.

▲ **La Bourie** Permanent
  ℰ 05 62 98 73 19, Fax 05 62 98 73 44 – S : 2 km par D 929, rte d'Arreau et à Rebouc D 26 à gauche,
  bord de la Neste d'Aure – ⌕ ⟶ – **R** août – ✗
  2 ha (100 empl.) plat, peu incliné, terrasse, herbeux
  ⅊ ⌁ ⇄ ⌸ ⌫ ⊕ ⌸
  Tarif : ✶ *15 –* ▣ *20 –* ⍟ *12 (4A) 25 (6A) 35 (10A)*

HEIMSBRUNN

68990 H.-Rhin **8** – **66** ⑨ – 1 098 h. alt. 280.
Paris 456 – Altkirch 14 – Basel 49 – Belfort 32 – Mulhouse 11 – Thann 17.

▲ **Parc la Chaumière** Permanent
  ℰ 03 89 81 93 43 – sortie Sud par D 19, rte d'Altkirch – Places limitées pour le passage ⌂ « Dans
  un agréable cadre arbustif » ⟶ – **R** juil.-août – ✗
  1 ha (66 empl.) plat, herbeux, gravillons ⌣ ♀
  ⅊ ⌁ ⇄ ⌸ ⌫ ⊕
  Tarif : (Prix 1999) ✶ *17 –* ▣ *28 –* ⍟ *14 (4A)*

HELETTE

64640 Pyr.-Atl. **13** – **85** ③ G. Aquitaine – 588 h. alt. 271.
Paris 801 – Bayonne 35 – Cambo-les-Bains 18 – Hasparren 14 – St-Jean-Pied-de-Port 22 – St-Palais 23.

. ▲ **Aire Naturelle Ospitalia** juil.-août
  ℰ 05 59 37 64 88 – SE : 3 km par D 245, rte d'Amendarits et chemin à droite – ⌂ ⩽ montagnes
  ⟶ – ✗
  1 ha (22 empl.) peu incliné, terrasses, herbeux ♀
  ⌁ ⇄ ⌫ ⊕
  Tarif : ▣ *1 pers. 38, 2 pers. 50, pers. suppl. 8 –* ⍟ *12 (3A)*

HENDAYE

64700 Pyr.-Atl. **13** – **85** ① G. Aquitaine – 11 578 h. alt. 30.
▣ Office de Tourisme 12 r. Aubépines ℰ 05 59 20 00 34, Fax 05 59 20 79 17.
Paris 804 – Biarritz 31 – Pau 145 – St-Jean-de-Luz 15 – San Sebastiàn 20.

à la Plage N : 1 km – ✉ 64700 Hendaye :

▲▲▲ **Ametza** juin-sept.
  ℰ 05 59 20 07 05, Fax 05 59 20 32 16 – E : 1 km, rue de l'Empereur – ⟶ – **R** conseillée – ⊖
  ✗
  4,5 ha (300 empl.) plat, peu incliné, en terrasses, herbeux ♀♀
  ⅊ ⌁ ⇄ ⌸ ⌫ ⌻ ⊕ ⌶ ⌷ – ⊿ ♀ ✗ ⇲ – ⊿ ⌇ ⌇ – A proximité : ⌖
  Tarif : ▣ *piscine comprise 2 pers. 112 –* ⍟ *22 (10A)*
  Location : ⌸ *1700 à 3300*

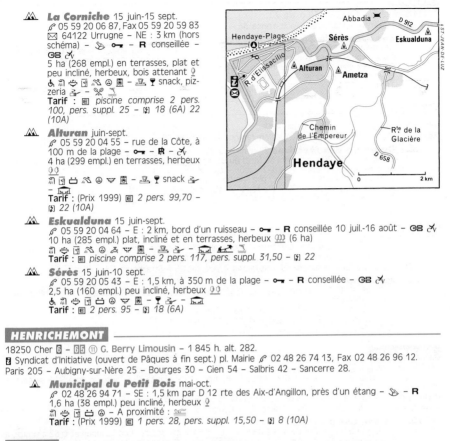

La Corniche 15 juin-15 sept.
🅿 05 59 20 06 87, Fax 05 59 20 59 83
✉ 64122 Urrugne – NE : 3 km (hors
schéma) – 🐾 ⊶ – **R** conseillée –
GB 🐕
5 ha (268 empl.) en terrasses, plat et
peu incliné, herbeux, bois attenant ⚲
🚻 📶 ⌂ 📷 🛒 – 🍴 snack, piz-
zeria 🛒 – ✂ 🏊
Tarif : 🗒 *piscine comprise 2 pers.
100, pers. suppl. 25* – 🔌 *18 (6A) 22
(10A)*

Alturan juin-sept.
🅿 05 59 20 04 55 – rue de la Côte, à
100 m de la plage – ⊶ – **R** – 🐕
4 ha (299 empl.) en terrasses, herbeux
⚲⚲
📶 📷 ⌂ 🛒 📷 – 🍴 snack 🛒
– 🏊
Tarif : (Prix 1999) 🗒 *2 pers. 99,70* –
🔌 *22 (10A)*

Eskualduna 15 juin-sept.
🅿 05 59 20 04 64 – E : 2 km, bord d'un ruisseau – ⊶ – **R** conseillée 10 juil.-16 août – **GB** 🐕
10 ha (285 empl.) plat, incliné et en terrasses, herbeux ⚲⚲⚲ (6 ha)
📶 ⌂ 📷 📷 🛒 📷 – 🍴 🛒 – 🏊 🏓 🏊
Tarif : 🗒 *piscine comprise 2 pers. 117, pers. suppl. 31,50* – 🔌 *22*

Sérès 15 juin-10 sept.
🅿 05 59 20 05 43 – E : 1,5 km, à 350 m de la plage – ⊶ – **R** conseillée – **GB** 🐕
2,5 ha (160 empl.) peu incliné, herbeux ⚲⚲
🚻 📶 ⌂ 📷 📷 – 🍴 🛒 – 🏊
Tarif : 🗒 *2 pers. 95* – 🔌 *18 (6A)*

HENRICHEMONT

18250 Cher 🖫 – 🖫🖫 ⑪ G. Berry Limousin – 1 845 h. alt. 282.
🎪 Syndicat d'Initiative (ouvert de Pâques à fin sept.) pl. Mairie 🅿 02 48 26 74 13, Fax 02 48 26 96 12.
Paris 205 – Aubigny-sur-Nère 25 – Bourges 30 – Gien 54 – Salbris 42 – Sancerre 28.

Municipal du Petit Bois mai-oct.
🅿 02 48 26 94 71 – SE : 1,5 km par D 12 rte des Aix-d'Angillon, près d'un étang – 🐾 – **R**
1,6 ha (38 empl.) peu incliné, herbeux ⚲
📶 ⌂ 📷 ⌂ 📷 – A proximité : 🏊
Tarif : (Prix 1999) 🗒 *1 pers. 28, pers. suppl. 15,50* – 🔌 *8 (10A)*

HENVIC

29670 Finistère 🖫 – 🖫🖫 ⑥ – 1 265 h. alt. 72.
Paris 549 – Brest 58 – Morlaix 12 – St-Pol-de-Léon 9.

Municipal de Kérilis juil.-août
🅿 02 98 62 82 10 – sortie Nord, rte de Carantec, au stade – 🐾 ⊶ – **R** – 🐕
1 ha (50 empl.) plat, herbeux
📶 ⌂ 📷 ⌂ 📷 – 🏊 – A proximité : ✂ 🎾
Tarif : ⚹ *10* – 🚗 *7,80* – 🗒 *16,70/18,85* – 🔌 *10*

HERBIGNAC

44410 Loire-Atl. 🖫 – 🖫🖫 ⑭ – 4 175 h. alt. 18.
Paris 453 – La Baule 22 – Nantes 77 – La Roche-Bernard 9 – St-Nazaire 29 – Vannes 50.

Le Ranrouet mai-sept.
🅿 02 40 88 96 23 – sortie Est par D 33, rte de Pontchâteau et à droite, rue René-Guy-Cadou – ⊶
juil.-août – **R** – 🐕
1,5 ha (83 empl.) plat, herbeux ⚲⚲ (0,5 ha)
🚻 📶 ⌂ 📷 ⌂ 📷 📷 📷 – 🏊 – A proximité : 🏊
Tarif : (Prix 1999) ⚹ *17* – 🚗 *10* – 🗒 *13* – 🔌 *13 (6A)*

HÉRIC

44810 Loire-Atl. 🖫 – 🖫🖫 ⑯ ⑰ – 3 378 h. alt. 25.
Paris 384 – Nantes 28 – Nort-sur-Erdre 13 – Nozay 19 – St-Nazaire 51.

La Pindière Permanent
🅿 02 40 57 65 41 – O : 1,3 km par D 16 rte de Bouvron et à gauche – ⊶ – **R** conseillée (en hiver)
– **GB** 🐕
1,5 ha (56 empl.) plat, herbeux 🏊
🚻 📶 ⌂ 📷 ⌂ 📷 📷 – ✂ 🛒 – 🏊 – A proximité : 🐴 (centre équestre)
Tarif : ⚹ *16 piscine comprise* – 🚗 *5* – 🗒 *20* – 🔌 *10 (3A) 14 (6A) 21 (10A)*
Location : 🏠 *1000 à 1700*

HERMÉ

77114 S.-et-M. ⬚ – ⬚ ④ – 450 h. alt. 70.
Paris 98 – Melun 57 – Montereau-Fault-Yonne 36 – Nogent-sur-Seine 15 – Provins 12.

⚲ **Les Prés de la Fontaine** Permanent
 ℘ 01 64 01 86 08, Fax 01 64 01 89 10 – SO : 5 km par rte de Noyen-sur-Seine et D 49 à droite –
 Places limitées pour le passage ⚲ « Cadre champêtre au bord d'étangs » ⚬ – **R**
 65 ha/17 campables (350 empl.) plat, herbeux ⬚
 ▥ & ♨ ⬚ ⬚ ⊕ ▨ – ♟ pizzeria ☞ – ⬚ ⚒ ⚓ (plan d'eau)
 Tarif : ⚑ 27 – ⬚ 17 – ▣ 27 – ⚡ 17 (2A) 19 (4A) 23 (6A)

HERPELMONT

88600 Vosges ⬚ – ⬚ ⑰ – 263 h. alt. 480.
Paris 411 – Épinal 28 – Gérardmer 21 – Remiremont 26 – St-Dié 32.

⚲ **Domaine des Messires** 29 avril-17 sept.
 ℘ 03 29 58 56 29 – à 1,5 km au Nord du bourg – ⚲ « Situation et cadre agréables au bord d'un
 lac » ⚬ – **R** conseillée 15 juil.-21 août – ⊞ ⚲
 11 ha/2 campables (100 empl.) plat, herbeux, pierreux ⬚ ⚒
 & ♨ ⬚ ⬚ ⊕ ⚒ ♺ ▨ – ⚒ ✗ ☞ – ⬚ ⚓ ⚓
 Tarif : ⚑ 32 – ▣ 78 avec élect. (6A)
 Location : ⬚

Le HOHWALD

67140 B.-Rhin ⬚ – ⬚ ⑨ G. Alsace Lorraine – 360 h. alt. 570 – Sports d'hiver : 600/1 100 m ⚑1 ⚐.
⎘ Office de Tourisme sq. Kuntz ℘ 03 88 08 33 92, Fax 03 88 08 32 05.
Paris 425 – Lunéville 89 – Molsheim 33 – St-Dié 44 – Sélestat 25 – Strasbourg 53.

⚲ **Municipal** Permanent
 ℘ 03 88 08 30 90 – sortie Ouest par D 425 rte de Villé, alt. 615 « A la lisière d'une forêt » ⚬ –
 R conseillée été
 2 ha (100 empl.) accidenté, en terrasses, herbeux, gravillons ⚒
 ▥ ♨ ⬚ ⬚ ⊕ ▨ – ⚒ ⚓ – A proximité : parcours sportif
 Tarif : (Prix 1999) ⚑ 19 – ⬚ 8 – ▣ 10 – ⚡ 5 à 32,40 (1 à 10A)

HONFLEUR

14600 Calvados ⬚ – ⬚ ⑧ G. Normandie Vallée de la Seine – 8 272 h. alt. 5.
Env. Pont de Normandie. Péage en 1999 : autos 33 F, auto et caravanes 38 F, autocar 41 à 82 F et gratuit
pour motos.
⎘ Office de Tourisme pl. Arthur Boudin ℘ 02 31 89 23 30, Fax 02 31 89 31 82.
Paris 185 – Caen 64 – Le Havre 24 – Lisieux 34 – Rouen 75.

⚲ **La Briquerie** avril-sept.
 ℘ 02 31 89 28 32, Fax 02 31 89 08 52 – SO : 3,5 km par rte de Pont-l'Évêque et D 62 à droite, à
 Equemauville – Places limitées pour le passage ⚬ – **R** conseillée juil.-août – ⚲
 8 ha (430 empl.) plat, herbeux ⬚
 ▥ & ♨ ⬚ ⬚ ⬚ ⊕ ⚲ ♺ ⊞ ▨ – ♟ ✗ self ☞ – ⬚ ♫ ⚓ ⚒ toboggan aquatique – A proximité :
 ⬚ ⚒
 Tarif : (Prix 1999) ⚑ 30 piscine comprise – ▣ 30 ou 36 – ⚡ 26 (5A)
 Location (permanent) : ⬚1800 à 2700

Les HÔPITAUX-NEUFS

25370 Doubs ⬚ – ⬚ ⑥ ⑦ G. Jura – 369 h. alt. 1 000 – Sports d'hiver : relié à Métabief - 980/1 460 m ⚑30 ⚐.
⎘ Office de Tourisme ℘ 03 81 49 13 81, Fax 03 81 49 09 27.
Paris 462 – Besançon 77 – Champagnole 48 – Morez 49 – Mouthe 18 – Pontarlier 18.

⚲ **Municipal le Miroir** fermé 1ère quinzaine d'oct. et mai
 ℘ 03 81 49 10 64 – sortie Ouest, rte de Métabief – ❉ « Au pied des pistes » ⚬ – **R** conseillée
 vacances scolaires
 1,5 ha (70 empl.) plat et peu incliné, goudronné, herbeux
 ▥ ♨ ⬚ ⬚ ⬚ ⊕ ⚲ ♺ ⊞ ▨ – ⬚ ⚒
 Tarif : ▣ 2 pers. 62 (hiver 54) – ⚡ 14 (3A) 22 (6A)

HOSPITALET

46 Lot – ⬚ ⑱ – rattaché à Rocamadour.

L'HOSPITALET-PRÈS-L'ANDORRE

09390 Ariège ⬚ – ⬚ ⑮ – 146 h. alt. 1 446.
Paris 840 – Andorra-la-Vella 42 – Ax-les-Thermes 19 – Bourg-Madame 27 – Foix 62 – Font-Romeu-Odeillo-Via 39.

⚲ **Municipal**
 ℘ 05 61 05 21 10 – N : 0,6 km par N 20, rte d'Ax-les-Thermes et rte à droite – ⚬ « Belle entrée
 fleurie » ⚬
 1,5 ha (62 empl.) plat, herbeux, gravillons
 ▥ & ♨ ⬚ ⊕ ⚲ ♺ ▨ – Centre de Documentation Touristique ⚒

HOSSEGOR

40150 Landes **13** – **78** ⑰ G. Aquitaine.
🛈 Office de Tourisme pl. des Halles *✆* 05 58 41 79 00, Fax 05 58 41 79 09.
Paris 756 – Bayonne 21 – Biarritz 29 – Bordeaux 177 – Dax 38 – Mont-de-Marsan 91.

⚠ *Municipal la Forêt* avril-oct.
✆ 05 58 43 75 92 – E : 1 km, av. de Bordeaux – ⚡ – **R** conseillée – ⚲
1,6 ha (72 empl.) plat et terrasse, sablonneux, herbeux 🗂
🏠 🍴 🗄 🛁 ⊕ 🔥 – 🔁 – A proximité : ✖ 🖾
Tarif : (Prix 1999) 👤 *24* – 🚗 *7* – 🔲 *24* – [⚡] *14,50 (5A)*

HOULGATE

14510 Calvados **5** – **54** ⑰ G. Normandie Vallée de la Seine – 1 654 h. alt. 11.
🛈 Office de Tourisme bd Belges *✆* 02 31 24 34 79, Fax 02 31 24 42 27.
Paris 211 – Caen 33 – Deauville 14 – Lisieux 33 – Pont-l'Évêque 24.

⚠⚠⚠ *La Vallée* avril-sept.
✆ 02 31 24 40 69, Fax 02 31 28 08 29 – S : 1 km par D 24ᴬ rte de Lisieux et D 24 à droite, 88 r.
de la Vallée – ⚲ « Cadre agréable autour d'anciens bâtiments de style normand » ⚡ – **R** conseillée
– 🆚 ⚲
11 ha (278 empl.) peu incliné, herbeux, plat, en terrasses 🗂 🌲
♿ 🏠 🍴 🗄 🛁 🛁 ⊕ 🌿 🔁 🔥 – 🍹 🍴 🛒 – 🔁 🏃 🚴 🚲 ✖ 🔷
Tarif : 🔲 élect. (4A) et piscine comprises 2 pers.*134* – [⚡] *18 (2A) 25 (6A)*
Location : 🚐 *1800 à 3000*

⚠⚠ *Les Falaises* avril-oct.
✆ 02 31 24 81 09, Fax 02 31 28 04 11 – NE : 3 km par D 163 rte de la Corniche, accès piétonnier
à la plage par sentier escarpé et escalier abrupt – ⛺ ⚲ « Situation dominante » ⚡ – 🍴 – ⚲
12 ha (450 empl.) plat, incliné et en terrasses, prairies, verger 🗂 🌲
♿ 🏠 🍴 🗄 🛁 ⊕ 🌿 🔁 🔥 – 🍹 🍴 self 🛒 – 🔁 🚲 🔷
Tarif : (Prix 1999) 👤 *24 ou 28 piscine comprise* – 🔲 *28 ou 30* – [⚡] *22 (4A) 26 (6A)*

⚠ *Municipal des Chevaliers* avril-sept.
✆ 02 31 24 37 93 – S : 1 km par D 24ᴬ, rte de Lisieux et D24, chemin à droite – ⚡ – **R** conseillée
– ⚲
3 ha (195 empl.) plat et peu incliné, terrasses, herbeux
♿ 🏠 🍴 🛁 ⊕ 🌿 🔁 – A proximité : ✖ 🖾
Tarif : 👤 *14* – 🚗 *6,50* – 🔲 *9* – [⚡] *11 (4A) 20 (8A) 33 (13A)*

L'HOUMEAU

17 Char.-Mar. – **71** ⑫ – rattaché à la Rochelle.

HOURTIN

33990 Gironde **9** – **71** ⑰ G. Aquitaine – 2 072 h. alt. 18.
🛈 Office de Tourisme Maison de la Station de Hourtin *✆* 05 56 09 19 00, Fax 05 56 09 22 33.
Paris 557 – Andernos-les-Bains 55 – Bordeaux 62 – Lesparre-Médoc 17 – Pauillac 26.

⚠⚠⚠ *La Mariflaude* mai-15 sept.
✆ 05 56 09 11 97, Fax 05 56 09 24 01 – E : 1,2 km par D 4 rte de Pauillac – ⚡ – **R** conseillée
14 juil.-10 août – ⚲
6,2 ha (166 empl.) plat, herbeux, sablonneux 🌲 pinède (2 ha)
♿ 🏠 🍴 🗄 🛁 ⊕ 🔥 – 🍹 🍴 snack 🛒 – 🔁 🚲 🔷 ✖ 🔷 ≖ 🔷
Tarif : 🔥 *22 piscine comprise* – 🔲 *60* – [⚡] *20 (4A) 30 (10A)*
Location : 🚐 *1500 à 3200* – 🏠 *1700 à 3500*

▲▲▲ **Les Ourmes** avril-sept.
   𝒫 05 56 09 12 76, Fax 05 56 09 23 90 – O : 1,5 km par av. du Lac – ⑤ �o━ saison – **R** conseillée – ⚘
7 ha (270 empl.) plat, herbeux, sablonneux ♀♀
🔹 🔥 🖐 ⚘ 🚿 ⊕ 🗜 🖪 ▾ 🍵 𝐘 ⚓ – 🛶 ⚓ ⊿ – A proximité : ✂ ▨ ⛷ (centre équestre)
Tarif : 🅴 *piscine comprise 1 ou 2 pers. 92, pers. suppl. 19* – ⚡ *18 (6A)*
Location ✖ : ⛺ *1800 à 2900*

▲▲▲ **La Rotonde** avril-sept.
   𝒫 05 56 09 10 60 – O : 1,5 km par av. du lac et chemin à gauche, à 500 m du lac (accès direct) – ⑤ �o━ – **R** conseillée – **GB** ⚘
10 ha (300 empl.) plat, herbeux, sablonneux ♀♀ pinède
🔹 🔥 ⚘ ⊕ 🖪 – ⚓ 🍵 ⚓ – ⊿ – A proximité : ⛷ (centre équestre) ✂ ▨
Tarif : 🅴 *piscine comprise 2 pers. 75* – ⚡ *18 (4 ou 6A)*

▲▲▲ **L'Orée du Bois** juin-15 sept.
   𝒫 05 56 09 15 88 – S : 1,3 km, rte de Carcans – ⊙━ – **R** conseillée juil.-août – ⚘
2 ha (90 empl.) plat, sablonneux ♀♀
🔹 🔥 🖐 ⚘ ⊕ 🖪 – snack – ⊿
Tarif : (Prix 1999) 🅴 *piscine comprise 2 pers. 70, 3 pers. 80, pers. suppl. 15* – ⚡ *18 (4 ou 6A)*
Location : ⛺ *1050*

▲ **Aire Naturelle l'Acacia** juin-15 sept.
   𝒫 05 56 73 80 80 – SO : 7 km par D 3, rte de Carcans et chemin à droite, au lieu-dit Ste-Hélène-de-Hourtin – ⑤ ⊙━ – **R** conseillée août – ⚘
4 ha (25 empl.) plat, herbeux, sablonneux ♀ (1 ha)
🔥 ⏶ ⚘ 🖪 – ⏧
Tarif : ⭮ *20* – 🅴 *20* – ⚡ *12 (3A)*
Location : ⛺ *1400*

Si vous recherchez :
    un terrain agréable ou très tranquille, ouvert toute l'année,
    avec tennis ou piscine.

Consultez le tableau des localités citées, classées par départements.

HOURTIN-PLAGE

33990 Gironde ⑨ – 𝟕𝟏 ⑰.
Paris 557 – Andernos-les-Bains 66 – Bordeaux 74 – Lesparre-Médoc 29 – Soulac-sur-Mer 44.

▲▲▲ **La Côte d'Argent** 15 mai-18 sept.
   𝒫 05 56 09 10 25, Fax 05 56 09 24 96 – à 500 m de la plage – ⑤ ⊙━ – **R** conseillée – **GB** ⚘
20 ha (750 empl.) plat, accidenté et en terrasses, sablonneux ♀♀ pinède
🔹 🔥 ⏶ 🖐 ⏺ ⚘ ⊕ ▾ 🗜 🖪 – ⚓ 𝐘 ✗ pizzeria ⚓ – 🛶 ⚓ 🚲 ✂
Tarif : (Prix 1999) ⭮ *26* – 🅴 *47/60* – ⚡ *25 (6 ou 10A)*
Location : ⛺ *1250 à 2500* – ⛺ *2000 à 3700*

HUANNE-MONTMARTIN

25680 Doubs ⑧ – 𝟔𝟔 ⑯ – 70 h. alt. 310.
Paris 392 – Baume-les-Dames 17 – Besançon 45 – Montbéliard 55 – Vesoul 34.

▲▲▲ **Le Bois de Reveuge** 22 avril-sept.
   𝒫 03 81 84 38 60, Fax 03 81 84 44 04 – N : 1,1 km par D 113, rte de Rougemont – ⑤
« Autour de deux étangs et à la lisière d'un bois » ⊙━ juil.-août – **R** conseillée juil.-10 août – **GB** ⚘
20 ha/8 campables (281 empl.) en terrasses, gravier, herbeux, sous-bois attenant ▱ ♀♀ (3 ha)
🔹 🔥 ⏶ 🖐 ⏶ ⚘ ▾ 🖪 – snack ⚓ – 🛶 ⚓ 🚲 ·⊕ ⏧ ⊿
Tarif : 🅴 *élect. (6A) et piscine comprises 2 pers. 160, pers. suppl. 30*
Location : ⛺ *1235 à 3300*

HUELGOAT

29690 Finistère ③ – 𝟓𝟖 ⑥ G. Bretagne – 1 742 h. alt. 149.
🅱 Office de Tourisme pl. de la Mairie 𝒫 02 98 99 72 32, Fax 02 98 99 75 72.
Paris 522 – Brest 66 – Carhaix-Plouguer 17 – Châteaulin 37 – Landerneau 47 – Morlaix 29 – Quimper 56.

▲ **Municipal du Lac** 15 juin-15 sept.
   𝒫 02 98 99 78 80 – O : 0,8 km par rte de Brest, bord d'une rivière et d'un étang – ⊙━ – 🅁 – ⚘
1 ha (85 empl.) plat, herbeux ▱
🔹 🔥 ⏶ ⊕ ⏶ ▾ – ✗ – A proximité : ⊿
Tarif : ⭮ *17,50 piscine comprise* – 🅴 *19,50* – ⚡ *11 (7A)*

La HUME

33 Gironde – 𝟕𝟖 ② – voir à Arcachon (Bassin d') - Gujan-Mestras.

HYÈRES

83400 Var **17** – **84** ⑮ ⑯ G. Côte d'Azur – 48 043 h. alt. 40.

日 Office de Tourisme Parck Hôtel
🖉 04 94 65 18 55, Fax 04 94 35 85 05 et Annexes (été) : Autoroute A570, Gare SNCF, Porquerolles, Aéroport.
Paris 855 – Aix-en-Provence 100 – Cannes 122 – Draguignan 79 – Toulon 20.

⚠ *Domaine du Ceinturon-Camp n° 3* fin mars-sept.
🖉 04 94 66 32 65, Fax 04 94 66 48 43
– à Ayguade-Ceinturon, SE : 5 km, à 100 m de la mer – ⚬⊶ – **R**
2,5 ha (200 empl.) plat, herbeux ᎮᎮ
📶 ᯓ ⚒ 🕿 ≙ 🔊 ⊕ 🔟 – ᯓ
🍽 snack ᵴ⊸ – ⚓ – À proximité : ✄
Tarif : ⚊ 28 – ⇌ 28,50 – 🔟 35 – ⑭ 13 (2A) 19 (6A) 23 (10A)
Location ✄ 🕿 1350 à 3065

⚠ *St-Pierre-des-Horts* Permanent
🖉 04 94 38 93 38 – à l'Almanarre, S : 5 km – ⚬⊶ – **R** conseillée été – 🖉
1,6 ha (120 empl.) plat, herbeux Ꭾ
📶 ᯓ ⚒ 🕿 ≙ ⊕ 🔟 – 🍽 snack, pizzeria ᵴ⊸ – 🔟
Tarif : 🔟 2 pers. 75, 3 pers. 89 – ⑭ 13 (3A) 19 (6A) 23 (10A)
Location : studios

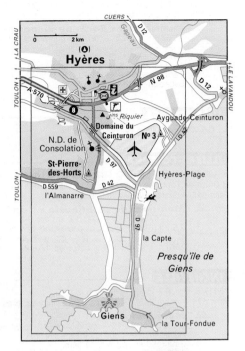

Campeurs...

N'oubliez pas que le feu est le plus terrible ennemi de la forêt.

Soyez prudents !

IBARRON

64 Pyr.-Atl. – **78** ⑫ ⑱ – rattaché à St-Pée-sur-Nivelle.

IHOLDY

64640 Pyr.-Atl. **13** – **85** ③ G. Aquitaine – 527 h. alt. 135.
Paris 806 – Bayonne 40 – Cambo-les-Bains 25 – Hasparren 19 – St-Jean-Pied-de-Port 21 – St-Palais 19.

⚠ *Municipal* 15 juin-15 sept.
sortie Est, rte de St-Palais et chemin à droite, bord d'un plan d'eau – ⋞ – **R**
1,5 ha (47 empl.) plat et peu incliné, herbeux Ꭾ
ᯓ ⚒ 🕿 ⊕ ᵴ – À proximité : ≊
Tarif : (Prix 1999) ⚊ 12 – ⇌ 6 – 🔟 15/17 – ⑭ 15 (6A)

ÎLE voir au nom propre de l'île

ÎLE-AUX-MOINES

56780 Morbihan **3** – **63** ⑫ G. Bretagne – 617 h. alt. 16.
🚢 Transports maritimes. Depuis **Port-Blanc.** Traversée 5 mn - Renseignements et tarifs : IZENAH S.A.R.L
🖉 02 97 26 31 45, Fax 02 97 26 31 01 – Depuis **Vannes** - Service saisonnier - Traversée 30 mn - Renseignements et tarifs : Navix S.A.- Gare maritime 🖉 02 97 46 60 00, Fax 02 97 46 60 29.

⚠ *Municipal du Vieux Moulin* 15 juin-15 sept.
🖉 02 97 26 30 68 – réservé aux tentes, sortie Sud-Est du bourg, rte de la Pointe de Brouel – ⚭
⚬⊶ – **R** conseillée
1 ha (44 empl.) plat et peu incliné, herbeux
ᯓ ⚒ 🔊 – ⚓ – À proximité : 🖼
Tarif : 🔟 1 pers. 26, 2 ou 3 pers. 50, pers. suppl. 15

L'ÎLE-BOUCHARD

37220 I.-et-L. ⑩ – ⑥⑧ ④ G. Châteaux de la Loire – 1 800 h. alt. 41.
Paris 286 – Châteauroux 119 – Chinon 18 – Châtellerault 49 – Saumur 43 – Tours 51.

⚠ **Municipal les Bords de Vienne** juin-16 sept.
    ℘ 02 47 95 23 59 – près du quartier St-Gilles, en amont du pont sur la Vienne, près de la rivière
    – ⌘ – **R** – ⚲
    1 ha (90 empl.) plat, herbeux ⚲
    ⅗ 🛁 🖫 ⚖ ⊕ 🖩 – ⚱ – A proximité : 🏃
    Tarif : ★ 8,50 – ▣ 11 – 🔌 10 (3A) 12 (6A)
    Location : gîte d'étape

L'ÎLE-ROUSSE

2B H.-Corse – ⑨⓪ ⑬ – voir à Corse.

ILLIERS-COMBRAY

28120 E.-et-L. ⑤ – ⑥⓪ ⑰ G. Châteaux de la Loire – 3 329 h. alt. 160.
🛈 Office de Tourisme (ouvert du 01-04 au 31-10) 5 r. Henri-Germond ℘ 02 37 24 24 00, Fax 02 37 24 21 79.
Paris 116 – Chartres 26 – Châteaudun 29 – Le Mans 94 – Nogent-le-Rotrou 37.

⚠ **Municipal de Montjouvin** avril-oct.
    ℘ 02 37 24 03 04 – SO : 1,8 km par D 921, rte de Brou « Au bord de la Thironne » ⌘ – **R**
    2,5 ha (89 empl.) plat et peu incliné, herbeux, sous-bois (1 ha) 🖾
    🎿 ⅗ 🛁 ⤴ 🖫 ⚖ ⊕ ⚱ 🖩 – 🖾 ⚱ ♒ – A proximité : 🏊
    Tarif : (Prix 1999) ★ 12,50 – ▣ 17 – 🔌 14 (6 à 8A)

INCHEVILLE

76117 S.-Mar. ① – ⑤② ⑤ – 1 484 h. alt. 19.
Paris 171 – Abbeville 31 – Amiens 65 – Blangy-sur-Bresle 15 – Le Crotoy 36 – Le Tréport 10.

⚠ **Municipal** avril-sept.
    ℘ 02 35 50 30 17 – sortie Nord-Est rte de Beauchamps et r. Mozart à droite, près d'un étang –
    Places limitées pour le passage ⌘ – **R**
    2 ha (190 empl.) plat, herbeux
    ⅗ 🛁 ⤴ 🖫 ⚖ ⊕ ⚱ 🖩 – 🖾
    Tarif : (Prix 1999) ★ 12,10 – ⇔ 11,10 – ▣ 11,10 – 🔌 16,40 (6A) 18,50 (10A)

INGRANDES

86220 Vienne ⑩ – ⑥⑧ ④ – 1 765 h. alt. 50.
Paris 309 – Châtellerault 7 – Descartes 17 – Poitiers 42 – Richelieu 28 – La Roche-Posay 29.

⚠ **Le Petit Trianon** 15 mai-20 sept.
    ℘ 05 49 02 61 47, Fax 05 49 02 68 81 – à St-Ustre, NE : 3 km – ⚓ ≤ « Cadre agréable autour d'un
    petit château » ⌘ – **R** conseillée juil.-août – ⊞ ⚲
    4 ha (95 empl.) peu incliné et plat, herbeux ⚲
    ⅗ 🛁 ⤴ 🖫 ⚖ ⊔ ⊕ 🖩 – ⚲ – 🖾 ⚱ 🏊
    Tarif : ★ 38 – ⇔ 21 – ▣ 23 – 🔌 23 (5A) 25 (10A)

ISIGNY-SUR-MER

14230 Calvados ④ – ⑤④ ⑬ G. Normandie Cotentin – 3 018 h. alt. 4.
🛈 Office de Tourisme 1 r. V.-Hugo ℘ 02 31 21 46 00, Fax 02 31 22 90 21.
Paris 294 – Bayeux 34 – Caen 63 – Carentan 11 – Cherbourg 62 – St-Lô 31.

⚠ **Municipal le Fanal** avril-15 oct.
    ℘ 02 31 21 33 20, Fax 02 31 22 12 00 – O : accès par le centre ville, près du terrain de sports –
    ⚓ « Cadre agréable autour d'un plan d'eau » ⌘ – **R** – ⚲
    11 ha/8 campables (94 empl.) plat, herbeux 🖾 ⚲
    ⅗ 🛁 ⤴ 🖫 ⚖ ⊕ ⚱ ⚱ 📺 🖩 – 🖾 ⚱ ♒ ⚽ 🎣 ≋ (petite piscine) ⚓ parcours de santé
    Tarif : ★ 22 – ▣ 30 – 🔌 16 (10A)
    Location : 🚐 1700 à 2200 – 🏠 1700 à 2200

ISLE-ET-BARDAIS

03360 Allier ⑪ – ⑥⑨ ⑫ – 355 h. alt. 285.
Paris 284 – Bourges 59 – Cérilly 9 – Montluçon 49 – St-Amand-Montrond 26 – Sancoins 22.

⚠ **Les Écossais** avril-sept.
    ℘ 04 70 66 62 57, Fax 04 70 66 63 99 – S : 1 km par rte des Chamignoux, bord de l'étang de Pirot
    – ⚓ « Site agréable » ⌘ – **R** conseillée juil.-août – ⊞ ⚲
    2 ha (70 empl.) plat, peu incliné, accidenté, herbeux ⚲ ⚲⚲ (1 ha)
    🛁 ⤴ 🖫 ⚖ ⊕ 🖩 – ⚲ – 🖾 ♒ ⚽ 🎣 ≋ (plage)
    Tarif : (Prix 1999) ★ 14,30 – ⇔ 7,10 – ▣ 7,10 – 🔌 16 (16A)
    Location : gîtes, huttes

L'ISLE-SUR-LA-SORGUE

84800 Vaucluse **16** – **81** ⑫ ⑬ G. Provence – 15 564 h. alt. 57.
🛈 Office de Tourisme pl. Église ✆ 04 90 38 04 78, Fax 04 90 38 35 43.
Paris 696 – Apt 34 – Avignon 23 – Carpentras 17 – Cavaillon 11 – Orange 40.

⚠ **La Sorguette** 15 mars-24 oct.
✆ 04 90 38 05 71, Fax 04 90 20 84 61 – SE : 1,5 km par N 100, rte d'Apt, près de la Sorgue – ⊶
– **R** conseillée Pâques et été – **GB** ⚲
2,5 ha (164 empl.) plat, herbeux, pierreux ♀
🔥 🍴 🔄 🔆 🔄 ⊕ 🔥 📶 – 🗒 cases réfrigérées – 🗒 🏓 🚲 half-court – A proximité : ✗
Tarif : * 28 – 🔲 25 – 🔋 19 (4A)
Location : 🏠 1330 à 3150 – 🏡 1820 à 3360

L'ISLE-SUR-LE-DOUBS

25250 Doubs **8** – **66** ⑰ G. Jura – 3 203 h. alt. 292.
Paris 404 – Baume-les-Dames 28 – Besançon 56 – Montbéliard 24 – Porrentruy 47 – St-Hyppolyte 37.

⚠ **Les Lumes** mai-sept.
✆ 03 81 92 73 05 – sortie Nord par N 83, rte de Belfort et chemin à droite avant le pont, bord
du Doubs – ⊶ – **R** conseillée juil.-août – **GB** ⚲
1,2 ha (76 empl.) plat, herbeux, pierreux ♀
🍴 🔄 🔥 ⊕ – 🗒 ⎯
Tarif : * 18 – 🚗 11 – 🔲 13/14 – 🔋 14 (10A)

L'ISLE-SUR-SEREIN

89440 Yonne **7** – **65** ⑥ – 533 h. alt. 190.
Paris 210 – Auxerre 49 – Avallon 17 – Montbard 33 – Tonnerre 39.

⚠ **Municipal le Parc du Château**
✆ 03 86 33 93 50 – S : 0,8 km par D 86, rte d'Avallon, au stade, à 150 m du Serein (accès direct)
– ⊶
1 ha (40 empl.) plat, herbeux ♀
🍴 🔄 🔄 🔥 ⊕ 🔥 – A proximité : parcours sportif ✗ 🏓

ISPAGNAC

48320 Lozère **15** – **80** ⑥ G. Languedoc Roussillon – 630 h. alt. 518.
Paris 619 – Florac 11 – Mende 27 – Meyrueis 45 – Ste-Enimie 17.

  ▲ **Municipal du Pré Morjal** avril-oct.
      ℘ 04 66 44 23 77 – sortie Ouest par D 907bis, rte de Millau et chemin à gauche, près du Tarn –
      ⌂ ≤ o⊤ – **R** conseillée juil.-août – **GB** ⚒
      2 ha (130 empl.) plat, herbeux ▭ ♀♀
      ▥ ⚒ ⌸ ⚖ ⊕ ⚄ ▽ ⊞ ▣ – ▭ ⚒ – A proximité : ⚒ ⛵
      Tarif : (Prix 1999) ▣ *piscine comprise 1 pers. 50, 2 pers. 70, pers. suppl. 21* – ⚡ *15 (10 à 16A)*
      Location *(permanent)* : 🏠 *1200 à 2500*

ISQUES

62 P.-de-C. – **51** ① – rattaché à Boulogne-sur-Mer.

    En juin et septembre les camps sont plus calmes, moins fréquentés
    et pratiquent souvent des tarifs « hors saison ».

ISSARLÈS (Lac d')

07 Ardèche **11** – **76** ⑰ G. Vallée du Rhône – 217 h. alt. 946 – ✉ 07470 Coucouron.
Paris 581 – Coucouron 16 – Langogne 36 – Le Monastier-sur-Gazeille 18 – Montpezat-sous-Bauzon 35 –
Privas 70.

  ▲ **La Plaine de la Loire** 15 juin-5 sept.
      ℘ 04 66 46 25 77 – O : 3 km par D 16, rte de Coucouron et chemin à gauche avant le pont, alt.
      900 – ⌂ ≤ « Au bord de la Loire » o⊤ – **R** – ⚒
      1 ha (55 empl.) plat, herbeux ♀
      ▥ ⚒ ⌸ ⊕ – ▭ – ⛵
      Tarif : (Prix 1999) ▣ *2 pers. 55, pers. suppl. 15,50* – ⚡ *17 (6 ou 8A)*

ISSENDOLUS

46500 Lot **14** – **75** ⑲ – 365 h. alt. 350.
Paris 544 – Cahors 63 – Figeac 30 – Labastide-Murat 29 – Rocamadour 18.

  ▲ **Le Teulières** Permanent
      ℘ 05 65 40 86 71, Fax 05 65 33 40 89 – NE : 1,5 km, sur N 140, rte de Figeac, au lieu-dit l'Hôpital
      – o⊤ – **R** conseillée juil.-août – ⚒
      2 ha (33 empl.) incliné, plat, herbeux
      & ▥ ▣ ⊕ ▣ – snack – ▭ ⚒
      Tarif : ⚹ *15 piscine comprise* – ▣ *15* – ⚡ *10 (8 ou 16A)*
      Location : 🏠 *1000 à 2500* – ▭

ISSOIRE

63500 P.-de-D. **11** – **73** ⑭ ⑮ G. Auvergne – 13 559 h. alt. 400.
🛈 Office de Tourisme pl. Gén.-de-Gaulle ℘ 04 73 89 15 90 et (saison) Aire de Veyre et du Lembron.
Paris 453 – Aurillac 124 – Clermont-Ferrand 38 – Le Puy-en-Velay 93 – Rodez 179 – St-Étienne 178 –
Thiers 56 – Tulle 169.

  ▲▲▲ **La Grange Fort** avril-15 oct.
      ℘ 04 73 71 05 93, Fax 04 73 71 07 69 ✉ 63500 Les Pradeaux – SE : 4 km par D 996, rte de la
      Chaise-Dieu puis à droite, 3 km par D 34, rte d'Auzat-sur-Allier, A 75 sortie 13 direction Parentignat
      – ⌂ ≤ « Autour d'un château dominant l'Allier » o⊤ ❶ – **R** conseillée – **GB**
      23 ha/4 campables (40 empl.) plat, peu incliné, herbeux ▭ ♀
      ▥ & ▥ ⚒ ⌸ ⚖ ⚄ ⊕ ▣ – ▾ ⚒ – ▭ ⇄ ⚒ ▣ ⚒
      Tarif : ⚹ *25 piscine comprise* – ⇢ *10* – ▣ *45* – ⚡ *16,50 (4A)*
      Location : ▭ – *appartements*

  ▲ **Municipal du Mas** avril-oct.
      ℘ 04 73 89 03 59 – E : 2,5 km par D 9, rte d'Orbeil et à droite, à 50 m d'un plan d'eau et à 300 m
      de l'Allier – ≤ o⊤ – **R** conseillée saison – **GB** ⚒
      3 ha (140 empl.) plat, herbeux
      ▥ ▥ ▣ ⌸ ⊕ ⚖ ▽ ▣ – ▭ ⛵ ♫ – A proximité : ⚲ ⚗ ⚒
      Tarif : ⚹ *14,30* – ⇢ *7,30* – ▣ *7,30/9,50* – ⚡ *10 (8A)*

ISSOUDUN

36100 Indre **10** – **68** ⑨ G. Berry Limousin – 13 859 h. alt. 130.
🛈 Office de Tourisme pl. St-Cyr ℘ 02 54 21 74 02, Fax 02 54 03 03 36.
Paris 247 – Bourges 37 – Châteauroux 29 – Tours 131 – Vierzon 34.

  ▲ **Municipal les Taupeaux**
      ℘ 02 54 03 13 46 – sortie Nord par D 918, rte de Vierzon, à 150 m d'une rivière
      0,6 ha (50 empl.) plat, herbeux ▭
      ▥ ⌸ ⊕ ⚖

71760 S.-et-L. **11** – **69** ⑯ – 1 012 h. alt. 310.
Paris 329 – Bourbon-Lancy 25 – Gueugnon 17 – Luzy 12 – Montceau-les-Mines 38 – Paray-le-Monial 41.

⚠ L'Étang Neuf 23 avril-15 sept.
✆ 03 85 24 96 05 – O : 1 km par D 42, rte de Grury et chemin à droite – ⚲ ≼ « Situation agréable en bordure d'un étang et d'un bois » ⊶ – **R** conseillée juil.-août – **GB** ⚲
3 ha (71 empl.) plat, peu incliné, herbeux, gravillons ⊏⊐
& ⚲ ⇆ ⊡ ⇔ ⊚ ⊞ – 💧 – ⛵ ⊒ – A proximité : ⛎ ≊ ⚘
Tarif : ⊡ *piscine comprise 2 pers. 75* – [⚡] *19 (5A)*

64250 Pyr.-Atl. **13** – **85** ③ G. Aquitaine – 1 563 h. alt. 39.
Paris 792 – Bayonne 23 – Biarritz 24 – Cambo-les-Bains 4 – Pau 120 – St-Jean-de-Luz 36 – St-Jean-Pied-de-Port 33.

⚠ Hiriberria mars-nov.
✆ 05 59 29 98 09, Fax 05 59 29 20 88 – NO : 1 km par D 918, rte de Cambo-les-Bains et chemin à droite – ≼ ⊶ – **R** conseillée juil.-août – **GB** ⚲
4 ha (228 empl.) plat, en terrasses, peu incliné, herbeux ♋♋ (0,5 ha)
& ⚲ ⇆ ⊡ ⇔ ⊚ ⇄ ⊽ ⊞ ⊞ – ⛵ ⊒
Tarif : ⚲ *25 piscine comprise* – ⊡ *30* – [⚡] *10 (5A) 15 (10A)*
Location : ⊞ *1200 à 2500*

77450 S.-et-M. **6** – **56** ⑫ G. Ile de France – 333 h. alt. 46.
Paris 43 – Meaux 15 – Melun 57.

⚠ Base de Loisirs de Jablines-Annet 30 mars-oct.
✆ 01 60 26 09 37, Fax 01 60 26 52 43 – SO : 2 km par D 45, rte d'Annet-sur-Marne, à 300 m d'un plan d'eau – ⚲ « Situation agréable dans une boucle de la Marne » ⊶ – **R** conseillée avril-sept. – Conditions d'admission : se renseigner – **GB** ⚲
300 ha/4 campables (150 empl.) plat, herbeux ⊏⊐
⊪ & ⚲ ⇆ ⊡ ⇔ ⊚ ⇄ ⊽ ⊞ ⊞ – ⛏ – A proximité : practice de golf, poneys, ⚘ 💧 cafétéria
⇶ ⚮ ⚲ ⛎ ≊ ⚱
Tarif : ⚲ *30* – ⊡ *60 (65 avec élect. 10A)*

15200 Cantal **10** – **76** ① – 347 h. alt. 450.
Paris 505 – Aurillac 62 – Bort-les-Orgues 26 – Mauriac 10 – Salers 23 – Ussel 57.

⚠ Municipal le Lac de Lavaurs
✆ 04 71 69 73 65 – SO : 7 km par D 138, D 922 et D 38, rte de Sourniac, à 200 m du lac, accès conseillé par D 922, rte de Mauriac et D 38 à droite – ⚲ ⊶
1 ha (20 empl.) plat, herbeux ⊏⊐
& ⚲ ⇆ ⊡ ⇔ ⊚ ⊞ – A proximité : ✕ ⚶
Location : *huttes*

85520 Vendée **9** – **67** ⑪ – 1 817 h. alt. 14.
Paris 453 – Challans 62 – Luçon 35 – La Roche-sur-Yon 35 – Les Sables-d'Olonne 22.

⚠ Les Écureuils 26 mai-10 sept.
✆ 02 51 33 42 74, Fax 02 51 33 91 14 – rte des Goffineaux, à 300 m de l'océan – ⚲ ⊶ ⚶ – **R** indispensable juil.-août – **GB**
4 ha (261 empl.) plat, sablonneux ⊏⊐ ♋♋
& ⚲ ⇆ ⊡ ⇔ ⊚ ⇄ ⊞ – ⚲ 💧 ⚮ – ⛵ ⛏ ⛏ ⛎ ⊒ – A proximité : ⚶
Tarif : ⚲ *32 piscine comprise* – ⊡ *68* – [⚡] *20 (10A)*
Location : ⊞ *1950 à 3050*

⚠ Le Curtys avril-23 sept.
✆ 02 51 33 63 42, Fax 02 51 33 91 31 – au Nord de la station – Places limitées pour le passage ⊶ – **R** – **GB** ⚲
8 ha (360 empl.) plat, herbeux ⊏⊐
& ⚲ ⇆ ⊡ ⇔ ⊚ ⊞ – 💧 ⚮ – ⛵ ⛏ ⛏ ⚮ ⚶ ⊠ ⊒ toboggan aquatique terrain omnisports – A proximité : ⚲ ⛎
Tarif : ⊡ *piscine comprise 2 pers. 120 (140 avec élect. 6A), pers. suppl. 30*
Location : ⊞ *900 à 3100* – ⊞ *990 à 3800* – ⊞ *2100 à 4200* – bungalows toilés

⚠ L'Océano d'Or avril-25 sept.
✆ 02 51 33 65 08 – au Nord-Est de la station, sur D 21 – ⊶ – **R** indispensable 25 juil.-20 août – **GB** ⚲
8 ha (431 empl.) plat, herbeux ⊏⊐
& ⚲ ⇆ ⊡ ⇔ ⊚ ⇄ ⊽ ⊞ – ⚲ 💧 ⚮ – ⛵ salle d'animation ⛏ ⚮ ⚶ ⛎ ⊒ toboggan aquatique
Tarif : ⊡ *piscine comprise 2 pers. 130* – [⚡] *20 (6A)*
Location : ⊞ *990 à 3800*

⚲ **La Pomme de Pin** avril-25 sept.
  ℰ 02 51 33 43 85 – SE : r. Vincent-Auriol, à 150 m de la plage de Boisvinet – Places limitées pour le passage ⌖ – **R** indispensable 25 juil.-20 août – ⊖ ⚲
  2 ha (150 empl.) plat, sablonneux ▭ ୨୨ pinède
  ⴤ ⛺ ⇄ ⊟ ⚑ ⊡ ⊕ ◙ – ⏜ – ⚒ ⤳ toboggan aquatique
  Tarif : ◙ piscine comprise 2 pers. 130 – (₪) 20 (6A)
  Location : 🚐 990 à 3800 – 🏠 1300 à 4100

⚲ **La Mouette Cendrée** 15 mai-15 sept.
  ℰ 02 51 33 59 04 – sortie Nord-Est par D 19, rte de St-Hilaire-la-Forêt – ⌖ – **R** conseillée juil.-août – ⚲
  1,2 ha (72 empl.) plat, herbeux ▭
  ⴤ ⛺ ⇄ ⊟ ⊡ ⊕ ◙ – ⚓ (petite piscine) toboggan aquatique
  Tarif : ◙ 2 pers. 95 – (₪) 18 (6A)
  Location (avril-sept.) : 🚐 990 à 3200 – bungalows toilés

⚲ **Le Bosquet** Pâques-fin sept.
  ℰ 02 51 33 56 57 – au Sud-Ouest de la station, à 150 m de la plage – ⌖ – **R** conseillée – ⊖ ⚲
  1 ha (62 empl.) plat et accidenté, herbeux, sablonneux ୨୨
  ⴤ ⛺ ⇄ ⊡ ⊕ A proximité : ⚒ ⚓
  Tarif : (Prix 1999) ◙ 2 pers. 58, pers. suppl. 20 – (₪) 19 (10 à 16A)

Voir aussi à St-Vincent-sur-Jard

JARS

18260 Cher 🖪 – 🖪🖪 ⑫ G. Berry Limousin – 522 h. alt. 285.
Paris 192 – Aubigny-sur-Nère 26 – Bourges 47 – Cosne-sur-Loire 21 – Gien 45 – Sancerre 17.

⚲ **S.I. le Noyer** mai-15 oct.
  ℰ 02 48 58 74 50 – SO : 0,8 km par D 74 et chemin à droite, près d'un plan d'eau « Situation agréable » – **R** conseillée juil.-août
  0,9 ha (25 empl.) peu incliné, plat, herbeux
  ⛺ ⇄ ⊡ ⊕ ⚥ – A proximité : ⏜ ⚒ ⚓ ⚓
  Tarif : ⚹ 9 – 🚗 5 – ◙ 7/9 – (₪) 9
  Location : gîte d'étape

JAUJAC

07380 Ardèche 🖪🖪 – 🖪🖪 ⑱ – 1 020 h. alt. 450.
🆚 Syndicat d'Initiative Mairie ℰ 04 75 93 22 28 en saison : ℰ 04 75 93 28 54.
Paris 619 – Privas 42 – Le Puy-en-Velay 82.

⚲ **Bonneval** Pâques-sept.
  ℰ 04 75 93 23 83 ✉ 07380 Fabras – NE : 2 km par D 19 et D 5, rte de Pont-de-Labeaume, au lieu-dit les Plots, à 100 m du Lignon et des coulées basaltiques – ⚐ ≼ Chaine du Tanargue ⌖ – **R** conseillée – ⚲
  3 ha (60 empl.) plat, peu incliné et en terrasses, herbeux ୨୨
  ⴤ ⛺ ⇄ ⚑ ⊡ ⊕ ◙ – ⚒ – A proximité : ⚓
  Tarif : (Prix 1999) ◙ piscine comprise 2 pers. 83 – (₪) 16 (5A)
  Location : 🏠 1800 à 2900

JAULNY

54470 M.-et-M. 🖪 – 🖪🖪 ⑬ G. Alsace Lorraine – 169 h. alt. 230.
Paris 312 – Commercy 38 – Metz 33 – Nancy 52 – Toul 41.

⚲ **La Pelouse** avril-sept.
  ℰ 03 83 81 91 67 – à 0,5 km au Sud du bourg, accès près du pont sur le Rupt de Mad – Places limitées pour le passage ⚐ « Sur une petite colline boisée dominant la rivière » ⌖ – **R** 15 juil.-15 août – ⊖ ⚲
  2,9 ha (100 empl.) plat et incliné, herbeux ୨୨ (2 ha)
  ⛺ ⊟ ⚥ ⊕ ◙ – snack – 🛒 – A proximité : ⚓ ⚒
  Tarif : ⚹ 12,50 – 🚗 11 – ◙ 11 – (₪) 12 (4A) 16 (6A)
  Location (permanent) : 🏠 1300 à 1700

JAUNAY-CLAN

86 Vienne – 68 ⑭ – rattaché à Poitiers.

JENZAT

03800 Allier 11 – 73 ④ G. Auvergne – 439 h. alt. 312.
Paris 353 – Aigueperse 17 – Montmarault 33 – St-Éloy-les-Mines 38 – St-Pourçain-sur-Sioule 24 – Vichy 28.

⚲ *Municipal Champ de Sioule* 28 avril-24 sept.
  ℘ 04 70 56 86 35 – sortie Nord-Ouest par D 42, rte de Chantelle, près de la Sioule – ⊶ juil.-août
  – **R**
  1 ha (51 empl.) plat, herbeux
  🗂 😊 🛁 🗑 ☺ 🖪
  Tarif : (Prix 1999) 🚶 10,50 – 🚗 5 – 🖃 5 – ⚡ 10 (6A) 17 (10A)

JOANNAS

07110 Ardèche 16 – 80 ⑧ – 224 h. alt. 430.
Paris 657 – Aubenas 26 – Largentière 9 – Privas 56 – Valgorge 17 – Vallon-Pont-d'Arc 30.

⚹ *Le Roubreau* 22 avril-17 sept.
  ℘ 04 75 88 32 07, Fax 04 75 88 31 44 – O : 1,4 km par D 24, rte de Valgorge et chemin à gauche
  – ⌘ ≤ « Au bord du Roubreau » ⊶ – **R** conseillée – **GB** ⚸
  3 ha (100 empl.) plat et peu incliné à incliné, herbeux, pierreux ⌐ ♉
  🕭 🗂 😊 🗑 🛁 ⚲ ☺ 🖪 – 🍷 snack 🍴 – 🚗 ✂ 🎿
  Tarif : 🖃 piscine comprise 2 pers. 103 – ⚡ 20 (6A)
  Location : 🏠 1400 à 2050 – 🚐 1350 à 2450 – 🏡 1550 à 2750

⚲ *La Marette* Pâques-15 sept.
  ℘ 04 75 88 38 88, Fax 04 75 88 36 33 – O : 2,4 km par D 24, rte de Valgorge – ⌘ ≤ « Agréable
  cadre boisé » ⊶ – **R** conseillée – ⚸
  4 ha (55 empl.) en terrasses et accidenté, herbeux, bois ⌐ ♉
  🕭 🗂 😊 🗑 🛁 ☺ 🖪 – 🍷 – 🚗 🎿 – A proximité : ✂ 🎿 🚴
  Tarif : 🖃 piscine comprise 2 pers. 95, pers. suppl. 20 – ⚡ 20 (6A)
  Location : 🚐 1000 à 2300

JONQUIÈRES

84150 Vaucluse 16 – 81 ⑫ – 3 780 h. alt. 56.
Paris 666 – Avignon 30 – Carpentras 15 – Orange 9 – Vaison-la-Romaine 24.

⚲ *Municipal les Peupliers* 15 mai-sept.
  ℘ 04 90 70 67 09 – sortie Est, rte de Carpentras, derrière la piscine – ⊶ – **R** conseillée – ⚸
  1 ha (78 empl.) plat, herbeux ♉
  🗂 😊 🛁 ☺ 🖪 – cases réfrigérées – A proximité : ✂ 🎿
  Tarif : (Prix 1999) 🖃 élect. comprise 2 pers. 52/54, pers. suppl. 19

JONZAC

17500 Char.-Mar. 9 – 71 ⑥ G. Poitou Vendée Charentes – 3 998 h. alt. 40 – ⚓ (21-02/09-12).
🅘 Office de Tourisme 25 pl. du Château ℘ 05 46 48 49 29, Fax 05 46 48 51 07.
Paris 515 – Angoulême 58 – Bordeaux 86 – Cognac 36 – Libourne 82 – Royan 59 – Saintes 44.

⚹ *Les Castors* avril-oct.
  ℘ 05 46 48 25 65, Fax 05 46 04 56 76 – SO : 1,5 km par D 19, rte de Montendre et chemin à droite
  – ⊶ – **R** conseillée – ⚸
  1 ha (45 empl.) peu incliné, herbeux, gravier ⌐ ♀
  🕭 🕭 🗂 😊 🗑 🛁 ☺ 🖪 – 🍷 – 🚗
  Tarif : 🚶 21 – 🖃 25 – ⚡ 17 (4A) 22 (6A) 26 (10A)

⚲ *Municipal* mars-nov.
  ℘ 05 46 48 51 20 – au Sud de la localité en direction de Montendre et à gauche vers rte d'Ozillac,
  près du Lycée Jean-Hyppolite, bord de la Seugne – ⊶ mai-15 sept. – **R** indispensable – ⚸
  0,6 ha (28 empl.) plat, gravillons ⌐ ♉
  🗂 😊 🗑 🛁 ☺ 🖪 – A proximité : 🎿
  Tarif : 🚶 13,40 – 🚗 9,25 – 🖃 11,35 – ⚡ 20,60 (6A) 25,75 (10A) 30,90 (16A)

JOSSELIN

56120 Morbihan 4 – 63 ④ G. Bretagne – 2 338 h. alt. 58.
🅘 Office de Tourisme pl. Congrégation ℘ 02 97 22 36 43, Fax 02 97 22 20 44.
Paris 428 – Dinan 84 – Lorient 74 – Pontivy 34 – Rennes 80 – St-Brieuc 76 – Vannes 44.

⚹ *Le Bas de la Lande* mai-sept.
  ℘ 02 97 22 22 20, Fax 02 97 73 93 85 – O : 2,5 km par N 24 rocade Josselin rte de Lorient et rte
  à droite après le pont, à Guégon, à 50 m de l'Oust – ⊶ – **R** – ⚸
  2 ha (60 empl.) plat, peu incliné et en terrasses, herbeux, pinède attenante ⌐
  🕭 🗂 😊 🗑 🛁 😊 🗑 🖪 – 🚗 🛶 – A proximité : 🍷 ⚓
  Tarif : 🖃 2 pers. 71, pers. suppl. 20 – ⚡ 20 (5A)

JOYEUSE

07260 Ardèche 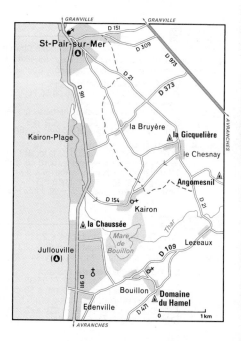 🔢 – 🔢 ⑧ G. Vallée du Rhône – 1 411 h. alt. 180.
🛈 Office de Tourisme D 104 ℘ 04 75 39 56 76, Fax 04 75 39 58 87.
Paris 654 – Alès 54 – Mende 95 – Privas 53.

▲▲ *La Nouzarède* avril-sept.
℘ 04 75 39 92 01, Fax 04 75 39 43 27 – au Nord du bourg par rte du stade, à 150 m de la Beaume (accès direct) – ⊶ – **R** conseillée – ⚸
2 ha (103 empl.) plat, herbeux, pierreux ⊡ ♀
♿ 🗊 ≞ 🖼 😊 😊 ⊕ ⚘ ▽ 🖼 – 🛒, snack, pizzeria ⚑ – 🏠 ♨ 🚲 ⤳ – A proximité : 💥 ⚓
Tarif : (Prix 1999) 🖼 *piscine comprise 2 pers. 95 ou 120, pers. suppl. 22 –* 🗲 *20 (6A)*
Location : 🚃 *1200 à 3900 – bungalows toilés*

▲▲ *Le Bois Simonet* mai-15 sept
℘ 04 75 39 58 60, Fax 04 75 39 46 79 – N : 3,8 km par D 203, rte de Valgorge – 🦢 ≼ vallée de la Beaume « Agréable cadre boisé » ⊶ – **R** conseillée – 🗒 ⚸
2,5 ha (70 empl.) en terrasses, pierreux ⊡ ♀ pinède
🗊 ≞ 🖼 ≞ ⊟ ⊕ 🖼 – 🍴 snack ⚑ – ♨ 🚲 🛶
Tarif : 🖼 *piscine comprise 2 pers. 106, pers. suppl. 23 –* 🗲 *19 (3A)*
Location (Pâques-fin sept.) : 🚐 *1430 à 2000 –* 🚃 *1675 à 3350 –* 🏠 *1675 à 3850*

Sie suchen in einem bestimmten Gebiet

- *einen besonders angenehmen Campingplatz (* △ ... △△△△ *)*
- *einen das ganze Jahr über geöffneten Platz*
- *einfach einen Platz für einen mehr oder weniger langen Aufenthalt ...*

In diesem Fall ist die nach Departements geordnete Ortstabelle im Kapitel « Erläuterungen » ein praktisches Hilfsmittel.

JUGON-LES-LACS

22270 C.-d'Armor 🔢 – 🔢 ⑭ ⑮ G. Bretagne – 1 283 h. alt. 29.
Paris 418 – Lamballe 19 – Plancoët 16 – St-Brieuc 56 – St-Méen-le-Grand 35.

▲▲ *Municipal le Bocage* mai-sept.
℘ 02 96 31 60 16 – SE : 1 km par D 52 rte de Mégrit « Au bord du Grand Étang de Jugon » ⊶
saison – **R** conseillée – 🗒 ⚸
4 ha (180 empl.) plat et peu incliné, herbeux ♀
♿ 🗊 ≞ 🖼 😊 ⊕ 🗲 🖼 – 🍴 – 🏠 ♨ 💥 ⚓ 🎣
Tarif : (Prix 1999) 🚶 *20 piscine comprise –* 🖼 *30 –* 🗲 *17 (5A)*
Location (avril-oct.) : 🚃 *1200 à 2200 –* 🏠 *1200 à 2700 – bungalows toilés, gîtes*

JULLOUVILLE

50610 Manche 🔢 – 🔢 ⑦ G. Normandie Cotentin
– 2 046 h. alt. 60.
🛈 Office de Tourisme (juil.-août) av. Mar.-Leclerc
℘ 02 33 61 82 48, Fax 02 33 61 52 99.
Paris 341 – Avranches 23 – Granville 9 – St-Lô 64
– St-Malo 90.

▲▲ *La Chaussée* 8 avril-17 sept.
℘ 02 33 61 80 18, Fax 02 33 61 45 26
– sortie Nord rte de Granville, à 150 m
de la plage « Cadre plaisant agrémenté
d'une petite pinède » ⊶
R conseillée juil.-août
6 ha/4,7 campables (265 empl.) plat,
peu incliné, sablonneux, herbeux
♀♀
🗊 ≞ 🖼 ≞ ⊕ 🗲 🖼 – ☁ – 🏠
♨ -⊙
Tarif : (Prix 1999) 🖼 *2 pers. 100,
pers. suppl. 25 –* 🗲 *18 (6A) 24
(10A)*
Location : 🚃 *2000 à 3000*

▲ *Domaine du Hamel* 15 juin-
15 sept.
℘ 02 33 61 84 48 – E : 2 km, à la
sortie de Bouillon par rte de Groussey
– 🦢 ⊶ – **R** conseillée août –
⚸
1,5 ha (70 empl.) plat, herbeux
🗊 ≞ ⊟ ⊕ 🖼 – ♨
Tarif : 🚶 *20 –* 🖼 *20 –* 🗲 *17 (3A) 25
(6A)*

Voir aussi à St-Pair-sur-Mer

JUMIÈGES

76480 S.-Mar. 🖪 – 🔢 ⑤ G. Normandie Vallée de la Seine – 1 641 h. alt. 25.
Paris 157 – Caudebec-en-Caux 16 – Deauville 99 – Le Havre 70 – Rouen 27.

⚠ **Camping International** 15 mars-15 nov.
🖉 02 35 37 93 43, Fax 02 35 37 76 48 – au Nord-Est du bourg, près du stade « Dans le Parc Régional de Brotonne » ☛ – **R** conseillée
2 ha (90 empl.) plat, herbeux ☐ 𝐘 (0,5 ha)
🕭 🗂 🕸 🖦 🕭 🕭 ☼ 🖶 – 🖵 🛒 (petite piscine) – A proximité : parcours sportif 🛎
Tarif : 🔲 2 pers. 75 (95 avec élect. 10A)
Location : 🏠 1700 à 2250

JUNAS

30250 Gard 🔟🔢 – 🕶🔟 ⑱ – 648 h. alt. 75.
Paris 734 – Aigues-Mortes 30 – Aimargues 16 – Montpellier 40 – Nîmes 26 – Sommières 5.

⚠ **Les Chênes** Pâques-15 oct.
🖉 04 66 80 99 07 – S : 1,3 km par D 140, rte de Sommières et chemin à gauche, au lieu-dit les Tuileries Basses – 🗭 ☛ saison – **R** conseillée juil.-août – **GB** ⚕
1,7 ha (90 empl.) plat et peu incliné, pierreux, herbeux 𝐘
🗂 🕭 ☼ 🖶 – 🖾 – 🐎
Tarif : 🔲 piscine comprise 1 à 4 pers. 34,50 à 68,70, pers. suppl. 12,10 – 🔌 11 (3A) 13 (6A) 16 (10A)

JUNIVILLE

08310 Ardennes 🖬 – 🔢 ⑦ – 829 h. alt. 80.
Paris 180 – Reims 36 – Rethel 15 – Vouziers 24.

⚠ **Le Moulin de la Chut** 15 avril-sept.
🖉 03 24 72 72 22 – E : 1,8 km par D 925 rte de Bignicourt et chemin à droite et à 80 m de la Retourne – 🗭 « Cadre boisé près d'étangs » ☛ – **R** – ⚕
2 ha (50 empl.) plat et peu incliné, herbeux, pierreux 𝐘𝐘 (0,3 ha)
🕭 🗂 🕸 🖦 🖶 – 🐟 – A proximité : 🍴 snack
Tarif : 🕴 16 piscine comprise – 🚗 8 – 🔲 10/15 – 🔌 10 (4A) 15 (6A) 22 (10A)

JUSSAC

15250 Cantal 🔟 – 🕶🔟 ⑫ – 1 865 h. alt. 630.
Paris 563 – Aurillac 12 – Laroquebrou 29 – Mauriac 43 – Vic-sur-Cère 31.

⚠ **Municipal du Moulin** 15 juin-15 sept.
🖉 04 71 46 69 85 – à l'Ouest du bourg par D 922 vers Mauriac et chemin près du pont, bord de l'Authre – ☛ – **R** – ⚕
1 ha (52 empl.) plat, herbeux ☐
🕭 🗂 🕸 🖦 🗭 🕭 🖦 – 🖾 – A proximité : 🛎 🐎
Tarif : 🕴 10 – 🚗 6,30 – 🔲 9 – 🔌 12,50 (5A) 21 (10A)

KAYSERSBERG

68240 H.-Rhin 🖪 – 🔢 ⑱ G. Alsace Lorraine – 2 755 h. alt. 242.
🖪 Office du Tourisme 39 r. du Gén.-de-Gaulle 🖉 03 89 78 22 78, Fax 03 89 78 27 44.
Paris 436 – Colmar 12 – Gérardmer 50 – Guebwiller 35 – Munster 23 – St-Dié 45 – Sélestat 26.

⚠ **Municipal** avril-sept.
🖉 03 89 47 14 47 – sortie Nord-Ouest par N 415 rte de St-Dié et rue des Acacias à droite, bord de la Weiss – ⚞ ☛ 🛎 juil.-août – **R** – **GB** ⚕
1,6 ha (120 empl.) plat, herbeux 𝐘
🗂 🕭 🖦 🖦 ☼ 🖦 🗭 🖶 – 🛎
Tarif : (Prix 1999) 🕴 20,50 – 🚗 10,50 – 🔲 14,50 – 🔌 15 (4A) 24 (6A) 30 (10A)

KERVEL

29 Finistère – 🔢 ⑭ – rattaché à Plonévez-Porzay.

KERVOYAL

56 Morbihan – 🔢 ⑬ – rattaché à Damgan.

KESKASTEL

67260 B.-Rhin 🖪 – 🔢 ⑬ – 1 362 h. alt. 215.
Paris 405 – Lunéville 77 – Metz 77 – Nancy 83 – St-Avold 33 – Sarreguemines 18 – Strasbourg 88.

⚠ **Municipal les Sapins** Permanent
🖉 03 88 00 19 25 – au Nord-Est de la commune – Places limitées pour le passage « Au bord d'un plan d'eau » ☛ – **R** conseillée juil.-août
6,5 ha/2,5 campables (150 empl.) plat, herbeux 𝐘𝐘 (0,5 ha)
🎳 🕭 🗂 🕸 🖦 ☼ 🖶 – 🍴 – 🛒 – A proximité : 🛎
Tarif : 🕴 25 – 🚗 6 – 🔲 21 – 🔌 19 (6 à 10A)
Location : huttes

KRUTH

68820 H.-Rhin **8** – **62** ⑰ ⑱ G. Alsace Lorraine – 976 h. alt. 498.
Paris 449 – Colmar 61 – Épinal 65 – Gérardmer 32 – Mulhouse 39 – Thann 19 – Le Thillot 26.

⚠️ **Le Schlossberg** Pâques-1er oct.
    🅿 03 89 82 26 76, Fax 03 89 82 20 17 – NO : 2,3 km par D 13B, rte de La Bresse et rte à gauche,
bord de la Bourbach – ⚬ ≼ « Site agréable au coeur du Parc des Ballons » ⚬ – **R** conseillée
10 juil.-15 août – ⊞ ⚬
5,2 ha (200 empl.) peu incliné, terrasse, herbeux ♀ (1 ha)
🏕 ⚬ ⚬ ⚬ ⚬ ⚬ ⚬ ⚬ ⚬ – ♈ – ⚬
Tarif : ⚬ *21* – ⊟ *19* – ⚬ *12 (2A) 20 (6A)*

LAÀS

64390 Pyr.-Atl. **13** – **85** ⑤ G. Aquitaine – 135 h. alt. 75.
Paris 794 – Oloron-Ste-Marie 31 – Orthez 18 – Pau 52 – St-Jean-Pied-de-Port 55 – Sauveterre-de-Béarn 9.

⚠️ **St-Jacques** Permanent
    🅿 05 59 66 19 45 – à l'Ouest du bourg – Ⓜ ⚬ ⚬ – **R** – ⚬
1 ha (20 empl.) plat, herbeux ⚬
⚬ ⚬ ⚬ ⚬ ⚬ ⚬ – ⚬
Tarif : ⚬ *20* – ⊟ *20 avec élect.*

Utilisez les **cartes MICHELIN** *détaillées nos* **51** *à* **90** :
les localités possédant des terrains sélectionnés y sont signalées par le signe (**o**).

Elles sont le complément indispensable de ce guide.

LABAROCHE

68910 H.-Rhin **8** – **62** ⑱ – 1 676 h. alt. 750.
Paris 440 – Colmar 17 – Gérardmer 54 – Munster 23 – St-Dié 49.

⚠️ **Municipal des 2 Hohnack** 2 avril-oct.
    🅿 03 89 49 83 72 – S : 4,5 km par D 11¹ et D 11, rte des Trois-Epis puis rte du Linge à droite –
⚬ « Cadre agréable à l'orée d'une forêt » ⚬ – **R** conseillée – ⚬
1,3 ha (66 empl.) non clos, plat et en terrasses, herbeux ⚬ ♀
⚬ ⚬ ⚬ ⚬ ⚬ – ♈
Tarif : (Prix 1999) ⚬ *14,50* – ⚬ *7* – ⊟ *12* – ⚬ *15 (6A)*

LABASTIDE-ROUAIROUX

81270 Tarn **15** – **83** ⑫ – 2 027 h. alt. 393.
Paris 759 – Anglès 21 – Castres 42 – Mazamet 24 – Peyriac-Minervois 35 – St-Pons-de-Thomières 12.

⚠️ **Municipal Cabanès** 15 juin-15 sept.
    🅿 05 63 98 49 74 – sortie Est par N 112, rte de St-Pons-de-Thomières et chemin à gauche – ≼
– **R** – ⚬
0,3 ha (20 empl.) en terrasses, herbeux ⚬ ♀
⚬ ⚬ ⚬
Tarif : (Prix 1999) ⚬ *10* – ⊟ *15/20* – ⚬ *10*

LABEAUME

07 Ardèche – **80** ⑧ – voir à Ardèche (Gorges de l') - Ruoms.

LABENNE

40530 Landes **13** – **78** ⑰ – 2 884 h. alt. 12.
Paris 754 – Bayonne 12 – Capbreton 6 – Dax 36 – Hasparren 35 – Peyrehorade 37.

⚠️ **Sylvamar** avril-sept.
    🅿 05 59 45 75 16, Fax 05 59 45 46 39 – par D 126, rte de la Plage, près du Boudigau – ⚬ ⚬ –
R indispensable 10 juil.-août – ⊞ ⚬
15 ha/8 campables (400 empl.) plat, sablonneux, herbeux ⚬ ♀
⚬ ⚬ ⚬ ⚬ ⚬ ⚬ ⚬ ⚬ ⚬ ⚬ – ♈ snack ⚬ cases réfrigérées – ⚬ ⚬ ⚬ ⚬ ⚬ ⚬ ⚬ toboggan
aquatique – A proximité : ⚬ ⚬
Tarif : ⊟ *piscine comprise 2 pers. 130* – ⚬ *25 (10A)*
Location ⚬ *juil.-août :* ⚬ *1200 à 3800*

⚠️ **Côte d'Argent** avril-5 nov.
    🅿 05 59 45 42 02, Fax 05 59 45 73 31 – par D 126 rte de la plage – ⚬ – **R** conseillée juil.-août
– ⊞ ⚬
4 ha (215 empl.) plat, herbeux, sablonneux ♀♀
🏕 ⚬ ⚬ ⚬ ⚬ ⚬ (⚬ juil.-août) ⚬ ⚬ ⚬ ⚬ ⚬ – ♈ ✗ ⚬ – ⚬ ·⚬ ⚬ ⚬
Tarif : (Prix 1999) ⊟ *piscine comprise 2 pers. 101 ou 112, pers. suppl. 23* – ⚬ *20 (6A)*
Location : ⚬ *1500 à 2990* – ⚬ *1000 à 3100* – *studios*

LABERGEMENT-STE-MARIE

25160 Doubs 🔢 – 🔢 ⑥ – 864 h. alt. 859.
Paris 456 – Champagnole 41 – Pontarlier 19 – St-Laurent-en-Grandvaux 40 – Salins-les-Bains 49 – Yverdon-les-Bains 41.

⚠ **Le Lac** 29 avril-10 oct.
ℰ 03 81 69 31 24, Fax 03 81 69 33 44 – sortie Sud-Ouest par D 437, rte de Mouthe et rue du lac à droite – ≼ « A 300 m du lac de Remoray » ⌕ – **R** conseillée 14 juil.-15 août – GB ⚐
1,3 ha (70 empl.) plat, peu incliné et en terrasses, herbeux
ᴴ 🕁 🖭 🖫 🖳 ⌂ ◎ 🖫 – 🍷 ✗ ᴥ – A proximité : ✖ ⚓
Tarif : 🔲 2 pers. 82 – 🔌 16 (10A)

LABESSETTE

63690 P.-de-D. 🔢 – 🔢 ⑫ – 104 h. alt. 780.
Paris 495 – Bort-les-Orgues 14 – La Bourboule 30 – Bourg-Lastic 31 – Clermont-Ferrand 72.

⚠ **Municipal la Chomette** juin-15 oct.
sortie Sud par D 72 – ⌾ – **R**
1,2 ha (50 empl.) plat et peu incliné, herbeux, pierreux ♀
ᴴ 🕁 ◎ ⚶
Tarif : (Prix 1999) ✦ 13 – 🚗 13 – 🔲 13 – 🔌 13 (3A)

In this Guide,
a symbol or a character, printed in **red or black,** *in* **bold** *or light type,*
does not have the same meaning.

Please read the explanatory pages carefully.

LABLACHÈRE

07230 Ardèche 🔢 – 🔢 ⑧ – 1 562 h. alt. 182.
Paris 657 – Aubenas 26 – Largentière 16 – Privas 56 – St-Ambroix 31 – Vallon-Pont-d'Arc 22.

⚠⚠ **Le Franoi** mai-sept.
ℰ 04 75 36 64 09 – NO : 4,3 km par D 4 rte de Planzolles – ⌾ ≼ ⌕ – **R** conseillée saison – ⚐
2,8 ha (40 empl.) plat et peu incliné, terrasses, pierreux, herbeux ⬚
ᴴ 🕁 🖭 ⚶ ◎ ⚶ 🖫 – 🍷 ᴥ 🖫 ᴴ –
Tarif : 🔲 piscine comprise 2 pers. 90, pers. suppl. 25 – 🔌 20 (10A)
Location : 🏚 1200 à 2600

LAC voir au nom propre du lac

LACAM-D'OURCET

46190 Lot 🔢 – 🔢 ⑳ – 115 h. alt. 520.
Paris 554 – Aurillac 53 – Cahors 90 – Figeac 38 – Lacapelle-Marival 27 – St-Céré 13 – Sousceyrac 6.

⚠ **Les Teuillères** mars-nov.
ℰ 05 65 11 90 55 – SE : 4,8 km par D 25, rte de Sousceyrac et rte de Sénaillac-Latronquière, vers le lac de Tolerme – ⌾ ≼ ⌕ ✖ ⓟ(tentes) – **R** conseillée juil.-15 août
3 ha (30 empl.) plat et peu incliné, herbeux ⬚ ♀ (1 ha)
ᴴ 🕁 🖭 🖳 ◎ 🖫
Tarif : (Prix 1999) ✦ 18 – 🔲 20 – 🔌 12 (4A) 15 (6A)
Location : 🏠 – gîtes

LACANAU (Étang de)

33 Gironde 🔢 – 🔢 ⑱ G. Aquitaine.
Paris 626 – Andernos-les-Bains 31 – Bordeaux 48 – Lesparre-Médoc 41 – Soulac-sur-Mer 68.

au Moutchic 5,5 km à l'Est de Lacanau-Océan – ✉ 33680 Lacanau :

⚠⚠⚠ **Talaris** 20 mai-15 sept.
ℰ 05 56 03 04 15, Fax 05 56 26 21 56 – E : 2 km sur rte de Lacanau « Cadre agréable » ⌕ –
R conseillée 15 juil.-15 août – GB ⚐
6,3 ha (200 empl.) plat, herbeux, petit étang ♀♀
ᴴ 🕁 🖭 🖫 🖳 ⌂ ◎ ⚶ 🖼 🖫 – 🖳 🍷 ✗ ᴥ – 🖼 🏊 🚲 ✖ ᴴ 🏊
Tarif : 🔲 piscine comprise 2 pers. 140, pers. suppl. 30 – 🔌 25 (6A)
Location ✖ : 🏚 1700 à 3500 – bungalows toilés

⚠⚠ **Tedey** 29 avril-17 sept.
ℰ 05 56 03 00 15, Fax 05 56 03 01 90 – S : 3 km par rte de Longarisse et chemin à gauche, bord de l'étang – ⌾ « Situation agréable » ⌕ – **R** conseillée juil.-15 août – GB ⚐
14 ha (700 empl.) plat, sablonneux, dunes boisées attenantes ⬚ ♀♀ pinède
ᴴ 🕁 🖭 🖳 ⚶ ◎ 🖫 – 🖳 🍷 ᴥ – 🏊 ᴴ ⚓ – A proximité : ◊
Tarif : 🔲 1 ou 2 pers. 101, 3 pers. 116 – 🔌 21 (10A)

LACANAU-DE-MIOS

33380 Gironde 🔲 – 🔲 ⑳.
Paris 619 – Arcachon 33 – Belin-Béliet 25 – Bordeaux 40.

   ⚠ **Samba** Permanent
     & 05 57 71 18 81 – SO : 0,8 km par D 216, rte de Mios – ⚓ – **R** conseillée – ⚡
     1,5 ha (63 empl.) plat, sablonneux, herbeux ♀♀
     🎠 ఈ ♒ 🗓 ⚓ ⊕ ♨ 🖼 – A proximité : ❀
     Tarif : (Prix 1999) 🏕 *15* – 🔲 *13* – 🔋 *16 (6A) 25 (10A)*

LACANAU-OCÉAN

33 Gironde 🔲 – 🔲 ⑱ G. Aquitaine – ✉ 33680 Lacanau.
Paris 639 – Andernos-les-Bains 44 – Arcachon 87 – Bordeaux 61 – Lesparre-Médoc 52.

   ⛰ **L'Océan** Pâques-sept.
     & 05 56 03 24 45, Fax 05 57 70 01 87 – au Nord de la station, rue du Repos – ⚓ – **R** conseillée
     – ⊖ ⚡
     9 ha (550 empl.) plat et en terrasses, accidenté, sablonneux ♀♀ pinède
     ఈ ♒ 🗓 ⊕ ♨ 🗄 🖼 – 🛒 ♀ ✗ ⚓ – 🛶 discothèque 🎯 🚲 ·◉ ❀ 🎿 toboggan aquatique
     Tarif : (Prix 1999) 🏕 *30 piscine comprise* – 🔲 *70 (95 avec élect.)*
     Location ❀ : 🚐 *1400 à 3900 – bungalows toilés*

   ⛰ **Les Grands Pins** mai-14 sept.
     & 05 56 03 20 77, Fax 05 57 70 03 89 – au Nord de la station, avenue des Grands Pins, à 500 m
     de la plage (accès direct) – ♨ ⚓ 🅿(saison) – **R** indispensable 8 juil.-19 août – ⊖
     11 ha (560 empl.) accidenté et en terrasses, sablonneux ▭ ♀♀
     ఈ ♒ 🗓 🗄 ⊕ 🖼 – 🛒 ♀ ✗ pizzeria – 🛒 🎯 🚲 ❀ 🎿
     Tarif : 🔲 *piscine comprise 2 pers. 148/178 avec élect.*
     Location : 🚐 *2590 à 3900* – 🏠 *2590 à 4600*

LACAPELLE-MARIVAL

46120 Lot 🔲 – 🔲 ⑲ ⑳ G. Périgord Quercy – 1 201 h. alt. 375.
🎫 Office de Tourisme (hors saison de 10h à 12h) pl. Halle *&* 05 65 40 81 11.
Paris 557 – Aurillac 67 – Cahors 63 – Figeac 21 – Gramat 20 – Rocamadour 31 – Tulle 80.

   ⛰ **Municipal Bois de Sophie** 15 mai-15 sept.
     & 05 65 40 82 59 – NO : 1 km par D 940, rte de St-Céré « Cadre agréable » ⚓ – **R** conseillée
     15 juil.-août – ⚡
     1 ha (66 empl.) peu incliné et plat, herbeux ♀♀
     ఈ ♒ 🗓 🗄 ⊕ – 🛒 🎯 ❀ – A proximité : 🎿
     Tarif : (Prix 1999) 🏕 *11* – 🔲 *16* – 🔋 *13 (10A)*
     Location : 🚐 *480 à 750 – bungalows toilés*

LACAPELLE-VIESCAMP

15150 Cantal 🔲 – 🔲 ⑪ – 438 h. alt. 550.
Paris 551 – Aurillac 19 – Figeac 58 – Laroquebrou 11 – St-Céré 51.

   ⚠ **Le Puech des Ouilhes** 15 juin-8 sept.
     & 04 71 46 42 38 – SO : 3 km par D 18, rte d'Aurillac et rte à droite, à 150 m du lac de St-Étienne-
     Cantalès – ♨ ◀ « Dans un site agréable » ⚓ juil.-août ❀ 10 juil.-20 août – **R** conseillée –
     ⊖ ⚡
     2 ha (100 empl.) peu incliné à incliné, pierreux, herbeux ♀♀ pinède
     ఈ ♒ 🗓 ⚓ ⊕ 🖼 – ❀ – A proximité : 🛒 ♀ snack
     Tarif : 🔲 *2 pers. 69* – 🔋 *11 (10A)*
     Location : 🏠 *1700 à 2800 – huttes*

LACAVE

46200 Lot **13** – **75** ⑱ G. Périgord Quercy – 241 h. alt. 130.
Paris 533 – Brive-la-Gaillarde 52 – Cahors 58 – Gourdon 26 – Rocamadour 12 – Sarlat-la-Canéda 42.

  ▲▲ *La Rivière* 15 mai-15 sept.
    ☎ 05 65 37 02 04 – NE : 2,5 km par D 23, rte de Martel et chemin à gauche, bord de la Dordogne
    – ⚲ o⇥ juil.-août – **R** conseillée – ⚒
    2,5 ha (110 empl.) plat, peu incliné, herbeux 🌳🌳
    👧 🗟 🤼 🖥 🗂 🖧 ☺ 🖳 – 🕾, 🍸 snack – 🛝 🏊 🛶
    Tarif : ↟ *26,50 piscine comprise* – 🅴 *26,50* – ⒧ *17 (4A) 22,50 (10A)*
    Location : 🛖 *1200 à 2650*

LACHAPELLE-SOUS-ROUGEMONT

90360 Ter.-de-Belf. **8** – **66** ⑧ – 404 h. alt. 400.
Paris 435 – Belfort 15 – Basel 65 – Colmar 54 – Mulhouse 28 – Thann 21.

  ▲ *Municipal la Seigneurie* avril-oct.
    ☎ 03 84 23 00 13 – N : 3,2 km par D 11, rte de Lauw « En lisière de forêt et près d'un étang »
    o⇥ – **R** – ⚒
    3 ha (120 empl.) plat, herbeux 🌳 (0,5 ha)
    👧 🗟 🤼 🖥 🗂 ☺ – 🛝 – A proximité : 🍸 ✕
    Tarif : ↟ *15* – 🚗 *15* – 🅴 *15* – ⒧ *20 (6A)*

LACHAU

26560 Drôme **16** – **81** ⑤ – 190 h. alt. 715.
Paris 718 – Laragne-Montéglin 25 – Sault 34 – Séderon 9 – Sisteron 36.

  ▲ *Aire Naturelle la Dondelle* 15 mai-10 sept.
    ☎ 04 75 28 40 04 – sortie Est sur D 201, rte d'Eourres, à 100 m de l'Auzanée – ⚲ ≤ – **R**
    1 ha (25 empl.) plat, herbeux 🌳
    🗟 ☺
    Tarif : 🅴 *1 pers. 27* – ⒧ *18 (6A)*

LADIGNAC-LE-LONG

87500 H.-Vienne **10** – **72** ⑰ – 1 190 h. alt. 334.
Paris 429 – Brive-la-Gaillarde 75 – Limoges 37 – Nontron 48 – Périgueux 65 – St-Yrieix-la-Perche 12.

  ▲▲ *Municipal le Bel Air* mai-oct.
    ☎ 05 55 09 39 82 – N : 1,5 km par D 11, rte de Nexon et chemin à gauche, près d'un plan d'eau
    – ⚲ ≤ « Cadre et situation agréables » o⇥ – **R** – ⚒
    2,5 ha (100 empl.) en terrasses, herbeux 🗔 🌳 (1 ha)
    👧 🗟 🤼 🖥 🗂 ☺ 🖳 – 🛖 ✕ – A proximité : 🛶 (plage)
    Tarif : 🅴 *2 pers. 50, pers. suppl. 15* – ⒧ *15 (10A)*
    Location : 🛖 *1400 à 1950*

LAFRANÇAISE

82130 T.-et-G. **14** – **79** ⑰ G. Midi Pyrénées – 2 651 h. alt. 183.
Paris 638 – Castelsarrasin 18 – Caussade 32 – Lauzerte 22 – Montauban ↑8.

  ▲ *Le Lac* 15 juin-15 sept.
    ☎ 05 63 65 89 69 – sortie Sud-Est par D 40, rte de Montastruc et à gauche, à 250 m d'un plan d'eau
    (accès direct) – ⚲ o⇥ – **R** indispensable – ⚒
    0,9 ha (34 empl.) peu incliné, terrasses, pierreux, herbeux, bois attenant 🗔 🌳
    🗟 🤼 🗂 ☺ 🖳 – A proximité : toboggan aquatique snack ✕ 🛝 🛶
    Tarif : (Prix 1999) **↟** *11* – 🚗 *12* – 🅴 *11/12* – ⒧ *9 (12A)*

LAGORCE

07 Ardèche – **80** ⑨ – voir à Ardèche (Gorges de l').

LAGORD

17 Char.-Mar. – **71** ⑫ – rattaché à la Rochelle.

LAGRASSE

11220 Aude **15** – **86** ⑧ G. Languedoc Roussillon – 704 h. alt. 108.
🛈 Syndicat d'initiative 6 bd de la Promenade ☎ 04 68 43 11 56, Fax 04 68 43 16 34.
Paris 826 – Carcassonne 34 – Narbonne 44 – Perpignan 86 – Quillan 67.

  ▲ *Municipal de Boucocers* mars-oct.
    ☎ 04 68 43 15 18 – N : 1,3 km par D 212, rte de Fabrezan, demi-tour obligatoire, 500 m après le
    camping – ⚲ ≤ village et vallée – **R** juil.-août
    1,3 ha (40 empl.) plat, peu incliné, terrasses, pierreux, herbeux
    🗟 🤼 🖥 🗂 ☺
    Tarif : 🅴 *1 pers. 26* – ⒧ *12 (16A)*

LAGUENNE

19 Corrèze – **75** ⑨ – rattaché à Tulle.

LAGUÉPIE

82250 T.-et-G. **14** – **79** ⑳ – 787 h. alt. 149.

🛈 Office de Tourisme pl. du Foirail ℰ 05 63 30 20 34.

Paris 642 – Albi 38 – Carmaux 26 – Cordes-sur-Ciel 14 – St-Antonin-Noble-Val 26.

⚠ **Municipal les Tilleuls** mai-sept.

ℰ 05 63 30 22 32 – E : 1 km par D 922 rte de Villefranche-de-Rouergue et chemin à droite, Croisement difficile pour caravanes « Agréable situation au bord du Viaur » ⚬┳ – **R** conseillée juil.-août

1 ha (54 empl.) plat et terrasses, herbeux, pierreux ♀

&. 🗊 ↔ 🗔 🖰 ⊕ – 🖵 ⚶ ⚹ ᵐ

Tarif : ♦ 13,40 – 🖹 6,50 – 🖸 9,70 (10A)

Location : 🏠 1200 à 1500

LAGUIOLE

12210 Aveyron **15** – **76** ⑬ G. Midi Pyrénées – 1 264 h. alt. 1 004 – Sports d'hiver : 1 100/1 400 ⚡12 🎿.

🛈 Office de Tourisme pl. du Foirail ℰ 05 65 44 35 94, Fax 05 65 54 10 29.

Paris 579 – Aurillac 78 – Espalion 22 – Mende 84 – Rodez 53 – St-Flour 61.

⚠ **Municipal les Monts d'Aubrac** 15 mai-15 sept.

ℰ 05 65 44 39 72 – sortie Sud par D 921, rte de Rodez puis 0,6 km par rte à gauche, au stade, alt. 1 050 – ⚘ ≼ ⚬┳ – **R** conseillée – **GB** ⚏

1,2 ha (57 empl.) non clos, plat et peu incliné, herbeux 🗀

&. 🗊 ↔ 🖰 ⊕ ⚰ – A proximité : ⚹ 🖾

Tarif : 🖹 élect. (6A) comprise 1 pers. 27, 2 pers. 54, pers. suppl. 13

LAIVES

71240 S.-et-L. **11** – **70** ⑪ – 771 h. alt. 198.

Paris 356 – Chalon-sur-Saône 20 – Mâcon 47 – Montceau-les-Mines 48 – Tournus 14.

⚠ **Les Lacs de Laives - la Héronnière** 15 mai-10 sept.

ℰ 03 85 44 98 85 – N : 4,2 km par D 18 rte de Buxy et rte à droite – ⚘ « Près des Lacs de Laives » ⚬┳ – **R** – ⚏

1,5 ha (80 empl.) plat, herbeux

&. 🗊 ↔ 🗔 🖰 ⊕ 🖾 – ⚲ – A proximité : ♥ snack ≊

Tarif : (Prix 1999) ♦ 18 – 🚐 15 – 🖹 20 – 🖸 16 (6A)

LALINDE

24150 Dordogne **10** – **75** ⑮ – 3 029 h. alt. 46.

🛈 Syndicat d'Initiative Jardin Public ℰ 05 53 61 08 55, Fax 05 53 73 30 60.

Paris 543 – Bergerac 22 – Brive-la-Gaillarde 99 – Cahors 90 – Périgueux 60 – Villeneuve-sur-Lot 61.

⚠ **Municipal du Moulin de la Guillou** mai-sept.

ℰ 05 53 61 02 91 – E : 2 km par D 703 rte du Bugue et chemin à droite, bord de la Dordogne et à 100 m du canal – ⚬┳ – **R** conseillée – ⚏

1,7 ha (100 empl.) plat, herbeux ♀♀

🗊 ↔ 🖰 ⊕ – A proximité : •⚙ ⚹ 🏊

Tarif : (Prix 1999) ♦ 14 – 🚐 4,80 – 🖹 15,10 – 🖸 8,20 (5 à 10A)

LALLEY

38930 Isère **12** – **77** ⑮ – 191 h. alt. 850.

🛈 Syndicat d'Initiative Mairie ℰ 04 76 34 70 39, Fax 04 76 34 75 02.

Paris 632 – Grenoble 64 – La Mure 32 – Sisteron 80.

⚠ **Belle Roche** mai-sept.

ℰ 04 76 34 75 33 – au Sud du bourg par rte de Mens et chemin à droite, alt. 860 – ⚘ ≼ « Entrée fleurie » ⚬┳ – **R** conseillée 15 juil.-15 août – ⚏

4 ha (60 empl.) plat, terrasse, pierreux, herbeux 🗀

&. 🗊 ↔ 🗔 🖰 ⊕ ⚰ 🗃 🖾 – ♥ snack – 🏊 – A proximité : ⚹

Tarif : (Prix 1999) 🖹 piscine comprise 2 pers. 71 – 🖸 16 (10A)

LALOUVESC

07520 Ardèche **11** – **76** ⑨ G. Vallée du Rhône – 514 h. alt. 1 050.

Paris 557 – Annonay 24 – Lamastre 25 – Privas 81 – St-Agrève 26 – Tournon-sur-Rhône 39 – Valence 56 – Yssingeaux 43.

⚠ **Municipal le Pré du Moulin** 14 mai-1er oct.

ℰ 04 75 67 84 86 – au Nord de la localité – ⚘ ⚬┳ – **R** conseillée juil.-août – ⚏

2,5 ha (70 empl.) en terrasses, peu incliné, herbeux

&. 🗊 ↔ ⚰ ⚲ ♥ 🖾 – 🖵 ⚶ ⚹ ᵐ

Tarif : ♦ 13 – 🚐 9 – 🖹 10/13 – 🖸 17 (6A)

Location : huttes

34240 Hérault 🔢 – 🔢 ④ G. Languedoc Roussillon – 2 194 h. alt. 200 – ⚕ (7 02/16 12).
🅱 Office de Tourisme 2 r. Dr-Ménard ✆ 04 67 95 70 91, Fax 04 67 95 64 52.
Paris 738 – Béziers 38 – Lacaune 51 – Lodève 37 – Montpellier 81 – St-Affrique 76 – St-Pons-de-Thomières 38.

⚠ *Municipal Verdale* 15 mars-oct.
✆ 04 67 95 86 89 – au Nord-Est de la localité, près du stade, bord d'un ruisseau – ⛲ ≤ ⚷ –
R conseillée – ⚙
1,7 ha (80 empl.) plat, gravier, herbeux
♿ 🔥 ⚙ ④ 🏪
Tarif : ✶ *14* – 🚗 *8* – 🔲 *10* – ⚡ *16 (6A)*

aux Aires SE : 3,4 km par D 22 et D 160 – 537 h. alt. 198 – ✉ 34600 Les Aires

🏕 *Le Gatinié* mars-oct.
✆ 04 67 95 71 95 – O : 4 km par D 160, rte de Plaussenous, près de l'Orb, rive gauche « Cadre boisé »
⚷ – **R** conseillée – ⚙
50 ha/2 campables (103 empl.) en terrasses, plat et peu incliné, pierreux, herbeux 🗺 🌳
♿ 🔥 ⚙ 🍽 🛒 🛏 ④ 🏪 – 🍴 snack 🔀 – A proximité : 🏊
Tarif : (Prix 1999) 🔲 *élect. (10A) comprise 2 pers. 85, pers. suppl. 35*
Location : 🏚 *1700 à 2200 – gîtes*

⚓ ✗   *LET OP :*
🚣   *deze gegevens gelden in het algemeen alleen in het seizoen,*
🛶 🏇   *wat de openingstijden van het terrein ook zijn.*

07270 Ardèche 🔢 – 🔢 ⑱ G. Vallée du Rhône – 2 717 h. alt. 375.
🅱 Office de Tourisme pl. Montgolfier ✆ 04 75 06 48 99, Fax 04 75 06 37 53.
Paris 575 – Privas 56 – Le Puy-en-Velay 73 – Valence 39.

🏕 *Le Retourtour* Pâques-sept.
✆ 04 75 06 40 71 – NO : 2,6 km par D 533 et chemin à droite, à Retourtour Plage – ⛲ « Près d'un
plan d'eau » ⚷ – **R** – ⚙
2,9 ha (130 empl.) plat et peu incliné, herbeux, gravillons ⚘
♿ 🔥 ⚙ 🍽 🛒 🛏 ④ 🏪 – 🍴 snack, pizzeria 🔀 – 🗺 🚤 – A proximité : ✗ 🏊 (plage)
Tarif : 🔲 *2 pers. 64* – ⚡ *16 (4A) 22 (8A) 30 (13A)*
Location : 🏚 *1200 à 2600*

LAMPAUL-PLOUDALMEZEAU

29830 Finistère 🖪 – 🔟🔟 ③ – 595 h. alt. 24.
Paris 613 – Brest 28 – Brignogan-Plages 38 – Ploudalmézeau 3.

⚠ **Municipal des Dunes** 15 juin-15 sept.
    𝒫 02 98 48 14 29 – à 0,7 km au Nord du bourg, à côté du terrain de sports et à 100 m de la plage
(accès direct) – 🏊 ⊶ juil.-août – **R** – ⚲
1,5 ha (150 empl.) non clos, plat, sablonneux, herbeux, dunes
& 🖫 🗓 🛁 ⚲ ⊕ 🖫 – 🖳
Tarif : (Prix 1999) 👤 11,80 – 🚗 4,70 – 🗉 6 – 🗗 10 (16A)

LANCIEUX

22770 C.-d'Armor 🖪 – 🔟🔟 ⑤ G. Bretagne – 1 245 h. alt. 24.
Paris 427 – Dinan 21 – Dol-de-Bretagne 35 – Lamballe 39 – St-Brieuc 59 – St-Malo 17.

⚠⚠ **Municipal les Mielles** avril-sept.
    𝒫 02 96 86 22 98 – au Sud-Ouest du bourg, rue Jules-Jeunet, à 300 m de la plage – 🏊 ⊶ –
R – ⚲
2,5 ha (153 empl.) plat à peu incliné, herbeux
& 🖫 🗓 ⚲ ⊕ 🖫 – A proximité : ✗
Tarif : (Prix 1999) 👤 15 – 🚗 7,50 – 🗉 15 – 🗗 16 (6A)

LANDÉDA

29870 Finistère 🖪 – 🔟🔟 ④ – 2 666 h. alt. 52.
Paris 606 – Brest 27 – Brignogan-Plages 28 – Ploudalmézeau 17.

⚠⚠⚠ **Les Abers** 18 avril-24 sept.
    𝒫 02 98 04 93 35, Fax 02 98 04 84 35 – NO : 2,5 km, aux dunes de Ste-Marguerite – 🏊 ≤
« Entrée fleurie, site agréable au bord de la plage » ⊶ – **R** conseillée 10 juil.-25 août –
GB ⚲
4,5 ha (180 empl.) plat, en terrasses, sablonneux, herbeux, dunes
& 🖫 ⇌ 🗓 🛁 ⚲ ⊕ 🖫 🖫 – 🖳 – 🖳 🕸 🚣 🚲 🛝 – A proximité : 🍷 ✗
Tarif : 👤 17 – 🚗 7 – 🗉 27 – 🗗 12 (5A)
Location : 🛖 1500 à 2400

LANDERNEAU

29800 Finistère 🖪 – 🔟🔟 ⑤ G. Bretagne – 14 269 h. alt. 10.
🅱 Office de Tourisme Pont de Rohan 𝒫 02 98 85 13 09, Fax 02 98 21 39 27.
Paris 576 – Brest 22 – Carhaix-Plouguer 60 – Morlaix 39 – Quimper 64.

⚠ **Municipal de l'Elorn** 15 mai-15 oct.
    𝒫 02 98 21 66 59 – au Sud-Ouest de la ville, rte de Quimper près du stade et de la piscine « Au
bord de l'Elorn (rive gauche) » ⊶ – **R** – ⚲
0,5 ha (42 empl.) plat, herbeux 🗂 🌿
& 🖫 🗓 ⚲ ⊕ 🖫 – 🖳 ✗ – A proximité : 🖫 toboggan aquatique
Tarif : 👤 15,80 – 🗉 tennis compris 2 pers. 53,40, pers. suppl. 15,80 – 🗗 18,40 (6A) 38,15
(15A)
Location (permanent) : 🛖 1051 à 2112

LANDEVIEILLE

85220 Vendée 🎮 – 🔟🔟 ⑫ – 646 h. alt. 37.
Paris 462 – Challans 25 – Nantes 80 – La Roche-sur-Yon 32 – Les Sables-d'Olonne 19 – St-Gilles-Croix-de-
Vie 14.

⚠⚠ **Pong** avril-sept.
    𝒫 02 51 22 92 63, Fax 02 51 22 99 25 – sortie Nord-Est, chemin du stade – 🏊 ⊶ – **R** conseillée
– **GB** ⚲
3 ha (185 empl.) plat et peu incliné, herbeux, terrasses, petit étang 🗂 🌿
& 🖫 ⇌ 🗓 🛁 🛁 ⚲ ⊕ 🖳 🖷 🖫 – 🖳 🚣 🛝 toboggan aquatique – A proximité : ✗
Tarif : 🗉 piscine comprise 2 pers. 99 – 🗗 19 (4A) 23 (6A) 28 (10A)
Location : 🛖 1200 à 3350

⚠⚠ **Le Lac** mai-sept.
    𝒫 02 51 22 91 61, Fax 02 51 22 90 41 – NE : 2 km par D 12, rte de la Mothe-Achard puis 2 km par
rte à gauche, bord du lac du Jaunay – 🏊 ≤ ⊶ – **R** conseillée – **GB** ⚲
4,7 ha (128 empl.) plat et peu incliné, en terrasses, herbeux 🗂 🌿 (2 ha)
& 🖫 ⇌ 🗓 🛁 ⚲ ⊕ 🖷 🖫 – 🍷 crêperie – 🖳 🛝
Tarif : 🗉 piscine comprise 2 pers. 110 – 🗗 16 (6 et 10A)
Location ✗ : 🛖 1700 à 3300 – bungalows toilés

⚠ **Municipal Orée de l'Océan** 15 juin-15 sept.
    𝒫 02 51 22 96 36 – sortie Ouest, rte de Brétignolles-sur-Mer, à proximité d'un étang – ⊶ –
R conseillée juil.-août – **GB** ⚲
2,8 ha (140 empl.) plat et peu incliné, herbeux 🗂
& 🖫 ⇌ 🗓 🛁 ⚲ ⊕ 🖫 – 🖳 - A proximité : ✗
Tarif : (Prix 1999) 🗉 piscine comprise 2 pers. 68 – 🗗 17 (10A)

LANDRAIS

17290 Char.-Mar. **9** – **71** ⑬ – 474 h. alt. 12.
Paris 457 – Niort 48 – Rochefort 22 – La Rochelle 32 – Surgères 14.

▲ *Aire Naturelle de Plaine d'Aunis* 15 avril-15 oct.
℘ 05 46 27 87 29 – sortie Nord-Ouest par D 112, rte d'Aigrefeuille-d'Aunis et chemin à gauche, à
120 m d'un étang – ⤶ – **R** conseillée juil.-août
0,6 ha (25 empl.) plat, herbeux, pierreux
&⚲⇆⌂☺
Tarif : ⚹ *10 –* ⇦ *7 –* ▣ *12 –* 🔌 *10 (16A)*

LANDRY

73210 Savoie **12** – **74** ⑱ – 490 h. alt. 800.
Paris 661 – Albertville 50 – Bourg-St-Maurice 7 – Moûtiers 23.

⛰ *L'Eden* 18 déc.-1ᵉʳ mai, juin-10 sept.
℘ 04 79 07 61 81, Fax 04 79 07 62 17 – NO : 0,7 km par D 87ᴱ, après le passage à niveau, près de
l'Isère, alt. 740 – ❄ Ⓜ ⬱ ⌐ – **R** conseillée vacances scolaires – **GB** ⚲
2,5 ha (133 empl.) peu incliné, en terrasses, plat, herbeux, gravillons ⌑
▥ & ⚲ ⇆ ▣ ⌂ ☺ ⚒ ⤶ ▨ – ♈ – ⌂ ⚓
Tarif : ▣ *piscine comprise 2 pers. 98, pers. suppl. 29 –* 🔌 *10A : 18 (hiver 30)*

LANDUDEC

29710 Finistère **3** – **58** ⑭ – 1 183 h. alt. 105.
Paris 583 – Audierne 18 – Douarnenez 11 – Pont-l'Abbé 21 – Quimper 20.

⛰ *Bel-Air* 15 juin-15 sept.
℘ 02 98 91 50 27, Fax 02 98 91 55 82 – O : 1,3 km rte de Plozévet puis 1 km par rte à gauche –
⤶ « Parc de loisirs avec attractions variées » ⌐ – **R** conseillée juil.-août – **GB** ⚲
5 ha (197 empl.) plat, en terrasses, prairies, étang ⌑ ♉
⚲ ⇆ ⌂ ☺ ⚒ ⤶ ▨ – ▨, ♈ crêperie ⚓ – ⌂ ⚓ ♖ ⊟ ⚡ 🚲 ❀ ⚓ ⚱ toboggan aquatique
couvert, parc de jeux
Tarif : ⚹ *22 piscine et tennis compris –* ⇦ *10 –* ▣ *35 –* 🔌 *16 (4A)*
Location : 🚃 *1260 à 2960 –* 🏠 *1700 à 3200*

LANGEAC

43300 H.-Loire **11** – **76** ⑤ G. Auvergne – 4 195 h. alt. 505.
🅱 Office de Tourisme pl. A.-Briand ℘ 04 71 77 05 41, Fax 04 71 77 19 93.
Paris 515 – Brioude 30 – Mende 92 – Le Puy-en-Velay 44 – St-Chély-d'Apcher 60 – St-Flour 53.

▲ *Municipal le Prado* avril-5 nov.
℘ 04 71 77 05 01 – r. de Lille, au Nord par D 585 rte de Brioude, bord de l'Allier – ⤶ ⌐ –
R conseillée juil.août – **GB** ⚲
15 ha (200 empl.) plat, herbeux, pierreux, sablonneux ♉♉ (8 ha)
▥ & ⚲ ⇆ ▣ ☺ ⚒ ▨ – ⌂ ❀
Tarif : (Prix 1999) ▣ *2 pers. 55 –* 🔌 *15 (10A)*
Location : 🏠 *1500 à 2800 – gîte d'étape, bungalows toilés*

LANILDUT

29840 Finistère **3** – **58** ③ – 733 h. alt. 10.
Paris 618 – Brest 28 – Brignogan-Plages 46 – Ploudalmézeau 11.

▲ *Municipal du Tromeur* 15 juin-15 sept.
℘ 02 98 04 31 13 – sortie Ouest par D 27 puis 1,5 km par rte à droite, Chemin piétons direct reliant
le camp au bourg – ⤶ ⌐ juil.-août – **R** – ⚲
2,7 ha (70 empl.) plat, peu incliné, herbeux, bois attenant
& ⚲ ⇆ ▣ ☺ ▨ – ⌂ – A proximité : terrain omnisports ❀
Tarif : (Prix 1999) ⚹ *13,80 –* ⇦ *5,20 –* ▣ *8 –* 🔌 *13,50*

LANLOUP

22580 C.-d'Armor **3** – **59** ② G. Bretagne – 195 h. alt. 58.
Paris 484 – Guingamp 29 – Lannion 44 – St-Brieuc 37 – St-Quay-Portrieux 15.

⛰ *Le Neptune* avril-oct.
℘ 02 96 22 33 35 – sortie Ouest du bourg « Ensemble soigné » ⌐ – **R** conseillée saison – **GB** ⚲
2 ha (84 empl.) plat, peu incliné, herbeux ⌑
& ⚲ ⇆ ▣ ☺ ⚒ ▨ – ♈ – ⌂ ⚓ 🚲 ⚱ (découverte l'été) – A proximité : ❀
Tarif : ⚹ *25 piscine et tennis compris –* ▣ *37 –* 🔌 *20 (6A)*
Location : 🚗 *1200 à 2000 –* 🚃 *1950 à 2900*

LANNE

65 H.-Pyr. – **85** ⑧ – rattaché à Lourdes.

LANNION

22300 C.-d'Armor **3** – **59** ① G. Bretagne – 16 958 h. alt. 12.
⚑ Office de Tourisme q. d'Aiguillon *✆* 02 96 46 41 00, Fax 02 96 37 19 64.
Paris 515 – Brest 96 – Morlaix 39 – St-Brieuc 63.

   🏕 **Municipal des 2 Rives** avril-15 sept.
     ✆ 02 96 46 31 40, Fax 02 96 37 17 03 – SE : 2 km par D 767, rte de Guingamp et rte à droite après
     le Centre Commercial Leclerc – 🦙 « Plaisante décoration arbustive, au bord du Léguer » ⊶ saison
     – **R** conseillée 14 juil.-20 août – ⚡
     2,3 ha (105 empl.) plat et peu incliné, herbeux ⊡
     🕭 🎏 🔄 🗂 ▤ 🖒 ⊙ 🔥 ⇆ 🔲 ▦ – 🍽 – ♨ – A proximité : 🏇
     Tarif : ⚹ 16 – ➾ 10,50 – ▣ 16/25,50 – 🔋 13 (16A)
     Location (permanent) : 🏠 1500 à 2300 – bungalows toilés

   🏕 **Aire Naturelle Bel Air** 15 juin-15 sept.
     ✆ 02 96 37 66 43 – SO : 3 km par D 786, rte de Morlaix et à droite rte de Kernégues – ⊶ –
     R conseillée 15 juil.-15 août – ⚡
     1 ha (25 empl.) plat, herbeux
     🎏 🔄 🖒 ⊙ 🔲 ▦ – 🛖 – A proximité : 🏇
     Tarif : ⚹ 13 – ➾ 8 – ▣ 8/12 – 🔋 10 (4A)
     Location : 🚐 700

*De categorie (1 tot 5 tenten, in **zwart** of **rood**) die wij aan de geselekteerde
terreinen in deze gids toekennen, is onze eigen indeling.*

*Niet te verwarren met de door officiële instanties gebruikte classificatie (1 tot 4
sterren).*

LANOBRE

15270 Cantal **11** – **76** ② G. Auvergne – 1 473 h. alt. 650.
Paris 499 – Bort-les-Orgues 8 – La Bourboule 34 – Condat 31 – Mauriac 38 – Ussel 33.

   🏕 **Municipal de la Siauve** juin-15 sept.
     ✆ 04 71 40 31 85, Fax 04 71 40 34 33 – SO : 3 km par D 922, rte de Bort-les-Orgues et rte à droite,
     à 200 m du lac (accès direct), alt. 660 – 🦙 ≤ ⊶ juil.-août – **R** conseillée – **GB** ⚡
     8 ha (220 empl.) en terrasses, herbeux ⊡ ♀
     🕭 🎏 🔄 🗂 🔺 ⊙ 🔥 🔲 ▦ – 🛖 ♨ 🚲 – A proximité : ≋ (plage)
     Tarif : ▣ 2 pers. 64, pers. suppl. 18 – 🔋 16 (6 à 10A)
     Location (avril-1er nov.) : 🏠 1400 à 2700 – huttes

LANS-EN-VERCORS

38250 Isère **12** – **77** ④ – 1 451 h. alt. 1 120 – Sports d'hiver : 1 020/1 880 m ≰16 ≰.
⚑ Office de Tourisme pl. de la Mairie *✆* 04 76 95 42 62, Fax 04 76 95 49 70.
Paris 583 – Grenoble 25 – Villard-de-Lans 9 – Voiron 43.

   🏕 **Le Bois Sigu** Permanent
     ✆ 04 76 95 47 02 – S : 2,8 km par D 106, D 531, rte de Villard-de-Lans et rte à gauche, au hameau
     le Peuil – ❄ 🦙 ≤ ⊶ juil.-août – ⚡
     1 ha (70 empl.) plat et terrasse, peu incliné, herbeux, pierreux
     ▥ 🕭 🎏 🔄 🗂 🖒 ⊙ ▦ – 🛖 ♨
     Tarif : ▣ 2 pers. 68, pers. suppl. 21 – 🔋 9 (10A)

LANSLEVILLARD

73480 Savoie **12** – **77** ⑨ G. Alpes du Nord – 392 h. alt. 1 500 – Sports d'hiver : (voir à Lanslebourg-Mont-Cenis).
⚑ Office de Tourisme r. Sous-l'Église *✆* 04 79 05 23 66, Fax 04 79 05 82 17.
Paris 691 – Albertville 119 – Briançon 90 – Chambéry 129 – Val-d'Isère 47.

   🏕 **Caravaneige Municipal** 15 déc.-3 mai, 15 juin-15 sept.
     ✆ 04 79 05 90 52 – sortie Sud-Ouest rte de Lanslebourg, bord d'un torrent – ❄ ≤ ⊶ – **R** hiver
     et été – ⚡
     3 ha (100 empl.) plat, herbeux, pierreux
     ▥ 🕭 🎏 🔄 🗂 🖒 ⊙ ▦ – 🍽 ✕ 🚿 – 🛖 – A proximité : 🍴
     Tarif : ⚹ 14 – ▣ 18 – 🔋 6A : 20 (hiver 33) 10A : 30 (hiver 45)

LANUÉJOLS

30750 Gard **15** – **80** ⑮ – 304 h. alt. 905.
Paris 664 – Alès 100 – Mende 67 – Millau 35 – Nîmes 112 – Le Vigan 42.

   🏕 **Domaine de Pradines** avril-25 oct.
     ✆ 04 67 82 73 85 – O : 3,5 km par D 28, rte de Roujarie et chemin à gauche, alt. 800 – 🦙 ≤ « Cadre
     sauvage » ⊶ – **R** conseillée juil.-août – **GB** ⚡
     30 ha (75 empl.) plat, peu incliné, herbeux ♀
     🕭 🎏 🔄 🗂 🖒 ⊙ ▦ – 🔳 ✕ 🚲 – 🛖 ♨ 🎾 ⛳ 🏇
     Tarif : ▣ piscine comprise 1 pers. 36 – 🔋 18 (18A)
     Location : 🚐 1600 à 2800

LAON

02000 Aisne 🖫 – 🖫🖫 ⑤ G. Picardie Flandres Artois – 26 490 h. alt. 181.
🄱 Office de Tourisme pl. du Parvis de la Cathédrale ℘ 03 23 20 28 62, Fax 03 23 20 68 11.
Paris 141 – Amiens 123 – Charleville-Mézières 104 – Compiègne 73 – Reims 62 – St-Quentin 48 – Soissons 37.

△ **Municipal la Chênaie** avril-oct.
℘ 03 23 20 25 56 – de la gare Sud-Ouest : 4 km, accès par chemin près de la Caserne Foch, à l'entrée du faubourg Semilly, à 100 m d'un étang – ⚬━ – **R** – ⚲
1 ha (35 empl.) plat, herbeux, chênaie ⌇⌇
& 🏕 ⇌ 🗟 ⇄ ⊛
Tarif : (Prix 1999) 🚶 14,50 – 🚗 9 – 🔳 9 – 🗲 16 (10A)

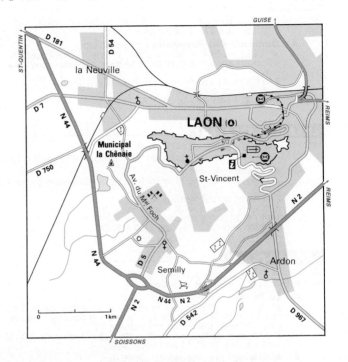

LAPALISSE

03120 Allier 🖫🖫 – 🖫🖫 ⑥ G. Auvergne – 3 603 h. alt. 280.
🄱 Office de Tourisme 3 r. du Prés.-Roosevelt ℘ 04 70 99 08 39, Fax 04 70 99 28 09.
Paris 352 – Digoin 45 – Mâcon 123 – Moulins 49 – Roanne 50 – St-Pourçain-sur-Sioule 30.

△ **Municipal** 28 avril-15 sept.
℘ 04 70 99 26 31 – sortie Sud-Est par N 7, rte de Roanne, bord de la Besbre – ⚬━ – **R** conseillée
0,8 ha (66 empl.) plat, herbeux ♀
🏕 ⇌ ⇄ ⊛ 🗟 – 🏃 parcours de santé – A proximité : ✗
Tarif : (Prix 1999) 🚶 11 – 🚗 8 – 🔳 8 – 🗲 11

Jährlich eine neue Ausgabe.
Aktuellste Informationen, jährlich für Sie.

LAPEYROUSE

63700 P.-de-D. 🖫🖫 – 🖫🖫 ③ – 575 h. alt. 510.
Paris 354 – Clermont-Ferrand 73 – Commentry 14 – Montmarault 14 – St-Éloy-les-Mines 13 – Vichy 55.

△△ **Municipal les Marins** 15 juin-1ᵉʳ sept.
℘ 04 73 52 02 73 – E : 2 km par D 998, rte d'Echassières et D 100 à droite, rte de Durmignat, près d'un plan d'eau – ⚲ ⚬━ – **R** – ⚲
2 ha (68 empl.) plat, herbeux ⌇⌇
& 🏕 ⇌ 🗟 ⇄ ⊛ 🔳 & 🚣 ⚓ (plage) – A proximité : 🍷 ✗
Tarif : 🔳 élect. comprise 3 pers. 80, pers. suppl. 20
Location (permanent) : 🏠 1600 à 2400

LARCHAMP

61800 Orne 🔲 – 🔲🔲 ⑩ – 296 h. alt. 270.
Paris 250 – Alençon 77 – Domfront 16 – Flers 13 – Mortain 22 – Vire 29.

△ **Municipal de la Cour** juin-sept.
🕿 02 33 64 20 05 – sortie Nord-Est – **R**
2 ha (60 empl.) plat, herbeux, étang
🔟 🔟 🔟 🔟 🔟 – 🔟
Tarif : ⚹ *10* – 🔲 *8/10* – 🔟 *10 (2A)*

LARCHE

04530 Alpes-de-H.-Pr. 🔲🔲 – 🔲🔲 ⑨ G. Alpes du Sud – 71 h. alt. 1 691.
Paris 767 – Barcelonnette 27 – Briançon 84 – Cuneo 70.

△ **Domaine des Marmottes** 15 juin-15 sept.
🕿 04 92 84 33 64 – SE : 0,8 km par rte à droite après la douane française – 🔟 🔟
« Situation agréable, au bord de l'Ubayette et d'un petit étang » 🔟 – **R** conseillée 15 juil.-20 août
– 🔟
2 ha (50 empl.) plat, herbeux, pierreux 🔟 🔟 (0,5 ha)
🔟 🔟 🔟 🔟 🔟 🔟 – crêperie
Tarif : 🔲 *1 pers. 28* – 🔟 *20 (10A)*

LE LARDIN-ST-LAZARE

24570 Dordogne 🔟🔟 – 🔟🔟 ⑦ – 2 047 h. alt. 86.
Paris 487 – Brive-la-Gaillarde 27 – Lanouaille 38 – Périgueux 47 – Sarlat-la-Canéda 31.

🔺 **La Nuelle** juil.-août
🕿 05 53 51 24 00 – NO : 3 km par N 89, rte de Périgueux et chemin à droite – 🔟 🔟 – **R** conseillée
– 🔟
2 ha (50 empl.) plat, herbeux, étang 🔟 🔟
🔟 🔟 🔟 🔟 🔟 🔟 🔟 🔟 – snack 🔟 – 🔟
Tarif : ⚹ *20 piscine comprise* – 🔲 *25* – 🔟 *15 (5A)*
Location *(avril-oct.)* – 🔟 : 🔟 *2100 à 2600*

LARMOR-PLAGE

56260 Morbihan 🔟 – 🔟🔟 ① G. Bretagne – 8 078 h. alt. 4.
Paris 509 – Lorient 6 – Quimper 71 – Vannes 64.

🔺 **La Fontaine** Permanent
🕿 02 97 33 71 28, Fax 02 97 33 70 32 – à l'Ouest de la station, à 300 m du D 152 (accès conseillé)
et à 1,2 km de la Base de Loisirs – 🔟 🔟 – **R** conseillée – 🔟 🔟
4 ha (130 empl.) plat, peu incliné, herbeux 🔟
🔟 🔟 🔟 🔟 🔟 🔟 🔟 🔟 🔟 – 🔟 🔟 – A proximité : 🔟 🔟 🔟 🔟
Tarif : ⚹ *24* – 🔲 *23/41 avec élect. (10A)*

△ **Municipal les Algues** 15 juin-15 sept.
🕿 02 97 65 55 47 – au Sud du bourg, près de la plage – 🔟 – **R** conseillée – 🔟
2 ha (148 empl.) plat, peu incliné, herbeux, sablonneux
🔟 🔟 🔟 🔟 🔟 🔟 🔟 🔟 – 🔟
Tarif : ⚹ *17* – 🔲 *34* – 🔟 *15,75*

LARNAGOL

46160 Lot 🔟🔟 – 🔟🔟 ⑨ – 159 h. alt. 146.
Paris 585 – Cahors 41 – Cajarc 9 – Figeac 33 – Livernon 26 – Villefranche-de-Rouergue 30.

🔺 **Le Ruisseau de Treil** mai-1er oct.
🕿 05 65 31 23 39 – E : 0,6 km par D 662, rte de Cajarc et à gauche, bord d'un ruisseau – 🔟 🔟
– **R** conseillée juil.-août – 🔟
4 ha (49 empl.) plat, herbeux 🔟
🔟 🔟 🔟 🔟 🔟 🔟 🔟 – 🔟 🔟 – 🔟 🔟 🔟 🔟 stand de tir (air comprimé)
Tarif : ⚹ *29 piscine comprise* – 🔲 *39* – 🔟 *19 (5 ou 6A)*

LAROQUE-DES-ALBÈRES

66740 Pyr.-Or. 🔟🔟 – 🔟🔟 ⑲ – 1 508 h. alt. 100.
Paris 890 – Argelès-sur-Mer 9 – Le Boulou 14 – Collioure 16 – La Jonquera 27 – Perpignan 26.

🔺 **Les Albères** avril-sept.
🕿 04 68 89 23 64, Fax 04 68 89 14 30 – sortie Nord-Est par D 2, rte d'Argelès-sur-Mer
puis 0,4 km par chemin à droite – 🔟 🔟 « agréable cadre boisé » 🔟 – **R** indispensable
– 🔟
5 ha (211 empl.) peu incliné et en terrasses, pierreux, herbeux 🔟 🔟🔟
🔟 🔟 🔟 🔟 🔟 🔟 – 🔟 🔟 snack 🔟 – 🔟 🔟 🔟 🔟
Tarif : 🔲 *piscine comprise 2 pers. 98, pers. suppl. 26* – 🔟 *18 (6A)*
Location : 🔟 *1800* – 🔟 *3000* – 🔟 *1300 à 3000*

⚏ Mas Manyères avril-sept.
 📞 04 68 89 33 11, Fax 04 68 89 38 11 – sortie Nord-Est par D 2, rte d'Argelès-sur-Mer puis 0,8 km par rte à droite – 🌸 ⮜ ⛷ – **R** conseillée 3 juil.-21 août – ⚘
 2 ha (84 empl.) plat, peu incliné, terrasses, pierreux, herbeux 🔲 ⚲⚲ (1,2 ha)
 🔥 🔌 ⏚ 🖼 ⛺ ⊕ 🖥 – snack ⚄ – 🔲 ⚓ 🔺 toboggan aquatique – A proximité : ✗
 Tarif : 🖥 élect. (6A), piscine et tennis compris 3 pers. 125, pers. suppl. 25
 Location : 🚐 1000 à 1800 – 🚖 1000 à 2750

LARUNS

64440 Pyr.-Atl. ⏸ – ⏹ ⑯ – 1 466 h. alt. 523.
Paris 816 – Argelès-Gazost 50 – Lourdes 51 – Oloron-Ste-Marie 33 – Pau 38.

 ⚏ Les Gaves Permanent
 📞 05 59 05 32 37, Fax 05 59 05 47 14 – SE : 1,5 km par rte du col d'Aubisque et chemin à gauche, bord du Gave d'Ossau – Places limitées pour le passage ❄ 🌸 ⮜ « Belle entrée » ⛏ ℗(chalets) – **R** conseillée vacances scolaires – ⚘
 2,4 ha (101 empl.) plat, herbeux, gravier 🔲 ⚲⚲
 🗇 🔌 ⏚ ⏚ ♨ ⚄ 🖼 – 🍴 – 🔲 🔺
 Tarif : (Prix 1999) 🔥 22 (hiver 16) – 🖥 53/58 (hiver 45) – 🔌 15 (3A) 20 (6A) 25 (10A)
 Location : 🚖 1850 à 2900 – 🏠2100 à 3800 – appartements

 ⚠ Geteu mai- sept.
 📞 05 59 05 37 15 ✉ 64440 Louvie-Soubiron – N : 1,8 km par rte de Pau, à 100 m du Gave d'Ossau – ⮜ ⛏ – **R** conseillée – ⚘
 1 ha (45 empl.) plat, herbeux ⚲
 🔥 🔌 ⏚ 🖼 ⚲ ⊕
 Tarif : 🔥 13 – ⚄ 3 – 🖥 17 – 🔌 12 (2A)

LARUSCADE

33620 Gironde ⑨ – ⏹ ⑧ – 1 679 h. alt. 85.
Paris 528 – Blaye 29 – Bordeaux 44 – Guîtres 16 – Libourne 28 – Montendre 26.

 ⚏ Relais du Chavan juin-août
 📞 05 57 68 63 05 – N : 7 km sur N 10 - Par A 10 sens Nord-Sud : sortie 38 Blaye - sens Sud-Nord : sortie 40ᵃ St-André-de-Cubzac – ⛏ – **R** conseillée juil.-août – ⬛ ⚘
 3,6 ha (100 empl.) plat, herbeux, sablonneux 🔲 ⚲⚲ (1 ha)
 🔥 🔌 ⏚ 🖼 ⚲ ⊕ 🖥 – 🔲 🔺 ⊼ ⟋
 Tarif : 🔥 18 piscine comprise – 🖥 20 – 🔌 15 (5A) 25 (10A)
 Location : 🏠1500

LASALLE

30460 Gard ⏸⏸ – ⏹ ⑰ – 1 007 h. alt. 280.
Paris 687 – Alès 31 – Florac 58 – Lodève 75 – Montpellier 64 – Nîmes 61 – Le Vigan 42.

 ⚏ La Pommeraie avril-sept.
 📞 04 66 85 20 52, Fax 04 66 85 20 53 ✉ 30140 Thoiras – E : 3 km par D 39 et D 57, rte d'Anduze, bord de la Salendrinque – 🌸 « Entrée fleurie » ⛏ – **R** indispensable juil.-août – ⚘
 7 ha (200 empl.) plat, herbeux 🔲 ⚲⚲
 🔥 🔌 ⏚ 🖼 ⏚ ♨ ⊕ 🖥 – ⚄ 🍴 snack, pizzeria ⚄ – 🔺 🔺 🚲 ⚙ ✗ ⟋
 Tarif : 🖥 élect. et piscine comprises 2 pers. 112 (3A) 125 (6A)
 Location : 🚐 1000 à 2000 – 🚖 1350 à 2700 – 🏠1600 à 3200

LATHUILE

74 H.-Savoie – ⏹⏹ ⑯ – voir à Annecy (Lac d').

LATILLÉ

86190 Vienne ⑨ – ⏹⏹ ⑬ – 1 305 h. alt. 150.
Paris 355 – Châtellerault 53 – Parthenay 30 – Poitiers 25 – St-Maixent-l'École 39 – Saumur 88.

 ⚠ Aire Naturelle la Raudière mai-sept.
 📞 05 49 54 81 36 – sortie Sud-Ouest par D 93 rte de Vasles et chemin à droite – 🌸 – **R** – ⚘
 1 ha (25 empl.) en terrasses, herbeux 🔲
 🔥 🔌 ⏚ ⊕ 🖼 – 🔲
 Tarif : 🔥 11 – ⚄ 6 – 🖥 6 – 🔌 11 (4A)

LATTES

34 Hérault – ⏹⏹ ⑦ – rattaché à Montpellier.

LAU-BALAGNAS

65 H.-Pyr. – ⏹⏹ ⑰ – rattaché à Argelès-Gazost.

48170 Lozère 🔢 – 🔢 ⑥ – 128 h. alt. 1 200 – Sports d'hiver : 1 200/1 264 m ⚡1 🎿.
Paris 591 – Langogne 28 – Marvejols 49 – Mende 21.

△ **Municipal** Permanent
🕿 04 66 47 72 09 – SO : 0,5 km par N 88 et D 6, rte de Rieutort-de-Randon à droite – ≤ – **R** conseillée juil.-août – ⚲
2 ha/1 campable (33 empl.) peu incliné et accidenté, pierreux, rochers, herbeux ⚲
▥ & ⛽ ⇆ 🖒 ⊕ 🖥 – snack 🖦 – ▭ ⚓ ·⊕
Tarif : (Prix 1999) 🔲 élect. comprise 1 pers. 30, 2 pers. 57, pers. suppl. 7
Location : gîte d'étape

07 Ardèche – 🔢 ⑧ – voir à Ardèche (Gorges de l').

34480 Hérault 🔢 – 🔢 ⑭ – 1 009 h. alt. 140.
Paris 742 – Bédarieux 14 – Béziers 22 – Clermont-l'Hérault 41 – Montpellier 76 – Sète 59.

▵▵ **L'Oliveraie** Permanent
🕿 04 67 90 24 36, Fax 04 67 90 11 20 – N : 2 km par rte de Bédarieux et chemin à droite – ⊶ – **R** conseillée – **GB** ⚲
7 ha (116 empl.) plat, terrasse, pierreux, herbeux ▭ ⚲
& ⛽ ⇆ 🖥 🖒 ⚲ ⊕ 🖣 ⟆ 🖥 – pizzeria – 🏃 🍴 ⚓ 🚲 🎾 🖦 🔟 🐎 poneys – A proximité : ·⊕
Tarif : (Prix 1999) 🔲 piscine comprise 1 ou 2 pers. 110, 3 ou 4 pers. 145, 5 ou 6 pers. 180, pers. suppl. 20 – 🔲 20 (6A)
Location : 🏠 1300 à 1995 – 🚐 1800 à 2800

87370 H.-Vienne 🔢 – 🔢 ⑧ – 601 h. alt. 404.
Paris 371 – Bellac 42 – Bourganeuf 38 – Guéret 40 – Limoges 44 – La Souterraine 22.

△ **Intercommunal du Lac** 15 avril-15 oct.
🕿 05 55 71 42 62 – N : 2,4 km par D 63 rte de Folles et rte à droite, bord du lac (plage) – 🏊 ⊶
– **R** conseillée juil.-août – ⚲
3,6 ha (152 empl.) en terrasses ⚲⚲⚲
⛽ ⇆ ⚲ ⊕ 🖥 – ⚓ 🖦 – A proximité : 🖥
Tarif : 👤 19 – 🚗 9 – 🔲 11/14 – 🔲 15 (10A)
Location : huttes

68610 H.-Rhin 🔢 – 🔢 ⑱ – 912 h. alt. 400.
Paris 477 – Belfort 58 – Guebwiller 7 – Colmar 32 – Mulhouse 30 – Thann 28.

△ **Municipal Vert Vallon** fermé 16 nov.-déc.
🕿 03 89 74 01 80 – au bourg, près de l'église – ≤ « Au cœur d'un village blotti dans une vallée »
⊶ – **R** conseillée juil.-août
0,5 ha (34 empl.) peu incliné à incliné, herbeux
▥ ⛽ ⇆ 🖒 ⊕ – A proximité : 🎾
Tarif : 👤 17 – 🔲 25 – 🔲 2A : 5 (hiver 10) 6A : 10 (hiver 25) 10A : 20 (hiver 50)
Location : 🏠

67630 B.-Rhin 🔢 – 🔢 ② – 2 372 h. alt. 115.
Paris 530 – Haguenau 40 – Karlsruhe 22 – Strasbourg 59 – Wissembourg 20.

▵▵ **Municipal des Mouettes** mars-15 déc.
🕿 03 88 54 68 60 – SO : 1,5 km par D 3 et chemin à gauche, à 100 m d'un plan d'eau (accès direct)
– Places limitées pour le passage ⊶ 🎾 mai-sept. – **R** conseillée juil.-août
2,7 ha (136 empl.) plat, herbeux
▥ & ⛽ ⇆ 🖥 🖒 ⊕ 🖥 – ♟ – A proximité : ⚓ 🖦
Tarif : 👤 19 – 🚗 11 – 🔲 17/21 – 🔲 20 (6A)

53000 Mayenne 🔢 – 🔢 ⑩ G. Normandie Cotentin – 50 473 h. alt. 65.
🅱 Office de Tourisme 1 r. du Vieux Saint-Louis 🕿 02 43 49 46 46, Fax 02 43 49 46 21 et Halte Fluviale 100 r. Vieux St-Louis 🕿 02 43 53 31 01.
Paris 279 – Angers 78 – Caen 146 – Le Havre 225 – Le Mans 85 – Nantes 131 – Rennes 74 – St-Nazaire 153.

▵▵ **S.I. le Potier** avril-sept.
🕿 02 43 53 68 86, Fax 02 43 67 05 52 – S : 4,5 km par rte d'Angers et à droite après Thévalles, accès direct à la Mayenne, Par A 81, sortie 3 Laval-Est, puis direction Angers « Beaux emplacements, décoration florale et arbustive » ⊶ saison – **R** conseillée juil.-août – ⚲
1 ha (42 empl.) plat et en terrasses, herbeux, verger attenant ▭ ⚲
& ⛽ ⇆ 🖒 ⊕ 🖥 – ▭ ⚓
Tarif : 👤 16 – 🚗 7 – 🔲 7 – 🔲 7 (10A)

Le LAVANDOU

83980 Var **17** – **84** ⑯ G. Côte d'Azur – 5 212 h. alt. 1.
🛈 Office de Tourisme q. G.-Péri ℰ 04 94 71 00 61, Fax 04 94 64 73 79.
Paris 877 – Cannes 102 – Draguignan 77 – Fréjus 64 – Ste-Maxime 43 – Toulon 42.

⚠ **Clau Mar Jo** avril-sept.
ℰ 04 94 71 53 39 ✉ 83230 Bormes-les-Mimosas
Cedex – SO : 2 km – ⚲ ⊶ – **R** conseillée – ⚤
1 ha (71 empl.) plat, herbeux ⌛ ஐஐ
க் ⚲ ⇄ 🖥 ⚐ ⊙ ஃ ☂ 🗟
Tarif : 🔲 *2 pers. 110 pers. suppl. 26*
Location : 🚐 *1680 à 2900*

⚠ **Beau Séjour** Pâques-sept.
ℰ 04 94 71 25 30 – SO : 1,5 km « Beaux
emplacements délimités et ombragés » ⊶
1,5 ha (135 empl.) plat, pierreux, herbeux ⌛ ஐஐ
க் ⚲ ⇄ 🖥 ⚄ ⊙ – snack ♨
Tarif : ⭑ *23* – 🔲 *25* – 🔋 *16 (3A) 21 (6A)*

à la Favière S : 2,5 km – ✉ 83230 Bormes-les-Mimosas :

⚠⚠ **Le Domaine** 7 avril-oct.
ℰ 04 94 71 03 12, Fax 04 94 15 18 67 – S : 2 km – ≼
« Site agréable en bord de plage » ⊶ – **R** conseillée
saison – ⊖🖭
38 ha (1 200 empl.) plat, accidenté et en terrasses,
pierreux, rocheux ⌛ ஐஐ pinède
க் ⚲ ⇄ 🖥 ⚄ ⊙ ஃ ☂ 🗟 🔲 – ⚱ 🍷 ✗ pizzeria,
snack ♨ cases réfrigérées – 🔲 ⚇ terrain omnisports 🔜 ⚑
Tarif : 🔲 *2 pers. 115 (160 avec élect. 10A), pers.
suppl. 31*

à St-Clair NE : 2 km par D 559, rte de Cavalière (hors schéma)
– ✉ 83980 le Lavandou :

⚠ **St-Clair** 20 mars-oct.
ℰ 04 94 01 30 20, Fax 04 94 71 43 64 –, réservé aux
caravanes, sortie Est, à 150 m de la plage, (hors
schéma) « Beaux emplacements délimités et ombragés » ⊶ – **R** conseillée saison – ⚤
1,2 ha (54 empl.) plat ⌛ ஐஐ
⧉ க் ⚲ ⇄ 🖥 ⚄ ⊙ ஃ 🗟 🔲 – 🔲 – A proximité : ✗ 🍷
Tarif : 🔲 *2 ou 3 pers. 140, pers. suppl. 20* – 🔋 *16 (3A) 19 (6A) 22 (10A)*
Location : *studios*

LAVARÉ

72390 Sarthe **5** – **60** ⑮ – 712 h. alt. 122.
Paris 173 – Bonnétable 28 – Bouloire 15 – La Ferté-Bernard 19 – Le Mans 38.

⚠ **Municipal du Lac** 15 juin-15 sept.
sortie Est par D 302, rte de Vibraye – ≼ « Agréable situation près d'un plan d'eau »
0,3 ha (20 empl.) plat, herbeux ⌛
⧉ ⇄ ⛺ ⊙ ஃ – A proximité : piste de bi-cross 🍷 🔜 ⚲ ◊
Tarif : ⭑ *8,50* – 🚐 *5* – 🔲 *4/5* – 🔋 *12 (5A)*

LAVELANET

09300 Ariège **15** – **86** ⑤ – 7 740 h. alt. 512.
🛈 Office de Tourisme Maison de Lavelanet ℰ 05 61 01 22 20, Fax 05 61 03 06 39.
Paris 795 – Carcassonne 71 – Castelnaudary 53 – Foix 27 – Limoux 47 – Pamiers 42.

⚠⚠ **Municipal** 15 juin-août
ℰ 05 61 01 55 54 – au Sud-Ouest de la ville par rte de Foix et r. des Pyrénées à gauche, près de
la piscine – ⊶ – **R** conseillée 15 juil.-15 août – ⚤
2 ha (100 empl.) plat, herbeux ⌛ ◊
க் ⧉ ⇄ 🖥 ⛺ ⊙ ஃ 🔲 – 🔲 ♨ – A proximité : ⊸ ⚲ ⚮
Tarif : (Prix 1999) ⭑ *23* – 🔲 *10/23* – 🔋 *15 (15A)*
Location : *bungalows toilés*

LAVILLATTE

07660 Ardèche **16** – **76** ⑰ – 98 h. alt. 1 180.
Paris 580 – Coucouron 10 – Langogne 15 – Mende 62 – Privas 78 – Thueyts 31.

⚠ **Le Moulin du Rayol** juin-sept.
ℰ 04 66 69 47 56 – SE : 2 km, carrefour D 300 et D 108, rte de Langogne, alt. 1 050 – Places limitées
pour le passage « Au bord de l'Espezonnette » ⊶ – **R**
1,4 ha (50 empl.) plat, peu incliné et en terrasses, herbeux
க் ⧉ ⇄ 🖥 ⊙ 🔲 – 🍷 – 🔲
Tarif : (Prix 1999) ⭑ *16* – 🚐 *6* – 🔲 *7* – 🔋 *12 (2A) 16 (4A) 20 (6A)*

le Lavandou

315

LAVIT-DE-LOMAGNE

82120 T.-et-G. **14** – **79** ⑯ – 1 612 h. alt. 217.
Paris 670 – Agen 49 – Beaumont-de-Lomagne 12 – Castelsarrasin 22 – Lectoure 36 – Montauban 41.

⚠ **Municipal de Bertranon** juin-sept.
    📞 05 63 94 04 70 – au Nord-Est du bourg par rte d'Asques, près du stade et d'un petit plan d'eau
    – **R**
    0,5 ha (33 empl.) peu incliné, herbeux 💬
    & 🔥 🗟 😁 ☺ – ⛲ parcours sportif
    Tarif : ⚡ 13 – 🔲 5/9 – 🔋 9 (6A)

LAVOÛTE-SUR-LOIRE

43800 H.-Loire **11** – **76** ⑦ – 697 h. alt. 561.
🛈 Office de Tourisme 📞 04 71 77 46 57, Fax 04 71 77 40 11.
Paris 544 – La Chaise-Dieu 36 – Craponne-sur-Arzon 28 – Le Puy-en-Velay 14 – St-Étienne 72 – Saugues 57.

⚠ **Municipal les Longes** mai-15 sept.
    E : 1 km par D 7, rte de Rosières puis 0,4 km par rue à gauche, près de la Loire (accès direct) – ⚓
    – **R** conseillée 14 juil.-15 août – ⚒
    1 ha (57 empl.) plat, herbeux 💬
    & 🔥 🍴 🗟 😁 ☺ – A proximité : ✗ 🏊
    Tarif : (Prix 1999) ⚡ 13,50 – 🚗 9 – 🔲 13 – 🔋 12 (5A)

LECTOURE

32700 Gers **14** – **82** ⑤ G. Midi Pyrénées – 4 034 h. alt. 155.
🛈 Office de Tourisme Crs Hôtel-de-Ville 📞 05 62 68 76 98, Fax 05 62 68 79 30.
Paris 689 – Agen 39 – Auch 35 – Condom 26 – Montauban 72 – Toulouse 96.

🏔 **Lac des 3 Vallées** 23 avril-10 sept.
    📞 05 62 68 82 33, Fax 05 62 68 88 82 – SE : 2,4 km par N 21, rte d'Auch, puis 2,3 km par rte à
    gauche, au Parc de Loisirs, bord du lac – 🏕 ≤ « Cadre agréable » ⚓ – **R** conseillée juil.-août –
    🅖🅑 ⚒
    8,5 ha (450 empl.) plat et peu incliné, en terrasses, herbeux, étang 💬 🏕
    & 🔥 🍴 🗟 🛒 😁 🚿 🍴 😀 ⚡ 🗜 🖥 – 🍹 🍽 ✗ snack 🍦 – 🏪 🏃 ⛲ ·🎯 ✗ 🎣 🏊 🏊 avec toboggans
    aquatiques
    Tarif : 🔲 élect. et piscine comprises 3 pers. 199
    Location : 🏠 1790 à 3890 – bungalows toilés

LEFFRINCKOUCKE

59495 Nord **2** – **51** ④ – 4 641 h. alt. 5.
Paris 298 – Calais 52 – Dunkerque 8 – Hazebrouck 49 – Lille 79 – St-Omer 52 – Veurne 20.

🏔 **Municipal les Argousiers** avril-oct.
    📞 03 28 20 17 32 – au Nord-Est de la localité par bd J.B.-Trystram – 🏕 « Bordé de dunes et proche
    d'une plage de sable fin » ⚓ – **R** conseillée saison – ⚒
    2 ha (93 empl.) plat, peu incliné, sablonneux, herbeux, dunes attenantes 💬
    🏘 & 🔥 🗟 😁 ☺ 🚿 🗜 – 🏪 ✗ – A proximité : terrain omnisports 🖼
    Tarif : (Prix 1999) ⚡ 26 – 🔲 22 – 🔋 10 (6A) 22 (10A)

LÈGE-CAP-FERRET

33 Gironde – **71** ⑲ – voir à Arcachon (Bassin d').

LELIN-LAPUJOLLE

32400 Gers **14** – **82** ② – 205 h. alt. 107.
Paris 734 – Agen 104 – Auch 42 – Mont-de-Marsan 40 – Pau 63 – Tarbes 66.

🏔 **Lahount** Permanent
    📞 05 62 69 64 09 – S : 2,2 km par D 169, rte de St-Germé et rte à gauche – 🏕 ≤ ⚓ – **R** conseillée
    juil.-août – ⚒
    10 ha/3 campables (86 empl.) en terrasses, herbeux, étang, bois attenant
    & 🔥 🗟 😁 ☺ 🖥 – snack 🍦 – ⛲ 🏊
    Tarif : 🔲 piscine comprise 2 pers. 68, pers. suppl. 19 – 🔋 15 (10A)
    Location : 🏠 1198 à 1536

LENS-LESTANG

26210 Drôme **12** – **77** ② – 629 h. alt. 310.
Paris 528 – Annonay 39 – Beaurepaire 7 – Grenoble 69 – Romans-sur-Isère 33 – Valence 53.

⚠ **Municipal le Regrimet** mai-sept.
    📞 04 75 31 82 97 – sortie Nord par D 538, rte de Beaurepaire et à gauche, près d'un ruisseau –
    ⚓ – **R** – ⚒
    2,5 ha (58 empl.) plat et peu incliné, herbeux 💬 🌳
    & 🔥 🗟 🚿 😁 🚿 🗜 – A proximité : ✗
    Tarif : 🔲 2 pers. 53, pers. suppl. 14 – 🔋 14 (6A)

40550 Landes **13** – **78** ⑯ G. Aquitaine – 1 330 h. alt. 9.
🛈 Office de Tourisme pl. J.-B. Courtiau ℘ 05 58 48 76 03, Fax 05 58 48 76 03 et (hors saison) Mairie ℘ 05 58 49 20 01.
Paris 726 – Castets 14 – Dax 29 – Mimizan 42 – Mont-de-Marsan 81 – St-Vincent-de-Tyrosse 31.

⚐⚐⚐ **Lou Puntaou** 15 avril-sept.
℘ 05 58 48 74 30, Fax 05 58 48 70 42 – NO : 1,5 km sur D 142, à 100 m de l'étang de Léon – ⊶
– **R** conseillée juil.-août – **GB** ⚲
14 ha (720 empl.) plat, herbeux, sablonneux ⌇ ♀♀
& 🕭 ⇔ 🗐 ዶ 📛 ☺ 🛆 ▽ 🖫 🖭 – 🞲 🍴 🛒 – 🖾 🖈 🚣 🚲 ※ 🗴 toboggan aquatique –
A proximité : 🗶 🄼 🖴 ◊
Tarif : 🔲 *piscine comprise 2 pers. 110, pers. suppl. 30* – ⒤ *20 (5A)*
Location : 🛖 *2400 à 3600* – 🏠 *3000 à 4300*

⚐ **Aire Naturelle Petit Jean** mai-sept.
℘ 05 58 48 73 80 – sortie Est par D 142, rte de Castets puis 2,7 km à droite, par petite rte du Quartier Laguain et chemin à gauche – 🌰 ⊶ – **R** conseillée – ⚲
1,6 ha (25 empl.) plat, herbeux, sablonneux, bois attenant
& 🕭 ⇔ 🖴 ☺
Tarif : 🔲 *2 pers. 54, pers. suppl. 23* – ⒤ *15 (6A)*

*Keine bezahlte Reklame im **MICHELIN**-Führer.*

73 Savoie – **75** ⑮ – voir à Aiguebelette (Lac d').

09600 Ariège **14** – **86** ⑥ – 595 h. alt. 395.
Paris 790 – Foix 36 – Lavelanet 10 – Mirepoix 15 – Pamiers 37 – Quillan 36.

⚐⚐⚐ **La Régate** avril-sept.
℘ 05 61 01 92 69 – E : 2,4 km par D 28, à la Base Nautique et de Loisirs, près du lac de Montbel – 🌰 ⊶ – **R** conseillée – **GB** ⚲
3,5 ha (60 empl.) en terrasses, herbeux, pierreux ♀
⫼ & 🕭 ⇔ 🗐 ዶ 📛 ☺ 🖭 – 🚣 – A proximité : 🍴 🗶 🛒 🖾 🖴 (petite piscine) ◊
Tarif : 🞲 *20* – 🔲 *20* – ⒤ *15 (5A)*
Location : 🏠 *1200 à 2500* – bungalows toilés

73340 Savoie **12** – **74** ⑯ – 495 h. alt. 649.
Paris 561 – Aix-les-Bains 26 – Annecy 26 – Chambéry 29 – Montmélian 38 – Rumilly 28.

⚐ **Municipal l'Île** 22 avril-1er oct.
℘ 04 79 63 80 00 – SE : 2,5 km par D 912, rte d'Annecy et rte à droite, à 200 m du Chéran – 🌰 ≼ « Au bord d'un plan d'eau, entouré de montagnes boisées » ⊶ – **R** conseillée juil.-août – ⚲
7,5 ha (250 empl.) plat, herbeux ♀ (2 ha)
& 🕭 ⇔ 🗐 ዶ 📛 ☺ 🛆 ▽ 🖭 – A proximité : à la Base de Loisirs : 🍴 ※ 🄼 🖴 🐎 et poneys, toboggan aquatique
Tarif : 🔲 *2 pers. 68* – ⒤ *10 (6A) 15 (10A)*

29740 Finistère **3** – **58** ⑭ G. Bretagne.
Paris 584 – Douarnenez 41 – Guilvinec 7 – Loctudy 7 – Pont-l'Abbé 9 – Quimper 28.

⚐⚐⚐ **Les Dunes** Pentecôte-15 sept.
℘ 02 98 87 81 78, Fax 02 98 82 27 05 – O : 1 km par rte de Guilvinec, à 150 m de la plage (accès direct) « Entrée fleurie agrémentée d'objets marins divers » ⊶ – **ℝ** – ⚲
2,8 ha (120 empl.) plat, herbeux ⌇
& 🕭 ⇔ 🗐 ዶ 🖄 ☺ 🖭 – 🖾 🚣
Tarif : 🔲 *2 pers. 103, pers. suppl. 24,90* – ⒤ *20*

⚐⚐⚐ **La Grande Plage** Pâques-sept.
℘ 02 98 87 88 27 – O : 1 km par rte de Guilvinec, à 300 m de la plage (accès direct) – Ⓜ ⊶ – **R** conseillée juil.-août – ⚲
1,8 ha (100 empl.) plat et incliné, herbeux ⌇ ♀ (1 ha)
& 🕭 ⇔ 🗐 ዶ 📛 ☺ 🖫 🖭 – 🖾
Tarif : 🞲 *23,20* – 🚐 *12,20* – 🔲 *33,80* – ⒤ *15 (3A) 18,20 (6A)*

⚐ **Les Sables Blancs** avril-2 mai et juin-15 sept.
℘ 02 98 87 84 79 – E : 1,5 km par rte de Loctudy et rte à gauche – 🌰 ⊶ 15 mai-15 sept. – **R** conseillée juil.-août – ⚲
2,2 ha (80 empl.) plat, herbeux ♀
🕭 ⇔ 🗐 🖄 ☺ 🖭 – 🚣
Tarif : 🞲 *14* – 🚐 *8,50* – 🔲 *17,50* – ⒤ *11,50 (2A) 13,50 (4A) 16 (6A)*
Location : 🛖 *830 à 1850*

⚠ **Keralouet** mai-sept.
    📞 02 98 82 23 05 – E : 1 km sur rte de Loctudy – ⊶ juil.-août – **R** conseillée 15 juil.-août – ⚲
0,5 ha (45 empl.) plat, herbeux
    ⚽ 🛏 📺 ⚲ ☺ 📷 – ⛺
Tarif : 📻 2 pers. 60, pers. suppl. 16 – 🔦 15 (4A) 19 (6A) 22 (10A)
Location : 🛋 1000 à 1700

LESCUN

64490 Pyr-Atl. ⅓ – ⅘ ⑮ G. Aquitaine – 198 h. alt. 900.
Paris 846 – Lourdes 88 – Oloron-Ste-Marie 36 – Pau 70.

⚠ **Municipal le Lauzart** 15 avril-15 sept.
    📞 05 59 34 51 77 – SO : 1,5 km par D 340 – ♲ ⇐ ⊶ – **R** conseillée – ⚲
1 ha (50 empl.) plat et peu incliné, en terrasses, pierreux, herbeux ♀
    ⚏ 🛏 🛏 🏕 🛁 ⚲ ☺ 📷 – 🚲
Tarif : 👷 12 – 🚕 6 – 📻 21/24 – 🔦 16 (15A)
Location : gîte d'étape

LÉSIGNY

86270 Vienne ⑩ – ⑥⑧ ⑤ – 516 h. alt. 70.
🄯 Syndicat d'Initiative Mairie 📞 05 49 86 23 15, Fax 05 49 86 68 88.
Paris 309 – Le Blanc 36 – Châteauroux 84 – Châtellerault 19 – Loches 45 – Poitiers 57 – Tours 74.

⚠ **Municipal le Bout du Pont** 15 juin-15 sept.
    📞 02 47 91 04 14 – sortie Nord-Est par D 5ᶜ, rte de Barrou, à gauche après le pont, bord de la rivière
– **R** conseillée – ⚲
0,5 ha (15 empl.) plat, herbeux, sablonneux 🗂
    🛏 ⚲ ☺ ⚓ – A proximité : 🏊
Tarif : 👷 9 – 🚕 10 – 📻 10 – 🔦 10 (10A)

LESPERON

40260 Landes ⅓ – ⑦⑧ ⑤ – 996 h. alt. 75.
Paris 703 – Castets 12 – Mimizan 34 – Mont-de-Marsan 58 – Sabres 43 – Tartas 30.

⚠ **Parc de Couchoy** avril-sept.
    📞 05 58 89 60 15 – O : 3 km par D 331, rte de Linxe – ♲ ⊶ – **R** conseillée 15 juil.-15 août –
GB ⚲
1,3 ha (71 empl.) plat, herbeux, sablonneux ♀♀
    🛏 🍴 📺 🏕 🛁 ☺ ⚓ 🚲 📷 – 🍷 – 🏊
Tarif : 👷 22 piscine comprise – 📻 38 – 🔦 15 (6A)
Location 🛖 : 🛋 1200 à 2950

LEUBRINGHEN

62250 P.-de-C. ❶ – ⑤❶ ① – 207 h. alt. 96.
Paris 282 – Arras 124 – Boulogne-sur-Mer 24 – Calais 16 – St-Omer 55.

⚠ **Les Primevères** avril-oct.
    📞 03 21 87 13 33 – au Nord du bourg – ⊶ – **R** conseillée 15 juil.-15 août
1 ha (63 empl.) peu incliné, herbeux 🗂
    🛏 🛏 🍴 📺 🛁 ☺ – 🍷
Tarif : 👷 15 – 📻 20 – 🔦 15 (3A) 20 (5A)

LEVIER

25270 Doubs ⑫ – ⑦⓪ ⑥ – 1 785 h. alt. 719.
Paris 427 – Besançon 44 – Champagnole 37 – Pontarlier 23 – Salins-les-Bains 23.

⚠ **La Forêt** 15 mai-15 sept.
    📞 03 81 89 53 46 – NE : 1 km par D 41, rte de Septfontaines – ♲ « A la lisière d'une forêt » ⊶
– **R** conseillée juil.-août – **GB** ⚲
1,5 ha (70 empl.) peu incliné et terrasse, plat, herbeux ♀♀ (0,7 ha)
    🛏 🛏 🍴 📺 🛁 ⚓ 📷 – 🗂 ⛺ ☐ – A proximité : parcours sportif
Tarif : (Prix 1999) 📻 piscine comprise 2 pers. 70, pers. suppl. 18 – 🔦 14 (6A)

LEYME

46120 Lot ⑮ – ⑦⑤ ⑲ ⑳ – 1 489 h. alt. 450.
Paris 553 – Cahors 73 – Figeac 31 – Gramat 17 – St-Céré 12 – Sousceyrac 26.

⚠ **Municipal** 15 juin-15 sept.
    📞 05 65 38 98 73, Fax 05 65 11 20 62 – à l'Ouest du bourg, accès par rte à droite de l'église, au
Village de Vacances – ⊶ – **R** – ⚲
2 ha (29 empl.) plat, gravillons, herbeux
    🛏 🛏 📺 🛁 ☺ ⚓ 🚲 📷 – 🍷 – salle d'animation ⛺ 🚴 – A proximité : 🎾 🏊
Tarif : (Prix 1999) 👷 18 piscine et tennis compris – 📻 13 – 🔦 13
Location (permanent) : gîtes

LÉZIGNAN-CORBIÈRES

11200 Aude **15** – **83** ⑬ – 7 881 h. alt. 51.
⌨ Office de Tourisme 9 Crs de la République *₰* 04 68 27 05 42, Fax 04 68 27 05 42.
Paris 817 – Carcassonne 40 – Narbonne 22 – Perpignan 82 – Prades 126.

▲▲ **La Pinède** mars-15 oct.
₰ 04 68 27 05 08 – Nord-Ouest par N 113, rte de Carcassonne – ≼ « Décoration arbustive » **o—**
– **R** indispensable juil.-août – ♂✓
3,5 ha (90 empl.) peu incliné et en terrasses, gravillons ▭ ↷
⌁ ⇆ ⊟ ☉ ⊠ – ⌖ ♣ – A proximité : ✗ discothèque ✗ ⤳
Tarif : ♣ *21 piscine comprise* – ▤ *38 avec élect.*
Location : ⛺ *1800 à 2150*

Donnez-nous votre avis sur les terrains que nous recommandons.
Faites-nous connaître vos observations et vos découvertes.

LIANCOURT

60140 Oise **6** – **55** ① – 6 178 h. alt. 59.
Paris 73 – Beauvais 36 – Chantilly 21 – Compiègne 34 – Creil 12 – Senlis 22.

▲ **La Faloise** Permanent
₰ 03 44 73 10 99 – SE : 2,5 km par D 29, rte de Pont-Ste-Maxence et rte à droite – Places limitées
pour le passage ♨ **o—** – **R**
2 ha (88 empl.) plat, herbeux ▭ ↷↷
▥ ⅏ ⌁ ⇆ ⊟ ☉ ⊠ ✓ ▥ – ⌖
Tarif : ♣ *15* – ▤ *22* – ⚡ *9 (3A) 15 (6A) 20 (10A)*

LICQUES

62850 P.-de-Calais **1** – **51** ② G. Picardie Flandres Artois – 1 351 h. alt. 81.
Paris 273 – Arras 93 – Boulogne-sur-Mer 29 – Calais 23 – Dunkerque 53 – St-Omer 28.

▲ **Le Canchy** 15 mars-oct.
₰ 03 21 82 63 41 – E : 2,3 km par D 191, rte de St-Omer et rue de Canchy à gauche – ♨ **o—**
R conseillée juil.-août – ♂✓
1 ha (72 empl.) plat, herbeux ▭
⌁ ⅏ ☉ ⊠
Tarif : ♣ *17* – ▤ *20* – ⚡ *10 (3A) 16 (5A)*

LIGINIAC

19160 Corrèze **10** – **76** ① – 603 h. alt. 665.
Paris 466 – Aurillac 88 – Bort-les-Orgues 26 – Clermont-Ferrand 104 – Mauriac 34 – Ussel 17.

▲▲ **Municipal le Maury** juil.-août.
₰ 05 55 95 85 61 – SO : 4,6 km par rte de la plage, bord du lac de Triouzoune, Accès conseillé par
D 20, rte de Neuvic – ♨ « Cadre boisé » **o—** – **R**
2 ha (56 empl.) plat et peu incliné, terrasses, herbeux, forêt ▭ ↷↷
⌁ ▥ – ⌖ ♣ ✗ ⤳ (plage) – A proximité : ♥ ✗ ⚓
Tarif : ♣ *13* – ▤ *16* – ⚡ *16 (16A)*
Location : *gîtes, huttes*

LIGNY-LE-CHÂTEL

89144 Yonne **7** – **65** ⑤ G. Bourgogne – 1 122 h. alt. 130.
Paris 182 – Auxerre 22 – Sens 59 – Tonnerre 29 – Troyes 64.

▲ **La Noue Marou** 2 avril-sept.
₰ 03 86 47 56 99 – sortie Sud-Ouest par D 8, rte d'Auxerre et chemin à gauche, bord du Serein
– ♨ **o—** – **R** – ♂✓
2 ha (42 empl.) plat, herbeux
⅏ ⌁ ⇆ ⊟ ⊡ ☉ ⊠ – A proximité : ✗ ♣ ⤳
Tarif : (Prix 1999) ♣ *14* – ⛺ *9,50* – ▤ *13,50/15* – ⚡ *15 (10A)*

LIMERAY

37530 I.-et-L. **5** – **64** ⑯ – 972 h. alt. 70.
Paris 219 – Amboise 10 – Blois 31 – Château-Renault 19 – Chenonceaux 21 – Tours 33.

▲ **Le Jardin Botanique de Launay** avril-sept.
₰ 02 47 30 13 50, Fax 02 47 30 17 32 – à 1,6 km au Sud-Est du bourg, r. de la Rivière, à 50 m de
la N 152 – **o—** – **R** conseillée – **GB** ♂✓
1,5 ha (74 empl.) plat, herbeux ▭ ↷
⅏ ⌁ ⇆ ⊟ ⊞ ⊡ ☉ ⊠ ✓ ▥ – ♣ ⤳ (petite piscine) half-court – A proximité : ✗
Tarif : ▤ *2 pers. 80* – ⚡ *18 (10A)*

LIMEUIL

24510 Dordogne ⓭ – ⓯ ⑯ G. Périgord Quercy – 335 h. alt. 65.
🅸 Syndicat d'Initiative ℘ 05 53 63 38 90.
Paris 531 – Bergerac 42 – Brive-la-Gaillarde 79 – Périgueux 48 – Sarlat-la-Canéda 40.

⚠ **La Ferme des Poutiroux** avril-15 oct.
℘ 05 53 63 31 62 – sortie Nord-Ouest par D 31, rte de Trémolat puis 1 km par chemin de Paunat
à droite – ⚲ ⇐ ⊶ saison – **R** conseillée – ⚲
1,5 ha (25 empl.) plat, en terrasses, peu incliné, herbeux
🕭 🎪 ⇔ 🚽 ⊕ 🖭 🖼 – 🏊
Tarif : 🏕 *22 piscine comprise* – 🅴 *22* – 🔋 *14 (6A)*

LIMOGNE-EN-QUERCY

46260 Lot ⓯ – ⓱⑨ ⑨ – 618 h. alt. 300.
Paris 600 – Cahors 37 – Cajarc 14 – Figeac 39 – Villefranche-de-Rouergue 24.

⚠ **Bel-Air** avril-1ᵉʳ oct.
℘ 05 65 31 51 27 – O : 0,5 km par D 911, rte de Cahors et chemin à droite – ⊶ juil.-août –
R conseillée juil.-août – ⚲
1,5 ha (50 empl.) plat, peu incliné, pierreux, herbeux 🎋🎋
🎪 ⇔ 🖭 🚽 ⊕ – A proximité : ✂ 🏊
Tarif : 🏕 *18 piscine comprise* – 🅴 *18* – 🔋 *12 (6A)*

🎪 ⇔ 🚽

Showers, wash basins and laundry with running **hot water.**

If no symbols are included in the text, the facilities exist but with cold water supplies
only.

Le LINDOIS

16310 Charente ⓾ – ⓱② ⑮ – 311 h. alt. 270.
Paris 456 – Angoulême 39 – Confolens 35 – Montbron 12 – Rochechouart 25.

⚠ **L'Étang** Permanent
℘ 05 45 65 02 67, Fax 05 45 65 08 96 – SO : 0,5 km par D 112, rte de Rouzède – ⚲ « Agréable
sous-bois en bordure d'un étang » ⊶ – **R** conseillée juil.-août
10 ha/1,5 campable (25 empl.) plat et peu incliné, herbeux 🏕 🎋🎋
🕭 🎪 ⇔ 🖭 🚽 ⊕ 🖼 – 🍸 snack
Tarif : 🏕 *22* – 🅴 *40* – 🔋 *19 (16A)*

LINXE

40260 Landes ⓭ – ⓱⑧ ⑮ – 980 h. alt. 33.
Paris 722 – Castets 10 – Dax 32 – Mimizan 38 – Soustons 32.

⚠ **Municipal le Grandjean** 24 juin-2 sept.
℘ 05 58 42 90 00 – NO : 1,5 km par D 42, rte de St-Girons et D 397, rte de Mixe à droite « Entrée
fleurie » ⊶ – **R** conseillée 14 juil.-15 août – ⚲
2 ha (100 empl.) plat, sablonneux, gravillons ♀ pinède
🕭 🎪 ⇔ 🖭 🚽 ⊕ ⚲ 🖼 – 🚣 ⛵
Tarif : (Prix 1999) 🏕 *16,50* – 🅴 *19/33 avec élect.*

49220 M.-et-L. ◨ – ⬚⬚ ⑳ G. Châteaux de la Loire – 3 095 h. alt. 45.
🄷 Office de Tourisme Sq. des villes jumelées ℘ 02 41 95 83 19, Fax 02 41 95 17 82.
Paris 296 – Angers 27 – Candé 26 – Château-Gontier 23 – La Flèche 51.

△ **Municipal les Frênes** mi-mai à mi-sept.
℘ 02 41 95 31 56 – sortie Nord-Est par N 162, rte de Château-Gontier, bord de l'Oudon « Entrée fleurie » ⊶ – **R** – ⚲
2 ha (94 empl.) plat, herbeux ♀
⚲ 🗇 ⇌ 🖢 ⊕ – A proximité : ⌁
Tarif : (Prix 1999) ⚲ *10,50* – 🅴 *11* – ⑭ *14 (10A)*

2A Corse-du-Sud – ⬚⬚ ⑯ – voir à Corse.

Avant de vous installer, consultez les tarifs en cours,
affichés obligatoirement à l'entrée du terrain,
et renseignez-vous sur les conditions particulières de séjour.

Les indications portées dans le guide ont pu être modifiées depuis la mise à jour.

19600 Corrèze ⑩ – ⬚⬚ ⑧ G. Périgord Quercy – 475 h. alt. 170.
Paris 491 – Brive-la-Gaillarde 12 – Périgueux 68 – Sarlat-la-Canéda 43 – Souillac 30.

△ **Intercommunal la Prairie**
℘ 05 55 85 37 97 – SO : 1,4 km par D 59 et chemin à gauche, près du lac du Causse – ≼ « Belle situation dominante » ⊶
5 ha (133 empl.) en terrasses, herbeux, gravier, sablonneux ⛺ ♀
⚲ 🗇 ⇌ 🖻 🖢 ⊕ 🖽 🖦 – ✗ – A proximité : parc aquatique, snack ≈ ◖ 🐎
Location *(permanent)* : huttes, gîtes

40170 Landes ⑬ – ⬚⬚ ⑮ – 1 408 h. alt. 13.
Paris 713 – Castets 26 – Dax 49 – Mimizan 22 – Tartas 46.

▲▲ **Les Vignes** avril-15 oct.
℘ 05 58 42 85 60, Fax 05 58 42 74 36 – SO : 2,7 km par D 652 et D 88, à droite, rte du Cap de l'Homy – Ⓜ « Bel ensemble de piscines et plantations » ⊶ – **R** conseillée juil.-août – ⒼⒷ ⚲
15 ha (420 empl.) plat, sablonneux, herbeux ♀ pinède
⚲ 🗇 ⇌ 🖻 🖢 ⊕ 🖽 🖦 ☝ 🖻 – ◻ ♈ ✗ 🖦 – 🖂 ✷ 🖦 🚲 ✗ ▸ 🛆 🐎 toboggans aquatiques, terrain omnisports
Tarif : 🅴 *élect. (10A) et piscine comprises 2 pers. 175/185*
Location : 🏠 *1690 à 3990* – 🏕 *2290 à 4750 – bungalows toilés*

▲▲ **Univers-Camping** 15 mai-sept.
℘ 05 58 42 83 37, Fax 05 58 42 41 28 – sortie Sud, rte de St-Girons, bord d'un ruisseau – ☂ « Parc boisé » ⊶ – **R** conseillée fin juil.-début août – ⒼⒷ ⚲
10 ha (300 empl.) plat, sablonneux, herbeux ⛺ ♀♀
⚲ 🗇 ⇌ 🖻 🖢 ⊕ 🖻 – ♈ ✗ pizzeria 🖦 – 🖂 ✷ 🖦 ✗ 🛴 🐎
Tarif : 🅴 *piscine comprise 1 pers. 85* – ⑮ *15 (5A)*
Location : 🏠 *1900 à 3050* – 🏕 *1100 à 2100*

△ **Municipal du Cap de l'Homy** mai-sept.
℘ 05 58 42 83 47 – O : 8 km par D 652 et D 88 à droite, à Cap-de-l'Homy, à 300 m de la plage (accès direct) – ☂ ⊶ – **R** – ⒼⒷ
10 ha (444 empl.) accidenté et plat, sablonneux ♀♀ pinède
⚲ 🗇 ⇌ 🖻 🖢 ⊕ 🖽 🖻 – 🖂 🖦 – A proximité : ☙ ♈ ✗
Tarif : (Prix 1999) ⚲ *22,80* – 🅴 *28,20/56 avec élect. (6A)*

37600 I.-et-L. ⑩ – ⬚⬚ ⑥ G. Châteaux de la Loire – 6 544 h. alt. 80.
🄷 Office de Tourisme du Pays (fermé le dim.) pl. de la Marne ℘ 02 47 91 82 82, Fax 02 47 91 61 50.
Paris 259 – Blois 72 – Châteauroux 72 – Châtellerault 56 – Tours 42.

△ **La Citadelle** 15 mars-15 nov.
℘ 02 47 59 05 91, Fax 02 47 59 01 17 – sortie Est par D 760, rte de Valencay et rue Quintefol à droite (rte de Perusson) près de la piscine et à proximité du stade Gal-Leclerc, bord de l'Indre – ⊶ – **R** conseillée – ⒼⒷ ⚲
3 ha (126 empl.) plat, herbeux
🏛 ⚲ 🗇 ⇌ 🖻 🖢 🖽 ⛆ 🖻 – ♈ – 🖂 🖦 – A proximité : ✗ ◻ 🛆
Tarif : 🅴 *piscine comprise 2 pers. 72, pers. suppl. 16* – ⑱ *18 (10A)*
Location : 🏠 *1450 à 2750 – bungalows toilés*

LOCMARIA-PLOUZANÉ

29280 Finistère **3** – **58** ③ – 3 589 h. alt. 65.
Paris 610 – Brest 14 – Brignogan-Plages 49 – Ploudalmézeau 22.

⚠ **Municipal de Portez** 15 mai-15 sept.
     🅿 02 98 48 49 85 – SO : 3,5 km par D 789 et rte de la plage de Trégana, à 200 m de la plage –
     ⋞ ⌒ – **R** conseillée saison – ⚲
     2 ha (110 empl.) non clos, plat, en terrasses, herbeux, ⌷
     🖊 🕮 ⇌ 🛁 ⊕ 🖳 – 🛒 🏎
     Tarif : ⚹ 13,30 – 🖪 21,20 – 🔌 13 (10A)

LOCMARIAQUER

56740 Morbihan **3** – **63** ⑫ G. Bretagne – 1 309 h. alt. 5.
Paris 490 – Auray 13 – Quiberon 31 – La Trinité-sur-Mer 9 – Vannes 31.

⚠ **Lann-Brick** mai-15 sept.
     🅿 02 97 57 32 79, Fax 02 97 57 45 47 – NO : 2,5 km par rte de Kérinis, à 200 m de la mer – ⌒
     – **R** conseillée – ⚲
     1,2 ha (98 empl.) plat, herbeux ⌷ ♀
     🖊 🕮 ⇌ 🛁 🔆 ⊕ 🖳 – 🛒
     Tarif : ⚹ 19 – ⇌ 14 – 🖪 15 – 🔌 15 (6A) 20 (10A)
     Location ✎ : 🚐 1500 à 2700

LOCMIQUÉLIC

56570 Morbihan **3** – **63** ① – 4 094 h. alt. 10.
Paris 500 – Auray 30 – Lorient 15 – Quiberon 38 – Quimperlé 36.

⚠ **Municipal du Blavet** juil.-août
     🅿 02 97 33 91 73 – N : par D 111, rte du port de Pen-Mané, près d'un plan d'eau et à 250 m du
     Blavet (mer) – ⌒ – **R** – ⚲
     1 ha (50 empl.) plat, herbeux
     🕮 ⇌ 🛁 ⊕ 🖳
     Tarif : (Prix 1999) ⚹ 9,90 – ⇌ 3,30 – 🖪 3,30 – 🔌 9,20

LOCTUDY

29750 Finistère **3** – **58** ⑮ G. Bretagne – 3 622 h. alt. 8.
🛈 Office de Tourisme pl. des Anciens Combattants 🅿 02 98 87 53 78, Fax 02 98 87 57 07.
Paris 580 – Bénodet 17 – Concarneau 35 – Pont-l'Abbé 5 – Quimper 24.

⚠ **Les Mouettes** mai-15 sept.
     🅿 02 98 87 43 51 – O : 3,5 km par D 53 direction Penmarch puis chemin, à Larvor, à 150 m de la
     plage (accès direct) – ⌒ – **R** conseillée juil.-20 août – ⚲
     1 ha (68 empl.) plat, herbeux ♀
     🕮 ⇌ 🖥 ⊕ 🖳 – 🛒 – À proximité : ⛳ ✗
     Tarif : 🖪 2 pers. 75, pers. suppl. 20 – 🔌 15 (4A)
     Location : 🚐 2000 à 3000

⚠ **Les Hortensias** avril-sept.
     🅿 02 98 87 46 64 – SO : 3 km par rte de Larvor – ⌒ – **R** conseillée juil.-août – ⚲
     1,5 ha (100 empl.) plat, herbeux
     🖊 🕮 🕸 ⊕ – À proximité : ⛳
     Tarif : ⚹ 17 – ⇌ 9 – 🖪 19 – 🔌 12 (3A) 17 (6A)

⚠ **Kergall** 15 avril-sept.
     🅿 02 98 87 45 93 – à 1 km au Sud de la localité, près de la plage de Langoz – ⌒ saison – ⚲
     1,3 ha (99 empl.) plat, sablonneux, herbeux ♀
     🕮 🖥 🕸 ⊕ 🔆 ⚐ 🖳 – ⛳ – À proximité : ✗ 🎣 ♪
     Tarif : 🖪 1 ou 2 pers. 60, pers. suppl. 16 – 🔌 14 (3A) 17 (6A) 21 (10A)

LODÈVE

34700 Hérault **15** – **83** ⑤ G. Languedoc Roussillon – 7 602 h. alt. 165.
🛈 Office de Tourisme 7 pl. République 🅿 04 67 88 86 44, Fax 04 67 44 07 56.
Paris 702 – Alès 97 – Béziers 65 – Millau 59 – Montpellier 56 – Pézenas 40.

⚠ **Les Rials** juin-1er sept.
     🅿 04 67 44 15 53 ✉ 34700 Soubès – N : 3 km par N 9, rte de Millau puis D 25 à droite et 2 km
     à gauche par rte de Poujols – ⏚ ⋞ ⌒ – **R** conseillée – ⚲
     4,5 ha (100 empl.) plat et en terrasses, herbeux ⌷ ♀♀
     🕮 ⇌ 🖥 🕸 ⊕ 🖳 – réfrigérateurs – 🏊 – À proximité : ✗
     Tarif : ⚹ 24 – 🖪 30 – 🔌 18 (6A)

⚠ **Municipal les Vailhès** avril-sept.
     🅿 04 67 44 25 98 – S : 7 km par N 9, rte de Montpellier puis 2 km par D 148, rte d'Octon et chemin
     à gauche – ⏚ ⋞ « Belle situation au bord du lac du Salagou » ⌒ – **R** – ⚲
     4 ha (246 empl.) en terrasses, herbeux ⌷
     🖊 🕮 ⇌ 🛁 ⊕ 🖳 – 🏊 ♪
     Tarif : (Prix 1999) ⚹ 16,50 – 🖪 19/23 – 🔌 12,50 (15A)

⚠ **Les Peupliers** Permanent
📞 04 67 44 38 08 – SE : 6,5 km par N 9, rte de Montpellier puis à droite en direction de Le Bosc, sortie 54 par la voie rapide – o⊶ – **R** conseillée août – ⚲
1,5 ha (54 empl.) plat, peu incliné, herbeux, pierreux ⚲
♿ 🛉 ⛺ ⏚ ☺ – ⌂ 🛶
Tarif : ⚓ *18 piscine comprise* – 🅴 *27* – [⚡] *17 (5A)*
Location : 🛏 *1600*

à Soubès N : 5 km par N 9 et D 25 – 616 h. alt. 239 – ✉ 34700 Soubès

⚠ **Les Sources** mai-15 sept.
📞 04 67 44 32 02 – SE : 2,5 km par D 25, rte de Lodève, D 149, rte de Fozières à gauche et D 149[E5], bord de la Brèze, accès direct au village par chemin piétonnier – ⚲ ◁ o⊶ ⚲ juil.-août – **R** conseillée juil.-août – ⚲
1 ha (35 empl.) plat, peu incliné, terrasses, herbeux ⌑ ⚲
♿ 🛉 ⛺ 🗗 🛶 ☺ 🛝 – ⚓ ⇌
Tarif : 🅴 *2 pers. 80* – [⚡] *15 (6A)*

LOGONNA-DAOULAS

29460 Finistère **3** – **58** ④ G. Bretagne – 1 429 h. alt. 45.
Paris 599 – Brest 28 – Camaret-sur-Mer 50 – Le Faou 14 – Landerneau 20.

⚠ **Municipal du Roz** 15 juin-15 sept.
📞 02 98 20 67 86 – O : 2 km par rte de la Pointe du Bindy, à 50 m de la plage – ⚲ o⊶ – **R** – ⚲
1,3 ha (80 empl.) peu incliné, incliné, herbeux ⌑
♿ 🛉 ⛺ 🗗 🛶 ☺ ⚓ ⊽ 🗑 📶
Tarif : 🅴 *2 pers. 55, pers. suppl. 15* – [⚡] *12*

LOIX-EN-RÉ

17 Char.-Mar. – **71** ⑫ – voir à Ré (Ile de).

La LONDE-LES-MAURES

83250 Var **17** – **84** ⑯ – 7 151 h. alt. 24.
🛈 Office de Tourisme av. Albert-Roux
📞 04 94 01 53 10, Fax 04 94 01 53 19.
Paris 866 – Bormes-les-Mimosas 12 – Cuers 27 – Hyères 11 – Le Lavandou 12 – Toulon 31.

⚠ **Les Moulières** juin-15 sept.
📞 04 94 01 53 21, Fax 04 94 01 53 22 – S : 2,5 km par rte de Port-de-Miramar et rte à droite – ⚲ o⊶ – **R** conseillée – ⚲
3 ha (250 empl.) plat, herbeux ⚲⚲
♿ 🛉 ⛺ 🗗 ⏚ ☺ 🗑 📶 – ⚓ 🍷 snack ⚓ – ⚓ ⚲
Tarif : 🅴 *tennis compris 3 pers. 115* – [⚡] *23 (6A)*

⚠ **La Pascalinette** juin-15 sept.
📞 04 94 66 82 72 – O : 1,5 km par N 98, rte d'Hyères – o⊶ – **R** conseillée juil.-août
5 ha (269 empl.) plat, herbeux, pierreux ⌑ ⚲⚲
♿ 🛉 ⛺ 🗗 ⏚ ☺ 📶 – ⚓ snack ⚓ – ⚓
Tarif : 🅴 *2 pers. 88,50, 3 pers. 99, pers. suppl. 22,50* – [⚡] *21,50 (6A)*
Location : 🛏 *1340 à 2100* – 🛏 *1800 à 2850*

LONGEVILLE-SUR-MER

85560 Vendée **9** – **67** ⑫ – 1 979 h. alt. 10.
Paris 448 – Challans 70 – Luçon 28 – La Roche-sur-Yon 31 – Les Sables-d'Olonne 28.

⚠ **Jarny Océan** mai-15 sept.
📞 02 51 33 58 19, Fax 02 51 33 95 37 – SO : 1,5 km par rte de la Tranche-sur-Mer puis 2 km par rte à droite – ⚲ o⊶ – **R** conseillée 14 juil.-15 août – ⚲
7,5 ha (307 empl.) plat et peu incliné, herbeux ⌑ ⚲⚲ (3 ha)
♿ 🛉 ⛺ 🗗 ☺ ⊽ 📶 – 🍷 snack ⚓ – ⚓ 🚲 ⚲ 🛶 half-court – A proximité : ⛷
Tarif : (Prix 1999) 🅴 *piscine comprise 2 pers. 117 (135 avec élect. 6A), pers. suppl. 20*
Location (avril-oct.) ⚲ juil.-3 août : 🛏 *1100 à 3000*

⚠ **Les Brunelles** Pâques-sept.
📞 02 51 33 50 75, Fax 02 51 33 98 21 – SO : 1,5 km par rte de la Tranche-sur-Mer puis 2,2 km par rte à droite – ⚲ o⊶ – **R** conseillée juil.-août – GB ⚲
3,5 ha (200 empl.) plat, peu incliné, pierreux ⌑ (1,5 ha)
♿ 🛉 ⛺ 🗗 ⏚ ☺ ⊽ 📶 – ⚓ 🍷 – ⚓ 🚲 ⚲ toboggan aquatique – A proximité : ⛷
Tarif : 🅴 *piscine comprise 2 pers. 105 (129 avec élect. 10A)*
Location : 🛏 *890 à 3400*

△ **La Michenotière** avril-oct.
℘ 02 51 33 38 85, Fax 02 51 33 28 09
– SE : 1,5 km par D 70, rte d'Angles et
chemin à droite – ⅋ – **R** conseillée
juil.-août – **GB** ⅍
3,5 ha (120 empl.) plat, herbeux
⅍ ⅍ ⇆ ⅍ ⅍ ⊕ ⅍ – ⅍ ⅍ ⥱
(petite piscine)
Tarif : ⅍ 2 pers. 85 – [⅍] 19 (6A)
Location : ⅍ 950 à 3300

aux Conches S : 5 km par D 105 – ⊠ 85560
Longeville-sur-Mer :

▲▲ **Le Sous-bois** juin-15 sept.
℘ 02 51 33 36 90, Fax 02 51 33 32 73
– au lieu-dit la Saligotière – ⅋ –
R conseillée
1,7 ha (120 empl.) plat, sablonneux
⅍ ⅍
⅍ ⅍ ⇆ ⅍ ⅍ ⊕ ⅍ ⅍ ⅍ – ⅍ –
⅍
Tarif : ⅍ 2 pers. 80 – [⅍] 18 (6A)

△ **Les Ramiers** Pâques-15 sept.
℘ 02 51 33 32 21 – ⅍ – **R** conseillée
– ⅍
1,4 ha (80 empl.) plat et peu accidenté, en terrasses, sablonneux ⅍ ⅍
⅍ ⅍ ⇆ ⅍ ⊕
Tarif : (Prix 1999) ⅍ 2 pers. 75 – [⅍] 17 (5A)
Location : ⅍ 1500 à 2200

LONGNY-AU-PERCHE

61290 Orne ⅍ – ⅍ ⑤ – 1 575 h. alt. 165.
⅍ Office de Tourisme pl. de l'Hôtel-de-Ville ℘ 02 33 73 66 23.
Paris 135 – Alençon 57 – Chartres 62 – Dreux 54 – Mortagne-au-Perche 19 – Nogent-le-Rotrou 31.

▲▲ **Monaco Parc** Permanent
℘ 02 33 73 59 59, Fax 02 33 25 77 56 – S : 2,4 km par D 8 et D 111 à gauche, rte de Monceaux-
au-Perche, près de la Jambée – Places limitées pour le passage ⅍ – **R** conseillée mai-août –
GB ⅍
18 ha/7 campables (95 empl.) plat, herbeux et en terrasses ⅍
⅍ ⇆ ⅍ ⅍ ⊕ ⅍ ⅍ – snack – ⅍ ⅍ ⅍
Tarif : ⅍ 15 piscine comprise – ⅍ 15 – ⅍ 15 – [⅍] 15
Location : ⅍ 1360 à 1700

*Les localités possédant des ressources sélectionnées dans ce guide
sont signalées sur les **cartes MICHELIN** détaillées à 1/200 000.*

LONS-LE-SAUNIER

39000 Jura ⅍ – ⅍ ④ ⑭ G. Jura – 19 144 h. alt. 255 – ⅍ (avril-fin oct.).
⅍ Office de Tourisme (fermé le lundi) pl. du 11-Nov. ℘ 03 84 24 65 01, Fax 03 84 43 22 59.
Paris 412 – Besançon 84 – Bourg-en-Bresse 71 – Chalon-sur-Saône 63 – Dijon 98 – Dole 51 – Mâcon 97 –
Pontarlier 82.

▲▲ **La Marjorie** avril-15 oct.
℘ 03 84 24 26 94, Fax 03 84 24 08 40 – au Nord-Est de la localité en direction de Besançon par
bd de Ceinture « Agréable décoration arbustive, au bord d'un ruisseau » ⅍ – **R** conseillée –
GB ⅍
9 ha/3 campables (204 empl.) plat, herbeux, goudronné ⅍ ⅍
⅍ ⅍ ⇆ ⅍ ⅍ ⊕ ⅍ ⅍ ⅍ ⅍ – ⅍ ⅍ – ⅍ – A proximité : ⅍ ⅍ ⅍
Tarif : ⅍ 2 pers. 68/74 (89 avec élect. 6A), pers. suppl. 18

LORIOL-DU-COMTAT

84870 Vaucluse ⅍ – ⅍ ⑫ – 1 710 h. alt. 35.
Paris 677 – Avignon 26 – Nyons 44 – Orange 19 – Vaison-la-Romaine 30.

▲▲ **La Roubine** 15 mai-15 sept.
℘ 04 90 65 72 87 – SE : 1,2 km par D 950, rte de Carpentras – ⅍ – **R** conseillée 15 juil.-15 août
– ⅍
3,5 ha (116 empl.) plat, herbeux ⅍ ⅍
⅍ ⅍ ⇆ ⅍ ⅍ ⊕ ⅍ – ⅍ ⅍
Tarif : ⅍ piscine comprise 2 pers. 80, pers. suppl. 26 – [⅍] 17 (6A)

LORRIS

45260 Loiret 🄖 – 🄬🄬 ① G. Châteaux de la Loire – 2 620 h. alt. 126.
🅱 Office de Tourisme 2 r. des Halles 🖉 02 38 94 81 42, Fax 02 38 94 88 00.
Paris 133 – Gien 27 – Montargis 23 – Orléans 54 – Pithiviers 44 – Sully-sur-Loire 18.

   ⚠ **L'étang des Bois** avril-1er nov.
    🖉 02 38 92 32 00 – O : 6 km par D 88, rte de Châteauneuf-sur-Loire, près de l'étang des Bois – Places
    limitées pour le passage « Cadre boisé dans un site agréable » ⚬━ – **R** – ⚸
    3 ha (150 empl.) plat, gravillons ⊡ ♀♀
    🖥 ⇆ 🗟 🛁 ⊛ ⚲ 🝡 🔥 – 🛒 🚠 – A proximité : ≋ (plage)
    Tarif : ⚹ *13 –* 🄔 *24 –* [⚡] *20 (10A)*

LOUANNEC

22 C.-d'Armor – 🄥🄩 ① – rattaché à Perros-Guirec.

LOUBEYRAT

63410 P.-de-D. 🄖🄖 – 🄫🄝 ④ – 777 h. alt. 700.
Paris 414 – Châtelguyon 7 – Clermont-Ferrand 28 – Gannat 31 – Pontaumur 38 – St-Gervais-d'Auvergne 28.

   ⚠ **Aire Naturelle le Colombier** avril-15 oct.
    🖉 04 73 86 66 94 – S : 1,5 km par D 16, rte de Charbonnières-les-Varennes et chemin à gauche –
    🐾 – **R** conseillée juil.-août – ⚸
    0,8 ha (25 empl.) peu incliné, herbeux
    🖥 🗟 🛁 ⊛ – 🔥 ⚲ – A proximité : ⚐ ✗
    Tarif : ⚹ *12 piscine comprise –* ⚐ *7 –* 🄔 *7 –* [⚡] *13 (3A)*
    Location : ⌂*850 à 2500*

LOUBRESSAC

46130 Lot 🄖🄔 – 🄫🄥 ⑲ G. Périgord Quercy – 449 h. alt. 320.
Paris 532 – Brive-la-Gaillarde 49 – Cahors 73 – Figeac 47 – Gourdon 55 – Gramat 17 – St-Céré 9.

   ⚠ **La Garrigue** avril-sept.
    🖉 05 65 38 34 88 – à 200 m au Sud du bourg – 🐾 ⚬━ – **R** conseillée – ⚸
    1,6 ha (38 empl.) en terrasses, plat, herbeux ⊡ ♀ (0,6 ha)
    🛁 🖥 ⇆ 🗟 🛁 ⊛ ⚲ 🝡 – 🛒 🔥 ⚲ – A proximité : ❀
    Tarif : ⚹ *24 piscine comprise –* 🄔 *25 –* [⚡] *16 (6A)*
    Location : ⌂ *960 à 1600*

LOUDENVIELLE

65510 H.-Pyr. 🄖🄜 – 🄬🄥 ⑲ – 219 h. alt. 987.
Paris 855 – Arreau 15 – Bagnères-de-Luchon 26 – La Mongie 53 – Taches 74.

   ⚠ **Pène Blanche** Permanent
    🖉 05 62 99 68 85 – sortie Nord-Ouest par D 25, rte de Génos, près de la Neste de Louron et à
    proximité d'un plan d'eau – 🐾 ≼ ⚬━ – **R** conseillée 15 juil.-15 août – ⚸
    4 ha (120 empl.) en terrasses, peu incliné, herbeux ♀
    🝡 🖥 ⇆ 🗟 🛁 ⊛ – A proximité : poneys, toboggan aquatique ❀ 🔥 🔥 🐴
    Tarif : (Prix 1999) 🄔 *2 pers. 54/62 –* [⚡] *16 (3A) 34 (5A) 43 (10A)*

LOUÉ

72540 Sarthe 🄕 – 🄬🄞 ⑫ G. Châteaux de la Loire – 1 929 h. alt. 112.
Paris 230 – Laval 58 – Le Mans 29.

   ⚠ **Village Loisirs** saison
    🖉 02 43 88 65 65, Fax 02 43 88 59 46 – sortie Nord-Est par D 21, rte du Mans – 🅼 « Cadre agréable
    au bord d'une rivière » ⚬━
    1 ha (20 empl.) plat, herbeux
    🝡 🛁 🖥 ⇆ 🗟 🛁 ⊛ 🝡 – 🛒 – A proximité : ⚐ snack ⚲ toboggan aquatique
    Tarif : (Prix 1999) ⚹ *15 piscine comprise –* 🄔 *12 –* [⚡] *15*
    Location : ⌂*1380 à 2980*

LOUER

40380 Landes 🄖🄝 – 🄫🄞 ⑥ – 160 h. alt. 38.
Paris 733 – Dax 20 – Hagetmau 32 – Mont-de-Marsan 44 – St-Sever 31 – Tartas 17.

   ⚠ **Municipal de Laubanere** avril-oct.
    🖉 05 58 57 25 53 – NO : 0,9 km par D 107, bord d'un petit étang – **R** indispensable saison
    1 ha (30 empl.) plat et peu incliné, herbeux, sablonneux, forêt attenante ♀ pinède
    🛁 🝡 ⇆ 🛁 ⊛ 🝡
    Tarif : (Prix 1999) ⚹ *8,50 –* ⚐ *5 –* 🄔 *8,50 –* [⚡] *12*

LOUGRATTE

47290 L.-et-G. **14** – **79** ⑤ – 404 h. alt. 120.
Paris 574 – Agen 55 – Castillonnès 9 – Marmande 44 – Monflanquin 18 – Villeneuve-sur-Lot 25.

⚠ **Municipal St-Chavit** 15 juin-15 sept.
SE : 1 km, bord d'un plan d'eau – ℞ – ⚲
3 ha (90 empl.) non clos, plat à peu incliné, herbeux ⚲
& ⏰ ⇆ ⌅ ⇸ ⚞ ⊕ ▨ – ⬛ ⚓ ≋ (plage) – A proximité : ✗
Tarif : ✶ 11,50 – 🔲 12 – 🔌 10

LOUHANS

71500 S.-et-L. **12** – **70** ⑬ G. Bourgogne – 6 140 h. alt. 179.
🅱 Office de Tourisme 1 Arcade St-Jean 𝄐 03 85 75 05 02, Fax 03 85 76 48 70.
Paris 378 – Bourg-en-Bresse 58 – Chalon-sur-Saône 37 – Dijon 85 – Dole 76 – Tournus 31.

⚠ **Municipal** avril-1ᵉʳ oct.
𝄐 03 85 75 19 02 – SO : 1 km par D 971 rte de Tournus et D 12 rte de Romenay, à gauche après
le stade, bord du Solnan « Cadre verdoyant en bordure de rivière » ⚷ juil.-août – ℞ conseillée saison
– ⚲
1 ha (60 empl.) plat, herbeux, gravillons ⌂ ⚲⚲
& ⏰ ⇆ ⌅ ⇸ ⊕ – A proximité : ✗ ⚱
Tarif : (Prix 1999) ✶ 10 – ⇔ 9 – 🔲 10 – 🔌 21 (15A)

LOUPIAC

46350 Lot **13** – **75** ⑱ – 210 h. alt. 230.
Paris 531 – Brive-la-Gaillarde 50 – Cahors 54 – Gourdon 17 – Rocamadour 30 – Sarlat-la-Canéda 30.

⚠⚠ **Les Hirondelles** avril-oct.
𝄐 05 65 37 66 25, Fax 05 65 41 91 58 – N : 3 km par rte de Souillac et chemin à gauche, à 200 m
de la N 20 « Cadre boisé » ⚷ – ℞ conseillée juil.-août – GB ⚲
2,5 ha (70 empl.) peu incliné, plat, herbeux, pierreux ⌂ ⚲⚲
& ⏰ ⇆ ⌅ ⇸ ⊕ ▨ – ⬛, ⚑ ✗ snack ⇸ – ⬛ ⚓≋
Tarif : 🔲 élect. (6A) et piscine comprises 2 pers. 85, pers. suppl. 22
Location : ⛺ 1400 à 2600 – 🏠 1400 à 2600

LOUPIAN

34140 Hérault **15** – **83** ⑯ G. Languedoc Roussillon – 1 289 h. alt. 8.
Paris 749 – Agde 21 – Balaruc-les-Bains 10 – Mèze 5 – Pézenas 20 – Sète 17.

⚠ **Municipal**
𝄐 04 67 43 57 67 – sortie Sud, rte de Mèze – ⚶ ⚷
1,7 ha (115 empl.) plat, herbeux ⌂
⏰ ⊕ – A proximité : ✗

LOURDES

65100 H.-Pyr. **14** – **85** ⑱ G. Midi Pyrénées – 16 300 h. alt. 420.
🅱 Office de Tourisme pl. Peyramale 𝄐 05 62 42 77 40, Fax 05 62 94 60 95.
Paris 808 – Bayonne 148 – Pau 46 – St-Gaudens 84 – Tarbes 18.

⚠ **Le Moulin du Monge** Permanent
𝄐 05 62 94 28 15, Fax 05 62 42 20 54 – N : 1,3 km – ⚷ – ℞ – GB ⚲
1 ha (67 empl.) plat et peu incliné, en terrasses, herbeux ⚲⚲
▥ ⏰ ⇆ ⌅ ⇸ ⚞ ▨ – ⬛, ⚑ – ⬛ ≋
Tarif : ✶ 24 piscine comprise – 🔲 25 – 🔌 12 (2A) 18 (4A)
Location : ⛺ 1400 à 3080

⚠ **Plein Soleil** Pâques-10 oct.
𝄐 05 62 94 40 93 – N : 1 km – ⚶ ⚷ – ℞ conseillée juil.-août – ⚲
0,5 ha (35 empl.) en terrasses, pierreux, gravillons ⚲
▥ ⏰ ⇆ ⌅ ⇸ ⚵ ▨ – ⬛ ≋
Tarif : 🔲 élect. (4A) et piscine comprises 2 pers. 95 – 🔌 20 (8A) 45 (13A)

⚠ **Sarsan** 15 juin-15 sept.
𝄐 05 62 94 43 09 – E : 1,5 km par déviation et av. Jean-Moulin – ⚶ ⚷ – ℞ conseillée 15 juil.-
15 août – ⚲
1,8 ha (66 empl.) plat et peu incliné, herbeux ⚲
& ⏰ ⇆ ⌅ ⇸ ⚞ ⊕ ▨ – ⬛ ≋
Tarif : ✶ 19 piscine comprise – 🔲 19 – 🔌 10 (2A) 15 (3A) 25 (6A)

⚠ **Arrouach** Permanent
𝄐 05 62 42 11 43, Fax 05 62 42 05 27 – NO : quartier de Biscaye – ⚶ ⚷ – ℞ conseillée juil.-août
– ⚲
13 ha/3 campables (67 empl.) plat, peu incliné et en terrasses, herbeux ⚲
⏰ ⇆ ⌅ ⊕ ⚵ ▨ – ⬛
Tarif : ✶ 19 – 🔲 22 – 🔌 16 (3A)
Location : ⇱

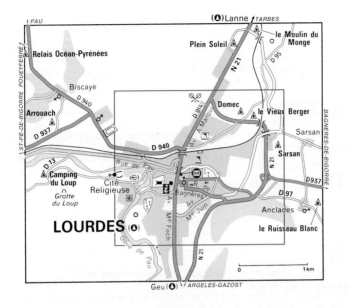

⚠ *Le Ruisseau Blanc* mars-20 oct.
  𝄄 05 62 42 94 83 – E : 1,5 km, à Anclades par D 97, rte de Jarret, Pour caravanes, accès conseillé par la D 937 en direction de Bagnères-de-Bigorre – ⌇⊚ ⩽ « Cadre agréable » o—┬ – **R** conseillée – ⤳
  1,8 ha (110 empl.) plat, herbeux ᦰᦰ
  ⌂ ⇆ ⊡ ⤍ ⊛ 🔥 ⬛ – ⟷
  Tarif : ▣ *2 pers. 43, pers. suppl. 14* – [⚡] *10 (2A) 15 (3A) 20 (4A)*
  Location : 🏠 *1750 à 1890*

⚠ *Domec* Pâques-15 oct.
  𝄄 05 62 94 08 79 – NE : rte de Julos (D 95) – ⌇⊚ ⩽ o—┬ – **R** juil.-août – ⤳
  2 ha (100 empl.) plat, incliné et terrasse, herbeux ᦰᦰ
  ⌂ ⊡ ⤍ ⊛ ⬛
  Tarif : *(Prix 1999)* ⚡ *15* – ▣ *14*

⚠ *Camping du Loup* avril-oct.
  𝄄 05 62 94 23 60 – O : 2,3 km, Accès conseillé par rue de Pau et D 13 à gauche – ⩽ o—┬ juil.-oct.
  – **R** – ⤳
  1,5 ha (60 empl.) plat, peu incliné, herbeux ᦰ
  ♿ ⌂ ⊡ ⤍ ⊛ ⬛ – 🏕
  Tarif : ⚡ *16* – ▣ *16* – [⚡] *15 (10A)*

⚠ *Le Vieux Berger* 15 juin-20 oct.
  𝄄 05 62 94 60 57 – NE : 2 rte de Julos – ⩽ o—┬ – **R**
  1,5 ha (60 empl.) peu incliné à incliné, plat, herbeux ᦰ
  ⌂ ⤍ ⊛
  Tarif : ⚡ *13* – ▣ *15 avec élect.*

à Geu S : 8 km par N 21, D 13 à gauche et D 813 – 116 h. alt. 400 – ✉ 65100 Geu :

⚠ *Aire Naturelle Et-Bayet* avril-sept.
  𝄄 05 62 94 02 80 – à 0,6 km à l'Ouest du bourg, sur D 13, à 350 m du Gave de Pau (hors schéma)
  – ⌇⊚ ⩽ o—┬ – **R** – ⤳
  1,4 ha (25 empl.) plat, terrasse, herbeux ᦰ
  ⌂ ⇆ ⌄ ⊛ – ⟷
  Tarif : ⚡ *15* – 🚐 *9* – ▣ *12* – [⚡] *11 (2A) 20 (6A)*
  Location *(permanent)* ⟊ : *gîtes*

à Lanne NE : 10 km par N 21, rte de Tarbes puis D 216 – 448 h. alt. 310 – ✉ 65380 Lanne :

⛰ *La Bergerie* Permanent
  𝄄 05 62 45 40 05 – NO : 1,3 km par D 16, près du stade – o—┬ – **R** indispensable hiver – ⤳
  4 ha (100 empl.) plat, herbeux ᦰ
  ⌂ ⇆ ⌄ – ⟟ – ⊛ ⤍ ⩘
  Tarif : ⚡ *20 piscine et tennis compris* – 🚐 *7,50* – ▣ *7,50* – [⚡] *12 (10A)*
  Location : 🏠 *1200 à 2300*

à Poueyferré NO : 4,5 km par D 174, rte de Pau et à gauche – 675 h. alt. 360 – ✉ 65100 Poueyferré :

Relais Océan-Pyrénées 15 mars-15 oct.
✆ 05 62 94 57 22 – S : 0,8 km, à l'intersection des D 940 et D 174 – ⩽ – R
1,2 ha (90 empl.) en terrasses, peu incliné, herbeux
Tarif : *23 piscine comprise* – *23* – *13 (4A) 19 (6A) 23 (10A)*

LOUROUX-DE-BOUBLE

03330 Allier 11 – 73 ④ – 268 h. alt. 502.
Paris 366 – Clermont-Ferrand 70 – Commentry 25 – Montmarault 15 – St-Éloy-les-Mines 21 – Vichy 51.

Municipal avril-oct.
à 2 km au Nord-Est du bourg, par D 129, rte de Target, à l'orée de la forêt de Boismal – **R** juil.-août
0,5 ha (33 empl.) plat, herbeux
Tarif : *5 et 3 pour eau chaude* – *3* – *3* – *7*

Utilisez le guide de l'année.

LOUVEMONT

52130 Marne 7 – 61 ⑨ – 737 h. alt. 158.
Paris 212 – Bar-sur-Aube 49 – Chaumont 67 – St-Dizier 12 – Vitry-le-François 36.

Le Buisson 15 juin-15 sept.
✆ 03 25 04 14 29 – S : 1,2 km par D 192, rte de Pont-Varin et chemin à gauche – « A l'orée d'une forêt, au bord de la Blaise » – **R** conseillée
1 ha (25 empl.) plat, herbeux
Tarif : *14* – *12* – *13* – *18*

LOUVIE-JUZON

64260 Pyr.-Atl. 13 – 85 ⑯ **G. Aquitaine** – 1 014 h. alt. 425.
Paris 804 – Laruns 11 – Lourdes 40 – Oloron-Ste-Marie 22 – Pau 27.

Le Rey Permanent
✆ 05 59 05 78 52 – E : 1 km par D 35, rte de Lourdes – ⩽ été – **R** conseillée
2,5 (52 empl.) plat et incliné, herbeux
– (piscine pour enfants)
Tarif : *19* – *19* – *14 (6A)*
Location : *1400 à 2200*

LOUVIERS

27400 Eure 5 – 55 ⑯ ⑰ **G. Normandie Vallée de la Seine** – 18 658 h. alt. 15.
Office de Tourisme 10 r. Mar.-Foch ✆ 02 32 40 04 41.
Paris 101 – Les Andelys 22 – Bernay 52 – Lisieux 75 – Mantes 49 – Rouen 32.

Le Bel Air mars-oct.
✆ 02 32 40 10 77 – O : 3 km par D 81, rte de la Haye-Malherbe – Places limitées pour le passage – **R** conseillée
2,5 ha (92 empl.) plat, herbeux
Tarif : *23 piscine comprise* – *28* – *16 (6A)*
Location : *1400 à 1700*

LOYAT

56800 Bretagne 4 – 63 ④ **G. Bretagne** – 1 465 h. alt. 82.
Paris 416 – Josselin 19 – Redon 53 – La Trinité-Porhoët 20 – Vannes 54.

Merlin l'Enchanteur 15 mai-15 sept.
✆ 02 97 93 05 52 – au Sud du bourg « Au bord de l'Yvel et d'un étang » – **R** conseillée août
3 ha (80 empl.) plat, herbeux
– A proximité :
Tarif : *2 pers. 52, pers. suppl. 17* – *11 (2A) 13 (4A) 15 (6A)*
Location : *800 à 1400*

LOZARI

2B H.-Corse – 90 ⑬ – voir à Corse.

LUÇAY-LE-MÂLE

36360 Indre **10** – **68** ⑦ G. Berry Limousin – 2 160 h. alt. 160.
Paris 243 – Le Blanc 72 – Blois 61 – Châteauroux 45 – Châtellerault 94 – Loches 38 – Tours 79.

⚠ *Municipal la Foulquetière* mai-15 oct.
    & 02 54 40 52 88 – SO : 3,8 km par D 960, rte de Loches, D 13, rte d'Écueillé à gauche et chemin
    à droite, à 80 m d'un plan d'eau (accès direct) – ⚬⇆ – **R** – ⚓
    1,5 ha (30 empl.) plat, peu incliné, herbeux ▭
    ⚫ ⚄ ⚘ ⚒ ⚙ ⚖ ▣ – ⚓ – A proximité : ▾ ✕ ✖ ⚓
    Tarif : (Prix 1999) ⚘ *12* – ▣ *12/15* – ⚡ *8 (6A)*

LUCHÉ-PRINGÉ

72800 Sarthe **5** – **64** ③ G. Châteaux de la Loire – 1 486 h. alt. 34.
Paris 238 – Château-du-Loir 31 – Écommoy 24 – La Flèche 14 – Le Lude 10 – Le Mans 39.

⚠ *Municipal la Chabotière* avril-15 oct.
    & 02 43 45 10 00 – à l'Ouest du bourg – ⚲ « A la base de loisirs, au bord du Loir » ⚬⇆ **P** –
    R conseillée juil.-août – ⚎ ⚓
    1,7 ha (75 empl.) en terrasses, herbeux ▭ ⚘
    ⚫ ⚄ ⚘ ▤ ⚘ ⚙ ▣ – ▭ ⚓ – A proximité : ✖ ⚓ ⚍
    Tarif : ⚘ *16 piscine comprise* – ⚗ *8* – ▣ *11* – ⚡ *11 (10A)*
    Location : *bungalows toilés*

LUCHON

31 H.-Gar. **14** – **85** ⑳ Voir Bagnères-de-Luchon.

LUÇON

85400 Vendée **9** – **71** ⑪ G. Poitou Vendée Charentes – 9 099 h. alt. 8.
🄸 Office de Tourisme Sq. E.-Herriot *&* 02 51 56 36 52, Fax 02 51 56 03 56.
Paris 438 – Cholet 88 – Fontenay-le-Comte 32 – La Rochelle 41 – La Roche-sur-Yon 33.

⚠ *Base de Loisirs les Guifettes* avril-oct.
    & 02 51 27 90 55, Fax 02 51 56 93 81 – S : 2 km par rte de l'Aiguillon-sur-Mer et rte à droite, à
    150 m d'un plan d'eau (plage) – ⚬⇆ – **R** conseillée – Adhésion obligatoire pour séjour à partir de
    3 jours ou 3 nuits – ⚎ ⚓
    0,9 ha (90 empl.) herbeux ▭
    ⚫ ⚄ ⚘ ▤ ⚒ ⚙ ▣ – A proximité : half-court, poneys, ⚓ ▾ ✕ ▭ salle d'animation ⚲ ⊶ ✖
    ⚓ ⚓ ⚍ ⚘ ⚘
    Tarif : ▣ *2 pers. 85 ou 100* – ⚡ *17 (8A)*
    Location : ⚏ *1300 à 3300* – ⚏ *1500 à 3700* – *gîtes*

Les LUCS-SUR-BOULOGNE

85170 Vendée **9** – **67** ⑬ – 2 629 h. alt. 70.
Paris 427 – Aizenay 18 – Les Essarts 24 – Nantes 45 – La Roche-sur-Yon 22.

⚠ *Municipal Val de Boulogne* 15 juin-15 sept.
    & 02 51 46 59 00 – sortie Nord-Est par D 18, rte de St-Sulpice-le-Verdon et chemin à droite, près
    d'un étang – **R** – ⚓
    0,3 ha (19 empl.) plat et peu incliné, herbeux ▭ ⚘
    ⚄ ⚘ ⚒ ⚙ – A proximité : ▾ ✕
    Tarif : ⚘ *10* – ⚗ *7* – ▣ *7* – ⚡ *12 (3A)*

LUC-SUR-MER

14530 Calvados **5** – **54** ⑯ G. Normandie Cotentin – 2 902 h..
Paris 247 – Arromanches-les-Bains 25 – Bayeux 30 – Cabourg 28 – Caen 18.

⚠ *La Capricieuse* avril-sept.
    & 02 31 97 34 43, Fax 02 31 97 43 64 – à l'Ouest de la localité, allée Brummel, à 200 m de la plage
    – ⚬⇆ – **R** conseillée juil.-août – ⚎ ⚓
    4,6 ha (232 empl.) plat, peu incliné, herbeux ▭
    ⚫ ⚄ ⚘ ▤ ⚒ ⚘ ⚙ ⚘ ⚏ ▣ – ▭ ⚓ ✖ – A proximité : ⚓ ⚓
    Tarif : (Prix 1999) ⚘ *22 tennis compris* – ▣ *26,50* – ⚡ *20 (6A) 28,50 (10A)*
    Location *(15 mars-15 déc.)* : ⚏ *1660 à 2520* – ⚏ *1660 à 2520*

Le LUDE

72800 Sarthe **5** – **64** ③ G. Châteaux de la Loire – 4 424 h. alt. 48.
🄸 Office de Tourisme pl. F.-de-Nicolay *&* 02 43 94 62 20, Fax 02 43 94 48 46.
Paris 247 – Angers 73 – Chinon 62 – La Flèche 20 – Le Mans 45 – Saumur 52 – Tours 50.

⚠ *Municipal au Bord du Loir* avril-sept.
    & 02 43 94 67 70 – NE : 0,8 km par D 307, rte du Mans « Cadre champêtre au bord du Loir » ⚬⇆
    – **R** conseillée juil.-août – ⚓
    4,5 ha (133 empl.) plat, herbeux ⚘
    ⚫ ⚄ ⚘ ▤ ⚒ ⚘ ⚙ ▣ ⚓ ⚘ – A proximité : toboggan aquatique ⚎ ✖ ▭ ⚍
    Tarif : ⚘ *16 piscine comprise* – ⚗ *7,50* – ▣ *8* – ⚡ *10 (5A)*
    Location : *bungalows toilés*

LUGRIN

74500 H.-Savoie **12** – **70** ⑱ G. **Alpes du Nord** – 2 025 h. alt. 413.
Paris 587 – Annecy 91 – Évian-les-Bains 7 – St-Gingolph 11 – Thonon-les-Bains 17.

▲ ***Vieille Église*** avril-20 oct.
✆ 04 50 76 01 95, Fax 04 50 76 13 12 – O : 2 km – ⋞ ⊶ – **R** conseillée juil.-août – GB ✗cV
1,6 ha (100 empl.) plat et peu incliné, terrasses, herbeux 🌳🌳 (0,5 ha)
♿ 🚿 🚰 ▤ ⊔ ⊙ ♨ 🍷 🌀 – 🛝 🏊
Tarif : ▣ *piscine comprise 2 pers. 82, pers. suppl. 24 – ⚡ 13 (3A) 16 (4A) 20 (6A)*
Location : 🚐 *1100 à 2050*

▲ ***Les Myosotis*** mai-25 sept.
✆ 04 50 76 07 59 – S : 0,6 km – 🌙 ⋞ « Belle situation dominante sur le lac » ⊶ juil.-août – **R** conseillée juil.-août – ✗cV
1 ha (58 empl.) en terrasses, herbeux 🌳
🚿 🚰 ▤ ⊔ ⚒ ⊙ 🌀
Tarif : ▣ *2 pers. 59 – ⚡ 10 (2A) 15 (4A) 20 (6A)*

Ihre Meinung über die von uns empfohlenen Campingplätze interessiert uns. Teilen Sie uns Ihre Erfahrungen mit und schreiben Sie uns auch, wenn Sie eine gute Entdeckung gemacht haben.

LUMIO

2B H.-Corse – **90** ⑬ – voir à Corse - Calvi.

LUNAY

41360 L.-et-Ch. **5** – **64** ⑥ G. **Châteaux de la Loire** – 1 213 h. alt. 75.
Paris 183 – La Ferté-Bernard 54 – Le Grand-Lucé 90 – Montoire-sur-le-Loir 9 – Vendôme 14.

▲ ***Municipal la Montellière*** juin-3 sept.
✆ 02 54 72 04 54 – N : 0,8 km par D 53, rte de Savigny-sur-Braye, près d'un château et à 100 m d'un plan d'eau – 🌙 ⊶ – **R** – ✗cV
1 ha (50 empl.) plat, herbeux
🚿 🚰 ⊔ ⊙ 🌀 – A proximité : 🎾
Tarif : (Prix 1999) ▣ *2 pers. 40 – ⚡ 12 (6A)*

LUNEL

34400 Hérault **16** – **83** ⑧ – 18 404 h. alt. 6.
ℹ Office de Tourisme pl. Martyrs-de-la-Résistance ✆ 04 67 71 01 37, Fax 04 67 71 26 67.
Paris 738 – Aigues-Mortes 16 – Alès 57 – Arles 57 – Montpellier 29 – Nîmes 31.

▲▲ ***Mas de l'Isle*** avril-sept.
✆ 04 67 83 26 52, Fax 04 67 71 13 88 – SE : 1,5 km par D 34, rte de Marsillargues, au carrefour avec D 61 « Cadre fleuri » ⊶ – **R** conseillée – GB ✗cV
3 ha (180 empl.) plat, pierreux, herbeux 🌿 🌳
♿ 🚿 ▤ ⚒ ⊙ 🌀 – snack 🍽 – 🛝 🚲 🏊
Tarif : ▣ *piscine comprise 2 pers. 82 (99 avec élect.)*
Location : 🏠 *1300 à 2600*

LUNÉVILLE

54300 M.-et-M. **8** – **62** ⑥ G. **Alsace Lorraine** – 20 711 h. alt. 224.
ℹ Office de Tourisme au Château ✆ 03 83 74 06 55, Fax 03 83 73 57 95.
Paris 341 – Épinal 64 – Metz 95 – Nancy 36 – St-Dié 55 – Toul 56.

▲ ***Municipal les Bosquets*** avril-oct.
✆ 03 83 73 37 58 – au Nord de la ville en direction de Château Salins et à droite, après le pont sur la Vézouze, chemin de la Ménagerie « Près du parc du château et des jardins » ⊶ – **R** – ✗cV
1 ha (36 empl.) plat et terrasse, herbeux 🌳 (0,5 ha)
♿ 🚿 🚰 ⊔ ⊙ ♨ 🍷 – 🏛 – A proximité : 🎾 🏸 🛝 🏊
Tarif : 🚶 *13 – 🚗 6 – ▣ 12 – ⚡ 11 (5A)*

LURE

70200 H.-Saône **8** – **66** ⑦ G. **Jura** – 8 843 h. alt. 290.
ℹ Office de Tourisme 35 r. Carnot ✆ 03 84 62 80 52, Fax 03 84 62 74 61.
Paris 385 – Belfort 34 – Besançon 77 – Épinal 75 – Montbéliard 35 – Vesoul 30.

▲ ***Municipal les Écuyers*** mai-sept.
✆ 03 84 30 43 40 – SE : 1,4 km par D 64 vers rte de Belfort puis 0,8 km par D 18 à droite, rte de l'Isle-sur-le-Doubs, à 50 m de l'Ognon (accès direct) – ⊶ – **R**
1 ha (45 empl.) plat, herbeux
♿ 🚿 🚰 ▤ ⚒ ⊙ 🌀 – 🏛 – A proximité : 🏇 et poneys 🎯
Tarif : (Prix 1999) 🚶 *18 – ▣ 10 – ⚡ 13 (6A)*

LUS-LA-CROIX-HAUTE

26620 Drôme 🔢 – 🔢 ⑮ G. Alpes du Sud – 428 h. alt. 1 050.
🅱 Office de Tourisme r. Principale ℘ 04 92 58 51 85, Fax 04 92 58 53 65.
Paris 643 – Alès 206 – Die 45 – Gap 49 – Grenoble 76.

⚠ **Champ la Chèvre** mai-sept.
℘ 04 92 58 50 14, Fax 04 92 58 55 92 – au Sud-Est du bourg, près de la piscine – ⛲ ≼ ⊶ –
R conseillée – ⚒
3,6 ha (100 empl.) plat, peu incliné, incliné, herbeux ⚲
🔳 🔲 ☺ 🔲 – 🔲 – A proximité : 🔳
Tarif : ⚹ 15 – 🚐 12 – 🔳 13 – 🔌 15 (6A)
Location : 🏠 2800

LUYNES

37230 I.-et-L. 🔢 – 🔢 ⑭ G. Châteaux de la Loire – 4 128 h. alt. 60.
🅱 Office de Tourisme 9 r. Alfred Baugé ℘ 02 47 55 77 14, Fax (Mairie) 02 47 55 52 56.
Paris 250 – Angers 111 – Château-La-Vallière 28 – Chinon 42 – Langeais 14 – Saumur 57 – Tours 12.

⚠ **Municipal les Granges**
℘ 02 47 55 60 85 – sortie Sud par D 49, rte de Tours – ⛲ ⊶
0,8 ha (63 empl.) plat, herbeux ⚲ ⚲ (0,4 ha)
🔳 🔲 🔲 🔲 ☺ 🔲 🔲 – 🔲 🔲 – A proximité : parcours sportif ✁

LUZ-ST-SAUVEUR

65120 H.-Pyr. 🔢 – 🔢 ⑱ G. Midi Pyrénées – 1 173 h. alt. 710 – ♨ (mai-oct.) – Sports d'hiver : 710/2 450 m
≤18.
🅱 Office de Tourisme pl. 8-Mai ℘ 05 62 92 81 60, Fax 05 62 92 87 19.
Paris 846 – Argelès-Gazost 19 – Cauterets 23 – Lourdes 32 – Pau 77 – Tarbes 50.

⚠ **Airotel Pyrénées** déc.-15 oct.
℘ 05 62 92 89 18, Fax 05 62 92 96 50 – NO : 1 km par D 921, rte de Lourdes – ❄ M ≼ ⊶ –
R conseillée – GB ⚒
2,5 ha (165 empl.) peu incliné et incliné, plat et en terrasses, herbeux
🔳 🔲 🔲 🔲 🔲 🔲 ☺ 🔲 🔳 🔲 – 🔲 🔲 – 🔲 🔲 🔲 🔲 🔳 🔳 half-court, mur d'escalade
Tarif : 🔳 2 pers. 95 – 🔌 18 (3A) 20 (4A) 30 (6A)
Location : 🔲 1200 à 2700

⚠ **International** 15 déc.-28 avril, juin-sept.
℘ 05 62 92 82 02, Fax 05 62 92 96 87 – NO : 1,3 km par D 921, rte de Lourdes – ❄ M ≼ ⊶ –
R conseillée – GB ⚒
4 ha (133 empl.) plat, peu incliné, en terrasses, herbeux ⚲
🔳 🔲 🔲 🔲 🔲 🔲 ☺ 🔲 – 🔲 🍴 🔲 snack 🔲 – 🔲 🔳 half-court
Tarif : (Prix 1999) 🔳 piscine comprise 2 pers. 84 (hiver : ⚹ 22,50 🔳 22,50) – 🔌 12 (2A) 18 (3A)
31 (6A)

⚠ **Pyrénévasion** Permanent
℘ 05 62 92 91 54, Fax 05 62 92 98 34 – à **Sazos**, NO : 3,4 km par D 921, rte de Gavarnie, et D 12
rte de Luz-Ardiden, alt. 834 – M ≼ vallées de Barèges et de Gavarnie ⊶ – **R** conseillée juil.-août
– GB ⚒
2,8 ha (75 empl.) en terrasses, peu incliné, herbeux, gravier
🔳 🔲 🔲 🔲 🔲 🔲 ☺ 🔲 🔲 – 🔲 🔲 – 🔲 🔲
Tarif : 🔳 2 pers. 65, pers. suppl. 22 – 🔌 15 (3A) 30 (6A) 45 (10A)
Location : 🔲 1000 à 2100

⚠ **Les Cascades** 15 déc.-sept.
℘ 05 62 92 85 85, Fax 05 62 92 96 95 – au Sud de la localité, rue Ste-Barbe, bord de torrents, Accès
conseillé par rte de Gavarnie – ≼ ⊶ – **R** conseillée hiver – GB ⚒
1,5 ha (77 empl.) peu incliné et en terrasses, herbeux, pierreux ⚲
🔳 🔲 🔲 🔲 🔲 🔲 – 🍴 ✗ 🔲 – A proximité : 🔳
Tarif : 🔳 2 pers. 68 – 🔌 18 (2A) 32 (6A)

⚠ **So de Prous** fermé nov.-19 déc.
℘ 05 62 92 82 41 – NO : 3 km par D 921, rte de Lourdes, à 80 m du Gave de Gavarnie – ≼ ⊶ –
R indispensable juil.-août – ⚒
2 ha (80 empl.) plat, peu incliné, en terrasses, herbeux ⚲
🔳 🔲 🔲 🔲 🔲 🔲 ☺ 🔲 – 🍴 – 🔲 🔲 🔳 (petite piscine)
Tarif : ⚹ 22 – 🔳 22 – 🔌 10 (2A) 20 (4A) 30 (6A)
Location : 🔲 1400 à 2200 – 🔲

⚠ **Le Bergons** fermé nov.-14 déc.
℘ 05 62 92 90 77 – à **Esterre**, E : 0,5 km par D 918, rte de Barèges – ≼ ⊶ été et hiver – **R** –
⚒
1 ha (78 empl.) plat, peu incliné et terrasses, herbeux ⚲
🔳 🔲 🔲 🔲 🔲 🔲 ☺ 🔲 – 🔲
Tarif : ⚹ 17,50 (hiver 19) – 🔳 17 (hiver 18) – 🔌 12 à 31 (2 à 6A)

⚠ **Le Bastan** Permanent
℘ 05 62 92 94 27 – à **Esterre**, E : 0,8 km par D 918, rte de Barèges, bord du Bastan – ❄ ≼ ⊶
– **R** 14 juil.-15 août – ⚒
1 ha (70 empl.) peu incliné et plat, herbeux, pierreux ⚲
🔳 🔲 🔲 🔲 🔲 🔲 ☺ 🔲 – 🔲 🔲
Tarif : ⚹ 16 (hiver 17) – 🔳 16 (hiver 17) – 🔌 15 (3A) 30 (6A)

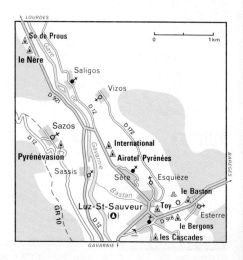

▲ **Le Nére** 15 juin-15 sept.
𝒫 05 62 92 81 30 – NO : 2,8 km par
D 921, rte de Lourdes, à 100 m du Gave
de Gavarnie – ≼ **o⊸** – **R** – **GB** ⚲
1,2 ha (67 empl.) plat, herbeux ⚲
🎿 🗊 ⛲ ⊕ 🔟 – 🛒 🏊 –
Tarif : ⚘ *17 piscine comprise* – 🔲 *17*
– [⚡] 11 (2A) 15 (3A)

▲ **Toy** 7 déc.-mai, juin-29 sept.
𝒫 05 62 92 86 85 – centre bourg, pl.
du 8-Mai, bord du Bastan – ⑤ ≼
« Entrée fleurie » **o⊸** – **R** conseillée
1,2 ha (100 empl.) peu incliné et en
terrasses, herbeux, pierreux ⚲
🎿 🗊 ⛲ ⚱ ⊕ – A proximité : 🏊
Tarif : ⚘ *19 (hiver 20)* – 🔲 *19 (hiver 20)*
– [⚡] 12 à 31 (2 à 6A)

▲ **Saint-Bazerque** 15 juin-sept.
𝒫 05 62 92 49 93 – S : 6 km par D 921,
rte de Gavarnie (hors schéma), alt. 900
– ⑤ ≼ **o⊸** – **R**
1,5 ha (65 empl.) plat et peu incliné,
terrasses, herbeux
🎿 🗊 ⚱ ⊕ – ☂
Tarif : (Prix 1999) ⚘ *15* – 🔲 *15* – [⚡] *12
(2A)*

LUZY

58170 Nièvre **11** – **69** ⑥ G. Bourgogne – 2 422 h. alt. 275.
Paris 319 – Autun 35 – Château-Chinon 39 – Moulins 63 – Nevers 78.

⚠ **Château de Chigy** avril-15 oct.
𝒫 03 86 30 10 80, Fax 03 86 30 09 22 ✉ 58170 Tazilly – SO : 4 km par D 973, rte de Bourbon-Lancy
puis chemin à gauche – ⑤ ≼ « Vaste domaine : prairies, bois, étangs, autour d'un château » **o⊸**
– **R** 14 juil.-15 août – **GB** ⚲
70 ha/4,8 campables (200 empl.) plat, peu incliné et en terrasses, herbeux
⚿ 🗊 ⛲ 🗊 ♨ ⚱ ⊕ 🔟 – ☂ ✗ ⚖ – 🛒 ♏ 🏊 🏄
Tarif : ⚘ *37 piscine comprise* – 🔲 *42* – [⚡] *20 (4 à 6A)*
Location : 🏠 *1100 à 3325*

LYONS-LA-FORÊT

27480 Eure **5** – **55** ⑧ G. Normandie Vallée de la Seine – 701 h. alt. 88.
Paris 105 – Les Andelys 20 – Forges-les-Eaux 30 – Gisors 30 – Gournay-en-Bray 25 – Rouen 35.

▲ **Municipal St-Paul** avril-oct.
𝒫 02 32 49 42 02 – au Nord-Est du bourg, par D 321, au stade, bord de la Lieure – **o⊸** – **R**
3 ha (100 empl.) non clos, plat, herbeux 🔲 ⚲
🎿 ⚿ 🗊 ⛲ 🗊 ⚱ ⊕ ♨ ⚑ 🔟 – 🛒 – A proximité : ✗
Tarif : (Prix 1999) ⚘ *23* – �car *10* – 🔲 *12/25 avec élect.*

MACHECOUL

44270 Loire-Atl. **9** – **67** ② G. Poitou Vendée Charentes – 5 072 h. alt. 5.
🅱 Office de Tourisme 14 pl. des Halles 𝒫 02 40 31 42 87, Fax 02 40 02 31 28.
Paris 424 – Beauvoir-sur-Mer 23 – Nantes 42 – La Roche-sur-Yon 56 – St-Nazaire 56.

▲ **La Rabine** mai-15 sept.
𝒫 02 40 02 30 48 – sortie Sud par D 95 rte de Challans, bord de rivière – **o⊸** – **R** conseillée juil.-août
– ⚲
2,8 ha (131 empl.) plat, herbeux ⚲⚲ (1 ha)
⚿ 🗊 ⛲ 🗊 ⚱ ⊕ 🔟 – 🏊 – A proximité : ✗ 🔲 (découverte l'été)
Tarif : (Prix 1999) ⚘ *10* – �car *6* – 🔲 *6/8*

MÂCON

71000 S.-et-L. **11** – **69** ⑲ G. Bourgogne – 37 275 h. alt. 175.
🅱 Office de Tourisme 1 pl. St-Pierre 𝒫 03 85 21 07 07, Fax 03 85 40 96 00.
Paris 392 – Bourg-en-Bresse 37 – Chalon-sur-Saône 59 – Lyon 74 – Roanne 97.

⚠ **Municipal**
𝒫 03 85 38 16 22, Fax 03 85 39 39 18 – N : 3 km sur N 6 – **o⊸**
5 ha (275 empl.) plat, herbeux ⚲
🎿 ⚿ 🗊 ⛲ 🗊 ⚱ ⊕ ♨ ⚑ 🔟 🔟 – ⚖ ✗ ✗ ⚖ – 🛒 🏊 🏄

MADIC

15210 Cantal 🔟 – 🔟 ② – 239 h. alt. 430.
Paris 484 – Aurillac 82 – Bort-les-Orgues 5 – Condat 42 – Mauriac 30 – Neuvic 30.

⚠ **Municipal du Bourg** 15 mai-15 sept.
à l'Ouest du bourg, au stade – 🦌 ⇐ – **R**
1 ha (33 empl.) plat, peu incliné, herbeux
▥ 🗟 ⇌ ⊕
Tarif : 🛉 8 – 🚗 4 – 🗉 5 – [🛠] 10 (10 ou 16A)

MAGNAC-BOURG

87 H.-Vienne 🔟 – 🔟 ⑱ – 857 h. alt. 444 – ✉ 87380 St-Germain-les-Belles.
Paris 422 – Limoges 30 – St-Yrieix-la-Perche 27 – Uzerche 28.

⚠ **Municipal des Écureuils** avril-sept.
🖋 05 55 00 80 28 – sortie Nord-Ouest, rte de Limoges – ⊶ – **R**
1,3 ha (30 empl.) plat, peu incliné, herbeux 🖾 ♉♉ (0,5 ha)
🗟 ⊔ ⊕
Tarif : (Prix 1999) 🛉 15 – 🗉 15 – [🛠] 15 (5A)

*Die Klassifizierung (1 bis 5 Zelte, **schwarz** oder **rot**), mit*
der wir die Campingplätze auszeichnen, ist eine Michelin-eigene Klassifizierung.

Sie darf nicht mit der staatlich–offiziellen Klassifizierung
(1 bis 4 Sterne) verwechselt werden.

MAGNIÈRES

54129 M.-et-M. 🖪 – 🔟 ⑥ – 333 h. alt. 250.
Paris 356 – Baccarat 16 – Épinal 40 – Lunéville 23 – Nancy 52.

⚠ **Municipal le Pré Fleuri**
🖋 03 83 72 34 73 – O : 0,5 km par D 22 rte de Bayon, à 200 m de la Mortagne – 🦌 « A l'ancienne
gare et au bord d'un étang » ⊶
1 ha (34 empl.) plat et peu incliné, gravillons, herbeux, pierreux 🖾
🕭 🗟 ⇌ 🗊 ⊔ ⊕ ☆ – 🖾 🏊 🚲 voiturettes à vélos sur rail (draisines) – A proximité :
✖(wagon-restaurant)

MAICHE

25120 Doubs 🖪 – 🔟 ⑱ G. Jura – 4 168 h. alt. 777.
🖪 Office de Tourisme pl. de la Mairie 🖋 03 81 64 11 88, Fax 03 81 64 02 30.
Paris 480 – Baume-les-Dames 55 – Besançon 75 – Montbéliard 42 – Morteau 29 – Pontarlier 60.

⚠ **Municipal St-Michel** Permanent
🖋 03 81 64 12 56 – S : 1,3 km, sur D 422 reliant le D 464, rte de Charquemont et le D 437, rte
de Pontarlier, Accès conseillé par D 437, rte de Pontarlier – ⊶ – **R** conseillée juil.-août – ⨍
2 ha (70 empl.) peu incliné, en terrasses, herbeux, bois attenant ♀
▥ ⎂ 🗟 ⇌ ⊔ ⊕ ☆ – 🏊
Tarif : (Prix 1999) 🛉 13,70 (hiver 19,90) – 🗉 7,20/18,70 (hiver 18,80) – [🛠] 2 à 5A : 9,90 (hiver 18,50)
plus de 5A : 19,20 (hiver 38)
Location : 🏠(sans sanitaires) – gîte d'étape

MAILLEZAIS

85420 Vendée 🖾 – 🔟 ① G. Poitou Vendée Charentes – 930 h. alt. 6.
Paris 433 – Fontenay-le-Comte 15 – Niort 26 – La Rochelle 46 – La Roche-sur-Yon 71.

⚠ **Municipal de l'Autize** avril-sept.
🖋 02 51 00 70 79 – sortie Sud, rte de Courçon – ⊶ – **R** conseillée – ⨍
1 ha (38 empl.) plat, herbeux 🖾
🗟 ⇌ 🗊 ⊔ ⊕ 🖪 – A proximité : ✖
Tarif : 🗉 2 pers. 40 – [🛠] 14 (5A)

MAINTENON

28130 E.-et-L. 🖪 – 🔟 ⑧ G. Ile de France – 4 161 h. alt. 109.
Paris 88 – Chartres 18 – Dreux 28 – Houdan 28 – Rambouillet 22 – Versailles 55.

⚠⚠ **Les Ilots de St-Val** fermé 15 déc.-15 janv.
🖋 02 37 82 71 30, Fax 02 37 82 77 67 ✉ 28130 Villiers-le-Morhier – NO : 4,5 km par D 983, rte de
Nogent-le-roi puis 1 km par D 101³, rte de Neron à gauche – Places limitées pour le passage 🦌 ⊶
– **R** – ⨍
10 ha/6 campables (160 empl.) plat et incliné, herbeux, pierreux
▥ ⎂ 🗟 ⇌ 🗊 ⊔ ⊕ ☆ – 🖾 🏊 ✖
Tarif : 🛉 25 – 🗉 25 – [🛠] 8 (2A) 16 (4A) 24 (6A)

MAISOD

39260 Jura 🖫 – 🔟 ⑭ G. Jura – 203 h. alt. 520.
Paris 440 – Lons-le-Saunier 30 – Oyonnax 33 – St-Claude 29.

⚠ **Trelachaume** mai-sept.
 𝒫 03 84 42 03 26 – S : 2,2 km par D 301 et rte à droite – 🏖 « Site agréable » ⚓ – **R** conseillée
 juil.-août – 🆖 🚲
 3 ha (180 empl.) plat, peu incliné à incliné, herbeux, pierreux ♀ (1 ha)
 🕭 🖫 ⇄ 🗓 🛆 ☺ 🔳 – 🔲 🚣
 Tarif : 🔳 2 pers. 68 – 🔌 17 (5A)

Toutes les insertions dans ce guide sont entièrement gratuites
et ne peuvent en aucun cas être dues à une prime ou à une faveur.

MAISON-JEANNETTE

24 Dordogne 🔟 – 🔢 ⑤ ⑮ – ✉ 24140 Villamblard.
Paris 510 – Bergerac 24 – Périgueux 25 – Vergt 11.

⚠ **Orphéo-Négro** 26 juin-août
 𝒫 05 53 82 96 58, Fax 05 53 80 45 50 – NE : par N 21 au lieu-dit les Trois Frères, près de l'hôtel
 Tropicana – 🏖 ≼ « Agréable situation au bord d'un étang » ⚓ – **R** conseillée – 🚲
 7 ha/2 campables (100 empl.) peu incliné à incliné, plat, terrasse, herbeux, pierreux 🔲 ♀♀
 🕭 🖫 ⇄ 🗓 🛆 ☺ 🔳 – 🍽 – 🚣 ⅃ 🌊 toboggans aquatiques – A proximité : ✗
 Tarif : 🏊 24,50 piscine comprise – 🔳 28 – 🔌 17 (6A)

MAISON-NEUVE

07 Ardèche 🔢 – 🔠 ⑧ – ✉ 07230 Lablachère.
Paris 665 – Aubenas 35 – Largentière 24 – Privas 65 – St-Ambroix 22 – Vallon-Pont-d'Arc 21.

⚠ **Pont de Maisonneuve** avril-sept.
 𝒫 04 75 39 39 25 ✉ 07460 Beaulieu – sortie Sud par D 104 rte d'Alès et à droite, rte de Casteljau,
 après le pont « Au bord du Chassezac » ⚓ – **R** conseillée juil.-août – 🆖 🚲
 3 ha (100 empl.) plat, herbeux ♀♀
 🕭 🖫 ⇄ 🗓 🛆 ☺ 🔳 – 🛇 – 🔲 🚣 ✗ ⅃ 🌊
 Tarif : 🔳 piscine comprise 2 pers. 66 – 🔌 14 (3A)
 Location : 🛏 1500 à 2600 – gîtes

MAISONS-LAFFITTE

78600 Yvelines 🖫 – 🔟🔟 ③ ⑬ G. Ile de France – 22 173 h. alt. 38.
🅱 Office de Tourisme 41 av. de Longueil 𝒫 01 39 62 63 64, Fax 01 39 62 02 89.
Paris 22 – Argenteuil 11 – Mantes-la-Jolie 38 – Pontoise 21 – St-Germain-en-Laye 8 – Versailles 24.

⚠ **International** Permanent
 𝒫 01 39 12 21 91, Fax 01 34 93 02 60 – au centre ville par rue Johnson, dans l'île de la commune
 – ⚓ – **R** conseillée juil.-août – 🆖
 6,5 ha (351 empl.) plat, herbeux 🔲 ♀
 🏨 🕭 🖫 ⇄ 🗓 🛆 ☺ 🔳 – 🛇 🍽 pizzeria 🍴 – 🚣
 Tarif : (Prix 1999) 🔳 2 pers. 130 (140 avec élect.), pers. suppl. 32
 Location : 🛏

MALARCE-SUR-LA-THINES

07140 Ardèche 🔢 – 🔠 ⑧ – 244 h. alt. 340.
Paris 634 – Aubenas 49 – Largentière 38 – Privas 79 – Vallon-Pont-d'Arc 42 – Villefort 22.

⚠ **Les Gorges du Chassezac** mi avril-15 sept.
 𝒫 04 75 39 45 12 – SE : 4 km par D 113, rte des Vans, lieu-dit Champ d'Eynès – 🏖 ≼ « Au bord
 du Chassezac (accès direct) » ⚓ juil.-août – **R** conseillée juil.-août – 🚲
 2,5 ha (80 empl.) plat, peu incliné et en terrasses, pierreux, herbeux ♀♀
 🖫 🗓 🛆 ☺ 🔳 – 🛇 – 🌊
 Tarif : 🔳 2 pers. 60 – 🔌 12 (6A)
 Location : 🛏 1000 ou 1500

MALBOSC

07140 Ardèche 🔢 – 🔠 ⑧ – 146 h. alt. 450.
Paris 652 – Alès 46 – La Grand-Combe 28 – Les Vans 19 – Villefort 27.

⚠ **Municipal du Moulin de Gournier** 25 juin.-5 sept.
 𝒫 04 75 37 35 50 – NE : 7 km par D 216 rte des Vans – 🏖 « Cadre agréable au bord de la Ganière »
 ⚓ – **R** conseillée – 🚲
 1 ha (29 empl.) en terrasses, pierreux, herbeux 🔲 ♀
 🕭 🖫 ⇄ 🗓 🛆 ☺ 🔳 – snack 🍴 – 🚲 🌊
 Tarif : 🔳 2 pers. 80 – 🔌 20 (10A)

MALBUISSON

25160 Doubs 🔢 – 🔢 ⑥ G. Jura – 366 h. alt. 900.
🛈 Office de Tourisme Lac St-Point 𝒫 03 81 69 31 21, Fax 03 81 69 71 94.
Paris 457 – Besançon 74 – Champagnole 42 – Pontarlier 16 – St-Claude 73 – Salins-les-Bains 50.

⚠ **Les Fuvettes** vacances scolaires hiver, avril-15 oct.
𝒫 03 81 69 31 50, Fax 03 81 69 70 46 – SO : 1 km – ≼ « Au bord du lac de St-Point » ⟲ juil.-août
– **R** conseillée hiver et juil.-août – **GB** ⚲
6 ha (320 empl.) plat et peu incliné, herbeux, pierreux ♀ (1 ha)
🎠 ⅙ 🍳 ⅞ ⊚ 🗔 🗐 – ⅞ snack ⅞ – 🚐 ⚓ ╨ ≋
Tarif : 🔲 2 pers. 103 – ⚡ 19 (4A) 22 (10A)
Location : 🚐 1100 à 2950

MALEMORT-DU-COMTAT

84570 Vaucluse 🔢 – 🔢 ⑬ – 985 h. alt. 208.
Paris 694 – Avignon 34 – Carpentras 12 – Malaucène 24 – Orange 36 – Sault 36.

⚠ **Font Neuve** mai-sept.
𝒫 04 90 69 90 00 – SE : 1,6 km par D 5, rte de Méthanis et chemin à gauche – ⅌ ≼ ⟲ – **R** conseillée
– ⚲
1,5 ha (54 empl.) plat et peu incliné, terrasses, herbeux, pierreux 🔲 ♀ (0,5 ha)
⅙ 🍳 ⅞ 🗔 ⅞ ⊚ ⅞ ▽ 🗐 – ✕ 🚐 – ⚲
Tarif : ⚲ 18 piscine comprise – 🚐 10 – 🔲 22 – ⚡ 17 (6A)
Location : 🚐

MALESHERBES

45330 Loiret 🔢 – 🔢 ⑪ G. Ile de France – 5 778 h. alt. 108.
🛈 Office de Tourisme 2 r. de la Pilonne 𝒫 02 38 34 81 94, Fax 02 38 34 81 94.
Paris 81 – Étampes 27 – Fontainebleau 27 – Montargis 63 – Orléans 62 – Pithiviers 19.

⚠ **La Vallée Doudemont** Permanent
𝒫 02 38 34 85 63 – sortie Nord par D 132, rte de Boigneville et rue à droite – Places limitées pour
le passage ⅌ « Cadre agréable » ⟲ – **R**
2 ha (110 empl.) plat et peu incliné, gravier 🔲 ♀♀
🎠 ⅙ 🍳 ⅞ ⅊ ⊚ 🗐 – ⚓
Tarif : ⚲ 12 – 🔲 12 – ⚡ 12 (6A) 24 (10A)

MALICORNE-SUR-SARTHE

72270 Sarthe 🔢 – 🔢 ② G. Châteaux de la Loire – 1 659 h. alt. 39.
🛈 Office de Tourisme Maison d'Accueil et du Tourisme 𝒫 02 43 94 74 45, Fax 02 43 94 74 45.
Paris 235 – Château-Gontier 52 – La Flèche 16 – Le Mans 33.

⚠ **Port Ste Marie** avril-oct.
𝒫 02 43 94 80 14, Fax 02 43 94 57 26 – N : par D 41, rte de Noyen-sur-Sarthe « Cadre agréable,
près de la Sarthe » ⟲ – **R** – ⚲
1 ha (80 empl.) plat, herbeux ♀
⅙ 🍳 ⅞ 🗔 ⅞ ⊚ ⅞ 🗐 – 🚐 ⚓ – A proximité : ✕ 🔲 ⅊
Tarif : (Prix 1999) 🔲 élect. (4A) et piscine comprises 2 pers. 55 – ⚡ 10 (8A) 14 (12A)
Location ⅌ : bungalows toilés

MALLEMORT

13370 B.-du-R. 🔢 – 🔢 ② – 4 366 h. alt. 120.
Paris 720 – Aix-en-Provence 34 – Apt 39 – Cavaillon 20 – Digne-les-Bains 124 – Manosque 72.

⚠ **Durance et Lubéron** 21 avril-29 oct.
𝒫 04 90 59 13 36 – SE : 2,8 km par D 23ᶜ, à 200 m du canal, vers la Centrale E.D.F., par A7 sortie
N 26 et N 7, pour les caravanes, l'accès par le centre ville est déconseillé, accès par N 7 et D 561,
rte de Charleval – ⅌ ⟲ – **R** – **GB** ⚲
4 ha (110 empl.) 🔲 ♀
🎠 🍳 ⅞ 🗔 ⊚ ⅊ ▽ 🗐 – 🚐 ✕ ⅊ ⅞
Tarif : (Prix 1999) ⚲ 26 piscine et tennis compris – 🔲 38 – ⚡ 18 (4A)

MALLEVAL

38470 Isère 🔢 – 🔢 ④ G. Alpes du Nord – 18 h. alt. 940.
Paris 580 – Grenoble 123 – Romans-sur-Isère 45 – Villard-de-Lans 43.

⚠ **Municipal** 15 juin-15 sept.
𝒫 04 76 38 54 59 – au bourg, Pour caravanes : accès conseillé par la D 31, rte de St-Pierre-de-
Chérennes, Fortement déconseillé par les Gorges du Nan, rte étroite, croisement impossible – ⅌
≼ – **R** conseillée – ⚲
0,5 ha (29 empl.) plat, peu incliné, herbeux
⅙ 🍳 ⅞ ⅊ ⊚ – A proximité : ⅞ ✕ ⅊ ⅊
Tarif : ⚲ 12 – 🚐 10 – 🔲 10

MAMERS

72600 Sarthe ⑤ – ⑥⓪ ⑭ G. Normandie Vallée de la Seine – 6 071 h. alt. 128.
🛈 Office de Tourisme 29 pl. Carnot ℘ 02 43 97 60 63, Fax 02 43 97 42 87.
Paris 194 – Alençon 25 – Le Mans 44 – Mortagne-au-Perche 24 – Nogent-le-Rotrou 39.

▲▲ **Municipal la Grille** Permanent
℘ 02 43 97 68 30 – N : 1 km par rte de Mortagne-au-Perche et D 113 à gauche rte de Contilly, près de deux plans d'eau – ⚷ – **R** conseillée – ⚒
1,5 ha (50 empl.) peu incliné et en terrasses, herbeux
▥ ⌂ ⇄ ▣ ⌴ ☺ ▨ – A proximité : parcours de santé, ⛲ ▼ ✗ ⚓ ᴀ̲ᴛ̲ ▢ ≈ plage 🐎
Tarif : ▣ 2 pers. 50 – ᴣ 11 (10A)

MANDELIEU-LA-NAPOULE

06 Alpes-Mar. ⑰ – ⑧⓪ ⑧ G. Côte d'Azur – 16 493 h. alt. 4 – ✉ 06210 Mandelieu.
🛈 Office de Tourisme av. Cannes ℘ 04 92 97 86 46, Fax 04 92 97 67 79, bd H.-Clews ℘ 04 93 49 95 31, sortie autoroute ℘ 04 92 97 99 27, r. J.-Monnet ℘ 04 93 49 14 39.
Paris 896 – Brignoles 87 – Cannes 9 – Draguignan 54 – Fréjus 30 – Nice 37 – St-Raphaël 32.

▲▲ **Les Cigales** Permanent
℘ 04 93 49 23 53, Fax 04 93 49 49 30 45 – à Mandelieu, par avenue de la Mer – ⚲ « Au bord de la Siagne » ⚷ – **R** conseillée juil.-août – ⒼⒷ ⚒
2 ha (115 empl.) plat, herbeux, gravier ▭ ♀♀
▥ ⌂ ⌨ ⇄ ▣ ⚶ ▿ ▨ – ᴀ̲ᴛ̲ ▢ – A proximité : golf ▼ ✗ ⚓
Tarif : ✚ 25 piscine comprise – ⛢ 25 – ▣ 90 ou 120 – ᴣ 15 (3A) 25 (6A)
Location (11 mars-11 nov.) ᴂ 1750 à 3350 – appartements

▲▲ **Le Plateau des Chasses** avril-1er oct.
℘ 04 93 49 25 93 – N : 0,8 km par rte de Grand Duc – ⚷ – **R** conseillée – ⒼⒷ ⚒
4 ha/2 campables (150 empl.) peu incliné, terrasses, sablonneux, pierreux, herbeux ♀♀
▥ ⌂ ▣ ⇄ ⌴ ☺ ⚶ ▿ ▨ – ▼ snack ⚎ – ▭ ᴀ̲ᴛ̲ ▢
Tarif : ✚ 20 piscine comprise – ⛢ 15 – ▣ 66 – ᴣ 15 (3A)
Location : ᴂ 2200 à 3150

▲ **Les Pruniers** mars-oct.
℘ 04 92 97 00 44, Fax 04 93 49 37 45 – à Mandelieu, par av. de la Mer « Au bord de la Siagne »
⚷ – **R** indispensable juil.-août – ⚒
0,8 ha (28 empl.) plat, herbeux, gravier ▭ ♀
⌂ ⇄ ▣ ⚶ ☺ ▨ – A proximité : golf ▼ ✗ ⚓
Tarif : ✚ 20 – ⛢ 20 – ▣ 60/80 – ᴣ 20 (3 à 15A)
Location : ᴂ 1400 à 3000

MANDRES-AUX-QUATRE-TOURS

54470 M.-et-M. ⑦ – ⑤⑦ ⑫ – 162 h. alt. 248.
Paris 322 – Nancy 43 – Metz 57 – Pont-à-Mousson 26 – Toul 22.

▲ **Municipal l'Orée de la Reine** avril-oct.
S : 1,7 km, rte de la forêt et du Parc Régional – ⚲ « A l'orée de la Forêt de la Reine » ⚷ – **R**
1 ha (33 empl.) plat, herbeux, pierreux ♀♀♀
⌂ ⇄ ⌴ ☺
Tarif : (Prix 1999) ✚ 8 – ⛢ 1 – ▣ 2/8 – ᴣ 8

MANE

31260 H.-Gar. ⑭ – ⑧⑥ ② – 1 054 h. alt. 297.
Paris 775 – Aspet 19 – St-Gaudens 22 – St-Girons 22 – Ste-Croix-Volvestre 25 – Toulouse 81.

▲▲ **Municipal de la Justale** mai-sept.
℘ 05 61 90 68 18 – à 0,5 km au Sud-Ouest du bourg par rue près de la mairie, bord de l'Arbas et d'un ruisseau – ⚲ ⚷ – **R** conseillée – ⚒
3 ha (23 empl.) plat, herbeux ▭ ♀
⚶ ⌂ ⇄ ▣ ⌴ ☺ ▨ – ▭ ᴀ̲ᴛ̲ ⚓ ▢ – A proximité : ✗ 🐎
Tarif : ✚ 13 piscine comprise – ⛢ 11 – ▣ 14 – ᴣ 11 (6A) 15 (10A)
Location (permanent) : gîtes

MANOSQUE

04100 Alpes-de-H.-P. ⑯ – ⑧⓵ ⑮ G. Alpes du Sud – 19 107 h. alt. 387.
🛈 Office de Tourisme pl. Dr-P.-Joubert ℘ 04 92 72 16 00, Fax 04 92 72 58 98.
Paris 761 – Aix-en-Provence 57 – Avignon 92 – Digne-les-Bains 59 – Grenoble 194 – Marseille 87.

▲ **Les Ubacs** avril-sept.
℘ 04 92 72 28 08, Fax 04 92 87 75 29 – O : 1,5 km par D 907 rte d'Apt et à gauche av. de la Repasse – ≼ ⚷ – **R** conseillée juil.-août – ⒼⒷ ⚒
4 ha (110 empl.) plat et peu incliné, en terrasses, herbeux, gravier ▭ ♀
⌂ ⇄ ▣ ⌴ ☺ ⚶ ▿ ▨ – ≈ (petite piscine)
Tarif : (Prix 1999) ✚ 18 – ▣ 24 – ᴣ 15 (3A) 20 (6A) 25 (9A)

MANSIGNÉ

72510 Sarthe 🖪 – 🔢 ③ – 1 255 h. alt. 80.
Paris 231 – Château-du-Loir 29 – La Flèche 21 – Le Lude 17 – Le Mans 32.

ᗯᗯ **Municipal de la Plage** Pâques-oct.
🗲 02 43 46 14 17 – sortie Nord par D 31 rte de la Suze-sur-Sarthe, à 100 m d'un plan d'eau (plage)
– �o⊸ – **R** conseillée – ⚲
3 ha (175 empl.) plat, herbeux ♀
Ġ 🕮 ▣ ⇔ ⊙ ⊛ ▤ – 🖼 centre de documentation touristique ᗑ ⚒ 🔥 ⅀ – A proximité : ♈ 🏯
🖽 ⛵ ♪
Tarif : (Prix 1999) ✶ 21 piscine comprise – ⇔ 8 – ▣ 8 – [⅟] 13 (6A)
Location : bungalows toilés

We recommend that you consult the up to date price list posted at the entrance of the site.
Inquire about possible restrictions.
The information in this Guide may have been modified since going to press.

MANSLE

16230 Charente 🇳 – 🟨🟨 ③ – 1 601 h. alt. 65.
Paris 423 – Angoulême 26 – Cognac 53 – Limoges 93 – Poitiers 87 – St-Jean-d'Angély 61.

ᐃ **Municipal le Champion** 15 mai-15 sept.
🗲 05 45 20 31 41 – sortie Nord-Est par D 18, rte de Ruffec et à droite, près de l'hippodrome, bord
de la Charente – ⊶ – **R**
2 ha (120 empl.) plat, herbeux ⊏
Ġ 🕮 ▣ ⇔ ᗩ 🖪 ▤ – 🔥
Tarif : ✶ 12 – ⇔ 11 – ▣ 11 – [⅟] 15 (16A)

MARANS

17230 Char.-Mar. 🇳 – 🟨🟨 ⑫ G. Poitou Vendée Charentes – 4 170 h. alt. 1.
🖪 Office de Tourisme 62 r. d'Aligre 🗲 05 46 01 12 87, Fax 05 46 35 97 36.
Paris 462 – Fontenay-le-Comte 27 – Niort 55 – La Rochelle 24 – La Roche-sur-Yon 59.

ᐃ **Municipal du Bois Dinot** avril-15 nov.
🗲 05 46 01 10 51 – N : 0,5 km par N 137, rte de Nantes, à 80 m du canal de Marans à la Rochelle
« Parc boisé attenant » ⊶ – **R** – ⊞⊞ ⚲
7 ha/3 campables (170 empl.) plat, herbeux ⊏ ♀
Ġ 🕮 ⇔ ▣ ⊙ ▤ – ⛵ ⅀ vélodrome
Tarif : (Prix 1999) ✶ 17 – ⇔ 10 – ▣ 10 – [⅟] 16 (10A)

MARCENAY

21330 Côte-d'Or 🞧 – 🔢 ⑧ – 130 h. alt. 220.
Paris 234 – Auxerre 72 – Chaumont 73 – Dijon 98 – Montbard 35 – Troyes 67.

ᗯᗯ **Les Grèbes** avril-15 sept.
🗲 03 80 81 61 72, Fax 03 80 81 61 99 – N : 0,8 km – ⟲ « Situation agréable près du lac » ⊶ –
R conseillée juil.-août – ⊞⊞ ⚲
2,4 ha (90 empl.) plat, herbeux ⊏
🎞 Ġ 🕮 ⇔ 🖫 ⇔ ⊙ ᗩ ▤ – 🖼 – A proximité : ♈ ✗ 🔥 ⛵ (plage)
Tarif : ✶ 15 – ⇔ 13 – ▣ 15 – [⅟] 18 (5A)

MARCHAINVILLE

61290 Orne 🖪 – 🔢 ⑤ – 197 h. alt. 235.
Paris 128 – L'Aigle 28 – Alençon 64 – Mortagne-au-Perche 26 – Nogent-le-Rotrou 38 – Verneuil-sur-Avre 23.

ᐃ **Municipal les Fossés** avril-oct.
au Nord-Ouest du bourg – ⟲ – **R**
1 ha (17 empl.) peu incliné, plat, herbeux ⊏
Ġ 🕮 ⇔ ⇔ ⊙ ᗩ – ⚒
Tarif : (Prix 1999) ✶ 7 – ▣ 5 – [⅟] 14

Les MARCHES

73800 Savoie 🔢 – 🟨🟨 ⑮ ⑯ – 1 416 h. alt. 328.
Paris 574 – Albertville 44 – Chambéry 12 – Grenoble 46 – Montmélian 6.

ᐃ **La Ferme du Lac** 15 avril-sept.
🗲 04 79 28 13 48 – SO : 1 km par N 90, rte de Pontcharra et D 12 à droite – ≼ ⊶ – **R** conseillée
10 juil.-15 août – ⚲
2,6 ha (100 empl.) plat, herbeux ⊏ ♀♀
Ġ 🕮 ⇔ ᗾ ⊙ – 🖼
Tarif : ✶ 20 – ⇔ 8 – ▣ 14 – [⅟] 15 (6A) 20 (10A)
Location : 🛏 600 à 800

MARCILHAC-SUR-CÉLÉ

46160 Lot 🔟🔟 – 🔢🔢 ⑨ G. Périgord Quercy – 196 h. alt. 156.
Paris 573 – Cahors 46 – Cajarc 14 – Figeac 33 – Livernon 14.

⚠ **Municipal** mai-sept.
🏕 05 65 40 77 88 – sortie Nord par D 41 rte de Figeac, bord du Célé – ≼ ⚭ – **R** conseillée – 🚗
1 ha (53 empl.) plat, herbeux
🔲 ⚙ ⚋ ⊙ 🔳 – ✗ 🔜
Tarif : 🔸 20 – 🔲 22 – 🔌 15 (6A)

MARCILLAC-LA-CROISILLE

19320 Corrèze 🔟🔟 – 🔢🔢 ⑩ G. Berry Limousin – 787 h. alt. 550.
Paris 504 – Argentat 26 – Égletons 17 – Mauriac 41 – Tulle 27.

⚠ **Municipal du Lac** juin-1ᵉʳ oct.
🏕 05 55 27 81 38 – SO : 2 km par D 131^E2, rte de St-Pardoux-la-Croisille, près du lac – 🌊 ⚭ juil.-août
– **R** conseillée 14 juil.-15 août – 🚗
3,5 ha (236 empl.) peu incliné à incliné, herbeux 🌳🌳
🔲 🔲 ⚙ 🔳 ⚋ ⊙ 🔳 – 🔲 Centre de Documentation Touristique 🐎 – A proximité : ✗ 🔜
Tarif : (Prix 1999) 🔸 20 – 🚗 10 – 🔲 15 – 🔌 15 (6A)
Location : *huttes*

MARCILLAC-ST-QUENTIN

24200 Dordogne 🔟🔟 – 🔢🔢 ⑰ – 598 h. alt. 235.
Paris 527 – Brive-la-Gaillarde 48 – Les Eyzies-de-Tayac 18 – Montignac 16 – Périgueux 64 – Sarlat-la-Canéda 10.

⚠ **Les Tailladis** 15 mars-oct.
🏕 05 53 59 10 95, Fax 05 53 29 47 56 – N : 2 km, à proximité de la D 48, bord de la Beune et d'un
petit étang – 🌊 ≼ ⚭ – **R** conseillée juil.-août – 🚗
25 ha/8 campables (83 empl.) plat, en terrasses et incliné, herbeux, pierreux 🔲 🌳🌳
🔲 🔲 ⚙ 🔲 🔲 ⚋ ⊙ 🔳 – 🔲 ✗ – 🐎 🔲 🔜
Tarif : 🔸 27,50 *piscine comprise* – 🔲 37 – 🔌 19,50 (6A)
Location : 🔲 1500 à 2900

MARCILLÉ-ROBERT

35240 I.-et-V. ⓸ – 🔢🔢 ⑧ – 837 h. alt. 65.
Paris 335 – Bain-de-Bretagne 33 – Châteaubriant 30 – La Guerche-de-Bretagne 12 – Rennes 35 – Vitré 29.

⚠ **Municipal de l'Étang** 15 avril-oct.
sortie Sud par D 32 rte d'Arbrissel – 🌊 ≼ « Au bord d'une rivière et d'un étang » – **R** conseillée
– 🚗
0,5 ha (22 empl.) plat, en terrasses, herbeux 🔲 ♀
🔲 🔲 ⚙ 🔲 ⚋ ⊙
Tarif : 🔸 15 – 🔲 10 – 🔌 10 (5A)

MARCILLY-SUR-VIENNE

37800 I.-et-L. 🔟🔟 – 🔢🔢 ④ – 526 h. alt. 60.
Paris 282 – Azay-le-Rideau 30 – Châtellerault 30 – Chinon 30 – Descartes 20 – Richelieu 21 – Tours 47.

⚠ **Intercommunal la Croix de la Motte** 15 juin-14 sept.
🏕 02 47 65 20 38 – N : 1,2 km par D 18, rte de l'Ile-Bouchard et rue à droite, près de la Vienne
– 🌊 ⚭ – **R** conseillée 14 juil.-15 août – 🚗
1,5 ha (61 empl.) plat, herbeux 🔲 ♀
🔲 🔲 ⚙ 🔲 🔲 ⊙ 🔳 – A proximité : 🔜 (plage)
Tarif : 🔸 13 – 🔲 17 – 🔌 16 (6A)

MARCOLS-LES-EAUX

07190 Ardèche 🔟🔟 – 🔢🔢 ⑲ – 300 h. alt. 730.
Paris 621 – Aubenas 36 – Le Cheylard 24 – Le Monastier-sur-Gazeille 50 – Privas 35.

⚠ **Municipal de Gourjatoux** 25 juin-août
à 0,5 km au Sud du bourg, près de la Glueyre, Accès difficile pour véhicules venant de Mézilhac –
🌊 ≼ – **R** – 🚗
0,7 ha (28 empl.) en terrasses, herbeux ♀
🔲 🔲 ⊙ – 🔲 ✗
Tarif : 🔸 8 – 🚗 5,50 – 🔲 5,50/6,50 – 🔌 10

MARÇON

72340 Sarthe ⓹ – 🔢🔢 ④ – 912 h. alt. 59.
Paris 245 – Château-du-Loir 10 – Le Grand-Lucé 51 – Le Mans 52 – Tours 45.

⚠ **Lac des Varennes** 25 mars-20 oct.
🏕 02 43 44 13 72, Fax 02 43 44 54 31 – O : 1 km par D 61 rte du Port Gautier, près de l'espace de
loisirs « Situation agréable autour d'un lac aménagé en base de loisirs » ⚭ – **R** conseillée – 🔲 🚗
5,5 ha (250 empl.) plat, herbeux ♀
🔲 🔲 ⚙ 🔲 🔲 🔲 ⊙ 🔳 – 🔲 ✗ 🐎 – 🔲 🐎 🚲 🔜 (plage) – A proximité : terrain omnisports 🔲 ✗
🔲 🔲
Tarif : 🔸 22 – 🔲 18 – 🔌 13 (6A)
Location *(mai-18 sept.)* : bungalows toilés

MAREUIL

24340 Dordogne ⑩ – ⑫ ⑭ G. Périgord Quercy – 1 194 h. alt. 124.
Paris 486 – Angoulême 38 – Nontron 23 – Périgueux 48 – Ribérac 27.

  ▲ *Les Graulges* mars-oct.
     ℰ 05 53 60 74 73 – N : 5,5 km par D 99, rte de Charras et chemin à droite, bord d'un étang et
     d'un ruisseau – ⑤ ⬤ – **R** conseillée juil.-août
     7 ha/2 campables (50 empl.) peu incliné, pierreux, herbeux ⚍⚍
     ⬤ ⬤ ⬤ ⬤ ⬤ ⬤ - ⬤ ⬤ - ⬤
     Tarif : ⬤ *16 piscine comprise* – ▣ *27* – ⒝ *16 (5A)*

  ▲ *Municipal du Vieux Moulin* juin-sept.
     ℰ 05 53 60 99 80 – sortie Sud-Ouest par D 708, rte de Ribérac et 99 à gauche, rte de la Tour-
     Blanche, bord d'un ruisseau – ⑤ « Entrée fleurie » ⬤ – **R** août
     0,6 ha (20 empl.) plat, herbeux ⚋
     ⬤ ⬤ ⬤ ⬤ ⬤ – ⬤ – A proximité : ⬤
     Tarif : ⬤ *15* – ▣ *8* – ⒝ *8 (5A)*

MAREUIL-SUR-CHER

41110 L.-et-Ch. ⑤ – ⑭ ⑰ – 977 h. alt. 63.
Paris 226 – Blois 45 – Châtillon-sur-Indre 41 – Montrichard 15 – St-Aignan 5.

  ▲ *Municipal le Port* mai-sept.
     ℰ 02 54 32 79 51 – au bourg, près de l'église et du château, bord du Cher – ⑤ « Décoration
     arbustive » ⬤ saison – **R** conseillée – ⬤
     1 ha (40 empl.) plat, herbeux ⚍ ⚋
     ⬤ ⬤ ⬤ ⬤ ⬤ ⬤ ⬤ ⬤ ⬤
     Tarif : ▣ *1 pers. 35, 2 pers. 45, pers. suppl. 13* – ⒝ *18*
     Location : *gîte d'étape*

MAREUIL-SUR-LAY-DISSAIS

85320 Vendée ⑨ – ⑥⑦ ⑭ G. Poitou Vendée Charentes alt. – 20.
⒝ Office de Tourisme 36 r. Hervé de Mareuil *ℰ* 02 51 97 30 26 Mairie *ℰ* 02 51 30 51 05, Fax 02 51 97 32 85.
Paris 426 – Cholet 76 – Nantes 89 – Niort 69 – La Rochelle 54 – La Roche-sur-Yon 23.

  ▲ *Municipal la Prée* 15 juin-15 sept.
     ℰ 02 51 97 27 26 – au Sud du bourg, près de la rivière, du stade et de la piscine – ⬤ juil.-août
     – **R** – ⬤
     1,5 ha (41 empl.) plat, herbeux ⚍
     ⬤ ⬤ ⬤ ⬤ ⬤ – A proximité : ⬤ ⬤ ⬤
     Tarif : (Prix 1999) ⬤ *12,70* – ⬤ *8,30* – ▣ *8,30* – ⒝ *12,50 (3 ou 5A)*

MARIGNY

39130 Jura ⑫ – ⑩ ④ ⑤ – 153 h. alt. 519.
Paris 426 – Arbois 32 – Champagnole 16 – Doucier 4 – Lons-le-Saunier 27 – Poligny 29.

  ▲▲▲ *La Pergola* 15 mai-sept.
     ℰ 03 84 25 70 03, Fax 03 84 25 75 96 – S : 0,8 km – ⬤ « Bel ensemble de piscines dominant le lac
     de Chalain » ⬤ – **R** conseillée – ⬤ ⬤
     10 ha (350 empl.) en terrasses, herbeux, pierreux ⚍ ⚋ (3ha)
     ⬤ ⬤ ⬤ ⬤ ⬤ ⬤ ⬤ ⬤ ⬤ – ⬤ ⬤ brasserie ⬤ – ⬤ ⬤ ⬤ ⬤ ⬤ ⬤ ⬤ ⬤
     Tarif : ▣ *élect. et piscine comprises 2 pers. 228*
     Location ⬤ : ⬤ *1500 à 3900*

MARIOL

03270 Allier ⑪ – ⑦⑬ ⑤ – 714 h. alt. 280.
Paris 373 – Le Mayet-de-Montagne 24 – Riom 39 – Thiers 23 – Vichy 14.

  ▲▲ *Les Marrants* mai-sept.
     ℰ 04 70 59 44 70 – NO : 1,3 km sur D 260, à 300 m du D 906 et à 120 m d'un étang (accès direct)
     – ⬤ – **R** conseillée juil.-août – ⬤
     1,5 ha (45 empl.) plat, herbeux ⚋
     ⬤ ⬤ ⬤ ⬤ ⬤ ⬤ ⬤ – ⬤ ⬤ ⬤
     Tarif : ▣ *élect. (6A), piscine et tennis compris 2 pers. 60, 3 à 6 pers. 80*
     Location : ⬤ *500 à 1000*

MARNE-LA-VALLÉE

77206 S.-et-M. ⑥ – ⑤⑥ ⑫ G. Ile de France.
Paris 28 – Meaux 28 – Melun 41.

à Disneyland Paris : 38 km à l'Est de Paris par A⁴ – ⬤ 77777 B.P. 117 Marne-la-Vallée Cedex 4

  ▲▲▲ *Davy Crockett Ranch* Permanent
     ℰ 01 60 45 69 00, Fax 01 60 45 69 33 – par A4 sortie N 13 et rte Ranch Davy Crockett, animaux
     interdits (chenil à disposition) – ⓜ ⬤ « Agréable cadre boisé » ⬤ ⬤ – **R** indispensable – ⬤
     57 ha camping : 97 empl. plat, sablonneux et plates-formes aménagées pour caravanes ⚍ ⚍⚍
     ⬤ ⬤ ⬤ ⬤ ⬤ ⬤ ⬤ ⬤ ⬤ – ⬤ ⬤ self – ⬤ théâtre de plein air ⬤ ⬤ ⬤ ⬤ – ⬤ toboggan
     aquatique poneys, parc animalier
     Tarif : ▣ *élect., piscine et tennis compris jusqu'à 8 pers. 400*
     Location : ⬤ *485 à 910, la nuitée*

34340 Hérault 🗆 – 🗆 ⑯ G. Languedoc Roussillon – 4 950 h. alt. 3.
Paris 760 – Agde 7 – Béziers 31 – Montpellier 48 – Pézenas 21 – Sète 24.

à Marseillan-Plage S : 6 km par D 51ᴱ – ☒ 34340 Marseillan :

⋀⋀⋀ **Nouvelle Floride** avril-1ᵉʳ oct.
  𝄢 04 67 21 94 49, Fax 04 67 21 81 05 – bord de mer – o⇻ – **R** conseillée saison – ⌀
  6,5 ha (459 empl.) plat, herbeux, sablonneux ⌑ ΩΩ
  ᵬ ᵰ ⇆ 🗓 ♤ ☺ ⊘ ⅏ ⚏ 🗐 – ⍭, ⍩ pizzeria, snack ⍚ – ⚐ ⅃⊘ salle d'animation ⚟ ⅃
  Tarif : 🗐 élect. (6A) et piscine comprises 1 à 3 pers. 215, pers. suppl. 40
  Location ⚸ : ⍟ 1600 à 3900

⋀⋀⋀ **Charlemagne** avril-sept.
  𝄢 04 67 21 92 49, Fax 04 67 21 86 11 – à 250 m de la plage – o⇻ – **R** conseillée saison – ⌀
  6,7 ha (480 empl.) plat, sablonneux, herbeux ⌑ ΩΩ
  ᵬ ᵰ ⇆ 🗓 ♤ ⛢ ☺ ⅏ ⚏ 🗐 – ⚐ ⚟ ⅃ – A proximité : ⅃⊘ discothèque ⚐ ⍩ ✗ pizzeria
  ⍚ ⍟
  Tarif : 🗐 élect. (6A) et piscine comprises 1 à 3 pers. 205
  Location ⚸ : ⍟ 1500 à 3800

⋀⋀ **Languedoc-Camping** 15 mars-oct.
  𝄢 04 67 21 92 55, Fax 04 67 01 63 75 – bord de mer – Ⓜ o⇻ – **R** conseillée – ⌀
  1,5 ha (118 empl.) plat, herbeux ⌑ ΩΩ
  ᵬ ᵰ ⇆ 🗓 ♤ ⛢ ☺ ⚏ 🗐 – ⍭, snack – ⚟
  Tarif : ⍱ 2 pers. 150, pers. suppl. 25 – 🔌 18 (6A) 25 (10A)
  Location : ⍟ 1500 à 2600

⋀ **La Créole** 25 avril-sept.
  𝄢 04 67 21 92 69 – bord de plage – o⇻ – **R** conseillée juil.-août – ⒼⒷ ⌀
  1,5 ha (110 empl.) plat, sablonneux, herbeux ⌑ ΩΩ
  ᵬ ᵰ 🗓 ⅏ ☺ ⚏ 🗐
  Tarif : 🗐 2 pers. 130, pers. suppl. 21 – 🔌 16 (4 à 6A)

⋀ **Le Galet** avril-sept.
  𝄢 04 67 21 95 61, Fax 04 67 21 87 23 – à 250 m de la plage – o⇻ – **R** conseillée – ⒼⒷ ⌀
  3 ha (275 empl.) plat, sablonneux, herbeux ⌑ Ω
  ᵬ ᵰ 🗓 ⅏ ☺ 🗐 – A proximité : ⚐ ⍩ ⍚
  Tarif : 🗐 élect. (10A) comprise 2 pers. 135, pers. suppl. 22
  Location : ⍟ 1250 à 3200

46600 Lot 🗆 – 🗆 ⑱ G. Périgord Quercy – 1 462 h. alt. 225.
🛈 Office de Tourisme Palais de la Raymondie 𝄢 05 65 37 43 44, Fax 05 65 37 37 27.
Paris 513 – Brive-la-Gaillarde 33 – Cahors 78 – Figeac 59 – Gourdon 43 – St-Céré 32 – Sarlat-la-Canéda 44.

⋀ **Les Falaises** mai-sept.
  𝄢 05 65 37 37 78 – SE : 5 km par N 140, rte de Figeac, à Gluges, près de la Dordogne – ≼ o⇻ –
  R conseillée 15 juil.-15 août – ⌀
  0,8 ha (47 empl.) plat et peu incliné, herbeux ⌑ Ω
  ᵰ ⇆ 🗓 ☺ ⊘ – ⚌ – A proximité : ⅃
  Tarif : ⚐ 20 – 🗐 20 – 🔌 14 (10A)

73400 Savoie 🗆 – 🗆 ⑰ – 1 293 h. alt. 520.
🛈 Syndicat d'Initiative Mairie 𝄢 04 79 37 62 07, Fax 04 79 37 63 09.
Paris 583 – Albertville 7 – Annecy 44 – Bourg-Saint-Maurice 62 – Megève 30.

⋀ **Municipal du Lac** juil.-août
  𝄢 04 79 37 65 64 – SE : 2,2 km par D 103 et chemin à gauche avant le passage à niveau,
  bord d'un ruisseau et à 100 m d'un petit lac, à proximité de la voie rapide (N 212) – ≼ o⇻ –
  R – ⌀
  1,5 ha (85 empl.) plat, herbeux
  ᵬ ᵰ ⇆ 🗓 ⅏ ☺ – A proximité : ⚸
  Tarif : (Prix 1999) 🗐 2 pers. 50, pers. suppl. 8 – 🔌 11 (6A) 18 (10A)

12200 Aveyron 🗆 – 🗆 ⑳ – 798 h. alt. 400.
Paris 614 – Albi 75 – Cahors 51 – Montauban 70 – Villefranche-de-Rouergue 10.

⋀⋀ **Lac du Moulin de Bannac** avril-oct.
  𝄢 05 65 29 44 52 – NO : 3,5 km par D 911, rte de Limogne-en-Quercy et rte à gauche, près d'un
  lac – ⍚ ≼ « Site agréable » o⇻ – **R** indispensable – ⌀
  35 ha/2 campables (56 empl.) plat et peu incliné, terrasses, herbeux, gravillons ⌑
  ᵬ ᵰ ⇆ 🗓 ⅏ ☺ ⚏ ⍭, ⍩ – ⚐ – A proximité : ⚟
  Tarif : 🗐 élect. (6A) et piscine comprises 2 pers. 60 ou 80, pers. suppl. 16
  Location : ⍟ 800 à 1200

MARTIGNÉ-FERCHAUD

35640 I.-et-V. **4** – **63** ⑧ – 2 920 h. alt. 90.
Paris 341 – Bain-de-Bretagne 30 – Châteaubriant 15 – La Guerche-de-Bretagne 16 – Rennes 46.

  ▲▲ *Municipal du Bois Feuillet* juin-sept.
       ℰ 02 99 47 84 38 – Nord-Est du bourg « Accès direct à l'étang des Forges » ⚬━ juil.-août –
       R – ⚲
       1,7 ha (50 empl.) en terrasses, herbeux, plat ▢
       & ⛾ ❖ 🗟 🛌 ⊕ ♨ ⚡ 📺 – 🔦 ⚓ – A proximité : ≋ ◑
       Tarif : ✳ *16* – 🔲 *11* – 💡 *11 (16A)*

MARTIGNY

76880 S.-Mar. **1** – **52** ④ – 512 h. alt. 24.
Paris 163 – Dieppe 10 – Fontaine-le-Dun 29 – Rouen 63 – St-Valery-en-Caux 37.

  ▲▲ *Municipal* avril-15 oct.
       ℰ 02 35 85 60 82 – NO : 0,7 km rte de Dieppe – Places limitées pour le passage ≼ « En bordure
       de rivière et de plans d'eau » ⚬━ – **R** – **GB** ⚲
       3 ha (110 empl.) plat, herbeux
       & ⛾ ❖ 🗟 🛌 ⊕ ♨ – 🔦 ⚓ – A proximité : ▢ (découverte l'été) ◑
       Tarif : (Prix 1999) 🔲 *3 pers. 69 (83 avec élect.)*
       Location : 🏠 *1600 à 2500*

*Nos **guides hôteliers**, nos **guides touristiques** et nos **cartes routières**
sont complémentaires. Utilisez-les ensemble.*

LE MARTINET

30960 Gard **16** – **80** ⑧ – 844 h. alt. 252.
Paris 665 – Alès 22 – Aubenas 68 – Florac 65 – Nîmes 65 – Vallon-Pont-d'Arc 42.

  ▲ *Municipal* juil.-août
       ℰ 04 66 24 95 00 – sortie Nord-Ouest, rte de la Grand'Combe, à l'intersection D 59 et D 162, bord
       de l'Auzonnet – ⟲ ⚬━ – **R** – ⚲
       1 ha (27 empl.) plat, herbeux ▢
       & ⛾ ❖ 🗟 🛌 ⊕ ♨ 🖥 – 🔦 – A proximité : ✖ ⊿
       Tarif : ✳ *15* – ⛝ *10* – 🔲 *10/12*

MARTRAGNY

14740 Calvados **4** – **54** ⑮ – 310 h. alt. 70.
Paris 255 – Bayeux 11 – Caen 24 – St-Lô 46.

  ▲▲ *Château de Martragny* mai-15 sept.
       ℰ 02 31 80 21 40, Fax 02 31 08 14 91 – sur l'ancienne N 13, par le centre bourg – ⟲ ≼ « Dans
       le parc d'une belle demeure du XVIIIᵉ siècle » ⚬━ – **R** conseillée juil.-août – **GB** ⚲
       13 ha/4 campables (160 empl.) plat, herbeux ♀ verger
       & ⛾ ❖ 🗟 🛌 ⊕ ♨ – ⚲ ♟ ✖ – 🔦 ⚓ 🗡 – A proximité : ▨
       Tarif : ✳ *29 piscine comprise* – 🔲 *58/63* – 💡 *18 (6A)*

Les MARTRES-DE-VEYRE

63730 P.-de-D. **11** – **73** ⑭ – 3 151 h. alt. 332.
Paris 432 – Billom 18 – Clermont-Ferrand 17 – Issoire 22 – Rochefort-Montagne 45 – St-Nectaire 28.

  ▲ *La Font de Bleix* 15 mars-oct.
       ℰ 04 73 39 26 49 – sortie Sud-Est par D 225, rte de Vic-le-Comte puis 0,9 km par chemin à gauche,
       près de l'Allier (accès direct) – ⚬━ – **R** – ⚲
       3,5 ha (39 empl.) plat et peu incliné, herbeux
       ▥ & ⛾ ❖ 🛌 ⊕ – ⚓ – A proximité : ✖
       Tarif : ✳ *15* – ⛝ *10* – 🔲 *10* – 💡 *20 (15A)*
       Location : ⛺ *500* – 🏠 *1800 à 2200* – *gîtes*

MARTRES-TOLOSANE

31220 H.-Gar. **14** – **82** ⑯ G. Midi Pyrénées – 1 929 h. alt. 268.
Paris 758 – Auch 80 – Auterive 48 – Bagnères-de-Luchon 77 – Pamiers 78 – St-Gaudens 31 – St-Girons 40.

  ▲▲ *Le Moulin* 15 avril-15 oct.
       ℰ 05 61 98 86 40, Fax 05 61 98 66 90 – SE : 1,5 km par rte du stade, av. de St-Vidian et chemin
       à gauche après le pont, bord d'un ruisseau et d'un canal, près de la Garonne (accès direct) – ⟲
       « Agréable domaine rural, ancien moulin » ⚬━ – **R** conseillée juil.-août – **GB** ⚲
       6 ha/1 campable (57 empl.) plat, herbeux ♀♀ (0,5 ha)
       ⛾ 🗟 ❖ ❖ ⊕ ♨ ⚡ 📺 🖥 – 🔦 ✖ ⊿
       Tarif : ✳ *24 piscine comprise* – 🔲 *40* – 💡 *20 (6A) 33 (10A)*
       Location *(fermé déc.)* : ⛺ *600 à 1900* – 🏠 *1200 à 3200*

MARVEJOLS

48100 Lozère 15 – 80 ⑤ G. Languedoc Roussillon – 5 476 h. alt. 650.
🅸 Office de Tourisme pl. du Soubeyran 𝄞 04 66 32 00 45, Fax (Mairie) 04 66 32 33 50.
Paris 579 – Espalion 63 – Florac 50 – Mende 28 – St-Chély-d'Apcher 33.

⚠ **Municipal l'Europe** juin-sept.
𝄞 04 66 32 03 69, Fax 04 66 32 43 56 – E : 1,3 km par D 999, D 1 rte de Montrodat et chemin à droite, bord du Colagnet, Par A75, sortie 38 – ⊶ juil.-août ⚡ juil.-août – **R** conseillée juil.-août – ⚘
0,9 ha (57 empl.) plat, herbeux 🖵 ⚲
♿ 🗻 ⇌ 🗂 ⇔ ⊕ ⚘ ▥ – 🍴 ⚗ ⚙ – A proximité : ⚒
Tarif : 🅴 2 pers. 65 – [½] 17 (5A)

MASEVAUX

68290 H.-Rhin 8 – 66 ⑧ G. Alsace Lorraine – 3 267 h. alt. 425.
🅸 Office de Tourisme 36 Fossé Flagellants 𝄞 03 89 82 41 99, Fax 03 89 82 49 44.
Paris 439 – Altkirch 31 – Belfort 23 – Colmar 56 – Mulhouse 30 – Thann 16 – Le Thillot 39.

⚠ **Municipal** Pâques-sept.
𝄞 03 89 82 42 29 – rue du stade, bord de la Doller – ⚲ ⊶ – **R** conseillée juil.-août – ⚘
3,5 ha (149 empl.) plat, herbeux ⚲⚲
▦ ♿ 🗻 ⇌ 🗂 ⚖ ⇔ ⊕ ▥ – 🍴 – A proximité : ⚒ ⚗ 🏊
Tarif : (Prix 1999) ⚹ 15,30 – 🅴 15,30 – [½] 15,30 (3A) 28,80 (6A)

La MASSANA

Principauté d'Andorre – 86 ⑭ – voir à Andorre.

MASSERET

19510 Corrèze 10 – 72 ⑱ G. Berry Limousin – 669 h. alt. 380.
Paris 434 – Guéret 129 – Limoges 42 – Tulle 48 – Ussel 84.

⚠ **Intercommunal** avril-sept.
𝄞 05 55 73 44 57 – E : 3 km par D 20 rte des Meilhards, à la sortie de Masseret-Gare – ⚲ ⚘
« Agréable situation près d'un plan d'eau et d'un bois » ⊶ – **R** conseillée – ⚘
100 ha/2 campables (100 empl.) plat et incliné, herbeux, gravillons ⚲⚲
♿ 🗻 ⇌ ⇔ ⊕ ▥ – 🍴 – A proximité : 🍸 ⚒ ⚗ ⚙ – **Tarif :** (Prix 1999) ⚹ 14 – 🚗 5 ou 10 – 🅴 12/15 ou 20 – [½] 12 (12A)
Location : huttes

MASSEUBE

32140 Gers 14 – 82 ⑮ – 1 453 h. alt. 220.
Paris 758 – Auch 26 – Castelnau-Magnoac 18 – L'Isle-en-Dodon 24 – Miélan 25 – Mirande 21.

⚠ **Municipal Julie Moignard** Permanent
𝄞 05 62 66 01 75 – sortie Est par D 2, rte de Simorre, bord du Gers – ⚲ « Allée fleurie » ⊶ saison
– **R** – ⚘
4 ha (133 empl.) plat, herbeux ⚲⚲
♿ 🗻 ⇌ 🗂 ⇔ ⚘ ⊕ ▥ – 🍴 ⚗ – A proximité : 🍸 ⚒ ⚙ 🏊
Tarif : 🅴 piscine comprise 2 ou 3 pers. 70 (85 avec élect.)

MASSIAC

15500 Cantal 11 – 76 ④ G. Auvergne – 1 881 h. alt. 534.
🅸 Office de Tourisme 24 r. du Dr Mallet 𝄞 04 71 23 07 76, Fax 04 71 23 08 50.
Paris 489 – Aurillac 87 – Brioude 23 – Issoire 37 – Murat 36 – St-Flour 29.

⚠ **Municipal de l'Alagnon** mai-sept.
𝄞 04 71 23 03 93 – O : 0,8 km par N 122, rte de Murat, bord de la rivière – ⊶ – **R** juil.-
août – ⚘
2,5 ha (90 empl.) plat, terrasse, herbeux ⚲⚲
♿ 🗻 🗂 ⇔ ⊕ ▥ – ⚗ – A proximité : ✂ ⚗ ⚒ 🏊
Tarif : ⚹ 11 – 🚗 8 – 🅴 10 – [½] 11 (6A)

MASSIGNIEU-DE-RIVES

01300 Ain 12 – 74 ⑮ – 412 h. alt. 295.
Paris 517 – Aix-les-Bains 29 – Belley 9 – Morestel 37 – Ruffieux 16 – La Tour-du-Pin 41.

⚠ **Le Lac du Lit du Roi** avril-oct.
𝄞 04 79 42 12 03, Fax 04 79 42 19 94 – N : 2,5 km par rte de Belley et chemin à droite – ⚲ ⚘
lac et collines « Situation agréable au bord d'un plan d'eau formé par le Rhône » ⊶ – **R** conseillée
– ⚘
4 ha (120 empl.) en terrasses, herbeux 🖵 ⚲ (1 ha)
♿ 🗻 ⇌ 🗂 ⇔ ⊕ ⚘ ▥ – 🍸 – ⚒ 🏊
Tarif : ⚹ 24,50 tennis compris – 🅴 38,50 – [½] 16 (6A) 21 (10A)

MASSILLARGUES-ATTUECH

30 Gard – 🗌🗌 ⑰ – rattaché à Anduze.

MATAFELON-GRANGES

01580 Ain 🗌🗌 – 🗌🗌 – 406 h. alt. 453.
Paris 463 – Bourg-en-Bresse 36 – Lons-le-Saunier 55 – Mâcon 75 – Oyonnax 14.

⚠ **Les Gorges de l'Oignin** avril-sept.
 𝒫 04 74 76 80 97 – S : 0,9 km au Sud du bourg par chemin – ≼ « Près d'un lac » �o⌐ – **R** conseillée juil.-août – ⚲
 2,6 ha (128 empl.) en terrasses, gravier, herbeux
 🏛 ᗷ 🗌 ⇌ 🗌 ᗷ ⇌ ⊕ ᗷ ⊽ 🗌 – 🍷 – ⫘ 🔼 – A proximité : ≊
 Tarif : 🗌 *piscine comprise 2 pers. 72, pers. suppl. 22* – 🗌 *15 (10A)*
 Location ⚲ : ⌂ 1760 à 2460

MATEMALE

66210 Pyr.-Or. 🗌🗌 – 🗌🗌 ⑯ – 222 h. alt. 1 514.
🅱 Office de Tourisme Maison de la Montagne et de l'Artisanat 𝒫 04 68 04 34 07, Fax 04 68 04 34 07.
Paris 878 – Font-Romeu-Odeillo-Via 19 – Perpignan 91 – Prades 47.

⚠ **Le Lac** week-ends, vac. scolaires, juin-sept.
 𝒫 04 68 30 94 49 – SO : 1,7 km par D 52, rte des Angles et rte à gauche, près du lac de Matemale,
 Accès direct au village par chemin piéton, alt. 1 540 – ⚲ o⌐ – **R** conseillée fév., juil.-août –
 GB ⚲
 3,5 ha (50 empl.) plat, peu incliné, herbeux, forêt attenante 🔾🔾
 🏛 ᗷ 🗌 ⇌ ⫘ ⊕ 🗌 🗌 – ⫘🔼 – A proximité : ∱ ⇔ snack ·⊕ 🔼 ≊ ≬
 Tarif : ⸙ *20* – 🗌 *22* – 🗌 *14 (3A) 27 (6A)*

Les MATHES

17570 Char.-Mar. 🗌 – 🗌🗌 ⑭ ⑮ – 1 205 h. alt. 10.
Paris 516 – Marennes 17 – Rochefort 38 – La Rochelle 76 – Royan 20 – Saintes 48.

⚠⚠ **L'Orée du Bois** mi-mai-mi-sept.
 𝒫 05 46 22 42 43, Fax 05 46 22 54 76 – NO : 3,5 km, à la Fouasse – o⌐ – **R** conseillée juil.-août
 – ⚲
 6 ha (388 empl.) plat, sablonneux 🗌 🔾🔾
 ᗷ 🗌 ⇌ 🗌 ᗷ – 40 empl. avec sanitaires individuels (🗌 ⇌ ⇌ wc) ⊕ 🗌 – ⸗ 🍷 snack 🍴 – 🗌 ⅋
 🗌 ⚲ 🗌 toboggan aquatique terrain omnisports
 Tarif : (Prix 1999) 🗌 *élect. (6A) et piscine comprises 2 pers. 160 (210 avec sanitaires individuels), pers.*
 suppl. 25
 Location : 🗌 *1500 à 3500*

⚠⚠ **L'Estanquet** 15 mai-15 sept.
 𝒫 05 46 22 47 32, Fax 05 46 22 51 46 – NO : 3,5 km, à la Fouasse « Entrée fleurie » o⌐ juil.-août
 – **R** conseillée – ⚲
 5 ha (320 empl.) plat, sablonneux 🗌 🔾🔾
 ᗷ 🗌 ⇌ 🗌 ᗷ ⫘ ⊕ ᗷ ⊽ 🗌 – ⸗ 🍷 snack 🍴 – ⚲ 🗌 ⅋ 🔼 toboggan aquatique
 Tarif : 🗌 *élect. et piscine comprises 1 à 3 pers. 159, pers. suppl. 24*

⚠⚠ **La Pinède** avril-sept.
 𝒫 05 46 22 45 13, Fax 05 46 22 50 21 – NO : 3 km, à la Fouasse – ⚲ « Belle piscine couverte et
 ludique » o⌐ – **R** conseillée – **GB** ⚲
 8 ha (285 empl.) plat, sablonneux 🔾🔾
 ᗷ 🗌 ⇌ 🗌 ᗷ ⫘ ⊕ ᗷ ⊽ 🗌 – ⸗ 🍷 ✗ 🍴 – 🗌 ∱ ⇔ 🔼 ⅋ ·⊕ ⅋ ⸙ 🗌 🔼 toboggans aquatiques
 – A proximité : 🐎
 Tarif : 🗌 *piscine comprise 2 pers. 200, pers. suppl. 48* – 🗌 *33 (3 à 6A)*
 Location : 🗌 *1500 à 3900* – ⌂ *1500 à 4500*

⚠ **Monplaisir** avril-1er oct.
 𝒫 05 46 22 50 31 – sortie Sud-Ouest – o⌐ – **R** – ⚲
 2 ha (114 empl.) plat, herbeux, sablonneux 🗌
 ᗷ 🗌 ⇌ 🗌 ᗷ ⇌ ⊕ 🗌 – 🗌 – A proximité : 🍴
 Tarif : 🗌 *piscine comprise 1 ou 2 pers. 86, 3 pers. 99, pers. suppl. 23* – 🗌 *18 (4 ou 6A)*
 Location : *studios*

⚠ **La Clé des Champs** juin-15 sept.
 𝒫 05 46 22 40 53, Fax 05 46 22 56 96 – NO : 2,5 km rte de la Fouasse – o⌐ – **R** conseillée 15 juil.-
 20 août – ⚲
 4 ha (300 empl.) plat, sablonneux, herbeux ⚲
 ᗷ 🗌 ⇌ 🗌 ⫘ ⊕ 🗌 – ⸗ – 🗌 ⅋ 🔼 – A proximité : ∤ 🐎
 Tarif : (Prix 1999) 🗌 *piscine comprise 3 pers. 92, 4 pers. 110, 5 pers. 125* – 🗌 *18 (6A)*

à la Palmyre SO : 4 km par D 141E1 – ✉ 17570 les Mathes :

⚠⚠ **Bonne Anse Plage** 20 mai-4 sept.
 𝒫 05 46 22 40 90, Fax 05 46 22 42 30 – O : 2 km, à 400 m de la plage « Cadre et situation
 agréables » o⌐ ⚲ – 🅁 – **GB**
 17 ha (850 empl.) plat et accidenté, sablonneux, herbeux 🗌 🔾🔾 pinède
 ᗷ 🗌 ⇌ 🗌 ᗷ ⇌ ⊕ 🗌 🗌 – ⸗ 🍷 ✗ 🍴 – 🗌 ∱ ⇔ 🔼 ⅋ 🔼 toboggans aquatiques
 Tarif : 🗌 *piscine comprise 2 pers. 140, 3 pers. 168* – 🗌 *27 (6A)*

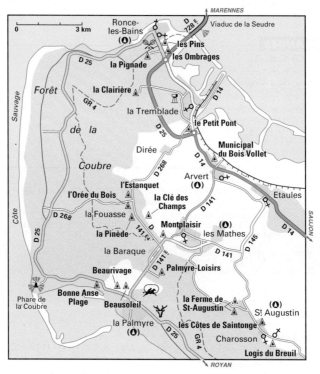

▲▲▲ **Palmyre Loisirs** 13 mai-16 sept.
    𝄢 05 46 23 67 66, Fax 05 46 22 48 81 – NE : 2,7 km par D 141^{E1} et chemin à droite – ⌂ ⚬⊤ –
    R conseillée – ⊖⊟ ⚲
    16 ha (300 empl.) plat et accidenté, herbeux, sablonneux 🎋🎋
    ⚐ ⚒ ⚘ ⛲ ⊟ ⊙ ▤ – ⚏ ☂ snack ⚐ – ⚏ ⚘ ⚐ ⚲ ✂ ▣ ⚞ ⊠ toboggan aquatique parcours
    de santé
    Tarif : ▣ *piscine comprise 1 à 3 pers. 180, pers. suppl. 45* – ⚡ *30 (10A)*
    Location : ⛺ *1000 à 2900* – ⊡ *1600 à 4200*

▲ **Beausoleil** avril-sept.
    𝄢 05 46 22 30 03, Fax 05 46 22 30 04 – sortie Nord-Ouest, à 500 m de la plage – ⚬⊤ – **R** conseillée
    – ⊖⊟ ⚲
    4 ha (244 empl.) plat, peu accidenté, sablonneux, herbeux 🎋🎋
    ⚐ ⚒ ⚘ ⛲ ⊟ ⊙ ▤ – ⚏ ⚘ ⚐ ⚞ (petite piscine)
    Tarif : ▣ *3 pers. 105* – ⚡ *20 (4A) 23 (6A) 27 (10A)*

▲ **Beaurivage** avril-sept.
    𝄢 05 46 22 30 96 – sortie Nord-Ouest, à 500 m de la plage – ⚬⊤ – **R** conseillée juil.-août – ⚲
    3,7 ha (200 empl.) plat, peu accidenté, sablonneux, herbeux 🎋🎋
    ⚐ ⚒ ⛲ ⊟ ⊙ ▤ – ⚏ ⚐
    Tarif : ▣ *3 pers. 95* – ⚡ *20 (3A) 25 (6A) 29 (10A)*

Voir aussi à Arvert, Ronce-les-Bains et St-Augustin

Pas de publicité payée dans ce guide.

MATIGNON

22550 C.-d'Armor �4 – ⅘⅚ ⑤ – 1 613 h. alt. 70.
Paris 432 – Dinan 32 – Dinard 25 – Lamballe 23 – St-Brieuc 43 – St-Cast-le-Guildo 7.

▲ **Municipal le Vallon aux Merlettes** 15 juin-15 sept.
    𝄢 02 96 41 11 61 – SO : par D 13, rte de Lamballe, au stade – ⌂ ⚬⊤ – **R** conseillée – ⚲
    3 ha (120 empl.) plat, peu incliné, herbeux �‍
    ⚐ ⚒ ⊟ ⚘ ⊙ ⊡ ▤ – ⚘ ✂ ▣
    Tarif : ⚘ *13* – ⚗ *8* – ▣ *10,50* – ⚡ *12,50 (6A)*

MATOUR

71520 S.-et-L. **11** – **69** ⑱ G. Bourgogne – 1 003 h. alt. 500.
Paris 407 – Chauffailles 23 – Cluny 25 – Mâcon 37 – Paray-le-Monial 42.

▲▲ *Municipal le Paluet* mai-sept.
    & 03 85 59 70 58 – O : rte de la Clayette et à gauche – *&* « Au bord d'un étang et d'un complexe de loisirs » ⊶ – **R** – ⚭
    3 ha (75 empl.) plat et peu incliné, terrasses, herbeux, gravillons ▭ ♀
    ⚒ ⚏ ⇄ ⌂ ⛺ ⊙ ♨ ▣ – ⛵ ⚓ ⚙ ✗ ⚓ ⯊ toboggan aquatique terrain omnisports
    Tarif : ✶ *16 piscine comprise* – ▣ *24* – ⓖ *14 (12A)*
    Location *(permanent) :* ⌂ *1000 à 2200*

MAUBEC

84660 Vaucluse **16** – **81** ⑬ – 1 199 h. alt. 120.
Paris 709 – Aix-en-Provence 70 – Apt 27 – Avignon 33 – Carpentras 31 – Cavaillon 9.

▲ *Municipal* avril-oct.
    & 04 90 76 50 34 – au sud du bourg, chemin de la Combe de St-Pierre – *&* ≤ « Belles terrasses ombragées » – **R**
    1 ha (75 empl.) plat et en terrasses, pierreux, herbeux ♀♀
    ⚏ ⇄ ▣ ⌂ ⊕
    Tarif : (Prix 1999) ✶ *13* – ⇌ *7* – ▣ *7* – ⓖ *14 (3A)*
    Location : *gîte*

MAUBEUGE

59600 Nord **2** – **53** ⑥ G. Picardie Flandres Artois – 34 989 h. alt. 134.
🛈 Office de Tourisme porte de Mons pl. Vauban *&* 03 27 62 11 93, Fax 03 27 64 10 23.
Paris 242 – Charleville-Mézières 95 – Mons 22 – St-Quentin 77 – Valenciennes 39.

▲▲ *Municipal* Permanent
    & 03 27 62 25 48 – N : 1,5 km par N 2, rte de Bruxelles « Décoration florale et arbustive » ⊶ –
    R conseillée juil.-août – ⚭
    2 ha (92 empl.) plat, herbeux ▭ ♀
    ⚒ ⚏ ⇄ ⌂ - 8 sanitaires individuels (lavabo eau froide, wc) ⊕ ⚓ ▽ ▣ – ⯊
    Tarif : ✶ *20* – ▣ *20* – ⓖ *17 (3A) 27 (6A) 33 (10A)*

MAULÉON-LICHARRE

64 Pyr.-Atl. **13** – **85** ⑤ G. Aquitaine – 3 533 h. alt. 140 – ✉ 64130 Mauléon-Soule.
🛈 Office de Tourisme de Soule 10 r. J.-Baptiste-Heugas *&* 05 59 28 02 37, Fax 05 59 28 02 21.
Paris 805 – Oloron-Ste-Marie 30 – Orthez 39 – Pau 60 – St-Jean-Pied-de-Port 41 – Sauveterre-de-Béarn 26.

▲▲ *Uhaitza le Saison* Pâques-oct.
    & 05 59 28 18 79 – S : 1,5 km par D 918 rte de Tardets-Sorholus, bord du Saison – *&* ⊶ –
    R conseillée – ⚭
    1 ha (50 empl.) plat, herbeux ▭ ♀♀
    ⚒ ⚏ ⇄ ⌂ ⚓ ⌂ ⊼ ⊙ ⚓ ▽ ⚏ ▣ – ⓨ – ⛽ ≋
    Tarif : ✶ *20* – ⇌ *7,30* – ▣ *22,70* – ⓖ *14,50 (4A) 18,50 (6A) 25,50 (10A)*

▲ *Aire Naturelle Landran* Pâques-sept.
    & 05 59 28 19 55, Fax 05 59 28 23 20 – SO : 4,5 km par D 918, rte de St-Jean-Pied-de-Port puis 1,5 km par chemin de Lambarre à droite – *&* ≤ ⊶ – **R** conseillée juil.-août – ⚭
    1 ha (25 empl.) incliné et en terrasses, herbeux ♀
    ⚒ ⚏ ⇄ ⌂ ⊙ ▣
    Tarif : ▣ *1 à 5 pers. 28 à 75* – ⓖ *12 (3A) 15 (6A)*
    Location *(permanent) :* ⌂ *1200 à 1700* – *gîte d'étape*

MAUPERTUS-SUR-MER

50330 Manche **4** – **54** ② – 242 h. alt. 119.
Paris 356 – Barfleur 21 – Cherbourg 13 – St-Lô 81 – Valognes 22.

▲▲▲ *L'Anse du Brick* avril-15 sept.
    & 02 33 54 33 57, Fax 02 33 54 49 66 – NO : sur D 116, à 200 m de la plage, accès direct par passerelle – *&* ≤ « Cadre sauvage » ⊶ – **R** conseillée – **GB** ⚭
    17 ha/7 campables (180 empl.) accidenté et en terrasses, pierreux, herbeux, bois attenant ▭ ♀♀
    ⚒ ⚏ ⇄ ⌂ ⊙ ⚓ ▣ – ⛴ ⓨ – ⛽ ⚓ ⚙ ⊙ ✗ ≋ toboggan aquatique – A proximité : ✗
    Tarif : ✶ *30 piscine comprise* – ▣ *50* – ⓖ *22 (10A)*
    Location : ⛺ *1960 à 3430*

MAUREILLAS-LAS-ILLAS

66480 Pyr.-Or. **15** – **86** ⑲ – 2 037 h. alt. 130.
Paris 881 – Gerona 71 – Perpignan 28 – Port-Vendres 31 – Prades 55.

▲▲ *Les Bruyères* mai-15 oct.
    & 04 68 83 26 64 – O : 1,2 km par D 618 rte de Céret – ≤ ⊶ – **R** conseillée juil.-août – ⚭
    4 ha (95 empl.) en terrasses, herbeux, pierreux ▭ ♀♀
    ⚒ ⚏ ⇄ ⌂ ⊙ ▣ – ⛽ ≋
    Tarif : ✶ *38 piscine comprise* – ▣ *39* – ⓖ *28 (4A) 30 (6A) 35 (10A)*
    Location ⚙ : ⛺ *1700 à 2700*

MAURIAC

15200 Cantal ⅛ – ⅞ ① G. Auvergne – 4 224 h. alt. 722.
🅱 Office de Tourisme r. Chappe d'Haute-Roche ℰ 04 71 67 30 26, Fax 04 71 68 12 39.
Paris 496 – Aurillac 54 – Le Mont-Dore 78 – Riom-és-Montagnes 36 – Salers 19 – Tulle 67.

    ⚠ **Val St-Jean** 13 mai-16 sept.
      ℰ 04 71 67 31 13 – O : 2,2 km par D 681, rte de Pleaux et D 682 à droite, accès direct à un plan d'eau – 🐾 ← ⊶ – **R** conseillée 14 juil.-15 août – 🏕
      3,5 ha (93 empl.) en terrasses, peu incliné, herbeux ▭ ♀
      🔥 🏕 🕏 🏠 🍴 🚻 🛁 🌊 ✨ 🖼 – 🍴 🚗 ☂ toboggan aquatique – A proximité : golf, snack 🚲 ∙ ⓦ 🏖 (plage)
      Tarif : (Prix 1999) ⚹ 16 – 🚗 11 – 🗉 13 – [ᵼ] 15 (10A)
      Location (avril-oct.) : 🏠 1480 à 3180 – huttes

MAURS

15600 Cantal ⅕ – ⅞ ⑪ G. Auvergne – 2 350 h. alt. 290.
🅱 Office de Tourisme pl. Champ-de-Foire ℰ 04 71 46 73 72, Fax 04 71 46 74 81.
Paris 572 – Aurillac 43 – Entraygues-sur-Truyère 48 – Figeac 22 – Rodez 61 – Tulle 94.

    ⚠ **Municipal le Vert** avril-sept.
      ℰ 04 71 49 04 15 – SE : 0,8 km par D 663, rte de Décazeville, bord de la Rance – ⊶ – **R** conseillée – 🏕
      1,2 ha (58 empl.) plat, herbeux ▭ ♀♀ (0,6 ha)
      🔥 🏕 🕏 🏠 🍴 🚻 🌊 ⊕ ☂ ✨ 🖼 – 🍴 🚗 ✂ 🛷
      Tarif : ⚹ 13,50 piscine et tennis compris – 🚗 7 – 🗉 24,80/31,80 avec élect.

MAUSSANE-LES-ALPILLES

13520 B.-du-R. ⅙ – ⅜ ⑩ – 1 886 h. alt. 32.
Paris 714 – Arles 19 – Avignon 29 – Marseille 82 – Martigues 44 – St-Rémy-de-Provence 10 – Salon-de-Provence 28.

    ⚠ **Municipal les Romarins** 15 mars-15 oct.
      ℰ 04 90 54 33 60, Fax 04 90 54 41 22 – sortie Nord par D 5, rte de St-Rémy-de-Provence – ⊶ – **R** conseillée – ⊝ 🏕
      3 ha (144 empl.) plat, herbeux, pierreux ▭ ♀♀
      🔥 🏕 🕏 🏠 🍴 🚻 🌊 ☂ ✨ 🖼 – 🍴 🚗 ✂ – A proximité : 🛷
      Tarif : (Prix 1999) 🗉 tennis compris 1 ou 2 pers. 80, pers. suppl. 18 – [ᵼ] 15,50 ou 19 (6A)

MAUVEZIN-DE-PRAT

09160 Ariège ⅙ – ⅜ ② – 52 h. alt. 372.
Paris 784 – Aspet 20 – Foix 59 – St-Gaudens 30 – St-Girons 15 – Ste-Croix-Volvestre 28.

    ⚠ **L'Estelas** 15 mars-15 oct.
      ℰ 05 61 96 65 80 – à l'Est du bourg par D 133 – ← ⊶ – **R** conseillée juil.-août – 🏕
      0,6 ha (20 empl.) plat et peu incliné, herbeux ♀
      🔥 🏕 🕏 🍴 🚻 ⊕ ☂ ✨ 🖼 – 🍴 🚗
      Tarif : 🗉 2 pers. 50, pers. suppl. 15 – [ᵼ] 10 (16A)

MAUZÉ-SUR-LE-MIGNON

79210 Deux-Sèvres ⑨ – ⑦⑪ ② – 2 378 h. alt. 30.
Paris 431 – Niort 23 – Rochefort 40 – La Rochelle 43.

    ⚠ **Municipal le Gué de la Rivière** juin-15 sept.
      NO : 1 km par D 101 rte de St-Hilaire-la-Palud et à gauche, entre le Mignon et le canal – **R** – 🏕
      1,5 ha (75 empl.) plat, herbeux ♀
      🏕 🛁 ⊕
      Tarif : ⚹ 11,50 – 🚗 3,80 – 🗉 4,70 – [ᵼ] 9,10 (2A) 18,30 (10A)

MAYENNE

53100 Mayenne ④ – ⑤⑨ ⑳ G. Normandie Cotentin – 13 549 h. alt. 124.
🅱 Office de Tourisme (fermé après-midi hors saison) quai de Waiblingen ℰ 02 43 04 19 37, Fax 02 43 30 21 10.
Paris 283 – Alençon 60 – Flers 56 – Fougères 47 – Laval 30 – Le Mans 88.

    ⚠ **Municipal du Gué St-Léonard** 15 mars-sept. (permanent : 6 empl.)
      ℰ 02 43 04 57 14 – au Nord de la ville, par av. de Loré et rue à droite « Au bord de la Mayenne »
      ⊶ – **R** conseillée juil.-août – 🏕
      1,8 ha (87 empl.) plat, herbeux ♀♀
      ▥ 🕏 🏠 (🏕 🕏 🛁 15 mai-sept.) ⊕ – 🍴 🛷
      Tarif : 🗉 piscine comprise 3 pers. 56 – [ᵼ] 10,50 ou 17 (10A)
      Location (permanent) : 🏠 800 à 1900

MAYET

72360 Sarthe 5 – 64 ③ – 2 877 h. alt. 74.
Paris 227 – Château-la-Vallière 27 – La Flèche 32 – Le Mans 31 – Tours 58 – Vendôme 75.

△ **Municipal du Fort des Salles** 5 avril-20 sept.
℘ 02 43 46 68 72 – sortie Est par D 13, rte de St-Calais et rue du Petit-Moulin à droite – ⚲
« Situation agréable autour d'un plan d'eau » – **R**
1,5 ha (56 empl.) plat, herbeux
& 🔥 ⇔ ↩ ⊕ 🖻 – 🛶
Tarif : (Prix 1999) 🗉 2 pers. 36, pers. suppl. 14 – 🔌 13 (10A)

Le MAYET-DE-MONTAGNE

03250 Allier 11 – 73 ⑥ G. Auvergne – 1 609 h. alt. 535.
Paris 375 – Clermont-Ferrand 79 – Lapalisse 23 – Moulins 72 – Roanne 49 – Thiers 42 – Vichy 27.

△ **Municipal du Lac** 15 mars-oct.
S : 1,2 km par D 7 rte de Laprugne et chemin de Fumouse, près du lac des Moines – ⚲ – **R** conseillée
1 ha (50 empl.) peu incliné, plat, herbeux ♀
& 🔥 ⇔ 🖥 ↩ ⊕ – 🛒 🛶 ℁
Tarif : ✱ 11 – ⟼ 2,50 – 🗉 4,50/8 – 🔌 11 (10A)
Location : huttes

MAZAMET

81200 Tarn 15 – 83 ⑪ ⑫ G. Midi Pyrénées – 11 481 h. alt. 241.
🖪 Office de Tourisme r. des Casernes ℘ 05 63 61 27 07, Fax 05 63 98 24 16 et (juil.-août) Le Plô de La Bise
℘ 05 63 61 25 54.
Paris 757 – Albi 62 – Béziers 89 – Carcassonne 49 – Castres 20 – Toulouse 83.

△ **La Lauze** 2 mai-oct.
℘ 05 63 61 24 69 – sortie Est par N 112, rte de Béziers et à droite – Places limitées pour le passage
☛ – **R** conseillée – **GB** ⚲
1,7 ha (65 empl.) peu incliné et plat, herbeux ☐ ♀
& 🔥 ⇔ 🖥 ↩ 🏊 ⟲ ≡ 🖻 – 🛒 🛶 🛶 – A proximité : ℁ 🎣 🏊 🏊
Tarif : (Prix 1999) 🗉 piscine et tennis compris 1 pers. 46, 2 pers. 68, 3 ou 4 pers. 86 – 🔌 15 (6A)
20 (10A)

MAZAN

84380 Vaucluse 16 – 81 ⑬ G. Provence – 4 459 h. alt. 100.
🖪 Office de Tourisme 83 pl. du 8-Mai ℘ 04 90 69 74 27, Fax 04 90 69 66 31.
Paris 688 – Avignon 34 – Carpentras 8 – Cavaillon 30 – Sault 34.

△ **Le Ventoux** Permanent
℘ 04 90 69 70 94 – N : 3 km par D 70, rte de Caromb puis chemin à gauche, De Carpentras, itinéraire
conseillé par D 974, rte de Bédoin – ⚲ ≤ ☛ – **R** conseillée
0,7 ha (49 empl.) plat, pierreux, herbeux ♀♀
▥ & 🔥 🖥 ↩ ⊕ 🖻 – 🏊 🍽 🛶 – 🏊
Tarif : ✱ 20 piscine comprise – ⟼ 12 – 🗉 12 – 🔌 15 (3A) 18 (6A)

Le MAZEAU

85420 Vendée 9 – 71 ① ② – 463 h. alt. 8.
Paris 427 – Fontenay-le-Comte 22 – Niort 21 – La Rochelle 50 – Surgères 35.

△△ **Municipal le Relais du Pêcheur** avril-15 oct.
℘ 02 51 52 93 23 – à 0,7 km au Sud du bourg, près de canaux – ⚲ ☛ juil.-août – **R** conseillée
14 juil.-15 août – ⚲
1 ha (54 empl.) plat, herbeux ☐ ♀
& 🔥 ⇔ 🖥 ↩ ⊕ 🖻 – 🛒
Tarif : ✱ 15 – 🗉 17 – 🔌 12 (10A)

MAZÈRES

09270 Ariège 14 – 82 ⑲ G. Midi Pyrénées – 2 519 h. alt. 240.
Paris 753 – Auterive 26 – Castelnaudary 32 – Foix 39 – Pamiers 18 – Saverdun 11.

△△ **Municipal la Plage** mai-oct.
℘ 05 61 69 38 82 – au Sud-Est du bourg par D 11 rte de Belpech puis chemin à gauche, près de
l'Hers – ☛ juil.-août – **R** conseillée – **GB** ⚲
5 ha (107 empl.) plat, terrasses, herbeux ♀
& 🔥 🖥 ⟲ ⊕ 🖼 🖻 – 🍽 – 🛶 ℁ 🏊 parcours sportif
Tarif : (Prix 1999) 🗉 élect. (10A), piscine et tennis compris 4 pers. 70
Location : bungalows toilés

Les MAZES

07 Ardèche – 80 ⑨ – voir à Ardèche (Gorges de l') - Vallon-Pont-d'Arc.

43520 H.-Loire **11** – **76** ⑧ – 1 077 h. alt. 1 060.
Paris 582 – Lamastre 37 – Le Puy-en-Velay 39 – St-Étienne 66 – Yssingeaux 18.

  ▲ **Municipal de Surnette** Pâques-Toussaint
     🞔 04 71 65 05 69 – sortie Est vers le Chambon-sur-Lignon puis 1 km par rte à gauche – ⌂ ⚙
     juil.-août – **R** conseillée juil.-août – ⚒
     1 ha (56 empl.) plat et peu incliné, herbeux
     ▥ ⚒ ⌘ ⌂ ⊙ ▣ – ⌂ ⚒
     Tarif : ⚹ 9 – ⚗ 4,50 – ▣ 4,50 – ⒢ 20 (10A)

08500 Ardennes **2** – **53** ⑱ – 738 h. alt. 330.
Paris 249 – Charleville-Mézières 17 – Fumay 16 – Hirson 45 – Rethel 55.

  ▲▲ **Départemental Lac des Vieilles Forges** Permanent
     🞔 03 24 40 17 31 – S : 2 km par D 40, rte de Renwez puis 2 km par rte à droite, à 100 m du lac
     – ⌂ « Terrasses ombragées dominant le lac » ⚙ – **R** conseillée juil.-août – ⒼⒷ ⚒
     12 ha/3 campables (300 empl.) en terrasses, gravillons ▭ ⚘⚘
     ▥ ⚒ ⌘ ⌂ ▭ ⌂ ⚙ ⚲ – A proximité : ✗ ▱ (plage) ⚓
     Tarif : (Prix 1999) ⚹ 17,20 – ⚗ 8,50 – ▣ 9,50 – ⒢ 11,50 (3,5A) 14,80 (6A) 24,60 (10A)
     Location : gîtes

38112 Isère **12** – **77** ④ G. Alpes du Nord – 840 h. alt. 1 012 – Sports d'hiver : 1 000/1 600 m ⚲10 ⚘.
🅱 Office de Tourisme 🞔 04 76 95 20 68, Fax 04 76 95 25 93.
Paris 593 – Grenoble 39 – Pont-en-Royans 26 – Tullins 38 – Villard-de-Lans 10.

  ▲▲ **Les Buissonnets** Permanent
     🞔 04 76 95 21 04, Fax 04 76 95 26 14 – NE : 0,5 km par D 106 et rte à droite, à 200 m du Méaudret
     – ❄ ⚖ ⚙ – **R** conseillée – ⒼⒷ ⚒
     2,8 ha (100 empl.) peu incliné, herbeux
     ▥ ⚒ ⌘ ⌂ ▭ ⌂ ⚙ ⊙ ▣ – ⌂ – A proximité : ✗ ▱
     Tarif : ▣ piscine comprise 2 pers. 63,50, pers. suppl. 20 – ⒢ 12 (2A) 17 (4A) 24,50 (6A)

  ▲ **Les Eymes** Permanent
     🞔 04 76 95 24 85 – N : 3,8 km par D 106ᶜ, rte d'Autrans et rte à gauche – ⌂ ⚖ ⚙ 🅿 – **R** conseillée
     juil.-août – ⚒
     1,3 ha (40 empl.) en terrasses et peu incliné, herbeux, pierreux, bois attenant
     ▥ ⚒ ⌘ ⌂ ▭ ⌂ ⊙ ⚲ ⚘ ▣ – snack ⚖ – ▱
     Tarif : ▣ piscine comprise 2 pers. 67 – ⒢ 14 (6A)
     Location : ⌂ 1500 à 2400

17600 Char.-Mar. **9** – **71** ⑮ – 1 965 h. alt. 29.
Paris 499 – Marennes 28 – Mirambeau 47 – Pons 38 – Royan 6 – Saintes 30.

                Schéma à Royan

  ▲▲▲ **Le Clos Fleuri** juin-15 sept.
     🞔 05 46 05 62 17, Fax 05 46 06 75 61 – SE : 2 km sur D 117ᴱ³ – ⌂ « Entrée fleurie » ⚙ –
     R conseillée juil.-août – ⚒
     3 ha (140 empl.) plat et peu incliné, herbeux ▭ ⚘
     ⚒ ⌘ ⌂ ▭ ⌂ ⚙ ⚖ snack ⚖ – ⌂ ⚗ ⚒ ⚙ ⚓ ▱
     Tarif : ▣ piscine comprise 2 pers. 125, 3 pers. 148 – ⒢ 25 (5A) 30 (10A)
     Location ⚒ : ⌂ 1500 à 2300 – ⌂ – ⌂

  ▲ **Le Bois Roland**
     🞔 05 46 05 47 58 – NE : 0,6 km rte de Saujon – ⚙
     2,35 ha (131 empl.) plat, herbeux ⚘ (1 ha)
     ⚒ ⌘ ▭ ⌂ ⚲ ⊙ ▣ – ⌂ ▱
     Location : ⌂ – ⌂

04190 Alpes-de-H.-Pr. **17** – **81** ⑯ G. Alpes du Sud – 2 601 h. alt. 410.
Paris 731 – Digne-les-Bains 25 – Forcalquier 25 – Gréaux-les-Bains 41 – Mézel 26 – Sisteron 21.

  ▲ **Municipal de la Pinède** 15 juin-10 sept.
     🞔 04 92 34 33 89 – à l'Est du bourg – ⌂ ⚙ 🅿 – ♨
     1 ha (50 empl.) en terrasses, herbeux ⚘
     ⚒ ⌘ ⌂ ⚲ ⊙ – A proximité : ✗ ▱
     Tarif : (Prix 1999) ⚹ 20 – ▣ 20 – ⒢ 20 (5A)

  ▲ **Aire Naturelle l'Olivette** Pâques-sept.
     🞔 04 92 34 39 72 – SO : 11 km par D 4, rte d'Oraison et rte des Pourcelles à gauche – ⌂ –
     R conseillée – ⚒
     1 ha (25 empl.) ⚘⚘
     ⚒ ⌘ ⊙ – ⚗
     Tarif : ▣ 2 pers. 62, pers. suppl. 17 – ⒢ 12 (3A)
     Location : ⌂ 1200 à 1500 – gîte

74120 H.-Savoie **12** – **74** ⑧ G. Alpes du Nord – 4 750 h. alt. 1 113 – Sports d'hiver : 1 040/2 350 m ⚡ 4 ≴ 33 ⚡.
🛈 Office de Tourisme (saison) Maison des Frères ℘ 04 50 21 27 28, Fax 04 50 93 03 09.
Paris 602 – Albertville 31 – Annecy 61 – Chamonix-Mont-Blanc 36 – Genève 71.

⚠ *Bornand* 15 juin-1er sept.
℘ 04 50 93 00 86, Fax 04 50 93 02 48 – NE : 3 km par N 212 rte de Sallanches et rte du télécabine
à droite, alt. 1 060 – ≼ �o—ᵣ – **R** conseillée 10 juil.-20 août – ᔑᵥ
1,5 ha (80 empl.) non clos, incliné et en terrasses, herbeux
ᕱ ᨀ ᗕ ᗩ ᗟ ☺ 圖 – ᓷᗄ
Tarif : ✚ 21 – 🅔 22 – [ᶘ] 17 (2 ou 3A)

⚠ *Gai-Séjour* 20 mai-15 sept.
℘ 04 50 21 22 58 – SO : 3,5 km par N 212, rte d'Albertville, à Cassioz, bord d'un ruisseau, alt. 1 040
– ≼ ᗕ—ᵣ – **R** – ᗕ⊟ ᔑᵥ
1,2 ha (60 empl.) plat, peu incliné, herbeux, pierreux
ᨀ ᗕ ᗟ ☺
Tarif : 🅔 2 pers. 57, pers. suppl. 15 – [ᶘ] 13 (4A)

*En juillet et août, beaucoup de terrains sont saturés
et leurs emplacements retenus longtemps à l'avance.*

N'attendez pas le dernier moment pour réserver.

51120 Marne **6** – **61** ⑤ – 217 h. alt. 154.
Paris 108 – La Ferté-Gaucher 30 – Nogent-sur-Seine 37 – Romilly-sur-Seine 26 – Troyes 65.

⚠ *Aire de Loisirs de la Traconne* Permanent
℘ 03 26 80 70 76 – N : 0,6 km par D 239ᴱ rte de Launat et chemin à droite, à 100 m du Grand
Morin – ᔑ « Dans la vallée du Grand Morin, près d'un étang » ᗕ—ᵣ – **R** juil.-août
3 ha (60 empl.) plat, herbeux ᓷ⊟
圓 ᨀ ᗕ ᗤ ᗟ ☺ ᗏ ᔙ 圖 – ᓷᗄ
Tarif : 🅔 2 pers. 52, pers. suppl. 13 – [ᶘ] 13 (3A) 16 (5A) 20 (10A)
Location : gîte d'étape

70270 H.-Saône **8** – **66** ⑦ – 1 805 h. alt. 330.
Paris 397 – Belfort 33 – Épinal 63 – Luxeuil-les-Bains 21 – Vesoul 41.

⚠ *La Pierre* 15 juin-15 sept.
℘ 03 84 63 23 08 – N : 2,7 km sur D 293, rte de Mélay – Places limitées pour le passage ᔑ « Cadre
pittoresque dans un site boisé » ᗕ—ᵣ – **R** conseillée – ᔑᵥ
1,5 ha (50 empl.) plat, peu incliné, herbeux
ᕱ ᨀ ᗕ ᗤ ᕲ ☺ – ᓷᗄ
Tarif : ✚ 15 – ᗏᗏ 6 – 🅔 14 – [ᶘ] 10 (4A)

56310 Morbihan **3** – **63** ② – 1 584 h. alt. 112.
Paris 483 – Lorient 42 – Pontivy 17 – Quimperlé 37 – Vannes 51.

⚠ *Municipal* 15 juin-15 sept.
SO : 0,7 km par D 2 rte de Bubry « Au bord d'un étang et d'un ruisseau » ᗕ—ᵣ juil.-août – **R** conseillée
– ᔑᵥ
0,2 ha (12 empl.) plat, herbeux ᓷ⊟ ᦮
ᨀ ᗕ ᗟ ☺ – ᔖᗄ
Tarif : ✚ 5,60 – ᗏᗏ 5,60 – 🅔 5,60 – [ᶘ] 10,80 (6A)

77000 S.-et-M. **6** – **61** ② G. Ile de France – 35 319 h. alt. 43.
🛈 Office de tourisme 2 av. Gallieni ℘ 01 64 37 11 31, Fax 01 64 10 03 25.
Paris 48 – Chartres 102 – Fontainebleau 17 – Meaux 55 – Orléans 104 – Reims 146 – Sens 74.

⚠⚠ *La Belle Étoile* avril-oct.
℘ 01 64 39 48 12, Fax 01 64 37 25 55 – SE par N 6, rte de Fontainebleau, av. de la Seine et quai
Joffre (rive gauche), près du fleuve – ᗕ—ᵣ – **R** conseillée juil.-août – ᗕ⊟
3,5 ha (190 empl.) plat, herbeux ᓷ⊟
圓 ᕱ ᨀ ᗕ ᗤ ᗟ ☺ ᗏ ᔙ ᗏ 圖 – ᔖᗄ ᔞ (petite piscine) – A proximité : ᖴᗄ ᔗ 圀 ᔙ ᔛ ᗂ
Tarif : ✚ 28 – 🅔 28 – [ᶘ] 19 (6A)

37 I.-et-L. – **64** ⑮ – rattaché à Tours.

MENDE

48000 Lozère 15 – 80 ⑤ G. Languedoc Roussillon – 11 286 h. alt. 731.
Office de Tourisme bd Henri-Bourrillon ✆ 04 66 65 02 69, Fax 04 66 65 02 69.
Paris 592 – Clermont-Ferrand 177 – Florac 38 – Langogne 47 – Millau 97 – Le Puy-en-Velay 90.

Tivoli Permanent
✆ 04 66 65 00 38 – SO : en direction des Gorges du Tarn, bord du Lot – – **R** 10 juil.-20 août –
1,8 ha (100 empl.) plat, herbeux
– – – A proximité : toboggan aquatique
Tarif : *piscine comprise 2 pers. 77, pers. suppl. 25 – 14 (3A) 20 (6A)*
Location : *1800 à 2200*

MÉNESPLET

24700 Dordogne 9 – 75 ③ – 1 328 h. alt. 43.
Paris 537 – Bergerac 46 – Bordeaux 65 – Libourne 34 – Montpon-Ménestérol 6 – Périgueux 60.

Camp'Gîte mai-sept.
à 3,8 km au Sud-Ouest du bourg, au lieu-dit Les Loges par rte de Laser – – **R** conseillée –
1 ha (20 empl.) plat, herbeux
–
Tarif : *25 – 5 – 15/20 – 20 (16A)*
Location :

MENGLON

26410 Drôme 16 – 77 ⑭ – 332 h. alt. 550.
Paris 642 – Aspres-sur-Buëch 49 – Châtillon-en-Diois 6 – Die 14 – Rémuzat 46 – Valence 81.

L'Hirondelle de St-Ferreol avril-sept.
✆ 04 75 21 82 08, Fax 04 75 21 82 85 – NO : 2,8 km par D 214 et D 140, rte de Die, près du D 539 (accès conseillé) – « Cadre et situation agréables au bord du Bez » – **R** indispensable juil.-août – GB
7,5 ha/4 campables (100 empl.) non clos, plat et peu accidenté, herbeux (sous bois)
– crêperie, pizzeria – – A proximité : (plan d'eau)
Tarif : *piscine comprise 2 pers. 86 à 96, pers. suppl. 24,50 – 15 (3A) 20 (6A)*
Location : *1400 à 2700 – 1900 à 3500*

MÉNIL

53200 Mayenne 4 – 63 ⑩ – 747 h. alt. 32.
Paris 286 – Angers 43 – Château-Gontier 8 – Châteauneuf-sur-Sarthe 22 – Laval 37 – Segré 21.

Municipal 15 avril-15 sept.
✆ 02 43 70 24 54 – à l'Est du bourg – « Cadre et situation agréables, près de la Mayenne » – **R** –
0,5 ha (39 empl.) plat, herbeux (verger)
–
Tarif : (Prix 1999) *1 ou 2 pers. 30, pers. suppl. 12 – 10 (10A)*

MENNETOU-SUR-CHER

41320 L.-et-Ch. 10 – 64 ⑲ G. Berry Limousin – 827 h. alt. 100.
Paris 213 – Bourges 56 – Romorantin-Lanthenay 18 – Selles-sur-Cher 27 – Vierzon 16.

Municipal Val Rose 10 mai-10 sept.
✆ 02 54 98 11 02 – au Sud du bourg, à droite après le pont sur le canal, à 100 m du Cher – – **R** –
0,8 ha (50 empl.) plat, herbeux (0,4 ha)
– – A proximité :
Tarif : *7,50 – 10 – 10*

MERDRIGNAC

22230 C.-d'Armor 4 – 59 ⑭ – 2 791 h. alt. 140.
Paris 411 – Dinan 47 – Josselin 33 – Lamballe 38 – Loudéac 29 – St-Brieuc 67.

Le Val de Landrouët juin-15 sept.
✆ 02 96 28 47 98, Fax 02 96 26 55 44 – N : 0,8 km, près de la piscine et de deux plans d'eau – – **R** indispensable 15 juil.-20 août –
2 ha (58 empl.) plat et peu incliné, herbeux (1 ha)
– – – A proximité : parcours sportif, centre de documentation
Tarif : *18 – 20 – 14 (5A)*
Location : *gîtes*

09110 Ariège 🔟🔟 – 🔟🔟 ⑮ G. Midi Pyrénées – 149 h. alt. 1 055.
Paris 830 – Ax-les-Thermes 9 – Axat 61 – Belcaire 35 – Foix 52 – Font-Romeu-Odeillo-Via 48.

⚠ **Municipal de Ville de Bau** Permanent
🖉 05 61 02 85 40 – SO : 1,5 km par N 20, rte d'Andorre et chemin à droite, bord de l'Ariège, alt.
1 100 – Ⓜ ⚡ ⊙⛽ – **R** conseillée juil.-août – ⚒
2 ha (70 empl.) plat, herbeux, pierreux ▱
⯀ ⅋ 🗂 ⇆ 🖻 🖵 ⊙ ⚐ ⚲ 📷 – 🕽 – ♨ – 🛶
Tarif : ⚲ 14 – 🅴 15 – 🔋 9 (3A) 20 (6A) 26 (10A)

71310 S.-et-L. 🔟🔟 – 🔟🔟 ② – 1 231 h. alt. 195.
Paris 351 – Chalon-sur-Saône 35 – Lons-le-Saunier 39 – Louhans 21 – Poligny 51 – Tournus 46.

⚠ **Municipal** 15 mai-15 sept.
sortie Nord-Est par D 313, rte de Pierre-de-Bresse, près d'un étang – **R** – ⚒
0,8 ha (46 empl.) plat, herbeux
🗂 ⇆ ⚲ – A proximité : ✀
Tarif : ⚲ 8 – 🅴 10

85200 Vendée 🔟 – 🔟🔟 ⑯ G. Poitou Vendée Charentes – 1 023 h. alt. 85.
Paris 418 – Bressuire 50 – Fontenay-le-Comte 12 – Parthenay 50 – La Roche-sur-Yon 61.

⚠ **La Joletière** Pâques-oct.
🖉 02 51 00 26 87, Fax 02 51 00 27 55 – O : 0,7 km par D 99 – ⊙⛽ – **R** conseillée – ⚑ ⚒
1,3 ha (73 empl.) peu incliné, herbeux ▱ ⚲ (0,5 ha)
⅋ 🗂 ⇆ 🖻 🖵 ⊙ ⚐ ⚲ 📷 – snack – 🏪 🚲 ⛖ – A proximité : 🍴 ✗
Tarif : ⚲ 21 piscine comprise – 🅴 26 – 🔋 18 (5A)
Location (permanent) : ✀ 🏠 1600 à 2400

⚠ **Le Chêne Tord** Permanent
🖉 02 51 00 20 63, Fax 02 51 00 27 94 – sortie Ouest par D 99 et chemin à droite, au calvaire, à
200 m d'un plan d'eau – ⚬ « Agréable sous-bois » ⊙⛽ – **R** conseillée – ⚑ ⚒
4 ha (110 empl.) plat, gravillons ⚲⚲
⅋ 🗂 ⇆ 🖻 ⚲ ⊙ 📷 – A proximité : 🍴 ✗
Tarif : (Prix 1999) ⚲ 16 – 🅴 26 – 🔋 15 (5A) 20 (10A)

14810 Calvados 🔟 – 🔟🔟 ⑯ G. Normandie Vallée de la Seine – 1 317 h. alt. 2.
Paris 224 – Arromanches-les-Bains 39 – Cabourg 7 – Caen 19.

⚠ **Municipal le Point du Jour** début fév.-fin nov.
🖉 02 31 24 23 34, Fax 02 31 24 15 54 – sortie Est par D 514 rte de Cabourg « Agréable situation
en bordure de plage » ⊙⛽ ✀ saison – **R** conseillée saison – ⚒
2,7 ha (142 empl.) plat, sablonneux, herbeux ▱
⯀ ⅋ 🗂 ⇆ 🖻 🖵 ⊙ ⚐ 📷 – 🛶 🏪
Tarif : ⚲ 26 – 🅴 26,50 – 🔋 22,50 (10A)

⚠ **Les Peupliers** avril-oct.
🖉 02 31 24 05 07 – NE : 2,9 km par D 514, rte de Cabourg, allée des Pins à droite – ⊙⛽ – **R** conseillée
juil.-août – ⚑ ⚒
2 ha (100 empl.) plat, herbeux
⯀ ⅋ 🗂 ⇆ 🖻 🖵 ⊙ 📷 – snack – 🛶 🏪
Tarif : ⚲ 27 – 🅴 33 – 🔋 28 (10A)
Location : 🏠 1850 à 3200

à Gonneville-en-Auge S : 3 km – 310 h. alt. 16 – ✉ 14810 Gonneville-en-Auge :

⚠ **Le Clos Tranquille** 21 avril-23 sept.
🖉 02 31 24 21 36, Fax 02 31 24 28 80 – S : 0,8 km par D 95A – ⚬ « Verger » ⊙⛽ – **R** – ⚑ ⚒
1,3 ha (78 empl.) plat, herbeux ⚲
🗂 ⇆ 🖻 🖵 ⊙ 📷 – 🏪 🚲
Tarif : ⚲ 21 – 🅴 25 – 🔋 14 (4A) 19 (6A) 29 (10A)
Location : 🏠 1720 à 2260 – 🏡 2040 à 2400 – appartements

17132 Char.-Mar. 🔟 – 🔟🔟 ⑮ G. Poitou Vendée Charentes – 1 862 h. alt. 5.
🅱 Office de Tourisme pl. de Verdun 🖉 05 46 02 70 39, Fax 05 46 02 51 65.
Paris 510 – Blaye 74 – Jonzac 50 – Pons 37 – La Rochelle 90 – Royan 12 – Saintes 42.

⚠ **L'Escale** avril-oct.
🖉 05 46 02 71 53, Fax 05 46 02 58 30 – NE : 0,5 km par D 117 rte de Semussac – ⚬ ⊙⛽ –
R conseillée juil.-août – ⚑ ⚒
6 ha (300 empl.) plat, herbeux ⚲⚲
⅋ 🗂 ⇆ 🖻 ⚲ ⊙ 📷 – 🕽 – 🛶 ✀ 🏓 ▱
Tarif : 🅴 piscine comprise 3 pers. 92 – 🔋 20 (6A)
Location : 🏡 2000 – 🏠 1750 à 2900

MESLAND

41150 L.-et-Ch. 5 – 64 ⑯ – 483 h. alt. 79.
Paris 207 – Amboise 19 – Blois 22 – Château-Renault 19 – Montrichard 26 – Tours 43.

▲▲▲ **Parc du Val de Loire** 15 avril- 17 sept
  ℘ 02 54 70 27 18, Fax 02 54 70 21 71 – O : 1,5 km rte de Fleuray – ⅏ « Cadre boisé et entrée fleurie » ⚬━ – **R** conseillée juil.-août – ⊞ ⅍
  15 ha (300 empl.) plat et peu incliné, herbeux ⬚ ⚇ (8 ha)
  & 🎍 ⇄ ⬝ ♨ ⟳ ⊕ ⚱ ⚏ 🖪 🖫 – 🗜 🍷 snack 🛒 – 🔲 🚴 🎯 ⚲ 🎿 ♪ ⏚ toboggan aquatique
  Tarif : ⊡ piscine comprise 2 pers. 145 ou 155 – 🔌 20 (6A)
  Location : 🚐 1550 à 3300 – 🏠 1900 à 3600

MESLAY-DU-MAINE

53170 Mayenne 4 – 63 ⑩ – 2 418 h. alt. 90.
Paris 268 – Angers 64 – Château-Gontier 24 – Châteauneuf-sur-Sarthe 34 – Laval 23 – Segré 46.

▲▲ **Districal de la Chesnaie** Pâques-sept.
  ℘ 02 43 98 48 08 – NE : 2,5 km par D 152, rte de St-Denis-du-Maine – ⅏ ⋖ « Bord d'un beau plan d'eau » ⚬━ saison – **R** conseillée août – ⅍
  7 ha/0,8 campable (60 empl.) plat, herbeux ⬚ ⚇ (0,4 ha)
  & 🎍 ⇄ ⬝ ⬝ ♨ ⊕ 🖪 – 🎴 – A proximité : swin-golf 🍷 🗡 🔲 ♪ 🚣 🛟 ◑
  Tarif : ⊡ 2 pers. 33 – 🔌 12 (15A)
  Location (permanent) : 🏠 800 à 1850

MESNOIS

39 Jura – 70 ⑭ – rattaché à Pont-de-Poitte.

MESQUER

44420 Loire-Atl. 4 – 63 ⑭ – 1 372 h. alt. 6.
Paris 463 – La Baule 15 – Muzillac 32 – Pontchâteau 36 – St-Nazaire 28.

▲▲ **Soir d'Été** mai-sept.
  ℘ 02 40 42 57 26, Fax 02 51 73 97 76 – NO : 2 km par D 352 et rte à gauche – ⚬━ – **R** conseillée juil.-août – ⊞ ⅍
  1,5 ha (92 empl.) plat et peu incliné, herbeux, sablonneux ⬚ ⚇
  & 🎍 ⇄ ⬝ ⬝ ♨ ⊕ 🖪 – 🍷 🛒 – 🔲 🎿
  Tarif : ⊡ piscine comprise 2 pers. 102, pers. suppl. 30 – 🔌 20 (6A)
  Location (avril-29 oct.) : 🚐 1200 à 3000

▲ **Le Praderoi** 15 juin-15 sept.
  ℘ 02 40 42 66 72 – NO : 2,5 km, à Quimiac, à 100 m de la plage – ⅏ ⚬━ – ℞
  0,4 ha (30 empl.) plat, sablonneux, herbeux ◑
  & 🎍 🖪 ⬝ ♨ ⊕ 🖪 🖫 – 🚗
  Tarif : ⊡ 2 pers. 88 – 🔌 18 (5A)
  Location : 🚐 1100 à 2460

MESSANGES

40660 Landes 13 – 78 ⑯ – 521 h. alt. 8.
Paris 736 – Bayonne 41 – Castets 24 – Dax 32 – Soustons 13.

▲▲▲ **Le Vieux Port** avril-sept.
  ℘ 05 58 48 22 00, Fax 05 58 48 01 69 – SO : 2,5 km par D 652 rte de Vieux-Boucau-les-Bains puis 0,8 km par chemin à droite, à 500 m de la plage (accès direct) – ⚬━ – **R** conseillée juil.-août – ⊞ ⅍
  35 ha/30 campables (1406 empl.) plat, sablonneux, herbeux ⚇ pinède
  & 🎍 ⇄ ⬝ ⬝ ♨ ⊕ ⚱ ⚏ 🖪 🖫 – 🗜 🍷 🗡 pizzeria et cafétéria 🛒 – 🔲 🚴 🚗 🎯 ⬝•🔊 ⚲ ♪ 🚣 🎿 ⏚ toboggans aquatiques, poneys
  Tarif : ⊡ piscine comprise 3 pers. 163 (211 avec élect. 4A)
  Location ⚓ : 🚐 1500 à 3000 – 🚐 1900 à 3990 – 🏠 2500 à 5290

▲▲ **Lou Pignada** mai-15 sept.
  ℘ 05 58 48 03 76, Fax 05 58 48 26 53 – S : 2 km par D 652 puis 0,5 km par rte à gauche – ⚬━ – **R** conseillée juil.-août – ⊞ ⅍
  8 ha (430 empl.) plat, sablonneux, herbeux ⚇ pinède
  & 🎍 ⇄ ⬝ ⬝ ♨ ⊕ ⚱ ⚏ 🖪 – 🗜 🍷 🗡 pizzeria 🛒 – 🎮 🛟 🎯 🚴 ⚲ ♪ 🚣 ⏚ toboggans aquatiques
  Tarif : ⊡ piscine comprise 3 pers. 143 (193 avec élect. 4A)
  Location ⚓ : 🚐 1400 à 2890 – 🚐 1800 à 3790 – 🏠 2400 à 5090

▲▲ **La Côte** avril-sept.
  ℘ 05 58 48 94 94, Fax 05 58 48 94 44 – SO : 2,3 km par D 652, rte de Vieux-Boucau-les-Bains et chemin à droite – ⅏ ⚬━ – **R** conseillée juil.-août – ⅍
  3,5 ha (143 empl.) plat, herbeux, sablonneux ⚇ (0,4 ha)
  & 🎍 ⇄ ⬝ ⬝ ♨ ⊕ 🖪 🖫 – 🔲 🚗
  Tarif : ⊡ 2 pers. 64, pers. suppl. 18 – 🔌 15 (6A) 24 (10A)
  Location : 🚐 930 à 2600

⚠ *Les Acacias* avril-oct.
 ℘ 05 58 48 01 78, Fax 05 58 48 23 12 – S : 2 km par D 652, rte de Vieux-Boucau-les-Bains puis 1 km par rte à gauche – ⌂ ⚹ – **R** conseillée juil.-août – ⚲
 1,7 ha (128 empl.) plat, herbeux, sablonneux
  ⚒ 🎍 ⇌ 占 ⊕ ▣ – ⚓
 Tarif : ▣ 2 pers. 55 – [⚡] 15 (6A)
 Location : ⛺ 1200 à 2850

⚠ *Le Moussaillon* Pâques-oct.
 ℘ 05 58 48 92 89 – sortie Sud par D 652, rte de Vieux-Boucau-les-Bains – ⚹ – **R** conseillée juil.-août – ⚲
 2,8 ha (154 empl.) plat, herbeux, sablonneux
  ⚒ 🎍 ⇌ 占 ⊕ ☄ ⛒ ▣ – 🏠
 Tarif : ⚹ 22 – ▣ 22 – [⚡] 11 (3A) 16 (6A) 25 (10A)

 ⛰⛰⛰⛰ ... ⚠

Bijzonder prettige terreinen die bovendien opvallen in hun categorie.

METZ

57000 Moselle ▣ – ⑤⑦ ⑭ G. Alsace Lorraine – 119 594 h. alt. 173.
🛈 Office de Tourisme pl. d'Armes ℘ 03 87 55 53 76, Fax 03 87 36 59 43 et Bureaux Gare et Autoroutier de l'Est de la France.
Paris 333 – Longuyon 81 – Pont-à-Mousson 31 – St-Avold 44 – Thionville 30 – Verdun 79.

 ⚠ *Municipal Metz-Plage* 5 mai-sept.
  ℘ 03 87 32 05 58 – au Nord du centre ville, entre le pont des Morts et le pont de Thionville, bord de la Moselle, par A 31 : sortie Metz-Nord Pontiffroy – ⚹ – **R** – ⊞B ⚲
  2,5 ha (150 empl.) plat, herbeux, pierreux ⚿⚿
   ⚒ 占 🎍 ⇌ 🍴 占 ⊕ ☄ ⛒ ▣ – A proximité : ⛳
  Tarif : (Prix 1999) ⚹ 15 – ⛟ 10 – ▣ 15/35 ou 40 avec élect. (10A)

MEUZAC

87380 H.-Vienne ⑩ – ⑦② ⑱ – 753 h. alt. 391.
Paris 431 – Eymoutiers 41 – Limoges 39 – Lubersac 15 – St-Léonard-de-Noblat 46 – St-Yrieix-la-Perche 24.

 ⚠ *Municipal des Bouvreuils* 15 juin-15 sept.
  à l'Ouest du bourg, à 450 m d'un plan d'eau – ⌂ – **R** conseillée 15 juil.-20 août
  1 ha (60 empl.) plat, herbeux ⛱ ⚿
   🎍 ⇌ 占 ⊕ ▣ – 🏠 – A proximité : ⚓ ♣ ⛱ (plage)
  Tarif : ⚹ 12 – ⛟ 8 – ▣ 8 – [⚡] 15 (16A)

MEYMAC

19250 Corrèze ⑩ – ⑦③ ⑪ G. Berry Limousin – 2 796 h. alt. 702.
🛈 Office de Tourisme pl. Hôtel-de-Ville ℘ 05 55 95 18 43, Fax 05 55 46 19 99.
Paris 448 – Aubusson 57 – Limoges 97 – Neuvic 30 – Tulle 50 – Ussel 17.

 ⚠ *La Garenne* 13 mai-16 sept.
  ℘ 05 55 95 22 80 – sortie Nord-Est par D 30 rte de Sornac, près d'un plan d'eau – ⌂ ≼ ⚹ – **R** conseillée 14 juil.-15 août – ⚲
  4,5 ha (120 empl.) incliné et en terrasses, herbeux ⚿ (1 ha)
   🎍 占 ⇌ ⚲ ⊕ ▣ – ♨ – A proximité : ⛱
  Tarif : (Prix 1999) ⚹ 14 – ⛟ 10 – ▣ 10 – [⚡] 15 (6A)
  Location : huttes

MEYRAS

07380 Ardèche ⑯ – ⑦⑥ ⑱ – 729 h. alt. 450.
Paris 616 – Aubenas 17 – Le Cheylard 52 – Langogne 49 – Privas 45.

 ⛰⛰ *La Plage* avril-oct.
  ℘ 04 75 36 40 59, Fax 04 75 94 46 78 – à Neyrac-les-Bains, SO : 3 km par N 102, rte du Puy-en-Velay – ⌂ ≼ « Agréable situation au bord de l'Ardèche » ⚹ – **R** conseillée – ⚲
  0,8 ha (45 empl.) en terrasses et plat, herbeux, pierreux ⛱ ⚿⚿
   ⚒ 占 🎍 ⇌ 🍴 ⚲ 占 ⊕ ▣ – ♨ ♨ – ⛒ salle d'animation ♨ ⛱
  Tarif : ▣ 2 pers. 90 – [⚡] 15 (4 ou 6A) 18 (10A)
  Location : ⛺ 900 à 1700 – ⛺ 1400 à 2600 – ⛺ 1400 à 2800 – appartements

 ⛰⛰ *Le Ventadour* avril-sept.
  ℘ 04 75 94 18 15 – SE : 3,5 km, par N 102 rte d'Aubenas, bord de l'Ardèche – ≼ ⚹ – **R** conseillée – ⊞B ⚲
  3 ha (142 empl.) plat et peu incliné, herbeux ⛱ ⚿
   ⚒ 占 🎍 ⇌ 🍴 ⚲ 占 ⊕ ▣ – ♨ snack, pizzeria ♨ – ♨ ⛱
  Tarif : ▣ 2 pers. 82, pers. suppl. 19,50 – [⚡] 12 (3A) 14 (6A) 19 (10A)
  Location : ⛺ 1650 à 2800

MEYRIEU-LES-ÉTANGS

38440 Isère **12** – **74** ⑬ – 551 h. alt. 430.
Paris 517 – Beaurepaire 33 – Bourgoin-Jallieu 12 – Grenoble 79 – Lyon 55 – Vienne 29.

▲▲ **Base de Loisirs du Moulin** avril-sept.
    🞷 04 74 59 30 34, Fax 04 74 58 36 12 – SE : 0,8 km par D 56ᴮ, rte de Châtonnoy et rte de Ste-Anne à gauche, à la Base de Loisirs, près d'un plan d'eau – ⌇ �o━ – **R** conseillée juil.-août – ♣
    1 ha (75 empl.) plat, peu incliné, en terrasses, herbeux ▭
    & ⚗ ⌣ ⊟ ⇄ ⊕ ⚲ ⌇ ▣ – ▭ – A proximité : ▼ snack ⊸ ⊕ ₘ ⚘ ⚘ ≊
    Tarif : (Prix 1999) 🔲 2 pers. 76, pers. suppl. 22 – ⚡ 17 (4A) 20 (6A) 28 (10A)

MEYRUEIS

48150 Lozère **15** – **80** ⑤ ⑮ G. Languedoc Roussillon – 907 h. alt. 698.
🆔 Office de Tourisme Tour de l'Horloge 🞷 04 66 45 60 33, Fax 04 66 45 65 27.
Paris 641 – Florac 35 – Mende 57 – Millau 43 – Rodez 93 – Sévérac-le-Château 53 – Le Vigan 49.

▲▲▲ **Capelan** mai-19 sept.
    🞷 04 66 45 60 50 – NO : 1 km sur D 996 rte du Rozier, bord de la Jonte – ⬉ « Site agréable » �o━
    – **R** conseillée juil.-août – **GB** ♣
    2,8 ha (100 empl.) plat, herbeux ▭ ♀
    & ⚗ ⌣ ⊟ ⇄ ⌣ ⊕ ⚲ ▣ – ⚬ ▼ – ▭ ⚘ ⚘ ⚊ ≊
    Tarif : 🔲 piscine comprise 2 pers. 85, pers. suppl. 21 – ⚡ 16 (4A) 18 (6A) 20 (10A)
    Location ⬉ juil.-août : 🚐 1300 à 2750

▲▲ **Le Champ d'Ayres** avril-24 sept.
    🞷 04 66 45 60 51 – E : 0,5 km par D 57 rte de Campis, près de la Brèze – ⌇ ⬉ ⊶ – **R** conseillée
    – ♣
    1,5 ha (85 empl.) incliné, herbeux ▭ ♀
    & ⚗ ⌣ ⊟ ⇄ ⊕ ▣ – ▼ – ▭ ⚘ ⚊ – A proximité : ⚘ ₘ
    Tarif : 🔲 piscine comprise 2 pers. 84, pers. suppl. 21 – ⚡ 15 (6 ou 10A)
    Location ⬉ : 🚐 1600 à 2600 – 🏠 1400 à 2300

▲ **Aire Naturelle la Cascade** Pâques-sept.
    🞷 04 66 45 65 38 – NE : 3,8 km par D 996, rte de Florac et chemin à droite, au lieu-dit Salvensac, près de la Jonte et d'une cascade – ⌇ ⬉ ⊶ saison – **R** – ♣
    1 ha (25 empl.) plat, peu incliné, en terrasses, herbeux
    & ⚗ ⌣ ⊟ ⇄ ⊕ ▣ – ▭ ⚘ – A proximité : ⚘
    Tarif : 🔲 2 pers. 62, pers. suppl. 20 – ⚡ 15 (6A)
    Location : gîte d'étape

▲ **Le Pré de Charlet** mai-sept.
    🞷 04 66 45 63 65 – NE : 1 km par D 996 rte de Florac, bord de la Jonte – ⌇ ⬉ ⊶ – **R** conseillée
    – ♣
    2 ha (70 empl.) plat, peu incliné et en terrasses, herbeux ▭ ♀♀
    & ⚗ ⌣ ⊟ ⇄ ⊕ 🚽 ▣ – ▭ ⚘
    Tarif : 🔲 2 pers. 65 – ⚡ 15 (10A)

▲ **Aire Naturelle le Pré des Amarines** 17 juin-3 sept.
    🞷 04 66 45 61 65 – NE : 5,7 km par D 996, rte de Florac et chemin à droite, au Castel, près du lieu-dit Gatuzières, bord de la Jonte, alt. 750 – ⌇ ⊶ 3 juil.-25 août – **R** – ♣
    2 ha (25 empl.) plat et peu incliné, terrasses, herbeux
    & ⚗ ⌣ ⊟ ⇄ ⊕ ▣
    Tarif : ⚘ 15 – 🔲 35 à 50 – ⚡ 15 (4A) 20 (6A)

MEYSSAC

19500 Corrèze 🔟 – 🔟 ⑨ G. Périgord Quercy – 1 124 h. alt. 220.
Paris 512 – Argentat 65 – Beaulieu-sur-Dordogne 21 – Brive-la-Gaillarde 25 – Tulle 39.

⚠ **Intercommunal Moulin de Valane** mai-sept.
    𝒫 05 55 25 41 59 – NO : 1 km rte de Collonges-la-Rouge, bord d'un ruisseau – ⚬╍ juil.-août –
R conseillée 1ᵉʳ-15 août – 𝒸ᵥ
4 ha (120 empl.) plat et peu incliné, terrasses, herbeux ▭ 🔾
🔥 🕭 ⇆ 🖸 🛁 ⊝ – 🖾 🚣 ❀ 🏊 toboggan aquatique
Tarif : 🖃 *piscine et tennis compris 2 pers. 62, pers. suppl. 19* – 🔌 *15 (10A)*
Location : *huttes*

MÈZE

34140 Hérault 🔟 – 🔟 ⑯ G. Languedoc Roussillon – 6 502 h. alt. 20.
🚩 Office de Tourisme r. A.-Massaloup 𝒫 04 67 43 93 08.
Paris 752 – Agde 20 – Béziers 40 – Lodève 51 – Montpellier 35 – Pézenas 19 – Sète 18.

⚠ **Beau Rivage** avril-sept.
    𝒫 04 67 43 81 48, Fax 04 67 43 66 70 – au Nord-Ouest, rte de Montpellier et rte à droite, avant
la station Esso, près du Bassin de Thau (accès direct) « Entrée fleurie » ⚬╍ – **R** conseillée juil.-août
– ⊖ 𝒸ᵥ
3,5 ha (234 empl.) plat, herbeux
🔥 🕭 🖸 🛁 ⊛ 🖸 – 🍴 – 🚣 🏊 – A proximité : 🏇
Tarif : 🖃 *piscine comprise 1 ou 2 pers. 114 (135 avec élect. 3 ou 6A), pers. suppl. 37*
Location : 🛖 *1600 à 3450*

*La catégorie (1 à 5 tentes, **noires** ou **rouges**) que nous attribuons
aux terrains sélectionnés dans ce guide est une appréciation qui nous est propre.*

*Elle ne doit pas être confondue avec le classement (1 à 4 étoiles)
établi par les services officiels.*

MÉZEL

04270 Alpes-de-H.-Pr. 🔟 – 🔟 ⑰ – 423 h. alt. 585.
Paris 750 – Barrême 21 – Castellane 45 – Digne-les-Bains 15 – Forcalquier 51 – Sisteron 40.

⚠ **La Célestine** 15 avril-15 sept.
    𝒫 04 92 35 52 54 ✉ 04270 Beynes – S : 3 km par D 907, rte de Manosque, bord de l'Asse – ⅏
⚬╍ – **R** conseillée juil.-août – 𝒸ᵥ
2,4 ha (100 empl.) plat, herbeux 🔾
🔥 🕭 ⇆ 🖸 🛁 ⊛ 🛋 🖷 – 🍴 – 🖾 🚣 ⩰ (bassin 1 000 m²)
Tarif : 🚶 *22* – ⛺ *3* – 🖃 *18* – 🔌 *12 (2A) 18 (4A) 24 (6A)*
Location : 🛖 *2500 à 2800*

MÉZIÈRES-EN-BRENNE

36290 Indre 🔟 – 🔟 ⑥ G. Berry Limousin – 1 194 h. alt. 88.
🚩 Office de Tourisme Le Moulin 1 r. du Nord 𝒫 02 54 38 12 24, Fax 02 54 38 09 83.
Paris 306 – Le Blanc 27 – Châteauroux 40 – Châtellerault 59 – Poitiers 90 – Tours 88.

⚠ **Base de Loisirs de Bellebouche**
    𝒫 02 54 38 32 36, Fax 02 54 38 32 96 – SE : 8,6 km par D 925, rte de Châteauroux et chemin à
droite, à 80 m de l'étang – ⅏ « Site agréable » ⚬╍
310 ha/1,8 campable (100 empl.) plat et peu incliné, herbeux
🔥 🕭 ⇆ 🖸 🖾 ⊛ 🖸 – 🚲 – A proximité : parcours sportif 🍴 🗙 brasserie 🔥 🚣 ⩰ (plage)
Location : *huttes*

⚠ **Municipal la Caillauderie** Pâques-Toussaint
    𝒫 02 54 38 09 23 – E : 0,8 km par D 925 rte de Châteauroux et chemin du stade à droite, bord
de la Claise – ℛ
0,35 ha (16 empl.) plat, pierreux, herbeux
🔥 🕭 ⇆ 🖸 🖾 ⊛ 🛋 ⩊ – 🖾 – A proximité : 🏇
Tarif : 🖃 *2 pers. 35,40, pers. suppl. 9,10* – 🔌 *16,70*

MÉZOS

40170 Landes 🔟 – 🔟 ⑮ – 851 h. alt. 23.
Paris 702 – Bordeaux 123 – Castets 24 – Mimizan 16 – Mont-de-Marsan 62 – Tartas 47.

⚠⚠ **Sen Yan** 15 juin-15 sept.
    𝒫 05 58 42 60 05, Fax 05 58 42 64 56 – E : 1 km par rte du Cout – Ⓜ ⅏ « Bel ensemble avec
piscines, palmiers et plantations » ⚬╍ – **R** conseillée – ⊖ 𝒸ᵥ
8 ha (310 empl.) plat, sablonneux ▭ 🔾 pinède
🔥 🕭 ⇆ 🖸 🛁 ⊝ 🖷 ⊛ ⩊ – 🖾 🍴 🗙 🖦 – 🖾 🕭 ⛓ 🛒 🎣 🚣 ⩰ 🗠 ⊛ ❀ 🔥 🔲 🏊 terrain omnisports
Tarif : 🖃 *piscine comprise 2 pers. 140 (170 avec élect. 6 à 10A)*
Location *(15 mai-20 sept.)* ❀ : 🛖 *1990 à 3990* – 🚐 *2290 à 4290*

46500 Lot **13** – **75** ⑲ – 347 h. alt. 302.
Paris 529 – Brive-la-Gaillarde 49 – Cahors 67 – Rocamadour 13 – St-Céré 21 – Souillac 24.

   ▲ *Le Pigeonnier* Pâques-sept.
     𝄞 05 65 33 71 95 – E : 0,7 km par D 91, rte de Padirac et chemin à droite – ⌂ ≤ ⊶ – **R** conseillée
     juil.-août – ⚐
     1 ha (30 empl.) peu incliné, en terrasses, plat, herbeux ▭
     ♿ ⚒ ⇌ 🗟 ⚲ ☉ 🔊 – ▭ ⚓ 🛝
     Tarif : ★ 20 piscine comprise – 🔲 20 – [½] 14 (6A)
     Location : 🏠 900 à 1700

36800 Indre **10** – **68** ⑰ – 321 h. alt. 112.
Paris 302 – Argenton-sur-Creuse 23 – Le Blanc 24 – Buzançais 24 – Châteauroux 36.

   ▲ *Municipal* mai-sept.
     sortie Ouest par D 27 rte de Rosnay – **R**
     0,4 ha (23 empl.) plat, herbeux
     ♿ ⚒ ⇌ ⚲ ☉
     Tarif : (Prix 1999) ★ 7,50 – ⇔ 7,50 – 🔲 7,50 – [½] 17 (6A)

12100 Aveyron **15** – **80** ⑭ G. Languedoc Roussillon – 21 788 h. alt. 372.
🛈 Office de Tourisme 1 av. A.-Merle 𝄞 05 65 60 02 42, Fax 05 65 61 36 08.
Paris 644 – Albi 108 – Alès 134 – Béziers 124 – Mende 97 – Montpellier 115 – Rodez 66.

   ▲▲▲ *Les Rivages* mai-sept.
     𝄞 05 65 61 01 07, Fax 05 65 59 03 56 – E : 1,7 km par D 991 rte de Nant, bord de la Dourbie –
     ≤ ⊶ – **R** conseillée juil.-août – **GB** ⚐
     7 ha (314 empl.) plat, herbeux, pierreux ♊ (6 ha)
     ♿ ⚒ ⇌ 🗟 🖥 🛁 ☉ 🔊 ☄ ⚑ 🔊 – 🛝 ▼ ✕ snack ⚓ bureau de documentation touristique – ▭ squash
     ⚓ ▭ – 🛝 ⚓
     Tarif : (Prix 1999) 🔲 élect. (6A) et piscine comprises 2 pers. 130
     Location : 🏠 1800 à 3000 – bungalows toilés

   ▲▲▲ *Cureplat* avril-sept.
     𝄞 05 65 60 15 75, Fax 05 65 61 36 51 – NE : 0,8 km par D 991 rte de Nant et D 187 à gauche rte
     de Paulhe, bord du Tarn – ⊶ – **R** conseillée 10 juil.-10 août – **GB** ⚐
     4 ha (237 empl.) plat, herbeux ▭ ♊
     🏛 ♿ ⚒ ⇌ 🗟 🛁 ☉ ☄ ⚑ 🖥 🔊 – 🛝 ▼ snack ⚓ – ▭ 🛝 ⚓ 🛝 ⚓
     Tarif : (Prix 1999) 🔲 piscine comprise 2 pers. 105, pers. suppl. 22 – [½] 17 (6A)
     Location : 🏠 1500 à 2800

   ▲▲ *Les Érables* avril-sept.
     𝄞 05 65 59 15 13, Fax 05 65 59 06 59 – sortie Est par D 991, rte de Nant et D 187 à gauche, rte
     de Paulhe, bord du Tarn – ≤ ⊶ – **R** conseillée – **GB** ⚐
     1,4 ha (78 empl.) plat, herbeux ▭ ♀ (0,3 ha)
     ♿ ⚒ ⇌ 🗟 🛁 ☉ 🔊 – ▭
     Tarif : 🔲 2 pers. 72 – [½] 15 (6A)

à Creissels SO : 3 km par D 992, rte d'Albi – 1 401 h. alt. 330 – ✉ 12100 Creissels

   ▲ *St-Martin* avril-sept.
     𝄞 05 65 60 31 83 – SO : 1,3 km par D 992, rte d'Albi puis au rond-point rte à gauche, près du stade
     – ⌂ ⊶ juil.-août – **R** indispensable 15 juil.-15 août – ⚐
     1,5 ha (90 empl.) plat et peu incliné, herbeux ♊
     ♿ ⚒ ⇌ 🗟 ⚲ ☉ 🔊 – ⚓ 🛝 – A proximité : practice de golf ✖
     Tarif : 🔲 piscine comprise 2 pers. 55, pers. suppl. 15 – [½] 12 (3 à 6A)
     Location : 🏠 2000

40200 Landes **13** – **78** ⑭ G. Aquitaine – 6 710 h. alt. 13.
Paris 685 – Arcachon 66 – Bayonne 109 – Bordeaux 107 – Dax 71 – Langon 104 – Mont-de-Marsan 77.

   ▲ *Municipal du Lac*
     𝄞 05 58 09 01 21 – N : 2 km par D 87, rte de Gastes, bord de l'étang d'Aureilhan – ⊶
     8 ha (480 empl.) plat et légèrement accidenté, sablonneux ♊ (3 ha)
     ♿ ⚒ ⇌ 🗟 🛁 ☉ 🔊 – 🛝 – A proximité : ⚓

à Mimizan-Plage O : 6 km – ✉ 40200 Mimizan :

   ▲▲▲ *Club Marina* 15 mai-15 sept.
     𝄞 05 58 09 12 66, Fax 05 58 09 16 40 – à 500 m de la plage Sud – ⊶ – **R** conseillée 15 juil.-
     15 août – **GB** ⚐
     9 ha (583 empl.) plat, sablonneux ▭ ♊ pinède
     ♿ ⚒ ⇌ 🗟 🛁 ⚲ ☉ 🔊 – 🛝 ▼ ✕ self ⚓ – ▭ 🛝 salle d'animation, discothèque ⚓ 🚲 ✖
     🛝 🛝 – A proximité : ⛳ 🎠 🐎
     Tarif : (Prix 1999) 🔲 piscine et tennis compris 3 pers. 155/170 (180/195 avec élect. 6A) – [½] 10
     (10A)
     Location : 🏠 1350 à 4050 – 🏡 1590 à 5190 – studios, bungalows toilés

⚠️ **Municipal la Plage** avril-sept.
𝒫 05 58 09 00 32, Fax 05 58 09 44 94 – quartier Nord, bd de l'Atlantique – ⚬╼ – **R** indispensable
juil.-août – **GB** ⨯
16 ha (787 empl.) plat, vallonné, sablonneux, herbeux ⚲ pinède
🕭 🎍 🜥 🗄 🍴 ☺ 🖼️
Tarif : 🔲 *2 pers. 76 (88 avec élect. 3A)*

MIRABEL-ET-BLACONS

26400 Drôme 🔟🔢 – 🔢🔢 ⑫ – 728 h. alt. 225.
Paris 596 – Crest 7 – Die 30 – Dieulefit 37 – Grignan 55 – Valence 35.

⛰️ **Gervanne** avril-oct.
𝒫 04 75 40 00 20, Fax 04 75 40 03 97 – à Blacons, au confluent de la Drôme et de la Gervanne –
🐚 « Cadre verdoyant au bord d'un plan d'eau » ⚬╼ – ⨯
3,7 ha (150 empl.) plat et peu incliné, herbeux ⚲⚲
🕭 🎍 🜥 🗄 🍴 🍽️ ☺ 🖼️ – ☕ 🍷 pizzeria 🛒 – 🖼️ 🏊 🎱 (plan d'eau) – A proximité : parcours
de santé 🔧
Tarif : 🔶 *24 piscine comprise –* � *14 –* 🔲 *20 –* [g] *16 (4A) 20 (6A)*

MIRAMONT-DE-GUYENNE

47800 L.-et-G. 🔢🔢 – 🔢🔢 ⑭ – 3 450 h. alt. 51.
🅱 Office de Tourisme 1 r. Pasteur 𝒫 05 53 93 38 94, Fax 05 53 93 49 56.
Paris 571 – Agen 62 – Bergerac 34 – Duras 18 – Marmande 23 – Ste-Foy-la-Grande 31.

⛰️ **Intercommunal le Saut du Loup** 15 mars-14 nov.
𝒫 05 53 93 22 35, Fax 05 53 93 55 33 – E : 2 km par D 227 rte de Cancon et chemin à droite, bord
du lac – 🅼 🐚 ≼ « Site agréable » ⚬╼ – **R** conseillée juil.-août – ⨯
40 ha/5 campables (150 empl.) plat et peu incliné, herbeux ▭ ⚲⚲ (3 ha)
🕭 🎍 🜥 🗄 🍴 🎱 ⌁ ☺ 🖼️ – 🍴 ✗ 🛒 – 🖼️ 🏓 🏊 🎱 🖼️
Tarif : 🔶 *25 piscine comprise –* 🔲 *25 –* [g] *17 (6A) 24 (10A)*
Location *(permanent) :* 🏠 *700 à 3000 – gîtes*

MIRANDE

32300 Gers 🔢🔢 – 🔢🔢 ⑭ G. Midi Pyrénées – 3 565 h. alt. 173.
🅱 Office de Tourisme (fermé dim. et jours fériés) r. de l'Évêché 𝒫 05 62 66 68 10, Fax 05 62 66 78 89.
Paris 757 – Auch 25 – Mont-de-Marsan 50 – Tarbes 50 – Toulouse 102.

⛰️ **Municipal l'Île du Pont** avril-15 sept.
𝒫 05 62 66 64 11, Fax 05 62 66 69 86 – à l'Est de la ville, dans une île de la Grande Baïse – 🐚 « Site
agréable » ⚬╼ – **R** indispensable – ⨯
10 ha/5 campables (140 empl.) plat, herbeux ▭ ⚲
🎬 🕭 🎍 🜥 🗄 🍴 ☺ 🛒 ⌁ – 🍴 snack – 🖼️ 🏓 salle d'animation 🖼️ – A proximité : parcours
de santé 🏊
Tarif : 🔲 *élect. (6A) et piscine comprises 2 pers. 75, pers. suppl. 20*
Location *(permanent) :* 🏠 *1600 à 2800*

MIRANDOL-BOURGNOUNAC

81190 Tarn 🔢🔢 – 🔢🔢 ⑪ – 1 110 h. alt. 393.
Paris 647 – Albi 29 – Carmaux 13 – Cordes-sur-Ciel 23 – Rodez 55.

⚠️ **Les Clots** Pâques-sept.
𝒫 05 63 76 92 78 – N : 5,5 km par D 905 rte de Rieupeyroux et chemin sur la gauche, à 500 m du
Viaur (accès direct) – 🐚 ≼ ⚬╼ – **R** conseillée juil.-août – ⨯
7 ha/4 campables (59 empl.) en terrasses, pierreux, herbeux ⚲⚲
🎍 🜥 🜥 ☺ 🖼️ – 🖼️ 🔧
Tarif : 🔲 *piscine comprise 3 pers. 100 –* [g] *15 (6A)*
Location : 🏠 *1200 à 1500*

MIREMONT

63380 P.-de-D. 🔢🔢 – 🔢🔢 ③ G. Auvergne – 370 h. alt. 550.
Paris 394 – Clermont-Ferrand 44 – Pontaumur 9 – Pontgibaud 22 – Riom 44 – St-Gervais-d'Auvergne 24.

⛰️ **Intercommunal Plage de Confolant** juin-10 sept.
𝒫 04 73 79 92 76 – NE : 7 km par D 19 et D 19ᴱ à droite, près du lac (accès direct) – 🐚 ≼ « Dans
un site agréable » ⚬╼ – **R** conseillée juil.-août – ⨯
2,8 ha (90 empl.) en terrasses et incliné, herbeux, pierreux ▭ ⚲⚲
🕭 🎍 🜥 🗄 🎱 🍷 🛒 – 🖼️ ✗ – A proximité : ✗ 🏊 (plage) ◗
Tarif : 🔶 *20 –* 🔲 *25 –* [g] *16 (5A)*

⚠️ **Municipal la Rivière** mai-sept.
au bourg, bord de la Chancelade – 🐚 – **R** – ⨯
0,4 ha (36 empl.) plat, herbeux, pierreux ▭ ⚲
🎍 🜥 ☺ 🖼️
Tarif : 🔶 *10 –* 🔲 *15 –* [g] *16 (10A)*

MIREPEISSET

11120 Aude 🔲 – 🔲 ⑬ – 410 h. alt. 39.
Paris 803 – Béziers 31 – Carcassonne 50 – Narbonne 16 – St-Chinian 26.

⚠ **Val de Cesse** avril-sept.
  𝒫 04 68 46 14 94 – à 1 km à l'Ouest du bourg, bord de la Cesse – ⚲ �o━ – **R** conseillée – 🚲
  2,5 ha (121 empl.) plat, herbeux 🏠 ♀
  ♿ 🗑 ⇌ 🗂 🏕 📺 ⊕ 🅰 📷 – 🍴 🍵 – A proximité : 🍹 ✕ ✖ ⚓ 〰
  Tarif : (Prix 1999) 🔲 piscine comprise 1 ou 2 pers. 66, pers. suppl. 16 – [🔌] 15 (6A)
  Location : 🚐 950 à 1550 – 🚕 1400 à 2300 – 🏠 1500 à 2500

MIREPOIX

32390 Gers 🔲 – 🔲 ⑤ G. Midi Pyrénées – 162 h. alt. 150.
Paris 717 – Auch 18 – Fleurance 16 – Gimont 26 – Mauvezin 20 – Vic-Fézensac 32.

⚠ **Aire Naturelle les Mousquetaires** 15 juin-15 sept.
  𝒫 05 62 64 33 66, Fax 05 62 64 32 63 – à 2 km au Sud-Est du bourg – ⚲ ≼ o━ – **R** conseillée
  – 🚲
  1 ha (25 empl.) non clos, plat et peu incliné, herbeux
  🗑 ⇌ ⚄ ⊕ 📷 – 🚲 🍵
  Tarif : 🔲 élect. (3A) et piscine comprises 2 pers. 75, pers. suppl. 20
  Location (permanent) : 🏠 1540 à 2850

*Utilisez les cartes **MICHELIN** détaillées nᵒˢ 🔲 à 🔲 :
les localités possédant des terrains sélectionnés y sont signalées par le signe (o).*

Elles sont le complément indispensable de ce guide.

MISCON

26310 Drôme 🔲 – 🔲 ⑭ – 38 h. alt. 812.
Paris 656 – Aspres-sur-Buëch 45 – Châtillon-en-Diois 21 – Die 28 – Rémuzat 48 – Valence 95.

⚠ **Municipal les Thibauds** 15 juin-15 sept.
  au bourg – ⚲ ≼ – **R** – 🚲
  0,4 ha (20 empl.) plat et en terrasses, pierreux, herbeux ♀ (0,2 ha)
  ♿ 🗑 ⚄ ⊕ – 🍵
  Tarif : 🧍 12 – 🚗 6 – 🔲 7 – [🔌] 10 (10A)

MISSILLAC

44780 Loire-Atl. 🔲 – 🔲 ⑮ G. Bretagne – 3 915 h. alt. 44.
Paris 438 – Nantes 63 – Redon 25 – St-Nazaire 37 – Vannes 54.

⚠ **Municipal les Platanes**
  𝒫 02 40 88 38 88 – O : 1,5 km par D 2, à 50 m d'un étang – o━
  1,5 ha (60 empl.) peu incliné, herbeux 🏠
  ♿ 🗑 🗂 ⊕ 📷 – ⚓ – A proximité : golf, 🚗

MITTLACH

68380 H.-Rhin 🔲 – 🔲 ⑱ – 291 h. alt. 550.
Paris 465 – Colmar 28 – Gérardmer 42 – Guebwiller 33 – Thann 47.

⚠ **Municipal Langenwasen** mai-sept.
  𝒫 03 89 77 63 77 – SO : 3 km, bord d'un ruisseau, alt. 620 – ⚲ ≼ « Site boisé au fond d'une vallée »
  – **R** conseillée 10 juil.-15 août pour caravanes – 🚲
  3 ha (150 empl.) peu incliné, plat et terrasses, herbeux, gravier 🏠 ♀
  🗑 🗂 ⊕ 📷 – 🍵
  Tarif : 🧍 16 – 🚗 6 – 🔲 8/14 – [🔌] 7,20 (2A) 14,40 (4A)

MODANE

73500 Savoie 🔲 – 🔲 ⑧ G. Alpes du Nord – 4 250 h. alt. 1 057 – Sports d'hiver : La Norma – 1 350/2 750 m
🚠 2 🎿 16 🎿.
Tunnel du Fréjus : Péage en 1999 aller simple : autos 100, 152 ou 198, P.L. 477, 726 ou 961 F - Tarifs spéciaux
AR (validité limitée).
🎫 Office de Tourisme "Les Mélèzets" à Valfréjus 𝒫 04 79 05 33 83, Fax 04 79 05 13 67.
Paris 665 – Albertville 93 – Chambéry 103 – Lanslebourg-Mont-Cenis 24 – Col du Lautaret 59 – St-Jean-de-
Maurienne 33.

⚠ **Les Combes** juin-sept.
  𝒫 04 79 05 00 23 – sur bretelle d'accès au tunnel routier du Fréjus, à 0,8 km au Sud-Ouest de
  Modane-ville – ≼ o━ juil.-août – **R** juil.-août – 🚲
  3 ha (55 empl.) peu incliné, herbeux, pierreux
  📶 🗑 ⇌ 🗂 ⊕ 🅰 – A proximité : ✖
  Tarif : 🔲 2 pers. 50 – [🔌] 15 (4A)

MOËLAN-SUR-MER

29350 Finistère 🎱 – 🔢 ⑪ ⑫ G. Bretagne – 6 596 h. alt. 58.
🅱 Office de Tourisme r. des Moulins 𝄞 02 98 39 67 28, Fax 02 98 96 50 11.
Paris 523 – Carhaix-Plouguer 66 – Concarneau 28 – Lorient 24 – Quimper 46 – Quimperlé 10.

⚠ **La Grande Lande** Pâques-sept.
𝄞 02 98 71 00 39, Fax 02 98 71 00 19 – O : 5 km par D 116 rte de Kerfany-les-Pins, à Kergroës –
🏖 ⚓ – **R** conseillée juil.-août – ⚒
3 ha (100 empl.) non clos, plat et peu incliné, herbeux, bois attenant ♀
🔥 🔟 ⇄ 🗟 ⚏ ⊕ 🖼 – 🍴 – 🏛 🏕 ⚽
Tarif : 🕴 24 piscine comprise – 🚐 9 – 🗐 28 – 🔌 14 (3A) 17 (5A) 22 (10A)
Location : 🛏 1000 à 1500 – 🚐 1600 à 2600

⚠ **L'Île Percée** 22 avril-24 sept.
𝄞 02 98 71 16 25 – O : 5,8 km par D 116, rte de Kerfany-les-Pins, puis 1,7 km à gauche, à la plage
de Trenez, bord de mer – 🏖 ≤ « Agréable site sauvage surplombant l'océan » ⚓ – **R** conseillée
juil.-août – ⚒
1 ha (65 empl.) plat, herbeux
🔥 🔟 ⇄ 🗟 ⚏ ⚏ ⊕ 🖼 – 🍴 – 🏛 – A proximité : snack
Tarif : 🗐 2 pers. 78, pers. suppl. 20 – 🔌 15 (4A) 20 (10A)
Location : 🛏 1750

MOISSAC

82200 T.-et-G. 🔢 – 🔢 ⑯ G. Midi Pyrénées – 11 971 h. alt. 76.
🅱 Office de Tourisme 6 pl. Durand-de-Bredon 𝄞 05 63 04 01 85, Fax 05 63 04 27 10.
Paris 645 – Agen 42 – Auch 125 – Cahors 63 – Montauban 31 – Toulouse 74.

⚠ **Municipal l'Île de Bidounet** avril-sept.
𝄞 05 63 32 52 52 – S : 1 km par N 113, rte de Castelsarrasin et D 72 à gauche, sur une île du Tarn
– 🏖 ≤ « Site agréable » ⚓ – **R** conseillée juil.-août – ⚒
4,5 ha/2,5 campables (100 empl.) plat, herbeux ♀
🔥 🔟 ⇄ 🗟 ⚏ ⛐ ⊕ 🖼 – 🏛 🏕 Centre de Documentation Touristique 🏊 ⛵
Tarif : 🕴 20 piscine comprise – 🗐 20 – 🔌 15 (6A)
Location (juin-sept.) : bungalows toilés

MOLIÈRES

24480 Dordogne 🔢 – 🔢 ⑯ G. Périgord Quercy – 315 h. alt. 150.
Paris 547 – Bergerac 31 – Le Bugue 21 – Les Eyzies-de-Tayac 32 – Sarlat-la-Canéda 46 – Villeneuve-sur-Lot 56.

⚠ **La Grande Veyière** avril-5 nov.
𝄞 05 53 63 25 84, Fax 05 53 63 18 25 – SE : 2,2 km par D 27, rte de Cadouin et chemin à droite
– 🏖 ⚓ – **R** conseillée juil.-août – **GB** ⚒
4 ha (64 empl.) peu incliné à incliné, en terrasses, herbeux 🏕 ♀ (2 ha)
🔥 🔟 ⇄ 🗟 ⚏ ⊕ 🖼 – 🎿 🍴 🏛 – 🏛 🏊
Tarif : 🕴 22,50 piscine comprise – 🗐 32,50 – 🔌 15 (6A)
Location : 🛏 1600 à 2100 – 🚐 1900 à 2780

MOLITG-LES-BAINS

66500 Pyr.-Or. 🔢 – 🔢 ⑰ G. Languedoc Roussillon – 185 h. alt. 607 – ♨ (3-04/18-11).
🅱 Syndicat d'Initiative Mairie 𝄞 04 68 05 03 28, Fax 04 68 05 02 12.
Paris 907 – Perpignan 51 – Prades 8 – Quillan 55.

⚠ **Municipal Guy Malé** avril-nov.
N : 1,3 km, au Sud-Est du village de Molitg, alt. 607 – 🏖 ≤ – **R** conseillée – ⚒
0,3 ha (19 empl.) peu incliné, herbeux 🏕 ♀
🔥 🔟 ⇄ ⚏ ⊕ – A proximité : parcours sportif ⚽
Tarif : 🗐 2 pers. 30 – 🔌 10 (5A)

Le MONASTIER-SUR-GAZEILLE

43150 H.-Loire 🔢 – 🔢 ⑰ G. Vallée du Rhône – 1 828 h. alt. 950.
Paris 566 – Coucouron 28 – Langogne 44 – Le Puy-en-Velay 8 – Salignac-sur-Loire 14.

⚠ **Municipal le Moulin de Savin** juin-sept.
𝄞 04 71 03 82 24 – à 1 km au Sud-Ouest du bourg, bord de la Gazeille, alt. 820 – 🏖 ≤ – **R**
14 juil.-20 août – ⚒
1,2 ha (55 empl.) plat, peu incliné, herbeux 🏕
🔥 🔟 ⇄ ⚏ ⊕ ⛐ ⚑ 🖼 – 🏛 🏊 ⚽ 🏊 – A proximité : 🍴 🍽 🏊
Tarif : (Prix 1999) 🕴 13 – 🚐 8 – 🗐 25 – 🔌 15 (8 ou 10A)

MONDRAGON

84430 Vaucluse 🔢 – 🔢 ① – 3 118 h. alt. 40.
Paris 644 – Avignon 45 – Montélimar 42 – Nyons 41 – Orange 17.

⚠ **Municipal la Pinède** avril-oct.
𝄞 04 90 40 82 98 – NE : 1,5 km par D 26, rte de Bollène et deux fois à droite – ⚓ – **R**
3 ha (134 empl.) plat et peu incliné, en terrasses, herbeux, pierreux, sablonneux ♀♀
🎰 🔟 🗟 ⚏ ⊕ ⚑ ⚑ – 🏛 🏊
Tarif : 🕴 15,30 – 🚐 4,60 – 🗐 4,95/6,05 – 🔌 16,40 (5A) 35,40 (10A) 49,20 (15A)

MONESTIER-DE-CLERMONT

38650 Isère 🔢 – 🔢 ⑭ G. Alpes du Nord – 905 h. alt. 825.
🛈 Syndicat d'Initiative (en saison, matin seul.) Parc Municipal 🕿 04 76 34 15 99.
Paris 602 – Grenoble 35 – La Mure 30 – Serres 74 – Sisteron 108.

   🏕 **Municipal les Portes du Trièves** mai-sept.
      🕿 04 76 34 01 24, Fax 04 76 34 19 75 – à 0,7 km à l'Ouest de la localité, par chemin des Chambons,
      derrière la piscine – ⅍ ≤ ⚓ – **R** 15 juil.-15 août – ⚷
      1 ha (47 empl.) plat et en terrasses, gravillons, herbeux ▭
      ▥ 👌 🚿 ⏚ 🖳 ⏛ ⊕ 🖭 – 🖾 💤 – A proximité : 🍴 🏊
      Tarif : 🛉 *20* – ▣ *20* – [½] *15 (6A)*

MONFAUCON

24130 Dordogne 🔢 – 🔢 ⑭ – 233 h. alt. 106.
Paris 550 – Bergerac 26 – Libourne 50 – Montpon-Ménestérol 19 – Ste-Foy-la-Grande 11.

   🏕 **Étang de Bazange** juin-sept.
      🕿 05 53 24 64 79 – NE : 1 km, bord de l'étang – ⅍ ⚓ – **R** conseillée juil.-août – ⚷
      10 ha/2,5 campables (50 empl.) incliné et en terrasses, herbeux ♀ pinède
      👌 ⏚ ⚏ ⊕ 🖭 – 🍴 snack ⚙ – 🖾 💤 🏊
      Tarif : 🛉 *16 piscine comprise* – ▣ *20* – [½] *12 (6A)*
      Location : 🛖 *810 à 1350* – 🛖 *1440 à 2400*

MONFORT

32120 Gers 🔢 – 🔢 ⑥ G. Midi Pyrénées – 416 h. alt. 164.
Paris 701 – Auch 39 – Fleurance 16 – Gimont 22 – L'Isle-Jourdain 34.

   🏕 **Municipal** mai-15 oct.
      au bourg – ⅍ – **R**
      0,2 ha (20 empl.) plat, herbeux ▭ ♀
      ⏚ 👌 ⊕
      Tarif : 🛉 *12* – ▣ *5* – [½] *10*

MONISTROL-D'ALLIER

43580 H.-Loire 🔢 – 🔢 ⑯ G. Auvergne – 312 h. alt. 590.
Paris 543 – Brioude 59 – Langogne 57 – Le Puy-en-Velay 28 – St-Chély-d'Apcher 58 – Saugues 15.

   🏕 **Municipal le Vivier** 15 avril-15 sept.
      🕿 04 71 57 24 14 – au bourg, près de l'Allier (accès direct) – ⚓ – **R** conseillée 10 juil.-20 août – ⚷
      1 ha (50 empl.) plat, pierreux, herbeux ▭ ♀
      👌 ⏚ 🚿 ⏛ ⊕ 🖭 – A proximité : 🍴
      Tarif : 🛉 *14* – 🚐 *6* – ▣ *6/12* – [½] *12 (10A)*

MONISTROL-SUR-LOIRE

43120 H.-Loire 🔢 – 🔢 ⑧ G. Vallée du Rhône – 6 180 h. alt. 653.
🛈 Office de Tourisme 4 bis r. du Château 🕿 04 71 66 03 14.
Paris 547 – Annonay 67 – Craponne-sur-Arzon 41 – Le Puy-en-Velay 49 – St-Étienne 31.

   🏕 **Municipal Beau Séjour** avril-oct.
      🕿 04 71 66 53 90 – O : 1 km par D 12 rte de Bas-en-Basset et à droite – Places limitées pour le
      passage ≤ ⚓ – **R** conseillée juil.-août – ⚷
      1,5 ha (100 empl.) plat et incliné, herbeux ▭ ♀
      👌 ⏚ 🚿 ⚏ ⊕ 🖭 – 🖾 💤 – A proximité : 🛒 🍴 🏊
      Tarif : ▣ *piscine et tennis compris 2 pers. 64* – [½] *16 (6A)*

MONNERVILLE

91930 Essonne 🔢 – 🔢 ⑲ – 375 h. alt. 141.
Paris 65 – Ablis 27 – Chartres 49 – Étampes 15 – Évry 51.

   🏕 **Le Bois de la Justice** mars-nov.
      🕿 01 64 95 05 34, Fax 01 64 95 17 31 – à 1,8 km au Sud du bourg – Places limitées pour le passage
      ⅍ ⚓ – **R** conseillée 8 juil.-15 août – ⚷
      5 ha (150 empl.) plat et peu incliné ▭ ♀♀
      ▥ 👌 ⏚ 🚿 ⏛ 👌 ⊕ ⚷ 🖭 – 🍴 – 💤 🏊
      Tarif : (Prix 1999) 🛉 *30 piscine comprise* – 🚐 *15* – ▣ *30* – [½] *15 (6A)*

MONNET-LA-VILLE

39300 Jura 🔢 – 🔢 ⑤ – 305 h. alt. 550.
Paris 422 – Arbois 27 – Champagnole 11 – Doucier 10 – Lons-le-Saunier 25 – Poligny 25.

   🏕 **Le Git** 15 mai-15 sept.
      🕿 03 84 51 21 17 ✉ 39300 Montigny-sur-l'Ain – à Monnet-le-Bourg, Sud-Est : 1 km par D 40, rte
      de Mont-sur-Monnet et chemin à droite – ⅍ ≤ ⚓ – **R** conseillée 14 juil.-15 août – ⚷
      4,5 ha (100 empl.) plat, peu incliné, herbeux
      👌 ⏚ 🚿 ⏛ 👌 ⊕ 🖭 – 🖾
      Tarif : (Prix 1999) 🛉 *19* – 🚐 *10* – ▣ *10* – [½] *15 (5A)*

⚠ **Sous Doriat** mai-sept.
 ℘ 03 84 51 21 43 – sortie Nord par D 27E rte de Ney – ≪ ⊶ juil.-août – **R** conseillée 15 juil.-15 août – ⚸
 2,5 ha (130 empl.) plat, herbeux ⚲
 ♿ ⌂ ⇆ 🖪 ♨ ☺ ⊙ 🖳 – 🍴 ⚓ – A proximité : ⚡ ▼ ✕
 Tarif : 🏕 19 – ⚓ 11 – 🔲 12/13 – ⚡ 14,50 (10A)
 Location : 🚃 1200 à 1400

MONPAZIER

24540 Dordogne 🔟🟦 – 🔟🟦 ⑯ G. Périgord Quercy – 531 h. alt. 180.
🅱 Office de Tourisme pl. des Cornières ℘ 05 53 22 68 59, Fax 05 53 74 30 08.
Paris 558 – Bergerac 46 – Fumel 30 – Périgueux 76 – Sarlat-la-Canéda 50 – Villeneuve-sur-Lot 45.

⚠⚠⚠ **Le Moulin de David** 13 mai-9 sept.
 ℘ 05 53 22 65 25, Fax 05 53 23 99 76 ✉ 24540 Gaugeac – SO : 3 km par D 2 rte de Villeréal et chemin à gauche, bord d'un ruisseau – ⛲ ⊶ – **R** conseillée juil.- août – ⚼ ⚸
 3 ha (160 empl.) plat, terrasse, herbeux 🔲 ♋♋
 ♿ ⌂ ⇆ 🖪 ♨ ☺ ⊙ ⚸ ⚡ 🖳 – ⚡ ▼ ✕ ⚓ – 🍴 ⚓ 🚲 ⌁ 🏊 (bassin) half-court
 Tarif : 🏕 35 piscine comprise – 🔲 47 – ⚡ 19,50 (3A) 23,50 (6A) 30 (10A)
 Location : 🚃 1526 à 3605 – tentes

MONPLAISANT

24170 Dordogne 🔟🟦 – 🔟🟦 ⑯ – 216 h. alt. 190.
Paris 560 – Belvès 3 – Bergerac 50 – Le Bugue 22 – Les Eyzies-de-Tayac 24 – Sarlat-la-Canéda 33.

⚠ **La Lénotte** avril-oct.
 ℘ 05 53 30 25 80 – NE : 2,3 km sur D 710, rte de Soriac-en-Périgord, bord de la Nauze – ⊶ – **R** conseillée juil.-août – ⚸
 3,2 ha (69 empl.) plat, herbeux 🔲
 ♿ ⌂ ⇆ 🖪 ♨ ☺ 🖳 – ⚸ – 🏊
 Tarif : 🔲 2 pers. 58 – ⚡ 15 (6A)

MONTAGNEY

25680 Doubs 🟦 – 🟦🟦 ⑯ – 130 h. alt. 255.
Paris 386 – Baume-les-Dames 26 – Besançon 41 – Montbéliard 64 – Vesoul 28.

⚠ **La Forge** mai-sept.
 ℘ 03 81 86 05 11 – au Nord du bourg, près de L'Ognon – ⛲ « Près de la rivière » ⊶ – **R** – ⚸
 1,2 ha (56 empl.) plat, herbeux
 ♿ ⌂ ⇆ 🖪 ♨ ☺ 🖳
 Tarif : 🏕 18 – ⚓ 12 – 🔲 15/18 – ⚡ 15 (6A)

MONTAIGUT-LE-BLANC

63320 P.-de-D. 🔟🔟 – 🟦🟦 ⑭ G. Auvergne – 568 h. alt. 500.
Paris 449 – Clermont-Ferrand 34 – Issoire 17 – Pontgibaud 50 – Rochefort-Montagne 44 – St-Nectaire 10.

⚠ **Municipal** mai-sept.
 ℘ 04 73 96 75 07 – au bourg, près de la poste, bord de la Couze de Chambon – ≪ ⊶ juil.-août – **R** conseillée – ⚸
 3 ha (100 empl.) plat, herbeux 🔲 ⚲
 ♿ ⌂ 🖪 ♋ ☺ 🖳 – 🍴 ⚓ – A proximité : ✕ ⚸ 🏊
 Tarif : 🏕 23 piscine et tennis compris – 🔲 18 – ⚡ 17 (6A)

MONTALIEU-VERCIEU

38390 Isère 🔟🟦 – 🟦🟦 ⑬ – 2 076 h. alt. 213.
Paris 482 – Belley 36 – Bourg-en-Bresse 55 – Crémieu 22 – Nantua 65 – La Tour-du-Pin 33.

⚠ **Vallée Bleue** mai-sept.
 ℘ 04 74 88 63 67, Fax 04 74 88 62 11 – sortie Nord par N 75 rte de Bourg-en-Bresse puis 1,3 km par D 52F à droite, à la Base de Plein Air et de Loisirs – ⛲ ≪ « Au bord du Rhône » rive gauche (plan d'eau) ⊶ juin-août – **R** conseillée juil.-août – ⚼ ⚸
 120 ha/1,8 campable (119 empl.) plat, peu incliné, herbeux, gravier ♋♋ (1 ha)
 ♿ ⌂ ⇆ 🖪 ♋ ☺ ⚸ ⚡ 🖳 – A proximité : ▼ ✕ snack ⚓ ⚸ ⚓ 🏊 ⌁ toboggan aquatique
 Tarif : (Prix 1999) 🏕 33 piscine et tennis compris – 🔲 25 (35 avec élect. 6A)

MONTALIVET-LES-BAINS

33 Gironde 🟦 – 🟦🔟 ⑯ – ✉ 33930 Vendays-Montalivet.
Paris 534 – Bordeaux 87 – Lesparre-Médoc 21 – Soulac-sur-Mer 19.

⚠⚠ **Municipal** avril-sept.
 ℘ 05 56 09 33 45 – S : 0,8 km – ⊶ – **R** indispensable pour caravanes – ⚼ ⚸
 26 ha (905 empl.) plat, sablonneux ♋♋ pinède
 ♿ ⌂ ⇆ 🖪 ☺ ☺ 🚽 – ⚡ ▼ ✕ ⚸ – ✕
 Tarif : (Prix 1999) 🏕 22,20 – 🔲 33,95 (49,85 ou 58,25 avec élect.)

MONTBARD

21500 Côte-d'Or **7** – **66** ⑦ G. Bourgogne – 7 108 h. alt. 221.
⊟ Office de Tourisme r. Carnot ℰ 03 80 92 03 75, Fax 03 80 92 03 75.
Paris 236 – Autun 88 – Auxerre 75 – Dijon 81 – Troyes 100.

△△ **Municipal** fév.-oct.
ℰ 03 80 92 21 60 – par D 980 déviation Nord-Ouest de la ville, près de la piscine – ≤ « Agréable décoration arbustive des emplacements » ⊶ – **R** – **GB** ⚸
2,5 ha (80 empl.) plat, herbeux, gravillons ⊡ ⚨
⫼ & 涮 ⇌ 🗟 ⚙ ⊛ ⚎ ▽ 📷 – ⟶ 🛒 ✕ – A proximité : 🖂 ⚊
Tarif : (Prix 1999) ⋆ 16 – 🄴 28 – 🕅 18 (10A)
Location : huttes

MONTBAZON

37250 I.-et-L. **10** – **64** ⑮ G. Châteaux de la Loire – 3 354 h. alt. 59.
⊟ Office de Tourisme La Grange Rouge - N10 - ℰ 02 47 26 97 87, Fax 02 47 34 01 78.
Paris 250 – Châtellerault 58 – Chinon 41 – Loches 33 – Montrichard 42 – Saumur 69 – Tours 16.

△△ **La Grange Rouge** mai-sept.
ℰ 02 47 26 06 43 – rte de Tours, après le pont sur l'Indre, bord de la rivière – ⊶ – **R** conseillée 14 juil.-15 août – **GB** ⚸
2 ha (108 empl.) plat, herbeux ⚨⚨
& 涮 🗟 ⚖ ⚲ ⚙ 📷 – snack – 🛒 🛒 ✕ – A proximité : parcours sportif ✕ 🖾 ⌕
Tarif : (Prix 1999) ⋆ 19 – 🄴 18 – 🕅 17 (3A) 21 (6A)
Location : 🚐 900 à 1500

MONTBRISON

42600 Loire **11** – **73** ⑰ G. Vallée du Rhône – 14 064 h. alt. 391.
⊟ Office de Tourisme cloître des Cordeliers ℰ 04 77 96 08 69, Fax 04 77 96 20 88.
Paris 463 – Lyon 76 – Le Puy-en-Velay 101 – Roanne 67 – St-Étienne 37 – Thiers 69.

△△ **Le Bigi** 15 avril-15 oct.
ℰ 04 77 58 06 39 ⊠ 42600 Bard – SO : 2 km par D 113 rte de Lérigneux – Places limitées pour le passage ≤ « Décoration arbustive » ⊶ – **R** conseillée juil.-août – ⚸
1,5 ha (46 empl.) en terrasses et peu incliné, herbeux, gravillons ⊡
& 涮 ⇌ 🗟 ⚖ ⚲ ⚙ 📷 – 🛒 ✕ ✕
Tarif : 🄴 piscine et tennis compris 2 pers. 56, pers. suppl. 17 – 🕅 13 (3A) 15 (5A)
Location : 🚐 1050 à 2000

△ **Municipal le Surizet** avril-oct.
ℰ 04 77 58 08 30 – à Moingt, S : 3 km par D 8 rte de St-Étienne et rte à droite, bord du Moingt – Places limitées pour le passage ⊶ – **R** conseillée juil.-août – ⚸
2,5 ha (96 empl.) plat, herbeux ⚨⚨
涮 ⇌ 🗟 ▽ 🗟 – 🛒 ✕ – A proximité : 🛒
Tarif : ⋆ 11 piscine comprise – 🚐 5,50 – 🄴 5,50 – 🕅 24 (5A) 32 (10A)

MONTBRON

16220 Charente **10** – **72** ⑮ G. Poitou Vendée Charentes – 2 422 h. alt. 141.
Paris 462 – Angoulême 30 – Nontron 23 – Rochechouart 37 – La Rochefoucauld 14.

△△△ **Les Gorges du Chambon** 22 avril-15 sept.
ℰ 05 45 70 71 70, Fax 05 45 70 80 02 ⊠ 16220 Eymouthiers – E : 4,4 km par D 6, rte de Piégut-Pluviers, puis à gauche 3,2 km par D 163, rte d'Ecuras et chemin à droite, à 80 m de la Tardoir (accès direct) – ⚲ ≤ « Site agréable » ⊶ ✕ – **R** conseillée 8 juil.-18 août – **GB** ⚸
7 ha (120 empl.) peu incliné, incliné, herbeux ⚲
& 涮 ⇌ 🗟 ⚖ ⚙ ⚎ – ⚑ ✕ ⚱ – 🛒 🛒 🚲 ✕ ⌕ ✕ – A proximité : 🐎
Tarif : 🄴 piscine comprise 2 pers. 100 – 🕅 20 (6A)

MONTBRUN

46160 Lot **15** – **79** ⑨ G. Périgord Quercy – 95 h. alt. 157.
Paris 582 – Cajarc 8 – Cahors 58 – Figeac 22 – Livernon 24 – Villefranche-de-Rouergue 34.

△ **Municipal** juin-sept.
sortie Ouest par D 662 rte de Cajarc et chemin près du passage à niveau, bord du Lot – **R** – ⚸
1 ha (40 empl.) plat, herbeux ⚨
涮 ⇌ 🗟 ⚙ – 🛒 ✕
Tarif : (Prix 1999) ⋆ 13,50 – 🄴 16 – 🕅 15 (10A)

MONTCABRIER

46700 Lot **14** – **79** ⑦ G. Périgord Quercy – 403 h. alt. 191.
Paris 588 – Cahors 41 – Fumel 11 – Tournon-d'Agenais 23.

△△△ **Moulin de Laborde** mai-14 sept.
ℰ 05 65 24 62 06, Fax 05 65 36 51 33 – NE : 2 km sur D 673, rte de Gourdon, bord de la Thèze – ⚲ « Cadre agréable autour d'un moulin restauré » ⊶ ✕ – **R** conseillée juil.-15 août
4 ha (90 empl.) plat, herbeux, petit étang ⚨
& 涮 ⇌ 🗟 ⚖ ⚙ 📷 – ⚑ ✕ ⚱ – 🛒 🛒 🚲 ✕
Tarif : ⋆ 34 piscine comprise – 🄴 40 – 🕅 15 (4A)

11250 Aude 🔟 – 🔠 ⑪ – 159 h. alt. 210.
Paris 789 – Carcassonne 20 – Castelnaudary 41 – Limoux 15 – St-Hilaire 9.

⚠️ *Au Pin d'Arnauteille* avril-sept.
 🪧 04 68 26 84 53, Fax 04 68 26 91 10 – SE : 2,2 km par D 43 – 🏊 ≤ « Cadre sauvage » ⚿ – **R** –
 GB ⚡
 115 ha/7 campables (120 empl.) peu incliné, accidenté et terrasses ▭ ◯◯ (1 ha)
 👦 🏕 ⚙ 🏪 😊 – ✗ 🍴 – 🎣 🏇 🚴
 Tarif : 🈺 *piscine comprise 2 pers. 107 (125 avec élect.), pers. suppl. 27*
 Location : 🚐 *1300 à 2990* – 🏠 *1700 à 3500 – bungalows toilés*

80500 Somme 🔢 – 🔢 ① G. Picardie Flandres Artois – 6 262 h. alt. 82.
🚩 Office de Tourisme 4 r. Jean-Dupuy 🪧 03 22 78 92 00, Fax 03 22 78 00 88.
Paris 108 – Amiens 41 – Beauvais 49 – Compiègne 36 – Péronne 48 – St-Quentin 64.

⚠️ *Le Pré Fleuri* Permanent
 🪧 03 22 78 93 22 – sortie Ouest par D 930 rte de Breteuil et à droite, 0,8 km par D 26 rte d'Ailly-
 sur-Noye – ⚿ – **R** conseillée – ⚡
 1 ha (48 empl.) plat et peu incliné, herbeux ▭ ◯ (0,3 ha)
 👦 🏕 ⚙ 🏪 🎣 😊 ⚘ 🅿️
 Tarif : 🚹 *21* – 🈺 *21* – 🔌 *21 (6A)*

63240 P.-de-D. 🔟 – 🔢 ⑬ G. Auvergne – 1 975 h. alt. 1 050 – ♨ (24-04/21-10) – Sports d'hiver : 1 070/
1 840 m 🚠2 🎿18 🎿.
🚩 Office de Tourisme av. Libération 🪧 04 73 65 20 21, Fax 04 73 65 05 71.
Paris 468 – Aubusson 90 – Clermont-Ferrand 44 – Issoire 50 – Mauriac 78 – Ussel 66.

⚠️ *Municipal l'Esquiladou* 15 mai-15 oct.
 🪧 04 73 65 23 74 – à Queureuilh, par D 996, rte de Murat-le-Quaire et rte des cascades à droite,
 alt. 1 010 – ≤ ⚿ – **R** – GB ⚡
 1,8 ha (100 empl.) en terrasses, gravillons ▭
 🚽 👦 🏕 ⚙ 🏪 😊 🅿️ – 🛒
 Tarif : 🚹 *16* – 🈺 *15* – 🔌 *11 (3A) 21 (6A) 31 (10A)*

77130 S.-et-M. 🔢 – 🔢 ⑬ – 18 657 h. alt. 53.
Paris 81 – Fontainebleau 23 – Meaux 82 – Melun 30 – Sens 36 – Troyes 139.

à la Grande Paroisse O : 5 km par D 39 – 2 392 h. alt. 110 – ✉ 77130

⚠️ *Noue Notre Dame* 16 mars-nov.
 S : à la Base de Loisirs – 🏊 ≤ « Près d'un plan d'eau » ⚿ saison – **R** – ⚡
 5 ha/2 campables (84 empl.) plat, herbeux
 👦 🏕 ⚙ 🏪 😊
 Tarif : 🚹 *22* – 🚗 *5* – 🈺 *20/30* – 🔌 *16 (4A) 25 (8A) 40 (13A)*

84170 Vaucluse 🔢 – 🔢 ⑫ – 8 157 h. alt. 42.
🚩 Office de Tourisme Parc du Château d'Eau 🪧 04 90 66 97 18, Fax 04 90 66 32 97.
Paris 680 – Avignon 21 – Carpentras 5 – Cavaillon 24 – Orange 23.

⚠️ *Municipal Bellerive* avril-oct.
 🪧 04 90 66 81 88 – au Nord du bourg par rte de Loriol-du-Comtat et à droite après le pont « Beaux
 emplacements délimités, au bord de l'Auzon » ⚿ – **R**
 1 ha (52 empl.) plat, herbeux, jardin public attenant ▭ ◯
 🏕 ⚙ 🏪 😊
 Tarif : 🚹 *15,50* – 🈺 *15,50* – 🔌 *10 (6A)*

50760 Manche 🔢 – 🔢 ③ – 866 h. alt. 12.
Paris 350 – Barfleur 4 – Cherbourg 32 – St-Lô 75 – Valognes 24.

⚠️ *La Haye* avril-20 sept.
 🪧 02 33 54 30 31 – à 1,5 km au Sud-Est du bourg – ⚿ – **R** conseillée
 4 ha (50 empl.) peu incliné, herbeux
 👦 🏕 ⚙ 🏪 😊 😊
 Tarif : 🚹 *13* – 🚗 *6* – 🈺 *15* – 🔌 *12 (3A) 15 (6A)*

36 Indre – 🔢 ⑲ – rattaché à la Châtre.

MONTIGNY-EN-MORVAN

58120 Nièvre 🔟🔟 – 🔢🔢 ⑯ – 339 h. alt. 350.
Paris 264 – Château-Chinon 13 – Corbigny 26 – Nevers 62 – Prémery 53 – St-Saulge 36.

⚲ **Municipal le Plat** 15 mai-sept.
  𝓟 03 86 84 71 77 – NE : 2,3 km par D 944, D 303 rte du barrage de Pannecière-Chaumard et chemin à droite, au Nord-Est du lieu-dit Bonin – ⚲ « Site agréable près du lac » ⚬⚓ – **R**
  2 ha (59 empl.) plat et peu accidenté, pierreux, herbeux ⚱
  ⏚ 🏠 🗗 🔲 ⊕ – A proximité : ⚌
  Tarif : ⚹ 15 – ⛺ 10 – 🔲 12/15 – 🔋 12 (10A)

MONTIGNY-LE-ROI

52140 H.-Marne 🔢 – 🔢🔢 ⑬ – 2 167 h. alt. 404.
Paris 296 – Bourbonne-les-Bains 22 – Chaumont 36 – Langres 24 – Neufchâteau 59 – Vittel 50.

⚲ **Municipal le Château** 15 avril-15 oct.
  𝓟 03 25 87 38 93 – accès par centre bourg et rue Hubert-Collot – ⩽ « Dans un parc boisé dominant la vallée de la Meuse » ⚬⚓ saison – **R** – ⚿
  6 ha/2 campables (55 empl.) plat, en terrasses, herbeux
  ⏚ 🏠 ⚙ 🔲 ⊕ – ⛺ ⚿
  Tarif : (Prix 1999) ⚹ 23 tennis compris – 🔲 18/23 – 🔋 12 (5A)

Les MONTILS

41120 L.-et-C. 🔢 – 🔢🔢 ⑰ – 1 196 h. alt. 92.
Paris 198 – Amboise 30 – Blois 14 – Montrichard 21 – St-Aignan 32.

⚲ **Municipal de l'Hermitage** juin-3 sept.
  𝓟 02 54 44 07 29 – SE : 0,5 km par D 77, rte de Seur, près du Beuvron – ⚲ ⚬⚓ – **R** – ⚿
  1 ha (33 empl.) plat, herbeux ⚱
  🏠 ⚙ 🔲 🔲 ⊕ ⚿ ⛺ 🔲 – ⛺ – A proximité : ⚿
  Tarif : ⚹ 12 – ⛺ 6 – 🔲 10/16 – 🔋 10 (10A)

MONTJAY-LA-TOUR

77410 S.-et-M. – 🔢🔢 ⑫ – rattaché à Villevaudé.

MONTLOUIS-SUR-LOIRE

37270 I.-et-L. 🔢 – 🔢🔢 ⑮ G. Châteaux de la Loire – 8 309 h. alt. 60.
🅱 Office de Tourisme 𝓟 02 47 45 00 16, Fax 02 47 45 10 87, Mairie 𝓟 02 47 45 85 85.
Paris 236 – Amboise 13 – Blois 48 – Château-Renault 32 – Loches 41 – Montrichard 30 – Tours 11.

⚲ **Municipal les Peupliers** 15 mars-15 oct.
  𝓟 02 47 50 81 90 – O : 1,5 km par D 751, rte de Tours, à 100 m de la Loire – ⚬⚓ – **R** indispensable 14 juil.-août – ⚿
  6 ha (252 empl.) plat, herbeux ⚏ ⚱⚱
  ⏚ 🏠 ⚙ 🔲 🔲 🔲 ⚿ ⊕ ⚿ ⛺ 🔲 🔲 – ⚌ ⚿ ⛺ – ⛺ ⛺ – A proximité : ⚿ ⚌
  Tarif : 🔲 piscine comprise 1 ou 2 pers. 44 – 🔋 16,45 (6A) 29,45 (16A)

MONTMARTIN-SUR-MER

50590 Manche 🔢 – 🔢🔢 ⑫ – 880 h. alt. 49.
Paris 332 – Coutances 11 – Granville 22 – Lessay 29 – St-Lô 41.

⚲ **Municipal les Gravelets** 15 avril-oct.
  𝓟 02 33 47 70 20 – sortie Nord-Ouest par D 249, rte de Grimouville – ⚲ ⚬⚓ – **R** – ⚿
  1 ha (94 empl.) plat et en terrasses, herbeux ⚏ ⚱
  🏠 ⚙ 🔲 🔲 ⊕ – ⛺ ⛺ – A proximité : ⚿ parcours sportif
  Tarif : ⚹ 14 – 🔲 17 – 🔋 12 (10A)
  Location : bungalows toilés

MONTMÉLIAN

73800 Savoie 🔟🔟 – 🔢🔢 ⑯ G. Alpes du Nord – 3 930 h. alt. 307.
🅱 Syndicat d'Initiative Mairie 𝓟 04 79 84 07 31, Fax 04 79 84 08 20.
Paris 577 – Albertville 41 – Allevard 25 – Chambéry 15 – Grenoble 51 – St-Jean-de-Maurienne 63.

⚲ **Municipal le Manoir** juin-15 sept.
  𝓟 04 79 65 22 38 – sortie Nord-Est par N 6, rte d'Albertville et à gauche, D 201^E rte d'Arbin, devant le centre commercial Intermarché – Ⓜ ⩽ « Sous les peupliers, agréable décoration arbustive, près de l'Isère » ⚬⚓ – **R** – ⚿
  2,8 ha (90 empl.) plat, herbeux, gravillons ⚏ ⚱⚱
  🔲 ⏚ 🏠 ⚙ 🔲 🔲 ⊕ ⚿ ⛺ 🔲 – 🔲 – A proximité : ⛵
  Tarif : ⚹ 15 – ⛺ 5 – 🔲 20 – 🔋 12 (5A) 25 (10A)

MONTMORILLON

86500 Vienne **10** – **68** ⑮ G. Poitou Vendée Charentes – 6 667 h. alt. 100.
🛈 Office de Tourisme 2 pl. Mar. Leclerc ℰ 05 49 91 11 96, Fax 05 49 91 11 96.
Paris 359 – Bellac 43 – Le Blanc 33 – Chauvigny 27 – Poitiers 51 – La Trimouille 15.

   ⚠ **Municipal de l'Allochon** avril-oct.
     ℰ 05 49 91 02 33 – sortie Sud-Est par D 54, rte du Dorat, à 50 m de la Gartempe et bord d'un
     ruisseau – ⚬┅ – **R** conseillée – ⚒
     2 ha (80 empl.) plat, en terrasses, herbeux
     ▥ 🗟 👄 🖫 📛 🖩 🛒 ⚡ – A proximité : ▨ 🏊
     Tarif : (Prix 1999) 🚶 *6,60 –* 🚗 *3,90 –* 🗉 *3,90 –* [½] *8,70 (6A) 14,70 (10A)*

MONTOIRE-SUR-LE-LOIR

41800 L.-et-Ch. **5** – **64** ⑤ G. Châteaux de la Loire – 4 065 h. alt. 65.
🛈 Syndicat d'Initiative 16 pl. Clemenceau ℰ 02 54 85 23 30, Fax 02 54 85 23 87.
Paris 189 – Blois 44 – Château-Renault 21 – La Flèche 81 – Le Mans 69 – St-Calais 24 – Vendôme 20.

   ⚠ **Municipal les Reclusages**
     ℰ 02 54 85 02 53 – sortie Sud-Ouest, rte de Tours et rte de Lavardin à gauche après le pont, près
     du Loir – ⚬┅
     2 ha (133 empl.) plat, herbeux ⚘
     🕭 🗟 👄 🖫 📛 ⚐ 🖩 – ⚑ – A proximité : ▟ 🛒 ▨ 🏊

   Ne pas confondre :

   ⚠ *... à ...* ⚠⚠⚠ : *appréciation* **MICHELIN**

   et

   ★ *... à ...* ★★★★ : *classement officiel*

MONTPELLIER

34000 Hérault **16** – **83** ⑦ G. Languedoc Roussillon – 207 996 h. alt. 27.
🛈 Office de Tourisme Triangle Comédie allée du Tourisme ℰ 04 67 60 60 60, Fax 04 67 60 60 61 et 78 av. du
Pirée ℰ 04 67 22 06 16, Fax 04 67 22 38 10, Annexes (saison) Gare SNCF r. J.-Ferry ℰ 04 67 92 90 03.
Paris 759 – Marseille 171 – Nice 328 – Nîmes 53 – Toulouse 240.

   ⚠ **Le Floréal** mars-nov.
     ℰ 04 67 92 93 05 ✉ 34970 Lattes – Sortie Sud Est par D 986 rte de Palavas-les-Flots et rte à gauche
     après le pont de l'autoroute, Par A9 sortie 30 Palavas « Décoration florale » ⚬┅ – **R** conseillée
     juil.-août – 🔤 ⚒
     1,5 ha (134 empl.) plat, sablonneux ▭ ⚘⚘
     🕭 🗟 🖫 👄 🖎 🖩 – ⚑ – 🛒
     Tarif : 🗉 *2 pers. 80, pers. suppl. 20 –* [½] *15 (4A) 18 (6A)*
     Location ⚏ : 🚐 *2000 à 3500*

à Clapiers N : 6,5 km par N 113 et D 21 – 3 478 h. alt. 25 – ✉ 34830 Clapiers

   ⚠⚠⚠ **Le Plein Air des Chênes** Permanent
     ℰ 04 67 02 02 53, Fax 04 67 59 42 19 – SE : 1 km par 112 « Agréable chênaie » ⚬┅ – **R** conseillée
     – ⚒
     8 ha (283 empl.) en terrasses, plat, peu incliné, pierreux, herbeux ⚘⚘ (3 ha)
     🕭 🗟 👄 🖫 📛 – 40 sanitaires individuels (🗟 👄 📛 WC) ⚐ ⚐ ⚑ 🖩 – ⚑ 🛒 snack 🍴 – 🏃 discothèque
     🛝 ⚓ 🎾 🏊 toboggan aquatique terrain omnisports
     Tarif : 🗉 *élect. (10A) et piscine comprises 2 pers. 170*
     Location : 🚐 *2000 à 3800 –* 🏠 *2000 à 3800*

à Lattes SE : 5 km par D 986 et D 132 à gauche – 10 203 h. alt. 3 – ✉ 34970 Lattes :

   ⚠⚠⚠ **Eden Camping**
     ℰ 04 67 15 11 05, Fax 04 67 15 11 31 – SO : 2,7 km par D 986, rte de Palavas-les-Flots – ⚬┅
     6 ha (302 empl.) plat, herbeux ▭ ⚘⚘
     ▥ 🕭 🗟 👄 🖫 📛 ⚐ 🖎 🖩 – ▟, ⚑ snack, pizzeria cases réfrigérées – 🛒 🏃 🛒 🎾 🏊
     Location : 🚐 – 🏠

   ⚠ **L'Oasis Palavasienne** avril-sept.
     ℰ 04 67 15 11 61, Fax 04 67 15 10 62 – SO : 2,5 km par D 986, rte de Palavas-les-Flots – ⚬┅
     R conseillée – 🔤 ⚒
     4 ha (228 empl.) plat, herbeux ⚘⚘
     🕭 👄 🖫 📛 ⚐ 🖎 🖩 – ⚑ ✕ 🍴 cases réfrigérées – 🛒 🛒 🏊
     Tarif : 🗉 *élect. et piscine comprises 2 pers. 141, pers. suppl. 28,50*
     Location : 🚐 *1990 à 3550 –* 🏠 *2330 à 3810*

   ⚠ **Le Parc** 31 mai-24 sept.
     ℰ 04 67 65 85 67, Fax 04 67 20 20 58 – NE : 2 km par D 172 – ⚬┅ – **R** conseillée 10 juil.-20 août
     – ⚒
     1,6 ha (100 empl.) plat, herbeux, pierreux ⚘⚘
     🕭 🗟 🖫 ▨ 📛 – ⚑ – A proximité : 🍴
     Tarif : 🗉 *piscine comprise 2 pers. 98 –* [½] *19 (4A)*
     Location ⚏ : 🚐 *1800 à 3200*

MONTPEZAT

04 Alpes-de-H.-Pr. **17** – **81** ⑯ – ⊠ 04730 Montagnac-Montpezat.
Paris 792 – Digne-les-Bains 54 – Gréoux-les-Bains 24 – Manosque 38 – Montmeyan 20 – Moustiers-Ste-Marie 22.

▲▲ **Coteau de la Marine** mai-15 sept.
⌀ 04 92 77 53 33, Fax 04 92 77 59 34 – SE : 2 km par rte de Baudinard – ⌂ ≼ « Agréable situation au bord du Verdon » ⊶ – **R** conseillée juil.-août – GB ⌀
10 ha (247 empl.) en terrasses, pierreux, gravier ⌂ ⌀
⌂ ⌀ ⌀ ⌀ ⊕ ⌀ ⌀ ⌀ – ⌀ 🍴 snack ⌀ – ⌀ ⌀ ⌀
Tarif : (Prix 1999) ⊞ piscine comprise 3 pers. 130 – ⌀ 15 (6A)
Location : ⌀ 1700 à 3100

MONTPEZAT-DE-QUERCY

82270 T.-et-G. **14** – **79** ⑱ G. Périgord Quercy – 1 411 h. alt. 275.
Paris 612 – Cahors 29 – Caussade 12 – Castelnau-Montratier 12 – Caylus 34 – Montauban 37.

▲▲ **Le Faillal** avril-oct.
⌀ 05 63 02 07 08 – sortie Nord par D 20, rte de Cahors et à gauche – ≼ ⊶ – **R** conseillée – ⌀
0,9 ha (47 empl.) en terrasses, herbeux, pierreux ⌂
⌀ ⌀ ⌀ ⌀ ⊕ ⌀ ⌀ ⌀ – A proximité : ⌀ ⌀
Tarif : ⊞ 1 ou 2 pers. 68, 3 pers. 73, 4 pers. 78, pers. suppl. 13 – ⌀ 15 (10A)
Location : gîtes

MONTPEZAT-SOUS-BAUZON

07560 Ardèche **16** – **76** ⑱ G. Vallée du Rhône – 698 h. alt. 575.
Paris 610 – Aubenas 24 – Le Cheylard 56 – Langogne 47 – Privas 52.

▲ **Municipal Pré Bonnefoy** 15 juin-15 sept.
⌀ 04 75 94 42 55 – SE : 0,5 km par centre bourg, bord d'un ruisseau – ⌂ ≼ ⊶ – **R** – ⌀
1,5 ha (101 empl.) plat et peu incliné, herbeux, pierreux ⌀⌀
⌀ ⌀ ⊕ ⌀ ⌀ ⌀ – ⌀ ⌀ (petit plan d'eau aménagé) – A proximité : ⌀ ⌀
Tarif : ⌀ 15,50 – ⌀ 10,50 – ⊞ 10,50 – ⌀ 12 (5A)
Location (permanent) : ⌀ 1040 à 1650

MONTPON-MÉNESTÉROL

24700 Dordogne **9** – **75** ③ – 5 481 h. alt. 93.
🛈 Syndicat d'Initiative Maison du Tourisme de la Double et du Landais pl. Clemenceau ⌀ 05 53 82 23 77, Fax 05 53 82 02 21.
Paris 537 – Bergerac 40 – Bordeaux 68 – Libourne 38 – Périgueux 55 – Ste-Foy-la-Grande 24.

▲▲ **Municipal le Port Vieux** mai-sept.
⌀ 05 53 80 30 98 – sortie Nord par D 708, rte de Ribérac et à gauche avant le pont, bord de l'Isle – ⊶ – **R** conseillée juil.-août – ⌀
2 ha (120 empl.) plat, herbeux ⌂ ⌀⌀ (0,5 ha)
⌀ ⌀ ⌀ ⌀ ⌀ ⊕ ⌀ ⌀ ⌀ – ⌀ – ⌀ – A proximité : ⌀ ⌀
Tarif : ⌀ 18 – ⊞ 20 – ⌀ 15 (10A)

MONTRÉAL

07 Ardèche – **80** ⑧ – voir à Ardèche (Gorges de l').

MONTREUIL

62170 P.-de-C. **1** – **51** ⑫ G. Picardie Flandres Artois – 2 450 h. alt. 54.
🛈 Office de Tourisme 21 r. Carnot ⌀ 03 21 06 04 27, Fax 03 21 06 04 27.
Paris 232 – Abbeville 49 – Arras 80 – Boulogne-sur-Mer 39 – Calais 72 – Lille 116 – St-Omer 55.

▲ **Municipal la Fontaine des Clercs** Permanent
⌀ 03 21 06 07 28 – sortie Nord et rte d'accès près du passage à niveau, bord de la Canche – ⌂
« Au pied des remparts et de la citadelle » ⊶ – **R** conseillée juil.-août – ⌀
2 ha (76 empl.) plat et en terrasses, herbeux, pierreux ⌂ ⌀
⌀ ⌀ ⌀ ⌀ ⊕ ⌀
Tarif : ⊞ 1 pers. 28/38 – ⌀ 15 (2A) 20 (4A)

MONTREUIL-BELLAY

49260 M.-et-L. **9** – **67** ⑧ G. Châteaux de la Loire – 4 041 h. alt. 50.
🛈 Office de Tourisme (mars-déc.) pl. de la Concorde ⌀ 02 41 52 32 39, Fax 02 41 52 32 35, Mairie ⌀ 02 41 40 17 60, Fax 02 41 40 17 69.
Paris 335 – Angers 53 – Châtellerault 72 – Chinon 39 – Cholet 61 – Poitiers 81 – Saumur 16.

▲▲ **Les Nobis** avril-sept.
⌀ 02 41 52 33 66, Fax 02 41 38 72 88 – sortie Nord-Ouest, rte d'Angers et chemin à gauche avant le pont, bord du Thouet « Situation agréable au pied des remparts du château » ⊶ – **R** conseillée saison – GB ⌀
4 ha (165 empl.) plat, terrasse, herbeux ⌀⌀
⌀ ⌀ ⌀ ⌀ ⌀ ⊕ ⌀ ⌀ – ⌀ grill – ⌀ ⌀ (petite piscine) – A proximité : ⌀ ⌀
Tarif : ⊞ 2 pers. 82, pers. suppl. 25 – ⌀ 18 (16A)
Location : ⌀ 1350 à 1950

MONTREVEL-EN-BRESSE

01340 Ain 🔢 – 🔢 ⑫ – 1 973 h. alt. 215.
Paris 397 – Bourg-en-Bresse 18 – Mâcon 24 – Pont-de-Vaux 22 – St-Amour 25 – Tournus 36.

⚠ **La Plaine Tonique** 8 avril-29 sept.
🕿 04 74 30 80 52, Fax 04 74 30 80 77 – E : 0,5 km par D 28, à la Base de plein Air « Au bord d'un lac et d'un bel ensemble aquatique » ⊶ – **R** conseillée juil.-août – **GB** ⚲
27 ha/15 campables (548 empl.) plat, herbeux, pierreux 🔲 ♀
🔣 🔣 🔣 🔣 🔣 🔣 🔣 🔣 🔣 🔣 – 🔣 ♀ ✗ snack 🔣 – 🔣 🔣 bureau d'informations touristiques
🔣 🔣 🔣 🔣 🔣 (découverte l'été) 🔣 🔣 (plage) toboggan aquatique 🔣 parcours sportif
Tarif : ✶ 23 – 🔲 58 avec élect. (10A)
Location : gîte d'étape, gîtes

MONTRIGAUD

26350 Drôme 🔢 – 🔢 ③ – 432 h. alt. 462.
Paris 548 – Annonay 58 – Grenoble 71 – Romans-sur-Isère 26 – Valence 46 – Vienne 58.

⚠ **La Grivelière** avril-sept.
🕿 04 75 71 70 71 – E : 3 km par D 228, rte de Roybon et rte à droite, bord de la Verne – 🔣 ⊶
– **R** conseillée juil.-août – ⚲
1,5 ha (40 empl.) plat, peu incliné, herbeux 🔲
🔣 🔣 🔣 🔣 🔣 🔣 – pizzeria – 🔣 🔣 🔣
Tarif : ✶ 17 piscine comprise – 🔣 7 – 🔲 25/30 – 🔣 15 (4A)

Le MONT-ST-MICHEL

50170 Manche 🔢 – 🔢 ⑦ G. Normandie Cotentin - Bretagne – 72 h. alt. 10.
🔢 Office de Tourisme Corps de Garde des Bourgeois 🕿 02 33 60 14 30.
Paris 354 – Alençon 134 – Avranches 22 – Fougères 44 – Rennes 70 – St-Lô 80 – St-Malo 58.

⚠ **Le Mont-St-Michel** 5 fév.-oct.
🕿 02 33 60 09 33, Fax 02 33 68 22 09 – SE : 2,4 km intersection de la D 976, rte du Mont-St-Michel
et D 275, rte de Ducey – ⊶ – **R** – **GB** ⚲
4 ha (350 empl.) plat, herbeux 🔲 ♀
🔣 🔣 🔣 🔣 🔣 🔣 🔣 🔣 – 🔣 ♀ ✗ cafétéria – 🔣 🔣 🔣
Tarif : ✶ 23 – 🔲 36/52 avec élect. (5A)

à Beauvoir N : 4 km par D 976 – 426 h. – ✉ 50170 Beauvoir

⚠ **Sous les Pommiers** 20 mars-20 oct.
🕿 02 33 60 11 36 – au bourg, par D 976 – ⊶ – **R** conseillée 10 juil.-25 août – **GB** ⚲
1,75 ha (107 empl.) plat, herbeux
🔣 🔣 🔣 🔣 🔣 🔣 – ♀ snack – 🔣 🔣 (petite piscine)
Tarif : ✶ 16 – 🔣 11,50 – 🔲 11,50/14,50 – 🔣 13 (5 ou 6A)
Location : 🔣 1130 à 2300 – 🔣 1130 à 2500 – bungalows toilés

MONTSALVY

15120 Cantal 🔢 – 🔢 ⑫ G. Auvergne – 970 h. alt. 800.
🔢 Office de Tourisme r. du Tour-de-Ville 🕿 04 71 49 21 43, Fax 04 71 49 29 54.
Paris 589 – Aurillac 31 – Entraygues-sur-Truyère 13 – Figeac 57 – Rodez 59.

⚠ **Municipal la Grangeotte**
🕿 04 71 49 26 00 – SE : 1 km par D 920, rte d'Entraygues-sur-Truyère et à droite – 🔣
1 ha (50 empl.) plat, peu incliné et accidenté, herbeux, pierreux 🔲 ♀
🔣 🔣 🔣 🔣 🔣 🔣 – 🔣 🔣

MONTSOREAU

49730 M.-et-L. 🔢 – 🔢 ⑬ G. Châteaux de la Loire – 561 h. alt. 77.
Paris 296 – Angers 74 – Châtellerault 66 – Chinon 19 – Poitiers 82 – Saumur 11 – Tours 59.

⚠ **L'Isle Verte** avril-sept.
🕿 02 41 51 76 60 – sortie Nord-Ouest par D 947, rte de Saumur, bord de la Loire – ⊶ – **R** conseillée
juil.-août – **GB** ⚲
2,5 ha (105 empl.) plat, herbeux ♀♀
🔣 🔣 🔣 🔣 🔣 🔣 🔣 🔣 – 🔣 – 🔣 🔣 🔣 🔣
Tarif : 🔲 piscine et tennis compris 2 pers. 75 – 🔣 16 (16A)

MONTVIRON

50530 Manche 🔢 – 🔢 ⑧ – 255 h. alt. 91.
Paris 332 – Avranches 9 – Cherbourg 121 – Granville 20 – Fougères 53 – St-Lô 58.

⚠ **Le Mont-Viron** Pâques-sept.
🕿 02 33 60 43 26 – N : 0,7 km par D 61, rte de Sartilly – ⊶ – **R** conseillée août – ⚲
1,5 ha (42 empl.) plat, herbeux 🔲 ♀♀
🔣 🔣 🔣 🔣 🔣 – 🔣 🔣
Tarif : ✶ 17,50 – 🔲 18 – 🔣 12 (10A)

MOOSCH

68690 H.-Rhin ⑧ – 66 ⑧ ⑨ G. Alsace Lorraine – 1 906 h. alt. 390.
Paris 440 – Colmar 50 – Gérardmer 43 – Mulhouse 28 – Thann 8 – Le Thillot 30.

⚠ **La Mine d'Argent** mai-sept.
   ℘ 03 89 82 30 66 – SO : 1,5 km par r. de la Mairie et r. de la Mine-d'Argent, bord d'un ruisseau –
   Places limitées pour le passage ⚲ ⩽ « Dans un site vallonné et verdoyant » ⚋ – **R** 10 juil.-20 août
   2 ha (75 empl.) peu incliné, plat, en terrasses, herbeux ♀ (0,5 ha)
   🔌 ⇋ 🖹 ⊕ 🖭 – 🛒 ⚓
   Tarif : ⚹ 15 – 🖻 15 – 🔋 15 (4A) 20 (6A)

MORESTEL

38510 Isère 12 – 74 ⑭ – 2 972 h. alt. 220.
Paris 499 – Bourg-en-Bresse 72 – Chambéry 50 – Grenoble 70 – Lyon 64 – La Tour-du-Pin 16.

⚠ **Municipal** avril-oct.
   ℘ 04 74 80 14 97 – sortie Ouest par D 517, rte de Crémieu, près du complexe sportif –
   ⚋ – ℟
   1,3 ha (58 empl.) plat, herbeux ♀
   🔌 🖹 ⚲ ⊕ – 🛒 ✕ 🖾 – ⊥

MORHANGE

57340 Moselle ⑧ – 57 ⑮ – 4 460 h. alt. 255.
🅱 Syndicat d'Initiative (fermé sam.-dim.) pl. Bérot ℘ 03 87 86 22 11, Fax 03 87 86 24 88.
Paris 376 – Lunéville 51 – Metz 44 – St-Avold 30 – Sarreguemines 43.

⚠⚠ **Centre de Loisirs de la Mutche** avril-oct.
   ℘ 03 87 86 21 58, Fax 03 87 86 24 88 – N : 6,5 km par rte de Sarreguemines, D 78 rte d'Arprich
   à gauche et chemin du site touristique – ⚲ « Au bord d'un plan d'eau sur un vaste domaine de
   loisirs » ⚋ – **R** conseillée 15 juil.-15 août – ⊞ ⚸
   5,5 ha (77 empl.) plat et peu incliné, gravillons, herbeux, sapinière 🔲
   ▥ ⅋ 🔌 ⇋ ⊔ ⚲ ⊕ 🖭 – ⚍ – 🛒 ⚲ terrain omnisports – A proximité : ⚟ ✕ ⚓ ⊥ ≋
   ♨ ·◉
   Tarif : (Prix 1999) 🖻 piscine et tennis compris 2 pers. 60, pers. suppl. 18 – 🔋 17
   Location (permanent) : 🏠 1700 à 2300 – huttes

MORIANI-PLAGE

2B H.-Corse – 90 ④ – voir à Corse.

MORNANT

69440 Rhône 11 – 74 ⑪ G. Vallée du Rhône – 3 900 h. alt. 380.
🅱 Syndicat d'Initiative Mairie ℘ 04 78 44 12 19, Fax 04 78 44 12 19.
Paris 479 – Givors 12 – Lyon 25 – Rive-de-Gier 14 – St-Étienne 37 – Vienne 24.

⚠ **Municipal de la Trillonière** mai-sept.
   ℘ 04 78 44 16 47 – sortie Sud, carrefour D 30 et D 34, près d'un ruisseau « Au pied de la cité
   médiévale » ⚸ – **R** conseillée juil.-août
   1,5 ha (60 empl.) peu incliné et plat, herbeux
   ⅋ 🔌 ⇋ ⊔ ⊕ – A proximité : ✕ ⚟ ⊥
   Tarif : (Prix 1999) ⚹ 16 ou 22 – 🖻 17 – 🔋 17 (10A)

MORTEAU

25500 Doubs 12 – 70 ⑦ G. Jura – 6 458 h. alt. 780.
🅱 Office de Tourisme pl. de la Halle ℘ 03 81 67 18 53, Fax 03 81 67 62 34.
Paris 469 – Basel 122 – Belfort 90 – Besançon 64 – Montbéliard 70 – Neuchâtel 39 – Pontarlier 32.

⚠ **Le Cul de la Lune** Pâques-sept.
   ℘ 03 81 67 17 52 – sortie Sud-Ouest par D 437, rte de Pontarlier et D 48 à gauche, rte de Montlebon,
   bord du Doubs – ⩽ ⚋ saison – **R** – ⚸
   0,5 ha (40 empl.) plat, herbeux ♀ (0,2 ha)
   🔌 ⇋ 🖹 ⊔ ⊕ – 🛒 – A proximité : ✕
   Tarif : ⚹ 20 – 🖻 18 – 🔋 10 (6A)

MORTEROLLES-SUR-SEMME

87 H.-Vienne 10 – 72 ⑧ – ✉ 87250 Bessines-sur-Gartempe.
Paris 354 – Bellac 32 – Bourganeuf 51 – Guéret 50 – Limoges 42 – La Souterraine 16.

⚠ **Municipal** Permanent
   ℘ 05 55 76 60 18 – au bourg – **R**
   0,8 ha (33 empl.) plat, herbeux
   ▥ 🔌 ⇋ 🖹 ⊔ ⊕
   Tarif : 🖻 2 pers. 37 – 🔋 12 (5A)

MORZINE

74110 H.-Savoie 🔟🔟 – 🔟🔟 ⑧ G. Alpes du Nord – 2 967 h. alt. 960 – Sports d'hiver : 1 000/2 460 m ‑✦ 6 ⚡57 ⚶.
🅱 Office de Tourisme (saison) pl. de la Crusaz ℘ 04 50 74 72 72, Fax 04 50 79 03 48.
Paris 593 – Annecy 79 – Chamonix-Mont-Blanc 70 – Cluses 29 – Genève 62 – Thonon-les-Bains 33.

⚠ **Les Marmottes** 18 déc.-avril, 17 juin-10 sept.
℘ 04 50 75 74 44 – à Essert-Romand, NO : 3,7 km par D 902, rte de Thonon-les-Bains et D 329 à gauche, alt. 938 – ❄ Ⓜ ≼ ⊶ – **R** conseillée juil.-15 août – ⚸
0,5 ha (26 empl.) plat, gravier
🏛 ⅄ 🗱 🗱 🖙 ⊕ ⚘ ᭤ – 🏠
Tarif : ☐ 2 pers. 70/85 (hiver 85) – ⚡ 19 (3A) 25 (6A) 36 (10A)

MOSNAC

17240 Char.-Mar. 🔟 – 🔟🔟 ⑪ – 431 h. alt. 23.
Paris 504 – Cognac 33 – Gémozac 19 – Jonzac 12 – Saintes 33.

⚠ **Municipal les Bords de la Seugne** mars-oct.
℘ 05 46 70 48 45 – au bourg, bord de la rivière – 🗱 – **R** juil.-août – ⚸
0,9 ha (33 empl.) plat, herbeux 🔲
🗱 ᭤ ⊕
Tarif : ☆ 10 – ☐ 11 – ⚡ 11

MOSTUÉJOULS

12 Aveyron 🔟🔟 – 🔟🔟 ④ G. Languedoc Roussillon – 249 h. alt. 500 – ✉ 12720 Peyreleau.
Paris 639 – Meyrueis 25 – Millau 22 – Rodez 72 – Le Rozier 3 – Sévérac-le-Château 30.

⚠ **L'Aubigue** avril-sept.
℘ 05 65 62 63 67 – SE : 1,3 km par D 907, rte de Peyreleau, bord du Tarn – ≼ ⊶ juil.-août –
R conseillée juil.-août – ⚸
2 ha (50 empl.) plat, herbeux, pierreux ⚺⚺
⅄ 🗱 🗱 🖙 ᭤ – 🏠
Tarif : (Prix 1999) ☐ 2 pers. 50, pers. suppl. 10 – ⚡ 10 (6A)

La MOTHE-ACHARD

85150 Vendée 🔟 – 🔟🔟 ⑬ – 1 918 h. alt. 20.
Paris 438 – Aizenay 15 – Challans 40 – La Roche-sur-Yon 19 – Les Sables-d'Olonne 20 – St-Gilles-Croix-de-Vie 26.

⚠ **Le Pavillon** avril-sept.
℘ 02 51 05 63 46 – SO : 1,5 km, rte des Sables-d'Olonne – ⊶ – **R** conseillée juil.-août – 🆑 ⚸
3,6 ha (90 empl.) plat, herbeux, étang ⚺⚺
⅄ 🗱 🗱 🖙 🗱 ᭤ 🖾 – 🍴 – ⚸ 🏊
Tarif : ☐ piscine comprise 2 pers. 75 – ⚡ 17 (6A) 20 (10A)
Location : 🛏 900 à 2300 – 🚐 1200 à 3200

La MOTTE-CHALANCON

26470 Drôme 🔟🔟 – 🔟🔟 ④ – 382 h. alt. 547.
Paris 649 – Aspres-sur-Buëch 49 – Die 48 – Nyons 36 – Rémuzat 9 – Serres 38.

⚠ **Le Moulin** mai-sept.
℘ 04 75 27 24 06 – sortie Sud par D 61, rte de Rémuzat et à droite après le pont – 🗱 ≼ « Au bord de l'Ayguebelle » ⊶ – **R** conseillée juil.-août – ⚸
1,2 ha (36 empl.) plat, herbeux ⚺
⅄ 🗱 🗱 🗱 ᭤ 🖾 – 🏊 🚲
Tarif : ☆ 14 – 🚗 8 – ☐ 15 – ⚡ 8 (2A) 12 (5A) 20 (10A)

La MOTTE-FEUILLY

36160 Indre 🔟🔟 – 🔟🔟 ⑲ G. Berry Limousin – 44 h. alt. 235.
Paris 312 – Aigurande 27 – Boussac 31 – Châteaumeillant 9 – La Châtre 12 – Guéret 55.

⚠ **Municipal** mai-15 oct.
à l'Ouest du bourg – 🗱 « Dans le parc du château »
0,4 ha (23 empl.) plat et peu incliné, herbeux
⅄ 🗱 🗱 🗱 ⊕
Tarif : ☆ 9 – 🚗 9 – ☐ 9 – ⚡ 12,50 (9A)

MOUCHAMPS

85640 Vendée 🔟 – 🔟🔟 ⑮ G. Poitou Vendée Charentes – 2 398 h. alt. 81.
Paris 390 – Cholet 40 – Fontenay-le-Comte 53 – Nantes 68 – La Roche-sur-Yon 36.

⚠ **Le Hameau du Petit Lay** saison
℘ 02 51 66 25 72 – S : 0,6 km par D 113, rte de St-Prouant, bord d'un ruisseau – ⊶ – **R** conseillée
– ⚸
0,4 ha (23 empl.) plat, herbeux 🔲 ⚺
🗱 🗱 ⊕ – 🍴
Tarif : (Prix 1999) ☆ 14,50 – 🚗 5 – ☐ 8 – ⚡ 10
Location : 🏠

24520 Dordogne ⑩ – ⑦⑤ ⑮ – 1 049 h. alt. 30.
Paris 538 – Bergerac 10 – Castillonnès 28 – Lalinde 12 – Périgueux 48.

⚠ *Municipal la Gravière*
    𝒫 05 53 23 22 38 – E : 1,5 km par D 660, rte de Lalinde et à droite, au stade, près de la Dordogne
    – ⚬╍
    1,5 ha (72 empl.) peu incliné, herbeux 옷옷 (0,5 ha)
    ⅄ 🗟 ⇔ ⌂ ⊛ 🖩 – ✖ ≌

58290 Nièvre ⑪ – ⑥⑨ ⑥ G. Bourgogne – 1 711 h. alt. 215.
Paris 298 – Autun 50 – Château-Chinon 17 – Corbigny 40 – Moulins 73 – Nevers 57.

⚠ *Municipal de l'Escame* 20 juin-1er sept.
    𝒫 03 86 84 26 12 – N : 1,5 km par D 37, rte de Château-Chinon, près d'un ruisseau et à 100 m d'un
    étang – ⚬╍ – **R** – ⊶
    0,5 ha (20 empl.) peu incliné et en terrasses, gravier, herbeux 🞷
    🗟 ⇔ ⌂ ⊛ ⅍ ↝ – A proximité : ✖ ⌇
    Tarif : ⭐ 8 – 🖬 8 – ⒝ 9 (5A)

*Kataloge der MICHELIN–Veröffentlichungen erhalten Sie beim Buchhändler
und direkt von Michelin (Karlsruhe).*

13890 B.-du-R. ⑯ – ⑧④ ① – 2 505 h. alt. 13.
Paris 716 – Arles 25 – Les Baux-de-Provence 11 – Cavaillon 25 – Istres 24 – Salon-de-Provence 22.

⚠ *Le Devenson* 31 mars-15 sept.
    𝒫 04 90 47 52 01 – NO : 2 km par D 17 et D 5 à droite – ⊰ ≤ « Agréable situation sous les pins
    et parmi les oliviers » ⚬╍ – **R** conseillée juil.-août – Séjour minimum 1 semaine
    12 ha/3,5 campables (60 empl.) en terrasses, pierreux, rocheux, oliveraie 🞷 옷옷 pinède
    🗟 ⇔ 🖫 ⅍ ⊛ 🖩 – cases réfrigérées – 🔲 ⌇
    Tarif : ⭐ 28 piscine comprise – 🖬 32 – ⒝ 19 (5A)

29 Finistère – ⑤⑧ ⑮ – rattaché à Fouesnant.

04360 Alpes-de-H.-Pr. ⑰ – ⑧① ⑰ G. Alpes du Sud – 580 h. alt. 631.
🏢 Office de Tourisme (fermé matin hors saison) 𝒫 04 92 74 67 84, Fax 04 92 74 60 65.
Paris 775 – Aix-en-Provence 92 – Castellane 45 – Digne-les-Bains 49 – Draguignan 62 – Manosque 51.

⚠ *St-Clair* avril-25 sept.
    𝒫 04 92 74 67 15 – S : 2,5 km, carrefour des D 952 et D 957, bord de la Maïre et de l'Anguire –
    ≤ ⚬╍ – **R** – ⊶
    3 ha (215 empl.) peu incliné, en terrasses, pierreux, herbeux 옷옷
    ⅄ 🗟 ⇔ 🖫 ⅍ ⊛ 🖩 – ⅏ pizzeria, cases réfrigérées – 🔺 – A proximité : ✖
    Tarif : ⭐ 22 – 🖬 23 – ⒝ 18 (6A)

⚠ *Le Vieux Colombier* avril-sept.
    𝒫 04 92 74 61 89 – S : 0,8 km – ≤ ⚬╍ saison – **R** conseillée juil.-août – ⊕⅃ ⊶
    2,7 ha (70 empl.) en terrasses, peu incliné, incliné, pierreux, herbeux
    ⅄ 🗟 ⇔ 🖫 ⌂ ⅍ ⊛ 🖭 🖩 – 🔲 🔺
    Tarif : ⭐ 22 – 🖬 24 – ⒝ 16 (3A) 20 (6A)

⚠ *St-Jean* 22 avril-18 sept.
    𝒫 04 92 74 66 85 – SO : 1 km par D 952, rte de Riez, bord de la Maïre – ⊰ ≤ « Cadre agréable
    de par la variété de la végétation » ⚬╍ – **R** conseillée juil.-août – ⊶
    1,6 ha (125 empl.) plat, peu incliné, herbeux 옷옷
    ⅄ 🗟 ⇔ 🖫 ⅍ ⊛ ⅍ ↝ 🖭 🖩 – 🔺 ♨
    Tarif : ⭐ 21 – 🖬 23 – ⒝ 14 (3A) 19 (6A)

⚠ *Manaysse* avril-2 nov.
    𝒫 04 92 74 66 71, Fax 04 92 74 62 28 – SO : 0,9 km par D 952, rte de Riez – ≤ « Au pied du village,
    face à la falaise du Verdon » ⚬╍ – **R** conseillée
    1,6 ha (60 empl.) incliné, terrasses, herbeux 옷
    ⅄ 🗟 ⇔ 🖫 ⅍ ⊛ 🖭 🖩 – 🔲
    Tarif : ⭐ 18 – 🖬 18 – ⒝ 15 (5A) 20 (10A)
    Location : ⛺ 1100 à 1400

33 Gironde – ⑦① ⑱ – rattaché à Lacanau (Étang de).

44760 Loire-Atl. 9 – 67 ② G. Poitou Vendée Charentes – 739 h. alt. 5.
Paris 433 – Challans 35 – Nantes 46 – St-Nazaire 41.

▲▲ **Domaine du Collet** juin-sept.
℘ 02 40 21 40 92, Fax 02 40 21 45 12 – SE : 3,5 km, à 150 m de la mer, bord d'un étang – ⑤ ⚲
– **R** conseillée – ⚹
12 ha (270 empl.) plat, sablonneux, herbeux ⊡ 또 (2 ha)
& ⚟ ⇄ ⬚ ▣ – 웃 snack ⚖ – 𝄞 ⬛ 🌊 ⚡ ⍩ ﹏ 🎣 poneys
Tarif : ⊟ *piscine et tennis compris 2 pers. 120, pers. suppl. 30* – ⊕ *20 (6A)*
Location : ⛺ *1500 à 3000*

▲▲ **La Mer - Le Marqueval** 31 mars-oct.
℘ 02 40 64 65 90, Fax 02 51 74 63 17 – au bourg par sortie Est – ⚲ – **R** indispensable août –
⊞ ⚹
5 ha (176 empl.) plat, herbeux ⊡
& ⚟ ⇄ ⬚ ⚐ ⚑ ▣ – 웃 – ⚖ – 𝄞 ⚡ ⊿ half-court
Tarif : (Prix 1999) ⚡ *29 piscine comprise* – ⊟ *31* – ⊕ *20*
Location : ⛺

▲▲ **La Plage** avril-1er oct.
℘ 02 40 82 71 43, Fax 02 40 82 72 46 – NO : 0,8 km par D 97, rte de la Bernerie-en-Retz, bord de
la plage – ⚲ – **R** – ⊞ ⚹
5 ha (62 empl.) plat, peu incliné, herbeux, sablonneux ⊡ 또
⚟ ⇄ ⬚ ⊕ ⚑ ▣ – 웃 – ⚖ 𝄞 ⍩ 🎣 ⚡ ⊿
Tarif : ⊟ *piscine comprise 2 pers. 106* – ⊕ *19 (16A)*
Location : ⛺ *1450 à 3000* – ⛺ *1100 à 3450*

▲ **Les Brillas** avril-sept.
℘ 02 40 82 79 78 – NO : 1,5 km – ⑤ ⚲ – **R** conseillée juil.-août – ⚹
1,2 ha (96 empl.) peu incliné, herbeux ⊡
& ⚟ ⇄ ⬚ ⚑ ⊕ ⚐ ▣ – 𝄞
Tarif : (Prix 1999) ⊟ *1 à 3 pers. 62, pers. suppl. 10* – ⊕ *17 (6A) 25 (10A)*

08210 Ardennes 7 – 56 ⑩ G. Champagne Ardenne – 2 637 h. alt. 160.
Paris 245 – Carignan 7 – Charleville-Mézières 40 – Longwy 63 – Sedan 18 – Verdun 63.

▲ **Municipal la Tour St-Jérôme** 15 mai-15 sept.
℘ 03 24 26 28 02 – sortie Sud-Est par r. Porte de Bourgogne et chemin à droite après le pont, près
du stade « Face au complexe de loisirs » ⚲ – **R** conseillée juil.-août
0,5 ha (32 empl.) plat, herbeux
⚟ ⇄ ⬚ ⚑ ⊕ – A proximité : toboggan aquatique, salle de musculation ⚹ 🌆 ﹏ ⊿
Tarif : (Prix 1999) ⚡ *16* – ⚖ *7* – ⊟ *11* – ⊕ *13 (3 ou 10A)*

14590 Calvados 5 – 55 ⑭ – 1 185 h. alt. 160.
Paris 170 – Caen 62 – Deauville 29 – Lisieux 13 – Pont-Audemer 24.

▲▲▲ **Le Colombier** mai-15 sept.
℘ 02 31 63 63 08, Fax 02 31 63 15 97 – NE : 3 km par D 143, rte de Lieurey – ⑤ « Piscine dans
le jardin à la française du château » ⚲ – **R** conseillée 15 juil.-25 août – ⊞ ⚹
15 ha/6 campables (180 empl.) plat, herbeux 또 verger
& ⚟ ⇄ ⬚ ⊕ ⚑ ⊕ ⊞ ▣ – ⚖ 웃 ⚹ (3 jours /semaine) crêperie ⚖ – ⛺ bibliothèque 🎣 ⚡
⚹ ﹏ ⊿
Tarif : ⚡ *35 piscine comprise* – ⊟ *70* – ⊕ *15 (12A)*

80870 Somme 1 – 52 ⑥ – 565 h. alt. 92.
Paris 200 – Abbeville 9 – Amiens 65 – Blangy-sur-Bresle 24 – Dieppe 61 – Le Tréport 31.

▲ **Le Val de Trie** avril-oct.
℘ 03 22 31 48 88, Fax 03 22 31 35 33 – NO : 3 km, sur D 86, à Bouillancourt-sous-Miannay, bord
d'un ruisseau – ⑤ ⚲ – **R** conseillée juil.-août – ⚹
2 ha (100 empl.) plat, herbeux, petit étang ⊡ 또 peupleraie
⚟ ⇄ ⬚ ⚑ ⊕ ⊕ ⚐ ▣ – ⚡ ⊿
Tarif : ⊟ *piscine comprise 2 pers. 80 (98 avec élect. 6A), pers. suppl. 23*

41500 L.-et-Ch. 5 – 64 ⑧ – 1 115 h. alt. 82.
Paris 170 – Beaugency 16 – Blois 21 – Chambord 7 – Vendôme 53.

▲▲▲ **Château des Marais** 15 mai-15 sept.
℘ 02 54 87 05 42, Fax 02 54 87 05 43 – au Sud-Est du bourg par D 103, rte de Crouy-sur-Cosson,
Pour caravanes : accès par D 112, rte de Chambord et D 103 à droite – ⑤ « Dans l'agréable parc
boisé du château » ⚲ – **R** indispensable juil.-août – ⊞
8 ha (198 empl.) plat, herbeux 또
& ⚟ ⇄ ⬚ ⚑ ⊕ ⚐ ▣ – ⚖ 웃 ⚹ ⚖ – ⛺ 🎣 ⚡ ⚹ ⊿ toboggan aquatique
Tarif : ⊟ *piscine comprise 2 pers. 150, pers. suppl. 35* – ⊕ *22 (6A)*
Location : ⛺ *(hôtel)*

⚠ **Municipal Bellevue** Rameaux-1er sept.
🅟 02 54 87 01 56 – au Nord du bourg par D 112, rte de Mer et à gauche avant le pont, près de la Loire – ⊶ juil.-août – **R** – ⚿
2,5 ha (100 empl.) plat, herbeux, sablonneux
🛆 🍳 🐾 🛁 ⊙ 🖿 – A proximité : ✂ 🛥
Tarif : 🛉 *14,30* – ▣ *8,20* – 🚰 *5A : 10,70 (hors saison 13,20)*

MULHOUSE

68100 H.-Rhin 🎱 – 🔢 ⑨ ⑩ G. Alsace Lorraine – 108 357 h. alt. 240.
🅱 Office de Tourisme 9 av. Mar.-Foch 🅟 03 89 45 68 31, Fax 03 89 45 66 16.
Paris 464 – Basel 34 – Belfort 40 – Besançon 131 – Colmar 44 – Dijon 219 – Freiburg 59 – Nancy 176 – Reims 366.

⚠ **F.F.C.C. L'ill** avril-sept.
🅟 03 89 06 20 66, Fax 03 89 61 18 34 – au Sud-Ouest de la ville, r. Pierre-de-Coubertin, Par autoroute A 36, sortie Dornach « Cadre boisé en bordure de rivière » ⊶ – **R** – ⅁ℬ ⚿
5 ha (210 empl.) plat, herbeux 🎍🎍
🎢 🛆 🍳 🐾 🗔 🔄 ⊙ 🔃 🖿 – 🔆 – 🖳 – A proximité : patinoire, piste de bi-cross ✂ 🎿 🔲 ⛷
Tarif : (Prix 1999) 🛉 *19,50* – ▣ *19,50* – 🚰 *19,50 (5A)*

MUNSTER

68140 H.-Rhin 🎱 – 🔢 ⑱ G. Alsace Lorraine – 4 657 h. alt. 400.
🅱 Office de Tourisme 1 r. du Couvent 🅟 03 89 77 31 80, Fax 03 89 77 07 17.
Paris 457 – Colmar 20 – Gérardmer 33 – Guebwiller 29 – Mulhouse 61 – St-Dié 53 – Strasbourg 91.

⚠ **Municipal du Parc de la Fecht** Pâques-sept.
🅟 03 89 77 31 08 – E : 1 km par D 10, rte de Turckheim « Cadre boisé, au bord de la Fecht » ⊶ juil.-août – **R** conseillée juil.-août – ⚿
4 ha (260 empl.) plat, herbeux 🎍🎍
🍳 🐾 🗔 🛁 🐾 ⊙ – 🖳 – A proximité : ⛷
Tarif : (Prix 1999) 🛉 *15* – ▣ *21,70* – 🚰 *15 (6A)*

MURAT

15300 Cantal 🔢 – 🔢 ③ G. Auvergne – 2 409 h. alt. 930.
🅱 Office de Tourisme 2 r. du Fg Notre-Dame 🅟 04 71 20 09 47, Fax 04 71 20 21 94.
Paris 525 – Aurillac 52 – Brioude 59 – Issoire 73 – St-Flour 24.

⚠ **Municipal de Stalapos** mai-sept.
🅟 04 71 20 01 83 – sortie Sud rte de St-Flour puis 1 km par chemin à droite, bord de l'Alagnon – 🏖 ≤ ⊶ – **R** – ⚿
3,8 ha (250 empl.) plat et peu incliné, herbeux
🍳 🐾 🛁 ⊙ – 🖳 ♨
Tarif : (Prix 1999) 🛉 *9,50* – ▣ *9,50* – 🚰 *15,90 (6A) 24,30 (10A)*

MURAT-LE-QUAIRE

63 P.-de-D. – 🔢 ⑬ – rattaché à la Bourboule.

MUR-DE-BRETAGNE

22530 C.- d'Armor 🎱 – 🔢 ⑲ G. Bretagne – 2 049 h. alt. 225.
🅱 Office de Tourisme (Pâques-sept.) pl. de l'Église 🅟 02 96 28 51 41, Fax 02 96 26 09 12.
Paris 458 – Carhaix-Plouguer 49 – Guingamp 46 – Loudéac 20 – Pontivy 17 – Quimper 100 – St-Brieuc 43.

⚠ **Municipal du Rond Point du Lac** 15 juin-15 sept.
🅟 02 96 26 01 90 – O : 2,4 km par D 18, près de la Base de Loisirs du Lac de Guerlédan – 🏖 ⊶ – **R** – ⚿
1,7 ha (133 empl.) non clos, plat, peu incliné, incliné, herbeux ♀
🛆 🍳 🐾 🛁 ⊙ – A proximité : parcours sportif 🍷 brasserie ◊
Tarif : 🛉 *12,10* – 🚗 *4* – ▣ *4,10* – 🚰 *10,70 (5A)*

MUROL

63790 P.-de-D. 🔢 – 🔢 ⑬ G. Auvergne – 606 h. alt. 830.
🅱 Office de Tourisme r. Jassaguet 🅟 04 73 88 62 62, Fax 04 73 88 60 23.
Paris 462 – Besse-en-Chandesse 10 – Clermont-Ferrand 37 – Condat 37 – Issoire 30 – Le Mont-Dore 21.

Schéma à Chambon (Lac)

⚠ **La Ribeyre** mai-15 sept.
🅟 04 73 88 64 29, Fax 04 73 88 68 41 – S : 1,2 km rte de Jassat, bord d'un ruisseau – 🏖 ≤ « Plan d'eau privé avec plage aménagée » ⊶ – **R** conseillée juil.-août – ⚿
10 ha/7 campables (300 empl.) plat, herbeux
🛆 🍳 🐾 🗔 🛁 ⊙ 🐾 🎏 🖿 – pizzeria – 🖳 🛥 ✂ ⛷ 🏊 (plan d'eau)
Tarif : ▣ *piscine comprise 2 pers. 90, pers. suppl. 25* – 🚰 *15 (3A) 25 (6A)*
Location 🏕 : 🛖 *950 à 2700* – 🚐 *1200 à 3500 – huttes*

⚠️ **Le Repos du Baladin** mai-10 sept.
ℰ 04 73 88 61 93, Fax 04 73 88 66 41 – E : 1,5 km par D 146, rte de St-Diéry, **à Groire** « Cadre
agréable » ⊶ – **R** conseillée juil.-août – ⚲
1,6 ha (62 empl.) plat et peu incliné, terrasses, herbeux 🗔 💱
🔥 🎋 ⇖ 🗟 🖰 🖰 ☺ 🖳 – 🍴 ✕ 🏖 – 🖫 🏕 🏊
Tarif : 🗐 *1 pers. 55, pers. suppl. 18* – 🔌 *16 (5A) 25 (15A)*
Location : 🛖 *1200 à 3200* – ⛺

⚠️ **Les Fougères** mai-15 sept.
ℰ 04 73 88 67 08, Fax 04 73 88 64 63 – sortie Ouest par D 996, rte de Chambon-Lac, près d'un
ruisseau – ≼ ⊶ – **R** conseillée – ⚲
1,7 ha (70 empl.) en terrasses, plat, herbeux
🔥 🎋 ⇖ 🗟 🖰 ☺ 🖳 – 🚲 🏊 – A proximité : ≅
Tarif : 🗐 *piscine comprise 1 ou 2 pers. 80* – 🔌 *16 (3A)*
Location : 🛖 *1400 à 3000*

⚠️ **Lou Gravêroux** 15 juin-15 sept.
ℰ 04 73 88 63 95 – S : 1,4 km rte de Jassat, bord d'un ruisseau – 🐟 ≼ ⊶ juil.-août – **R** conseillée
– **GB** ⚲
2,5 ha (90 empl.) plat, herbeux ♀ verger
🔥 🎋 ⇖ 🗟 🖰 🖰 ⚞ ☺ 🖳 – 🖫
Tarif : 🕴 *20* – 🚗 *6,50* – 🗐 *17,50* – 🔌 *13 (3A) 20 (6A) 30 (10A)*
Location : 🛖 *900 à 1500*

MURS

84220 Vaucluse 🔟 – 🞱 ⑬ G. Provence – 391 h. alt. 510.
Paris 708 – Apt 17 – Avignon 48 – Carpentras 26 – Cavaillon 27 – Sault 33.

⚠️ **Municipal des Chalottes** Pâques-15 sept.
ℰ 04 90 72 60 84 – sortie Sud par D 4, puis 1,8 km à droite par rte et chemin, après le
V.V.F. – 🐟 ≼ « Cadre boisé et situation agréable » – **R** conseillée juil.-août
4 ha (50 empl.) peu incliné à incliné et accidenté, pierreux ♀
🔥 🎋 ⇖ 🗟 🖰 ☺ – 🏊
Tarif : 🕴 *15* – 🗐 *22* – 🔌 *12 (12A)*

MURS-ET-GELIGNIEUX

01300 Ain 🔢 – 🞱 ⑭ – 188 h. alt. 232.
Paris 513 – Aix-les-Bains 37 – Belley 16 – Chambéry 41 – Crémieu 42 – La Tour-du-Pin 25.

⚠️ **Île de la Comtesse** avril-sept.
ℰ 04 79 87 23 33 – SO : 1 km sur D 992, rte des Abrets – ≼ « Près du Rhône (plan d'eau) » ⊶
– **R** conseillée 15 juil.-15 août – **GB** ⚲
3 ha (100 empl.) plat, pierreux, herbeux
🔥 🎋 ⇖ 🗟 ⚞ ☺ 🖽 🖳 – ⚓ 🍴 snack – 🏕 🏊 🏊
Tarif : 🗐 *piscine comprise 2 pers. 95, pers. suppl. 27* – 🔌 *17 (6A) 22 (10A)*
Location ⚸ : 🛖 *1900 à 3300*

Le MUY

83490 Var 🔢 – 🞱 ⑦ – 7 248 h. alt. 27.
🅱 Office de Tourisme 6 rte de la Bourgade *ℰ* 04 94 45 12 79, Fax 04 94 45 06 67.
Paris 858 – Les Arcs 11 – Draguignan 14 – Fréjus 17 – Le Luc 26 – Ste-Maxime 25.

⚠️ **Les Cigales** avril-sept.
ℰ 04 94 45 12 08, Fax 04 94 45 92 80 – SO : 3 km, accès par l'échangeur de l'autoroute A 8 et
chemin à droite avant le péage « Cadre agréable » ⊶ – **R** conseillée juil.-août – **GB** ⚲
10 ha/3,8 campables (180 empl.) en terrasses, accidenté, pierreux, herbeux 🗔 💱 pinède
🔥 🎋 ⇖ 🗟 🖰 ☺ 🖳 – 🍴 snack, pizzeria 🛒 – réfrigérateurs 🏕 🏊 🏊
Tarif : 🗐 *piscine et tennis compris 2 pers. 120, pers. suppl 30* – 🔌 *21 (6A) 29 (10A)*
Location : 🛖 *1600 à 4200*

MUZILLAC

56190 Morbihan 🄴 – 🞱 ⑭ – 3 471 h. alt. 20.
🅱 Office de Tourisme pl. de l'Hôtel-de-Ville *ℰ* 02 97 41 53 04, Fax 02 97 41 65 42.
Paris 463 – Nantes 87 – Redon 37 – La Roche-Bernard 16 – Vannes 25.

⚠️ **Le Relais de l'Océan** avril-sept.
ℰ 02 97 41 66 48 ✉ 56190 Ambon – O : 3 km par D 20, rte d'Ambon et rte de Damgan à gauche
– ⊶ – **R** conseillée – **GB** ⚲
1,7 ha (90 empl.) plat, herbeux
🔥 🎋 ⇖ 🗟 🖰 ⚞ ☺ 🖳 – 🖫 🏕 🚲 🏊 – A proximité : 🍺
Tarif : 🕴 *20 piscine comprise* – 🗐 *34* – 🔌 *15 (6A) 21 (10A)*
Location : 🛖 *900 à 1900* – 🛖 *1200 à 3100 – appartements*

⚠️ **Municipal** mai-sept.
ℰ 02 97 41 67 01 – E : par rte de Péaule et chemin, près du stade – ⊶ – **R** conseillée – **GB** ⚲
1 ha (100 empl.) plat, herbeux
🔥 🎋 ⇖ 🗟 🖰 ☺ – 🖫
Tarif : 🕴 *15,50* – 🗐 *16* – 🔌 *15 (6A)*

à Noyal-Muzillac NE : 5 km par D 5 – 1 864 h. alt. 52 – ⊠ 56190 Noyal-Muzillac :

▲▲ **Moulin de Cadillac** mai-sept.

    📞 02 97 67 03 47, Fax 02 97 67 00 02 – NO : 4,5 km par rte de Berric – ⛲ « Entrée fleurie et cadre agréable, au bord du Kervily » •▸ – **R** conseillée juil.-15 août – GB ✓
2,5 ha (75 empl.) non clos, plat, herbeux, petit étang, bois attenant 🏕 ♀
♿ 🔥 ♻ 🖼 ⊗ ⊗ ↗ ⊙ 🖼 – 🏖 ✗ – 🍴 🛖 🚣 ☃ toboggan aquatique
Tarif : (Prix 1999) ♱ 19 piscine comprise – 🔲 27 – [⚡] 12 (10A)
Location (mars-oct.) : 🚐 700 à 2700 – 🏠 700 à 2700 – bungalows toilés

---

24250 Dordogne **18** – **75** ⑰ – 275 h. alt. 175.
Paris 551 – Cahors 42 – Fumel 50 – Gourdon 9 – Périgueux 86 – Sarlat-la-Canéda 20.

                             Schéma à la Roque-Gageac

▲▲ **L'Étang** mai-sept.

    📞 05 53 28 52 28 – N : 4 km par rte de Groléjac et chemin à gauche, à Liaubou-Bas – ⛲ « Entrée fleurie » •▸ – **R** conseillée – ✓
3 ha (75 empl.) en terrasses et peu incliné, herbeux, petit étang 🏕 ♀♀ (1 ha)
♿ 🔥 ♻ 🖼 ♻ ⊗ ⊘ – 🍴 – 🛖 🚣 ☃ 🏊
Tarif : ♱ 28 – 🔲 38 – [⚡] 16 (6A)
Location : 🚐 1350 à 3200 – 🏠 1400 à 3700 – gîtes

81320 Tarn **15** – **83** ③ – 321 h. alt. 800.
Paris 726 – Brassac 35 – Lacaune 14 – Lamalou-les-Bains 48 – Olargues 35 – St-Pons-de-Thomières 35.

▲▲ **Rieu-Montagné** 15 juin-15 sept.

    📞 05 63 37 24 71, Fax 05 63 37 15 42 – S : 4,5 km par D 62 et rte à gauche, à 50 m du lac de Laouzas – ⛲ ≤ lac et montagnes boisées « Agréable situation » •▸ – **R** conseillée –
GB ✓
8,5 ha (171 empl.) en terrasses, herbeux, pierreux 🏕 ♀ (4 ha)
🔥 ♻ ♻ ⊗ ⊗ ⊘ ✇ 🖼 – 🏖 🍴 ✗ ☃ – 🛖 ☃ – A proximité : 🚲 ·⊗ ✂ ☃ 🚣 ☃
💧 ♀
Tarif : 🔲 élect. (10A) et piscine comprises 2 pers. 130, pers. suppl. 20
Location (mai-15 oct.) : 🚐 2000 à 3100 – 🏠 2200 à 3600

31560 H.-Gar. **14** – **82** ⑱ – 1 026 h. alt. 285.
Paris 741 – Auterive 15 – Castelnaudary 33 – Foix 51 – Pamiers 30 – Toulouse 43.

▲ **Le Parc de la Thésauque** 22 avril-sept.

    📞 05 61 81 34 67, Fax 05 61 81 00 12 – E : 3,4 km par D 622, rte de Villefranche-de-Lauragais, D 25 à gauche et chemin, à 100 m du lac – ⛲ ≤ •▸ – **R** conseillée – GB ✓
2 ha (60 empl.) en terrasses, herbeux
🗑 ♿ 🔥 ♻ 🖼 ♻ ⊗ ⊗ ✇ 🖼 – A proximité : 🍴 ✗ 🚲 ·⊗ ✂ ☃
Tarif : 🔲 2 pers. 78 – [⚡] 15 (6A) 20 (10A)
Location (permanent) : 🏠 1300 à 1700

56500 Morbihan **3** – **63** ③ – 1 512 h. alt. 106.
Paris 454 – Ploërmel 39 – Pontivy 15 – Rennes 107 – Vannes 41.

▲ **Municipal de Coetdan** juin-sept.

    E : 0,6 km par D 17 et D 203 direction Réguiny – ≤ « Cadre agréable au bord d'un plan d'eau » –
R – ✓
0,7 ha (28 empl.) plat et peu incliné, herbeux 🏕
🔥 ♻ ♻ ⊗ – A proximité : parcours de santé, ferme animalière ☃ 🚣
Tarif : ♱ 8 – ⇐ 5 – 🔲 10 – [⚡] 10

12270 Aveyron **15** – **79** ⑳ G. Midi Pyrénées – 766 h. alt. 315.
␇ Office de Tourisme pl. Faubourg 📞 05 65 29 72 05, Fax 05 65 29 72 29.
Paris 627 – Albi 50 – Cahors 86 – Gaillac 49 – Montauban 72 – Rodez 76 – Villefranche-de-Rouergue 19.

▲▲ **Municipal le Païsserou** 5 mai-10 sept.

    📞 05 65 29 73 96 – NO : 1,5 km par D 39, rte de Parisot, bord de l'Aveyron – ⛲ •▸ juil.-août –
R conseillée 15 juil.-15 août – ✓
4 ha (100 empl.) plat, herbeux 🏕 ♀♀
♿ 🔥 ♻ 🖼 ♻ ⊗ 🖼 – snack ☃ – 🛖 ☃ – A proximité : ✂ 🏊
Tarif : 🔲 élect. comprise 2 pers. 70, pers. suppl. 30
Location : 🏠 1130 à 1610 – gîte d'étape

NALLIERS

85370 Vendée 🟦 – 🟥 ⑪ – 1 763 h. alt. 9.
Paris 435 – Fontenay-le-Comte 20 – Luçon 12 – Niort 52 – La Rochelle 45 – La Roche-sur-Yon 44.

▲ **Municipal le Vieux Chêne** 15 mai-15 sept.
    🗺 02 51 30 90 71 – au Sud du bourg – **R** conseillée
    1 ha (25 empl.) plat, herbeux 🗔
    🕭 🗂 ⇆ 🛁 ⊛ – A proximité : 🍴
    Tarif : ✝ 10 – 🚗 5 – 🖽 5 – 🔌 15

NAMPONT-ST-MARTIN

80120 Somme 🟦 – 🟥 ⑫ Ⓖ. Picardie Flandres Artois – 242 h. alt. 10.
Paris 215 – Abbeville 31 – Amiens 79 – Boulogne-sur-Mer 53 – Hesdin 25 – Le Touquet-Paris-Plage 29.

▲▲ **La Ferme des Aulnes** avril-1er nov.
    🗺 03 22 29 22 69 – SO : 3 km par D 85ᴱ, rte de Villier-sur-Authie, à Fresne – 🐿 « Dans les
    dépendances restaurées d'une ferme Picarde » ☛ – **R** conseillée – ⚹
    4 ha (55 empl.) peu incliné, herbeux 🗔
    🕭 🗂 ⇆ 🗂 ⊛ 🍴 ⚳ – 💥 – ▼ – 🏓 ⚞ 🚣 ·⊛ 🏊
    Tarif : (Prix 1999) 🖽 piscine comprise 2 pers. 100 – 🔌 25 (6A)

NANÇAY

18330 Cher 🟦 – 🟥 ⑳ Ⓖ. Berry Limousin – 784 h. alt. 140.
Paris 204 – Aubigny-sur-Nère 27 – Bourges 36 – La Chapelle-d'Angillon 21 – Salbris 14 – Vierzon 23.

▲ **Municipal les Pins** Permanent
    🗺 02 48 51 81 80 – NO : 0,8 km par D 944 rte de Salbris – Places limitées pour le passage « Agréable
    cadre boisé » ☛ – **R**
    4 ha (100 empl.) plat, sablonneux ⚳⚳
    🏛 🗂 🗂 ⚳ ⊛ 🖽 – 🚣 🚲 – A proximité : 🍴
    Tarif : (Prix 1999) ✝ 7 – 🖽 11,30 – 🔌 12 (5A) 24,20 (10A)

NANS-LES-PINS

83860 Var 🟦 – 🟥 ⑭ – 2 485 h. alt. 380.
Paris 799 – Aix-en-Provence 44 – Brignoles 27 – Marseille 43 – Rians 35 – Toulon 71.

▲▲ **International de la Ste-Baume** mai-10 sept.
    🗺 04 94 78 92 68, Fax 04 94 78 67 37 – N : 0,9 km par D 80 et à droite, Par A 8 : sortie St-Maximin-
    la-Ste-Baume – 🐿 « Cadre agréable en forêt » ☛ – **R** conseillée juil.-août – ⚹
    5 ha (160 empl.) plat, peu accidenté, pierreux, gravier 🗔 ⚳⚳
    🕭 🗂 ⇆ 🗂 🛁 ⚳ ⊛ 🖽 – snack ⚞ – 🚣 🏄 discothèque 🚣 ·⊛ 🍴 🏊 – A proximité : 🏇, poneys
    Tarif : 🖽 piscine et tennis compris 2 pers. 139 – 🔌 23 (6A) 29 (10A)
    Location 🏠 : 🛖 1590 à 3890 – 🛖 2190 à 4390 – bungalows toilés

▲ **Municipal la Petite Colle** Permanent
    🗺 04 94 78 65 98 – S : 1,5 km par D 80, rte de la Ste-Baume et chemin à gauche – 🐿 « Cadre
    sauvage dans une forêt de chênes » ☛ – **R** conseillée juil.-août – ⚹
    1,1 ha (50 empl.) non clos, plat et peu accidenté, pierreux, rochers ⚳⚳
    🗂 ⇆ 🛁 ⊛ 🖽
    Tarif : (Prix 1999) ✝ 19 – 🖽 19 – 🔌 15 (15A)

NANT

12230 Aveyron 🟦 – 🟥 ⑮ Ⓖ. Languedoc Roussillon – 773 h. alt. 490.
Paris 675 – Le Caylar 21 – Millau 33 – Montpellier 95 – St-Affrique 41 – Le Vigan 42.

▲▲▲ **Val de Cantobre** 15 mai-14 sept.
    🗺 05 65 58 43 00, Fax 05 65 62 10 36 – Domaine de Vellas, N : 4,5 km par D 991, rte de Millau et
    chemin à droite, bord de la Dourbie – 🐿 ≤ « Vieille ferme caussenarde du XVᵉ siècle » ☛ –
    R conseillée – 🇬🇧 ⚹
    6 ha (200 empl.) en terrasses, rocailleux, herbeux 🗔 ⚳
    🕭 🗂 ⇆ 🗂 🛁 ⚳ ⊛ ⚳ 🕭 🖽 – 🛒 ▼ ✗ pizzeria ⚞ cases réfrigérées – 🛖 🏄 🚣 🍴 🎿 🏊
    Tarif : 🖽 élect. (4A) et piscine comprises 2 pers. 155
    Location (permanent) : 🛖 1500 à 3300 – 🛖 1800 à 3700

▲ **Le Roc qui parle** avril-sept.
    🗺 05 65 62 22 05 – NO : 2,4 km par D 991, rte de Millau, au lieu-dit les Cuns, bord de la Dourbie
    – 🐿 ≤ « Site agréable » ☛ – **R** conseillé 14 juil.-15 août – ⚹
    4,5 ha (88 empl.) plat, en terrasses et incliné, herbeux, pierreux 🗔
    🕭 🗂 ⇆ 🗂 🛁 ⊛ ⚳ 🕭 🖽 – 🛖 🚣 🏊
    Tarif : 🖽 2 pers. 70, pers. suppl. 22 – 🔌 15 (6A)
    Location : 🛖 1610 à 2300

▲ **Le Vialaret** 15 avril-15 sept.
    🗺 05 65 62 13 66 – sortie Nord-Ouest par D 991, rte de Millau et chemin à droite, bord de la Dourbie
    – ≤ ☛ juil.-août – **R** conseillée juil.-août – ⚹
    2 ha (50 empl.) plat, herbeux 🗔
    🕭 🗂 ⇆ 🗂 🛁 ⊛ 🖽
    Tarif : (Prix 1999) ✝ 15 – 🖽 20/30 – 🔌 10 (6A)

LES GUIDES VERTS **MICHELIN**

Paysages, monuments
Routes touristiques
Géographie
Histoire, Art
Itinéraire de visite
Plans de villes et de monuments

NANTES

44000 Loire-Atl. 🔟 – 🖸🗇 ③ G. Bretagne – 244 995 h. alt. 8.
🖪 Office de Tourisme pl. du Commerce ℘ 02 40 20 60 00, Fax 02 40 89 11 99 (dim.) Château des Ducs de Bretagne.
Paris 384 – Angers 91 – Bordeaux 326 – Lyon 634 – Quimper 231 – Rennes 110.

⚠ **Petit Port** Permanent
℘ 02 40 74 47 94, Fax 02 40 74 23 06 ✉ 44300 Nantes – bd du Petit-Port, bord du Cens « Cadre agréable, décoration florale et arbustive » ⚬⚡ – **R** – 🖵🗗 ⚡
8 ha (200 empl.) plat, peu incliné, herbeux, gravillons 🖵 ⚲
▥ 🗟 ⚏ 🗟 🖰 ⊕ ⚖ ⚐ 🖳 🖳 – A proximité : patinoire, bowling ✗ crêperie 🖾
Tarif : ⚝ 18 piscine comprise – 🖂 25/46 – 🖗 18 (10A)

à Ste-Luce-sur-Loire NE : 6 km par D 68 – 9 648 h. alt. 9 – ✉ 44980 Ste-Luce-sur-Loire :

⚠ **Belle Rivière** Permanent
℘ 02 40 25 85 81 – NE : 2 km par D 68, rte de Thouaré puis, au lieu-dit la Gicquelière, 1 km par rte à droite, accès direct à un bras de la Loire « Entrée fleurie » ⚬⚡ été – **R** indispensable – ⚡
3 ha (100 empl.) plat, herbeux 🖵
▥ ⚙ 🗟 ⚏ 🗟 🖰 ⊕ ⚖ 🖳 – ⚞ – A proximité : ⚞ (centre équestre)
Tarif : 🖂 2 pers. 68, pers. suppl. 20 – 🖗 16 (3A) 18 (5A) 23 (10A)

à Vertou SE : 10 km par D 59 – 18 235 h. alt. 32 – ✉ 44120 Vertou :
🖪 Office de Tourisme pl. du Beau Verger ℘ 02 40 34 12 22, Fax 02 40 34 06 86

⚠ **Municipal le Loiry** avril-sept.
℘ 02 40 80 07 10 – au Sud du bourg, sur D 115, rte de Rezé, près de la Sèvre Nantaise et d'un plan d'eau – ⚬⚡ – **R** conseillée juil.-août – ⚡
2 ha (73 empl.) plat, herbeux 🖵
⚙ 🗟 ⚏ 🗟 🖰 ⊕ ⚖ – 🖾 – Au Parc de Loisirs attenant : ⚑ brasserie 🖸 ⚞ parcours sportif –
A proximité : ✗ 🖾
Tarif : ⚝ 13 – 🖂 22 – 🖗 13 (6A) 22 (10A)

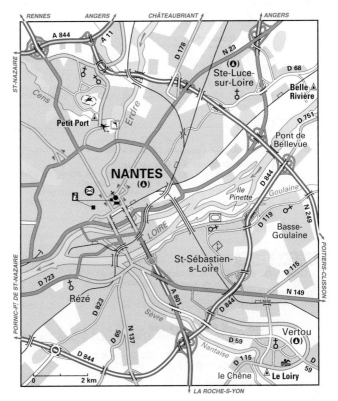

11100 Aude 🔟🔢 – 🔢🔢 ⑭ G. Languedoc Roussillon – 45 849 h. alt. 13.
🇧 Office de Tourisme pl. Roger-Salengro 🖉 04 68 65 15 60, Fax 04 68 65 59 12.
Paris 796 – Béziers 28 – Carcassonne 61 – Montpellier 95 – Perpignan 65.

△△△ **Le Relais de la Nautique** mars-15 nov.
🖉 04 68 90 48 19, Fax 04 68 90 73 39 – S : 4,5 km, près de l'étang de Bages, Par A9 sortie 38 Narbonne-Sud – ≤ ↗ – **R** conseillée juil.-août – ☍ ↗
16 ha (390 empl.) plat et peu incliné, gravillons ☷ ♀
♿ ♨ ⇖ ☺ ☲ ☵ ▥ – ♨ ♈ ✗ snack ↗ – ☖ ↗ discothèque ↗ ♠ ⚒ ◿ toboggan aquatique – A proximité : ♨
Tarif : 🄴 élect., piscine et tennis compris 2 pers. 138, pers. suppl. 29,50
Location : ♒ 1365 à 3360

△△△ **Les Mimosas** 28 mars-oct.
🖉 04 68 49 03 72, Fax 04 68 49 39 45 – SE : 6 km, à Mandirac, Par A 9 : sortie 38 Narbonne-Sud « Cadre agréable et fleuri » ↗ – **R** conseillée juil.-août – ☍ ↗
9 ha (250 empl.) plat, pierreux, herbeux ☷ ♀
♿ ♨ ⇖ ▤ ☺ ☺ ☲ ☵ ▥ – ♨ ♈ ✗ ↗ – ☖ ↗ ♪ ♒ salle d'animation ↗ ♠ ⚒ ♬ ◿ – A proximité : ♨
Tarif : 🄴 piscine comprise 2 pers. 92, pers. suppl. 23 – 🄿 17 (6A)
Location : ♒ 900 à 1800 – ♒ 1400 à 3500 – ☖ 1400 à 3500 – bungalows toilés

48260 Lozère 🔟🔢 – 🔢🔢 ⑭ – 503 h. alt. 1 180.
🇧 Office de Tourisme 🖉 04 66 32 55 73.
Paris 579 – Aumont-Aubrac 23 – Chaudes-Aigues 27 – Espalion 34 – Mende 58 – Rodez 65 – St-Flour 56.

△ **Municipal** 25 mai-29 sept.
🖉 04 66 32 51 87 – N : 1 km par D 12, rte de St-Urcize, alt. 1 100 – ☍ ↗ – ⠀
2 ha (75 empl.) plat, peu incliné, herbeux
♿ ♨ ⇖ ▤ ☺ ☺ – A proximité : ♨
Tarif : 🄴 2 pers. 35 – 🄿 12,50 (16A)

NAUCELLE

12800 Aveyron 🔟🔟 – 🔟🔟 ① – 1 929 h. alt. 490.
Paris 646 – Albi 48 – Millau 89 – Rodez 35 – St-Affrique 76 – Villefranche-de-Rouergue 50.

⚠️ *Lac de Bonnefon* avril-oct.
     🕿 05 65 47 00 67, Fax 05 65 72 20 82 – sortie Sud-Est par D 997, rte de Naucelle-Gare puis 1,5 km par rte de Crespin et rte de St-Just à gauche, à 100 m de l'étang (accès direct) – 🏊 ⚓ – **R** – 🔵🔵 ⚙️
3 ha (90 empl.) peu incliné, en terrasses, herbeux 🏕️ ♀️
     🛁 🖾 🍴 😊 🔵 – 🍴 snack – 🛒 🔥 🏊 (petite piscine)
Tarif : (Prix 1999) 🔲 *2 pers. 60, pers. suppl. 18 –* 🔌 *20 (10A)*

NAUSSAC

48300 Lozère 🔟🔟 – 🔟🔟 ⑰ – 117 h. alt. 920.
Paris 583 – Grandrieu 25 – Langogne 3 – Mende 48 – Le Puy-en-Velay 54 – Thueyts 45.

⚠️ *Intercommunal du Lac* avril-sept.
     🕿 04 66 69 23 15 – au Nord du bourg par D 26, rte de Saugues et à gauche, à 200 m du lac (accès direct) – ≤ « Belle situation » ⚓ – **R** – 🔵🔵 ⚙️
4,8 ha (198 empl.) incliné, en terrasses, herbeux, pierreux
🛁 🖾 🍴 😊 🔵 – 🛒 🚗 🚲 – A proximité : toboggan aquatique, golf 🍴 ✖️ 🏊 🎿 🏊
🏇
Tarif : 🚶 *21 piscine comprise –* 🚗 *12 –* 🔲 *13 –* 🔌 *15 (10A)*
Location : 🏠*(sans sanitaires)*

NAVARRENX

64190 Pyr.-Atl. 🔟🔟 – 🔟🔟 ⑤ G. Aquitaine – 1 036 h. alt. 125.
🅱 Office de Tourisme (hors saison) Porte St-Antoine 🕿 05 59 66 10 22   (juil.-août) 🕿 05 59 66 14 93, Fax 05 59 66 11 01.
Paris 787 – Oloron-Ste-Marie 22 – Orthez 22 – Pau 42 – St-Jean-Pied-de-Port 62 – Sauveterre-de-Béarn 21.

⚠️ *Municipal Beau Rivage* avril-15 sept.
     🕿 05 59 66 10 00 – à l'Ouest du bourg, entre le Gave d'Oloron et les remparts du village – ≤ ⚓ – **R**
2 ha (60 empl.) en terrasses, plat, herbeux 🏕️
     🛁 🖾 🍴 😊 🔵 – 🚗 – A proximité : ✖️ 🎿
Tarif : 🚶 *14 –* 🚗 *11 –* 🔲 *17/20 –* 🔌 *15 (20A)*
Location : *huttes*

Le NAYRAC

12190 Aveyron 🔟🔟 – 🔟🔟 ⑫ ⑬ – 581 h. alt. 707.
Paris 605 – Aurillac 60 – Entraygues-sur-Truyère 17 – Espalion 19 – Rodez 49.

⚠️ *La Planque* 15 juin-sept.
     🕿 05 65 44 44 50 – S : 1,4 km par D 97, rte d'Estaing puis chemin à gauche, bord d'un étang – 🏊 ≤ ⚓ – **R** – ⚙️
3 ha (45 empl.) en terrasses, plat, herbeux 🏕️ ♀️
     🖾 🍴 😊 🔵 – 🛒 🚗 🚲 ✖️ 🏊
Tarif : 🚶 *14 –* 🔲 *14 –* 🔌 *9 (3A) 13 (6A)*

NÉBIAS

11500 Aude 🔟🔟 – 🔟🔟 ⑥ – 247 h. alt. 581.
Paris 812 – Belcaire 27 – Carcassonne 59 – Lavelanet 27 – Quillan 10.

⚠️ *Le Fontaulié-Sud* Pâques-sept.
     🕿 04 68 20 17 62 – sortie Nord-Ouest par D 117 puis 0,6 km par chemin à gauche – 🏊 ≤ ⚓ – **R** conseillée juil.-août – ⚙️
3,5 ha (69 empl.) plat et incliné, herbeux, pinède 🏕️
     🖾 🍴 😊 🔵 – 🚗 – 🛒 🚲 🏊
Tarif : 🔲 *piscine comprise 2 pers. 65 –* 🔌 *13 (4A)*
Location : 🏠 *1000 à 1400 –* 🏠 *1600 à 2300*

NÉBOUZAT

63210 P.-de-D. 🔟🔟 – 🔟🔟 ⑬ – 658 h. alt. 860.
Paris 443 – La Bourboule 34 – Clermont-Ferrand 20 – Pontgibaud 23 – St-Nectaire 26.

⚠️ *Les Dômes* 15 mai-15 sept.
     🕿 04 73 87 14 06, Fax 04 73 87 18 81 – aux 4 Routes, par D 216, rte de Rochefort-Montagne, alt. 815 – ≤ « Entrée fleurie » ⚓ – **R** conseillée – ⚙️
1 ha (65 empl.) plat, herbeux 🏕️ ♀️
     🖾 🍴 🛁 😊 ♨️ 🔵 – 🛒 🚗 🖼️ (découverte l'été)
Tarif : 🔲 *piscine comprise 1 pers. 48, pers. suppl. 32,50 –* 🔌 *19,50 (10 ou 16A)*
Location : 🏠 *1569 à 2615 –* 🏠 *1812 à 3020*

NÉFIACH

66170 Pyr.-Or. 🔟 – 🎱🎲 ⑱ – 835 h. alt. 101.
Paris 876 – Millas 3 – Perpignan 21 – Prades 25 – Tautavel 26 – Thuir 13.

⚠ *La Garenne* Permanent
    🅿 04 68 57 15 76 – O : 0,7 km par D 916, rte d'Ille-sur-Têt – ⚷ – **R** conseillée juil.-août – ⚗
    1,5 ha (73 empl.) plat, herbeux, pierreux 🔲 ᗩᗩ
    🖾 🏠 ⇆ ⚬ ⊕ 🖻 – 🍴 – 🏊
    Tarif : 🖪 *piscine comprise 2 pers. 61, pers. suppl. 18* – 🔌 *10A : 18 (hiver 30)*
    Location *(juin-sept.)* 🚿 : 🚐 *2400*

NÈGREPELISSE

82800 T.-et-G. 🔟 – 🎲🎲 ⑱ – 3 326 h. alt. 87.
🅱 Office de Tourisme D115 Ancienne Gare 🅿 05 63 64 23 47, Fax 05 63 30 38 01.
Paris 633 – Bruniquel 14 – Caussade 12 – Gaillac 46 – Montauban 18.

⚠ *Municipal le Colombier* juin-sept.
    🅿 05 63 64 20 34 – au Sud-Ouest de la ville, près du D 115 – ⚷ – **R** conseillée – ⚗
    1 ha (53 empl.) plat, en terrasses, herbeux, pierreux ᗩ
    🏠 ⇆ ⊕ 🚐 🖻 – A proximité : 🐴 🏊🏊 🏊
    Tarif : 🚶 *10 piscine comprise* – 🖪 *20* – 🔌 *12 (10A)*

NENON

39 Jura – 🔟 ③ – rattaché à Dole.

NÉRIS-LES-BAINS

03310 Allier 🔟 – 🎲🎲 ② ③ G. Auvergne – 2 831 h. alt. 364.
🅱 Office de Tourisme carr. des Arènes 🅿 04 70 03 11 03, Fax 04 70 03 11 03.
Paris 341 – Clermont-Ferrand 83 – Montluçon 9 – Moulins 73 – St-Pourçain-sur-Sioule 55.

⚠ *Municipal du Lac* 2 avril-29 oct.
    🅿 04 70 03 24 70 – au Sud-Ouest de la ville, par D 155, rte de Villebret, à l'ancienne gare, bord de
    la rivière et accès direct à un lac – ⚷ – **R** – ⚗
    3,5 ha (135 empl.) plat et peu incliné, terrasse, herbeux, gravillons 🔲
    🖾 🏠 ⇆ 🖻 🚐 ⊕ ⚬ 🌀 🖻 – 🍴 snack – 🚐 🏊🏊 – A proximité : 🚿 🖾
    Tarif : 🖪 *élect. comprise 1 pers. 54,30*
    Location : 🏠 *1820 à 2205 – studios, huttes*

NESLES-LA-VALLÉE

95690 Val-d'Oise 🔢 – 🎲🎲 ⑳ – 1 670 h. alt. 41.
Paris 49 – Beauvais 47 – l'Isle-Adam 24 – Mantes-la-Jolie 52 – Pontoise 12.

⚠ *Parc de Séjour de l'Étang* mars-15 nov.
    🅿 01 34 70 62 89 – sortie Est par D 64, rte d'Isle-Adam et chemin à gauche – 🌀 ⚷ –
    R – ⚗
    6 ha (135 empl.) plat, herbeux, étang 🔲 ᗩᗩ
    🖾 🖾 🏠 ⇆ 🖻 🎱 ⇆ ⊕ ⚙ 🖻 – 🚐 🏊🏊
    Tarif : 🚶 *25* – 🖪 *25* – 🔌 *18 (3A) 22 (9A)*

NEUFCHÂTEAU

88300 Vosges 🔢 – 🎲🎲 ⑬ G. Alsace Lorraine – 7 803 h. alt. 300.
🅱 Office de Tourisme 3 parking des Grandes Écuries 🅿 03 29 94 10 95, Fax 03 29 94 10 89.
Paris 321 – Chaumont 58 – Contrexéville 29 – Épinal 75 – Langres 82 – Toul 43.

⚠ *Municipal* 15 avril-15 oct.
    🅿 03 29 94 19 03 – sortie Ouest, rte de Chaumont et à droite, rue G.-Joecker, près du complexe
    sportif – ⚷ – **R**
    0,8 ha (50 empl.) plat, herbeux ᗩᗩ
    🖾 🏠 ⇆ 🖻 ⇆ ⊕ ⚬ 🌀 ⚙ – A proximité : 🚿 🖾 🖾
    Tarif : 🚶 *15* – 🖪 *30* – 🔌 *19 (10A)*

NEUNG-SUR-BEUVRON

41210 L.-et-Ch. 🔢 – 🎲🎲 ⑱ ⑲ – 1 152 h. alt. 102.
Paris 185 – Beaugency 33 – Blois 40 – Lamotte-Beuvron 20 – Romorantin-Lanthenay 21 – Salbris 26.

⚠ *Municipal de la Varenne* avril-sept.
    🅿 02 54 83 68 52 – NE : 1 km, accès par rue à gauche de l'église, près du Beuvron – 🌀 « Cadre
    agréable » ⚷ – **R** – ⚗
    4 ha (73 empl.) plat, peu incliné, herbeux, sablonneux 🔲 ᗩᗩ chênaie
    🖾 🏠 ⇆ ⇆ ⊕ 🖻 – 🏊🏊 🚿
    Tarif : *(Prix 1999)* 🚶 *11,60* – 🖪 *10,55 ou 15,80* – 🔌 *14,70*

15260 Cantal **11** – **76** ⑭ G. Auvergne – 1 078 h. alt. 938.

🏢 Office de Tourisme le Bourg 🖉 04 71 23 85 43, Fax 04 71 23 86 40.

Paris 536 – Aurillac 77 – Entraygues-sur-Truyère 70 – Espalion 68 – St-Chély-d'Apcher 44 – St-Flour 18.

▲▲ *Le Belvédère du Pont de Lanau* avril-15 nov.
🖉 04 71 23 50 50, Fax 04 71 23 58 93 – S : 6,5 km par D 48, D 921, rte de Chaudes-Aigues et chemin de Gros à droite, alt. 670 – ⬥ ≤ gorges de la Truyère « Dans un site agréable » ⚬┰ – **R** conseillée juil.-août – ⊖ℬ ♂⁄
5 ha (120 empl.) en terrasses, herbeux, pierreux ⬚ ⚲
⬥ 🔔 ⬥ 🗂 🛋 ♨ ⬣ ⊙ ♨ ⬥ ⬥ 🗂 ▣ – 🍴 – 🔈 ₭ 🎣
Tarif : ▣ *piscine comprise 2 pers. 105, pers. suppl. 20 – [£] 15 (6A)*
Location : 🛏 *1150 à 2950*

▲ *Municipal Fontbielle* juin-sept.
🖉 04 71 23 84 08 – à 500 m au Sud du bourg – ⬥ ≤ – **R** conseillée 14 juil.-15 août – ♂⁄
1 ha (41 empl.) en terrasses, herbeux, pierreux ⚲⚲ (0,4 ha)
⬥ 🔔 ⬥ 🛋 ⊙ ♨ ⬣ ▣ – 🍴 ₭₊ – A proximité : ✗
Tarif : (Prix 1999) ▣ *1 pers. 20, 2 pers. 30, pers. suppl. 12 – [£] 10 (10A)*
Location : *huttes*

Ce guide n'est pas un répertoire de tous les terrains de camping mais une sélection des meilleurs camps dans chaque catégorie.

19160 Corrèze **10** – **76** ① G. Berry Limousin – 1 829 h. alt. 620.

🏢 Office de Tourisme r. de la Poste 🖉 05 55 95 88 78 et (juil. août) r. de la Tour-Cinq-Pierre.

Paris 470 – Aurillac 80 – Mauriac 26 – Tulle 58 – Ussel 21.

▲▲ *Municipal du Lac* juil.-août
🖉 05 55 95 85 48 – E : 2,3 km par D 20, rte de Bort-les-Orgues et rte de la plage à gauche, bord du lac de Triouzoune – ⬥ « Site agréable » ⚬┰ – **R** conseillée – ♂⁄
5 ha (100 empl.) en terrasses et accidenté, herbeux, gravillons ⬚ ⚲⚲
🔔 ⬥ 🗂 🛋 ▣ – 🍴 ₭₊ – A proximité : 🍽 ✗ ✗ ₭ 🌊 ♨
Tarif : (Prix 1999) ♣ *14 – 🚐 7 – ▣ 9 – [£] 9 (10A)*
Location *(avril-oct.)* : *gîtes*

24190 Dordogne **10** – **75** ④ – 2 737 h. alt. 80.

Paris 518 – Bergerac 36 – Mussidan 13 – Périgueux 28 – Ribérac 23.

▲▲ *Municipal Plein Air Neuvicois* mai-sept.
🖉 05 53 81 50 77, Fax 05 53 82 10 44 – N : 0,7 km par D 39, rte de St-Astier, sur les deux rives de l'Isle – ⚬┰ – **R** conseillée juil.-août – ⊖ℬ
2,5 ha (121 empl.) plat, herbeux ⚲⚲
⬥ 🔔 ⬥ 🗂 🛋 ⊙ – 🍴 – 🔈 – A proximité : ✗ 🌊 ♨
Tarif : ▣ *2 pers. 55, pers. suppl 12 – [£] 14 (5A)*

86 Vienne – **68** ⑬ – rattaché à Poitiers.

72190 Sarthe **5** – **60** ⑬ – 2 121 h. alt. 60.

Paris 207 – Beaumont-sur-Sarthe 20 – Conlie 19 – Le Mans 8 – Mamers 39.

▲▲ *Le Vieux Moulin* mai-sept.
🖉 02 43 25 31 82, Fax 02 43 25 38 11 – sortie Ouest par rue du Vieux Moulin et chemin à gauche avant le pont, près de la Sarthe – ⬥ ⚬┰ – **R** indispensable 10-18 juin – ⊖ℬ ♂⁄
4,8 ha (100 empl.) plat, herbeux ⬚ ⚲
🔊 🔔 ⬥ 🗂 🛋 ⊙ ⬥ ▣ – 🍴 ₭₊ ✗ ₭ 🌊 (petite piscine) – A proximité : ✗
Tarif : ▣ *2 pers. 65, pers. suppl. 19,50 – [£] 19,50 (10A)*
Location : 🏠 *(sans sanitaires)*

36230 Indre **10** – **68** ⑲ G. Berry Limousin – 1 722 h. alt. 186.

Paris 297 – Argenton-sur-Creuse 24 – Châteauroux 28 – La Châtre 16 – Guéret 60 – La Souterraine 69.

▲ *Municipal les Frênes* 15 juin-août
🖉 02 54 30 82 51 – sortie Ouest par D 927, rte d'Argenton-sur-Creuse puis 0,6 km par rue à gauche et chemin à droite, à 100 m d'un étang et de la Bouzanne – ⬥ ⚬┰ ✗ – **R** – ♂⁄
1 ha (35 empl.) plat, herbeux ⬚
🔔 ⬥ 🗂 🛋 ⊙ ⬥ ⬣ ▣ – 🌊 – A proximité : 🍴 snack ✗
Tarif : (Prix 1999) ▣ *2 pers. 40, pers. suppl. 12 – [£] 8 (4A) 15 (9A) 30 (20A)*

NÉVACHE

05100 H.-Alpes 🔢 – 🔢 ⑧ G. Alpes du Sud – 245 h. alt. 1 640 – Sports d'hiver : 1 600/1 800 m ⚡ 2 ⚡.
Paris 705 – Bardonècchia 62 – Briançon 21.

⚠ **Municipal** 15 juin-15 sept.
⌀ 04 92 21 38 21 – NO : 6,2 km par D 301^T, aux Chalets de Fontcouverte, croisement difficile pour caravanes, alt. 1 860 – ⛱ ≤ « Site agréable au bord d'un torrent et près de la Clarée » ⛺
– 🅁 – ⚲
2 ha (100 empl.) plat, peu incliné, terrasses, pierreux, herbeux ♀
⚲ 🔥 ⛲ – A proximité : ✗
Tarif : ✳ 12 – 🚗 8 – 🔲 15

NÉVEZ

29920 Finistère 🔢 – 🔢 ⑪ G. Bretagne – 2 574 h. alt. 40.
Paris 542 – Concarneau 14 – Pont-Aven 8 – Quimper 38 – Quimperlé 26.

⚠ **Les Chaumières** 15 mai-15 sept.
⌀ 02 98 06 73 06, Fax 02 98 06 78 34 – S : 3 km par D 77 et rte à droite, à Kérascoët – ⛱ ⛺
juil.-août – **R** conseillée 15 juil.-15 août – ⚲
2 ha (110 empl.) plat, herbeux 🔲 ♀ verger (0,3 ha)
⚲ 🔥 🍃 ⊛ 🔲 – 🔁 – A proximité : ♆ crêperie
Tarif : ✳ 21,50 – 🚗 9,50 – 🔲 19,80 – 🔌 14,20 (4A) 17,30 (6A) 22 (10A)

NEXON

87800 H.-Vienne 🔟 – 🔢 ⑰ G. Berry Limousin – 2 297 h. alt. 359.
Paris 416 – Châlus 19 – Limoges 24 – Nontron 52 – Rochechouart 38 – St-Yrieix-la-Perche 21.

⚠ **Municipal de l'Étang de la Lande** juin-sept.
⌀ 05 55 58 35 44 – S : 1 km par rte de St-Hilaire, accès près de la pl. de l'Hôtel-de-Ville, près d'un plan d'eau – ⛺ – **R** – ⚲
2 ha (53 empl.) peu incliné, terrasse, herbeux 🔲 ♀♀ (0,3 ha)
⚲ 🔥 ⛲ 🍃 🔲 ⊛ 🔲 – 🔁 ♻ – A proximité : 🏊 (plage)
Tarif : (Prix 1999) 🔲 2 pers. 47 – 🔌 12 (6A)
Location : 🏠 1080 à 2680 – huttes

NEYDENS

74160 H.-Savoie 🔢 – 🔢 ⑥ – 957 h. alt. 560.
Paris 532 – Annecy 33 – Bellegarde-sur-Valserine 36 – Bonneville 34 – Genève 17 – St-Julien-en-Genevois 8.

⚠ **La Colombière** 25 mars-15 oct.
⌀ 04 50 35 13 14, Fax 04 50 35 13 40 – à l'Est du bourg – ≤ ⛺ saison – **R** conseillée juil.-août
– 🆖 ⚲
2,2 ha (107 empl.) plat, herbeux, gravier 🔲 ♀
🏊 ⚲ 🔥 ⛲ 🍃 🔲 ⊛ ♻ 🔲 – 🔁 ♻ ⚡ 🔺 – ♆ ✗ ⚲ – 🔁 ♻ 🔺
Tarif : 🔲 piscine comprise 2 pers. 97, pers. suppl. 23 – 🔌 20 (5A)
Location (permanent) : 🏠 1200 à 1900 – 🏠 1800 à 3500

NIBELLE

45340 Loiret 🔢 – 🔢 ⑳ – 697 h. alt. 123.
Paris 102 – Chartres 91 – Châteauneuf-sur-Loire 24 – Neuville-aux-Bois 27 – Pithiviers 20.

⚠ **Nibelle** mars-nov.
⌀ 02 38 32 23 55, Fax 02 38 32 03 87 – E : 2 km par D 230, rte de Boiscommun puis D 9 à droite
– Places limitées pour le passage ⛱ ⛺ – **R** conseillée – ⚲
6 ha (120 empl.) plat, pierreux, herbeux 🔲 ♀
🔥 ⛲ 🍃 🔲 ⊛ 🔲 – 🔁 ♻ ♆ 🔺 🔺 – A proximité : ✗
Tarif : ✳ 60 piscine comprise – 🚗 15 – 🔲 10/20 avec élect. (2A)
Location (avril-1er nov.) : 🏠 1400 à 2950

NIEDERBRONN-LES-BAINS

67110 B.-Rhin 🔢 – 🔢 ⑱ ⑲ G. Alsace Lorraine – 4 372 h. alt. 190 – ♨.
🅑 Office de Tourisme 2 pl. Hôtel-de-Ville ⌀ 03 88 80 89 70, Fax 03 88 80 37 01.
Paris 458 – Haguenau 22 – Sarreguemines 56 – Saverne 39 – Strasbourg 54 – Wissembourg 39.

⚠ **Heidenkopf** Permanent
⌀ 03 88 09 08 46 – N : 3,5 km par rte de Bitche et RF à droite – Places limitées pour le passage
⛱ ≤ « A l'orée de la forêt » ⛺ – **R** conseillée été – 🆖 ⚲
2 ha (85 empl.) en terrasses et peu incliné, herbeux ♀♀ (1 ha)
🏊 ⚲ 🔥 ⛲ 🍃 🔲 ⊛ 🔲 – 🔁 – A proximité : 🎾 🔲 (découverte l'été)
Tarif : ✳ 16 – 🔲 17 – 🔌 22 (5A)

NIEUL-SUR-MER

17 Char.-Mar. – 🔢 ⑫ – rattaché à la Rochelle.

NIORT

79000 Deux-Sèvres **9** – **71** ② G. Poitou Vendée Charentes – 57 012 h. alt. 24.
B Office de Tourisme (saison) pl. de la Poste ☎ 05 49 24 18 79, Fax 05 49 24 98 90.
Paris 410 – Angoulême 115 – Bordeaux 184 – Limoges 162 – Nantes 141 – Poitiers 76 – Rochefort 62 – La Rochelle 66.

  ▲ *Municipal Niort-Noron* avril-sept.
    ☎ 05 49 79 05 06 – Ouest par bd de l'Atlantique, derrière le Parc des Expositions et des Loisirs, bord de la Sèvre Niortaise « Décoration arbustive » ⌐ – **R** conseillée juil.-15 août
    1,9 ha (138 empl.) plat, herbeux, gravillons ☐ ♀
    🎋 ⇆ 🗟 📛 ⊕ ♨ ⛫ 🖃 – ♂ – A proximité : ♨

NIOZELLES

04300 Alpes-de-H.-Pr. **17** – **81** ⑮ – 170 h. alt. 450.
Paris 750 – Digne-les-Bains 47 – Forcalquier 7 – Gréoux-les-Bains 30 – Manosque 24 – Les Mées 23.

  ▲▲ *Lac du Moulin de Ventre* 25 mars-sept.
    ☎ 04 92 78 63 31, Fax 04 92 79 86 92 – E : 2,5 km par N 100, rte de la Brillanne – ☙ « Au bord du Lauzon, près d'un plan d'eau » ⌐ – **R** conseillée – ⚕
    28 ha/3 campables (100 empl.) plat, en terrasses, peu incliné, herbeux, pierreux ♀
    🏗 ⚓ 🗟 ⇆ 📛 📛 ⊕ ♨ 🖃 – snack ♨ – ☐ ♨⚡ ⛵
    Tarif : 🖃 *piscine comprise 2 pers. 105 (138 avec élect. 6A), pers. suppl. 33*
    Location *(permanent) :* ⛺ *1500 à 3500* – ⛺ *1500 à 3650 – appartements*

La NOCLE-MAULAIX

58250 Nièvre **11** – **69** ⑥ – 376 h. alt. 330.
Paris 306 – Bourbon-Lancy 20 – Decize 31 – Gueugnon 38 – Luzy 19 – Nevers 66.

  ▲ *Municipal de l'Etang Marnant* 15 mai-15 sept.
    sortie Ouest, par D 30 – Places limitées pour le passage « Au bord d'un étang » ⌐ juil.-août – **R** conseillée 14 juil.-15 août
    1 ha (15 empl.) peu incliné, herbeux ☐
    🏗 ⇆ 📛 ⊕ ⛫ 🖃 – A proximité : ≝
    Tarif : (Prix 1999) ♣ *8* – 🖃 *11* – ⚡ *15*

NOGENT-LE-ROTROU

28400 E.-et-L. **5** – **60** ⑮ G. Normandie Vallée de la Seine – 11 591 h. alt. 116.
B Office de Tourisme 44 r. Villette-Caté ☎ 02 37 29 68 86, Fax 02 37 29 68 69.
Paris 155 – Alençon 64 – Chartres 55 – Châteaudun 55 – Le Mans 71 – Mortagne-au-Perche 35.

  ▲ *Municipal des Viennes* mai-sept.
    ☎ 02 37 52 80 51 – au Nord de la ville par av. des Prés (D 103) et rue des Viennes « Au bord de l'Huisne » ⌐ – **R**
    0,3 ha (30 empl.) plat, herbeux ☐ ♀
    🏗 ⇆ 🗟 📛 ⊕ ♨ ⛫ – ☐ – A proximité : 🎣 🏊 ⛵
    Tarif : ♣ *6,50* – ⛟ *6,50* – 🖃 *10,50/13* – ⚡ *13*

NOIRÉTABLE

42440 Loire **11** – **73** ⑯ G. Auvergne – 1 719 h. alt. 720.
B Office de Tourisme 8 r. des Tilleuls ☎ 04 77 24 93 04.
Paris 422 – Ambert 48 – Lyon 115 – Montbrison 44 – Roanne 47 – St-Étienne 91 – Thiers 24.

  ▲ *Municipal de la Roche* avril-oct.
    ☎ 04 77 24 72 68 – S : 1 km par N 89 et D 110 à droite – ≼ « Au bord d'un plan d'eau » ⌐ – **R** conseillée – ⚕
    0,6 ha (40 empl.) plat et en terrasses, peu incliné, herbeux ☐ ♀
    ♿ 🏗 ⇆ ⊕ – ⚕ ≝
    Tarif : (Prix 1999) ♣ *9* – ⛟ *5* – 🖃 *5* – ⚡ *12 (10A)*

NOIRMOUTIER (Île de)

85 Vendée **9** – **67** ① G. Poitou Vendée Charentes.
Accès : - par le pont routier au départ de Fromentine : gratuit - par le passage du Gois à basse mer (4,5 km).

  Barbâtre 1 269 h. alt. 5 – ✉ 85630 Barbâtre.

B Office de Tourisme rte du Pont ☎ 02 51 39 80 71, Fax 02 51 39 53 16.

Paris 466 – Challans 33 – Nantes 77 – Noirmoutier-en-l'Île 11 – St-Nazaire 79.

  ▲▲ *Municipal du Midi* avril-24 sept.
    ☎ 02 51 39 63 74, Fax 02 51 39 58 63 – NO : 1 km par D 948 et chemin à gauche, bord de la plage (accès direct) – ⌐ – **R** – ⊕ ⚕
    13 ha (630 empl.) accidenté, sablonneux, herbeux ♀ (5 ha)
    ♿ 🏗 ⇆ 🗟 📛 ⊕ ♨ 🖃 – A proximité : ☒ ♀ self ♨
    Tarif : 🖃 *piscine et tennis compris 3 pers. 115 (139 avec élect. 10A), pers. suppl. 22,50*
    Location : ⛺ *1720 à 4280*

La Guérinière 1 402 h. alt. 5 – ⊠ 85680 La Guérinière.
Paris 473 – Challans 40 – Nantes 84 – Noirmoutier-en-l'Île 5 – La Roche-sur-Yon 83 – St-Nazaire 86.

▲▲ **Le Caravan'Île** fév.-nov.
 ℰ 02 51 39 50 29, Fax 02 51 35 86 85 – sortie Est par D 948 et à droite avant le rond-point, bord
 de la plage (accès direct par escalier) – ⊶ – **R** conseillée juil.-août – ⬛ ⚷
 8,5 ha (385 empl.) plat, peu incliné, dunes attenantes, sablonneux, herbeux
 ⅗ 🏠 ⚙ 🗟 🍴 ⊙ ⚹ ▽ 📷 – 💯 – 🔳 🚣 ⚞ toboggan aquatique – A proximité : 🐎
 Tarif : (Prix 1999) 🔲 piscine comprise 2 pers. 98 (118 avec élect. 5A), pers. suppl. 22
 Location : 🚐 1600 à 3400

NOLAY

21340 Côte-d'Or 🔢 – 🔢 ⑨ G. Bourgogne – 1 551 h. alt. 299.
Paris 316 – Autun 29 – Beaune 20 – Chalon-sur-Saône 33 – Dijon 65.

▲ **Municipal les Chaumes du Mont** 30 avril-15 sept.
 ℰ 03 80 21 79 61 – SO : 0,8 km par D 33ᴬ, rte de Couches – ≤ « Près d'un plan d'eau » ⊶ juil.-août
 – **R** – ⚷
 1,5 ha (70 empl.) en terrasses et peu incliné, herbeux 🔲 ♀ (0,5 ha)
 ⅗ 🏠 ⚙ 🗟 🍴 ⊙ 📷 – 💯 – A proximité : 🏊
 Tarif : 🚹 16,50 – 🔲 28 – 🔌 15 (6A)

NONETTE

63340 P.-de-D. 🔢 – 🔢 ⑮ G. Auvergne – 275 h. alt. 480.
Paris 463 – Ambert 59 – Brioude 27 – Clermont-Ferrand 48 – St-Flour 61.

▲▲ **Les Loges** Pâques-15 sept.
 ℰ 04 73 71 65 82, Fax 04 73 71 67 23 – S : 2 km par D 722 rte du Breuil-s-Couze puis 1 km par
 chemin près du pont, bord de l'Allier – ⚲ « Cadre boisé » ⊶ – **R** conseillée – ⚷
 3 ha (126 empl.) plat, herbeux 🔲 ♀♀
 ⅗ 🏠 ⚙ 🗟 ⚹ 🏊 ⊙ 📷 – 💯 🍴 – 🔳 🚣 ⚞ 🏊
 Tarif : 🚹 20 piscine comprise – 🔲 32 – 🔌 16 (6 à 10A)
 Location : 🚐 800 à 2200 – 🚐 1300 à 2600

NONTRON

24300 Dordogne 🔢 – 🔢 ⑮ G. Berry Limousin – 3 558 h. alt. 260.
🅑 Office de Tourisme 5 r. de Verdun ℰ 05 53 56 25 50, Fax 05 53 60 92 62.
Paris 457 – Angoulême 44 – Libourne 115 – Limoges 65 – Périgueux 50 – Rochechouart 42.

▲ **Municipal Masviconteaux** juin-15 sept.
 ℰ 05 53 56 02 04 – sortie Sud-Ouest par D 675, au stade, bord du Bandiat – ⊶
 1,8 ha (70 empl.) plat, herbeux 🔲 ♀
 🏠 🍴 ⊙ – 🔳 – A proximité : 🚣 ⚞
 Tarif : 🚹 12 – 🔲 11 – 🔌 11 (10A)

NORT-SUR-ERDRE

44390 Loire-Atl. 🔢 – 🔢 ⑰ – 5 362 h. alt. 13.
Paris 372 – Ancenis 26 – Châteaubriant 37 – Nantes 31 – Rennes 82 – St-Nazaire 63.

▲ **Municipal du Port-Mulon** mars-oct.
 ℰ 02 40 72 23 57 – S : 1,5 km par rte de l'hippodrome et à gauche, à 100 m de l'Erdre – ⚲
 « Situation et cadre agréables » ⊶ – **R** – ⚷
 1,8 ha (70 empl.) plat, herbeux 🔲 ♀♀ (1 ha)
 🏠 ⚙ 🏊 ⊙ ⚹ ▽ 📷 – 🚣 – A proximité : 💯
 Tarif : (Prix 1999) 🔲 1 pers. 31, 2 pers. 46,50

NOTRE-DAME-DE-MONTS

85 Vendée – 🔢 ⑪ – rattaché à ST-Jean-de-Monts.

NOUAN-LE-FUZELIER

41600 L.-et-Ch. 🔢 – 🔢 ⑲ – 2 274 h. alt. 113.
🅑 Office de Tourisme pl. de la Gare ℰ 02 54 88 76 75, Fax 02 54 88 19 91.
Paris 179 – Blois 59 – Cosne-sur-Loire 73 – Gien 56 – Lamotte-Beuvron 8 – Orléans 55 – Salbris 13.

▲ **La Grande Sologne** avril-8 oct.
 ℰ 02 54 88 70 22, Fax 02 54 88 41 74 – sortie Sud par N 20 puis chemin à gauche en face de la
 gare, bord d'étang « Cadre boisé au bord de l'étang » ⊶ – **R** – ⚷
 10 ha/4 campables (180 empl.) plat, herbeux ♀♀
 ⅗ 🏠 🗟 🏊 ⊙ 📷 – 🔳 🎣 🐎 – A proximité : 💯 ✕ 💯 ⚞
 Tarif : 🔲 2 pers. 51, pers. suppl. 19 – 🔌 17 (3A) 18 (6A)

Le NOUVION-EN-THIÉRACHE

02170 Aisne **2** – **53** ⑮ – 2 905 h. alt. 185.
Paris 197 – Avesnes-sur-Helpe 20 – Le Cateau-Cambrésis 19 – Guise 21 – Hirson 27 – Laon 60 – Vervins 28.

⚠ **Municipal l'Astrée** 15 avril-15 oct.
  𝒫 03 23 98 98 58 – S : 2 km par D 26 rte de Guise et chemin à gauche – ⅏ « A la lisière de la forêt, près d'un plan d'eau avec parc de loisirs » ⊶ – **R** conseillée – ⅄
  1,3 ha (56 empl.) plat et peu incliné, herbeux ▭
  ⅋ ⓚ ⅏ ⅋ ⓐ – ▭ – A proximité : ♀ pizzeria ⅏ ⅏ ⅃ swin golf, bowling, piste de bi-cross
  Tarif : ▣ 2 pers. 50 – (½) 17 (6A) 23 (8A)

NOVALAISE

73 Savoie – **74** ⑮ – voir à Aiguebelette (Lac d').

NOVES

13550 B.-du-R. **16** – **81** ⑫ G. Provence – 4 021 h. alt. 97.
Paris 690 – Arles 36 – Avignon 44 – Carpentras 26 – Cavaillon 16 – Marseille 91 – Orange 34.

⚠ **Marie Rose** Permanent
  𝒫 04 90 95 41 64 – à Paluds-de-Noves, SE : 4 km par D 30, rte de St-Rémy-de-Provence et D 29, rte de Verquières à gauche – ⊶
  1,3 ha (38 empl.) plat, herbeux ▭
  ⅋ ⓚ � ⅏ ⓐ ▣ – ♀ ✕ crêperie ⅏ – ⅏ ⅃
  Tarif : ▣ piscine comprise 2 pers. 89, pers suppl. 25 – (½) 17 (4A) 25 (8A)
  Location : ⌂ 1000 à 1400 – ⌂ 2100 à 2900

NOYAL-MUZILLAC

56 Morbihan – **63** ⑭ – rattaché à Muzillac.

NOZAY

44170 Loire-Atl. **4** – **63** ⑰ – 3 050 h. alt. 50.
❱ Office de Tourisme (mi-juin/août) 21 r. Alexis-Letourneau 𝒫 02 40 79 31 64.
Paris 387 – Bain-de-Bretagne 33 – Nantes 45 – Pontchâteau 45.

⚠ **Municipal Henri Dubourg** 15 mai-16 sept.
  𝒫 02 40 87 94 33 – sortie Nord par D 121, rte de Châteaubriant « Entrée fleurie » – **R**
  1 ha (25 empl.) plat, herbeux ▭
  ⅋ ⓚ ⅏ ⅏ ⓐ
  Tarif : ⚲ 11,50 – ⇔ 9,50 – ▣ 11,50 – (½) 11,50 (6A)

NYOISEAU

49500 M.-et-L. **4** – **63** ⑨ G. Châteaux de la Loire – 1 233 h. alt. 40.
Paris 315 – Ancenis 50 – Angers 47 – Châteaubriant 40 – Laval 47 – Rennes 87 – Vitré 57.

⚠ **La Rivière** 15 juin-15 sept.
  𝒫 02 41 92 26 77 – SE : 1,2 km par D 71, rte de Segré et rte à gauche, bord de l'Oudon – ⅏ « Cadre agréable » ⊶ – **R**
  1 ha (25 empl.) plat, herbeux ⅋⅋
  ⅋ ⓚ ⅏ ⅋ ⅏ ⓐ – ▭ – A proximité : piste de bi-cross ⅏ ⅏
  Tarif : (Prix 1999) ⚲ 15 – ▣ 12 – (½) 15 (16A)

NYONS

26110 Drôme **16** – **81** ③ G. Provence – 6 353 h. alt. 271.
❱ Office de Tourisme pl. Libération 𝒫 04 75 26 10 35, Fax 04 75 26 01 57.
Paris 656 – Alès 108 – Gap 105 – Orange 42 – Sisteron 99 – Valence 96.

⚠ **L'Or Vert** avril-1er oct.
  𝒫 04 75 26 24 85 ✉ 26110 Aubres – à Aubres, NE : 3 km par D 94, rte de Serres, bord de l'Eygues – ⧏ « Entrée fleurie » ⊶ ⅏ juil.-août – **R** conseillée saison – ⅄
  1 ha (79 empl.) plat et en terrasses, pierreux, gravillons, herbeux, petit verger ⅋⅋
  ⓚ ⅋ ⅏ ⓐ ▣ – snack, réfrigérateurs – ▭ ⅏ ⅲ
  Tarif : ⚲ 22 – ▣ 25 – (½) 16 (3A) 21 (6A)

OBERBRONN

67110 B.-Rhin **8** – **57** ⑱ G. Alsace Lorraine – 2 075 h. alt. 260.
Paris 461 – Bitche 25 – Haguenau 24 – Saverne 35 – Strasbourg 55 – Wissembourg 42.

⚠⚠ **Municipal Eichelgarten** 13 mars-12 nov.
  𝒫 03 88 09 71 96 – S : 1,5 km par D 28, rte d'Ingwiller et chemin à gauche – ⅏ ⧏ « A la lisière d'une forêt » ⊶ – **R** conseillée saison – ⅄
  2,5 ha (148 empl.) plat et peu incliné, herbeux, pierreux
  ▦ ⅋ ⓚ ⅏ ⅏ ⅋ ⓐ ▣ – ▭ ⅏ parcours sportif – A proximité : ⅏ ⅃
  Tarif : ⚲ 18,20 piscine comprise – ⇔ 8,60 – ▣ 11,80 – (½) 4,60 par ampère
  Location (fermé janv.) : gîte d'étape, huttes

384

OBERNAY

67210 Bas-Rhin 🎱 – 🎱🎱 ⑤ G. Alsace Lorraine – 9 610 h. alt. 185.
Paris 486 – Colmar 49 – Erstein 15 – Molsheim 12 – Sélestat 27 – Strasbourg 35.

⚤ **Municipal le Vallon de l'Ehn** Permanent
    𝒫 03 88 95 38 48, Fax 03 88 48 31 47 – sortie Ouest par D 426 rte d'Ottrott, pour caravanes : accès
conseillé par rocade au Sud de la ville – ⚌ �o⊶ – **R** conseillée saison – 🄶🄱 ⚲
3 ha (150 empl.) plat, peu incliné, herbeux
▥ & ⤵ ⤷ 🗟 ⚘ ⛺ ⊙ ᴁ ⥀ 🖽 ▣ – ⌂ – A proximité : parc public, ⚞ (centre équestre) ⚕ ▨
⚞⚞
Tarif : ⚘ 18 – ⇌ 12 – ▣ 12 – 🔌 16A : 15 (hiver 20)

OCTON

34800 Hérault 🎱🎱 – 🎱🎱 ⑤ – 350 h. alt. 185.
Paris 716 – Béziers 57 – Lodève 14 – Montpellier 57.

⚤ **Le Mas de Carles** Permanent
    𝒫 04 67 96 32 33 – au Sud du bourg – ☙ « Agréable cadre fleuri » o⊶ – **R** conseillée
1 ha (40 empl.) plat, terrasses, herbeux, gravillons ⌸ ⚬⚬
🗟 ⚲ ⊙ – ⚴
Location : gîtes

OFFRANVILLE

76550 S.-Mar. 🎱 – 🎱🎱 ④ G. Normandie Vallée de la Seine – 3 059 h. alt. 80.
Paris 189 – Abbeville 74 – Beauvais 105 – Caen 166 – Le Havre 104 – Rouen 59.

⚤ **Municipal du Colombier** avril-15 oct.
    𝒫 02 35 85 21 14 – au bourg, par la r. Loucheur – Places limitées pour le passage « Dans l'enceinte
du parc de loisirs » o⊶ – **R** conseillée juil.-août – ⚲
1,2 ha (103 empl.) plat, herbeux ⌸
& 🗟 ⤷ 🗟 ⤷ ⊙ ᴁ ⥀ – A proximité : ⚞ (centre équestre) et poneys ☂ ✗ ⚕ ▨
⚞⚞
Tarif : ⚘ 18 – ⇌ 10,50 – ▣ 19,50 – 🔌 12,50 (6A) 15,50 (10A)
Location : ⚞ 1170 à 1580

OIZON

18700 Cher 🎱 – 🎱🎱 ⑪ – 776 h. alt. 230.
Paris 182 – Aubigny-sur-Nère 6 – Bourges 51 – Salbris 38 – Sancerre 36 – Sully-sur-Loire 40.

⚤ **Municipal de Nohant** mai-15 sept.
    𝒫 02 48 58 06 20 – E : 0,9 km par D 923, D 213, rte de Concressault et chemin à gauche, bord
de l'Oizenotte et près d'un étang – ☙ – Ɽ – 🄶🄱
1 ha (55 empl.) plat, herbeux
🗟 ⤵ ⤷ ⊙ – ✗ – ⚕
Tarif : (Prix 1999) ⚘ 10 – ▣ 10/15 – 🔌 20 (6A)

OLÉRON (île d')

17 Char.-Mar. 🎱 – 🎱🎱 ⑬ ⑭ G. Poitou Vendée Charentes.
Accès par le pont viaduc : Passage gratuit.

La Brée-les-Bains 644 h. alt. 5 – ⊠ 17840 la Brée-les-Bains :
Paris 530 – Marennes 32 – Rochefort 54 – La Rochelle 91 – Saintes 72.

⚤ **Pertuis d'Antioche** avril-sept.
    𝒫 05 46 47 92 00, Fax 05 46 47 82 22 – NO : 1 km par D 273 et à droite, chemin des Proirres, à
150 m de la plage – o⊶ – **R** conseillée – 🄶🄱 ⚲
2 ha (130 empl.) plat, herbeux ⌸
& 🗟 ⤵ ⤷ 🗟 ⤷ ⊙ ᴁ ⥀ ▣ – ⚴ – ⌂ ⚞⚞ – A proximité : ⚕
Tarif : ▣ 3 pers. 115 – 🔌 22 (5A) 25 (10A)
Location : ⚞ 1200 à 2200 – ⚞ 1700 à 3100

Le Château-d'Oléron 3 544 h. alt. 9 – ⊠ 17480 le Château-d'Oléron.
🄱 Office de Tourisme pl. République 𝒫 05 46 47 60 51, Fax 05 46 47 73 65.
Paris 510 – Marennes 12 – Rochefort 34 – La Rochelle 72 – Royan 40 – Saintes 53.

⚤ **La Brande** 15 mars-15 nov.
    𝒫 05 46 47 62 37, Fax 05 46 47 71 70 – NO : 2,5 km, à 250 m de la mer – o⊶ – **R** conseillée saison
– 🄶🄱 ⚲
4 ha (199 empl.) plat, herbeux, sablonneux ⚬⚬
& 🗟 ⤵ ⤷ 🗟 ⤷ ⊙ ᴁ ⥀ ▣ – ⚴ ☂ ✗ ⚴ – ⌂ ⚞⚞ ⚞ ⑃ toboggan aquatique – A proximité : ⚕
Tarif : ▣ piscine comprise 2 pers. 125 – 🔌 20 (6A) 24 (10A)
Location : ⚞ 1200 à 3300 – ⚞ 1250 à 3900

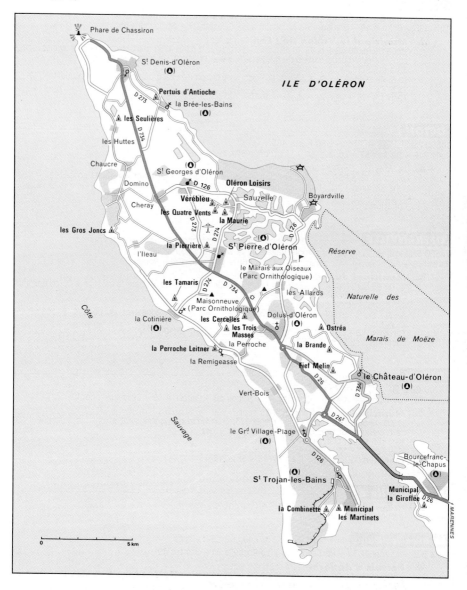

ILE D'OLÉRON

Phare de Chassiron

S! Denis-d'Oléron (O)

Pertuis d'Antioche

la Brée-les-Bains (O)

les Seulières

les Huttes

D 273

D 734

Chaucre

S! Georges d'Oléron (O)

Domino

D 126

Oléron Loisirs

Vérébleu

Sauzelle

Boyardville

Cheray

les Quatre Vents

la Maurie

les Gros Joncs

D 273

D 274

D 176

la Pierrière

S! Pierre d'Oléron

Réserve

l'Ileau

le Marais aux Oiseaux
(Parc Ornithologique)

les Tamaris

D 274

D 734

les Allards

Naturelle des

Maisonneuve
(Parc Ornithologique)

la Cotinière (O)

les Cercelles

Dolus-d'Oléron (O)

Ostréa

les Trois
Masses

la Perroche

la Brande

Marais de Moëze

la Perroche Leitner

la Remigeasse

fief Melin

Côte

D 26

le Château-d'Oléron (O)

Vert-Bois

D 734

Sauvage

D 26 t

le Gr⁴ Village-Plage (O)

D 126

Bourcefranc-
le-Chapus
(O)

S! Trojan-les-Bains (O)

Municipal
la Giroflée

D 26

la Combinette

Municipal
les Martinets

MARENNES

0   5 km

🏕 **Fief-Melin** vacances de printemps-sept.
  ☎ 05 46 47 60 85 – O : 1,7 km par rte de St-Pierre-d'Oléron puis 0,6 km par r. des Alizés à droite
  – 🏊 ⚷ – **R** indispensable juil.-août – ♒
  2,2 ha (110 empl.) plat, herbeux
  🏕 ⛺ 🗑 🚻 ⊕ 🍴 – 🍽 ♨ 🏊
  Tarif : ⬚ *piscine comprise 2 pers. 99, 3 pers. 109, pers. suppl. 24* – ⚡ *21 (5A) 27 (10A)*

La Cotinière ✉ 17310 St-Pierre-d'Oléron :

Paris 515 – Marennes 23 – Rochefort 45 – La Rochelle 83 – Royan 51 – Saintes 64.

🏕 **Les Tamaris** 15 mars-15 nov.
  ☎ 05 46 47 10 51, Fax 05 46 47 27 96 – à 150 m de la plage « Cadre agréable » ⚷ – **R** conseillée
  juil.-août – ♒
  5 ha (285 empl.) plat, sablonneux, herbeux 🗦 💧💧
  ♿ 🏕 ⛺ 🍴 🚻 ⊕ 🌳 🍴 – ✗ ♨ – ♨ 🏊
  Tarif : ⬚ *piscine comprise 3 pers. 148* – ⚡ *28 (6A)*

Dolus-d'Oléron 2 440 h. alt. 7 – ⊠ 17550 Dolus-d'Oléron.

🛈 Office de Tourisme pl. Hôtel-de-Ville ℘ 05 46 75 32 84, Fax 05 46 75 63 60.

Paris 516 – Marennes 18 – Rochefort 40 – La Rochelle 77 – Saintes 58.

   ▲▲ **Ostréa** avril-sept.
     ℘ 05 46 47 62 36, Fax 05 46 75 20 01 – E : 3,5 km, près de la mer – Ⓜ ⅏ ⊶ – **R** conseillée
     juil.-août – ⅍
     2 ha (108 empl.) plat, peu incliné, sablonneux, herbeux ᚙᚙ
     ᵴ ⅓ ⇔ ⊟ ♨ ⊙ ᪥ ▨ – ⅗ ⅌ – ⛹
     Tarif : ▣ 2 pers. 95 – ⅊ 21,50 (3A) 25,50 (6A)
     Location ⅍ juil.-août : ᪥ 1200 à 1700 – ᪥ 1700 à 2900

   ▲ **La Perroche Leitner** avril-15 sept.
     ℘ 05 46 75 37 33 – SO : 4 km à la Perroche, bord de mer – ⅏ ⊶ – **R** conseillée juil.-25 août –
     ⒼⒷ ⅍
     1,5 ha (100 empl.) plat, sablonneux ᚙᚙ (0,7 ha)
     ᵴ ⅓ ⇔ ⊟ ⇔ ⊙ ▨ – ⅗ – ⛹ – À proximité : ⑂ snack
     Tarif : ▣ 2 pers. 100, pers. suppl. 28 – ⅊ 23 (5A)

St-Denis-d'Oléron 1 107 h. alt. 9 – ⊠ 17650 St-Denis-d'Oléron :.

Paris 525 – Marennes 34 – Rochefort 55 – La Rochelle 93 – Saintes 74.

   ▲ **Les Seulières** mai-15 sept.
     ℘ 05 46 47 90 51 – SO : 3,5 km, rte de Chaucre, à 400 m de la plage – ⅏ ⊶ – **R** conseil-
     lée – ⅍
     1,6 ha (100 empl.) plat, herbeux, sablonneux
     ᵴ ⅓ ⇔ ⇔ ⊙ ▨ – ᪥ – À proximité : ⅍
     Tarif : ▣ 3 pers. 86, pers. suppl. 23 – ⅊ 22 (5A)
     Location (avril-oct.) : ᪥ 1000 à 1800

St-Georges-d'Oléron 3 144 h. alt. 10 – ⊠ 17190 St-Georges-d'Oléron.

🛈 Office de Tourisme pl. de l'Église ℘ 05 46 76 63 75.

Paris 525 – Marennes 27 – Rochefort 49 – La Rochelle 86 – Saintes 67.

   ▲▲▲ **Veréblue** avril-24 sept.
     ℘ 05 46 76 57 70, Fax 05 46 76 70 56 – SE : 1,7 km par D 273 et rte de Sauzelle à gauche – ⅏
     ⊶ – **R** indispensable 14 juil.-15 août – ⒼⒷ ⅍
     7,5 ha (360 empl.) plat, herbeux, sablonneux ᚖ ⑨ (4 ha)
     ᵴ ⅓ ⇔ ⊟ ⇔ ⊙ ♨ ⚡ ᪥ ▨ – ⅗ ⅌ – ⛹ ⬀ ⅍ ⛲ ⅏ (couverte hors-saison) toboggan aquatique
     Tarif : ▣ piscine comprise 2 pers. 119 à 155 – ⅊ 18 (4A) 24 (8A) 30 (13A)
     Location ⅍ 14 juil.-15 août : ᪥ 1100 à 3800 – ᪥ 1300 à 4000

   ▲▲ **Oléron Loisirs**
     ℘ 05 46 76 50 20, Fax 05 46 76 80 71 – SE : 1,9 km par D 273 et rte de Sauzelle à gauche –
     ⅏ ⊶
     7 ha (330 empl.) plat, herbeux ᚖ
     ᵴ ⅓ ⇔ ⊟ ♨ ⇔ ⊙ ♨ ▨ – ⑂ – ᪥ – ᚪ ⛹ ⬀ ⅍ ⛲ toboggan aquatique terrain omnisports
     Location : ᪥ – ᪥ – ᪥ – bungalows toilés

OLÉRON (Île d')

    ⚠ **Les Quatre Vents** 15 mars-11 nov.
           🖉 05 46 76 65 47 – SE : 2 km par D 273 et rte de Sauzelle à gauche – Places limitées pour le passage
           🗫 ⚏ – **R** conseillée – ⚿ ⚲
           1,2 ha (66 empl.) plat, herbeux ▭
           ♿ ♒ ⚯ ☐ ⚱ ⊕ ▣ – ⚓
           Tarif : ▣ élect. comprise 2 pers. 99
           Location : 🛏 1100 à 2420 – 🛏 1540 à 3355

    ⚠ **La Maurie** 15 juin-15 sept.
           🖉 05 46 76 61 69 – SE : 2,3 km par D 273 et rte de Sauzelle à gauche – 🗫 ⚏ – **R** conseil-
           lée – ⚲
           1,5 ha (70 empl.) plat, herbeux ⚲
           ♿ ♒ ⚯ ☐ ⚱ ⚞ ⊕ ▣ – ⚓ ≋ (petite piscine)
           Tarif : (Prix 1999) ▣ 2 pers. 90, pers. suppl. 24 – [½] 20 (4A)
           Location : 🛏 1000 à 2200 – 🛏 1200 à 3200

Côte Ouest :

    ⚠⚠ **Les Gros Joncs** 15 mars-15 oct.
           🖉 05 46 76 52 29, Fax 05 46 76 67 74 – SO : 5 km, à 300 m de la mer – 🗫 « Décoration florale »
           ⚏ – **R** conseillée saison – ⚿ ⚲
           3 ha (276 empl.) plat, accidenté et en terrasses, sablonneux ▭ ⚲
           ♿ ♒ ⚯ ☐ ⚱ ⊕ ♨ ⚐ ▣ – ⚒ ⛾ ✗ ⚓ – ⛴ ≊ ⚓ ⚗ ≋
           Tarif : (Prix 1999) ▣ piscine comprise 2 ou 3 pers. 185, pers. suppl. 45 – [½] 13 à 22 (3 à
           16A)
           Location (permanent) : 🛏 1300 à 4450 – 🛖 1700 à 4450

St-Pierre-d'Oléron 5 365 h. alt. 8 – ✉ 17310 St-Pierre-d'Oléron.
🛈 Office de Tourisme pl. Gambetta 🖉 05 46 47 11 39, Fax 05 46 47 10 41 et (Pâques-août) à la Cotinière
🖉 05 46 47 09 08.

Paris 520 – Marennes 22 – Rochefort 43 – La Rochelle 81 – Royan 50 – Saintes 62.

    ⚠⚠ **La Pierrière** 22 avril-23 sept.
           🖉 05 46 47 08 29, Fax 05 46 75 12 82 – sortie Nord-Ouest par rte de St-Georges-d'Oléron « Cadre
           agréable » ⚏ – **R** conseillée juil.-août – ⚿ ⚲
           2,5 ha (140 empl.) plat, herbeux, petit étang ▭ ⚲
           ♿ ♒ ⚯ ☐ ⚱ ⊕ ▣ – snack ⚓ – ⚓ ≋ terrain omnisports – A proximité : half-court ⚑
           ⚘ ⚐
           Tarif : ▣ piscine comprise 2 pers. 118, pers. suppl. 32 – [½] 21 (4A)

    ⚠⚠ **Les Trois Masses** Pâques-sept.
           🖉 05 46 47 23 96, Fax 05 46 75 15 54 – SE : 4,3 km, au lieu-dit le Marais-Doux – 🗫 ⚏ – **R** conseillée
           – ⚿ ⚲
           3 ha (130 empl.) plat, herbeux, sablonneux ⚲
           ♿ ♒ ⚯ ☐ ⚱ ⊕ ▣ – ⚓ ⚓
           Tarif : ▣ piscine comprise 2 pers. 98 – [½] 20 (10A)
           Location : 🛏 900 à 2200 – 🛏 1300 à 3100 – 🛖 1500 à 3700

    ⚠ **Les Cercelles** Permanent
           🖉 05 46 47 19 24, Fax 05 46 75 04 96 – SE : 4 km, au lieu-dit le Marais Doux – Places limitées pour
           le passage 🗫 ⚏ – **R** conseillée juil.-août – ⚿ ⚲
           1,2 ha (87 empl.) plat, herbeux ⚲⚲
           ♒ ⚯ ☐ ⚱ ⊕ ▣ – ✗ ⚓ – ⚓ ≋ (petite piscine)
           Tarif : ▣ 3 pers. 110 – [½] 22 (15A)
           Location (avril-oct.) : 🛏 1890 à 3180

St-Trojan-les-Bains 1 490 h. alt. 5 – ✉ 17370 St-Trojan-les-Bains.
🛈 Office de Tourisme carrefour du Port 🖉 05 46 76 00 86, Fax 05 46 76 17 64.

Paris 515 – Marennes 17 – Rochefort 39 – La Rochelle 77 – Royan 45 – Saintes 58.

    ⚠⚠ **La Combinette** avril-oct.
           🖉 05 46 76 00 47, Fax 05 46 76 16 96 – SO : 1,5 km – 🗫 ⚏ – **R** conseillée juil.-août – ⚲
           4 ha (225 empl.) plat et peu accidenté, sablonneux, herbeux ⚲⚲ pinède
           ♿ ♒ ☐ ⚱ ⚞ ⊕ ♨ ⚐ ▣ – ⚒ ⛾ snack ⚓ – ⚓ ⚘ – A proximité : ⚘
           Tarif : (Prix 1999) ▣ 2 pers. 64, 3 pers. 82 – [½] 18 (5A) 22 (10A)
           Location : studios

    ⚠ **Municipal les Martinets** avril-sept.
           🖉 05 46 76 02 39 – SO : 1,3 km – 🗫 ⚏ – **Ŕ** – ⚿ ⚲
           5 ha (300 empl.) accidenté, sablonneux ⚲⚲ pinède
           ♒ ⚯ ☐ ⚱ ⊕ ▣ – A proximité : ⚑ ⚘ parcours sportif
           Tarif : (Prix 1999) ▣ 2 pers. 55 – [½] 18 (6A)

Voir aussi à Bourcefranc-le-Chapus

OLIVET ─────────────────────────────────

45 Loiret – ⬛⬛ ⑨ – rattaché à Orléans.

*En juin et septembre les camps sont plus calmes, moins fréquentés
et pratiquent souvent des tarifs « hors saison ».*

Les OLLIÈRES-SUR-EYRIEUX

07360 Ardèche ⅠⅥ – ⅦⅥ ⑲ – 769 h. alt. 200.
Paris 597 – Le Cheylard 28 – Lamastre 33 – Montélimar 53 – Privas 19 – Valence 33.

Le Mas de Champel 21 avril-sept.
  ℘ 04 75 66 23 23, Fax 04 75 66 23 16 – au Nord du bourg par D 120, rte de la Voulte-sur-Rhône et chemin à gauche, près de l'Eyrieux – ≤ ⊶ – **R** conseillée juil.-19 août – GB ⅗
4 ha (95 empl.) en terrasses, herbeux ♀
♿ 🕎 ⌕ 🛢 ♨ 🖳 – ♟ snack ⤵ – 🏚 ⛹ 🚲 •⊛ ⤴ ≤
Tarif : ▣ *piscine comprise 1 ou 2 pers. 112 (132 avec élect. 4 à 10 A), pers. suppl. 28*
Location : 🛖 *1502 à 2998 – bungalows toilés*

Domaine des Plantas 29 avril-sept.
  ℘ 04 75 66 21 53, Fax 04 75 66 23 65 – à 3 km à l'Est du bourg par rte étroite, accès près du pont, bord de l'Eyrieux – Ⓜ ⓢ ≤ ⊶ – **R** conseillée – GB ⅗
27 ha/7 campables (100 empl.) en terrasses, pierreux, herbeux ⌂ ♀♀
♿ 🕎 ⌕ 🛢 ♨ 🖳 – ⤵ ♟ ✗ pizzeria ⤵ – 🏚 ⛹ discothèque ⤴ 🚲 ≤
Tarif : ▣ *2 pers. 125 –* ▥ *20 (5A)*
Location : 🛖 *1600 à 3000 –* 🏠 *1850 à 3700*

Eyrieux-Camping avril-16 sept.
  ℘ 04 75 66 30 08 – sortie Est par D 120, rte de la Voulte-sur-Rhône et chemin à droite, à 100 m de l'Eyrieux (accès direct) – ≤ ⊶ – **R** conseillée juil.-août – ⅗
3 ha (94 empl.) en terrasses, plat, herbeux ⌂ ♀
♿ 🕎 ⌕ 🛢 ♨ 🖳 – ♟ snack ⤵ – ⛹ réfrigérateurs ⤴ 🚲 •⊛ ⤴ ⤵ terrain omni-sports
Tarif : (Prix 1999) ▣ *piscine comprise 2 pers. 77 (96 avec élect. 6A)*
Location : 🛖 *1740 –* 🛖 *1579 à 3158 –* 🏠 *1718 à 3436*

OLMETO

2A Corse-du-Sud – ⑨Ⓞ ⑱ – voir à Corse.

OLONNE-SUR-MER

85 Vendée – ⑥Ⓞ ⑫ – rattaché aux Sables-d'Olonne.

OLORON-STE-MARIE

64400 Pyr.-Atl. ⅠⅢ – ⑧Ⓞ ⑥ G. Aquitaine – 11 067 h. alt. 224.
🛈 Office de Tourisme pl. Résistance ℘ 05 59 39 98 00, Fax 05 59 39 43 97.
Paris 820 – Bayonne 95 – Dax 81 – Lourdes 58 – Mont-de-Marsan 99 – Pau 35.

Le Stade avril-sept.
  ℘ 05 59 39 11 26, Fax 05 59 36 12 01 – SO : 2 km par rte de Tardets-Sorholus, Bd du Lycée à gauche (rocade) et chemin de Lagravette à droite – ⓢ ⊶ – **R** conseillée – ⅗
5 ha (170 empl.) plat, herbeux ♀ (3 ha)
🕎 ♿ 🕎 ♨ ⌕ 🛢 ♨ ⚒ 🌬 🖳 – ♟ ⤵ – 🏚 ⤴ – A proximité : ✗ ▦
Tarif : ▣ *2 pers. 57/60 –* ▥ *17 (6A) 32 (10A)*
Location *(permanent) :* 🛖 *1000 à 1600 – gîtes*

ONDRES

40440 Landes ⅠⅢ – ⑦Ⅵ ⑰ – 3 100 h. alt. 37.
🛈 Office de Tourisme av. de la Plage ℘ 05 59 45 27 73, Fax 05 59 45 27 73.
Paris 758 – Bayonne 8 – Capbreton 10 – Dax 40 – Hasparren 30 – Peyrehorade 31.

Lou Pignada 4 avril-19 sept.
  ℘ 05 59 45 30 65, Fax 05 59 45 25 79 – NO : 1,5 km par D 26, rte de la plage « Entrée fleurie, cadre agréable » ⊶ ⅗
2 ha (135 empl.) plat, herbeux ⌂ ♀♀
♿ 🕎 ♨ ⌕ ⚒ ♨ ⚒ 🌬 🖳 – ⤵ ♟ snack ⤵ – ⤴ 🚲 ≤ (petite piscine) – A proximité : ✗
Tarif : ▣ *2 pers. 113, pers. suppl. 26 –* ▥ *25 (4A)*
Location : 🛖 *1400 à 4000 –* 🏠 *1400 à 4050*

ONESSE-ET-LAHARIE

40110 Landes ⅠⅢ – ⑦Ⅵ ⑤ – 981 h. alt. 45.
Paris 692 – Castets 28 – Mimizan 23 – Mont-de-Marsan 52 – Morcenx 14 – Sabres 32.

Municipal Bienvenu 15 juin-15 sept.
  ℘ 05 58 07 30 49 – à Onesse, sortie Nord-Ouest, rte de Mimizan – ⊶ – **R** – ⅗
1,2 ha (70 empl.) plat, herbeux, sablonneux ♀
🕎 ♨ ⌕ ♨ ⚒ 🌬 🖳 – 🏚
Tarif : (Prix 1999) ⚷ *15 –* 🚗 *8 –* ▣ *13 –* ▥ *15*

ONZAIN

41150 L.-et-Ch. **5** – **64** ⑯ G. Châteaux de la Loire – 3 080 h. alt. 69.
🛈 Syndicat d'Initiative 3 r. Gustave-Marc ℰ 02 54 20 78 52, Fax 02 54 20 78 52.
Paris 203 – Amboise 22 – Blois 18 – Château-Renault 23 – Montrichard 22 – Tours 45.

▲▲ Le Dugny Permanent
℘ 02 54 20 70 66, Fax 02 54 33 71 69 – NE : 4,3 km par D 58, rte de Chouzy-sur-Cisse, D 45 rte de Chambon-sur-Cisse et chemin à gauche, bord d'un étang – ⑤ ⛐ – **R** conseillée saison – ⒼⒷ ⋏
8 ha (250 empl.) peu incliné, herbeux, pierreux ⚲ (1 ha)
▥ ⅋ ⌂ ⇄ ▤ ⌁ ⊕ ⚥ ⤬ ▣ – ▼ snack ⚘ – ⛱ ⚲ ̶ ⚲
Tarif : (Prix 1999) ⚹ *42 piscine comprise* – ▣ *10* – ⒢ *17 (6A)*
Location : 🏠*1500 à 3000*

▲ Municipal 19 mai-3 sept.
℘ 02 54 20 85 15 – SE : 1,5 km par D 1, rte de Chaumont-sur-Loire, à 300 m de la Loire – ⛐
1,4 ha (70 empl.) plat, herbeux ⚲
⅋ ⌂ ⇄ ⊕ ▣ – ⛱ – A proximité : ⚹
Tarif : ⚹ *12,50* – ▣ *11,50* – ⒢ *10,50 (10A)*

ORANGE

84100 Vaucluse **16** – **81** ⑪ ⑫ G. Provence – 26 964 h. alt. 97.
🛈 Office de Tourisme Crs A.-Briand ℰ 04 90 34 70 88, Fax 04 90 34 99 62 et (avril-sept.) pl. Frères Mounet.
Paris 658 – Alès 84 – Avignon 31 – Carpentras 24 – Montélimar 56 – Nîmes 57.

▲▲ Le Jonquier avril-sept.
℘ 04 90 34 49 48, Fax 04 90 51 16 97 – NO : par N 7 rte de Montélimar et rue à gauche passant devant la piscine, quartier du Jonquier, rue Alexis Carrel, Par A 7 : sortie Nord, D 17 rte de Caderousse et chemin à droite – ⑤ ⛐ – **R** conseillée juil.-août – ⒼⒷ ⋏
2,5 ha (100 empl.) plat, herbeux ⛱
⅋ ⌂ ⇄ ⊕ ▤ ▣ – cases réfrigérées – ⛱ ⚲ ̶ ⚿ (petite piscine) ⚶ poneys
Tarif : ▣ *1 ou 2 pers. 109 (127 avec élect. 3A), pers. suppl. 20*
Location : 🚐 *3500 à 4000* – 🏠*4000 à 4500*

ORBEC

14290 Calvados **5** – **55** ⑭ G. Normandie Vallée de la Seine – 2 642 h. alt. 110.
Paris 169 – L'Aigle 39 – Alençon 80 – Argentan 52 – Bernay 17 – Caen 84 – Lisieux 22.

▲ Les Capucins 24 mai-sept.
℘ 02 31 32 76 22 – NE : 1,5 km par D 4 rte de Bernay et chemin à gauche, au stade – ⑤ ⛐ – **R** – ⋏
1 ha (42 empl.) plat, herbeux ⛱ ⚲
⌂ ⇄ ▤ ⌁ ⊕ ⚥ ⤬ ▣ – ⛱ ⚲ – A proximité : ⚹ ▦ ⚶
Tarif : ⚹ *13* – ⇌ *7* – ▣ *9* – ⒢ *10 (10A)*

ORBEY

68370 H.-Rhin **8** – **62** ⑱ G. Alsace Lorraine – 3 282 h. alt. 550.
🛈 Office de Tourisme ℰ 03 89 71 30 11, Fax 03 89 71 34 11, (mi-juin/mi-sept.) Wagon d'Accueil ℰ 03 89 47 53 11.
Paris 432 – Colmar 22 – Gérardmer 46 – Munster 20 – Ribeauvillé 22 – St-Dié 40 – Sélestat 37.

▲ Municipal Lefébure mai-sept.
℘ 03 89 71 27 69 – sortie Nord-Est par D 48 puis 1,2 km à gauche par rue Lefébure et rue du stade, chemin piétonnier reliant le camping à la ville, alt. 550 – ⑤ ≼ « Cadre boisé dominant la ville et la vallée » ⛐ – **R** – ⋏
3 ha (100 empl.) non clos, en terrasses, herbeux ⚲⚲
⌂ ⇄ ▤ ⅋⋏ ⊕ ▣ – A proximité : ⚹
Tarif : ⚹ *17* – ⇌ *6* – ▣ *10* – ⒢ *14 (5A)*

▲ Les Moraines Permanent
℘ 03 89 71 25 19 – SO : 3,5 km rte des lacs, à Pairis, bord d'un ruisseau, alt. 700 – ≼ ⛐ – **R** indispensable juil.-août – ⋏
1 ha (46 empl.) plat et peu incliné, herbeux, gravier ⛱ ⚲
▥ ⌂ ⇄ ▤ ⌁ ⊕ ▣ – ⚘ – A proximité : ⚹
Tarif : ⚹ *22* – ⇌ *8* – ▣ *13* – ⒢ *21 (3A) 27 (6A)*

ORCET

63670 P.-de-D. **11** – **73** ⑭ – 2 522 h. alt. 400.
Paris 431 – Billom 18 – Clermont-Ferrand 16 – Issoire 24 – St-Nectaire 30.

▲▲ Clos Auroy Permanent
℘ 04 73 84 26 97 – à 200 m au Sud du bourg « Entrée fleurie » ⛐ – **R** conseillée – ⋏
3 ha (91 empl.) plat et en terrasses, herbeux ⛱
▥ ⅋ ⌂ ⇄ ▤ ⌁ ⊕ ⚥ ⤬ ▣ ▣ – ▼ – ⛱ ⚲ ⚿ – A proximité : ⚹
Tarif : ▣ *piscine comprise 2 pers. 76, pers. suppl. 20* – ⒢ *15 (5A) 22 (10A)*

ORCIÈRES

05170 H.-Alpes **17** – **77** ⑰ G. Alpes du Nord – 841 h. alt. 1 446 – Sports d'hiver : à Orcières-Merlette : 1 450/
2 650 m ✦2 ✦25 ✦.
🛈 Office de Tourisme Maison du Tourisme 🕿 04 92 55 89 89, Fax 04 92 55 89 75.
Paris 683 – Briançon 112 – Gap 33 – Grenoble 115 – La Mure 76 – St-Bonnet-en-Champsaur 27.

⚠ **Base de Loisirs** 15 juin-sept.
🕿 04 92 55 76 67, Fax 04 92 55 79 46 – à 3,4 km au Sud-Ouest d'Orcières, à la Base de Loisirs, à
100 m du Drac Noir et près d'un petit plan d'eau, alt. 1 280 – ⌂ ≤ montagnes « Site agréable »
○┳ – **R** conseillée saison – **GB** ✕
1,2 ha (48 empl.) non clos, plat, pierreux, gravillons ♀
♿ ⌂ 🗟 ⚲ ⊕ 🖭 – ♈ snack – A proximité : parcours de santé 🏊 ⚷ ≤ 🐎
Tarif : 🗉 3 pers. 66/95 avec élect. (6A), pers. suppl. 21
Location : gîte d'étape

ORCIVAL

63210 P.-de-D. **11** – **73** ⑬ G. Auvergne – 283 h. alt. 840.
Paris 450 – Aubusson 85 – Clermont-Ferrand 27 – Le Mont-Dore 18 – Rochefort-Montagne 6 – Ussel 65.

⚠ **L'Étang de Fléchat** mai-sept.
🕿 04 73 65 82 96 – S : 1,5 km par D 27, rte du Mont-Dore puis 2,5 km par D 74, rte de Rochefort-
Montagne et chemin à droite, bord d'un étang, alt. 920 – ⌂ ≤ « Cadre et situation agréables »
○┳ – **R** conseillée juil.-août – ✕
3 ha (83 empl.) plat, peu incliné et en terrasses, herbeux 🗔 ♀♀
⌂ ♨ 🗟 ♨ ⊖ ⊕ 🖭 – ♈ snack – 🖭 ⚷ ≤
Tarif : ♀ 24 – 🗉 37 – 🔌 20 (6A) 25 (10A)
Location : 🚐 1460 à 1960

ORDINO

Principauté d'Andorre – **86** ⑭ – voir à Andorre.

ORGNAC-L'AVEN

07 Ardèche – **80** ⑨ – voir à Ardèche (Gorges de l').

ORINCLES

65380 H.-Pyr. **14** – **85** ⑧ – 236 h. alt. 360.
Paris 809 – Bagnères-de-Bigorre 16 – Lourdes 11 – Pau 49 – Tarbes 13.

⚠ **Aire Naturelle le Cerf Volant** 15 mai-15 oct.
🕿 05 62 42 99 32 – S : 2,2 km par D 407 et chemin en face, à 300 m du D 937, bord d'un ruisseau
– ≤ ○┳ – **R** conseillée juil.-août – ✕
1 ha (23 empl.) plat et terrasse, herbeux
♿ ⌂ ♨ ⊕ – 🖭
Tarif : (Prix 1999) ♀ 12 – 🚗 5 – 🗉 5/8 – 🔌 12 (5A)

ORLÉANS

45000 Loiret **6** – **64** ⑨ G. Châteaux de la Loire – 105 111 h. alt. 100.
🛈 Office de Tourisme et Accueil de France pl. Albert-1er 🕿 02 38 24 05 05, Fax 02 38 54 49 84.
Paris 132 – Caen 273 – Clermont-Ferrand 299 – Dijon 300 – Limoges 270 – Le Mans 142 – Reims 268 – Rouen 220.

à Olivet Sud : 5 km par av. Loiret et bords – 17 572 h. alt. 100 – ✉ 45160 Olivet.
🛈 Office de Tourisme 236 r. Paul Genain 🕿 02 38 63 49 68, Fax 02 38 64 06 14

⚠ **Municipal** avril-15 oct.
🕿 02 38 63 53 94 – SE : 2 km par D 14, rte de St-Cyr-en-Val « Situation agréable au confluent du
Loiret et du Dhuy » ○┳ – **R**
1 ha (80 empl.) plat, herbeux 🗔 ♀♀
🎦 ♿ ⌂ ♨ 🗟 ♨ ⊕ ⚲ ⊠ 🖭
Tarif : (Prix 1999) ♀ 16,50 – 🚗 10,50 – 🗉 11,50 avec élect.

ORLÉAT

63 P.-de-D. – **73** ⑮ – rattaché à Thiers.

ORNANS

25290 Doubs **12** – **66** ⑯ G. Jura – 4 016 h. alt. 355.
🛈 Office de Tourisme r. P.-Vernier 🕿 03 81 62 21 50, Fax 03 81 62 21 50.
Paris 429 – Baume-les-Dames 43 – Besançon 25 – Morteau 53 – Pontarlier 35 – Salins-les-Bains 37.

⚠ **Le Chanet** mars-15 nov.
🕿 03 81 62 23 44, Fax 03 81 62 13 97 – SO : 1,5 km par D 241, rte de Chassagne-St-Denis et chemin
à droite, à 100 m de la Loue – ⌂ ≤ ○┳ – **R** conseillée 14 juil.-15 août – ✕
1,4 ha (95 empl.) incliné et peu incliné, herbeux ♀♀
🎦 ♿ ⌂ ♨ 🗟 ♨ ⊕ ⚷ 🖭 – 🖭 – A proximité : ⚹ 🏊
Tarif : 🗉 2 pers. 62 – 🔌 10 (2 ou 3A) 15 (5 ou 6A) 20 (10A)
Location : 🚐 1240 ou 1350 – gîte d'étape

ORNOLAC-USSAT-LES-BAINS

09400 Ariège 🔢 – 🔠 ⑤ G. Midi Pyrénées – 215 h. alt. 500.
Paris 800 – Ax-les-Thermes 25 – Foix 22 – Lavelanet 37 – Vicdessos 18.

⚠ **Ariège Evasion** Permanent
♦ 05 61 05 11 11 – à 1 km au Sud-Est du bourg, bord de l'Ariège (rive droite) – ← ⊶ – **R** conseillée juil.-août – 🇬🇧 ⚡
1 ha (60 empl.) plat, herbeux, pierreux 🔲
🔥 🔧 📷 ≈ ⊛ 🔳 – snack
Tarif : ⚡ 25 – 🔳 25 – ⚡ 12 (3A) 18 (6A) 25 (10A)
Location : 🛏

ORPIERRE

05700 H.-Alpes 🔢 – 🔠 ⑤ G. Alpes du Sud – 335 h. alt. 682.
Paris 695 – Château-Arnoux 46 – Digne-les-Bains 71 – Gap 56 – Serres 20 – Sisteron 32.

⚠ **Les Princes d'Orange** avril-oct.
♦ 04 92 66 22 53, Fax 04 92 66 31 08 – à 300 m au Sud du bourg, à 150 m du Céans, Accès à certains emplacements par forte pente, Mise en place et sortie des caravanes à la demande – 🐎 ← Orpierre et montagnes « Site agréable » ⊶ – **R** conseillée juil.-août – ⚡
20 ha/4 campables (100 empl.) plat et peu incliné, en terrasses, pierreux, herbeux ♀ (2 ha)
🔥 🔧 ⌣ 📷 ≈ ⊛ 🔳 – 🍴 – 🛒 🚿 🏊 toboggan aquatique – A proximité : ✂ 🎣
Tarif : 🔳 piscine comprise 2 pers. 105, 3 pers. 115 – ⚡ 15 (4A)
Location : 🛖 1500 à 2900 – 🏠 1700 à 3300

ORTHEZ

64300 Pyr.-Atl. 🔢 – 🔠 ⑧ G. Aquitaine – 10 159 h. alt. 55.
🅱 Office de Tourisme Maison Jeanne-d'Albret ♦ 05 59 69 02 75, Fax 05 59 69 12 00.
Paris 766 – Bayonne 74 – Dax 39 – Mont-de-Marsan 54 – Pau 48.

⚠ **La Source** avril-5 oct.
♦ 05 59 67 04 81 – à 1,5 km à l'Est de la ville sur la route reliant N 117 (accès conseillé) et D 933, bord d'un ruisseau – ⊶ – **R** – ⚡
2 ha (28 empl.) plat et peu incliné, herbeux ♀
🔥 🔧 ⌣ ⊛ ⚡ 🚿 – A proximité : 🖼
Tarif : ⚡ 16 – 🚗 6 – 🔳 8/12 – ⚡ 8 (10A)

OSANI

2A Corse-du-Sud – 🔢 ⑮ – voir à Corse.

OSSAS-SUHARE

64470 Pyr.-Atl. 🔢 – 🔠 ⑤ – 100 h. alt. 203.
Paris 815 – Mauléon-Licharre 11 – Oloron-Ste-Marie 33 – Pau 67 – St-Jean-Pied-de-Port 46.

⚠ **Elizanburu** Permanent
♦ 05 59 28 42 77 – O : 3,4 km, à Suhare – 🐎 ← ⊶ – **R** – ⚡
0,5 ha (26 empl.) peu incliné, herbeux ♀
🔧 ⌣ 📷 ⌣ ⊛ – 🍴 – Centre de Documentation Touristique
Tarif : (Prix 1999) ⚡ 25 – 🔳 30 – ⚡ 14

OSSÈS

64780 Pyr.-Atl. 🔢 – 🔠 ③ – 692 h. alt. 102.
Paris 810 – Biarritz 42 – Cambo-les-Bains 22 – Pau 131 – St-Étienne-de-Baïgorry 11 – St-Jean-Pied-de-Port 15.

⚠ **Aire Naturelle Mendikoa** juil.-15 sept.
♦ 05 59 37 70 29 – sortie Sud par D 918, rte de St-Jean-Pied-de-Port puis 1,7 km par chemin à gauche, Croisement difficile pour caravanes – 🐎 ← ⊶ – **R** conseillée août – ⚡
1 ha (25 empl.) plat, peu incliné, herbeux ♀
🔧 ⌣ ⌣ ⊛ – 🛒
Tarif : 🔳 2 à 5 pers. 38 à 58 – ⚡ 10 (3A)

OUISTREHAM

14150 Calvados 🔢 – 🔠 ⑯ G. Normandie Cotentin – 6 709 h.
🅱 Office de Tourisme Jardin du Casino ♦ 02 31 97 18 63, Fax 02 31 96 87 33.
Paris 232 – Arromanches-les-Bains 32 – Bayeux 42 – Cabourg 19 – Caen 15.

⚠ **Parc Municipal des Pommiers** fermé janv.-14 fév.
♦ 02 31 97 12 66 – S : 0,6 km par D 84, rte de Caen, accès direct au canal – ⊶ – **R** – 🇬🇧 ⚡
4,5 ha (428 empl.) plat, herbeux, sablonneux ♀ (2 ha)
🎦 🔥 🔧 ⌣ 📷 ⌣ ≈ ⊛ ⌣ 🚿 🖼 🔳 – 🛖 🏃 🏊
Tarif : (Prix 1999) ⚡ 21,20 – 🔳 21,20 – ⚡ 7,80 à 27 (2 à 10A)

392

OUNANS

39380 Jura 12 – 70 ④ – 323 h. alt. 230.
Paris 383 – Arbois 16 – Arc-et-Senans 13 – Dole 24 – Poligny 25 – Salins-les-Bains 21.

▲▲ **La Plage Blanche** 5 mars-oct.
  ℘ 03 84 37 69 63, Fax 03 84 37 60 21 – N : 1,5 km par D 71, rte de Montbarey et chemin à gauche
  – ⑤ « Au bord de la Loue » ⚡ – **R** conseillée – GB ⚡
  5 ha (220 empl.) plat, herbeux ⚘ (1,5 ha)
  ☐ 🍴 ⚑ ☐ ☐ ☺ ☐, ☐ – 🍹 snack ☐ – ☐ ☐ – A proximité : 🐎
  Tarif : 🏕 25 – 🔲 31 – 🔌 19 (6A)

OUROUX-EN-MORVAN

58230 Nièvre 11 – 65 ⑯ G. Bourgogne – 838 h. alt. 555.
🏢 Office de Tourisme pl. Jean-Gautherin ℘ 03 86 78 20 11, Fax 03 86 78 25 36.
Paris 263 – Autun 44 – Avallon 48 – Château-Chinon 23 – Clamecy 54 – Nevers 73 – Saulieu 34.

▲ **Les Genêts** 15 avril-15 oct.
  ℘ 03 86 78 22 88 – sortie Nord-Ouest par D 17, rte de Lormes et D 232 à gauche, rte de Pannecière
  – ⑤ ≼ « Cadre verdoyant » ⚡ juil.-août – **R** conseillée juil.-août – GB ⚡
  1 ha (70 empl.) en terrasses, plat et peu incliné, herbeux ☐
  ☐ 🍴 ⚑ ☐ ☐ ☺ ☐ – ☐ – A proximité : ✂
  Tarif : 🏕 17 – ☐ 10 – 🔲 18 – 🔌 10

OUST

09140 Ariège 14 – 86 ③ – 449 h. alt. 500.
Paris 814 – Aulus-les-Bains 16 – Castillon-en-Couserans 31 – Foix 60 – St-Girons 17 – Tarascon-sur-Ariège 50.

▲▲ **Les Quatre Saisons** Permanent
  ℘ 05 61 96 55 55 – sortie Sud-Est par D 32, rte d'Aulus-les-Bains, près du Garbet – ≼ ⚡ –
  R conseillée juil.-août – GB ⚡
  3 ha (108 empl.) plat, herbeux ☐
  ☐ ☐ 🍴 ⚑ ☐ ☐ ☺ ⚑ ☐ – 🍹 – ☐ ☐ – A proximité : ✂
  Tarif : 🔲 élect. (5A) et piscine comprises 2 pers. 85
  Location : ☐

▲ **La Côte** 15 mai-15 sept.
  ℘ 05 61 96 50 53 – SO : 0,6 km sur D 3, rte de Seix – ≼ ⚡ juil.-août – **R** – ⚡
  1 ha (50 empl.) plat, herbeux ⚘
  ☐ 🍴 ⚑ ☐ ☐ ☺ ☐ – ☐
  Tarif : 🏕 12 – 🔲 22/27 – 🔌 10 (6A) 20 (10A) 25 (15A)

OUZOUS

65 H.Pyr. – 85 ⑰ – rattaché à Argelès-Gazost.

OYE-PLAGE

62215 P.-de-C. 1 – 51 ② – 5 678 h. alt. 4.
Paris 297 – Calais 16 – Cassel 45 – Dunkerque 29 – St-Omer 35.

▲▲ **Les Oyats** mai-sept.
  ℘ 03 21 85 15 40, Fax 03 28 60 38 33 – NO : 4,5 km, 272 Digue Verte, à 100 m de la plage (accès
  direct) – ⑤ « Belle décoration arbustive » ⚡ – **R** conseillée 15 juil.-15 août – ⚡
  4,5 ha (150 empl.) plat, herbeux, sablonneux ☐
  🍴 ⚑ ☐ ☐ ⚑ ☺ ☐ – ☐ ☐ ⚙ ✂ ☐
  Tarif : 🏕 30 piscine comprise – 🔲 40 – 🔌 20 (4A)

La PACAUDIÈRE

42310 Loire 11 – 73 ⑦ – 1 182 h. alt. 363.
Paris 376 – Lapalisse 25 – Marcigny 23 – Roanne 26 – Thiers 80 – Vichy 48.

▲▲ **Municipal Beausoleil** 15 mai-sept.
  ℘ 04 77 64 11 50 – E : 0,7 km par D 35 rte de Vivans et à droite, près du terrain de sports et du
  collège – ⚡ – **R** – ⚡
  1 ha (35 empl.) peu incliné, herbeux ☐
  ☐ 🍴 ⚑ ☐ ⚑ ☺ ⚑ ☐ – ☐ ✂ ☐ ☐
  Tarif : 🏕 12,40 – ☐ 7,20 – 🔲 8,30 – 🔌 13

PADIRAC

46500 Lot 13 – 75 ⑲ – 160 h. alt. 360.
Paris 534 – Brive-la-Gaillarde 54 – Cahors 67 – Figeac 40 – Gourdon 44 – Gramat 11 – St-Céré 16.

▲▲▲ **Les Chênes** mai-sept.
  ℘ 05 65 33 65 54, Fax 05 65 33 71 55 – NE : 1,5 km par D 90, rte du Gouffre – ⑤ ⚡ – **R** conseillée
  – GB ⚡
  5 ha (120 empl.) peu incliné et incliné, en terrasses, pierreux, herbeux ⚘⚘
  ☐ 🍴 ⚑ ☐ ☐ ☺ ⚑ ☐ ☐ – ☐ 🍹 snack, pizzeria ☐ – ☐ salle d'animation ☐ ⚙ ☐ ☐ –
  A proximité : Parc de Loisirs ☐ (1100 m²) toboggans aquatiques
  Tarif : 🏕 35 piscine comprise – 🔲 48 – 🔌 18 (6A)
  Location : ☐ 1200 à 3200 – ☐ 1500 à 3500 – bungalows toilés

PAIMPOL

22500 C.-d'Armor **3** – 🔢 ② G. Bretagne – 7 856 h. alt. 15.
🛈 Office de Tourisme pl. de la République ℘ 02 96 20 83 16, Fax 02 96 55 11 12.
Paris 494 – Guingamp 29 – Lannion 33 – St-Brieuc 47.

⚠ **Municipal de Cruckin-Kérity**
℘ 02 96 20 78 47 – à Kérity, SE : 2 km par D 786, rte de St-Quay-Portrieux, attenant au stade, à 100 m de la plage de Cruckin – ⛱ 🚰
2 ha (155 empl.) plat, herbeux 🗆 ♀ (1 ha)
👶 🗟 ⇆ ⛺ ⊛ – A proximité : crêperie 🍴

PAIMPONT

35380 I.-et-V. **4** – 🔢 ⑤ G. Bretagne – 1 385 h. alt. 159.
🛈 Syndicat d'Initiative 5 espl. de Brocéliande ℘ 02 99 07 84 23.
Paris 390 – Dinan 59 – Ploërmel 24 – Redon 47 – Rennes 42.

⚠ **Municipal Paimpont Brocéliande** mai-sept.
℘ 02 99 07 89 16 – N : 0,5 km par D 773, rte de Mauron – 🚰 juil.-août – ⚒
1,5 ha (90 empl.) plat, herbeux
👶 🗟 ⇆ ⊛ 🔥 – 🍴 🚗
Tarif : (Prix 1999) 🚶 15 – 🚐 5 – 🅴 13 – 🔌 15 (5A)

Le PALAIS

56 Morbihan – 🔢 ⑪ – voir à Belle-Ile-en-Mer.

PALAU-DEL-VIDRE

66690 Pyr.-Or. **15** – 🔢 ⑲ – 2 004 h. alt. 26.
Paris 880 – Argelès-sur-Mer 7 – Le Boulou 16 – Collioure 14 – La Jonquera 29 – Perpignan 19.

⚠ **Le Haras** Permanent
℘ 04 68 22 14 50, Fax 04 68 37 98 93 – sortie Nord-Est par D 11 « Cadre agréable » 🚰 –
R conseillée – 🅶🅱 ⚒
2,3 ha (75 empl.) plat, herbeux 🗆 ♀♀
👶 🗟 ⇆ 📺 ⇆ ⊛ ⚒ 🔥 – 🍴 ♀ 🚗 – 🍴 🚗 ⊛ 🏊 🐎
Tarif : 🅴 piscine comprise 2 pers. 110, pers. suppl. 27 – 🔌 20 ou 24 (3 à 10A)
Location : 🛖 1500 à 3250

PALAVAS-LES-FLOTS

34250 Hérault **16** – 🔢 ⑦ G. Languedoc Roussillon – 4 748 h. alt. 1.
🛈 Office de Tourisme 1 bd Joffre ℘ 04 67 07 73 34, Fax 04 67 07 73 58.
Paris 765 – Aigues-Mortes 25 – Montpellier 17 – Nîmes 59 – Sète 30.

⚠ **Les Roquilles** 10 avril-16 sept.
℘ 04 67 68 03 47, Fax 04 67 68 54 98 – 267 bis av. St-Maurice, rte de Carnon-Plage, à 100 m de la plage – 🚰 ⚒ – **R** conseillée – 🅶🅱 ⚒
15 ha (792 empl.) plat, sablonneux, herbeux ♀ (7 ha)
👶 🗟 📺 ⇆ 🌲 ⊛ 🔥 – 🍴 ♀ pizzeria 🚗 – 🎾 🏊
Tarif : 🅴 piscine et tennis compris 2 pers. 112, pers. suppl. 20 – 🔌 19 (4A)
Location : 🛖 1550 à 3540 – 🏠 2100 à 4140

PALINGES

71430 S.-et-L. **11** – 🔢 ⑰ – 1 630 h. alt. 274.
Paris 347 – Charolles 16 – Lapalisse 72 – Lyon 137 – Mâcon 70 – Paray-le-Monial 18.

⚠ **Municipal le Lac** juin-sept.
℘ 03 85 88 14 49 – NE : 1 km par D 128, rte de Génelard « Près d'un plan d'eau » 🚰 – **R** – ⚒
1,5 ha (30 empl.) en terrasses, peu incliné, herbeux 🗆
👶 🗟 ⇆ 📺 ⇆ ⊛ 🔥 – 🍴 – A proximité : 🏊 (plage)
Tarif : (Prix 1999) 🅴 2 pers. 63,30 (79,20 avec élect. 10A), pers. suppl. 7,40

PALISSE

19160 Corrèze **10** – 🔢 ① – 256 h. alt. 650.
Paris 468 – Aurillac 89 – Clermont-Ferrand 103 – Mauriac 35 – Le Mont-Dore 76 – St-Flour 117 – Tulle 52 – Ussel 22.

⚠ **Le Vianon** mai-1er nov.
℘ 05 55 95 87 22 – N : 1,1 km par D 47, rte de Combressol et rte à droite – ⛱ 🚰 – **R** conseillée
10 juil.-20 août – 🅶🅱 ⚒
4 ha (60 empl.) plat et peu incliné, terrasses, herbeux, gravillons, étang, forêt 🗆 ♀♀
👶 🗟 ⇆ 📺 ⇆ ⊛ 🔥 – 🍴 🚗 🎿 🏊
Tarif : 🚶 28 piscine comprise – 🅴 31 – 🔌 16 (6A)
Location : 🛖 1700 à 3000 – 🏠 1400 à 2700 – bungalows toilés

La PALMYRE

17 Char.-Mar. – 🔢 ⑮ – rattaché aux Mathes.

PAMPELONNE

81190 Tarn **15** – **80** ⑪ – 715 h. alt. 430.
Paris 657 – Albi 30 – Baraqueville 35 – Cordes-sur-Ciel 30 – Rieupeyroux 35.

  ▲ **Thuriès** 15 juin-août
    🌢 05 63 76 44 01 – NE : 2 km par D 78, bord du Viaur – 🌲 « Site agréable » ☞ – **R** – ⚡
    1 ha (35 empl.) plat, herbeux 🌳🌳
    🍴 🔥 🏠 ⊙ – 🔲 🛒
    Tarif : 🏕 18 – 🔲 20 – 🔌 12 (6A)

PARAMÉ

35 I.-et-V. – **59** ⑥ – voir à St-Malo.

PARCOUL

24410 Dordogne **9** – **75** ③ G. **Périgord Quercy** – 363 h. alt. 70.
Paris 507 – Bergerac 69 – Blaye 71 – Bordeaux 72 – Périgueux 67.

  ▲▲▲ **Le Paradou** 15 mai-15 sept.
    🌢 05 53 91 42 78 – SO : 2 km par D 674 rte de La Roche-Chalais, au Parc de Loisirs – ☞ –
    R conseillée – **GB** ⚡
    20 ha/4 campables (100 empl.) plat, herbeux, pierreux 🔲 🌳
    🚿 🔥 🍴 🔥 🏠 ⚡ 🔲 – 🛒 – A proximité : Au Parc de Loisirs : 🍴 cafétéria 🍦 🏠 discothèque
    🎾 🐎 🚣 🏊 (étang) toboggan aquatique
    Tarif : (Prix 1999) 🔲 élect. (10A) et piscine comprises 2 pers. 70, pers. suppl. 18
    Location : 🚐 850 à 1580 – 🚐 1610 à 2680 – 🏠 1260 à 2330

PARENTIS-EN-BORN

40160 Landes **13** – **78** ③ G. **Aquitaine** – 4 056 h. alt. 32.
🅱 Office de Tourisme pl. Gén.-de-Gaulle 🌢 05 58 78 43 60, Fax 05 58.78 43 60.
Paris 661 – Arcachon 42 – Bordeaux 82 – Mimizan 25 – Mont-de-Marsan 76.

  ▲▲ **Municipal Pipiou** Permanent
    🌢 05 58 78 57 25, Fax 05 58 78 93 17 – O : 2,5 km par D 43 et rte à droite, à 100 m de l'étang
    – ☞ – **R** conseillée saison – **GB** ⚡
    6 ha (324 empl.) plat, sablonneux
    🍴 🚿 🔥 🏠 🔥 – 🍴 snack, pizzeria – 🐎 – A proximité : 🏊 🚣 💧
    Tarif : (Prix 1999) 🔲 élect. comprise 1 pers. 67

  ▲▲ **L'Arbre d'Or** avril-oct.
    🌢 05 58 78 41 56, Fax 05 58 78 49 62 – O : 1,5 km par D 43 rte de l'étang – ☞ juil.-août –
    R indispensable juil.-août – **GB** ⚡
    4 ha (200 empl.) plat, sablonneux, herbeux 🌳🌳 pinède
    🔥 🚿 🔥 🏠 ⚡ 🔲 – 🍴 🍦 – 🔲 🐎 🏊
    Tarif : 🏕 17 piscine comprise – 🔲 27/32 avec élect.

  ▲ **La Forêt Lahitte** avril-oct.
    🌢 05 58 78 47 17, Fax 05 58 78 43 64 – O : 3,5 km, au lieu-dit le Lac, à 70 m du lac, Pour les
    caravanes, accès conseillé par la D 652, rte de Biscarrosse et chemin à gauche – 🌲 ☞ – **R** conseillée
    – **GB** ⚡
    3 ha (135 empl.) plat, sablonneux 🌳
    🍴 🔥 🚿 🏠 ⊙ – crêperie – A proximité : 🏊 💧
    Tarif : (Prix 1999) 🔲 2 pers. 79, pers. suppl. 20 – 🔌 20 (6A) 24 (10A)
    Location : 🚐 1100 à 3400 – 🏠 900 à 3100 – huttes

PARIS

75 Seine **6** Plans : 10 11 12 et 14 G. **Paris** – 2 152 333 h. alt. Observatoire 60 m, Place de la Concorde 34 m.

Au Bois de Boulogne ✉ 75016 Paris

  ▲▲ **Le Bois de Boulogne** Permanent
    🌢 01 45 24 30 00, Fax 01 42 24 42 95 – réservé aux usagers résidant hors de l'Ile de France, Allée
    du Bord de l'Eau, entre le pont de Suresnes et le pont de Puteaux, bord de la Seine – ☞ – **R** conseillée
    – **GB** ⚡
    7 ha (460 empl.) plat, gravillons, herbeux 🌳🌳
    🍴 🔥 🚿 🔥 🏠 ⚡ – 🍴 snack (soir seulement)
    Tarif : (Prix 1999) 🔲 2 pers. 139 (149 avec élect. 10A)
    Location : 🚐 276 à 382 la nuitée – 🏠 372 à 486 la nuitée

PARRANQUET

47210 L.-et-G. **14** – **79** ⑥ – 127 h. alt. 140.
Paris 568 – Agen 68 – Bergerac 42 – Le Bugue 43 – Fumel 29 – Villeneuve-sur-Lot 38.

  ▲▲ **Moulin de Mandassagne** avril-sept.
    🌢 05 53 36 04 02 – SO : 0,7 km, bord d'un ruisseau – ☞ – **R** conseillée – ⚡
    4 ha (60 empl.) plat, herbeux 🌳 (0,8 ha)
    🍴 🔥 🚿 🔥 🏠 ⊙ 🔥 – 🏊 – 🔲 🏊
    Tarif : 🏕 15 piscine comprise – 🔲 28 – 🔌 13 (6 à 8A)
    Location : 🏠 1000 à 2800

PARTHENAY

79200 Deux-Sèvres 🔟 – 🖸🏗 ⑲ G. Poitou Vendée Charentes – 10 809 h. alt. 175.
🛈 Office de Tourisme 8 r. de la Vau St-Jacques ℰ 05 49 64 24 24, Fax 05 49 64 52 29.
Paris 378 – Bressuire 32 – Châtellerault 77 – Fontenay-le-Comte 52 – Niort 42 – Poitiers 48 – Thouars 39.

    ▲▲ **Base de Loisirs** Permanent
    ℰ 05 49 94 39 52, Fax 05 49 71 18 26 – sortie Sud-Ouest rte de la Roche-sur-Yon et à droite après le pont sur le Thouet, près d'un plan d'eau – ⚬⇥ – **R** conseillée juil.-août – ⚭
2 ha (86 empl.) plat, herbeux
🏢 🗟 ⇄ 🖻 🗂 ⊕ 🖥 – snack – 🗖 – A proximité : 🖼 parcours sportif ✖ 🏋 🚴 ⚓
Tarif : 🏕 14 – 🚗 12,50 – 🗉 11,50 – 🔌 12 (3A) 15 (6A) - hors saison estivale : 14 (3A) 20 (6A) 30 (12A)

PAUILLAC

33250 Gironde 🔟 – 🖸🔟 ⑦ G. Aquitaine – 5 670 h. alt. 20.
🛈 Office de Tourisme La Verrerie ℰ 05 56 59 03 08, Fax 05 56 59 23 38.
Paris 560 – Arcachon 117 – Blaye 16 – Bordeaux 53 – Lesparre-Médoc 23.

    ▲▲ **Municipal les Gabarreys** 3 avril-10 oct.
    ℰ 05 56 59 10 03 – S : 1 km par rue de la Rivière, près de la Gironde – ⚭ ⚬⇥ – **R** – ⚭
1,6 ha (59 empl.) plat, gravillons, herbeux 🗂 ♀
⚒ 🗟 ⇄ 🖻 🗂 ⊕ 🖼 🖥 – 🗖 – 🖼
Tarif : 🗉 1 pers. 45, 2 pers. 67, pers. suppl. 23 – 🔌 20 (5A) 30 (10A)

PAYRAC

46350 Lot 🔟🔟 – 🖸🔟 ⑱ – 492 h. alt. 320.
Paris 533 – Bergerac 102 – Brive-la-Gaillarde 53 – Cahors 49 – Figeac 61 – Périgueux 100 – Sarlat-la-Canéda 31.

    ▲▲▲ **Les Pins** avril-15 sept.
    ℰ 05 65 37 96 32, Fax 05 65 37 91 08 – sortie Sud par N 20 rte de Cahors « Beau parc » ⚬⇥ – **R** conseillée juil.-août – ⊖⊟ ⚭
4 ha (125 empl.) plat, peu incliné, en terrasses, herbeux 🗭
⚒ 🗟 ⇄ 🖻 🗂 ⇄ 🔊 ⊕ 🌣 🗢 🖼 🖥 – 🍴 snack 🍹 – 🗖 🚴 ✖ ⚓ - A proximité : 🏋, parc de loisirs avec toboggan aquatique
Tarif : (Prix 1999) 🏕 32 piscine comprise – 🗉 48 – 🔌 16 (6 à 10A)
Location : 🚐 1400 à 3600

PAYZAC

07230 Ardèche 🔟🔟 – 🖸🔟 ⑧ G. Vallée du Rhône – 4 h. alt. 300.
Paris 663 – Aubenas 33 – Largentière 22 – Privas 63 – Vallon-Pont-d'Arc 29 – Villefort 32.

    ▲ **Lou Cigalou** juin-août
    ℰ 04 75 39 48 68 – E : 1 km par rte de Lablachère et chemin à droite – ⚭ « Cadre agréable » ⚬⇥ – **R** conseillée – ⚭
1,2 ha (25 empl.) plat et en terrasses, herbeux 🗂 ♀♀
⚒ 🗟 🖻 🔊 ⊕ 🖥 – 🚴
Tarif : 🗉 2 pers. 54 – 🔌 16 (6A)
Location : 🚐 1000 à 1300

PÉGOMAS

06580 Alpes-Mar. 🔟🔟 – 🖸🔟 ⑧ – 4 618 h. alt. 18.
Paris 902 – Cannes 11 – Draguignan 60 – Grasse 9 – Nice 38 – St-Raphaël 38.

    à St-Jean SE : 2 km par D 9 rte de Cannes – ✉ 06550 la Roquette-sur-Siagne :

    ▲▲▲ **St-Louis** avril-1er oct.
    ℰ 04 92 19 23 13, Fax 04 92 19 23 14 – NO : 1 km par D 9 – ⚭ « Cadre agréable » ⚬⇥ – **R** conseillée juil.-août – ⚭
5 ha (200 empl.) en terrasses et peu incliné, herbeux 🗂 ♀♀
⚒ 🗟 ⇄ 🖻 🗂 ⊕ 🌣 🗢 🖥 – 🍴 ✖ pizzeria 🍹 – 🗖 🚴 ⚓ half-court – A proximité : 🛒 ✖
Tarif : 🗉 élect. (6A) et piscine comprises, 3 pers. 195
Location : 🚐 1150 à 3650

PENDÉ

80230 Somme 🔟 – 🖸🔟 ⑥ – 1 055 h. alt. 5.
Paris 211 – Abbeville 23 – Amiens 75 – Blangy-sur-Bresle 34 – Le Tréport 22.

    ▲ **La Baie** Pâques-15 oct.
    ℰ 03 22 60 72 72 – N : 2 km, à Routhiauville, r. de la Baie – Places limitées pour le passage ⚭ ⚬⇥ – **R** conseillée saison – ⚭
1,2 ha (107 empl.) plat, herbeux, sablonneux
⚒ 🗟 ⇄ 🖻 🔊 ⊕ 🖥 – 🚴 🏋
Tarif : 🗉 2 pers. 55 (65 avec élect. 3A), pers. suppl. 16

56760 Morbihan ⁴ – 🔟🔟 ⑭ – 1 394 h. alt. 20.
Paris 461 – La Baule 31 – Nantes 85 – La Roche-Bernard 18 – St-Nazaire 45 – Vannes 46.

⚠ **Inly** 30 avril-sept.
🆓 02 99 90 35 09, Fax 02 99 90 40 93 – SE : 2 km par D 201 et rte à gauche – Places limitées pour le passage ⚓ ≼ « Au bord d'un étang » ⊶ – **R** conseillée 15 juil.-15 août – 🆖 ⚒
30 ha/12 campables (500 empl.) plat, herbeux, pierreux 🗆 ♀
🔳 🍴 🌀 🔲 🔼 ☺ ⚒ 🔁 🔲 – 🔲 🍷 snack, crêperie, pizzeria 🔲 – 🔲 🔱 🔱 🚲 🎾 🔁 toboggan aquatique
Tarif : ⚹ 28 piscine comprise – 🚐 12 – 🔲 55 – 🔋 18 (10A)
Location : 🔲 1500 à 3300

⚠ **Les Îles** avril-sept.
🆓 02 99 90 30 24, Fax 02 99 90 44 55 – S : 4,5 km par D 201 et rte à droite, à la Pointe du Bile, en deux parties « En bord de mer » ⊶ saison – **R** conseillée 8 juil.-25 août – 🆖 ⚒
3,5 ha (184 empl.) plat, herbeux, étang 🗆 ♀ (2,5 ha)
🔳 🍴 🌀 🔲 🔼 ☺ ⚒ 🔲 – 🔲 🍷 snack 🔲 – 🔲 🔱 🔱 🚲 🎾 🔁 terrain omnisports – A proximité : 🐎 et poneys
Tarif : 🔲 piscine comprise 2 pers. 168 – 🔋 16 (6A)
Location : 🔲 1350 à 3800 – 🔲 1500 à 3900

⚠ **Le Cénic** mai-sept.
🆓 02 99 90 45 65, Fax 02 99 90 45 05 – E : 1,5 km par D 34 rte de la Roche-Bernard, bord d'un étang « Bel ensemble aquatique couvert » ⊶ – **R** conseillée – ⚒
4 ha (180 empl.) plat, peu incliné, herbeux ♀
🔳 🔳 🌀 🔲 🔼 ☺ ⚒ 🔲 – 🍷 – 🔲 salle d'animation 🔲 🔳 🔁 🔁 toboggan aquatique
Tarif : ⚹ 28 piscine comprise – 🔲 45
Location (15 avril-sept.) : 🔲 1000 à 3000 – 🔲 1000 à 3100 – bungalows toilés

⚠ **Les Parcs** avril-15 oct.
🆓 02 99 90 30 59 – E : 0,5 km par D 34 rte de la Roche-Bernard – ⊶ – **R** conseillée juil.-août – 🆖 ⚒
2,5 ha (75 empl.) plat et peu incliné, herbeux 🗆 ♀♀
🔳 🔳 🌀 🔲 🔼 ☺ 🔲 – 🍷 – 🔁
Tarif : ⚹ 21 piscine comprise – 🚐 6 – 🔲 24 – 🔋 14 (5A)
Location : 🔲 1200 à 3000

⚠ **Le Ker Lay** 15 juin-15 sept.
🆓 02 99 90 31 28 – S : 4,5 km par D 201 et rte de la Pointe du Bile à droite, à 500 m de la mer – ⚓ ⊶ juil.-août – **R** – ⚒
2 ha (100 empl.) plat, herbeux ♀♀
🔳 🌀 🔲 🔼 ☺ 🔲 – 🔲 – 🔲 🔱
Tarif : ⚹ 26 – 🔲 27 – 🔋 14 (6A)

⚠ **Kerfalher** 15 mai-15 sept.
🆓 02 99 90 33 45 – S : 2,6 km par D 201 et rte à droite, à 500 m de la mer – ⚓ ⊶ – **R** conseillée – ⚒
2 ha (90 empl.) plat, herbeux
🔳 🔲 🔼 ☺ ⚒ 🔲 – 🔲 🔱 – A proximité : ♨
Tarif : 🔲 2 pers. 68, 3 pers. 84, pers. suppl. 19 – 🔋 16 (6A)

29760 Finistère ³ – 🔟🔟 ⑭ G. Bretagne – 6 272 h. alt. 7.
🅱 Office de Tourisme pl. Mar.-Davout 🆓 02 98 58 81 44, Fax 02 98 58 86 62.
Paris 587 – Audierne 39 – Douarnenez 39 – Pont-l'Abbé 11 – Quimper 31.

⚠ **Municipal** 15 juin-15 sept.
🆓 02 98 58 86 88 – SE : 1,4 km par rte de Guilvinec par la côte et rte à droite, à 100 m de la plage (accès direct) – ⚓ ⊶ juil.-août – **R** – ⚒
3 ha (202 empl.) plat, herbeux, sablonneux
🔳 🔳 🔼 ☺ 🔲 – A proximité : ♨
Tarif : ⚹ 14,20 – 🚐 8,70 – 🔲 13,20 – 🔋 11,50 (6 à 13A)

47140 L.-et-G. ¹⁴ – 🔟🔟 ⑥ G. Aquitaine – 2 394 h. alt. 207.
Paris 622 – Agen 34 – Bergerac 70 – Bordeaux 154 – Cahors 61.

⚠ **Municipal du Lac de Ferrié** 15 juin-août
🆓 05 53 41 30 97 – SO : 1,4 km par D 159, à 250 m du D 661, bord du lac – ⊶ juil.-août – **R** conseillée – ⚒
1,6 ha (64 empl.) plat et peu incliné, herbeux 🗆 ♀♀
🔳 🔳 🌀 🔲 🔼 ☺ 🔲 ⚒ 🔲 – 🔲 – A proximité : 🍷 snack 🎾 🔱 🔁
Tarif : (Prix 1999) ⚹ 22 tennis compris – 🔲 22 – 🔋 18 (10A) 23 (plus de 10A)
Location (permanent) : gîtes

40 Landes – 🔟🔟 ⑰ – rattaché à Seignosse.

PENTREZ-PLAGE

29550 Finistère **3** – **58** ⑭.
Paris 566 – Brest 56 – Châteaulin 18 – Crozon 17 – Douarnenez 24 – Quimper 33.

Schéma à Plomodiern

▲▲ **Ker-Ys** mai-10 sept.
℘ 02 98 26 53 95, Fax 02 98 26 52 48 – près de la plage – ⊶ juil.-août – **R** conseillée juil.-août – ⊝⊟ ⚲
3 ha (190 empl.) plat et peu incliné, herbeux ⚲
�& ⌂ ⇌ 🗓 ⊟ ⊛ ▣ – 🖿 ⬱⬱ terrain omnisports – A proximité : ⍾ crêperie ⸾
Tarif : ▣ *1 ou 2 pers. 70, pers. suppl. 20 –* (₴) *14 (5A)*
Location : ⌂ *1200 à 2500*

Geef ons uw mening over de kampeerterreinen die wij aanbevelen.
Schrijf ons over uw ervaringen en ontdekkingen.

PÉRIGUEUX

24000 Dordogne **10** – **75** ⑤ G. Périgord Quercy – 30 280 h. alt. 86.
🚹 Office de Tourisme Rd-Pt de la Tour Mataguerre ℘ 05 53 53 10 63, Fax 05 53 09 02 50.
Paris 486 – Agen 139 – Albi 235 – Angoulême 85 – Bordeaux 123 – Brive-la-Gaillarde 74 – Limoges 94 – Pau 265 – Poitiers 197.

▲ **Barnabé-Plage** Permanent
℘ 05 53 53 41 45, Fax 05 53 54 16 62 – E : 2 km, rte de Brive-la-Gaillarde, En deux parties sur chaque rive de l'Isle ; bac pour piétons et cycles « Situation agréable » ⊶ – **R** – ⊝⊟ ⚲
1 ha (56 empl.) plat, herbeux ⌅ ⚲⚲
▥ & ⌂ ⇌ 🗓 ⊟ ⊛ – ⍾ – 🖿 ♜ - A proximité : ⸾ poneys
Tarif : ⍾ *17 – ⇌ 10,50 – ▣ 16,50 –* (₴) *14,50 (4A) 17,50 (6A)*

à Antonne-et-Trigonant NE : 10 km par N 21, rte de Limoges – 1 050 h. alt. 106 – ✉ 24420 Antonne-et-Trigonant

▲▲ **Au Fil de l'Eau** 15 juin-15 sept.
℘ 05 53 06 17 88, Fax 05 53 08 97 76 – sortie Nord-Est et rte d'Escoire à droite, bord de l'Isle – ⊶ – **R** conseillée 14 juil.-15 août – ⚲
1,5 ha (50 empl.) plat, herbeux
& ⌂ ⇌ 🗓 ⊟ ⊛ ▣ – ⬱⬱ ⸾
Tarif : ⍾ *17 – ⇌ 13 – ▣ 15 –* (₴) *14 (5A)*
Location ⸾ : ⌂ *900 à 1500*

à Atur S : 6 km par D 2 – 1 248 h. alt. 224 – ✉ 24750 Atur :

▲▲▲ **Le Grand Dague** 15 avril-sept.
℘ 05 53 04 21 01, Fax 05 53 04 22 01 – SE : 3 km par rte de St-Laurent-sur-Manoire et chemin, Par déviation Sud, venant de Brive ou Limoges, prendre direction Bergerac et chemin à droite – ⌖ « Cadre agréable » ⊶ – **R** conseillée juil.-août – ⊝⊟ ⚲
22 ha/7 campables (93 empl.) incliné, herbeux ⌅
▥ & ⌂ ⇌ 🗓 ⊟ ⊛ ⟁ ▣ – ⍾ ✕ (dîner seulement) ⌕ – 🖿 ⬱⬱ ♜ 🏊
Tarif : (Prix 1999) ⍾ *34 piscine comprise – ▣ 45 –* (₴) *18 (6A)*
Location : ⌂ *870 à 1725 –* ⌂ *1185 à 3560 –* 🏠 *1650 à 3850*

PERNES-LES-FONTAINES

84210 Vaucluse **16** – **81** ⑫ G. Provence – 8 304 h. alt. 75.
🚹 Office de Tourisme pl. Gabriel Moutte ℘ 04 90 61 31 04, Fax 04 90 61 33 23.
Paris 688 – Apt 44 – Avignon 23 – Carpentras 6 – Cavaillon 20.

▲ **Municipal de la Coucourelle** avril-sept.
℘ 04 90 66 45 55 – E : 1 km par D 28, rte de St-Didier, au complexe sportif – ⌖ « Beaux emplacements délimités » ⊶ – **R** conseillée juil.-août – ⚲
1 ha (26 empl.) plat, herbeux ⌅ ⚲
& ⌂ ⇌ ⊟ ⊛ ⟁ ⟟ ⊟⊟ ▣ – ⸾ – A proximité : 🏊
Tarif : ⍾ *20 – ⇌ 20 – ▣ 20 –* (₴) *18 (9A)*

PÉRONNE

80200 Somme **2** – **53** ⑬ G. Picardie Flandres Artois – 8 497 h. alt. 52.
🚹 Office de Tourisme 1 r. Louis-XI ℘ 03 22 84 42 38, Fax 03 22 84 51 25.
Paris 141 – Amiens 54 – Arras 48 – Doullens 54 – St-Quentin 31.

▲ **Port de Plaisance** Permanent
℘ 03 22 84 19 31 – sortie Sud rte de Paris, près du canal du Nord, entre le port de plaisance et le port de commerce – ⊶ – **R** conseillée été – ⊝⊟ ⚲
2 ha (90 empl.) plat, herbeux ⚲ (1 ha)
▥ & ⌂ ⇌ 🗓 ⊟ ⊛ ▣ – ⬱⬱
Tarif : ⍾ *18,50 – ⇌ 7,30 – ▣ 16,50 –* (₴) *6A : 13,40 (hors été 18,20) 10A : 26,80 (hors été 36,40)*

63210 P.-de-D. **11** – **78** ⑬ – 377 h. alt. 900.
Paris 460 – La Bourboule 17 – Clermont-Ferrand 37 – Mauriac 80 – Ussel 59.

▲ **Aire Naturelle Jollère** 15 juin-15 sept.
    ℰ 04 73 65 84 48 – O : 4,3 km par D 552 et D 11, rte de Heume-l'Eglise puis 2,2 km par D 134
à gauche, rte de Jollère – ⑤ ≤ ⊶ – **R** conseillée 15 juil.-15 août – ⚡
1 ha (25 empl.) plat, peu incliné, herbeux
⛲ 🔥 ➗ 🚽 ⊕ – ▭ 🏓 🚲
Tarif : 🔆 16 – 🔲 16 – 🔋 10 (3A) 15 (6A)

85 Vendée – **67** ⑫ – rattaché à St-Jean-de-Monts.

22700 C.-d'Armor **3** – **59** ① G. Bretagne – 7 497 h. alt. 60.
🅱 Office de Tourisme 21 pl. de l'Hôtel-de-Ville ℰ 02 96 23 21 15, Fax 02 96 23 04 72.
Paris 518 – Lannion 12 – St-Brieuc 74 – Tréguier 19.

▲▲ **Claire Fontaine** Pâques-mi-sept.
    ℰ 02 96 23 03 55, Fax 02 96 49 06 19 – SO : 2,6 km, par rue des Frères Mantrier, rte de Pleumeur-
Bodou et rte à droite « Autour d'une ancienne ferme rénovée » ⊶ – **R** conseillée juil.-août – ⚡
3 ha (180 empl.) plat, peu incliné, herbeux ♀
🔥 ➗ 🗃 🛁 🚽 ⊕ 🚻 🔲 – ▭ – A proximité : 🍴 🏓
Tarif : 🔆 34 – 🔲 20/36 avec élect. (4 ou 6A)
Location : 🏠 2500 à 3600 – 🛏

à Ploumanach par D 788, rte de Trégastel-
Plage – ✉ 22700 Perros-Guirec :

▲▲▲ **Le Ranolien** 14 avril-11 nov.
    ℰ 02 96 91 43 58, Fax 02 96 91 41 90
– SE : 1 km, à 200 m de la mer
« Ancienne ferme restaurée dans un
cadre sauvage » ⊶ – **R** conseillée juil.-
août – **GB** ⚡
16 ha (540 empl.) plat, peu incliné et
accidenté, herbeux, rochers ▭ ♀
(3 ha)
🔥 ➗ 🗃 🛁 🚽 ⊕ 🚾 🚻 🔲 – ⛎
🍴 ✕ crêperie, snack, pizzeria 🔥 – ▭
🏓 discothèque 🚲 🏓 🔥 toboggans aquatiques, terrain omnisports
Tarif : 🔲 piscine comprise 2 pers. 130
– 🔋 20 (5A)
Location : 🏠 1500 à 4500

▲ **West-Camping** Pâques-sept.
    ℰ 02 96 91 43 82 – S : 0,7 km par
D 788, au carrefour de Ploumanach « A
la lisière d'une agréable pinède » ⊶ –
R conseillée juil.-août – **GB** ⚡
0,9 ha (50 empl.) plat, peu incliné,
herbeux ▭ ♀
🔥 ➗ 🗃 🚽 🔥 ⊕ 🔥 🚻 🔲 – 🚾 ▭ 🏓 🔥 – A proximité : 🍴
Tarif : 🔲 2 pers. 98, pers. suppl. 35 – 🔋 15 (6A)
Location 🏓 : 🏠 1000 à 3100

à Louannec par D 6, rte de Tréguier – 2 195 h. alt. 53 – ✉ 22700 Perros-Guirec :

▲ **Municipal Ernest Renan** juin-sept.
    ℰ 02 96 23 11 78, Fax 02 96 23 35 42 – O : 1 km, bord de mer – ≤ ⊶ – **R** conseillée juil.-août
– ⚡
4 ha (265 empl.) plat, herbeux
🔥 ➗ 🗃 🚽 ⊕ 🔥 🚻 🔲 – 🚾 🍴 – ▭ ♦
Tarif : 🔆 16,50 – 🔲 19,50/31 – 🔋 16,50 (6A)

15290 Cantal **10** – **76** ⑪ – 209 h. alt. 570.
Paris 551 – Argentat 44 – Aurillac 24 – Maurs 25 – Sousceyrac 25.

▲ **Le Viaduc** mai-sept.
    ℰ 04 71 64 70 08 – NE : 5 km par D 32, D 61 et chemin du Ribeyres à gauche, bord du lac de
St-Etienne-Cantalès – ⑤ ≤ ⊶ juil.-août – **R** conseillé 15 juil.-15 août – ⚡
1 ha (65 empl.) en terrasses, herbeux, gravillons ▭ ♀
🔥 ➗ 🔥 ⊕ 🔲 – 🍴 – ▭ ♦
Tarif : 🔲 1 pers. 46, pers. suppl. 18 – 🔋 13 (5A)

Le PERTRE

35370 I.-et-V. 4 – 63 ⑨ – 1 326 h. alt. 174.
Paris 304 – Châteaubriant 52 – Laval 22 – Redon 116 – Rennes 52 – Vitré 20.

⚊ **Municipal le Chardonneret** Permanent
  🕿 02 99 96 99 27 – SO : 0,3 km par D 43 direction Brielles et chemin à droite – ⚲ « Près d'un plan d'eau » ⚬ – **R** conseillée
  1,5 ha (30 empl.) plat et peu incliné, herbeux ⌲
  ▥ 🕭 🍴 🔄 🛁 ⊕ – A proximité : ⚒ 🍽 🏓 🚣 🏊 (plage)
  Tarif : (Prix 1999) ✹ *13* – 🔲 *8,70* – 🔋 *9,20 (4A) 15 (16A)*

PETICHET

38 Isère 12 – 77 ⑤ – ✉ 38119 Pierre-Châtel.
Paris 596 – Le Bourg-d'Oisans 40 – Grenoble 29 – La Mure 11 – Vizille 12.

⚊⚊ **Ser-Sirant** mai-15 oct.
  🕿 04 76 83 91 97, Fax 04 76 30 83 69 – sortie Est et chemin à gauche – ⚲ ≤ « Au bord du lac de Laffrey » ⚬ – **R** conseillée juil.-août
  2 ha (100 empl.) plat, terrasse, herbeux, pierreux ⚲
  🕭 🔄 🗟 🛁 ⊕ 🗟 🔲 – 🛏 🚣 – A proximité : 🚣
  Tarif : 🔲 *1 pers. 54, pers. suppl. 28* – 🔋 *15 (3A) 23 (6A) 30 (10A)*

Le PETIT-BORNAND-LES-GLIÈRES

74130 H.-Savoie 12 – 74 ⑦ G. Alpes du Nord – 743 h. alt. 732 – Sports d'hiver : 730/1 100 m 🎿.
Paris 567 – Annecy 40 – Bonneville 11 – La Clusaz 15 – Cluses 25 – Genève 36.

⚊ **Municipal les Marronniers** juin-sept.
  🕿 04 50 03 54 74 – N : 1,6 km par D 12 et rte à gauche, bord d'un torrent et à 100 m du Borne – ⚲ ≤ « Situation et site agréables dans la vallée du Borne« ⚬ – **R** conseillée juil.-août
  1,8 ha (46 empl.) en terrasses, herbeux, pierreux, gravillons ⚲
  🕭 ⚄ ⊕ – 🛏 – A proximité : 🚣
  Tarif : (Prix 1999) ✹ *13* – 🚗 *5* – 🔲 *10* – 🔋 *10 (2A)*

PETIT-PALAIS-ET-CORNEMPS

33570 Gironde 9 – 75 ⑫ ⑬ G. Aquitaine – 565 h. alt. 35.
Paris 536 – Bergerac 51 – Castillon-la-Bataille 18 – Libourne 21 – Montpon-Ménestérol 21 – La Roche-Chalais 22.

⚊⚊⚊ **Le Pressoir** avril-sept.
  🕿 05 57 69 73 25, Fax 05 57 69 77 36 – NO : 1,7 km par D 21, rte de St-Médard-de-Guizières et chemin de Queyray à gauche – ⚲ ⚬ – **R** conseillée juil.-août – ⌷B 🏍
  2 ha (100 empl.) peu incliné et plat, herbeux ⌲ ⚲
  ♿ 🕭 🔄 🗟 🛁 ⊕ 🔌 🔲 – 🍴 ♈ ✕ – 🚣 🛏
  Tarif : (Prix 1999) ✹ *35 piscine comprise* – 🔲 *42 (60 avec élect. 6A)*
  Location (mai-sept.) – 🏠 : bungalows toilés

PEYNIER

13790 B.-du-R. 16 – 84 ④ ⑭ – 2 475 h. alt. 300.
Paris 777 – Aix-en-Provence 22 – Aubagne 22 – Marseille 39 – St-Maximin-la-Ste-Baume 20 – Trets 5.

⚊ **Municipal de la Garenne** juin-sept.
  🕿 04 42 53 05 21 – O : 1,5 km par D 56^B et D 57^A rte de Fuveau puis chemin à gauche – ⚲ « En forêt » ⚬ – **R** – 🏍
  1,5 ha (80 empl.) peu incliné, en terrasses, pierreux ⚲⚲
  ▥ 🕭 🔄 🗟 ⚄ ⊕ 🔲 – 🛏 – A proximité : ⊛ 🚣
  Tarif : (Prix 1999) ✹ *21* – 🔲 *20* – 🔋 *16 (6A)*

PEYRAT-LE-CHÂTEAU

87470 H.-Vienne 10 – 72 ⑲ G. Berry Limousin – 1 194 h. alt. 426.
Paris 420 – Aubusson 45 – Guéret 53 – Limoges 54 – Tulle 77 – Ussel 79 – Uzerche 58.

⚊ **Municipal les Peyrades d'Auphelle** 2 mai-sept.
  🕿 05 55 69 41 32 – E : 7 km par D 13 et D 222 à droite, près du **lac de Vassivière**, alt. 650 – ≤ « Site agréable » ⚬ – **🍴** – 🏍
  3 ha (134 empl.) peu incliné, terrasses, herbeux ⚲
  🕭 ⚄ ⊕ 🔲 – 🏊 (plage) – A proximité : 🚲 ♈ ✕ 🚣 🏓 🛏
  Tarif : 🔲 *2 pers. 50, pers. suppl. 17* – 🔋 *15 (5A)*

PEYRIGNAC

24210 Dordogne 10 – 75 ⑦ – 372 h. alt. 200.
Paris 484 – Brive-la-Gaillarde 34 – Juillac 32 – Périgueux 45 – Sarlat-la-Canéda 39.

⚊ **La Garenne** Permanent
  🕿 05 53 50 57 73 – à 0,8 km au Nord du bourg, près du stade – ⚲ ⚬ – **R** conseillée été – 🏍
  1,5 ha (40 empl.) peu incliné, herbeux ⚲⚲
  ♿ 🕭 🔄 🗟 🛁 ⊕ ⚄ 🗟 🔲 – 🚣 – A proximité : 🚣
  Tarif : ✹ *15* – 🔲 *20* – 🔋 *10 (10A)*
  Location : 🚐 *650 à 1300*

PEYRILLAC-ET-MILLAC

24370 Dordogne **13** – **75** ⑱ – 214 h. alt. 88.
Paris 526 – Brive-la-Gaillarde 46 – Gourdon 24 – Sarlat-la-Canéda 22 – Souillac 7.

⚠ **Au P'tit Bonheur** avril-1ᵉʳ nov.
  ⌀ 05 53 29 77 93 – N : 2,5 km par rte du Bouscandier – 🍴 ≤ ⍨ – **R** – ⚲
  2,8 ha (90 empl.) incliné et en terrasses, herbeux, pierreux
  ⚹ 🏕 ⚙ 🗄 ♨ 🚽 ☺ 🚲 🖭 – 🏊 🍽 – 🏠 🚣 🚴 ⛵
  Tarif : ✶ 20 piscine comprise – 🎪 28 – 🔌 16 (10A)
  Location : 🚐 900 à 2000 – 🚍 1300 à 2700 – 🏠 1400 à 2900

🏊 ✗   ATTENTION...
🐴   ces éléments ne fonctionnent généralement qu'en saison,
🎣 🐎   quelles que soient les dates d'ouverture du terrain.

PEYRUIS

04310 Alpes-de-H.-Provence **17** – **81** ⑯ G. Alpes du Sud – 2 036 h. alt. 402.
Paris 732 – Digne-les-Bains 29 – Forcalquier 21 – Manosque 32 – Sisteron 22.

⚠ **Les Cigales** avril-sept.
  ⌀ 04 92 68 16 04 – au Sud du bourg, près du stade et d'un ruisseau – Ⓜ ≤ ⍨ – **R** conseillée juil.-
  15 août – ⚲
  1 ha (33 empl.) peu incliné à incliné, herbeux, pierreux 🔲
  🔳 ⚹ 🏕 ⚙ 🗄 🔬 ☺ 🚽 📺 🖭 – 🚣 – A proximité : parcours sportif 🎾 🎣
  Tarif : ✶ 22 piscine comprise – 🎪 22 – 🔌 16 (4A) 22 (6A)

PÉZENAS

34120 Hérault **15** – **83** ⑮ G. Languedoc Roussillon – 7 613 h. alt. 15.
🛈 Office de Tourisme pl. Gambetta ⌀ 04 67 98 35 45, Fax 04 67 98 96 80.
Paris 741 – Agde 20 – Béziers 25 – Lodève 40 – Montpellier 54 – Sète 37.

⚠ **St-Christol** 15 avril-15 sept.
  ⌀ 04 67 98 09 00, Fax 04 67 98 89 61 – NE : 0,6 km par D 30ᴱ, rte de Nizas et chemin à droite –
  ⍨ – **R** conseillée juil.-20 août – ⚲
  1,5 ha (93 empl.) plat, gravier 🔲 ♒♒
  ⚹ 🏕 🚽 ☺ 🖭 – 🚣 🎣
  Tarif : ✶ 16,50 piscine comprise – 🎪 42,50 – 🔌 13 (10A)
  Location : 🚐 1500 à 1870

⚠ **Municipal le Castelsec** avril-10 oct.
  ⌀ 04 67 98 04 02 – sortie Sud-Ouest, rte de Béziers et rue à droite après le centre commercial
  Champion – ≤ ⍨ – **R** conseillée juil.-août – ⚲
  0,8 ha (40 empl.) plat et en terrasses, herbeux, pinède attenante 🔲
  ⚹ 🏕 ⚙ 🗄 🚽 ☺ 🖭 – 🚣 🚴 🎾 – A proximité : 🛒
  Tarif : ✶ 15,20 – 🎪 31,40/37,20 – 🔌 12,50 (10A)
  Location : 🏠 1230 à 2000 – gîtes

PIANA

2A Corse-du-Sud – **90** ⑮ – voir à Corse.

PICHERANDE

63113 P.-de-D. **11** – **73** ⑬ – 491 h. alt. 1 116.
Paris 484 – Clermont-Ferrand 64 – Issoire 48 – Le Mont-Dore 31.

⚠ **Municipal la Blatte** 15 juin-15 sept.
  NE : 0,6 km par chemin face à l'église et à droite, à 200 m d'un petit lac – 🍴 ≤ Monts du Cantal
  – **R** – ⚲
  0,7 ha (43 empl.) non clos, plat, peu incliné, herbeux, pierreux
  🏕 🔬 ☺ – 🚣 🚴 🎾 parcours de santé
  Tarif : (Prix 1999) ✶ 7,20 – 🚗 6,30 – 🎪 6,30 – 🔌 12 (6A)

PIERREFITTE-SUR-LOIRE

03470 Allier **11** – **69** ⑯ – 609 h. alt. 228.
Paris 328 – Bourbon-Lancy 19 – Lapalisse 52 – Moulins 40 – Paray-le-Monial 27.

⚠ **Le Vernay** 23 juin-3 sept.
  ⌀ 04 70 47 02 49 – O : 1,6 km par D 295, rte de Saligny-sous-Roudon et chemin à droite après le
  pont, à 200 m du canal de Roanne – ≤ ⍨ – **R**
  20 ha/2 campables (35 empl.) plat, herbeux, plan d'eau 🔲
  ⚹ 🏕 ⚙ 🗄 🚽 ☺ – 🚴 – A proximité : 🍴 ✗ 🏊
  Tarif : ✶ 15 – 🎪 20 – 🔌 10

41300 L.-et-Ch. 🖁 – 🖁🗗 ⑳ – 835 h. alt. 125.
Paris 187 – Aubigny-sur-Nère 23 – Blois 74 – Bourges 55 – Orléans 63 – Salbris 13.

▲▲▲ **Sologne Parc des Alicourts** 13 mai-10 sept.
℘ 02 54 88 63 34, Fax 02 54 88 58 40 – NE : 6 km par D 126 et D 126ᴮ, au Domaine des Alicourts, bord d'un étang – ⅏ « Site et cadre agréables en Sologne, bel espace aquatique » ⚬━ – **R** conseillée – ◗◖ ⅍
21 ha/8 campables (300 empl.) plat, herbeux, sablonneux ⌕ 🔾🔾
🔾 🗊 🖻 🖬 🕭 ⊕ 🖵 🔻 🖫 🖺 – 🖳 🍸 ✗ 🔾 – 🏠 🖈 salle d'animation 🏊 🚲 ⅏ 🖾 🛝 🌊 (plage) golf, piste de bi-cross, toboggans aquatiques
Tarif : 🅴 piscine comprise 2 pers. 170
Location ⅏ : 🚐 1980 à 3850 – 🏠1920 à 4340

En juin et septembre les camps sont plus calmes, moins fréquentés et pratiquent souvent des tarifs « hors saison ».

60350 Oise 🖁 – 🖁🖁 ③ G. Picardie Flandres Artois – 1 548 h. alt. 81.
🖪 Office de Tourisme pl. de l'Hôtel-de-Ville ℘ 03 44 42 81 44, Fax 03 44 42 37 73.
Paris 90 – Beauvais 75 – Compiègne 15 – Crépy-en-Valois 17 – Soissons 32 – Villers-Cotterêts 18.

▲ **Municipal de Batigny** 31 mars-Toussaint
℘ 03 44 42 80 83 – sortie Nord-Ouest par D 973, rte de Compiègne « Cadre agréable » ⚬━ – **R** conseillée
1 ha (60 empl.) plat, terrasse, herbeux ⌕ 🔾
🖽 🗊 ⅏ 🖻 🖬 ⊕ 🖵 🔻 🖺
Tarif : 🟐 13,50 – 🚗 3 – 🅴 3,30 – 🔋 10,40 (8A)

26170 Drôme 🖁🖁 – 🖁🖁 ③ G. Alpes du Sud – 104 h. alt. 285.
Paris 682 – Buis-les-Baronnies 7 – Carpentras 33 – Nyons 23 – Vaison-la-Romaine 15 – Sault 38.

▲ **Les Castors** avril-sept.
℘ 04 75 28 74 67 – SO : 0,6 km par D 5, rte de Mollans – ⋞ « Au pied des montagnes, au bord de l'Ouvèze » ⚬━ – **R** conseillée juil.-août – ⅍
1,3 ha (50 empl.) plat et terrasses, pierreux, herbeux 🔾
🗊 🖻 ⅏ ⊕ 🖺 – 🍸 – 🌊
Tarif : 🅴 piscine comprise 2 pers. 68 – 🔋 18 (5A) 20 (10A) 24 (20A)
Location : 🚐 1395 à 1550

2B H.-Corse – 🖁🖁 ② – voir à Corse.

50340 Manche 🖁 – 🖁🖁 ① – 3 203 h. alt. 104.
🖪 Office de Tourisme 6 r. Centrale ℘ 02 33 52 81 60, Fax 02 33 52 86 79.
Paris 363 – Barneville-Carteret 18 – Cherbourg 22 – St-Lô 47 – Valognes 31.

▲▲▲ **Le Grand Large** avril-24 sept.
℘ 02 33 52 40 75, Fax 02 33 52 58 20 – SO : 3 km par D 117 et D 517 à droite puis 1 km par chemin à gauche – ⅏ ⋞ « Agréable situation dans les dunes au bord de la plage de Sciottot » ⚬━ – **R** conseillée – ◗◖ ⅍
3,7 ha (220 empl.) plat et peu incliné, sablonneux, herbeux ⌕
🔾 🗊 ⅏ 🖻 🖬 ⊕ 🖵 🖺 – 🍸 snack 🔾 – 🏠 🏊 ⅏ 🌊
Tarif : 🅴 piscine comprise 2 pers. 120, pers. suppl. 26 – 🔋 20 (6A)
Location : 🚐 1900 à 3300

2A Corse-du-Sud – 🖁🖁 ⑧ – voir à Corse.

43300 H.-Loire 🖁🖁 – 🖁🖁 ⑤ – 321 h. alt. 1 020.
Paris 530 – Brioude 45 – Langeac 15 – Le Puy-en-Velay 79 – St-Flour 39.

▲ **Municipal** mai-sept.
sortie Est par D 590 rte de Langeac – **R**
0,2 ha (16 empl.) plat et terrasse, herbeux 🔾
🔾 🗊 ⅏ ⊕ – 🖾 🏊 – A proximité : 🖾
Tarif : 🟐 13 – 🚗 9 – 🅴 13/15 – 🔋 12
Location : gîtes

PIRIAC-SUR-MER

44420 Loire-Atl. 🗌 – 🗌 ⑬ G. Bretagne – 1 442 h. alt. 7.
Paris 468 – La Baule 19 – Nantes 92 – La Roche-Bernard 33 – St-Nazaire 33.

⚠ **Parc du Guibel** avril-sept.
   𝒫 02 40 23 52 67, Fax 02 40 15 50 24 – E : 3,5 km par D 52 rte de Mesquer et rte de Kerdrien à
gauche – ⛺ « Cadre agréable » ⌀ – **R** conseillée 15 juil.-15 août – GB ⚹
10 ha (404 empl.) plat, peu incliné, herbeux 🗌 ⚲⚲ (6 ha)
♿ ⚹ ⚙ 🗌 🛁 ⊕ ⚶ ⚡ 🔲 – ⚘ ♈ snack ⚘ – 🚣 🚴 ♨ ⚒ – A proximité : 🐎 (centre
équestre)
Tarif : 🔲 piscine comprise 2 pers. 94, pers. suppl. 25 – ⒢ 16 à 23 (3 à 10A)
Location : 🚐 1355 à 3350 – 🏚 1825 à 3600

⚠ **Armor Héol** avril-17 sept.
   𝒫 02 40 23 57 80, Fax 02 40 23 59 42 – SE : 1 km sur D 333 rte de Guérande – ⌀ – **R** conseillée
juil.-août – GB ⚹
4,5 ha (210 empl.) plat, herbeux, petit étang 🗌 ⚲⚲ (1,5 ha)
♿ ⚹ ⚙ 🗌 🛁 ⊕ ⚡ 🔲 – 🚣 ⚒ ♨ toboggans aquatiques, terrain omnisports, half-court
Tarif : 🔲 piscine comprise 2 pers. 130, pers. suppl. 33 – ⒢ 18 (5A)
Location : 🚐 1450 à 3750 – 🏚 1450 à 3950

⚠ **Mon Calme** saison
   𝒫 02 40 23 60 77 – S : 1 km par rte de la Turballe et à gauche, à 450 m de l'océan – ⌀ – **R** conseillée
juil.-août – ⚹
1,2 ha (105 empl.) plat, herbeux ⚲⚲
⚹ 🛁 ⊕ 🔲 – pizzeria – ♨ – A proximité : 🛝
Tarif : 🔲 piscine comprise 2 pers. 82, pers. suppl. 26 – ⒢ 16 (6A)

PISSOS

40410 Landes 🗌 – 🗌 ④ G. Aquitaine – 970 h. alt. 46.
Paris 662 – Arcachon 74 – Biscarrosse 35 – Bordeaux 83 – Dax 83.

⚠ **Municipal** juil.-15 sept.
   𝒫 05 58 08 90 38 – E : 1,2 km par D 43, rte de Sore et chemin à droite, après la piscine – M ⚘
⌀ – **R** – ⚹
3 ha (74 empl.) plat, sablonneux ⚲ pinède
♿ ⚹ ⚙ 🗌 🛁 ⊕ ⚶ – A proximité : ⚒ ♨
Tarif : (Prix 1999) ♟ 18 – 🔲 26/30 – ⒢ 12
Location : bungalows toilés

LE PLA

09460 Ariège 🗌 – 🗌 ⑯ – 75 h. alt. 1 070.
Paris 856 – Ax-les-Thermes 32 – Foix 75 – Font-Romeu-Odeillo-Via 41 – Prades 68.

⚠ **Municipal la Pradaille** Permanent
   𝒫 04 68 20 49 14 – S : 1,7 km par D 16, rte de Querigut, D 25, rte d'Ax-les-Thermes et rte de
Soulades à gauche, alt. 1 169 – M ⚘ ⪕ ⌀ – **R** – ⚹
3,2 ha (60 empl.) plat, peu incliné et incliné, en terrasses, herbeux, gravier, pierreux 🗌 ⚲
▥ ♿ ⚹ ⚙ 🗌 🛁 ⊕ ⚶ ⚡ 🔲 – A proximité : ⚒ ♨ 🔲 (découverte l'été) 🛝
Tarif : ♟ 20 – 🔲 40 – ⒢ 10A : 15 (hiver 20 ou 30)
Location : 🚐 800 à 1500

La PLAINE-SUR-MER

44770 Loire-Atl. 🗌 – 🗌 ① – 2 104 h. alt. 26.
Paris 445 – Nantes 58 – Pornic 9 – St-Michel-Chef-Chef 7 – St-Nazaire 27.

⚠ **La Tabardière** juin-sept.
   𝒫 02 40 21 58 83, Fax 02 40 21 02 68 – E : 3,5 km par D 13 rte de Pornic et rte à gauche – ⚘
⌀ juil.-août – **R** conseillée juil.-août – GB ⚹
4 ha (180 empl.) en terrasses, herbeux ⚲⚲ (0,5 ha)
♿ ⚹ ⚙ 🗌 🛁 ⚶ ⊕ 🔲 – ⚘ ♈ – 🏚 🚣 ♨ ♨ half-court, toboggans aquatiques
Tarif : 🔲 piscine comprise 2 pers. 100, pers. suppl. 25 – ⒢ 15,50 à 21,50 (3 à 6A)
Location ⚒ : 🚐 1090 à 3300 – 🏚 1090 à 3500

⚠ **Le Ranch** avril-15 sept.
   𝒫 02 40 21 52 62, Fax 02 51 74 81 31 – NE : 3 km par D 96 rte de St-Michel-Chef-Chef – ⌀ –
R conseillée – GB ⚹
3 ha (180 empl.) plat, herbeux
♿ ⚹ ⚙ 🗌 🛁 🛁 ⚶ ⊕ 🔲 – ♈ – 🚣 ♨ half-court (couvert) – A proximité : 🐎
Tarif : 🔲 piscine comprise 2 pers. 96, pers. suppl. 23 – ⒢ 19,50 (6A)
Location ⚒ : 🏚 (sans sanitaires)

⚠ **La Guichardière** avril-oct.
   𝒫 02 40 21 55 09, Fax 02 51 74 80 36 – N : 4 km par rte de Port-Giraud et à gauche rte de Port-
de-la-Gravette, à 500 m de l'océan – Places limitées pour le passage ⌀ – **R** conseillée juil.-août –
GB ⚹
3,8 ha (203 empl.) plat, herbeux 🗌
⚹ ⚙ 🗌 🛁 ⊕ ⚶ ⚡ 🔲 – ⚒ ♨
Tarif : 🔲 piscine comprise 2 pers. 98 – ⒢ 14 (4A) 20 (6A) 26 (8A)

PLANCOËT

22130 C.-d'Armor **4** – **59** ⑤ – 2 507 h. alt. 41.
Paris 418 – Dinan 17 – Dinard 22 – St-Brieuc 45 – St-Malo 27.

⚐ **Municipal du Verger** juin-15 sept.
    & 02 96 84 03 42 – vers sortie Sud-Est rte de Dinan, derrière la caserne des sapeurs-pompiers, bord de l'Arguenon et d'un petit plan d'eau – o┱ – **R**
1,2 ha (100 empl.) plat, herbeux ☐ ♀
    க ⋔ ⌂ ⚙ ▣ – A proximité : ⟿
Tarif : ⚹ *9,60* – ⟺ *3,80* – ▣ *7,40* – ⒣ *8 (5A)*

PLANGUENOUAL

22400 C.-d'Armor **4** – **59** ④ – 1 518 h. alt. 76.
Paris 441 – Guingamp 52 – Lannion 83 – St-Brieuc 19 – St-Quay-Portrieux 38.

⚐ **Municipal** 15 juin-15 sept.
    & 02 96 32 71 93 – NO : 2,5 km par D 59 – ⟿ ≤ o┱ juil.-août – **R** – ⋌
1,5 ha (64 empl.) plat et en terrasses, herbeux ☐
⋔ 🛉 ⌂ ⚙ ▣
Tarif : (Prix 1999) ▣ *1 pers. 35, pers. suppl. 20* – ⒣ *8 ou 10*

Les PLANTIERS

30122 Gard **15** – **80** ⑯ – 221 h. alt. 400.
Paris 674 – Alès 47 – Florac 45 – Montpellier 78 – Nîmes 79 – Le Vigan 36.

⚐ **La Presqu'île du Caylou** mars-nov.
    & 04 66 83 92 85 – NE : 1 km par D 20, rte de Saumane, bord du Gardon au Borgne – ⟿ ≤ o┱
– **R** conseillée juil.-août – ⋌
4 ha (75 empl.) en terrasses, plat et peu incliné, pierreux, herbeux ☐ ♀
க ⋔ ⋊ ⚙ ⍾ – ☒ ⍀ ⤒ ⩤
Tarif : ▣ *piscine et tennis compris 2 pers. 49, pers. suppl. 12* – ⒣ *12 (6A) 16 (10A)*
Location : ⌂ *1000 ou 1200*

PLAZAC

24580 Dordogne **13** – **75** ⑥ G. Périgord Quercy – 543 h. alt. 110.
Paris 506 – Bergerac 65 – Brive-la-Gaillarde 52 – Périgueux 40 – Sarlat-la-Canéda 31.

⚑ **Le Lac** Pâques-sept.
    & 05 53 50 75 86, Fax 05 53 50 58 36 – SE : 0,8 km par D 45, rte de Thonac, près d'un lac – ⟿
o┱ saison – **R** conseillée – ⋌
2,5 ha (100 empl.) peu incliné, en terrasses, herbeux ☐ ♀♀ (1,5 ha)
க ⋔ ⇞ 🛉 ⌂ ⚙ ⍾ ▽ ▣ – ♟ snack – ☒ ⟿ ⍀ ⤒ ⩤
Tarif : ⚹ *26 piscine comprise* – ▣ *26* – ⒣ *15 (10A)*
Location : ⌂ *1200 à 2200* – ⍓ *1500 à 2800*

PLEAUX

15700 Cantal **10** – **76** ① – 2 146 h. alt. 641.
Paris 538 – Argentat 30 – Aurillac 47 – Égletons 45.

⚐ **Municipal de Longayroux** 13 mai-sept.
    & 04 71 40 48 30 – S : 15 km par D 6, rte de St-Christophe-les-Gorges et rte de Longayroux à droite, bord du lac d'Enchanet – ⟿ ≤ « Dans un site agréable » o┱ – **R** conseillée 14 juil.-15 août – ⋌
0,6 ha (48 empl.) peu incliné, herbeux ☐ ♀
க ⋔ ⇞ ⋊ ⚙ ▣ – ♟ – ⟿ ⩤ (plage)
Tarif : (Prix 1999) ⚹ *16* – ⟺ *11* – ▣ *13* – ⒣ *15 (6A)*
Location : *huttes*

PLÉHÉDEL

22290 C.-d'Armor **3** – **59** ② – 1 085 h. alt. 96.
Paris 485 – Guingamp 26 – Lannion 39 – St-Brieuc 37 – St-Quay-Portrieux 18.

⚐ **Municipal de l'Étang** juil.-août
    & 02 96 22 31 31 – S : 0,5 km par D 21 rte de Plouha et à droite, bord d'un étang – ⟿ – **R** – ⋌
2 ha (73 empl.) peu incliné, herbeux
⋔ ⋊ ⚙ – ✄
Tarif : (Prix 1999) ⚹ *17* – ⟺ *4,50* – ▣ *4,50* – ⒣ *10,50*

PLÉLO

22170 C.-d'Armor **3** – **58** ⑨ – 2 359 h. alt. 110.
Paris 470 – Guingamp 18 – Lannion 49 – St-Brieuc 19 – St-Quay-Portrieux 18.

⚑ **Le Minihy** avril-1er nov.
    & 02 96 74 12 92, Fax 02 96 74 17 07 – N : 3 km par D 79 rte de Lanvollon et D 84 à droite rte de Tréguidel, à l'orée d'une forêt « Décoration arbustive » o┱ – **R** conseillée – ⊖B ⋌
2 ha (80 empl.) plat, herbeux
க ⋔ ⇞ 🛉 ⋊ ⚙ ⍾ ▽ ▣ – ♟ – ☒ ⟿ ⍀ ⍾ ⍄
Tarif : ⚹ *25 piscine et tennis compris* – ▣ *40* – ⒣ *16 (4A) 24 (10A)*
Location : ⌂ *1500* – ⍓ *1000 à 2300* – ⌂ *1000 à 2300*

PLÉNEUF-VAL-ANDRÉ

22370 C.-d'Armor ◢ – 🔢 ④ G. Bretagne – 3 600 h. alt. 52.
🛈 Office de Tourisme au Val-André 1 r. W.-Churchill ℘ 02 96 72 20 55, Fax 02 96 63 00 34.
Paris 447 – Dinan 43 – Erquy 9 – Lamballe 16 – St-Brieuc 28 – St-Cast-le-Guildo 30 – St-Malo 53.

Schéma à Erquy

⚠ **Le Minihy** 15 juin-15 sept.
℘ 02 96 72 22 95, Fax 02 96 63 05 38 – SO : rte du port de Dahouët, r. du Minihy (hors schéma)
– ⚬₩ – **R** conseillée – ⒼⒷ ⚲
1 ha (65 empl.) plat et peu incliné, herbeux
🛋 🍳 ⛺ ⏚ ⊛ 🏢 – 🔤 🏊 ₰
Tarif : 🔲 2 pers. 68 – ⒢ 20 (6A)
Location (Pâques-Toussaint) : 🏠 1800

⚠ **Plage de la Ville Berneuf** Pâques-fin sept.
℘ 02 96 72 28 20 – NE : 4 km, à la Ville Berneuf, à 100 m de la plage – ⚲ ≤ ⚬₩ – **R** conseillée
juil.-août – ⒼⒷ ⚲
1,2 ha (57 empl.) en terrasses, herbeux
🛋 🍳 ⛺ 🗄 ⏚ ⊛ 🏢 – pizzeria – 🏊 – A proximité : 🍷
Tarif : ★ 20 – ⛺ 14 – 🔲 18 – ⒢ 16,50 (5A)
Location (mars-15-nov.) : 🛖 1700 à 2800

PLÉRIN

22 C.-d'Armor – 🔢 ③ – rattaché à St-Brieuc.

PLESTIN-LES-GRÈVES

22310 C.-d'Armor ◤ – 🔢 ⑦ G. Bretagne – 3 237 h. alt. 45.
🛈 Office de Tourisme pl. de la Mairie ℘ 02 96 35 61 93, Fax 02 96 54 12 54.
Paris 529 – Brest 78 – Guingamp 46 – Lannion 18 – Morlaix 21 – St-Brieuc 78.

⚠ **Municipal St-Efflam** avril-sept.
℘ 02 96 35 62 15, Fax 02 96 35 09 75 – NE : 3,5 km, à St-Efflam, par N 786 rte de St-Michel-en-
Grève, à 200 m de la mer « Face à la mer, situation en terrasses, à l'orée d'un petit bois » ⚬₩ –
R conseillée – ⒼⒷ ⚲
4 ha (190 empl.) plat, peu incliné, terrasses, herbeux
🛋 🍳 ⛺ 🗄 ⏚ ⊛ 🏢 🏢 – 🍷 – 🔤 🏊 – A proximité : ⚓
Tarif : (Prix 1999) ★ 16 – ⛺ 9 – 🔲 21 – ⒢ 16 (7A)
Location : 🛖 1100 à 2200 – 🏠 1200 à 2700

PLEUBIAN

22610 C.-d'Armor ◤ – 🔢 ② G. Bretagne – 2 963 h. alt. 48.
Paris 510 – Lannion 32 – Paimpol 17 – St-Brieuc 63 – Tréguier 14.

⚠ **Port la Chaîne** mai-sept.
℘ 02 96 22 92 38, Fax 02 96 22 87 92 – N : 2 km par D 20 rte de Larmor-Pleubian et rte à gauche
– ⚲ « Cadre boisé au bord de la mer (accès direct) » ⚬₩ – **R** conseillée juil.-août – ⒼⒷ ⚲
4,9 ha (200 empl.) en terrasses, plat et peu incliné, herbeux 🌳🌳 (3ha)
🛋 🍳 ⛺ 🗄 ⏚ 🏊 ⊛ ⚓ 🚲 🏢 – 🍷 🍴 – 🔤 🏊 ≋
Tarif : 🔲 piscine comprise 2 pers. 98, pers. suppl. 26 – ⒢ 19 (6A)
Location (avril-sept.) : 🛖 1100 à 3000

PLEUMEUR-BODOU

22560 C.-d'Armor ◤ – 🔢 ① G. Bretagne – 3 677 h. alt. 94.
🛈 Office de Tourisme Les Chardons ℘ 02 96 23 91 47, Fax 02 96 23 91 48.
Paris 522 – Lannion 7 – Perros-Guirec 10 – St-Brieuc 70 – Trébeurden 4 – Tréguier 26.

Schéma à Trébeurden

⚠ **Le Port** avril-sept.
℘ 02 96 23 87 79, Fax 02 96 15 30 40 – à Landrellec, N : 6 km – ⚲ ≤ « Au bord de la mer, quelques
emplacements ont les pieds dans l'eau » ⚬₩ – **R** conseillée – ⒼⒷ ⚲
2 ha (80 empl.) non clos, plat et peu incliné, accidenté, herbeux, rochers
🍳 ⛺ 🗄 ⏚ ⊛ ⚓ 🏢 – 🍷 – 🔤 🏊
Tarif : ★ 26 – ⛺ 13 – 🔲 27 – ⒢ 20 (6A)

PLÉVEN

22130 C.-d'Armor ◢ – 🔢 ⑤ – 578 h. alt. 80.
Paris 430 – Dinan 24 – Dinard 31 – St-Brieuc 37 – St-Malo 37.

⚠ **Municipal** avril-15 nov.
℘ 02 96 84 46 71 – au bourg « Dans le parc de la mairie » – **R** conseillée juil.-août
1 ha (40 empl.) plat et peu incliné, herbeux �‍
🍳 ⛺ 🗄 ⏚ ⊛ – A proximité : 🎾 ⚲
Tarif : ★ 10 tennis compris – ⛺ 5 – 🔲 10 – ⒢ 8 (16A)

PLOBANNALEC

29740 Finistère **3** – 58 ⑭ – 3 022 h. alt. 16.
Paris 581 – Audierne 40 – Douarnenez 38 – Pont-l'Abbé 6 – Quimper 25.

△△△ **Manoir de Kerlut** 29 avril-9 sept.
     ℰ 02 98 82 23 89, Fax 02 98 82 26 49 – S : 1,6 km par D 102, rte de Lesconil et chemin à gauche,
     Accès à la plage par navettes gratuites – ⊶ – **R** – ⊖ ♂ᵥ
     12 ha/8 campables (240 empl.) plat, herbeux ▭ ♀ (4 ha)
     ⅃ ⌂ ⇌ ♨ ⌂ ⊕ 🖀 🖳 – ⏖ ¶ – ⌂ ⅋ ⌕ ↷ 🚲 ⚼ ⅃
     Tarif : ⭑ _30 piscine et tennis compris –_ 🖃 _99 –_ [⚡] _10 (2A) 16 (6A) 20 (10A)_
     Location : 🚐 _1500 à 3900 –_ 🏠 _1800 à 4300 – bungalows toilés_

⅃ ⇌ ⌂
Douches, wastafels en washuizen met **warm water.**
Indien deze symbolen niet in de tekst voorkomen,
zijn bovengenoemde installaties wel aanwezig doch uitsluitend met koud water.

PLOEMEL

56400 Morbihan **3** – 63 ② – 1 892 h. alt. 46.
Paris 485 – Auray 8 – Lorient 33 – Quiberon 22 – Vannes 27.

△△ **Kergo** 15 mai-15 sept.
     ℰ 02 97 56 80 66 – SE : 2 km par D 186 rte de la Trinité-sur-Mer et à gauche – ⬩ « Cadre agréable »
     ⊶ – **R** conseillée 15 juil.-15 août – ⊖ ♂ᵥ
     2,5 ha (135 empl.) peu incliné et plat, herbeux ♀
     ⅃ ⌂ ⇌ 🖃 ⌂ ⊕ 🖳 – 🖳 ⚼
     Tarif : ⭑ _21 –_ 🚗 _11 –_ 🖃 _20 –_ [⚡] _12 (6A) 14 (10A)_

△△ **St-Laurent** Permanent
     ℰ 02 97 56 85 90 – NO : 2,5 km rte de Belz, à proximité du carrefour D 22 et D 186 – ⊶ –
     R conseillée – ⊖ ♂ᵥ
     3 ha (90 empl.) plat, peu incliné, herbeux ▭ ♀ pinède
     ⅃ ⇌ 🖃 ⌂ ⊕ 🖳 – ⅋ – ⅃ – A proximité : golf
     Tarif : (Prix 1999) ⭑ _22 piscine comprise –_ 🖃 _31 –_ [⚡] _13 (10A)_

PLOEMEUR

56270 Morbihan **3** – 58 ⑫ – 17 637 h. alt. 45.
Paris 507 – Concarneau 50 – Lorient 6 – Quimper 67 – Vannes 62.

à Fort-Bloqué O : 5 km par D 162ᴱ – ✉ 56270 Ploemeur

    △△ **L'Atlantys** Permanent
     ℰ 02 97 05 99 81, Fax 02 97 05 95 78 – S : 0,8 km par D 152, rte de Larmor-Plage, à 300 m de
     la plage – ⊶ – ⊖ ♂ᵥ
     3 ha (150 empl.) plat, peu incliné, sablonneux, herbeux
     ⅃ ⌂ ⇌ 🖃 ⌂ ⊕ 🖳 – ⏖ ¶ snack – 🖳 ⚼ 🚲 🕸
     Tarif : ⭑ _15 –_ 🚗 _10 –_ 🖃 _25 –_ [⚡] _15 (6A) 23 (10A)_
     Location (mars-oct.) : 🚐 _1300 à 3000_

PLOËRMEL

56800 Morbihan **4** – 63 ④ – 6 996 h. alt. 93.
🛈 Office de Tourisme 5 r. du Val ℰ 02 97 74 02 70, Fax 02 97 73 31 82.
Paris 416 – Dinan 72 – Lorient 88 – Redon 45 – Rennes 69 – Vannes 47.

△ **Le Lac** avril-oct.
     ℰ 02 97 74 01 22 – sortie Nord, par D 8 suivre Lac au Duc – ⊶ – **R** – ⊖ ♂ᵥ
     3,5 ha (135 empl.) plat, peu incliné, herbeux, en terrasses ♀
     ⅃ ⌂ 🖃 ⬙ ⊕ 🚐 🖳 – ¶ – A proximité : parcours de santé ⅋ ⚼ ≈ (plage) toboggan
     aquatique ◑
     Tarif : ⭑ _17,50 –_ 🖃 _20 –_ [⚡] _13 (5A)_
     Location (juin-sept.) - ⚝ : 🚐 _900 à 1400 –_ 🚐 _1400 à 2100_

PLOÉVEN

29550 Finistère **3** – 58 ⑭ ⑮ – 450 h. alt. 60.
Paris 587 – Brest 64 – Châteaulin 16 – Crozon 24 – Douarnenez 17 – Quimper 25.

Schéma à Plomodiern

△ **La Mer** 15 juin-15 sept.
     ℰ 02 98 81 29 19 – SO : 3 km, à 300 m de la plage de Ty-an-Quer – ⊶ – **R** conseillée – ♂ᵥ
     1 ha (54 empl.) plat, herbeux
     ⅃ ⌂ ⬙ ⊕ 🖳
     Tarif : ⭑ _14 –_ 🚗 _8 –_ 🖃 _15 –_ [⚡] _12 (6A)_

PLOMBIÈRES-LES-BAINS

88370 Vosges 🎱 – 🕐🕑 ⑯ G. Alsace Lorraine – 2 084 h. alt. 429 – ♨ (avril/fin oct.).
🅱 Office de Tourisme 16 r. Stanislas 🖉 03 29 66 01 30, Fax 03 29 66 01 94.
Paris 379 – Belfort 75 – Épinal 37 – Gérardmer 43 – Vesoul 53 – Vittel 61.

  △ **L'Hermitage** avril-oct.
    🖉 03 29 30 01 87, Fax 03 29 30 04 01 – NO : 1,5 km par D 63 rte de Xertigny puis D 20, rte de
    Ruaux – ⊶ – **R** conseillée – ⚲
    1,4 ha (60 empl.) en terrasses, plat et peu incliné, herbeux, gravier 🖵 ❧
    🔥 🛱 🌤 🗟 🖴 ⊛ 🖫 – 🛝
    Tarif : ✣ *21 piscine comprise* – 🔲 *20* – 🔋 *16 (4A) 19 (6A)*

  △ **Municipal le Fraiteux** mai-oct.
    🖉 03 29 66 00 71 – à Ruaux, O : 4 km par D 20 et D 20ᴱ – ⚒ – **R** conseillée juil.-août – ⚲
    0,8 ha (45 empl.) peu incliné et plat, herbeux, gravillons 🖵
    ⊞ 🛱 🌤 🗟 🖴 ⊛ 🖫 – 🛝
    Tarif : (Prix 1999) ✣ *18* – 🚗 *12* – 🔲 *12* – 🔋 *15 (4A) 19 (6A)*

PLOMELIN

29700 Finistère 🎱 – 🕔🕗 ⑮ – 3 870 h. alt. 60.
Paris 573 – Brest 82 – Concarneau 31 – Douarnenez 25 – Quimper 11.

  △ **Municipal** juil.-août
    🖉 02 98 94 23 79 – sortie Nord, rte de Quimper, près du stade
    0,6 ha (35 empl.) plat, peu incliné, herbeux
    🔥 🛱 🚿 ⊛ – 🖳
    Tarif : (Prix 1999) ✣ *13* – 🔲 *14* – 🔋 *13 (8A)*

PLOMEUR

29120 Finistère 🎱 – 🕔🕗 ⑭ G. Bretagne – 3 272 h. alt. 33.
Paris 582 – Douarnenez 34 – Pont-l'Abbé 6 – Quimper 26.

  △△ **La Pointe de la Torche** avril-sept.
    🖉 02 98 58 62 82, Fax 02 98 58 89 69 – O : 3,5 km par rte de Penmarch puis rte de la Pointe de
    la Torche et chemin à gauche – ⚒ ⊶ – **R** conseillée juil.-août – ⊞⊟ ⚲
    4 ha/2,5 campables (155 empl.) plat, sablonneux, herbeux 🖵
    🔥 🛱 🌤 🗟 🖴 ⊛ 🖭 🖫 – 🍷 snack – 🏠 🛝 🟰 parcours de santé – A proximité : 🐎
    Tarif : ✣ *24 piscine comprise* – 🚗 *10* – 🔲 *40* – 🔋 *17 (5A)*
    Location *(permanent) :* 🛏 *1300 à 3000* – 🏚 *1450 à 3300*

  △△ **La Crêpe** mai-sept.
    🖉 02 98 82 00 75 – NO : 3,5 km par D 57 rte de Plonéour-Lanvern puis à gauche rte de la chapelle
    Beuzec et chemin à droite – ⚒ ⊶ – **R** conseillée 14 juil.-15 août – ⊞⊟ ⚲
    2,2 ha (120 empl.) plat, herbeux 🖵 ❧
    🛱 🌤 🗟 🚿 ⊛ 🖭 🖫 – 🍷 crêperie (soir uniquement) – 🛝
    Tarif : ✣ *19* – 🔲 *20* – 🔋 *14 (6A)*

  △ **Aire Naturelle Kéraluic** avril-sept.
    🖉 02 98 82 10 22 – NE : 4,3 km par D 57, rte de Plonéour-Lanvern et à St-Jean-Trolimon à droite,
    rte de Pont-l'Abbé – ⚒ « Ancienne ferme rénovée » ⊶ – 🄬 – ⚲
    1 ha (25 empl.) plat, peu incliné, herbeux
    🔥 🛱 🗟 ⊛ 🖫 – 🖳
    Tarif : ✣ *20* – 🚗 *10* – 🔲 *22* – 🔋 *14 (6A)*
    Location *(permanent) :* 🛏

Ne pas confondre :
△ ... à ... △△△△ : *appréciation* **MICHELIN**
et ★ ... à ... ★★★★ : *classement officiel*

Do not confuse :
△ ... to ... △△△△ : **MICHELIN** *classification*
and ★ ... to ... ★★★★ : *official classification*

Verwechseln Sie bitte nicht :
△... bis ...△△△△ : **MICHELIN**-*Klassifizierung*
und ★ ... bis ... ★★★★ : *offizielle Klassifizierung*

29550 Finistère **3** – 58 ⑭ ⑮ G. Bretagne – 1 912 h. alt. 60.
🛈 Office de Tourisme (juil.-août) pl. de l'Église ℘ 02 98 81 27 37.
Paris 562 – Brest 61 – Châteaulin 14 – Crozon 25 – Douarnenez 20 – Quimper 28.

     🏔 **L'Iroise** avril-sept.
        ℘ 02 98 81 52 72, Fax 02 98 81 26 10 – SO : 5 km, à 150 m de la plage de Pors-ar-Vag – 🛁 ≤ Lieue
        de Grève « Entrée fleurie » ⚬━ – **R** conseillée juil.-août – **GB** ⚒
        2,5 ha (132 empl.) peu incliné, en terrasses, herbeux
        ♿ 🕭 🍴 🖬 🖳 ⊙ ⚠ ▽ 🖫 🖲 – 🍹 🍴 – 🖾 🔺 🛝 toboggan aquatique half-court – A proximité :
        ✗
        Tarif : ✶ *29 piscine comprise* – 🖿 *57* – [9] *16 (6A) 20 (10A)*
        Location : 🚐 *1500 à 3000* – 🏠 *1650 à 3300*

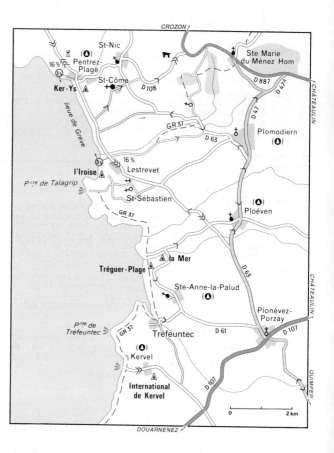

Voir aussi à Pentrez-Plage, Ploéven et Plonévez-Porzay

29720 Finistère **3** – 58 ⑭ – 4 619 h. alt. 71.
Paris 581 – Douarnenez 25 – Guilvinec 15 – Plouhinec 21 – Pont-l'Abbé 7 – Quimper 25.

     🔺 **Municipal de Mariano** 15 juin-15 sept.
        ℘ 02 98 87 74 80 – N : impasse du Plateau – 🛁 ≤ ⚬━ juil.-août – **R** conseillée 15 juil.-15 août – ⚒
        1 ha (59 empl.) plat, herbeux 🖾
        ♿ 🕭 🖙 🔥 ⊙ 🖲 – 🖾 ✗
        Tarif : (Prix 1999) ✶ *15* – 🚗 *10* – 🖿 *15* – [9] *15 (5A)*

To make the best possible use of this Guide,
READ CAREFULLY THE EXPLANATORY NOTES.

PLONÉVEZ-PORZAY

29550 Finistère **3** – 58 ⑤ – 1 663 h. alt. 90.
Paris 582 – Châteaulin 16 – Douarnenez 13 – Quimper 21.

Schéma à Plomodiern

à Kervel SO : 5 km par rte de Douarnenez et rte à droite – ⊠ 29550 Plonévez-Porzay :

▲▲▲ *International de Kervel* mai-10 sept.
 ℘ 02 98 92 51 54, Fax 02 98 92 54 96 – ⊶ – **R** conseillée juil.-août – **GB** ⚲
 7 ha (330 empl.) plat, herbeux ⚲
 ⚹ ⚹ ⚹ ⚹ ⚹ ⚹ ⚹ ⚹ ⚹ ⚹ – ⚹ ⚹ ⚹ – ⚹ ⚹ ⚹ ⚹ ⚹ ⚹ ⚹ ⚹ ⚹ toboggan aquatique
 Tarif : ⚹ 27 piscine comprise – 🔲 77 – [₂] 13 (3A) 16 (6A) 20 (10A)
 Location : 🏠 1080 à 3490

à Ste-Anne-la-Palud O : 3 km par D 61 – ⊠ 29550 Plonévez-Porzay :

▲ *Tréguer-Plage* mai-sept.
 ℘ 02 98 92 53 52, Fax 02 98 92 54 89 – N : 1,3 km – ⚲ ⩽ « Agréable cadre sauvage au bord de
 la plage » ⊶ – **R** conseillée – **GB** ⚲
 5,8 ha (272 empl.) plat, sablonneux, herbeux
 ⚹ ⚹ ⚹ ⚹ – ⚹ snack – ⚹
 Tarif : ⚹ 19 – ⚹ 14 – 🔲 19 – [₂] 16 (6A)
 Location : 🏠 800 à 1875

PLOUARZEL

29810 Finistère **3** – 58 ③ – 2 042 h. alt. 89.
Paris 612 – Brest 22 – Brignogan-Plages 51 – Ploudalmézeau 15.

▲ *Municipal de Portsévigné* 15 mai-15 sept.
 ℘ 02 98 89 69 16 – O : 5,2 km par rte de Trezien et rte à droite (île Segal), à 100 m de la mer (plage)
 – ⚲ ⩽ – **R** conseillée juil.-août – ⚲
 1,9 ha (100 empl.) peu incliné, herbeux, sablonneux
 ⚹ ⚹ ⚹ ⚹ ⚹
 Tarif : 🔲 5 pers. 48/55, pers. suppl. 6 – [₂] 12,25 (6A)

PLOUBAZLANEC

22620 C.-d'Armor **3** – 59 ② – 3 725 h. alt. 60.
🅱 Syndicat d'Initiative Mairie ℘ 02 96 55 80 36, Fax 02 96 55 72 35, Point I : Embarcadère de L'Arcouest
℘ 02 96 55 76 17.
Paris 497 – Guingamp 32 – Lannion 36 – St-Brieuc 50.

▲ *Rohou et le Paou* Permanent
 ℘ 02 96 55 87 22, Fax 02 96 55 74 34 – en deux campings distincts (Le Rohou : 70 empl. et le Paou :
 35 empl.), à la pointe de l'Arcouest, NE : 3 km par D 789, à 500 m de la mer – ⚲ ⩽ baie de Paimpol
 ⊶ – **R** – ⚲
 1,5 ha (115 empl.) plat, en terrasses, herbeux
 ⚹ ⚹ ⚹ ⚹ ⚹ ⚹ ⚹ – ⚹ – A proximité : ⚹
 Tarif : ⚹ 18 – 🔲 35 – [₂] 12 (5A)
 Location : 🏠 1200 à 2400

PLOUDALMÉZEAU

29830 Finistère **3** – 58 ③ – 4 874 h. alt. 57.
🅱 Office de Tourisme (15 juin-15 sept.) pl. Chanoine Grall ℘ 02 98 48 12 88, Fax 02 98 48 11 88.
Paris 612 – Brest 25 – Landerneau 43 – Morlaix 75 – Quimper 94.

▲ *Municipal Tréompan* 17 avril-sept.
 ℘ 02 98 48 09 85 – N : 3,5 km par D 26, rte de Portsall, à 200 m de la plage de Tréompan (accès
 direct) – ⚲ ⊶ – **R** – ⚲
 2 ha (134 empl.) non clos, plat, herbeux, sablonneux, dunes
 ⚹ ⚹ ⚹ ⚹ ⚹
 Tarif : ⚹ 13 – ⚹ 5 – 🔲 9 – [₂] 11 (16A)

PLOUÉZEC

22470 C.-d'Armor **3** – 59 ② – 3 089 h. alt. 100.
🅱 Syndicat d'Initiative (saison) ℘ 02 96 22 72 92, Fax 02 96 22 72 92, Mairie ℘ 02 96 20 64 90.
Paris 489 – Guingamp 32 – Lannion 39 – Paimpol 6 – St-Brieuc 42.

▲▲▲ *Domaine du Launay* mai-sept.
 ℘ 02 96 16 43 86, Fax 02 96 74 99 95 – SO : 3,1 km par D 77, rte de Yvias et rte à droite – ⚲
 ⩽ « Ensemble soigné avec décoration arbustive » ⊶ – **R** conseillée – **GB** ⚲
 4 ha (90 empl.) peu incliné, terrasses, herbeux ⚹ ⚲
 ⚹ ⚹ ⚹ ⚹ ⚹ – ⚹ – ⚹ ⚹ ⚹ ⚹ swin-golf
 Tarif : ⚹ 22 piscine comprise – 🔲 35 – [₂] 15
 Location : 🏠 1100 à 1800 – 🏠 2000 à 3000

▲▲ **Le Cap Horn** avril-sept.

    🏕 02 96 20 64 28, Fax 02 96 20 63 88 – à Port-Lazo, NE : 2,3 km par D 77, accès direct à la plage
– ⌖ ≤ « Situation dominant l'Anse de Paimpol et l'Île de Bréhat » ⊶ – **R** conseillée juil.-août –
GB ♂

4 ha (149 empl.) en terrasses et peu incliné, herbeux, pierreux ⌂ ♀ (1 ha)

    🛈 🗐 ⇆ 🖳 🛉 🚿 ⚱ ⊙ 🖫 – ☂ – 🏊 – ⚓ ⵌ half-court

Tarif : ☆ 27 piscine comprise – 🅴 42 – ⒢ 19 (6A)

Location : 🚐 1290 à 2990

29252 Finistère 🟦 – 🔢 ⑥ – 1 625 h. alt. 70.

Paris 543 – Brest 68 – Morlaix 9 – St-Pol-de-Léon 29.

▲ **Baie de Térénez** Pâques-sept.

    🏕 02 98 67 26 80 – NO : 3,5 km par D 76, rte de Térénez, près de la baie – ⊶ – **R** conseillée juil.-août
– GB ♂

2,3 ha (142 empl.) plat et peu incliné, herbeux

    🛈 🗐 ⇆ 🖳 🛉 🚿 ⊙ 🖫 – ☂ snack – ⌂ 🏊 ⚓ ⊙ ⵌ ⵌ

Tarif : ☆ 25 piscine comprise – 🅴 36 – ⒢ 16 (6A)

Location : 🚐 1300 à 2800

    ▲▲▲▲ ...   ▲

Besonders angenehme Campingplätze, ihrer Kategorie entsprechend.

29630 Finistère 🟦 – 🔢 ⑥ G. Bretagne – 3 530 h. alt. 55.

🅱 Office de Tourisme 1 r. de Primel 🏕 02 98 67 31 88.

Paris 545 – Brest 75 – Guingamp 61 – Lannion 34 – Morlaix 16 – Quimper 94.

▲ **Municipal Mélin-ar-Mesquéau** juin-15 sept.

    🏕 02 98 67 37 45 – S : 3,5 km par D 46, rte de Morlaix puis 0,8 km par rte à gauche, à 100 m d'un
plan d'eau (accès direct) – ⌖ « Plantations décoratives » ⊶ – **R**

16 ha/3 campables (100 empl.) plat, herbeux ♀

    🛈 🗐 ⇆ 🖳 🛉 ⚱ – 🖫 🏊 🎿

Tarif : (Prix 1999) ☆ 13,00 – ⛺ 5,70 – 🅴 16 – ⒢ 15 (6A)

à Primel-Trégastel N : 1 km par D 46 – ✉ 29630 Plougasnou

▲ **Municipal de la Mer** 15 mai-15 sept.

    🏕 02 98 72 37 06 – N : 4 km par D 46 – ⌖ ≤ Île de Batz et Roscoff ⊶ juil.-août – **R**

1 ha (63 empl.) plat et peu incliné, herbeux

    🛈 🗐 ⇆ 🖳 ⊙ 🖫 – ⌂ 🏊

Tarif : (Prix 1999) ☆ 21,60 – ⛺ 7,70 – 🅴 29,80 – ⒢ 15 (10A)

PLOUGASTEL-DAOULAS

29470 Finistère 🛈 – 🔢 ④ – 11 139 h. alt. 113.
🛈 Office de Tourisme 4 bis pl. du Calvaire 𝒫 02 98 40 34 98, Fax 02 98 40 68 85.
Paris 595 – Brest 11 – Morlaix 59 – Quimper 63.

   🛦 **St-Jean** Permanent
     𝒫 02 98 40 32 90, Fax 02 98 04 23 11 – NE : 4,6 km par D 29, au lieu-dit St-Jean, par N 165 sortie
     Centre Commercial Leclerc – ॐ ≼ « Site agréable au bord de l'Estuaire de l'Elorn » ⊶ – **R** conseillée
     juil.-août – GB ⚲
     1,6 ha (125 empl.) plat, peu incliné, en terrasses, herbeux, gravillons ⌑
     ▥ ॰ ⇆ ⇔ ≍ ⊕ ⚖ ⍦ 🖵 ▣ – ᵀ – ⅄ – 🖮 🏊 ⛝
     Tarif : ▣ *piscine comprise 2 pers. 80, pers. suppl. 23* – ⅟₂ *12 (3A) 15 (6A) 20 (10A)*
     Location : ⌸ *450 à 900* – ⌸ *800 à 2400* – ⌂ *1200 à 2800*

PLOUGONVELIN

29217 Finistère 🛈 – 🔢 ③ – 2 167 h. alt. 44.
Paris 616 – Brest 21 – Brignogan-Plages 55 – Quimper 92 – St-Pol-de-Léon 81.

   🛦 **Parc St-Yves** (Location exclusive mobile homes et chalets) avril-18 nov.
     𝒫 02 98 48 32 11 – NE : 1,6 km par rte de la plage de Trez-Hir, à 300 m de la plage – ॐ ⊶ juil.-août
     – **R** indispensable – ⚲
     0,8 ha (20 empl.) plat, herbeux ⌑ ▣ – ⌗ – A proximité : centre nautique ⛵ ᕐ
     Location : ⌸ *1500 à 4700* – ⌂ *1700 à 5000*

PLOUGOULM

29250 Finistère 🛈 – 🔢 ⑤ – 1 693 h. alt. 60.
Paris 562 – Brest 57 – Brignogan-Plages 26 – Morlaix 25 – Roscoff 10.

   🛦 **Municipal du Bois de la Palud** 15 juin-15 sept.
     𝒫 02 98 29 81 82 – à 0,9 km à l'Ouest du carrefour D 10-D 69 (croissant de Plougoulm), par rte
     de Plouescat et chemin à droite – ॐ ≼ – **R** conseillée juil.-août – ⚲
     0,7 ha (34 empl.) en terrasses et peu incliné, herbeux ⌑ ♀
     ♿ ॰ ⇆ ⇔ ⊕ ≍ – A proximité : 🏊
     Tarif : ⚲ *18* – ▣ *22* – ⅟₂ *17 (6A)*

PLOUGOUMELEN

56400 Morbihan 🛈 – 🔢 ② – 1 544 h. alt. 27.
Paris 473 – Auray 9 – Lorient 49 – Quiberon 36 – Vannes 14.

   🛦 **Municipal Kergouguec** 15 juin-15 sept.
     𝒫 02 97 57 88 74 – à 0,5 km au Sud du bourg, par rte de Baden, au stade – **R** conseillée juil.-août
     – ⚲
     1,5 ha (80 empl.) plat à peu incliné, herbeux
     ♿ ॰ ⇆ 🖵 ⇔ ⊕ – ✂
     Tarif : ⚲ *10* – ⇆ *5* – ▣ *8* – ⅟₂ *12 (6A)*

   🛦 **Aire Naturelle la Fontaine du Hallate** avril-sept.
     𝒫 02 97 57 94 04 – SE : 3,2 km vers Ploeren et rte de Baden à droite, au lieu-dit Hallate – ॐ ≼
     – **R** conseillée – ⚲
     1 ha (25 empl.) plat, peu incliné, herbeux
     ॰ ⇆ ⇔ ⊕ – 🏊
     Tarif : ⚲ *10* – ⇆ *6* – ▣ *14* – ⅟₂ *10 (4A)*
     Location : ⌸ *650 à 1100* – ⌸ *1200 à 2000*

PLOUGRESCANT

22820 C.-d'Armor 🛈 – 🔢 ② – 1 471 h. alt. 53.
Paris 513 – Lannion 26 – Perros-Guirec 22 – St-Brieuc 65 – Tréguier 8.

   🛦 **Le Varlen** Permanent
     𝒫 02 96 92 52 15, Fax 02 96 92 50 34 – NE : 2 km rte de Porz-Hir, à 200 m de la mer – ॐ ⊶
     – **R** conseillée vacances scolaires et juil.-août – GB ⚲
     1 ha (65 empl.) plat, herbeux ⌑
     ♿ ॰ ⇆ 🖵 ⇔ ⊕ ⍦ 🖵 ▣ – ᵀ – 🖮 – A proximité : ✗
     Tarif : ⚲ *20* – ⇆ *13* – ▣ *22* – ⅟₂ *16 (6A)*
     Location (fév.-Toussaint) : ⌸ *900 à 1500* – ⌸ *1400 à 2800* – ﹗ – *studios*

   🛦 **Le Gouffre** mai-sept.
     𝒫 02 96 92 02 95 – N : 2,7 km par la rte du site, à 700 m de la plage – Ⓜ ॐ ≼ ⊶ – **R** conseillée
     juil.-août – ⚲
     3 ha (130 empl.) plat, peu incliné, herbeux ⌑
     ♿ ॰ 🖵 ⇔ ⊕ 🖵 ▣
     Tarif : ⚲ *18* – ▣ *14 (6A) 18 (16A)*

   🛦 **Municipal Beg-ar-Vilin** 3 juin-sept.
     𝒫 02 96 92 56 15 – NE : 2 km, bord de mer – ॐ ⊶ juil.-août – **R** – ⚲
     3 ha (99 empl.) plat, sablonneux, herbeux
     ♿ ॰ 🖵 ⊕ ≍ – 🖮
     Tarif : ⚲ *12* – ▣ *23* – ⅟₂ *15*
     Location : ⌂ *(sans sanitaires)*

29880 Finistère **8** – 🔢 ④ – 5 255 h. alt. 60.
🛈 Office de Tourisme 🎣 02 98 04 70 93, Fax 02 98 04 58 75.
Paris 605 – Brest 26 – Landerneau 36 – Morlaix 69 – Quimper 92.

▲ **La Grève Blanche** juin-15 sept.
🎣 02 98 04 70 35, Fax 02 98 04 63 97 – N : 4 km par D 32, rte du Mont-St-Michel et à gauche, bord de plage – ≤ ⊶ – **R** conseillée juil.-août
2,5 ha (100 empl.) non clos, plat, peu incliné, herbeux, rochers, sablonneux
🚼 🗟 ⇌ ⛺ 🔌 ⊞ – 🍴 – ⚓
Tarif : ✶ *13,50* – ⛲ *7,50* – 🔲 *11* – [¿] *13 (9A)*

⚓ ✕ HINWEIS :
🚣 Diese Einrichtungen sind im allgemeinen nur während
🏊 🐎 der Saison in Betrieb – unabhängig von den Öffnungszeiten des Platzes.

22110 C.-d'Armor **8** – 🔢 ⑱ – 3 255 h. alt. 219.
Paris 479 – Carhaix-Plouguer 27 – Guingamp 44 – Loudéac 42 – Pontivy 34 – St-Brieuc 54.

▲ **Municipal Kermarc'h** avril-oct.
🎣 02 96 29 10 95 – SO : 3,8 km, au Village de Vacances – ⚲ « Autour d'une ancienne ferme restaurée » ⊶ – **R** conseillée – ⚸
3,5 ha/0,5 campable (24 empl.) en terrasses et peu incliné, herbeux
🚼 🗟 ⇌ ⛺ 🔌 – ⚓
Tarif : (Prix 1999) ✶ *15* – ⛲ *10* – 🔲 *10* – [¿] *12 (16A)*
Location : gîte d'étape, gîtes

22580 C.-d'Armor **8** – 🔢 ③ G. Bretagne – 4 197 h. alt. 96.
🛈 Syndicat d'Initiative 9 av. Laennec 🎣 02 96 20 24 73 ou Mairie 🎣 02 96 20 21 26.
Paris 479 – Guingamp 24 – Lannion 49 – St-Brieuc 32 – St-Quay-Portrieux 10.

▲▲▲ **Domaine de Kéravel** 15 mai-sept.
🎣 02 96 22 49 13, Fax 02 96 22 47 13 – NE : 2 km rte de la Trinité, près de la chapelle – ⚲ « Parc autour d'un manoir » ⊶ – **R** conseillée – ⒼⒷ ⚸
5 ha/2 campables (116 empl.) en terrasses et peu incliné, herbeux 🔲 ⚬⚬
🚼 🗟 ⇌ 🗟 ♨ ⛺ ♨ ⚡ 🔌 🖥 – 🔳 🚶 salle d'animation 🎾 🏊
Tarif : ✶ *32 piscine comprise* – 🔲 *49* – [¿] *16 (16A)*
Location : appartements

▲ **Municipal de Kerjean** juin-15 sept.
🎣 02 96 20 24 75 – NE : 3 km par rte de la Pointe de Plouha et rte à gauche – ⚲ ⊶ juil.-22 août – **R** conseillée – ⚸
6 ha (144 empl.) plat, peu incliné, incliné, terrasses ⚲ (2 ha)
🚼 🗟 ⇌ ⛺ 🔌
Tarif : ✶ *13,50* – ⛲ *9,50* – 🔲 *9,50* – [¿] *13,50 (16A)*

56340 Morbihan **8** – 🔢 ⑪ ⑫ – 1 653 h. alt. 21.
Paris 490 – Auray 13 – Lorient 33 – Quiberon 15 – Quimperlé 54 – Vannes 31.

▲▲ **Kersily** avril-oct.
🎣 02 97 52 39 65, Fax 02 97 52 44 76 – NO : 2,5 km par D 781 rte de Lorient et rte de Ste-Barbe, à gauche – ⚲ ⊶ – **R** conseillée juil.-août – ⒼⒷ ⚸
2,5 ha (120 empl.) plat et peu incliné, herbeux 🔲
🚼 🗟 ⇌ 🗟 ♨ ⛺ 🔌 ♨ ⚡ 🔌 🖥 – 🍴 snack – 🔲 ⚓ 🏊
Tarif : ✶ *23 piscine comprise* – ⛲ *10* – 🔲 *32* – [¿] *14 (6 ou 10A)*
Location : 🏠 *1000 à 2800*

▲▲ **L'Étang de Loperhet** avril-oct.
🎣 02 97 52 34 68 – NO : 4 km par D 781, rte de Lorient et rte à gauche – ⚲ ⊶ – **R** conseillée juil.-août – ⚸
14 ha/2,5 campables (165 empl.) plat et peu incliné, sablonneux, herbeux
🗟 ⇌ 🗟 ♨ ⛺ ♨ 🖥 – 🔲 ⚓ 🏊 parcours de santé – A proximité : 🐎 et poneys 🍴 crêperie
Tarif : ✶ *25 piscine comprise* – ⛲ *10* – 🔲 *36* – [¿] *20 (6 à 12A)*
Location : 🏠 *1200 à 3200*

▲ **Les Goélands** juin-15 sept.
🎣 02 97 52 31 92 – E : 1,5 km par D 781 rte de Carnac puis 0,5 km par rte à gauche – ⚲ ⊶ – **R** conseillée – ⚸
1,6 ha (80 empl.) plat, herbeux ⚲
🗟 ⛺ ♨
Tarif : (Prix 1999) ✶ *15* – 🔲 *20* – [¿] *10 (3A) 13 (4A) 16 (5A)*

PLOUHINEC

29780 Finistère **3** – 58 ⑭ – 4 524 h. alt. 101.
🛈 Office de Tourisme (été) r. du Gén.-Leclerc ℘ 02 98 70 74 55, Mairie ℘ 02 98 70 87 33, Fax 02 98 74 93 31.
Paris 596 – Audierne 5 – Douarnenez 17 – Pont-l'Abbé 28 – Quimper 33.

    ▲ **Kersiny** avril-sept.
      ℘ 02 98 70 82 44 – sortie Ouest par D 784 rte d'Audierne puis Sud, à 1 km par rte de Kersiny, à
      100 m de la plage (accès direct) – ⋟ ≼ « Agréable situation » ⚬⊷ – **R** conseillée – ⚲
      2 ha (100 empl.) en terrasses, peu incliné, herbeux ⛱
      🍳 ⚙ 🔌 ⊛ 🔥 – A proximité : ✂
      Tarif : (Prix 1999) 🔲 *2 pers. 56, pers. suppl. 18* – (ν) *15 (8A)*

PLOUHINEC

56680 Morbihan **3** – 63 ① – 4 026 h. alt. 10.
Paris 505 – Auray 22 – Lorient 20 – Quiberon 30 – Quimperlé 41.

    ▲▲▲ **Moténo** avril-23 sept.
      ℘ 02 97 36 76 63, Fax 02 97 85 81 84 – SE : 4,5 km par D 781 et à droite, rte du Magouër – Places
      limitées pour le passage ⚬⊷ – **R** conseillée – ⚲
      4 ha (230 empl.) plat, herbeux ♀
      ⚹ 🍳 ⚙ 🔌 🔥 🔥 ⊛ 🔥 – ⚇ ♈ snack ⚞ – 🏓 🎯 🚲 ⚟ salle d'animation
      Tarif : ⚘ *22 piscine comprise* – 🔲 *51* – (ν) *15 (6A) 18 (10A)*
      Location : ⛺ *1000 à 3350* – ⛤ *1300 à 3450*

    ▲ **Municipal Kérabus** juil.-août
      ℘ 02 97 36 61 67 – SE : 3 km par D 781, rte de Carnac et à droite, rte du Magouër, au stade –
      ⋟ ⚬⊷ – **R** – ⚲
      4 ha (100 empl.) non clos, plat, herbeux ⛱
      🍳 ⚞ ⊛ 🔥 – 🎯 ✂
      Tarif : 🔲 *tennis compris 1 ou 2 pers. 35, pers. suppl. 11* – (ν) *9 (4A)*

PLOUIGNEAU

29610 Finistère **3** – 58 ⑥ – 4 023 h. alt. 156.
Paris 529 – Brest 70 – Carhaix-Plouguer 44 – Guingamp 46 – Lannion 35 – Morlaix 10.

    ▲ **Aire Naturelle la Ferme de Croas Men** 15 avril-oct.
      ℘ 02 98 79 11 50 – NO : 2,5 km par D 712 et D 64, rte de Lanmeur puis 4,7 km par rte de Lanleya
      à gauche et rte de Garlan – ⋟ « Sur le domaine d'une ferme en activité » ⚬⊷ – **R** conseillée – ⚲
      1 ha (25 empl.) plat, herbeux
      ⚹ 🍳 ⚞ 🔌 🔥 ⊛ 🔥 – 🏓 🎯 – A proximité : 🐎
      Tarif : ⚘ *15* – ⚗ *10* – 🔲 *15* – (ν) *15 (10A)*

PLOUMANACH

22 C.-d'Armor – 59 ① – rattaché à Perros-Guirec.

PLOUNÉVEZ-LOCHRIST

29430 Finistère **3** – 58 ⑤ – 2 356 h. alt. 70.
Paris 571 – Brest 41 – Landerneau 27 – Landivisiau 22 – St-Pol-de-Léon 22.

    ▲▲ **Municipal Odé-Vras** 17 juin-9 sept.
      ℘ 02 98 61 65 17 – à 4,5 km au Nord du bourg, par D 10, à 300 m de la Baie de Kernic (accès direct)
      – ⚬⊷ – **R** – ⚲
      3 ha (135 empl.) plat, sablonneux, herbeux ⛱
      🍳 ⚞ 🔌 ⚞ ⊛ 🔥 – 🏓 🎯
      Tarif : ⚘ *13,40* – ⚗ *5,20* – 🔲 *7,20* – (ν) *11,30*

PLOUVORN

29420 Finistère **3** – 🔢 ⑤ – 2 584 h. alt. 110.
Paris 554 – Brest 48 – Brignogan-Plages 31 – Morlaix 18 – Quimper 82 – St-Pol-de-Léon 16.

⚠ **Municipal de Lanorgant** 15 juin-15 sept.
🕿 02 98 61 35 06 – E : 0,7 km par D 19, rte de Morlaix, au bord du plan d'eau – 🦆 ⚓ – **R** conseillée 15 juil.-15 août
0,6 ha (55 empl.) non clos, plat, en terrasses, bois attenant 🗀 ⚲
🏕 ⇌ 🖫 ⇌ ⚲ 🖳 – 🔜 🏊 (plage) 🚤 – A proximité : crêperie
Tarif : 🔲 2 pers. 48 – 🔌 15 (10A)

PLOZÉVET

29710 Finistère **3** – 🔢 ⑭ G. Bretagne – 2 838 h. alt. 70.
Paris 590 – Audierne 11 – Douarnenez 18 – Pont-l'Abbé 22 – Quimper 27.

⚠⚠ **La Corniche** 15 mai-15 sept.
🕿 02 98 91 33 94, Fax 02 28 91 41 53 – sortie Sud par rte de la mer – 🦆 ⚓ – **R** conseillée 15 juil.-15 août – ⊖⊟ ⨯
2 ha (120 empl.) plat, herbeux 🗀
♿ 🏕 ⇌ 🖫 ⚲ ⇌ ⊕ ⚲ ➿ 🖳 🖭 – 🔜 🏊 ⚲
Tarif : ✶ 26 piscine comprise – 🚐 10 – 🔲 35 – 🔌 18 (6A)
Location : 🛖 1800 à 2900 – 🏠 1500 à 3100

PLURIEN

22240 C.-d'Armor **4** – 🔢 ④ – 1 289 h. alt. 48.
Paris 443 – Dinard 36 – Lamballe 25 – Plancoët 21 – St-Brieuc 37 – St-Cast-le-Guildo 18.

⚠⚠ **Municipal la Saline** juin-15 sept.
🕿 02 96 72 17 40 – NO : 1,2 km par D 34, rte de Sables-d'Or-les-Pins, à 500 m de la mer – ⩽ ⚓ juil.-août – **R** 14 juil.-15 août – ⨯
3 ha (150 empl.) plat, peu incliné et en terrasses, herbeux ⚲ (1 ha)
♿ 🏕 ⇌ 🖫 ⇌ ⊕ ➿ 🖭 – 🔜
Tarif : (Prix 1999) ✶ 12 – 🚐 6,50 – 🔲 12 – 🔌 12

Le POËT-CÉLARD

26 Drôme – 🔢 ⑫ ⑬ – rattaché à Bourdeaux.

Le POËT-LAVAL

26160 Drôme 🔢 – 🔢 ② G. Vallée du Rhône – 652 h. alt. 311.
Paris 622 – Crest 36 – Montélimar 23 – Nyons 35 – Orange 78 – Pont-St-Esprit 60 – Valence 62.

⚠ **Municipal Lorette** juin-sept.
🕿 04 75 91 00 62 – E : 1 km par D 540, rte de Dieulefit – ⩽ « Au bord du Jabron » – **R** – ⨯
2 ha (60 empl.) peu incliné à incliné, herbeux
♿ 🏕 ⇌ ⇌ ⊕ – 🔜 – A proximité : ✗
Tarif : (Prix 1999) 🔲 piscine comprise 2 pers. 60, pers. suppl. 20 – 🔌 12 (6A)

POITIERS

86000 Vienne 🔟 – 🔢 ⑳ G. Poitou Vendée Charentes – 78 894 h. alt. 116.
🚩 Office de Tourisme 8 r. des Grandes-Écoles 🕿 05 49 41 21 24, Fax 05 49 88 65 84.
Paris 338 – Angers 133 – Angoulême 113 – Châteauroux 124 – Châtellerault 37 – Limoges 121 – Nantes 183 – Niort 75 – Tours 103.

à Avanton N : 10 km par N 147 et D 757 – 1 164 h. alt. 110 – ✉ 86170 Avanton

⚠⚠ **Futur** avril-sept.
🕿 05 49 54 09 67, Fax 05 49 54 09 59 – SO : 1,3 km par D 757, rte de Poitiers et rte à droite après le passage à niveau – ⚓ – **R** conseillée juil.-août – ⨯
4 ha/1,5 campable (68 empl.) plat, herbeux
♿ 🏕 ⇌ 🖫 ⇌ ⊕ ➿ 🖭 – 🍴 snack – 🍸 🔜
Tarif : ✶ 23 piscine comprise – 🔲 35 – 🔌 15 (10A)
Location : 🛖

à Jaunay-Clan N : 9 km par N 10 – 4 928 h. alt. 80 – ✉ 86130 Jaunay-Clan
🚩 Syndicat d'Initiative pl. du Marché 🕿 05 49 62 85 16

⚠⚠ **La Croix du Sud** fév.-10 nov.
🕿 05 49 62 58 14, Fax 05 49 62 57 20 – O : 1 km par D 62, rte de Neuville et rte d'Avanton à gauche, après le pont de l'A10 – ⚓ – **R** conseillée juil.-août – ⊖⊟ ⨯
4 ha (184 empl.) plat, peu incliné, herbeux, pierreux
♿ 🏕 ⇌ 🖫 ⇌ ⊕ ⚲ ➿ 🖳 🖭 – 🍴 snack 🍸 – 🔜
Tarif : (Prix 1999) ✶ 22 piscine comprise – 🔲 40 – 🔌 15
Location : 🛖 2100 à 2700 – 🏠 1750 à 2100

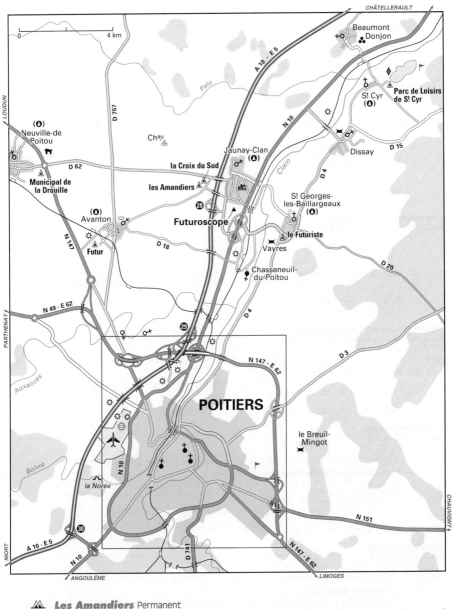

Les Amandiers Permanent

☏ 05 49 62 80 40, Fax 05 49 62 86 68 – O : 1,4 km par D 62, rte de Neuville et rte d'Avanton à gauche, après le pont de l'Alo – o⊸ – **R** conseillée – GB 🀀
4 ha (70 empl.) plat, herbeux, pierreux ⟁

🛀 ♿ ♨ ⛲ 📄 ⛺ Ⓐ 🍽 ⚐ – 🏊 🚲 ⚓

Tarif : 🧍 *15 piscine comprise* – 📦 *50* – 🚲 *20 (16A)*

Location : 🛏 *(studios)*

à **Neuville-de-Poitou** NO : 17,5 km par N 147, rte de Loudun et D 62 à gauche – 3 840 h. alt. 116 – ✉ 86170 Neuville-de-Poitou

▲ **Municipal de la Drouille** juin-août

☏ 05 49 51 11 81 – E : 1,5 km par D 62, rte de Jaunay-Clan et à l'entrée du lieu-dit Mavault, rue à droite – **R**
0,8 ha (30 empl.) plat et peu incliné, herbeux, pierreux, gravier ⟁

♿ ♨ ⛱ Ⓐ

Tarif : (Prix 1999) 🧍 *9,90* – 🚗 *6,20* – 📦 *7,20* – 🚲 *11,90 (12A)*

à St-Cyr NE : 19 km par N 10 et D 82 – 710 h. alt. 62 – ⊠ 86130 St-Cyr

▲▲▲ *Parc de Loisirs de St-Cyr* 3 avril-1ᵉʳ oct.
   𝒫 05 49 62 57 22, Fax 05 49 52 28 58 – NE : 1,5 km par D 4, D 82 rte de Bonneuil-Matours et chemin à gauche, près d'un plan d'eau, Sur N 10, accès depuis la Tricherie – ≼ •ⴰⵣ – **R** indispensable 15 juil.-15 août – ⊖⊟ ⴄ
   5,4 ha (198 empl.) plat, herbeux
   ⴄ ⵣ ⇆ ⊡ ⊕ ⊘ ⅄ ⵣ ▦ – ⵣ, snack – ⵣ ⬭ ⵣ ⬡·⊚ ⵣ half-court, tir à la carabine – A proximité :
   ⵣ et poneys ⵣ ⵣ ⵣ (plage) toboggan aquatique ⬭
   Tarif : ⵣ *25 tennis compris* – ⊞ *65 avec élect. (10A)*
   Location : ⵣ *1950 à 3300*

à St-Georges-Lès-Baillargeaux NE : 11,5 km par D 4 – 2 858 h. alt. 100 – ⊠ 86130 St-Georges-Lès-Baillargeaux :

▲▲ *Le Futuriste* Permanent
   𝒫 05 49 52 47 52 – au Sud du bourg, accès par D 20 – ≼ « Décoration arbustive » •ⴰⵣ – **R** conseillée juil.-août – ⊖⊟ ⴄ
   2 ha (112 empl.) plat, peu incliné, herbeux, pierreux ⵣ
   ▦ ⴄ ⵣ ⇆ ⊡ ⊕ ⊕ ⅄ ⵣ ▦ – ⵣ ⬭ ⵣ toboggan aquatique
   Tarif : ⊞ *piscine comprise 1 à 3 pers. 102* – ⬡ *18 (16A)*
   Location ⵣ : ⵣ *1450 à 2750*

POIX-DE-PICARDIE

80290 Somme **1** – **52** ⑰ G. Picardie Flandre Artois – 2 191 h. alt. 106.
🛈 Office de Tourisme r. du Docteur Barbier 𝒫 03 22 90 07 04, Fax 03 22 90 19 08.
Paris 134 – Abbeville 44 – Amiens 30 – Beauvais 47 – Dieppe 86 – Forges-les-Eaux 42.

▲ *Municipal le Bois des Pêcheurs* avril-sept.
   𝒫 03 22 90 11 71 – sortie Ouest par D 919, rte de Formerie, bord d'un ruisseau – •ⴰⵣ – **R**
   2 ha (135 empl.) plat, herbeux ⵣ
   ⴄ ⵣ ⇆ ⊡ ⊕ ⊕ ▦ – ⵣ – A proximité : ⵣ
   Tarif : ⊞ *2 pers. 60* – ⬡ *22 (6A)*

La POMMERAIE-SUR-SÈVRE

85700 Vendée **9** – **67** ⑯ G. Poitou Vendée Charentes – 964 h. alt. 158.
Paris 376 – Bressuire 25 – Cholet 32 – Fontenay-le-Comte 49 – La Roche-sur-Yon 62.

▲ *Municipal les Îlots* 15 mars-15 nov.
   sortie Nord-Est, par D 43 rte de Mauléon, à 150 m de la Sèvre Nantaise – **R** juil.-août – ⴄ
   0,6 ha (33 empl.) plat, herbeux ⵣ
   ⵣ ⇆ ⊕ – ⵣ ⊞ *2 pers. 35/43 avec élect., pers. suppl. 13*
   Tarif : (Prix 1999) ⊞ *2 pers. 35/43 avec élect., pers. suppl. 13*

POMMEROL

26470 Drôme **16** – **81** ④ – 14 h. alt. 916.
Paris 662 – Carpentras 91 – Nyons 00 – Orange 91 – Sault 83 – Sisteron 69 – Valence 101.

▲ *Aire Naturelle du Moulin* 15 avril-oct.
   𝒫 04 75 27 25 63 – E : 1 km par D 438 et chemin à gauche, pour les caravanes, itinéraire conseillé par la Charce, D 338 et D 438 rte de Pommerol – ⵣ ≼ « Au pied d'un beau village provençal accroché à la montagne » •ⴰⵣ – **R** conseillée
   1 ha (25 empl.) en terrasses, peu incliné à incliné, plat, pierreux, herbeux
   ⵣ ⇆ ⵣ ⊕ – ⵣ
   Tarif : ⵣ *15* – ⵣ *10* – ⊞ *10* – ⬡ *10 (2 à 5A)*

POMMEUSE

77515 S.-et-M. **6** – **61** ③ – 1 808 h. alt. 67.
Paris 58 – Château-Thierry 49 – Créteil 54 – Meaux 20 – Melun 47 – Provins 43.

▲ *Le Chêne Gris* mars-nov.
   𝒫 01 64 04 21 80, Fax 01 64 20 05 89 – S : 2 km, à la gare de Faremoutiers-Pommeuse – •ⴰⵣ – **R** 15 juil.-15 août – ⊖⊟ ⴄ
   5ha (160 empl.) plat et peu incliné, en terrasses, herbeux ⵣ ⵣⵣ
   ▦ ⵣ ⇆ ⊡ ⊕ ⊕ ⅄ ⵣ ⵣ ▦ – ⵣ
   Tarif : ⵣ *25* – ⊞ *60* – ⬡ *20 (10A)*

PONCIN

01450 Ain **12** – **74** ③ – 1 229 h. alt. 255.
Paris 459 – Ambérieu-en-Bugey 19 – Bourg-en-Bresse 29 – Nantua 28 – Oyonnax 40 – Pont-d'Ain 9.

▲ *Municipal* avril-15 oct.
   𝒫 04 74 37 20 78 – NO : 0,5 km par D 91 et D 81 rte de Meyriat, près de l'Ain – Places limitées pour le passage •ⴰⵣ – **R** conseillée 14 juil.-15 août – ⴄ
   1,5 ha (100 empl.) plat et terrasse, herbeux ⵣ
   ⵣ ⇆ ⊡ ⵣ ⊕ ▦ – A proximité : ⵣ ⵣ
   Tarif : ⵣ *15* – ⵣ *8* – ⊞ *8* – ⬡ *12 (5A)*

416

PONS

17800 Char.-Mar. 🇵 – 🄷🄷 ⑤ G. Poitou Vendée Charentes – 4 412 h. alt. 39.
🅱 Syndicat d'Initiative (15 juin-15 sept.) Donjon de Pons 🕾 05 46 96 13 31, Point d'Accueil 31 r. E.-Combes
🕾 05 46 96 11 92.
Paris 496 – Blaye 60 – Bordeaux 98 – Cognac 23 – La Rochelle 101 – Royan 42 – Saintes 23.

   ▲ *Municipal* mai-sept.
     🕾 05 46 91 36 72 – à l'Ouest de la ville – ⊶ – **R**
     1 ha (60 empl.) plat, herbeux ♀
     🕭 🗊 😋 🖫 🖰 ⊛ 🛆 – 🖾 – À proximité : 🏊
     Tarif : (Prix 1999) ✳ 15 – 🔲 26 (36 avec élect. 4 ou 8A)

PONS

12 Aveyron 🄸🄵 – 🗗🗗 ⑫ – ✉ 12140 Entraygues-sur-Truyère.
Paris 594 – Aurillac 40 – Entraygues-sur-Truyère 11 – Montsalvy 16 – Mur-de-Barrez 22 – Rodez 57.

   ▲▲ *Municipal de la Rivière* 15 juin-15 sept.
     🕾 05 65 66 18 16 – à 1 km au Sud-Est du bourg, sur D 526 rte d'Entraygues-sur-Truyère, bord du
     Coul – ⚲ ≤ ⊶ – **R** conseillée – 🕭
     0,9 ha (36 empl.) plat, herbeux ⊏⊐ ♀
     🕭 🗊 😋 🖫 🖰 ⊛ 🛆 🖩 – 🖾 ⚒ 🏊 (petite piscine)
     Tarif : (Prix 1999) 🔲 2 pers. 51,50, pers. suppl. 15,50 – 🔆 16,50 (3 à 9A)
     Location : 🏠 1800 à 2200

PONTARLIER

25300 Doubs 🄸🄸 – 🗌🗌 ⑥ G. Jura – 18 104 h. alt. 838.
🅱 Office de Tourisme 14 bis r. de la Gare 🕾 03 81 46 48 33, Fax 03 81 46 83 32.
Paris 449 – Basel 153 – Beaune 150 – Belfort 128 – Besançon 57 – Dole 90 – Genève 118 – Lausanne 68 –
Lons-le-Saunier 82 – Neuchâtel 55.

   ▲▲ *Le Larmont* Permanent
     🕾 03 81 46 23 33, Fax 03 81 46 23 34 – au Sud-Est de la ville en direction de Lausanne, près du
     centre équestre, alt. 880 – Ⓜ ⚲ ≤ ⊶ – **R** indispensable 1er-15 août – **GB** 🕭
     4 ha (75 empl.) en terrasses, herbeux, gravier ⊏⊐
     🕮 🕭 🗊 😋 🖫 🖰 ⊛ 🛆 🖩 – 🖾 🌊 ⊷⊛ – À proximité : parcours sportif, 🐎 et poneys
     Tarif : (Prix 1999) ✳ 17 – 🔲 25/42 – 🔆 20 (10A)
     Location : 🏠 1700 à 2200

PONT-AUTHOU

27290 Eure 🄵 – 🗗🗗 ⑮ – 613 h. alt. 49.
Paris 149 – Bernay 22 – Elbeuf 26 – Évreux 47 – Pont-Audemer 21.

   ▲ *Municipal les Marronniers* Permanent
     🕾 02 32 42 75 06 – au Sud du bourg, par D 130 rte de Brionne, bord d'un ruisseau – Places limitées
     pour le passage – **R** conseillée – 🕭
     2,5 ha (64 empl.) plat, herbeux
     🕮 🕭 🗊 😋 🖫 🖰 ⊛
     Tarif : ✳ 15 – 🚗 10 – 🔲 10/15 – 🔆 18 (10A)

PONTCHÂTEAU

44160 Loire-Atl. 🄴 – 🗗🗗 ⑮ G. Bretagne – 7 549 h. alt. 7.
🅱 Office de Tourisme 1 pl. du Marché 🕾 02 40 88 00 87, Fax 02 40 01 61 10, Point I du Calvaire
🕾 02 40 01 61 91.
Paris 428 – La Baule 39 – Nantes 52 – Redon 28 – La Roche-Bernard 20 – St-Nazaire 26.

   ▲ *Le Bois de Beaumard* mars-oct.
     🕾 02 40 88 03 36 – sortie Nord-Ouest par D 33 rte d'Herbignac puis à droite, 2 km par
     D 126 rte de Sévérac et rte de Beaumard à gauche – ⚲ « Cadre agréable » ⊶ – **R** conseillée
     juil.-août – 🕭
     1 ha (25 empl.) plat, herbeux, bois attenant ⊏⊐ ♀♀ (0,3 ha)
     🕭 🗊 😋 🖫 🖰 ⊛ 🖩 – 🖾
     Tarif : ✳ 15 – 🚗 5 – 🔲 20 – 🔆 20 (10A)

Le PONT-CHRÉTIEN-CHABENET

36800 Indre 🄸🄸 – 🗗🗗 ⑰ – 879 h. alt. 100.
Paris 303 – Argenton-sur-Creuse 6 – Le Blanc 33 – Châteauroux 34 – La Châtre 44.

   ▲ *Municipal les Rives* 15 juin-15 sept.
     sortie vers St-Gaultier et à gauche après le pont, bord de la Bouzanne – **R** – 🕭
     0,7 ha (52 empl.) plat, herbeux ♀
     🗊 😋 🕸 ⊛ 🖩
     Tarif : (Prix 1999) 🔲 1 ou 2 pers. 40, pers. suppl. 10 – 🔆 10

PONT-DE-MENAT

63 P.-de-D. **11** – **73** ③ G. Auvergne – ⊠ 63560 Menat.
Paris 373 – Aubusson 81 – Clermont-Ferrand 52 – Gannat 30 – Montluçon 41 – Riom 35 – St-Pourçain-sur-Sioule 47.

⚠ *Municipal les Tarteaux* avril-sept.
    📞 04 73 85 52 47 – SO : 0,8 km, rive gauche de la Sioule – ⌂ ⩽ « Site agréable » ⚬— juil.-août – **R** – ⚕
    1,7 ha (100 empl.) plat et peu incliné, herbeux ⊏⊐ ♀
    ⅃ ⌂ ⇌ ⊟ ⚲ ☺ ▣ – ⚓ – A proximité : ♀ ✖
    ≃
    Tarif : (Prix 1999) ♦ *14,40* – ⇔ *8,50* – ▣ *8,50* – ⚡ *14,40 (5A)*
    Location *(permanent)* : ⌂ *1300 à 1950*

Le PONT-DE-MONTVERT

48220 Lozère **16** – **80** ⑥ G. Languedoc Roussillon – 281 h. alt. 875.
Paris 637 – Le Bleymard 22 – Florac 21 – Génolhac 28 – Mende 45 – Villefort 45.

⚠ *Aire Naturelle la Barette* juin-15 sept.
    📞 04 66 45 82 16 – N : 6 km par D 20, rte de Bleymard, à Finiels, alt. 1 200 – ⌂ ⩽ Mont-Lozère « Site agréable et sauvage » ⚬— – **R** conseillée 15 juil.-15 août
    1 ha (20 empl.) en terrasses, herbeux, pierreux, rochers
    ⌂ ⇌ ⊟ ☺ ▣ – ⊏⊐
    Tarif : ▣ *2 pers. 55, pers. suppl. 18* – ⚡ *12 (5A)*

PONT-DE-POITTE

39130 Jura **12** – **70** ⑭ G. Jura – 638 h. alt. 450.
Paris 426 – Champagnole 35 – Genève 91 – Lons-le-Saunier 16.

à Mesnois NO : 1,7 km par rte de Lons-le-Saunier et D 151 à droite – 171 h. alt. 460 – ⊠ 39130 Clairvaux-les-Lacs :

⚠⚠ *Beauregard* 15 avril-sept.
    📞 03 84 48 32 51 – sortie Sud – ⩽ « Dans un site verdoyant« ⚬— – **R** conseillée – ⌾⌽ ⚕
    3 ha (148 empl.) peu incliné et en terrasses, herbeux ⊏⊐ ♀ (0,6 ha)
    ⅃ ⌂ ⇌ ⊟ ⚖ ⊟ ☺ ▣ – ♀ ✖ ⚲ – ⊏⊐ ⌇ half-court
    Tarif : ▣ *piscine comprise 2 pers. 90, pers. suppl. 20* – ⚡ *15 (5A)*

PONT-DE-SALARS

12290 Aveyron **15** – **80** ③ – 1 422 h. alt. 700.
Paris 654 – Albi 88 – Millau 47 – Rodez 25 – St-Affrique 56 – Villefranche-de-Rouergue 70.

⚠⚠⚠ *Les Terrasses du Lac* 10 juin-16 sept.
    📞 05 65 46 88 18, Fax 05 65 46 85 38 – N : 4 km par D 523 rte du Vibal, près du lac (accès direct) – ⌂ ⩽ « Situation agréable » ⚬— juil.-août – **R** conseillée juil.-août – ⌾⌽ ⚕
    6 ha (180 empl.) en terrasses, herbeux ⊏⊐ ♀
    ⅃ ⌂ ⇌ ⊟ ⚖ ⊟ ☺ ⚲ ⚐ ▣ – ⚖ ♀ – ⊏⊐ ⚓ ⌇ – A proximité : ≃
    Tarif : ▣ *piscine comprise 2 pers. 99, pers. suppl. 21* – ⚡ *20 (6A)*
    Location : ⌂ *1500 à 3200 – bungalows toilés*

⚠⚠ *Le Lac* 15 juin-15 sept.
    📞 05 65 46 84 86, Fax 05 65 74 33 10 – N : 1,5 km par D 523 rte du Vibal, bord du lac – ⚬— ✖ – **R** conseillée – ⚕
    4,8 ha (200 empl.) plat, peu incliné, en terrasses, herbeux, pierreux ♀
    ⅃ ⌂ ⇌ ⚖ ⊟ ⚲ ⚐ ☺ ⚐ ▣ – ♀ snack, pizzeria – ⊏⊐ ⚲ ⌇ ≃ (plage) – A proximité : ♦
    Tarif : ▣ *piscine comprise 2 pers. 80, 3 pers. 93* – ⚡ *12 (3A) 18 (6A)*
    Location : ⌂ *1200 à 1700*

PONT-DU-FOSSÉ

05 H.-Alpes – **77** ⑯ ⑰ – rattaché à St-Jean-St-Nicolas.

PONT-DU-GARD

30 Gard **16** – **80** ⑲ G. Provence – ⊠ 30210 Remoulins.
⊞ Office de Tourisme 📞 04 66 37 00 02 (hors saison) 📞 04 66 21 02 51.
Paris 692 – Alès 48 – Arles 38 – Avignon 26 – Nîmes 26 – Orange 38 – Pont-St-Esprit 41 – Uzès 14.

⚠⚠ *International Gorges du Gardon* 15 mars-sept.
    📞 04 66 22 81 81, Fax 04 66 22 90 12 – NO : 3,5 km par D 981, rte d'Uzès et rte à gauche, bord du Gardon – ⚬— – **R** conseillée saison – ⌾⌽ ⚕
    3 ha (191 empl.) plat et peu incliné, pierreux, herbeux ♀♀
    ⅃ ⌂ ⚲ ☺ ⚐ ▣ – ⚖ ✖ snack ⚲ – ⊏⊐ ⌇ ≃
    Tarif : ▣ *piscine comprise 2 pers. 70, pers. suppl. 20* – ⚡ *15 (6A) 18 (10A) 22 (15A)*
    Location : ⌂ *1650 à 2090*

PONT-DU-NAVOY

39300 Jura 🔢 – 🔢 ⑤ – 230 h. alt. 470.
Paris 420 – Arbois 26 – Champagnole 14 – Lons-le-Saunier 23 – Poligny 23.

🔺 *Le Bivouac* mai-sept.
   ℰ 03 84 51 26 95, Fax 03 84 51 29 70 – S : 0,5 km par D 27, rte de Montigny-sur-l'Ain, bord de
l'Ain – ⪕ o━ – **R** conseillée 15 juil.-15 août – ⚹
2,3 ha (90 empl.) plat, herbeux
   🔡 – ≋
Tarif : ⚹ *20* – ▣ *25* – ⑼ *15 (20A)*

PONTENX-LES-FORGES

40200 Landes 🔢 – 🔢 ④ – 1 138 h. alt. 15.
Paris 675 – Biscarrosse 87 – Labouheyre 18 – Mimizan 11 – Mont-de-Marsan 72 – Pissos 115.

🔺 *Municipal le Guilleman* juin-sept.
   ℰ 05 58 07 40 48 – sortie Sud-Est rte de Labouheyre puis rte de Ménéou et à droite – ⌂ o━
juil.-août – **R** conseillée juil.-août – ⚹
3 ha (100 empl.) plat, herbeux, sablonneux ☙ pinède
   🔡 – ⎰
Tarif : (Prix 1999) ⚹ *14* – ⇔ *10* – ▣ *12* – ⑼ *12 (6A)*

Le PONTET

84 Vaucluse – 🔢 ⑫ – rattaché à Avignon.

PONT-ET-MASSÈNE

21 Côte-d'Or – 🔢 ⑰ ⑱ – rattaché à Semur-en-Auxois.

PONT-FARCY

14380 Calvados 🔢 – 🔢 ⑨ – 487 h. alt. 72.
Paris 291 – Caen 61 – St-Lô 24 – Villedieu-les-Poêles 19 – Villers-Bocage 34 – Vire 19.

🔺 *Municipal* avril-sept.
   ℰ 02 31 68 32 06, Fax 02 31 68 86 48 – N : 0,8 km par D 21, rte de Tessy-sur-Vire – ⌂ « Au bord
de la Vire » o━ – **R** – ⚹
1,5 ha (60 empl.) plat, herbeux
   🔡 – ▭ 🏓 ⚇ ⎰
Tarif : (Prix 1999) ▣ *1 ou 2 pers. 56, pers. suppl. 14* – ⑼ *12 (6A)*

PONTGIBAUD

63230 P.-de-D. 🔢 – 🔢 ⑬ G. Auvergne – 801 h. alt. 735.
Paris 437 – Aubusson 69 – Clermont-Ferrand 23 – Le Mont-Dore 38 – Riom 25 – Ussel 78.

🔺 *Municipal* 15 avril-15 oct.
   ℰ 04 73 88 96 99 – SO : 0,5 km par D 986 rte de Rochefort-Montagne, bord de la Sioule – o━ saison
– **R** conseillée juil.-août – ⚹
4,5 ha (100 empl.) plat, herbeux ▭
   🔡 – 🏓 – A proximité : ⚹ ✕
Tarif : ⚹ *14* – ▣ *18* – ⑼ *14 (6A) 19 (10A)*

PONT-L'ABBÉ-D'ARNOULT

17250 Char.-Mar. 🔢 – 🔢 ⑭ G. Poitou Vendée Charentes – 1 385 h. alt. 20.
Paris 476 – Marennes 21 – Rochefort 18 – La Rochelle 56 – Royan 28 – Saintes 22.

🔺 *Municipal la Garenne* 15 juin-15 sept.
   ℰ 05 46 97 01 46 – sortie Sud-Est par D 125, rte de Soulignonne – ⌂ « Cadre agréable » o━
R conseillée 14 juil.-15 août – ⚹
2,7 ha (111 empl.) plat, herbeux ▭ ♨
   🔡 – ▭ 🏓 – A proximité : ⚊
Tarif : ▣ *tennis compris 2 pers. 52, pers. suppl. 20* – ⑼ *16 (6A)*

PONT-L'ÉVÊQUE

14130 Calvados 🔢 – 🔢 ⑰ ⑱ G. Normandie Vallée de la Seine – 3 843 h. alt. 12.
🔳 Office de Tourisme r. St-Michel ℰ 02 31 64 12 77, Fax 02 31 64 76 96.
Paris 188 – Caen 40 – Le Havre 40 – Rouen 79 – Trouville-sur-Mer 11.

🔺 *Le Stade* 31 mars-oct.
   ℰ 02 31 64 15 03 – sortie Ouest par D 118, rte de Beaumont-en-Auge – o━ juil.-août – **R** conseillée
juil.-août
1,7 ha (60 empl.) plat, herbeux
   🔡 – 🏓 ✕
Tarif : ⚹ *15* – ⇔ *7* – ▣ *7* – ⑼ *11,50 (2A) 15,50 (5A)*

PONTORSON

50170 Manche **4** – **59** ⑦ G. Normandie Cotentin – 4 376 h. alt. 15.
B Office de Tourisme pl. Église ☎ 02 33 60 20 65, Fax 02 33 60 85 67.
Paris 354 – Avranches 22 – Dinan 46 – Fougères 39 – Rennes 61 – St-Malo 49.

▲ *Municipal les Rives du Couesnon* avril-sept.
☎ 02 33 68 11 59 – NO : par D 19, rte de Dol-de-Bretagne, près du Couesnon – ⋞ ⊶ juil.-août –
R conseillée juil.-août – ⚸
2 ha (110 empl.) non clos, plat, herbeux ⌑
& ⌂ ⇔ 🖼 ⚲ ⊛ – ⛟ parcours de santé
Tarif : (Prix 1999) ✶ 13 – ⇔ 6,50 – 🗉 13 – [½] 13 (6A)

PONTRIEUX

22260 C.-d'Armor **3** – **59** ② – 1 050 h. alt. 13.
Paris 491 – Guingamp 19 – Lannion 27 – Morlaix 68 – St-Brieuc 44.

▲ *Traou-Mélédern* Permanent
☎ 02 96 95 68 72 – à 400 m au Sud du bourg, bord du Trieux – ⊶ juil.-août – **R** – ⚸
1 ha (50 empl.) plat, herbeux
& ⌂ ⇔ ⊛ 🖼 – ⛟
Tarif : ✶ 13 – 🗉 15 – [½] 15 (3 à 8A)

Terrains agréables :
ces terrains sortent de l'ordinaire par leur situation,
leur tranquillité, leur cadre et le style de leurs aménagements.

Leur catégorie est indiquée dans le texte par les signes habituels
mais en rouge (⛰⛰⛰ ... ⛰).

PONT-ST-ESPRIT

30130 Gard **16** – **81** ① G. Provence – 9 277 h. alt. 59.
B Office de Tourisme Résidence Welcome ☎ 04 66 39 44 45, Fax 04 66 39 51 81.
Paris 646 – Alès 64 – Avignon 46 – Montélimar 38 – Nîmes 65 – Nyons 45.

▲ *Aire Naturelle Beauchamp* avril-oct.
☎ 04 66 39 01 72 – SE : 3,5 km par D 138, rte de St-Étienne-des-Sorts et chemin à gauche, à
400 m d'un bras du Rhône – ⚲ ⊶ – **R** 14 juil.-15 août – ⚸
1,5 ha (25 empl.) plat, herbeux, étangs ⚬⚬
& ⌂ ⇔ ⌂ ⊛ 🖼 – ⌑ – A proximité : ≃
Tarif : ✶ 20 – 🗉 20 – [½] 15 (6A)

PONT-SCORFF

56620 Morbihan **3** – **63** ① G. Bretagne – 2 312 h. alt. 42.
Paris 503 – Auray 43 – Lorient 13 – Quiberon 56 – Quimperlé 13.

▲ *Nenez* Permanent
☎ 02 97 32 51 16 – SO : 1,8 km par D 6 rte de Lorient – ⊶ – **R** conseillée été – ⚸
1,5 ha (50 empl.) plat, peu incliné, herbeux
▥ ⌂ ⇔ 🖼 ⚲ ⊛ 🖼
Tarif : ✶ 12,60 – 🗉 17,50 – [½] 15 (8A)

Les PONTS-DE-CÉ

49 M.-et-L. – **63** ⑳ – rattaché à Angers.

PORDIC

22590 C.-d'Armor **3** – **59** ③ – 4 635 h. alt. 97.
B Office de Tourisme pl. Gén.-de-Gaulle ☎ 02 96 79 00 35, Fax 02 96 79 17 08.
Paris 459 – Guingamp 32 – Lannion 63 – St-Brieuc 11 – St-Quay-Portrieux 12.

▲▲ *Les Madières* mai-sept.
☎ 02 96 79 02 48, Fax 02 96 79 46 67 – NE : 2 km par rte de Binic et à droite, rte de Vau Madec
– ⚲ « Cadre agréable et fleuri » ⊶ – **R** – ⚸
1,6 ha (83 empl.) plat et peu incliné, herbeux ⚬⚬
& ⌂ ⇔ 🖼 ⌂ ⊛ 🖼 – ⛾ snack
Tarif : ✶ 24 – ⇔ 17 – 🗉 35 – [½] 20 (10A)
Location : ⌂⌂ 1500 à 2900

▲▲ *Le Roc de l'Hervieu* mai-sept.
☎ 02 96 79 30 12 – NE : 3 km par rte de la Pointe de Pordic et chemin à droite – Places limitées
pour le passage ⚲ ⊶ – **R** conseillée juil.-15 août – ⚸
2,5 ha (100 empl.) plat, herbeux ⌑
& ⌂ ⇔ ⚲ ⊛ 🖼 – ⌒ ⛟
Tarif : ✶ 15 – ⇔ 12 – 🗉 15 – [½] 16 (10A)
Location : ⌂ 750

Le PORGE

33680 Gironde 🔟 – 🔢 ① – 1 230 h. alt. 8.
Paris 628 – Andernos-les-Bains 18 – Bordeaux 52 – Lacanau-Océan 26 – Lesparre-Médoc 54.

    ⚠️ **Municipal la Grigne** avril-sept.
       📞 05 56 26 54 88 – O : 9,5 km par D 107, à 1 km du Porge-Océan – 🛱 « Cadre agréable » ☞ –
       R conseillée 14 juil.-15 août – **GB**
       30 ha (700 empl.) vallonné et accidenté, sablonneux 🌳🌳 pinède
       🚿 🛉 🍴 🔲 🏕 ⊕ 🎣 🔄 🔄 ▣ – 🌊 🍸 – 🏠 🏖 🏐
       Tarif : (Prix 1999) 🧍 19,70 – 🚗 10,10 – ▣ 29,80 – 🔌 17,90 (10A)

PORNIC

44210 Loire-Atl. 🔟 – 🔢 ① G. Poitou Vendée Charentes – 9 815 h. alt. 20.
🅱 Office de Tourisme pl. de la Gare 📞 02 40 82 04 40, Fax 02 40 82 90 12.
Paris 437 – Nantes 50 – La Roche-sur-Yon 81 – Les Sables-d'Olonne 96 – St-Nazaire 30.

    ⚠️ **La Boutinardière** avril-sept.
       📞 02 40 82 05 68, Fax 02 40 82 49 01 – SE : 5 km par D 13 et rte à droite, à 200 m de la plage
       – 🛱 ☞ – **R** conseillée 10 juil.-25 août – **GB** 🐕
       7,5 ha (400 empl.) peu incliné, herbeux 🔲
       🚿 🛉 🍴 🔲 🏕 🛁 ⊕ 🎣 🔄 ▣ – 🌊 🍸 snack 🍦 – 🏖 🏓 🏐 half-court, toboggans aquatiques
       Tarif : ▣ piscine comprise 2 pers. 125, 3 pers. 140, pers. suppl. 35 – 🔌 16 (3A) 25 (6A) 37 (10A)
       Location : 🏠 1500 à 3700 – 🏚 1700 à 3900

    ⚠️ **Le Golf** avril-sept.
       📞 02 40 82 41 18, Fax 02 51 74 06 62 ✉ 44120 Pornic-Ste-Marie – O : 2,7 km par D 13, rte de
       la Plaine-sur-Mer et rte à gauche, 40 rue de la Renaissance, au Nord du village de Ste-Marie, Par D 213
       (voie rapide), sortie Pornic-Ouest/Ste-Marie – ☞ – **R** conseillée – **GB** 🐕
       1,5 ha (110 empl.) plat, herbeux 🌳
       🚿 🛉 🍴 🔲 🏕 ⊕ ▣ – 🍸 – 🏐 – À proximité : ✂
       Tarif : ▣ piscine comprise 2 pers. 105, pers. suppl. 28 – 🔌 22 (6A) 32 (15A)
       Location : 🏠 1600 à 3250

    ⚠️ **Le Port Chéri** Permanent
       📞 02 40 82 34 57, Fax 02 40 82 96 77 – E : 3,5 km par D 751, rte de Nantes et rte à gauche – ☞
       – **R** conseillée – **GB** 🐕
       2,5 ha (104 empl.) peu incliné et en terrasses, herbeux 🔲
       🛉 🔄 ⊕ ▣ – 🍸 🍦 – 🏓 🏐
       Tarif : ▣ piscine comprise 2 pers. 95 – 🔌 15 (6A)
       Location : 🏠 1200 à 2990

PORTBAIL

50580 Manche 🔟 – 🔢 ⑪ – 1 654 h. alt. 10.
🅱 Office de Tourisme 26 r. Philippe-Lebel 📞 02 33 04 03 07, Fax 02 33 04 94 66.
Paris 345 – Carentan 38 – Cherbourg 47 – Coutances 43 – St-Lô 58.

    ⚠️ **La Côte des Isles** avril-sept.
       📞 02 33 04 89 97, Fax 02 33 04 77 46 – O : 3 km par D 15 puis à droite, près du V.V.F., à 300 m
       de la plage – Places limitées pour le passage ☞ – **R** – 🐕
       2,5 ha (117 empl.) plat, herbeux, sablonneux
       🚿 🛉 🍴 🔲 🏕 ⊕ – 🍸 crêperie – 🏖
       Tarif : 🧍 19 – ▣ 20 – 🔌 14 (4A) 17 (6A)

PORT-BARCARÈS

66 Pyr.- Or. – 🔢 ⑩ – rattaché à Barcarès.

PORT-CAMARGUE

30 Gard – 🔢 ⑧ ⑱ – rattaché au Grau-du-Roi.

17 Char.-Mar. – **71** ⑫ – voir à Ré (Ile de).

PORTICCIO

2A Corse-du-Sud – **90** ⑰ – voir à Corse.

PORTIGLIOLO

2A Corse-du-Sud – **90** ⑱ – voir à Corse.

PORTIRAGNES

34420 Hérault **15** – **83** ⑮ – 1 770 h. alt. 10.
Paris 772 – Agde 14 – Béziers 12 – Narbonne 38 – Valras-Plage 14.

à Portiragnes-Plage S : 4 km par D 37 – ⊠ 34420 Portiragnes :

  ▲▲▲ **L'Émeraude** juin-août
     ℘ 04 67 90 93 76, Fax 04 67 09 91 18 – N : 1 km par rte de Portiragnes – **o→** – **R** indispensable
     10 juil.-16 août – **GB** ♂ᵥ
     4,2 ha (280 empl.) plat, herbeux ⊡ ΩΩ
     ♿ ⊼ ⇌ ⊡ ♨ ⇄ ☺ ▣ – ☲ ♀ ✗ snack, pizzeria ⩲ cases réfrigérées – ⊡ ⬢⬢ ❀ ✕ – A proximité :
     ⋇
     Tarif : ▣ élect. (4A) et piscine comprises 2 pers. 120, pers. suppl. 20
     Location : ⌂ 1050 à 1800 – ⌂ 1750 à 2800 – ⌂ 1800 à 3100

PORT-MANECH

29 Finistère **3** – **58** ⑪ G. Bretagne – ⊠ 29920 Névez.
Paris 547 – Carhaix-Plouguer 75 – Concarneau 19 – Pont-Aven 13 – Quimper 43 – Quimperlé 30.

  ▲▲ **St-Nicolas** mai-fin sept.
     ℘ 02 98 06 89 75, Fax 02 98 06 74 61 – au Nord du bourg, à 200 m de la plage « Décoration arbus-
     tive et florale » **o→** – **R** conseillée – **GB** ♂ᵥ
     3 ha (180 empl.) plat, incliné et en terrasses, herbeux ⊡ ΩΩ
     ♿ ⊼ ⇌ ⊡ ⇄ ⩘ ☺ ▣ – ⊡ ⬢⬢ – A proximité : ♀
     Tarif : (Prix 1999) ⋇ 23,50 – ⇌ 10 – ▣ 28 – ⊞ 15 (6A) 20 (10A)
     Location (avril-fin sept.) - ✕ : ⌂ 1500 à 3000

PORTO

2A Corse-du-Sud – **90** ⑮ – voir à Corse.

PORTO-VECCHIO

2A Corse-du-Sud – **90** ⑧ – voir à Corse.

POSES

27740 Eure **5** – **55** ⑦ – 1 024 h. alt. 9.
Paris 112 – Les Andelys 27 – Évreux 38 – Louviers 16 – Pont-de-l'Arche 8 – Rouen 27.

  ▲▲ **Les Étangs des 2 Amants** avril-oct.
     ℘ 02 32 59 11 86 – SE : 1,5 km par rte de St-Pierre-du-Vauvray, à la Base de Plein Air et de Loisirs,
     à 250 m d'un plan d'eau – Places limitées pour le passage « Au bord de la Seine » **o→** – **R** conseillée
     juil.-août – ♂ᵥ
     4 ha (170 empl.) plat, herbeux ΩΩ
     ⊼ ⇌ ⇄ ☺ ⩘ ⇌ - ⊡ – A proximité : ✕ ▦ ♪
     Tarif : ⋇ 22 – ⇌ 10 – ▣ 22 (avec élect. 26 ou 30)

POUEYFERRÉ

65 H.-Pyr. – **85** ⑦ – rattaché à Lourdes.

Le **POUGET**

34230 Hérault **15** – **83** ⑥ – 1 103 h. alt. 95.
Paris 729 – Béziers 46 – Clermont-l'Hérault 10 – Gignac 9 – Montpellier 35 – Sète 36.

  ▲ **Municipal** 15 juin-15 sept.
     ℘ 04 67 96 76 14 – O : 0,8 km par D 139 – ⌕ – **R**
     0,8 ha (47 empl.) plat, herbeux ♀
     ♿ ⊼ ⇌ ☺ – A proximité : ✕ ⬢⬢
     Tarif : (Prix 1999) ⋇ 7,30 – ▣ 18,50 – ⊞ 12
     Location : gîtes

POUILLY-EN-AUXOIS

21320 Côte-d'Or 7 – 65 ⑱ G. Bourgogne – 1 372 h. alt. 390.
Paris 272 – Avallon 66 – Beaune 47 – Dijon 45 – Montbard 60.

Municipal le Vert Auxois mai-sept.
03 80 90 71 89 – vers sortie Nord-Ouest et rue du 8-Mai à gauche après l'église – – R conseillée –
1 ha (70 empl.) plat, herbeux
Tarif : *11 – 5 – 5/10 – 12 (6A)*

POUILLY-SOUS-CHARLIEU

42720 Loire 11 – 73 ⑦ ⑧ – 2 834 h. alt. 264.
Paris 383 – Charlieu 6 – Digoin 43 – Roanne 15 – Vichy 74.

Municipal les Ilots mai-sept.
04 77 60 80 67 – sortie Nord par D 482 rte de Digoin et à droite, au stade, bord du Sornin – « Entrée fleurie » –
1,5 ha (57 empl.) plat, herbeux
– A proximité :
Tarif : (Prix 1999) *10 – 11 – 10 (6A)*

POULDREUZIC

29710 Finistère 3 – 58 ⑭ – 1 854 h. alt. 51.
Paris 589 – Audierne 17 – Douarnenez 17 – Pont-l'Abbé 16 – Quimper 26.

Les Peupliers 2 juil.-sept.
sortie Nord-Ouest par D 2, rte de Plozevet et chemin à droite – – R conseillée 15 juil.-15 août –
2,5 ha (30 empl.) plat, peu incliné, herbeux
Tarif : *15 – 10 – 17 – 13 (6A)*
Location : *1450*

Le POULDU

29 Finistère 3 – 58 ⑫ G. Bretagne – ✉ 29360 Clohars-Carnoët.
Office de Tourisme bd de l'Océan 02 98 39 93 42, Fax 02 98 96 90 99.
Paris 522 – Concarneau 37 – Lorient 23 – Moëlan-sur-Mer 10 – Quimper 55 – Quimperlé 14.

Les Embruns avril-16 sept.
02 98 39 91 07, Fax 02 98 39 97 87 – au bourg, r. du Philosophe-Alain, à 350 m de la plage « Belle décoration arbustive et florale » juil.-août – R conseillée – GB
4 ha (180 empl.) plat et peu incliné, herbeux, sablonneux
– – – A proximité :
Tarif : *25 piscine comprise – 41 – 17 (3A) 20 (6A)*
Location : *1000 à 2250 – 1450 à 3200*

Keranquernat mai-10 sept.
02 98 39 92 32, Fax 02 98 39 99 84 – sortie Nord-Est – « Décoration arbustive et florale » – R conseillée –
1,5 ha (100 empl.) plat et peu incliné, herbeux
Tarif : *19 piscine comprise – 30 – 15,50 (3A) 18,50 (5A)*
Location : *1200 à 2800*

Locouarn juin-10 sept.
02 98 39 91 79 – N : 2 km par D 49 rte de Quimperlé « Entrée fleurie » – R conseillée juil.-août –
2,5 ha (100 empl.) non clos, plat et peu incliné, herbeux
– – A proximité :
Tarif : *17 piscine comprise – 10 – 25 – 18 (5A)*
Location *(avril-fin sept.) : 1000 à 2600*

Les Grands Sables 14 avril-17 sept.
02 98 39 94 43 – au bourg, rue du Philosophe-Alain, à 200 m de la plage « Belle décoration florale » – R conseillée –
2,4 ha (147 empl.) plat, peu incliné, herbeux
– A proximité :
Tarif : *2 pers. 72, pers. suppl. 21 – 17 (6A)*
Location : *900 à 2050*

POULE-LES-ECHARMEAUX

69870 Rhône 11 – 73 ⑨ – 838 h. alt. 570.
Paris 447 – Chauffailles 15 – La Clayette 24 – Roanne 49 – Tarare 48 – Villefranche-sur-Saône 40.

Municipal les Echarmeaux mi-avril-mi-oct.
à l'Ouest du bourg, près d'un étang – « Terrasses individuelles surplombant un étang »
0,5 ha (24 empl.) en terrasses, gravillons, herbeux
Tarif : *élect. comprise 2 pers. 55*

29 Finistère – 58 ⑭ – rattaché à Douarnenez.

POUYLEBON

32320 Gers 14 – 82 ④ – 178 h. alt. 240.
Paris 782 – Auch 35 – Miélan 17 – Mirande 11 – Plaisance 29 – Vic-Fézensac 29.

   ▲ **Aire Naturelle Pouylebon** mai-1er oct.
        ℘ 05 62 66 72 10 – NE : 1 km par D 216 rte de Montesquiou puis 1 km par chemin à droite, près
        d'un lac –   ⊶ ❀ juil.-août – **R** conseillée juil.-août – ⚡
        1 ha (25 empl.) incliné et plat, herbeux
        ⚹ ⚏ 🖽 ⚲ ⊛ ⊙ – ⛺ ♨ ☐
        Tarif : ⚹ 21,50 piscine comprise – 🄴 26,50 – 🔌 12 (4A) 16 (8A)

POUZAC

65 H.-Pyr. – 85 ⑱ – rattaché à Bagnères-de-Bigorre.

POUZAUGES

85700 Vendée 🟨 – 67 ⑯ G. Poitou Vendée Charentes – 5 473 h. alt. 225.
🄱 Office de Tourisme r. Georges-Clemenceau ℘ 02 51 91 82 46, Fax 02 51 57 01 69.
Paris 386 – Bressuire 29 – Chantonnay 21 – Cholet 38 – Nantes 85 – La Roche-sur-Yon 55.

   ▲ **Municipal le Lac** avril-oct.
        ℘ 02 51 91 37 55 – O : 1,5 km par D 960 bis, rte de Chantonnay et chemin à droite, à 50 m du lac
        – **R**
        1 ha (50 empl.) plat et terrasse, peu incliné, herbeux ⚘ (0,2 ha)
        ⚹ ⚏ ⇄ ⊟ ⊛ – A proximité : ≌
        Tarif : (Prix 1999) 🄴 1 ou 2 pers. 39,50, pers. suppl. 10,30 – 🔌 13,70 (6A)

PRADES

66500 Pyr.-Or. 15 – 86 ⑰ G. Languedoc Roussillon – 6 009 h. alt. 360.
🄱 Office de Tourisme 4 r. V.-Hugo ℘ 04 68 05 41 02, Fax 04 68 05 21 79.
Paris 901 – Font-Romeu-Odeillo-Via 45 – Perpignan 45 – Vernet-les-Bains 11.

   ▲ **Municipal Plaine St-Martin** avril-sept.
        ℘ 04 68 96 29 83 – sortie Nord par D 619, rte de Molitg-les-Bains et à droite avant la déviation
        –   ⊶ 🄿 (locations) – **R** conseillée juil.-août – ⚡
        1,8 ha (60 empl.) plat, herbeux, sablonneux ☒ ⚘⚘
        ⚹ ⚏ 🖽 ⇄ ⊛ ⚲ ↻ 🖻 – A proximité : ❀ ☐
        Tarif : ⚹ 12 – ⇄ 10 – 🄴 13/15 – 🔌 14 (3 ou 6A)
        Location (permanent) : 🏠1100 à
        1800

Le PRADET

83220 Var 17 – 84 ⑮ – 9 704 h. alt. 1.
Paris 847 – Draguignan 77 – Hyères 41 –
Toulon 12.

à la Garonne S : 2,5 km par D 86 –
✉ 83220 Le Pradet

   ▲ **Mauvallon 2** avril-sept.
        ℘ 04 94 08 24 04 – S : 2,5 km par
        D 86, à 500 m de la mer – ⊶ –
        R conseillée juil.-août – ⚡
        0,7 ha (40 empl.) plat, peu incliné,
        terrasses, herbeux ⚘⚘
        ⚏ ⇄ 🖽 ⊟ ⊛ ↻
        Tarif : 🄴 2 pers. 85 – 🔌 15 (3A) 20
        (6A)
        Location : �caravane 1000 à 2000

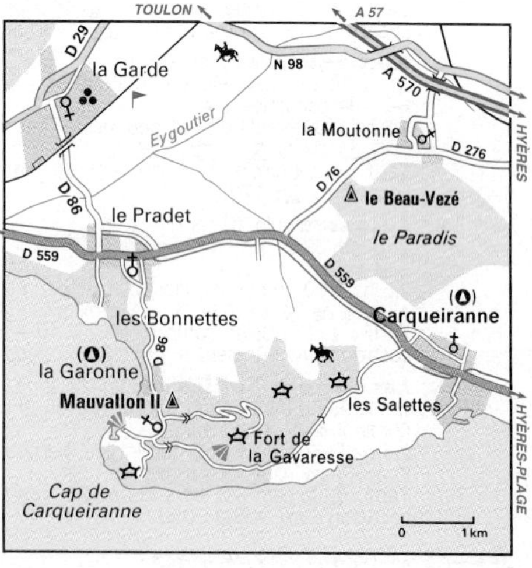

PRADONS

07 Ardèche – 80 ⑨ – voir à Ardèche (Gorges
de l').

PRAILLES

79370 Deux-Sèvres 🟨 – 68 ⑪ – 584 h. alt. 150.
Paris 397 – Melle 16 – Niort 22 – St-Maixent-l'École 14.

   ▲ **Base Districale de Loisirs du Lambon** juin-sept.
        ℘ 05 49 32 85 11 – SE : 2,8 km, à 200 m d'un plan d'eau –   ⊶ – **R** conseillée juil.-août – ⚡
        1 ha (50 empl.) en terrasses, herbeux ⚘
        ⚹ ⚏ ⊟ ⊛ ⇄ 🖻 – A proximité : parcours sportif ♈ ✗ ❀ ⚓ ♨ ≌ (plage) ⚓
        Tarif : (Prix 1999) 🄴 tennis compris 2 pers. 44, pers. suppl. 17,50 – 🔌 11 (4 à 13A)
        Location (permanent) : pavillons

PRALOGNAN-LA-VANOISE

73710 Savoie 🔲 – 🔲 ⑱ G. Alpes du Nord – 667 h. alt. 1 425 – Sports d'hiver : 1 410/2 360 m ⚡ 1 ⚡ 13 ⚡.

🏢 Office de Tourisme ℰ 04 79 08 79 08, Fax 04 79 08 76 74.
Paris 666 – Albertville 55 – Chambéry 103 – Moûtiers 28.

⚠️ **Le Parc Isertan** 15 déc.-avril, 24 mai-11 nov.
ℰ 04 79 08 75 24, Fax 04 79 08 76 73 – au Sud du bourg – ❄️ ⚲ ⩽ montagnes « Site agréable au bord d'un torrent » ⊶ hiver et été – **R** conseillée – ⊖⊕ ⚲
4,5 ha (180 empl.) plat, en terrasses, herbeux, pierreux
🏢 🕹 🗄 🥄 🗂 🍴 ✗ self-service 🛒 – 🍽 ✗ self-service 🛒 – 🏠 – A proximité : patinoire · ◉ ⚲ 🔻 ⚡ 🏊
Tarif : 🚶 28 (hiver 29) – 🅴 27 (hiver 30) – 🔌 2 à 10A : 15 à 30 (hiver 26 à 46)
Location : 🏠

⚠️ **Municipal le Chamois** juin-sept.
ℰ 04 79 08 71 54, Fax 04 79 08 78 77 – au Sud du bourg – ⚲ ⩽ « Site agréable au bord d'un étang » ⊶ – **R** – ⊖⊕ ⚲
4 ha (200 empl.) peu incliné à incliné, plat, en terrasses, herbeux, pierreux
🏢 🗄 🥄 🗂 ◉ – A proximité : patinoire · ◉ ⚲ 🔻 ⚡ 🏊
Tarif : 🚶 18 – 🚗 10 – 🅴 13/17 – 🔌 14 (2A) 24 (10A)

Les PRAZ-DE-CHAMONIX

74 H.-Savoie – 🔲 ⑧ ⑨ – rattaché à Chamonix-Mont-Blanc.

PRAZ-SUR-ARLY

74120 H.-Savoie 🔲 – 🔲 ⑦ – 922 h. alt. 1 036 – Sports d'hiver : 1 036/2 000 m ⚡12 ⚡.
🏢 Office de Tourisme (saison) rte du Val d'Arly ℰ 04 50 21 90 57, Fax 04 50 21 98 08.
Paris 606 – Albertville 27 – Chambéry 78 – Chamonix-Mont-Blanc 41 – Megève 5.

⚠️ **Les Prés de l'Arly** Permanent
ℰ 04 50 21 93 24 – à 0,5 km au Sud-Est du bourg, à 100 m de l'Arly – Places limitées pour le passage
❄️ ⩽ – **R** conseillée hiver – ⚲
1,4 ha (81 empl.) non clos, plat et terrasse, gravier, herbeux
🏢 🗄 🥄 🗂 🥄 ◉ 🖼 – 🏠 – A proximité : ⚲
Tarif : 🚶 17 – 🅴 17 – 🔌 17 (3A) 25 (6A) 32 (10A)
Location : appartements

PRÉCHAC

65 H.-Pyr. – 🔲 ⑰ – rattaché à Argelès-Gazost.

PRÉCIGNÉ

72300 Sarthe 🔲 – 🔲 ① – 2 299 h. alt. 36.
Paris 256 – Angers 50 – Château-Gontier 33 – La Flèche 22 – Sablé-sur-Sarthe 10.

⚠️ **Municipal des Lices** juin-15 sept.
ℰ 02 43 95 46 13 – sortie Nord rte de Sablé-sur-Sarthe et rue de la Piscine à gauche – **R**
0,8 ha (50 empl.) plat et peu incliné, herbeux 🍽 ♀
🏢 🥄 🗂 🥄 ◉ – A proximité : ⚲ 🏊
Tarif : (Prix 1999) 🚶 7,80 – 🅴 3,30 – 🔌 11,30 (15A)

PRÉCY-SOUS-THIL

21390 Côte-d'Or 🔲 – 🔲 ⑰ G. Bourgogne – 603 h. alt. 323.
Paris 245 – Auxerre 84 – Avallon 39 – Beaune 80 – Dijon 66 – Montbard 33 – Saulieu 15.

⚠️ **Municipal** Pâques-Toussaint
ℰ 03 80 64 57 18, Fax 03 80 64 43 37 – accès direct au Serein « Dans le parc de l'hôtel de ville »
⊶ juil.-août – **R** conseillée 10 juil.-20 août
1 ha (50 empl.) peu incliné et plat, herbeux 🍽 ♀
🕹 🏢 🥄 🗂 🥄 🥄 🖼 – 🔻 ⚲
Tarif : (Prix 1999) 🚶 12 – 🅴 14/20 – 🔌 14
Location : gîte d'étape, huttes

PREIXAN

11 Aude – 🔲 ⑦ – rattaché à Carcassonne.

PREMEAUX-PRISSEY

21700 Côte-d'Or 🔲 – 🔲 ⑧ ⑩ – 332 h. alt. 230.
Paris 324 – Arnay-le-Duc 50 – Beaune 15 – Dijon 26 – Nuits-St-Georges 4.

⚠️ **Intercommunal Saule Guillaume** 15 juin-5 sept.
ℰ 03 80 62 30 78 – E : 1,5 km par D 109G, rte de Quincey « Emplacements bien délimités près d'un étang » ⊶ – **R**
2 ha (114 empl.) plat, herbeux, pierreux 🍽 ♀ (1 ha)
🕹 🏢 🥄 🥄 ◉ – A proximité : ⚲
Tarif : (Prix 1999) 🚶 13 – 🅴 26 – 🔌 16 (6A) 26 (12A)

PRÉMERY

58700 Nièvre **11** – 🔲🔲 ⑭ G. Bourgogne – 2 377 h. alt. 237.
Paris 236 – La Charité-sur-Loire 28 – Château-Chinon 55 – Clamecy 40 – Cosne-sur-Loire 48 – Nevers 29.

⚠ **Municipal** mai-15 sept.
𝒫 03 86 37 99 42 – sortie Nord-Est par D 977 rte de Clamecy et chemin à droite « Près de la Nièvre et d'un plan d'eau » ⊶ juil.-août – **R** juil.-août – ⚡
1,6 ha (46 empl.) plat et peu incliné, herbeux, gravillons
♿ 🏠 ⇄ ⛲ ⊝ 🌲 – A proximité : 🏊 ≋
Tarif : (Prix 1999) 🅴 1 ou 2 pers. 45, pers. suppl. 18 – ⚡ 6 (10A)
Location : huttes

Ⓜ *This symbol characterises sites with modern facilities.*

PRÉSILLY

74160 H.-Savoie **12** – 🔲🔲 ⑥ – 562 h. alt. 683.
Paris 533 – Annecy 32 – Bellegarde-sur-Valserine 37 – Bonneville 41 – Genève 21.

⚠ **Le Terroir** 15 avril-15 oct.
𝒫 04 50 04 42 07, Fax 04 50 04 55 53 – NE : 2,3 km par D 218 et D 18 à gauche, rte de Viry – 🐾
≤ ⊶ – **R** conseillée – ⚡
1 ha (38 empl.) plat, herbeux, bois attenant ♀
🏠 ⇄ 🖥 ⊝ ⛲ 🍴 – 🔲 ⛺
Tarif : 🚶 18 – 🚗 5 – 🅴 12 – ⚡ 12 (3A) 15 (5A) 22,50 (10A)

PRESSIGNAC

16150 Charente **10** – 🔲🔲 ⑮ – 477 h. alt. 259.
Paris 441 – Angoulême 55 – Nontron 41 – Rochechouart 9 – La Rochefoucauld 34.

⚠ **La Guerlie** juil.-août
𝒫 05 45 89 35 82 – SO : 3,9 km par D 160, rte de Verneuil, à 500 m de la plage du plan d'eau de Lavaud (accès direct) « Site agréable » ⊶ – **R**
0,7 ha (46 empl.) peu incliné, herbeux
♿ 🏠 ⇄ ⛲ 🍴 – A proximité : 🍴 🗙 🔥 ⛺ ≋ (plage) ♨ 🐎
Tarif : 🚶 10 – 🚗 6 – 🅴 8/10 – ⚡ 14 (10A)

PREUILLY-SUR-CLAISE

37290 I.-et-L. **10** – 🔲🔲 ⑤ ⑥ G. Poitou Vendée Charentes – 1 427 h. alt. 80.
Paris 296 – Le Blanc 31 – Châteauroux 64 – Châtellerault 35 – Loches 37 – Tours 71.

⚠ **Municipal** mai-15 sept.
au Sud-Ouest du bourg, près de la piscine, de la Claise et d'un étang – **R** conseillée
0,7 ha (37 empl.) plat, herbeux 🔲
🏠 ⇄ ⛲ 🖥 – A proximité : parcours sportif 🏊 🔥 ⛺ 🏊
Tarif : 🚶 7,20 – 🅴 10,30 – ⚡ 10,30 (6A)

PRIMELIN

29770 Finistère **3** – 🔲🔲 ⑬ – 931 h. alt. 78.
Paris 608 – Audierne 6 – Douarnenez 26 – Quimper 43.

⚠⚠ **Municipal de Kermalero** Permanent
𝒫 02 98 74 84 75 – sortie Ouest vers le port – 🐾 ≤ ⊶ juil.-août – **R** conseillée juil.-août – ⚡
1 ha (75 empl.) plat et peu incliné, herbeux 🔲
♿ 🏠 ⇄ ⛲ ⊝ 🌲 ❄ 🖥 – 🔲 ⛺ – A proximité : 🏊
Tarif : 🅴 2 pers. 54 – ⚡ 15 (6A)
Location : 🏠 1200 à 1600

PRIMEL-TRÉGASTEL

29 Finistère – 🔲🔲 ⑥ – rattaché à Plougasnou.

PRISCHES

59550 Nord **2** – 🔲🔲 ⑮ – 956 h. alt. 173.
Paris 218 – Avesnes-sur-Helpe 13 – Le Cateau-Cambrésis 16 – Guise 26 – Hirson 34 – Lille 95 – St-Quentin 49.

⚠ **Municipal du Friset** avril-oct.
par centre bourg, chemin du Friset, au stade – 🐾
0,4 ha (23 empl.) plat, herbeux 🔲
🏠 ⇄ ⛲ ⊝
Tarif : 🚶 12,30 – 🚗 4,80 – 🅴 4,80 – ⚡ 10 (6A)

PRIVAS

07000 Ardèche 🔟 – 🔟 ⑲ G. Vallée du Rhône – 10 080 h. alt. 300.
🅘 Office de Tourisme 3 pl. du Gén.-de-Gaulle 𝄞 04 75 64 33 35, Fax 04 75 64 73 95.
Paris 601 – Alès 106 – Mende 141 – Montélimar 34 – Le Puy-en-Velay 94 – Valence 41.

⚠ **Municipal d'Ouvèze** Pâques-15 oct. (fermé 2 semaines en mai et sept.)
𝄞 04 75 64 05 80, Fax 04 75 64 83 34 – S : 1,5 km par D 2 rte de Montélimar et bd de Paste à droite,
bord de l'Ouvèze – ≼ ⟊ – **R** conseillée juil.-août – **GB** ⊙⎘
5 ha (166 empl.) plat, terrasses, peu incliné à incliné, herbeux ♀
♿ ⌂ ⇆ ⬚ ⬠ ⊕ ⬚ ▤ – ▟ – A proximité : ⊨ ✕ ⬚ (découverte l'été)
Tarif : (Prix 1999) ▤ 2 pers. 55, pers. suppl. 15,50 – ⒤ 15,50 (3A) 20,40 (5A)

PRIZIAC

56320 Morbihan 🔟 – 🔟 ⑪ – 1 074 h. alt. 163.
Paris 497 – Concarneau 54 – Lorient 41 – Pontivy 39 – Rennes 147 – Saint-Brieuc 83 – Vannes 85.

⚠ **Municipal Bel Air** mai-sept.
𝄞 02 97 34 63 55 – N : 0,5 km par D 109 et à gauche – ⏵ « Près d'un plan d'eau » – **R** – ⎘
1,5 ha (50 empl.) plat, herbeux ♀
♿ ⌂ ⇆ ⬚ ⇔ ⊕ ▤ – ▤ – A proximité : ⊨ ⚓ ⬚ (plage)
Tarif : ⋇ 15 – ⇔ 7 – ▤ 10 – ⒤ 12

PROPIÈRES

69790 Rhône 🔟 – 🔟 ⑨ – 404 h. alt. 680.
Paris 450 – Chauffailles 15 – Lyon 71 – Mâcon 53 – Roanne 49 – Villefranche-sur-Saône 42.

⚠ **Municipal** 15 juin-15 sept.
𝄞 04 74 03 60 08 – à 1 km au Sud du bourg par chemin, croisement peu facile – ⏵ ≼ « Près d'un
étang et d'un petit plan d'eau » – **R** conseillée – ⎘
2 ha/0,3 campable (16 empl.) plat, terrasse, herbeux ⬚
♿ ⌂ ⇆ ⇔ ⊕ ▤ – A proximité : ⚘ et poneys ⬚
Tarif : ▤ élect. comprise 3 pers. 55
Location (permanent) : gîtes

PROYART

80340 Somme 🔟 – 🔟 ⑫ – 514 h. alt. 87.
Paris 132 – Amiens 34 – Arras 62 – Roye 24 – St-Quentin 45.

⚠ **Municipal la Violette** mars-oct.
𝄞 03 22 85 81 36 – N : 3 km par D 329, rte de Bray-sur-Somme et D 71 à gauche – ⏵ – **R**
1,5 ha (83 empl.) plat, herbeux ⬚
♿ ⌂ ⇆ ⬠ ⊕ ⚶ ⚘
Tarif : ⋇ 13 – ⇔ 6 – ▤ 8 – ⒤ 9 (6A) 12 (10A)

PRUILLÉ

49220 M.-et-L. 🔟 – 🔟 ⑳ – 422 h. alt. 30.
Paris 309 – Angers 22 – Candé 34 – Château-Gontier 32 – La Flèche 65.

⚠ **Municipal le Port** 15 juin-15 sept.
au Nord du bourg, bord de la Mayenne (halte nautique) – ⏵ – **R**
1,2 ha (41 empl.) plat, herbeux ♀ (0,4 ha)
⌂ ⬠ ⚶ ⊕
Tarif : (Prix 1999) ⋇ 6,50 – ⇔ 4 – ▤ 4 – ⒤ 8

PRUNIÈRES

05230 H.-Alpes 🔟 – 🔟 ⑰ – 175 h. alt. 1 018.
Paris 686 – Briançon 70 – Gap 22 – Grenoble 119.

⚠⚠ **Le Roustou** mai-sept.
𝄞 04 92 50 62 63 – S : 4 km, sur N 94 – ⏵ ≼ « Site et cadre agréables entre lac et montagnes »
⟊ – **R** – **GB** ⎘
11 ha/6 campables (180 empl.) plat, incliné à peu incliné, terrasses, gravier, herbeux ⬚ ♀
♿ ⌂ ⇆ ⬚ ⚶ ⊕ ⚶ – ⊨ snack ⚶ – ⬚ ⬚ ⊿
Tarif : ⋇ 33 piscine comprise ▤ 30 (52 ou 57 avec élect. 6A)
Location : ⌂ 980 à 4200

PRUNIERS-EN-SOLOGNE

41200 L.-et-Ch. 🔟 – 🔟 ⑱ – 1 992 h. alt. 82.
Paris 215 – Blois 42 – Montrichard 44 – Romorantin-Lanthenay 9 – Valençay 22 – Vierzon 35.

⚠ **Municipal du Chêne** 15 juin-15 sept.
𝄞 02 54 96 52 31 – SO : 1,2 km par rte de Billy et chemin à droite, à 100 m d'un étang – ⏵ ⟊
– **R** – ⎘
0,5 ha (27 empl.) plat, herbeux, sablonneux
♿ ⌂ ⇆ ⚶ ⊕ – A proximité : parcours de santé ⚘
Tarif : ⋇ 8,50 – ▤ 8,50 – ⒤ 10,30

PUGET-SUR-ARGENS

83480 Var **17** – **84** ⑦ ⑧ – 5 865 h. alt. 17.

🛈 Syndicat d'Initiative 4 pl. de l'Église 🏕 04 94 33 51 06.

Paris 868 – Les Arcs 23 – Cannes 39 – Draguignan 26 – Fréjus 5 – Ste-Maxime 25.

Schéma à Fréjus

△△△ **La Bastiane** 4 mars-4 nov.
🏕 04 94 45 51 31, Fax 04 94 81 50 55 – N : 2,5 km – **o━** – **R** conseillée juil.-25 août – ⚡
4 ha (180 empl.) plat et terrasses, pierreux, herbeux ○○
▥ 🕭 🏕 🐟 🗗 😋 🕳 ⊕ 🖩 – ▼ ✕ 🗲 – 🔄 🛖 discothèque 🛶 ✕ 🏊
Tarif : 🔲 piscine comprise 1 à 3 pers. 156 – 🔌 23 (3A) 26 (6A)
Location : 🚐 1035 à 2300 – 🛖 1120 à 3900 – 🚖 1320 à 3600

△△ **Les Aubrèdes** avril-26 sept.
🏕 04 94 45 51 46, Fax 04 94 45 28 92 – N : 1 km « Agréable cadre boisé » **o━** – **R** conseillée juil.-
août – **CB** ⚡
3,8 ha (200 empl.) plat, peu incliné, herbeux ○○ pinède
🕭 😋 🗗 🐟 ⊕ 🕳 ▽ 🖩 – 🔲 ▼ snack 🗲 – 🔄 🛶 ✕ 🏊
Tarif : 🔲 piscine comprise 2 pers. 108, pers. suppl. 25 – 🔌 24 (8A)
Location : 🚐 1100 à 2000 – 🛖 1200 à 3000

PUGET-THÉNIERS

06260 Alpes-Mar. **17** – **81** ⑲ G. Alpes du Sud – 1 703 h. alt. 405.

Paris 838 – Barcelonnette 93 – Cannes 82 – Digne-les-Bains 89 – Draguignan 92 – Manosque 129 – Nice 65.

△ **Lou Gourdan** avril-oct.
🏕 04 93 05 10 53 – sortie Sud-Est par D 2211ᴬ, rte de Roquesteron et chemin à gauche, près du
Var – ⬒ **o━** – **R** conseillée – ⚡
0,9 ha (46 empl.) plat et peu incliné, herbeux, pierreux 🔲 ○
▥ 🕭 🏕 😋 🐟 ⊕ 🕳 ▽ 🖩 – 🔄 – A proximité : ✕ 🏊
Tarif : 🔲 élect. (5A) et piscine comprises 2 pers. 68/75

PUIVERT

11230 Aude **15** – **86** ⑥ G. Languedoc Roussillon – 467 h. alt. 438.

Paris 805 – Belcaire 22 – Carcassonne 59 – Lavelanet 20 – Quillan 17.

△ **Municipal de Font Claire** mai-sept.
🏕 04 68 20 00 58 – S : 0,5 km par D 16, rte de Lescale, bord d'un plan d'eau – 🐟 ⬒ **o━** juil.-août
– **R** conseillée juil.-août
1 ha (60 empl.) plat, terrasse, herbeux, pierreux
🕭 😋 🗗 ⊕ 🖩 – A proximité : ✕ 🕭
Tarif : (Prix 1999) 🚶 11 – 🔲 30 – 🔌 11 (6A)

PUYBRUN

46130 Lot **10** – **75** ⑲ – 672 h. alt. 146.

Paris 524 – Beaulieu-sur-Dordogne 11 – Brive-la-Gaillarde 41 – Cahors 85 – St-Céré 13 – Souillac 34.

△△△ **La Sole** avril-sept.
🏕 05 65 38 52 37, Fax 05 65 10 91 09 – sortie Est, rte de Bretenoux et chemin à droite après la
station-service – 🐟 **o━** – **R** conseillée juil.-25 août – **CB** ⚡
2,3 ha (72 empl.) plat, herbeux 🔲 ○ (1,3 ha)
🕭 🕭 😋 🗗 😋 ⊕ 🕳 ▽ 🖩 – 🔄 🛶 🏊
Tarif : 🚶 25 piscine comprise – 🔲 26 – 🔌 16 (6 à 10A)
Location : 🛖 1200 à 2600 – 🚖 1400 à 2800 – bungalows toilés

Le PUY-EN-VELAY

43000 H.-Loire **11** – **76** ⑦ G. Auvergne – 21 743 h. alt. 629.

🛈 Office de Tourisme pl. du Breuil 🏕 04 71 09 38 41, Fax 04 71 05 22 62 et (juil.-août) r. des Tables
🏕 04 71 05 99 02.

Paris 545 – Aurillac 170 – Clermont-Ferrand 130 – Lyon 134 – Mende 89 – St-Étienne 76 – Valence 111.

à Blavozy E : 9 km par N 88 rte de St-Étienne – 1 163 h. alt. 680 – ✉ 43700 Blavozy :

△ **Le Moulin de Barette** Pâques-Toussaint
🏕 04 71 03 00 88, Fax 04 71 03 00 51 – O : 2,8 km par rte du Puy-en-Velay et, après le pont sur
la N 88, D 156 rte de Chaspinhac, bord de la Sumène – ⬒ **o━** – **R** juil.-août – **CB** ⚡
1,3 ha (100 empl.) peu incliné, herbeux
🕭 😋 ⊕ 🕳 ▽ 🖩 – ▼ ✕ self 🗲 – 🔄 ･⊙ ✕ 🏊
Tarif : 🚶 20 piscine et tennis compris – 🔲 30 – 🔌 18 (6A)
Location : 🚖 1800 à 2600 – 🛏 (hôtel)

à Coubon SE : 7 km par N 88, rte de Langogne et D 38, à gauche – 2 562 h. alt. 630 – ✉ 43700 Coubon

△△△ **Le Cours de l'Eau** 15 juin-15 sept.
🏕 04 71 08 32 55 – O : 1,5 km par rte de Siouchiols, près de la Loire et d'un plan d'eau – 🐟 ⬒
o━ – **R** – **CB** ⚡
3,2 ha (50 empl.) plat et peu incliné, terrasses, herbeux 🔲
🕭 🕭 😋 🗗 😋 ⊕ 🕳 ▽ 🖩 – ▼ snack – A proximité : ✕ toboggan aquatique
Tarif : 🔲 2 pers. 100 – 🔌 18 (16A)

PUY-L'ÉVÊQUE

46700 Lot **14** – **79** ⑦ G. Périgord Quercy – 2 209 h. alt. 130.
Paris 591 – Cahors 31 – Gourdon 42 – Sarlat-la-Canéda 56 – Villeneuve-sur-Lot 43.

ᴧᴧᴧ **L'Évasion** mai-15 oct.
  𝄕 05 65 30 80 09, Fax 05 65 30 81 12 – NO : 3 km par D 28 rte de Villefranche-du-Périgord et chemin à droite – ⑤ ⊶ – **R** conseillée juil.-août – **GB** ⚡
  4 ha/1 campable (50 empl.) en terrasses, pierreux, herbeux ⑨⑨⑨ (1 ha)
  ⑤ ♨ ⇌ ⛺ ⊙ ▨ – ❢ ✗ ⋛ – ⛩ ⇌ ⚓ ✺ ➹
  Tarif : ▣ piscine et tennis compris 1 pers. 40 – ⒢ 14 (5A)
  Location : 🏠 1350 à 2800 – 🏠 1600 à 3960

PUY-ST-VINCENT

05290 H.-Alpes **12** – **77** ⑰ G. Alpes du Sud – 235 h. alt. 1 325.
Paris 704 – L'Argentière-la-Bessée 10 – Briançon 21 – Gap 84 – Guillestre 31 – Pelvoux 6.

ᴧ **Municipal Croque Loisirs** 15 juin-15 sept.
  𝄕 04 92 23 44 22 – S : 1,8 km par rte de Puy-St-Vincent 1600 et chemin à gauche, alt. 1 400 –
  ⑤ ≤ « Site et cadre agréables » ⊶ – **R** conseillée 15 juil.-15 août – **GB** ⚡
  2 ha (60 empl.) en terrasses, herbeux, pierreux, bois attenant
  ⑤ ♨ ⇌ ▨ ⇌ ⊙ ▨ – ⛩
  Tarif : ▣ 2 pers. 57, pers. suppl. 20 – ⒢ 11 (5A) 18 (10A)

Le PUY-STE-RÉPARADE

13610 B.-du-R. **16** – **84** ③ – 4 414 h. alt. 198.
🛈 Syndicat d'Initiative Mairie 𝄕 04 42 61 82 36.
Paris 744 – Aix-en-Provence 23 – Apt 35 – Manosque 46 – Marseille 53 – Salon-de-Provence 32.

ᴧ **Municipal le Logis** avril-sept.
  𝄕 04 42 61 82 62 – S : 1,1 km par D 15, rte de Rognes – ⑤ ≤le Lubéron ⊶ – ⚡
  3 ha (82 empl.) plat, herbeux, pierreux
  ⊞ ♨ ⇌ ▨ ⇌ ⊙ ▨ – A proximité : ✺ ▧
  Tarif : (Prix 1999) ✱ 14 – 🚗 8 – ▣ 14 – ⒢ 14

PUYSSÉGUR

31480 H.-Gar. **14** – **82** ⑥ – 70 h. alt. 265.
Paris 690 – Agen 82 – Auch 51 – Castelsarrasin 45 – Condom 73 – Montauban 45 – Toulouse 43.

ᴧᴧᴧ **Namasté** 15 avril-15 oct.
  𝄕 05 61 85 77 84 – sortie Nord par D 1, rte de Cox et chemin à droite – Ⓜ ⑤ « Belle chênaie »
  ⊶ – **R** – ⚡
  10 ha/2 campables (50 empl.) en terrasses, herbeux, gravillons, étang, bois attenant ⛩ ⑨⑨
  ⑤ ♨ ⇌ ▨ ⇌ ⊙ ⚡ ▨ – ⇌ ⋛ – ⛩ centre de documentation touristique ⚓ ⤵
  Tarif : (Prix 1999) ▣ piscine comprise 2 pers. 80, pers. suppl. 22 – ⒢ 16 (4A) 22 (6A)

PYLA-SUR-MER

33 Gironde – **71** ⑳ – voir à Arcachon (Bassin d').

Les QUATRE-ROUTES-DU-LOT

46110 Lot **13** – **75** ⑲ – 588 h. alt. 127.
Paris 509 – Beaulieu-sur-Dordogne 19 – Brive-la-Gaillarde 25 – Cahors 87 – Rocamadour 29 – Souillac 24.

ᴧ **Municipal le Vignon** juil.-août
  𝄕 05 65 32 16 43 – SE : 0,6 km par D 32 rte de St-Denis-lès-Martel, bord d'un ruisseau et près d'un étang – ⊶ – **R** – ⚡
  1 ha (27 empl.) plat, herbeux ⛩ ♀
  ♨ ⇌ ⛺ ⊙ ▨ – ♣ ⤵
  Tarif : (Prix 1999) ✱ 14 – ▣ 14 – ⒢ 14 (6 ou 10A)

QUEND

80120 Somme **1** – **51** ⑪ – 1 209 h. alt. 5.
Paris 219 – Abbeville 36 – Amiens 84 – Berck-sur-Mer 15 – Hesdin 38 – Montreuil 22.

ᴧᴧ **Les Deux Plages** 15 mars-1ᵉʳ nov.
  𝄕 03 22 23 48 69 – NO : 1,3 km par rte de Quend-Plage-les-Pins et rte à droite – Places limitées pour le passage ⑤ ⊶ – **R** – ⚡
  1,8 ha (100 empl.) plat, herbeux ⛩
  ♨ ⇌ ▨ ⇌ ⊙ ⚡ ▨ – ⛩ ⚓ ⤵
  Tarif : ▣ piscine comprise 2 pers. 82, pers. suppl. 24 – ⒢ 15 (2A) 22 (4A) 26 (6A)

ᴧ **Les Genêts** avril-oct.
  𝄕 03 22 27 48 40 – à Routhiauville : NO : 4 km par D 32, rte de Fort-Mahon-Plage – Places limitées pour le passage ⑤ ⊶ – **R** conseillée juil.-août – ⚡
  2 ha (128 empl.) plat, herbeux ⛩ ♀
  ⑤ ♨ ▨ ⩗ ⊙ ⚡ ▨ – ⛩
  Tarif : ▣ 2 pers. 66, pers. suppl. 19 – ⒢ 17 (3A) 19 (4A) 21 (6A)

QUESTEMBERT

56230 Morbihan 4 – 63 ④ G. Bretagne – 5 076 h. alt. 100.
ℹ Office de Tourisme Hôtel Belmont ✆ 02 97 26 56 00, Fax 02 97 26 54 55.
Paris 447 – Ploërmel 33 – Redon 34 – Rennes 99 – La Roche-Bernard 22 – Vannes 28.

⛺ ***Municipal de Célac***
✆ 02 97 26 11 24 – O : 1,2 km par D 1, rte d'Elven, bord d'un étang – ⊶
2 ha (85 empl.) plat, peu incliné, herbeux ♀
♿ 🚿 ⛲ 🚽 ⊛ 🚐 – ⌂ 🛝

QUETTEHOU

50630 Manche 4 – 54 ③ – 1 395 h. alt. 14.
ℹ Office de Tourisme pl. de la Mairie ✆ 02 33 43 63 21.
Paris 342 – Barfleur 10 – Bayeux 82 – Cherbourg 29 – Valognes 16.

⛺ ***Le Rivage*** avril-sept.
✆ 02 33 54 13 76 – S : 1,8 km par D 14, rte de Morsalines, à 500 m de la mer – Places limitées pour le passage 🐚 ⊶ – **R** conseillée – ✗
1,6 ha (95 empl.) plat, herbeux ▭
🚿 ⛲ ▥ 🚽 ⊛ ⛺ ▽ ▣ – 🛝 poneys
Tarif : (Prix 1999) ✱ *12* – ▣ *20* – ⚡ *14 (5A)*
Location : 🚐 *1200 à 1800*

QUIBERON (Presqu'île de)

56 Morbihan 3 – 63 ⑪ G. Bretagne.

Quiberon

4 623 h. alt. 10 – ✉ 56170 Quiberon.
ℹ Office de Tourisme 14 r. Verdun ✆ 02 97 50 07 84, Fax 02 97 30 58 22.
Paris 504 – Auray 28 – Concarneau 98 – Lorient 47 – Vannes 46.

⛺⛺⛺ ***Le Bois d'Amour*** avril-1er oct.
✆ 02 97 50 13 52 – SE : 1,5 km, à 300 m de la mer et du Centre de Thalassothérapie – ⊶ – **R** conseillée – GB ✗
4,6 ha (290 empl.) plat, sablonneux, herbeux ▭
♿ 🚿 ⛲ ▥ ⛺ 🚽 ⊛ 🚐 ▣ – 🍷 crêperie, pizzeria, self 🍽 – ⌂ 🏃 🛝 🏊 – A proximité : 🎾

Tarif : ✱ *41 piscine comprise* – ▣ *75* – ⚡ *23 (4A) 27 (10A)*
Location : 🚐 *1800 à 3600*

⛺⛺ ***Les Joncs du Roch*** avril-sept.
✆ 02 97 50 24 37 – SE : 2 km, r. de l'aérodrome, à 500 m de la mer – ⊶ saison – **R** conseillée juil.-août – GB ✗
2,3 ha (163 empl.) plat, herbeux ▭
♿ 🚿 ⛲ ▥ ⛺ 🚽 ⊛ ⛺ ▽ ▣ – ⌂ 🛝 – A proximité : poneys snack
Tarif : (Prix 1999) ✱ *25* – ▣ *60* – ⚡ *15 (4A) 22 (10A)*

St-Julien

✉ 56170 Quiberon.
Paris 503 – Auray 26 – Lorient 46 – Quiberon 2 – Vannes 44.

⛺⛺ ***Do.Mi.Si.La.Mi.*** avril-oct.
✆ 02 97 50 22 52, Fax 02 97 50 26 69 – N : 0,6 km, à 50 m de la mer – ⊶ – ℟ – ✗
2,2 ha (170 empl.) plat et peu incliné, herbeux ▭
♿ 🚿 ⛲ ▥ 🚽 ⛺ ⊛ ⛺ ▽ ▣ – ⌂ 🛝 🚲 – A proximité : 🛒 🍷 snack 🍽
Tarif : ✱ *20* – ▣ *65* – ⚡ *15 (3A) 21 (10A)*
Location ✗ : 🚐 *1100 à 3400*

⛺⛺ ***La Plage*** avril-18 sept.
✆ 02 97 30 46 23 – N : 0,5 km, à 150 m de la mer – ⊶ juil.-août – **R** conseillée – ✗
2,2 ha (179 empl.) plat et peu incliné, herbeux
♿ 🚿 ⛲ ▥ 🚽 ⊛ 🚐 ▣ – 🛝 ⛳ – A proximité : 🛒 🍷 snack 🍽
Tarif : ✱ *22* – ▣ *64* – ⚡ *17 (3A) 22 (10A)*
Location : 🚐 *1600 à 3200*

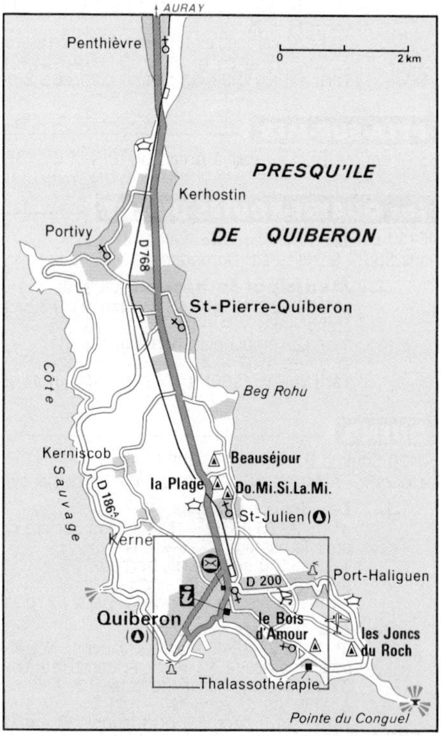

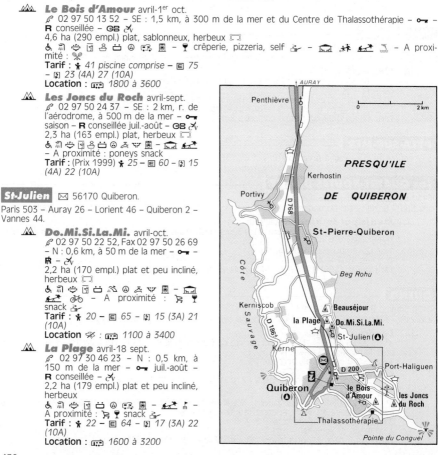

▲▲ **Beauséjour** 15 mai-15 sept.
      𝒫 02 97 30 44 93 – N : 0,8 km, à 50 m de la mer – ⟒ – **R** conseillée juil.-août – ⚒
2,4 ha (160 empl.) plat et peu incliné, herbeux, sablonneux
🔥 🏕 ⏚ 🗔 🛁 ⚙ 🖾 ⚑ ⛱ ➞ – 🏠 ⛵ – A proximité : 🛒 ⛲ snack ⛴
Tarif : 🟎 20 – 🔲 70 – 🔌 18 (3A) 22 (6A) 26 (10A)

QUIBERVILLE

76860 S.-Mar. **1** – 🔲 ④ – 429 h. alt. 50.
🛈 Office de Tourisme (en été) 1 r. de l'Église 𝒫 02 35 04 08 32 et Mairie 𝒫 02 35 04 21 33.
Paris 196 – Dieppe 17 – Fécamp 49 – Rouen 66.

△ **Municipal de la Plage** avril-oct.
      𝒫 02 35 83 01 04 – à Quiberville-Plage, à 100 m de la mer, Accès par D 127, rte d'Ouville-la-Rivière
– Places limitées pour le passage ⟨ « Près de la mer » ⟒ – **R** conseillée juil.-août – **GB** ⚒
2,5 ha (202 empl.) plat, herbeux ⟝
🔥 🏕 ⏚ 🗔 🛁 ⚙ 🖾 ⚑ – 🏠 ⛵ – A proximité : ✂
Tarif : 🟎 23 – 🚗 18 – 🔲 29 – 🔌 22 (6A) 26 (10A)

*Les indications d'accès à un terrain sont généralement indiquées,
dans notre guide, à partir du centre de la localité.*

QUILLAN

11500 Aude **15** – 🔲 ⑦ G. Languedoc Roussillon – 3 818 h. alt. 291.
Paris 819 – Andorra-la-Vella 115 – Ax-les-Thermes 55 – Carcassonne 52 – Foix 63 – Font-Romeu-Odeillo-Via 78
– Perpignan 77.

▲▲ **La Sapinette** avril-oct.
      𝒫 04 68 20 13 52, Fax 04 68 20 27 80 – O : 0,8 km par D 79, rte de Ginoles – ⟲ ⟨ ⟒ – **R** conseillée
juil.-août – ⚒
1,8 ha (82 empl.) plat, peu incliné, terrasses, herbeux, bois de sapins attenant ⟝
🏟 🔥 🏕 ⏚ 🗔 🛁 ⚙ ⚑ 🖾 – 🏠 ⛵ – A proximité : ⟰
Tarif : 🟎 20 – 🔲 20 – 🔌 18 (6A)

QUIMPER

29000 Finistère **3** – 🔲 ⑮ G. Bretagne – 59 437 h. alt. 41.
🛈 Office de Tourisme pl. Résistance 𝒫 02 98 53 04 05, Fax 02 98 53 31 33.
Paris 564 – Brest 71 – Lorient 68 – Rennes 217 – St-Brieuc 128 – Vannes 119.

▲▲▲ **L'Orangerie de Lanniron** 15 mai-15 sept.
      𝒫 02 98 90 62 02, Fax 02 98 52 15 56 – S : 3 km par bd périphérique puis sortie vers Bénodet et
rte à droite, près de la zone de Loisirs de Creac'h Gwen « Dans le parc d'un manoir du XVe siècle,
au bord de l'Odet » ⟒ – **R** conseillée juil.-août – **GB** ⚒
17 ha/4 campables (199 empl.) plat, herbeux ⟝ ♀
🔥 🏕 ⏚ 🗔 🛁 ⚙ ⚒ ⚑ 🖾 – 🍴 ✗ ⛴ – 🏠 🏸 ⛵ 🚲 ⚙ ✂ ⟰ ⟰
Tarif : 🟎 30 piscine comprise – 🚗 20 – 🔲 50 – 🔌 22 (10A)
Location (Pâques-15 sept.) : 🚐 1800 à 3600 – gîtes

QUIMPERLÉ

29300 Finistère **3** – 🔲 ⑰ G. Bretagne – 10 748 h. alt. 30.
🛈 Office de Tourisme Le Bourgneuf 𝒫 02 98 96 04 32, Fax 02 98 96 16 12.
Paris 519 – Carhaix-Plouguer 56 – Concarneau 31 – Pontivy 54 – Quimper 48 – Rennes 171 – Saint Brieuc 110
– Vannes 74.

△ **Municipal de Kerbertrand** juin-15 sept.
      𝒫 02 98 39 31 30 – O : 1,5 km par D 783, rte de Concarneau et chemin à droite au centre Leclerc,
derrière le stade – ⟨ℝ – ⚒
1 ha (46 empl.) plat, herbeux ♀
🏕 ⏚ ⚙ – 🏠 – A proximité : 🛒
Tarif : (Prix 1999) 🟎 14 – 🚗 5,80 – 🔲 11 – 🔌 9

QUINGEY

25440 Doubs **12** – 🔲 ⑮ – 980 h. alt. 275.
Paris 398 – Baume-les-Dames 40 – Besançon 23 – Morteau 77 – Pontarlier 61 – Salins-les-Bains 20.

△ **Municipal les Promenades** mai-sept.
      𝒫 03 81 63 74 01 – vers sortie Sud, rte de Lons-le-Saunier et chemin à gauche après le pont « Au
bord de la Loue » ⟒ juil.-août – ⚒ juil.-août – ⚒
1,5 ha (61) empl. plat, herbeux, gravier ⟝ ♀♀ (0,5 ha)
🔥 🏕 🗔 ⚙ ⚑ 🖾 – ✂ – A proximité : 🚲 ⚙ ⛵
Tarif : 🟎 21 – 🔲 16/21 – 🔌 15 (6A)

RABASTENS

81800 Tarn 🔟🔟 – 🔟🔟 ⑨ G. Midi Pyrénées – 3 825 h. alt. 117.
🎫 Office de Tourisme (mi-fév./15 déc.) 2 r. Amédée-Clausade. ℰ 05 63 40 65 65.
Paris 686 – Albi 42 – Graulhet 28 – Lavaur 18 – Toulouse 37 – Villemur-sur-Tarn 25.

  ▲ **Municipal des Auzerals** mai-sept.
    ℰ 05 63 33 70 36 – sortie vers Toulouse puis 2,5 km par D 12 rte de Grazac à droite, près d'un plan
    d'eau « Cadre et situation agréables » ⟜ – **R** conseillée juil.-août
    0,5 ha (44 empl.) plat, peu incliné et en terrasses, herbeux
    🏕 🔁 🛎 🔀 ⊛ 🅰 🌇 🔳 – A proximité : 🔳 🔳
    Tarif : (Prix 1999) 🧍 *13* – 🔳 *9* – 🔋 *8 (10 ou 15A)*

RADON

61250 Orne 🔟 – 🔟🔟 ③ – 880 h. alt. 175.
Paris 198 – Alençon 10 – Argentan 39 – Bagnoles-de-l'Orne 49 – Mortagne-au-Perche 44.

  ▲ **Ecouves** mai-sept.
    ℰ 02 33 28 10 64 – O : 3,8 km par D 1, rte de Mortrée à droite – 🐕 ⋚ ⟜ – **R** – 🔀
    3,8 ha (40 empl.) plat, peu incliné, herbeux, étang 🔳
    🛠 🏕 🔀 🔳 🛎 ⊛ 🔁 – 🔀 – 🔳 🔀 – A proximité : ⚡ ✕
    Tarif : 🧍 *12,50* – 🚗 *9,50* – 🔳 *12,50* – 🔋 *15 (6A)*
    Location : 🛖 – *gîte d'étape*

RADONVILLIERS

10500 Aube 🔟 – 🔟🔟 ⑱ – 370 h. alt. 130.
Paris 209 – Bar-sur-Aube 23 – Bar-sur-Seine 34 – Brienne-le-Château 5 – Troyes 35.

  ▲ **Municipal le Garillon** juin-15 sept.
    ℰ 03 25 92 21 46 – sortie Sud-Ouest par D 11 rte de Piney et à droite, bord d'un ruisseau et à 250 m
    du lac, (haut de la digue par escalier) – ⟜ – **R** conseillée 14 juil.-15 août – 🔀
    1 ha (55 empl.) plat, herbeux
    🛠 🏕 🔀 ⊛ – A proximité : 🎿
    Tarif : 🧍 *12,50* – 🚗 *15* – 🔳 *15* – 🔋 *8 (3A) 15 (6A) 21 (10A)*

RAGUENÈS-PLAGE

29 Finistère 🔟 – 🔟🔟 ⑪ G. Bretagne – ✉ 29920 Névez.
Paris 546 – Carhaix-Plouguer 74 – Concarneau 18 – Pont-Aven 12 – Quimper 42 – Quimperlé 29.

  ▲▲ **Les Deux Fontaines** 15 mai-15 sept.
    ℰ 02 98 06 81 91, Fax 02 98 06 71 80 – N : 1,3 km par rte de Névez et rte de Trémorvezen – Places
    limitées pour le passage 🐕 ⟜ – **R** conseillée 15 juil.-15 août – 🆎 🔀
    5,5 ha (240 empl.) plat, herbeux 🔳 🔳
    🛠 🏕 🔀 🔳 🛎 🔀 ⊛ 🅰 🌇 🔁 🔳 – 🔀 ⚡ 🔀 – 🔳 🔀 🎿 🔳 toboggan aquatique
    Tarif : 🧍 *30 piscine comprise* – 🚗 *13* – 🔳 *60* – 🔋 *20 (5A)*
    Location : 🛖 *1500 à 3400* – 🛖 *1500 à 3600*

  ▲▲ **Le Raguenès-Plage** 21 avril-sept.
    ℰ 02 98 06 80 69, Fax 02 98 06 89 05 – à 350 m de la mer « Agréable cadre boisé, près de la mer
    (accès direct) » ⟜ – **R** conseillée juil.-août – 🔀
    6 ha (287 empl.) plat, herbeux 🔳
    🛠 🏕 🔀 🔳 🛎 🔀 🔀 ⊛ 🅰 🌇 🔳 – 🔀 ⚡ snack 🔀 – 🔳 🔳 🔀 🔳
    Tarif : (Prix 1999) 🔳 *piscine comprise 2 pers. 136, pers. suppl. 31* – 🔋 *15 (2A) 20 (6A) 30 (10A)*
    Location 🔀 : 🛖 *1800 à 3400*

  ▲▲ **L'Océan** 15 mai-15 sept.
    ℰ 02 98 06 87 13, Fax 02 98 06
    78 26 – sortie Nord par rte de Névez
    et à droite, à 350 m de la plage (accès
    direct) – 🐕 ⋚ « Décoration florale »
    ⟜ – **R** conseillée juil.-août – 🔀
    2,2 ha (150 empl.) plat, herbeux,
    sablonneux 🔳 🔳
    🛠 🏕 🔀 🔳 🛎 🔀 ⊛ 🔁 🔳 – 🔀 🔳
    🔳
    Tarif : 🧍 *25* – 🔳 *44* – 🔋 *14 (3A) 20*
    (6A) 28 (10A)

  ▲ **Le Vieux Verger-Ty Noul**
    15 avril-sept.
    ℰ 02 98 06 83 17, Fax 02 98 06
    76 74 – sortie Nord rte de Névez, En
    deux parties distinctes « Entrée
    fleurie » ⟜ 15 juil.-20 août –
    R conseillée juil.-15 août – 🔀
    2,5 ha (130 empl.) plat, herbeux 🔳
    (1,5 ha)
    🛠 🏕 🔀 🔳 ⊛ 🔳 – 🔀
    Tarif : (Prix 1999) 🧍 *16* – 🚗 *8,50* –
    🔳 *17,50* – 🔋 *12 (4A) 16 (6A)*
    18 (10A)

RAMATUELLE

83350 Var **17** – **84** ⑰ G. Côte d'Azur – 1 945 h. alt. 136.
Paris 876 – Fréjus 36 – Hyères 52 – Le Lavandou 37 – St-Tropez 10 – Ste-Maxime 16 – Toulon 72.

Schéma à Grimaud

▲▲▲ **Les Tournels** fermé 11 janv.-9 fév.
   𝒫 04 94 55 90 90, Fax 04 94 55 90 99 – E : 3,5 km, rte du Cap Camarat – ⩽ « Bel ensemble de
   piscines dans un agréable cadre boisé » ⊶ – **R** conseillée juil.-août – **GB** ⅗
   20 ha (975 empl.) accidenté, en terrasses, herbeux, pierreux ⛭ ᎗᎗ pinède
   ▥ ⅙ ⅗ ⫘ ⤸ ⬔ ⊙ ⤴ ⫰ ⟐ ▣ – cases réfrigérées – ⤜ ⬟ ⅜ ⅗ ⟈ ⅄ terrain omnisports
   – A proximité : ⟇ ⅌ snack ⅗
   Tarif : ⚦ *40,50 piscine comprise* – ▣ *avec élect. 65,50 (3A) 87,50 (5A)* – ⚡ *18,50 (8A) 21,50 (10A)*
   Location : ⛺ *2240 à 3900* – 🏠 *2380 à 4250*

RAMBOUILLET

78120 Yvelines **6** – **60** ⑨ G. Ile de France – 24 343 h. alt. 160.
🛈 Office de Tourisme à l'Hôtel-de-Ville pl. de la Libération 𝒫 01 34 83 21 21, Fax 01 34 57 34 58.
Paris 53 – Chartres 42 – Étampes 43 – Mantes-la-Jolie 51 – Orléans 90 – Versailles 33.

▲ **Municipal l'Étang d'Or** Permanent
   𝒫 01 30 41 07 34, Fax 01 30 41 00 17 – S : 4 km par N 10, rte de Chartres – Places limitées pour
   le passage ⅗ « Cadre agréable au cœur de la forêt, au bord d'un étang » ⊶ – **R** conseillée juil.-août
   – **GB** ⅗
   4,7 ha (220 empl.) plat, gravier, herbeux ⛭ ᎗᎗
   ▥ ⅙ ⅊ ⅗ ⫘ ⤸ ⬔ ⫰ ⊙ ⤴ ⟐ ▣ – ⅌ ⅏ snack ⅗ – ⛺ ⤜
   Tarif : (Prix 1999) ⚦ *21* – ▣ *25* – ⚡ *18 (6A) 23 (10A)*

RÂNES

61150 Orne **5** – **60** ② G. Normandie Cotentin – 1 015 h. alt. 237.
🛈 Syndicat d'Initiative à la Mairie 𝒫 02 33 39 73 87, Fax 02 33 39 79 77.
Paris 214 – Alençon 40 – Argentan 20 – Bagnoles-de-l'Orne 19 – Falaise 35.

▲ **Municipal du Parc** Pâques-sept.
   𝒫 02 33 39 73 93 – au Sud-Ouest du bourg « Dans le parc du château » – **R** conseillée
   11 ha/5 campables (30 empl.) plat, herbeux ᎗᎗
   ⅙ ⅊ ⫰ ⊙ ⤴ – ⤜ ⅏ – A proximité : ⅌
   Tarif : (Prix 1999) ⚦ *8* – ⤜ *5* – ▣ *12* – ⚡ *8 (5A) 25 (15A)*

RANSPACH

68470 H.-Rhin **8** – **87** ⑱ G. Alsace Lorraine – 907 h. alt. 430.
Paris 436 – Belfort 45 – Bussang 15 – Gérardmer 38 – Thann 13.

▲ **Les Bouleaux** Permanent
   𝒫 03 89 82 64 70, Fax 03 89 39 14 17 – au Sud du bourg par N 66 – ⩽ ⊶ – **R** conseillée – ⅗
   1,75 ha (100 empl.) plat, herbeux ⅊
   ⅙ ⅊ ⅗ ⫘ ⤸ ⫰ ⊙ ⟐ ▣ – ⅌ – ⅄ ⅗
   Tarif : ⚦ *22 piscine comprise* – ▣ *23* – ⚡ *20 (4A)*
   Location ⅗ : ⛺ *1500 à 2200*

RAVENOVILLE

50480 Manche **4** – **54** ③ – 251 h. alt. 6.
Paris 323 – Barfleur 28 – Carentan 21 – Cherbourg 40 – St-Lô 49 – Valognes 19.

▲▲▲ **Le Cormoran** avril-24 sept.
   𝒫 02 33 41 33 94, Fax 02 33 95 16 08 – NE : 3,5 km par D 421, rte d'Utah Beach, près de la plage
   – Places limitées pour le passage « Belle décoration florale » ⊶ – **R** conseillée – **GB** ⅗
   6,5 ha (230 empl.) plat, herbeux, sablonneux ⛭
   ⅙ ⅊ ⅗ ⫘ ⤸ ⬔ ⫰ ⊙ ⤴ ⫰ ⟐ ▣ – ⬟ ⅌ snack, pizzeria ⅗ – ⛺ ⤜ ⬟ ⅟⊙ ⅄ ⅏ – A proximité :
   Tarif : ▣ *piscine comprise 2 pers. 110* – ⚡ *22 (6A)*
   Location : ⛺ *1500 à 3500*

RAZÈS

87640 H.-Vienne **10** – **72** ⑦ ⑧ – 919 h. alt. 440.
Paris 369 – Argenton-sur-Creuse 73 – Bellac 31 – Guéret 65 – Limoges 28.

▲ **Santrop** 22 mai-24 sept.
   𝒫 05 55 71 08 08 ✉ 87140 Compreignac – O : 4 km par D 44, bord du lac de St-Pardoux – ⅗ ⩽
   « Situation agréable » ⊶ juil.-août – **R** conseillée – **GB** ⅗
   5,5 ha (152 empl.) peu incliné à incliné, herbeux, gravier ᎗᎗᎗ (3 ha)
   ⅙ ⅊ ⅗ ⫘ ⬔ ⫰ ⊙ ▣ – ⅌ snack ⅗ – ⛺ ⤜ – A proximité : ⟿ (plage) ⅃ toboggan aquatique ⅄
   Tarif : ▣ *2 pers. 99, pers. suppl. 24* – ⚡ *15*
   Location : ⛺ *1440 à 3170 – huttes*

17 Char.-Mar. **9** – **71** ⑫ G. Poitou Vendée Charentes.
Accès : par le pont routier (voir à La Rochelle).

Ars-en-Ré 1 165 h. alt. 4 – ⊠ 17590 Ars-en-Ré.
🄗 Office de Tourisme pl. Carnot ℘ 05 46 29 46 09, Fax 05 46 29 68 30.
Paris 508 – Fontenay-le-Comte 84 – Luçon 72 – La Rochelle 36.

⚠ **Le Cormoran** avril-sept.
℘ 05 46 29 46 04, Fax 05 46 29 29 36 – O : 1 km – 🦟 ⚓ – **R** conseillée juil.-août –
GB ⚡
3 ha (138 empl.) plat, herbeux, sablonneux ▭ ♀
🔧 🛏 ⏚ 🍴 🛒 – 🏠 🦶 🛶 👟 🚲 ✂ 🏊
Tarif : (Prix 1999) 🅴 piscine et tennis compris 1 à 3 pers. 199, pers. suppl. 54 – 🔌 28 (10A)
Location : 🛖 1800 à 5100 – 🏚 2200 à 5800

⚠ **Camp du S.I.** avril-sept.
℘ 05 46 29 44 73 – SO : 1 km, près de l'océan (accès direct) – 🦟 ⚓ – **R** conseillée 10 juil.-20 août
– **GB** ⚡
1,8 ha (140 empl.) plat, sablonneux, herbeux ♀♀ (1,2 ha)
🔧 🛏 ⏚ 🍴 🛒 – 🏠 🛶
Tarif : 🅴 3 pers. 110 – 🔌 19 (5A) 28 (10A)

⚠ **Municipal la Combe à l'Eau** avril-sept.
℘ 05 46 29 46 42 – O : 1,5 km, accès direct à l'océan – 🦟 ⚓ juil.-août – **R** – ⚡
5 ha (400 empl.) plat et peu accidenté, sablonneux, herbeux
🔧 🛏 ⏚ 🍴 🛒 – 🛒 🍴 🛶 – A proximité : ✂
Tarif : 🅴 2 pers. 62 – 🔌 19 (6A)

Le Bois-Plage-en-Ré 2 014 h. alt. 5 – ⊠ 17580 Le Bois-Plage-en-Ré.
🄗 Office de Tourisme 18 r. de l'Église ℘ 05 46 09 23 26, Fax 05 46 09 13 15.
Paris 495 – Fontenay-le-Comte 72 – Luçon 60 – La Rochelle 23.

⚠ **Interlude-Gros Jonc** avril-24 sept.
℘ 05 46 09 18 22, Fax 05 46 09 23 38 – SE : 2,3 km, à 150 m de la plage – 🦟 « Entrée fleurie »
⚓ – **R** conseillée – **GB** ⚡
6,5 ha (300 empl.) peu accidenté et plat, sablonneux, herbeux ▭ ♀ (3 ha)
🔧 🛏 ⏚ 🍴 🛒 – 🛒 ♀ cafétéria 🛶 – 🏠 🦶 🛶 🚲 🏊 ≈ (petite piscine
couverte) – A proximité : ✂
Tarif : ✶ 50 piscine comprise – 🅴 84 – 🔌 26 (6A) 41 (10A)
Location : 🛖 1500 à 2900 – 🏚 2200 à 3900

⚠ **Les Varennes** avril-sept.
℘ 05 46 09 15 43, Fax 05 46 09 47 27 – SE : 1,7 km – 🦟 ⚓ – **R** conseillée saison – **GB** ⚡
2 ha (148 empl.) plat, sablonneux, herbeux ♀♀
🔧 🛏 ⏚ 🛒 – 🛒 – 🏠 🦶 🛶 🚲 🏊
Tarif : 🅴 piscine comprise 3 pers. 179 – 🔌 25 (6A)
Location : 🛖 2300 à 4400

⚠ **Antioche** avril-sept.
℘ 05 46 09 23 86, Fax 05 46 09 43 34 – SE : 3 km, à 300 m de la plage (accès direct) – 🦟 ⚓ –
R conseillée juil.-août – **GB** ⚡
3 ha (135 empl.) plat et peu incliné, herbeux, sablonneux ♀♀ (1,5 ha)
🔧 🛏 ⏚ 🛒 🛒 – 🛶 🚲
Tarif : 🅴 3 pers. 150 (180 avec élect. 6A)
Location : 🛖 1800 à 3600

La Couarde-sur-Mer 1 029 h. alt. 1 – ⊠ 17670 La Couarde-sur-Mer.
🄗 Office de Tourisme r. Pasteur ℘ 05 46 29 82 93, Fax 05 46 29 63 02.
Paris 498 – Fontenay-le-Comte 75 – Luçon 63 – La Rochelle 26.

⚠ **La Tour des Prises** avril-sept.
℘ 05 46 29 84 82, Fax 05 46 29 88 99 – NO : 1,8 km par D 735, rte d'Ars-en-Ré et chemin à droite
– 🦟 ⚓ – **R** conseillée – **GB** ⚡
2,2 ha (140 empl.) plat, herbeux ▭ ♀♀
🔧 🛏 ⏚ 🍴 🛒 – 🛒 – 🏠 🦶
Tarif : (Prix 1999) 🅴 piscine comprise 1 à 3 pers. 150 – 🔌 20 (10A)
Location : 🛖 1600 à 3500

La Flotte 2 452 h. alt. 4 – ⊠ 17630 La Flotte.
🄗 Office de Tourisme quai Sénac ℘ 05 46 09 60 38, Fax 05 46 09 64 88.
Paris 490 – Fontenay-le-Comte 66 – Luçon 54 – La Rochelle 17.

⚠ **L'Île Blanche** avril-11 nov.
℘ 05 46 09 52 43, Fax 05 46 09 36 94 – O : 2,5 km, Accès conseillé par la déviation – 🦟 ⚓ –
R conseillée – **GB** ⚡
4 ha (207 empl.) plat, sablonneux, pierreux ♀
🔧 🛏 🔄 ⏚ 🛒 🛒 – ✗ 🛶 – ✂ 🔲 (découverte l'été)
Tarif : ✶ 39 piscine comprise – 🅴 73 – 🔌 19 (10A)
Location : 🛖 1950 à 3800

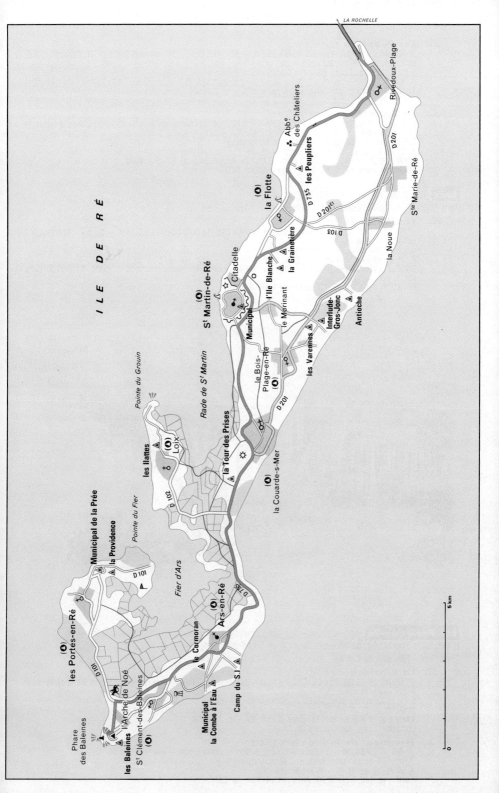

ILE DE RÉ

LA ROCHELLE

Rivedoux-Plage

Abbⁿ des Châteliers

les Peupliers

D 201

la Flotte

D 735

D 201E1

D 103

Ste Marie-de-Ré

Citadelle

St Martin-de-Ré

Municipal

l'Ile Blanche

la Grainetière

la Noue

le Morinant

le Varennes

Interlude-Gros-Jonc

Antioche

Pointe du Grouin

les Ilattes

Loix

le Bois-Plage-en-Ré

Rade de St Martin

la Tour des Prises

D 201

la Couarde-s-Mer

D 102

Pointe du Fier

Municipal de la Prée

la Providence

D 101

Fier d'Ars

Ars-en-Ré

D 735

les Portes-en-Ré

D 101

l'Arche de Noé

le Cormoran

Phare des Baleines

les Baleines

St Clément-des-Baleines

Municipal la Combe à l'Eau

Camp du S.I.

0   5 km

435

⚠️ **Les Peupliers** mai-20 sept.

⌨ 05 46 09 62 35, Fax 05 46 09 59 76 – SE : 1,3 km – 🏊 ⚓ juil.-août – **R** conseillée juil., indispensable 1er au 20 août – **GB** ♒
3 ha (200 empl.) plat, herbeux, sablonneux 🌿🌿
♿ 🍳 ⇄ 🗄 ⚱ 🛏 ⚲ ⊛ 🖼 🖻 – 🏊 ⍟ – 🏠 🏄 🚲 ⤓
Tarif : 🔲 piscine comprise 1 à 3 pers. 185 – 🔌 21 (5A)
Location 🐾 juil.-août : 🏠 1890 à 3790

⚠️ **La Grainetière** 15 mars-15 nov.

⌨ 05 46 09 68 86, Fax 05 46 09 53 13 – à l'Ouest du bourg, près de la déviation, Accès conseillé par la déviation – ⚓ – **R** conseillée juil.-août – **GB** ♒
2,3 ha (150 empl.) plat, sablonneux, herbeux 🌿🌿
♿ 🍳 ⇄ 🗄 ⚱ 🛏 ⊛ 🖼 🖻 – 🏠 🏄 🚲 ⤓
Tarif : 🔲 piscine comprise 2 pers. 90, pers. suppl. 28 – 🔌 22 (3 à 10A)
Location : 🏠 1200 à 2400 – 🏠 1400 à 3400

Loix 561 h. alt. 4 – ✉ 17111 Loix.

Paris 506 – Fontenay-le-Comte 83 – Luçon 71 – La Rochelle 34.

⚠️ **Les ilattes** fév.-déc.

⌨ 05 46 29 05 43, Fax 05 46 29 06 79 – sortie Est, rte de la pointe du Grouin, – 🏊 ⚓ – **R** conseillée juil.-août – **GB** ♒
4,5 ha (241 empl.) plat, herbeux 🛏
♿ 🍳 ⇄ 🗄 ⚱ 🛏 ⊛ 🖻 ↩ 🖼 – 🍴 snack 🍳 – 🏠 🏃 🏄 🎯 ⊛ ✂ ⤓
Tarif : (Prix 1999) 🔲 élect. (10 ou 15A), piscine et tennis compris 2 pers. 115/170, pers. suppl. 25
Location : 🏠 1200 à 3600 – 🏠 1365 à 3900

Les Portes-en-Ré 660 h. alt. 4 – ✉ 17880 Les Portes-en-Ré.

🎫 Office de Tourisme r. de Trousse-Chemise ⌨ 05 46 29 52 71, Fax 05 46 29 52 81.

Paris 516 – Fontenay-le-Comte 92 – Luçon 81 – La Rochelle 44.

⚠️ **La Providence** avril-sept.

⌨ 05 46 29 56 82, Fax 05 46 29 61 80 – E : par D 101, rte de Trousse-Chemise, à 50 m de la plage – 🏊 ⚓ – **R** conseillée – ♒
6 ha (300 empl.) plat, herbeux, sablonneux 🌿🌿 (2 ha)
🏛 ♿ 🍳 ⇄ 🗄 ⚱ 🛏 ⚲ ⊛ 🖻 – 🏠 🚲 ⎈ – A proximité : ✂ ✂
Tarif : 🔲 1 à 3 pers. 115, pers. suppl. 25 – 🔌 25 (10A)
Location : 🏠 1800 à 3400

⚠️ **Municipal de la Prée** avril-15 oct.

⌨ 05 46 29 51 04 – à l'Est du bourg, à 300 m de la plage – ⚓ – **R** conseillée – ♒
2 ha (133 empl.) plat, herbeux, sablonneux 🛏 ♀
♿ 🍳 ⇄ 🗄 ⚱ ⊛ 🖻 – A proximité : ✂
Tarif : 🔲 1 à 3 pers. 90, pers. suppl. 18 – 🔌 22

St-Clément-des-Baleines 607 h. alt. 2 – ⊠ 17590 St-Clément-des-Baleines.
🖪 Office de Tourisme 200 r. du Centre ℘ 05 46 29 24 19, Fax 05 46 29 08 14.
Paris 511 – Fontenay-le-Comte 87 – Luçon 76 – La Rochelle 39.

⚠ **Les Baleines** avril-sept.
℘ 05 46 29 40 76, Fax 05 46 29 67 12 – NO : 2 km par D 735 puis chemin à gauche avant le phare, près de l'océan (accès direct) – ⟋ ⊶ – **R** conseillée – ⟋ⴲ ⟋√
4,5 ha (251 empl.) plat, terrasse, sablonneux, herbeux
Ⓖ ⟋ ⟋ ⟋ ⟋ ⟋ ⊕ ⟋ – ⟋ ⟋ ⟋
Tarif : ⬜ 2 pers. 95 – [⚡] 18 (3A) 21 (6A) 26 (10A)
Location : ⟋⟋ 3300

St-Martin-de-Ré 2 512 h. alt. 14 – ⊠ 17410 St-Martin-de-Ré.
Paris 495 – Fontenay-le-Comte 71 – Luçon 60 – La Rochelle 23.

⚠ **Municipal Ste-Thérèse** 15 mars-15 oct.
℘ 05 46 09 21 96, Fax 05 46 09 94 18 – au village, sur les remparts – ⊶ – **R** – ⟋ⴲ ⟋√
3 ha (200 empl.) plat et terrasse, herbeux ⟋⟋ ⟋
Ⓖ ⟋ ⟋ ⟋ ⟋ ⊕ ⟋ – ⟋⟋
Tarif : ⬜ 3 pers. 68, pers. suppl. 19 – [⚡] 15 (10A)

Si vous désirez réserver un emplacement pour vos vacances,
faites-vous préciser au préalable les conditions particulières de séjour,
les modalités de réservation, les tarifs en vigueur et les conditions de paiement.

RÉALLON

05160 H.-Alpes ⟨17⟩ – ⟨77⟩ ⑰ – 185 h. alt. 1 380.
Paris 697 – Embrun 16 – Gap 33 – Mont-Dauphin 36 – Savines-le-Lac 13.

⚠ **Municipal** fermé vacances de Toussaint
℘ 04 92 44 27 08, Fax 04 92 44 23 19 – NO : 2 km par D 241, alt. 1 434 – ⟋ ⟋ montagnes
« Agréable site montagnard, près du Réallon » ⊶ – **R** – ⟋√
0,8 ha (50 empl.) peu incliné, gravier, pierreux, herbeux
⟋ ⟋ ⟋ ⊕ ⟋ – ⟋⟋ ⟋ ⟋⟋ (plan d'eau)
Tarif : (Prix 1999) ⬜ 2 pers. 46, pers. suppl. 15 – [⚡] 17 (5A) - hiver : 30 (10A)

RÉALMONT

81120 Tarn ⟨15⟩ – ⟨83⟩ ① – 2 631 h. alt. 212.
Paris 707 – Albi 20 – Castres 25 – Graulhet 19 – Lacaune 57 – Toulouse 79.

⚠ **Municipal la Batisse** mai-sept.
℘ 05 63 55 50 41 – SO : 2,5 km par D 631, rte de Graulhet et chemin à gauche, bord du Dadou – ⟋ ⊶ – **R**
1,2 ha (44 empl.) plat, herbeux ⟋⟋ ⟋⟋ (1,5 ha)
⟋ ⟋ ⟋ ⟋ ⊕ ⟋ ⟋ – ⟋⟋
Tarif : (Prix 1999) ⬜ 3 pers. 32/40, pers. suppl. 8 – [⚡] 9 (3A)

RÉAUP

47170 L.-et-G. ⟨14⟩ – ⟨79⟩ ⑬ – 491 h. alt. 168.
Paris 705 – Agen 45 – Aire-sur-l'Adour 65 – Condom 24 – Mont-de-Marsan 66 – Nérac 19.

⚠ **Lac de Lislebonne** 15 juin-15 sept.
℘ 05 53 65 65 28, Fax 05 53 97 15 28 – SE : 3,2 km par D 149, rte de Mézin, à la Base de Loisirs – ⟋ ⊶ – **R** conseillée – ⟋ⴲ ⟋√
15 ha/0,5 campable (20 empl.) plat, herbeux
Ⓖ ⟋ ⟋ ⟋ ⟋ ⊕ ⟋ – A proximité : parcours de santé ⟋ ⟋⟋ ⟋⟋
Tarif : ⟋ 20 – ⟋ 10 – ⬜ 25/30 – [⚡] 20 (20A)
Location : gîtes

REBECQUES

62120 P.-de-C. ⟨1⟩ – ⟨51⟩ ⑬ – 397 h. alt. 33.
Paris 242 – Arras 63 – Béthune 36 – Boulogne-sur-Mer 61 – Hesdin 43 – St-Omer 14.

⚠ **Le Lac** avril-oct.
℘ 03 21 39 58 58 – S : 1 km par D 189, rte de Thérouanne et chemin à gauche, bord d'un plan d'eau – Places limitées pour le passage ⊶ – **R** juil.-août – ⟋√
14 ha/3 campables (95 empl.) plat, herbeux, gravier ⟋⟋
Ⓖ ⟋ ⟋ ⟋ ⊕ ⟋ ⟋ ⟋ – ⟋ – ⟋⟋
Tarif : ⟋ 12 – ⬜ 38 – [⚡] 8 (3A)

RECOUBEAU-JANSAC

26310 Drôme 16 – 77 ⑭ – 197 h. alt. 500.
Paris 642 – La Chapelle-en-Vercors 55 – Crest 50 – Die 14 – Rémuzat 43 – Valence 81.

Le Couriou 15 juin-15 sept.
04 75 21 33 23, Fax 04 75 21 38 42 – NO : 0,7 km par D 93, rte de Die – **R** indispensable juil.-15 août –
7 ha/4,5 campables (112 empl.) non clos, en terrasses, peu incliné, herbeux, pierreux, gravier, bois
– snack –
Tarif : *piscine comprise 2 pers. 85, pers. suppl. 25 – 17 (6A)*
Location *(permanent) : 800 à 2600 – 1000 à 3200*

RECOULES-PRÉVINQUIÈRES

12150 Aveyron 15 – 80 ④ – 444 h. alt. 624.
Paris 620 – Espalion 36 – Mende 73 – Millau 46 – Rodez 39 – Sévérac-le-Château 11.

Municipal le Plo mai-sept.
05 65 47 63 85 – sortie Sud-Est par D 511^{E}, rte de Lavernie – – **R** –
1 ha (50 empl.) plat, herbeux (0,5 ha)
– (petite piscine)
Tarif : *15,50 – 7,75 – 7,75 – 10,60 (15A)*
Location : *huttes*

REMOULINS

30210 Gard 16 – 80 ⑲ G. Provence – 1 771 h. alt. 27.
Paris 688 – Alès 50 – Arles 36 – Avignon 23 – Nîmes 23 – Orange 34 – Pont-St-Esprit 42.

La Sousta mars-oct.
04 66 37 12 80, Fax 04 66 37 23 69 – NO : 2 km rte du Pont du Gard, rive droite, bord du Gardon « Agréable cadre boisé » – **R** conseillée – GB
14 ha (300 empl.) plat et accidenté, herbeux, sablonneux
– snack – practice de golf
Tarif : *piscine comprise 2 pers. 86 (104 avec élect. 6A)*
Location : *2200 à 3100 – bungalows toilés*

La Soubeyranne 8 avril-18 sept.
04 66 37 03 21, Fax 04 66 37 14 65 – S : 1,8 km par N 86 et D 986L, rte de Beaucaire – – **R** conseillée – GB
5 ha (200 empl.) plat, herbeux (3,5 ha)
– cases réfrigérées –
Tarif : *piscine comprise 2 pers. 97 (113 ou 134 avec élect. 6A), pers. suppl. 16*
Location : *2200 à 3300 – 2000 à 3000*

RENAUCOURT

70120 H.-Saône 7 – 66 ④ – 114 h. alt. 209.
Paris 337 – Besançon 60 – Bourbonne-les-Bains 52 – Épinal 98 – Langres 56.

Municipal la Fontaine aux Fées juil.-15 sept.
03 84 92 06 22 – SO : 1,3 km par rte de Volon « A la lisière d'un bois et près d'un étang » –
2 ha (24 empl.) plat, herbeux
– A proximité :
Tarif : (Prix 1999) *13 – 4 – 8/10 – 12 (6 à 12A)*

RENNES

35000 I.-et-V. 4 – 59 ⑯ ⑰ G. Bretagne – 197 536 h. alt. 40.
Office de Tourisme 11 r. St-Yves 02 99 67 11 11, Fax 02 99 67 11 10.
Paris 349 – Angers 128 – Brest 245 – Caen 183 – Le Mans 154 – Nantes 109.

Municipal des Gayeulles avril-14 oct.
02 99 36 91 22 – sortie Nord-Est vers N 12 rte de Fougères puis av. des Gayeulles et r. Maurice Audin, près d'un étang – « Belle décoration arbustive » – **R** conseillée juil.-août –
2 ha (100 empl.) plat, herbeux
– A proximité : (découverte l'été), parc animalier
Tarif : *14 – 6,50 – 12/16 – 17 (10A)*

RENNES-LES-BAINS

11190 Aude 15 – 86 ⑦ – 221 h. alt. 310 – (mi-avril à mi-nov.).
Syndicat d'Initiative Hôtel-de-Ville 04 68 69 88 04, Fax 04 68 69 88 04.
Paris 816 – Axat 33 – Carcassonne 49 – Mouthoumet 26 – Perpignan 73.

La Bernède
04 68 69 86 49 – sortie Sud par D 14 rte de Bugarach et chemin à gauche, près de la Sals –
0,6 ha (50 empl.) plat et peu incliné, herbeux
– – A proximité :

La RÉOLE

33190 Gironde **14** – **75** ⑬ G. Aquitaine – 4 273 h. alt. 44.

🛈 Office de Tourisme (fermé lundi mat.) pl. de la Libération ℘ 05 56 71 25 40.
Paris 626 – Bordeaux 74 – Casteljaloux 42 – Duras 25 – Libourne 47 – Marmande 34.

▲ *Municipal du Rouergue* Pâques-Toussaint
℘ 05 56 61 04 03 – sortie Sud par D 9, rte de Bazas et rue à gauche après le pont suspendu, bord de la Garonne (rive gauche) – ⚬━ – **R** – ⚡
0,6 ha (50 empl.) plat, herbeux ⚲
⅋ ⚲ ⇆ ⇌ ☺
Tarif : ⚡ *15* – ▣ *24* – ⓖ *12 (3 à 5A)*

Die Aufnahme in diesen Führer ist kostenlos
und wird auf keinen Fall gegen Entgelt oder eine andere Vergünstigung gewährt.

RÉOTIER

05600 H.-Alpes **17** – **77** ⑱ G. Alpes du Sud – 136 h. alt. 1 150.
Paris 718 – L'Argentière-la-Bessée 19 – Embrun 17 – Gap 57 – Mont-Dauphin 7 – Savines-le-Lac 28.

▲ *Municipal la Fontaine* 15 mai-sept.
℘ 04 92 45 16 84 – NE : 2,5 km par D 38 rte de St-Crépin – ⚲ ≤ montagnes et vallée « Près de la Durance » ⚬━ juil.-août – **R** – ⚡
2 ha (80 empl.) en terrasses, plat, pierreux ⚲ (1 ha)
⅋ ⚲ ⇆ ⚲ ☺ ▣
Tarif : (Prix 1999) ⚡ *19,50* – ▣ *20* – ⓖ *10 (6A)*

RESSONS-LE-LONG

02290 Aisne **6** – **56** ③ – 711 h. alt. 72.
Paris 97 – Compiègne 27 – Laon 50 – Noyon 33 – Soissons 15.

▲▲ *La Halte de Mainville* Permanent
℘ 03 23 74 26 69, Fax 03 23 74 03 60 – sortie Nord-Est du bourg, rue du Routy – ⚬━ – **R** conseillée juil.-août – ⚡
5 ha (153 empl.) plat, herbeux, petit étang ▭
▥ ⅋ ⚲ ⇆ ⚲ ⇌ ☺ ⚲ ▣ ⚲ ▭ ⚲ mini-tennis
Tarif : ▣ *piscine comprise 2 pers. 73/90, 3 pers. 120* – ⓖ *15 (6A)*
Location : ▦ *2365*

REUGNY

37380 I.-et-L. **5** – **64** ⑮ – 1 289 h. alt. 66.
🛈 Syndicat d'Initiative Mairie ℘ 02 47 52 94 42, Fax 02 47 52 25 94.
Paris 223 – Château-Renault 15 – Tours 22 – Vouvray 13.

▲ *Municipal de la Grand'Prée* 24 juin-3 sept.
℘ 02 47 52 29 51 – sortie Est par D 5, rte d'Amboise, au stade, à 100 m d'un étang et à 200 m de la Brenne – ⚬ – ⚡
0,6 ha (32 empl.) plat, herbeux ⚲ (0,2 ha)
⅋ ⚲ ▣ ⚲ ☺ – ⚲ – A proximité : ⚲
Tarif : (Prix 1999) ⚡ *9,50* – ▣ *8,50* – ⓖ *13,50*

REUILLY

36260 Indre **10** – **68** ⑨ G. Berry Limousin – 1 952 h. alt. 116.
Paris 230 – Blois 91 – Bourges 29 – Châteauroux 52 – Issoudun 17 – Vierzon 18.

▲ *Municipal* 15 juin-15 sept.
sortie Est, près de l'Arnon – **R** – ⚡
1 ha (30 empl.) plat, herbeux ⚲⚲
⅋ ⚲ ⇆ ▣ ⇌ ☺ – A proximité : ⚲
Tarif : ⚡ *9,95* – ⚲ *9,95* – ▣ *9,95* – ⓖ *7,85*
Location (permanent) : ⚲ *900 à 1500*

REVEL

31250 H.-Gar. **15** – **82** ⑳ G. Midi Pyrénées – 7 520 h. alt. 210.
🛈 Office de Tourisme pl. Philippe-VI-de-Valois ℘ 05 61 83 50 06, Fax 05 62 18 06 21.
Paris 746 – Carcassonne 46 – Castelnaudary 21 – Castres 28 – Gaillac 63 – Toulouse 51.

▲ *Municipal du Moulin du Roy* 15 juin-3 sept.
℘ 05 61 83 32 47 – sortie Sud-Est par D 1 rte de Dourgne et à droite – ⚬ – **R** conseillée juil.-25 août – ⚡
1,2 ha (50 empl.) plat, herbeux ▭ ⚲
⅋ ⚲ ▣ ⚲ ☺ ⚲ ⚲ – ⚲ – A proximité : ⚲ ▦ ⚲
Tarif : ⚡ *11 piscine et tennis compris* – ⚲ *6* – ▣ *9* – ⓖ *13 (5A)*

REVIGNY-SUR-ORNAIN

55800 Meuse **7** – 56 ⑲ – 3 528 h. alt. 144.
🛈 Office de Tourisme r. du Stade 𝒫 03 29 78 73 34, Fax 03 29 78 73 34.
Paris 237 – Bar-le-Duc 17 – St-Dizier 29 – Vitry-le-François 34.

   ▲ *Municipal du Moulin des Gravières* mai-sept.
     𝒫 03 29 78 73 34 – au bourg vers sortie Sud, rte de Vitry-le-François et rue du stade, à droite,
     à 100 m de l'Ornain « Cadre agréable au bord d'un ruisseau » ⊶ – **R** – ⚲
     0,6 ha (20 empl.) plat, herbeux ⊏⊐ ♀ (0,2 ha)
     �&ᴥᴥᴥᴥᴥᴥ – A proximité : ✖ 🎇 🏊
     Tarif : (Prix 1999) ▣ *tennis compris 2 pers. 45, pers. suppl. 12* – ᵮ *10 ou 16A : 12 (hors saison 17)*

RÉVILLE

50 Manche – 54 ③ – rattaché à St-Vaast-la-Hougue.

REYGADES

19430 Corrèze 10 – 75 ⑲ G. Berry Limousin – 172 h. alt. 460.
Paris 523 – Aurillac 57 – Brive-la-Gaillarde 60 – St-Céré 30 – Tulle 45.

   ▲ *La Belle Etoile* 10 juin-sept.
     𝒫 05 55 28 50 08, Fax 05 55 28 36 40 – N : 1 km par D 41, rte de Beaulieu-sur-Dordogne, à Lestrade
     – Ⓜ ⬙ ≤ « Agréable cadre fleuri » ⊶ – **R** conseillée juil.-août – ⚲
     5 ha/3 campables (25 empl.) terrasses, herbeux ⊏⊐ ♀ (0,5 ha)
     �&ᴥᴥᴥᴥᴥ – ♨ – 🚃 Centre de Documentation Touristique 🚣 ⚓ parcours de
     santé
     Tarif : 🛉 *21 piscine comprise* – ▣ *26* – ᵮ *13 (2A) 16 (6A)*
     Location *(avril-20 nov.)* : 🛖 *1500 à 2300* – 🏠 *2000 à 3250*

RHINAU

67860 B.-Rhin 8 – 62 ⑩ G. Alsace Lorraine – 2 286 h. alt. 158.
Paris 513 – Marckolsheim 27 – Molsheim 38 – Obernai 27 – Sélestat 25 – Strasbourg 40.

   ▲ *Ferme des Tuileries* avril-sept.
     𝒫 03 88 74 60 45, Fax 03 88 74 85 35 – sortie Nord-Ouest rte de Benfeld – ⬙ ⊶ ✖ – **R** – ⚲
     4 ha (150 empl.) plat, herbeux ♀
     ᴒᴥᴥᴥᴥᴥ – 🚃 ✖ 🏊
     Tarif : (Prix 1999) 🛉 *18 piscine comprise* – ▣ *18* – ᵮ *9 (2A) 16 (4A) 21 (6A)*

RIA-SIRACH

66500 Pyr.-Or. 15 – 86 ⑰ – 1 017 h. alt. 400.
Paris 902 – Font-Romeu-Odeillo-Via 43 – Perpignan 46 – Prades 2 – Vernet-les-Bains 9.

   ▲ *Bellevue* avril-sept.
     𝒫 04 68 96 48 96 – à Sirach, SE : 1,5 km par D 26A – ⬙ ≤ « Cadre agréable » ⊶ – **R** –
     ᴳᴮ ⚲
     2,2 ha (94 empl.) en terrasses, pierreux, herbeux ⊏⊐ ♀♀
     ᴒᴥᴥᴥᴥ – 🍷 – 🚃
     Tarif : 🛉 *16* – ▣ *18* – ᵮ *12 (3A) 16 (6A)*

RIBEAUVILLÉ

68150 H.-Rhin 8 – 62 ⑲ G. Alsace Lorraine – 4 774 h. alt. 240.
🛈 Office de Tourisme 1 Grand'Rue 𝒫 03 89 73 62 22, Fax 03 89 73 23 62.
Paris 433 – Colmar 14 – Gérardmer 62 – Mulhouse 59 – St-Dié 42 – Sélestat 16.

   ▲▲ *Municipal Pierre-de-Coubertin* mars-15 nov.
     𝒫 03 89 73 66 71 – sortie Est par D 106 puis rue de Landau à gauche – ⬙ ≤ ⊶ – **R** –
     ᴳᴮ ⚲
     3,5 ha (260 empl.) plat, herbeux ♀
     ᴒᴥᴥᴥᴥᴥᴥ – ♨ – 🚃 ✖ – A proximité : 🛒 🏊 ⚓ toboggan aquatique
     Tarif : (Prix 1999) 🛉 *22,50* – ▣ *23* – ᵮ *12 (2A) 24 (4A) 30 (6A)*

RIBÉRAC

24600 Dordogne 9 – 75 ④ G. Périgord Quercy – 4 118 h. alt. 68.
🛈 Office de Tourisme pl. Gén.-de-Gaulle 𝒫 05 53 90 03 10, Fax 05 53 90 66 05.
Paris 507 – Angoulême 59 – Barbezieux 59 – Bergerac 53 – Libourne 66 – Nontron 50 – Périgueux 39.

   ▲ *Municipal de la Dronne* juin-15 sept.
     𝒫 05 53 90 50 08 – sortie Nord par D 708, rte d'Angoulême et à gauche après le pont, bord de
     la rivière – ⊶ – **R** conseillée juil.-août – ⚲
     2 ha (90 empl.) plat, herbeux ♀
     ᴒᴥᴥᴥᴥ – 🚃 🚣 – A proximité : 🛒 🚲 ⚓
     Tarif : 🛉 *11* – ▣ *12* – ᵮ *9 (4 ou 16A)*

07260 Ardèche 🔟 – 🔟 ⑧ – 309 h. alt. 380.
Paris 660 – Aubenas 29 – Largentière 19 – Privas 59 – St-Ambroix 40 – Vallon-Pont-d'Arc 30.

⚠ **Les Cruses** 21 avril-17 sept.
  🅿 04 75 39 54 69 – à 1 km au Sud-Est du bourg, par D 450 – ⅏ « Agréable sous-bois » ⊶ juil.-août
  – **R** conseillée – ⚡
  0,7 ha (37 empl.) en terrasses ▩
  🗔 🌂 🗓 🛁 ⚲ ☺ ⚘ 🍴 ▣ – 🛏 🚣 🚲 🔼 (petite piscine) – A proximité : ✂
  Tarif : ▣ 2 pers. 93 – 🔌 17,50 (6A)
  Location : 🛖 1250 à 3240

⚠ **Les Châtaigniers** avril-sept.
  🅿 04 75 39 50 73 – au Nord-Est du bourg, Accès direct à la Beaume par chemin piétonnier – ⅏
  ≤ « Belle situation dominante sur la vallée » – **R** conseillée – ⚡
  0,35 ha (23 empl.) en terrasses, pierreux, herbeux ▩
  🗔 ⚲ ☺
  Tarif : ▣ 2 pers. 52 – 🔌 15
  Location : 🛖 950 à 1500

Give use your opinion of the camping sites we recommend.
Let us know of your remarks and discoveries.

35 I.-et-V. – 🔟 ⑥ – rattaché à Dinard.

37120 I.-et-L. 🔟 – 🔟 ③ G. Poitou Vendée Charentes – 2 223 h. alt. 40.
🅱 Office de Tourisme 6 Grande-Rue 🅿 02 47 58 13 62, Fax 02 47 58 29 86.
Paris 298 – Châtellerault 30 – Chinon 22 – Loudun 19 – Tours 63.

⚠ **Municipal** mai-sept.
  🅿 02 47 58 15 02 – sortie Sud par D 749 rte de Châtellerault, à 100 m d'un étang – **R** – ⚡
  1 ha (34 empl.) plat, herbeux ▭ ⚲
  ᵴ 🗔 🗓 🛁 ☺ ▣ – 🚣 – A proximité : ✂ 🔼
  Tarif : ✳ 12 – ▣ 11 – 🔌 10 (5A) 14 (10A) 18 (15A)

21570 Côte-d'Or 🔟 – 🔟 ⑲ – 94 h. alt. 220.
Paris 229 – Bar-sur-Aube 42 – Bar-sur-Seine 33 – Châtillon-sur-Seine 18 – Chaumont 52 – Dijon 102.

⚠ **Le Plan d'Eau de Riel** avril-oct.
  🅿 03 80 93 72 76 – O : 2 km, sur D 13 rte d'Autricourt « Près d'un plan d'eau » ⊶ – **R** conseillée
  juil.-août – 🆚 ⚡
  7 ha/0,4 campable (18 empl.) plat, herbeux, gravillons ▭
  ᵴ 🗔 🗓 ⚲ ☺ – ♟ – A proximité : 🔼
  Tarif : ✳ 10 – 🚗 6 – ▣ 13 – 🔌 10 (20A)

31310 H.-Gar. 🔟 – 🔟 ⑰ G. Midi Pyrénées – 1 721 h. alt. 210.
Paris 744 – Auterive 35 – Foix 53 – St-Gaudens 53 – Toulouse 50.

⚠ **Municipal du Plan d'Eau** avril-oct.
  🅿 05 61 87 49 64 – NO : 3 km par D 627, rte de Toulouse et rte à gauche, bord de la Garonne –
  R conseillée juil.-15 août – ⚡
  3 ha (45 empl.) en terrasses, herbeux, gravillons ▭ ▩
  🗔 🌂 🛁 ☺ ⚘ 🍴 ▣ – ✂ 🔲 ♟ ♦ – A proximité : ✖
  Tarif : (Prix 1999) ▣ élect. (10A), piscine et tennis compris 2 pers. 42/50, pers. suppl. 15

09120 Ariège 🔟 – 🔟 ④ – 700 h. alt. 333.
Paris 768 – Foix 14 – Pamiers 8 – St-Girons 47 – Toulouse 74.

⚠ **Les Mijeannes** mai-15 oct.
  🅿 05 61 60 82 23, Fax 05 61 67 74 80 – NE : 1,4 km, accès sur D 311, rte de Ferries, bord d'un
  canal et près de l'Ariège – ⅏ ≤ ⊶ – **R** conseillée – ⚡
  10 ha/5 campables (88 empl.) plat, herbeux, pierreux ▭
  ᵴ 🗔 🌂 🗓 🛁 ☺ ▣ – ♟ – 🏊 ♦ – A proximité : ✖
  Tarif : (Prix 1999) ✳ 20 piscine comprise – ▣ 40 – 🔌 16 (4A) 19 (6A) 22 (10A)
  Location : 🛖 1200 à 1600

RIGNAC

12390 Aveyron 🗓 – 🗓 ① – 1 668 h. alt. 500.
Paris 612 – Aurillac 88 – Figeac 39 – Rodez 28 – Villefranche-de-Rouergue 30.

⚠ **Municipal la Peyrade** 17 juin-3 sept.
 ℰ 05 65 64 44 64 – au Sud du bourg, pl. du Foirail, près d'un petit plan d'eau – ⅋ ⌲ – **R** conseillée
 – ⚘
 0,7 ha (36 empl.) en terrasses, peu incliné, herbeux ▭ ♀
 ⅋ 🕭 ⅋ 🗓 ⊕ 🛁 ⊽ 🖼 – A proximité : 🖼 🔸 ※ 🚣 ⊐
 Tarif : (Prix 1999) 🖼 élect., piscine et tennis compris 3 pers. 110

RIOM-ÈS-MONTAGNES

15400 Cantal 🗓 – 🗓 ② ③ G. Auvergne – 3 225 h. alt. 840.
🟦 Office de Tourisme pl. du Gén.-de-Gaulle ℰ 04 71 78 07 37, Fax 04 71 78 16 87.
Paris 511 – Aurillac 71 – Bort-les-Orgues 23 – Condat 18 – Mauriac 36 – Salers 42.

⚠ **Municipal le Sédour** mai-sept.
 ℰ 04 71 78 05 71 – sortie Est par D 678 rte de Condat, bord de la Véronne « Cadre agréable » ⌲
 – **R** juil.-août – ⚘
 1,5 ha (100 empl.) plat, incliné et en terrasses, herbeux ♀
 🖼 🕭 ⅋ 🗓 🛁 ⊕ 🛁 ⊽ 🖼 – 🖼 🚣
 Tarif : (Prix 1999) 🟊 9 – ⌼ 5,50 – 🖼 6,50 – 🗓 13,50 (10A)
 Location (permanent) : gîtes

RIQUEWIHR

68340 H.-Rhin 🗓 – 🗓 ⑲ G. Alsace Lorraine – 1 075 h. alt. 300.
🟦 Office de Tourisme (Pâques-11 nov. et vacances scolaires) 2 r. 1ʳᵉ-Armée ℰ 03 89 49 08 40,
Fax 03 89 49 08 49.
Paris 437 – Colmar 12 – Gérardmer 59 – Ribeauvillé 4 – St-Dié 46 – Sélestat 20.

⚠ **Intercommunal** Pâques-fin oct.
 ℰ 03 89 47 90 08 – E : 2 km, près D 1B, accès par rond-point et chemin du stade – ⩻ « Dans le
 vignoble, au pied des Vosges » ⌲ – **R** conseillée 🟥 – ⊖B ⚘
 4 ha (150 empl.) plat et peu incliné, herbeux ▭ ♀
 ⅋ 🕭 ⅋ 🗓 🛁 ⊕ 🖼 🖼 – 🖼 🚣 – A proximité : ※
 Tarif : (Prix 1999) 🟊 21 – 🖼 26 – 🗓 25 (6A)

RISCLE

32400 Gers 🗓 – 🗓 ② – 1 778 h. alt. 105.
Paris 742 – Aire-sur-l'Adour 17 – Maubourguet 27 – Nogaro 14 – Plaisance 16.

⚠ **Le Pont de l'Adour** avril-15 oct.
 ℰ 05 62 69 72 45 – sortie Nord-Est par D 935, rte de Nogaro et à droite avant le pont, bord de
 l'Adour – ⅋ ⌲ – **R** conseillée juil.-août – ⊖B ⚘
 2,5 ha (60 empl.) plat, herbeux ▭ ♀♀
 ⅋ 🕭 ⅋ 🗓 🛁 – 🍽 snack ⅋ – 🖼 ⅋⅋ – A proximité : ※ 🚣 ⊐
 Tarif : 🖼 élect. (5A) et piscine comprises 2 pers. 90, pers. suppl. 22
 Location : ⌲ 800 à 1800 – ⌲ 1800 à 2600

RIVESALTES

66600 Pyr.-Or. 🗓 – 🗓 ⑲ G. Languedoc Roussillon – 7 110 h. alt. 13.
🟦 Office de Tourisme 8 av. L.-Rollin ℰ 04 68 64 04 04, Fax 04 68 64 56 17.
Paris 849 – Narbonne 57 – Perpignan 11 – Prades 51.

⚠ **Soleil 2000**
 ℰ 04 68 38 53 54, Fax 04 68 38 54 64 – à l'Est du bourg, au stade – ⌲
 1 ha (60 empl.) plat, herbeux ▭ ♀
 ⅋ 🕭 ⅋ 🗓 🛁 ⊕ – A proximité : ※

RIVIÈRES

81600 Tarn 🗓 – 🗓 ⑩ – 616 h. alt. 125.
Paris 676 – Albi 17 – Gaillac 8 – Graulhet 26 – St-Antonin-Noble-Val 43.

⚠ **Les Pommiers d'Aiguelèze** 27 juin-4 sept.
 ℰ 05 63 41 50 50, Fax 05 63 41 50 45 ⊠ 81600 Gaillac – à **Aiguelèze**, SE : 2,3 km, à 200 m du
 Tarn (port de plaisance et plan d'eau) – ⌲ – **R** conseillée – ⚘
 2,7 ha (74 empl.) plat, herbeux ▭ ♀ (verger)
 ⅋ 🕭 ⅋ 🗓 🛁 ⊕ 🖼 – ⅋⅋ – A proximité : à la Base de Loisirs : 🔸 ⅋⅋ golf (practice et compact) ⚞
 🟊 🗙 ※ 🚣 ⊐
 Tarif : 🖼 piscine et tennis compris 1 pers. 65, 2 pers. 100 – 🗓 10
 Location (avril-oct.) : ⌲ 1595 à 3655 – bungalows toilés

RIVIÈRE-SAAS-ET-GOURBY

40180 Landes – 🗓 ⑰ – rattaché à Dax.

RIVIÈRE-SUR-TARN

12640 Aveyron **15** – **80** ④ – 757 h. alt. 380.
Paris 640 – Mende 72 – Millau 14 – Rodez 64 – Sévérac-le-Château 32.

⋀⋀⋀ **Peyrelade** 15 mai-15 sept.
ℰ 05 65 62 62 54, Fax 05 65 62 65 61 – E : 2 km par D 907 rte de Florac, bord du Tarn – ≼ « Entrée fleurie » ⊶ – **R** conseillée juil.-août – ⊞ ⤬
4 ha (190 empl.) plat et en terrasses, herbeux, pierreux ⁰⁰
& ℶ ⇌ ⬚ ⤴ ⊡ ☺ ⇆ ⬚ ⬚ ▣ – ▱ 〒 snack ⇱ – ⌂ ⚶ ⚶ ⚶ ⊿ ≚ – A proximité :
⬙ ✂
Tarif : ▣ piscine comprise 2 pers. 114 – ⑊ 18 (6A)
Location ⚸ : ⊞ 1500 à 2950 – bungalows toilés

⋀⋀⋀ **Les Peupliers** mai-sept.
ℰ 05 65 59 85 17, Fax 05 65 61 09 03 – sortie Sud-Ouest rte de Millau et chemin à gauche, bord du Tarn – ⊶ – **R** conseillée juil.-août – ⊞ ⤬
1,5 ha (112 empl.) plat, herbeux ▱ ⁰⁰
& ℶ ⇌ ⬚ ⤴ ⬚ ☺ ⇆ ⬚ ▣ – 〒 – ⚶ ⊿
Tarif : ⚹ 35 piscine comprise – ▣ 30 – ⑊ 18 (6A)
Location : ⊞ 1200 à 3000

ROCAMADOUR

46500 Lot **13** – **75** ⑱ ⑲ G. Périgord Quercy – 627 h. alt. 279.
🖼 Office de Tourisme à la Mairie ℰ 05 65 33 62 59, Fax 05 65 33 74 14.
Paris 535 – Brive-la-Gaillarde 55 – Cahors 64 – Figeac 46 – Gourdon 33 – St-Céré 31 – Sarlat-la-Canéda 54.

⋀ **Les Tilleuls** 31 mars-15 oct.
ℰ 05 65 33 64 66 – NE : 5 km par D 673, sur N 140 rte de Gramat – ⊶ – **R** conseillée 20 juil.-20 août – ⤬
0,9 ha (32 empl.) peu incliné, herbeux, pierreux ▱ ♀
ℶ ⇌ ⬚ ⤴ ☺ ▣ – ⌂ ⚶ ⚶ ⯀ ≚ (petite piscine)
Tarif : ⚹ 20 – ▣ 18 – ⑊ 15 (10A)
Location : ⬚ 900 à 1600 – ⊞ 1200 à 2200

à l'Hospitalet NE : 1 km :

⋀⋀⋀ **Les Cigales** juil.-août
ℰ 05 65 33 64 44, Fax 05 65 33 69 60 – sortie Est par D 36 rte de Gramat – ⌂ ⊶ – **R** conseillée – ⊞ ⤬
3 ha (100 empl.) plat et peu incliné, pierreux, herbeux ♀
& ℶ ⇌ ⬚ ⤴ ☺ ⇆ ⬚ ▣ – 〒 snack ⇱ réfrigérateurs – ⌂ ⚶ ⚶ ⯀ ⊿
Tarif : (Prix 1999) ▣ piscine comprise 2 pers. 85 – ⑊ 15 (6A)
Location (mai-3 sept.) : ⊞ 1000 à 2800

⚠ **Le Roc** avril-1ᵉʳ nov.
  𝄞 05 65 33 68 50, Fax 05 65 33 75 64 – NE : 3 km par D 673, rte d'Alvignac, à 200 m de la gare
  – ⊶ – **R** conseillée saison – ⌷⌷ ⚥
  2 ha/0,5 campable (36 empl.) peu incliné, herbeux, pierreux ⌑ ♉♉
  ⅏ ⌗ ⇖ ⌷ ⌷ ⊙ ⚘ ⌣ ⌗ ⌷ – snack ☇ – ⸚⸚ ⊿
  Tarif : ⌷ piscine comprise 2 pers. 63 – ⌷ 16 (5A)
  Location : ⌂ 1100 à 2600

⚠ **Le Relais du Campeur** avril-sept.
  𝄞 05 65 33 63 28, Fax 05 65 33 69 60 – au bourg – ⊶ – **R** conseillée juil.-août – ⌷⌷ ⚥
  1,7 ha (100 empl.) plat, herbeux, pierreux
  ⌗ ⇖ ⌷ ⌷ ⊙ – ⸚ ⍦ snack – ⊿
  Tarif : (Prix 1999) ⌷ piscine comprise 2 pers. 63 – ⌷ 13 (6A)
  Location : ⊨ (hôtel)

La ROCHE-BERNARD

56130 Morbihan ₄ – ₆₃ ⑭ G. Bretagne – 766 h. alt. 38.
⌷ Syndicat d'Initiative pl. du Pilori 𝄞 02 99 90 67 98, Fax 02 99 90 88 28.
Paris 447 – Nantes 71 – Ploërmel 55 – Redon 27 – St-Nazaire 37 – Vannes 41.

⚠ **Municipal le Pâtis** Pâques-29 sept.
  𝄞 02 99 90 60 13 – à l'Ouest du bourg vers le port de plaisance « Près de la Vilaine (accès direct) »
  ⊶ – **R** – ⚥
  1 ha (60 empl.) plat, herbeux ⌑
  ⏛ ⅏ ⌗ ⇖ ⌷ ⌷ ⊙ ⚘ ⌷ – ⌷⌷ – A proximité : ⸚⸚
  Tarif : (Prix 1999) ⅟ 16 – ⸚ 7 – ⌷ 20 – ⌷ 14

Donnez-nous votre avis
sur les terrains que nous recommandons.

Faites-nous connaître vos observations et vos découvertes.

La ROCHE CANILLAC

19320 Corrèze ⑩ – ⁷⁵ ⑩ – 186 h. alt. 460.
⌷ Office de Tourisme 1 r. Lafond de St-Mûr 𝄞 05 55 29 25, Fax 05 55 29 28 16.
Paris 504 – Argentat 16 – Aurillac 70 – Brive-la-Gaillarde 49 – Mauriac 55 – St-Céré 58 – Tulle 26 – Ussel 61.

⚠ **Municipal les Bouyges** avril-sept.
  𝄞 05 55 29 13 75 – NO : 1,1 km par D 131 et D 29, rte de Tulle, à 500 m de l'étang de la Borde
  (accès direct) – ⌯ – **R** juil.-août – ⚥
  2 ha (50 empl.) plat et peu incliné, terrasses, herbeux, forêt ⌑ ♉♉
  ⌗ ⇖ ⌷ ⊙ – ⚘ – A proximité : ⸚⸚
  Tarif : (Prix 1999) ⅟ 14 – ⌷ 14 – ⌷ 15 (2A)
  Location : huttes

La ROCHE-CHALAIS

24490 Dordogne ⑨ – ⁷⁵ ③ – 2 860 h. alt. 60.
Paris 514 – Bergerac 63 – Blaye 65 – Bordeaux 66 – Périgueux 69.

⚠ **Municipal de Gerbes** avril-oct.
  𝄞 05 53 91 40 65 – à 1 km, à l'Ouest de la localité, par la rue de la Dronne, bord de la rivière –
  ⌯ ⊶ – **R** conseillée juil.-août – ⚥
  3 ha (100 empl.) plat et terrasses, herbeux, petit bois attenant ⌑ ♉♉ (1,5 ha)
  ⅏ ⌗ ⇖ ⌷ ⌷ ⊙ ⌷ – ⌷⌷ ⸚⸚ ⸚⸚
  Tarif : ⅟ 13 – ⌷ 16 – ⌷ 13 (5A) 22 (10A)

La ROCHE-DE-RAME

05310 H.-Alpes ⑰ – ⁷⁷ ⑱ – 702 h. alt. 1 000.
Paris 705 – Briançon 22 – Embrun 28 – Gap 68 – Mont-Dauphin 11 – Savines-le-Lac 40.

⚠ **Le Verger** Permanent
  𝄞 04 92 20 92 23 – NO : 1,2 km par N 94, rte de Briançon et chemin des Gillis à droite – ⌯ ⌓ « Cadre
  agréable » ⊶ – **R** conseillée juil.-août – ⚥
  1,6 ha (50 empl.) peu incliné, en terrasses, herbeux, verger
  ⏛ ⅏ ⌗ ⇖ ⌷ ⌷ ⊙ ⌷ – ⌷⌷
  Tarif : ⌷ 2 pers. 66, pers. suppl. 22 – ⌷ 12 (3A) 15 (5A) 20 (10A)
  Location (juin-oct.) ⌷

⚠ **Municipal du Lac**
  𝄞 04 92 20 90 31 – sortie Sud – ⌓ « Au bord du lac » ⊶
  1 ha (85 empl.) plat, peu incliné, herbeux ♉
  ⅏ ⌗ ⇖ ⌷ ⌦ ⊙ ⌷ – snack – ⸚⸚ (plage)

05400 H.-Alpes ⛶ – ⛶ ⑯ – 845 h. alt. 945.
Paris 677 – Corps 53 – Gap 15 – St-Étienne-en-Dévoluy 32 – Serres 26.

⚠ Au Blanc Manteau Permanent
𝒫 04 92 57 82 56 ⊠ 05400 Manteyer – SO : 1,3 km par D 18 rte de Ceüze, bord d'un torrent, alt.
900 – ✿ ⅏ ≼ ⊶ – **R** conseillée – ⚒
4 ha (40 empl.) plat, pierreux, herbeux ♀
🎯 ⚹ ♨ ⇆ 🗗 ♨ ⇌ ⊚ 🖻 – ♈ snack ⟲ – 🗗 ⚞ ♿ ⅍ ⎚ – A proximité : 🐎
Tarif : (Prix 1999) ▣ *piscine comprise 2 pers. 80, pers. suppl. 20 –* [ṡ] *15 (2A) 23 (6A) 35 (10A)*

17300 Char.-Mar. 🖳 – ⛶ ⑬ G. Poitou Vendée Charentes – 25 561 h. alt. 12 – ⚘ (fév./déc.).
Pont de Martrou. Péage en 1999 : auto 25 F (AR 40 F), voiture et caravane 45 F (AR 70 F). Renseignements :
Régie d'Exploitation des Ponts 𝒫 05 46 83 01 01, Fax 05 46 83 05 54.
🛈 Office de Tourisme av. Sadi-Carnot 𝒫 05 46 99 08 60, Fax 05 46 99 52 64, Annexe Porte de l'Arsenal.
Paris 471 – Limoges 193 – Niort 62 – La Rochelle 39 – Royan 40 – Saintes 45.

⚠ Le Bateau Permanent
𝒫 05 46 99 41 00, Fax 05 46 99 91 65 – par rocade Ouest (Boulevard Bignon) et rte du Port Neuf,
près du centre nautique – ⅏ ⊶ – **R** indispensable été – **GB** ⚒
1 ha (85 empl.) plat, pierreux, herbeux, petit plan d'eau 🗀
🎯 ⚹ ♨ ⇆ 🗗 ♨ ⇌ ⊘ ♨ ⇌ 🖻 – 🗗 ⎚ ⅍ – A proximité : ◑ (centre nautique) toboggan aquatique
Tarif : (Prix 1999) ▣ *piscine et tennis compris 1 ou 2 pers. 68, pers. suppl. 21,50 –* [ṡ] *19,50 (6A)*
21,50 (10A)
Location *(26 fév.-4 nov.) :* 🚐 *990 à 1290 –* 🚐 *1980 à 2280*

56220 Morbihan 🖪 – ⛶ ④ G. Bretagne – 645 h. alt. 40.
🛈 Syndicat d'Initiative pl. des Halles 𝒫 02 97 43 33 57, Fax 02 97 43 33 57.
Paris 425 – Ploërmel 34 – Redon 25 – Rennes 82 – La Roche-Bernard 26 – Vannes 35.

⚠ Le Moulin Neuf avril-sept.
𝒫 02 97 43 37 52, Fax 02 97 43 35 45 – S : 1 km par D 774, rte de La Roche-Bernard, à 500 m
d'un plan d'eau – ⅏ ⊶ – **R** conseillée juil.-août – **GB**
2,5 ha (60 empl.) plat et incliné, herbeux 🗀
⚹ ♨ ⇆ 🗗 ♨ ⇌ ⊚ 🖻 – ♈ – 🗗 ⚞ ⎚ ⅍ – A proximité : ✗ ≏ (plage)
Tarif : ⚘ *25 –* ▣ *50 –* [ṡ] *25 (10A)*

63210 P.-de-D. ⛶ – ⛶ ⑬ – 948 h. alt. 850.
Paris 457 – Aubusson 82 – Clermont-Ferrand 33 – Mauriac 80 – Le Mont-Dore 20 – Ussel 60.

⚠ Municipal la Buge juin-15 sept.
𝒫 04 73 65 84 98 – sortie Sud-Ouest par N 89 et rte à gauche, près de la gendarmerie – ≼ ⊶
– **R** – ⚒
1,9 ha (90 empl.) plat et peu incliné, herbeux
⚹ ♨ ⇌ ⇌ ⊚ 🖻 – 🗗 ⚞ ⎚
Tarif : ▣ *3 pers. 55, pers. suppl. 15 –* [ṡ] *16 (15A)*

17000 Char.-Mar. 🖳 – ⛶ ⑫ G. Poitou Vendée Charentes – 71 094 h. alt. 1.
Pont de l'île de Ré par N 237. Péage en 1999 : auto (AR) 110 F (saison) 60 F (hors saison), auto et
caravane (AR) 180 F (saison) 100 F (hors saison), camion 120 à 300 F, moto 15 F, gratuit pour vélos et piétons.
Renseignements par Régie d'Exploitation des Ponts 𝒫 05 46 00 51 10, Fax 05 46 43 04 71.
🛈 Office de Tourisme quartier du Gabut, pl. de la Petite-Sirène 𝒫 05 46 41 14 68, Fax 05 46 41 99 85.
Paris 475 – Angoulême 145 – Bordeaux 186 – Nantes 135 – Niort 66.

⚠ Municipal de Port Neuf Permanent
𝒫 05 46 43 81 20 – à l'Ouest de la ville, par av. Jean-Guiton, bd Aristide-Rondeau – ⊶ juil.-août
– **R** conseillée juil.-août – **GB**
3,2 ha (185 empl.) plat, herbeux, gravier 🗀 ♀
🎯 ⚹ ♨ ⇌ ⊘ ⊚ ⇌ – 🗗 – A proximité : ⎚ ⬚
Tarif : (Prix 1999) ▣ *1 pers. 38, pers. suppl. 17 –* [ṡ] *18 (hiver 20)*

à Angoulins SE : 6 km par N 137 – 2 908 h. alt. 15 – ⊠ 17690 Angoulins

⚠ Les Chirats - La Platère (en deux parties) avril-sept.
𝒫 05 46 56 94 16, Fax 05 46 56 65 95 – O : 1,7 km par rue des Salines et rte de la douane, à 100 m
de la plage – ⊶ juil.-août – **R** conseillée juil.-août – **GB** ⚒
4 ha (153 empl.) plat et peu incliné, herbeux, pierreux 🗀
⚹ ♨ ⇆ 🗗 ♨ ⇌ ⊚ ⇌ 🖻 – ♈ snack ⟲ – 🗗 ⚟ 🗗 ⚞ ⎚ ≏ (petite piscine couverte) toboggan
aquatique – A proximité : ◑
Tarif : ▣ *piscine comprise 115 (135 avec élect. 6A), pers. suppl. 25*
Location : 🏠 *1600 à 2900*

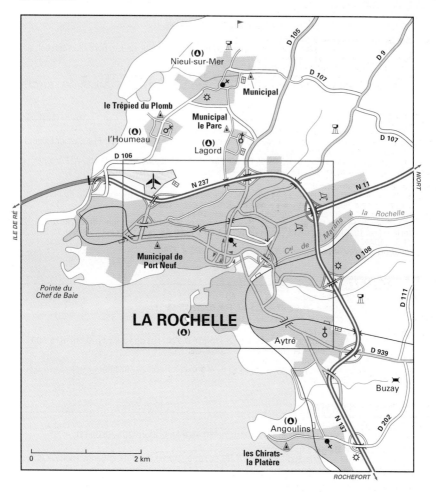

à l'Houmeau NO : 3 km par D 104^E2 – 2 486 h. alt. 19 – ⊠ 17137 l'Houmeau

ᗰ **Au Petit Port de l'Houmeau** avril-oct.
 ℘ 05 46 50 90 82 – sortie Nord-Est par D 106, rte de Nieul-sur-Mer, Par le périphérique, direction
 Ile de Ré et sortie Lagord-l'Houmeau – o━ – **R** conseillée – ⚲
 2 ha (132 empl.) peu incliné, plat, herbeux ⊡
 ⛺ ⇆ ⌷ ⛺ ⊕ 🅿 – ▭ ⚓ – A proximité : ✗ ▨
 Tarif : ⊡ 2 pers. 70 – 🔌 20 (5A) 25 (10A)
 Location : ⌂ 1000 à 2000

à Lagord N : 2 km par D 104 – 5 287 h. alt. 23 – ⊠ 17140 Lagord

ᗰ **Municipal le Parc** juin-sept.
 ℘ 05 46 67 61 54 – sortie Ouest, r. du Parc, Par le périphérique, direction Ile de Ré et sortie Lagord
 – ⚘ o━ – **R** conseillée – ⚲
 2 ha (120 empl.) plat, herbeux ⊡ ⚸ (0,5 ha)
 ⛅ ⛺ ⇆ ⌷ ⛺ ⊕ 🅿 ⛺ – A proximité : ✗ ▨
 Tarif : (Prix 1999) ⊡ 1 ou 2 pers. 45, pers. suppl. 17 – 🔌 12,50 (3A) 15 (6A) 25 (10A)
 Location : ⌂ 1500 à 2000

à Nieul-sur-Mer N : 4 km par D 104 et D 106^E – 4 957 h. alt. 10 – ⊠ 17137 Nieul-sur-Mer

ᗰ **Le Val Hureau**
 ℘ 05 46 37 82 84 – sortie Est par D 107, rte de St-Xandre – o━
 1 ha (90 empl.) plat, herbeux ⚸ (0,3 ha)
 ⛅ ⛺ ⇆ ⌷ ⛺ ⊕

La ROCHE-POSAY

86270 Vienne ⑩ – ⑥⑧ ⑤ G. Poitou Vendée Charentes – 1 444 h. alt. 112 – ⚓.
🅱 Office de Tourisme 14 bd Victor-Hugo 🖉 05 49 19 13 00, Fax 05 49 86 27 94.
Paris 316 – Le Blanc 29 – Châteauroux 77 – Châtellerault 24 – Loches 49 – Poitiers 62 – Tours 82.

    🏕 **Municipal le Riveau** mars-oct.
      🖉 05 49 86 21 23 – N : 1,5 km par D 5, rte de Lésigny, près de l'hippodrome, bord de la Creuse –
      ⟨icons⟩
      5,5 ha (200 empl.) plat et peu incliné, herbeux ⟨icons⟩ ♀ (1 ha)
      ⟨icons⟩ – A proximité : 🐎 et poneys
      Tarif : (Prix 1999) 🔲 *1 pers. 31, pers. suppl. 21 –* ⟨icon⟩ *15 (16A)*

ROCHETAILLÉE

38 Isère – ⑦⑦ ⑥ – rattaché au Bourg-d'Oisans.

La ROCHETTE

05 H.-Alpes – ⑦⑦ ⑯ – rattaché à Gap.

La ROCHETTE

73110 Savoie ⑫ – ⑦⑷ ⑯ G. Alpes du Nord – 3 124 h. alt. 360.
🅱 Office de Tourisme Maison des Carmes 🖉 04 79 25 53 12, Fax 04 79 25 53 12.
Paris 591 – Albertville 42 – Allevard 9 – Chambéry 29 – Grenoble 48.

    🏕 **Le Lac St-Clair** juin-sept.
      🖉 04 79 25 73 55 – SO : 1,4 km par D 202 et rte de Détrier à gauche – ⟨ « Près du lac » ⟨icon⟩ –
      R conseillée – ⟨icons⟩
      2,2 ha (65 empl.) plat et peu incliné, herbeux ♀
      ⟨icons⟩ – A proximité : snack ⟨icon⟩
      Tarif : (Prix 1999) ★ *15 –* ⟨icon⟩ *7 –* 🔲 *11 –* ⟨icon⟩ *14 (5A)*

ROCLES

48300 Lozère ⑯ – ⑦⑥ ⑯ – 192 h. alt. 1 085.
Paris 589 – Grandrieu 21 – Langogne 8 – Mende 46 – Le Puy-en-Velay 59 – Thueyts 51.

    🏕 **Rondin des Bois** 20 avril-sept.
      🖉 04 66 69 50 46, Fax 04 66 69 53 83 – N : 3 km par rte de Bessettes et chemin de Vaysset, à
      droite, alt. 1 000 – ⟨icon⟩ ⟨ « Dans un site sauvage » ⟨icon⟩ – **R** conseillée juil.-août – ⟨icon⟩
      2 ha (78 empl.) en terrasses, plat et peu incliné, pierreux, rochers ⟨icon⟩
      ⟨icons⟩ – A proximité : ⟨icon⟩
      Tarif : ★ *27 piscine comprise –* ⟨icon⟩ *12 –* 🔲 *16 –* ⟨icon⟩ *15 (6A)*
      Location : ⟨icon⟩ *1600 à 2450 – gîtes*

RODEZ

12000 Aveyron ⑮ – ⑧⓪ ② G. Midi Pyrénées – 24 701 h. alt. 635.
🅱 Office de Tourisme pl. Foch 🖉 05 65 68 02 27, Fax 05 65 68 78 15.
Paris 632 – Albi 81 – Alès 188 – Aurillac 88 – Brive-la-Gaillarde 158 – Clermont-Ferrand 216 – Montauban 129 – Périgueux 223 – Toulouse 159.

    🏕 **Municipal de Layoule** juin-sept.
      🖉 05 65 67 09 52 – au Nord-Est de la ville, près
      de l'Aveyron « Cadre agréable » ⟨icon⟩ –
      R conseillée juil.-août – ⟨icon⟩
      3 ha (79 empl.) plat et en terrasses, herbeux,
      gravier ⟨icons⟩
      ⟨icons⟩
      Tarif : 🔲 *1 à 3 pers. 72 (82 avec élect. 6A)*

DECAZEVILLE — ESPALION
0 — 300 m
Municipal de Layoule 🏕
Rue — Béteille — Av. de Montpellier
RODEZ
Notre-Dame
Aveyron
D 12

ROÉZÉ-SUR-SARTHE

72210 Sarthe ⑤ – ⑥⑷ ③ – 1 903 h. alt. 33.
Paris 220 – La Flèche 29 – Le Mans 18 – Sablé-sur-Sarthe 36.

    🏕 **Municipal** juin-15 sept.
      🖉 02 43 77 47 89 – sortie Sud par D 251, rte de Parigné-le-Polen, à gauche après le pont, bord de
      la Sarthe « Entrée fleurie » ⟨icon⟩ – **R** – ⟨icon⟩
      0,8 ha (44 empl.) plat, herbeux ⟨icon⟩
      ⟨icons⟩ –
      Tarif : 🔲 *3 pers. 26 –* ⟨icon⟩ *9,50 (3A) 14 (6A)*

ROHAN

56580 Morbihan 🔟 – 🔢 ⑲ G. Bretagne – 1 604 h. alt. 55.
Paris 453 – Lorient 72 – Pontivy 17 – Quimperlé 88 – Vannes 52.

⚠ **Municipal le Val d'Oust** 15 juin-15 sept.
    𝆑 02 97 51 57 58 – NO : vers Gueltras « Au bord du canal de Nantes-à-Brest et d'un plan d'eau »
    – **R** conseillée
    1 ha (45 empl.) plat, herbeux ⚲
    🔊 ⌂ ⇆ ✦ ⊕ 🅿 – ⟐ parcours sportif – A proximité : ⟊ crêperie ✗ ≃ (plage)
    Tarif : (Prix 1999) ✫ 9 – ⇔ 5 – 🅴 4,50 – [✂] 13 (6A)

> **Dans ce guide**
> un même symbole, un même mot,
> imprimés en **noir** ou en **rouge**, en maigre ou en **gras**,
> n'ont pas tout à fait la même signification.
>
> *Lisez attentivement les pages explicatives.*

ROMANS-SUR-ISÈRE

26750 Drôme 🔢 – 🔢 ② G. Vallée du Rhône – 32 734 h. alt. 162.
🅱 Office de Tourisme Le Neuilly pl. J.-Jaurès 𝆑 04 75 02 28 72, Fax 04 75 05 91 62.
Paris 561 – Die 77 – Grenoble 81 – St-Étienne 120 – Valence 21 – Vienne 72.

⚠ **Municipal les Chasses** avril-nov.
    𝆑 04 75 72 35 27 – NE : 3,5 km par N 92 rte de St-Marcellin puis 0,9 km par rte à gauche, près de
    l'aérodrome – ⚬━ – **R** – ⚡
    1 ha (40 empl.) plat, herbeux ⌔ ⚲
    🔊 ⌂ ⇆ ⇍ ⊕ 🅿 – A proximité : ⟊ ✗ ✗ 🔲
    Tarif : 🅴 élect. (10A) comprise 2 pers. 51,60

ROMBACH-LE-FRANC

68660 H.-Rhin 🔢 – 🔢 ⑱ – 764 h. alt. 290.
Paris 425 – Colmar 37 – Ribeauvillé 23 – St-Dié 33 – Sélestat 18.

⚠ **Municipal les Bouleaux** 15 avril-15 oct.
    𝆑 03 89 58 93 99 – NO : 1,5 km par rte de la Hingrie, croisement peu facile pour caravanes – ⚶
    « Dans un vallon entouré de sapins et traversé par un ruisseau » ⚬━ – **R** conseillée juil.-août – ⚡
    1,3 ha (50 empl.) plat et peu incliné, herbeux ⚲
    🔊 ⌂ ⇆ ⇍ ⇆ ⊕ – ⟐
    Tarif : (Prix 1999) ✫ 12,70 – ⇔ 8,50 – 🅴 4,30/9 – [✂] 7,90 (5A) 10,20 (10A) 12,40 (15A)

ROMORANTIN-LANTHENAY

41200 L.-et-Ch. 🔢 – 🔢 ⑱ G. Châteaux de la Loire – 17 865 h. alt. 93.
🅱 Office de Tourisme 32 pl. de la Paix 𝆑 02 54 76 43 89, Fax 02 54 76 96 24.
Paris 204 – Blois 42 – Bourges 73 – Châteauroux 71 – Orléans 67 – Tours 93 – Vierzon 34.

⚠⚠ **Municipal de Tournefeuille** Rameaux-fin sept.
    𝆑 02 54 76 16 60 – sortie Est rte de Salbris, r. de Long-Eaton, bord de la Sauldre – ⚶ ⚬━ –
    R conseillée – ⚡
    1,5 ha (103 empl.) plat, herbeux ⚲
    🔊 ⌂ ⇆ ⇍ ⇆ ⊕ ⚡ ⚶ 🅿 – ⟐ – A proximité : ⚲ ✗ 🔲 ⤢
    Tarif : (Prix 1999) 🅴 1 ou 2 pers. 55 – [✂] 14,20 (6A)

RONCE-LES-BAINS

17 Char.-Mar. 🔢 – 🔢 ⑭ G. Poitou Vendée Charentes – ✉ 17390 la Tremblade.
Paris 507 – Marennes 9 – Rochefort 31 – La Rochelle 69 – Royan 25.

Schéma aux Mathes

⚠⚠⚠ **La Pignade** 13 mai-16 sept.
    𝆑 05 46 36 25 25, Fax 05 46 36 34 14 – S : 1,5 km par av. du Monard – ⚬━ – **R** conseillée – 🔳
    ⚡
    15 ha (448 empl.) plat, sablonneux ⌔ ⚲ pinède
    🔊 ⌂ ⇆ ⇍ ⇆ ⇆ ⊕ ⚶ ⚡ 🅿 – ⤢ ⟊ pizzeria, snack ⤍ – ✦ salle d'animation ⚙ ⚬ ⚶ ⤢ toboggan
    aquatique parcours sportif – A proximité : ✗
    Tarif : 🅴 piscine comprise 2 pers. 125 – [✂] 26 (5A)
    Location ✗ : 🏠 1330 à 3885

⚠⚠ **La Clairière** 15 avril-sept.
    𝆑 05 46 36 36 63, Fax 05 46 36 06 74 – S : 3,6 km par D 25, rte d'Arvert et rte à droite – ⚶ « Cadre
    boisé » ⚬━ – **R** conseillée – ⚡
    8 ha/4 campables (147 empl.) plat, herbeux, sablonneux ⚲⚲
    🔊 ⌂ ⇆ ⇆ ⇍ ⊕ ⚶ 🅿 – ⤢ ⟊ snack ⤍ – ⌇ ⌯ ⤢ ⤢ toboggan aquatique – A proximité : ⤢
    Tarif : 🅴 piscine comprise 1 ou 2 pers. 95 – [✂] 22 (6A)
    Location : 🏠 1400 à 3200

△△ **Les Ombrages** juin-15 sept.
    ✆ 05 46 36 08 41 – S : 1,2 km – ⊶ – **R** conseillée juil. ℝ août – ⚹
4 ha (200 empl.) plat et peu accidenté, sablonneux ♤♤ pinède
    ⏦ ⌂ ⊞ ╩ ♨ ⊕ ▣ – ♨, ❢ snack ☙ – ⚐ – A proximité : ✗
Tarif : ▣ 3 pers. 85 – ⚡ 17 (6A)

△△ **Les Pins** avril-10 oct.
    ✆ 05 46 36 07 75, Fax 05 46 36 50 77 – S : 1 km – Places limitées pour le passage ⊶ –
R indispensable saison – ⅏ ⚹
1,5 ha (95 empl.) plat, sablonneux ♤♤ pinède
    ⏦ ⌂ ⇆ ⊞ ╩ ♨ ⊕ ▣ – ♨ – ⚐ – ⚘ ✿ ☙ -◈ ☊ – A proximité : ✗
Tarif : ▣ piscine comprise 3 pers. 103,20, pers. suppl. 21,70 – ⚡ 15,60 (3A) 23 (6A) 32 (10A)
Location : ☖ 1000 à 2420 – ⊡ 1400 à 3280

La RONDE

17170 Char.-Mar. ⑨ – ⑦⑪ ② – 703 h. alt. 9.
Paris 442 – Fontenay-le-Comte 24 – Marans 19 – Niort 35 – Luçon 42 – La Rochelle 35.

△ **Le Port** mai-sept.
    ✆ 05 46 27 87 92 – au Nord du bourg par D 116 rte de Maillezais et chemin à droite – ⊶ saison
– **R** conseillée juil.-août – ⚹
0,8 ha (25 empl.) plat, herbeux ⊡
    ⏦ ⌂ ⇆ ⊞ ╩ ⊕ ♨ ▽ ▣ – ♨ – ⚐
Tarif : ✚ 13 piscine comprise – ▣ 20 – ⚡ 13 (5A)

ROQUEBILLIÈRE

06450 Alpes-Mar. ⑰ – ⑧④ ⑲ Ⓖ Côte d'Azur – 1 539 h. alt. 650.
Paris 897 – Lantosque 6 – L'Escarène 41 – Nice 57 – St-Martin-Vésubie 10.

△ **Les Templiers** fermé 16 nov.-14 déc.
    ✆ 04 93 03 40 28 – à 0,5 km au Sud du vieux village par D 69 et chemin à gauche (forte pente)
– ♨ ≤ « Cadre agréable, au bord de la Vésubie » ⊶ – **R** conseillée juil.-août – ⚹
1 ha (53 empl.) plat et terrasses, herbeux, pierreux ⊡ ♀ (0,7 ha)
    ▥ ⏦ ⌂ ⊞ ♨ (⇆ nov.-mars) ⊕ ▣ – ⚐ – A proximité : ✗
Tarif : ✚ 23 – ▣ 24 – ⚡ 20 (3A) 34 (5A) 40 (10A)
Location ✿ : ☖ 1750 à 2030

ROQUEBRUNE-SUR-ARGENS

83520 Var ⑰ – ⑧④ ⑦ Ⓖ Côte d'Azur – 10 389 h. alt. 13.
🄱 Office de Tourisme r. Jean-Aicard ✆ 04 94 45 72 70, Fax 04 94 45 38 04, Annexe Les Issambres
✆ 04 94 96 52 51, Fax 04 94 49 66 55.
Paris 866 – Les Arcs 19 – Cannes 48 – Draguignan 21 – Fréjus 14 – Ste-Maxime 22.

Schéma à Fréjus

△△△△ **Domaine de la Bergerie** avril-sept.
    ✆ 04 94 82 90 11, Fax 04 94 82 93 42 – SE : 8 km par D 7, rte de St-Aygulf et D 8 à droite, rte
du Col du Bougnon, bord d'étangs « Agréable parc résidentiel autour d'une ancienne bergerie » ⊶
– **R** conseillée – ⚹
60 ha (700 empl.) plat et en terrasses, herbeux, pierreux, accidenté ⊡ ♤♤
    ⏦ ⌂ ⊞ ╩ ♨ ⊕ ▣ – ♨ ❢ ✗ ☙ – ⚐ ✿ ♬ ⇆ discothèque, théâtre de plein air ⚐
⚘ -◈ ✗ ☊ half-court, terrain omnisports
Tarif : ▣ élect. (10A), piscine et tennis compris 3 pers. 185, pers. suppl. 36
Location (15 fév.-15 nov.) : ☖ 1100 à 2650 – ⊡ 1900 à 4400

△△△ **Les Pêcheurs** 15 avril-sept.
    ✆ 04 94 45 71 25, Fax 04 94 81 65 13 – NO : 0,7 km par D 7 (hors schéma) « Agréable cadre boisé
au bord de l'Argens et près d'un plan d'eau » ⊶ – **R** conseillée – ⚹
3,3 ha (220 empl.) plat, herbeux ⊡ ♧♧
    ⏦ ⌂ ⇆ ⊞ ╩ ♨ ⊕ ▣ – ♨, snack ☙ – ⚐ ✿ ⚐ ♬ half-court – A proximité : ⚓
Tarif : (Prix 1999) ▣ piscine comprise 2 pers. 145, 3 pers. 155, pers. suppl. 30 – ⚡ 18 (6A) 23 (10A)
Location : ⊡ 1500 à 3300

△△△ **Lei Suves** 15 mars-15 oct.
    ✆ 04 94 45 43 95, Fax 04 94 81 63 13 – N : 4 km par D 7 et passage sous l'autoroute A 8 (hors
schéma) – ♨ « Entrée fleurie » ⊶ – **R** conseillée juil.-août – ⅏ ⚹
7 ha (310 empl.) en terrasses, plat, pierreux, herbeux ⊡ ♤♤
    ⏦ ⌂ ⇆ ⊞ ╩ ♨ ⊕ ⚘ ▽ ▣ – ♨ ❢ ☙ – ⚐ ✗ ☊
Tarif : ▣ piscine comprise 3 pers. 165 – ⚡ 17 (4A)

△△ **Moulin des Iscles** avril-sept.
    ✆ 04 94 45 70 74, Fax 04 94 45 46 09 – E : 1,8 km par D 7, rte de St-Aygulf et chemin à gauche
(hors schéma) – ♨ « Au bord de l'Argens » – **R** conseillée – ⅏ ⚹
1,5 ha (90 empl.) plat, herbeux ♤♤
    ▥ ⏦ ⌂ ⊞ ╩ ♨ ⊕ ⚘ ▽ ▣ – ♨, snack ☙ – ⚐ ♬
Tarif : (Prix 1999) ▣ 3 pers. 106, pers. suppl. 19 – ⚡ 17 (6A)
Location : ☖ 870 à 1710 – studios

ROQUECOURBE

81210 Tarn 🔢 – 🔢 ① – 2 266 h. alt. 220.
Paris 741 – Albi 39 – Brassac 24 – Castres 10 – Graulhet 35 – Montredon-Labessonnié 12.

▲ **Municipal de Siloé** 15 mai-15 sept.
sortie Est par D 30 puis 0,5 km par chemin à droite après le pont, bord de l'Agout – 🦢 – **R**
0,7 ha (37 empl.) plat, herbeux ⚏⚏
🛖 🛁 ⚲ ⊙ 🍴 – A proximité : 🍽
Tarif : ★ 14 – 🔲 17 – [⚡] 16 (20A)

La ROQUE-D'ANTHÉRON

13640 B.-du-R. 🔢 – 🔢 ② G. Provence – 3 923 h. alt. 183.
🅱 Office de Tourisme 3 Crs Foch 🖋 04 42 50 58 63, Fax 04 42 50 59 81.
Paris 731 – Aix-en-Provence 28 – Cavaillon 34 – Manosque 59 – Marseille 57 – Salon-de-Provence 27.

▲▲▲ **Domaine des Iscles** mars-15 oct.
🖋 04 42 50 44 25, Fax 04 42 50 56 29 – N : 1,8 km par D 67^c et chemin à droite après le tunnel
sous le canal, près d'un plan d'eau et à 200 m de la Durance – 🦢 ☛ – **R** conseillée juil.-août –
GB 🦯
10 ha/4 campables (270 empl.) plat, herbeux, pierreux ⚲ (2ha)
🎦 ⅙ 🛖 🍴 🛁 ⊙ 🔲 – 🗻, pizzeria, snack 🍴 – 🏠 🛶 🚲 -⊙ 🍽 ⊿ 🏊 toboggan aquatique
practice de golf
Tarif : ★ 28 piscine et tennis compris – 🔲 44 (66 avec élect. 10A)
Location (mai-fin sept.) : bungalows toilés

▲▲▲ **Silvacane en Provence** Permanent
🖋 04 42 50 40 54, Fax 04 42 50 43 75 – sortie Ouest par D 561, rte de Charleval, près du canal –
≼ ☛ – **R** conseillée juil.-août – **GB** 🦯
6 ha/4 campables (133 empl.) plat, peu incliné, en terrasses, pierreux, herbeux ⛺ ⚏⚏ pinède
🎦 ⅙ 🛖 🍴 🛁 ⊙ 🔲 – 🗻 – 🏠 🛶 ⊿ mur d'escalade – A proximité : 🐴
Tarif : ★ 28 piscine comprise – 🔲 44 (66 avec élect. 10A)

ROQUEFORT

40120 Landes 🔢 – 🔢 ⑪ G. Aquitaine – 1 821 h. alt. 69.
Paris 687 – Barbotan-les-Thermes 28 – Captieux 30 – Labrit 20 – Mont-de-Marsan 23.

▲ **Municipal de Nauton** juin-août
🖋 05 58 45 59 99 – N : 1,5 km par D 932, rte de Bordeaux – **R**
1,5 ha (36 empl.) plat, herbeux, sablonneux ⚲ pinède
⅙ 🛖 🛁 ⊙ ⚲ 🌿 – A proximité : 🍽
Tarif : (Prix 1999) ★ 18 – 🔲 15/18 avec élect.

La ROQUE-GAGEAC

24250 Dordogne 🔢 – 🔢 ⑰ G. Périgord Quercy – 447 h. alt. 85.
Paris 543 – Brive-la-Gaillarde 64 – Cahors 54 – Fumel 59 – Lalinde 44 – Périgueux 70 – Sarlat-la-Canéda 13.

▲▲▲ **Beau Rivage** mars-sept.
🖋 05 53 28 32 05, Fax 05 53 29 63 56 – E : 4 km, bord de la Dordogne – ☛ – **R** conseillée juil.-août
– **GB** 🦯
6,4 ha (199 empl.) plat et en terrasses, herbeux, sablonneux ⚏⚏
🎦 ⅙ 🛖 🍴 🛁 ⊙ ⚲ 🌿 🔲 – 🗻 🍟 snack 🍴 – 🏠 🛶 -⊙ 🍽 ⊿ 🏊
Tarif : 🔲 piscine comprise 2 pers. 96, pers. suppl. 28 – [⚡] 13 (3A) 17 (4A) 24 (6A)
Location : 🚐 1500 à 3500

▲▲ **La Butte** Pâques-Toussaint
🖋 05 53 28 30 28 – SE : 4,5 km, accès direct à la rivière – ≼ ☛ – **R** conseillée 15 juil.-15 août
– 🦯
4 ha (130 empl.) plat et en terrasses, herbeux ⛺ ⚏⚏
⅙ 🛖 🍴 🛁 ⚲ ⊙ 🔲 – 🗻 🍟 snack 🍴 – 🛶 🍽 ⊿ 🏊
Tarif : 🔲 piscine comprise 2 pers. 90, pers. suppl. 25 – [⚡] 16 (4A) 18 (6A) 20 (10A)
Location : 🚐 1200 à 2260 – 🚐 1120 à 3250

▲▲ **Le Lauzier** 15 juin-15 sept.
🖋 05 53 29 54 59 – SE : 1,5 km – ≼ « Cadre agréable » ☛ juil.-août – **R** conseillée 15 juil.-15 août
– **GB** 🦯
2 ha (66 empl.) en terrasses, pierreux, herbeux ⛺ ⚏⚏
⅙ 🛖 🍴 🛁 🛁 ⚲ ⊙ 🔲 – 🏠 🛶 ⊿
Tarif : ★ 25 piscine comprise – 🔲 27 – [⚡] 16 (6A)

▲ **La Plage** avril-sept.
🖋 05 53 29 50 83 ✉ 24220 St-Cyprien – O : 1 km, bord de la Dordogne – ≼ ☛ – **R** conseillée
juil.-août – 🦯
2 ha (83 empl.) plat, herbeux ⚲
🛖 🍴 🛁 ⊙ – 🏠 🏊
Tarif : ★ 20 – 🚐 10 – 🔲 10 – [⚡] 12 (3A) 14 (4A) 18 (6A)

▲ **Verte Rive** 30 juin-15 sept.
🖋 05 53 28 30 04 – SE : 2,5 km, bord de la Dordogne – ☛ – **R** conseillée août – 🦯
1,5 ha (60 empl.) plat et peu incliné, herbeux ⚏⚏
🛖 🍴 ⚲ ⊙ – 🏊
Tarif : ★ 20 – 🔲 21 – [⚡] 15 (3A)

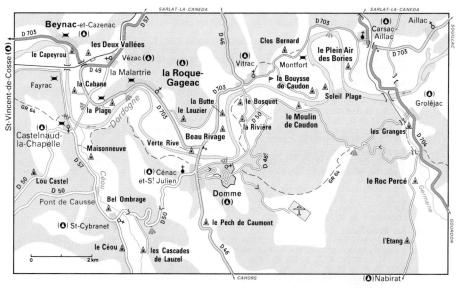

Voir aussi à Beynac-et-Cazenac, Carsac-Aillac, Castelnaud-la-Chapelle, Cénac-et-St-Julien, Groléjac, Nabirat, St-Cybranet, St-Vince

ROSANS

05150 H.-Alpes 🔟 – 🔠 ④ – 506 h. alt. 708.
🅱 Syndicat d'Initiative Le Village 🗹 04 92 66 66 66, Fax 04 92 66 64 33.
Paris 668 – Carpentras 82 – Nyons 40 – Orange 81 – Sault 74 – Sisteron 59 – Valence 108.

⚲⚲ **Les Rosières** avril-oct.
🗹 04 92 66 62 06 – NO : 2,4 km par D 94, rte de Nyons et chemin à gauche – ⚘ ≤ o⟋ – **R** conseillée juil.-août – ⊖⊟ ⚔
9 ha/3 campables (50 empl.) plat, peu incliné, herbeux
⚒ ⚱ ⚘ ⚕ ⚐ ⚬ ⚛ ⚒ ⚐ – ⚑ snack – ⚒ ⚒ ⚛ centre équestre
Tarif : ⚒ *piscine comprise 2 pers. 75, pers. suppl. 18 –* 🔋 *12 (10A)*
Location : ⛺ *1500 à 2300*

La ROSIÈRE 1850

73700 Savoie 🔢 – 🟨 ⑱ ⓖ. **Alpes du Nord** – Sports d'hiver : 1 100/2 600 m ⚡19 ⚘.
🅱 Office de Tourisme 🗹 04 79 06 80 51, Fax 04 79 06 83 20.
Paris 667 – Albertville 77 – Bourg-St-Maurice 23 – Chambéry 125 – Chamonix-Mont-Blanc 60 – Val-d'Isère 32.

⚲ **La Forêt** 15 déc.-1er mai, 15 juin-15 sept.
🗹 04 79 06 86 21 – S : 2 km par N 90, rte de Bourg-St-Maurice, chemin piétonnier reliant le camp au village, alt. 1 730 – ⚘ ≤ « Agréable situation surplombant la vallée » o⟋ – **R** conseillée vacances scolaires – ⚔
1,5 ha (67 empl.) en terrasses, accidenté, pierreux ⚲⚲ sapinière
⚒ ⚒ ⚱ ⚘ ⚕ ⚐ ⚬ – ⚑ – ⚒ (bassin) – A proximité : ⚒
Tarif : ⚒ 22,90 – ⚒ 17/22 – 🔋 19 (4A) 25 (6A) - hiver : élect. comprise 2 pers. 112,80 (4A) 136,80 (10A)

ROSIÈRES

07260 Ardèche 🔟 – 🔠 ⑧ – 911 h. alt. 175.
Paris 652 – Aubenas 22 – Largentière 11 – Privas 52 – St-Ambroix 34 – Vallon-Pont-d'Arc 23.

⚲⚲⚲ **Arleblanc** avril-oct.
🗹 04 75 39 53 11, Fax 04 75 39 93 98 – sortie Nord-Est rte d'Aubenas et 2,8 km par chemin à droite, longeant le centre commercial Intermarché, Croisement difficile pour caravanes « Situation agréable au bord de la Beaume » o⟋ – **R** conseillée – ⊖⊟ ⚔
7 ha (167 empl.) plat, herbeux ⚲⚲
⚒ ⚱ ⚘ ⚕ ⚐ ⚬ ⚛ ⚐ ⚬ ⚒ ⚒ ⚒ – ⚒ ⚑ ⚔ pizzeria ⚒ – ⚒ ⚒ ⚒ ⚒ ⚒ – A proximité : ⚒
Tarif : ⚒ *piscine comprise 2 pers. 110, pers. suppl. 20 –* 🔋 *20 (6A)*
Location : ⛺ *2000 à 2800 – studios*

▲▲▲ **La Plaine** avril-sept.
    🅿 04 75 39 51 35, Fax 04 75 39 96 46 – NE : 0,7 km par D 104 rte d'Aubenas – ⌐ – **R** conseillée juil.-août – ⚡
4 ha/2 campables (60 empl.) plat, peu incliné, herbeux ⌐ ♀♀
    🔥 🛖 🌊 🖼 🗠 ⊕ 🖲 – ♥ – 🚐 🚗 ✗ 🏓 ⚓ – A proximité : 🏕
Tarif : 🖂 piscine comprise 2 pers. 90, pers. suppl. 18 – 🔌 18 (6A) 20 (10A)
Location : 🚃 1400 à 2700

▲▲ **Les Platanes** Pâques-sept.
    🅿 04 75 39 52 31, Fax 04 75 39 90 86 – sortie Nord-Est rte d'Aubenas et 3,7 km par chemin à droite longeant le centre Commercial Intermarché, Croisement difficile pour caravanes – 🏞 ≤ « Accès direct à la Beaume » ⌐ juil.-août – **R** conseillée juil.-août – ⚡
2 ha (90 empl.) plat, herbeux ♀♀
    🔥 🛖 🌊 🖼 🗠 ⊕ 🖲 – ⚡ 🏊 🗥 – 🚐 🚗 ⚓ ≃ – A proximité : 🐴
Tarif : 🖂 piscine comprise 2 pers. 90 – 🔌 17 (10A)

▲ **Les Acacias** 15 mai-sept.
    🅿 04 75 39 95 85 – NO : 1,5 km par D 104, rte de Joyeuse, D 303, rte de Vernon à droite et chemin à gauche, Accès direct à Joyeuse par chemin piétonnier – 🏞 « Au bord de la Beaume » ⌐ – **R** conseillée – ⚡
1,2 ha (32 empl.) plat, herbeux ⌐ ♀
    🔥 🛖 🖼 🗠 ⊕ 🖲 – ⚡ – 🚐 ≃ (plan d'eau)
Tarif : 🖂 2 pers. 53, pers. suppl. 17 – 🔌 15 (16A)
Location : 🚃 1225

▲ **Le Moulinet** avril-sept.
    🅿 04 75 36 80 35 – N : 3 km par D 104 et par D 212, rte de Laurac, puis chemin à droite – 🏞 « Cadre sauvage et naturel » – **R** conseillée – ⚡
5 ha/1,5 campable (22 empl.) en terrasses, peu incliné, pierreux, herbeux ♀♀
    🔥 🛖 🌊 🖼 ⊕ 🖲
Tarif : 🖂 2 pers. 38, pers. suppl. 19 – 🔌 10 (5A)

Les ROSIERS-SUR-LOIRE

49350 M.-et-L. 🖥 – 🔢 ⑫ Ⓖ. Châteaux de la Loire – 2 204 h. alt. 22.
Paris 304 – Angers 32 – Baugé 27 – Bressuire 66 – Cholet 62 – La Flèche 45 – Saumur 18.

▲▲ **Intercommunal le Val de Loire** Pâques-15 sept.
    🅿 02 41 51 94 33, Fax 02 41 51 89 13 – sortie Nord par D 59 rte de Beaufort-en-Vallée, près du carrefour avec la D 79 « Entrée fleurie » ⌐ – **R** conseillée juil.-août – ⚑ ⚡
3,5 ha (110 empl.) plat, herbeux ⌐ ♀
    🔥 🛖 🌊 🖼 🗠 ⊻ 🖽 🖲 – 🚐 🗥 🚲 ≃ – A proximité : toboggan aquatique ✗ 🏓
Tarif : (Prix 1999) 🖂 piscine et tennis compris 2 pers. 80, pers. suppl. 23 – 🔌 15 (5 à 10A)
Location : 🚃 1370 à 2250 – 🏠 1450 à 2350 – bungalows toilés

ROSNAY

36300 Indre 🔟 – 🔢 ⑯ ⑰ – 537 h. alt. 112.
Paris 311 – Argenton-sur-Creuse 33 – Le Blanc 15 – Châteauroux 45.

▲ **Municipal** Permanent
    N : 0,5 km par D 44 rte de St-Michel-en-Brenne, bord d'un étang – 🏞 – **R** – ⚡
0,7 ha (18 empl.) plat, herbeux
    🛖 🖼 🖽 ⊕ – ✗
Tarif : (Prix 1999) 🚶 10 – 🚗 8 – 🖂 9 – 🔌 10 (3A) 6A : 16 (hiver 20)

ROSPORDEN

29140 Finistère 🖪 – 🔢 ⑯ Ⓖ. Bretagne – 6 485 h. alt. 125.
🄑 Syndicat d'Initiative (juil.-août) Le Moulin r. Hippolyte-le-Bas 🅿 02 98 59 27 26, Fax 02 98 59 92 00, (hors saison) 🅿 02 98 66 99 00.
Paris 546 – Carhaix-Plouguer 51 – Châteaulin 47 – Concarneau 14 – Quimper 23 – Quimperlé 26.

▲ **Municipal Roz-an-Duc** 19 juin-3 sept.
    🅿 02 98 59 90 27 – N : 1 km par D 36 rte de Châteauneuf-du-Faou et à droite, à la piscine, à 100 m d'un étang – 🏞 « Agréable cadre boisé au bord de l'Aven » ⌐ – **R** conseillée – ⚡
1 ha (49 empl.) non clos, plat et en terrasses, herbeux ⌐ ♀♀
    🔥 🛖 🗥 🖽 ⊕ – A proximité : parcours sportif ✗ 🖾 🗥
Tarif : 🚶 13,50 – 🚗 6,50 – 🖂 13 – 🔌 13 (6A)

ROTHAU

67570 B.-Rhin 🖪 – 🔢 ⑧ – 1 583 h. alt. 340.
Paris 413 – Barr 34 – St-Dié 99 – Saverne 50 – Sélestat 42 – Strasbourg 56.

▲ **Municipal** mai-sept.
    🅿 03 88 97 07 50 – sortie Sud-Ouest par N 420 rte de St-Dié et chemin à droite, bord de la Bruche – ⌐ juil.-août – **R** conseillée – ⚡
1 ha (39 empl.) plat et terrasse, peu incliné, herbeux
    🛖 🗥 🖽 ⊕
Tarif : 🚶 15 – 🚗 5,50 – 🖂 5,50 – 🔌 10 (6A)

ROUFFACH

68250 H.-Rhin 🎱 – 6️⃣2️⃣ ⑲ G. Alsace et Lorraine – 4 303 h. alt. 204.
🅱 Office de Tourisme 8 pl. de la République ℰ 03 89 78 53 15, Fax 03 89 49 75 30.
Paris 479 – Basel 57 – Belfort 56 – Colmar 15 – Guebwiller 11 – Mulhouse 28 – Thann 26.

   ▲ **Municipal** 29 mai-sept.
      ℰ 03 89 49 78 13 – au Sud du bourg, près du stade et de la piscine – ⊶ – **R** conseillée
      0,4 ha (30 empl.) plat, herbeux ⚲
      🔥 ⚗ ⊛ – 🍽 – A proximité : ✂ ⤢
      Tarif : (Prix 1999) ★ 10 – 🔲 10 – 🔋 12 (4A)

ROUFFIGNAC

24 Dordogne 1️⃣3️⃣ – 7️⃣5️⃣ ⑥ G. Périgord Quercy – 1 465 h. alt. 300 – ⊠ 24580 Rouffignac-St-Cernin.
Paris 504 – Bergerac 58 – Brive-la-Gaillarde 56 – Périgueux 33 – Sarlat-la-Canéda 37.

   ▲▲ **Cantegrel** avril-1ᵉʳ oct.
      ℰ 05 53 05 48 30, Fax 05 53 05 40 67 – N : 1,5 km par D 31 rte de Thenon et rte à droite –
      ≼ « Cadre agréable » ⊶ – **R** conseillée – **GB**
      43 ha/7 campables (110 empl.) en terrasses, peu incliné et incliné, herbeux ⛪ ⚲ (3 ha)
      🔥 🔥 ⊕ 🔲 ⊕ ⊛ 🍴 – ⏸ 🍽 ✗ 🐴 cases réfrigérées – 🍽 ⤢ ⤢ 🚲 ✂ ⤢ 🐴
      Tarif : (Prix 1999) ★ 17 piscine et tennis compris – 🔲 65 – 🔋 15 (5A)
      Location : 🏠 1000 à 2650

   ▲▲ **La Nouvelle Croze** Pâques-Toussaint
      ℰ 05 53 05 38 90, Fax 05 53 46 61 71 – SE : 2,5 km par D 31, rte de Fleurac et chemin à droite
      – 🌿 ⊶ juil.-août – **R** conseillée août – **GB** ⤢
      1,3 ha (40 empl.) plat, herbeux
      🔥 🔥 ⊕ 🔲 ⊕ ⊛ ⤢ ⤢ 🔲 – ⏸ 🍽 – 🍽 ⤢ ⤢
      Tarif : ★ 26 piscine comprise – 🔲 35 – 🔋 15 (5A)
      Location : 🛏 1100 à 2850

ROUGEMONT

25680 Doubs 🎱 – 6️⃣6️⃣ ⑯ – 1 200 h. alt. 255.
Paris 386 – Baume-les-Dames 21 – Besançon 50 – Montbéliard 59 – Vesoul 28.

à Bonnal N : 3,5 km par D 18 – 25 h. alt. 270 – ⊠ 25680 Bonnal :

   ▲▲▲ **Le Val de Bonnal** 8 mai-15 sept.
      ℰ 03 81 86 90 87, Fax 03 81 86 03 92 – 🌿 « Situation agréable en bordure de l'Ognon et près d'un
      plan d'eau » ⊶ – **R** conseillée juil.-août – **GB**
      120 ha/15 campables (320 empl.) plat, herbeux ⛪ ⚲ (7 ha)
      🔥 🔥 ⊕ 🔲 ⊕ ⊛ ⤢ 🔲 – ⏸ 🍽 ✗ snack 🐴 – 🍽 ⤢ ⤢ 🚲 🔲 ⤢ toboggans aquatiques
      Tarif : ★ 38 piscine comprise – ⤢ 20 – 🔲 50 – 🔋 20 (5A)

ROUQUIÉ

81 Tarn 1️⃣5️⃣ – 8️⃣3️⃣ ② – ⊠ 81260 Brassac.
Paris 735 – Anglès 11 – Brassac 17 – Lacaune 19 – St-Pons-de-Thomières 31 – La Salvetat-sur-Agout 9.

   ▲ **Rouquié** mars-oct.
      ℰ 05 63 70 98 06, Fax 05 63 50 49 58 – bord du lac de la Raviège – 🌿 ≼ ⊶ – **R** conseilllée juil.-
      15 août – ⤢
      1,5 ha (76 empl.) très incliné, en terrasses, herbeux ⚲
      🔥 🔥 ⊕ ⊕ ⊕ ⊛ 🔲 – ⏸ 🍽 ✗ –
      Tarif : (Prix 1999) 🔲 1 ou 2 pers. 66, pers. suppl. 20 – 🔋 15 (3A) 18 (6A)
      Location : 🏠 1600 à 3000

ROUSSILLON

84220 Vaucluse 1️⃣6️⃣ – 8️⃣1️⃣ ⑬ G. Provence – 1 165 h. alt. 360.
🅱 Office de Tourisme pl. de la Poste ℰ 04 90 05 60 25, Fax 04 90 05 60 25.
Paris 727 – Apt 11 – Avignon 51 – Bonnieux 10 – Carpentras 37 – Cavaillon 30 – Sault 31.

   ▲▲ **Arc-en-Ciel** 15 mars-oct.
      ℰ 04 90 05 73 96 – SO : 2,5 km par D 105 et D 104 rte de Goult – 🌿 « Agréable site dans une
      pinède » ⊶ – **R** conseillée juil.-août – **GB** ⤢
      5 ha (70 empl.) accidenté et en terrasses ⛪⛪ (4 ha)
      🔥 🔥 ⊕ 🔲 ⊕ ⊛ 🔲 – 🍽 – A proximité : 🐴
      Tarif : ★ 17 – ⤢ 10 – 🔲 10 – 🔋 15 (4A) 17 (6A)
      Location : 🛏

To select the best route and follow it with ease,

To calculate distances,

To position a site precisely from details given in the text :

Get the appropriate MICHELIN regional map, 1 : 200 000
(1 inch : 3.15 miles).

17200 Char.-Mar. ⑨ – 🗎 ⑮ G. Poitou Vendée Charentes – 16 837 h. alt. 20.

🖪 Office de Tourisme Palais des Congrès 𝒫 05 46 23 00 00 et 05 46 05 04 71, Fax 05 46 38 52 01 et Rd-Pt de la Poste 𝒫 05 46 05 04 71, Fax 05 46 06 67 76.

Paris 505 – Bordeaux 121 – Périgueux 178 – Rochefort 40 – Saintes 36.

⚠ **Le Royan** avril-sept.
𝒫 05 46 39 09 06, Fax 05 46 38 12 05 – NO : 2,5 km – ⚏ – **R** conseillée – ⚲
2,5 ha (180 empl.) peu incliné, herbeux ⚲
🕭 ⚞ 🍴 🖫 ⚐ ⊚ 🅰 ⚗ 🖳 – 🏖 🍴 snack 🛒 – 🏠 ⚬🅰 🌊
Tarif : 🏩 *piscine comprise 1 à 3 pers. 92*
Location : 🛖 *900 à 1950* – 🚐 *1400 à 3030*

⚠ **Clairefontaine** 20 mai-15 sept.
𝒫 05 46 39 08 11, Fax 05 46 38 13 79 – **à Pontaillac,** allée des Peupliers, à 400 m de la plage
« Cadre agréable » ⚏ – **R** conseillée 10 juil.-20 août – 🄶🄱 ⚲
3 ha (290 empl.) plat, herbeux ⚲⚲
🕭 ⚞ 🍴 🖫 🛁 ⊚ 🗲, 🖳 – 🍴 snack – 🏠 ⚒ 🌊
Tarif : 🏩 *piscine et tennis compris 3 pers. 180, pers. suppl. 60* – 🔌 *20 (5A)*

⚠ **Le Chant des Oiseaux** 15 juin-sept.
𝒫 05 46 39 47 47 – NO : 2,3 km – ⚏ juil.-août – **R** conseillée – ⚲
2,5 ha (150 empl.) plat, herbeux ⚲⚲ (0,5 ha)
🕭 ⚞ 🍴 🖫 🛁 ⊚ 🖳 – 🏠
Tarif : 🏩 *3 pers. 76* – 🔌 *19,50 (5A)*

⚠ **Walmone** avril-sept.
𝒫 05 46 39 15 81 – N : 4 km – ⚏ – **R** conseillée juil.-août – ⚲
1,5 ha (100 empl.) plat, herbeux ⚲⚲
⚞ 🍴 🖫 🛁 ⊚ 🖳 – 🍴 – 🛌 ⚒ 🌊 (petite piscine)
Tarif : 🏩 *1 à 3 pers. 81* – 🔌 *20 (4A)*
Location : 🛖 *700 à 1850*

⚠ **L'Orée des Bois** 15 juin-15 sept.
𝒫 05 46 39 07 92 – N : 2,5 km – ⚏ – **R** conseillée – ⚲
1,5 ha (90 empl.) plat, herbeux ⚲
🕭 ⚞ 🍴 🛁 ⊚ 🖳 – 🏠
Tarif : 🏩 *2 pers. 58, pers. suppl. 20* – 🔌 *16,50 (6A) 20 (10A)*

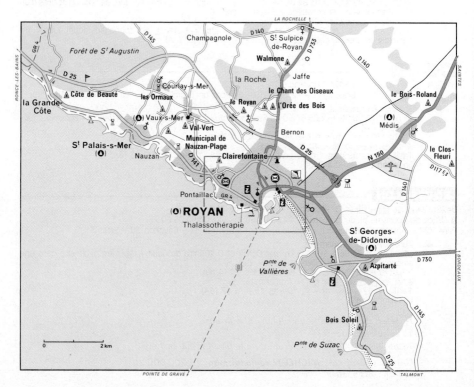

à Vaux-sur-Mer NO : 4,5 km – 3 054 h. alt. 12 – ⊠ 17640 Vaux-sur-Mer :

ᴬᴬᴬ **Municipal de Nauzan-Plage** avril.-sept.
    ⌀ 05 46 38 29 13, Fax 05 46 38 18 43 – av. de Nauzan, à 500 m de la plage – o┓ – **R** conseillée juil.-août – **GB** ⚓
    3,9 ha (220 empl.) plat, herbeux ☐ ♀
    & ♒ ⇌ ⌸ ♨ ☺ ⚲ ✇ ▦ – ♨ ₮ snack ♨ – ▱ ⚔ ⛳ – A proximité : ✗ ▨
    Tarif : ▣ *piscine comprise 1 à 3 pers. 120* – ⒝ *15 (6A)*

ᴬᴬ **Val-Vert** juin-15 sept.
    ⌀ 05 46 38 25 51, Fax 05 46 38 06 15 – au Sud-Ouest du bourg, 106 av. F.-Garnier, bord d'un ruisseau – o┓ – **R** conseillée – **GB** ⚓
    3 ha (157 empl.) plat et terrasse, herbeux, pierreux ☐ ♀
    & ♒ ⚲ ⌸ ⌸ ♨ ▦ – ♨ – ▱ ⚔ ⛳ – A proximité : ✗ ▨ ⚡
    Tarif : ▣ *piscine comprise 3 pers. 125*
    Location : ☞ *1000 à 2000*

Voir aussi à Médis, St-Georges-de-Didonne, St-Palais-sur Mer

ROYAT

63130 P.-de-D. ⑪ – ⑬ ⑭ G. Auvergne – 3 950 h. alt. 450 – ♨ (fin mars/fin oct.).
🛈 Office de Tourisme pl. Allard ⌀ 04 73 35 81 87, Fax 04 73 35 81 07.
Paris 428 – Aubusson 90 – La Bourboule 47 – Clermont-Ferrand 5 – Le Mont-Dore 40.

ᴬᴬᴬ **Municipal de l'Oclède** 27 mars-29 oct.
    ⌀ 04 73 35 97 05, Fax 04 73 35 67 69 – SE : 2 km par D 941ᶜ, rte du Mont-Dore et à droite D 5, rte de Charade « Cadre agréable » o┓ – **R** conseillée – ⚓
    7 ha (200 empl.) en terrasses, peu incliné, gravier, herbeux ☐ ♀
    ▥ & ♒ ⚲ ⌸ ⌸ ♨ ⌾ ▦ – ₮ – ▱ ⚔ ✗
    Tarif : *(Prix 1999)* ♦ *20* – ⇌ *13* – ▣ *14* – ⒝ *19 (4A) 26 (6A) 34 (10A)*
    Location : *huttes*

Si vous recherchez :
    un terrain agréable ou très tranquille
    un terrain ouvert toute l'année
    un terrain effectuant la location de caravanes,
        de mobile homes, de bungalows ou de chalets
    un terrain avec tennis ou piscine
    un terrain possédant une aire de services
        pour camping-cars

Consultez le tableau des localités citées, classées par départements.

ROYBON

38940 Isère ⑫ – ⑦⑦ ③ – 1 269 h. alt. 518.
Paris 543 – Beaurepaire 24 – Grenoble 61 – Romans-sur-Isère 36 – St-Marcellin 17 – Voiron 39.

ᴬ **Municipal Aigue-Noire** avril-sept.
    ⌀ 04 76 36 23 67 – S : 1,5 km par D 20, rte de St-Antoine – Places limitées pour le passage « Au bord d'un bois d'eau et d'un ruisseau » o┓ – **R** conseillée – ⚓
    2 ha (100 empl.) plat et peu incliné, terrasses, gravier, herbeux ♀ (0,6 ha)
    & ♒ ⚲ ♨ ▦ – ▱ ⚔ – A proximité : ▨ toboggan aquatique
    Tarif : *(Prix 1999)* ♦ *15,50* – ⇌ *8,50* – ▣ *12,50* – ⒝ *14,50 (5A)*

ROYÈRE-DE-VASSIVIÈRE

23460 Creuse ⑩ – ⑦② ⑳ – 670 h. alt. 735.
Paris 422 – Bourganeuf 22 – Eymoutiers 24 – Felletin 30 – Gentioux 12 – Limoges 68.

ᴬᴬ **Centre de Vacances de Masgrangeas** mai-sept.
    ⌀ 05 55 64 71 65, Fax 05 55 64 75 09 – SO : 4,8 km par D 3 et D 3ᴬ à droite, bord du lac de Vassivière, alt. 659 – ⚲ ≼ « Site et situation agréables » o┓ – **R** conseillée juil.-août – Adhésion obligatoire – **GB** ⚓
    22 ha/2 campables (110 empl.) plat et peu incliné, herbeux ☐ ♀♀
    ♒ ⚲ ⌸ ♨ ⌾ ▦ – ₮ snack ♨ – ▱ ⚔ salle d'animation ✗ ⛳ ⚡ (plage)
    Tarif : ▣ *piscine comprise 2 pers. 92, pers. suppl. 25* – ⒝ *17 (8A)*
    Location *(avril-oct.) gîtes*

Le ROZIER

48150 Lozère **15** – **80** ④ G. Languedoc Roussillon – 157 h. alt. 400.
🛈 Office de Tourisme ✆ 05 65 62 60 89, Fax 05 65 62 60 27.
Paris 640 – Florac 57 – Mende 63 – Millau 23 – Sévérac-le-Château 31 – Le Vigan 72.

   ▲▲▲ **Les Prades** juin-15 sept.
       ✆ 05 65 62 62 09 ✉ 12720 Peyreleau – O : 4 km par Peyreleau et D 187 à droite, rte de la Cresse, bord du Tarn – ⑂ ≤ ⌀ – **R** conseillée juil.-août – **GB** ✗
       3,5 ha (150 empl.) plat, herbeux, sablonneux ♀♀
       🔥 🖩 🖉 🖫 🗄 ☺ ⊛ �▽ 🖩 – 🖳, 🍴 snack – 🛶 ❖ ·☉ 🍴 ⊿ ≅ mur d'escalade
       Tarif : ▣ *piscine et tennis compris 2 pers. 90 –* ⓖ *19 (6A)*
       Location ⍢ : ⌖ *1500 à 2800 – bungalows toilés*

   ▲ **Le Randonneur** juin-sept.
       ✆ 05 65 62 60 62 ✉ 12720 Peyreleau – NO : 1,2 km par D 907 rte de Millau, bord du Tarn – ≤
       ⌀ – **R** conseillée 14 juil.-15 août – ✗
       0,5 ha (28 empl.) plat, terrasse, pierreux, herbeux ▭ ♀♀
       🔥 🖩 ☺ ⊛ 🖩 – 🖳 🛶 ≅ – A proximité : 🍴
       Tarif : ▣ *2 pers. 48 –* ⓖ *10 (5A)*

RUE

80120 Somme **1** – **52** ⑥ G. Picardie Flandres Artois – 2 942 h. alt. 9.
🛈 Office de Tourisme 54 porte de Bécray ✆ 03 22 25 69 94, Fax 03 22 25 76 26.
Paris 213 – Abbeville 29 – Amiens 77 – Berck-Plage 23 – Le Crotoy 8.

   ▲ **Les Oiseaux** avril-15 sept.
       ✆ 03 22 25 71 82 – S : 3,2 km par D 940, rte du Crotoy et chemin de Favières à gauche, près d'un ruisseau – Places limitées pour le passage ⌀ – **R** conseillée – ✗
       1,2 ha (71 empl.) plat, herbeux
       🎐 🔥 🖩 ☺ 🖫 ☺ ⊛ 🖩
       Tarif : ★ *18 –* ▣ *20 –* ⓖ *12 (6A)*

RUFFEC

36300 Indre **10** – **68** ⑯ – 594 h. alt. 95.
Paris 322 – Argenton-sur-Creuse 30 – Bélâbre 9 – Le Blanc 9 – Châteauroux 53.

   ▲ **Municipal** 15 mai-15 sept.
       sortie Sud par D 15, rte de Belâbre, bord de la Creuse – **R** – ✗
       0,7 ha (23 empl.) plat, herbeux ▭ ♀
       🖩 ☺ – A proximité : 🍴
       Tarif : (Prix 1999) ★ *8 –* 🚗 *8 –* ▣ *8 –* ⓖ *10 (16A)*

RUFFIEUX

73310 Savoie 🖸🖸 – 🖸🖸 ⑤ – 540 h. alt. 282.
Paris 518 – Aix-les-Bains 19 – Ambérieu-en-Bugey 58 – Annecy 40 – Bellegarde-sur-Valserine 36.

▲▲ **Saumont** 29 avril-sept.
🖉 04 79 54 26 26, Fax 04 79 54 24 74 – O : 1,2 km accès sur D 991, près du carrefour du Saumont, vers Aix-les-Bains et chemin à droite, bord d'un ruisseau – ≤ o⟶ saison – **R** conseillée juil.-août – ⚲
1,6 ha (66 empl.) plat, herbeux, gravier ▢ 🔟🔟 (0,5 ha)
🏵 ⅄ ⋒ ⇆ 🖪 ⚲ ⊙ ☲ 🖲 – ▢ 🛠 ⚊
Tarif : ⚹ 22 piscine comprise – 🖪 26 – [½] 12 (5A) 14 (10A)
Location : 🚐 1000 à 2200

RUILLÉ-SUR-LOIR

72340 Sarthe 🖸 – 🖸🖸 ④ – 1 287 h. alt. 56.
Paris 214 – La Chartre-sur-le-Loir 6 – Le Grand-Lucé 63 – Le Mans 53 – Tours 47.

▲ **Municipal les Chaintres** mai-sept.
au Sud du bourg, rue de l'Industrie – 🦃 « Cadre agréable au bord du Loir » – **R** conseillée
0,5 ha (30 empl.) plat, herbeux ⚲
⅄ ⋒ ⇆ 🖪 ⇆ ⊙
Tarif : ⚹ 10 – ⇌ 5 – 🖪 5 – [½] 11 (5A)

RUMILLY

74150 H.-Savoie 🖸🖸 – 🖸🖸 ⑤ G. Alpes du Nord – 9 991 h. alt. 334.
🖪 Office de Tourisme de l'Albanais 🖉 04 50 64 58 32, Fax 04 50 64 69 21.
Paris 534 – Aix-les-Bains 21 – Annecy 24 – Bellegarde-sur-Valserine 37 – Belley 44 – Genève 58.

▲▲ **Le Madrid** juin-1er oct.
🖉 04 50 01 12 57, Fax 04 50 01 29 49 – SE : 3 km par D 910 rte d'Aix-les-Bains puis D 3 à gauche et D 53 à droite rte de St-Félix, à 500 m d'un plan d'eau – o⟶ – **R** conseillée juil.-août
– ⒼⒷ ⚲
3,2 ha (109 empl.) plat, herbeux, pierreux ▢
🏵 ⅄ ⋒ ⇆ 🖪 ⇆ ⇆ ⊙ ☲ ⟱ 🖪 – ⚐ cases réfrigérées – ⚐ 🏊 ⚊ – A proximité : ⚓
Tarif : ⚹ 20 piscine comprise – ⇌ 9 – 🖪 20/25 – [½] 15 (5A) 25 (10A)
Location (permanent) ⚑ hors saison estivale : 🚐 2000 – 🏠2300 à 3500 – studios

RUOMS

07 Ardèche – 🖸🖸 ⑨ – voir à Ardèche (Gorges de l').

RUPPIONE (PLAGE DE)

2A Corse-du-Sud – 🖸🖸 ⑰ – voir à Corse.

Le RUSSEY

25210 Doubs 🖸🖸 – 🖸🖸 ⑱ – 1 824 h. alt. 875.
Paris 473 – Belfort 73 – Besançon 68 – Montbéliard 53 – Morteau 17 – Pontarlier 49.

▲ **Municipal les Sorbiers** Permanent
🖉 03 81 43 75 86 – au bourg, r. Foch – o⟶ – **R** – ⚲
1 ha (60 empl.) plat, gravier, herbeux
⅄ ⋒ ⇆ 🖪 ⇆ ⊙ ☲ – ⚐ 🏊 🛠
Tarif : (Prix 1999) ⚹ 7 – ⇌ 4 – 🖪 4 – [½] 12 (15A)

Les SABLES-D'OLONNE

85100 Vendée 🖸 – 🖸🖸 ⑫ G. Poitou Vendée Charentes – 15 830 h. alt. 4.
🖪 Office de Tourisme Centre de Congrès « les Atlantes » 1 prom. Joffre 🖉 02 51 96 85 85, Fax 02 51 96 85 71.
Paris 457 – Cholet 107 – Nantes 104 – Niort 113 – La Rochelle 91 – La Roche-sur-Yon 38.

▲▲▲ **La Dune des Sables** avril-25 sept.
🖉 02 51 32 31 21 – NO : 4 km, près de la plage – ≤ o⟶ – **R** indispensable 20 juil.-20 août – ⒼⒷ
⚲
7,5 ha (290 empl.) plat, en terrasses, sablonneux, herbeux
⅄ ⋒ ⇆ 🖪 ⇆ ⇆ ⊙ ☲ ⟱ 🖪 – ⚊ ⚐ snack ⚐ – ⚐ 🏊 🚲 🛠 🔥 ⚊ toboggan aquatique
Tarif : 🖪 piscine comprise 2 pers. 130 – [½] 20 (6A)
Location : 🚐 990 à 3800

▲▲▲ **Le Puits Rochais** avril-5 nov.
🖉 02 51 21 09 69, Fax 02 51 23 62 20 ✉ 85180 le Château-d'Olonne – SE : 3,5 km – o⟶ –
R indispensable août – ⒼⒷ ⚲
3,9 ha (210 empl.) plat, peu incliné, herbeux ▢
⅄ ⋒ ⇆ 🖪 ⇆ ⇆ ⊙ ☲ ⟱ 🖪 – ⚐ 🏊 ⚐ – ⚐ 🏊 🚲 🛠 🔥 ⚊ toboggan aquatique
Tarif : 🖪 piscine comprise 2 pers. 125, pers. suppl. 30 – [½] 20 (6 ou 10A)
Location : 🚐 1300 à 3650

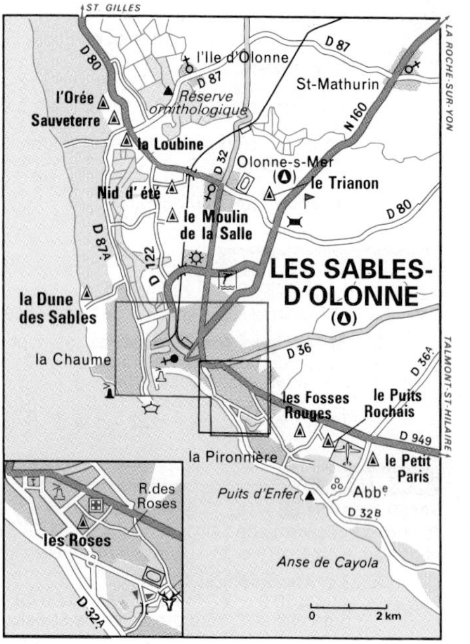

Les Roses avril-oct.
02 51 95 10 42 – r. des Roses, à 400 m de la plage – – R indispensable 15 juil.-20 août – GB
3,3 ha (200 empl.) plat et peu incliné, en terrasses, herbeux
– toboggan aquatique – A proximité :
Tarif : *piscine comprise 2 pers. 130 – 20 (6A)*
Location : *1100 à 3900 – 1300 à 4100*

Le Petit Paris avril-sept.
02 51 22 04 44, Fax 02 51 33 17 04
85180 le Château d'Olonne – SE : 5,5 km – – R conseillée juil.-août – GB
3 ha (154 empl.) plat, herbeux
– –
Tarif : *piscine comprise 2 pers. 85 (100 avec élect. 6A)*
Location *bungalows toilés*

Les Fosses Rouges avril-sept.
02 51 95 17 95 – SE : 3 km, à la Pironnière – – R conseillée juil.-août – GB
3,5 ha (255 empl.) plat, herbeux
– –
Tarif : *piscine comprise 2 pers. 80, pers. suppl. 18 – 18 (10A)*

à Olonne-sur-Mer N : 5 km par D 32 – 8 546 h. alt. 40 – 85340 Olonne-sur-Mer :

La Loubine avril-sept.
02 51 33 12 92, Fax 02 51 33 12 71 – O : 3 km « Ferme vendéenne du 16 ème siècle » saison – R conseillée juil.-août – GB
8 ha (345 empl.) plat, herbeux
– snack – toboggan aquatique terrain omnisports – A proximité : et poneys
Tarif : *piscine comprise 2 pers. 124 (139 avec élect. 6A)*
Location : *1400 à 3100 – 1800 à 3600*

Le Trianon 21 avril-25 sept.
02 51 23 61 61, Fax 02 51 90 77 70 – E : 1 km « Cadre agréable » juil.-août – R indispensable août – GB
12 ha (515 empl.) plat, herbeux, petit étang (5 ha)
– – discothèque toboggans aquatiques
Tarif : *piscine comprise 1 ou 2 pers. 146 (156 avec élect.), 3 pers. 168 (178 avec élect.)*
Location : *1660 à 3790 – 1890 à 4390 – bungalows toilés*

Le Moulin de la Salle 15 mai-15 sept.
02 51 95 99 10, Fax 02 51 96 96 13 – O : 2,7 km – – R indispensable –
2,7 ha (178 empl.) plat, herbeux
– snack – (découverte l'été) half-court
Tarif : *élect. et piscine comprises 2 pers. 110*
Location *(avril-oct.)* - : *1250 à 2850 – (gîtes)*

L'Orée avril-5 nov.
02 51 33 10 59, Fax 02 51 33 15 16 – O : 3 km – – R conseillée juil.-août – GB
5 ha (296 empl.) plat, herbeux (3,5 ha)
– snack – toboggan aquatique half-court – A proximité : poneys
Tarif : *piscine comprise 2 pers. 122, pers. suppl. 27 – 20 (5A)*
Location : *1400 à 3550 – 1400 à 3750 – gîtes, bungalows toilés*

Nid d'Été pâques-sept.
02 51 95 34 38 – O : 2,5 km – – R conseillée – GB
2 ha (125 empl.) plat, herbeux
–
Tarif : *piscine comprise 2 pers. 85 – 6A : 14 (hiver 18)*
Location : *1400 à 2980*

Sauveterre mai-15 sept.
02 51 33 10 58 – O : 3 km – – R conseillée –
3,2 ha (234 empl.) plat, herbeux (2ha)
– snack – A proximité : poneys
Tarif : *2 pers. 64 – 12 (6A)*

⚘ *Le Havre de la Gachère* avril-1er oct.
🞧 02 51 90 59 85, Fax 02 51 20 11 92 – NO : 8,7 km par D 80, rte de Brem-sur-Mer et D 54 à gauche,
au lieu-dit les Granges (hors schéma) – ⊶ – **R** conseillée – ⊖⊟ ⚲
5 ha (200 empl.) plat et accidenté, sablonneux ⚘⚘ pinède
⚙ 🕯 ⇆ ⫔ ⛉ ⊙ 🖭
Tarif : ⚘ 25 – 🚗 9 – 🗉 28 – 🗲 15 (5A) 18 (10A)

72300 Sarthe �745 – �574 ① G. Châteaux de la Loire – 12 178 h. alt. 29.
🅱 Office de Tourisme pl. R.-Élizé 🞧 02 43 95 00 60, Fax 02 43 92 60 77.
Paris 251 – Angers 64 – La Flèche 27 – Laval 44 – Le Mans 60 – Mayenne 59.

⚞ *Municipal de l'Hippodrome* avril-sept.
🞧 02 43 95 42 61, Fax 02 43 92 74 82 – S : sortie vers Angers et à gauche, attenant à l'hippodrome
– 🛗 « Cadre verdoyant au bord de la Sarthe » ⊶ – **R** conseillée juil.-août – ⊖⊟ ⚲
2 ha (84 empl.) plat, herbeux ⊞ ⚘
⚙ 🕯 ⇆ ⫔ ⛉ ⊙ 🖭 – 🛒 🏕 🚲 🢒⊙ 🖽 – A proximité : ⚒
Tarif : (Prix 1999) ⚘ 13,30 *piscine comprise* – 🗉 25,60 – 🗲 13,30 (15A)

07260 Ardèche � – �580 ⑧ – 149 h. alt. 450.
Paris 636 – Aubenas 48 – Langogne 54 – Largentière 37 – Les Vans 24.

⚞ *La Drobie* Permanent
🞧 04 75 36 95 22, Fax 04 75 36 95 68 – O : 3 km par D 220 et rte à droite, bord de rivière, Pour
caravanes : itinéraire conseillé depuis Lablachère par D 4 – 🛗 ≼ ⊶ – **R** conseillée – ⊖⊟ ⚲
1,5 ha (80 empl.) incliné, en terrasses, herbeux, pierreux
⚙ 🕯 ⇆ 🕳 ⊙ 🖭 – 🛒 🍹 ✗ 🛒 – 🚲 ⚒ 🢒 🖽
Tarif : 🗉 *piscine et tennis compris 2 pers.* 72 – 🗲 15 (10A)
Location : 🚐 1200 à 1500 – 🛖 2300 à 3300

40630 Landes � – �578 ④ G. Aquitaine – 1 096 h. alt. 78.
Paris 681 – Arcachon 93 – Bayonne 110 – Bordeaux 102 – Mimizan 41 – Mont-de-Marsan 36.

⚘ *Peyricat* 15 juin-14 sept.
🞧 05 58 07 51 88, Fax 05 58 07 51 86 – sortie Sud, rte de Luglon – ⊶ – **R** conseillée 14 juil.-
15 août – ⊖⊟ ⚲
20 ha/2 campables (69 empl.) plat, sablonneux, herbeux ⚘⚘
⚙ 🕯 ⇆ 🕳 ⛉ ⊙ -Au Village Vacances : 🖭 🍹 ✗ 🏕 🛒 🗐 🚲 🢒⊙ terrain omnisports – A proximité :
practice de golf ⚒ 🖽 🐎
Tarif : ⚘ 17,50 – 🚗 20 – 🗉 18/22 – 🗲 18 (5A)

26510 Drôme � – �581 ③ – 290 h. alt. 330.
Paris 671 – Buis-les-Baronnies 26 – La Motte-Chalancon 21 – Nyons 15 – Rosans 25 – Vaison-la-Romaine 31.

⚞ *Vallée Bleue* avril-oct.
🞧 04 75 27 44 42 – sortie Sud-Ouest par D 94, rte de Nyons, bord de l'Eygues – ≼ ⊶ – **R** conseillée
– ⚲
3 ha (45 empl.) plat, pierreux, herbeux ⚘ verger
⚙ 🕯 ⇆ 🕳 ⊙ 🖭 – snack – 🛒 🢒 🖽
Tarif : ⚘ 25 *piscine comprise* – 🗉 25 – 🗲 16 (16A)

15240 Cantal �740 – �576 ② G. Auvergne – 1 009 h. alt. 480.
Paris 489 – Aurillac 80 – Clermont-Ferrand 92 – Mauriac 27 – Le Mont-Dore 57 – Ussel 40.

⚘ *Municipal Bellevue* juil.-août
🞧 04 71 40 68 40 – sortie Nord-Ouest du bourg, au stade – ≼ ⊶ – **R** conseillée 15 juil.-15 août
– ⚲
1 ha (42 empl.) plat, herbeux ⊞ ⚘
⚙ 🕯 ⇆ 🕳 ⛉ ⊙ – 🛒 🚲 🢒⊙ ⚒ 🖾 – 🖽
Tarif : (Prix 1999) ⚘ 10,70 – 🚗 5,40 – 🗉 6,50 – 🗲 11,40

66800 Pyr.-Or. � – �586 ⑯ G. Languedoc Roussillon – 825 h. alt. 1 309.
Paris 873 – Bourg-Madame 9 – Font-Romeu-Odeillo-Via 13 – Mont-Louis 12 – Perpignan 92.

⚘ *Le Cerdan* fermé oct.-nov.
🞧 04 68 04 70 46, Fax 04 68 04 05 26 – à l'Ouest du bourg par petite rte d'Estavar derrière l'église
– 🛗 ≼ ⊶ – **R** conseillée – ⚲
0,8 ha (50 empl.) plat, herbeux ⚘⚘
🎦 ⚙ 🕯 ⇆ 🕳 ⫽ ⊙ 🖭 – 🛒 🏕
Tarif : 🗉 *2 pers.* 65 (80 ou 85 avec élect. 3 ou 6A)

à Estavar O : 4 km par D 33 – 358 h. alt. 1 200 – ⊠ 66800 Estavar :

⚠ **L'Enclave** fermé oct.
      04 68 04 72 27, Fax 04 68 04 07 15 – sortie Est près du D 33, bord de l'Angoust – 🐕 ⚷ –
R conseillée juil.-août – GB ⚒
3,5 ha (199 empl.) plat et peu incliné, en terrasses, pierreux, herbeux ▭ 90 (2 ha)
▥ & 🕽 ⇆ 📷 🍴 🖰 ⊕ 🖳 ∀ 🖺 🝙 – ▾ 🗙 🖑 – 🕳 🛶 🖤 🗘 – A proximité : 🏇 🏇
Tarif : (Prix 1999) ▣ *piscine et tennis compris 2 pers. 90, pers. suppl. 29* – ⓖ *20 (3A) 30 (6A) 45*
(10A)
Location : 🚐 *1175 à 2350* – 🏠 *1300 à 2600* – *appartements*

ST-AGRÈVE

07320 Ardèche **11** – **76** ⑨ – 2 762 h. alt. 1 050.
Paris 580 – Aubenas 73 – Lamastre 21 – Privas 71 – Le Puy-en-Velay 52 – St-Étienne 72 – Yssingeaux 35.

⚠ **Riou la Selle** mai-15 oct.
      04 75 30 29 28 – SE : 2,8 km par D 120, rte de Cheylard, D 21, rte de Nonières à gauche et chemin
de la Roche, à droite – 🐕 ⚷ juil.-août – **R** conseillée juil.-août – ⚒
1 ha (29 empl.) plat et peu incliné, terrasses, herbeux ▭ 90
▥ & 🕽 ⇆ 📷 🍴 🖰 ⊕ 🝙 🖳 – 🕳 🛶 🝙
Tarif : ▣ *piscine comprise 2 pers. 75, pers. suppl. 22* – ⓖ *19 (16A)*
Location : 🚐 *1100 à 1500* – 🏠 *2100 à 2800*

ST-AIGNAN

41110 L.-et-Ch. **13** – **64** ⑰ G. Châteaux de la Loire – 3 672 h. alt. 115.
🛈 Office de Tourisme (juil.-août) 02 54 75 22 85, Fax 02 54 75 22 85.
Paris 222 – Blois 40 – Châteauroux 65 – Romorantin-Lanthenay 34 – Tours 61 – Vierzon 56.

⚠ **Les Cochards** avril-15 oct.
      02 54 75 15 59 ⊠ 41110 Seigy – SE : 1 km par D 17, rte de Couffi, bord du Cher – ⚷ –
R conseillée – GB ⚒
4 ha (140 empl.) plat, herbeux 👤
& 🕽 ⇆ 📷 🖰 ⊕ 🖳 – 🝙 – 🕳 🛶 – A proximité : 🝙
Tarif : ▣ *2 pers. 66* – ⓖ *18 (6A)*
Location : *bungalows toilés*

ST-ALBAN

22400 C.-d'Armor **4** – **59** ④ – 1 662 h. alt. 95.
Paris 442 – Dinan 51 – Lamballe 11 – Plancoët 25 – St-Brieuc 23 – St-Cast-le-Guildo 28.

⚠ **Municipal les Jonquilles** 15 juin-15 sept.
      02 96 32 96 05 – sortie Nord par D 58 rte de Pléneuf – ≼ ⚷ – **R**
1 ha (77 empl.) en terrasses, plat et peu incliné, herbeux 👤
& 🕽 🝙 ⊕ – A proximité : 🝙
Tarif : (Prix 1999) 👤 *10,50* – 🚗 *3,70* – ▣ *4,20*

ST-ALBAN-AURIOLLES

07 Ardèche – **80** ⑧ – voir à Ardèche (Gorges de l').

ST-ALBAN-SUR-LIMAGNOLE

48120 Lozère **15** – **76** ⑮ – 1 928 h. alt. 950.
Paris 560 – Espalion 71 – Mende 40 – Le Puy-en-Velay 76 – St-Chély-d'Apcher 13 – Sévérac-le-Château 71.

⚠ **Le Galier** mars-15 nov.
      04 66 31 58 80, Fax 04 66 31 41 83 – O : 1,5 km par D 987 rte d'Aumont-Aubrac, bord de la
Limagnole, Accès par A 75, sortie 34 – 🐕 ⚷ – **R** conseillée juil.-août – ⚒
4 ha (70 empl.) plat et accidenté, herbeux 👤 (1 ha)
▥ & 🕽 ⇆ 📷 ⊕ 🝙 🖳 – ▾ – 🕳 🝙 – A proximité : 🝙
Tarif : ▣ *piscine comprise 1 pers. 49, pers. suppl. 17* – ⓖ *18 (6A)*
Location : 🚐 *1744 à 2290*

ST-AMANDIN

15190 Cantal **11** – **76** ③ – 284 h. alt. 840.
Paris 500 – Besse-en-Chandesse 34 – Bort-les-Orgues 26 – Condat 7 – Mauriac 47 – Murat 41.

⚠ **Municipal** 15 juin-15 sept.
      04 71 78 18 28 – sortie Nord-Est sur D 678, rte de Condat – 🐕 ≼ ⚷ – **R** conseillée 14 juil.-15
août – ⚒
1 ha (40 empl.) plat, peu incliné, herbeux, pierreux
& 🕽 ⇆ 📷 🖰 ⊕ 🝙 🖳 – ▾ 🗙 🖑 – 🝙 🖾 (découverte l'été)
Tarif : (Prix 1999) ▣ *piscine comprise 2 pers. 38, pers. suppl. 8* – ⓖ *12 (15A)*
Location : 🏠 *1400 à 1600*

ST-AMAND-LES-EAUX

59230 Nord **2** – **51** ⑰ G. Picardie Flandres Artois – 16 776 h. alt. 18 – ⚓ (06-03/18-11).
🛈 Office de Tourisme 91 Grand'Place ℘ 03 27 22 24 47, Fax 03 27 22 24 99.
Paris 216 – Denain 15 – Douai 35 – Lille 44 – Tournai 21 – Valenciennes 15.

⚠️ **Mont des Bruyères** mars-nov.
℘ 03 27 48 56 87 – SE : 3,5 km, en forêt de St-Amand, accès conseillé par D 169 (déviation) – Places limitées pour le passage ⅋ « Au cœur de la forêt » ⊶ – **R** conseillée juil.-août – ✂️ 3,5 ha (94 empl.) plat et en terrasses, sablonneux, herbeux ⌑ ♀♀
🎮🕮⏀🛆🛆🔘🔀🔲 – ▼ – 🛻
Tarif : (Prix 1999) 🅴 2 pers. 52, pers. suppl. 22 – 🔌 22 (6A) 28 (10A)

ST-AMAND-MONTROND

18200 Cher **10** – **69** ① ⑪ G. Berry Limousin – 11 937 h. alt. 160.
🛈 Office de Tourisme (fermé dim. et fêtes) pl. République ℘ 02 48 96 16 86, Fax 02 48 96 46 64.
Paris 288 – Bourges 44 – Châteauroux 66 – Montluçon 54 – Moulins 79 – Nevers 70.

⚠️ **Municipal de la Roche** avril-sept.
℘ 02 48 96 09 36 – sortie Sud-Est par N 144, rte de Montluçon et chemin de la Roche à droite avant le canal, près du Cher – ⅋ ⊶ – **R**
4 ha (120 empl.) plat, peu incliné, herbeux ♀
🎮🚴🕮⏀🛆🔘🔲 – 🛒 ✗
Tarif : (Prix 1999) 🛉 14,30 – 🅴 20,70 – 🔌 13,30 (5A)

ST-AMANS-DES-COTS

12460 Aveyron **15** – **76** ⑫ – 859 h. alt. 735.
Paris 595 – Aurillac 56 – Entraygues-sur-Truyère 15 – Espalion 32 – Chaudes-Aigues 48.

⚠️ **Les Tours** 20 mai-15 sept.
℘ 05 65 44 88 10, Fax 05 65 44 83 07 – SE : 6 km par D 97 et D 599 à gauche, bord du lac de la Selves, alt. 600 – ⅋ ⬱ ⊶ – **R** conseillée juil.-août – 🇬🇧 ✂️
30 ha/10 campables (250 empl.) en terrasses, incliné, herbeux, pierreux ⌑ ♀ (3,5 ha)
🚴🚳🕮⏀🛆🛆🔘🔀🔲 – 🛒▼✗🛁 – 🛖 🏕️ 🛝 ✗ 🎱 ≋ practice de golf
Tarif : 🅴 piscine comprise 2 pers. 138, 3 pers. 165, pers. suppl. 28 – 🔌 17 (6A)

⚠️ **La Romiguière** 15 avril-oct.
℘ 05 65 44 44 64 ✉️ 12210 Laguiole – SE : 8,5 km par D 97 et D 599 à gauche, bord du lac de la Selves, alt. 600 – ⅋ ⬱ « Site agréable » ⊶ – **R** conseillée – 🇬🇧 ✂️
2 ha (62 empl.) en terrasses, pierreux, herbeux ⌑ ♀
🚴🚳🕮⏀🛆🔘🔲 – ▼ pizzeria 🛁 – 🏕️ ≋
Tarif : 🅴 2 pers. 85 – 🔌 15 (10A)
Location : 🛖 1500 à 2500

ST-AMANT-ROCHE-SAVINE

63890 P.-de-D. 🔢 – 🔢 ⑯ – 500 h. alt. 950.
Paris 480 – Ambert 12 – La Chaise-Dieu 40 – Clermont-Ferrand 66 – Issoire 48 – Thiers 49.

⚠ **Municipal Saviloisirs** mai-sept.
  𝒫 04 73 95 73 60 – à l'Est du bourg – ⚬₋ – 🏪 – ⚒
  1,3 ha (15 empl.) plat et en terrasses, herbeux ⊏⊐
  ▥ ⌶ ⇆ 🗔 ⛟ ☺ ⚒ ▽ 🔲 – ⊏⊐ 🛖 ⚒ ⚬ – A proximité : ✎
  Tarif : (Prix 1999) 🏃 15 – ⛺ 8 – 🄴 7/10 avec élect.

ST-AMBROIX

30500 Gard 🔢 – 🔢 ⑧ – 3 517 h. alt. 142.
🅱 Office de Tourisme pl. de l'Ancien Temple 𝒫 04 66 24 33 36, Fax 04 66 24 05 83.
Paris 684 – Alès 20 – Aubenas 56 – Mende 105.

⚠ **Le Clos** avril-oct.
  𝒫 04 66 24 10 08, Fax 04 66 60 25 62 – accès par centre ville en direction d'Aubenas
  puis rue à gauche par place de l'église, bord de la Cèze – ≼ ⚬₋ – **R** conseillée juil.-août
  – ⚒
  1,5 ha (46 empl.) plat, herbeux ⊏⊐ ℺
  ⏧ ⌶ ⇆ ⚶ ☺ ⚒ ▽ 🔲 – 🍴 – ⊏⊐ 🛖 ⊷⊷ 🚲 ⨼ – A proximité : ✎
  Tarif : (Prix 1999) 🄴 piscine comprise 2 pers. 70, pers. suppl. 16 – 🔋 15 (3A) 17 (6A) 19 (10A)
  Location : 🛖 1600 – 🛖 1400 à 2600

⚠ **Beau-Rivage** avril-sept.
  𝒫 04 66 24 10 17, Fax 04 66 24 21 37 – SE : 3,5 km par D 37, rte de Lussan, bord de la Cèze, au
  lieu-dit le Moulinet – ⌁ ≼ ⚬₋ – **R** conseillée juil.-août – ⚒
  3,5 ha (130 empl.) en terrasses, herbeux, pierreux ⊏⊐ ℺℺
  ⏧ ⌶ ⇆ ⚶ ☺ 🔲 – 🛏 ⊷⊷ₘ ⨼
  Tarif : 🏃 26,50 – 🄴 25 – 🔋 12 (2A) 14 (4A) 16 (6A)

⚠ **La Tour** avril-oct.
  𝒫 04 66 24 17 89 – sortie Sud-Ouest par D 904, rte d'Alès – ≼ « Site et cadre agréables » ⚬₋ –
  R conseillée juil.-août – ⚒
  1 ha (30 empl.) en terrasses, herbeux, pierreux ℺℺
  ⌶ 🗔 ⚶ ☺ 🔲 – ⊏⊐ ⨼ (petite piscine) – A proximité : ✎ ⨼
  Tarif : 🄴 2 pers. 48, pers. suppl. 12 – 🔋 13 (6A)

ST-ANDRÉ-DE-ROQUEPERTUIS

30630 Gard 🔢 – 🔢 ⑨ – 361 h. alt. 120.
Paris 671 – Alès 41 – Bagnols-sur-Cèze 18 – Barjac 16 – Lussan 80 – Pont-St-Esprit 26.

⚠ **Le Martel**
  𝒫 04 66 82 25 44 – NO : 2 km par D 980, rte de Barjac, bord de la Cèze – ⚬₋
  1,5 ha (73 empl.) plat, herbeux, sablonneux ℺℺
  ⌶ ⇆ ⛟ ☺ 🔲 – snack (le soir uniquement) – ⊏⊐ ⨼ 🚲 ⨼ parcours de santé

⚠ **Municipal la Plage**
  𝒫 04 66 82 38 94 – NO : 1 km par D 980, rte de Barjac, bord de la Cèze – ⚬₋
  1,8 ha (80 empl.) non clos, plat, herbeux, sablonneux ℺℺
  ⌶ ⇆ 🗔 ⛟ ☺ 🔲 – ⊏⊐ ⨼

ST-ANDRÉ-DE-SANGONIS

34725 Hérault 🔢 – 🔢 ⑥ – 3 472 h. alt. 65.
Paris 723 – Béziers 54 – Clermont-l'Hérault 8 – Gignac 5 – Montpellier 35 – Sète 48.

⚠ **Le Septimanien** avril-sept.
  𝒫 04 67 57 84 23, Fax 04 67 57 54 78 – SO : 1 km par D 4, rte de Brignac, bord d'un ruisseau –
  ⌁ ⚬₋ – **R** conseillée juil.-août – 🅶🅱 ⚒
  2,6 ha (78 empl.) plat et en terrasses, pierreux ⊏⊐
  ⏧ ⌶ ⇆ 🗔 ⛟ ☺ 🔲 – 🍴 ✕ snack, pizzeria ⨼ – ⊏⊐ 🛖 ⨼ ⨼
  Tarif : 🄴 élect. et piscine comprises 2 pers. 100
  Location : 🛖 900 à 1500 – 🛖 1470 à 2450

ST-ANDRÉ-DES-EAUX

44117 Loire-Atl. 🔢 – 🔢 ⑭ – 2 919 h. alt. 20.
🅱 Office de Tourisme 1 ter r. de la Chapelle 𝒫 02 40 91 53 53, Fax 02 40 91 54 65.
Paris 448 – La Baule 9 – Guérande 12 – Pontchâteau 35 – Redon 52 – St-Nazaire 10.

⚠ **Les Chalands Fleuris** avril-15 oct.
  𝒫 02 40 01 21 40, Fax 02 40 91 54 24 – à 1 km au Nord-Est du bourg, près du complexe sportif,
  bord d'un petit étang – ⌁ ⚬₋ saison – **R** conseillée 14 juil.-15 août – 🅶🅱 ⚒
  4 ha (122 empl.) plat, herbeux ⊏⊐
  ⏧ ⌶ ⇆ 🗔 ⛟ ☺ ⚶ 🔲 – ⊏⊐ – A proximité : parcours sportif ✎ 🎣 ⨼ 🔲
  Tarif : 🏃 22 piscine comprise – ⛺ 12 – 🄴 29/35 – 🔋 15 (3A) 19 (6A)
  Location : 🛖 1200 à 3250 – bungalows toilés

ST-ANDRÉ-DE-SEIGNANX

40390 Landes 🔟 – 🔟 ⑰ – 1 271 h. alt. 50.
Paris 758 – Bayonne 14 – Capbreton 19 – Dax 40 – Hasparren 30 – Peyrehorade 24.

⚠ **Le Ruisseau** Permanent
℘ 05 59 56 71 92 – O : 1 km par D 54 rte de St-Martin-de-Seignanx – 🏊 ⊶ – **R** – 🐾
1 ha (60 empl.) peu incliné, en terrasses, herbeux 🔲 ♀
🔥 🍃 🛝 ⊛ 🖥 – 🎿 – 🏠 ⚓ (petite piscine)
Tarif : 🕴 20 – 🖿 30 – 🖸 20 (6A)

ST-ANDRÉ-LES-ALPES

04170 Alpes de H.-Pr. 🔟 – 🔟 ⑱ ⑱ G. Alpes du Sud – 794 h. alt. 914.
🎫 Office de Tourisme pl. M.-Pastorelli ℘ 04 92 89 02 39, Fax 04 92 89 19 23.
Paris 784 – Castellane 21 – Colmars 28 – Digne-les-Bains 44 – Manosque 95 – Puget-Théniers 45.

⚠ **Municipal les Iscles** mai-sept.
℘ 04 92 89 02 29 – S : 1 km par N 202 rte d'Annot et à gauche, à 300 m du Verdon, alt. 894 –
⊶ – **R** juil.-août – GB 🐾
2,5 ha (200 empl.) plat, pierreux, herbeux 🔾🔾 pinède
🔥 🔥 🍃 🖥 🛝 🖐 🛝 ⊛ 🖥 – 🚲 – A proximité : parcours sportif 🛒 🍴 ⊼
Tarif : (Prix 1999) 🕴 21 – 🚐 13 – 🖿 13 – 🖸 7 (4A)

Michelinkaarten en -gidsen zijn te koop in de meeste boekhandels.

ST-ANTHÈME

63660 P.-de-D. 🔟 – 🔟 ⑰ G. Vallée du Rhône – 880 h. alt. 950.
Paris 469 – Ambert 23 – Feurs 47 – Montbrison 24 – St-Bonnet-le-Château 24 – St-Étienne 56.

⚠ **Municipal de Rambaud** Permanent
℘ 04 73 95 48 79 – S : 0,6 km entre D 996 et D 261, près d'un plan d'eau et à 100 m de l'Ance
– ⋞ ⊶ été – **R** conseillée été – 🐾
0,5 ha (30 empl.) plat, herbeux 🔲
🔲 🔥 🍃 🖥 🛝 🖐 ⊛ 🛝 🛒 🖥 – 🏠 – A proximité : terrain omnisports 🍴 snack 🛝 🍴 ⊼ ⚓
Tarif : 🕴 13 – 🚐 5 – 🖿 13 – 🖸 6 (4,5A) 12 (18A)

ST-ANTOINE-D'AUBEROCHE

24330 Dordogne 🔟 – 🔟 ⑥ – 115 h. alt. 152.
Paris 488 – Brive-la-Gaillarde 89 – Limoges 96 – Périgueux 25.

⚠ **La Pelonie** avril-sept.
℘ 05 53 07 55 78, Fax 05 53 03 74 27 – SO : 1,8 km en direction de Milhac-Gare, à la Bourgie – ⊶
– **R** conseillée – GB 🐾
3 ha (60 empl.) plat, herbeux 🔲 🔾🔾
🔥 🔥 🍃 🖥 🛝 🖐 ⊛ 🖥 – 🍴 snack 🛝 – 🚲 🏊
Tarif : 🕴 23 piscine comprise – 🖿 35 – 🖸 15 (6A)
Location : 🏠 1000 à 1500 – �car 1200 à 2700

ST-ANTOINE-DE-BREUILH

24230 Dordogne 🔟 – 🔟 ⑬ – 1 756 h. alt. 18.
Paris 561 – Bergerac 30 – Duras 28 – Libourne 34 – Montpon-Ménestérol 27.

⚠ **La Rivière Fleurie** avril-sept.
℘ 05 53 24 82 80 – SO : 3 km, à St-Aulaye, à 100 m de la Dordogne – 🏊 ⊶ – **R** – 🐾
1,6 ha (60 empl.) plat, herbeux 🔾🔾
🔥 🔥 🍃 🖐 ⊛ 🛝 🖥 – 🏠 – A proximité : 🍴
Tarif : 🖿 2 pers. 50, pers. suppl. 15 – 🖸 15 (4A) 20 (10A)
Location (permanent) : studios

ST-ANTONIN-NOBLE-VAL

82140 T.-et-G. 🔟 – 🔟 ⑲ G. Périgord Quercy – 1 867 h. alt. 125.
🎫 Office de Tourisme Mairie ℘ 05 63 30 63 47, Fax 05 63 30 66 33.
Paris 639 – Cahors 57 – Caussade 18 – Caylus 11 – Cordes-sur-Ciel 26 – Montauban 43.

⚠ **Les Trois Cantons** 15 avril-sept.
℘ 05 63 31 98 57, Fax 05 63 31 25 93 – NO : 7,7 km par D 19, rte de Caylus et chemin à gauche,
après le petit pont sur la Bonnette, entre le lieu-dit Tarau et la D 926, Entre Septfonds (6 km) et
Caylus (9 km) – 🏊 ⊶ – **R** conseillée saison – GB 🐾
20 ha/4 campables (99 empl.) plat, peu incliné, pierreux, herbeux 🔲 🔾🔾
🔥 🔥 🍃 🖥 🛝 ⊛ 🖥 – 🏠 🛝 🍴 🏊 (couverte hors-saison)
Tarif : 🕴 31 piscine comprise – 🖿 39 – 🖸 12 (2A) 22 (5A)
Location : 🏠 1500 à 2350 – 🚐 2000 à 3150

ST-APOLLINAIRE

05160 H.-Alpes **17** – **77** ⑰ – 99 h. alt. 1 285.
Paris 690 – Embrun 19 – Gap 25 – Mont-Dauphin 38 – Savines-le-Lac 8.

⚠ **Municipal le Clos du Lac** 15 mai-15 sept.
℘ 04 92 44 27 43 – NO : 2,3 km par D 509, à 50 m du lac de St-Apollinaire, alt. 1 450 – ⚲ ≤ lac de Serre-Ponçon et montagnes « Belle situation dominante » ⚬⇥ – **R** conseillée – ⊕⊟ ⚭
2 ha (77 empl.) en terrasses et peu incliné, herbeux
⚏ ⛱ ⚲ ☺ ▣ – A proximité : ☂ snack ⚐ ≋
Tarif : ▣ 2 pers. 50, pers. suppl. 18 – ⚡ 18 (8A)

ST-ARNOULT

14 Calvados – **54** ⑰ – rattaché à Deauville.

ST-ASTIER

24110 Dordogne **10** – **75** ⑤ G. **Périgord Quercy** – 4 780 h. alt. 70.
🛈 Syndicat d'Initiative pl. de la République ℘ 05 53 54 13 85, Fax 05 53 54 13 85.
Paris 501 – Brantôme 36 – Mussidan 20 – Périgueux 20 – Ribérac 25.

⚠ **Municipal du Pontet** avril-sept.
℘ 05 53 54 14 22 – sortie Est par D 41, rte de Montanceix, bord de l'Isle « Situation agréable » ⚬⇥ – **R** conseillée juil.-août – ⚭
3,5 ha (150 empl.) plat, herbeux ⚲
⚒ ⛱ ⚱ ⚐ ☷ ⚑ ☺ ▣ – ☲ ⚘ ⚛ ⚙ ⚐ ≋ (petite piscine)
Tarif : ▣ 1 pers. 48, pers. suppl. 20 – ⚡ 17 (6A)
Location : ⛺ 400 à 800 – bungalows toilés

ST-AUBIN-DU-CORMIER

35140 I.-et-V. **4** – **59** ⑱ G. **Bretagne** – 2 040 h. alt. 110.
Paris 334 – Combourg 35 – Fougères 23 – Rennes 30 – Vitré 23.

⚠ **Municipal** avril-28 oct.
au Sud-Est du bourg, rue du Four Banal, près d'un étang – ⚲ – **R**
0,4 ha (40 empl.) peu incliné, herbeux ⛺ ⚲
⚒ ⚱ ⚐ ☷ ☺
Tarif : ⚹ 10,35 – ▣ 8,30 – ⚡ 11,80 (6A) 16,65 (10A)

ST-AUBIN-SUR-MER

76740 S.-Mar. **1** – **52** ③ G. **Normandie Cotentin** – 281 h. alt. 15.
Paris 189 – Dieppe 21 – Fécamp 46 – Rouen 60 – Yvetot 36.

⚠ **Municipal le Mesnil** avril-oct.
℘ 02 35 83 02 83 – O : 2 km par D 68 rte de Veules-les-Roses – ⚲ « Dans une ancienne ferme normande » ⚬⇥ – **R** conseillée juil.-août – ⚭
2,2 ha (115 empl.) plat et en terrasses, herbeux ⛺
⚒ ⚓ ⛱ ⚱ ⚐ ☷ ⚑ ☺ ⚒ ▣ – ☲ – ⚘ – ☲ ⚛
Tarif : (Prix 1999) ⚹ 29,20 – ⚗ 11,50 – ▣ 16,10 – ⚡ 20,10 (10A)

ST-AUBIN-SUR-MER

14750 Calvados **5** – **55** ① G. **Normandie Cotentin** – 1 526 h.
🛈 Office de Tourisme Digue Favereau ℘ 02 31 97 30 41, Fax 02 31 96 18 92.
Paris 249 – Arromanches-les-Bains 19 – Bayeux 27 – Cabourg 32 – Caen 20.

⚠⚠ **La Côte de Nacre** avril-sept.
℘ 02 31 97 14 45, Fax 02 31 97 22 11 – au Sud du bourg par D 7b – ⚬⇥ – **R** indispensable juil.-août – ⊕⊟ ⚭
8 ha (381 empl.) plat, herbeux
⚒ ⚓ ⛱ ⚱ ⚐ ☷ ⚑ ☺ ☷ ▣ – ⚘ ☂ snack ⚗ – ☲ ⚛ ⚐ ⚙ ⚐ ⚒ – A proximité : ✕
Tarif : ⚹ 30 piscine comprise – ▣ 45 – ⚡ 18 (4A) 25 (6A) 32 (10A)
Location : ⛺ 1700 à 3000

ST-AUGUSTIN-SUR-MER

17570 Char.-Mar. **9** – **71** ⑮ – 742 h. alt. 10.
Paris 512 – Marennes 22 – Rochefort 43 – La Rochelle 81 – Royan 10 – Saintes 44.

Schéma aux Mathes

⚠⚠ **Le Logis du Breuil** 15 mai-15 sept.
℘ 05 46 23 23 45, Fax 05 46 23 43 33 – SE : par D 145 rte de Royan – ⚲ « A l'orée de la forêt de St-Augustin, agréable sous-bois » ⚬⇥ – **R** conseillée – ⊕⊟ ⚭
8,5 ha (355 empl.) plat, terrasses, herbeux, sablonneux ⚲⚲ (4 ha)
⚱ ⛱ ⚐ ⚓ ☺ ▣ – ⚘ ⚗ – ☲ ⚛ ⚙ ⚐ ⚙ ✕ ⚒ – A proximité : ☂ ✕ pizzeria ⚞
Tarif : ▣ piscine comprise 2 pers. 84, pers. suppl. 23,50 – ⚡ 17,50 (3A) 19,50 (6A)
Location (mai-sept.) : gîtes

464

⚠️ **La Ferme de St-Augustin** mai-20 sept.
 🏕 05 46 39 14 46, Fax 05 46 23 43 59 – au bourg - (en deux parties) – ⚬━ juil.-août – **R** conseillée juil.-août – ⒼⒷ ⚲
5,3 ha (340 empl.) plat et peu incliné, herbeux, sablonneux 🌳🌳
 ♿ 🛒 ⌁ 🗓 🍴 🚻 ⊕ 🔥 🐟 🗑 🔥 – 🍽 🧺 – 🎯 🚲 🎾 ⛵ toboggan aquatique
Tarif : (Prix 1999) 🔌 *piscine comprise 3 pers. 90, 4 pers. 115, 5 pers. 140* – 🔌 *25 (12A)*
Location : 🛖 *900 à 3050* – 🏠*600 à 2100*

⚠️ **Les Côtes de Saintonge** Pâques-sept.
 🏕 05 46 23 23 48 – SE : par D 145 rte de Royan – ⚬━ – **R** conseillée juil.-août – ⒼⒷ ⚲
2 ha (82 empl.) accidenté peu incliné et plat, terrasses, sablonneux, herbeux 🌳🌳
 🛒 ⌁ 🗓 🍴 ⌁ ⊕ 🔥 – 🍽 🎯 ≊ (petite piscine) – A proximité : 🎾
Tarif : 🔌 *2 pers. 68, pers. suppl. 22* – 🔌 *18 (6A)*
Location : 🛖 *1800 à 2300* – 🏠 *2200 à 3400*

ST-AULAYE

24410 Dordogne 🄖 – 🈖 ③ G. Périgord Quercy – 1 531 h. alt. 61.
Paris 508 – Bergerac 57 – Blaye 78 – Bordeaux 79 – Périgueux 57.

⚠️ **Municipal de la Plage** 17 juin-16 sept.
 🏕 05 53 90 62 20 – sortie Nord par D 38, rte de Aubeterre, bord de la Dronne – ⚬━ – **R** – ⚲
1 ha (70 empl.) plat, herbeux 🌳🌳
 ♿ 🛒 ⌁ 🗓 🍴 ⊕ 🔥 🗑 – 🧺 🎯 🎾 ♪ toboggans aquatiques – A proximité : ≊
Tarif : 🔌 *2 pers. 45, pers. suppl. 10* – 🔌 *12 (5A) 20 (10A)*
Location : 🏠*750 à 1850*

ST-AVERTIN

37 I.-et-L. – 🈌 ⑮ – rattaché à Tours.

ST-AVIT-DE-VIALARD

24260 Dordogne 🄝 – 🈖 ⑯ – 113 h. alt. 210.
Paris 523 – Bergerac 38 – Le Bugue 7 – Les Eyzies-de-Tayac 18 – Périgueux 40.

⛰️⛰️ **St-Avit Loisirs** 16 avril-sept.
 🏕 05 53 02 64 00, Fax 05 53 02 64 39 – NO : 1,8 km, rte de St-Alvère – ⛰ ≼ « Beaux bâtiments périgourdins entourant un ensemble de piscines » ⚬━ – **R** conseillée juil.-août – ⒼⒷ ⚲
40 ha/6 campables (199 empl.) plat, peu incliné, herbeux 🔲 🌳🌳
 ♿ 🛒 ⌁ 🗓 🍴 🚻 ⊕ 🔥 🐟 🗑 – 🍽 ⚑ 🍴 self, pizzeria 🧺 – 🧺 📻 salle d'animation 🎯 🚲 ·⊕ 🎾 ♪ 🗑 🎢 toboggan aquatique parcours de santé
Tarif : 🚶 *40,50 piscine comprise* – 🔌 *62,50* – 🔌 *22 (6A)*
Location : 🏠*2905 à 5145* – 🚃 appartements

ST-AVOLD

57500 Moselle 🄗 – 🈝 ⑮ G. Alsace Lorraine – 16 533 h. alt. 260.
🚩 Office de Tourisme à la Mairie 🏕 03 87 91 30 19, Fax 03 87 92 98 02.
Paris 371 – Haguenau 115 – Lunéville 75 – Metz 44 – Nancy 74 – Saarbrücken 31 – Sarreguemines 29.

⚠️ **Le Felsberg** Permanent
 🏕 03 87 92 75 05, Fax 03 87 92 20 69 – au Nord du centre ville, près N 3, accès par rue en Verrerie, face à la station service Record, Par A 4 : sortie St-Avold Carling – ⛰ « Sur les hauteurs agréablement boisées de la ville » ⚬━ – **R** conseillée juil.-août – ⒼⒷ ⚲
1,2 ha (33 empl.) plat et peu incliné, terrasses, herbeux, pierreux 🔲 🌳🌳
 🍴 ♿ 🛒 🗓 ⌁ ⊕ 🔥 – ⚑ snack (dîner seulement) – 🧺
Tarif : 🚶 *20* – 🔌 *35* – 🔌 *20 (6A) 35 (10A)*
Location : 🚃

ST-AYGULF

83370 Var 🄗 – 🈔 ⑱ G. Côte d'Azur.
🚩 Office de Tourisme pl. Poste 🏕 04 94 81 22 09, Fax 04 94 81 23 04.
Paris 878 – Brignoles 69 – Draguignan 33 – Fréjus 6 – St-Raphaël 8 – Ste-Maxime 15.

Schéma à Fréjus

⚠️ **Résidence du Campeur** avril-sept.
 🏕 04 94 81 01 59, Fax 04 94 81 01 64 – NO : 3 km par D 7, rte de Roquebrune-sur-Argens « Cadre agréable et fleuri » ⚬━ – **R** indispensable
10 ha (451 empl.) plat, herbeux 🔲 🌳🌳 451 sanitaires individuels (🗓 ⌁ 🚽 WC) ⊕ 🔥 🐟 🗑 – 🍽 ⚑ 🍴 pizzeria 🧺 – 🧺 🎯 🎾 ⛵
Tarif : (Prix 1999) 🔌 *élect. (6 ou 10A) et piscine comprises 3 pers. 205, pers. suppl. 37*
Location : 🛖 *1600 à 3700*

▲▲▲ **L'Étoile d'Argens** avril-29 sept.
    𝄐 04 94 81 01 41, Fax 04 94 81 21 45 – NO : 5 km par D 7, rte de Roquebrune-sur-Argens et D 8 à droite, bord de l'Argens, port privé, navette pour les plages – ⚲ « Beaux emplacements spacieux et ombragés » ⚬━ – **R** conseillée saison – ⊞ ⚲
11 ha (493 empl.) plat, herbeux ▭ ⚘⚘
  ⚙ ⚐ ⚘ 🗟 ⚘ ⚙ ⚘ 🖩 – ▱ ﹐ 𝖄 ✗ pizzeria ⚐ – discothèque 🏊 ⚸ ⚿ 🛝 terrain omnisports – A proximité : golf
Tarif : ⊞ *élect. (10A) et piscine comprises 3 pers. 192/226*
Location ⚲ : ⛺ *2000 à 3900*

▲▲▲ **Au Paradis des Campeurs** 20 mars-18 oct.
    𝄐 04 94 96 93 55, Fax 04 94 49 62 99 ✉ 83380 Les Issambres – S : 2,5 km par N 98, rte de Ste-Maxime, à la Gaillarde, accès direct à la plage (hors schéma) – Ⓜ ⚬━ – **R** – ⚲
5,9 ha/1,7 campable (125 empl.) plat, herbeux ⚘⚘
  ⚘ ⚐ ⚘ 🗟 ⚘ ⚙ ⚘ 🖩 – ▱ 𝖄 snack ⚐ – ⚿ 🏊 – A proximité : discothèque
Tarif : ⊞ *1 à 3 pers. 122 – ⊡ 22 (6A)*
Location : ⛺ *1600 à 3200*

▲▲ **Les Lauriers Roses** 15 avril-sept.
    𝄐 04 94 81 24 46, Fax 04 94 81 79 63 – NO : 3 km par D 7, rte de Roquebrune-sur-Argens, Certains emplacements difficiles d'accès (forte pente), mise en place et sortie des caravanes à la demande – ≤ ⚬━ – **R** indispensable 8 juil.-26 août
2 ha (95 empl.) plat, peu incliné, accidenté, en terrasses, pierreux ⚘
  ⚘ ⚐ ⚘ 🗟 ⚘ ⚙ ⚘ 🖩 – ⚐ – ⚿ 🏊 – A proximité : 🍴
Tarif : ⊞ *piscine comprise 2 pers. 118, pers. suppl. 39,50 – ⊡ 15 (5A)*
Location : ⛺ *1830 à 3315*

▲ **La Barque** avril-sept.
    𝄐 04 94 81 31 86 – NO : 5,2 km par D 7, rte de Roquebrune-sur-Argens et D 8 à droite « Au bord de l'Argens » ⚬━ – **R** conseillée juil.-août – ⚲
3 ha (150 empl.) plat, herbeux ▭ ⚘⚘
  ⚘ ⚐ ⚘ 🗟 ⚙ 🖩 – ▱ snack ⚐ – ⚿ 🏊
Tarif : ⊞ *2 pers. 115, 3 pers. 135*

▲ **Vaudois** mai-sept.
    𝄐 04 94 81 37 70 ✉ 83520 Roquebrune-sur-Argens – NO : 4,5 km par D 7, rte de Roquebrune-sur-Argens, à 300 m d'un plan d'eau – ⚬━ – **R** conseillée – ⚲
3 ha (50 empl.) plat, herbeux ⚘⚘
  ⚐ ⚙ 🗟 🖩 – ⚿ ⚿
Tarif : ⊞ *élect. (3A) comprise 2 pers. 95*

Si vous recherchez un terrain avec tennis ou piscine,
consultez le tableau des localités citées, classées par départements.

ST-BAUZILE

48000 Lozère 🆖 – 🆖 ⑥ – 472 h. alt. 750.
Paris 605 – Chanac 19 – Florac 29 – Marvejols 33 – Mende 13 – Ste-Enimie 25.

▲ **Municipal les Berges de Bramont** 15 juin-15 sept.
    𝄐 04 66 47 05 97 – SO : 1,5 km par D 41, N 106 rte de Mende et à Rouffiac chemin à gauche, près du Bramont et du complexe sportif – ≤ ⚬━ – **R** – ⚲
1,5 ha (50 empl.) plat, terrasse, herbeux
  ⚘ ⚐ ⚘ 🗟 ⚘ ⚙ ⚘ 🖩 – ⚿ 🏊 – A proximité : ✂ ⚲
Tarif : ⊞ *tennis compris 1 pers. 50, pers. suppl. 15 – ⊡ 13*

ST-BENOÎT-DES-ONDES

35114 I.-et-V. 🆖 – 🆖 ⑥ – 775 h. alt. 1.
Paris 385 – Cancale 10 – Dinard 20 – Dol-de-Bretagne 13 – Le Mont-St-Michel 41 – Rennes 69 – St-Malo 16.

▲ **L'Île Verte** juin-15 sept.
    𝄐 02 99 58 62 55 – au Sud du bourg, près de l'église, à 400 m du bord de mer – ⚲ « Agréable cadre fleuri » ⚬━ – **R** août – ⚲
1,2 ha (43 empl.) plat, herbeux ▭
  ⚘ ⚐ ⚘ 🗟 ⚘ ⚙ ⚘ 🗟 🖩 – ⚿
Tarif : ⊞ *2 pers. 100 – ⊡ 18 (6A)*

ST-BERTRAND-DE-COMMINGES

31510 H.-Gar. 🆖 – 🆖 ① G. Midi Pyrénées – 217 h. alt. 581.
Paris 805 – Bagnères-de-Luchon 32 – Lannemezan 26 – St-Gaudens 17 – Tarbes 65 – Toulouse 110.

▲ **Es Pibous** 15 mars-oct.
    𝄐 05 61 94 98 20, Fax 05 61 95 63 83 – SE : 0,8 km par D 26 A, rte de St-Béat et chemin à gauche – ⚲ ⚬━ – **R** – ⚲
2 ha (80 empl.) plat, herbeux ⚘⚘
  ⚘ ⚐ ⚘ 🗟 ⚘ ⚙ 🖩 – ⚿
Tarif : ✶ *15 – ⊞ 20 – ⊡ 15 (6A)*

ST-BONNET-EN-CHAMPSAUR

05500 H.-Alpes 🔟 – 🔟 ⑯ G. Alpes du Nord – 1 371 h. alt. 1 025.
🅱 Office de Tourisme pl. Grenette ✆ 04 92 50 02 57.
Paris 658 – Gap 16 – Grenoble 90 – La Mure 51.

 🏕 **Camp V.V.F.** 15 juin-5 sept.
  ✆ 04 92 50 01 86, Fax 04 92 50 11 85 – SE : 0,8 km par D 43, rte de St-Michel-de-Chaillol et à droite
  – ≼ ⊶ ⬚ – **R** conseillée – Adhésion V.V.F. obligatoire – ⚕
  0,4 ha (28 empl.) peu incliné, herbeux ▭ ♀
  🔥 🍳 🖐 🖂 ⊙ 🖼 – 🏠 ⚞ ⚔ – A proximité : ✕ ⤢
  Tarif : (Prix 1999) 🅴 *2 pers. 61, pers. suppl. 24* – 🔌 *21 (6A)*

Ne voyagez pas aujourd'hui avec une carte d'hier.

ST-BONNET-TRONÇAIS

03360 Allier 🔟🔟 – 🔟🔟 ⑫ G. Auvergne – 913 h. alt. 224.
Paris 309 – Bourges 58 – Cérilly 14 – Montluçon 44 – St-Amand-Montrond 21 – Sancoins 31.

 🏕 **Champ Fossé** avril-sept.
  ✆ 04 70 06 11 30, Fax 04 70 06 15 01 – SO : 0,7 km – ⚲ ≼ « Belle situation au bord de l'étang
  de St-Bonnet » ⊶ – **R** conseillée juil.-août – 🅶🅱 ⚕
  3 ha (110 empl.) peu incliné, herbeux ♀
  🔥 🍳 🖐 🖂 🖵 ⊙ 🖼 – 🏠 ⚔ ✕ 🏓 ⤢
  Tarif : (Prix 1999) 🟊 *14,30* – ⬅ *7,10* – 🅴 *7,10* – 🔌 *16 (10A)*
  Location : *gîtes*

ST-BRÉVIN-LES-PINS

44250 Loire-Atl. 🔟 – 🔟🔟 ① – 8 688 h. alt. 9.
Pont de St-Nazaire N : 3 km - voir à St-Nazaire.
🅱 Office de Tourisme 10 r. Église ✆ 02 40 27 24 32, Fax 02 40 39 10 34 et (saison) Bureau de l'Océan.
Paris 443 – Challans 62 – Nantes 57 – Noirmoutier-en-l'Île 78 – Pornic 18 – St-Nazaire 15.

 🏕 **Le Fief** avril-15 oct.
  ✆ 02 40 27 23 86, Fax 02 40 64 46 19 – S : 2,4 km par rte de Saint-Brévin-l'Océan et à gauche,
  chemin du Fief – ⊶ – **R** conseillée juil.-août – 🅶🅱 ⚕
  7 ha (413 empl.) plat, herbeux ♀
  🔥 🍳 🖐 🖂 🖵 🖵 ⊙ 🛁 ⬚ 🖼 – 🍹 🛒 snack ⚖ – 🏠 ⚔ 🎣 salle d'animation ⚔ ·◉ ✕ 🏓 ⤢ (découverte
  l'été) toboggan aquatique terrain omnisports
  Tarif : 🅴 *piscine comprise 2 pers. 145, pers. suppl. 36* – 🔌 *20 (5A)*
  Location : 🏠 *1800 à 3800* – 🏠 *1800 à 3800* – bungalows toilés

 🏕 **Les Pierres Couchées** Permanent
  ✆ 02 40 27 85 64, Fax 02 40 64 97 03 – S : 5 km par D 213, au lieu-dit l'Ermitage, à 450 m de la
  plage « Agréable cadre boisé » ⊶ – **R** – 🅶🅱 ⚕
  14 ha/9 campables (350 empl.) plat et accidenté, sablonneux, herbeux ♀♀
  🔥 🍳 🖐 🖂 🖵 ⊙ 🖼 – 🛒 🍹 ✕ ⚖ – 🏠 ⚔ théâtre de plein air ⚔ 🚲 ✕ 🏓 ⤢ – A proximité :
  🐎
  Tarif : 🅴 *piscine comprise 2 pers. 99* – 🔌 *26 (5A)*
  Location : 🏠 *1806 à 3995*

 🏕 **Municipal Mindin** Permanent
  ✆ 02 40 27 46 41, Fax 02 40 39 20 53 – N : 2 km, accès direct à la mer – ⊶ – **R** conseillée juil.-août
  – 🅶🅱 ⚕
  1,7 ha (87 empl.) plat et peu incliné, accidenté, sablonneux ♀
  ⊞ 🔥 🍳 🖐 🖂 ⊙ 🖵 🖼 – 🍹 snack – 🏠 ⚔ – A proximité : ✕
  Tarif : 🅴 *2 pers. 69* – 🔌 *22 (6A)*

ST-BRIAC-SUR-MER

35800 I.-et-V. 🔟 – 🔟🔟 ⑤ G. Bretagne – 1 825 h. alt. 30.
🅱 Office de Tourisme 49 Grande Rue ✆ 02 99 88 32 47.
Paris 425 – Dinan 23 – Dol-de-Bretagne 33 – Lamballe 41 – St-Brieuc 61 – St-Cast-le-Guildo 21 – St-Malo 15.

 🏕 **Émeraude** avril-sept.
  ✆ 02 99 88 34 55 – chemin de la Souris – ⚲ « Entrée fleurie » ⊶ – **R** conseillée juil.-août – 🅶🅱
  ⚕
  1,7 ha (125 empl.) plat et peu incliné, herbeux ♀
  🍳 🖐 🖂 🖵 ⊙ 🛁 ⬚ 🖼 – 🍹 snack ⚖ – 🏠 ⚔ 🏓
  Tarif : 🟊 *26* – 🅴 *50* – 🔌 *20 (6A)*
  Location : 🏠 *1800 à 3000*

 🏕 **Municipal** 15 juin-15 sept.
  ✆ 02 99 88 34 64 – SE : 0,5 km par D 3, rte de Pleurtuit – ⚲ ⊶ – **R** conseillée 15 juil.-15 août
  3 ha (200 empl.) plat, peu incliné, herbeux
  🍳 🖐 🖂 ⚲ ⊙ – A proximité : ✕ 🖼
  Tarif : (Prix 1999) 🟊 *14* – 🅴 *18/25* – 🔌 *20 (6A)*

22000 C.-d'Armor ⁴ – 🔢 ③ G. Bretagne – 44 752 h. alt. 78.
🅱 Office de Tourisme 7 r. St-Gouéno 🕾 02 96 33 32 50, Fax 02 96 61 42 16.
Paris 451 – Brest 144 – Dinan 59 – Lorient 114 – Morlaix 84 – Quimper 128 – St-Malo 72.

   ⚠️ **Les Vallées** avril-15 oct.
     🕾 02 96 94 05 05 – boulevard Paul-Doumer, à proximité du Parc de Brézillet – �o͞– – **R** conseillée
     – ☞ ⚙
     4 ha (108 empl.) plat, terrasses, herbeux ▭ ♀ (2 ha)
     🏛 ⅙ ☖ ⌂ 🗟 ♨ ☺ ⊕ ⚏ ⊽ 🔁 🖳 – ♟ snack ♒ – 🛖 🎯 ☭ ▦ ⚓ – A proximité : 🐎 centre équestre
     ⚓ ⚒ ▦ ☐ toboggan aquatique
     Tarif : (Prix 1999) ⒺI *piscine comprise 1 pers. 52, pers. suppl. 19,50 – [⚡] 19,50 (10A)*
     Location *(permanent)* : 🚐 *1450 à 1950 – 🚐 2150 à 3150 – 🏠1850 à 3150*

  à Plérin N : 3 km – 12 108 h. alt. 106 – ✉ 22190 Plérin :

   ⚠️ **Municipal le Surcouf** Pâques-sept.
     🕾 02 96 73 06 22 – à St-Laurent-de-la-Mer, E : 4 km, rue Surcouf – o͞– – **R** conseillée – ⚙
     2,8 ha (134 empl.) plat et peu incliné, herbeux ♀
     🏛 ⅙ ☖ ☺ 🗟 ⊕ ⚏ ⊽ ▦ – 🛖 half- court
     Tarif : (Prix 1999) ⨪ *12,50 – 🚗 10 – Ⓔ 18 – [⚡] 12 (3A)*

   Benutzen Sie den Hotelführer des laufenden Jahres.

72120 Sarthe ⁵ – 🔢 ⑥ G. Châteaux de la Loire – 4 063 h. alt. 155.
🅱 Office de Tourisme pl. de l'Hôtel-de-Ville 🕾 02 43 35 82 95, Fax 02 43 35 15 13.
Paris 188 – Blois 67 – Chartres 101 – Châteaudun 60 – Le Mans 45 – Orléans 96.

   ⚠️ **Municipal du Lac** avril-15 oct.
     🕾 02 43 35 04 81 – sortie Nord par D 249, rte de Montaillé « Près d'un plan d'eau » o͞– – **R**
     2 ha (85 empl.) plat, herbeux
     ⅙ ☖ ⌂ 🗟 ☺ ⊕ ⊽ ▦ – 🛖 – A proximité : ☵ ⚒ ☐
     Tarif : (Prix 1999) ⨪ *13,50 piscine comprise – Ⓔ 12,20 – [⚡] 8,70 (3A) 15 (6A)*

22380 C.-d'Armor ⁴ – 🔢 ⑤ G. Bretagne – 3 093 h. alt. 52.
🅱 Office de Tourisme pl. Gén.-de-Gaulle 🕾 02 96 41 81 52, Fax 02 96 41 76 19.
Paris 434 – Avranches 91 – Dinan 34 – St-Brieuc 50 – St-Malo 33.

   ⚠️⚠️⚠️ **Château de Galinée** Pâques-12 sept.
     🕾 02 96 41 10 56, Fax 02 96 41 03 72 – S : 7 km, accès par D 786, près du carrefour avec la rte
     de St-Cast-le-Guildo – ⅍ « Bel ensemble de piscines et plantations » o͞– – **R** conseillée juil.-août
     – ☞ ⚙
     12 ha (272 empl.) plat, herbeux ▭ ♀
     ⅙ ☖ ⌂ 🗟 ☺ ⊕ ⚏ ⊽ ▦ – ☭ ♟ ♒ – 🛖 ⚓ ☵ ⚒ ♣ ☐ toboggan aquatique
     Tarif : ⨪ *30 piscine comprise – Ⓔ 80 – [⚡] 25 (10A)*
     Location ⚒ : 🚐 *1500 à 3400 – bungalows toilés*

   ⚠️⚠️ **Le Châtelet** 22 avril-10 sept.
     🕾 02 96 41 96 33, Fax 02 96 41 97 99 – O : 1 km, r. des Nouettes, à 250 m de la mer
     et de la plage (accès direct) – ⅍ ≼ « Agréable situation dominante » o͞– – **R** conseillée
     juil.-août – ⚙
     7,6 ha/3,9 campables (180 empl.) en terrasses, plat et peu incliné, herbeux, petit étang ▭
     ⅙ ☖ ⌂ 🗟 ☺ ⊕ ⚏ ⊽ 🔁 ▦ – ☭ ♟ snack ♒ – 🛖 ⚓ ☐
     Tarif : ⨪ *31 piscine comprise – Ⓔ 90 – [⚡] 22 (6A)*
     Location ⚒ : 🚐 *1700 à 3650*

   ⚠️ **Municipal des Mielles** 10 avril-15 sept.
     🕾 02 96 41 87 60 – sortie Sud par D 19, rte de St-Malo, bd de la Vieuxville, attenant au stade et
     à 200 m de la plage – o͞– juil.-août – **R** conseillée – ⚙
     3,5 ha (198 empl.) plat, herbeux ▭
     ⅙ ☖ ⌂ 🗟 ☺ ⊕ 🔁 ▦ – A proximité : 🛖 ⚒ ▦ ☐
     Tarif : ⨪ *21 – 🚗 10,50 – Ⓔ 40,40 – [⚡] 13,65 (moins de 6A) 17,30 (plus de 6A)*

   ⚠️ **Municipal de la Mare** juin-15 sept.
     🕾 02 96 41 89 19 – à l'Isle, au Nord-Ouest de St-Cast-le-Guildo, près de la plage de la Mare et face
     au V.V.F. – ⅍ ≼ Fort la Latte et mer o͞– juil.-août – **R** – ⚙
     2,8 ha (160 empl.) en terrasses et peu incliné, herbeux
     ⅙ ☖ ⌂ ⌂ ☺ ⊕ ▦
     Tarif : ⨪ *17,85 – 🚗 8,40 – Ⓔ 17,85 – [⚡] 13,65 (moins de 6A) 17,30 (plus de 6A)*

   ⚠️ **Municipal les Quatre Vaulx** 25 juin-août
     🕾 02 96 41 29 75 – SE : 10 km par D 19 rte de Notre-Dame-de-Guildo et à gauche, près de la plage
     des Quatre Vaulx – o͞– – **R** – ⚙
     1 ha (60 empl.) plat, herbeux
     ⅙ ☖ ⌂ ⌂ ☺ – 🛖
     Tarif : ⨪ *17 – 🚗 8 – Ⓔ 14,50 – [⚡] 13 (moins de 6A) 16,50 (plus de 6A)*

ST-CÉRÉ

46400 Lot 🔟 – 🔼 ⑲ G. Périgord Quercy – 3 760 h. alt. 152.

🚹 Office de Tourisme pl. République ✆ 05 65 38 11 85, Fax 05 65 38 38 71.

Paris 537 – Aurillac 63 – Brive-la-Gaillarde 54 – Cahors 78 – Figeac 42 – Tulle 59.

> ⚠ **Le Soulhol**
> ✆ 05 65 38 12 37 – sortie Sud-Est par D 48, quai Auguste-Salesses, bord de la Bave – 🦊 « Cadre agréable » ⚬⇥
> 3,5 ha (200 empl.) plat, herbeux 🟢🟢
> ♿ 🏕 🕳 🖵 🛁 🔊 ◉ 🖩 – 🔼 🔼 🔼 – A proximité : 🔼 🔼
> **Location :** 🏠

ST-CHÉRON

91530 Essonne ⑥ – ⑥⓪ ⑩ – 4 082 h. alt. 100.

🚹 Syndicat d'Initiative ✆ 01 64 56 38 69, et (Samedi, Dimanche) Mairie ✆ 01 69 14 13 00.

Paris 43 – Chartres 53 – Dourdan 10 – Étampes 21 – Fontainebleau 62 – Orléans 88 – Rambouillet 28 – Versailles 43.

> ⚠ **Le Parc des Roches** mars-15 déc.
> ✆ 01 64 56 65 50, Fax 01 64 56 54 50 – à la Petite Beauce, SE : 3,4 km par D 132, rte d'Étrechy et chemin à gauche – Places limitées pour le passage 🦊 « Agréable site naturel, boisé et rocheux » ⚬⇥ – **R** conseillée juil.-août – **GB**
> 23 ha/15 campables (380 empl.) plat et accidenté, herbeux 🔼 🟢🟢
> 🎬 ♿ 🏕 🕳 🖵 🛁 🔊 ◉ 🔼 🖩 – 🍽 snack 🔼 – 🔼 salle d'animation 🔼 🔼 🔼
> **Tarif :** 🔼 35 piscine comprise – 🔼 15 – 🔼 28 – 🔼 14 (4A)

ST-CHRISTOLY-DE-BLAYE

33920 Gironde ⑨ – 🔽 ⑧ – 1 765 h. alt. 41.

Paris 545 – Blaye 14 – Bordeaux 43 – Libourne 37 – Montendre 23.

> ⚠ **Le Maine Blanc** Permanent
> ✆ 05 57 42 52 81, Fax 05 57 42 46 58 – NE : 2,5 km par D 22, rte de St-Savin et chemin à gauche – Places limitées pour le passage 🦊 ⚬⇥ – **R** conseillée – **GB** 🔼
> 2 ha (80 empl.) plat, herbeux, sablonneux 🟢
> ♿ 🏕 🕳 🖵 🛁 🔊 ◉ 🔼 🖩 – 🔼 – 🔼 🔼 🔼
> **Tarif :** 🔼 22 piscine comprise – 🔼 20/26 – 🔼 10 (3A) 16 (6A) 20 (10A)
> **Location :** 🔼 1400 à 1700

ST-CHRISTOPHE

17220 Char.-Mar. ⑨ – 🔽 ⑫ – 827 h. alt. 26.

Paris 457 – Niort 48 – Rochefort 27 – La Rochelle 24 – Surgères 19.

> ⚠ **Municipal la Garenne** 15 avril-sept.
> ✆ 05 46 35 16 15 – sortie Nord-Est par D 264, rte de la Martinière, près d'un étang – **R** – 🔼
> 0,4 ha (30 empl.) plat, herbeux 🔼
> ♿ 🏕 🕳 🛁 ◉ – 🔼 – A proximité : 🔼
> **Tarif :** (Prix 1999) 🔼 15 – 🔼 6 – 🔼 15 – 🔼 15 (4A)

ST-CHRISTOPHE

81190 Tarn 🔟 – 🔽 ⑳ – 107 h. alt. 380.

Paris 642 – Albi 35 – Montauban 77 – Rodez 66 – Villefranche-de-Rouergue 34.

> ⚠ **La Prade** avril-1er oct.
> ✆ 05 63 76 95 68 – N : 7 km par D 27, D 9 et D 73, au lieu-dit la Garde-Viaur, bord du Viaur, Accès conseillé par St-André-de-Najac et D 239 – 🦊 ⚬⇥ – **R** conseillée – **GB** 🔼
> 2,5 ha (41 empl.) plat, herbeux 🔼 🟢
> ♿ 🏕 🕳 🖵 🛁 ◉ 🔊 🔼 🖩 – 🔼 🔼 – A proximité : 🍽 🔼
> **Tarif :** 🔼 2 pers. 61 (73 ou 93 avec élect. 6 ou 10A)
> **Location :** 🏠 1200 à 1850

ST-CHRISTOPHE-DE-DOUBLE

33230 Gironde ⑨ – 🔼 ③ – 564 h. alt. 89.

Paris 523 – Bergerac 54 – Blaye 65 – Bordeaux 63 – Libourne 33 – Périgueux 72.

> ⚠ **Municipal du Centre Nautique et de Loisirs** Permanent
> ✆ 05 57 49 50 02 – S : 0,8 km par D 123, rte de St-Antoine-sur-l'Isle et à droite, près d'un étang – 🦊 🔼 ⚬⇥ – **R** – **GB** 🔼
> 0,7 ha (30 empl.) peu incliné, sablonneux, pierreux, herbeux 🟢 pinède
> ♿ 🏕 🖵 🔊 ◉ 🔼 🔼 – 🔼 – A proximité : 🔼 🔼 🔼
> **Tarif :** 🔼 10 – 🔼 18 – 🔼 13 (16A)

38520 Isère 🝆 – 🝆 ⑯ G. Alpes du Nord – 103 h. alt. 1 470.
Paris 638 – L'Alpe-d'Huez 32 – La Bérarde 11 – Le Bourg-d'Oisans 21 – Grenoble 71.

⚠ *Municipal la Bérarde* juin-sept.
℘ 04 76 79 20 45 – SE : 10,5 km par rte de la Bérarde, D 530 avec fortes pentes, difficile aux caravanes, Croisement parfois impossible hors garages de dégagement, alt. 1 738 – ॐ ≤ Parc National des Écrins « Site agréable, au bord du Vénéon » ⛺ – ♺
2 ha (165 empl.) peu incliné et plat, en terrasses, pierreux, herbeux
▦ 🝆 ⇄ 🝆 ⇄ ⊕ – 🝆 ☝
Tarif : 🝆 1 pers. 37, 2 pers. 67, 3 pers. 86 – 🝆 15 (10A)

79220 Deux Sèvres 🝆 – 🝆 ⑪ – 472 h. alt. 125.
Paris 399 – Fontenay-le-Comte 42 – Niort 20 – Parthenay 26 – St-Maixent-l'École 14.

⚠ *Intercommunal du Plan d'Eau* avril-15 oct.
℘ 05 49 05 21 38 – SO : 1,5 km par D 122, rte de Cherveux, à 100 m d'un plan d'eau – ॐ ⛺
juil.-août – **R** conseillée juil.-août – ⊘
1,5 ha (35 empl.) peu incliné, herbeux
🝆 🝆 ⇄ 🝆 ⇄ ⊕ – A proximité : 🝆 🝆 🝆 🝆 🝆 ☝ ≈ (plage)
Tarif : 🝆 12 – 🝆 7 – 🝆 7 – 🝆 13 (6A)

07510 Ardèche 🝆 – 🝆 ⑱ G. Vallée du Rhône – 361 h. alt. 1 044.
Paris 593 – Aubenas 40 – Langogne 31 – Privas 68 – Le Puy-en-Velay 56.

⚠ *Les Airelles* avril-oct.
℘ 04 75 38 92 49 – sortie Nord par D 160, rte du Lac-d'Issarlès, rive droite du Vernason – ॐ ≤
⛺ – ♺
0,7 ha (50 empl.) en terrasses et peu incliné, pierreux, herbeux 🝆
🝆 ⇄ 🝆 🝆 ⊕ 🝆 – 🝆 snack, pizzeria – 🝆 – A proximité : 🝆 ☝
Tarif : 🝆 2 pers. 60, pers. suppl. 17 – 🝆 16 (3A)
Location : 🝆

24260 Dordogne 🝆 – 🝆 ⑯ – 104 h. alt. 50.
Paris 524 – Bergerac 53 – Le Bugue 6 – Les Eyzies-de-Tayac 8 – Périgueux 48.

⚠ *Brin d'Amour* Permanent
℘ 05 53 07 23 73, Fax 05 53 54 18 06 – N : 3,3 km par D 31, rte de Manaurie et chemin à droite
– ॐ ≤ ⛺ – **R** indispensable juil.-août – ⊟ ⊘
4 ha (60 empl.) peu incliné et plat, en terrasses, herbeux, petit étang 🝆 🝆 (0,5 ha)
🝆 🝆 ⇄ 🝆 ⇄ ⊕ 🝆 🝆 🝆 – 🝆 🝆 – 🝆 🝆 🝆
Tarif : 🝆 25 piscine comprise – 🝆 25/30 – 🝆 18
Location : 🝆 840 à 1200 – 🝆 2000 à 2900

46330 Lot 🝆 – 🝆 ⑨ G. Périgord Quercy – 187 h. alt. 320.
🝆 Office de Tourisme pl. de Sombral ℘ 05 65 31 29 06, Fax 05 65 31 29 06.
Paris 589 – Cahors 25 – Figeac 45 – Villefranche-de-Rouergue 38.

⚠ *La Truffière* 29 avril-sept.
℘ 05 65 30 20 22 – S : 3 km par D 42, rte de Concots – 🝆 ॐ ≤ « Agréable chênaie » ⛺ –
R conseillée juil.-août – ⊟ ⊘
4 ha (96 empl.) accidenté et en terrasses, herbeux, pierreux 🝆🝆
▦ 🝆 ⇄ 🝆 ⇄ ⊕ 🝆 🝆 – snack 🝆 – 🝆 🝆 ☝
Tarif : 🝆 25 piscine comprise – 🝆 25 – 🝆 15 (6A)
Location : 🝆 950 à 1800 – 🝆 1600 à 2990

⚠ *La Plage* Permanent
℘ 05 65 30 29 51, Fax 05 65 30 23 33 – NE : 1,4 km par D 8, rte de Tour-de-Faure, à gauche avant
le pont, bord du Lot – ≤ « Situation agréable » ⛺ – **R** conseillée juil.-août – ⊟ ⊘
3 ha (120 empl.) plat, herbeux, pierreux 🝆🝆
🝆 🝆 ⇄ 🝆 ⇄ ⊕ 🝆 🝆 🝆 🝆 – 🝆 snack – ≈
Tarif : 🝆 30 – 🝆 30 – 🝆 18 (6A) 25 (10A)

83 Var – 🝆 ⑯ – rattaché au Lavandou.

Pour une meilleure utilisation de cet ouvrage,
LISEZ ATTENTIVEMENT LE CHAPITRE EXPLICATIF.

ST-CLAIR-DU-RHÔNE

38370 Isère 🕛 – 🔢 ⑪ G. Vallée du Rhône – 3 360 h. alt. 160.
Paris 503 – Annonay 35 – Givors 26 – Le Péage-de-Roussillon 10 – Rive-de-Gier 24 – Vienne 15.

   ▲ **Le Daxia** avril-sept.
        04 74 56 39 20, Fax 04 74 56 93 46 – S : 2,7 km par D 4 rte de Péage-du-Roussillon et chemin
à gauche, accès conseillé par N 7 et D 37 – 🍃 « Beaux emplacements délimités, au bord de la
Varèze » ⚬– – **R** conseillée juil.-août – **GB** ⚅
7,5 ha (80 empl.) plat, herbeux ⚄ ⚲
& 🗏 🗟 ⚙ 🗆 – ♀ pizzeria ⚘ – 🖳 🚣 🀫 🛝 toboggan aquatique
Tarif : (Prix 1999) ⚹ *19 piscine comprise* – 🚗 *10* – 🗉 *25* – 🗲 *12 (2A) 16 (5A) 18 (6A)*
Location ⚘ : 🚐 *970 à 1290*

ST-CLAUDE

39200 Jura 🕛 – 🔢 ⑮ G. Jura – 12 704 h. alt. 450.
🛈 Office de Tourisme Haut Jura St-Claude 19 r. du Marché 🞋 03 84 45 34 24, Fax 03 84 41 02 72.
Paris 469 – Annecy 87 – Bourg-en-Bresse 91 – Genève 63 – Lons-le-Saunier 59.

   ▲ **Municipal du Martinet** mai-sept.
        03 84 45 00 40 – SE : 2 km par rte de Genève et D 290 à droite, au confluent du Flumen et du
Tacon – ⚞ « Blotti dans un agréable site montagneux » ⚬– – **R** conseillée – ⚅
2,9 ha (130 empl.) plat et incliné, herbeux ⚲⚲
& 🗏 ⚘ 🗟 🗁 ⚙ 🗆 – ⚘ ♀ snack – 🖳 – À proximité : ⚒ 🔳 🛝
Tarif : ⚹ *18 piscine comprise* – 🗉 *24* – 🗲 *15*

ST-CLÉMENT-DES-BALEINES

17 Char.-Mar. – 🔢 ⑫ – voir à Ré (Ile de).

ST-CLÉMENT-DE-VALORGUE

63660 P.-de-D. 🕙 – 🔢 ⑰ – 237 h. alt. 900.
Paris 473 – Ambert 27 – Clermont-Ferrand 105 – Montbrison 28 – St-Anthème 4 – Usson-en-Forez 15.

   ▲ **Les Narcisses** juin-15 sept.
        04 73 95 45 76 – NO : 1,2 km par rte de Mascortel – 🍃 ⚞ ⚬– – **R** conseillée juil.-
août – ⚅
1,4 ha (50 empl.) plat et terrasse, herbeux ⚲
& 🗏 ⚘ 🗟 🗁 ⚙ 🗆 – 🖳 🚣
Tarif : ⚹ *15* – 🚗 *6* – 🗉 *11* – 🗲 *10 (6A)*
Location : 🚐 *1100*

ST-CLÉMENT-SUR-DURANCE

05600 H.-Alpes 🕧 – 🔢 ⑱ – 191 h. alt. 872.
Paris 720 – L'Argentière-la-Bessée 21 – Embrun 13 – Gap 53 – Mont-Dauphin 7 – Savines-le-Lac 25.

   ▲ **Les Mille Vents** juin-15 sept.
        04 92 45 10 90 – E : 1 km par N 94, rte de Briançon et D 994ᴰ à droite après le pont – ⚞ « Au
bord de la rivière » ⚬– – **R** conseillée
3,5 ha (100 empl.) plat, terrasse, herbeux, pierreux ⚲
& 🗏 ⚘ ⚘ ⚙ 🗆 – 🚣 🛝
Tarif : (Prix 1999) 🗉 *piscine comprise 2 pers. 70, pers. suppl. 15* – 🗲 *15 (5A)*

ST-CONGARD

56140 Morbihan ❹ – 🔢 ④ – 664 h. alt. 20.
Paris 422 – Josselin 36 – Ploërmel 25 – Redon 26 – Vannes 42.

   ▲ **Municipal du Halage** 15 juin-15 sept.
au bourg, près de l'église et de l'Oust – 🍃 – **R**
0,8 ha (42 empl.) plat à peu incliné, herbeux ⚄ ⚲
🗏 ⚘ 🗁 ⚙
Tarif : (Prix 1999) ⚹ *7 et 9 pour eau chaude* – 🚗 *3,50* – 🗉 *3,50* – 🗲 *8*

ST-COULOMB

35350 I.-et-V. ❹ – 🔢 ⑥ – 1 938 h. alt. 35.
Paris 393 – Cancale 5 – Dinard 19 – Dol-de-Bretagne 21 – Rennes 73 – St-Malo 8.

   ▲ **Du Guesclin** Pâques-sept.
        02 99 89 03 24 – NE : 2,5 km par D 355, rte de Cancale et rte à gauche – 🍃 ⚞ ⚬– –
R conseillée
0,7 ha (31 empl.) peu incliné, herbeux ⚄
& 🗏 ⚘ ⚙ ⚘ ⚐
Tarif : 🗉 *2 pers. 60, pers. suppl. 18,50* – 🗲 *16 (6A)*

24590 Dordogne **13** – **75** ⑰ G. Périgord Quercy – 372 h. alt. 262.
Paris 518 – Brive-la-Gaillarde 40 – Les Eyzies-de-Tayac 33 – Montignac 22 – Périgueux 69 – Sarlat-la-Canéda 12.

▲▲▲ **Les Peneyrals** 13 mai-15 sept.
       05 53 28 85 71, Fax 05 53 28 80 99 – à St-Crépin, sur D 56, rte de Proissans – « Cadre agréable » – **R** conseillée juil.-août – GB
12 ha/8 campables (199 empl.) en terrasses, herbeux, pierreux, étang toboggans aquatiques
Tarif : ★ 37,50 piscine comprise – 53,50 – 16,50 (5A) 19 (10A)
Location : 1100 à 3550 – 1300 à 3700

▲▲ **Le Pigeonnier - Club 24** mai-sept.
       05 53 28 92 62, Fax 05 53 30 27 17 – NO : 1,3 km sur D 60 rte de Sarlat-la-Canéda –
R conseillée –
2,5 ha (100 empl.) peu incliné, herbeux
discothèque toboggan aquatique poneys
Tarif : ★ 27 piscine comprise – 38 – 16 (6A) 18 (10A)
Location : 1350 à 1850 – 1500 à 3000

24250 Dordogne **13** – **75** ⑰ – 310 h. alt. 78.
Paris 546 – Cahors 51 – Les Eyzies-de-Tayac 29 – Gourdon 20 – Sarlat-la-Canéda 16.

Schéma à la Roque-Gageac

▲▲▲ **Bel Ombrage** juin-5 sept.
       05 53 28 34 14, Fax 05 53 59 64 64 – NO : 0,8 km, bord du Céou – – **R** conseillée 15 juil.-15 août –
6 ha (180 empl.) plat, herbeux
Tarif : ★ 27 piscine comprise – 38 – 18 (10A)

▲▲ **Le Céou** mai-sept.
       05 53 28 32 12, Fax 05 53 30 24 12 – S : 1 km, à proximité du Céou – – **R** indispensable saison – GB
3,5 ha (80 empl.) plat et en terrasses, herbeux, pierreux
– A proximité :
Tarif : ★ 27 piscine comprise – 38 – 18 (6A)
Location : 1020 à 2170 – 1764 à 3465

▲▲ **Les Cascades de Lauzel** 15 mai-20 sept.
       05 53 28 32 26, Fax 05 53 29 18 44 – SE : 2 km par D 50, rte de Domme et chemin à droite, bord du Céou – – **R** conseillée juil.-20 août – GB
2 ha (100 empl.) plat, peu incliné, herbeux
Tarif : ★ 23 piscine comprise – 30 – 12 (4A) 15 (6A)
Location : 1300 à 2500

66750 Pyr.-Or. **15** – **86** ⑳ G. Languedoc Roussillon – 6 892 h. alt. 5.
🛈 Office de Tourisme parking Nord du Port 04 68 21 01 33, Fax 04 68 21 98 33.
Paris 877 – Céret 32 – Perpignan 15 – Port-Vendres 21.

à St-Cyprien-Plage NE : 3 km – ⊠ 66750 St-Cyprien :

▲▲▲ **Cala Gogo** 13 mai-sept.
       04 68 21 07 12, Fax 04 68 21 02 19 – S : 4 km, aux Capellans, bord de plage – – **R** conseillée juil.-août – GB
11 ha (659 empl.) plat, sablonneux, herbeux, pierreux
snack – discothèque
Tarif : ★ 38 piscine comprise – 58 – 18 (6A)
Location : 1400 à 3640

86 Vienne – **68** ④ – rattaché à Poitiers.

83270 Var **17** – **84** ⑭ – 7 033 h. alt. 10.
🛈 Office de Tourisme pl. de l'Appel du 18-Juin 04 94 26 73 73, Fax 04 94 26 73 74.
Paris 814 – Bandol 8 – Brignoles 56 – La Ciotat 11 – Marseille 40 – Toulon 24.

▲ **Le Clos Ste-Thérèse** avril-sept.
       04 94 32 12 21 – SE : 3,5 km par D 559 rte de Bandol, Pour certains emplacements d'accès peu facile (forte pente), mise en place et sortie des caravanes à la demande – – **R** conseillée juil.-août –
4 ha (123 empl.) accidenté et en terrasses, pierreux
– A proximité : golf , poneys
Tarif : piscine comprise 2 pers. 84/89 pers. suppl. 22 – 14 (2A) 16,50 (4A) 20,50 (6A)
Location : 1680 à 3150 – 1680 à 3220

ST-DENIS-D'OLÉRON

17 Char.-Mar. – **71** ⑬ – voir à Oléron (Ile d').

ST-DIDIER-EN-VELAY

43140 H.-Loire **11** – **76** ⑧ – 2 723 h. alt. 830.
Paris 541 – Annonay 49 – Monistrol-sur-Loire 12 – Le Puy-en-Velay 60 – St-Étienne 25.

   ▲▲ **La Fressange** 29 avril-sept.
       🕿 04 71 66 25 28 – S : 0,8 km par D 45 rte de St-Romain-Lachalm et à gauche, près d'un ruisseau
       – ⌒ – **R** conseillée 14 juil.-15 août – ⬧
       1,5 ha (104 empl.) incliné, peu incliné, en terrasses, herbeux ⚲
       ⅃ 🔥 😊 🍴 ⇄ 🖰 ⊚ 🖳 – 🏓 – A proximité : 🎿 ⤢
       Tarif : (Prix 1999) ⋆ *14* – ⇐ *10* – 🔳 *11* – 🗲 *15 (6A)*

ST-DIÉ

88100 Vosges ⑧ – **62** ⑰ G. Alsace Lorraine – 22 635 h. alt. 350.
🛈 Office de Tourisme 8 q. Mar.-de-Lattre-de-Tassigny 🕿 03 29 56 17 62, Fax 03 29 56 72 30.
Paris 392 – Belfort 124 – Colmar 56 – Épinal 50 – Mulhouse 102 – Strasbourg 94.

   ▲▲ **S.I. la Vanne de Pierre** Permanent
       🕿 03 29 56 23 56 – à l'Est de la ville par le quai du Stade, près de la Meurthe – ⌒ – **R** conseillée
       vacances scolaires – **GB** ⬧
       3,5 ha (118 empl.) plat, herbeux ⊡ ⚲
       ▥ ⅃ 🔥 😊 🍴 ⇄ 🖰 ⊚ ⚲ 🖳 – 🏓 – ⚡ – 🕋 ⤢ (petite piscine)
       Tarif : 🔳 *1 pers. 49, pers. suppl. 19* – 🗲 *18 (3A) 24 (6A) 28 (10A)*

ST-DONAT

63680 P.-de-D. **11** – **73** ⑬ – 334 h. alt. 1 039.
Paris 489 – Besse-en-Chandesse 23 – Bort-les-Orgues 28 – La Bourboule 23 – Clermont-Ferrand 68 –
Le Mont-Dore 27.

   ▲ **Municipal des Perce-Neige** juin-15 sept.
       au bourg, près de l'église – **R** conseillée
       0,8 ha (50 empl.) plat à peu incliné, herbeux, pierreux
       ⅃ 🖰 ⚲ ⊚ – ⤢
       Tarif : ⋆ *8* – ⇐ *8* – 🔳 *8* – 🗲 *10 (10A)*

ST-DONAT-SUR-L'HERBASSE

26260 Drôme **12** – **77** ② G. Vallée du Rhône – 2 658 h. alt. 202.
Paris 549 – Grenoble 93 – Hauterives 20 – Romans-sur-Isère 14 – Tournon-sur-Rhône 17 – Valence 27.

   ▲▲ **Les Ulèzes** avril-sept.
       🕿 04 75 45 10 91 – sortie Sud-Est par D 53, rte de Romans et chemin à droite, près de l'Herbasse
       – ⌒ – **R** conseillée juil.-15 août – ⬧
       2,5 ha/0,7 campable (40 empl.) plat, herbeux, petit étang ⊡ ⚲
       ⅃ 🔥 😊 🍴 ⊚ ⚲ 🖳 – ⚡✗ – 🕋 ⤢ ⅃
       Tarif : (Prix 1999) 🔳 *piscine comprise 2 pers. 86* – 🗲 *17 (6A) 22 (10A)*

SAINTE voir après la nomenclature des Saints

ST-ÉLOY-LES-MINES

63700 P.-de-D. **11** – **73** ③ – 4 721 h. alt. 490.
🛈 Syndicat d'Initiative (juil.-août) Galerie Marché Couvert 🕿 04 73 85 93 36 et Mairie 🕿 04 73 85 08 24.
Paris 362 – Clermont-Ferrand 62 – Guéret 88 – Montluçon 30 – Moulins 71 – Vichy 58.

   ▲ **Municipal la Poule d'Eau** juin-15 sept.
       🕿 04 73 85 45 47 – sortie Sud par N 144 rte de Clermont puis à droite, 1,3 km par D 110, bord
       de deux plans d'eau – ≼ ⌒ juil.-août – **R** – ⬧
       1,8 ha (50 empl.) peu incliné, herbeux ⊡ ⚲
       ⅃ 🔥 ⚲ ⊚ – ⤢ – A proximité : ⚡ snack ⤢
       Tarif : ⋆ *10* – ⇐ *5* – 🔳 *7,70* – 🗲 *12,80 (6A)*

ST-ÉMILION

33330 Gironde ⑨ – **75** ⑫ G. Aquitaine – 2 799 h. alt. 30.
🛈 Office de Tourisme pl. des Créneaux 🕿 05 57 55 28 28, Fax 05 57 55 28 29.
Paris 587 – Bergerac 58 – Bordeaux 41 – Langon 50 – Libourne 8 – Marmande 62.

   ▲▲▲ **La Barbanne** avril-sept.
       🕿 05 57 24 75 80, Fax 05 57 24 69 68 – N : 3 km par D 122 rte de Lussac et rte à droite, bord d'un
       plan d'eau – ⌒ – **R** conseillée – ⬧
       4,5 ha (160 empl.) plat, herbeux ⊡ ⚲ (2 ha)
       ⅃ 🔥 😊 🍴 ⇄ ⊚ 🖳 – ⚖ snack ⤢ – 🕋 ⚡ 🎿 ⅃ toboggan aquatique
       Tarif : ⋆ *30 piscine et tennis compris* – 🔳 *42* – 🗲 *23 (6 ou 10A)*

ST-ÉTIENNE-DE-BAIGORRY

64430 Pyr.-Atl. **13** – **85** ③ G. Aquitaine – 1 565 h. alt. 163.

🛈 Office de Tourisme pl. Église ℘ 05 59 37 47 28, Fax 05 59 37 47 28.

Paris 819 – Biarritz 51 – Cambo-les-Bains 31 – Iruñea/Pamplona 71 – Pau 112 – St-Jean-Pied-de-Port 12.

⚠ **Municipal l'Irouleguy** Permanent
℘ 05 59 37 43 96 – sortie Nord-Est par D 15, rte de St-Jean-Pied-de-Port et chemin à gauche devant la piscine, bord de la Nive – ≤ ⊶ – **R** conseillée – ⚸
1,5 ha (67 empl.) plat, herbeux
⤬ ⌂ ⇄ ⊡ ⌁ ⊛ – A proximité : ⛽ ☂ snack ✕ ⤢
Tarif : (Prix 1999) ✶ 13 – ▣ 15 – ⓖ 15 (10 à 16A)

ST-ÉTIENNE-DE-CROSSEY

38960 Isère **12** – **77** ④ – 2 081 h. alt. 449.

Paris 553 – Les Abrets 25 – Grenoble 32 – St-Laurent-du-Pont 10 – Voiron 5.

⚠ **Municipal de la Grande Forêt** juin-sept.
℘ 04 76 06 05 67 – sortie Nord-Ouest par D 49 rte de Chirens, au stade – ≤ ⊶ – **R**
2 ha (50 empl.) plat, herbeux ⌂
⌂ ⇄ ⊡ ⌁ ⊛ ⚸ ⤬ – ⟲ ✕
Tarif : ▣ 3 pers. 38/60 avec élect.

ST-ÉTIENNE-DE-LUGDARÈS

07590 Ardèche **16** – **76** ⑰ – 436 h. alt. 1 037.

Paris 601 – Aubenas 50 – Langogne 20 – Largentière 53 – Mende 67.

⚠ **Municipal les Aygues Douces** 15 juin-15 sept.
℘ 04 66 46 65 65 – SE : 2,5 km par D 19, rte d'Aubenas et D 301 à droite, rte de la Borne – ⟱
≤ « Au bord du Masméjean » – **R** – ⚸
0,6 ha (25 empl.) plat, herbeux, pierreux
⤬ ⌂ ⊛ ⚸ – ⛹
Tarif : (Prix 1999) ▣ 3 pers. 45, pers. suppl. 12 – ⓖ 10

ST-ÉTIENNE-DE-MONTLUC

44360 Loire-Atl. **4** – **63** ⑯ – 5 759 h. alt. 17.

🛈 Office de Tourisme pl. de la Mairie ℘ 02 40 85 95 13, Fax 02 40 85 95 13.

Paris 399 – Nantes 22 – Nozay 42 – Pontchâteau 34 – St-Nazaire 41.

⚠ **Municipal la Coletterie** Permanent
℘ 02 40 86 97 44 – en ville, sortie vers Sautron – Places limitées pour le passage « Entrée fleurie »
⊶ – **R**
0,75 ha (53 empl.) plat et peu incliné, herbeux (camping), gravillons (caravaning) ⌂
▥ ⤬ ⌂ ⇄ ⊡ ⌁ ⊛ ⚸ ⥿ ▣ – ⛹
Tarif : ✶ 12 – ▣ 13 – ⓖ 20 (20A)

ST-ÉTIENNE-DE-VILLERÉAL

47 L.-et-G. – **79** ⑤ – rattaché à Villeréal.

ST-ÉTIENNE-DU-BOIS

85670 Vendée **9** – **67** ⑬ – 1 416 h. alt. 38.

Paris 431 – Aizenay 13 – Challans 26 – Nantes 49 – La Roche-sur-Yon 30 – St-Gilles-Croix-de-Vie 36.

⚠ **Municipal la Petite Boulogne** mai-15 sept.
℘ 02 51 34 54 51 – au Sud du bourg par D 81, rte de Poiré-sur-Vie et chemin à droite, près de la rivière et à 250 m d'un étang, Chemin piétonnier reliant le camping au bourg – ⟱ ⊶ juil.-août
– **R** – ⚸
1,5 ha (35 empl.) peu incliné et plat, terrasse, herbeux ⌂
⤬ ⌂ ⇄ ⊡ ⌁ ⊛ ⚸ ⥿ ▣ – ♨ ⛵ (petite piscine) – A proximité : ✕ ⛷
Tarif : (Prix 1999) ▣ tennis compris 2 pers. 60 – ⓖ 10 (12A)

ST-ÉTIENNE-DU-GRÈS

13103 B.-du-R. **16** – **83** ⑩ – 1 863 h. alt. 7.

Paris 709 – Arles 17 – Avignon 24 – Les Baux-de-Provence 15 – St-Rémy-de-Provence 9 – Tarascon 8.

⚠ **Municipal** avril-sept.
℘ 04 90 49 00 03 – sortie Nord-Ouest par D 99, rte de Tarascon, près du stade, à 50 m de la Vigueira
– ⊶ – **R** conseillée juil.-août
0,6 ha (40 empl.) plat, herbeux, pierreux ⌂ ⥀ (0,3 ha)
⌂ ⇄ ⊡ ⊛ ⚸ ⥿
Tarif : ✶ 14 – ⇔ 5 – ▣ 15 – ⓖ 15 (10A)

ST-ÉTIENNE-EN-DÉVOLUY

05250 H.-Alpes **17** – **77** ⑮ ⑯ G. Alpes du Nord – 538 h. alt. 1 273.
Paris 647 – Corps 24 – Gap 35 – Serres 57.

⚠ **Les Auches** Permanent
    𝒫 04 92 58 84 71 – SE : 1,3 km par D 17 rte du col du Noyer, bord de la Souloise – Places limitées pour le passage ⚲ ≼ – **R**
    1,2 ha (45 empl.) plat, pierreux, gravier, herbeux
    𝍖 ☵ ⇌ ⊕ 🏠 – A proximité : 🚲 ✗
    Tarif : (Prix 1999) ⚥ 15 – 🚗 10 – 🗉 10/25 – [½] 15 (3A) 25 (6A) 35 (10A)

ST-EVROULT-NOTRE-DAME-DU-BOIS

61550 Orne **5** – **60** ④ G. Normandie Vallée de la Seine – 383 h. alt. 355.
Paris 154 – L'Aigle 15 – Alençon 56 – Argentan 42 – Bernay 44.

⚠ **Municipal des Saints-Pères** avril-sept.
    au Sud-Est du bourg – ⚲ « Agréable situation, au bord d'un plan d'eau » ⚬ᵣ – **R** – ⬡
    0,6 ha (27 empl.) plat et terrasse, herbeux, gravillons, bois attenant
    ⬡ ☵ ⇌ ⊕ – 🏠 ✗ ✗ 🗻 ⌁
    Tarif : (Prix 1999) ⚥ 10 – 🚗 5 – 🗉 6 – [½] 8 (4A) 15 (10A)

ST-FARGEAU

89170 Yonne **6** – **65** ③ G. Bourgogne – 1 884 h. alt. 175.
Paris 184 – Auxerre 44 – Cosne-sur-Loire 39 – Gien 41 – Montargis 52.

⚠ **Municipal la Calanque** avril-oct.
    𝒫 03 86 74 04 55 – SE : 6 km par D 85, D 185 à droite et rte à gauche, près du Réservoir du Bourdon
    – ⚲ « Cadre et site agréables » ⚬ᵣ – **R** conseillée juil.-août – ⬡
    6 ha (225 empl.) plat et accidenté, sablonneux, herbeux 💧💧💧
    ⬡ ☵ ⇌ 🗗 ⊕ 🏠 – A proximité : ⚑ snack ⌁ ◊
    Tarif : ⚥ 13,20 – 🚗 6,60 – 🗉 8,80 – [½] 8,80 (6A) 14,20 (10A)

ST-FERRÉOL

74210 H.-Savoie **12** – **74** ⑯ ⑰ – 758 h. alt. 516.
Paris 567 – Albertville 18 – Annecy 28 – La Clusaz 30 – Megève 33.

⚠ **Municipal** 15 juin-15 sept.
    𝒫 04 50 32 47 71 – à l'Est du bourg, près du stade – ≼ « Cadre verdoyant près d'un ruisseau »
    ⚬ᵣ – **R** – ⬡
    1 ha (90 empl.) plat, herbeux ♀
    ⬡ ☵ ⇌ 🗗 🛁 ⊕ 🏠
    Tarif : 🗉 2 pers. 55, pers. suppl. 10 – [½] 12 (10A)

ST-FERRÉOL

31350 H.-Gar. **15** – **82** ⑳ G. Midi Pyrénées.
Paris 749 – Carcassonne 43 – Castelnaudary 23 – Castres 31 – Gaillac 66 – Toulouse 54.

⚠⚠ **Las Prades** avril-oct.
    𝒫 05 61 83 43 20 – S : 1,5 km par D 79 D² et chemin à gauche, à 1 km du lac (haut de la digue)
    – ⚲ ⚬ᵣ – **R** conseillée – ⬡
    1,2 ha (54 empl.) plat, herbeux 💧 💧💧
    ⬡ ☵ ⇌ 🗗 ⫿ ⊕ – 🏠 ⌁ – A proximité : 🗻 ⌁ ◊ 🐎
    Tarif : ⚥ 14 piscine comprise – 🚗 6 – 🗉 14 – [½] 16,50 (10A)
    Location (mai-sept.) : 🛏 1000 à 1500

⚠ **En Salvan** avril-oct.
    𝒫 05 61 83 55 95, Fax 05 62 71 23 46 – SO : 1 km sur D 79D rte de Vaudreuille, près d'une cascade
    et à 500 m du lac (haut de la digue) – ⚲ ⚬ᵣ – **R** conseillée juil.-août – Adhésion F.F.C.C. obligatoire
    – ⬡
    2 ha (150 empl.) plat et peu incliné, herbeux ♀
    ⬡ ☵ 🗗 ⫿ ⊕ 🏠 – ⫿ – A proximité : poneys ✗ 🗻 ⌁ ◊ 🐎
    Tarif : (Prix 1999) ⚥ 15,10 – 🚗 6,80 – 🗉 15,10 – [½] 9 (3A) 13,50 (6A) 21 (10A)
    Location : 🛏 950 à 2650

ST-FERRÉOL-TRENTE-PAS

26110 Drôme **16** – **81** ③ – 191 h. alt. 417.
Paris 640 – Buis-les-Baronnies 29 – La Motte-Chalancon 30 – Nyons 13 – Rémuzat 21 – Vaison-la-Romaine 28.

⚠⚠ **Le Pilat** avril-sept.
    𝒫 04 75 27 72 09 – N : 1 km par D 70, rte de Bourdeaux, bord d'un ruisseau – ⚲ ≼ « Au milieu
    de la lavande » ⚬ᵣ – **R** conseillée – ⬡
    1 ha (70 empl.) plat, pierreux, herbeux 💧 ♀
    ⬡ ☵ 🗗 ⫿ ⊕ 🏠 – 🛁 – 🏠 ⌁ ◊
    Tarif : ⚥ 20 piscine comprise – 🚗 6 – 🗉 19 – [½] 13 (3A) 16 (6A)
    Location ✗ : 🛏 1010 à 1444

⚞ **Trente Pas** mai-15 sept.
    🖋 04 75 27 70 69 – sortie Sud par D 70, rte de Condorcet, bord du Bentrix – 🐾 ⋦ ⊶ juil.-août
    – **R** conseillée juil.-15 août – ⋌ᵥ
    1,5 ha (95 empl.) plat, peu incliné, herbeux, pierreux ⚬⚬ (1ha)
    ♿ ⋒ ⇆ 🗔 ♨ 📶 ☻ 🖭 – ⋗ – 🏠 ≈ (petite piscine) – A proximité : ⛾
    Tarif : ⸙ 19 – 🚗 6 – 🅴 18 – ⒤ 15 (6A)

ST-FIRMIN

05800 H.-Alpes 🔟🟦 – 🟥🟥 ⑯ G. **Alpes du Nord** – 408 h. alt. 901.
Paris 642 – Corps 10 – Gap 32 – Grenoble 74 – La Mure 35 – St-Bonnet-en-Champsaur 18.

⚞ **La Villette** 15 juin-15 sept.
    🖋 04 92 55 23 55 – NO : 0,5 km par D 58 rte des Reculas – 🐾 ⋦ ⊶ – **R** conseillée 15 juil.-15 août
    0,5 ha (33 empl.) en terrasses, peu incliné, herbeux, pierreux ⚬
    ⋒ 🗔 ⚲ ☻ – A proximité : ⛾ 🏊
    Tarif : ⸙ 17 – 🅴 16 – ⒤ 12 (3A) 18 (5A)

⚞ **La Pra** 15 juin-15 sept.
    🖋 04 92 55 26 72 – 0,8 km au Nord-Est du bourg, Pour caravanes accès conseillé par D 985ᴬ rte
    de St-Maurice en V. et D 58 à gauche – 🐾 ⋦ montagnes ⊶ – **R** – ⋌ᵥ
    0,5 ha (32 empl.) non clos, en terrasses, pierreux, herbeux
    ⋒ ⇆ 🗔 ⚲ ☻
    Tarif : (Prix 1999) ⸙ 12 – 🅴 12 – ⒤ 10 (5A)

ST-FLORENT

2B H.-Corse – 🟨🟨 ③ – voir à Corse.

ST-FLOUR

15100 Cantal 🔟🔟 – 🟥🟦 ④ ⑭ G. **Auvergne** – 7 417 h. alt. 783.
🄱 Office de Tourisme Crs Spy des Ternes 🖋 04 71 60 22 50, Fax 04 71 60 05 14.
Paris 519 – Aurillac 75 – Issoire 66 – Millau 133 – Le Puy-en-Velay 113 – Rodez 113.

⚞ **Municipal de Roche-Murat** (International RN 9) avril-oct.
    🖋 04 71 60 43 63 – NE : 4,7 km par D 921, N 9, rte de Clermont-Ferrand et avant l'échangeur de
    l'autoroute A 75, chemin à gauche, au rond-point, Par A 75 sortie 28 – ⋦ ⊶ – **R** – ⋌ᵥ
    3 ha (125 empl.) en terrasses, herbeux, pinède attenante ⌗
    ▥ ♿ ⋒ ⇆ 🗔 ☻ ⚲ 🖭 – ⌁
    Tarif : ⸙ 13,50 – 🚗 7 – 🅴 16,50 – ⒤ 15 (10A)

⚞ **Municipal les Orgues** 15 mai-15 sept.
    🖋 04 71 60 44 01 – 19 av. Dr.-Mallet (Ville-haute) – ⋦ ⊶ – **R** – ⋌ᵥ
    1 ha (85 empl.) peu incliné, herbeux ⌗
    ♿ ⋒ ⇆ 🗔 ⚲ ☻ – ⌁ ⛾
    Tarif : ⸙ 13,50 – 🚗 7 – 🅴 16,50 – ⒤ 15 (6A)

ST-FORTUNAT-SUR-EYRIEUX

07360 Ardèche 🔟🟦 – 🟥🟦 ⑳ – 531 h. alt. 145.
Paris 590 – Aubenas 52 – Le Cheylard 35 – Crest 38 – Lamastre 30 – Privas 21 – Valence 27.

⚞ **Municipal** avril-oct.
    🖋 04 75 65 22 80 – sortie Sud par D 265 rte de St-Vincent-de-Durfort, à gauche après le pont, à
    proximité de l'Eyrieux – ⋦ ⊶ – **R** – ⋌ᵥ
    0,7 ha (40 empl.) plat, et peu incliné, herbeux ⚬⚬
    ⋒ ⇆ ⚲ ☻ – A proximité : ⛾ 🖭
    Tarif : ⸙ 17 – 🚗 9 – 🅴 9 – ⒤ 10 (3A) 20 (6A)

ST-FRAIMBAULT

61350 Orne ④ – 🟥🟨 ⑳ – 792 h. alt. 150.
Paris 258 – Alençon 67 – Avranches 61 – Domfront 14 – Fougères 47 – Mayenne 29 – St-Lô 90.

⚞ **Municipal les Chauvières** 21 mars-oct.
    NO : 0,4 km par D 24 – 🐾 « Site agréable, au bord d'un plan d'eau » – **R** – ⋌ᵥ
    0,8 ha (30 empl.) plat et peu incliné, herbeux
    ⋒ ⇆ 🗔 ⚲ ☻ – 🏠 ⛾ – A proximité : 🎣 🍷
    Tarif : 🅴 tennis compris 1 ou 2 pers. 21, pers. suppl. 8 – ⒤ 13 (3A)

Benutzen Sie
– zur Wahl der Fahrtroute
– zur Berechnung der Entfernungen
– zur exakten Lokalisierung eines Campingplatzes (mit Hilfe der Angaben im Ortstext)
die für diesen Führer unentbehrlichen **MICHELIN-Karten** *im Maßstab 1 : 200 000.*

ST-GALMIER

42330 Loire **11** – **73** ⑱ G. Vallée du Rhône – 4 272 h. alt. 400.
🚩 Office de Tourisme bd Sud *&* 04 77 54 06 08, Fax 04 77 54 06 07.
Paris 501 – Lyon 58 – Montbrison 26 – Montrond-les-Bains 11 – Roanne 59 – St-Étienne 26.

   ▲▲ **Val de Coise** avril-sept.
     & 04 77 54 14 82, Fax 04 77 54 02 45 – E : 2 km par D 6 rte de Chevrières et chemin à gauche,
     bord de la Coise – Places limitées pour le passage **o—** – **R** conseillée – **GB** ⚕
     3,5 ha (100 empl.) plat, en terrasses, peu incliné, herbeux
     🗐 🛏 ⇌ 🖪 🛆 ☺ 🖫 – 🚉 🏕 🎯 🏊
     Tarif : 🖪 *piscine comprise 2 pers. 87, pers. suppl. 26* – ⅗ *18 (6A)*
     Location : *bungalows toilés*

ST-GAULTIER

36800 Indre **10** – **68** ⑰ G. Berry Limousin – 1 995 h. alt. 110.
Paris 302 – Argenton-sur-Creuse 9 – Le Blanc 29 – Châteauroux 33 – La Trimouille 42.

   ▲▲ **L'Oasis du Berry** fermé déc.-janv.
     & 02 54 47 17 04 – sortie Ouest par D 134, rte de Le Blanc et rue à gauche, à 350 m de la Creuse
     – 🌤 **o—** – **R** conseillée juil.-août – ⚕
     2,5 ha (54 empl.) peu incliné, herbeux
     🗐 🛏 ⇌ 🖪 🛆 ☺ 🖫 – 🍴 snack – 🏕 ⚡🎯 🏊
     Tarif : 🖪 *piscine comprise 2 pers. 70/85* – ⅗ *7 (4A) 16 (6A) 22 (10A)*
     Location : *huttes*

Pour visiter une ville ou une région : utilisez les guides Verts MICHELIN.

ST-GENEST-MALIFAUX

42660 Loire **11** – **76** ⑨ – 2 384 h. alt. 980.
Paris 531 – Annonay 34 – St-Étienne 14 – Yssingeaux 46.

   ▲ **Municipal de la Croix de Garry** avril-sept.
     & 04 77 51 25 84 – sortie Sud par D 501, rte de Montfaucon-en-Velay, près d'un étang et à 150 m
     de la Semène, alt. 928 – Places limitées pour le passage ≤ **o—** – **R** – ⚕
     2 ha (85 empl.) plat, terrasses, peu incliné, herbeux
     🗐 ♿ 🛏 ⇌ 🖪 🛆 ☺ 🖫 – A proximité : ⚒
     Tarif : 🖪 *2 pers. 57, pers. suppl. 16* – ⅗ *16 (6A)*
     Location : *gîte d'étape*

ST-GENIÈS

24590 Dordogne **13** – **75** ⑰ G. Périgord Quercy – 735 h. alt. 232.
Paris 506 – Brive-la-Gaillarde 41 – Les Eyzies-de-Tayac 23 – Montignac 13 – Périgueux 60 – Sarlat-la-
Canéda 14.

   ▲▲▲ **La Bouquerie** 15 mai-15 sept.
     & 05 53 28 98 22, Fax 05 53 29 19 75 – NO : 1,5 km par D 704 rte de Montignac et chemin à droite
     – 🌤 **o—** – **R** conseillée juil.-août – **GB** ⚕
     8 ha/4 campables (180 empl.) plat, peu incliné et en terrasses, herbeux, pierreux, étang 🔲 ஜஜ
     ♿ 🛏 ⇌ 🖪 🛆 ⇌ 🔲 🖫 – 🛒 🍴 ✗ (dîner seulement) snack 🐟 – 🏕 ⚡🎯 ⚒ 🏊 ≅
     Tarif : 🛈 *38,10* – 🖪 *53,60* – ⅗ *18 (6 ou 10A)*
     Location : 🏠 *1350 à 3850*

ST-GENIEZ-D'OLT

12130 Aveyron **15** – **80** ④ G. Midi Pyrénées – 1 988 h. alt. 410.
🚩 Office de Tourisme 4 r. du Cours *&* 05 65 70 43 42, Fax 05 65 70 47 05.
Paris 618 – Espalion 28 – Florac 80 – Mende 68 – Rodez 45 – Sévérac-le-Château 25.

   ▲▲▲ **Club Marmotel** 15 juin-10 sept.
     & 05 65 70 46 51, Fax 05 65 47 41 38 – O : 1,8 km par D 19 rte de Prades-d'Aubrac et chemin à
     gauche, à l'extrémité du village artisanal, bord du Lot – 🌤 ≤ « Cadre agréable » **o—** – **R** conseillée
     – **GB** ⚕
     4 ha (140 empl.) plat, herbeux 🔲 ஜஜ (2 ha)
     ♿ 🛏 ⇌ 🖪 🛆 ☺ ⇌ 🔲 🖫 – 🍴 grill (dîner) – 🏕 ≈ salle d'animation 🏕 ⚡🎯 ⚒ 🏊 ≅ tir à la carabine
     à air comprimé
     Tarif : 🖪 *élect. (10A) et piscine comprises 2 pers. 122, 3 pers. 150, 4 pers. 170*

   ▲▲▲ **La Boissière** 20 avril-sept.
     & 05 65 70 40 43, Fax 05 65 47 56 39 – NE : 1,4 km par D 988, rte de St-Laurent-d'Olt et D 509,
     rte de Pomayrols à gauche, bord du Lot – 🅼 🌤 « Agréable cadre boisé » **o—** – **R** conseillée juil.-août
     – **GB** ⚕
     5 ha (220 empl.) plat et peu incliné, terrasses, herbeux 🔲 ஜஜ
     ♿ 🛏 ⇌ 🖪 🛆 ☺ 🖫 – 🏕 salle d'animation 🏕 ⚒ 🏊 ≅ – A proximité : 🚲 🎯
     Tarif : (Prix 1999) 🖪 *piscine comprise 2 pers. 95, pers. suppl. 30* – ⅗ *20 (10A)*
     Location : 🏠 *1650 à 3400* – *bungalows toilés*

ST-GENIS-DES-FONTAINES

66740 Pyr.-Or. ⏚ – ⏚ ⑲ G. Languedoc Roussillon – 1 744 h. alt. 63.
Paris 886 – Argelès-sur-Mer 9 – Le Boulou 10 – Collioure 16 – La Jonquera 23 – Perpignan 23.

△ *La Pinède* juin-août
   ℘ 04 68 89 75 29 – sortie Sud par D 2 – ⚬━ – **R** conseillée 15 juil.-15 août – ⚲
   1 ha (71 empl.) plat, herbeux ♀♀
   ᕁ ᾦ ⇞ ⌸ ⏶ ⏚ ⊕ ▨ – ⩲ (petite piscine)
   Tarif : ⚹ 22 – ⊜ 8 – ▣ 20 – ⒧ 18 (5A)
   Location : ⏛ 1500 à 2800

Do not use yesterday's maps for today's journey.

ST-GEORGES-DE-DIDONNE

17110 Char.-Mar. ⑨ – ⏛ ⑮ G. Poitou Vendée Charentes – 4 705 h. alt. 7.
🛈 Office de Tourisme bd Michelet ℘ 05 46 05 09 73, Fax 05 46 06 39 99.
Paris 506 – Blaye 81 – Bordeaux 119 – Jonzac 57 – La Rochelle 81 – Royan 4.

Schéma à Royan

▲▲▲ *Bois-Soleil* avril-sept.
   ℘ 05 46 05 05 94, Fax 05 46 06 27 43 – Sud par D 25, rte de Meschers-sur-Gironde,
   bord de plage, en deux parties distinctes de part et d'autre du D 25 – ⚬━ ⚲⚡ – **R** conseillée –
   ⒢⒝ ⚲
   8 ha (344 empl.) plat, accidenté et en terrasses, sablonneux ⊡ ♀♀
   ▥ ᕁ ᾦ ⇞ ⌸ ⏶ ⏚ ⊕ ⚴ ⚶ ▨ – ⬓, ♟ snack ⚕ – ⌂ ᴦ ⚶ ⚰ – A proximité :
   poneys ✗ ⚘
   Tarif : ▣ élect. (6A) comprise 3 pers. 153
   Location : ⏛ 1750 à 3500 – ⏛ 1500 à 2850 – studios

△ *Azpitarté* Permanent
   ℘ 05 46 05 26 24 – en ville, 35 r. Jean-Moulin – ⚬━ – **R** conseillée juil.-août – ⚲
   1 ha (60 empl.) plat et peu incliné, herbeux, pierreux
   ᕁ ᾦ ⇞ ⏶ ⊕ ⚴ ▨
   Tarif : ▣ 1 à 3 pers. 97, pers. suppl. 26 – ⒧ 25 (10A)
   Location : ⏛ 1830 à 2600 – ⏤

ST-GEORGES-DE-LA-RIVIÈRE

50270 Manche ④ – ⏛ ① – 183 h. alt. 20.
Paris 348 – Barneville-Carteret 4 – Cherbourg 43 – St-Lô 61 – Valognes 32.

Schéma à Barneville-Carteret

△ *Les Dunes* avril-oct.
   ℘ 02 33 52 03 84 – SO : 2 km par D 132, à 200 m de la plage – ⚲ ⚬━ – **R** conseillée – ⚲
   1 ha (80 empl.) plat, sablonneux, herbeux ⊡
   ᕁ ᾦ ⇞ ⌸ ⏶ ⊕ ⚴ ⚶ ▨ – ⌂ ᴦ
   Tarif : ⚹ 24 – ▣ 30 – ⒧ 23 (6A)
   Location : ⏛ 1700 à 2800

ST-GEORGES-DE-LÉVÉJAC

48500 Lozère ⏚ – ⏚ ⑤ – 241 h. alt. 900.
Paris 610 – Florac 59 – Mende 46 – Millau 50 – Sévérac-le-Château 20 – Le Vigan 93.

△ *Cassaduc* juin-sept.
   ℘ 04 66 48 85 80 – SE : 1,4 km par rte du Point Sublime puis rte à gauche – ⚲ ⚔ ⚬━ juil.-août
   – ⚞ – ⚲
   1 ha (75 empl.) en terrasses et peu incliné, herbeux, pierreux ♀♀ pinède
   ᕁ ᾦ ⇞ ⏶ ⊕ ⚴ ⚶ ▨ – A proximité : ♟ snack
   Tarif : ▣ 2 pers. 50, pers. suppl. 15 – ⒧ 15 (6A)

ST-GEORGES-DE-MONS

63780 P.-de-D. ⏚ – ⏛ ③ – 2 451 h. alt. 740.
Paris 393 – Clermont-Ferrand 36 – Pontaumur 20 – Pontgibaud 20 – Riom 29 – St-Gervais-d'Auvergne 17.

△ *Municipal* juin-sept.
   ℘ 04 73 86 76 22 – au Nord-Est du bourg – ⚲ ⚬━ 14 juil.-15 août – **R** conseillée
   1,5 ha (40 empl.) plat, herbeux ⊡ ♀
   ᾦ ⏶ ⊕ – A proximité : ▨
   Tarif : (Prix 1999) ⚹ 10,90 – ⊜ 3,40 – ▣ 3,80 – ⒧ 4,90 (6A)
   Location : huttes

ST-GEORGES-D'OLÉRON

17 Char.-Mar. – ⏛ ⑬ – voir à Oléron (Ile d').

ST-GEORGES-DU-VIÈVRE

27450 Eure 5 – 55 ⑮ – 573 h. alt. 138.
Paris 158 – Bernay 21 – Évreux 56 – Lisieux 36 – Pont-Audemer 15 – Rouen 49.

  ▲ **Municipal** avril-sept.
    au Sud-Ouest du bourg – ⅖ – **R** conseillée juil.-août – ⚡
    1,1 ha (50 empl.) plat, herbeux ▭
    ♿ ⌂ ⇆ 🗇 ⊡ ⊕ ⚲ ⌄ 🏠 – ⊶ – A proximité : ✗ ⚊
    Tarif : ⚹ 13 – ⊖ 7 – 🔲 12 – 🔌 13 (5A)

ST-GEORGES-LÈS-BAILLARGEAUX

86 Vienne – 68 ⑭ – rattaché à Poitiers.

    🔺🔺🔺 ... ▲
    Terrains particulièrement agréables dans leur ensemble et dans leur catégorie.

ST-GERMAIN-DU-BEL-AIR

46310 Lot 14 – 79 ⑧ – 422 h. alt. 215.
Paris 554 – Cahors 31 – Cazals 20 – Fumel 54 – Labastide-Murat 16 – Puy-l'Évêque 37.

  ▲▲ **Municipal le Moulin Vieux** juin-15 sept.
    🅿 05 65 31 00 71 – au Nord-Ouest du bourg, bord du Céou – ⅖ ≤ « Belle restauration extérieure
    d'un moulin » ⊶ – **R** conseillée juil.-août – ⚡
    2 ha (90 empl.) plat, herbeux ⚲
    ⌂ ⇆ 🗇 ⊡ ⊕ ⊠ – 🗪 ✗ ⚊ (petit plan d'eau) – A proximité : ⅄ ⚊ ⚊
    Tarif : ⚹ 13 – 🔲 18 – 🔌 15 (6A) 21 (16A)

ST-GERMAIN-DU-BOIS

71330 S.-et-L. 11 – 70 ③ – 1 856 h. alt. 210.
Paris 359 – Chalon-sur-Saône 33 – Dole 58 – Lons-le-Saunier 31 – Mâcon 74 – Tournus 45.

  ▲ **Municipal de l'Étang Titard** juin-sept.
    🅿 03 85 72 06 15 – sortie Sud par D 13 rte de Louhans « Près d'un étang » ⊶ – **R**
    1 ha (40 empl.) plat, terrasse, peu incliné, herbeux
    ♿ ⌂ ⇆ 🗇 ⊡ ⊕ ⊠ – 🗪 – A proximité : ✗ ⚊ ⚊ parcours sportif
    Tarif : ⚹ 7 – ⊖ 6 – 🔲 6 – 🔌 12

ST-GERMAIN-DU-TEIL

48340 Lozère 15 – 80 ④ – 804 h. alt. 760.
Paris 600 – La Canourgue 9 – Mende 47 – Nasbinals 29 – St-Geniez-d'Olt 31 – Sévérac-le-Château 28.

  ▲▲ **Le Levant** 15 avril-sept.
    🅿 04 66 32 63 80 – au Sud du bourg par rte de Montagudet et r. Peyre-de-Roses à gauche – ≤
    ⊶ – **R** conseillée – ⚡
    2 ha/0,4 campable (40 empl.) en terrasses et peu incliné, herbeux, pierreux
    ♿ ⌂ ⇆ 🗇 ⊡ ⊕ ⚲ ⌄ ⊠ – ⅄ snack – ⚊ –
    Tarif : 🔲 piscine comprise 2 pers. 60, pers. suppl. 23 – 🔌 20 (5A)
    Location : ⌂ 1000 à 1800 – ⌂2700 – gîte d'étape

ST-GERMAIN-LES-BELLES

87380 H.-Vienne 10 – 72 ⑱ G. Berry Limousin – 1 079 h. alt. 432.
Paris 431 – Eymoutiers 32 – Limoges 39 – St-Léonard-de-Noblat 32 – Treignac 35.

  ▲ **Municipal de Montréal** 15 juin-sept.
    🅿 05 55 71 86 20 – sortie Sud-Est, rte de la Porcherie, bord d'un plan d'eau – ⅖ ≤ ⊶ juil.-août
    – **R** – ⚡
    1 ha (60 empl.) plat et terrasse, peu incliné, herbeux, gravier ▭
    ▥ ♿ ⌂ ⇆ 🗇 ⊡ ⊕ ⊠ – A proximité : ✗ ⚊ ⚊ (plage)
    Tarif : 🔲 2 pers. 41, pers. suppl. 13 – 🔌 14

ST-GERMAIN-L'HERM

63630 P.-de-D. 11 – 73 ⑯ G. Auvergne – 533 h. alt. 1 050.
Paris 484 – Ambert 28 – Brioude 33 – Clermont-Ferrand 68 – Le Puy-en-Velay 68 – St-Étienne 106.

  ▲▲ **Municipal St-Éloy** 27 mai-10 sept.
    🅿 04 73 72 05 13 – sortie Sud-Est, sur D 999, rte de la Chaise-Dieu – ⅖ ≤ ⊶ – **R** – ⚡
    4 ha (60 empl.) plat et peu incliné, en terrasses, herbeux ▭
    ♿ ⌂ ⇆ 🗇 ⊡ ⊕ ⊠ ⚲ ⅍ ⚊ –
    Tarif : ⚹ 16 piscine comprise – ⊖ 10 – 🔲 15 – 🔌 13 (4A) 19 (7 ou 8A)
    Location : ⌂ – huttes

50430 Manche ▣ – ▣ ⑫ – 638 h. alt. 5.
Paris 351 – Barneville-Carteret 25 – Carentan 35 – Coutances 29 – St-Lô 43.

▲▲▲ **Aux Grands Espaces** mai-15 sept.
  ℘ 02 33 07 10 14, Fax 02 33 07 22 59 – O : 4 km par D 306, à St-Germain-Plage – ⌑ ⊶ –
  R conseillée juil.-août – ⒼⒷ ⚹
  13 ha (580 empl.) plat et accidenté, sablonneux, herbeux ⌧ ♀
  ⛺ ⚍ ⇄ ⊙ ⌨ – ⛱ ⍐ ♣ – ⛲ ⤧ ✕ ⌓ ♣ ⊥
  Tarif : ⚡ 25 piscine comprise – 回 29 – ⒑ 23 (4A)
  Location ⚹⚹ ⊞ 1700 à 2800 – bungalows toilés

Ne prenez pas la route au hasard !

Michelin *vous apporte à domicile*

ses conseils routiers,

touristiques, hôteliers : **36.15 MICHELIN** *sur votre Minitel !*

15150 Cantal ▣ – ▣ ⑪ – 179 h. alt. 526.
Paris 542 – Argentat 35 – Aurillac 25 – Maurs 32 – Sousceyrac 27.

▲ **La Presqu'île d'Espinet** juin-15 sept.
  ℘ 04 71 62 28 90 – SE : 8,5 km par rte d'Espinet, à 300 m du lac de St-Etienne-Cantalès – ⌑ « Dans
  un site agréable » ⊶ – **R** conseillée 15 juil.-15 août – ⚹
  3 ha (105 empl.) peu incliné, herbeux, bois ⌧ ⊛ (0,5 ha)
  ⛺ ⚍ ⌨ ⇄ ⊙ ⌨ – ⛱ ♣ – A proximité : ♀ snack ✕
  Tarif : 回 piscine comprise 1 ou 2 pers. 70, pers. suppl. 15 – ⒑ 15 (10A)
  Location : ⊞ 1500 à 2500

63390 P.-de-D. ▣ – ▣ ③ G. Auvergne – 1 419 h. alt. 725.
🄱 Office de Tourisme r. E.-Maison ℘ 04 73 85 80 94.
Paris 376 – Aubusson 72 – Clermont-Ferrand 55 – Gannat 42 – Montluçon 47 – Riom 39 – Ussel 87.

▲▲ **Municipal de l'Étang Philippe** Pâques-15 sept.
  ℘ 04 73 85 74 84 – sortie Nord par D 987 rte de St-Pourçain sur-Sioule, bord d'un plan d'eau – ⊶
  – **R** conseillée – ⚹
  3 ha (130 empl.) plat et peu incliné, herbeux ⌧ ♀
  ⛺ ⚍ ⌧ ⇄ ⊙ ⌨ – ⛱ ⋙ – A proximité : ✕ ♣ ⍐
  Tarif : 回 élect. comprise 3 pers. 53, pers. suppl. 8

74170 H.-Savoie ▣ – ▣ ⑧ G. Alpes du Nord – 5 124 h. alt. 820 – ⚑ – Sports d'hiver : 850/2 350 m ⛷2 ⚐25 ⚹.
🄱 Office de Tourisme av. Mont-Paccard ℘ 04 50 47 76 08, Fax 04 50 47 75 69.
Paris 600 – Annecy 82 – Bonneville 42 – Chamonix-Mont-Blanc 25 – Megève 12 – Morzine 57.

▲ **Les Dômes de Miage** juin-25 sept.
  ℘ 04 50 93 45 96, Fax 04 50 78 10 75 – S : 2 km par D 902, rte des Contamines-Montjoie, au lieu-dit
  les Bernards, alt. 890 – ⌑ ⋖ ⊶ – **R** conseillée juil.-août – ⒼⒷ ⚹
  3 ha (150 empl.) plat, herbeux
  ⛺ ⚍ ⌧ ⇄ ⊙ ⌧ ⌨ – A proximité : ✕ ✕ ⍐
  Tarif : 回 2 pers. 86, 3 pers. 96 – ⒑ 16 (3A) 18 (6A) 20 (10A)

56730 Morbihan ▣ – ▣ ⑫ ⑬ G. Bretagne – 1 141 h. alt. 10.
Paris 484 – Arzon 8 – Auray 47 – Sarzeau 6 – Vannes 28.

Schéma à Sarzeau

▲▲▲ **Le Menhir** 20 mai-12 sept.
  ℘ 02 97 45 22 88, Fax 02 97 45 37 18 – N : 3,5 km, Accès conseillé par D 780 rte de Port-Navalo
  – ⊶ – **R** conseillée juil.-août – ⒼⒷ ⚹
  5 ha/3 campables (180 empl.) plat et peu incliné, herbeux ⌧ ⊛ (2 ha)
  ⛺ ⚍ ⌧ ⌧ ⚍ ⌧ ⊙ ⚹ ⚍ ⌧ ⌨ – ♀ snack, pizzeria ⍐ – ⌨ ⛲ ⚲ ✕ ⌓ ♣ ⌇ toboggan aquatique
  half-court, bowling
  Tarif : ⚡ 30 piscine comprise – 回 85 – ⒑ 18 (4 ou 6A)
  Location ⚹⚹ : ⊞ 1200 à 3500

▲ **Goh'Velin**
  ℘ 02 97 45 21 67 – N : 1,5 km, à 300 m de la plage – ⊶
  1 ha (87 empl.) plat et peu incliné, herbeux ⌧ ♀
  ⚍ ⌧ ⌧ ⇄ ⊙ ⌨ – ⛱ – A proximité : ⍐
  Location : ⊡ – ⊞

ST-GILLES-CROIX-DE-VIE

85800 Vendée 9 – 67 ⑫ G. Poitou Vendée Charentes – 6 296 h. alt. 12.
🛈 Office de Tourisme Forum du Port de Plaisance, bd Égalité ✆ 02 51 55 03 66, Fax 02 51 55 69 60.
Paris 461 – Challans 20 – Cholet 111 – Nantes 79 – La Roche-sur-Yon 46 – Les Sables-d'Olonne 32.

Schéma à St-Hilaire-de-Riez

Domaine de Beaulieu 4 avril-20 sept.
✆ 02 51 55 59 46 – SE : 4 km – ⚷ – **R** conseillée – **GB** ⚲
8 ha (310 empl.) plat, herbeux ▭ ♀ (2 ha)
& ⛺ ⇌ 🖥 🛁 🖰 ⊕ ⚑ ⚐ ▣ – 🏕 ⏻ crêperie 🎣 – 📷 salle d'animation 🏃 🚲 ⚷ 🎱 ⛸ toboggan aquatique
Tarif : ▣ piscine comprise 2 pers. 128 – ⚡ 20 (6A)
Location : 🏠 990 à 3700 – ⛺ 1300 à 3900 – bungalows toilés

Europa avril-sept.
✆ 02 51 55 32 68, Fax 02 51 55 80 10 ✉ 85800 Givrand – E : 4 km « Belle délimitation des emplacements et entrée fleurie » ⚷ – **R** conseillée – **GB** ⚲
6 ha (245 empl.) plat, herbeux, étang ▭
& ⛺ ⇌ 🖥 🛁 🖰 ⊕ ⚑ ⚐ ▣ – 📷 🏃 ⚷ 🎱 ⛸ toboggan aquatique
Tarif : ⚷ 29 piscine comprise – ▣ 65 – ⚡ 18 (3 à 10A)

Les Cyprès Pâques-sept.
✆ 02 51 55 38 98, Fax 02 51 54 98 94 – SE : 2,4 km par D 38 puis 0,8 km par chemin à droite, à 60 m de la Jaunay, accès direct à la mer – ⚓ « Belle piscine d'intérieur » ⚷ – **R** conseillée – **GB** ⚲
4,6 ha (280 empl.) plat et peu accidenté, sablonneux ▭ ♀♀
& ⛺ ⇌ 🖥 🖰 ⊕ 🖼 ▣ – ⏻ ♀ 🎣 – 📷 🏃 ⛸
Tarif : (Prix 1999) ▣ piscine comprise 2 pers. 110 (135 avec élect. 10A), pers. suppl. 28,50
Location : 🏠 1800 à 3350

au Fenouiller NE : 4 km par D 754 – 2 902 h. alt. 10 – ✉ 85800 le Fenouiller :

Domaine le Pas Opton 20 mai-10 sept.
✆ 02 51 55 11 98, Fax 02 51 55 44 94 – NE : 2 km, bord de la Vie – ⚓ ⚷ ⚲ dans locations et 15 juil.-20 août sur le camping – **R** conseillée 15 juil.-25 août – **GB** ⚲
4,5 ha (200 empl.) plat, herbeux ▭ ♀♀
& ⛺ ⇌ 🖥 🖰 ⊕ ⚑ ⚐ ▣ – ⏻ ♀ self, pizzeria 🎣 – 📷 salle d'animation ⛸ toboggan aquatique
Tarif : ▣ élect. et piscine comprises 2 pers. 113 à 154, pers. suppl. 26
Location : 🏠 1400 à 3100

⚠ *Aire Naturelle le Petit Beauregard,* en deux camps de 25 empl. mai-sept.
    ℰ 02 51 55 07 98 – sortie Sud-Ouest par D 754, rte de St-Gilles-Croix-de-Vie et 0,6 km par chemin
à gauche – 🏊 ⊶ – **R** conseillée juil.-août – ⚹
2 ha (50 empl.) plat, herbeux ⚘
    ⧉ 🍴 ⇔ ⇄ ⊕ ▨
Tarif : ▣ *2 pers. 60 –* [⚡] *13 (6A)*

ST-GIRONS

09200 Ariège ⏸ – ⏸⏸ ③ – 6 596 h. alt. 398.
🏠 Office de Tourisme pl. A.-Sentein ℰ 05 61 96 26 60, Fax 05 61 96 26 69.
Paris 797 – Auch 111 – Foix 44 – St-Gaudens 43 – Toulouse 102.

⚠⚠ *Audinac* mai-sept.
    ℰ 05 61 66 44 50 ✉ 09200 Audinac-les-Bains – NE : 4,5 km par D 117, rte de Foix et D 627, rte
de Ste-Croix-Volvestre, à **Audinac-les-Bains** – 🏊 ⊶ – **R** conseillée saison – ⊞ ⚹
15 ha/1,5 campable (100 empl.) peu incliné, en terrasses, herbeux ⚘⚘ (0,5 ha)
    ⧉⧉ ⅋ ⧉ ⇔ ⅋ ⇄ ⊕ – 🍴 snack – ⧉ 🏮 ⇆ – 🦅 🏊 🎾 ⅃
Tarif : ▣ *piscine comprise 2 pers. 69, pers. suppl. 25 –* [⚡] *18 (10A)*
Location *(avril-sept.) :* 🏠 *990 à 2590 – bungalows toilés*

⚠ *Pont du Nert* juin-15 sept.
    ℰ 05 61 66 58 48 ✉ 09200 Encourtiech – SE : 3,6 km par D 3, carrefour avec D 33, près du Salat
– ≤ – ⅏
1 ha (40 empl.) plat à incliné, herbeux ⚘
    ⧉ ⚱ ⊕ – ⅋
Tarif : ⚥ *17,50 tennis compris –* ▣ *12 –* [⚡] *10 (10A)*

ST-GUINOUX

35430 I.-et-V. ⏸ – ⏸⏸ ⑥ – 736 h. alt. 25.
Paris 384 – Cancale 16 – Dinard 19 – Dol-de-Bretagne 12 – Rennes 63 – St-Malo 19.

⚠ *Municipal le Bûlot* juil.-août
    sortie Est par D 7 rte de la Fresnais – ⊶ – **R**
0,4 ha (45 empl.) plat, herbeux
    ⧉ ⧉ ⇔ ⊕
Tarif : *(Prix 1999)* ⚥ *18,20 –* ▣ *13,50 –* [⚡] *12 (3A)*

ST-HILAIRE

38660 Isère ⏸⏸ – ⏸⏸ ⑤ – 1 423 h. alt. 980.
🏠 Office de Tourisme Les Petites Roches ℰ 04 76 08 33 99, Fax 04 76 97 20 56.
Paris 594 – Belley 75 – Chambéry 40 – Grenoble 25 – La Tour-du-Pin 87 – Voiron 54.

⚠ *Municipal du Vieux Chêne* mai-sept.
    sortie Sud-Ouest par D 30, rte de Grenoble, près du stade – 🏊 ≤ Mont-Blanc – ⅏ – ⚹
1,5 ha (40 empl.) plat, peu incliné à incliné, terrasses, herbeux
    ⧉ ⧉ ⇔ ⇄ ⊕ – ⅋
Tarif : ⚥ *15 –* 🚗 *8 –* ▣ *11/14 –* [⚡] *12 (10 ou 16A)*

ST-HILAIRE-DE-RIEZ

85270 Vendée ⑨ – ⏸⏸ ⑫ G. Poitou Vendée Charentes – 7 416 h. alt. 8.
🏠 Office de Tourisme 21 pl. Gaston-Pateau ℰ 02 51 54 31 97, Fax 02 51 55 27 13.
Paris 457 – Challans 17 – Noirmoutier-en-l'Ile 48 – La Roche-sur-Yon 50 – Les Sables-d'Olonne 37.

⚠⚠ *La Puerta del Sol* 29 avril-sept.
    ℰ 02 51 49 10 10, Fax 02 51 49 84 84 – N : 4,5 km « Cadre agréable » ⊶ – **R** conseillée – ⊞
⚹
4 ha (216 empl.) plat, herbeux ⧉ ⚘
    ⧉ ⧉ ⇔ ⧉ ⇄ ⊕ ⚱ ⅋ ▨ – 🏊 🍴 🍴 ⇆ – ⧉ 🏃 salle d'animation 🚲 🎾 ⅃
Tarif : ▣ *élect. (6A) et piscine comprises 2 ou 3 pers.180*
Location : 🏠 *2200 à 3900*

⚠⚠ *Sol à Gogo* 15 mai-15 sept.
    ℰ 02 51 54 29 00, Fax 02 51 54 88 74 – NO : 4,8 km, accès direct à la plage – Places limitées pour
le passage ⊶ juil.-août – **R** – ⚹
3,6 ha (196 empl.) plat, sablonneux ⧉
    ⧉ ⧉ ⇔ ⇄ ⊕ ⚱ ⅋ ▨ – 🍴 🍴 ⇆ – ⧉ 🦅 🎾 ⅃ toboggan aquatique half-court – A proximité :
🐎 🚲 🎣
Tarif : ▣ *élect. (6 ou 10A) et piscine comprises 3 pers. 170*

⚠⚠ *Les Biches* 13 mai-17 sept.
    ℰ 02 51 54 38 82, Fax 02 51 54 30 74 – N : 2 km – Places limitées pour le passage 🏊 « Agréable
pinède » ⊶ juil.-août – **R** indispensable 10 juil.-25 août – ⚹
13 ha/9 campables (400 empl.) plat, herbeux, sablonneux ⧉ ⚘⚘
    ⧉ ⇔ ⧉ ⇄ ⊕ ⚱ ⅋ ▨ – 🏊 🍴 snack ⇆ – ⧉ salle d'animation 🦅 🚲 🎾 🎣 ⅃ ⅃ toboggan
aquatique
Tarif : ▣ *piscine comprise 3 pers. 185 (210 avec élect. 10A), pers. suppl. 38*
Location : 🏠 *1260 à 4130*

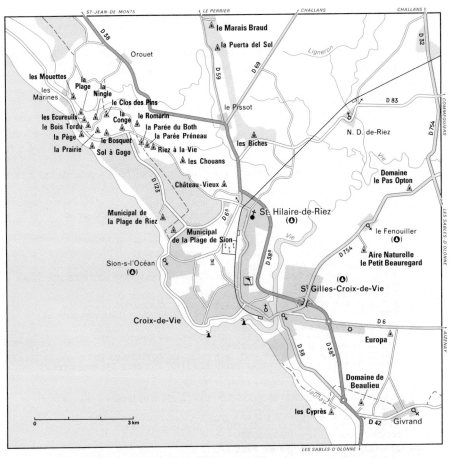

Château-Vieux mai-15 sept.
📞 02 51 54 35 88, Fax 02 51 54 60 05 34 – N : 1 km – Places limitées pour le passage 🐾 ⚷ –
R conseillée juil.-août – 🔲 🌂
6 ha (326 empl.) plat, sablonneux, herbeux 🗔 ⚘
🖐🕍⚁🖳⚄🗅⚲⊙🌂♨🖼 – 🎣🍽✕🏇 – 🏠 salle d'animation 🏋️ 🚲 ⛷ 🔲 🧗 toboggan
aquatique
Tarif : 🔲 élect. (8A) et piscine comprises 3 pers. 168, pers. suppl. 30

Les Écureuils 15 mai-15 sept.
📞 02 51 54 33 71, Fax 02 51 55 69 08 – NO : 5,5 km, à 200 m de la plage – Places limitées pour
le passage 🐾 ⚷ – **R** conseillée juil.-août – 🌂
4 ha (230 empl.) plat, herbeux, sablonneux 🗔 ⚘
🖐🕍⚁🖳⚄🗅⊙⚲🌂🖼 – 🍽✕🏇 – 🏠 🎿 🏋️ ⛷ 🧗 toboggan aquatique – A proximité :
🎡 🏇
Tarif : (Prix 1999) 🔲 piscine comprise 2 pers. 139 (152 avec élect. 6A)

La Plage avril-sept.
📞 02 51 54 33 93, Fax 02 51 55 97 02 – NO : 5,7 km, à 200 m de la plage – Places limitées pour
le passage ⚷ – **R** conseillée – 🔲 🌂
5 ha (347 empl.) plat, herbeux, sablonneux 🗔 ⚘
🖐🖳⚄🗅⚁⊙ 15 avril-15 sept.) ⊙ 🌂♨🖼 – 🍽 snack 🏇 – 🏠 🎿 🏋️ ⛷ 🔲 🧗 toboggan aquatique
– A proximité : 🏇 🏇
Tarif : 🔲 piscine comprise 2 pers. 120 (140 avec élect. 10A), pers. suppl. 27
Location : 🚐 1400 à 3700

Les Chouans Pâques-sept.
📞 02 51 54 34 90, Fax 02 51 54 05 92 – NO : 2,5 km – ⚷ – **R** conseillée – 🔲 🌂
3,7 ha (202 empl.) plat, herbeux, sablonneux 🗔
🖐🕍⚁🖳⚄🗅⊙🌂♨🖼 – 🎣🍽 snack 🏇 – 🏠 🎿 🏋️ ⛷ 🧗 toboggan aquatique terrain
omnisports
Tarif : 🔲 piscine comprise 3 pers. 122, pers. suppl. 28 – 🔌 20 (6A) 24 (10A)
Location : 🚐 1250 à 3500

483

La Prairie 15 mai-sept.
02 51 54 08 56, Fax 02 51 55 97 02 – NO : 5,5 km, à 500 m de la plage – 🐟 ⊶ – **R** conseillée
– ⚕
4 ha (250 empl.) plat, herbeux ⚲
♿ 🔥 ⇆ 🖥 ♨ 😊 ⚓ 🌬 📷 – 🍽 snack ⚒ – 🔲 🏊 ❀ 🏊 toboggan aquatique – A proximité :
🎯 ♪ₘ
Tarif : (Prix 1999) 🅴 *piscine comprise 2 ou 3 pers. 120, pers. suppl. 23* – 🔌 *20 (10A)*

La Ningle juil.-15 sept.
02 51 54 07 11, Fax 02 51 54 99 39 – NO : 5,7 km – 🐟 ⊶ – **R** conseillée – ⚕
2,8 ha (150 empl.) plat, herbeux, petit étang ⚲
♿ 🔥 ⇆ 🖥 ⚓ 😊 ⚓ 🌬 📷 – 🍽 – 🔲 🏊 ❀ 🏊 – A proximité : 🎯 ⚒ ♪ₘ
Tarif : (Prix 1999) 🅴 *piscine comprise 3 pers. 112* – 🔌 *15 (6A)*

Le Bois Tordu 15 mai-15 sept.
02 51 54 33 78, Fax 02 51 54 08 29 – NO : 5,3 km, à 200 m de la plage – ⊶ juil.-août – **R**
– ⚕
1,2 ha (84 empl.) plat, sablonneux, herbeux ▭ ⚲
♿ 🔥 ⇆ 🖥 😊 ⚓ 🌬 📷 – 🏖 🍽 ⚒ – 🏊 toboggan aquatique – A proximité : ❀ ♪ₘ half-
court
Tarif : 🅴 *élect. (6 à 10A) et piscine comprises 3 pers. 170*

Riez à la Vie 22 avril-10 sept.
02 51 54 30 49, Fax 02 51 55 86 58 – NO : 3 km – ⊶ – **R** conseillée – **GB** ⚕
3 ha (187 empl.) plat, sablonneux, herbeux ▭ ⚲⚲
♿ 🔥 ⇆ 🖥 😊 ⚓ 🌬 – 🏖 🍽 – 🔲 ✿ 🏊 toboggan aquatique terrain omnisports
Tarif : (Prix 1999) 🅴 *piscine comprise 2 pers. 95, pers. suppl. 20* – 🔌 *15 (3A)*
Location : 🛏 *800 à 2400* – 🏚 *1200 à 3300* – 🏠 *1200 à 3400*

Le Clos des Pins 15 mai-15 sept.
02 51 54 32 62, Fax 02 51 55 97 02 – NO : 6,2 km – Places limitées pour le passage 🐟 ⊶ –
R conseillée juil.-août – ⚕
4 ha (230 empl.) plat, terrasses, sablonneux, herbeux ▭ ⚲ pinède
♿ 🔥 ⇆ 🖥 😊 ⚓ 🌬 📷 – 🍽 – 🔲 🏊 🏊 toboggan aquatique
Tarif : (Prix 1999) 🅴 *piscine comprise 3 pers. 128 (146 avec élect. 10A), pers. suppl. 25*

La Parée Préneau 22 avril-10 sept.
02 51 54 33 84, Fax 02 51 55 29 57 – NO : 3,5 km – ⊶ juil.-août – **R** – **GB** ⚕
3,6 ha (206 empl.) plat, herbeux, sablonneux ⚲
♿ 🔥 ⇆ 🖥 😊 ⚓ 🌬 📷 – 🍽 – 🔲 🏊 🏊 ⚓ (petite piscine couverte)
Tarif : (Prix 1999) 🅴 *piscine comprise 2 pers. 92,50 (107 avec élect. 6A), pers. suppl. 23*
Location : 🏚 *1000 à 3000*

Le Bosquet juin-15 sept.
02 51 54 34 61, Fax 02 51 54 22 73 – NO : 5 km, à 250 m de la plage – ⊶ – 🅁 – ⚕
2 ha (115 empl.) plat, herbeux, sablonneux ⚲
♿ 🔥 ⇆ 🖥 😊 🌬 📷 – 🍽 snack, pizzeria – 🔲 🏊 – A proximité : 🎯 ⚒ ♪ₘ
Tarif : (Prix 1999) 🅴 *1 à 3 pers. 115 (130 avec élect. 6A), pers. suppl. 22*
Location (avril-oct.) : 🏚 *1200 à 3500*

Municipal de la Plage de Riez avril-17 sept.
02 51 54 36 59 – O : 3 km, à 200 m de la plage (accès direct) – ⊶ juil.-août – **R** conseillée –
GB ⚕
9 ha (602 empl.) plat, sablonneux ▭ ⚲⚲ pinède
♿ 🔥 ⇆ 🖥 😊 🌬 📷 📷 – 🔲 🏊 – A proximité : 🏖 🍽 snack ⚒
Tarif : 🅴 *3 pers. 94*

Le Romarin 15 juin-10 sept.
02 51 54 43 82 – NO : 3,8 km – ⊶ – **R** conseillée – ⚕
4 ha/1,5 campable (97 empl.) plat, vallonné, sablonneux, herbeux ▭ ⚲
🔥 ⇆ 🖥 😊 📷 – 🏊 ❀ 🏊
Tarif : 🅴 *élect. (6A) et piscine comprises 3 pers. 116, pers. suppl. 18*
Location (Ascension-10 sept.) - ❀ : 🏚 *1000 à 2000*

La Pège 15 juin-10 sept.
02 51 54 34 52, Fax 02 51 55 29 57 – NO : 5 km, à 150 m de la plage – ⊶ – 🅁 – ⚕
1,8 ha (100 empl.) plat, sablonneux, herbeux ▭
♿ 🔥 ⇆ 🖥 😊 😊 📷 – 🏊 – A proximité : 🎯 🍽 ⚒ 🚲 ♪ₘ
Tarif : 🅴 *piscine comprise 3 pers. 115* – 🔌 *14 (6A)*

La Parée du Both 15 juin-15 sept.
02 51 54 78 27 – NO : 3,8 km – ⊶ – **R** conseillée – ⚕
1,8 ha (96 empl.) plat, sablonneux ▭
♿ 🔥 ⇆ 🖥 😊 📷 – 🔲 🏊
Tarif : 🅴 *piscine comprise 2 pers. 82, pers. suppl. 20* – 🔌 *16 (6A)*
Location (avril-15 oct.) : 🏚 *1000 à 2600*

Le Marais Braud juin-15 sept.
02 51 68 33 71, Fax 02 51 35 25 32 – N : 6 km par D 38 et D 59, rte de Perrier – 🐟 ⊶ –
R conseillée juil.-août – **GB** ⚕
4 ha (150 empl.) plat, sablonneux, herbeux, étang ▭ ⚲
♿ 🔥 ⇆ 🖥 😊 📷 – snack – 🔲 ❀ 🏊 toboggan aquatique
Tarif : (Prix 1999) 🅴 *piscine comprise 2 pers. 84 (avec élect. (6A) 100, (10A) 115), pers.
suppl. 22*
Location (Pâques-fin sept.) : 🏠 *900 à 3100*

△ **La Conge** 15 juin-15 sept.
🖉 02 51 54 32 47 – NO : 4 km – o━ – **R** conseillée – ⚲
2 ha (150 empl.) plat, sablonneux 🖵 ♀ pinède
🔥 🗐 ⇔ 🖪 🔥 ☺ 🖥 – 🎢
Tarif : (Prix 1999) 🔳 3 pers. 100 (111 avec élect. 6A), pers. suppl. 20

△ **Les Mouettes** Pâques-fin sept.
🖉 02 51 54 33 68, Fax 02 51 54 94 42 – NO : 6 km, à 300 m de la plage – o━ – **R** conseillée juil.-août
– ⚲
2,3 ha (200 empl.) plat, sablonneux, herbeux ♀
🔥 🗐 ⇔ 🖪 🔥 ☺ 🖥 – 🏊 🖾 – A proximité : 🎯
Tarif : 🔳 2 ou 3 pers. 108 (124 avec élect. 10A)

△ **Municipal les Demoiselles** 23 juin-3 sept.
🖉 02 51 58 10 71, Fax 02 51 60 07 84 – NO : 9,5 km, à 300 m de la plage – 🏖 o━ juil.-août –
R conseillée – ⒼⒷ ⚲
13,7 ha (581 empl.) incliné à peu incliné, accidenté, vallonné, sablonneux, herbeux 🖵 ♀♀ (8 ha)
🗐 ⇔ 🖪 ☺ 🖾 ⇶ 🖥 – 🏊 – A proximité : ≈
Tarif : ⚹ 28,50 – 🚗 10 – 🔳 12,50

à Sion-sur-l'Océan SO : 3 km par D 6ᴬ – ✉ 85270 St-Hilaire-de-Riez :

⚠ **Municipal de la Plage de Sion** avril-17 sept.
🖉 02 51 54 34 23 – sortie Nord, à 350 m de la plage (accès direct) – o━ juil.-août – **R** conseillée
– ⒼⒷ ⚲
3 ha (173 empl.) plat, sablonneux, gravillons 🖵 ♀ (0,7 ha)
🔥 🗐 ⇔ 🖪 ☺ ⇶ 🖾 🖥 – 🖾 🏊
Tarif : 🔳 3 pers. 98 – ⒤ 16 (10A)

Voir aussi à St-Gilles-Croix-de-Vie

ST-HILAIRE-DU-HARCOUËT

50600 Manche ④ – ⑤⑨ ⑨ G. Normandie Cotentin – 4 489 h. alt. 70.
🛈 Office de Tourisme (du 1-04 au 30-09) pl. du Bassin 🖉 02 33 79 38 88, Fax 02 33 79 38 89 et (toute l'année)
à la Mairie 🖉 02 33 79 38 70.
Paris 340 – Alençon 99 – Avranches 27 – Caen 100 – Fougères 29 – Laval 67 – St-Lô 70.

⚠ **Municipal de la Sélune** 22 avril-17 sept.
🖉 02 33 49 43 74 – NO : 0,7 km par N 176 rte d'Avranches et à droite, près de la rivière – o━ –
R – ⚲
1,9 ha (90 empl.) plat, herbeux
🔥 🗐 ⇔ 🖪 🔥 ☺ – point d'informations touristiques – 🖾 🏊 – A proximité : ✕
Tarif : (Prix 1999) ⚹ 11 – 🚗 6 – 🔳 11 – ⒤ 11

ST-HILAIRE-LA-FORÊT

85440 Vendée ⑨ – ⑥⑦ ⑪ – 363 h. alt. 23.
Paris 448 – Challans 64 – Luçon 30 – La Roche-sur-Yon 30 – Les Sables-d'Olonne 24.

⚠ **La Grand' Métairie** avril-sept.
🖉 02 51 33 32 38, Fax 02 51 33 25 69 – au Nord du bourg par D 70 – 🏖 o━ – **R** indispensable
juil.-août – ⒼⒷ ⚲
3,8 ha (188 empl.) plat, herbeux 🖵 ♀ (2 ha)
🔥 🗐 ⇔ 🖪 🔥 ☺ ⇶ 🖥 – ⓨ ✕ 🗙 – 🏊 🚲 🎱 🖾 🔥
Tarif : 🔳 élect. (6A) et piscine comprises 2 pers. 120, pers. suppl. 30
Location : 🏠 1200 à 3650 – 🏠 1200 à 4000 – bungalows toilés

⚠ **Les Batardières** 27 juin-5 sept.
🖉 02 51 33 33 85 – à l'Ouest du bourg par D 70 et à gauche, rte du Poteau – 🏖 o━ – **R**
1,6 ha (75 empl.) plat, herbeux 🖵 ♀
🗐 ⇔ 🖪 ☺ 🔥 ⇶ 🖥 – 🖾 🏊 🎱
Tarif : 🔳 tennis compris 2 pers. 89 – ⒤ 20 (6A)

ST-HILAIRE-LES-PLACES

87800 H.-Vienne ⑩ – ⑦② ⑰ – 785 h. alt. 426.
Paris 420 – Châlus 21 – Limoges 28 – Nontron 54 – Rochechouart 43 – St-Yrieix-la-Perche 21.

⚠ **Municipal du Lac** 15 juin-15 sept.
🖉 05 55 58 12 14 – à 1,2 km au Sud du bourg par D 15A et chemin à gauche, à 100 m du lac Plaisance
– o━ – **R** conseillée juil.-août – ⚲
2,5 ha (85 empl.) en terrasses, herbeux 🖵 ♀
🔥 🗐 ⇔ 🖪 ☺ 🖥 – 🖾 🏊 – A proximité : toboggan aquatique, parcours de santé, 🐎 (centre
équestre) 🎱 🔥 ≈ (plage)
Tarif : 🔳 2 pers. 60, pers. suppl. 23 – ⒤ 12 (4A) 15 (6A) 20 (10A)
Location (permanent) : gîtes

ST-HILAIRE-ST-FLORENT

49 M.-et-L. – ⑥④ ⑫ – rattaché à Saumur.

ST-HILAIRE-SOUS-ROMILLY

10100 Aube 🖪 – 🗓 ⑤ – 347 h. alt. 78.
Paris 120 – Nogent-sur-Seine 12 – Romilly-sur-Seine 6 – Sézanne 30 – Troyes 46.

▲▲ *La Noue des Rois*
    ℰ 03 25 24 41 60, Fax 03 25 24 34 18 – NE : 2 km – Places limitées pour le passage ⬟ « Au bord d'un ruisseau, dans un vaste domaine avec bois et étangs » ⊶
    30 ha/5 campables (150 empl.) plat, herbeux, gravillons ⌺
    ▥ 🕹 ⬟ 🗐 🖙 ☺ 🌣 ⅋ ▦ – ☗ crêperie – 🚣 ⚒ ⚓ half-court, piste de bi-cross, parcours de santé
    Location : 🏠

ST-HIPPOLYTE

63 P.-de-D. – 🗷 ④ – rattaché à Châtelguyon.

ST-HIPPOLYTE

25190 Doubs 🖪 – 🗓 ⑱ G. Jura – 1 128 h. alt. 380.
Paris 487 – Basel 92 – Belfort 50 – Besançon 85 – Montbéliard 30 – Pontarlier 72.

▲ *Les Grands Champs* mai-15 sept.
    ℰ 03 81 96 54 53 – NE : 1 km par D 121, rte de Montécheroux et chemin à droite, près du Doubs (accès direct) – ⬟ ≪ ⊶ juil.-août – **R** – ⱴ
    2,2 ha (65 empl.) en terrasses et peu incliné, herbeux, pierreux ♀
    🕹 ⬟ 🗐 🖙 ☺ ▦
    Tarif : ⋆ *16* – ▣ *20* – ⑭ *16*
    Location : *huttes*

ST-HIPPOLYTE-DU-FORT

30170 Gard 🗓 – 🗓 ⑰ – 3 515 h. alt. 165.
🄱 Office de Tourisme « les Casernes » ℰ 04 66 77 91 65, Fax 04 66 77 25 36.
Paris 710 – Alès 35 – Anduze 22 – Nîmes 48 – Quissac 15 – Le Vigan 29.

▲ *Graniers* 15 juin-15 sept.
    ℰ 04 66 85 21 44 ✉ 30170 Monoblet – NE : 4 km par rte d'Uzès puis D 133, rte de Monoblet et chemin à droite, bord d'un ruisseau – ⬟ ⊶ – **R** – ⱴ
    2 ha (50 empl.) peu incliné, terrasses, herbeux, bois attenant ♀♀
    🕹 🗐 ⚞ ☺ ▦ – ☗ – ⚒
    Tarif : ▣ *piscine comprise 2 pers. 76, 3 pers. 95, 4 pers. 114* – ⑭ *16 (4A)*
    Location ⚒ : ⬚ *2000 à 2400*

ST-HONORÉ-LES-BAINS

58360 Nièvre 🗓 – 🗓 ⑥ G. Bourgogne – 754 h. alt. 300 – ♨ (03-04/14-10).
🄱 Office de Tourisme pl. du Marché ℰ 03 86 30 71 70, Fax 03 86 30 71 70.
Paris 309 – Château-Chinon 28 – Luzy 22 – Moulins 69 – Nevers 68 – St-Pierre-le-Moutier 67.

▲ *Municipal Plateau du Gué* 31 mars-10 oct.
    ℰ 03 86 30 76 00 – au bourg, 13 rue Eugène Collin, à 150 m de la poste – **R** conseillée juil.-août – ⱴ
    1,2 ha (73 empl.) peu incliné et plat, herbeux ♀ (0,5 ha)
    ▥ 🕹 🗐 ⚞ ▦ – ⬚ ⚒
    Tarif : (Prix 1999) ⋆ *12,70* – ⚗ *9,50* – ▣ *9,50* – ⑭ *14 (10A)*

ST-ILLIERS-LA-VILLE

78980 Yvelines 🖪 – 🗓 ⑱ – 228 h. alt. 125.
Paris 68 – Anet 19 – Dreux 35 – Évreux 34 – Mantes-la-Jolie 14 – Pacy-sur-Eure 15.

▲▲▲ *Domaine d'Inchelin* avril-15 oct.
    ℰ 01 34 76 10 11 – à 0,8 km au Sud du bourg par rte de Bréval et chemin à gauche – Places limitées pour le passage ⬟ ⊶ conseillée juil.-août – 🇬🇧
    6 ha/4 campables (150 empl.) plat, herbeux ⌺ ♀♀
    🕹 🗐 ⚞ 🖙 ☺ ⚞ ▦ – ☗ – ⬚ ⚒ ⚓
    Tarif : ▣ *piscine comprise 1 pers. 85* – ⑭ *30 (4A) 45 (6A)*

ST-JACQUES-DES-BLATS

15800 Cantal 🗓 – 🗓 ③ – 352 h. alt. 990.
Paris 541 – Aurillac 35 – Brioude 75 – Issoire 89 – St-Flour 40.

▲ *Municipal* mai-sept.
    ℰ 04 71 47 06 00 – à l'Est du bourg par rte de Nierevèze, bord de la Cère – ⬟ ≪ ⊶ – **R** conseillée – ⱴ
    1 ha (50 empl.) plat, herbeux ⌺ ♀
    ▥ 🕹 🗐 ⚞ 🖙 ⚞ ☺ 🌣 ⅋ ▦ – ⬚ ⚒ ⚓ – A proximité : ⚒ ♪
    Tarif : (Prix 1999) ⋆ *14* – ⚗ *8* – ▣ *8* – ⑭ *13 (25A)*

ST-JACUT-DE-LA-MER

22750 C.-d'Armor **4** – 59 ⑤ G. Bretagne – 797 h. alt. 31.

🅳 Syndicat d'Initiative r. du Châtelet ℰ 02 96 27 71 91, Fax 02 96 27 75 64.

Paris 426 – Dinan 26 – Dinard 19 – Lamballe 38 – St-Brieuc 58 – St-Cast-le-Guildo 19.

⚠ **Municipal la Manchette** avril-sept.
ℰ 02 96 27 70 33 – au parc des Sports – ⏍ « Près de la plage » ⊶ – ℝ – ⚲
3 ha (327 empl.) plat, herbeux, sablonneux
🗠 🕳 ⇆ 🗟 🔥 ⊛ 🖳 – 🖈 – A proximité : ✖ 🚲 ♨
Tarif : ▣ 2 pers. 56 – 🔌 12 (4A) 24 (8A)

ST-JACUT-LES-PINS

56220 Morbihan **4** – 63 ⑤ – 1 570 h. alt. 63.

Paris 422 – Ploërmel 41 – Redon 13 – La Roche-Bernard 28 – Vannes 47.

⚠ **Municipal les Étangs de Bodéan** 15 juin-août
SO : 2,5 km par D 137 rte de St-Gorgon – ⏍ « Belle décoration arbustive, au bord d'un étang » –
R
1 ha (50 empl.) plat et peu incliné, herbeux ᪣
🕳 ⚲ ⊛ – 🖈
Tarif : (Prix 1999) ⚹ 7 – ▣ 6 – 🔌 6

ST-JEAN

06 Alpes-Mar. – 84 ⑧ – rattaché à Pégomas.

ST-JEAN (Col)

04 Alpes-de-H.-Pr. **17** – 81 ⑦ G. Alpes du Sud alt. – 1 333 – Sports d'hiver : 1 300/2 500 m ⚞ 16 ⚐ –
✉ 04140 Seyne-les-Alpes.

Paris 717 – Barcelonnette 33 – Savines-le-Lac 33 – Seyne 10.

⚠ **L'Étoile des Neiges** fermé oct.-19 déc.
ℰ 04 92 35 07 08, Fax 04 92 35 12 55 – S : 0,8 km par D 207 et chemin à droite – ⏍ ⪡ ⊶ –
R conseillée – ⚲
3 ha (109 empl.) incliné, en terrasses, pierreux, herbeux ▭ ᪣᪣
🗠 ⅙ 🕳 ⇆ 🗟 ♨ 🔥 ⊛ ⚘ ▽ 🖳 – snack ⚱ – 🖳 🖈 ✖ 🏊 – A proximité : 🍴 ✖ 🚴 🚣
Tarif : ▣ piscine comprise 2 pers. 105 – 🔌 15 (6A)
Location (permanent) : 🚉 1500 à 3500 – 🏠 1950 à 3700

ST-JEAN-D'ANGÉLY

17400 Char.-Mar. **9** – 71 ③ ④ G. Poitou Vendée Charentes – 8 060 h. alt. 25.

🅳 Office de Tourisme pl. du Pilori ℰ 05 46 32 04 72, Fax 05 46 32 20 80.

Paris 446 – Angoulême 66 – Cognac 35 – Niort 48 – La Rochelle 74 – Royan 67 – Saintes 27.

⚠ **Municipal du Val de Boutonne** 16 mai-sept.
ℰ 05 46 32 26 16 – sortie Nord-Ouest rte de la Rochelle, puis à gauche av. du Port (D 18) et à droite
avant le pont, quai de Bernouet, près de la Boutonne (plan d'eau) – ⏍ ⊶ – **R** conseillée – ⚲
1,8 ha (99 empl.) plat, herbeux ▭ ᪣᪣
⅙ 🕳 ⇆ 🗟 🔥 ⊛ ⚘ 🗞 🖳 – 🖳 – A proximité : ⚲ 🖈 🌊
Tarif : (Prix 1999) ⚹ 16 – 🚗 10 – ▣ 12 – 🔌 11 (5 à 10A)
Location : 🏠 600 à 2200

ST-JEAN-D'AULPS

74430 H.-Savoie **12** – 70 ⑱ – 914 h. alt. 810.

Paris 595 – Abondance 19 – Annecy 84 – Évian-les-Bains 33 – Morzine 8 – Thonon-les-Bains 25.

⚠ **Le Solerey** Permanent
ℰ 04 50 79 64 69 – sortie Sud-Est par D 902 rte de Morzine, bord de la Dranse – ❅ ⪡ ⊶ –
R conseillée vacances scolaires – ⚲
0,6 ha (35 empl.) peu incliné et en terrasses, gravillons, herbeux ▭
🗠 🕳 ⇆ 🗟 🔥 🖳 – 🖳 – A proximité : ✖
Tarif : ▣ 2 pers. 70 (80 hiver), pers. suppl. 20 (25 hiver) – 🔌 15 (3A) 20 (6A) 30 (10A)

ST-JEAN-DE-CEYRARGUES

30360 Gard **16** – 80 ⑱ – 155 h. alt. 180.

Paris 703 – Alès 19 – Nîmes 33 – Uzès 21.

⚠ **Les Vistes** Pâques-sept.
ℰ 04 66 83 28 09 – S : 0,5 km par D 7 – ⏍ ⪡ Aigoual « Belle situation panoramique » ⊶
15 juin-août – **R** conseillée juil.-août – ⚲
6 ha/3 campables (35 empl.) non clos, plat, peu incliné, pierreux, herbeux ᪣᪣ pinède
⅙ 🕳 ⇆ 🔥 🖳 – 🖈 🌊
Tarif : ▣ piscine comprise 2 pers. 62, pers. suppl. 20 – 🔌 14 (6A)
Location : 🚉 850 à 1450

ST-JEAN-DE-COUZ

73160 Savoie 🔢 – 🔢 ⑮ – 180 h. alt. 630.
Paris 548 – Aix-les-Bains 30 – Chambéry 15 – Le Pont-de-Beauvoisin 23 – St-Laurent-du-Pont 14 – La Tour-du-Pin 45.

   △ **La Bruyère** avril- oct.
      ℘ 04 79 65 74 27 – S : 2 km par N 6 et rte de Côte Barrier – 🏞 ≤ « Au pied du Massif de la Chartreuse » ⬤↝ juil.-août – **R** conseillée 15 juil.-15 août – ⚲
      1 ha (60 empl.) plat, herbeux ♀
      🔥 ⇆ 🚿 ☺ – 🔲 ⏚
      Tarif : ★ 16 – 🔲 16 – 🔋 13 (4 ou 6A)

Ga niet vandaag op reis met kaarten van gisteren.

ST-JEAN-DE-LA-RIVIÈRE

50 Manche – 🔢 ① – rattaché à Barneville-Carteret.

ST-JEAN-DE-LUZ

64500 Pyr.-Atl. 🔢 – 🔢 ② G. Aquitaine – 13 031 h. alt. 3.
🚩 Office de Tourisme pl. Mar.-Foch ℘ 05 59 26 03 16, Fax 05 59 26 21 47.
Paris 791 – Bayonne 24 – Biarritz 18 – Pau 132 – San Sebastiàn 34.

   ⋀⋀ **Itsas-Mendi** Pâques-sept.
      ℘ 05 59 26 56 50, Fax 05 59 26 54 44 – NE : 5 km, à 500 m de la plage – ⬤↝ – **R** conseillée –
      🔳 ⚲
      8,5 ha (472 empl.) en terrasses et incliné, herbeux ♀♀
      🔥 🔥 ⇆ 🔲 🛁 ⚡ ☺ 🔲 – 🔳 ♟ ✗ 🔧 cases réfrigérées – 🔲 ⏚ 🚲 ✗ 🎣 🔨 half-court
      Tarif : 🔲 *piscine et tennis compris 2 pers. 114, pers. suppl. 26* – 🔋 *18 (6A)*

   ⋀⋀ **Atlantica** 15 mars-15 oct.
      ℘ 05 59 47 72 44, Fax 05 59 54 72 27 – NE : 5 km, à 500 m de la plage « Cadre fleuri » ⬤↝ –
      R conseillée juil.-août – 🔳 ⚲
      3,5 ha (194 empl.) en terrasses, plat, herbeux 🔲
      🔥 🔥 ⇆ 🔲 🛁 ⇆ ☺ 🔲 – 🔳 ♟ snack 🔧 – 🔲 ⏚ 🚲 🔨 🔨 half-court
      Tarif : 🔲 *piscine comprise 2 pers. 115* – 🔋 *20 (5A)*
      Location ✗ : 🔲 1400 à 3500

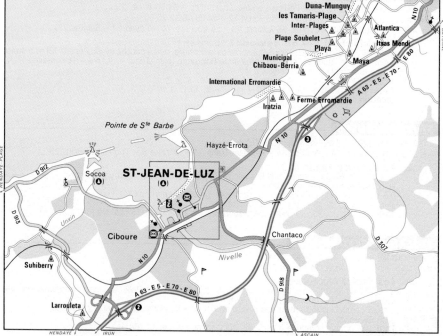

⚠️ International Erromardie 22 avril-1ᵉʳ oct.
📞 05 59 26 07 74, Fax 05 59 51 12 11 – NE : 2 km, près de la plage (accès direct) « Entrée fleurie »
🔌 juil.-août – **R** conseillée juil.-août – **GB** ⚡
4 ha (203 empl.) plat, herbeux 🏕️ ♀
🎐 ⛲ 🗄️ 🔥 ⊚ 🚿 🛒 🖼️ – 🍸 snack 🛒 – 🏕️ 🐎 ⊚ ⛱️
Tarif : 🔲 élect. (6A) et piscine comprises 2 pers. 155, pers. suppl. 30
Location : 🚐 1600 à 3700 – bungalows toilés

⚠️ Inter-Plages avril-sept.
📞 05 59 26 56 94 – NE : 5 km, Sur une falaise, à 150 m de la plage (accès direct) – 🏖️ ≤ « Cadre
agréable » 🔌 – **R** – ⚡
2,5 ha (100 empl.) plat, herbeux 🏕️ ♀♀ (1 ha)
🚿 🎐 ⛲ 🗄️ 🔥 🌋 🚿 🖼️ – 🚢 – 🚐 🐎 🚲 🎾 mini-tennis – A proximité : 🍸 ✖️ 🛒 🐎
Tarif : (Prix 1999) 🔲 piscine comprise 2 pers. 132, pers. suppl. 32 – [g] 21 (4A) 26 (6A) 28 (10A)
Location 🏖️ juil.-sept. : 🚐 1850 à 3000

⚠️ Les Tamaris-Plage avril-sept.
📞 05 59 26 55 90, Fax 05 59 47 70 15 – NE : 5 km, à 80 m de la plage – Ⓜ️ 🔌 – **R** – ⚡
1,5 ha (79 empl.) plat et peu incliné, herbeux 🏕️
🚿 🎐 ⛲ 🗄️ 🔥 🌋 ⊚ 🖼️ – 🚐 🐎 – A proximité : 🚢 🍸 ✖️ snack 🛒 🐎
Tarif : 🔲 2 pers. 150/180 avec élect. (5A) – [g] 20 (5A)
Location : 🚐 1750 à 3750

⚠️ La Ferme Erromardie 15 mars-15 oct.
📞 05 59 26 34 26, Fax 05 59 51 26 02 – NE : 1,8 km, près de la plage – 🔌 – **R** conseillée –
GB ⚡
2 ha (176 empl.) plat, herbeux 🏕️ ♀ (1 ha)
🚿 🎐 ⛲ 🗄️ 🔥 🌋 ⊚ 🖼️ – 🍸 🐎
Tarif : 🔲 2 pers. 110 – [g] 15 (4A) 20 (6A)

⚠️ Iratzia mai-sept.
📞 05 59 26 14 89, Fax 05 59 26 69 69 – NE : 1,5 km, à 300 m de la plage – 🔌 – **R** conseillée
juil.-août – **GB** ⚡
4,2 ha (280 empl.) plat, peu incliné et en terrasses, herbeux ♀♀
🚿 🎐 ⛲ 🗄️ 🔥 🌋 ⊚ 🖼️ – 🚢 🍸 🐎 – 🚐
Tarif : 🚶 35 – 🚗 20 – 🔲 40 – [g] 20 (6A)

⚠️ Municipal Chibaou-Berria juin-14 sept.
📞 05 59 26 11 94 – NE : 3 km, accès direct à la plage – 🔌 – **R** conseillée – ⚡
4 ha (200 empl.) peu incliné et en terrasses, herbeux 🏕️ ♀ (1 ha)
🚿 🎐 ⛲ 🗄️ 🔥 ⊚ 🖼️ – 🚐
Tarif : 🚶 28 – 🔲 30 – [g] 16 (5A)

⚠️ Duna Munguy Permanent
📞 05 59 47 70 70, Fax 05 59 47 78 82 – NE : 5,5 km – 🔌 – **R** conseillée – ⚡
0,5 ha (35 empl.) 🏕️ ♀
🏛️ 🎐 ⛲ 🗄️ 🔥 ⊚ 🖼️ – 🚐 🔲 (petite piscine)
Tarif : 🔲 2 pers. 115 – [g] 22 (6A) 25 (10A)
Location : 🚐 1250 à 3150

⚠️ Plage Soubelet avril-oct.
📞 05 59 26 51 60 – NE : 5 km, à 80 m de la plage – 🔌 – **R** conseillée – ⚡
2,5 ha (150 empl.) incliné, en terrasses, herbeux
🚿 🎐 🌋 ⊚ 🖼️ – A proximité : 🚢 🍸 ✖️ 🛒 🐎
Tarif : (Prix 1999) 🚶 26 – 🚗 10 – 🔲 20 – [g] 18 (10A)

⚠️ Merko-Lacarra avril-oct.
📞 05 59 26 56 76 – NE : 5 km, à 150 m de la plage – 🔌 – **R** conseillée – **GB** ⚡
2 ha (141 empl.) peu incliné à incliné, herbeux
🚿 🎐 🗄️ 🌋 ⊚ 🚿 🖼️ – 🚐 – A proximité : 🚢 🍸 ✖️ 🛒 🐎
Tarif : 🔲 1 ou 2 pers. 115, pers. suppl. 26 – [g] 20 (16A)
Location : 🚐 1400 à 3300

⚠️ Playa avril-oct.
📞 05 59 26 55 85 – NE : 5 km, bord de plage – 🏖️ ≤ 🔌 juil.-août – **R** – **GB** ⚡
2,5 ha (100 empl.) plat et en terrasses, herbeux
🚿 🎐 ⛲ 🗄️ 🔥 ⊚ 🖼️ – 🍸 🐎 – A proximité : 🚢 ✖️ 🐎
Tarif : 🔲 1 ou 2 pers. 130 – [g] 20 (5A)
Location : 🚐 1400 à 3500

⚠️ Maya 15 juin-sept.
📞 05 59 26 54 91 – NE : 4,5 km, à 300 m de la plage – 🔌 – **R** indispensable août – ⚡
1 ha (110 empl.) en terrasses, peu incliné, herbeux ♀
🚿 🎐 🗄️ ⊚ 🖼️ – 🍸 🐎 – 🚐 – A proximité : 🚢 ✖️ snack 🛒
Tarif : 🚶 27 – 🚗 10 – 🔲 21 – [g] 18 (6A)
Location (🏖️ 15 juin-août) : 🚐 1600 à 1900 – 🚐 2300 à 2900 – studios

à Socoa 2 km – ✉️ 64122 Urrugne :

⚠️ Larrouleta Permanent
📞 05 59 47 37 84, Fax 05 59 47 42 54 – S : 3 km, bord d'un plan d'eau et d'une rivière « Cadre
agréable » 🔌 – **R** conseillée juil.-août – **GB** ⚡
5 ha (263 empl.) plat et peu incliné, herbeux ♀♀
🚿 🎐 ⛲ 🗄️ 🔥 🌋 ⊚ 🚿 🚿 🖼️ – 🚢 🍸 ✖️ 🐎 – 🚐 🐎 🏓 🐎 ⛱️
Tarif : 🚶 26 – 🚗 10 – 🔲 18 – [g] 10 (5A)

△△ **Suhiberry** mai-sept.
 𝒫 05 59 47 06 23, Fax 05 59 47 18 93 – S : 2 km, à 50 m d'une rivière – ≤ ⊶ – **R** conseillée
 15 juil.-20 août – **GB** ⨏
 3 ha (169 empl.) en terrasses, herbeux ♀
 ᕈ ℷ ⇆ ⎙ ⚞ ⊕ ▤ – 🝙 ⚘ – 🖼 ♨ ✗
 Tarif : ▣ tennis compris 2 pers. 79, pers. suppl. 26 – ⚡ 13 (4A) 15 (6A) 17 (10A)

ST-JEAN-DE-MONTS

85160 Vendée ⑨ – ⑥⑦ ⑪ G. Poitou Vendée Charentes – 5 959 h. alt. 16.
🮲 Office de Tourisme Palais des Congrès 𝒫 02 51 59 60 61, Fax 02 51 59 62 28.
Paris 457 – Cholet 99 – Nantes 75 – Noirmoutier-en-l'Ile 34 – La Roche-sur-Yon 58 – Les Sables-
d'Olonne 49.

△△△ **Le Bois Masson**
 𝒫 02 51 58 62 62, Fax 02 51 58 29 97 – SE : 2 km – Place limitées pour le passage ⊶
 7,5 ha (485 empl.) plat, herbeux, sablonneux ⊡ ♀
 ▦ ᕈ ℷ ⇆ ⎙ ⚞ ⎈ ⊕ ⚘ ⥿ ▤ – 🝙 ♈ ✗ ⚘ – 🖼 ♨ 🝙 salle d'animation ⚡⚡ ⚘ ✗ ⬜ ⬜
 toboggan aquatique
 Location : ☖ – ⊨ – appartements

△△△ **Les Amiaux** Pâques-15 sept.
 𝒫 02 51 58 22 22, Fax 02 51 58 26 09 – NO : 3,5 km – ⊶ – **R** conseillée – **GB** ⨏
 12 ha (543 empl.) plat, herbeux, sablonneux ⊡ ♀ (5 ha)
 ᕈ ℷ ⇆ ⎙ ⚞ ⎈ ⊕ ⚘ ⥿ ▤ – 🝙 ♈ ✗ ⚘ – 🖼 salle d'animation ⚡⚡ ⟡⊕ ✗ ⬜ toboggan
 aquatique
 Tarif : (Prix 1999) ⚘ 17 piscine comprise – ▣ 105 ou 125 avec élect. (10A)
 Location ✗ : ☖ 1800 à 3800

△△△ **L'Abri des Pins** juin-15 sept.
 𝒫 02 51 58 83 86, Fax 02 51 59 30 47 – NO : 4 km – Places limitées pour le passage « Entrée
 fleurie » ⊶ – **R** conseillée 14 juil.-19 août – **GB** ⨏
 3 ha (210 empl.) plat, herbeux, sablonneux ⊡ ♀
 ᕈ ℷ ⇆ ⎙ ⚞ ⎈ ⊕ ⚘ ⥿ ▤ – 🝙 ♈ snack ⚘ – 🖼 ⚡⚡ 🝙 salle d'animation ⚡⚡ ✗ ⬜ toboggan
 aquatique
 Tarif : ▣ élect. et piscine comprises 3 pers. 162, pers. suppl. 26
 Location : ☖ 1490 à 3600 – ☖ 1690 à 3800

△△△ **Les Aventuriers de la Calypso** avril-sept.
 𝒫 02 51 59 79 66, Fax 02 51 59 79 67 – NO : 4,6 km – Places limitées pour le passage ⊶ –
 R indispensable – **GB** ⨏
 4 ha (250 empl.) plat, herbeux, sablonneux ⊡
 ᕈ ℷ ⇆ ⎙ ⚞ ⎈ ⊕ ⚘ ⥿ ▤ – ♈ snack ⚘ – 🖼 🝙 ⚡⚡ ✗ ⬜ toboggans aquatiques
 Tarif : ▣ piscine comprise 2 pers. 135 – ⚡ 10 (3A) 15 (6A) 20 (10A)
 Location : ☖ 1050 à 2800 – ☖ 1400 à 3500 – ☖ 1800 à 4100

La Yole mai-15 sept.
℘ 02 51 58 67 17, Fax 02 51 59 05 35 – SE : 7 km – Places limitées pour le passage
🌿 « Entrée fleurie, cadre agréable » ⚬▬ ⚡ – **R** indispensable 15 juil.-25 août –
☒ ⚕
5 ha (278 empl.) plat, sablonneux, herbeux, pinède attenante (2 ha) ☐ ♀
⚒ ♨ ⚬ ▤ ♨ ☺ ⊙ ⚲ ⚐ ▨ – ⚙ ♈ ✕ ⚒ – ⚔ ⚡ ☒ ⌣ toboggan aquatique
Tarif : ▣ élect. (6A) et piscine comprises 2 pers. 158
Location : ⛺ 1595 à 3870

Le Bois Dormant
℘ 02 51 58 01 30, Fax 02 51 59 35 30 – SE : 2,2 km – Places limitées pour le passage ⚬▬
11,2 ha (550 empl.) plat, sablonneux, herbeux, petit étang ☐ ♀
⚒ ♨ ⚬ ▤ ♨ ☺ ⊙ ⚲ ⚐ ▨ – ⚙ ♈ snack ⚒ – ⚑ ♈ ⚔ ⚡ ⚡ ⌣ toboggan aquatique –
A proximité : ✕ ⚡
Location : studios, appartements

Le Bois Joly avril-sept.
℘ 02 51 59 11 63, Fax 02 51 59 11 06 – NO : 1 km – ⚬▬ juil.-août – **R** conseillée juil.-août –
☒ ⚕
5 ha (291 empl.) plat, herbeux, sablonneux ☐
▦ ⚒ ♨ ⚬ ▤ ♨ ☺ ⊙ ⚲ ⚐ ☒ ▨ – ♈ snack ⚒ – ⚑ ♫ ⚏ ⚔ ⌣ toboggan aquatique –
A proximité : ⚑
Tarif : ▣ élect. (6A) et piscine comprises 2 pers. 140 ou 150, pers. suppl. 24
Location ⚡ : ⛺ 1200 à 3400 – ⚗ 1300 à 3600

Acapulco mai-15 sept.
℘ 02 51 59 20 64, Fax 02 51 59 53 12 – SE : 6,5 km, avenue des Epines – Places limitées pour le
passage ⚬▬ – **R** conseillée juil.-août – ☒ ⚕
7 ha (405 empl.) plat, sablonneux, pierreux, herbeux ☐
⚒ ♨ ⚬ ▤ ♨ ☺ ⊙ ⚲ ⚐ ▨ – ⚙ ♈ ⚒ – ⚑ ⚔ ⚡ ⌣ toboggan aquatique
Tarif : ▣ élect. (8A) et piscine comprises 3 pers. 168, pers. suppl. 30

Le Vieux Ranch avril-sept.
℘ 02 51 58 86 58, Fax 02 51 59 12 20 – NO : 4,3 km, à 200 m de la plage (accès direct) – 🌿 ⚬▬
– **R** conseillée – ☒ ⚕
5 ha (242 empl.) plat, sablonneux, herbeux ☐ ♀
⚒ ♨ ⚬ ▤ ♨ ☺ ⊙ ⚲ ⚐ ▨ – ⚙ ♈ ✕ ⚒ – ⚑ salle d'animation ⚔ ⌣
Tarif : ▣ piscine comprise 2 pers. 95 (115 avec élect. 10A)
Location ⚡ : ⛺ 1200 à 2750 – ⚗ 1600 à 3250

Aux Cœurs Vendéens avril-sept.
℘ 02 51 58 84 91, Fax 02 28 11 20 75 – NO : 4 km – ⚬▬ – **R** conseillée 10 juil.-21 août –
☒ ⚕
2 ha (117 empl.) plat, herbeux, sablonneux ☐ ♀
⚒ ♨ ⚬ ▤ ♨ ☺ ⊙ ⚲ ⚐ ▨ – ♈ crêperie ⚒ – ⚑ ♫ ⚏ ♫ ⌣ – A proximité : ⚡
Tarif : ▣ piscine comprise 2 pers. 125, 3 pers. 135 – ⚡ 15 (6A)
Location : ⛺ 943 à 3400

Les Places Dorées juin-10 sept.
℘ 02 51 59 02 93, Fax 02 51 59 30 47 – NO : 4 km – ⚬▬ – **R** conseillée 14 juil.-19 août –
☒ ⚕
5 ha (243 empl.) plat, sablonneux, herbeux ☐
⚒ ♨ ⚬ ▤ ♨ ☺ ⊙ ▨ – ♈ – ⌣ toboggans aquatiques – A proximité : ⚙ ♈ snack ⚒
⚡ ♫
Tarif : (Prix 1999) ▣ élect. et piscine comprises 3 pers. 148, pers. suppl. 24
Location : ⛺ 1300 à 3500 – bungalows toilés

Le Both d'Orouet Pâques-oct.
℘ 02 51 58 60 37, Fax 02 51 59 37 03 – SE : 6,7 km, bord d'un ruisseau – ⚬▬ – **R** indispensable
juil.-août – ☒ ⚕
4,4 ha (206 empl.) plat, herbeux, sablonneux ☐ ♀
⚒ ♨ ⚬ ▤ ♨ ☺ ⊙ ⚲ ⚐ ▨ – ⚑ ♫ ⌣ – A proximité : ♈ ✕
Tarif : ▣ piscine comprise 2 pers. 100, pers. suppl. 25 – ⚡ 20 (6A)
Location : ⚗ 800 à 2000 – ⛺ 1000 à 3150

Plein Sud 15 juin-15 sept.
℘ 02 51 59 10 40, Fax 02 51 58 92 29 – NO : 4 km – ⚬▬ – **R** conseillée juil.-août – ☒ ⚕
2 ha (110 empl.) plat, herbeux, sablonneux ☐
⚒ ♨ ⚬ ▤ ♨ ☺ ⊙ ⚲ ⚐ ▨ – ♈ – ⌣ terrain omnisports
Tarif : ▣ piscine comprise 3 pers. 120 (135 avec élect. 4A) – ⚡ 12 (6A) 15 (10A)
Location (mai-15 sept.) ⚡ : ⛺ 1000 à 3200

La Forêt 15 mai-15 sept.
℘ 02 51 58 84 63 – NO : 5,5 km (voir schéma de Notre-Dame-de-Monts) « Belle décoration
arbustive » ⚬▬ – **R** conseillée juil.-août – ⚕
1 ha (61 empl.) plat, herbeux, sablonneux ☐ ♀
♨ ⚬ ▤ ♨ ☺ ⊙ ⚲ ⚐ ▨ – ⚑ ⚔ ⚏ (petite piscine)
Tarif : ✦ 23 – ▣ 85 – ⚡ 18 (6A)

La Davière-Plage juin-15 sept.
℘ 02 51 58 27 99 – NO : 3 km – ⚬▬ – **R** conseillée – ☒ ⚕
3 ha (200 empl.) plat, sablonneux, herbeux
⚒ ♨ ⚬ ▤ ♨ ☺ ⊙ ▨ – ⚙ snack – ⚑ ♫ ⌣ – A proximité : ♈ ✕
Tarif : ▣ piscine comprise 2 pers. 92, pers. suppl. 23 – ⚡ 15 (4A) 18 (6A) 22 (10A)
Location : ⚗ 1400 à 2000 – ⛺ 2000 à 2950 – bungalows toilés

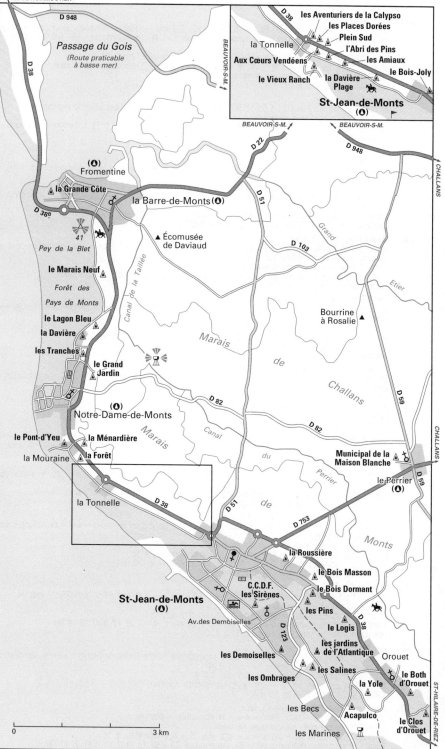

⚠ **Les Pins** 15 juin-15 sept.
    🕿 02 51 58 17 42 – SE : 2,5 km – ⊶ – **R** – ⚒
1,2 ha (118 empl.) plat et en terrasses, sablonneux ⌂ ⚲
♿ ⎈ ⌂ 🛒 ♨ ⊛ ▣ – ⛲ ⛵ ⟲ – A proximité : ⚓ ⛃ �’
Tarif : ▣ *piscine comprise 3 pers. 112,90 (127,50 avec élect. 6A)*
Location : 🏠 *800 à 3150*

⚠ **Les Jardins de l'Atlantique** avril-sept.
    🕿 02 51 58 05 74, Fax 02 51 58 01 67 – SE : 5,5 km – Places limitées pour le passage ⊶ – **R** –
GB ⚒
5 ha (310 empl.) plat et peu incliné, accidenté, sablonneux ⚲
♿ ⎈ ⌂ ♨ ⋒ ♨ ▣ – ⚓ ⛃ ⚒ – ⛵ ⋒ ⟲
Tarif : (Prix 1999) ▣ *piscine comprise 2 pers. 85 (105 avec élect. 6A), pers. suppl. 21*
Location : 🚐 *1200 à 2950* – 🏠 *1200 à 2800*

⚠ **Le Logis** Pâques-17 sept.
    🕿 02 51 58 60 67 – SE : 4,3 km – ⊶ – **R** conseillée août – **GB** ⚒
0,8 ha (40 empl.) plat et en terrasses, sablonneux, herbeux ⌂
♿ ⎈ ⌂ ⌂ ♨ ▣ – ⛲ ⛵ ⟲ (petite piscine) – A proximité : ⛃ ✕ ⚒
Tarif : ▣ *2 pers. 80* – ⚡ *18 (6A) 23 (10A)*
Location ⚥ : 🚐 *1100 à 2300* – 🚐 *1300 à 3000*

⚠ **C.C.D.F. les Sirènes** 27 mars-sept.
    🕿 02 51 58 01 31, Fax 02 51 59 03 67 – SE : av. des Demoiselles, à 500 m de la plage – ⚓ ⊶ –
R conseillée juil.-août – Adhésion obligatoire – **GB** ⚒
15 ha/5 campables (500 empl.) plat et accidenté, dunes, pinède ⚲
♿ ⎈ ⌂ ⋒ ♨ ▣ – A proximité : ⚓ ⛃ ⚒
Tarif : ✴ *16,50* – ⛐ *16,50* – ▣ *16,50* – ⚡ *10,20 (3A) 15,30 (6A) 20,40 (10A)*

⚠ **La Roussière** mai-sept.
    🕿 02 51 58 65 73 – SE : 1,5 km – ⊶ – **R** – ⚒
1,5 ha (100 empl.) plat, herbeux, sablonneux ⌂ ⚲ (0,5 ha)
♿ ⎈ ⌂ ⌂ ♨ ▣ – ⛵ ⟲
Tarif : (Prix 1999) ▣ *piscine comprise 2 pers. 87* – ⚡ *18 (6A)*

⚠ **Le Clos d'Orouet** 15 mai-15 sept.
    🕿 02 51 59 51 01 – SE : 8,7 km – ⚓ ⊶ – **R** conseillée juil.-août – ⚒
1,3 ha (75 empl.) plat, sablonneux ⌂
♿ ⎈ ⌂ ⋒ ⊛ ▣ – ⛲ ⟲
Tarif : (Prix 1999) ▣ *piscine comprise 2 pers. 68 ou 80, pers. suppl. 19* – ⚡ *16 (6A)*
Location : 🚐 *850 à 1900*

⚠ **Les Ombrages** avril-15 sept.
    🕿 02 51 58 91 14 ✉ 85270 St-Hilaire-de-Riez – SE : 5 km sur D 123 – ⊶ – **R** – ⚒
3 ha (153 empl.) plat, herbeux, sablonneux ⚲⚲
♿ ⎈ ⋒ ⊛ ▣
Tarif : ▣ *3 pers. 90, pers. suppl. 21* – ⚡ *15 (6A)*

⚠ **Les Salines** avril-oct.
    🕿 02 51 58 11 95 ✉ 85270 St-Hilaire-de-Riez – SE : 5 km, sur D 123 – ⊶ – ⚒
3 ha (140 empl.) plat et vallonné, herbeux, sablonneux ⚲⚲
⎈ ⌂ ⌂ ⊛ ▣
Tarif : ▣ *3 pers. 85* – ⚡ *15 (5A)*

à la Barre-de-Monts NO : 13 km par D 38 – 1 727 h. alt. 5 – ✉ 85550 La Barre-de-Monts

  ⚠ **Le Marais Neuf** avril-sept.
      🕿 02 51 49 05 02, Fax 02 51 68 87 33 – S : 1,3 km rte de N.-D.-de-Monts puis 0,6 km par rte
à droite – ⊶ – **R** conseillée juil.-août – ⚒
1,5 ha (100 empl.) plat, sablonneux, herbeux ⌂ ⚲
♿ ⎈ ⌂ ⌂ ♨ ⊛ ⋒ ⛃ ▣ – ⛲ ⛵ ⟲
Tarif : ▣ *piscine comprise 2 pers. 110* – ⚡ *20 (6A)*
Location : 🚐 *1000 à 2500* – 🚐 *1400 à 3100*

à Fromentine NO : 15 km par D 38 – ✉ 85550 La Barre-de-Monts

  ⚠ **La Grande Côte** 15 avril-17 sept.
      🕿 02 51 68 51 89, Fax 02 51 49 25 57 – **à Fromentine**, O : 2 km par D 38B rte de la Grande Côte,
bord de la plage – ⊶ – **R** conseillée 14 juil.-15 août – **GB** ⚒
21 ha (800 empl.) plat et accidenté, sablonneux ⚲⚲ pinède
♿ ⎈ ⌂ ⌂ ♨ ⊛ ⋒ ⛃ ▣ – ⛲ ⛐ -⊛ ⟲
Tarif : ▣ *piscine comprise 2 pers. 94, pers. suppl. 28* – ⚡ *18 (3A) 20 (5A) 28 (10A)*
Location : 🚐 *1600 à 3400 – bungalows toilés*

à Notre-Dame-de-Monts NO : 7 km par D 38 – 1 333 h. alt. 6 – ✉ 85690 Notre-Dame-de-Monts

  ⚠ **Le Grand Jardin** Permanent
      🕿 02 28 11 21 75 – N : 0,6 km – ⊶ juil.-août – **R** conseillée juil.-août – **GB** ⚒
2,5 ha (90 empl.) plat, herbeux, sablonneux ⌂ ⚲
⎈ ⌂ ⌂ ♨ ⊛ ▣ – ⛲
Tarif : ▣ *3 pers. 100* – ⚡ *20 (10A)*

▲ *Le Lagon Bleu* avril-oct.
  & 02 51 58 85 29 – N : 2,2 km (hors schéma) – o━ – **R** – *&*
  2 ha (150 empl.) plat, herbeux, sablonneux ▭ ⟨ (1 ha)
  ⅋ ⌂ ⇆ ⍰ ⊟ ⇄ ⊕ ▣ – ⇌ ⤳
  Tarif : ▣ *élect. et piscine comprises 3 pers. 112 (6A) 122 (10A)*

▲ *Le Pont d'Yeu* Pâques-20 sept.
  & 02 51 58 83 76, Fax 02 28 11 20 19 – S : 1 km – o━ saison – **R** conseillée juil.-août – *&*
  1,3 ha (96 empl.) plat, sablonneux ▭ ⟨
  ⅋ ⌂ ⇆ ⊟ ⇄ ⍪ ⊕ ▣ – ⇌ ⤳
  Tarif : (Prix 1999) ▣ *piscine comprise 2 pers. 85 – ⟨ 14 (3A) 18 (6A)*
  Location : ⌼ *1200 à 2150 – ⌼ 1500 à 3000*

▲ *La Ménardière* juin-sept.
  & 02 51 58 86 92 ✉ 85160 St-Jean-de-Monts – S : 1 km – o━ – **R** conseillée juil.-août – *&*
  0,8 ha (65 empl.) plat, sablonneux, herbeux ⟨
  ⅋ ⌂ ⇄ ⍪ ⊕ ▣ – ⌼ ⤳
  Tarif : (Prix 1999) ▣ *2 pers. 57 (70 avec élect. 5A), pers. suppl. 19*

▲ *La Davière* 15 juin-15 sept.
  & 02 51 58 85 96 – N : 2,2 km – o━ – **R** conseillée août – *&*
  1,3 ha (105 empl.) plat, sablonneux, herbeux ⟨
  ⌂ ⊟ ⍪ ⊕ – ⤳
  Tarif : ▣ *3 pers. 50 – ⟨ 8 (4A)*

▲ *Les Tranches* mai-sept.
  & 02 51 58 85 37 – N : 1,5 km – o━ – **R** indispensable août – *&*
  0,8 ha (70 empl.) plat, herbeux, sablonneux ⟨
  ⅋ ⌂ ⊟ ⍪ ⊕ ▣ – ⤳
  Tarif : ▣ *2 pers. 56 – ⟨ 12 (4A) 22 (10A)*
  Location *(juil.-août)* : ⌼ *1500 à 1800*

au Perrier NE : 6 km par D 753, rte de Challans – 1 532 h. alt. 4 – ✉ 85300 Le Perrier

▲▲ *Municipal de la Maison Blanche* 15 juin-15 sept.
  & 02 51 49 39 23 – près de l'église – o━ – **R** conseillée – *&*
  3,2 ha (200 empl.) plat, herbeux ⟨
  ⅋ ⌂ ⇆ ⊟ ⇄ ⍪ ⊕ ▣ – ⌼ ⤳ – A proximité : ✗
  Tarif : (Prix 1999) ▣ *2 pers. 48 – ⟨ 13 (5A)*
  Location : ⌼ *1000 à 1600*

Utilisez le guide de l'année.

ST-JEAN-DE-MUZOLS

07300 Ardèche ⑪ – ⑦⑥ ⑩ – 2 315 h. alt. 123.
Paris 544 – Annonay 34 – Beaurepaire 48 – Privas 64 – Romans-sur-Isère 22 – Tournon-sur-Rhône 4.

▲ *Le Castelet* avril- sept.
  & 04 75 08 09 48, Fax 04 75 08 49 60 – SO : 2,8 km par D 238, rte de Lamastre, bord du Doux
  – ⌂ ⩽ o━ – **R** conseillée 10 juil.-20 août – *&*
  3 ha (66 empl.) en terrasses, plat, herbeux, pierreux ▭ ⟨
  ⌂ ⇆ ⊟ ⍪ ⊕ ▣ – ⟨ – ⌼ ⤳ ⤳ ⩳
  Tarif : ▣ *piscine comprise 2 pers. 74, pers. suppl. 17,50 – ⟨ 15 (5A)*
  Location : ⌼ *2000 à 2500*

ST-JEAN-DU-DOIGT

29630 Finistère ③ – ⑤⑧ ⑥ G. Bretagne – 661 h. alt. 15.
Paris 544 – Brest 75 – Guingamp 61 – Lannion 33 – Morlaix 17 – Quimper 95.

▲ *Municipal du Pont Argler* 15 juin-août
  & 02 98 67 32 15 – au bourg, face à l'église – ⌂ o━ – **R** – *&*
  1 ha (34 empl.) plat et en terrasses, herbeux ▭
  ⅋ ⌂ ⍪ ⊕ ▣ – ⌼ ⤳
  Tarif : ✶ *13 – ⚬ 5 – ▣ 11/15 – ⟨ 10*

ST-JEAN-DU-GARD

30270 Gard ⑯ – ⑧⓪ ⑰ G. Languedoc Roussillon – 2 441 h. alt. 183.
🛈 Office de Tourisme pl. Rabaut-St-Étienne *&* 04 66 85 32 11, Fax 04 66 85 16 28.
Paris 682 – Alès 28 – Florac 53 – Lodève 91 – Montpellier 74 – Nîmes 60 – Le Vigan 58.

▲▲▲ *Le Mas de la Cam* avril-sept.
  & 04 66 85 12 02, Fax 04 66 85 32 07 – NO : 3 km par D 907, rte de St-André-de-Valborgne, bord
  du Gardon de St-Jean – ⌂ ⩽ « Site agréable » o━ – **R** conseillée juil.-août – ⊞ *&*
  6 ha/2,8 campables (140 empl.) peu incliné, en terrasses, herbeux ▭ ⟨⟨
  ⅋ ⌂ ⇆ ⊟ ⇄ ⍪ ⊕ ▣ – ⍰ ♀ snack ⇆ – ⌼ ⤳ ⚲ ✗ ⤳ ⩳
  Tarif : (Prix 1999) ▣ *piscine comprise 2 pers. 96 (112 avec élect. 6A), pers. suppl. 20*
  Location ✗ : *gîtes, bungalows toilés*

▲▲▲ **Les Sources** avril-sept.
 ℘ 04 66 85 38 03, Fax 04 66 85 16 09 – NE : 1 km par D 983 et D 50, rte de Mialet – ⌂ ≤ « Cadre
 agréable » o— – **R** conseillée – **GB** ⚒
 3 ha (92 empl.) peu incliné et en terrasses, herbeux ⊏⊐ ♀♀
 ⚹ ⌂ ⟲ ⌗ ▯ ♨ ⟰ ♨ ▽ ⊞ ▤ – ▾ ⚒ – ▭ ♨ ▭
 Tarif : ▣ piscine comprise 2 pers. 85 – ⚡ 16 (6A) 21 (10A)
 Location (permanent) : ⌂ 1800 à 2900

▲▲▲ **La Forêt** mai-15 sept.
 ℘ 04 66 85 37 00, Fax 04 66 85 07 05 – N : 2 km par D 983, rte de St-Étienne-Vallée-Française puis
 2 km par D 333, rte de Falguières – ⌂ ≤ « A l'orée d'une vaste pinède » o— – **R** conseillée juil.-août
 – ⚒
 3 ha (60 empl.) plat et en terrasses, pierreux, herbeux ⊏⊐ ♀
 ⌂ ⟲ ⌗ ♨ ♨ ⊙ ▤ – ♨ ⚒ – ▭ ♨ ▭ – A proximité : ☞
 Tarif : ▣ piscine comprise 1 ou 2 pers. 85, pers. suppl. 20 – ⚡ 16 (4A) 23 (6A)
 Location (avril-oct.) : ⌂ 1500 à 2550

Inclusion in the **MICHELIN Guide** *cannot be achieved by pulling strings
or by offering favours.*

ST-JEAN-EN-ROYANS

26190 Drôme 🄓🄑 – 🄗🄗 ③ G. Alpes du Nord – 2 895 h. alt. 250.
Paris 587 – Die 63 – Romans-sur-Isère 27 – Grenoble 71 – St-Marcellin 21 – Valence 44 – Villard-de-Lans 35.

▲ **Municipal** 15 avril-sept.
 ℘ 04 75 47 74 60 – sortie Sud-Ouest par D 70, rte d'Oriol-en-Royans, bord de la Lyonne – ⌂ o—
 juil.-août – **R** – ⚒
 4 ha (135 empl.) plat, herbeux ⊏⊐ ♀♀ (2 ha)
 ⌂ ⟲ ⌗ ♨ ⊙ ⊞ ▤ – ♨ ⚒ – A proximité : ✕ ▭
 Tarif : ⚹ 17 – ▣ 12 – ⚡ 13 (10A)

ST-JEAN-LE-CENTENIER

07580 Ardèche 🄖🄖 – 🄗🄖 ⑲ – 508 h. alt. 350.
Paris 626 – Alès 83 – Aubenas 21 – Privas 28.

▲ **Les Arches** mai-sept.
 ℘ 04 75 36 75 45 – O : 1,2 km par D 458A et D 258, rte de Mirabel puis chemin à droite – ⌂ o—
 juil.-août – **R** conseillée juil.-août
 1,2 ha (47 empl.) en terrasses, plat, peu incliné, herbeux
 ⚹ ⌂ ⌗ ♨ ⊙ ⊞ ▤ – ♨ ⚒ ▭ (plan d'eau)
 Tarif : ▣ 2 pers. 70, pers. suppl. 15 – ⚡ 15 (10A)
 Location : ⌂ 1200 à 4600

ST-JEAN-LE-THOMAS

50530 Manche 🄐 – 🄗🄖 ⑦ G. Normandie Cotentin – 398 h. alt. 20.
Paris 346 – Avranches 16 – Granville 17 – St-Lô 63 – St-Malo 83 – Villedieu-les-Poêles 36.

▲ **Municipal Pignochet** mars-15 nov.
 ℘ 02 33 48 84 02 – SO : 1 km par D 483, près de la plage – Places limitées pour le passage o— –
 R conseillée – **GB** ⚒
 3 ha (142 empl.) plat, sablonneux, herbeux
 ⚹ ⌂ ♨ ⊙ ▤ – ▭ ♨ ⚒ – A proximité : ▾
 Tarif : (Prix 1999) ▣ 2 pers. 56, pers. suppl. 19 – ⚡ 14,50 (10A)

ST-JEAN-PIED-DE-PORT

64220 Pyr.-Atl. 🄓🄒 – 🄗🄕 ③ G. Aquitaine – 1 432 h. alt. 159.
🄱 Office de Tourisme pl. Ch.-de-Gaulle ℘ 05 59 37 03 57, Fax 05 59 37 34 91.
Paris 823 – Bayonne 53 – Biarritz 55 – Dax 105 – Oloron-Ste-Marie 71 – Pau 100 – San Sebastiàn 99.

▲▲▲ **Europ'Camping** Pâques-sept.
 ℘ 05 59 37 12 78, Fax 05 59 37 29 82 – NO : 2 km par D 918 rte de Bayonne et chemin à gauche,
 à Ascarat – ⌂ ≤ o— – **R** conseillée 10 juil.-20 août – **GB** ⚒
 1,8 ha (93 empl.) peu incliné, plat, herbeux
 ⚹ ⌂ ⟲ ⌗ ♨ ⊙ ♨ ▤ – ▾ snack ⚒ – ▭ ⊟ ▭
 Tarif : (Prix 1999) ⚹ 34 piscine comprise – ▣ 48 – ⚡ 24 (6A)
 Location ✕ : ⊡ 2000 à 2900

▲▲▲ **Narbaïtz** 15 mars-sept.
 ℘ 05 59 37 10 13 – NO : 2,5 km par D 918 rte de Bayonne et à gauche, rte de Ascarat, à 50 m de
 la Nive et bord d'un ruisseau – ⌂ ≤ o— – **R** juil.-août – **GB** ⚒
 1,8 ha (133 empl.) plat et peu incliné, herbeux ♀♀
 ⚹ ⌂ ⟲ ⌗ ♨ ♨ ⊙ ▤ – ▭ ▭
 Tarif : ▣ piscine comprise 2 pers. 74 – ⚡ 15 (6A)

ST-JEAN-PLA-DE-CORTS

66490 Pyr.-Or. 🔢 – 🔢 ⑲ – 1 456 h. alt. 116.
Paris 880 – Amélie-les-Bains-Palalda 14 – Argelès-sur-Mer 24 – Le Boulou 6 – La Jonquera 22 – Perpignan 27.

⋀⋀⋀ **Les Casteillets** Permanent
    ℰ 04 68 83 26 83, Fax 04 68 83 39 67 – sortie vers Amélie-les-Bains par D 115 et chemin à gauche,
bord du Tech – ॐ ≪Chaîne des Albères ⊶ – **R** conseillée juil.-août – ☖ ⚹
5 ha (132 empl.) plat, pierreux, herbeux ♉♉
ᵴ ⅏ ⇌ 🖻 ⏚ ☺ 🗟 – ✗ ⎐ – ⚓⁺ ✖ 🏊
Tarif : 🔲 *piscine comprise 2 pers. 84, pers. suppl. 25* – ⚡ *6A : 16 (hors saison estivale 19)*
Location ✿ 🚐 *1090 à 2890*

ST-JEAN-ST-NICOLAS

05260 H.-Alpes 🔢 – 🔢 ⑯ – 865 h. alt. 1 130.
Paris 674 – Corps 42 – Gap 24 – Orcières 11 – Savines-le-Lac 42 – Serres 64.

à **Pont du Fossé** sur D 944 – ✉ 05260 St-Jean-St-Nicolas :

⋀⋀ **Le Diamant** mai-sept.
    ℰ 04 92 55 91 25, Fax 04 92 55 95 97 – SO : 0,8 km par D 944 rte de Gap – ≪ « Au bord du Drac »
⊶ – **R** conseillée – ⚹
4 ha (100 empl.) plat, herbeux, peu pierreux ♉♉ pinède
ᵴ ⅏ ⇌ 🖻 ⏚ ☺ ⚘ ☲ 🗟 – 🖼 ⚓⁺ – A proximité : 🏊
Tarif : 🔲 *2 à 5 pers. 89 à 150, pers. suppl. 15* – ⚡ *10 (1A) 15 (3A) 21 (6 ou 10A)*
Location : 🚐 *1000 à 1600* – 🚐 *1500 à 2400*

⋀ **Municipal le Châtelard** 15 juin-15 sept.
    ℰ 04 92 55 94 31 – E : 1 km par D 944 et chemin à droite, chemin pour piétons reliant le camp
au village – ॐ ≪ « Au bord du Drac » ⊶ – **R** conseillée – ⚹
2 ha (60 empl.) plat, herbeux, pierreux ♀
▥ ᵴ ⅏ ⇌ 🖻 ⏚ ☷ ☺ ⚘ ☲ – 🖼 – A proximité : 🏊
Tarif : (Prix 1999) ✻ *19* – 🔲 *21/26* – ⚡ *13 (3A)*

ST-JORIOZ

74 H.-Savoie – 🔢 ⑥ – voir à Annecy (Lac d').

ST-JORY-DE-CHALAIS

24800 Dordogne 🔢 – 🔢 ⑯ – 600 h. alt. 260.
Paris 446 – Brantôme 33 – Châlus 22 – St-Yrieix-la-Perche 29 – Thiviers 16.

⋀⋀ **Maison Neuve** avril-oct.
    ℰ 05 53 55 10 63 – sortie Nord-Est par D 98, rte de Chaleix et chemin à droite – ॐ ⊶ – **R**
4 ha (40 empl.) peu incliné et plat, herbeux, petit étang 🔲
ᵴ ⅏ ⇌ 🖻 ⏚ ☺ ⚘ 🗟 – ⬥ – 🖼 🏊
Tarif : ✻ *22,50 piscine comprise* – 🔲 *30* – ⚡ *10*

ST-JOUAN-DES-GUÉRETS

35 I.-et-V. – 🔢 ⑥ – rattaché à St-Malo.

ST-JULIEN

56 Morbihan – 🔢 ⑪ ⑫ – voir à Quiberon (Presqu'île de).

ST-JULIEN-CHAPTEUIL

43260 H.-Loire 🔢 – 🔢 ⑦ G. Vallée du Rhône – 1 664 h. alt. 815.
Paris 566 – Lamastre 53 – Privas 88 – Le Puy-en-Velay 20 – St-Agrève 32 – Yssingeaux 17.

⋀ **Municipal de la Croix-Blanche** 15 juin-15 sept.
    ℰ 04 71 08 70 01 – sortie Nord par D 28, rte du Pertuis, à 50 m de la Sumène – ⊶ – **R** – ⚹
1 ha (35 empl.) plat, terrasse, herbeux ♀
ᵴ ⅏ ⇌ 🖻 ☺ ⚘ ☲ 🗟 – 🖼 – A proximité : 🏊 🏊
Tarif : ✻ *15* – 🔲 *21* – ⚡ *17 (6A)*

ST-JULIEN-DE-CONCELLES

44450 Loire-Atl. 🔢 – 🔢 ⑰ – 5 418 h. alt. 24.
Paris 371 – Ancenis 25 – Clisson 24 – Nantes 15.

⋀ **Le Chêne** avril-oct.
    ℰ 02 40 54 12 00, Fax 02 40 36 54 79 – E : 1,5 km par D 37 (déviation), près du plan d'eau – ⊶
– **R** conseillée juil.-août – ⚹
2 ha (100 empl.) plat, herbeux ♀
⅏ ⇌ ☷ ☲ ☺ ⚘ 🗟 – 🖼 ⋔ – A proximité : parcours de santé 🍽 🏊
Tarif : ✻ *16* – 🚗 *7* – 🔲 *15/16* – ⚡ *15 (16A)*
Location : *bungalows toilés*

24 Dordogne ⅓ – ⅞ ⑱ – 586 h. alt. 120 – ⊠ 24370 Carlux.
Paris 533 – Brive-la-Gaillarde 52 – Gourdon 18 – Sarlat-la-Canéda 18 – Souillac 14.

⚑ *Le Mondou* mai-15 oct.
℘ 05 53 29 70 37 – E : 1 km par D 50 rte de Mareuil et chemin à droite – ⌂ ⚬ – **R** – ⚘
1,2 ha (60 empl.) peu incliné, pierreux, herbeux ▭ ⚲
♿ ♨ ⇆ 🖥 🛁 ☺ – ▱ ⚓
Tarif : (Prix 1999) ⚹ 24,50 *piscine comprise* – 🚗 25,50 – [⌁] 19 (6 ou 10A)

85150 Vendée ⑨ – ⑥⑦ ⑫ ⑬ – 1 075 h. alt. 59.
Paris 443 – Aizenay 17 – Challans 32 – La Roche-sur-Yon 24 – Les Sables-d'Olonne 19 – St-Gilles-Croix-de-Vie 21.

⚑ *La Garangeoire* 15 mai-15 sept.
℘ 02 51 46 65 39, Fax 02 51 46 69 85 – N : 2,8 km par D 21 – ⌂ « Agréable domaine : prairies,
étangs et bois » ⚬ – **R** conseillée – **GB** ⚘
200 ha/10 campables (325 empl.) plat et vallonné, herbeux ▭ ⚲⚲⚲ (2 ha)
♿ ♨ ⇆ 🖥 🛁 ☺ ⚶ ⇡ ⚘ – ▼ ☗ ✗ crêperie, pizzeria ⚏ cases réfrigérées – ▱ ⚹⚹ ⚓ 🚲
-⚙ ⚙ ⚳ 🎿 toboggan aquatique ☂
Tarif : 🚗 *piscine comprise 2 pers.* 128/155 ou 170 avec élect., pers. suppl. 32

⚑ *La Forêt* 15 mai-15 sept.
℘ 02 51 46 62 11, Fax 02 51 46 60 87 – sortie Nord-Est par D 55, rte de Martinet – ⌂ « Dans les
dépendances d'un château » ⚬ – **R** conseillée 15 juil.-15 août – ⚘
50 ha/5 campables (148 empl.) plat, herbeux, étangs et bois ▭ ⚲⚲
♿ ♨ ⇆ 🖥 🛁 ☺ ⚶ – ▼ ✗ ⚏ – ▱ ⚹⚹ discothèque ⚓ 🚲 ⚹ ⇡ 🎿
Tarif : 🚗 *piscine comprise 3 pers.* 144, pers. suppl. 31 – [⌁] 22 (6A)

⚑ *La Guyonnière* mai-1ᵉʳ oct.
℘ 02 51 46 62 59, Fax 02 51 46 62 89 – NO : 2,4 km par D 12 rte de Landevieille puis 1,2 km par
chemin à droite à proximité du lac du Jaunay – ⌂ ⚬ – **R** conseillée – **GB** ⚘
30 ha/6,5 campables (167 empl.) peu incliné, plat, herbeux, étang
♿ ♨ ⇆ 🖥 🛁 ☺ ▨ – ▼ snack – ▱ 🎿 ⚓
Tarif : (Prix 1999) ⚹ 20 *piscine comprise* – 🚗 15 – 🚗 35 – [⌁] 10 ou 15 (6A)

04170 Alpes-de-H.-Pr. ⅟7 – ⑧⑴ ⑱ G. Alpes du Sud – 94 h. alt. 994.
Paris 800 – Castellane 12 – Digne-les-Bains 52 – Puget-Théniers 37.

⚑ *Le Lac* 15 juin-15 sept.
℘ 04 92 89 07 93 – sortie Nord par N 202 rte de St-André-les-Alpes – ≼ ⚬ – **R** – **GB**
1 ha (70 empl.) plat, peu incliné, herbeux, pierreux ⚲
♿ ♨ 🖥 ▨ ☺ – ▱ ⚓
Tarif : (Prix 1999) 🚗 2 pers. 60, pers. suppl. 15 – [⌁] 15 (6A)

40170 Landes ⅓ – ⅞ ⑮ – 1 285 h. alt. 22.
Paris 709 – Castets 23 – Dax 49 – Mimizan 18 – Morcenx 30.

⚑ *Municipal la Lette Fleurie* Pâques-sept.
℘ 05 58 42 74 09 – NO : 4 km par rte de Mimizan et rte de Contis-Plage – ⌂ ⚬ – **R** indispensable
14 juil.-15 août – **GB** ⚘
8,5 ha (457 empl.) plat et accidenté, sablonneux ⚲⚲ pinède
♿ ♨ ⇆ 🖥 🛁 ☺ ⚶ ▨ – ▼ ☗ ⚏ – ⚓ ⚹ 🎿
Tarif : ⚹ 18 *piscine comprise* – 🚗 6,50 – 🚗 20 – [⌁] 20 (10A)

⚑ *Aire Naturelle le Très* juin-15 sept.
℘ 05 58 42 80 24, Fax 05 58 42 40 09 – NO : 3 km par D 652, rte de Mimizan et D 41, rte de
Contis-Plage à gauche – ⌂ ⚬ – **R** indispensable – ⚘
1,5 ha (25 empl.) plat, herbeux, sablonneux ⚲⚲ pinède
♨ ⇆ ⚳ ☺ ▨ – ▱ ⚓
Tarif : ⚹ 12,50 – 🚗 5 – 🚗 6,60/10,30 – [⌁] 10,30 (5A)

⚑ *Le Grand Pont* juin-sept.
℘ 05 58 42 80 18 – sortie Nord par D 652, rte de Mimizan, près d'un ruisseau – ⚬ – **R** conseillée
– ⚘
2 ha (75 empl.) plat, herbeux, sablonneux ⚲ pinède
♨ ⚳ ☺ ▨
Tarif : ⚹ 13 – 🚗 5,10 – 🚗 11 – [⌁] 13,60 (5A)

07000 Ardèche ⅟6 – ⅞ ⑳ – 924 h. alt. 131.
Paris 590 – Aubenas 42 – Crest 28 – Montélimar 32 – Privas 11 – Valence 31.

⚑ *Le Pampelonne* avril-oct..
℘ 04 75 66 00 97 – E : 1,4 km par N 104, rte de Pouzin et chemin de Celliers à droite, près de l'Ouvèze
– ⌂ ≼ ⚬ – **R** – **GB** ⚘
1,5 ha (30 empl.) plat, herbeux ▭ ⚲
♿ ♨ ⇆ 🖥 ⚳ ☺ ▨ – ▼ ⚏ – ⚓ – A proximité : 🎿
Tarif : 🚗 *piscine comprise 2 pers.* 80, pers. suppl. 18 – [⌁] 18 (4A)

15320 Cantal **11** – **76** ⑭ – 248 h. alt. 950.
Paris 540 – Chaudes-Aigues 30 – Ruynes-en-Margerides 22 – St-Chély-d'Apcher 16 – St-Flour 28.

△ *Municipal* 22 avril.-sept.
      04 71 73 72 57 – au Sud-Est du bourg, bord d'un ruisseau, par A 75, sortie 32 – ⅋ o━
     – **R** – ⚘
     2 ha (60 empl.) plat et peu incliné, terrasse, herbeux ♀
     ⌂ ⇔ ⅃ ➦ ⊙ ▣ – ⌷ ♓ – A proximité : ⚖ ▾ ✗ ⚲ discothèque ⅋ ⅃
     Tarif : (Prix 1999) ▣ *1 pers. 30, 2 pers. 45, pers. suppl. 10* – ⒢ *12 (10A)*
     Location : ⌂900 à 2300 – gîtes

07700 Ardèche **16** – **80** ⑩ – 1 078 h. alt. 64.
Paris 640 – Montélimar 35 – Nyons 51 – Pont-St-Esprit 6 – Privas 65.

△△ *La Plage* mai-25 sept
      04 75 04 69 46 – S : 2,5 km par N 86, rte de Pont-St-Esprit et à droite avant le pont, à 100 m
     de l'Ardèche – o━ – **R** conseillée juil.-15 août – **GB** ⚘
     2,5 ha (117 empl.) plat, herbeux ⌂ ♀♀
     ⌂ ⇔ ⅃ ⊙ ▣ – ⚓ ⅃ – A proximité : ⚍
     Tarif : ▣ *piscine comprise 2 pers. 86* – ⒢ *15 (5A) 25 (10A)*
     Location : ⌂ *1100 à 1700* – ⌂ *1500 à 2600*

40240 Landes **14** – **79** ⑫ – 917 h. alt. 90.
🛈 Office de Tourisme pl. du Foyer 05 58 44 86 06, Fax 05 58 44 86 06.
Paris 697 – Barbotan-les-Thermes 17 – Captieux 41 – Labrit 35 – Mont-de-Marsan 25 – Villeneuve-de-Marsan 16.

△△ *Le Pin* avril-oct.
      05 58 44 88 91 – N : 2,3 km sur D 626 rte de Roquefort, bord d'un petit étang – o━ – **R** conseillée
     juil.-août – ⚘
     3 ha (80 empl.) plat, herbeux ♀♀
     ⅋ ⌂ ⇔ ⅃ ⚗ ⊙ ▣ – ▾ ✗ ⚲ – ⚓ ♓ ⅃
     Tarif : ▣ *piscine comprise 2 pers. 90* – ⒢ *15 (6A)*
     Location : ⌂ *1100 à 1800*

17320 Char.-Mar. **9** – **71** ⑭ G. **Poitou Vendée Charentes** – 1 432 h. alt. 5.
Paris 504 – Rochefort 23 – La Rochelle 61 – Royan 27 – Saintes 36.

△△△ *Séquoia Parc* 13 mai-9 sept.
      05 46 85 55 55, Fax 05 46 85 55 56 – NO : 2,7 km par D 728, rte de Marennes et chemin
     à droite – Ⓜ « Dans les dépendances d'un château » o━ – **R** conseillée juil.-août –
     GB ⚘
     49 ha/28 campables (426 empl.) plat, herbeux, pierreux, sablonneux, bois ⌂
     ⅋ ⌂ ⇔ ⅃ ⚗ ⇔ ⊙ ⚖ ⚡ ⌷ ▣ – ⚖ ▾ ✗ pizzeria – ⌷ ⚶ ⚓ ♓ ⅋ ⅃ toboggan aquatique
     ⚞
     Tarif : ▣ *élect. (6A) et piscine comprises 2 pers. 165*
     Location : ⌂ *1300 à 3700*

07210 Ardèche **16** – **76** ⑳ – 569 h. alt. 180.
Paris 594 – Aubenas 44 – Montélimar 21 – Pont-St-Esprit 57 – Privas 13 – Valence 35.

△ *Municipal les Civelles d'Ozon* mai-sept.
      04 75 65 01 86 – E : 0,5 km par D 322, rte de Baix, bord d'un ruisseau – o━ juil.-août – **R** conseillée
     14 juil.-15 août – ⚘
     1,3 ha (40 empl.) plat, pierreux, herbeux ⌂
     ⅋ ⌂ ⇔ ⇔ ⊙ ⚗ ⚡ – ⚓ ⅋ ⅃
     Tarif : ✶ *16* – ▣ *35/50* – ⒢ *10 (6A)*

49750 M.-et-L. **5** – **67** ⑥ G. **Châteaux de la Loire** – 1 352 h. alt. 63.
Paris 315 – Ancenis 54 – Angers 25 – Cholet 36 – Doué-la-Fontaine 34.

△ *S.I. la Coudraye* 15 avril-15 oct.
     au Sud du bourg, près d'un étang – ⅋ – **R** conseillée juil.-août
     0,5 ha (20 empl.) peu incliné, herbeux ⌂
     ⌂ ⚗ ⊙ – ⚓
     Tarif : ✶ *12* – ▣ *12* – ⒢ *15A : 13 (avril et oct. 23)*

65170 H.-Pyr. **14** – **85** ⑲ G. Midi Pyrénées – 1 108 h. alt. 820 – Sports d'hiver : 1 680/2 450 m
⫞2 ⫞30.
🛈 Office de Tourisme 37 r. Principale ℰ 05 62 39 50 81, Fax 05 62 39 50 06.
Paris 852 – Arreau 12 – Auch 105 – Bagnères-de-Luchon 43 – St-Gaudens 67 – Tarbes 71.

   ▵▵▵ **Municipal** fermé 16 oct.-nov.
    ℰ 05 62 39 41 58, Fax 05 62 40 01 40 – au bourg, à l'Est du D 929 – ❄ Ⓜ ⅜ ≤ ⊶ – **R** conseillée
    – GB ⅍
    1 ha (76 empl.) plat et peu incliné, herbeux, pierreux ⚏⚏
    🎿 ᵬ ℸ ⇆ ⊟ ⇌ ☺ ▣ – 🏠 ⅒ – A proximité : ⅍ ⊼
    Tarif : (Prix 1999) ⚡ 27 – ▣ 27 – ⓖ 15 à 33 (2 à 10A)
    Location : ⊨

à Bourisp NE : 1,7 km par D 929 et D 115 à droite – 103 h. alt. 790 – ⊠ 65170 Bourisp :

   ▵▵▵ **Le Rioumajou** Permanent
    ℰ 05 62 39 48 32 – NO : 1,3 km par D 929 rte d'Arreau et chemin à gauche, bord de la Neste d'Aure
    – ❄ ⅜ ≤ ⊶ – **R** conseillée – ⅍
    7 ha (240 empl.) plat, gravillons, pierreux, herbeux ⊡ ⚏⚏
    🎿 ᵬ ℸ ⇆ ⊟ ᶓ ⇌ ☺ ♒ ❦ ▣ – ᵧ⅒ – 🏠 ⊟⊟ ⅒ ⅍ ⊼
    Tarif : ▣ piscine comprise 1 pers. 40,50 – ⓖ 17,50 (2A) 21,50 (4A) 28,50 (6A)
    Location ⅒ : ⊞⊞ 990 à 2610 – bungalows toilés

   ▵ **La Mousquere** avril-sept.
    ℰ 05 62 39 44 99 – à l'Ouest du bourg par D 116, à 50 m du D 929, près d'un ruisseau – ≤ ⊶
    juil.-août – **R** conseillée juil.-août – ⅍
    0,8 ha (45 empl.) incliné, pierreux, herbeux ⚍
    🎿 ᵬ ℸ ⇆ ⇌ ☺ ♒ ❦ ▣ – 🏠 – A proximité : ⅍
    Tarif : ⚡ 17 – ▣ 20 – ⓖ 14 (3A) 28 (6A)
    Location : ⊞⊞ 1200 à 1500

à Vielle-Aure N : 2 km par D 929 et D 115 à gauche – 285 h. alt. 800 – ⊠ 65170 Vielle-Aure

   ▵▵▵ **Le Lustou** Permanent
    ℰ 05 62 39 40 64, Fax 05 62 39 40 72 – NE : 2 km sur D 19, à Agos, près de la Neste d'Aure et
    d'un étang – ❄ ≤ ⊶ – **R** conseillée été – ⅍
    2,8 ha (65 empl.) plat, gravier, herbeux ⚍ (1 ha)
    🎿 ᵬ ℸ ⇆ ⊟ ᶓ ⇌ ⩍ ☺ ♒ ❦ ▣ – ᵧ⅒ – 🏠 ⊟⊟ ⅒ ⅍
    Tarif : ⚡ 22 – ▣ 24 – ⓖ 13,50 (2A) 32 (6A) 40 (10A)
    Location ⅒ : ⊞⊞ 1500 à 2200 – ⊨ (gîtes)

à Vignec NO : 1 km – 135 h. alt. 820 – ⊠ 65170 Vignec

   ▵ **Artiguette-St-Jacques** Permanent
    ℰ 05 62 39 52 24 – sortie Nord par D 123, près d'une chapelle, bord d'un ruisseau – ⅜ ≤ ⊶
    juil.-août – **R** conseillée juil.-août – ⅍
    1 ha (68 empl.) plat, peu incliné, herbeux ⚍ (0,5 ha)
    🎿 ℸ ⇆ ⊟ ⇌ ☺ ▣
    Tarif : (Prix 1999) ⚡ 16,60 – ▣ 18 – ⓖ 13,60 (2A) 20,40 (3A) 27,20 (4A)

30220 Gard **16** – **83** ⑧ – 2 323 h. alt. 3.
Paris 741 – Aigues-Mortes 8 – La Grande-Motte 86 – Montpellier 41 – Nîmes 35 – Sommières 22.

   ▵▵ **Port Viel** avril-oct.
    ℰ 04 66 88 15 42, Fax 04 66 88 10 21 – S : 2,8 km par D 46 – ⊶ – **R** conseillée juil.-août – GB
    ⅍
    4 ha (160 empl.) plat, pierreux, herbeux ⊡ ⚍
    ᵬ ℸ ⊟ ᶓ ☺ ♒ ❦ ▣ – ᵧ⅒ – 🏠 ⅒ ⊼
    Tarif : ▣ piscine comprise 2 pers. 95 (122 avec élect. 6A)
    Location : ⊞⊞ 1000 à 3250

66260 Pyr.-Or. **15** – **86** ⑱ G. Languedoc Roussillon – 1 489 h. alt. 675.
Paris 911 – Amélie-les-Bains-Palalda 20 – Perpignan 58 – Prats-de-Mollo-la-Preste 20.

   ▵ **La Verte Rive** juin-oct.
    ℰ 04 68 39 54 64 – sortie Nord-Ouest par D 3 rte d'Arles-sur-Tech, bord de la Quéra – ⅜ ≤ ⊶
    juil.-août – **R** conseillée 15 juil.-15 août – ⅍
    2,5 ha (74 empl.) peu incliné, herbeux
    ᵬ ℸ ⇌ ☺ ▣ – ⅒ – A proximité : ⊼
    Tarif : (Prix 1999) ⚡ 12,70 – ⇌ 5,10 – ▣ 12,70 – ⓖ 16,20 (5A)
    Location (permanent) : ⊡ 1100 à 2150

*Avant de prendre la route, consultez **36.15 MICHELIN** sur votre Minitel :*

votre meilleur itinéraire, le choix de votre hôtel, restaurant, camping,

des propositions de visites touristiques.

17450 Char.-Mar. 🎱 – 🎱 ⑬ – 1 256 h. alt. 7.
Paris 480 – Rochefort 14 – La Rochelle 33.

   🔺 **Les Charmilles** 5 avril-25 sept.
       & 05 46 84 00 05 – NO : 2,2 km par D 214^{E1}, rte de Fouras et D 937 à droite, rte de la Rochelle
       – o▬ – **R** conseillée 10 juil.-20 août – ⊟ 𝒸𝓋
       5 ha (270 empl.) plat, herbeux ⌧ ♀♀ chênaie
       ⬧ 🔥 ⇌ 🖳 🛁 🔄 ☺ 🌲 ⚥ 🖳 – 🍴 – ⛋ 🚴 🐟 ⛴ ☑ toboggan aquatique
       Tarif : 🄴 *piscine comprise 2 pers. 75 à 128 –* 🅗 *20 (6A)*
       Location : 🛖 *990 à 3800 –* 🛏 *1300 à 4000*

   🔺 **Le Pré Vert** avril-sept.
       & 05 46 84 89 40 – NE : 2,3 km par D 214, rte de la Rochelle, au lieu-dit St-Pierre, Par voie rapide,
       sortie Fouras – o▬ juil.-août – **R** conseillée – 𝒸𝓋
       2 ha (67 empl.) plat, peu incliné, terrasse, herbeux
       ⬧ 🔥 ⇌ 🖳 🛁 ⚓ ☺ 🌲 ⚥ 🖳 – ⛋ ⛴ (petite piscine)
       Tarif : 🄴 *2 pers. 65, pers. suppl. 15 –* 🅗 *15 (10A)*
       Location : 🛖 *800 à 1400*

07800 Ardèche 🎱 – 🎱 ⑳ G. Vallée du Rhône – 1 206 h. alt. 100.
Paris 582 – Aubenas 57 – Le Cheylard 43 – Crest 30 – Privas 26 – Valence 18.

   🔺 **La Garenne** mars-oct.
       & 04 75 62 24 62 – au Nord du bourg, accès près de la poste – o▬ – **R** conseillée juil.-août
       6 ha/4 campables (116 empl.) plat, en terrasses, pierreux, herbeux ♀
       ⬧ 🔥 ⇌ 🖳 🛁 ⚓ ☺ 🖳 – 🍴 ✗ 🥙 – 🖳 ⛋ 🍴 ⛴
       Tarif : (Prix 1999) 🄴 *piscine comprise 2 pers. 115, pers. suppl. 29 –* 🅗 *18 (3A)*

38380 Isère 🎱 – 🎱 ⑤ G. Alpes du Nord – 4 061 h. alt. 410.
🈺 Office de Tourisme Vieille-Tour, pl. Mairie *&* 04 76 06 22 55, Fax 04 76 06 21 21.
Paris 562 – Chambéry 28 – Grenoble 34 – La Tour-du-Pin 42 – Voiron 15.

   🔺 **Municipal les Berges du Guiers** 15 juin-15 sept.
       & 04 76 55 20 63 – sortie Nord par D 520, rte de Chambéry et à gauche, bord du Guiers Mort,
       chemin et passerelle pour piétons reliant le camp au village – ≼ o▬ – **R** conseillée – 𝒸𝓋
       1 ha (37 empl.) plat, herbeux
       ⬧ 🔥 ⇌ 🖳 🛁 ☺ – A proximité : 🍴 ⛋ ⛴
       Tarif : 🄴 *1 pers. 40, 2 pers. 55 –* 🅗 *15 (5A)*

38350 Isère 🎱 – 🎱 ⑮ – 282 h. alt. 900.
Paris 617 – Le Bourg-d'Oisans 44 – Corps 17 – Grenoble 50 – Mens 25 – La Mure 10.

   🔺 **Belvédère de l'Obiou** mai-sept.
       & 04 76 30 40 80 – SO : 1,3 km par N 85, au lieu-dit les Egats – ≼ o▬ – **R** conseillée – 𝒸𝓋
       1 ha (45 empl.) plat, peu incliné, terrasses, herbeux ♀
       ⬧ 🔥 ⇌ ⚓ ☺ 🌲 🖳 – 🖳 ⛋ 🚴 ⛴ (petite piscine découverte l'été) – A proximité : 🍷
       Tarif : 🄴 *2 pers. 78 –* 🅗 *15 (4A) 18 (6A) 20 (10A)*
       Location : 🛖 *1215 à 2430*

39150 Jura 🎱 – 🎱 ⑮ G. Jura – 1 781 h. alt. 904.
Paris 443 – Champagnole 23 – Lons-le-Saunier 46 – Morez 11 – Pontarlier 58 – St-Claude 31.

   🔺 **Municipal Champ de Mars** fermé oct.
       & 03 84 60 19 30 – sortie Est par N 5 – ❄ ≼ o▬ – **R** indispensable hiver 🅡 été – 𝒸𝓋
       3 ha (150 empl.) plat et peu incliné, herbeux
       🚿 ⬧ 🔥 ⇌ 🛁 ☺ 🌲 ⚥ – 🖳
       Tarif : (Prix 1999) 🏕 *10,80 (hiver 19) –* 🄴 *12,30 (hiver 13,30) –* 🅗 *10,20 (6A) - hiver : 21,80 (6A)*
       31,80 (10A)

07590 Ardèche 🎱 – 🎱 ⑰ G. Vallée du Rhône – 136 h. alt. 840.
Paris 609 – Aubenas 63 – Langogne 28 – Largentière 50 – Mende 58.

   🔺 **Le Ceytrou** avril-oct.
       & 04 66 46 02 03 – SE : 2,1 km par D4 – 🐾 ≼ « Agréable situation au cœur des montagnes du
       Vivarais Cévenol » o▬ – **R** conseillée – 𝒸𝓋
       2,5 ha (60 empl.) plat et peu incliné, terrasses, pierreux, herbeux ♀
       ⬧ 🔥 ⇌ 🖳 🛁 ☺ 🌲 🖳 – 🖳 ✗ 🥙 – 🖳 🍴 ⛴
       Tarif : 🏕 *21 piscine comprise (et 10 pour eau chaude) –* 🚗 *13 –* 🄴 *13 –* 🅗 *10 (10A)*

ST-LAURENT-LES-ÉGLISES

87340 H.-Vienne ⑩ – ⑫ ⑧ – 636 h. alt. 388.
Paris 387 – Bellac 50 – Bourganeuf 30 – Guéret 51 – Limoges 30 – La Souterraine 49.

⚠ **Municipal Pont du Dognon** 17 juin-8 sept.
  ℘ 05 55 56 57 25 – SE : 1,8 km par D 5 rte de St-Léonard-de-Noblat, bord du Taurion (plan d'eau)
  – ⚙ ≼ « Site agréable » o–┱ – **R** conseillée 8 juil.-19 août – ⚗
  3 ha (90 empl.) en terrasses, herbeux, pierreux ⌂
  ⅙ ⌁ ⇌ ⎙ ⛺ ⊕ ▨ – ⌷ ⤲ ⅙ dᵛᵒ ⚒ ⨄ parcours de santé – A proximité : ✗ ⌕
  Tarif : ⊞ piscine comprise 2 pers. 61 – [؟] 14,50 (6A)
  Location (Pâques-Toussaint) : huttes

ST-LÉGER-DE-FOUGERET

58 Nièvre – ⑥⑨ ⑥ – rattaché à Château-Chinon. ⌂

Bonne route avec 36.15 MICHELIN !

Economies en temps, en argent, en sécurité.

ST-LÉONARD-DE-NOBLAT

87400 H.-Vienne ⑩ – ⑫ ⑱ G. Berry Limousin – 5 024 h. alt. 347.
🅱 Office de Tourisme pl. du Champ-de-Mars ℘ 05 55 56 25 06, Fax 05 55 56 36 97.
Paris 402 – Aubusson 68 – Brive-la-Gaillarde 100 – Guéret 62 – Limoges 21.

⚠ **Municipal de Beaufort** 15 juin-15 sept.
  ℘ 05 55 56 02 79 – du centre bourg : 1,7 km par N 141, rte de Limoges puis 1,5 km à gauche par
  rte de Masleon, bord de la Vienne – o–┱ – **R** – ⚗
  2 ha (98 empl.) plat et peu incliné, herbeux ⌂ ⚘
  ⅙ ⌁ ⇌ ⎙ ⛺ ⊕ ⩫ ▨ – ⌷ ⤲
  Tarif : ⊞ 2 pers. 50 – [؟] 11,40 (15A)

ST-LÉON-SUR-VÉZÈRE

24290 Dordogne ⑱ – ⑮ ⑰ G. Périgord Quercy – 427 h. alt. 70.
Paris 501 – Brive-la-Gaillarde 47 – Les Eyzies-de-Tayac 15 – Montignac 9 – Périgueux 55 – Sarlat-la-Canéda 33.

⚠ **Le Paradis** avril-25 oct.
  ℘ 05 53 50 72 64, Fax 05 53 50 75 90 – SO : 4 km sur D 706 rte des Eyzies-de-Tayac, bord de la
  Vézère – Ⓜ ⚙ o–┱ – **R** conseillée – ⌾ ⚗
  7 ha (200 empl.) plat, herbeux ⌂ ⚘
  ▥ ⅙ ⌁ ⇌ ⎙ ⛺ ⊕ ⩫ ⵠ ⌸ ▨ – ⊒ ▼ ✗ ⤲ – ⌷ ⤲ dᵛᵒ ⚒ ⨄ piste de bi-cross
  Tarif : (Prix 1999) ⚲ 36 piscine comprise – ⊞ 56,50 – [؟] 18 (6A)
  Location : ⌸ 2130 à 4260

ST-LEU-D'ESSERENT

60340 Oise ⑥ – ⑤⑥ ⑪ – 4 288 h. alt. 50.
🅱 Office de Tourisme r. de l'Église ℘ 03 44 56 38 10, Fax 03 44 56 25 23.
Paris 57 – Beauvais 38 – Chantilly 6 – Creil 9 – Pontoise 39.

⚠ **Campix** 7 mars-nov.
  ℘ 03 44 56 08 48, Fax 03 44 56 28 75 – sortie Nord par D 12 rte de Cramoisy puis 1,5 km par rue
  à droite et chemin – ⚙ « Dans une ancienne carrière ombragée, dominant le bourg et l'Oise » o–┱
  – **R** – ⌾ ⚗
  6 ha (160 empl.) plat, en terrasses, accidenté, herbeux, pierreux ⚘
  ▥ ⅙ ⌁ ⇌ ⩟ ⛺ ⊕ ⌸ ▨ – ⌷ ⤲ dᵛᵒ
  Tarif : ⚲ 29,55 – ⊞ 26,25/32,80 – [؟] 23 (6A)

ST-LÔ-D'OURVILLE

50580 Manche ④ – ⑤④ ⑪ – 404 h. alt. 15.
Paris 342 – Barneville-Carteret 10 – Carentan 36 – Cherbourg 49 – Coutances 41 – St-Lô 56.

⚠ **Les Carolins** 15 mars-15 nov.
  ℘ 02 33 04 84 85 – SO : 2,3 km par D 72 et D 72ᴱ, rte de Lindbergh-Plage, Accès conseillé par D 650
  « Cadre sauvage dans les dunes » o–┱ – **R** conseillée juil.-août – ⚗
  3,5 ha (75 empl.) plat et accidenté, sablonneux, herbeux ⌂
  ⌁ ⇌ ⛺ ⊕ ▨ – ⌷ ⤲
  Tarif : ⚲ 20 – ⊞ 18 – [؟] 15 (4A) 20 (10A)
  Location : ⌸ 1250 à 2150

SAINT-LUNAIRE

35 I.-et-V. – ⑤⑨ ⑤ – rattaché à Dinard.

35400 I.-et-V. ▟ – 🔢 ⑥ G. Bretagne – 48 057 h. alt. 5.

🛈 Office de Tourisme espl. St-Vincent 𝒫 02 99 56 64 48, Fax 02 99 40 93 13.

Paris 418 – Alençon 179 – Avranches 67 – Dinan 32 – Rennes 72 – St-Brieuc 72.

⏶⏶ **La Ville Huchet** mai-25 sept.
𝒫 02 99 81 11 83, Fax 02 99 81 51 89 – S : 5 km par D 301, rte de Dinard et rte de la Grassinais à gauche devant le concessionnaire Mercedes « Bel ensemble de plantations et piscine » ⊶ –
R conseillée juil.-août – ⊞ ⅍
6 ha (198 empl.) plat, herbeux ♀
🔥 �🔥 🧺 🛁 🖰 ⊕ 🖪 – 🏊 ▼ snack, pizzeria – ⬚ ⬚ ⬭ toboggan aquatique
Tarif : 🏕 28 – ⬚ 70 – 🔌 22 (6A)
Location ⬚ : ⬚ 3200 à 4400 –
appartements

à Paramé NE : 5 km – ✉ 35400 St-Malo :

⏶ **Municipal les Îlots** Pâques-sept.
𝒫 02 99 56 98 72 – à **Rothéneuf**, av. de la Guimorais, près de la plage du Havre – ⊶ –
R conseillée – ⊞ ⅍
2 ha (156 empl.) plat, herbeux
🔥 �🔥 🧺 🖰 ⊕ 🖪 – 🏊
A proximité : 🎣
Tarif : (Prix 1999) ⬚ 1 ou 2 pers. 60/83 avec élect.

⏶ **Municipal le Nicet** début juin-début sept.
𝒫 02 99 40 26 32 – à **Rothéneuf**, av. de la Varde, à 100 m de la plage, accès direct par escalier –
≤ ⊶ – **R** conseillée – ⊞ ⅍
2,5 ha (158 empl.) plat et peu incliné, en terrasses, herbeux
🔥 ⅋ 🧺 🖰 ⊕ 🖪 – 🏊
Tarif : (Prix 1999) ⬚ 2 pers. 60/83 avec élect. (5 ou 10A)

⏶ **Municipal les Nielles** 15 juin-5 sept.
𝒫 02 99 40 26 35 – av. John-Kennedy, près de la plage – ⊶ juil.-août – **R** conseillée – ⅍
1,6 ha (94 empl.) plat, peu incliné, herbeux
🔥 ⅋ 🧺 🖰 ⊕ – 🏊
Tarif : (Prix 1999) ⬚ 1 ou 2 pers. 60/83 avec élect. (5 ou 10A)

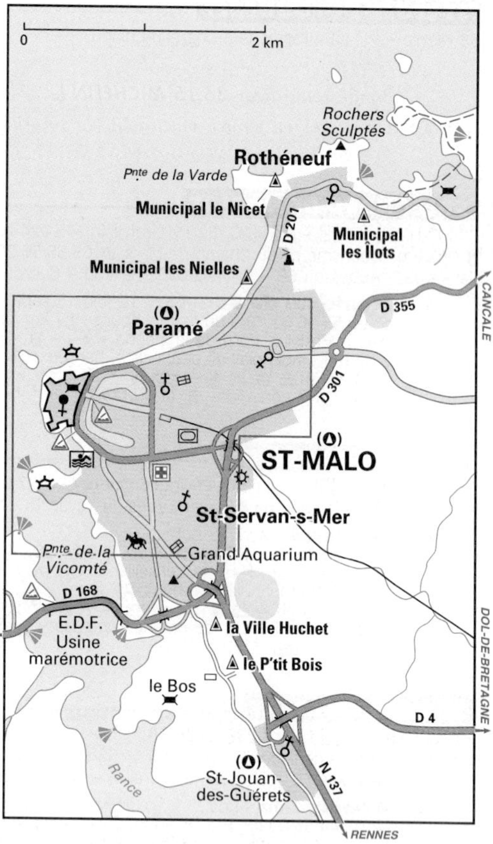

à St-Jouan-des-Guérets SE : 5 km par N 137, rte de Rennes – 2 221 h. alt. 31 – ✉ 35430 St-Jouan-des-Guérets :

⏶⏶ **Le P'tit Bois** 23 avril-9 sept.
𝒫 02 99 21 14 30, Fax 02 99 81 74 14 – accès par N 137 « Bel ensemble paysagé » ⊶ –
R conseillée – ⊞ ⅍
6 ha (274 empl.) plat, herbeux ♀ (1 ha)
🔥 ⅋ 🧺 🖰 🛁 🖰 ⊕ 🏊 ⅋ 🖪 – 🏊 ▼ ✗ pizzeria, snack ⬚ – ⬚ ⬚ salle d'animation ⬚ ⬚ ·⊕
⬚ ⬚ ⬭ toboggan aquatique salle omnisports – A proximité : 🏐
Tarif : 🏕 30 piscine comprise – ⬚ 90 – 🔌 23 (6A)
Location : ⬚ 1400 à 3800 – bungalows toilés

56380 Morbihan ▟ – 🔢 ⑤ – 390 h. alt. 119.

Paris 392 – Châteaubriant 77 – Maure-de-Bretagne 19 – Ploërmel 22 – Redon 38 – Rennes 44.

⏶ **Municipal l'Étang d'Aleth** 15 avril-15 sept.
𝒫 02 97 75 83 70 – au Nord du bourg, par D 773 – ⬚ « Près d'un plan d'eau » ⊶ juil.-août –
R conseillée – ⅍
6 ha/2 campables (55 empl.) plat, incliné, herbeux ♀
🔥 ⅋ 🖰 ⊕ – A proximité : ▼ ✗
Tarif : 🏕 15 – ⬚ 6 – ⬚ 10/14 – 🔌 10 (11A)

To visit a town or region : use the MICHELIN Green Guides.

ST-MALÔ-DU-BOIS

85590 Vendée 🖪 – 🖪🖪 ⑤ – 1 085 h. alt. 183.
Paris 366 – Bressuire 37 – Cholet 18 – Nantes 73 – La Roche-sur-Yon 57 – Thouars 67.

▲ **Base de Plein Air de Poupet** mai-sept.
⚲ 02 51 92 31 45 – SE : 3 km par D 72 et rte à gauche, bord de la Sèvre Nantaise – 🐟 ⚍ saison
– **R** – 🗇
2,7 ha (115 empl.) plat, herbeux ⚲ (0,5 ha)
🕭 🗟 ⇔ 😃 ⊕ 🗟 🗐 – A proximité : poneys, théâtre de plein air 🍷 ✕
Tarif : (Prix 1999) 🗐 2 pers. 47/52, pers. suppl. 12 – 🗐 15 (5A)

ST-MAMET-LA-SALVETAT

15220 Cantal 🔟 – 🖪🖪 ⑪ – 1 327 h. alt. 680.
Paris 561 – Argentat 54 – Aurillac 19 – Maurs 26 – Sousceyrac 29.

▲▲ **Municipal** avril-oct.
⚲ 04 71 64 75 21 – à l'Est du bourg, accès par D 20, rte de Montsalvy et chemin du stade, à droite
– 🐟 ⚍ – **R** – 🗇
0,8 ha (41 empl.) incliné à peu incliné, herbeux ⊏⊐
🕭 🗟 ⇔ 😃 ⊕ 🗟 – 🖵 ⚍ – A proximité : ✕ 🖾 ⚊ toboggan aquatique
Tarif : (Prix 1999) 🛉 12 – 🗐 35 (45 avec élect. 5A)
Location (permanent) 🏠 1300 à 2000

ST-MANDRIER-SUR-MER

83430 Var 🔢 – 🖪🖪 ⑮ G. Côte d'Azur – 5 175 h. alt. 1.
🅱 Office de Tourisme pl. des Résistants ⚲ 04 94 63 61 69, Fax 04 94 63 57 97.
Paris 841 – Bandol 21 – Le Beausset 27 – Hyères 32 – Toulon 14.

▲▲ **La Presqu'île** 13 mai-27 sept.
⚲ 04 94 94 23 22 – O : 2,5 km, carrefour D 18 et rte de la Pointe de Marégau, près du port de
plaisance « Entrée fleurie » ⚍ – 🖼 🗇
2,5 ha (140 empl.) plat et en terrasses, pierreux ⚲⚲
🕭 🗟 🗟 🖰 ⊕ – 🍷 snack 🖳 – ⚍ – A proximité : 🛒 ✕
Tarif : 🗐 2 pers. 98 ou 112 – 🗐 15 (4A) 19,50 (6A)

ST-MARCAN

35120 I.-et-V. 🖪 – 🖪🖪 ⑦ – 401 h. alt. 60.
Paris 367 – Dinan 39 – Dol-de-Bretagne 13 – Le Mont-St-Michel 21 – Rennes 70 – St-Malo 33.

▲ **Le Balcon de la Baie** avril-oct.
⚲ 02 99 80 22 95 – SE : 0,5 km par D 89 rte de Pleine-Fougères et à gauche – 🐟 ≤ Baie du
Mont-St-Michel ⚍ – **R** conseillée 14 juil.-15 août – 🗇
2,8 ha (66 empl.) peu incliné, plat, herbeux ⚲⚲ (1,5 ha)
🕭 🗟 ⇔ 🗟 🖰 🗟 ⊕ 🗟 – 🖵
Tarif : 🛉 22 – 🗐 27 – 🗐 16 (5A)
Location : 🚐 1700 à 2600

ST-MARTIAL

07310 Ardèche 🔢 – 🖪🖪 ⑱ – 266 h. alt. 850.
Paris 601 – Aubenas 50 – Langogne 61 – Privas 54 – Le Puy-en-Velay 55.

▲ **Municipal le Lac** 15 juin-13 sept.
⚲ 04 75 29 19 09 – NE : 1,5 km par D 215, rte de St-Martin-de-Valamas et rte à gauche – 🐟 ≤
village et montagne « Près d'un plan d'eau » ⚍ – **R** conseillée – 🗇
13 ha/2 campables plat, peu incliné, terrasse, herbeux
🕭 🗟 ⇔ 🗟 🖰 ⊕ – ⚍ ✕ 🖳 ⚊
Tarif : 🗐 1 pers. 25 – 🗐 10
Location : 🏠 860 à 1600

ST-MARTIAL-DE-NABIRAT

24250 Dordogne 🔢 – 🖪🖪 ⑰ – 512 h. alt. 175.
Paris 554 – Cahors 41 – Fumel 50 – Gourdon 11 – Périgueux 83 – Sarlat-la-Canéda 21.

▲▲▲ **Le Carbonnier** Pâques-15 sept.
⚲ 05 53 28 42 53, Fax 05 53 28 51 31 – sortie Est par D 46, rte de Cahors – 🐟 ⚍ – **R** conseillée
juil.-août – 🖼 🗇
6 ha (150 empl.) peu incliné et en terrasses, pierreux, herbeux, petit étang ⊏⊐ ⚲⚲
🕭 🗟 ⇔ 🗟 🖰 ⇔ 🗟 🖦 🗐 – 🍷 ✕ 🖳 – 🖵 ⚍ ⊷⊗ ✕ 🖳 🖸 toboggans aquatiques
Tarif : (Prix 1999) 🛉 33 piscine et tennis compris – 🗐 44 – 🗐 18 (6A)
Location : 🚐 1450 à 3300

▲ **Calmésympa** avril-15 nov.
⚲ 05 53 28 43 15, Fax 05 53 30 23 65 – NO : 2,2 km par D 46, rte de Domme et chemin à gauche,
au lieu-dit la Grèze – ⚍ – **R** indispensable 15 juil.-15 août – 🗇
2,7 ha (25 empl.) en terrasses et peu incliné, herbeux ⊏⊐ ⚲ (1ha)
🕭 🗟 🗟 ⊕ 🗟 –
Tarif : 🛉 20 piscine comprise – 🗐 24 – 🗐 15 (8A)
Location (Pâques-Toussaint) : 🚐 600 à 1450 – gîtes

15140 Cantal **10** – **76** ① G. Auvergne – 207 h. alt. 630.
Paris 553 – Argentat 45 – Aurillac 39 – Mauriac 32.

  ▲ **Municipal Pont du Rouffet** juil.-août
    ✆ 04 71 69 42 76 – SO : 6,5 km par D 6 et D 42 à droite, au pont du Rouffet, bord du lac d'Enchanet,
    Croisement peu facile pour caravanes – ॐ – ℟
    0,7 ha (45 empl.) plat et en terrasses, incliné, herbeux
    🏠 ⚲ ☺
    Tarif : 🛉 10 – ⛺ 6 – 🅴 8 – 🔌 8 (16A)

07 Ardèche – **80** ⑨ – Voir à Ardèche (Gorges de l').

50190 Manche **4** – **54** ⑫ – 427 h. alt. 50.
Paris 327 – Carentan 25 – Coutances 18 – Lessay 16 – St-Lô 23.

  ▲ **Aire Naturelle Municipale** 15 juin-15 sept.
    au bourg, derrière l'église – ॐ – **R** conseillée – ⚡
    0,4 ha (15 empl.) non clos, plat, herbeux
    🏠 ⚙ ☺ – ✂
    Tarif : (Prix 1999) 🛉 8 – ⛺ 6 – 🅴 6 – 🔌 10

38930 Isère **12** – **77** ⑭ – 122 h. alt. 750.
Paris 613 – Clelles 6 – Grenoble 46 – Mens 18 – Monestier-de-Clermont 12 – La Mure 34.

  ▲▲ **La Chabannerie** Permanent
    ✆ 04 76 34 00 38, Fax 04 76 34 43 54 – à 1,2 km au Nord du bourg, à proximité de la N 75 – Ⓜ
    ॐ ≤ « Belle situation panoramique » ⚊ – **R** conseillée – GB ⚡
    2,5 ha (50 empl.) accidenté et en terrasses, pierreux, herbeux 🗀 ♀
    🎱 ⚤ ⚲ 🍴 🖽 ⚙ 🖻 – 🏊 – 🛖 🚤 (petite piscine)
    Tarif : 🛉 28 (hiver 30) – ⛺ 10 (hiver 11) – 🅴 17 (hiver 18) – 🔌 17 (10A)

49160 M.-et-L. **5** – **64** ⑫ – 1 129 h. alt. 80.
Paris 313 – Angers 39 – Baugé 30 – La Flèche 48 – Les Rosiers 8 – Saumur 11.

  ▲ **Districal de la Croix Rouge** 24 juin-10 sept.
    ✆ 02 41 38 09 02 – sortie Sud-Est rte de Saumur et chemin à droite, près de la Loire – ⚊ – **R** –
    ⚡
    2,8 ha (84 empl.) plat, herbeux ♀♀
    ⚤ 🏠 ⚲ ⚙ 🖻
    Tarif : 🛉 12 – 🅴 16 – 🔌 12 (5A)

34380 Hérault **15** – **83** ⑥ G. Languedoc Roussillon – 1 623 h. alt. 194.
Paris 752 – Montpellier 26 – Le Vigan 38.

  ▲ **Pic St-Loup** avril-sept.
    ✆ 04 67 55 00 53, Fax 04 67 55 00 04 – sortie Est par D 122 rte de Mas-de-Londres et chemin à
    gauche – ॐ ⚊ – **R** conseillée – ⚡
    2 ha (80 empl.) plat, pierreux, herbeux
    🏠 🖽 ⚲ ⚙ 🖻 – 🏖 – 🛖 🚤 🏊 (couverte hors saison)
    Tarif : (Prix 1999) 🅴 piscine comprise 2 pers. 69, pers. suppl. 15 – 🔌 15 (6A)
    Location : 🛖 1700 à 2200

06470 Alpes-Mar. **17** – **81** ⑨ – 113 h. alt. 1 050.
🚩 Syndicat d'Initiative Mairie ✆ 04 93 05 51 04, Fax 04 93 05 57 55.
Paris 786 – Annot 39 – Barcelonnette 50 – Puget-Théniers 43.

  ▲▲ **Le Prieuré** 15 mai-15 oct.
    ✆ 04 93 05 54 99, Fax 04 93 05 53 74 – E : 1 km par D 2202, rte de Guillaumes puis 1,8 km par
    chemin à gauche, après le pont du Var, alt. 1 070 – ॐ ≤ « En pleine nature, bordé de montagnes »
    ⚊ – **R** conseillée – ⚡
    12 ha/1,5 campable (35 empl.) peu incliné à incliné, terrasse, herbeux, pierreux
    🏠 ⚤ 🖽 ⚙ 🖻 – 🏖 – 🛖 🚤 🚲 (petite piscine)
    Tarif : (Prix 1999) 🅴 2 pers. 68, pers. suppl. 21 – 🔌 12 (3A) 18 (6A)
    Location : 🛖 1400 à 2480 – gîtes, bungalows toilés

17 Char.-Mar. – **71** ⑫ – voir à Ré (Ile de).

ST-MARTIN-DE-SEIGNANX

40390 Landes 🔢 – 🔢 ⑰ – 3 047 h. alt. 57.
Paris 760 – Bayonne 10 – Capbreton 15 – Dax 42 – Hasparren 30 – Peyrehorade 26.

ᴬᴬᴬ **Lou P'tit Poun** 15 juin-15 sept.
℘ 05 59 56 55 79, Fax 05 59 56 53 71 – SO : 4,7 km par N 117 rte de Bayonne et chemin à gauche
– ⚬➡ juil.-août – **R** conseillée 14 juil.-15 août – ⚸
6,5 ha (168 empl.) plat et peu incliné, en terrasses, herbeux ⌑
& 🕸 ⇔ 🗓 🛁 ↭ ⟟ 🗟 🖼 – 🔲 – ⚘ – ⚞ 🎿 half-court
Tarif : ✤ 32 piscine comprise – 🔲 61 – 🔲 23 (4A) 26,50 (6A) 30 (10A)
Location : 🚐 1400 à 2300 – 🔲 1650 à 3700 – 🚐 1550 à 4100

ST-MARTIN-D'URIAGE

38410 Isère 🔢 – 🔢 ⑤ G. Alpes du Nord – 3 678 h. alt. 600.
Paris 583 – Le Bourg-d'Oisans 45 – Chamrousse 16 – Grenoble 14 – Vizille 13.

ᴬ **Le Luiset** mai-sept.
℘ 04 76 89 77 98, Fax 04 76 59 70 91 – derrière l'église – ⚸ ⪍ ⚬➡ – **R** conseillée juil.-août
1,5 ha (65 empl.) en terrasses, herbeux ⚲
& 🕸 ↭ ⊛ 🖼 – ⚘ – A proximité : ⚞ 🎿
Tarif : 🔲 2 pers. 50, pers. suppl. 18 – 🔲 12 (2A) 14 (4A) 16 (6A)

ST-MARTIN-EN-CAMPAGNE

76370 S.-Mar. 🔢 – 🔢 ⑤ – 1 104 h. alt. 118.
Paris 206 – Dieppe 13 – Rouen 76 – Le Tréport 19.

ᴬᴬᴬ **Les Goélands** 15 mars-oct.
℘ 02 35 83 82 90, Fax 02 35 86 17 99 – NO : 2 km, à St-Martin-Plage – Places limitées pour le
passage ⪍ « Belle salle de billard » ⚬➡ – **R** conseillée – 🄶🄱 ⚸
3 ha (154 empl.) en terrasses, peu incliné, herbeux ⌑
🔲 & 🕸 ⇔ 🗓 ⊛ ↭ ⟟ 🖼 – 🔲 ⚘ ⚞ 🎿 ♏
Tarif : 🔲 tennis compris 4 pers. 75/108 – 🔲 15 (16A)
Location ⚿ : 🔲 1675 à 1972

ST-MARTIN-EN-VERCORS

26420 Drôme 🔢 – 🔢 ④ G. Alpes du Nord – 275 h. alt. 780.
Paris 590 – La Chapelle-en-Vercors 9 – Grenoble 52 – Romans-sur-Isère 45 – St-Marcellin 33 – Villard-de-Lans
19.

ᴬ **Municipal** mai-oct.
℘ 04 75 45 51 10 – sortie Nord par D 103 – ⪍ ⚬➡ – **R** – ⚸
1,5 ha (66 empl.) plat et en terrasses, incliné, herbeux, gravier, pierreux
& 🕸 ⇔ 🛁 ⊛
Tarif : ✤ 18 – ⚘ 8 – 🔲 8/10 – 🔲 12 (6A)

ST-MARTIN-LE-BEAU

37270 I.-et-L. 🔢 – 🔢 ⑮ G. Châteaux de la Loire – 2 427 h. alt. 55.
Paris 233 – Amboise 9 – Château-Renault 33 – Chenonceaux 13 – Tours 20.

ᴬ **Municipal la Grappe d'Or** 29 avril-17 sept.
℘ 02 47 50 69 65 – S : 1,5 km par D 83, rte de Athée-sur-Cher et à droite avant le pont, près du
Cher, Accès conseillé par la D 140 – ⚸ ⚬➡ – **R** – ⚸
2 ha (50 empl.) plat, herbeux, sablonneux ⚲ (0,6 ha)
& 🕸 ⇔ 🗓 🛁 ⊛ – ⚘
Tarif : 🔲 1 ou 2 pers. 35, pers. suppl. 12 – 🔲 10 (5A) 15 (8A)

ST-MARTIN-TERRESSUS

87400 H.-Vienne 🔢 – 🔢 ⑧ G. Berry Limousin – 456 h. alt. 280.
Paris 386 – Ambazac 7 – Bourganeuf 32 – Limoges 20 – St-Léonard-de-Noblat 16 – La Souterraine 47.

ᴬ **Municipal Soleil Levant** 15 juin-15 sept.
à l'Ouest du bourg par D 29 et chemin à droite, bord d'un plan d'eau – ⚸ ⪍ – **R**
0,5 ha (36 empl.) plat et terrasse, peu incliné, herbeux ⌑
& 🕸 ⇔ 🗓 🛁 ⊛ – ⚘ – 🍴 – 🔲 ♒ (plage)
Tarif : ✤ 16 – ⚘ 5 – 🔲 8/10 – 🔲 12 (10A)

ST-MARTIN-VALMEROUX

15140 Cantal 🔢 – 🔢 ② G. Auvergne – 1 012 h. alt. 646.
Paris 516 – Aurillac 34 – Mauriac 21 – Murat 53 – Salers 10.

ᴬᴬ **Municipal le Moulin du Teinturier** 15 juin-15 sept.
℘ 04 71 69 43 12 – à l'Ouest du bourg, sur D 37, rte de Ste-Eulalie-Nozières, bord de la Maronne
– ⚬➡ – **R** conseillée 15 juil.-15 août – ⚸
2 ha (45 empl.) plat et peu incliné, herbeux ⌑
& 🕸 ⇔ 🗓 🛁 ↭ ⊛ ⚘ ↭ 🖼 – 🔲 ⚘ – A proximité : ⚞ ♏ 🎿
Tarif : (Prix 1999) 🔲 élect. comprise 2 pers. 48, pers. suppl. 12

ST-MARTORY

31360 H.-Gar. **14** – **82** ⑯ G. Midi Pyrénées – 940 h. alt. 268.
Paris 767 – Aurignac 13 – Bagnères-de-Luchon 65 – Cazères 17 – St-Gaudens 20 – Toulouse 73.

  ⚠ **Municipal** 15 juin-15 sept.
      𝄞 05 61 90 44 93 – S : 0,8 km par D 117, rte de St-Girons et chemin à droite, après le stade – 🏊
      ⇔ ⊶
      1,3 ha (50 empl.) plat, herbeux ▭
      ▥ 占 ♒ ⇆ 占 ⊛ – A proximité : ❦
      Tarif : 🗐 *tennis compris 1 pers. 30, pers. suppl. 10 –* ⓖ *10*

ST-MAURICE-D'ARDÈCHE

07 Ardèche – **80** ⑨ – voir à Ardèche (Gorges de l').

SAINT-MAURICE-D'IBIE

07 Ardèche – **80** ⑨ – voir à Ardèche (Gorges de l').

ST-MAURICE-EN-VALGAUDEMAR

05800 H.-Alpes **12** – **77** ⑯ G. Alpes du Nord – 143 h. alt. 988.
Paris 649 – La Chapelle-en-Valgaudémar 10 – Corps 17 – Gap 39 – La Mure 42.

  ⚠ **Le Bocage** juil.-août
      𝄞 04 92 55 31 11 – NE : 1,5 km, au lieu-dit le Roux – 🏊 ⇔ « Cadre agréable, près de la Séveraisse »
      ⊶ – **R** – ⚲
      0,6 ha (50 empl.) plat, pierreux, herbeux ♀♀
      ♒ ⚲ ⊛ – ▭ 🎣
      Tarif : 🕇 *10 –* 🗐 *12 –* ⓖ *10 à 20 (2 à 6A)*

ST-MAURICE-SUR-MOSELLE

88560 Vosges **8** – **66** ⑧ G. Alsace Lorraine – 1 615 h. alt. 560 – Sports d'hiver : 900/1 250 m ⚡8 ⚘.
🛈 Office de Tourisme 28 bis r. de la Gare 𝄞 03 29 25 12 34, Fax 03 29 25 80 43.
Paris 418 – Belfort 41 – Bussang 4 – Épinal 56 – Mulhouse 51 – Thann 31 – Le Thillot 7.

  ⚠ **Les Deux Ballons** avril-sept.
      𝄞 03 29 25 17 14, Fax 03 29 25 27 51 – sortie Sud-Ouest par N 66 rte du Thillot, bord d'un ruisseau
      – ⇔ ⊶ – **R** conseillée juil.-août
      3 ha (180 empl.) plat et en terrasses, herbeux ♀♀
      ▥ 占 ♒ ⇆ 占 占 ⊛ 🖭 ▣ – ▼ – ▭ ❦ 🛝 toboggan aquatique – A proximité : ⚑
      Tarif : 🗐 *piscine et tennis compris 2 pers. 97, pers. suppl. 24 –* ⓖ *23 (4A) 30 (15A)*
      Location *(vac. scolaires de Noël, fév. et avril-sept.) -* ❦ *:* 🏠*2030 à 2570*

ST-MAXIMIN-LA-STE-BAUME

83470 Var **17** – **84** ④ ⑤ G. Provence – 9 594 h. alt. 289.
🛈 Office de Tourisme Hôtel-de-Ville, Accueil Couvent Royal 𝄞 04 94 59 84 59, Fax 04 94 59 82 92.
Paris 798 – Aix-en-Provence 44 – Brignoles 22 – Draguignan 76 – Marseille 52 – Rians 24 – Toulon 57.

  ⚠ **Provençal** Permanent
      𝄞 04 94 78 16 97 – S : 2,5 km par D 64 rte de Mazaugues – 🏊 « Agréable cadre boisé » ⊶ –
      R conseillée juil.-août – ⊞ ⚲
      5 ha (100 empl.) en terrasses et accidenté, pierreux ♀♀
      ♒ ⚲ 🖭 ♒ ⊛ 🖭 ▣ – ✗ 🎣 – ▭ 🛝
      Tarif : 🕇 *26 piscine comprise –* 🗐 *30 –* ⓖ *20 (6A) 28 (10A)*
      Location : 🏠 *1200 à 1500*

ST-MICHEL-EN-GRÈVE

22300 C.-d'Armor **3** – **58** ⑦ G. Bretagne – 376 h. alt. 12.
Paris 521 – Guingamp 37 – Lannion 11 – Morlaix 28 – St-Brieuc 69.

  ⚠ **Les Capucines** 6 mai-10 sept.
      𝄞 02 96 35 72 28 – N : 1,5 km par rte de Lannion et chemin à gauche – 🏊 « Cadre agréable avec
      décoration arbustive soignée » ⊶ ❦ – **R** conseillée juil.-août – ⊞ ⚲
      4 ha (100 empl.) peu incliné, herbeux ▭ ♀
      占 ♒ ⇆ 🖭 占 占 ⊛ ♒ ⟲ 🖭 ▣ – ⚑ ▼ 🎣 – ▭ 🎣 🚲 ❦ 🛝
      Tarif : 🕇 *28 piscine et tennis compris –* 🗐 *45/62 –* ⓖ *10 (2A) 14 (4A) 18 (6A)*
      Location : 🏠 *1800 à 3600*

  ⚠ **Le Dauphin** mai-sept.
      𝄞 02 96 35 44 56 – NE : 2 km par rte de Lannion – ⊶ – **R** conseillée juil.-août – ⚲
      1,8 ha (90 empl.) peu incliné et en terrasses, herbeux ▭ pinède
      占 ♒ ⇆ 🖭 占 ⊛ ▣ – ▭ 🎣 🛝 ⚑ ≃ (petite piscine) half-court
      Tarif : 🗐 *2 pers. 70 –* ⓖ *12 (4A) 16 (6A)*
      Location : *bungalows toilés*

ST-MICHEL-EN-L'HERM

85580 Vendée 🈺 – 🈡 ⑪ G. Poitou Vendée Charentes – 1 999 h. alt. 9.
🛈 Office de Tourisme 5 pl. de l'Abbaye ℰ 02 51 30 21 89.
Paris 452 – Luçon 15 – La Rochelle 44 – La Roche-sur-Yon 46 – Les Sables-d'Olonne 55.

⚠ **Les Mizottes** avril-sept.
ℰ 02 51 30 23 63 – SO : 0,8 km par D 746 rte de l'Aiguillon-sur-Mer – ⚓ – **R** conseillée juil.-août
– ⊞ ⚙
2 ha (112 empl.) plat, herbeux
🚼 🗒 ⚅ 🗓 🚻 ⊕ 🗒 – 🛝
Tarif : 🔲 élect. (6A) et piscine comprises 2 pers. 72

ST-MICHEL-ESCALUS

40550 Landes 🔢 – 🔢 ⑯ – 161 h. alt. 23.
Paris 721 – Bayonne 64 – Castets 9 – Dax 30 – Mimizan 44 – Soustons 24.

⚠ **Fontaine St-Antoine** mars-sept.
ℰ 05 58 48 78 50, Fax 05 58 48 71 90 – sur D 142, sortie Ouest de St-Michel, à 200 m d'un ruisseau
– ⚙ ⚓ – **R** conseillée 15 juil.-20 août
11 ha/6 campables (233 empl.) vallonné, accidenté, sablonneux, herbeux 🌳🌳 pinède
🗒 ⚅ 🗓 🚻 ⊕ 🗒 – 🍴 ✕ – ⚒
Tarif : 🔆 16 – ⚏ 11,50 – 🔲 18 – 🔋 13 (5A) 14 (10A) 16,50 (15A)
Location ⚒ : 🏚 680 à 1790

ST-NAZAIRE-EN-ROYANS

26190 Drôme 🔢 – 🔢 ③ G. Alpes du Nord – 531 h. alt. 172.
Paris 578 – Grenoble 66 – Pont-en-Royans 10 – Romans-sur-Isère 18 – St-Marcellin 15 – Valence 35.

⚠ **Municipal** mai-sept.
ℰ 04 75 48 41 18 – SE : 0,7 km rte de St-Jean-en-Royans « Au bord de la Bourne (plan d'eau) » ⚓
– 🛗
1,5 ha (75 empl.) plat et peu incliné, herbeux 🏕 ♀
🚼 🗒 ⚅ 🗓 ⊕ 🗒 – A proximité : ⚒
Tarif : 🔲 tennis compris 2 pers. 46, pers. suppl. 18 – 🔋 16 (3A) 21 (6A)

ST-NAZAIRE-LE-DÉSERT

26340 Drôme 🔢 – 🔢 ⑬ – 168 h. alt. 552.
Paris 631 – Die 38 – Nyons 41 – Valence 70.

⚠ **Le Désert** mai-sept.
ℰ 04 75 27 52 31 – SE : 1 km par D 135 rte de Volvent et à gauche – ⚲ ≼ ⚓ – **R** – ⚙
0,85 ha (43 empl.) en terrasses et peu incliné, pierreux, herbeux ♀
🗒 ⚲ ⊕ 🗒 – snack – 🏚 ⚓ 🛝
Tarif : 🔲 piscine comprise 2 pers. 66 (80 avec élect. 6A)

ST-NAZAIRE-SUR-CHARENTE

17780 Char.-Mar. 🈺 – 🈡 ⑬ – 834 h. alt. 14.
Paris 483 – Fouras 23 – Rochefort 9 – La Rochelle 47 – Saintes 42.

⚠ **L'Abri-Cotier** avril-sept.
ℰ 05 46 84 81 65 – SO : 1 km par D 125^{E1} – ⚲ ⚓ – **R** indispensable juil.-août – ⊞ ⚙
1,8 ha (90 empl.) plat, peu incliné, herbeux 🏕 🌳🌳 (1,2 ha)
🚼 🗒 ⚅ 🗓 🚻 ⚲ ⊕ 🗒 🗒 – 🏚 ⚓ 🛝
Tarif : 🔲 piscine comprise 2 pers. 65, pers. suppl. 15 – 🔋 18 (6A)
Location : 🏚 1300 à 2900

ST-NECTAIRE

63710 P.-de-D. 🔢 – 🔢 ⑭ G. Auvergne – 664 h. alt. 700 – ♨ (5 avril/16 oct.).
🛈 Office de Tourisme Les Grands-Thermes ℰ 04 73 88 50 86, Fax 04 73 88 54 42.
Paris 459 – Clermont-Ferrand 37 – Issoire 27 – Le Mont-Dore 25.

⚠ **Municipal le Viginet** 13 mai-sept.
ℰ 04 73 88 53 80 – sortie Sud-Est par D 996 puis 0,6 km par chemin à gauche (face au garage Ford)
– ⚲ ≼ ⚓ saison – **R** conseillée 14 juil.-15 août – ⚙
2 ha (61 empl.) plat, peu incliné et incliné, herbeux, pierreux 🏕 ♀
🚼 🗒 ⚅ 🗓 🚻 ⊕ 🗒 – 🏚 ⚓ 🛝
Tarif : (Prix 1999) 🔆 20 piscine comprise – ⚏ 11 – 🔲 16 – 🔋 18 (8A)
Location (avril-oct.) huttes

⚠ **La Clé des Champs** avril-15 oct.
ℰ 04 73 88 52 33 – sortie Sud-Est par D 996 et D 642, rte des Granges, bord d'un ruisseau et à
200 m de la Couze de Chambon – ⚓ – **R** – ⚙
1 ha (84 empl.) plat, peu incliné et en terrasses, herbeux 🏕 ♀
🚼 🗒 ⚅ 🗓 🚻 ⊕ ⚲ 🏴 🗒 – 🏚 🛝
Tarif : 🔲 piscine comprise 1 pers. 49 – 🔋 14 (2A) 16 (3A) 22 (6A)

82210 T.-et-G. 🔟🔢 – 🗆🗆 ⑯ – 2 024 h. alt. 73.
Paris 653 – Agen 37 – Castelsarrasin 11 – Lavit-de-Lomagne 17 – Moissac 9 – Montauban 32.

  ▲ *Intercommunal du Plan d'Eau* 15 juin-15 sept.
      𝒫 05 63 95 50 02 – N : 2,5 km par D 15 rte de Moissac, à 100 m du plan d'eau du Tarn et de la
      Garonne (Base de Loisirs) – o━ – **R** conseillée 15 juil.-15 août – ⚬⋌
      1,6 ha (42 empl.) plat, herbeux ⚲
      🔲 ⇔ 🖾 ⛺ ⚶ ⊕ 🖾 – ▄▄ – À proximité : ⚆ ⚒ ⚓ ⎯ ⎔ ⚘
      Tarif : 🅔 *piscine et tennis compris 4 pers. 105* – ⒝ *16,50 (6A)*

62500 P.-de-C. 🔟 – 🗆🗆 ③ G. Picardie Flandres Artois – 14 434 h. alt. 23.
🄱 Office de Tourisme r. du Lion d'Or 𝒫 03 21 98 70 00, Fax 03 21 88 55 74.
Paris 258 – Arras 78 – Béthune 51 – Boulogne-sur-Mer 53 – Calais 42 – Dunkerque 45 – Ieper 52 – Lille 65.

  ▲▲▲ *Château du Ganspette* avril-sept.
      𝒫 03 21 93 43 93, Fax 03 21 95 74 98 ✉ 62910 Moulle – à Eperlecques-Ganspette, NO : 11, 5 km
      par N 43 et D 207 rte de Watten – Places limitées pour le passage 🐾 « Dans le parc boisé du
      château » o━ – **R** conseillée juil.-août – ⊖🄱 ⋌
      11 ha/4 campables (150 empl.) peu incliné, herbeux
      🔲 ⇔ 🖾 ⚶ ⊕ 🖾 – 🍴 grill – ▭ ▄▄ ⚒ ⎔
      Tarif : (Prix 1999) 🅔 *piscine et tennis compris 2 pers. 104* – ⒝ *20 (6A)*

50380 Manche 🔢 – 🗆🗆 ⑦ G. Normandie Cotentin – 3 114 h. alt. 30.
🄱 Office de Tourisme 3 r. Charles-Mathurin 𝒫 02 33 50 52 77, Fax 02 33 50 00 04.
Paris 336 – Avranches 24 – Granville 4 – Villedieu-les-Poêles 29.

                            Schéma à Jullouville

  ▲ *Angomesnil* 20 juin-10 sept.
      𝒫 02 33 51 64 33 – SE : 4,9 km par D 21 rte de St-Michel-des-Loups et D 154 à gauche, rte de
      St-Aubin-des-Préaux – 🐾 o━ ⚒ – ℝ
      1,2 ha (45 empl.) plat, herbeux ⚲
      ⚒ 🔲 ⇔ 🖾 ⚶ ⊕ ⛲ – ▭ ▄▄
      Tarif : ⚲ *18* – ⇌ *9,50* – 🅔 *13* – ⒝ *13*

  ▲ *La Gicquelière* 15 juin-15 sept.
      𝒫 02 33 50 62 27 – SE : 3 km par D 21 et rte à droite – 🐾 o━ – **R** août
      1,5 ha (90 empl.) peu incliné et plat, herbeux ⚲
      🔲 ⇔ 🖾 ⊕
      Tarif : ⚲ *16* – ⇌ *9* – 🅔 *9* – ⒝ *13 (3A)*

Voir aussi à Granville

17420 Char.-Mar. 🔟 – 🗆🗆 ⑮ G. Poitou Vendée Charentes – 2 736 h. alt. 5.
🄱 Office de Tourisme 1 av. de la République 𝒫 05 46 23 22 58, Fax 05 46 23 36 73.
Paris 513 – La Rochelle 83 – Royan 6.

                            Schéma à Royan

  ▲ *Les Ormeaux*
      𝒫 05 46 39 02 07, Fax 05 46 38 56 66 – NE : avenue de Bernezac – o━
      4,6 ha (200 empl.) plat et en terrasses, herbeux ⚲⚲
      ⚲ 🔲 ⇔ 🖾 ⊕ ⚶ ⚡ 🖾 – ▭ – ⎔ – A proximité : ⚒
      Location : ▭▭

  ▲ *Côte de Beauté* 20 mai-15 sept.
      𝒫 05 46 23 20 59, Fax 05 46 23 37 32 – NO : 2,5 km, à 50 m de la mer « Entrée fleurie » o━ –
      R conseillée
      1,7 ha (115 empl.) plat, herbeux, sablonneux ⚲⚲
      ⚲ 🔲 ⇔ 🖾 ⚶ ⊕ 🖾 – A proximité : ⚓ 🍴 ⚒ ▄▄
      Tarif : (Prix 1999) 🅔 *1 à 3 pers. 110, pers. suppl. 20* – ⒝ *20 (3A)*

46800 Lot 🔟🔢 – 🗆🗆 ⑰ – 160 h. alt. 269.
Paris 604 – Cahors 21 – Castelnau-Montratier 16 – Montaigu-de-Quercy 30 – Montcuq 6 – Tournon-d'Agenais
27.

  ▲▲▲ *Les Arcades* 29 avril-sept.
      𝒫 05 65 22 92 27, Fax 05 65 31 98 89 – E : 4,5 km sur D 653 rte de Cahors, au lieu-dit St-Martial,
      bord de la Barguelonnette « Belle restauration d'un moulin » o━ – **R** conseillée 8 juil.-19 août – ⊖🄱
      ⋌
      12 ha/2,6 campables (80 empl.) plat, herbeux, pierreux, petit étang ▭ ⚲⚲
      ⚲ 🔲 ⇔ 🖾 ⚶ ⊕ ⚶ 🖾 – ⚡ 🍴 ⚒ ▄▄ – ▭ ⚘ ▄▄ ⚆ ⎔
      Tarif : ⚲ *25 piscine comprise* – 🅔 *50* – ⒝ *16 (6A)*
      Location ⚒ *juil.-1er sept. :* ▭▭ *1200 à 3000* – *bungalows toilés*

ST-PANTALÉON-DE-LAPLEAU

19160 Corrèze 🔟 – 🔟 ① – 65 h. alt. 600.
Paris 482 – Égletons 26 – Mauriac 25 – Meymac 42 – Neuvic 13 – Ussel 34.

⚠ *Municipal les Combes* Permanent
  🅿 05 55 27 56 90 – sortie Nord par D 55, rte de Lamazière-Basse – ⚲ ⊶ – **R** conseillée juil.-août
  0,7 ha (30 empl.) peu incliné, herbeux
  🏕 🍳 🛁 🕃 ⊕ – 🍽 ⚡ ✄ – A proximité : ⛲ ♟ ✗
  Tarif : ⚹ 11 – 📖 11 – 🕃 11 (16A)

ST-PARDOUX

87250 H.-Vienne 🔟 – 🔢 ⑦ – 482 h. alt. 370.
Paris 369 – Bellac 24 – Limoges 35 – St-Junien 40 – La Souterraine 30.

⚠ *Le Freaudour* 10 juin-10 sept.
  🅿 05 55 76 57 22 – S : 1,2 km, bord du lac de St-Pardoux, à la Base de Loisirs – ⚲ ≤ « Situation
  agréable » ⊶ – **R** conseillée – 🖪 ♻
  4,5 ha (200 empl.) peu incliné, herbeux ▭ ⚲ (0,5 ha)
  ♿ 🏕 🍳 🕃 🛁 🕃 ⊕ 🔭 ✄ 🍽 – ▯ – 🍽 ⛲ ✄ 🔥 ✄ 🎣 – A proximité : ⊶ ⛱ (plage)
  Tarif : 📖 piscine comprise 2 pers. 109, pers. suppl. 27 – 🕃 16 (6A)
  Location (permanent) : 🚐 1490 à 3190 – 🏠 1190 à 3190

ST-PARDOUX-CORBIER

19210 Corrèze 🔟 – 🔟 ⑧ – 374 h. alt. 404.
Paris 450 – Arnac-Pompadour 8 – Brive-la-Gaillarde 44 – St-Yrieix-la-Perche 27 – Tulle 42 – Uzerche 12.

⚠ *Municipal du Plan d'Eau* avril-oct.
  🅿 05 55 73 69 49 – sortie Est par D 50, rte de Vigeois et chemin à droite, près d'un étang – ⚲
  1 ha (40 empl.) en terrasses, pierreux, gravillons, herbeux ▭ ♻♻
  ♿ 🏕 🍳 🕃 🛁 ⊕ – A proximité : ✄
  Tarif : ⚹ 12 – 📖 9/13 – 🕃 8

ST-PAUL-DE-FENOUILLET

66220 Pyr.-Or. 🔟 – 🔟 ⑧ G. Languedoc Roussillon – 2 214 h. alt. 260.
Paris 850 – Carcassonne 83 – Millas 32 – Mouthoumet 35 – Narbonne 91 – Perpignan 43.

⚠ *Municipal de l'Agly*
  🅿 04 68 59 09 09 – Sud du bourg, par D 619 – ⊶
  1 ha (42 empl.) plat, herbeux ▭
  ♿ 🏕 🍳 🕃 🛁 ⊕

ST-PAUL-DE-VARAX

01240 Ain 🔢 – 🔢 ② G. Vallée du Rhône – 1 081 h. alt. 240.
Paris 438 – Bourg-en-Bresse 16 – Châtillon-sur-Chalaronne 18 – Pont-d'Ain 26 – Villars-les-Dombes 15.

⚠ *Municipal Étang du Moulin* mai-15 sept.
  🅿 04 74 42 53 30 – à la Base de Plein Air, SE : 2 km par D 70B rte de St-Nizier-le-Désert puis 1,5 km
  par rte à gauche, près d'un étang « Superbe piscine géante dans un site agréable » ⊶ – **R** conseillée
  – ♻
  34 ha/4 campables (182 empl.) plat, herbeux, bois attenant ▭ ⚲
  ♿ 🏕 🍳 🕃 🛁 🕃 ⊕ 🔭 🖭 – ▯ – 🍽 ⊶ ✄ 🔥 ✄ 🎣 (5500 m²) toboggan aquatique
  Tarif : (Prix 1999) ⚹ 22,80 piscine comprise – 📖 51,40 avec élect. (5A)
  Location (mars-nov.) : 🏠 1200 à 2470

ST-PAUL-DE-VÉZELIN

42590 Loire 🔟 – 🔟 ⑦ – 308 h. alt. 431.
Paris 422 – Boën 19 – Feurs 29 – Roanne 27 – St-Just-en-Chevalet 29 – Tarare 40.

⚠ *Arpheuilles* mai-6 sept.
  🅿 04 77 63 43 43 – N : 4 km, à Port Piset, près du fleuve (plan d'eau), Croisement peu facile pour
  caravanes – ⚲ ≤ « Belle situation dans les gorges de la Loire » ⊶ – **R** conseillée
  3,5 ha (80 empl.) peu incliné, en terrasses, herbeux ⚲
  ♿ 🏕 🍳 🕃 🛁 ⊕ 🖭 – ▯ – 🍽 ⛲ ✄ 🔥 ✄ – **Tarif** : 📖 piscine comprise 2 pers. 81, pers. suppl. 23 – 🕃 19 (5 ou 6A)

ST-PAUL-EN-BORN

40200 Landes 🔟 – 🔟 ④ ⑭ – 597 h. alt. 12.
Paris 678 – Castets 53 – Mimizan 7 – Mont-de-Marsan 74 – Parentis-en-Born 18.

⚠ *Lou Talucat* avril-sept.
  🅿 05 58 07 44 16, Fax 05 58 04 81 31 – vers sortie Est rte de Pontenx-les-Forges et 1 km par
  chemin à gauche, bord d'un ruisseau – ⚲ ⊶ – **R** conseillée – ♻
  3,6 ha (142 empl.) plat, herbeux, sablonneux ⚲ (1,5 ha)
  🏕 🍳 🕃 🛁 ⊕ 🔭 🖭 – ▯ snack ✄ – ✄ 🔥 ⛱ (petite piscine)
  Tarif : 📖 2 pers. 78 – 🕃 15 (5A) 20 (10A) 25 (15A)
  Location : 🏠 600 à 2200 – 🚐 800 à 3200

ST-PAUL-EN-FORÊT

83440 Var **17** – **84** ⑦ ⑧ – 812 h. alt. 310.
Paris 890 – Cannes 44 – Draguignan 30 – Fayence 10 – Fréjus 24 – Grasse 32.

   ⚠ **Le Parc** avril-oct.
     🏕 04 94 76 15 35, Fax 04 94 84 71 84 – N : 3 km par D 4 rte de Fayence puis chemin à droite –
     🌳 « Cadre agréable » o⊸ – **R** conseillée juil.-août – **GB** ⚡
     3 ha (100 empl.) accidenté et en terrasses, pierreux, herbeux 🌳🌳
     🏛 🔥 ⇌ 🏠 ⚏ ☺ 🖩 – 🍽 snack ⌂ – 🎣 🏊 🚲 ⚒ 🏊
     Tarif : ⚹ 26 piscine et tennis compris – 🅴 33 – [₴] 16 (10A)
     Location : 🏠 1400 à 2300

ST-PAULIEN

43350 H.-Loire **11** – **76** ⑦ – 1 872 h. alt. 795.
🛈 Office de Tourisme 34 av. de Ruéssium 🏕 04 71 00 50 01.
Paris 536 – La Chaise-Dieu 28 – Craponne-sur-Arzon 25 – Le Puy-en-Velay 14 – St-Étienne 89 –
Saugues 44.

   ⚠ **La Rochelambert**
     🏕 04 71 00 44 43, Fax 04 71 00 52 00 – SO : 2,7 km par D 13, rte d'Allègre et D 25 à gauche, rte
     de Loudes, près de la Borne (accès direct), alt. 800 – o⊸
     3 ha (100 empl.) en terrasses, plat, herbeux 🌲
     🔥 🔥 ⇌ 🏠 ⚏ ☺ 🖩 ⚏ – 🍷 snack ⌂ – 🎣 🏊 🚲 ⚒ 🏊 – A proximité : 🏊
     Location : 🏠 – huttes, bungalows toilés

ST-PAUL

04530 Alpes-de-H.-Pr. **17** – **81** ⑧ G. Alpes du Sud – 198 h. alt. 1 470.
Paris 748 – Barcelonnette 23 – Briançon 66 – Guillestre 30.

   ⚠ **Municipal Bel Iscle** 15 juin-15 sept.
     🏕 04 92 84 38 31 – au Nord-Est du bourg, par D 25 et chemin à droite – 🌳 ≤ « Situation agréable,
     au bord de l'Ubaye » o⊸ – **R** conseillée – ⚡
     1 ha (70 empl.) plat, peu accidenté, pierreux, herbeux 🌳🌳
     🔥 🔥 ⇌ 🏠 ⚏ 🖩 – ⚒ – A proximité : 🍷 snack
     Tarif : (Prix 1999) ⚹ 18 – 🚐 17 – 🅴 17 – [₴] 15 (3A) 25 (6A)

ST-PÉE-SUR-NIVELLE

64310 Pyr.-Atl. **13** – **78** ⑫ ⑱ G. Aquitaine – 3 463 h. alt. 30.
🛈 Office de Tourisme pl. de la Poste 🏕 05 59 54 11 69, Fax 05 59 54 17 81.
Paris 791 – Bayonne 21 – Biarritz 17 – Cambo-les-Bains 17 – Pau 131 – St-Jean-de-Luz 14.

   à Ibarron O : 2 km par D 918 rte de St-Jean-de-Luz – ✉ 64310 Ascain :

   ⚠ **Goyetchea** juin-18 sept.
     🏕 05 59 54 19 59 – N : 0,8 km par D 855, rte d'Ahetze et à droite – 🌳 ≤ « Cadre agréable » o⊸
     – **R** conseillée juil.-août – ⚡
     3 ha (140 empl.) plat et peu incliné, herbeux 🌳🌳
     🔥 🔥 ⇌ 🏠 ⚏ ☺ 🖩 – ⌂ – 🎣 🏊 🚲
     Tarif : 🅴 piscine comprise 2 pers. 100, pers. suppl. 22 – [₴] 20 (6A)
     Location (mai-fin sept.) - ⚒ : 🏠 1500 à 3100

ST-PÈRE

35430 I.-et-V. **4** – **59** ⑥ – 1 516 h. alt. 50.
Paris 409 – Cancale 15 – Dinard 16 – Dol-de-Bretagne 17 – Rennes 63 – St-Malo 15.

   ⚠ **Bel Évent** mars-nov.
     🏕 02 99 58 83 79, Fax 02 99 58 82 24 – SE : 1,5 km par D 74 rte de Châteauneuf et chemin à droite
     – o⊸ – **R** indispensable juil.-août – **GB** ⚡
     2,5 ha (96 empl.) plat, herbeux
     🏛 🔥 🔥 ⇌ 🏠 ⚏ 🌳 ☺ 🖩 – 🍷 – 🎣 🏊 🚲 ⚒ 🏊
     Tarif : 🅴 piscine comprise 2 pers. 80 – [₴] 20 (10A)
     Location ⚒ : 🏠 1300 à 2800

ST-PÈRE-EN-RETZ

44320 Loire-Atl. **9** – **67** ① ② – 3 250 h. alt. 14.
Paris 432 – Challans 54 – Nantes 45 – Pornic 13 – St-Nazaire 25.

   ⚠ **Le Grand Fay** mai-15 sept.
     🏕 02 40 21 77 57 – sortie Est par D 78 rte de Frossay puis 0,5 km par rue à droite, près du parc
     des sports – o⊸ juil.-août – **R** conseillée août – ⚡
     1,2 ha (91 empl.) plat et peu incliné, herbeux
     🔥 ⇌ 🏠 ⚏ ☺ 🖩 – 🏊 🏊 (petite piscine) – A proximité : ⚒
     Tarif : 🅴 tennis compris 2 pers. 66, pers. suppl. 18 – [₴] 16 (6A)

ST-PÈRE-SUR-LOIRE

45600 Loiret **6** – **65** ① – 1 043 h. alt. 115.
Paris 138 – Aubigny-sur-Nère 37 – Châteauneuf-sur-Loire 41 – Gien 26 – Montargis 40 – Orléans 48 – Sully-sur-Loire 1.

⚠ Caravaning St-Père avril-oct.
℘ 02 38 36 35 94 – à l'Ouest du bourg, sur D 60 rte de Châteauneuf-sur-Loire, près du fleuve –
⊶ – **R** conseillée juil.-août – ⚒
2,7 ha (80 empl.) plat, herbeux, pierreux, gravier
▥ ⅗ ⌺ ⇄ ⊟ ⚖ ⊝ ⚄ ↯ – ▢ ⚏ ✦ – A proximité : parcours de santé ※ ⚓
Tarif : ⚹ *14,40* – ⟐ *6,70* – ▣ *13,80* – ⑂ *9 (3A) 16,90 (6A) 21,30 (10A)*
Location : ▦ *1500 à 1800*

Ⓜ *Campingplatz mit Ausstattung moderner Sanitärer.*

ST-PÉREUSE

58110 Nièvre **11** – **69** ⑥ – 260 h. alt. 355.
Paris 296 – Autun 54 – Château-Chinon 14 – Clamecy 57 – Nevers 55.

⚠ Manoir de Bezolle 15 avril-sept.
℘ 03 86 84 42 55, Fax 03 86 84 43 77 – SE : sur D 11, à 300 m de la D 978 rte de Château-Chinon
– ⚘ ≼ « Parc » ⊶ – **R** indispensable juil.-août – ⚒
8 ha/5 campables (140 empl.) en terrasses, plat, peu incliné, herbeux, petits étangs ⚏⚏ (2 ha)
▥ ⅗ ⌺ ⇄ ⊟ ⚖ ⊝ ⚄ ↯ ▢ – ⚏ ⚏ ✗ ⌂ – ⚓ ⛲
Tarif : ▣ *piscine comprise 2 pers. 120, pers. suppl. 30* – ⑂ *25 (6A) et 12 pour 4 ampères supplémentaires*
Location *(15 avril-oct.)* ▦ *1200 à 2500*

ST-PHILIBERT

56470 Morbihan **3** – **63** ⑫ – 1 187 h. alt. 15.
Paris 488 – Auray 11 – Locmariaquer 7 – Quiberon 27 – La Trinité-sur-Mer 6.

Schéma à Carnac

⚠ Au Vieux Logis 14 avril-sept.
℘ 02 97 55 01 17, Fax 02 97 30 03 91 – O : 2 km, à 500 m de la Rivière de Crach (mer) « Ancienne ferme restaurée et fleurie » ⊶ – **R** conseillée juil.-août – ⚐ ⚒
2 ha (92 empl.) plat et peu incliné, herbeux ⚊
⅗ ⌺ ⇄ ⊟ ⚖ ⊝ ⚄ ▢ – crêperie – ✦ – A proximité : ※
Tarif : ⚹ *24* – ▣ *42* – ⑂ *15 (6A) 20 (10A)*
Location : ▦ *1200 à 3000* – ⊨

⚠ Municipal Ker-Arno avril-sept.
℘ 02 97 55 08 90 ⊷ S : 0,5 km – ⊶ juil.-août – **R** – ⚒
3 ha (206 empl.) plat, herbeux ▭
⅗ ⌺ ⇄ ⊟ ⚖ ⊝ ⚄ ▢ – ✦ – A proximité : ⚌
Tarif : (Prix 1999) ⚹ *18* – ▣ *15* – ⑂ *15*

⚠ Le Chat Noir mai-20 sept.
℘ 02 97 55 04 90 – N : 1 km « Entrée fleurie » ⊶ – **R** conseillée juil.-août – ⚐ ⚒
1,7 ha (98 empl.) plat et peu incliné, herbeux ▭ ⚏⚏
⌺ ⇄ ⊟ ⚄ ⊝ ▢ – ⚏ ✦ ⚓ – ⚌
Tarif : ⚹ *25 piscine comprise* – ▣ *43* – ⑂ *15 (6 ou 10A)*
Location : ⊕ *800 à 2000* – ▦ *1000 à 3100*

ST-PIERRE

67140 B.-Rhin **8** – **62** ⑨ – 460 h. alt. 179.
Paris 497 – Barr 3 – Erstein 19 – Obernai 12 – Sélestat 15 – Strasbourg 42.

⚠ Municipal Beau Séjour 13 mai-2 oct.
℘ 03 88 08 52 24 – au bourg, derrière l'église, bord du Muttlbach – **R** – ⚒
0,6 ha (47 empl.) plat, herbeux
⌺ ⇄ ⊟ ⊝ – ※
Tarif : ▣ *tennis compris 1 pers. 40, 2 pers. 58* – ⑂ *15 (6A)*

ST-PIERRE-D'ALBIGNY

73250 Savoie **12** – **74** ⑯ – 3 151 h. alt. 410.
🅱 Office de Tourisme ℘ 04 79 71 44 07, Mairie ℘ 04 79 28 50 23, Fax 04 79 71 44 55.
Paris 592 – Aix-les-Bains 46 – Albertville 27 – Annecy 52 – Chambéry 30 – Montmélian 13.

⚠ Le Carouge juin-15 sept.
℘ 04 79 28 58 16 – S : 2,8 km par D 911 et chemin à gauche, à 300 m de la N 6 – ≼ « Au bord du lac » ⊶ – **R** – ⚒
1,6 ha (80 empl.) plat, herbeux ▭
⅗ ⌺ ⇄ ⊟ ⊝ ▢ – A proximité : ⚌
Tarif : ▣ *2 pers. 76, pers. suppl. 24* – ⑂ *16 (6A)*

ST-PIERRE-DE-CHARTREUSE

38380 Isère 🅸🅸 – 🅷🅷 ⑤ G. Alpes du Nord – 650 h. alt. 885 – Sports d'hiver : 900/1 800 m ⚡1 ≤12 ⚡.

🅱 Office de Tourisme pl. de la Mairie ℘ 04 76 88 62 08, Fax 04 76 88 68 78.
Paris 573 – Belley 63 – Chambéry 39 – Grenoble 27 – La Tour-du-Pin 53 – Voiron 25.

⚠ **De Martinière** fermé du 2 au 14 mai et du 21 sept. au 31 oct.
℘ 04 76 88 60 36, Fax 04 76 88 69 10 – SO : 3 km par D 512, rte de Grenoble – ⚙ ≤ « Site agréable au cœur de la Chartreuse » ⊶ – **R** conseillée juil.-août – 🅶🅱 ⚡
1,5 ha (100 empl.) non clos, plat et peu incliné, herbeux
▥ 🕅 🕭 🖫 🛏 ⊛ 🖻 – 🚗 🛶 ⅃ – A proximité : ✗
Tarif : 🅴 piscine comprise 2 pers. 77, pers. suppl. 23,50 – ⚡ 13 (2A) 17 (3A) 25,50 (6A)

ST-PIERRE-DE-MAILLÉ

86260 Vienne 🅸🅾 – 🅶🅸 ⑮ – 959 h. alt. 79.
Paris 336 – Le Blanc 22 – Châtellerault 31 – Chauvigny 22 – Poitiers 46 – St-Savin 17.

⚠ **Municipal** 15 avril-15 oct.
℘ 05 49 48 64 11 – sortie Nord-Ouest par D 11 rte de Vicq, bord de la Gartempe – ⊶ – **R**
3 ha (93 empl.) plat et peu incliné, herbeux 🌳🌳
🕅 🕭 🖫 🛏 ⊛ 🗻 – 🛶
Tarif : (Prix 1999) 🚶 11 – 🅴 15 – ⚡ 10

The Guide changes, so renew your Guide every year.

ST-PIERRE-DE-TRIVISY

81330 Tarn 🅸🅶 – 🅸🅸 ② – 668 h. alt. 650.
Paris 739 – Albi 38 – Castres 38 – Montredon-Labessonnié 17 – St-Sernin-sur-Rance 36 – Vabre 13.

⚠ **Municipal la Forêt** 15 juin-15 sept.
℘ 05 63 50 48 69 – au bourg – 🌲 – **R** conseillée 15 juil.-15 août – ⚡
1 ha (48 empl.) non clos, peu incliné, en terrasses, herbeux 🗂 🌼
🕭 🕅 🕭 🖫 🛏 ⊛ 🖻 – 🚗 🛶 🚲 🎣 ⅃ toboggan aquatique parcours de santé – A proximité : ✗
Tarif : 🅴 2 pers. 60 (80 avec élect.)
Location (permanent) : 🏠1540 à 3040 – bungalows toilés

ST-PIERRE-D'OLÉRON

17 Char.-Mar. – 🅷🅸 ⑬ – voir à Oléron (Ile d').

ST-PIERRE-DU-VAUVRAY

27430 Eure 🅸 – 🅶🅶 ⑰ G. Normandie Vallée de la Seine – 1 113 h. alt. 20.
Paris 102 – Les Andelys 17 – Bernay 57 – Lisieux 81 – Mantes-la-Jolie 50 – Rouen 33.

⚠⚠ **Le Saint-Pierre** Permanent
℘ 02 32 61 01 55 – au Sud-Est de la localité par rue du Château, à 50 m de la Seine « Dans le parc d'un château » ⊶ – **R** conseillée – ⚡
3 ha (54 empl.) plat, herbeux 🗂
▥ 🕭 🕅 🕭 🖫 🕭 🛏 ⊛ 🖻 – 🚗
Tarif : 🚶 18 – 🅴 32 – ⚡ 14 (5 ou 10A)

ST-PIERRE-LAFEUILLE

46090 Lot 🅸🅸 – 🅷🅾 ⑧ – 217 h. alt. 350.
Paris 572 – Cahors 10 – Catus 14 – Labastide-Murat 24 – St-Cirq-Lapopie 35.

⚠⚠⚠ **Quercy-Vacances** mai-sept.
℘ 05 65 36 87 15 – NE : 1,5 km par N 20, rte de Brive et chemin à gauche – 🌲 ⊶ – **R** – 🅶🅱 ⚡
3 ha (80 empl.) peu incliné et plat, herbeux
🕭 🕅 🕭 🖫 🛏 ⊛ 🖻 – 🍴 ✗ 🛒 – 🚗 🌼 ⅃
Tarif : 🅴 piscine comprise 2 pers. 95, pers. suppl. 26 – ⚡ 18 (6A) 25 (10A)

⚠ **Les Graves** avril-15 oct.
℘ 05 65 36 83 12 – sortie Nord-Est par N 20, rte de Brive – ≤ ⊶ – **R** conseillée juil.-août – ⚡
1 ha (20 empl.) peu incliné à incliné, herbeux
🕭 🕅 🕭 🖫 🛏 ⊛ 🖻 – 🚗 ⅃
Tarif : 🚶 22,50 piscine comprise – 🅴 30 – ⚡ 10 (3A) 18 (6A) 25 (10A)

ST-PIERRE-QUIBERON

56 Morbihan – 🅶🅸 ⑪ ⑫ – voir à Quiberon (Presqu'île de).

ST-POINT-LAC

25160 Doubs 🔟 – 🔟 ⑥ G. Jura – 134 h. alt. 860.
Paris 454 – Champagnole 39 – Pontarlier 13 – St-Laurent-en-Grandvaux 45 – Salins-les-Bains 47 – Yverdon-les-Bains 44.

  ▲ **Municipal** mai-sept.
    𝒫 03 81 69 61 64 – au bourg – ≤ « Près du lac de St-Point » ⊶ – **R** conseillée saison – **GB** ᴣ
    1 ha (84 empl.) plat, herbeux, gravillons
    🏧 🗂 ⇆ 🗓 🛀 ⊛ 🖭 – 🛖 🚤 – A proximité : ≃
    Tarif : 🗉 1 ou 2 pers. 55 (80 avec élect. 10A), pers. suppl. 15

ST-POL-DE-LÉON

29250 Finistère 🔟 – 🔟 ⑥ G. Bretagne – 7 261 h. alt. 60.
🅱 Office de Tourisme (fermé dim. après-midi en saison) pl. de l'Évêché 𝒫 02 98 69 05 69, Fax 02 98 69 01 20.
Paris 557 – Brest 61 – Brignogan-Plages 30 – Morlaix 20 – Roscoff 5.

  ▲▲▲ **Ar Kleguer** avril-sept.
    𝒫 02 98 69 18 81, Fax 02 98 29 12 84 – à l'Est de la ville, rte de Ste-Anne, près de la plage – ≤
    ⊶ juil.-août – **R** conseillée juil.-août – **GB** ᴣ
    3 ha (110 empl.) plat, peu incliné, accidenté, herbeux, rochers 🖵
    க் 🗂 🗓 🛁 🗙 ⊛ 🖭 🖲 – 🍽 – 🛒 🛀 🔏 toboggan aquatique – A proximité : terrain omnisports
    couvert 🏌
    Tarif : 🜋 25 piscine comprise – 🚗 10 – 🗉 36 – 🗲 18 (5A)
    Location : 🛏 1650 à 3000 – 🏠 1500 à 3000

  ▲▲ **Le Trologot** 15 mai-sept.
    𝒫 02 98 69 06 26, Fax 02 98 29 18 30 – à l'Est de la ville, rte de l'îlot St-Anne, près de la plage –
    Ⓜ ⊶ – **R** conseillée août – **GB** ᴣ
    2 ha (100 empl.) plat, herbeux 🖵
    க் 🗂 ⇆ 🗓 🛁 🛀 ⊛ 🖭 – 🍽 – 🚤
    Tarif : 🜋 21 – 🚗 9 – 🗉 23 – 🗲 15 (6A)
    Location (avril-sept.) : 🛏 1300 à 2500

ST-PONS-DE-THOMIÈRES

34220 Hérault 🔟 – 🔟 ⑬ G. Languedoc Roussillon – 2 566 h. alt. 301.
Paris 757 – Béziers 53 – Carcassonne 64 – Castres 54 – Lodève 73 – Narbonne 52.

  ▲ **Aire Naturelle la Borio de Roque** mai-sept.
    𝒫 04 67 97 10 97, Fax 04 67 97 21 61 – NO : 3,9 km par D 907, rte de la Salvetat-sur-Agout, puis
    à droite, 1,2 km par chemin empierré, bord d'un ruisseau – 🐾 ≤ « Dans un site agréable » –
    R conseillée juil.-août – ᴣ
    100 ha/2,5 campables (25 empl.) en terrasses, herbeux 🖵 🏌
    க் 🗂 ⇆ 🗓 🛁 ⊛ – 🛒 🚤 🔏
    Tarif : 🜋 18 piscine comprise – 🚗 10 – 🗉 35 – 🗲 12
    Location (permanent) : gîtes

ST-POURÇAIN-SUR-SIOULE

03500 Allier 🔟 – 🔟 ⑭ G. Auvergne – 5 159 h. alt. 234.
🅱 Office de Tourisme pl. Mar. Foch 𝒫 04 70 45 32 73, Fax 04 70 45 60 27.
Paris 330 – Montluçon 64 – Moulins 32 – Riom 61 – Roanne 80 – Vichy 29.

  ▲ **Municipal de l'Ile de la Ronde** juin-15 sept.
    𝒫 04 70 45 45 43 – quai de la Ronde, bord de la Sioule « Cadre agréable » ⊶ 🏌 – **R** conseillée
    juil.-août – ᴣ
    1,5 ha (50 empl.) plat, herbeux 🖵 🏌
    🗂 ⇆ 🗓 🛁 ⊛ 🖳 🖲 – 🚤
    Tarif : (Prix 1999) 🜋 9 – 🚗 7,50 – 🗉 11,50 – 🗲 13,50

ST-PRIEST-DES-CHAMPS

63640 P.-de-D. 🔟 – 🔟 ③ – 662 h. alt. 650.
Paris 380 – Clermont-Ferrand 48 – Pionsat 19 – Pontgibaud 32 – Riom 45 – St-Gervais-d'Auvergne 9.

  ▲ **Municipal** 15 juin-15 sept.
    au bourg, face à la mairie – **R** – ᴣ
    0,2 ha (12 empl.) plat, peu incliné, herbeux
    🗓 ⇆ 🛁 ⊛
    Tarif : 🜋 6,40 – 🗉 7,80 – 🗲 8,60 (5A)

Avant de vous installer, consultez les tarifs en cours,
affichés obligatoirement à l'entrée du terrain,
et renseignez-vous sur les conditions particulières de séjour.

Les indications portées dans le guide ont pu être modifiées depuis la mise à jour.

ST-PRIM

38370 Isère 🔟🔟 – 🔟🔟 ⑪ – 733 h. alt. 235.
Paris 506 – Annonay 34 – Givors 29 – Grenoble 93 – Rive-de-Gier 27 – Valence 66 – Vienne 16.

 ▲▲ **Le Bois des Sources** avril-sept.
   🅿 04 74 84 95 11 – SE : 2,5 km par D 37 rte d'Auberives et chemin à droite, Accès conseillé par
   N 7 et D 37 – Places limitées pour le passage 🅢 « Cadre boisé au bord de la Varèze » ⛟ –
   R conseillée – 🅶🅱 ⚘
   4,5 ha (80 empl.) plat, herbeux, pierreux ⬜ 🔲🔲
   🔲 ⚘ 🔲 🔲 ⊕ 🔲 – pizzeria, snack – 🔲 🔲 🔲
   Tarif : 🔲 élect. (3A) et piscine comprises 2 pers. 86, pers. suppl. 16 – 🔲 18 (6A)

ST-PRIVAT

07 Ardèche – 🔟🔟 ⑲ – rattaché à Aubenas.

  Ⓜ *Ce signe distingue certains terrains*
   d'équipement sanitaire moderne.

ST-PRIVAT-D'ALLIER

43580 H.-Loire 🔟🔟 – 🔟🔟 ⑯ – 430 h. alt. 875.
Paris 538 – Brioude 53 – Cayres 18 – Langogne 51 – Le Puy-en-Velay 23 – St-Chély-d'Apcher 64.

 ▲ **Municipal le Marchat** mai-15 oct.
   au Nord du bourg – 🅢 ⇐ – **R** – ⚘
   0,5 ha (19 empl.) peu incliné et en terrasses, herbeux, pierreux ⬜
   🔲 🔲 ⚘ 🔲 ⊕ 🔲 – A proximité : 🔲
   Tarif : 🔲 15 – 🔲 2,50 – 🔲 5 – 🔲 7,50 (10A)

ST-QUENTIN-EN-TOURMONT

80120 Somme 🔟 – 🔟🔟 ⑪ – 309 h.
Paris 219 – Abbeville 29 – Amiens 83 – Berck-sur-Mer 24 – Le Crotoy 9 – Hesdin 40.

 ▲▲ **Les Crocs** avril-1ᵉʳ nov.
   🅿 03 22 25 73 33 – S : 1 km par D 204, rte de Rue et à droite – Places limitées pour le passage
   « A proximité d'un parc ornithologique » ⛟ – **R** – ⚘
   1,4 ha (100 empl.) plat, herbeux ⬜
   🔲 🔲 ⚘ 🔲 🔲 ⊕ 🔲 – 🔲 🔲
   Tarif : 🔲 15 – 🔲 6 – 🔲 10/14 – 🔲 15 (4A)
   Location : 🔲 1250 à 1400

ST-RAPHAËL

83700 Var 🔟🔟 – 🔟🔟 ⑧ **G. Côte d'Azur** – 26 616 h. alt. 6.
🅱 Office de Tourisme r. W.-Rousseau 🅿 04 94 19 52 52, Fax 04 94 83 85 40.
Paris 875 – Aix-en-Provence 121 – Cannes 41 – Fréjus 4 – Toulon 96.

         Schéma à Fréjus

 ▲▲▲ **Douce Quiétude** mars-oct.
   🅿 04 94 44 30 00, Fax 04 94 44 30 30 – réservé aux caravanes, sortie Nord-Est vers Valescure puis
   3 km par bd Jacques-Baudino – 🅢 « Centre de remise en forme » ⛟ – **R** conseillée – 🅶🅱 ⚘
   10 ha (400 empl.) plat, peu incliné, en terrasses, herbeux, pierreux ⬜ 🔲🔲
   🔲 🔲 ⚘ 🔲 ⊕ ⚘ 🔲 🔲 – 🔲 🔲 🔲 pizzeria, crêperie 🔲 – 🔲 🔲 🔲 🔲, discothèque 🔲 🔲
   🔲 🔲 🔲 🔲 toboggan aquatique salle de musculation
   Tarif : 🔲 élect. (6A) et piscine comprises 3 pers. 230
   Location : 🔲 2000 à 5400

ST-REMÈZE

07 Ardèche – 🔟🔟 ⑨ – voir à Ardèche (Gorges de l').

ST-RÉMY

24700 Dordogne 🔟 – 🔟🔟 ⑬ – 358 h. alt. 80.
Paris 546 – Bergerac 33 – Libourne 48 – Montpon-Ménestérol 10 – Ste-Foy-la-Grande 17.

 ▲▲▲ **La Tuilière** 15 avril-15 sept.
   🅿 05 53 82 47 29 – NO : 2,7 km par D 708, rte de Montpon-Ménesterol, bord d'un étang – ⛟ saison
   – **R** conseillée juil.-août – 🅶🅱 ⚘
   8 ha (66 empl.) peu incliné, plat, herbeux 🔲🔲
   🔲 🔲 ⚘ 🔲 ⊕ 🔲 – 🔲 🔲 🔲 – 🔲 🔲 🔲 🔲 🔲 🔲 🔲
   Tarif : 🔲 20 piscine et tennis compris – 🔲 26 – 🔲 12,50 (3A) 15 (5A) 20 (10A)
   Location : 🔲 1120 à 1600 – 🔲 1750 à 2500

13210 B.-du-R. 🔟🔂 – 🎱🔟 ⑫ G. Provence – 9 340 h. alt. 59.
🔼 Office de Tourisme pl. J.-Jaurès 𝒫 04 90 92 05 22, Fax 04 90 92 38 52.
Paris 705 – Arles 26 – Avignon 20 – Marseille 90 – Nîmes 43 – Salon-de-Provence 38.

⚠ *Municipal Mas de Nicolas* 15 mars-14 oct.
𝒫 04 90 92 27 05, Fax 04 90 92 36 83 – sortie Nord rte d'Avignon puis 1 km par D 99
(déviation) rte de Cavaillon, à droite et rue Théodore Aubanel à gauche – ⛰ ≤ ⚿ – **R** conseillée
été – 🆖
4 ha (140 empl.) plat, peu incliné, herbeux, pierreux 🔲 ♀
🔆 🔥 🕸 🗂 🚿 ⊕ 🌊 ▽ 🔲 – 🔲 🔗 ⛲ – A proximité : 🎿
Tarif : 🔲 *piscine comprise 2 pers. 90 –* 🔋 *19 (6A)*

⚠ *Monplaisir* mars-5 nov.
𝒫 04 90 92 22 70, Fax 04 90 92 18 57 – NO : 0,8 km par D 5 rte de Maillane et chemin
à gauche – ⛰ « Agréable cadre fleuri autour d'un mas provençal » ⚿ – **R** conseillée –
🆖 🚗
2,8 ha (130 empl.) plat, herbeux, pierreux 🔲 ♀♀ (1,3 ha)
🔆 🔥 🕸 🗂 🌊 ⊕ 🔆 🔲 – 🔲 – 🔲 🔗 ⛲ – A proximité : 🍴
Tarif : 🔲 *piscine comprise 2 pers. 80 –* 🔋 *15 (6A)*

⚠ *Pégomas* mars-oct.
𝒫 04 90 92 01 21, Fax 04 90 92 56 17 – sortie Est par D 99^A rte de Cavaillon et à gauche,
à l'intersection du chemin de Pégomas et av. Jean-Moulin (vers D 30, rte de Noves) – ⚿ –
R – 🚗
2 ha (105 empl.) plat, herbeux 🔲 ♀
🔆 🔥 🕸 🗂 🌊 🚿 ⊕ 🔆 🔲 – 🍷 cases réfrigérées – 🔲 – A proximité : 🍴
Tarif : ⭐ *28 piscine comprise –* 🔲 *32 –* 🔋 *17 (5A)*
Location 🔗 : 🔲 *2200 à 2800*

28380 E.-et-L. 🔂 – 🎱🔟 ⑦ – 3 568 h. alt. 98.
Paris 91 – Dreux 12 – Évreux 33 – Verneuil-sur-Avre 26.

⚠ *Municipal du Pré de l'Église* avril-sept.
𝒫 02 37 48 93 87 – au bourg « Au bord de l'Avre » ⚿ – **R** conseillée
0,7 ha (45 empl.) plat, herbeux 🔲
🔆 🔥 🕸 🗂 🌊 ⊕ – 🔲 🔗 ⛲ – A proximité : 🍴
Tarif : (Prix 1999) ⭐ *14 –* 🔲 *19 –* 🔋 *14 (6A)*

63550 P.-de-D. **11** – **73** ⑥ G. Auvergne – 2 033 h. alt. 620.
Paris 402 – Chabreloche 13 – Clermont-Ferrand 50 – Thiers 7.

▲▲ *Municipal les Chanterelles* mai-sept.
    & 04 73 94 31 71 – NE : 3 km par D 201 et chemin à droite, à proximité d'un plan d'eau, par A 72,
sortie 3 – ≤ « Situation agréable » ⊶ – **R** conseillée – ⋌ᵥ
5 ha (150 empl.) incliné et en terrasses, herbeux ⚲
🔥 ▥ ⇔ 🖪 🗊 ⊕ 🖭 🖬 – 🖾 🚣 – A proximité : au plan d'eau : 🏖 🛉 ✕ squash 🎾 🖾 ♣ₘ 🏊
🏊 toboggan aquatique
Tarif : (Prix 1999) 🛉 *15* – 🚗 *7,50* – 🅴 *7,50/9,50* – 🗐 *17*

29290 Finistère **3** – **58** ③ – 6 576 h. alt. 50.
🄸 Office de Tourisme 22 r. Saint-Yves *&* 02 98 84 23 78, Fax 02 98 84 23 78.
Paris 604 – Brest 13 – Brignogan-Plages 42 – Ploudalmézeau 14.

▲ *Municipal de Lokournan* juin-15 sept.
    & 02 98 84 37 67 – sortie Nord-Ouest par D 27 et chemin à droite, près du stade – ⅋ « Près d'un
petit lac » ⊶ – **R** – ⋌ᵥ
0,8 ha (30 empl.) plat, sablonneux, herbeux ⚲ ⚲⚲
🔥 ▥ ☍ ⊕ – A proximité : 🖾
Tarif : 🛉 *13,70* – 🅴 *10,70* – 🗐 *14,90*

85220 Vendée **9** – **67** ⑫ – 812 h. alt. 19.
Paris 461 – Aizenay 20 – Challans 20 – La Roche-sur-Yon 38 – Les Sables-d'Olonne 28 – St-Gilles-Croix-
de-Vie 10.

▲ *Municipal du Pont Rouge* juil.-août
    & 02 51 54 68 50 – sortie Sud-Ouest par D 94 et chemin à droite, bord d'un ruisseau –
⅋ – **R**
2,2 ha (25 empl.) plat et peu incliné, herbeux ⚲
🔥 ▥ ⇔ 🖪 ☍ ⊕ ⛱ – 🖾 🏊
Tarif : (Prix 1999) 🅴 *élect. (10A) et piscine comprises 3 pers. 90, pers. suppl. 20*

17600 Char.-Mar. **9** – **71** ⑮ G. Poitou Vendée Charentes – 1 244 h. alt. 34.
Paris 487 – Bordeaux 132 – Marennes 28 – Rochefort 37 – La Rochelle 75 – Royan 18 – Saintes 18.

▲ *Aire Naturelle les Baslilles* fin juin-sept.
    & 05 46 02 01 09 – au bourg, près de l'église – ⅋ ⊶ – **R**
1 ha (17 empl.) peu incliné et plat, herbeux
▥ ⇔ ☍ ⊕
Tarif : 🅴 *3 pers. 60, pers. suppl. 10* – 🗐 *15 (10A)*

12490 Aveyron **15** – **80** ⑬ – 676 h. alt. 360.
Paris 663 – Millau 19 – Pont-de-Salars 41 – Rodez 66 – St-Affrique 15 – St-Beauzély 20.

▲▲ *La Cascade* avril-sept.
    & 05 65 62 58 59, Fax 05 65 62 58 62 – N : 0,3 km par D 993, rte de Rodez, bord du Tarn – ⅋
≤ ⊶ – **R** conseillée – ⋌ᵥ
4 ha (80 empl.) en terrasses, peu incliné, herbeux ⚲ ⚲⚲ (1 ha)
🔥 ▥ ⇔ 🖪 ☍ ⊕ ⛱ ⛨ 🗊 – 🏖 🗜 – 🖾 salle d'animation 🚣 🚲 🖾 – 🏊 🏊
Tarif : 🅴 *piscine et tennis compris 2 pers. 99/119 avec élect. (6A), pers. suppl. 29*
Location : 🏠 *600 à 2100* – 🏚 *1200 à 3300* – *bungalows toilés*

19700 Corrèze **10** – **75** ⑨ – 292 h. alt. 460.
Paris 471 – Aubusson 90 – Brive-la-Gaillarde 40 – Limoges 79 – Tulle 19 – Uzerche 23.

▲ *Municipal*
    S : 0,7 km par D 173E, rte de Vimbelle et chemin à droite, bord d'un plan d'eau – ⅋
0,6 ha (25 empl.) plat et terrasse, herbeux
🔥 ▥ ⇔ ☍ ⊕ – 🏊

22 C.-d'Armor – **59** ⑤ ⑥ – rattaché à Dinan.

ST-SARDOS

82600 T.-et-G. **14** – **82** ⑦ – 563 h. alt. 148.
Paris 673 – Beaumont-de-Lomagne 13 – Castelsarrasin 20 – Grisolles 21 – Montauban 25 – Verdun-sur-Garonne 12.

⚠ **Municipal la Tonere** juil.-3 sept.
         𝒫 05 63 02 63 78 – sortie Nord-Est par D 55ter, rte de Bourret, à 100 m du lac de Boulet et de la Base de Loisirs (accès direct) – 🏊 ⚡ – **R** – 🍴
         2 ha (65 empl.) en terrasses, plat, pierreux, herbeux 🗔 ♀
         🔥 🏠 ❄ 🖃 🛁 ☺ 🖼 – A proximité : toboggans aquatiques, snack 🍴 🔥 🛝 ⛵ 🏊
         Tarif : 🛉 15 – 🖼 20 – 🔌 10 (3A) 15 (6A)

ST-SATUR

18300 Cher **6** – **65** ⑫ G. Berry Limousin – 1 805 h. alt. 155.
Paris 202 – Aubigny-sur-Nère 43 – Bourges 50 – Cosne-sur-Loire 12 – Gien 58 – Sancerre 4.

⚠ **S.I. René Foltzer** 15 avril-sept.
         𝒫 02 48 54 04 67 – à St-Thibault, E : 1 km par D 2, près de la Loire (accès direct) – ⚡ 🍴 –
         R – 🍴
         1 ha (85 empl.) plat, herbeux 🗔
         🔥 🏠 ❄ 🖃 🛁 ☺ 🌲 🛒 🖼 – 🍴 🍴 – A proximité : golf 🎱 🔥 🏊
         Tarif : 🛉 12 – 🖼 23 – 🔌 16 (10A)
         Location : 🏚 450

ST-SAUD-LACOUSSIÈRE

24470 Dordogne **10** – **72** ⑯ – 951 h. alt. 370.
Paris 447 – Brive-la-Gaillarde 101 – Châlus 23 – Limoges 55 – Nontron 15 – Périgueux 58.

⚠ **Château Le Verdoyer** mai-sept.
         𝒫 05 53 56 94 64, Fax 05 53 56 38 70 ✉ 24470 Champs-Romain – NO : 2,5 km par D 79, rte de
         Nontron et D 96, rte d'Abjat-sur-Bandiat, près d'étangs – 🏊 ≤ « Cadre et site agréables » ⚡ –
         R conseillée 10 juil.-20 août – ⊖B 🍴
         15 ha/5 campables (150 empl.) peu incliné et en terrasses, herbeux, pierreux 🗔 ♀♀
         🔥 🏠 ❄ 🖃 🛁 ☺ 🌲 🛒 🖼 – 🏊 🍴 🍴 ✗ (dîner seulement) 🏄 cases réfrigérées – 🍴 🛝 🚴 🍴
         🔥 🖼 (découverte l'été) 🏊 – A proximité : 🔥
         Tarif : 🛉 40 piscine comprise – 🖼 53 – 🔌 17 (5A)
         Location 🍴 🏚 1600 à 2700 – 🛏

ST-SAUVEUR-DE-CRUZIÈRES

07460 Ardèche **16** – **80** ⑧ – 441 h. alt. 150.
Paris 678 – Alès 29 – Barjac 9 – Privas 79 – St-Ambroix 9 – Vallon-Pont-d'Arc 22.

⚠ **La Claysse** Pâques-fin sept.
         𝒫 04 75 39 30 61 – au Nord-Ouest du bourg, bord de la rivière – ⚡ – **R** indispensable juil.-août
         – 🍴
         5 ha/1 campable (60 empl.) plat et terrasses, herbeux ♀
         🏠 🖃 🌲 ☺ 🖼 – 🍴 🏊 🍴
         Tarif : 🖼 piscine comprise 2 pers. 67 – 🔌 15 (6A)
         Location : 🏚 1400 à 2200

ST-SAUVEUR-DE-MONTAGUT

07190 Ardèche **16** – **76** ⑲ – 1 396 h. alt. 218.
Paris 601 – Le Cheylard 24 – Lamastre 34 – Privas 24 – Valence 38.

⚠ **L'Ardéchois** 22 avril-24 sept.
         𝒫 04 75 66 61 87, Fax 04 75 66 63 67 – O : 8,5 km par D102, rte d'Albon – 🏊 ≤ « Au bord de
         la Glueyre » 🚿 – **R** conseillée juil.-août – ⊖B 🍴
         37 ha/5 campables (107 empl.) en terrasses, herbeux ♀♀
         🔥 🏠 ❄ 🖃 🛁 🛁 ☺ 🖼 – 🍴 ✗ 🏄 – 🍴 🛝 🚴 ☯ 🏊 🍴 mur d'escalade
         Tarif : 🖼 piscine comprise 2 pers. 116, pers. suppl. 20 – 🔌 20 (6A et plus)
         Location : 🏚 1500 à 3500 – 🏚 1800 à 3500

ST-SAUVEUR-EN-RUE

42220 Loire **11** – **76** ⑨ – 1 053 h. alt. 780.
Paris 544 – Annonay 22 – Condrieu 40 – Montfaucon-en-Velay 24 – St-Étienne 27 – Vienne 52.

⚠ **Municipal des Régnières** avril-sept.
         𝒫 04 77 39 24 71 – SO : 0,8 km par D 503 rte de Monfaucon, près de la Deôme – Places limitées
         pour le passage ≤ – **R** – 🍴
         1 ha (40 empl.) en terrasses, plat, herbeux, pierreux 🗔
         🏠 🛁 ☺ 🌲 🛒 🖼 – 🍴 🏊 (bassin) – A proximité : 🔥
         Tarif : 🛉 16 – 🚐 11 – 🖼 16/19 avec élect.

ST-SAUVEUR-LE-VICOMTE

50390 Manche 4 – 54 ② G. Normandie Cotentin – 2 257 h. alt. 30.
Paris 331 – Barneville-Carteret 19 – Cherbourg 36 – St-Lô 57 – Valognes 15.

⚠ **Municipal du Vieux Château** juin-15 sept.
    𝄞 02 33 41 72 04 – au bourg, bord de la Douve « Au pied du château médiéval » ⊶ – **R** conseillée
    1 ha (57 empl.) plat, herbeux
    👶 🗇 ⇆ 🗓 ⛺ ⊙ 🖼 – 🏠 – A proximité : 🏊
    Tarif : ♦ 17 – 🗉 23 – 🔌 17 (6A)

ST-SAUVEUR-SUR-TINÉE

06420 Alpes-Mar. 17 – 81 ⑩ ⑳ G. Alpes du Sud – 337 h. alt. 500.
Paris 823 – Auron 30 – Guillaumes 43 – Isola 2000 28 – Puget-Théniers 52 – St-Étienne-de-Tinée 29.

⚠ **Municipal** 15 juin-15 sept.
    𝄞 04 93 02 03 20 – N : 0,8 km sur D 30 rte de Roubion, avant le pont, Chemin piétonnier direct
    pour rejoindre le village – ⋚ « Au bord de la Tinée » ⊶ ❷ (tentes) – **R** conseillée
    0,37 ha (20 empl.) plat et terrasses, pierreux, gravillons ♀
    🗇 ⇆ ⛿ ⊙ – ✂
    Tarif : (Prix 1999) 🗉 1 pers. 35/37 – 🔌 21
    Location : gîtes

ST-SAVIN

86310 Vienne 10 – 68 ⑮ G. Poitou Vendée Charentes – 1 089 h. alt. 76.
🛈 Office de Tourisme 20 pl. de la Libération 𝄞 05 49 48 11 00, Fax 05 49 48 11 00.
Paris 348 – Le Blanc 19 – Poitiers 45.

⚠ **Municipal du Moulin de la Gassotte** 31 mai-15 sept.
    𝄞 05 49 48 18 02 – vers sortie Nord par D 11, rte de St-Pierre-de-Maillé, bord de la Gartempe –
    🏖 ⊶ – **R** – ✂
    1,5 ha (50 empl.) plat, herbeux ♀
    🗇 ⛿ ⩙ ⊙ ⛿ – 🏠 🏊 – A proximité : ⛷
    Tarif : ♦ 9,30 – 🚗 6,40 – 🗉 5,60/8 – 🔌 12,80
    Location : 🛏 (gîte d'étape)

ST-SAVINIEN

17350 Char.-Mar. 9 – 71 ④ G. Poitou Vendée Charentes – 2 340 h. alt. 18.
🛈 Office de Tourisme r. Bel Air 𝄞 05 46 90 21 07, Fax 05 46 90 19 45.
Paris 459 – Rochefort 29 – La Rochelle 63 – St-Jean-d'Angély 15 – Saintes 17 – Surgères 30.

⚠ **L'Île aux Loisirs** avril-sept.
    𝄞 05 46 90 35 11 – O : 0,5 km par D 18 rte de Pont-l'Abbé-d'Arnoult, entre la Charente et le canal,
    à 200 m d'un plan d'eau – ⊶ – **R** conseillée juil.-août – ✂
    1,8 ha (67 empl.) plat, herbeux ♀♀
    🗇 ⇆ ⛿ ⊙ 🖼 – ♀ – A proximité : parcours sportif ✂ 🎯 🏊 toboggan aquatique
    Tarif : 🗉 2 pers. 59 – 🔌 17 (6A)
    Location : 🚠 1300 à 2900

ST-SERNIN

47120 L.-et-G. 14 – 75 ⑬ ⑭ – 340 h. alt. 120.
Paris 576 – Agen 97 – Bergerac 38 – Duras 8 – Marmande 30 – Ste-Foy-la-Grande 17.

⚠ **Lac de Castelgaillard** avril-sept.
    𝄞 05 53 94 78 74 – SO : 2,5 km par D 311 et rte à gauche, à la Base de Loisirs, bord du lac – 🏖
    ⋚ « Site agréable » ⊶ – **R** conseillée juil.-août – ✂
    55 ha/2 campables (83 empl.) peu incliné en terrasses, herbeux, pierreux 🞕 ♀♀
    👶 🗇 ⇆ 🗓 ⩙ ⊙ ⛿ 🖼 – ♀ snack 🍴 – 🏊 🚣 ⊙ 🎯 🏊 (plage) 🐴 toboggans aquatiques,
    parcours de santé
    Tarif : ♦ 17,50 – 🗉 20 – 🔌 17 (10A)

⚠ **Aire Naturelle le Moulin de la Borie Neuve** 15 avril-15 oct.
    𝄞 05 53 94 76 57 – à 2,5 km au Nord du bourg, accès conseillé par D 708, rte de Ste-Foy-la-Grande
    et D 244 à droite, bord de la Dourdèze – ⊶ – **R** conseillée juil.-août – ✂
    1 ha (25 empl.) plat, herbeux
    🗇 ⇆ 🗓 ⊙ 🖼
    Tarif : ♦ 15 – 🗉 16 – 🔌 13 (8A)

ST-SEURIN-DE-PRATS

24230 Dordogne 9 – 75 ⑬ – 491 h. alt. 20.
Paris 554 – Bergerac 37 – Duras 23 – Libourne 30 – Montpon-Ménestérol 27.

⚠ **La Plage**
    𝄞 05 53 58 61 07, Fax 05 53 58 62 67 – S : 0,7 km par D 11, bord de la Dordogne (rive droite) –
    🏖 ⊶
    5 ha (70 empl.) plat et peu incliné, herbeux ♀♀
    👶 🗇 ⇆ 🗓 ⊙ 🖼 – 🏊 ♀ snack 🍴 – 🏠 🚲 🏊
    Location : 🛏 – studios

17 Char.-Mar. 🖪 – 🟥 ⑯ – ⊠ 17120 Cozes.
Paris 514 – Blaye 61 – La Rochelle 99 – Royan 24 – Saintes 38.

▲ *Municipal le Port* juin-sept.
🏕 05 46 90 67 23 – au bourg, près de l'église, bord d'un chenal – ⅍ ⚷ juil.-août – **R** conseillée juil.-août – ⅍
1 ha (55 empl.) plat, herbeux ▭ ♀ (0,3 ha)
🚿 ⚑ ⚏ 🖫 ⚐ ⊕ 🗑
Tarif : (Prix 1999) 🔲 *2 pers. 33, pers. suppl. 12* – ⒣ *13*

Pas de publicité payée dans ce guide.

40500 Landes 🔢 – 🟥 ⑥ G. Aquitaine – 4 536 h. alt. 102.
🖪 Office de Tourisme pl. Tour-du-Sol 🏕 05 58 76 34 64, Fax (Mairie) 05 58 76 00 10.
Paris 730 – Aire-sur-l'Adour 32 – Dax 49 – Mont-de-Marsan 18 – Orthez 36 – Pau 68 – Tartas 24.

▲ *Municipal les Rives de l'Adour* juil.-août
🏕 05 58 76 04 60 – N : 1,5 km par D 933, rte de Mont-de-Marsan et chemin à droite, au stade, accès direct à l'Adour – ⅍ ⚷ – **R** – ⅍
2 ha (100 empl.) plat, herbeux ♀♀
⚑ ⚏ ⚐ ⊕ – ▭ ✕ 🏊
Tarif : ⚦ *9,50 tennis compris* – ⚎ *5,10* – 🔲 *4,70* – ⒣ *10,20 ou 18,40*

17600 Char.-Mar. 🖪 – 🟥 ⑭ G. Poitou Vendée Charentes – 322 h. alt. 16.
Paris 497 – Marennes 12 – Rochefort 25 – La Rochelle 63 – Royan 20 – Saintes 28.

▲ *Le Valerick* avril-sept.
🏕 05 46 85 15 95 – NE : 1,3 km par D 118, rte de Pont-l'Abbé – ⅍ ⚷ – **R** conseillée juil.-août – ⅍
1,5 ha (50 empl.) plat, incliné, herbeux, petit bois
🚿 ⚑ ⚏ ⚐ ⊕ – ⚎
Tarif : 🔲 *1 à 3 pers. 57, pers. suppl. 16* – ⒣ *13 (4A) 16 (6A)*

19230 Corrèze 🔟 – 🟥 ⑧ – 946 h. alt. 400.
Paris 454 – Arnac-Pompadour 3 – Brive-la-Gaillarde 42 – St-Yrieix-la-Perche 25 – Tulle 48 – Uzerche 26.

▲ *Municipal* juin-oct.
🏕 05 55 73 38 95 – au bourg, derrière l'église et près d'un étang – ⅍ – **R** – ⅍
1 ha (45 empl.) en terrasses, plat, herbeux ♀
⚑ ⚏ 🖫 ⚐ ⊕ – ⚎ – A proximité : ✕
Tarif : (Prix 1999) ⚦ *12,70 tennis compris* – 🔲 *10/20,60 avec élect.*
Location : *huttes*

87160 H.-Vienne 🔟 – 🟥 ⑰ – 1 422 h. alt. 289.
Paris 337 – Argenton-sur-Creuse 41 – Limoges 63 – Magnac-Laval 23 – Montmorillon 44.

▲ *Municipal du Mondelet* avril-oct.
🏕 05 55 76 77 45 – sortie Sud, par D 84, rte d'Arnac-la-Poste, au stade – ⅍ ⚷ – **R** – ⅍
0,6 ha (30 empl.) plat, herbeux
⚑ ⚏ ⚐ ⊕ – ✕ 🔲
Tarif : ⚦ *9 tennis compris* – 🔲 *11* – ⒣ *15 (15A)*

47140 L.-et-G. 🔢 – 🟥 ⑤ ⑥ – 2 040 h. alt. 65.
Paris 618 – Agen 36 – Bergerac 66 – Bordeaux 152 – Cahors 66.

▲ *Aire Naturelle le Sablon* Permanent
🏕 05 53 41 37 74 – sortie Ouest par D 911, rte de Villeneuve-sur-Lot et 0,8 km par chemin à gauche, bord d'un étang – ⅍ ⚷ – **R** conseillée – ⅍
1,5 ha (25 empl.) plat, herbeux ♀♀ (0,7 ha)
⚑ 🖫 ⚐ ⊕ 🗑 – ▭ ⚎ 🏊
Tarif : ⚦ *10* – 🔲 *10* – ⒣ *10 (6A) 14 (10A)*

▲ *Les Berges du Lot* juin-sept.
🏕 05 53 41 22 23 – dans le bourg, derrière la mairie, près du Lot – ⚷ – **R** conseillée – ⅍
0,4 ha (24 empl.) plat, herbeux ▭
⚑ ⚏ 🖫 ⚐ ⊕ 🗑 – ≊ (petite piscine) – A proximité : 🍴 ⚎
Tarif : (Prix 1999) ⚦ *12* – 🔲 *16* – ⒣ *10 (16A)*

ST-SYMPHORIEN-DE-THÉNIÈRES

12460 Aveyron 15 – 76 ⑬ – 251 h. alt. 800.
Paris 589 – Chaudes-Aigues 42 – Entraygues-sur-Truyère 26 – Espalion 34 – Laguiole 16 – Rodez 64.

⚠ **Municipal St-Gervais** avril-1er nov.
⚬ 05 65 44 82 43 – **à St-Gervais**, O : 5 km par D 504, près d'un plan d'eau et à proximité d'un lac
– 🏖 ≤ ⊶ – **R** conseillée – ⚲
1 ha (41 empl.) peu incliné et en terrasses, plat, herbeux 🔲 ♀
🔟 ⚫ 🗑 🖸 ⊙ 🛒 ⚡ 🖳 – ✂ – A proximité : ♈ snack ≈ ♨
Tarif : (Prix 1999) 🖂 *élect. comprise 1 ou 2 pers. 70, pers. suppl. 25*

ST-SYMPHORIEN-LE-VALOIS

50250 Manche ④ – 54 ⑫ – 600 h. alt. 35.
Paris 330 – Barneville-Carteret 19 – Carentan 25 – Cherbourg 48 – Coutances 31 – St-Lô 46.

⚠ **L'Étang des Haizes** avril-sept.
⚬ 02 33 46 01 16, Fax 02 33 47 23 80 – au Nord du bourg par D 900 et chemin à gauche « Etang
privé agréablement aménagé » ⊶ – **R** indispensable 1er-15 août – 🄶🄱 ⚲
3,5 ha (98 empl.) plat, herbeux 🔲
♿ 🔟 ⚫ 🗑 🖸 ⊙ 🛒 🖳 – ♈ snack – 🚐 🚗 🚲 ⋅◉ ≈ (petite piscine) toboggan aquatique
Tarif : ♈ *30 – 🖂 45 – 🅿 25 (6A)*
Location (mai-sept.) : 🚐 *1900 à 3200 – ☎2090 à 3450*

ST-SYMPHORIEN-SUR-COISE

69590 Rhône 11 – 73 ⑲ G. Vallée du Rhône – 3 211 h. alt. 558.
Paris 492 – Andrézieux-Bouthéon 28 – L'Arbresle 38 – Feurs 31 – Lyon 42 – St-Étienne 35.

⚠ **Intercommunal Centre de Loisirs de Hurongues** avril-1er oct.
⚬ 04 78 48 44 29 – O : 3,5 km par D 2 rte de Chazelles-sur-Lyon, à 400 m d'un plan d'eau – 🏖
« Agréable cadre boisé autour d'un parc de loisirs » ⊶ – **R** conseillée juil.-août – ⚲
3,6 ha (120 empl.) peu incliné et en terrasses, pierreux 🔲 ♀♀
🏛 🔟 ⚫ 🗑 🖸 ⊙ 🛒 🖳 – 🚐 – A proximité : parcours sportif ⋅◉ ✂ 🚗 🔲 (découverte l'été)
Tarif : (Prix 1999) ♈ *20 – 🖂 20 – 🅿 20 (8A)*

ST-THÉOFFREY

38119 Isère 12 – 77 ⑤ – 279 h. alt. 936.
Paris 599 – Le Bourg-d'Oisans 43 – Grenoble 32 – La Mure 10 – Villars-de-Lans 60.

⚠ **Les Mouettes** juil.-28 août
⚬ 04 76 83 02 49 – SE : 2,8 km par N 85, rte de la Mure et D 115 à gauche, au lieu-dit les Théneaux,
alt. 1 000 – 🏖 ≤ « Près du lac de Petichet » ⊶ – **R** conseillée – ⚲
1,5 ha (33 empl.) plat, peu incliné à incliné, herbeux
♿ 🔟 🗑 ⚫ ⊙ 🖳 – 🚗 ≈
Tarif : ♈ *17,50 – 🚐 7,50 – 🖂 15 – 🅿 14 (4A) 16 (6A)*

ST-THIBÉRY

34630 Hérault 15 – 83 ⑮ – 2 076 h. alt. 19.
Paris 750 – Agde 12 – Béziers 23 – Lodève 49 – Montpellier 56 – Pézenas 9.

⚠ **Le Pin Parasol** juin-15 sept.
⚬ 04 67 77 84 29 – S : 2 km par D 13, rte de Bessan puis chemin à gauche – ⊶ – **R** conseillée
15 juil.-15 août – ⚲
2,2 ha (115 empl.) plat, herbeux
♿ 🔟 🗑 ⊙ – 🔲
Tarif : 🖂 *piscine comprise 2 pers. 78 – 🅿 15 (10A)*
Location : 🚐 *1000 à 1800*

ST-THOMÉ

07220 Ardèche 16 – 80 ⑩ G. Vallée du Rhône – 285 h. alt. 140.
Paris 623 – Montélimar 19 – Nyons 55 – Pont-St-Esprit 37 – Privas 44 – Vallon-Pont-d'Arc 32.

⚠ **Le Médiéval** Pâques-15 sept.
⚬ 04 75 52 64 26 – N : 1,7 km par D 210, D 107, rte d'Alba-la-Romaine et chemin à gauche, bord
de l'Escoutay, Accès difficile en venant d'Alba-la-Romaine, faire demi-tour sur le parking des Crottes
– ≤ « Au bord de l'Escoutay » ⊶ – **R** juil.-août – ⚲
3,3 ha (119 empl.) plat, peu incliné, herbeux ♀
♿ 🔟 ⚫ ⚫ ⊙ 🖳 – ♈ snack 🚗 – 🚐 🚗 🔥 ≈ (petite piscine)
Tarif : 🖂 *2 pers. 71 – 🅿 18 (3 ou 6A)*
Location : 🚐 *1500 à 1600 – 🚐 1500 à 2400 – studios*

ST-TROJAN-LES-BAINS

17 Char.-Mar. – 71 ⑭ – voir à Oléron (Ile d').

50550 Manche ⁴ – ⁵⁴ ③ G. Normandie Cotentin – 2 134 h. alt. 4.
🅱 Office de Tourisme quai Vauban 𝄞 02 33 54 41 37, Fax 02 33 54 41 37.
Paris 344 – Carentan 41 – Cherbourg 32 – St-Lô 69 – Valognes 19.

   ⚠ *La Gallouette* avril-15 oct.
    𝄞 02 33 54 20 57, Fax 02 33 54 16 71 – au Sud du bourg, à 500 m de la plage – �o━ – R conseillée
    juil.-août – GB ⚭
    2,3 ha (170 empl.) plat, herbeux
    🗔 ⇆ 🗓 ⇱ ⊕ ⊞ 🗑 – ♈ 🛁 – ⚑ parcours de santé
    Tarif : ⚘ *24 –* 🔲 *29 –* ⚡ *14 (4A) 21 (6A)*
    Location : 🚐 *1680 à 3600*

à Réville N : 3 km – 1 205 h. alt. 12 – ✉ 50760 Réville :

   ⚠ *Jonville* 21 avril-15 sept.
    𝄞 02 33 54 48 41, Fax 02 33 54 12 44 – SE : 2 km par D 328, à la Pointe de Saire « Accès direct
    à la plage » o━ – R conseillée 15 juil.-20 août – GB ⚭
    6 ha/3 campables (127 empl.) plat, herbeux, sablonneux 🗔
    🗔 ⇆ 🗓 ⇱ ⚲ ⊕ 🗑 – ♈ – 🖃 ⚑
    Tarif : (Prix 1999) ⚘ *18 –* 🔲 *26 –* ⚡ *16 (6A) 22 (10A)*
    Location : 🚐 *1600 à 2600*

76460 S.-Mar. ¹ – ⁵² ③ G. Normandie Vallée de la Seine – 4 595 h. alt. 5.
🅱 Office de Tourisme Maison Henri-IV 𝄞 02 35 97 00 63, Fax 02 35 97 90 73.
Paris 189 – Bolbec 44 – Dieppe 35 – Fécamp 33 – Rouen 59 – Yvetot 31.

   ⚠ *Municipal Etennemare* Permanent
    𝄞 02 35 97 15 79 – au Sud-Ouest de la ville, vers le hameau du bois d'Entennemare – Places limitées
    pour le passage ⚲ o━ – R conseillée juil.-août – GB ⚭
    4 ha (116 empl.) peu incliné, plat, herbeux 🗔
    ▥ ⚓ 🗔 ⇆ 🗓 ⚲ ⇱ ⚯ ⊞ 🗑 – A proximité : ⚒ 🔲 parcours sportif
    Tarif : (Prix 1999) 🔲 *élect. (6 ou 10A) comprise 2 pers. 75*
    Location : 🏠 *1200 à 2100*

80230 Somme ¹ – ⁵² ⑥ G. Picardie Flandres Artois – 2 769 h. alt. 27.
Paris 206 – Abbeville 18 – Amiens 71 – Blangy-sur-Bresle 38 – Le Tréport 25.

   ⚠⚠⚠ *Domaine du Château de Drancourt* mai-15 sept.
    𝄞 03 22 26 93 45, Fax 03 22 26 85 87 – S : 3,5 km par D 48 et rte à gauche après avoir
    traversé le CD 940 – ⚲ « Dans l'agréable parc du château » o━ – R indispensable juil.-
    août – GB
    5 ha (326 empl.) plat et peu incliné, herbeux 🗔 ⚘
    ▥ ⚓ 🗔 ⇆ 🗓 ⇱ ⚲ ⊕ 🗑 – 🛁 ♈ ✗ – 🖃 ⚑ 🚲 ⚒ 🔲 ⚒ practice de golf, poneys
    Tarif : ⚘ *33 piscine comprise –* 🚗 *16 –* 🔲 *52 –* ⚡ *18 (6A)*

   ⚠ *Le Picardy* 15 mars-oct.
    𝄞 03 22 60 85 59, Fax 03 22 60 48 44 – SE : 2,5 km par D 3, à Pinchefalise – Places limitées pour
    le passage o━ – R indispensable juil.-août – ⚭
    2 ha (90 empl.) plat et peu incliné, herbeux 🗔 ⚘ (1 ha)
    🗔 ⇆ 🗓 ⚲ ⊕ 🗑 – ♈
    Tarif : ⚘ *26 –* 🔲 *30 –* ⚡ *13 (3A) 26 (6A)*

26240 Drôme ¹² – ⁷⁷ ① G. Vallée du Rhône – 4 115 h. alt. 135.
🅱 Office de Tourisme (saison) Pays Valloire Galaure 𝄞 04 75 31 27 27.
Paris 529 – Annonay 21 – St-Étienne 60 – Tournon-sur-Rhône 16 – Valence 32 – Vienne 41.

   ⚠ *Municipal Les Îles de Silon* 15 mars-15 nov.
    𝄞 04 75 23 22 17 – Nord par av. de Québec (N7) et chemin à gauche, près du Rhône – ≼ o━ –
    ⊮ – GB ⚭
    1,35 ha (92 empl.) plat, herbeux, pierreux 🗔 ⚘
    ▥ 🗔 ⇆ 🗓 ⇱ ⊕ 🗑 – A proximité : parcours de santé ⚒
    Tarif : (Prix 1999) ⚘ *12 –* 🔲 *15 –* ⚡ *12 (6A)*

23320 Creuse ¹⁰ – ⁷² ⑨ G. Berry Limousin – 2 059 h. alt. 450.
Paris 382 – Aigurande 33 – Le Grand-Bourg 18 – Guéret 11 – La Souterraine 28.

   ⚠ *Municipal la Valette* 15 juin-15 sept.
    𝄞 05 55 80 29 82 – N : 2 km par D 22, rte de Bussière-Dunoise, près de l'étang – ⊮
    1,6 ha (16 empl.) non clos, plat, terrasse, herbeux
    🗔 ⇆ 🗓 ⇱ ⊕ – A proximité : ⚓ (plage)
    Tarif : (Prix 1999) ⚘ *12 –* 🚗 *9 –* 🔲 *7/9 –* ⚡ *10 (6A)*

ST-VICTOR-DE-MALCAP

30500 Gard 🔢 – 🔢 ⑧ – 506 h. alt. 140.
Paris 684 – Alès 25 – Barjac 15 – La Grand-Combe 27 – Lussan 21 – St-Ambroix 5.

⚠ **Domaine de l'Abeiller** mai-sept.
𝒫 04 66 24 15 27, Fax 04 66 24 14 08 – SE : 1 km, accès par D 51, rte de St-Jean-de-Maruéjols et chemin à gauche – ⚗ « Cadre agréable » ⚬ – **R** indispensable juil.-août – ⚲
3 ha (79 empl.) en terrasses, plat, pierreux, herbeux ⊑ 🕸 chênaie
🛆 🎏 ⇆ 🗓 🔥 ⇄ 🔥 ⊙ 🔳 – 🍽 snack 🔥 – 🍴 🎪 🚣 🛝 toboggan aquatique – A proximité : 🎾
Tarif : 🔳 piscine comprise 2 pers. 130, pers. suppl. 25 – 🔋 18 (6A)
Location : 🚐 1750 à 3400

ST-VICTOR-ET-MELVIEU

12400 Aveyron 🔢 – 🔢 ⑬ – 299 h. alt. 635.
Paris 673 – Albi 78 – Lacaune 62 – Rodez 66 – St-Affrique 17.

⚠ **La Tioule** juil.-août
𝒫 05 65 62 51 93 – à l'Ouest du bourg – ⚗ ⋞ ⚬ – **R** conseillée août 🍴 juil. – ⚲
1 ha (33 empl.) en terrasses, plat et peu incliné, herbeux ⊑ 🌳 verger
🎏 ⇆ 🔥 – ⚬ (petite piscine)
Tarif : ⚿ 10 – 🔳 10 – 🔋 14 (16A)

ST-VINCENT-DE-BARRÈS

07210 Ardèche 🔢 – 🔢 ⑳ G. Vallée du Rhône – 524 h. alt. 200.
Paris 597 – Aubenas 47 – Montélimar 18 – Pont-St-Esprit 54 – Privas 16 – Valence 38.

⚠ **Le Pommier du Rieutord** juin-août
𝒫 04 75 65 07 73 – SO : 1,6 km par D 322, rte de St-Bauzile et chemin à gauche – ⚗ ⚬ juil.-août
– **R** conseillée juil.-août – 🆒 ⚲
1,4 ha (62 empl.) plat et peu incliné, herbeux, pierreux 🌳
🎽 🛆 🔥 🎏 ⇆ 🔥 ⚙ 🔳 – 🍽 snack 🔥 – 🍴 🎾 🛝 toboggan aquatique
Tarif : 🔳 élect. (6A), piscine et tennis compris 1 pers. 58, pers. suppl. 20
Location : 🚐 1500 à 2600

ST-VINCENT-DE-COSSE

24220 Dordogne 🔢 – 🔢 ⑰ – 302 h. alt. 80.
Paris 543 – Bergerac 60 – Brive-la-Gaillarde 64 – Fumel 60 – Gourdon 30 – Périgueux 64 – Sarlat-la-Canéda 13.

Schéma à la Roque-Gageac

⚠ **Le Tiradou** avril-12 nov.
𝒫 05 53 30 30 73, Fax 05 53 31 16 24 – à 0,5 km au Sud-Ouest du bourg, bord d'un ruisseau – ⚬
– **R** conseillée 13 juil.-27 août – ⚲
2 ha (60 empl.) plat, herbeux ⊑ 🕸 (1ha)
🛆 🎏 ⇆ 🗓 🔥 ⊙ 🔳 – 🍴 🛝
Tarif : ⚿ 24 piscine comprise – 🔳 33 – 🔋 12 (3A) 15 (6A)

ST-VINCENT-LES-FORTS

04340 Alpes-de-H.-Pr. 🔢 – 🔢 ⑦ – 168 h. alt. 1 300.
Paris 716 – Barcelonnette 32 – Gap 45 – Le Lauzet-Ubaye 11 – Savines-le-Lac 32 – Seyne 15.

⚠ **Lou Pibou** juil.-août
𝒫 04 92 85 51 58 – NO : 7 km par D 900 et 900[B] à gauche, rte de Gap puis 2,6 km par D 7 à droite, à proximité du lac, alt. 810 – ⋞ lac de Serre-Ponçon et montagnes ⚬ – **R**
2 ha (60 empl.) non clos, peu incliné à incliné, plat, terrasses, herbeux
🛆 🎏 ⇆ 🔥 ⊙ 🔳 – 🍽 pizzeria – 🎾
Tarif : ⚿ 12 – 🚗 5 – 🔳 12 – 🔋 11 (3A) 16 (6A)
Location : 🚐

ST-VINCENT-SUR-JARD

85520 Vendée 🔢 – 🔢 ⑪ G. Poitou Vendée Charentes – 658 h. alt. 10.
🅱 Office de Tourisme Le Bourg 𝒫 02 51 33 62 06, Fax 02 51 33 01 23.
Paris 452 – Challans 64 – Luçon 34 – La Rochelle 69 – La Roche-sur-Yon 35 – Les Sables-d'Olonne 24.

Schéma à Jard-sur-Mer

⚠ **La Bolée d'Air** avril-sept.
𝒫 02 51 90 36 05 – E : 2 km par D 21 et à droite – ⚬ – **R** indispensable 25 juil.-15 août –
🆒 ⚲
5,7 ha (280 empl.) plat, herbeux ⊑ 🌳
🛆 🎏 ⇆ 🗓 🔥 ⇄ ⊙ 🔥 🔳 – 🍽 🍴 🍽 – 🍴 🏓 🚣 🚲 🎾 🛝 toboggan aquatique, terrain omnisports
Tarif : 🔳 piscine comprise 2 pers. 130 – 🔋 20 (6A)
Location : 🚐 1100 à 3700 – 🏠 1300 à 3900 – bungalows toilés

ST-VINCENT-SUR-OUST

56350 Morbihan ⁴ - ⁶³ ⑤ - 1 112 h. alt. 54.
Paris 418 - Ploërmel 43 - Redon 8 - La Roche-Bernard 34 - Vannes 53.

⚠ *Municipal de Painfaut-Île-aux-Pies* Pâques-Toussaint
    🏕 02 99 91 37 77 - NE : 2,2 km par rte de l'Île-aux-Pies et chemin à gauche, à 250 m de l'Oust (canal)
    - 🐦 ⌂ juil.-août - **R**
    1,5 ha (30 empl.) peu incliné et en pente, herbeux, bois attenant ♀ (1 ha)
    🕭 🛱 🍴 🛁 ⊕ - 🚿
    Tarif : (Prix 1999) ♣ *14* - 🔲 *10* - [₰] *13*

ST-YORRE

03270 Allier ⑪ - ⑦³ ⑤ G. Auvergne - 3 003 h. alt. 275.
Paris 367 - Clermont-Ferrand 63 - Montluçon 105 - Moulins 65 - Roanne 72.

⚠ *Municipal la Gravière* fin mai-fin sept.
    🏕 04 70 59 21 00 - sortie Sud-Ouest par D 55ᴱ rte de Randan, près de l'Allier avec accès direct (rive
    gauche) - ⌂ - **R** conseillée juil.-août - ⊘
    1,5 ha (80 empl.) plat, herbeux 🔲 ♀
    🕭 🛱 🍴 🖽 🧺 🗙 ⊕ 🈁 ☂ ▩ - A proximité : 🗙 🚿 🏊
    Tarif : (Prix 1999) ♣ *13,20* - 🔲 *15,40* - [₰] *11,50 (5A)*

ST-YRIEIX-LA-PERCHE

87500 H.-Vienne ⑩ - ⑦² ⑰ G. Berry Limousin - 7 558 h. alt. 360.
🅱 Office de Tourisme 58 bd de l'Hôtel-de-Ville 🏕 05 55 08 20 72, Fax 05 55 08 10 05.
Paris 433 - Brive-la-Gaillarde 63 - Limoges 41 - Périgueux 62 - Rochechouart 52 - Tulle 75.

⚠ *Municipal d'Arfeuille*
    🏕 05 55 75 08 75 - N : 2,5 km par rte de Limoges et chemin à gauche, bord d'un étang - ≼ « Cadre
    et situation agréables » ⌂
    2 ha (100 empl.) en terrasses, herbeux, pierreux 🔲 ♀ (0,8 ha)
    🛱 🍴 🖽 🛁 ⊕ ▩ - 🚿 🎣 🏊 (plage) - A proximité : 🍸 🗙 ⋅🕭

ST-YVI

29140 Finistère ³ - ⑤⁸ ⑮ G. Bretagne - 2 386 h. alt. 105.
Paris 555 - Carhaix-Plouguer 59 - Concarneau 12 - Quimper 15 - Rosporden 9.

⚠⚠ *Municipal du Bois de Pleuven* Permanent
    🏕 02 98 94 70 47, Fax 02 98 94 78 99 - SO : 4 km par rte de la Forêt-Fouesnant - 🐦 « Cadre
    naturel en forêt » ⌂ - **R** conseillée - ⊘
    12 ha (354 empl.) plat, herbeux, gravier 🔲 ♑
    🖽 (🕭 🍴 🛁 avril-sept.) ⊕ 🧺 ▩ - 🎱 🍸 - 🔝 🚿 ⊚🗙 🏊 🏊 toboggan aquatique
    Tarif : ♣ *15* - 🚙 *7* - 🔲 *22* - [₰] *15 (5A) 18 (plus de 5A)*
    Location : 🛏 *1200 à 2900*

STE-ANASTASIE-SUR-ISSOLE

83136 Var ⑰ - ⑧⁴ ⑮ - 1 205 h. alt. 300.
Paris 826 - Brignoles 15 - Draguignan 49 - Marseille 78 - Toulon 41.

⚠⚠ *La Vidaresse* fermé déc.
    🏕 04 94 72 21 75, Fax 04 94 72 28 50 - au Sud du bourg par D 15 « Belle décoration arbustive »
    ⌂ conseillée juil.-août - ⊘
    1,8 ha (100 empl.) plat et terrasses, herbeux, gravillons 🔲 ♑♑
    ▥ 🕭 🛱 🍴 🖽 🧺 ⊕ ▩ - 🍸 🎣 - 🎣 🚿 🗙 🏊
    Tarif : 🔲 *piscine et tennis compris 2 pers. 89, pers. suppl. 25* - [₰] *16 (3A) 23 (6A)*
    Location : 🛏 *600 à 2200* - 🛏 *2000 à 3300*

STE-ANNE-D'AURAY

56400 Morbihan ³ - ⑥³ ② G. Bretagne - 1 630 h. alt. 42.
Paris 476 - Auray 7 - Hennebont 31 - Locminé 27 - Lorient 41 - Quimperlé 57 - Vannes 17.

⚠ *Municipal du Motten* juin-sept.
    🏕 02 97 57 60 27 - SO : 1 km par D 17 rte d'Auray et r. du Parc à droite - 🐦 - **R** conseillée juil.-août
    - ⊘
    1 ha (115 empl.) plat, herbeux ♀
    🕭 🛱 🍴 🛁 ⊕ ▩ - 🔝 🚿
    Tarif : ♣ *11 tennis compris* - 🚙 *6* - 🔲 *8* - [₰] *13,50 (6A)*

STE-ANNE-LA-PALUD

29 Finistère - ⑤⁸ ⑭ - rattaché à Plonévez-Porzay.

69440 Rhône **11** – **73** ⑲ – 770 h. alt. 700.
Paris 490 – Andrézieux-Bouthéon 41 – L'Arbresle 43 – Feurs 43 – Lyon 37 – St-Étienne 39.

  ▲ **Municipal du Châtelard** mars-nov.
     ℘ 04 78 81 80 60 – S : 2 km, au lieu-dit le Châtelard, alt. 800 – Places limitées pour le passage 🐾
     ≤ Mont Pilat et Monts du Lyonnais �o━ – **R** conseillée – 🛒
     4 ha (61 empl.) en terrasses, herbeux, gravier ▭
     🎿 👄 🗟 📐 ⊕ 🖥 – 🔜
     Tarif : 🔆 *11,50* – 🔲 *13,50* – 🔌 *11,50 ou 14*

37800 I.-et-L. **10** – **64** ⑮ G. Châteaux de la Loire – 539 h. alt. 114.
Paris 266 – Azay-le-Rideau 25 – Chinon 38 – Ligueil 21 – Tours 32.

  ▲▲▲ **Parc de Fierbois** 15 mai-14 sept.
     ℘ 02 47 65 43 35, Fax 02 47 65 53 75 – S : 1,2 km – 🐾 « Cadre agréable, bois, lac, parc aquatique »
     o━ – **R** conseillée juil.-août – **GB**
     30 ha/12 campables (320 empl.) plat et terrasses, herbeux ▭ 🌳 (3 ha)
     🕹 🎿 👄 🗟 📐 👄 ⊕ 🔄 ⛱ 🖥 – 🍽 ✗ (dîner seulement) pizzeria 🛒 cases réfrigérées – 🏠 🎯
     🚲 ✗ ⛱ 🔺 🔜 (plage) toboggans aquatiques
     Tarif : 🔲 *piscine comprise 2 pers. 150, pers. suppl. 25* – 🔌 *20*
     Location : 🛖 *2100 à 3780* – 🚐 *1750 à 3780*

04500 Alpes de H.-Pr. **17** – **81** ⑯ – 87 h. alt. 530.
🅱 Syndicat d'Initiative Mairie ℘ 04 92 77 85 29, Fax 04 92 77 76 23.
Paris 787 – Brignoles 59 – Castellane 58 – Digne-les-Bains 52 – Draguignan 54 – Manosque 44.

  ▲ **Municipal les Roches** avril-10 oct.
     ℘ 04 92 77 78 99 – 1 km au Nord-Est du bourg, à 50 m du lac de Ste-Croix, Pour
     les caravanes, le passage par le village est interdit – ≤ « Cadre agréable » o━ – **R** conseillée –
     GB 🛒
     6 ha (233 empl.) plat et en terrasses, vallonné, accidenté, herbeux, gravillons 🌳
     🚲 🎿 🔀 ⊕ 🖥 – cases réfrigérées – A proximité : ✗ 🔜 🔌
     Tarif : 🔲 *2 pers. 68, pers. suppl. 16* – 🔌 *10 (6A) 15 (16A)*
     Location : 🛖 *1400*

68127 H.-Rhin **8** – **87** ⑦ – 1 895 h. alt. 192.
Paris 459 – Belfort 75 – Colmar 9 – Freiburg-im-Breisgau 48 – Guebwiller 22 – Mulhouse 37.

  ▲▲▲ **Clair Vacances** 15 avril.-25 oct.
     ℘ 03 89 49 27 28, Fax 03 89 49 21 55 – NO : 2,7 km par D 1, rte d'Herrlisheim – Ⓜ « Agréable
     décoration arbustive » o━ ✗ juil.-août – **R** – **GB** 🛒
     4 ha (60 empl.) plat, herbeux ▭
     🕹 🚲 🎿 👄 🗟 📐 👄 ⊕ 🖥 – 🔜 ·🖥
     Tarif : (Prix 1999) 🔲 *2 pers. 94, pers. suppl. 28* – 🔌 *13 (4A) 19 (8A) 26 (13A)*

48210 Lozère **15** – **80** ⑤ G. Languedoc Roussillon – 473 h. alt. 470.
🅱 Office de Tourisme à la Mairie ℘ 04 66 48 53 44, Fax 04 66 48 52 28.
Paris 618 – Florac 28 – Mende 28 – Meyrueis 29 – Millau 58 – Sévérac-le-Château 48 – Le Vigan 78.

  ▲▲ **Les Fayards** mai-sept.
     ℘ 04 66 48 57 36 – SO : 3 km par D 907 bis, rte de Millau, bord du Tarn – 🐾 o━ – **R** conseillée
     juil.-août – 🛒
     2 ha (90 empl.) plat, herbeux, pierreux ▭ 🌳
     🚲 🎿 👄 🗟 👄 ⊕ 👄 🖥 – 🍷 – 🔜
     Tarif : 🔲 *2 pers. 76, pers. suppl. 20* – 🔌 *13 (5A)*
     Location (avril-sept.) : 🚐 *1400 à 2800*

  ▲▲ **Couderc** avril-sept.
     ℘ 04 66 48 50 53, Fax 04 66 48 58 59 – SO : 2 km par D 907 bis, rte de Millau, bord du Tarn – o━
     – **R** conseillée – 🛒
     2,5 ha (113 empl.) en terrasses, pierreux, herbeux 🌳
     🕹 🚲 🎿 👄 🗟 👄 ⊕ 🖥 – 🍷 – 🔺 🔜
     Tarif : 🔆 *20* – 🚐 *16* – 🔲 *20* – 🔌 *13 (6A)*
     Location : 🛖 *1500 à 2100*

  ▲ **Le Site de Castelbouc** avril-sept.
     ℘ 04 66 48 58 08 – SE : 7 km par D 907ᴮ, rte d'Ispagnac puis 0,5 km par rte de Castelbouc à droite,
     bord du Tarn – 🐾 ≤ « Site agréable » o━ juil.-août – **R** conseillée juil.-août – **GB** 🛒
     1 ha (60 empl.) non clos, plat, peu incliné, herbeux ▭ 🌱
     🚲 🎿 🗟 🔀 ⊕ 🖥 – 🔜
     Tarif : 🔲 *2 pers. 58, pers. suppl. 18* – 🔌 *12 (5A)*

STE-EULALIE-EN-BORN

40200 Landes 13 - 78 (14) - 773 h. alt. 26.
Paris 676 - Arcachon 57 - Biscarrosse 94 - Mimizan 12 - Parentis-en-Born 15.

Les Bruyères mai-sept.
05 58 09 73 36, Fax 05 58 09 75 58 - N : 2,5 km par D 652 et rte de Lafont - - R indispensable 14 juil.-15 août - GB
2,8 ha (145 empl.) plat, sablonneux, herbeux
Tarif : *élect. (6A) et piscine comprises 2 pers. 99, pers. suppl. 24*
Location : *1120 à 2450 - 1260 à 3350*

STE-FOY-LA-GRANDE

33220 Gironde 14 - 75 (13) G. Périgord Quercy - 2 745 h. alt. 10.
Office de Tourisme 102 r. de la République 05 57 46 03 00, Fax 05 57 46 18 15.
Paris 556 - Bordeaux 71 - Langon 60 - Marmande 52 - Périgueux 66.

Municipal la Tuilerie Pâques-oct.
05 57 46 13 84 - sortie Nord-Est par D 130, bord de la Dordogne - « Cadre fleuri » - R
1,2 ha (60 empl.) plat, herbeux
- - A proximité :
Tarif : *15 - 20/26 - 17 (5 ou 10A)*

STE-LIVRADE-SUR-LOT

47110 L.-et-G. 14 - 79 (5) - 5 938 h. alt. 56.
Syndicat d'Initiative av. René Bouchon 05 53 01 45 88 et (hors saison) 05 53 01 04 76.
Paris 598 - Agen 37 - Marmande 42 - Villeneuve-sur-Lot 10.

Municipal Fonfrède 15 juin-août
05 53 01 00 64 - E : 1 km par D 911^E, rte de Villeneuve-sur-Lot et chemin à gauche, derrière le stade - - R -
2 ha (75 empl.) plat, herbeux
- - A proximité :
Tarif : *11 - 9,50 - 9,50 - 9,50*

STE-LUCE-SUR-LOIRE

44 Loire-Atl. - 67 (3) - rattaché à Nantes.

STE-LUCIE-DE-PORTO-VECCHIO

2A Corse-du-Sud - 90 (8) - voir à Corse.

STE-MARIE

66470 Pyr.-Or. 15 - 86 (20) - 2 171 h. alt. 4.
Paris 855 - Argelès-sur-Mer 25 - Le Boulou 36 - Perpignan 14 - Rivesaltes 18 - St-Laurent-de-la-Salanque 6.

à la Plage E : 2 km - 66470 Ste-Marie :

Le Palais de la Mer 15 mai-22 sept.
04 68 73 07 94, Fax 04 68 73 57 83 - à 600 m au Nord de la station, à 150 m de la plage (accès direct) « Cadre agréable » - R conseillée juil.-août -
2,6 ha (181 empl.) plat, sablonneux, herbeux
- snack, pizzeria -
Tarif : *piscine comprise 2 pers. 138 (159 avec élect. 6A), pers. suppl. 35*
Location : *1200 à 3650 - bungalows toilés*

Municipal de la Plage mars-oct.
04 68 80 68 59, Fax 04 68 73 14 70 - à 600 m au Nord de la station, à 150 m de la plage (accès direct) - - R indispensable - GB
7 ha (378 empl.) plat, sablonneux
- snack -
Tarif : *piscine comprise 2 pers. 105, pers. suppl. 35 - 16 (6A)*
Location : *2200 à 3200 - 2000 à 3000*

La Pergola juin-sept.
04 68 73 03 07, Fax 04 68 73 04 67 - av. Frédéric-Mistral, en deux camps distincts, à 500 m de la plage - juil.-août - R conseillée juil.-août - GB
3,5 ha (181 empl.) plat, herbeux
- snack, pizzeria - - A proximité :
Tarif : (Prix 1999) *2 pers. 115 (135 avec élect.), pers. suppl. 29*
Location : *1500 à 2780*

Les cartes MICHELIN sont constamment tenues à jour.

65 H.-Pyr. **14** – **85** ⑲ – ✉ 65710 Campan.
Paris 829 – Arreau 25 – Bagnères-de-Bigorre 13 – Luz-St-Sauveur 35 – Pau 74 – Tarbes 33.

⚠ *L'Orée des Monts* Permanent
   𝒫 05 62 91 83 98 – SE : 3 km par D 918, rte du col d'Aspin, bord de l'Adour de Payolle, alt. 950
   – ❄ ≤ ☞ – **R** conseillée – GB ⚐
   1,8 ha (88 empl.) plat et peu incliné, herbeux
   ▥ ⅏ ⇆ 🗑 ⅏ ⚑ ⊕ 🛒 ▤ – ☷ ⅏ ⅏ – 🛁 🎯 ⤬
   Tarif : 🄴 *piscine comprise 3 pers. 99 – [9] 6 par ampère (2 à 10A))*
   Location : ⌂

⚠ *Les Rives de l'Adour* 15 déc.-avril, 15 juin-15 sept.
   𝒫 05 62 91 83 08 – S : 1 km par D 918, rte de la Mongie, accès direct à la rivière, alt. 898 – ≤ ☞
   – **R** conseillée
   1 ha (50 empl.) incliné, en terrasses, plat, herbeux ⚘
   ⅏ ⅏ ⊕ ▤ – 🛒
   Tarif : 🄰 *19 – 🄴 17 – [9] 13 (2 ou 3A) 26 (4A) - hiver : 39 (6A)*

*LESEN SIE DIE ERLÄUTERUNGEN aufmerksam durch,
damit Sie diesen Camping-Führer mit der Vielfalt der gegebenen
Auskünfte wirklich ausnutzen können.*

50480 Manche **4** – **54** ③ G. Normandie Cotentin – 779 h. alt. 31.
Paris 313 – Barfleur 38 – Carentan 10 – Cherbourg 48 – St-Lô 39 – Valognes 27.

⚠ *Utah-Beach* avril-sept.
   𝒫 02 33 71 53 69, Fax 02 33 71 07 11 – NE : 6 km par D 913 et D 421, à 150 m de la plage – Places
   limitées pour le passage ⬙ ☞ – **R** – GB ⚐
   4,2 ha (110 empl.) plat et peu incliné, herbeux
   ⅏ ⇆ 🗑 ⅏ ⊕ 🛒 ▤ – ⬙ ♈ snack ⬙ – 🛒 salle d'animation 🎯 ⊕ ♨ – A proximité : 🐎
   Tarif : 🄴 *élect. (6A) comprise 2 pers. 99, pers. suppl. 23*
   Location : 🛖 *1700 à 2700*

⚠ *La Baie des Veys* mai-15 sept.
   𝒫 02 33 71 56 90 – SE : 5 km par D 913 et D 115 à droite, au Grand Vey « Près de la mer » ☞
   – **R** conseillée juil.-août – ⚐
   0,5 ha (51 empl.) plat, herbeux ⚘
   ⅏ ⇆ 🗑 ⅏ ⊕ ▤ – 🎯 – A proximité : ⬙
   Tarif : 🄰 *15 – ⬆ 5 – 🄴 20 – [9] 15 (6A)*
   Location : ⌂ *1000 à 1500 – 🛖 1400 à 2200*

37800 I.-et-L. **10** – **68** ④ G. Châteaux de la Loire – 3 983 h. alt. 85.
🛈 Office de Tourisme pl. du Château 𝒫 02 47 65 66 20, Fax 02 47 31 04 28.
Paris 274 – Le Blanc 68 – Châtellerault 37 – Chinon 31 – Loches 32 – Thouars 72 – Tours 39.

⚠ *Municipal de Marans* 10 avril-15 sept.
   𝒫 02 47 65 44 93 – SE : 1,5 km par D 760, rte de Loches, et à gauche, r. de Toizelet, à 150 m d'un
   plan d'eau – ☞ – **R** – ⚐
   1 ha (66 empl.) plat et peu incliné, herbeux
   ♿ ⅏ ⇆ 🗑 ⊕ ⬙ 🛒 – 🎯 ✂ parcours sportif
   Tarif : (Prix 1999) 🄰 *14 – 🄴 12,50 – [9] 14 (10A)*

50480 Manche **4** – **54** ③ G. Normandie Cotentin – 1 556 h. alt. 28.
Paris 316 – Bayeux 56 – Cherbourg 39 – St-Lô 42.

⚠ *Municipal* Permanent
   𝒫 02 33 41 35 22 – sortie Est par D 17 et à droite, près du terrain de sports – ⬙ ☞ – **R** – ⚐
   1,3 ha (70 empl.) plat, herbeux, verger 🛒
   ⅏ ⇆ 🗑 ⊕ ▤ – 🛒 salle omnisports 🎯 🚲 ✂ 📺
   Tarif : 🄰 *11,50 – 🄴 17 – [9] 13,50 (16A)*

18700 Cher **6** – **64** ⑳ – 206 h. alt. 162.
Paris 186 – Bourges 52 – Cosne-sur-Loire 50 – Gien 34 – Orléans 62 – Salbris 26 – Vierzon 41.

⚠ *Municipal* 23 avril-oct.
   au bourg, par D 79, rte de Ménétréol-sur-Sauldre – **R**
   0,6 ha (33 empl.) plat, herbeux
   ⅏ 🗑 ⇆ ⊕ – ✂
   Tarif : 🄰 *7,75 – 🄴 4,15 – [9] 5A : 14,20 (hors saison 28,40)*

44160 Loire-Atl. 🗺 – 🔢 ⑯ – 1 779 h. alt. 12.
Paris 437 – La Baule 29 – Pontchâteau 8 – La Roche-Bernard 13 – Redon 35 – St-Nazaire 25.

⚑ **Château du Deffay** 6 mai-22 sept.
℘ 02 40 88 00 57, Fax 02 40 01 66 55 – E : 3 km par D 33 rte de Pontchâteau et chemin à gauche
– ⊗ « Parc boisé près d'un étang » ⌐ – **R** conseillée juil.-août – ⊖⊟ ⌀
60 ha/2 campables (120 empl.) plat, peu incliné, en terrasses, herbeux ⊡ ⚏ (1 ha)
& 🔥 ⇌ 🖻 ☄ 🖰 ☺ 🖳 – ⚎ 🍴 ✗ 🖙 – 🖵 🏃 ⚔ ℁ 🏊 🐎 poneys
Tarif : ✴ 26 piscine et tennis compris – 🗉 59 – 🖋 21 (6A)
Location (avril-21 oct.) : �1300 à 3500

17100 Char.-Mar. 🗺 – 🔢 ④ G. Poitou Vendée Charentes – 25 874 h. alt. 15.
🅱 Office de Tourisme Villa Musso, 62 Cours National ℘ 05 46 74 23 82, Fax 05 46 92 17 01.
Paris 472 – Bordeaux 117 – Niort 74 – Poitiers 138 – Rochefort 45 – Royan 36.

⚑ **Au Fil de l'Eau** 12 mai-15 sept.
℘ 05 46 93 08 00, Fax 05 46 93 61 88 – N : 1 km par D 128, rte de Courbiac, à la piscine, bord de
la Charente – ⌐ – **R** conseillée 14 juil.-15 août – ⊖⊟ ⌀
4,7 ha (214 empl.) plat, herbeux ⚏
& 🔥 ⇌ 🖻 ☄ ☺ 🖳 – snack 🖙 – 🖵 🏃 🖙 🖈 🏊
Tarif : ✴ 24 piscine comprise – 🗉 25 – 🖋 19 (5A)

43600 H.-Loire 🔢 – 🔢 ⑧ – 5 236 h. alt. 808.
Paris 555 – Annonay 53 – Monistrol-sur-Loire 8 – Montfaucon-en-Velay 14 – Le Puy-en-Velay 55 – St-Étienne 38.

⚑ **Camping de Vaubarlet** mai-sept.
℘ 04 71 66 64 95, Fax 04 71 75 04 04 – SO : 6 km par D 43, rte de Grazac, bord de la Dunière, alt.
600 – ⊗ ≼ « Site agréable » ⌐ – **R** conseillée juil.-août – ⊖⊟ ⌀
15 ha/3 campables (131 empl.) plat, herbeux
& 🔥 ⇌ 🖻 ☄ 🖰 ☺ 🖳 – 🍴 pizzeria – 🖵 🏃 🚲 🏊
Tarif : 🗉 piscine comprise 1 ou 2 pers. 80, pers. suppl. 20 – 🖋 15 (6A)
Location : 🚃 1400 à 2400 – bungalows toilés

04220 Alpes-de-H.-Pr. 🔢 – 🔢 ④ – 2 855 h. alt. 300.
Paris 765 – Aix-en-Provence 50 – Forcalquier 28 – Gréoux-les-Bains 93 – Manosque 5 – Reillanne 19.

⚑ **Municipal le Chaffère** juin-sept.
℘ 04 92 78 22 75 – sortie Ouest « Cadre agréable, près du Chaffère » ⌐ 🅿 – **R** – ⌀
0,8 ha (54 empl.) plat, en terrasses, herbeux ⊡ ⚏
& 🔥 ⇌ 🖻 🖰 ☄ ☺ 🖳 – 🖈 – A proximité : ℁ 🏊
Tarif : (Prix 1999) ✴ 14,30 – 🗉 19,80 – 🖋 10 (6A)

13460 B.-du-R. 🔢 – 🔢 ⑲ G. Provence – 2 232 h. alt. 1.
🅱 Office de Tourisme av. Van-Gogh ℘ 04 90 97 82 55, Fax 04 90 97 71 15.
Paris 763 – Aigues-Mortes 34 – Arles 39 – Marseille 132 – Montpellier 69 – Nîmes 54 – St-Gilles 35.

⚑ **Le Clos du Rhône** Pâques-25 sept.
℘ 04 90 97 85 99, Fax 04 90 97 78 85 – ⊠ BP 74 13460 Stes-Maries-de-la-M – O : 2 km par D 38
et à gauche « Près du petit Rhône et de la plage » ⌐ – **R** conseillée – ⊖⊟ ⌀
7 ha (448 empl.) plat, sablonneux
▥ & 🔥 🖻 ☄ 🖰 ☺ ⚓ ⟲ 🖸 🖳 – ⚎ cases réfrigérées – 🖵 🏊 – A proximité : 🐎
Tarif : 🗉 piscine comprise 2 pers. 108, pers. suppl. 36 – 🖋 23 (6A) 28 (10A)
Location : 🚃 2100 à 3700 – 🚃 1300 à 2700 – bungalows toilés

⚑ **La Brise** fermé 3 semaines en déc.
℘ 04 90 97 84 67, Fax 04 90 97 72 01 – ⊠ BP 74 13460 Stes-Maries-de-la-M – sortie Nord-Est par
D 85A et à droite, près de la plage Est – ⌐ – **R** conseillée – ⊖⊟ ⌀
25 ha (1 200 empl.) plat, sablonneux
▥ & 🔥 ⇌ 🖰 ☺ ⟲ 🖳 – cases réfrigérées – 🖵 🏃 salle d'animation 🏃 🏊 – A proximité : ⚎
🍴 ✗ ℁
Tarif : (Prix 1999) 🗉 piscine comprise 2 pers. 103, pers. suppl. 35 – 🖋 23 (6A) 28 (10A)
Location : 🚃 2000 à 3600 – bungalows toilés

⚎ ✗   **ATTENTION :**
🖙   *these facilities are not necessarily available throughout*
🏊 🐎   *the entire period that the camp is open – some are only*
            available in the summer season.

SAISSAC

11310 Aude **15** – **83** ⑪ G. Languedoc Roussillon – 867 h. alt. 467.
Paris 781 – Carcassonne 25 – Castelnaudary 24 – Foix 84 – Mazamet 37 – Revel 21.

⚠ **Val** juil.-2 sept.
   𝒫 04 68 24 44 89, Fax 04 68 24 44 95 – sortie Nord-Ouest par D 629, rte de Revel et à gauche –
   ⊶ – **R** conseillée 14 juil.-15 août – Adhésion association V.A.L obligatoire pour séjour supérieur à
   4 nuits – **GB** ⚲
   1,9 ha (90 empl.) plat et peu incliné, herbeux ⊟ ♀
   ⅘ 🔥 ⇆ 🖻 ⌷ ⊕ 🖫 – 🖈 ⅃ – A proximité : ✵
   Tarif : 🅴 *piscine comprise 4 pers. 140, pers. suppl. 22* – 🔌 *17 (6A)*

SALAVAS

07 Ardèche – **80** ⑨ – voir à Ardèche (Gorges de l') - Vallon-Pont-d'Arc.

SALBRIS

41300 L.-et-Ch. **6** – **64** ⑲ G. Châteaux de la Loire – 6 083 h. alt. 104.
🛈 Office de Tourisme bd de la République 𝒫 02 54 96 15 52, Fax 02 54 96 15 52.
Paris 190 – Aubigny-sur-Nère 32 – Blois 66 – Lamotte-Beuvron 21 – Romorantin-Lanthenay 27 – Vierzon 24.

⚠ **Le Sologne** avril-15 oct.
   𝒫 02 54 97 06 38, Fax 02 54 97 33 13 – sortie Nord-Est par D 55, rte de Pierrefitte-sur-Sauldre,
   bord d'un plan d'eau et près de la Sauldre, accès au centre ville par chemin pour piétons – ⊶ –
   R – **GB** ⚲
   2 ha (81 empl.) plat, herbeux ⊟ ♀
   🔥 ⇆ 🖻 ⌷ ⊕ ⚲ ⇅ 🖵 🖫 – 🖾 – A proximité : 🛒 ✵ 🎣 ⅃ ⅄
   Tarif : 🅴 *2 pers. 49* – 🔌 *8 (10A)*
   Location : 🛏 *800 à 1000*

*Utilisez les **cartes MICHELIN** détaillées à 1/200 000,*
complément indispensable de ce guide.

❍ Ce symbole signale la localité sélectionnée
*dans le **guide Michelin « CAMPING CARAVANING FRANCE ».***

SALERNES

83690 Var **17** – **84** ⑥ G. Côte d'Azur – 3 012 h. alt. 209.
🛈 Office de Tourisme r. Victor-Hugo 𝒫 04 94 70 69 02, Fax 04 94 70 73 34 et Mairie 𝒫 04 94 60 40 00.
Paris 842 – Aix-en-Provence 87 – Brignoles 34 – Draguignan 23 – Manosque 66.

⚠ **Municipal des Arnauds** mai-sept.
   𝒫 04 94 67 51 95, Fax 04 94 70 75 57 – sortie Nord-Ouest par D 560 rte de Sillans-la-Cascade et
   à gauche, près de la Bresque, Accès au village par chemin piéton longeant la rivière – 🏞 « Belle
   décoration arbustive et florale, près de la Bresque » ⊶ – **R** conseillée – ⚲
   2 ha (52 empl.) plat, herbeux ⊟ ♀♀
   ⅘ 🔥 ⇆ ⅄ ⌷ ⊕ ⚲ ⇅ 🖵 🖫 – cases réfrigérées – 🖾 🚣 🛶 ≦ (plan d'eau)
   Tarif : ⭑ *27* – 🅴 *30/48 avec élect. (10A)*
   Location (permanent) : 🛏 *950 à 2270* – *studios, gîtes*

SALERS

15140 Cantal **10** – **76** ② G. Auvergne – 439 h. alt. 950.
🛈 Office de Tourisme (fév.-11 nov.) pl. Tyssandier-d'Escous 𝒫 04 71 40 70 68, Fax 04 71 40 70 94 et (hors
saison) Mairie 𝒫 04 71 40 72 33.
Paris 515 – Aurillac 44 – Brive-la-Gaillarde 102 – Mauriac 19 – Murat 43.

⚠ **Municipal le Mouriol** 15 mai-15 oct.
   𝒫 04 71 40 73 09 – NE : 1 km par D 680 rte du Puy Mary – 🏞 ⊶ – **R** – ⚲
   1 ha (100 empl.) plat, peu incliné, herbeux
   ⅘ 🔥 ⇆ 🖻 ⌷ ⊕ 🖫 – 🖾 🛶 ✵
   Tarif : ⭑ *13,40* – 🚗 *5,15* – 🅴 *5,15* – 🔌 *14,95*

SALIES-DE-BÉARN

64270 Pyr.-Atl. **13** – **78** ⑧ G. Aquitaine – 4 974 h. alt. 50 – ♨.
🛈 Office de Tourisme r. des Bains 𝒫 05 59 38 00 33, Fax 05 59 38 02 95.
Paris 782 – Bayonne 60 – Dax 38 – Orthez 18 – Peyrehorade 18.

⚠ **Municipal de Mosqueros** 15 mars-15 oct.
   𝒫 05 59 32 12 94 – sortie Ouest par D 17, rte de Bayonne, à la Base de Plein Air – 🏞 ⊶ –
   R conseillée juil.-août – ⚲
   0,7 ha (55 empl.) en terrasses, plat, herbeux ♀
   ⅘ 🔥 ⇆ 🖻 ⚲ ⊕ ⚲ ⇅ 🖫 – 🖾 – A proximité : ⊶ ✵ ⅃
   Tarif : ⭑ *16* – 🅴 *16,40/32,80* – 🔌 *15,70*

SALIGNAC-EYVIGUES

24590 Dordogne **13** – **75** ⑰ G. Périgord Quercy – 964 h. alt. 297.
Paris 513 – Brive-la-Gaillarde 34 – Cahors 81 – Périgueux 68 – Sarlat-la-Canéda 18.

   ▵▵ **Le Temps de Vivre** Ascension-15 sept.
       ℰ 05 53 28 93 21 – S : 1,5 km par D 61, rte de Carlux et chemin à droite –   ⊶ – **R** conseillée
       juil.-août – ⚥
       1 ha (50 empl.) en terrasses et peu incliné, pierreux, herbeux, bois attenant ⌇
       ᵴ ⚏ ⛶ ⌂ ⊛ ▤ – ▯
       Tarif : ⚹ 20 piscine comprise – ▤ 19 – ⅍ 15 (3A)
       Location : ⌂ 780 à 1450 – ⌂ 1200 à 2908

SALINS-LES-BAINS

39110 Jura **12** – **70** ⑤ G. Jura – 3 629 h. alt. 340 – ♨.
▯ Office de Tourisme pl. des Salines ℰ 03 84 73 01 34, Fax 03 84 37 92 85.
Paris 404 – Besançon 42 – Dole 44 – Lons-le-Saunier 51 – Poligny 24 – Pontarlier 46.

   ▵ **Municipal** 15 mai-15 sept.
       ℰ 03 84 37 92 70 – sortie Nord rte de Besançon, près de l'ancienne gare – < ⊶ – **R** – ⚥
       1 ha (50 empl.) plat, herbeux, gravillons ⌇
       ᵴ ⚏ ↻ ⛶ ⌂ ⊛ ▤ – ⌂
       Tarif : ⚹ 14 – ⇌ 8 – ▤ 10 – ⅍ 14 (10A)

SALLANCHES

74700 H.-Savoie **12** – **74** ⑧ G. Alpes du Nord – 12 767 h. alt. 550.
▯ Office de Tourisme 31 quai Hôtel-de-Ville ℰ 04 50 58 04 25,
Fax 04 50 58 38 47.
Paris 588 – Annecy 70 – Bonneville 30 – Chamonix-Mont-Blanc 28
– Megève 14 – Morzine 45.

   ▵▵ **Mont-Blanc-Village** Pâques-sept.
       ℰ 04 50 58 43 67 ⊠ 74702 Sallanches Cedex – SE : 2 km
       – < « Agréable cadre boisé » ⊶ – **R** conseillée juil.-août
       – ⊖⊞ ⚥
       6,5 ha (130 empl.) plat, herbeux, pierreux, petit plan d'eau
       ♀♀

       ▥ ⚏ ⛶ ⌂ ⊛ ▤ – ⛏ ▯ ✕ ⚓ – ⌂ ⌖ – A proximité :
       ⍟
       Tarif : ⚹ 26 – ⇌ 22 – ▤ 22 – ⅍ 16 (10A)
       Location : huttes

   ▵ **Municipal des Îles** juin-15 sept.
       ℰ 04 50 58 45 36 ⊠ 74190 Passy – SE : 2 km, bord d'un
       ruisseau et à 250 m d'un plan d'eau – < « Cadre
       agréable » ⊶ – **R** conseillée 15 juil.-15 août – ⊖⊞ ⚥
       4,6 ha (260 empl.) plat, herbeux, pierreux ⌇ ♀
       ᵴ ⚏ ↻ ♨ ⚏ ⊛ ⚓ ▤ – ▯ – A proximité : ⍟
       Tarif : ⚹ 24 – ⇌ 10 – ▤ 20 – ⅍ 15 (8A)

La SALLE-EN-BEAUMONT

38350 Isère **12** – **77** ⑮ – 278 h. alt. 756.
Paris 619 – Le Bourg-d'Oisans 46 – Gap 52 – Grenoble 52.

   ▵▵ **Le Champ Long** mai-sept.
       ℰ 04 76 30 41 81 – SO : 2,7 km par N 85, rte de la Mure et chemin du Bas-Beaumont à gauche,
       Accès difficile aux emplacements, mise en place et sortie des caravanes à la demande –   < Vallée
       du Drac et lac de St-Pierre « Cadre sauvage » ⊶ – **R** conseillée juil.-août – ⚥
       3,8 ha (50 empl.) en terrasses, plat, vallonné, accidenté, herbeux, pierreux ⌇ ♀♀ sapinière
       ᵴ ⚏ ↻ ⛶ ⊛ ▤ – ▯ snack ⚓ – ⌂ ⚓ ⚓ ⊘ ⍟
       Tarif : ▤ piscine comprise 1 à 4 pers. 45 à 125 – ⅍ 20 (10A)
       Location : ⌂ 1400 à 2400

SALLÈLES-D'AUDE

11590 Aude **15** – **83** ⑭ G. Languedoc Roussillon – 1 659 h. alt. 18.
▯ Syndicat d'Initiative 2 quai de Lorraine ℰ 04 68 46 81 46, Fax 04 68 46 81 46.
Paris 802 – Béziers 30 – Carcassonne 59 – Narbonne 13 – St-Chinian 25.

   ▵ **Municipal** juin-sept.
       sortie Est vers Ouveillan par D 418 et chemin à droite, à 500 m du canal du Midi –   – **R**
       0,5 ha (30 empl.) plat, herbeux ⌇
       ᵴ ⚏ ↻ ⊛ – A proximité : ✂ ⚓
       Tarif : ⚹ 18 – ▤ 18 – ⅍ 15

     ▵▵▵▵ ... ▵
     Bijzonder prettige terreinen die bovendien opvallen in hun categorie.

85300 Vendée ⑨ – ⑥⑦ ⑫ – 2 245 h. alt. 8.
Paris 446 – Challans 8 – Noirmoutier-en-l'Île 37 – La Roche-sur-Yon 51 – St-Jean-de-Monts 12.

⚠ *Municipal de Bel Air* 15 juin-15 sept.
 🅿 02 51 35 30 00 – à 0,5 km à l'Est du bourg – 🏖 – **R** conseillée août – ⚡
 1,3 ha (69 empl.) plat, herbeux
 🔥 ♨ 📷 ⌂ ⊕ 🔄 ▣
 Tarif : (Prix 1999) ⚊ *11,20* – ▣ *9* – ⚡ *12 (5A)*

33770 Gironde ⑬ – ⑦⑧ ② – 3 957 h. alt. 23.
Paris 635 – Arcachon 35 – Belin-Béliet 11 – Biscarrosse 121 – Bordeaux 56.

⚠ *Le Val de l'Eyre* Permanent
 🅿 05 56 88 47 03, Fax 05 56 88 47 27 – sortie Sud-Ouest par D 108ES, rte de Lugos, bord de l'Eyre
 et d'un étang - par A 63 : sortie 21 – 🏖 ☛ – **R** conseillée juil.-août – ⬆ ⚡
 13 ha/4 campables (150 empl.) plat, vallonné, sablonneux, herbeux 🌳🌳
 🔵 ♿ 🔥 ♨ 📷 ⌂ ⊕ 🔄 ▣ – ⛾ snack – ⛑ ⚓ – A proximité : ⛳
 Tarif : ▣ *piscine comprise 2 pers. 117, pers. suppl. 12* – ⚡ *16 (6A)*
 Location : 🏠 *1450 à 3050* – 🏠 *2050 à 3550*

⚠ *Le Bilos* Permanent
 🅿 05 56 88 45 14 – SO : 4 km par D 108, rte de Lugos et rte à droite – 🏖 ☛ – **R** juil.-
 août – ⚡
 1,5 ha (85 empl.) plat, herbeux, sablonneux 🌳
 ♿ 🔥 📷 🏊 ⊕ ▣ – ⛑
 Tarif : ⚊ *13,50* – ▣ *12* – ⚡ *9,50 (3A) 16 (5A) 17 (6A)*
 Location (juil.-août) : 🏠 *1300,50*

47150 L.-et-G. ⑭ – ⑦⑨ ⑥ – 289 h. alt. 120.
Paris 607 – Agen 58 – Fumel 12 – Monflanquin 10 – Villeneuve-sur-Lot 28 – Villeréal 23.

⚠ *Des Bastides* Pâques-1er oct.
 🅿 05 53 40 83 09, Fax 05 53 40 81 76 – NE : 1 km rte de Fumel, au croisement des D 150 et D 162
 – ⪕ « Cadre agréable » ☛ – **R** – ⬆ ⚡
 6 ha (80 empl.) en terrasses, herbeux 🔺 🌳
 ♿ 🔥 ♨ 📷 ⌂ ⊕ ▣ – ⛾ snack ⚓ – ⚑ 🚲 🏊
 Tarif : ⚊ *32 piscine comprise* – 🚐 *10* – ▣ *43* – ⚡ *12 (4A)*
 Location ⚟ : 🏠 *1500 à 3500*

12410 Aveyron ⑮ – ⑧⑩ ⑬ – 1 277 h. alt. 887.
Paris 653 – Albi 78 – Millau 38 – Rodez 40 – St-Affrique 41.

⚠ *Les Genêts* juin-15 sept.
 🅿 05 65 46 35 34, Fax 05 65 78 00 72 – NO : 5 km par D 993 puis à gauche par D 577, rte d'Arvieu
 et 2 km par chemin à droite, bord du lac de Pareloup, alt. 1 000 – 🏖 ⪕ ☛ – **R** conseillée juil.-août
 – ⬆ ⚡
 3 ha (163 empl.) peu incliné, en terrasses, herbeux 🔺 🌳
 ♿ 🔥 ♨ 📷 ⌂ ⊕ 🔄 ▣ – 🍴 ⛾ snack, pizzeria – ⚑ discothèque ⚓ 🚲 🏊 🏊 ⚓
 Tarif : (Prix 1999) ▣ *élect. (6A) et piscine comprises 2 ou 3 pers. 149, pers. suppl. 26*
 Location (mai-sept.) : 🏠 *1790 à 3290* – 🏠 *1990 à 3590* – bungalows toilés

⚠ *Parc du Charrouzech* 27 mai-16 sept.
 🅿 05 65 46 01 11, Fax 05 65 46 02 80 – NO : 5 km par D 993 puis à gauche par D 577, rte d'Arvieu
 et 3,4 km par chemin à droite, bord du lac de Pareloup – 🏖 ⪕ ☛ – **R** conseillée 12 juil.-15 août
 – ⬆ ⚡
 3 ha (104 empl.) en terrasses, plat, peu incliné, herbeux 🔺
 ♿ 🔥 ♨ 📷 ⌂ ⊕ 🔄 ▣ – snack ⚓ – ⚑ ⚑ 🏊 ⚓ (plage)
 Tarif : ▣ *piscine comprise 2 pers. 105, pers. suppl. 22* – ⚡ *20 (6A)*
 Location : bungalows toilés

⚠ *Beau Rivage* juin-20 sept.
 🅿 05 65 46 33 32, Fax 05 65 46 01 64 – N : 3,5 km par D 993, rte de Pont-de-Salars et D 243 à
 gauche, rte des Vernhes – ⪕ « Situation agréable au bord du lac de Pareloup » ☛ – **R** conseillée
 juil.-août – ⚡
 2 ha (80 empl.) en terrasses, herbeux 🔺 🌳
 ♿ 🔥 ♨ 📷 ⊕ – ⛾ snack – ⚓ 🏊 ⚓ – A proximité : ✖ ◍
 Tarif : ▣ *piscine comprise 3 pers. 129* – ⚡ *22 (10A)*
 Location (avril-oct.) : 🏠 *1190 à 3290* – 🏠 *1390 à 3490*

31 H.-Gar. – ⑧⑤ ⑳ – rattaché à Bagnères-de-Luchon.

Les SALLES-SUR-VERDON

83630 Var **17** – **81** ⑰ G. Alpes du Sud – 154 h. alt. 440.
Paris 795 – Brignoles 56 – Digne-les-Bains 60 – Draguignan 49 – Manosque 62 – Moustiers-Ste-Marie 13.

    ▲▲ **Les Pins** avril-25 oct.
        & 04 94 70 20 80, Fax 04 94 84 23 27 – sortie Sud par D 71 puis 1,2 km par chemin à droite, à
        100 m du lac de Ste-Croix, Accès direct pour piétons du centre bourg – ≤ « Cadre agréable » o━
        – **R** indispensable juil.-août – **GB** ⚡
        3 ha/2 campables (104 empl.) plat et en terrasses, gravier, pierreux, herbeux ⌗ ♀
        🕭 🗇 🌭 🖪 🛁 👁 ⊛ 👗 ☄ 🖫 🖩 – cases réfrigérées – 🛶 – A proximité : parcours de santé ≈≈
        ♪
        Tarif : ♣ 27 – 🖪 27/58 avec élect. (6A)

    ▲ **La Source** avril-15 oct.
        & 04 94 70 20 40, Fax 04 94 70 20 74 – sortie Sud par D 71 puis 1 km par chemin à droite, à 100 m
        du lac de Ste-Croix, Accès direct pour piétons du centre bourg – o━ **R** conseillée juil.-août – **GB**
        ⚡
        2 ha (89 empl.) plat et en terrasses, gravier, pierreux, herbeux ♀♀
        🕭 🗇 🌭 🖪 🛁 👁 ⊛ 👗 ☄ 🖩 – cases réfrigérées – 🛶 – A proximité : parcours de santé ≈≈ ♪
        Tarif : ♣ 26 – 🖪 28 – 🔌 17 (6A) 20 (10A)

SALON-DE-PROVENCE

13300 B.-du-R. **16** – **84** ② G. Provence – 34 054 h. alt. 80.
🛈 Office de Tourisme 56 cours Gimon *&* 04 90 56 27 60, Fax 04 90 56 77 09.
Paris 723 – Aix-en-Provence 37 – Arles 45 – Avignon 49 – Marseille 54 – Nîmes 75.

    ▲ **Nostradamus** mars-oct.
        & 04 90 56 08 36, Fax 04 90 56 65 05 – NO : 5,8 km par D 17, rte d'Eyguière et D 72D à gauche
        – 🌭 « Au bord d'un canal » o━ **R** conseillée juil.-août – **GB** ⚡
        2,7 ha (83 empl.) plat, herbeux ⌗ ♀♀
        🎬 🕭 🗇 🌭 🖪 🛋 👁 ⊛ 👗 🖩 – 🛒 – 🏠 🔥 🍴
        Tarif : 🖪 piscine comprise 2 pers. 80 – 🔌 16 (3 ou 4A) 26 (6A)
        Location (permanent) 🏚 2000 à 3000

SALORNAY-SUR-GUYE

71250 S.-et-L. **11** – **69** ⑱ – 663 h. alt. 210.
Paris 376 – Chalon-sur-Saône 48 – Cluny 12 – Paray-le-Monial 42 – Tournus 29.

    ▲ **Municipal de la Clochette** 20 mai-17 sept.
        & 03 85 59 90 11 – au bourg, accès par chemin devant la poste « Au bord de la Gande » – **R** –
        ⚡
        1 ha (60 empl.) plat et terrasse, herbeux ♀
        🕭 🗇 🖪 🛁 👁 ⊛ – A proximité : ✂
        Tarif : (Prix 1999) ♣ 8 – 🖪 9 – 🔌 10 (8A) 15 (plus de 8A)

La SALVETAT-SUR-AGOUT

34330 Hérault **15** – **83** ③ G. Languedoc Roussillon – 1 153 h. alt. 700.
Paris 736 – Anglès 18 – Brassac 26 – Lacaune 20 – Olargues 27 – St-Pons-de-Thomières 22.

    ▲ **La Blaquière** mai-août
        & 04 67 97 61 29 – sortie Nord rte de Lacaune, bord de l'Agout – o━ **R** conseillée
        0,8 ha (60 empl.) plat, herbeux ♀♀
        🗇 👁 ⊛ – A proximité : ≋ ✂ 🛶
        Tarif : 🖪 2 pers. 50, pers. suppl. 17 – 🔌 15 (10A)

SAMPZON

07 Ardèche – **80** ⑧ ⑨ – voir à Ardèche (Gorges de l') - Ruoms.

SANARY-SUR-MER

83110 Var **17** – **84** ⑭ G. Côte d'Azur – 14 730 h. alt. 1.
🛈 Office de Tourisme Jardins de la Ville *&* 04 94 74 01 04, Fax 04 94 74 58 04.
Paris 828 – Aix-en-Provence 74 – La Ciotat 23 – Marseille 54 – Toulon 14.

    ▲▲ **Le Mas de Pierredon** avril-10 oct.
        & 04 94 74 25 02, Fax 04 94 74 61 42 – N : 3 km par rte d'Ollioules et à gauche après le pont de
        l'autoroute (quartier Pierredon) – o━ **R** conseillée saison – **GB** ⚡
        3,8 ha (122 empl.) plat et en terrasses, pierreux, herbeux ♀♀
        🕭 🗇 🌭 🖪 🛁 🛁 -18 sanitaires individuels (🗇 🌭 wc) ⊛ 👗 ☄ 🖫 🖩 – ▼ ✗ 🛒 – 🛶 ✂ 🔥 🍴
        Tarif : ♣ 32 piscine comprise – 🖪 57 – 🔌 26 (10A)
        Location : 🏚 1750 à 3900 – 🏠 1750 à 3900 – bungalows toilés

SANCHEY

88 Vosges – **62** ⑮ – rattaché à Épinal.

40460 Landes **IB** – **78** ③ G. Aquitaine – 1 695 h. alt. 24.
Paris 646 – Arcachon 27 – Belin-Béliet 26 – Biscarrosse 113 – Bordeaux 67.

▲▲▲ *Municipal Lou Broustaricq* Permanent
    ℰ 05 58 82 74 82, Fax 05 58 82 10 74 – NO : 2,8 km par rte de Bordeaux et chemin de Langeot, à 300 m de l'étang de Cazaux – ⟲ « Cadre agréable » ⚬━ – **R** conseillée – ⅁Ᏸ ⚒
18,8 ha (555 empl.) plat, sablonneux ⊏⊐ ⚚⚚
▥ ᵬ ⬝ ⇆ ⬝ ⊙ ⬝ ⬝ ⬝ ⬝ ⬝ – ⬝ ▮ snack ⬝ – ⬝ ⬝ ⬝ ⬝ ⬝ ⬝ ⬝ – A proximité : ⬦
Tarif : 🔲 *piscine et tennis compris 2 pers. 120, pers. suppl. 15 –* 🔲 *17 (6A) 21 (10A)*
Location : 🛏 *1070 à 3460*

▲▲▲ *Les Grands Pins* fermé 16 déc.-14 fév.
    ℰ 05 58 78 61 74, Fax 05 58 78 69 15 – O : 1,4 km rte du lac, près de l'étang de Cazaux – ⚬━ –
R conseillée juil.-août – ⅁Ᏸ ⚒
9 ha (345 empl.) plat, sablonneux, herbeux ⊏⊐ ⚚⚚ pinède
ᵬ ⬝ ⇆ ⬝ ⊙ ⬝ ⬝ – ⬝ ▮ snack ⬝ – ⬝ ⬝ ⬝ ⬝ ⬝ ⬝ – A proximité : ⬦ ⬝
Tarif : 🔲 *piscine comprise 1 ou 2 pers. 139 (159 avec élect.), pers. suppl. 15*
Location : 🛏 *1800 à 3555 –* 🏠 *1100 à 3760 – bungalows toilés*

29250 Finistère **3** – **58** ⑤ – 2 208 h. alt. 10.
Paris 561 – Brest 62 – Landivisiau 25 – Morlaix 24 – Plouescat 14 – Roscoff 5 – St-Pol-de-Léon 4.

▲ *Municipal du Dossen* 15 juin-août
    ℰ 02 98 29 75 34 – O : 2,6 km près de la plage du Dossen – ⟲ « Cadre sauvage près d'une belle plage de sable blanc » ⚬━ juil.-août – **R** – ⚒
4 ha (100 empl.) plat, peu incliné, vallonné, herbeux, sablonneux, dunes, bois attenant
ᵬ ⬝ ⇆ ⬝ ⬝ ⊙ ⬝ – A proximité : ⬦
Tarif : (Prix 1999) ⚹ *9 –* ⬝ *5 –* 🔲 *8 –* 🔲 *12*

21590 Côte-d'Or **11** – **70** ① – 1 008 h. alt. 225.
🅱 Office de Tourisme gare S.N.C.F. ℰ 03 80 20 63 15, Fax 03 80 20 65 98.
Paris 330 – Autun 40 – Beaune 18 – Chalon-sur-Saône 23 – Le Creusot 28 – Dijon 62 – Dole 82.

▲▲ *Les Sources* 15 avril-oct.
    ℰ 03 80 20 66 55, Fax 03 80 20 67 36 – SO : 1 km par rte de Cheilly-les-Maranges, près du centre thermal – ⩽ « Entrée fleurie » ⚬━ juin-sept. – **R** conseillée juil.-août – ⅁Ᏸ ⚒
2,5 ha (130 empl.) peu incliné et plat, herbeux ⚘
ᵬ ⬝ ⇆ ⬝ ⬝ ⊙ ⬝ ⬝ – ⬝ snack ⬝ – ⬝ – A proximité : ⬝ ⬝
Tarif : ⚹ *22,50 piscine comprise –* ⬝ *13,50 –* 🔲 *25 –* 🔲 *19,50 (6A)*

Principauté d'Andorre – **86** ⑭ – voir à Andorre.

40120 Landes **IB** – **79** ⑪ – 940 h. alt. 90.
Paris 689 – Barbotan-les-Thermes 29 – Captieux 32 – Labrit 22 – Mont-de-Marsan 25.

▲ *Municipal* avril-oct.
    à l'Est du bourg, près d'un plan d'eau – ⟲ – **R**
1 ha (50 empl.) non clos, plat, herbeux, sablonneux ⚚⚚ pinède
ᵬ ⬝ ⇆ ⬝ ⬝ ⊙ – A proximité : parcours de santé ⬝ ⬝
Tarif : (Prix 1999) ⚹ *9 tennis compris –* ⬝ *4 –* 🔲 *12 –* 🔲 *10 (5A) 20 (10A)*
Location : 🏠

64310 Pyr.-Atl. **IB** – **85** ② G. Aquitaine – 2 054 h. alt. 70.
Paris 799 – Biarritz 26 – Cambo-les-Bains 19 – Pau 140 – St-Jean-de-Luz 14 – St-Pée-sur-Nivelle 9.

▲ *La Petite Rhune* mai-20 sept.
    ℰ 05 59 54 23 97, Fax 05 59 54 23 42 – S : 2 km sur rte reliant D 406 et D 306 – ⟲ ⩽ ⚬━ –
R conseillée juil.-août – ⚒
1,5 ha (56 empl.) peu incliné, herbeux ⚘
⬝ ⇆ ⬝ ⬝ ⬝ ⊙ ⬝ – ⬝ ⬝ – A proximité : ▮ ✗
Tarif : 🔲 *2 pers. 73, pers. suppl. 19 –* 🔲 *17 (6A)*
Location *(permanent) : gîte d'étape*

▲ *Goyenetche* juil.-10 sept.
    ℰ 05 59 54 21 71 – S : 3,5 km par D 306 rte des grottes, bord d'un ruisseau – ⩽ – **R** conseillée
– ⚒
1 ha (70 empl.) plat, herbeux ⚘
⬝ ⇆ ⬝ ⬝ ⊙ ⬝
Tarif : ⚹ *13 –* ⬝ *7 –* 🔲 *13 –* 🔲 *13 (16A)*

24200 Dordogne 🔢 – 🔢 ⑰ G. Périgord Quercy – 9 909 h. alt. 145.

🛈 Office de Tourisme pl. Liberté ℘ 05 53 59 27 67, Fax 05 53 59 19 44 et (juil.-août) av. Gén.-de-Gaulle ℘ 05 53 59 18 87.

Paris 530 – Bergerac 73 – Brive-la-Gaillarde 51 – Cahors 62 – Périgueux 67.

▲▲▲ **La Palombière** mai-15 sept.
℘ 05 53 59 42 34, Fax 05 53 28 45 40 ✉ 24200 Ste-Nathalène – NE : 9 km – ⚲ ⊶ – **R** indispensable 10 juil.-20 août – GB ⚙
8,5 ha/4 campables (170 empl.) peu incliné et en terrasses, pierreux, herbeux 🔲 ৭৭
& ⚖ ⏚ 🖫 ৯ 🍴 ⊘ 🖸 – 🖳 🍷 ✕ ৯ – ⌂ 🚲 ⚙ 🏊 ⚓
Tarif : ★ 36,40 piscine comprise – 🄴 51,80 – 🄹 17,10 (4 à 6A)
Location : 🏠 1695 à 3710

▲▲▲ **Les Grottes de Roffy** mai-25 sept.
℘ 05 53 59 15 61, Fax 05 53 31 09 11 ✉ 24200 Ste-Nathalène – E : 8 km – ⚲ ≼ « Cadre agréable » ⊶ – **R** conseillée juil.-août – GB ⚙
5 ha (166 empl.) en terrasses, herbeux 🔲 ৭
& ⚖ ⏚ 🖫 ৯ 🖸 ⊘ 🖸 – 🖳 🍷 ✕ ৯ – ⌂ 🚲 ⚙ ⚓
Tarif : ★ 38,30 piscine comprise – 🄴 49,50 – 🄹 18 (6A)

▲▲▲ **Aqua Viva** Pâques-sept.
℘ 05 53 31 46 00, Fax 05 53 29 36 37 ✉ 24200 Carsac-Aillac – SE : 7 km, bord de l'Enéa et d'un petit étang – ⚲ « Cadre agréable » ⊶ – **R** conseillée juil.-août – GB ⚙
11 ha (186 empl.) plat, accidenté et en terrasses, herbeux ৭৭
🖿 & ⚖ ⏚ 🖫 ৯ ⊘ 🖸 – 🖳 🍷 snack ৯ – ⌂ 🚲 ⚙ ⚓ ⚓ mini-tennis, piste de bi-cross
Tarif : ★ 35 piscine comprise – 🄴 50 – 🄹 14 (3A) 18 (6A) 24 (10A)
Location : 🏠 1200 à 4400

▲▲▲ **Le Moulin du Roch** 21 avril-17 sept.
℘ 05 53 59 20 27, Fax 05 53 59 20 95 ✉ 24200 St-André-d'Allas – NO : 10 km par D 47, rte des Eyzies-de-Tayac, bord d'un ruisseau (hors schéma) « Cadre agréable » ⊶ ⚙ – **R** conseillée saison – ⚙
7 ha/5 campables (195 empl.) plat, peu incliné et en terrasses, herbeux, petit étang 🔲 ৭৭
🖿 & ⚖ ⏚ 🖫 ৯ ⊘ ৯ 🖸 – 🖳 🍷 ✕ snack ৯ – ⌂ 🚲 ⚙ ⚓ ⚓
Tarif : 🄴 piscine comprise 2 pers. 130 – 🄹 20 (6A)
Location : 🏠 1350 à 3700 – bungalows toilés

▲▲▲ **La Châtaigneraie** juin-15 sept.
℘ 05 53 59 03 61, Fax 05 53 29 86 16 ✉ 24370 Prats-de-Carlux – E : 10 km – ⚲ « Cadre agréable » ⊶ – **R** conseillée juil.-15 août – GB ⚙
9 ha (140 empl.) en terrasses, plat, herbeux, sablonneux 🔲 ৭৭
& ⚖ ⏚ 🖫 ৯ ⊘ 🖸 – 🖳 🍷 snack ৯ – ⌂ 🚲 ⚙ ⚓ ⚓ piste de bi-cross, parcours sportif
Tarif : ★ 31 piscine comprise – 🄴 41 – 🄹 17 (6A)
Location : 🏠 1550 à 3300

▲▲▲ **Les Périères** avril-sept.
℘ 05 53 59 05 84, Fax 05 53 28 57 51 ✉ 24203 Sarlat-la-Canéda Cedex – NE : 1 km – ⚲ ≼ « Cadre agréable, entrée fleurie » ⊶ – **R** conseillée saison – ⚙
11 ha/4 campables (100 empl.) en terrasses, herbeux ৭৭
& ⚖ ⏚ 🖫 ৯ ⊘ ৯ 🖸 🖸 – 🍷 snack – ⌂ ⚓ 🚲 ⚙ ⚓ ⚓ parcours sportif
Tarif : 🄴 élect. et piscine comprises 2 pers. 172, 3 pers. 186
Location : maisonnettes

▲▲▲ **Le Montant** début mai-fin sept.
℘ 05 53 59 18 50, Fax 05 53 59 37 73 – SE : 2 km par D 57, rte de Bergerac puis 2,3 km par chemin à droite – ⚲ ≼ « Cadre agréable et entrée fleurie » ⊶ – **R** conseillée juil.-août – ⚙
5 ha (70 empl.) en terrasses, herbeux 🔲 ৭
& ⚖ ⏚ 🖫 ⏚ ⊘ ৯ 🖸 🖸 – 🍷 – ⌂ ⚓ 🚲 ⚙ ⚓ terrain omnisports
Tarif : ★ 26,50 piscine comprise – 🄴 32,50 – 🄹 15 (3A) 18 (6A) 22 (10A)
Location (permanent) : 🏠 1700 à 3500

▲▲▲ **Maillac** 15 mai-sept.
℘ 05 53 59 22 12, Fax 05 53 29 60 17 ✉ 24200 Ste-Nathalène – NE : 7 km – ⚲ ⊶ – **R** conseillée – ⚙
4 ha (160 empl.) plat, peu incliné, herbeux, sablonneux 🔲 ৭৭
& ⚖ ⏚ 🖫 ⏚ ⊘ ৯ 🖸 🖸 – 🖳 🍷 snack ৯ – ⌂ 🚲 ⚙ ⚓ ⚓
Tarif : ★ 25 piscine comprise – 🄴 30 – 🄹 17 (6A)
Location : 🏠 2500 à 3000

▲▲▲ **Les Chênes Verts** mai-sept.
℘ 05 53 59 21 07, Fax 05 53 31 05 51 ✉ 24370 Calviac-en-Périgord – SE : 8,5 km – ⚲ « Cadre agréable » ⊶ – **R** conseillée juil.-août – ⚙
8 ha (123 empl.) plat, peu incliné, en terrasses, herbeux 🔲 ৭৭
& ⚖ ⏚ 🖫 ⏚ ⊘ ৯ 🖸 – 🖳 🍷 ৯ – ⌂ 🚲 ⚙
Tarif : ★ 25 piscine comprise – 🄴 42 – 🄹 18 (6A)
Location (avril-sept.) 🏠 1200 à 3590 – 🏠 1200 à 3950

▲▲▲ **Le Val d'Ussel** 29 avril-23 sept.
℘ 05 53 59 28 73, Fax 05 53 29 38 25 ✉ 24200 Proissans – N : 5 km par D 704 puis 3,5 km par rte de Proissans à droite, bord d'un étang (hors schéma) – ⚲ ⊶ – **R** conseillée juil.-août – GB ⚙
7 ha (175 empl.) plat, peu incliné et en terrasses, herbeux 🔲 ৭
& ⚖ ⏚ 🖫 ⏚ ⊘ ৯ 🖸 – 🖳 🍷 ✕ ৯ – ⌂ 🚲 ⚙ ⚓ ⚓
Tarif : ★ 30 piscine comprise – 🄴 40 – 🄹 12 (4A) 18 (6A) 23 (10A)
Location : 🏠 1200 à 3350 – 🏠 1100 à 3150 – bungalows toilés

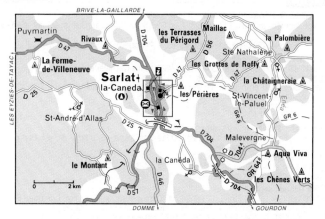

▲▲ **La Ferme de Villeneuve** 15 avril-oct.
𝄞 05 53 30 30 90, Fax 05 53 30 24 44 ✉ 24200 St-André-d'Allas – NO : 8 km par D 47, rte des
Eyzies-de-Tayac et rte à gauche – Ⓜ ⌖ ≤ ⚬ₘ – **R** conseillée juil.-20 août – ⚬⚲
2,5 ha (100 empl.) en terrasses, incliné, herbeux ⌂ ⚌ (0,5 ha)
⚒ ⚏ ⚍ ⚐ ⚑ ⚒ ⚏ ⚍ – ♈ – ⚒⚍
Tarif : ⚱ 24 piscine comprise – ▣ 25 – ⓖ 14 (6A)
Location ⚋ : ⚏ 800 à 1600 – ⚏⚏ 1600 à 2700

▲▲ **Les Terrasses du Périgord** mai-sept.
𝄞 05 53 59 02 25, Fax 05 53 59 16 48 ✉ 24200 Proissans – NE : 2,8 km – ⌖ ≤ « Site agréable »
⚬ₘ – **R** conseillée juil.-août – ⊖Ⓑ ⚬⚲
3,5 ha (61 empl.) en terrasses, plat, herbeux ⌂ ⚐
⚒ ⚏ ⚍ ⚐ ⚑ ⚒ ⚏ ⚍ – ⚌ ⚍ – ♈ – ⚒⚍ ⚍ ⚍ ₘ ⚒
Tarif : ⚱ 26,50 piscine comprise – ▣ 38 – ⓖ 18 (6A) 20 (10A) 25 (16A)
Location : ⚏⚏ 1100 à 3000

▲▲ **Les Charmes** vacances de printemps-15 oct.
𝄞 05 53 31 02 89, Fax 05 53 31 06 32 ✉ 24200 St-André d'Allas – O : 10 km par D 47, rte des
Eyzies-de-Tayac puis 2,8 km par rte à gauche et D 25 à gauche (hors schéma) – ⌖ ⚬ₘ – **R** conseillée
1er-15 août – ⚬⚲
5,5 ha/1,8 campable (100 empl.) plat et peu incliné, en terrasses, herbeux ⌂ ⚐⚐ (1 ha)
⚒ ⚏ ⚍ ⚐ ⚑ ⚒ ⚏ ⚍ – ♈ – ⚒
Tarif : ⚱ 21,75 piscine comprise – ▣ 22,50 – ⓖ 14 (4A)
Location : ⚏ 800 à 1900

▲ **Rivaux** avril-1er oct.
𝄞 05 53 59 04 41 – NO : 3,5 km par D 47, rte des Eyzies-de-Tayac – ≤ ⚬ₘ – **R** – ⚬⚲
4 ha (100 empl.) plat, peu incliné et accidenté, herbeux ⌂ ⚐⚐ (1 ha)
⚒ ⚏ ⚍ ⚐ ⚑ ⚒ ⚍ – ⚒⚍
Tarif : ⚱ 20 – ▣ 20 – ⓖ 9 (2A) 14 (6A)

SARZEAU

56370 Morbihan ❸ – ⑥⑨ ⑬ G. Bretagne – 4 972 h. alt. 30.
🅑 Office de Tourisme Centre Bourg, Bâtiment des Trinitaires 𝄞 02 97 41 82 37, Fax 02 97 41 74 95.
Paris 479 – Nantes 112 – Redon 62 – Vannes 23.

▲▲ **Le Bohat** 15 mai-15 sept.
𝄞 02 97 41 78 68, Fax 02 97 41 70 97 – O : 2,8 km – ⌖ ⚬ₘ ⚋ – **R** conseillée juil.-août – ⊖Ⓑ ⚬⚲
4,5 ha (225 empl.) non clos, plat, herbeux ⚐ verger (2 ha)
⚒ ⚏ ⚍ ⚐ ⚑ ⚒ ⚏ ⚍ ⚐ ⚑ ⚒ – ⚌ ♈ – ⚒⚍ ⚍ ⚒
Tarif : ⚱ 29 piscine comprise – ▣ 54 – ⓖ 16 (10A)

▲▲ **Le Treste** 30 avril-12 sept.
𝄞 02 97 41 79 60, Fax 02 97 41 36 21 – S : 2,5 km, rte du Roaliguen – ⚬ₘ juil.-août – **R** conseillée
juil.-août – ⊖Ⓑ ⚬⚲
2,5 ha (185 empl.) plat, herbeux
⚒ ⚏ ⚍ ⚐ ⚑ ⚒ ⚏ ⚍ – ⚌ ♈ – ⚒ ⚒⚍
Tarif : ⚱ 27 piscine comprise – ▣ 51 – ⓖ 13 (4A) 16 (6A) 19 (8A)
Location : ⚏ 1000 à 2000 – ⚏⚏ 1300 à 3200

▲▲ **La Madone** juin-15 sept.
𝄞 02 97 67 33 30 – SE : 8,5 km par D 198, rte de la Pointe de Penvins – ⌖ « Manoir du 13e siècle »
⚬ₘ – **R** conseillée – ⚬⚲
7 ha (350 empl.) plat, herbeux ⌂ ⚐⚐
⚒ ⚏ ⚍ ⚐ ⚑ ⚒ ⚏ ⚍ ⚐ ⚑ ⚒ – ♈ – ⚋
Tarif : ⚱ 20 – ▣ 50 – ⓖ 17 (6A)

⚠ **Municipal de Penvins** avril-sept.
  𝒫 02 97 67 33 96 – SE : 9 km par D 198 – ⌂ « Accès direct à la plage de la Pointe de Penvins »
  o— – **R** – ⚐
  2,5 ha (125 empl.) plat, herbeux, terrasse, sablonneux
  ₰ 🔥 ♨ 🏕 🚽 〰 ⊕ 🖥 – A proximité : ☕ ◐
  Tarif : ⚡ *17,50* – 🔲 *25* – [z] *12 (6A)*

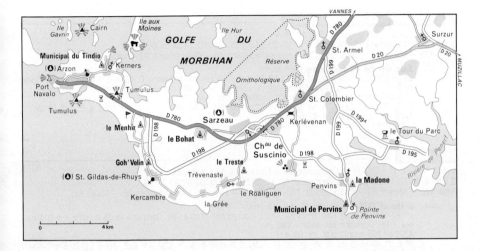

Voir aussi à Arzon et Surzur

SATILLIEU

07290 Ardèche 🔟 – 7️⃣6️⃣ ⑨ – 1 818 h. alt. 485.
Paris 546 – Annonay 13 – Lamastre 36 – Privas 90 – St-Vallier 21 – Tournon-sur-Rhône 30 – Valence 47 – Yssingeaux 55.

⚠ **Municipal le Grangeon** juil.-août
  𝒫 04 75 34 96 41 – SO : 1,1 km par D 578ᴬ, rte de Lalouvesc et à gauche – ⩹ « Au bord de l'Ay »
  o— – **R** – ⚐
  1 ha (52 empl.) en terrasses, herbeux ⌑
  ₰ 🔥 ♨ 🖥 🚽 ⊕ ⚐ ⟲ – ☕ snack – 🍴 – A proximité : ≋ (plan d'eau aménagé)
  Tarif : ⚡ *12* – 🚗 *8* – 🔲 *10/12* – [z] *16 (5A)*

SAUGUES

43170 H.-Loire 🔟 – 7️⃣6️⃣ ⑯ G. Auvergne – 2 089 h. alt. 960.
Paris 535 – Brioude 51 – Mende 72 – Le Puy-en-Velay 43 – St-Chély-d'Apcher 43 – St-Flour 55.

⚠⚠ **Sporting de la Seuge** 15 juin-15 sept.
  𝒫 04 71 77 80 62 – sortie Ouest par D 589, rte du Malzieu-Ville et à droite, bord de la Seuge et près de deux plans d'eau et d'une pinède – ⩹ o— – **R** conseillée juil.-août – ⚐
  3 ha (112 empl.) plat, herbeux, pierreux ⚘
  ▦ ₰ 🔥 ♨ 🖥 🏕 🚽 ⊕ ⚐ 🖥 – 🍴 ✂ – A proximité : parcours sportif ▨ ≋ 🐎
  Tarif : (Prix 1999) ⚡ *17* – 🚗 *9* – 🔲 *10/25* – [z] *12 (10A)*
  Location : *gîte d'étape*

SAULIEU

21210 Côte-d'Or 7️⃣ – 6️⃣5️⃣ ⑰ G. Bourgogne – 2 917 h. alt. 535.
🅱 Office de Tourisme 24 r. d'Argentine 𝒫 03 80 64 00 21, Fax 03 80 64 21 96.
Paris 247 – Autun 40 – Avallon 38 – Beaune 64 – Clamecy 76 – Dijon 76.

⚠⚠ **Municipal le Perron** avril-20 oct.
  𝒫 03 80 64 16 19 – NO : 1 km par N 6, rte de Paris, près d'un étang – o— – **R** conseillée saison – 🆎 ⚐
  8 ha (157 empl.) plat et peu incliné, herbeux
  ▦ ₰ 🔥 ♨ 🖥 🏕 🚽 〰 🖥 – ⚑ 🚲 ✂ 🔥 ⟲
  Tarif : (Prix 1999) 🔲 *piscine et tennis compris 2 pers. 62, pers. suppl. 15* – [z] *15 (10A)*
  Location : *huttes*

SAULT

84390 Vaucluse 🔲🟦 – 🟦🟦 ⑭ G. Alpes du Sud – 1 206 h. alt. 765.
🅱 Office de Tourisme av. Promenade ℘ 04 90 64 01 21, Fax 04 90 64 15 03.
Paris 722 – Aix-en-Provence 81 – Apt 31 – Avignon 68 – Carpentras 42 – Digne-les-Bains 93 – Gap 100.

    △ **Municipal du Deffends** mai-sept.
        ℘ 04 90 64 07 18 – NE : 1,7 km par D 950, rte de St-Trinit, au stade – 🅁
        9 ha (100 empl.) plat et peu incliné, pierreux 🟤🟤
        🖦 🏠 ⊕ – A proximité : ✆ 🏊
        Tarif : ✹ 15 – 🔲 12 – 🔋 11 (6 ou 10)

SAULXURES-SUR-MOSELOTTE

88290 Vosges 🟦 – 🟦🟦 ⑰ – 3 211 h. alt. 464.
🅱 Office de Tourisme r. Jeanne-d'Arc ℘ 03 29 24 52 13, Fax 03 29 24 56 66.
Paris 428 – Épinal 45 – Gérardmer 26 – Luxeuil-les-Bains 45 – Remiremont 20 – Vesoul 74.

    △△ **Lac de la Moselotte** Permanent
        ℘ 03 29 24 56 56, Fax 03 29 24 58 31 – O : 1,5 km sur ancienne D 43 – ❮ « Dans un site boisé
        au bord d'un lac et près d'une Base de Loisirs » ⚬🗝 – 🅁 conseillée – 🆖 ⚥
        23 ha/3 campables (75 empl.) plat, herbeux, pierreux 🗂
        🍳 🖦 🏠 ↻ 🗂 🖳 🏠 ⊕ – 🍴 – 🍷 – 🏠 🕻 salle d'animation – A proximité : 🚴 🏊 (plage)
        Tarif : ✹ 22 – 🔲 22 – 🔋 22 (10A)
        Location : 🏠1680 à 3180 – huttes

SAUMUR

49400 M.-et-L. 🟦 – 🟦🟦 ⑫ G. Châteaux de la Loire – 30 131 h. alt. 30.
🅱 Office de Tourisme pl. de la Bilange ℘ 02 41 40 20 60, Fax 02 41 40 20 69.
Paris 322 – Angers 67 – Châtellerault 77 – Cholet 70 – Le Mans 123 – Poitiers 93 – Tours 66.

    △△△ **L'Île d'Offard** fermé 16 déc.-14 janv.
        ℘ 02 41 40 30 00, Fax 02 41 67 37 81 – accès par centre ville, dans une île de la Loire – ❮ château
        ⚬🗝 – 🅁 conseillée juil.-août – 🆖 ⚥
        4,5 ha (258 empl.) plat, herbeux 🌳
        🍳 🖦 🏠 ↻ 🗂 🏠 ⊕ 🅿 🗂 🖳 🏠 – 🍴 🍷 brasserie 🚿 – 🏠 🕻 🚴 🏊 🏓 – 🏊 🏊 (olympique)
        – A proximité : ✆
        Tarif : 🔲 piscine comprise 2 pers. 110 – 🔋 18 (10A)
        Location : 🛏

à St-Hilaire-St-Florent NO : 2 km – ✉ 49400 Saumur :

    △△△△ **Chantepie** mai-15 sept.
        ℘ 02 41 67 95 34, Fax 02 41 67 95 85 – NO : 5,5 km par D 751, rte de Gennes et chemin à gauche,
        à la Mimerolle – 🗝 ❮ vallée de la Loire ⚬🗝 – 🅁 conseillée juil.-août – 🆖 ⚥
        10 ha/5 campables (150 empl.) plat, herbeux 🗂
        🍳 🖦 🏠 ↻ 🗂 🏠 ⊕ 🅿 🗂 🖳 – 🍴 🍷 snack 🚿 – 🏠 🕻 🚴 🏊 🏓 – 🏊 poneys, piste de bi-cross
        Tarif : ✹ 27,50 piscine comprise – 🔲 64,50 – 🔋 18 (5A)
        Location : 🏠 1800 à 3500 – bungalows toilés

SAUVE

30610 Gard 🔲🟦 – 🟦🟦 ⑰ – 1 606 h. alt. 103.
Paris 750 – Alès 28 – Anduze 17 – Nîmes 39 – Quissac 6 – Le Vigan 38.

    △△ **Domaine de Bagard** avril-sept.
        ℘ 04 66 77 55 99, Fax 04 66 77 00 88 – SE : 1,2 km par D 999, rte de Nîmes et chemin à droite,
        bord du Vidourle – 🗝 ⚬🗝 – 🅁 conseillée – 🆖 ⚥
        12 ha/6 campables (96 empl.) plat, herbeux, pierreux 🗂 🟤🟤
        🍳 🖦 🏠 ↻ 🗂 🏠 ⊕ 🅿 🗂 🖳 – 🍷 ✗ 🚿 – 🏠 🕻 🏊 ✆ 🏊
        Tarif : (Prix 1999) 🔲 élect. comprise 2 pers. 135, pers. suppl. 25
        Location (juin-déc.) 🏠 1950 à 3950 – 🏠1100 à 4250 – gîtes

SAUVESSANGES

63840 P.-de-D. 🟦🟦 – 🟦🟦 ⑰ – 601 h. alt. 910.
Paris 478 – Ambert 32 – La Chaise-Dieu 28 – Craponne-sur-Arzon 8 – Montbrison 45 – St-Étienne 56.

    △ **Municipal le Bandier** avril-oct.
        SE : 2 km par D 251, rte d'Usson-en-Forez, près du stade et à 100 m de l'Ance – Places limitées
        pour le passage 🗝 ⚬🗝 saison – 🅁 conseillée – ⚥
        1,5 ha (23 empl.) plat, herbeux 🗂
        🖦 🏠 ↻ 🏠 ⊕ 🗂 – 🏠 🕻
        Tarif : ✹ 8 – 🚗 3,50 – 🔲 10 – 🔋 7 (10A)

This Guide is not intended as a list of all the camping sites in France ;
its aim is to provide a selection of the best sites in each category.

SAUVETERRE-DE-BÉARN

64390 Pyr.-Atl. **13** – **85** ④ G. Aquitaine – 1 366 h. alt. 69.
⊟ Syndicat d'Initiative pl. Royale ☏ 05 59 38 58 65, Fax 05 59 38 94 82 et Mairie ☏ 05 59 38 50 17, Fax 05 59 38 94 32.
Paris 783 – Bayonne 58 – Mauléon-Licharre 26 – Oloron-Ste-Marie 41 – Orthez 20 – Peyrehorade 26.

⚠ **Municipal le Gave** juin-sept.
☏ 05 59 38 53 30 – sortie Sud par D 933, rte de St-Palais puis chemin à gauche avant le pont, bord du Gave d'Oloron – ⌒ ⌀ – **R** conseillée juil.-15 août – ⚲
1,5 ha (55 empl.) plat, herbeux ⚘⚘
⚒ ⇔ ⛺ ⊕ ⚐ ⛟
Tarif : ⚹ 10,30 – ⚗ 14,50 – ▣ 7,20/10,90 – ⚡ 13 (6A) et 2,20 par ampère suppl.

SAUVETERRE DE GUYENNE

33540 Gironde **14** – **75** ⑫ – 1 715 h. alt. 91.
Paris 611 – Bergerac 59 – Langon 23 – Libourne 33 – La Réole 21.

⚠ **Municipal** Permanent
☏ 05 56 71 56 95 – au Sud du bourg par bd du 11-novembre (en sens giratoire), à l'ancienne gare – ⌀ – **R** conseillée
0,5 ha (25 empl.) non clos, plat, pierreux, herbeux ⛉ ⚘
⚓ ⚒ ⇔ ▦ ⛺ ⊕ ⚐ ⛟ ⛻ – A proximité : ⚽ ⚲
Tarif : ⚹ 12,60 – ▣ 15,80/17,90 – ⚡ 13,70 moins de (3A) 20 plus de (3A)

De gids wordt jaarlijks bijgewerkt.
Doe als wij, vervang hem, dan blijf je bij.

SAUVETERRE-LA-LÉMANCE

47500 L.-et-G. **14** – **79** ⑥ – 685 h. alt. 100.
Paris 588 – Agen 68 – Fumel 16 – Monflanquin 29 – Puy-l'Évêque 17 – Villefranche-du-Périgord 9.

⛰ **Moulin du Périé** 5 mai-24 sept.
☏ 05 53 40 67 26, Fax 05 53 40 62 46 – E : 3 km par rte de Loubejac, bord d'un ruisseau – ⌒ ⌀ – **R** conseillée juil.-août – ⏷B ⚲
4 ha (125 empl.) plat, herbeux ⛉ ⚘⚘ peupleraie
⚓ ⚒ ⇔ ▦ ⚖ ⛺ ⊕ ⛻ ▥ – ⚖ ⚲ ✗ – ⚽ ⚲ ⛵ (petit étang)
Tarif : ⚹ 35 piscine comprise – ▣ 47,50 – ⚡ 20,50 (6A)
Location ⚘ : ⛞ 1000 à 3400 – ⛫ 1300 à 3800

SAUVIAN

34410 Hérault **15** – **83** ⑮ – 3 178 h. alt. 4.
Paris 775 – Agde 24 – Béziers 9 – Narbonne 30 – Valras-Plage 7.

⚠ **Municipal** 15 avril-14 sept.
☏ 04 67 32 33 16 – sortie Ouest, av. du Stade – ⌀ – **R** conseillée 15 juil.-20 août – ⚲
1 ha (70 empl.) plat, herbeux ⛉ ⚘
⚒ ⚶ ⊕
Tarif : (Prix 1999) ▣ 1 ou 2 pers. 60, pers. suppl. 20 – ⚡ 16 (6A)

SAUXILLANGES

63490 P.-de-D. **11** – **73** ⑮ G. Auvergne – 1 109 h. alt. 460.
Paris 464 – Ambert 47 – Clermont-Ferrand 49 – Issoire 13 – Thiers 46 – Vic-le-Comte 20.

⚠ **Municipal les Prairies** 15 juin-15 sept.
☏ 04 73 96 86 26 – sortie Ouest rte d'Issoire et à gauche, bord de l'Eau Mère et à 100 m d'un étang – ⌒ ⌀ – **R** conseillée 15 juil.-15 août – ⚲
1,5 ha (72 empl.) plat, herbeux ⛉ ⚘⚘
⚓ ⚒ ⇔ ▦ ⛺ ⊕ ⚖ – A proximité : poneys ⚘ ⚲
Tarif : ⚹ 20 piscine comprise – ▣ 27 – ⚡ 13,50 (5A)

Le SAUZÉ-DU-LAC

05160 H.-Alpes **17** – **81** ⑦ – 72 h. alt. 1 052.
Paris 704 – Barcelonnette 35 – Digne-les-Bains 73 – Gap 40 – Guillestre 44.

⚠ **La Palatrière** mai-sept.
☏ 04 92 44 20 98 – réservé aux tentes, S : 4,6 km par D 954 – ⌒ ≤ « Belle situation dominant le lac de Serre-Ponçon » ⌀ – **R** conseillée
3 ha (15 empl.) en terrasses, pierreux, herbeux ⚘
⚓ ⚒ ▦ ⛺ ⚶ ⊕ ▥ – ⚶ snack – ⛞ ⚽
Tarif : ⚹ 25 – ▣ 30 – ⚡ 15 (12A)
Location (fév.-nov.) ⛫ 1550 à 3450

SAVENAY

44260 Loire-Atl. **4** – **63** ⑮ – 5 314 h. alt. 49.
Paris 415 – La Baule 40 – Nantes 40 – Redon 44 – St-Nazaire 26.

⚠ *Municipal du Lac* 13 mai-5 sept.
℘ 02 40 58 31 76 – E : 1,8 km par rte de Malville, près du lac et d'une forêt – ⌁ ≤ o━ – **R** – ⚘
1 ha (91 empl.) en terrasses, herbeux ⚲
♿ ⛺ ⇆ ⛁ ☷ ⊕ ⚲ ⊽ ▣ – A proximité : golf ⚑ crêperie ✖ ☒ ⊒
Tarif : ⚹ *15 piscine comprise* – ⇔ *5* – ▣ *12 (18 avec élect. 5A)*

SAVERNE

67700 B.-Rhin **8** – **57** ⑱ G. Alsace Lorraine – 10 278 h. alt. 200.
☐ Office de Tourisme Zone Piétonne 37 Grand'Rue ℘ 03 88 91 80 47, Fax 03 88 71 02 90.
Paris 449 – Lunéville 84 – St-Avold 84 – Sarreguemines 64 – Strasbourg 39.

⚠ *Municipal* avril-sept.
℘ 03 88 91 35 65 – SO : 1,3 km par D 171, rte du Haut-Barr et r. Knoepffler à gauche – ≤ o━ – **R** conseillée juil.-15 août – ⊖ ⚲
2,1 ha (144 empl.) plat, peu incliné, herbeux ⚲
▥ ♿ ⛺ ⇆ ⛁ ☷ ⊕ ⚘ ▣ – ⚐ ✦ – A proximité : ⛰ (centre équestre et poneys) ✖
Tarif : (Prix 1999) ⚹ *14* – ▣ *13/19* – ⒣ *11 à 49 (2 à 10A)*

SAVIGNY-LÈS-BEAUNE

21 Côte-d'Or – **69** ⑨ – rattaché à Beaune.

SAZERET

03390 Allier **11** – **69** ⑬ – 153 h. alt. 370.
Paris 354 – Gannat 44 – Montluçon 41 – Montmarault 4 – Moulins 48 – St-Pourçain-sur-Sioule 31.

⚠ *La Petite Valette* avril-oct.
℘ 04 70 07 64 57, Fax 04 70 07 25 48 – NE : 3,6 km par D 243, rte de St-Marcel et rte des Deux-Chaises puis 1,8 km par rte à gauche et chemin à droite, Par A 71 sortie 11 puis 1 km par D 46 et 4 km par chemin à gauche, Z.A. la Plume – ⌁ o━ – **R** conseillée juil.-août – ⊖
4 ha (55 empl.) plat, peu incliné, herbeux, étang ⌁
♿ ⛺ ⇆ ⛁ ☷ ⊕ ▣ – ⚐ ⚶ ☇ (petite piscine)
Tarif : ⚹ *22* – ▣ *42,50* – ⒣ *16 (6A)*

SCAËR

29390 Finistère **3** – **58** ⑯ – 5 555 h. alt. 190.
☐ Syndicat d'Initiative (juillet-août) Centre Brizeux 6 r. Émile-Zola ℘ 02 98 59 49 37 et (hors saison) Mairie ℘ 02 98 59 42 10.
Paris 548 – Carhaix-Plouguer 38 – Concarneau 28 – Quimper 35 – Quimperlé 25 – Rosporden 14.

⚠ *Municipal de Kérisole* 15 juin-15 sept.
℘ 02 98 57 60 91 – sortie Est par rte du Faouët – ⌁ – **R** – ⚲
4 ha/2,3 campables (83 empl.) peu incliné, herbeux
♿ ⛺ ⇆ ⛁ ☷ ⊕ – ✦ parcours de santé – A proximité : ⊒ ✖ ☇
Tarif : ⚹ *11,50* – ⇔ *7* – ▣ *13* – ⒣ *13 (10A)*

SCIEZ

74140 H.-Savoie **12** – **70** ⑰ – 3 371 h. alt. 406.
☐ Office de Tourisme Capitainerie Port de Sciez ℘ 04 50 72 64 57.
Paris 565 – Abondance 37 – Annecy 70 – Annemasse 25 – Genève 25 – Thonon-les-Bains 9.

⚠ *Le Chatelet* avril-oct.
℘ 04 50 72 52 60 – NE : 3 km par N 5, rte de Thonon-les-Bains et rte du port de Sciez-Plage à gauche, à 300 m de la plage – Places limitées pour le passage ⌁ o━ – **R** conseillée juil.-août – ⊖ ⚲
2,5 ha (121 empl.) plat, herbeux, pierreux
▥ ♿ ⛺ ⛁ ☷ ⊕ ▣ – A proximité : ☇
Tarif : (Prix 1999) ▣ *2 pers. 65, pers. suppl. 24* – ⒣ *13 (4A) 17 (6A)*
Location (permanent) : ⌂ *1490 à 3000*

SECONDIGNY

79130 Deux-Sèvres **9** – **67** ⑰ – 1 907 h. alt. 177.
Paris 393 – Bressuire 27 – Champdeniers 15 – Coulonges-sur-l'Autize 22 – Niort 37 – Parthenay 14.

⚠ *Municipal du Moulin des Effres* juin-15 sept.
℘ 05 49 95 61 97 – sortie Sud par D 748, rte de Niort et chemin à gauche, près d'un plan d'eau – o━ – **R** – ⚲
2 ha (90 empl.) peu incliné, plat, herbeux ⌑ ⚲
♿ ⛺ ⛁ ☷ ⚶ ⊕ ⚘ ▣ – ⊒ – A proximité : ⚑ ✗ ✖ ⌢ ✦
Tarif : ⚹ *14,50* – ⇔ *11* – ▣ *11* – ⒣ *16,50 (6A)*

SEDAN

08200 Ardennes **2** – **53** ⑲ G. Champagne Ardenne – 21 667 h. alt. 154.
🛈 Office de Tourisme parking du Château 𝒫 03 24 27 73 73, Fax 03 24 29 03 28.
Paris 257 – Châlons-en-Champagne 120 – Charleville-Mézières 24 – Luxembourg 106 – Reims 105 – Verdun 80.

⚠ **Municipal** Pâques-15 oct.
  𝒫 03 24 27 13 05 – à la prairie de Torcy, bd Fabert « Sur la prairie de Torcy, au bord de la Meuse (halte fluviale) » •━ – **R** conseillée
  3 ha (130 empl.) plat, herbeux ⚲ (0,5 ha)
  ⅋ 🗻 ⇆ 🗟 ⌂ ☺
  Tarif : ⚗ 15 – 📳 13 (17 avec élect. 5 ou 10A)

SÉEZ

73700 Savoie **12** – **74** ⑱ – 1 662 h. alt. 904.
Paris 669 – Albertville 58 – Bourg-St-Maurice 4 – Moûtiers 31.

⚠ **Le Reclus** Permanent
  𝒫 04 79 41 01 05, Fax 04 79 41 04 79 – sortie Nord-Ouest par N 90, rte de Bourg-St-Maurice, bord du Reclus – ❄ ⩽ •━ – **R** conseillée été-hiver – ⤳
  1,5 ha (108 empl.) peu incliné et en terrasses, herbeux, pierreux ⚲⚲
  ▥ ⅋ 🗻 ⇆ 🗟 ⌂ ☺ 📳 – 🔲
  Tarif : ⚗ 22 (hiver 23) – 📳 20 (hiver 23) – ⚡ 16 (4A) 25 (6A) 40 (10A)

SEIGNOSSE

40510 Landes **13** – **78** ⑰ – 1 630 h. alt. 15.
🛈 Office de Tourisme av. des Lacs 𝒫 05 58 43 32 15, Fax 05 58 43 32 66.
Paris 749 – Biarritz 40 – Dax 31 – Mont-de-Marsan 83 – Soustons 13.

⚠⚠ **La Pomme de Pin** avril-oct.
  𝒫 05 58 77 00 71, Fax 05 58 77 11 47 ✉ 40230 Saubion – SE : 2 km par D 652 et D 337, rte de Saubion – •━ – **R** conseillée juil.-août – ⤳
  5 ha (192 empl.) plat, sablonneux ⚲⚲ pinède
  ⅋ 🗻 ⇆ 🗟 ⊒ ⌂ ⩫ ☺ 📳 – ⬚ ▾ – ⚁
  Tarif : (Prix 1999) 📳 1 ou 2 pers. 59 – ⚡ 19 (6A)

au Penon O : 5 km – ✉ 40510 Seignosse

⚠⚠ **Les Chevreuils** juin-15 sept.
  𝒫 05 58 43 32 80 – N : 3,5 km, sur D 79, rte de Vieux-Boucau-les-Bains – •━ – **R** indispensable 14 juil.-20 août – ⤳
  8 ha (240 empl.) plat, sablonneux ⚲⚲ pinède
  ⅋ 🗻 ⇆ 🗟 ⊒ ⌂ ▾ ✗ ⤸ – ⬚ ⚁ ⚖ ⚄
  Tarif : 📳 piscine et tennis compris 2 pers. 103 – ⚡ 23 (4A) 33 (8A) 43 (13A)
  Location : ⛺ 1500 à 3800

⚠⚠ **Municipal Hourn Naou** avril-1er oct.
  𝒫 05 58 43 30 30, Fax 05 58 41 64 21 – sur D 79E – •━ – **R** conseillée – **GB** ⤳
  20 ha (450 empl.) plat, accidenté, sablonneux ⚲⚲ pinède
  🗻 ⇆ 🗟 ⌂ ⩫ ☺ 📳 – ⬚ ▾ ⤸ – 🔲 – A proximité : ✗
  Tarif : ⚗ 27,50 – 📳 30 – ⚡ 19 (6 ou 8A)

SEILHAC

19700 Corrèze **10** – **75** ⑨ – 1 540 h. alt. 500.
Paris 464 – Aubusson 99 – Brive-la-Gaillarde 33 – Limoges 73 – Tulle 15 – Uzerche 16.

⚠⚠ **Municipal lac de Bournazel** avril-sept.
  𝒫 05 55 27 05 65 – NO : 1,5 km par N 120, rte d'Uzerche puis 1 km à droite, à 100 m du lac – ⩥ ⩽ •━ – **R** conseillée – ⤳
  6,5 ha (155 empl.) en terrasses, pierreux, herbeux 🔲 ⚲
  ▥ ⅋ 🗻 ⇆ 🗟 ⌂ ⩫ ☺ 📳 – ⬚ – 🔲 ⚖ – A proximité : discothèque ▾ snack ⤸ ⚄ ⛩
  Tarif : ⚗ 19 – 📳 17,50/23 – ⚡ 15,50 (6 à 10A)

SEIX

09140 Ariège **14** – **86** ③ G. Midi Pyrénées – 806 h. alt. 523.
Paris 815 – Ax-les-Thermes 77 – Foix 61 – St-Girons 19.

⚠ **Le Haut Salat** Permanent
  𝒫 05 61 66 81 78, Fax 05 61 66 94 17 – NE : 0,8 km par D 3, rte de St-Girons, bord du Salat – ❄ ⩥ ⩽ « Site agréable » •━ – **R** juil.-août – **GB** ⤳
  2,5 ha (127 empl.) plat, herbeux ⚲⚲
  ▥ 🗻 ⇆ ⌂ ☺ 📳 – ▾ – 🔲
  Tarif : ⚗ 22 – 📳 22 – ⚡ 16 (5A) - hiver : 37 (10A)
  Location : ⛺ 1200 à 1700

SÉLESTAT

67600 B.-Rhin 🗗 – 🔢 ⑲ G. Alsace Lorraine – 15 538 h. alt. 170.

🗗 Office de Tourisme Commanderie St-Jean, bd Gén.-Leclerc ℰ 03 88 58 87 20, Fax 03 88 92 88 63.

Paris 436 – Colmar 23 – Gérardmer 66 – St-Dié 44 – Strasbourg 51.

▲ **Municipal les Cigognes** mai-15 oct.
ℰ 03 88 92 03 98 – rue de la 1ʳᵉ D.F.L. – ⚬━ – **R** – ⚲
0,7 ha (48 empl.) plat, herbeux ⚲ (0,3 ha)
🏕 ⇄ 🖃 ⇌ ⊕ 🖳 🔲 – A proximité : 🛠 📷 ⚞
Tarif : (Prix 1999) 🖃 élect. (6 à 10A) comprise
1 à 3 pers. 80, pers. suppl. 20

La SELLE-CRAONNAISE

53800 Mayenne 🗗 – 🔢 ⑨ – 904 h. alt. 71.

Paris 316 – Angers 67 – Châteaubriant 32 – Château-Gontier 30 – Laval 37 – Segré 26.

▲▲ **Base de Loisirs de la Rincerie** Permanent
ℰ 02 43 06 17 52, Fax 02 43 07 50 20 – NO : 4 km par D 111, D 150, rte de Ballob et chemin à gauche, près d'un plan d'eau – ⚲ ≼ « Au bord d'un plan d'eau, avec nombreuses activités nautiques » ⚬━ – **R** – ⚲
120 ha/5 campables (50 empl.) plat, herbeux ☄
🏚 ⚲ 🏕 ⇄ 🖃 ⊕ ⚲ ▽ – 🛒 ⚒ ⚙ 🌡 ⚘ swin-golf
Tarif : 🖃 2 pers. 52 – 🔌 14
Location : bungalows toilés

La SELLE-GUERCHAISE

35130 I.-et-V. 🗗 – 🔢 ⑧ – 121 h. alt. 80.

Paris 327 – Châteaubriant 36 – Craon 23 – La Guerche-de-Bretagne 6 – Laval 37 – Rennes 55.

▲ **Municipal** Permanent
au bourg, derrière la mairie, près d'un petit étang – **R** – ⚲
0,4 ha (15 empl.) plat, herbeux ☄
🏚 ⚲ 🏕 ⇄ ⇌ ⊕ – A proximité : 🛠 ⚘
Tarif : 🛡 10 – 🖃 12 – 🔌 4A : 7 (hiver 10)

SELONGEY

21260 Côte-d'Or 🗗 – 🔢 ② – 2 386 h. alt. 295.

Paris 322 – Châtillon-sur-Seine 74 – Dijon 41 – Langres 38 – Gray 41.

▲ **Municipal les Courvelles** mai-sept.
ℰ 03 80 75 52 38 – au Sud du bourg par rte de l'Is-sur-Tille, près du stade, rue Henri-Jevain – **ℝ** – ⚲
0,3 ha (22 empl.) peu incliné, herbeux
⚲ 🏕 ⇄ ⇌ ⊕ – A proximité : ⚲
Tarif : (Prix 1999) 🛡 9 – 🚗 8 – 🖃 8/9 – 🔌 9 (16A)

SEMBADEL-GARE

43160 H.-Loire 🗗 – 🔢 ⑥.

Paris 515 – Ambert 35 – Brioude 41 – La Chaise-Dieu 6 – Craponne-sur-Arzon 15 – Le Puy-en-Velay 55.

▲ **Municipal les Casses** 15 juin-sept.
O : 1 km par D 22, rte de Paulhaguet, alt. 1 000 – **ℝ** – ⚲
1 ha (24 empl.) incliné et peu incliné, pierreux, herbeux ⚲
⚲ 🏕 ⇄ 🖃 ⇌ ⊕ – 🛠 – A proximité : 🍴 🛠
Tarif : (Prix 1999) 🛡 13 – 🖃 17/20 – 🔌 10 (6A)

SEMUR-EN-AUXOIS

21140 Côte-d'Or 🗗 – 🔢 ⑰ ⑱ G. Bourgogne – 4 545 h. alt. 286.

🗗 Office de Tourisme 2 pl. Gaveau ℰ 03 80 97 05 96, Fax 03 80 97 08 85.

Paris 247 – Auxerre 86 – Avallon 41 – Beaune 82 – Dijon 82 – Montbard 20.

à **Pont-et-Massène** SE : 3,5 km par D 103B – 137 h. alt. 265 – ✉ 21140 Pont-et-Massène :

▲▲ **Municipal du Lac de Pont** mai-15 sept.
ℰ 03 80 97 01 26 – au bourg, accès par le pont, sur D 103ᶻ en direction de Précy-sous-Thil – ≼ « Agréable site boisé, près d'un lac » ⚬━ – **ℝ** – ⚲
2,5 ha (150 empl.) plat, peu incliné, herbeux, bois attenant ☄ ⚲⚲
⚲ 🏕 ⇄ 🖃 🏚 ⚲ ⊕ 🖳 – ⚗ – 🛒 ⚒ ⚙ 🛠 ⚖ (plage) – A proximité : 🍴 🛠
Tarif : 🛡 16 et 4 pour eau chaude – 🚗 9 – 🖃 10 – 🔌 13 (6A)

SÉNAILLAC-LATRONQUIÈRE

46210 Lot **10** – **75** ⑳ – 169 h. alt. 557.
Paris 553 – Aurillac 49 – Cahors 89 – Figeac 32 – Lacapelle-Marival 26 – St-Céré 19 – Sousceyrac 9.

  ▲ *Tolerme* 15 mai-sept.
      ₿ 05 65 40 21 23 – à 1 km à l'Ouest du bourg par chemin, à 100 m du lac de Tolerme – ⅀ ⊶
      juil.-août – **R** – ⅗
      0,8 ha (37 empl.) peu incliné et plat, herbeux ▭
      & 🗊 ⅗ 🖫 🖴 ⊕ ⅗ ▣ – ⅃ – ☖ – A proximité : ↝ ⅏ (plage)
      Tarif : ⋆ *18* – ▣ *20* – [½] *12 (8A)*
      Location : ⌂ *1600 à 2000*

SÉNÉ

56 Morbihan – **63** ③ – rattaché à Vannes.

SÉNERGUES

12320 Aveyron **15** – **80** ② – 608 h. alt. 525.
Paris 617 – Conques 11 – Entraygues-sur-Truyère 16 – Marcillac-Vallon 27 – Rodez 38.

  ▲ *Intercommunal l'Étang du Camp* juin-sept.
      ₿ 05 65 79 62 25 – SO : 6 km par D 242, rte de St-Cyprien-sur-Dourdou, bord d'un étang – ⅀
      « Cadre agréable » ⊶ juil.-août – **R** conseillée juil.-août – ⅗
      3 ha (60 empl.) plat, peu incliné, herbeux ▭ 👭 (0,4 ha)
      & 🗊 ⅗ 🖫 🖴 ⊕ ⅗ ▣ – ☖ ☖ ⚲
      Tarif : ▣ *élect. (6A) comprise 2 pers. 75, pers. suppl. 20*
      Location : *bungalows toilés*

SENONCHES

28250 E.-et-L. **5** – **60** ⑥ – 3 171 h. alt. 223.
🅸 Syndicat d'Initiative 34 pl. de l'Hôtel-de-Ville ₿ 02 37 37 80 11, Mairie ₿ 02 37 37 76 76.
Paris 118 – Chartres 37 – Dreux 38 – Mortagne-au-Perche 42 – Nogent-le-Rotrou 36.

  ▲ *Municipal du Lac* mai-sept.
      ₿ 02 37 37 94 63 – sortie Sud vers Belhomert-Guéhouville, r. de la Tourbière – ⅀ « Au bord de
      deux plans d'eau » – **R**
      0,8 ha (50 empl.) plat, herbeux ▭
      🗊 ⅗ ⅏ ⊕ – A proximité : ⅍ ⅃
      Tarif : ⋆ *7,60 tennis compris* – ⇌ *9,40* – ▣ *9,40* – [½] *14 (4A)*

SENS-DE-BRETAGNE

35490 I.-et-V. **4** – **59** ⑰ – 1 393 h. alt. 85.
Paris 349 – Combourg 20 – Dinan 45 – Dol-de-Bretagne 37 – Rennes 35.

  ▲ *Municipal la Petite Minardais* mai-sept.
      sortie Est par D 794 et à droite avant le carrefour de la N 175, près d'un étang – **R**
      0,25 ha (20 empl.) peu incliné, herbeux
      & 🗊 ⅗ ⅏ ⊕ – ☖ – A proximité : ⅍
      Tarif : (Prix 1999) ⋆ *12* – ⇌ *8* – ▣ *8* – [½] *15 (4A)*

SEPPOIS-LE-BAS

68580 H.-Rhin **8** – **66** ⑨ – 836 h. alt. 390.
Paris 451 – Altkirch 13 – Basel 41 – Belfort 36 – Montbéliard 34.

  ▲▲ *Municipal les Lupins* avril-1ᵉʳ nov.
      ₿ 03 89 25 65 37 – sortie Nord-Est par D 17ᴵᴵ rte d'Altkirch et r. de la gare à droite – ⅀ « Sur le
      site verdoyant de l'ancienne gare » ⊶ – **R** conseillée juil.-août – ▣ ⅗
      3,5 ha (158 empl.) plat, terrasses, herbeux 👭
      ▥ & 🗊 ⅗ 🖫 ☖ ⅗ ⊕ ▣ – ☖ ☖ ⅍ ⅃ – A proximité : ⅍
      Tarif : ⋆ *22 piscine comprise* – ▣ *22* – [½] *20 (6A)*

SERAUCOURT-LE-GRAND

02790 Aisne **2** – **53** ⑭ – 738 h. alt. 102.
Paris 135 – Chauny 23 – Ham 16 – Péronne 28 – St-Quentin 11 – Soissons 56.

  ▲▲ *Le Vivier aux Carpes* 6 janv.-22 déc.
      ₿ 03 23 60 50 10, Fax 03 23 60 51 69 – au Nord du bourg, sur D 321, près de la poste,
      à 200 m de la Somme – ⅀ « Situation agréable en bordure d'étangs » ⊶ – **R** conseillée vacances
      scolaires
      2 ha (60 empl.) plat, herbeux ▭
      ▥ & 🗊 ⅗ 🖫 ☖ ⊕ 🖽 ▣ – ☖ – A proximité : ⅗
      Tarif : ▣ *élect. (6A) comprise 2 pers. 90*

SÉRENT

56460 Morbihan 🁤 – 🁣 ④ – 2 686 h. alt. 80.
Paris 433 – Josselin 17 – Locminé 30 – Ploërmel 19 – Redon 45 – Vannes 31.

⚠️ **Municipal du Pont Salmon** Permanent
    𝒫 02 97 75 91 98 – au bourg, vers rte de Ploërmel, au stade – ⊶ – **R** – ⚲
    1 ha (40 empl.) plat, herbeux ⊏⊐
    ▥ ♿ 🔥 ⇆ 🖪 ⇪ ☺ 🕾 🖻 – ⚡ 🚣 🚲 ⌕ – A proximité : ✂
    Tarif : (Prix 1999) ⚘ 7,20 – ⇔ 5,90 – 🗉 5,90 – (🗲) 10A : 12 (hiver 50)

SÉRIGNAC-PÉBOUDOU

47410 L.-et-G. 🁝 – 🁧 ⑤ – 190 h. alt. 139.
🛈 Syndicat d'Initiative au Bourg 𝒫 05 53 68 63 54, Fax 05 53 68 60 45.
Paris 572 – Agen 64 – Bergerac 35 – Marmande 39 – Périgueux 82.

⚠️ **La Vallée de Gardeleau** 15 mai-sept.
    𝒫 05 53 36 96 96 – O : 2,2 km par rte de St-Nazaire et chemin à gauche, croisement difficile pour
    caravanes – ⚲ « Cadre boisé » ⊶ – **R** conseillée juil.-août – ⒼⒷ ⚲
    2 ha (33 empl.) plat, peu incliné, herbeux ⚎
    ♿ 🔥 ⇆ 🖪 ⇪ ☺ ⚌ 🖻 – ♈ brasserie ⚗ – 🛶 ⌕
    Tarif : ⚘ 20 piscine comprise – 🗉 30 – (🗲) 15 (5A)
    Location ✂ : 🛏 1120 à 1600

Wilt u een stad of streek bezichtigen ?
Raadpleed de groene Michelingidsen.

SÉRIGNAN

34410 Hérault 🁕 – 🁣 ⑮ G. Languedoc Roussillon – 5 173 h. alt. 7.
🛈 Office de Tourisme pl. de la Libération 𝒫 04 67 32 42 21, Fax 04 67 32 37 97.
Paris 774 – Agde 23 – Béziers 11 – Narbonne 33 – Valras-Plage 4.

⚠️ **Le Paradis** avril-sept.
    𝒫 04 67 32 24 03 – S : 1,5 km par rte de Valras-Plage « Cadre agréable » ⊶ ✂ juil.-août –
    R conseillée – ⒼⒷ ⚲
    2,2 ha (129 empl.) plat, herbeux ⊏⊐ ⚎
    ♿ 🔥 ⇆ 🖪 ⇪ ☺ 🖻 – ⚗ – 🛏 🛶 ⌕ – A proximité : ♈
    Tarif : 🗉 élect. (6A) et piscine comprises 2 pers. 114, pers. suppl. 18
    Location : 🛏 800 à 1900 – 🛖 1000 à 2900

⚠️ **Les Vignes d'Or** Pâques-15 oct.
    𝒫 04 67 32 37 18, Fax 04 67 32 00 80 – S : 3,5 km, rte de Valras-Plage, Prendre la contre-allée située
    derrière le garage Citroën – ⚲ ⊶ – **R** conseillée – ⒼⒷ ⚲
    4 ha (250 empl.) plat, herbeux, pierreux ⊏⊐ ⚐
    ♿ 🔥 ⇆ 🖪 ⚌ ☺ 🖻 – ⚌ ♈ snack, pizzeria ⚗ – 🛶 ⌕
    Tarif : 🗉 piscine comprise 2 pers. 120 – (🗲) 15 (6A)
    Location : 🛖 1090 à 3000 – 🏠 1600 à 3590 – bungalows toilés

à Sérignan-Plage SE : 5 km par D 37ᴱ – ✉ 34410 Sérignan :

⚠️ **Le Grand Large** mai-15 sept.
    𝒫 04 67 39 71 30, Fax 04 67 32 58 15 – en deux camps distincts, bord de plage – ⊶ – **R** conseillée
    juil.-août – ⒼⒷ ⚲
    9,5 ha (470 empl.) plat, herbeux, sablonneux ⊏⊐ ⚎ (6 ha)
    ♿ 🔥 ⇆ 🖪 ⚌ ☺ ⚲ ⚐ 🖻 – ⚌ ♈ ✗ pizzeria ⚗ salle d'animation – 🏠 🛶 🚲 ✂ ⌕ toboggan
    aquatique
    Tarif : (Prix 1999) 🗉 élect.(10A) et piscine comprises 1 ou 2 pers. 180, pers. suppl. 30
    Location : 🛖 1830 à 4000 – 🏠 2080 à 4170 – bungalows toilés

⚠️ **Le Clos Virgile** mai-15 sept.
    𝒫 04 67 32 20 64, Fax 04 67 32 05 42 – à 500 m de la plage – ⊶ – **R** conseillée juil.-août – ⒼⒷ
    ⚲
    5 ha (300 empl.) plat, sablonneux, herbeux ⚎
    ♿ 🔥 ⇆ 🖪 ⚌ ☺ 🖻 – ⚌ ♈ ✗ ⚗ – ⚘ 🛶 ⌕ ≈ (petite piscine couverte) toboggan aquatique
    – A proximité : ⚘
    Tarif : 🗉 piscine comprise 2 pers. 140 (160 avec élect.), pers. suppl. 30
    Location (Pâques-15 sept.) : 🛖 1400 à 3600 – 🏠 1400 à 3600

⚠️ **La Camargue** avril-sept.
    𝒫 04 67 32 19 64, Fax 04 67 39 78 20 – bord de la Grande Maïre et près de la plage – ⊶ –
    R conseillée – ⚲
    2,6 ha (162 empl.) plat, sablonneux, gravillons
    ♿ 🔥 ⇆ 🖪 ⇪ ☺ 🕾 🖻 – ⚌ ♈ self ⚗ – 🛶 ⌕ – A proximité : ⚘ poneys
    Tarif : 🗉 élect. et piscine comprises 2 pers. 145
    Location : 🛖 1000 à 2000

SERRA-DI-FERRO

2A Corse-du-Sud – 🁨 ⑬ – voir à Corse.

05700 H.-Alpes **16** – **81** ⑤ G. Alpes du Sud – 1 106 h. alt. 670.
🅱 Office de Tourisme pl. du Lac ✆ 04 92 67 00 67, Fax 04 92 67 16 16.
Paris 676 – Die 66 – Gap 41 – Manosque 86 – La Mure 77 – Nyons 65.

⚠ *Domaine des Deux Soleils* mai-sept.
✆ 04 92 67 01 33, Fax 04 92 67 08 02 – SE : 0,8 km par N 75, rte de Sisteron puis 1 km par rte
à gauche, à Super-Serres, alt. 800 – ⛲ « Belle situation ≤ montagnes et vallée du Buëch, site
agréable » ⌶ – **R** conseillée juil.-août – ↻
26 ha/12 campables (72 empl.) en terrasses, pierreux, herbeux ⌂ ♀
⅄ ⌖ ⟳ ▣ ⌁ ⌣ ⚲ ⊕ ▨ – snack ⥤ – ⛵ ☀ ⎯
Tarif : ▣ *piscine comprise 2 pers. 108,95 à 123,95, pers. suppl. 22,95* – (₤) *21,90 (5 ou 6A)*
Location : ⊞ *1920 à 3350* – ⌂ *1620 à 3500*

01470 Ain **12** – **74** ⑬ – 834 h. alt. 218.
Paris 483 – Belley 30 – Bourg-en-Bresse 56 – Crémieu 30 – Nantua 67 – La Tour-du-Pin 34.

⚠ *Le Point Vert de la Vallée Bleue* 15 avril-1er oct.
✆ 04 74 36 13 45, Fax 04 74 36 74 14 – O : 2,5 km, à la Base de Loisirs – Places limitées pour le
passage ≤ « Au bord d'un plan d'eau » ⌶ – **R** conseillée – **GB** ↻
1,9 ha (137 empl.) plat, herbeux ♀
⅄ ⌖ ⟳ ▣ ⌣ ⊕ ⚲ ⌖ ▨ – ⛵ ⎯ – A proximité : ▼ ✗ ⥤ ☆ ⎯ (plage) ♦
Tarif : (Prix 1999) ♣ *26 piscine comprise* – ▣ *33* – (₤) *16 (5A)*

48700 Lozère **15** – **76** ⑮ – 324 h. alt. 975.
Paris 564 – Aumont-Aubrac 12 – Marvejols 29 – Mende 29 – St-Chély-d'Apcher 17 – St-Flour 52.

⚠ *Municipal* juil.-août
S : 0,4 km par rte d'Aumont-Aubrac, bord de la Truyère – ≤ – **R** – ↻
0,9 ha (30 empl.) plat et en terrasses, pierreux, herbeux, gravillons
⅄ ⌖ ▣ ⌣ ⊕
Tarif : ♣ *11* – ▣ *10* – (₤) *11 (6A)*

81220 Tarn **15** – **82** ⑩ – 431 h. alt. 165.
Paris 725 – Albi 45 – Castres 22 – Lavaur 20 – Puylaurens 15 – Toulouse 64.

⚠ *St-Pierre-de-Rouzieux* 15 juin-sept.
✆ 05 63 50 04 43, Fax 05 63 70 52 84 – NE : 3,3 km par D 49, rte de Cuq et rte à gauche – ⛲
≤ ⌶ juil.-août – **R** – ↻
3 ha (48 empl.) plat, peu incliné, terrasses, herbeux ⌂ ♀
⅄ ⌖ ⟳ ▣ ⌣ ⊕ ⚲ ▨ – ⥤ – ⛵ ⏚ ⚙ ☀ ⎯
Tarif : ▣ *piscine comprise 2 pers. 70, pers. suppl. 10* – (₤) *20 (10A)*
Location (permanent) : ⌂ *1490 à 2450* – *bungalows toilés*

34200 Hérault **15** – **83** ⑯ – G. Languedoc Roussillon – 41 510 h. alt. 4.
🅱 Office de Tourisme 60 Grand'Rue Mario-Roustan ✆ 04 67 74 71 71, Fax 04 67 46 17 54.
Paris 789 – Béziers 56 – Lodève 63 – Montpellier 33.

⚠⚠ *Le Castellas* 12 mai-23 sept.
✆ 04 67 51 63 00, Fax 04 67 51 63 01 – SO : 11 km par N 112, rte d'Agde, près de la plage – ⌶
– **R** conseillée – **GB** ↻
23 ha (989 empl.) plat, sablonneux, gravillons ⌂ ♀ (8 ha)
⅄ ⌖ ⟳ ▣ ⌁ ⌣ ⊕ ⌖ ▨ – ⎯ ▼ cafétéria, pizzeria ⥤ cases réfrigérées – ⟰ ⛵ ⚙ ☆ ⎯
Tarif : ▣ *élect. (6A), piscine et tennis compris 2 pers. 165, pers. suppl. 30*
Location : ⊞ *2500 à 3000* – ⊞ *2780 à 3750* – ⌂ *3300 à 4400* – *bungalows toilés*

58 Nièvre **11** – **65** ⑯ ⑰ G. Bourgogne – ✉ 58230 Montsauche-les-Settons.
Paris 259 – Autun 41 – Avallon 45 – Château-Chinon 26 – Clamecy 61 – Nevers 88 – Saulieu 27.

⚠ *Les Mésanges* mai-15 sept.
✆ 03 86 84 55 77 – S : 4 km par D193, D 520, rte de Planchez et rte de Chevigny à gauche, à 200 m
du lac – ⛲ « Près d'un lac » ⌶
5 ha (100 empl.) peu incliné et en terrasses, herbeux, étang ⌂ ♀ (1 ha)
⅄ ⌖ ⟳ ▣ ⌣ ⌣ ⚲ ▨ – ⛵ – A proximité ⎯
Tarif : (Prix 1999) ♣ *22* – ⥢ *12* – ▣ *16* – (₤) *20 (4A) et 3 par ampère supplémentaire*

⚠ *Plage du Midi* Pâques-sept.
✆ 03 86 84 51 97, Fax 03 86 84 57 31 – SE : 2,5 km par D 193 et rte à droite – ≤ « Au bord du
lac » ⌶ – **R** conseillée juil.-août – **GB** ↻
4 ha (160 empl.) peu incliné, herbeux ♀ (1 ha)
⅄ ⌖ ⟳ ▣ ⌣ ⊕ ⚲ ▨ – ⏚ ▼ – ⎯ – A proximité : ✗ ☆ ♦
Tarif : ♣ *25* – ⥢ *15* – ▣ *15* – (₤) *22 (4A)*

Les SETTONS

⚠ *La Plage des Settons* mai-15 sept.
  ✆ 03 86 84 51 99, Fax 03 86 84 54 81 – à 300 m au Sud du barrage – ⌂ ≼ « Près du lac » ⚬⇒
  – **R** conseillée 14 juil.-15 août – GB ⚸
  2,6 ha (68 empl.) en terrasses, gravillons, herbeux ⊑
  & ⌂ ⇆ ⬚ ⊕ ⚘ 圏 – ⛱ 🏐 ≃ – A proximité : ⛾ ✕ ⚓ ✗
  Tarif : ⋆ 20 – ⇌ 12 – 圖 15 – ⑭ 15 (3A) 19 (5A) 27 (10A)

⚠ *La Cabane Verte* 20 mai-15 sept.
  ✆ 03 86 76 02 25 ⊠ 58230 Moux-en-Morvan – S : 8 km par D 193, D 520, rte de Planchez puis
  à gauche, par Chevigny, rte de Gien-sur-Cure et D 501 à gauche – ⌂ « Près du lac » ⚬⇒ – **R** conseillée
  juil.-août – GB
  3,8 ha (107 empl.) en terrasses, peu incliné, herbeux ⊑
  & ⌂ ⇆ ⬚ ⊕ 圏 – snack – ⛱ 🏐 – A proximité : ≃
  Tarif : ⋆ 20 – ⇌ 14 – 圖 15 – ⑭ 15 (10A)

12310 Aveyron 🔟 – 🔠 ③ G. Midi Pyrénées – 415 h. alt. 630.
Paris 632 – Espalion 27 – Mende 84 – Millau 58 – Rodez 30 – Sévérac-le-Château 22.

⚠⚠ *La Grange de Monteillac* mai-15 sept.
  ✆ 05 65 70 21 00, Fax 05 65 70 21 01 – au Nord-Est du bourg par D 28, à droite, avant le pont
  – ≼ ⚬⇒ – **R** conseillée – GB ⚸
  4,5 ha (65 empl.) en terrasses, plat, herbeux ⊑
  & ⌂ ⇆ ⬚ ⚘ ⬚ ⊕ ⚘ ⭣ 圏 – ⛾ snack, pizzeria – ⛱ 🏃 🏐 🚲 ⑂ ⅃ 🐎 – A proximité : ✗
  Tarif : 圖 élect. (6A) et piscine comprises 2 pers. 115
  Location (permanent) : 🏠1800 à 3500 – bungalows toilés

74 H.-Savoie – 🔢 ⑥ – voir à Annecy (Lac d').

04 Alpes-de-H.-Pr. 🔢 – 🔠 ⑦ G. Alpes du Sud – 1 222 h. alt. 1 200 – ⊠ 04140 Seyne-les-Alpes.
🅱 Office de Tourisme pl. Armes ✆ 04 92 35 11 00, Fax 04 92 35 28 84.
Paris 717 – Barcelonnette 43 – Digne-les-Bains 42 – Gap 46 – Guillestre 75.

⚠⚠ *Les Prairies* mai-15 sept.
  ✆ 04 92 35 10 21, Fax 04 92 35 26 96 – S : 1 km par D 7, rte d'Auzet et chemin à gauche, bord
  de la Blanche – ⌂ ≼ ⚬⇒ – **R** conseillée juil.-août – GB ⚸
  3,6 ha (100 empl.) plat, pierreux, herbeux ⊑ ♀
  ▥ & ⌂ ⇆ ⬚ ⬚ ⊕ 圏 – ⛱ 🏐 ⭣ ⅃ – A proximité : ✗ ⅃ 🐎
  Tarif : 圖 piscine comprise 2 pers. 82 ou 98 – ⑭ 15 (2A) 20 (6A) 31 (10A)
  Location (permanent) : 🏚 1500 à 3200 – 🏠1700 à 3800

83500 Var 🔢 – 🔠 ⑮ G. Côte d'Azur – 59 968 h. alt. 3.
🅱 Office de Tourisme pl. Ledru-Rollin ✆ 04 98 00 25 70, Fax 04 98 00 25 71.
Paris 835 – Aix-en-Provence 80 – La Ciotat 36 – Marseille 60 – Toulon 7.

Schéma à Six-Fours-les-Plages

⚠ *International des Fontanettes* Permanent
  ✆ 04 94 94 75 07, Fax 04 94 30 62 11 – NO : 3 km par D 63, rte de Sanary-sur-Mer, près du centre
  commercial d'Auchan – ⚬⇒ ⊕tentes – **R** indispensable – GB ⚸
  1,1 ha (66 empl.) plat et en terrasses, herbeux, pierreux ♀
  & ⌂ ⇆ ⬚ ⊕ 圏 – ⛾ pizzeria – ⅃ – A proximité : 🍴
  Tarif : 圖 piscine comprise 1 à 3 pers. 88/90, pers. suppl. 18 – ⑭ 17 (6A)
  Location : 🏚 900 à 1900 – 🏠1400 à 3200

74910 H.-Savoie 🔢 – 🔢 ⑤ G. Jura – 1 630 h. alt. 252.
🅱 Office de Tourisme Maison du Pays ✆ 04 50 59 26 56, Fax 04 50 56 21 94.
Paris 520 – Aix-les-Bains 32 – Annecy 41.

⚠ *Le Nant-Matraz* mai-sept.
  ✆ 04 50 59 03 68 – sortie Nord par D 992 – ≼ « Dans un cadre boisé, près du Rhône (accès direct) »
  ⚬⇒ – **R** conseillée juil.-août – GB ⚸
  1 ha (74 empl.) plat et peu incliné, herbeux ⊑ ♀♀
  ⌂ ⬚ ⊕ 圏 – ⛱ – A proximité : 🍴
  Tarif : 圖 élect. comprise 2 pers. 74, pers. suppl. 19

544

SEYSSEL

01420 Ain 🔢 – 🔢 ⑤ G. Jura – 817 h. alt. 258.
Paris 520 – Aix-les-Bains 33 – Annecy 41 – Genève 52 – Nantua 47.

▲ *International* 15 juin-15 sept.
 𝒫 04 50 59 28 47 – SO : 2,4 km par D 992, rte de Culoz et chemin à droite – 🐟 ≤ « Cadre verdoyant » ⊶ – **R** conseillée juil.-août – 🆖 ⚙
 1,5 ha (45 empl.) en terrasses, herbeux 🏕 ♀
 🎿 ⇄ 🗗 ⚙ 🖭 – snack – ⚡ 🚲 🏊
 Tarif : 🖬 *piscine comprise 2 pers. 80, pers. suppl. 20* – 🔌 *10 (4A) 15 (6A) 20 (10A)*
 Location : 🚐 *1500 à 2700*

SÉZANNE

51120 Marne 🔢 – 🔢 ⑤ G. Champagne Ardenne – 5 829 h. alt. 137.
🅱 Office de Tourisme pl. République 𝒫 03 26 80 51 43, Fax 03 26 80 54 13.
Paris 113 – Châlons-en-Champagne 60 – Meaux 76 – Melun 90 – Sens 80 – Troyes 62.

▲ *Municipal* avril-15 oct.
 𝒫 03 26 80 57 00 – sortie Ouest par D 373, rte de Paris (près N 4) puis 0,7 km par chemin à gauche et rte de Launat à droite – ⊶ – **R** juil.-août – ⚙
 1 ha (79 empl.) incliné, herbeux ♀
 ⅊ 🎿 ⇄ 🛁 ⚙ – ⚡ 🏊 – A proximité : ✗
 Tarif : (Prix 1999) 🖬 *élect. comprise 1 pers. 43, 2 pers. 54, pers. suppl. 12*

Use this year's Guide.

SIGEAN

11130 Aude 🔢 – 🔢 ⑩ G. Languedoc Roussillon – 3 373 h. alt. 21.
🅱 Office de Tourisme pl. de la Libération 𝒫 04 68 48 14 81.
Paris 815 – Carcassonne 72 – Narbonne 23 – Perpignan 47.

▲▲ *La Grange Neuve* Permanent
 𝒫 04 68 48 58 70, Fax 04 68 48 01 97 – NO : 6,5 km par N 9, rte de Narbonne, à 800 m de la "Réserve Africaine" – ⊶ – **R** conseillée juil.-août – 🆖 ⚙
 2,45 ha (78 empl.) accidenté, en terrasses, plat, pierreux, gravier 🏕
 ⅊ 🎿 ⇄ 🗗 🛁 ⚙ 🖭 – snack – ⚡ (petite piscine) – A proximité : ✗
 Tarif : 🖬 *piscine comprise 2 pers. 84* – 🔌 *17 (4A) 25,50 (6A)*
 Location : 🚐 *1200 à 2850 – huttes*

SIGNES

83870 Var 🔢 – 🔢 ⑮ – 1 340 h. alt. 300.
Paris 820 – Aubagne 30 – Bandol 28 – Brignoles 32 – La Ciotat 27 – Marseille 47 – Toulon 34.

▲▲ *Les Promenades* Permanent
 𝒫 04 94 90 88 12, Fax 04 94 90 82 68 – à l'Est du bourg, à la station Avia – Places limitées pour le passage ⊶ – **R** conseillée juil.-août – ⚙
 2 ha (91 empl.) plat, peu incliné, pierreux, herbeux 🏕 ♀
 ⅊ 🎿 ⇄ 🗗 ⚙ 🖭 – ⚡ – 🏕 salle d'animation ⚡ 🏊
 Tarif : ✱ *22 piscine comprise* – 🚐 *17* – 🖬 *23* – 🔌 *16 (4A) 18 (6A) 29 (10A)*
 Location ⚡ : 🚐 *1000 à 1500* – 🚐 *1450 à 3000*

SIGNY-L'ABBAYE

08460 Ardennes 🔢 – 🔢 ⑰ G. Champagne Ardenne – 1 422 h. alt. 240.
Paris 218 – Charleville-Mézières 29 – Hirson 40 – Laon 69 – Rethel 24 – Rocroi 29 – Sedan 51.

▲ *Municipal l'Abbaye* mai-sept.
 𝒫 03 24 52 87 73 – au Nord du bourg, près du stade, bord de la Vaux – ⊶ – **R**
 1,2 ha (60 empl.) plat, herbeux, gravillons
 🎿 🎿 ⇄ 🛁 ⚙ – A proximité : ✗
 Tarif : (Prix 1999) ✱ *8,50* – 🚐 *6,50* – 🖬 *5,50* – 🔌 *16 (10A)*

SIGOULÈS

24240 Dordogne 🔢 – 🔢 ⑭ – 603 h. alt. 105.
Paris 553 – Agen 83 – Bergerac 15 – Castillonnès 24 – Duras 26 – Ste-Foy-la-Grande 22.

▲▲ *Intercommunal* mai-sept.
 𝒫 05 53 58 81 94 – N : 1,4 km par D 17, rte de Pomport, bord de la Gardonnette et près d'un lac, à la Base de Loisirs – ⊶ – **R** conseillée – ⚙
 14 ha/3 campables (90 empl.) plat et peu incliné, herbeux, bois attenant ♀
 ⅊ 🎿 ⇄ 🛁 ⚙ 🖭 – 🏕 ⚡ ✀ ⚡ toboggan aquatique
 Tarif : ✱ *21* – 🖬 *19* – 🔌 *12,50 (20A)*
 Location : 🏠 *1050 à 2700*

SILLANS-LA-CASCADE

83690 Var **17** – **84** ⑥ G. Côte d'Azur – 438 h. alt. 364.
Paris 836 – Aups 10 – Barjols 17 – Draguignan 30 – St-Maximin-la-Ste-Baume 38.

⚠ **Le Relais de la Bresque** Permanent
      ℘ 04 94 04 64 89 – N : 2 km par D 560 et D 22, rte d'Aups et r. de la Piscine à droite – 🦌 o━
      – **R** indispensable juil.-août
      1,3 ha (66 empl.) plat et peu accidenté, pierreux ⚲⚲
      🎮 🔥 ⇋ 🖪 🖵 ⊕ 🛓 ☷ 🖳 – 🍷 snack, pizzeria – 🍴 🏊 ⚓ – A proximité : 🖎 (découverte l'été)
      Tarif : ⚑ *30* – 🗐 *20* – ⚡ *5A : 15 (hors saison 20) 10A : 18 (hors saison 30)*
      Location : 🛏 *800 à 1400* – 🚐 *1700 à 3000* – gîte d'étape*

SILLÉ-LE-GUILLAUME

72140 Sarthe **5** – **60** ⑫ G. Normandie Cotentin – 2 583 h. alt. 161.
🅱 Office de Tourisme 13 pl. du Marché ℘ 02 43 20 10 32, Fax 02 43 20 10 32 et Maison du Lac et de la Forêt
℘ 02 43 20 19 97 (saison) à Sillé-Plage.
Paris 230 – Alençon 39 – Laval 56 – Le Mans 34 – Sablé-sur-Sarthe 42.

⚠⚠ **Les Molières** 15 avril-10 sept.
      ℘ 02 43 20 16 12 – N : 2,5 km par D 5, D 105, D 203 et chemin à droite – 🅼 🦌 « Dans la forêt
      près d'un plan d'eau et de deux étangs » o━ – **R**
      3,5 ha (133 empl.) plat, herbeux, sous-bois ⚲⚲⚲
      🔥 🔥 ⇋ 🖪 🖵 ⊕ – A proximité : 🍷 crêperie 🖟
      Tarif : ⚑ *9,50* – ⇔ *4,50* – 🗐 *9,50* – ⚡ *5 (6A) 13,50 (12A)*

⚠ **Le Landereau** Pâques-15 oct.
      ℘ 02 43 20 12 69 – NO : 2 km par D 304, rte de Mayenne « Décoration arbustive et florale » o━
      – **R** conseillée – ⚡
      2 ha (75 empl.) plat, peu incliné et en terrasses, herbeux ☷ 🖟
      🔥 ⇋ 🖪 🏊 ⊕ 🖵 – 🚿
      Tarif : ⚑ *13,50* – ⇔ *6* – 🗐 *5/12* – ⚡ *8,50 à 22 (2 à 10A)*
      Location : 🛏 *1000 à 1200*

Gebruik de gids van het lopende jaar.

SILLÉ-LE-PHILIPPE

72460 Sarthe **5** – **60** ⑭ – 803 h. alt. 35.
Paris 202 – Beaumont-sur-Sarthe 25 – Bonnétable 11 – Connerré 15 – Mamers 34 – Le Mans 19.

⚠⚠ **Château de Chanteloup** juin-8 sept.
      ℘ 02 43 27 51 07, Fax 02 43 89 05 05 – SO : 2 km par D 301, rte du Mans – 🦌 o━ – **R** conseillée
      10 juil.-15 août – ⊖🅱
      20 ha (100 empl.) plat, peu incliné, sablonneux, herbeux, étang, sous-bois ⚲⚲ (2 ha)
      🔥 ⇋ 🖪 🖵 ⊕ 🖳 – 🏊 🍷 snack 🚿 – 🍴 🏃 🚲 🏓 🏊
      Tarif : ⚑ *35 piscine et tennis compris* – 🗐 *55* – ⚡ *20 (6A)*
      Location : 🏠 – gîtes, studios*

SINGLES

63690 P.-de-D. **10** – **73** ⑫ – 214 h. alt. 737.
Paris 447 – Bort-les-Orgues 28 – La Bourboule 24 – Bourg-Lastic 20 – Clermont-Ferrand 66.

⚠⚠ **Le Moulin de Serre** avril-14 oct.
      ℘ 04 73 21 16 06, Fax 04 73 21 12 56 – à 1,7 km au Sud de la Guinguette, par D 73, rte de Bort-
      les-Orgues, bord de la Burande – 🦌 ≤ o━ – **R** conseillée juil.-août – ⊖🅱 ⚡
      7 ha/2,6 campables (90 empl.) plat, herbeux ☷ 🖟
      🎮 🔥 🔥 ⇋ 🖪 🏊 🖵 ⊕ 🚐 🖳 – 🍷 snack 🚿 – 🍴 🏃 🚲 🏓 🏊
      Tarif : 🗐 *piscine comprise 2 pers. 68, pers. suppl. 19* – ⚡ *14 (3A) 22 (5A) 30 (10A)*
      Location 🏊 : 🚐 *900 à 2800* – bungalows toilés*

SION-SUR-L'OCÉAN

85 Vendée – **67** ⑫ – rattaché à St-Hilaire-de-Riez.

SIORAC-EN-PÉRIGORD

24170 Dordogne **13** – **75** ⑯ G. Périgord Quercy – 904 h. alt. 77.
🅱 Syndicat d'Initiative (Mai à Sept) pl. de Siorac ℘ 05 53 31 63 51, Mairie ℘ 05 53 31 60 29.
Paris 536 – Bergerac 45 – Cahors 67 – Périgueux 60 – Sarlat-la-Canéda 28.

⚠⚠ **Municipal le Port** juin-sept.
      ℘ 05 53 31 63 81 – au Nord-Est du bourg, accès par D 25, rte de Buisson-Cussac et chemin devant
      Intermarché, bord de la Dordogne et de la Nauze – o━ – **R** – ⚡
      1,5 ha (66 empl.) plat, herbeux ☷ ⚲⚲
      🔥 🔥 ⇋ 🖪 🖵 ⊕ – 🍴 🏊 🚣 parcours de santé – A proximité : 🍽 cafétéria 🏓
      Tarif : (Prix 1999) ⚑ *21* – 🗐 *16* – ⚡ *10 (10A)*

SIOUVILLE-HAGUE

50340 Manche ▤ – ▥▴ ① – 996 h. alt. 76.
Paris 368 – Barneville-Carteret 156 – Cherbourg 22 – Valognes 34.

▲ **Municipal** Permanent
  𝒫 02 33 52 42 73 – N : 2,3 km sortie nord par D 64, rte d'Héauville, proche de la mer – ⌂ ⊶
  – ℞ – ⚲
  3,6 ha (100 empl.) plat, peu incliné, sablonneux, herbeux ♀
  ▥ ⌂ ⇆ ☺ ▥ – ⛺ m
  Tarif : ✶ *13,15 – ⇌ 6,80 – ▣ 15,70 – [⚡] 13,80 (6A) 27,40 (10A) et 3,80 par ampère supplémentaire*

SIREUIL

16440 Charente ▯ – ▥▥ ⑬ – 1 121 h. alt. 26.
Paris 462 – Angoulême 15 – Barbezieux 25 – Cognac 34 – Jarnac 22 – Rouillac 23.

▲ **Nizour** 15 mai-15 sept.
  𝒫 05 45 90 56 27 – SE : 1,5 km par D 7, rte de Blanzac, à gauche avant le pont, à
  120 m de la Charente (accès direct) « Entrée fleurie » ⊶ saison – ℞ conseillée 15 juil.-
  15 août – ⚲
  1,6 ha (40 empl.) plat, herbeux
  ⚒ ⌂ ⇆ ▥ ⇅ ☺ ⍆ ▥ – ✖ ☃ – A proximité : ♟ ✕ ▒
  Tarif : ✶ *19,50 piscine comprise – ▣ 33,50 – [⚡] 19 (6A)*
  Location : ⌂ *1450*

SISTERON

04200 Alpes-de-H.-P. ▥▮ – ▥▮ ⑥ G. Alpes du Sud – 6 594 h. alt. 490.
🄱 Office de Tourisme à L'Hôtel-de-Ville 𝒫 04 92 61 36 50, Fax 04 92 61 19 57.
Paris 710 – Barcelonnette 101 – Digne-les-Bains 39 – Gap 52.

▲▲ **Municipal des Prés-Hauts** mars-oct.
  𝒫 04 92 61 19 69 – N : 3 km par rte de Gap et D 951 à droite, rte de la Motte-du-Caire – Ⓜ ⌂
  ≼ « Agréable cadre fleuri, près de la Durance » ⊶ – ℞ conseillée – ⊖ ⚲
  4 ha (141 empl.) plat et peu incliné, herbeux ⍁ ♀
  ▥ ⚒ ⌂ ⇆ ▥ ⇅ ☺ ⍆ ⍚ – ⍆ ⛺ ✖ ☃
  Tarif : ▣ *piscine comprise 2 pers. 68, pers. suppl. 18 – [⚡] 20 (6A)*

SIX-FOURS-LES-PLAGES

83140 Var ▥▮ – ▥▴ ⑭ G. Côte d'Azur – 28 957 h. alt. 20.
🄱 Office de Tourisme plage de Bonnegrâce 𝒫 04 94 07 02 21, Fax 04 94 25 13 36 et (juil.-août) au Brusc Quai
St-Pierre 𝒫 04 94 34 15 06.
Paris 835 – Aix-en-Provence 81 – La Ciotat 37 – Marseille 61 – Toulon 13.

▲ **La Pinède** juin-sept.
  𝒫 04 94 34 06 39 – S : 3,5 km par D 16,
  rte de Notre-Dame du Mai, au Brusc
  (hors schéma) – ⌂ « Agréable cadre
  boisé et fleuri » ⊶ – ℞ conseillée 15
  juil.-20 août – ⊖ ⚲
  10 ha/3,5 campables (200 empl.) plat,
  pierreux, herbeux ⍁ ♀♀ pinède
  ⚒ ⌂ ⇆ ▥ ☺ ⍆ – pizzeria
  Tarif : ✶ *25 – ▣ 25 – [⚡] 15 (3A) 30
  (10A)*
  Location : ⌂ *1590 à 1990*

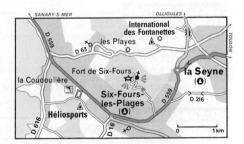

▲ **Héliosports** avril-15 oct.
  𝒫 04 94 25 62 76, Fax 04 94 25 82 93
  – O : 1 km – ⊶ – ℞ – ⚲
  0,5 ha (37 empl.) plat, herbeux, gravier
  ⍁ ♀♀
  ⚒ ⌂ ▥ ⇅ ☺ ⍆ ⍚ ▥ – cases
  réfrigérées – A proximité : ⛶
  Tarif : ▣ *3 pers. 80, pers. suppl. 17 – [⚡] 14 (3A) 18 (5A) 20 (6A)*

*Voir aussi à la **Seyne-sur-Mer***

SIZUN

29450 Finistère ▯ – ▥▮ ⑤ G. Bretagne – 1 728 h. alt. 112.
Paris 571 – Brest 37 – Carhaix-Plouguer 44 – Châteaulin 34 – Landerneau 17 – Morlaix 35 – Quimper 58.

▲ **Municipal du Gollen** 15 avril-sept.
  𝒫 02 98 24 11 43 – S : 1 km par D 30, rte de St-Cadou et à gauche, bord de l'Elorn - Passerelle piétons
  pour rejoindre le centre du bourg – ⌂ – ℞ – ⚲
  0,6 ha (30 empl.) plat, herbeux
  ⚒ ⌂ ⇆ ▥ ⇅ ☺ ⍆ – A proximité : ⛶ ✖ ⛶
  Tarif : (Prix 1999) ✶ *14 – ⇌ 8 – ▣ 12 – [⚡] 14 (5A)*

SOCOA

64 Pyr.-Atl. – 85 ② – rattaché à St-Jean-de-Luz.

SOINGS-EN-SOLOGNE

41230 L.-et-C. 5 – 64 ⑱ – 1 289 h. alt. 106.
Paris 209 – Blois 27 – Contres 9 – Romorantin-Lanthenay 19 – St-Aignan 26 – Selles-sur-Cher 18.

△ **Municipal le Petit Mont-en-Jonc** juin-sept.
sortie Sud par D 119, rte de Selles-sur-Cher puis 0,5 km par rte de Gy-en-Sologne, à gauche et chemin,
à 80 m d'un étang – ॐ ⊶ – **R** – ♂
0,35 ha (22 empl.) plat, herbeux, sablonneux ▭
⪒ ⊕ 🔥 – A proximité : 🏌
Tarif : ⚲ 6 – 🗐 6/8 – ⚡ 15

SOISSONS

02200 Aisne 6 – 56 ④ G. Picardie Flandres Artois – 29 829 h. alt. 47.
🖪 Office de Tourisme 16 pl. Fernand-Marquigny 🕾 03 23 53 17 37, Fax 03 23 59 67 72.
Paris 102 – Compiègne 39 – Laon 37 – Meaux 64 – Reims 57 – St-Quentin 61 – Senlis 62.

▲▲ **Municipal** Permanent
🕾 03 23 74 52 69 – N : av. du Mail, près de l'Aisne et de la piscine « Dans l'espace de Loisirs St-Crépin »
⊶ – **R** conseillée
1,7 ha (117 empl.) plat, herbeux ▭
⪒ & ⪒ ᠘ 🗐 ⇆ ॐ ⊕ – A proximité : parcours de santé 🏌 🕸 🗋 🛝
Tarif : (Prix 1999) ⚲ 14 – 🚗 10 – 🗐 10 – ⚡ 5A : 17 (hiver 23)

SOLENZARA

2A Corse-du-Sud – 90 ⑦ – voir à Corse.

SOLLIÉRES-SARDIÈRES

73500 Savoie 12 – 77 ⑧ – 171 h. alt. 1 350.
Paris 680 – Bessans 20 – Chambéry 118 – Lanslebourg-Mont-Cenis 8 – Modane 16 – Susa 44.

△ **Le Chenantier** 15 juin-15 sept.
🕾 04 79 20 52 34, Fax 04 79 20 53 43 – à l'entrée de Sollières-Envers, à 50 m de l'Arc et de la N 6
– ⪡ « Situation panoramique » ⊶ juil.-août – **R** – ♂
1,5 ha (58 empl.) en terrasses, accidenté, herbeux, pierreux
& ⪒ 🗐 ᠘ ⊕ 🔥
Tarif : ⚲ 12 – 🗐 12/15 – ⚡ 12 (3A) 20 (6A)

SOLLIÈS-TOUCAS

83210 Var 17 – 84 ⑮ – 3 439 h. alt. 106.
Paris 832 – Brignoles 38 – Draguignan 68 – Marseille 1046 – Toulon 20.

▲▲ **Les Oliviers** avril-oct.
🕾 04 98 01 00 49 – à l'Est du bourg par D 554 – ⪡ « Site agréable » ⊶ – **R**
12 ha/4 campables (80 empl.) en terrasses, pierreux, herbeux ♀ (1 ha)
& ⪒ ⇆ 🗐 ᠘ ⊕ ॐ 🔥 – 🏌 🛝
Location (permanent) : 🏠 – bungalows toilés

SORDE-L'ABBAYE

40300 Landes 18 – 78 ⑦ G. Aquitaine – 569 h. alt. 17.
Paris 762 – Bayonne 45 – Dax 27 – Oloron-Ste-Marie 61 – Orthez 30.

△ **Municipal la Galupe** 15 juin-15 sept.
🕾 05 58 73 18 13 – O : 1,3 km par D 29, rte de Peyrehorade, D 123 à gauche et chemin avant le
pont, près du Gave d'Oloron – M ॐ – **R** conseillée – ♂
0,6 ha (28 empl.) plat, herbeux, pierreux ▭
& ⪒ ⇆ 🗐 ᠘ ⊕
Tarif : ⚲ 10 – 🗐 20 – ⚡ 10 (6A)

SORE

40430 Landes 18 – 78 ④ – 883 h. alt. 73.
Paris 655 – Bazas 40 – Belin-Béliet 39 – Labrit 29 – Mont-de-Marsan 57 – Pissos 100.

△ **Aire Naturelle Municipale** 15 juin-15 sept.
S : 1 km par D 651, rte de Mont-de-Marsan et chemin à gauche, à 50 m de la Petite Leyre – ॐ
– **R**
1 ha (16 empl.) plat, herbeux, sablonneux ♀
⪒ ⇆ ᠘ ⊕ 🔥 – A proximité : parcours sportif 🏌 🛷 🛝
Tarif : 🗐 élect. et tennis compris 1 à 4 pers. 20 à 52
Location : gîtes

SORÈDE

66690 Pyr.-Or. 🔳 – 🔳 ⑲ – 2 160 h. alt. 20.
🅱 Office de Tourisme pl. de la Mairie 🕿 04 68 89 31 17.
Paris 885 – Amélie-les-Bains-Palalda 32 – Argelès-sur-Mer 7 – Le Boulou 16 – Perpignan 24.

    🔺 **Les Micocouliers** juin-20 sept.
        🕿 04 68 89 20 27, Fax 04 68 95 45 25 – au Nord-Est par D 11, rte de St-André – 🐾 ⚷ –
        R conseillée – ⚓
        4 ha (221 empl.) plat, peu incliné, pierreux, herbeux 🔆
        🕭 🔥 🗊 🔌 🐾 ⊛ 🖥 – 🍴 crêperie, pizzeria – 🍴 🛝 🏊 – A proximité : 🎾
        Tarif : (Prix 1999) 🏕 22 piscine comprise – 🔲 45 – 🔋 18 (4A) 20 (6A)
        Location : 🛖 1400 à 2900

SORÈZE

81540 Tarn 🔳 – 🔳 ⑳ G. Midi Pyrénées – 1 954 h. alt. 272.
Paris 751 – Castelnaudary 27 – Castres 27 – Puylaurens 19 – Toulouse 56.

    🔺 **Municipal les Vigariès** juil.-août
        🕿 05 63 74 18 06 – au Nord du bourg, accès par r. de la Mairie, au stade – 🐾 ⚷ – **R** conseillée
        août
        1 ha (47 empl.) plat, herbeux 🔆
        🗊 🔄 🖐 ⊛ – 🎾
        Tarif : (Prix 1999) 🏕 10 – 🚗 5 – 🔲 10 – 🔋 10 (10A)

SORGEAT

09110 Ariège 🔳 – 🔳 ⑮ – 81 h. alt. 1 050.
Paris 826 – Ax-les-Thermes 5 – Axat 49 – Belcaire 21 – Foix 48 – Font-Romeu-Odeillo-Via 62.

    🔺 **Municipal** Permanent
        🕿 05 61 64 36 34 – N : 0,8 km – 🐾 ≤ montagnes « Situation agréable » ⚷ – **R** conseillée juil.-août
        – ⚓
        2 ha (40 empl.) en terrasses, plat, herbeux 🔲
        🎦 🕭 🔥 🔄 🖐 ⊛ 🖥 🔌 🖥
        Tarif : 🏕 18 – 🚗 9 – 🔲 9 – 🔋 13 (5A) 25 (10A)
        Location : gîtes

SOSPEL

06380 Alpes-Mar. 🔳 – 🔳 ⑲ ⑳ G. Côte d'Azur – 2 592 h. alt. 360.
🅱 Office de Tourisme bd de la 1ère D.F.L. 🕿 04 93 04 15 80, Fax 04 93 04 19 96 et Accueil, Le Vieux Pont
🕿 04 93 04 15 80.
Paris 972 – Breil-sur-Roya 21 – L'Escarène 21 – Lantosque 37 – Menton 18 – Nice 41.

    🔺 **Domaine Ste-Madeleine** avril-sept.
        🕿 04 93 04 10 48 – NO : 4,5 km par D 2566, rte du col de Turini – 🐾 ≤ ⚷ – **R** conseillée juil.-août
        – ⚓
        3 ha (90 empl.) en terrasses, herbeux, pierreux 🔆
        🕭 🗊 🔄 🖐 🔌 ⊛ 🖥 – 🏊
        Tarif : 🔲 piscine comprise 2 pers. 85 – 🔋 15 (15A)
        Location 🎾 juil.-août : 🛖 1450 à 2800 – 🛏

SOTTA

2A Corse-du-Sud – 🔳 ⑧ – voir à Corse.

SOUBÈS

34 Hérault – 🔳 ⑤ – rattaché à Lodève.

SOUILLAC

46200 Lot 🔳 – 🔳 ⑱ G. Périgord Quercy – 3 459 h. alt. 104.
🅱 Office de Tourisme bd L.-J.-Malvy 🕿 05 65 37 81 56, Fax 05 65 27 11 45.
Paris 519 – Brive-la-Gaillarde 39 – Cahors 63 – Figeac 66 – Gourdon 28 – Sarlat-la-Canéda 29.

    🔺 **Domaine de la Paille Basse** 15 mai-15 sept.
        🕿 05 65 37 85 48, Fax 05 65 37 09 58 – NO : 6,5 km par D 15, rte de Salignac-Eyvignes puis 2 km
        par chemin à droite – 🐾 ≤ « Vaste domaine accidenté autour d'un vieux hameau restauré » ⚷
        – **R** conseillée 14 juil.-15 août – 🅶🅱 ⚓
        80 ha/12 campables (254 empl.) plat, accidenté et en terrasses, pierreux, herbeux 🔆
        🕭 🔥 🗊 🛒 🔄 🖐 ⊛ 🖥 – 🔌 🍴 ✗ (dîner) crêperie 🥤 – 🍴 🏃 discothèque, salle de cinéma
        🛝 ⋅🏌 🎾 🏊 tir à la carabine
        Tarif : 🏕 33 piscine comprise – 🔲 53/53 ou 65 – 🔋 20 (3A) 33 (6A)
        Location : 🛖 1300 à 3695

⌂⌂⌂ La Draille
℘ 05 53 28 90 31, Fax 05 65 37 06 20 – NO : 6 km par D 15, à Bourzoles, bord de la Borrèze – 🛇
≤ ⊶
26 ha/6 campables (150 empl.) plat, incliné et en terrasses, herbeux ♀ (3 ha)
&. 📶 ⇔ 🗟 ⌃ ⊕ 🖥 – 🖳 ♈ ✕ 🖾 – 🚞 discothèque 🛌 ✕ 🕯 🏊
Location : �})) – 🏠

⌂⌂ Le Pit 15 juin-15 sept.
℘ 05 65 32 25 04 ✉ 46200 Mayrac – E : 9 km par D 703, rte de Martel puis 3 km par D 33, rte
de St-Sozy – 🛇 ≤ « Site et cadre agréables » ⊶ – **R** conseillée juil.-août
3 ha (50 empl.) en terrasses, herbeux, bois attenant ♀
📶 🗟 🔌 ⊕ 🖥 – 🚞 🚲 🏊
Tarif : ✶ 30 piscine comprise – 🚙 10 – 🗉 35 – 🕅 10 (3A)
Location : �}) 1200 à 1800 – gîtes

⌂⌂ Verte Rive Pâques-sept.
℘ 05 65 37 85 96 – sortie Sud par N 20, rte de Cahors puis 5 km par D 43, rte de Pinsac et à droite,
bord de la Dordogne – 🛇 ≤ « Cadre boisé » ⊶ – **R** conseillée
1,4 ha (65 empl.) plat, herbeux 🖵 ♀♀
&. 📶 ⇔ 🗟 ⌃ ⊕ 🖁 ⊻ 🖥 – 🖾 – 🚞 🛌 🏊 🚣
Tarif : ✶ 27 piscine comprise – 🗉 28 – 🕅 16 (4A) 20 (6A) 24 (8A)
Location : �}) 2000 à 2600

⌂ Municipal les Ondines mai-sept.
℘ 05 65 37 86 44 – SO : 1 km par rte de Sarlat et chemin à gauche, près de la Dordogne – ⊶
juil.-août – **R** conseillée juil.-août – ⅍
4 ha (242 empl.) plat, herbeux ♀♀
&. 📶 ⇔ 🗟 ⌃ ⊕ – A proximité : terrain omnisports ✕ 🕯 🛌 🏊 🚣 toboggan aquatique 🐎
Tarif : ✶ 16 – 🗉 15 – 🕅 11 (5A)

SOULAC-SUR-MER

33780 Gironde 🄰 – 🗺 ⑮ ⑯ G. Aquitaine – 2 790 h. alt. 7.
🛈 Office de Tourisme 68 r. de la Plage ℘ 05 56 09 86 61, Fax 05 56 73 63 76.
Paris 515 – Bordeaux 96 – Lesparre-Médoc 30 – Royan 11.

⌂⌂⌂ Palace mai-15 sept.
℘ 05 56 09 80 22, Fax 05 56 09 84 23 – SO : 1 km, rte de l'Amélie-sur-Mer, à 500 m de la plage
« Cadre agréable » ⊶ – **R** conseillée 14 juil.-15 août – 🄶🄱 ⅍
16 ha/7 campables (480 empl.) plat et accidenté, sablonneux ♀♀
&. 📶 ⇔ 🗟 ⌃ 🔌 ⊕ ⊻ 🖾🖳 🖥 – 🖳 ♈ snack 🖾 – 🚞 🙀 🛌 🚲 🏊 – A proximité :
✕ 🕯
Tarif : 🗉 piscine comprise 2 pers. 117/136 avec élect. (5A), pers. suppl. 29 – 🕅 15 (10A)
Location (avril-sept.) : �}) 1750 à 3350 – 🏠 1400 à 2950

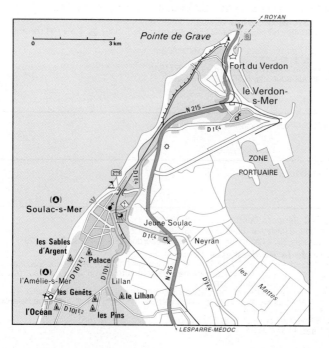

▲▲ **Les Sables d'Argent** avril-sept.
  ℘ 05 56 09 82 87, Fax 05 56 09 94 82 – SO : 1,5 km par rte de l'Amélie-sur-Mer, accès direct à la plage – ⚐ ⚬═ – **R** conseillée – ⊝B ⚑
  2,6 ha (152 empl.) accidenté et plat, sablonneux, dunes ♊♊
  🔥 ♨ 🍽 ♒ ⊛ ♒ ⛺ 🐾 – ♨, snack – ⟐ ⚑ ♏ – A proximité : ⚒ 🐎 parcours sportif
  Tarif : (Prix 1999) 🔲 *2 pers. 98, pers. suppl. 20* – [🔌] *21 (4A) 23 (6A) 26 (10A)*
  Location : 🏠 *1550 à 3300* – 🏠 *1900 à 3990*

à l'Amélie-sur-Mer SO : 4,5 km – ✉ 33780 Soulac-sur-Mer :

▲▲▲ **Le Lilhan** juin-15 sept.
  ℘ 05 56 09 77 63 – E : 2,8 km par D 101E² et D 101 – ⚐ ⚬═ – **R** conseillée 14 juil.- 20 août – ⚑
  4 ha (170 empl.) plat, sablonneux ♊♊
  🔥 ♨ ♒ 🍽 ♒ ♒ ⊛ ♨ – ♨, snack – ⟐ ⚑ ♏ ⚒ ♏ ♒ – A proximité : ♒
  Tarif : (Prix 1999) 🚹 *19 piscine comprise* – ⚓ *11* – 🔲 *46* – [🔌] *20 (2A) 22 (4A) 24 (10A)*
  Location : 🏠 *1400 à 2750*

▲▲ **L'Océan** juin-14 sept.
  ℘ 05 56 09 76 10 – sortie Est par D 101E² et D 101, à 300 m de la plage – ⚐ ⚬═ – **R** conseillée 14 juil.-15 août – ⚑
  6 ha (300 empl.) plat, sablonneux, herbeux ♀ pinède
  🔥 ♨ ♒ 🍽 ♒ ⊛ ♨ – ♨ ♏ ♒ – ⟐ ⚑ ♏
  Tarif : 🔲 *1 pers. 80, pers. suppl. 21* – [🔌] *19 (3A) 21 (6A) 23 (10A)*

▲▲ **Les Genêts** avril-sept.
  ℘ 05 56 09 85 79, Fax 05 56 09 93 09 – NE : 2 km sur D 101E² – ⚬═ – **R** conseillée 14 juil.-24 août – ⚑
  4 ha (250 empl.) plat, sablonneux, herbeux ♊♊
  🔥 ♨ ♒ ♒ ♒ ⊛ ♨ – ♨, snack ♏ – ⟐ ⚑
  Tarif : (Prix 1999) 🔲 *piscine comprise 2 pers. 95* – [🔌] *21 (4A) 23 (6A) 25 (10A)*
  Location : 🏠 *1080 à 2160* – 🏠 *1780 à 3290* – bungalows toilés

▲ **Les Pins** juin-sept.
  ℘ 05 56 09 82 52, Fax 05 56 73 65 58 – E : 1,5 km par D 101E² – ⚐ ⚬═ – **R** conseillée – ⚑
  3,2 ha (150 empl.) plat, vallonné, sablonneux ♊♊
  🔥 ♨ ♒ ⊛ ♨ – 🚲
  Tarif : 🔲 *2 pers. 77, pers. suppl. 19* – [🔌] *20 (4A)*

SOULAINES-DHUYS

10200 Aube 🔢 – 🔢 ⑲ – 254 h. alt. 153.
Paris 228 – Bar-sur-Aube 18 – Brienne-le-Château 17 – Chaumont 48 – Troyes 55.

▲ **Municipal de la Croix Badeau** mai-sept.
  au Nord-Est du bourg, près de l'église – **R**
  1 ha (39 empl.) peu incliné, herbeux, gravier, gravillons ▭
  🔥 ♨ ♒ ♒ ⊛ ♨ ♒ – ⟐ – A proximité : ⚒ ♏
  Tarif : (Prix 1999) 🚹 *8* – 🔲 *20* – [🔌] *8*

SOULLANS

85300 Vendée 🔢 – 🔢 ⑫ – 3 045 h. alt. 12.
🅱 Office de Tourisme Mairie ℘ 02 51 35 28 68, Fax 02 51 20 71 80.
Paris 447 – Challans 7 – Noirmoutier-en-l'Île 47 – La Roche-sur-Yon 44 – Les Sables-d'Olonne 39 – St-Gilles-Croix-de-Vie 15.

▲ **Municipal le Moulin Neuf** 15 juin-15 sept.
  sortie Nord par D 69, rte de Challans et rue à droite – ⚐ ⚬═ – **R** conseillée – ⚑
  1,2 ha (80 empl.) plat, herbeux ▭
  🔥 ♨ ♒ ♒ ⊛ ♨ – A proximité : ⚒
  Tarif : (Prix 1999) 🔲 *2 pers. 36, pers. suppl. 12* – [🔌] *10 (4A)*

SOURAÏDE

64250 Pyr.-Atl. 🔢 – 🔢 ② – 937 h. alt. 63.
Paris 791 – Ainhoa 6 – Ascain 18 – Bayonne 21 – Cambo-les-Bains 8 – St-Jean-de-Luz 23.

▲▲▲ **Alegera** 15 mars-oct.
  ℘ 05 59 93 91 80 – sortie Est par D 918, rte de Cambo-les-Bains, bord d'un ruisseau – ⚬═ – **R** – ⚑
  3 ha (212 empl.) plat et peu incliné, herbeux, gravier ▭ ♊♊
  ♨ ♒ ♒ ♒ ⊛ ♨ – ⚒ ♏ ♒ – A proximité : ♨
  Tarif : 🚹 *20 piscine comprise* – 🔲 *28* – [🔌] *17 (4A) 22 (10A)*
  Location : 🏠 *1500 à 3000*

▲ **Aire Naturelle Epherra** juil.-15 sept.
  N : 2,1 km par rte à droite après l'église – ⚐ ≤ – **R** – ⚑
  1,5 ha (25 empl.) en terrasses et peu incliné, herbeux ♀
  ♨ ♒ ⊛ – A proximité : golf, practice de golf
  Tarif : (Prix 1999) 🔲 *2 pers. 40, pers. suppl. 10* – [🔌] *12*

SOURNIA

66730 Pyr.-Or. **15** – **86** ⑱ – 376 h. alt. 525.
Paris 861 – Perpignan 48 – Prades 25 – St-Paul-de-Fenouillet 23 – Vernet-les-Bains 35.

▲ *La Source* avril-oct.
au bourg, Accès par rue étroite – ঌ « Agréable sapinière » – ℝ – ⚲
0,8 ha (48 empl.) peu incliné, herbeux, pierreux ⊏⊐ ୨୨
& ⚲ ◎ – A proximité : ✗ ⚶
Tarif : ✶ *10 tennis compris –* ⇌ *5 –* ▣ *8 –* [½] *10 (4A)*

SOURSAC

19550 Corrèze **10** – **76** ① – 569 h. alt. 532.
Paris 486 – Égletons 27 – Mauriac 19 – Neuvic 16 – Tulle 56 – Ussel 37.

▲ *Municipal de la Plage* 15 juin-15 sept.
ℰ 05 55 27 55 43 – NE : 1 km par D 16, rte de Mauriac et à gauche, bord d'un plan d'eau – ঌ ≼
« Site et cadre agréables » �o━ juil.-août – ⚲
2,5 ha (90 empl.) peu incliné, en terrasses, herbeux ୨୨
& ⚲ ៅ ← ◎ ▣ – ⚶ – ⊏⊐ ⋇ ·◎ ♒ ≊ (plan d'eau) – A proximité : ⚶ toboggan
aquatique
Tarif : ✶ *13,40 –* ▣ *12,40 –* [½] *11,80*
Location : huttes, gîtes

SOUSTONS

40140 Landes **13** – **78** ⑯ G. Aquitaine – 5 283 h. alt. 9.
🅑 Office de Tourisme « La Grange de Labouyrie » ℰ 05 58 41 52 62, Fax 05 58 41 30 63 Bureau Annexe Port
d'Albert (juillet-août).
Paris 735 – Biarritz 49 – Castets 25 – Dax 26 – Mont-de-Marsan 77 – St-Vincent-de-Tyrosse 13.

▲ *Municipal l'Airial* avril-15 oct.
ℰ 05 58 41 12 48, Fax 05 58 41 53 83 – O : 2 km par D 652 rte de Vieux-Boucau-les-
Bains, à 200 m de l'étang de Soustons « Cadre agréable » ⌾━ – ℝ conseillée juil.-août –
ⒼⒷ ⚲
12 ha (400 empl.) plat, vallonné, sablonneux ୨୨ pinède
& ⚲ ⇆ ៅ ← ◎ ▣ – ⚶ ♈ – ⊏⊐ ⚶ ⋇ ≈
Tarif : (Prix 1999) ✶ *21,50 piscine comprise –* ▣ *25,40 –* [½] *15,30 (5A) 20 (8A)*

La SOUTERRAINE

23300 Creuse **10** – **72** ⑧ G. Berry Limousin – 5 459 h. alt. 390.
🅑 Office de Tourisme pl. Gare ℰ 05 55 63 10 06, Fax (Mairie) 05 55 63 37 27.
Paris 343 – Bellac 40 – Châteauroux 74 – Guéret 37 – Limoges 56.

▲ *Suisse-Océan* Permanent
ℰ 05 55 63 33 32 – E : 1,8 km par D 912, rte de Dun-le-Palestel et chemin à gauche, près de l'étang
de Cheix – ≼ « Situation agréable » ⌾━ – ℝ – ⒼⒷ ⚲
2 ha (60 empl.) en terrasses, herbeux ⊏⊐ ♈
⫴ & ⚲ ⇆ ៅ ← ◎ ⚶ ♈ ⒼⒷ ▣ – ♈ snack – A proximité : ⚶ ≈ (plage)
Tarif : ✶ *16,50 –* ⇌ *10 –* ▣ *10 –* [½] *16,50 (10A)*

SOUVIGNARGUES

30250 Gard **16** – **80** ⑱ – 545 h. alt. 98.
Paris 734 – Alès 42 – Montpellier 40 – Nîmes 23 – Le Vigan 63.

▲ *Le Pré St-André* Pâques-sept.
ℰ 04 66 80 95 85 – sortie Nord-Est par D 22, rte de Montpezat – ⌾━ – ℝ conseillée –
ⒼⒷ ⚲
1,6 ha (72 empl.) plat, peu incliné, herbeux ⊏⊐ ୨୨
⚲ ⇆ ៅ ← ◎ ▣ – ♈ pizzeria – ⊏⊐ ⚶ ≈
Tarif : ▣ *piscine comprise 2 pers. 79 –* [½] *10 (3A) 15 (6A) 20 (10A)*
Location : ⌂ *940 à 1650*

SUÈVRES

41500 L.-et-Ch. **5** – **64** ⑦ G. Châteaux de la Loire – 1 360 h. alt. 83.
Paris 171 – Beaugency 18 – Blois 14 – Chambord 16 – Vendôme 45.

▲ *Château de la Grenouillère* 15 mai-10 sept.
ℰ 02 54 87 80 37, Fax 02 54 87 84 21 – NE : 3 km sur rte d'Orléans « Parc boisé et verger agréable »
⌾━ – ℝ indispensable 14 juil.-15 août – ⒼⒷ ⚲
11 ha (250 empl.) plat, herbeux ⊏⊐ ஹ (6 ha)
& ⚲ ⇆ ⇆ ← ◎ ⚶ ♈ ⒼⒷ ▣ – ⚶ ♈ pizzeria, crêperie ⚶ – ⊏⊐ ⋇ ⚶ ☍ ·◎ ⋇ ≈ toboggan
aquatique squash
Tarif : ▣ *piscine comprise 2 pers. 160, pers. suppl. 35 –* [½] *20 (5A)*

SURTAINVILLE

50270 Manche 🄣 – 🄢🄢 ① – 977 h. alt. 12.
Paris 364 – Barneville-Carteret 12 – Cherbourg 29 – St-Lô 41 – Valognes 32.

⚎ Municipal les Mielles Permanent
    ☎ 02 33 04 31 04 – O : 1,5 km par D 66 et rte de la mer, à 80 m de la plage, accès direct – ⏾
    ☞ – **R** été – ⚡
    1,6 ha (129 empl.) plat, herbeux, sablonneux, gravillons
    🔟 ⛄ 🔄 ⛺ 🖪 ♨ ⚱ ▽ 🖩 – 🔾 🚲 🚲 – A proximité : ⚔
    Tarif : ⚲ 15,50 – 🔲 15,50 – 🔋 14,60 (4A) et 3,70 par ampère supplémentaire
    Location : gîtes

TADEN

22 C.-d'Armor – 🄢🄨 ⑯ – rattaché à Dinan.

TAIN-L'HERMITAGE

26600 Drôme 🄡🄢 – 🄦🄦 ② – 5 003 h. alt. 124.
🄱 Office de Tourisme (fermé le dim.) 70 av. J.-Jaurès ☎ 04 75 08 06 81, Fax 04 75 08 34 59.
Paris 548 – Grenoble 98 – Le Puy-en-Velay 106 – St-Étienne 75 – Valence 17 – Vienne 59.

⚎ Municipal les Lucs 15 mars-oct.
    ☎ 04 75 08 32 82 – sortie Sud-Est par N 7, rte de Valence, près du Rhône – ☞ – **R** conseillée
    juil.-août – ⚡
    2 ha (98 empl.) plat, herbeux, pierreux ⊏⊐ ♀ (1 ha)
    🔟 ⛄ 🔄 🖪 🔄 ♨ ⊡ 🖩 – ⚱ – A proximité : 🍴 snack ⚔ 🗗
    Tarif : (Prix 1999) 🔲 élect. (5A) et piscine comprises 2 pers. 93, pers. suppl. 13

TALMONT-ST-HILAIRE

85440 Vendée 🄡🄡 – 🄥🄦 ⑪ G. Poitou Vendée Charentes – 4 409 h. alt. 35.
🄱 Office de Tourisme pl. du Château ☎ 02 51 90 65 10, Fax 02 51 20 71 80.
Paris 448 – Challans 55 – Luçon 37 – La Roche-sur-Yon 30 – Les Sables-d'Olonne 14.

⚎ Le Littoral avril-sept.
    ☎ 02 51 22 04 64, Fax 02 51 22 05 37 – SO : 9,5 km par D 949, D 4ᴬ et après Querry-Pigeon, à droite
    par D 129, rte côtière des Sables-d'Olonne, à 200 m de l'océan – ☞ – **R** conseillée juil.-août – 🄶🄱
    ⚡
    9 ha (458 empl.) plat et peu incliné, herbeux, sablonneux ⊏⊐ ♀ (4 ha)
    ⛄ 🔄 🖪 ⛅ ♨ ⚱ – ⚱ 🏊 ✗ crêperie, pizzeria ⚱ – 🚲 🚲 ⚔ 🗗 🗗
    Tarif : (Prix 1999) 🔲 élect. et piscine comprises 2 pers. 165, pers. suppl. 32

⚎ Les Cottages St-Martin (location exclusive de maisons mobiles) mars-nov.
    ☎ 02 51 90 55 32, Fax 02 51 90 54 85 – SO : 9,5 km par D 949, D 4ᴬ et après Querry-Pigeon, à droite
    par D 129, rte Côtière des Sables-d'Olonne, à 200 m de l'océan – ⏾ ☞ – **R** conseillée juil.-août
    – 🄶🄱 ⚡
    3,5 ha (35 empl.) plat, herbeux ⊏⊐
    ⛄ 🔄 🖪 – ⊏⊐ ⚱ ♨ ⚔ 🗗 🗗 – A proximité : 🚲 ♨ ♀ ✗ ⚱ 🚲
    Location : 🏠 1690 à 4690 – 🛏

⚎ Le Paradis avril-oct.
    ☎ 02 51 22 22 36, Fax 02 51 22 19 16 – O : 3,7 km par D 949, rte des Sables-d'Olonne, D 4ᴬ à gauche,
    rte de Querry-Pigeon et chemin à droite – ⏾ ☞ juil.-août – **R** indispensable – 🄶🄱 ⚡
    4,9 ha (148 empl.) plat et peu incliné, en terrasses, herbeux, sablonneux ⊏⊐
    ⛄ 🔄 🖪 ⛅ ♨ 🖩 – ⚔ 🗗
    Tarif : 🔲 piscine et tennis compris 2 pers. 79, pers. suppl. 21 – 🔋 19 (6A)
    Location : 🏠 1190 à 2950 – bungalows toilés

⚎ Le Bois Robert 15 juin-15 sept.
    ☎ 02 51 90 61 24 – O : 1,3 km sur D 949, rte des Sables-d'Olonne – ☞ – **R** conseillée août – 🄶🄱
    ⚡
    2,2 ha (122 empl.) plat et peu incliné, herbeux ⊏⊐ ♀ (0,8 ha)
    ⛄ 🔄 🖪 ⛅ ♨ 🖩 – ♀ – ⚱ 🏊 – A proximité : 🍴 self
    Tarif : 🔲 piscine comprise 2 pers. 74 – 🔋 12 (2A) 18 (6A) 25 (10A)

⚎ Le Bouc Etou 15 avril-15 sept.
    ☎ 02 51 22 20 38 – SO : 7 km par D 949, D 4ᴬ et à gauche après Querry-Pigeon – ☞ – **R** conseillée
    juil.-août – ⚡
    1,2 ha (90 empl.) plat, herbeux ⊏⊐ ♀♀
    🔄 ⛅ ♨ 🖩 mini-tennis
    Tarif : 🔲 2 pers. 55 – 🔋 12 (2A)
    Location : 🏠 800 à 2800

Si vous recherchez :
        un terrain effectuant la location de caravanes, de mobile homes, de
bungalows
        ou de chalets

Consultez le tableau des localités citées, classées par départements.

TAMNIÈS

24620 Dordogne ⑬ – ⑰ – 313 h. alt. 200.
Paris 508 – Brive-la-Gaillarde 51 – Les Eyzies-de-Tayac 12 – Périgueux 59 – Sarlat-la-Canéda 16.

⚠️ **Le Pont de Mazerat** mai-sept.
℘ 05 53 29 14 95, Fax 05 53 31 15 90 – E : 1,6 km par D 48, bord du Beune et à proximité d'un plan d'eau – ⚬ saison – **R** conseillée – ⒼⒷ ⚘
2,8 ha (75 empl.) plat et en terrasses, herbeux ☐ ♀ (1 ha)
⚲ ⵣ ⬜ ⊕ ▥ – ⚭ – ⛲ 🏓 ⛏ 🍽️ – A proximité : ⚙️ ≈
Tarif : ⚘ 27 piscine comprise – 🅴 29,50 – ⑤ 12 (3A) 15 (6A)
Location : 🛖 2100 à 2850

TANINGES

74440 H.-Savoie ⑫ – ⑭ ⑦ G. Alpes du Nord – 2 791 h. alt. 640.
Paris 574 – Annecy 61 – Bonneville 20 – Chamonix-Mont-Blanc 52 – Cluses 10 – Genève 43 – Morzine 19.

⚠️ **Municipal des Thézières** Permanent
℘ 04 50 34 25 59 – sortie Sud rte de Cluses, bord du Foron et à 150 m du Giffre – ⚑ ≈ – **R** conseillée – ⚘
2 ha (113 empl.) plat, herbeux
▥ ⚲ ⵣ ⬜ ⊟ ⊕ – A proximité : ⚙️
Tarif : (Prix 1999) 🅴 2 pers. 30, pers. suppl. 11 – ⑤ 2A : 11,50 (hiver 21,50) 6A : 19,50 (hiver 26) 10A : 38 (hiver 49,50)

TARASCON

13150 B.-du-R. ⑯ – ⑧① ⑪ G. Provence – 10 826 h. alt. 8.
🅱 Office de Tourisme 59 r. Halles ℘ 04 90 91 03 52, Fax 04 90 91 22 96.
Paris 706 – Arles 18 – Avignon 23 – Marseille 100 – Nîmes 27.

⚠️ **St-Gabriel** mai-1ᵉʳ oct.
℘ 04 90 91 19 83 – SE : 5 km par N 970, rte d'Arles et D 32 à gauche, rte de St-Rémy-de-Provence, près d'un canal « Autour d'un ancien relais de diligence » ⚬ – **R** conseillée juil.-15 août – ⒼⒷ ⚘
1 ha (75 empl.) plat, herbeux ☐ ♀♀
ⵣ ⚲ ⚴ ⊕ ▥ – ⛲ ≈ (petite piscine)
Tarif : ⚘ 22 – 🅴 20 – ⑤ 15 (6A)

TARASCON-SUR-ARIÈGE

09400 Ariège ⑭ – ⑧⑥ ④ ⑤ G. Midi Pyrénées – 3 533 h. alt. 474.
🅱 Office de Tourisme av. des Pyrénées ℘ 05 61 05 94 94, Fax 05 61 05 57 79.
Paris 794 – Ax-les-Thermes 27 – Foix 16 – Lavelanet 29.

⚠️ **Le Pré Lombard** Permanent
℘ 05 61 05 61 94, Fax 05 61 05 78 93 – SE : 1,5 km par D 23, rte d'Ussat, bord de l'Ariège – ≈ ⚬ – **R** conseillée juil.-août – ⒼⒷ ⚘
4 ha (180 empl.) plat, herbeux ♀♀
▥ ⚲ ⵣ ⚴ ⬜ ⚄ ⬜ ⊕ ⬛ ▥ – snack – ⛲ 🏓 🚲 ⚄ ⛏
Tarif : 🅴 piscine comprise 2 pers. 100 – ⑤ 15 (4A) 20 (6A) 25 (10A)
Location : 🛖 1300 à 2200 – 🛖 1600 à 3100 – 🛖 1400 à 3000 – bungalows toilés

⚠️ **Le Sédour** mars-1ᵉʳ nov.
℘ 05 61 05 87 28 ✉ 09400 Surba – NO : 1,8 km par D 618, rte de Massat et chemin à droite – ≈ ≈ « Agréable verger » ⚬ – **R** conseillée juil.-août – ⚘
1,5 ha (100 empl.) peu incliné et plat, herbeux ♀ verger
▥ ⚲ ⵣ ⚴ ⬜ ⚄ ⊕ ▥ – ⛲ 🏓
Tarif : ⚘ 19 – 🅴 18 – ⑤ 16 (10A)

⚠️ **Les Grottes** Permanent
℘ 05 61 05 88 21, Fax 05 61 03 89 91 ✉ 09400 Alliat – sortie Sud par N 20, rte d'Ax-les-Thermes puis 3,5 km par D 8 à droite, rte de Vicdessos, à **Niaux,** près d'un torrent – ≈ ≈ ⚬ – **R** conseillée – ⒼⒷ ⚘
6,5 ha (180 empl.) plat, herbeux, étang ♀♀
⚲ ⵣ ⚴ ⬜ ⚄ ⊕ ▥ – ♈ ⚭ – ⛲ 🏓 ⛏ toboggans aquatiques
Tarif : 🅴 piscine comprise 1 ou 2 pers. 83, pers. suppl. 24 – ⑤ 15 (6A) 24 (10A)
Location : 🛖 990 à 2990 – 🛖 1290 à 3990

TARNAC

19170 Corrèze ⑩ – ⑫ ⑳ G. Berry Limousin – 403 h. alt. 700.
Paris 444 – Aubusson 47 – Bourganeuf 44 – Eymoutiers 23 – Limoges 67 – Tulle 62 – Ussel 46.

⚠️ **Municipal de l'Enclose** 15 mai-15 oct.
℘ 05 55 95 66 00 – sortie Sud-Ouest par D 160, rte de Toy-Viam et chemin à droite, près d'un plan d'eau (accès direct) – ≈ ⚬ – **R** conseillée 15 juil.-15 août – ⚘
1,5 ha (46 empl.) en terrasses, peu incliné, herbeux, pierreux ☐ ♀♀
⚲ ⵣ ⚴ ⚄ ⊕ ▥ – A proximité : ⚙️ ≈
Tarif : 🅴 1 pers. 13 – ⑤ 11 (6A)

TAUPONT

56800 Morbihan **4** – **68** ④ – 1 853 h. alt. 81.
Paris 413 – Josselin 16 – Ploërmel 5 – Rohan 41 – Vannes 51.

▲▲ *La Vallée du Ninian* mai-sept.
 🕿 02 97 93 53 01, Fax 02 97 93 57 27 – sortie Nord par D 8, rte de la Trinité-Phoët, puis 2,5 km
par rte à gauche, Accès direct à la rivière et au village par passerelle – ⌇ « Entrée fleurie » ⚬┯
– **R** conseillée juil.-août – ⬚
2,7 ha (75 empl.) plat, herbeux ⊏⊐ ♀ verger
 ⧲ ⌯ ⌷ ⌷ ⊟ ⊙ ⊡ ⊠ – ⬚ ▾ – ⬚ ⌇
Tarif : ⊞ *piscine comprise 2 pers. 70* – [⸕] *10 (3A) 20 (6A) 25 (10A)*
Location : ⟱ *800 à 1500*

TAURIAC

46130 Lot **10** – **75** ⑲ – 293 h. alt. 128.
Paris 524 – Brive-la-Gaillarde 41 – Cahors 80 – Rocamadour 26 – St-Céré 15 – Souillac 34.

▲ *Le Mas de la Croux* 15 mai-15 sept.
 🕿 05 65 39 74 99 – au Sud du bourg, bord d'un bras de la Dordogne et près d'un plan d'eau – ⚬┯
juil.-août – **R** conseillée – ⬚
1,5 ha (89 empl.) plat, herbeux ♀
 ⧲ ⌯ ⌷ ⊠ ⊙ ⊡ – A proximité : ▾ snack ⸍ ⬚ ⌇ toboggan aquatique
Tarif : ⚹ *19* – ⊞ *19* – [⸕] *16 (5A)*

TAUTAVEL CENTRE DE PRÉHISTOIRE

66720 Pyr.-Or. **16** – **86** ⑨ – 738 h. alt. 110.
Paris 866 – Millas 23 – Perpignan 31 – Port-Barcarès 36 – St-Paul-de-Fenouillet 23 – Tuchan 14.

▲ *Le Priourat* 10 avril-sept.
 🕿 04 68 29 41 45 – sortie Ouest, rte d'Estagel, à 250 m du Verdouble – ⬉ ⚬┯ saison –
R indispensable juil.-août – ⬚
0,5 ha (24 empl.) plat, peu incliné, herbeux ⊏⊐
 ⧲ ⌯ ⌷ ⌷ ⊙ – ⬚ ⬚ ⌇
Tarif : ⊞ *piscine comprise 2 pers. 72, pers. suppl. 31* – [⸕] *19 (6A)*

TAUVES

63690 P.-de-D. **11** – **73** ⑫ G. Auvergne – 940 h. alt. 820.
Paris 479 – Bort-les-Orgues 28 – La Bourboule 13 – Bourg-Lastic 29 – Clermont-Ferrand 56.

▲▲ *Municipal les Aurandeix* juin-15 sept.
 🕿 04 73 21 14 06 – à l'Est du bourg, au stade – ⚬┯ – **R** conseillée – ⬚
2 ha (90 empl.) plat, en terrasses, incliné, herbeux ⊏⊐ ♀
 ⧲ ⌯ ⌷ ⌷ ⊟ ⊙ ⊡ ⊠ – ⬚ ⬚ ⌇ ⊙ ⬚ ⌇
Tarif : ⊞ *piscine comprise 2 pers. 60* – [⸕] *12 (4A)*
Location *(vacances de fév. et Printemps, juin-15 sept.)* huttes

Le TEICH

33 Gironde – **71** – voir à Arcachon (Bassin d').

TEILLET

81120 Tarn **15** – **83** ① – 606 h. alt. 475.
🄱 Syndicat d'Initiative 🕿 05 63 55 70 08, Fax 05 63 55 76 17.
Paris 698 – Albi 22 – Castres 44 – Lacaune 50 – St-Affrique 69.

▲▲ *L'Entre Deux Lacs* Permanent
 🕿 05 63 55 74 45, Fax 05 63 55 75 65 – au Sud du bourg – ⌇ « Agréable cadre boisé » ⚬┯ –
R conseillée juil.-20 août – ⬚
4 ha (54 empl.) en terrasses, herbeux, gravillons ⊏⊐ ♀♀
 ⧲ ⌯ ⌷ ⌷ ⊙ ⊡ – ▾ ✗ ⬚ – ⬚ centre de documentation touristique ⬚ ⬚ ⌇
Tarif : ⊞ *piscine comprise 2 pers. 78 (90 à 120 avec élect. 3 à 10A), pers. suppl. 25*
Location ⬚ – ⌂*2377 à 2970*

TELGRUC-SUR-MER

29560 Finistère **3** – **58** ⑭ – 1 811 h. alt. 90.
Paris 573 – Châteaulin 25 – Douarnenez 30 – Quimper 39.

▲ *Armorique* avril-15 sept.
 🕿 02 98 27 77 33, Fax 02 98 27 38 38 – SO : 1,2 km par rte de Trez-Bellec-Plage – ⌇ ⚬┯ –
R conseillée 10 juil.-20 août – ⊟⊞ ⬚
2,5 ha (100 empl.) en terrasses, plat à peu incliné, herbeux ♀ pinède
 ⧲ ⌯ ⌷ ⌷ ⊟ ⊙ ⊠ ⬚ ⊙ ⊡ – ▾ ✗ ⬚ – ⬚ ⬚
Tarif : ⚹ *25* – ⬚ *8* – ⊞ *35* – [⸕] *16 (5A)*

TENNIE

72240 Sarthe 🖪 – 🖪🗖 ⑫ – 850 h. alt. 100.
Paris 224 – Alençon 47 – Laval 70 – Le Mans 28 – Sablé-sur-Sarthe 41 – Sillé-le-Guillaume 11.

⚠ **Municipal de la Vègre** Permanent
𝒫 02 43 20 59 44 – sortie Ouest par D 38, rte de Ste-Suzanne – Places limitées pour le passage
🐕 « Cadre agréable au bord d'une rivière et d'un étang » ⊶ juil.-août – **R** – 🚵
1 ha (83 empl.) plat, herbeux ⌧ 🔌
🗟 ♨ 🗇 🖪 ⚙ 🖳 🖼 – 🚽 🍴 🏕 ⚓ – A proximité : ✗
Tarif : ✳ 10 – 🚗 5,60 – 🅴 5,60 – 🔌 17,50 (6A)

TERMIGNON

73500 Savoie 🗓 – 🖸🖸 ⑧ G. Alpes du Nord – 367 h. alt. 1 290.
Paris 682 – Bessans 18 – Chambéry 120 – Lanslebourg-Mont-Cenis 6 – Modane 18 – Susa 42.

⚠ **La Fennaz** 20 déc.-4 janv., vacances de fév. et de Pâques, mai-sept.
𝒫 04 79 20 51 41, Fax 04 79 20 52 46 – à 0,8 km au Nord de la commune – 🐕 < montagnes
« Situation panoramique » – **R** conseillée 10 juil.-20 août – 🚵
1,5 ha (83 empl.) peu incliné et en terrasses, incliné, herbeux, pierreux
🗟 ♨ 🗇 ⚙ – A proximité : 🍴 🚽
Tarif : ✳ 15 – 🚗 7,50 – 🅴 12,50 – 🔌 12 (3A) 20 (6A) 42 (10A)

TERRASSON-LAVILLEDIEU

24120 Dordogne 🗓🗓 – 🖸🖪 ⑦ G. Périgord Quercy – 6 004 h. alt. 90.
🖪 Office de Tourisme pl. Voltaire 𝒫 05 53 50 37 56, Fax 05 53 51 01 22.
Paris 500 – Brive-la-Gaillarde 21 – Juillac 30 – Périgueux 53 – Sarlat-la-Canéda 35.

⚠ **La Salvinie** juil.-août
𝒫 05 53 50 06 11 – sortie Sud par D 63, rte de Chavagnac puis 3,4 km par rte de Condat, à droite
après le pont – < ⊶ – **R** – 🚵
2,5 ha (70 empl.) plat, herbeux ⌧
♿ 🗟 ♨ 🖪 🗇 ⚙ – 🖼 🏕
Tarif : ✳ 20 piscine comprise – 🅴 20 – 🔌 14 (6A)

La TESSOUALLE

49280 M.-et-L. 🖲 – 🖸🖲 ⑥ – 2 781 h. alt. 117.
Paris 357 – Ancenis 56 – Angers 67 – Nantes 65 – Niort 95 – La Roche-sur-Yon 65.

⚠ **Municipal du Verdon** 15 juin-15 sept.
𝒫 02 41 56 37 86 – NE : 2,3 km par rte du barrage du Verdon, à 100 m du lac (accès direct) – 🐕
< ⊶ – **R** – 🚵
1 ha (28 empl.) incliné à peu incliné, herbeux ⌧
♿ 🗟 ♨ 🗇 ⚙ – 🖼 – A proximité : 🚤 🍸 ✗
Tarif : 🅴 1 à 3 pers. 55, pers. suppl. 12,50 – 🔌 11 (3A) 16,50 (5A)

La TESTE-DE-BUCH

33 Gironde – 🖸🗓 ⑳ – voir à Arcachon (Bassin d').

THÉGRA

46500 Lot 🗓🖪 – 🖸🖲 ⑲ – 432 h. alt. 330.
Paris 539 – Brive-la-Gaillarde 59 – Cahors 64 – Rocamadour 16 – St-Céré 17 – Souillac 32.

⚠ **Le Ventoulou** mai-5 sept.
𝒫 05 65 33 67 01, Fax 05 65 33 73 20 – NE : 2,8 km par D 14, rte de Loubressac et D 60, rte de
Mayrinhac-Lentour à droite, au lieu-dit le Ventoulou – 🐕 ⊶ – **R** conseillée – ⅁🅱 🚵
2 ha (66 empl.) incliné à peu incliné, herbeux
♿ 🗟 ♨ 🖪 🖧 🗇 ⚙ 🚿 🍃 🖼 – 🍸 🚤 – 🖼 🏕 🏊
Tarif : ✳ 26 piscine comprise – 🅴 26 – 🔌 15 (10A)
Location : 🛖 850 à 1700 – 🚐 1200 à 2800

THEIX

56450 Morbihan 🖪 – 🖸🗓 ③ – 4 435 h. alt. 5.
Paris 460 – Ploërmel 46 – Redon 52 – La Roche-Bernard 33 – Vannes 10.

⚠ **Rhuys** avril-15 oct.
𝒫 02 97 54 14 77 – à 3,5 km au Nord-Ouest du bourg, Par N 165, venant de Vannes : sortie Sarzeau
– ⊶ – **R** conseillée 14 juil.-15 août – 🚵
2 ha (60 empl.) peu incliné, herbeux
♿ 🗟 ♨ 🖪 🖧 🖳 ⚙ 🍃 🖒 🖳 🖼 – 🏕 🏊 – A proximité : 🍸 ✗
Tarif : ✳ 25 piscine comprise – 🅴 46 – 🔌 14 (6A)
Location : 🚐 1100 à 3300

🛆 *La Peupleraie* 15 avril-15 oct.
 𝒫 02 97 43 09 46 – N : 1,5 km par D 116, rte de Trefflean puis 1,2 km par chemin à gauche – ⌕
 �o━ – **R** conseillée juil.-août – 𝒜
 3 ha (100 empl.) plat, herbeux 🔾🔾 peupleraie
 🗐 ⇆ 🖰 ⊕ 🗛 ☷ ▣ – 🏊
 Tarif : ⚭ 20 – 🚐 6 – ▣ 16 – [⚡] 13 (5A) 15 (10A)
 Location : ⇦ 900 à 1500 – 🏚 1400 à 2500

THENON

24210 Dordogne 🔟 – 🔟🔟 ⑦ – 1 339 h. alt. 194.
Paris 488 – Brive-la-Gaillarde 40 – Excideuil 37 – Les Eyzies-de-Tayac 33 – Périgueux 34.

🛆 *Jarry Carrey* avril-oct.
 𝒫 05 53 05 20 78 – SE : 4 km par D 67, rte de Montignac, bord d'un étang – ≼ o━ – **R** conseillée
 juil.-août – 𝒜
 9 ha/3 campables (67 empl.) peu incliné et en terrasses, incliné, herbeux
 🗐 🔍 ⊕ ▣ – 🍴 – 🏊
 Tarif : (Prix 1999) ▣ piscine comprise 2 pers. 55, pers. suppl. 18 – [⚡] 13 (10A)
 Location : 🏚 1300 à 2500

Consultez le tableau des localités citées,
classées par départements, avec indication éventuelle
des caractéristiques particulières des terrains sélectionnés.

THÉRONDELS

12600 Aveyron 🔟🔟 – 🔟🔟 ⑬ – 505 h. alt. 965.
Paris 566 – Aurillac 46 – Chaudes-Aigues 49 – Espalion 67 – Murat 44 – Rodez 87 – St-Flour 48.

🛆🛆🛆 *La Source* 19 juin-10 sept.
 𝒫 05 65 66 05 62, Fax 05 65 66 21 00 – S : 8 km par D 139, D 98 et D 537, rte de la presqu'île de
 Laussac, alt. 647 – ⌕ ≼ lac et collines boisées « Belle situation au bord du lac de Sarrans » o━
 juil.-août – **R** conseillée 10 juil.-20 août – GB 𝒜
 4,5 ha (95 empl.) en terrasses, peu incliné, herbeux, pierreux ⌑ 🔾🔾
 🗟 🗐 ⇆ 🖃 🖰 ⊕ 🗛 ☷ ▣ – 🗄, 🍴 snack, pizzeria ≩━ – 🏕 🀆 🎾 🗝 🏊 toboggan aquatique
 Tarif : (Prix 1999) ▣ piscine comprise 2 pers. 97, pers. suppl. 20 – [⚡] 18 (6 à 10A)
 Location (avril-oct.) : 🏚 1200 à 3600 – studios, bungalows toilés

THEYS

38570 Isère 🔟🔟 – 🔟🔟 ⑤ ⑥ G. Alpes du Nord – 1 321 h. alt. 615.
🎫 Syndicat d'Initiative Bureau d'Accueil 𝒫 04 76 71 05 92 et (hors saison) 𝒫 04 76 71 03 17.
Paris 600 – Allevard 19 – Le Bourg-d'Oisans 75 – Chambéry 38 – Grenoble 30.

🛆🛆 *Les 7 Laux* 15 juin-15 sept.
 𝒫 04 76 71 02 69, Fax 04 76 71 08 85 – S : 3,8 km, à 400 m du col des Ayes, alt. 920 – ⌕ ≼ o━
 – **R** conseillée 14 juil.-15 août – GB 𝒜
 1 ha (61 empl.) plat, peu incliné, en terrasses, herbeux, pierreux, bois attenant ⌑ 🔾 (0,5 ha)
 🎟 🗟 🗐 ⇆ 🖃 🖰 ⊕ ▣ – 🏕 🏊
 Tarif : (Prix 1999) ▣ piscine comprise 1 ou 2 pers. 75, pers. suppl. 25,50 – [⚡] 16 (2A) 24 (4A) 28
 (6A)

THIERS

63300 P.-de-D. 🔟🔟 – 🔟🔟 ⑯ G. Auvergne – 14 832 h. alt. 420.
Paris 395 – Clermont-Ferrand 43 – Roanne 67 – St-Étienne 110 – Vichy 37.

🛆 *Base de Loisirs Iloa* 15 avril-15 oct.
 𝒫 04 73 80 14 90 – O : 6,5 km par rte de Vichy, D 94 à gauche et D 44, rte de Dorat, à 350 m
 d'un plan d'eau (accès direct), Par A 72 : sortie Thiers-Ouest – o━ – **R** – 𝒜
 1 ha (49 empl.) plat, herbeux
 🎟 🗟 🗐 ⇆ 🖃 🖁 🖰 ⊕ 🗛 ☷ 🖽 ▣ – 🏊 🎾 – A la Base de Loisirs : 🍴 🍽 ≩━ 🗝 🏊 toboggan
 aquatique
 Tarif : (Prix 1999) ▣ piscine comprise 2 pers. 60/70 – [⚡] 12 (3A) 13 (6A)

à **Orléat :** O : 13 km par N 89 et D 224 – 1 569 h. alt. 380 – ✉ 63190 Orléat

🛆🛆 *Le Pont-Astier* mai-sept.
 𝒫 04 73 53 64 40 – E : 5 km par D 85, D 224 et chemin à gauche, à Pont-Astier, près de la Dore
 – ≼ o━ – **R** conseillée – GB 𝒜
 2 ha (90 empl.) plat, herbeux
 🗟 🗐 ⇆ ⊕ ▣ – cases réfrigérées – 🏊 – A proximité : 🗄, 🍴 🎾 🗝 🏊
 Tarif : (Prix 1999) ⚭ 22 – 🚐 5 – ▣ 11 – [⚡] 16 (10A)
 Location : ⇦ 1470

THIÉZAC

15800 Cantal **11** – **76** ⑫ ⑬ G. Auvergne – 693 h. alt. 805.
🛈 Office de Tourisme Le Bourg ℘ 04 71 47 03 50 et (hors saison) à la Mairie ℘ 04 71 47 01 21, Fax 04 71 47 02 23.
Paris 548 – Aurillac 29 – Murat 23 – Vic-sur-Cère 8.

    ▲ *Municipal de la Bédisse* juin-15 sept.
    ℘ 04 71 47 00 41 – sortie Sud-Est par D 59, rte de Raulhac et à gauche, sur les deux rives de la Cère – ⅏ ≤ ☛ – **R** conseillée juil.-août – ⚡
    1,5 ha (116 empl.) plat, herbeux ▭ ♀♀
    🕭 🕮 🖏 🖫 🖾 🖾 ⚘ ⊛ 🖥 – 🖾 – A proximité : ✘ �ᵣ 🚣
    Tarif : ✸ 15 – 🚗 8 – 🗉 8 – ⚡ 13 (6 ou 10A)

Le THILLOT

88160 Vosges **8** – **66** ⑦ ⑧ G. Alsace Lorraine – 4 246 h. alt. 495.
🛈 Office de Tourisme 11 av. de Verdun ℘ 03 29 25 28 61, Fax 03 29 25 38 39.
Paris 411 – Belfort 46 – Colmar 74 – Épinal 49 – Mulhouse 58 – St-Dié 64 – Vesoul 65.

à Fresse-sur-Moselle E : 2 km par N 66 rte de Bussang – 2 242 h. alt. 515 – ✉ 88160 Fresse-sur-Moselle :

    ▲ *Municipal Bon Accueil* avril-11 nov.
    ℘ 03 29 25 08 98 – sortie Nord-Ouest par N 66, rte du Thillot, à 80 m de la Moselle – ≤ – **R** – ⚡
    0,6 ha (50 empl.) plat, herbeux
    🕮 🖏 ⊛ – A proximité : ✘
    Tarif : (Prix 1999) ✸ 12,80 tennis compris – 🗉 7 – ⚡ 13,60 (5A)

THIVIERS

24800 Dordogne **10** – **75** ⑥ G. Périgord Quercy – 3 590 h. alt. 273.
🛈 Syndicat d'Initiative pl. Mar.-Foch ℘ 05 53 55 12 50.
Paris 452 – Brive-la-Gaillarde 81 – Limoges 60 – Nontron 33 – Périgueux 34 – St-Yrieix-la-Perche 32.

    ▲▲ *Municipal le Repaire* mai-sept.
    ℘ 05 53 52 69 75 – SE : 2 km par D 707, rte de Lanouaille et chemin à droite, bord d'un petit étang – ☛ saison – ⚡
    10 ha/4,5 campables (100 empl.) plat, peu incliné, terrasses, herbeux, bois attenants ▭
    🕭 🕮 🖏 🖾 🖏 ⊛ 🖥 – 🚣 🏊 parcours sportif
    Tarif : ✸ 25 piscine comprise – 🗉 35 – ⚡ 17 (6A)
    Location : ⌂ 1800 à 2200

THOARD

04380 Alpes-de-H.-Provence **17** – **81** ⑥ – 564 h. alt. 790.
Paris 752 – Digne-les-Bains 20 – Folcalquier 53 – Manosque 62 – Sisteron 42.

    ▲ *Le Vieux Moulin* avril-15 oct.
    ℘ 04 92 34 65 75 – N : 1 km par D 17, à droite avant le pont, au lieu-dit le Planas, au bord du Duyes, pour les caravanes, l'accès par le village est déconseillé, suivre D 3, rte de Mélan – ⅏ ≤ « Ancien moulin à huile restauré » ☛ – **R** conseillée
    0,5 ha (20 empl.) plat, herbeux ♀
    🕭 🕮 🖏 ⊛ 🖥 – pizzeria – 🖾
    Tarif : 🗉 2 pers. 55, pers. suppl. 20 – ⚡ 14 (6A)
    Location : 🚐 700 à 900

Le THOLY

88530 Vosges **8** – **62** ⑰ G. Alsace-Lorraine – 1 541 h. alt. 628.
🛈 Syndicat d'Initiative à la Mairie ℘ 03 29 61 81 82, Fax 03 29 61 89 83.
Paris 413 – Bruyères 21 – Épinal 30 – Gérardmer 11 – Remiremont 19 – St-Amé 12 – St-Dié 39.

    ▲▲▲ *Noirrupt* 15 avril-15 oct.
    ℘ 03 29 61 81 27, Fax 03 29 61 83 05 – NO : 1,3 km par D 11, rte d'Epinal et chemin à gauche – ≤ « Cadre agréable » ☛ – **R** – ⚡
    2,9 ha (70 empl.) en terrasses, plat, herbeux, pierreux ♀ (0,5 ha)
    🕭 🕮 🖏 🖾 🖫 ⚘ 🖾 ▽ 🖥 – 🖾 🖦 🚣 🛢 ✘ 🏊
    Tarif : ✸ 29 piscine et tennis compris – 🗉 48 – ⚡ 18 (2A) 30 (6A)
    Location (permanent) ✿ juil.-août : ⌂ 1150 à 3270

THÔNES

74230 H.-Savoie **12** – **74** ⑦ G. Alpes du Nord – 4 619 h. alt. 650.
🛈 Office de Tourisme (saison) pl. Avet ℘ 04 50 02 00 26, Fax 04 50 02 11 87.
Paris 556 – Albertville 34 – Annecy 21 – Bonneville 31 – Faverges 19 – Megève 39.

    ▲ *Le Tréjeux* juin-sept.
    ℘ 04 50 02 06 90 – O : 1,5 km rte de Bellossier – ⅏ ≤ « Cadre verdoyant au bord d'un ruisseau » ☛ – 🍴
    1,5 ha (99 empl.) plat, pierreux, herbeux, gravillons ♀
    🕭 🕮 🖏 ⊛ – 🖾
    Tarif : ✸ 15 – 🚗 10 – 🗉 10 – ⚡ 10 (2A) 13 (4A) 15 (6A)

THONNANCE-LES-MOULINS

52230 H.-Marne **7** – **62** ② – 114 h. alt. 282.
Paris 249 – Bar-le-Duc 61 – Chaumont 49 – Commercy 56 – Ligny-en-Barrois 38 – Neufchâteau 37 – St-Dizier 43.

    ▲▲▲ *La Forge de Sainte Marie* mai-sept.
        𝒫 03 25 94 42 00, Fax 03 25 94 41 43 – O : 1,7 km par D 427, rte de Joinville, bord du Rongeant
        – ⊛ « Cadre agréable autour d'une ancienne forge restaurée » ⊶ – **R** conseillée 15 juil.-15 août
        – **GB** ⚲
        32 ha/3 campables (185 empl.) plat et en terrasses, herbeux, étang ▭ ♀ (1,5 ha)
        ⚹ ⍭ ⇌ ⊡ 🔔 ⇌ ⊛ 🠒 ⍦ – ▄ 🍴 ✗ 🏊 – ▭ 🎯 🚣 🚲 ◫
        Tarif : ⚹ *35 piscine comprise* – 🅴 *80* – [⚡] *15 (6A)*
        Location : 🛖 *1600 à 3600 – gîtes*

Le THOR

84250 Vaucluse **16** – **81** ⑫ G. Provence – 5 941 h. alt. 50.
🛈 Office de Tourisme pl. du 11-Novembre 𝒫 04 90 33 92 31, Fax 04 90 33 92 31.
Paris 691 – Avignon 18 – Carpentras 16 – Cavaillon 15 – L'Isle-sur-la-Sorgue 5 – Orange 35.

    ▲▲ *Le Jantou* avril-oct.
        𝒫 04 90 33 90 07, Fax 04 90 33 79 84 – O : 1,2 km par sortie Nord vers Bédarrides, accès
        direct à la Sorgue, Accès conseillé par D 1 (contournement) – ⊛ ⊶ – **R** conseillée –
        GB ⚲
        6 ha/4 campables (143 empl.) plat, herbeux ♀
        ▥ ⚹ ⍭ ⇌ ⊡ 🔔 ⊛ 🠒 ⍦ 🔌 ▭ – ▄ ⊡ réfrigérateurs 🚣 🚲 ◫ – A proximité : 🛒
        Tarif : ⚹ *26 piscine comprise* – 🅴 *31* – [⚡] *15,50 (3A) 18 (6A) 21 (10A)*
        Location *(permanent)* : 🛖 *1290 à 2130* – 🛖 *1520 à 3050*

THORÉ-LA-ROCHETTE

41100 L.-et-Cher **5** – **64** ⑥ – 863 h. alt. 75.
🛈 Office de Tourisme Mairie 𝒫 02 54 72 80 82, Fax 02 54 72 73 38.
Paris 179 – Blois 43 – Château-Renault 24 – La Ferté-Bernard 59 – Vendôme 10.

    ▲ *Municipal la Bonne Aventure* 15 mai-sept.
        𝒫 02 54 72 00 59 – N : 1,7 km par D 82, rte de Lunay et rte à droite, devant le stade, bord du
        Loir – ⊛ ⊶ – **R** conseillée
        2 ha (60 empl.) plat, herbeux ♀
        ⚹ ⍭ ⇌ ⊡ ⊡ ⊛ ⍦ 🚣 🚲 ✗ – A proximité : 🏊
        Tarif : ⚹ *14* – 🅴 *11* – [⚡] *13 (5A)*

THORS

17160 Char.-Mar. **9** – **71** ④ – 456 h. alt. 23.
Paris 448 – Angoulême 48 – Cognac 86 – Limoges 138 – Poitiers 112 – St-Jean-d'Angély 23.

    ▲ *Le Relais de l'Étang* juin-sept.
        𝒫 05 46 58 26 81 – sortie Nord par D 121, rte de Matha, près de l'étang – Ⓜ ⊶ – **R** conseillée
        juil.-août
        0,8 ha (25 empl.) plat, herbeux, gravillons ▭
        ⚹ ⍭ ⇌ ⊡ ⊡ ⊛ ⍦ – A proximité : 🍴 ✗ ⊓ 🏊
        Tarif : ⚹ *12* – 🚗 *8* – 🅴 *8* – [⚡] *10 (10A)*

THOUARCÉ

49380 M.-et-L. **5** – **67** ⑦ – 1 546 h. alt. 35.
Paris 319 – Angers 30 – Cholet 43 – Saumur 38.

    ▲ *Municipal de l'Écluse* 15 avril-15 oct.
        au Sud-Ouest du bourg par av. des Trois-Epis, bord du Layon – **R**
        0,5 ha (35 empl.) plat, herbeux ♀
        ⍭ ⇌ ⊡ ⊛ – A proximité : ✗
        Tarif : *(Prix 1999)* ⚹ *8* – 🚗 *3,50* – 🅴 *3,50*

THOUX

32430 Gers **14** – **82** ⑥ – 136 h. alt. 145.
Paris 701 – Auch 39 – Cadours 12 – Gimont 15 – L'Isle-Jourdain 12 – Mauvezin 15.

    ▲▲ *Le Lac* avril-oct.
        𝒫 05 62 65 71 29, Fax 05 62 65 74 81 – NE : sur D 654, bord du lac « Cadre agréable » ⊶ –
        R conseillée juil.-août – **GB** ⚲
        3,5 ha (130 empl.) plat, peu incliné, herbeux ♀
        ⚹ ⍭ ⇌ ⊡ 🔔 ⊛ 🠒 ⍦ ⊡ ▭ – ⊒ – A proximité : ▄ 🍴 ✗ ✖ ⊓ 🚣 ◊
        Tarif : *(Prix 1999)* 🅴 *piscine comprise 2 pers. 79, pers. suppl. 29* – [⚡] *20 (10A)*
        Location *(permanent)* : 🛖 *1500 à 2950 – bungalows toilés*

THURY-HARCOURT

14220 Calvados 🖬 – 🖭 ⑪ G. Normandie Cotentin – 1 803 h. alt. 45.
Paris 254 – Caen 28 – Condé-sur-Noireau 20 – Falaise 28 – Flers 32 – St-Lô 66 – Vire 41.

⚠ *Vallée du Traspy* 20 avril-16 sept.
     🅿 02 31 79 61 80 – à l'Est du bourg par bd du 30-Juin-1944 et chemin à gauche « Au bord du Traspy
et près d'un plan d'eau » ⊶ – **R** conseillée 15 juil.-15 août – ⚴
1,5 ha (92 empl.) plat et terrasse, herbeux ♀
🕭 🗊 🖙 🗓 🖨 ⚲ ☴ 🖭 🖾 – 🚐 🚣 – A proximité : toboggan aquatique 🍴 🔳
Tarif : (Prix 1999) 🛉 *23* – 🖃 *23* – 🛏 *18 (6A) 21 (10A)*

TIFFAUGES

85130 Vendée 🖥 – 🖬 ⑤ G. Poitou Vendée Charentes – 1 208 h. alt. 77.
Paris 372 – Angers 79 – Cholet 21 – Clisson 20 – Montaigu 17 – Nantes 49 – La Roche-sur-Yon 55.

⚠ *Aire Naturelle la Vallée* 15 avril-15 oct.
     🅿 02 51 65 75 65 – NO : 1,5 km par D 754, rte de Montaigu et rte à droite – 🦆 ⪕ ⊶ –
R – ⚴
1 ha (25 empl.) vallonné, herbeux
🕭 🗊 🖙 ⊕ – 🚐 🚲
Tarif : (Prix 1999) 🖃 *2 pers. 50* – 🛏 *10 (4 à 13A)*

TINTÉNIAC

35190 I.-et-V. 🖪 – 🖬 ⑯ G. Bretagne – 2 163 h. alt. 40.
Paris 377 – Avranches 63 – Dinan 26 – Dol-de-Bretagne 29 – Fougères 60 – Rennes 31 – St-Malo 43.

⚠ *Les Peupliers* mars-oct.
     🅿 02 99 45 49 75, Fax 02 99 45 52 98 – SE : 2 km par l'ancienne rte de Rennes, à la Besnelais, bord
d'étangs, Par N 137, sortie Tinténiac Sud – Places limitées pour le passage « Sous les sapins, petit
canal d'agrément » ⊶ – **R** conseillée juil.-août – **GB** ⚴
4 ha (100 empl.) plat, herbeux 🖾 ♀♀
🕭 🗊 🖙 🗓 🖨 ⚲ ⊕ ☴ 🖭 🖾 – 🕎 – 🚐 🚣 🚲 🍴 🍽
Tarif : 🛉 *20 piscine comprise* – 🖃 *33* – 🛏 *16 (5A) 30 (10A)*
Location 🍴 : 🚐 *1500 à 2500*

TIUCCIA

2A Corse-du-Sud – 🖭 ⑯ – voir à Corse.

TOCANE-ST-APRE

24350 Dordogne 🔟 – 🖬 ④ ⑤ – 1 377 h. alt. 95.
Paris 501 – Brantôme 23 – Mussidan 37 – Périgueux 25 – Ribérac 14.

⚠ *Municipal le Pré Sec* mai-sept.
     🅿 05 53 90 40 60 – au Nord du bourg par D 103, rte de Montagrier, au stade, bord de la Dronne
– 🦆 ⊶ juil.-août – **R** conseillée juil.-août – ⚴
1,8 ha (80 empl.) plat, herbeux 🖾 ♀♀ (0,5 ha)
🕭 🗊 🖙 🗓 🖨 ⊕ ☴ 🖭 – 🚐 🚣 🍴 🖾
Tarif : 🛉 *10* – 🖃 *25* – 🛏 *10 (3 à 10A)*
Location *(permanent)* : 🚐 *1300 à 1800*

TONNEINS

47400 L.-et-G. 🔟 – 🖬 ④ – 9 334 h. alt. 26.
🅱 Office de Tourisme (fermé le dim.) 3 bd Charles-de-Gaulle 🅿 05 53 79 22 79, Fax 05 53 79 39 94.
Paris 601 – Agen 42 – Nérac 38 – Villeneuve-sur-Lot 36.

⚠ *Municipal Robinson* juin-sept.
     🅿 05 53 79 02 28 – sortie Sud par N 113, rte d'Agen, à 100 m de la Garonne « Décoration florale »
⊶ – **R** – ⚴
0,6 ha (38 empl.) plat, herbeux 🖾 ♀
🕭 🗊 🖙 🗓 🖨 ⊕ 🖭
Tarif : (Prix 1999) 🖃 *élect. comprise 2 pers. 43, pers. suppl. 13*

TORIGNI-SUR-VIRE

50160 Manche 🖪 – 🖬 ⑭ G. Normandie Cotentin – 2 659 h. alt. 89.
Paris 290 – Caen 60 – St-Lô 15 – Villedieu-les-Poêles 34 – Vire 25.

⚠ *Municipal du Lac Nº2* Permanent
     🅿 02 33 56 91 74 – SE : 0,8 km par N 174, rte de Vire, à proximité d'un étang et d'un parc boisé
– ⊶ – **R** – ⚴
0,5 ha (40 empl.) plat, herbeux 🖾
🖭 🗊 🖙 🗓 🖨 ⊕ – 🚐 – A proximité : 🍴 🖾
Tarif : (Prix 1999) 🛉 *13* – 🚗 *7* – 🖃 *10* – 🛏 *12 (4A)*

TORREILLES

66440 Pyr.-Or. **15** – **86** ⑳ – 1 775 h. alt. 4.
Paris 856 – Argelès-sur-Mer 29 – Le Boulou 43 – Perpignan 13 – Port-Barcarès 11 – Rivesaltes 14.

à la Plage NE : 3 km par D 11ᴱ – ⊠ 66440 Torreilles :

▲▲▲ **Les Tropiques** Pâques-Toussaint
  𝒞 04 68 28 05 09, Fax 04 68 28 48 90 – ⛬ – **R** conseillée – **GB** ⚲ ·
  7 ha (450 empl.) plat, sablonneux, herbeux ☐ ♀
  ⅁ ⅏ ⇄ ⌸ ⌷ ☺ ⚲ ⩊ ▣ – ⩊ ♈ ✕ ⚲ – discothèque 🚗 ♂⚙ -⊛ ✗ ⊒ – A proximité : ⮞
  Tarif : ▣ *piscine comprise 1 ou 2 pers. 121 (144 avec élect. 6A), pers. suppl. 31*
  Location : ⌂ *1000 à 2400* – ⌂ *1400 à 3600* – ⌂*1400 à 3700*

▲▲▲ **Les Dunes de Torreilles-Plage** 15 mars-15 oct.
  𝒞 04 68 28 38 29, Fax 04 68 28 32 57 – à 150 m de la plage – ⛬ – **R** conseillée juil.-août – **GB**
  ⚲
  16 ha (615 empl.) plat, sablonneux ☐ - Sanitaires individuels (⅏ ⇄ wc) ☺ ⚲ ⩊ ▣ – ⩊ ♈ ✕ pizzeria
  ⬩⮑ – ⌂ ⅋⅋ ✗ ⊒ – A proximité : ⮡
  Tarif : ▣ *élect. (10A) et piscine comprises 2 pers. 165, 3 à 6 pers. 214*
  Location : ⌂ *1120 à 3633*

▲▲▲ **Le Calypso** avril-sept.
  𝒞 04 68 28 09 47, Fax 04 68 28 24 76 – ⛬ – **R** conseillée juil.-août – **GB** ⚲
  6 ha (300 empl.) plat, sablonneux, herbeux ☐ ♀
  ⅁ ⅏ ⇄ ⌸ ⌷ ⚲ (9 sanitaires individuels ⅏ ⇄ wc) ☺ ▣ – ♈ ✕ pizzeria, crêperie ⬩⮑ cases
  réfrigérées – ⌂ ✗ ⌸ discothèque 🚗 ⊒ – A proximité : ⮞
  Tarif : ▣ *piscine comprise 2 pers. 114* – [ᵍ] *20 (3 à 10A)*
  Location : ⌂ *1600 à 3200* – ⌂ *1600 à 3500*

▲▲▲ **Le Trivoly** avril-sept.
  𝒞 04 68 28 20 28, Fax 04 68 28 16 48 « Entrée fleurie » ⛬ – **R** conseillée juil.-août – **GB** ⚲
  8 ha (270 empl.) plat, sablonneux, herbeux ☐ ♀ (1 ha)
  ⅁ ⅏ ⇄ ⌸ ⌷ ▣ – ♈ snack ⬩⮑ – ⌂ 🚗 ✗ ⊒ toboggan aquatique
  Tarif : ▣ *piscine comprise 2 pers. 130* – [ᵍ] *20 (6A)*
  Location : ⌂ *990 à 3800* – ⌂ *1300 à 4100*

▲▲▲ **La Palmeraie** juin-sept.
  𝒞 04 68 28 20 64, Fax 04 68 59 67 41 « Décoration originale » ⛬ – **R** conseillée juil.-août –
  GB ⚲
  4,5 ha (242 empl.) plat, sablonneux, herbeux ☐ ♀♀
  ⅁ ⅏ ⇄ ⌸ ⌷ ▣ – ♈ snack ⬩⮑ cases réfrigérées – ⌂ 🚗 ⊒ – A proximité : ⮞
  Tarif : ▣ *2 pers. 118* – [ᵍ] *20 (5A) 30 (10A)*
  Location *(avril-sept.) :* ⌂*1600 à 3400*

TORTEQUESNE

62490 P.-de-C. **2** – **53** ③ – 719 h. alt. 42.
Paris 180 – Arras 23 – Bapaume 27 – Douai 10 – Lens 27 – St-Quentin 63.

△ **Municipal de la Sablière** mars-oct.
  𝒞 03 21.24 14 94 – sortie Nord-Est par D 956, rte de Férin et 0,5 km par chemin à droite, près
  de deux étangs – Places limitées pour le passage ⬩ – **R** – ⚲
  1,5 ha (81 empl.) plat, herbeux, pierreux ☐ ♀
  ⅁ ⅏ ⇄ ⌷ ☺ – A proximité : ♈ brasserie ✗
  Tarif : ⚲ *12 tennis compris* – ⇆ *7* – ▣ *15* – [ᵍ] *13 (6A)*

TOUFFAILLES

82190 T.-et-G. **14** – **79** ⑯ – 359 h. alt. 200.
Paris 632 – Agen 45 – Cahors 49 – Moissac 24 – Montaigu-de-Quercy 10 – Valence 28.

△ **Municipal** mai-sept.
  par D 41, face à la mairie – ⛫
  0,3 ha (11 empl.) plat, herbeux ♀
  ⅏ ⌷ ☺ – A proximité : ✗
  Tarif : ⚲ *8* – ▣ *10* – [ᵍ] *10*

TOUFFREVILLE-SUR-EU

76910 S.-Mar. **1** – **52** ⑤ – 175 h. alt. 45.
Paris 173 – Abbeville 46 – Amiens 99 – Blangy-sur-Nesle 35 – Le Tréport 10.

△ **Municipal les Acacias** Pâques-sept.
  𝒞 02 35 50 66 33 – SE : 1 km par D 226 et D 454, rte de Guilmecourt – ⬩ – ⛫
  1 ha (50 empl.) plat, herbeux
  ⅏ ⇄ ⌸ ⚲ ☺
  Tarif : ⚲ *9,50* – ⇆ *6,30* – ▣ *6,30* – [ᵍ] *11,50*

Vermelding in deze gids gebeurt geheel
kosteloos en is in geen geval te danken aan het betalen van een premie of aan een
gunst.

TOULON-SUR-ARROUX

71320 S.-et-L. ⅠⅠ – 🆖 ⑰ – 1 867 h. alt. 260.
Paris 326 – Autun 40 – Bourbon-Lancy 38 – Gueugnon 12 – Montceau-les-Mines 22 – Paray-le-Monial 36.

▲ **Municipal du Val d'Arroux** Pâques-Toussaint
  ℘ 03 85 79 51 22 – sortie Ouest par D 985, rte de Luzy et chemin à gauche après le pont, bord
  de l'Arroux – Places limitées pour le passage ⚬╼ saison – **R** saison
  1,3 ha (68 empl.) plat, herbeux
  ⛺ 🍴 🗓 🛁 🔦 ☺ 🍽 🏠 – 🔭
  Tarif : ⛺ 8,50 – 🚗 7,50 – 🔲 7,50 – ⚡ 16 (6A)

TOUQUIN

77131 S.-et-M. ⑥ – 🔟 ③ – 872 h. alt. 112.
Paris 58 – Coulommiers 12 – Melun 37 – Montereau-Fault-Yonne 49 – Provins 31.

▲▲ **Les Étangs Fleuris** mars-oct.
  ℘ 01 64 04 16 36, Fax 01 64 04 12 28 – E : 3 km, rte de la Boisserotte – ॐ « Agréable cadre boisé »
  ⚬╼ – **R** – ⚒
  5,5 ha (156 empl.) plat, peu incliné, herbeux ▭ ♀
  ⛺ ⛺ 🍴 🗓 🛁 ☺ 🏊 🎡 🏠 – 🍷 – 🏓 🚣 🛴
  Tarif : 🔲 piscine comprise 1 pers. 35 (40 avec élect. 10A)

*Deze gids is geen overzicht van alle kampeerterreinen maar een selektie
van de beste terreinen in iedere categorie.*

La TOUR-D'AIGUES

84240 Vaucluse ⒗ – 🎱 ③ G. Provence – 3 328 h. alt. 250.
Paris 755 – Aix-en-Provence 29 – Apt 36 – Avignon 81 – Digne-les-Bains 91.

▲ **Municipal** juil.-août
  sortie Nord-Est par D 956, rte de Forcalquier et chemin à droite, bord de l'Eze – ॐ ⚬╼ – **R** – ⚒
  1 ha (50 empl.) plat, herbeux ♀♀
  ⛺ 🔦 ☺ – A proximité : terrain omnisports ✗
  Tarif : ⛺ 10,50 – 🚗 6,30 – 🔲 6,30 – ⚡ 14,70

La TOUR-D'AUVERGNE

63680 P.-de-D. ⅠⅠ – 🎴 ⑬ G. Auvergne – 778 h. alt. 1 000 – Sports d'hiver : 1 220/1 373 m ⚡ 3 ⚐.
🅱 Office de Tourisme Sancy-Artense, r. de la Pavade ℘ 04 73 21 79 78, Fax 04 73 21 79 70.
Paris 482 – Besse-en-Chandesse 31 – Bort-les-Orgues 28 – La Bourboule 14 – Clermont-Ferrand 59 –
Le Mont-Dore 18.

▲ **Municipal la Chauderie** 15 juin-15 sept.
  ℘ 04 73 21 55 01 – SE : 1,3 km par D 203, rte de Besse-en-Chandesse, bord de la Burande – ⩗
  ⚬╼ – **R**
  1,5 ha (90 empl.) plat et en terrasses, peu incliné, herbeux, pierreux ▭
  ♿ ⛺ 🍴 🗓 🔦 ☺ 🏠 – 🏠 🚣
  Tarif : (Prix 1999) ⛺ 11,50 – 🚗 6,25 – 🔲 6,25 – ⚡ 11,50 (3A) 23 (10A)

La TOUR-DU-MEIX

39270 Jura ⑫ – 🎰 ⑭ – 167 h. alt. 470.
Paris 434 – Champagnole 44 – Lons-le-Saunier 24 – St-Claude 36 – St-Laurent-en-Grandvaux 39.

▲▲ **Surchauffant** 29 avril-10 sept.
  ℘ 03 84 25 41 08, Fax 03 84 35 56 88 – au Pont de la Pyle, Sud-Est : 1 km par D 470 et chemin
  à gauche, à 150 m du lac de Vouglans (accès direct) – ॐ ⩗ « Dans un site agréable » ⚬╼
  R indispensable juil.-août – ⅭⒷ ⚒
  2,5 ha (180 empl.) plat, herbeux, pierreux ♀ (1 ha)
  ♿ ⛺ 🍴 🗓 🛁 ☺ 🏊 🏠 – 🏠 🚣 – A proximité : 🍷 ✗ ⚿
  Tarif : 🔲 2 pers. 78 – ⚡ 16 (5A)

Le TOUR-DU-PARC

56370 Morbihan ④ – 🆖 ⑬ – 672 h..
Paris 479 – La Baule 64 – Redon 58 – St-Nazaire 73 – Vannes 22.

▲▲ **Le Cadran Solaire** avril-15 sept.
  ℘ 02 97 67 30 40 – S : 2 km par D 324, rte de Sarzeau – Ⓜ ⚬╼ juil.-août – **R** conseillée juil.-août
  – ⅭⒷ ⚒
  2 ha (115 empl.) plat, herbeux ▭ ♀♀
  ♿ ⛺ 🍴 🗓 🛁 ☺ 🏠 – 🏠 – 🏓 ✗
  Tarif : ⛺ 24 – 🔲 46 – ⚡ 16 (6A) 25 (10A)
  Location ॐ 🚐 1500 à 3200

TOURLAVILLE

50110 Manche 4 - 54 ② - 17 516 h. alt. 27.
Paris 356 - Carentan 53 - Carteret 43 - Cherbourg 5 - Volognes 22.

▲▲ **Le Collignon** 31 mai-2 oct.
✆ 02 33 20 16 88, Fax 02 33 20 53 03 - N : 2 km par D 116, rte de Bretteville, près de la plage - ⚷ juil.-août - **R** conseillée 15 juil.-15 août - GB ✂
10 ha/2 campables (82 empl.) plat, herbeux, sablonneux ⊏⊐
♿ 🚿 ⊕ ▣ ⚇ ⌂ ⊛ ⚠ ▣ - 🏠 ⛹ - A proximité : centre nautique, parcours de santé 🍷 ⛳ 🏊
Tarif : 🚶 *20* - ▤ *29* - ⚡ *19 (10A)*

TOURNEHEM-SUR-LA-HEM

62890 P.-de-C. 1 - 51 ② ③ - 1 069 h. alt. 39.
Paris 270 - Calais 25 - Cassel 39 - Dunkerque 44 - Lille 84 - St-Omer 19.

▲▲ **Bal Caravaning** avril-oct.
✆ 03 21 35 65 90, Fax 03 21 35 18 57 - sortie Est par D 218 - Places limitées pour le passage « Face à un parc de loisirs » ⚷ - **R** indispensable juil.-août - GB ✂
2,5 ha (63 empl.) peu incliné, herbeux
▥ ♿ 🚿 ⊕ ▣ ⌂ ⊛ ⚠ ⊽ ▣ - ✂ - A proximité : 🍷 ✕ self-service ⛳ ♜ ⛹ (parc d'attractions)
Tarif : ▤ *élect. (10A) et tennis compris 2 pers. 100, pers. suppl. 22*
Location : 🛏 *(hôtel)*

In deze gids
heeft een zelfde letter of teken, zwart of rood, dun of dik gedrukt niet helemaal dezelfde
betekenis.
Lees aandachtig de bladzijden met verklarende tekst.

TOURNON-D'AGENAIS

47370 L.-et-G. 14 - 79 ⑥ **G. Aquitaine** - 839 h. alt. 156.
ℹ Syndicat d'Initiative (juin-sept.) Place de la Mairie ✆ 05 53 40 75 82.
Paris 611 - Agen 42 - Cahors 46 - Montauban 63 - Villeneuve-sur-Lot 26.

à Courbiac SE : 5,3 km par D 656, rte d'Agen et rte à gauche - 114 h. alt. 145 - ✉ 47370 Courbiac

▲ **Aire Naturelle le Pouchou** juin-sept.
✆ 05 53 40 72 68 - O : 1,8 km par rte de Tournon-d'Agenais et chemin à gauche, bord d'un étang, croisement peu facile pour caravanes - ❀ ⩽ ⚷ - **R** - ✂
2 ha (20 empl.) non clos, peu incliné, herbeux
♿ 🚿 ⊕ ⌂ ⊛ ▣ - 🍷 - 🏠 🏊
Tarif : 🚶 *21 piscine comprise* - ▤ *23* - ⚡ *15 (10A)*

TOURNON-SUR-RHÔNE

07300 Ardèche 11 - 76 ⑩ **G. Vallée du Rhône** - 9 546 h. alt. 125.
ℹ Office de Tourisme Hôtel de la Tourette ✆ 04 75 08 10 23, Fax 04 75 08 41 28.
Paris 548 - Grenoble 99 - Le Puy-en-Velay 105 - St-Étienne 76 - Valence 18 - Vienne 59.

▲ **Les Acacias** avril-sept.
✆ 04 75 08 83 90 - O : 2,6 km par D 532, rte de Lamastre, accès direct au Doux - ⚷ - **R** conseillée juil.-août - ✂
2,7 ha (80 empl.) plat, herbeux ♀♀
♿ 🚿 ⊕ ▣ ⛆ ⊛ ▣ - 🏠 ⛹ ♜ 🏊 mini-tennis - A proximité : ✕
Tarif : (Prix 1999) ▤ *piscine comprise 2 pers. 84, pers. suppl. 18* - ⚡ *18 (4A)*
Location : 🚐 *1600 à 2900*

▲ **Le Manoir** Pâques-sept.
✆ 04 75 08 02 50 - O : 3 km par D 532, rte de Lamastre, bord du Doux - ⚷ - **R** conseillée - ✂
2 ha (80 empl.) plat, herbeux ♀♀
♿ 🚿 ⊕ ⌂ ⊛ ▣ - ⛱ 🍷 - 🏠 🏊
Tarif : ▤ *piscine comprise 2 pers. 73, pers. suppl. 16* - ⚡ *16 (10A)*
Location : 🚐 *1900 à 2500* - 🛏 *(hôtel)*

TOURNUS

71700 S.-et-L. 12 - 69 ⑳ **G. Bourgogne** - 6 568 h. alt. 193.
Paris 361 - Bourg-en-Bresse 53 - Chalon-sur-Saône 28 - Lons-le-Saunier 58 - Louhans 31 - Mâcon 35 - Montceau-les-Mines 66.

▲ **Municipal En Bagatelle** mai-sept.
✆ 03 85 51 16 58 - à 1 km au Nord de la localité par rue St-Laurent, en face de la gare, attenant à la piscine et à 150 m de la Saône (accès direct) - ⚷ - **R**
2 ha (90 empl.) plat, herbeux
♿ 🚿 ▣ ⛆ ⊛ ▣ - 🏠 - A proximité : ✂ 🎾 🏊
Tarif : 🚶 *14* - 🚗 *14* - ▤ *14* - ⚡ *13 (10A)*

06140 Alpes-Mar. **17** – **84** ⑨ G. Côte d'Azur – 3 449 h. alt. 400.
2 Office de Tourisme 5 rte de Vence ☎ 04 93 24 18 93, Fax 04 93 59 24 40.
Paris 934 – Grasse 21 – Nice 29 – Vence 6.

⚠ **Les Rives du Loup** avril-sept.
☎ 04 93 24 15 65 – SO : 8,2 km par D 2210, rte de Grasse puis 2,6 km par D 6, rte de Nice
– Places limitées pour le passage 🐾 « Au bord du Loup » ⊶ – **R** juil.-août –
GB ✗
2,2 ha (116 empl.) en terrasses, plat, pierreux, gravier, herbeux ♀
👤 🗑 🗓 🖵 🛁 ☺ 🖼 – snack – 🍴 🏊
Tarif : 🆑 2 pers. 110 – 🔌 15 (3A) 20 (5A)
Location : 🛖 1000 à 3250 – 🛏

37000 I.-et-L. **5** – **64** ⑮ G. Châteaux de la Loire – 129 509 h. alt. 60.
2 Office de Tourisme 78 r. Bernard-Palissy ☎ 02 47 70 37 37, Fax 02 47 61 14 22.
Paris 238 – Angers 108 – Chartres 142 – Clermont-Ferrand 331 – Limoges 221 – Le Mans 83 –
Orléans 116.

à la Membrolle-sur-Choisille NO : 7 km, rte du Mans – 2 644 h. alt. 60 – ⊠ 37390 la Membrolle-
sur-Choisille :

⚠ **Municipal** mai-sept.
☎ 02 47 41 20 40 – rte de Fondettes, au stade, bord de la Choisille – ⊶ – **R**
1,2 ha (94 empl.) plat, herbeux ♀
👤 🗑 ↻ 🗓 🖵 ☺ 🛁 – ✂ 🖼
Tarif : (Prix 1999) ♣ 13 – 🆑 13 – 🔌 17 (3A)

à St-Avertin SE : 5 km – 12 187 h. alt. 49 – ⊠ 37550 St-Avertin.
2 Office de Tourisme 29 r. Rochepinard ☎ 02 47 27 01 72

⚠ **Municipal les Rives du Cher** avril-15 oct.
☎ 02 47 27 27 60 – au Nord par rive gauche du Cher « Près d'un plan d'eau » ⊶ –
R juil.-août
2 ha (90 empl.) gravillons, herbeux 🔲 ♀
👤 🗑 ↻ 🗓 🖵 ☺ 🖼 – 🚤
Tarif : (Prix 1999) ♣ 15 – 🚐 8,50 – 🆑 15 – 🔌 13 (4A) 21 (10A)

Voir aussi à Ballan-Miré

24390 Dordogne **10** – **75** ⑦ G. Périgord Quercy – 654 h. alt. 140.
Paris 468 – Brive-la-Gaillarde 56 – Lanouaille 19 – Limoges 76 – Périgueux 34 – Uzerche 61.

⚠ **Les Tourterelles** 15 avril-15 oct.
☎ 05 53 51 11 17, Fax 05 53 50 53 44 – NO : 1,5 km par D 73, rte de Coulaures – 🐾 « Cadre boisé
et fleuri » ⊶ – **R** conseillée juil.-août – **GB**
12 ha/ 3,5 campables (93 empl.) plat et peu incliné, en terrasses, herbeux 🔲 ♀♀
👤 🗑 ↻ 🗓 🖵 ☺ 🔳 🖼 – 🍴 ✗ 🍽 🔙 – 🛶 🚣 🚴 🔟 🏊 half-court
Tarif : ♣ 25 piscine comprise – 🚐 10 – 🆑 56 – 🔌 22 (6A)
Location : 🛖 1025 à 2095 – 🛖 1395 à 3095 – 🏠 1725 à 4185

76400 S.-Mar. **1** – **52** ⑫ – 741 h. alt. 105.
Paris 194 – Bolbec 25 – Fécamp 5 – Rouen 68 – St-Valery-en-Caux 32 – Yvetot 30.

⚠ **Municipal du Canada** 15 mars-15 oct.
☎ 02 35 29 78 34 – NO : 0,5 km par D 926, rte de Fécamp et chemin à gauche – Places limitées
pour le passage ⊶ – **R** conseillée juil.-août – ✗
2,5 ha (100 empl.) plat et peu incliné, herbeux 🔲 ♀
👤 🗑 ↻ 🗓 🖵 ☺ 🖼 – A proximité : ✂ 🔙
Tarif : (Prix 1999) ♣ 12 – 🚐 5,50 – 🆑 10 – 🔌 12 (4A) 13 (6A) 15 (10A)

27500 Eure **5** – **55** ④ – 960 h. alt. 10.
Paris 165 – Caen 69 – Évreux 72 – Le Havre 37 – Lisieux 40 – Rouen 55.

⚠ **Risle-Seine**
☎ 02 32 42 46 65 – E : 2,5 km, par rte des Etangs, à gauche sous le pont de l'autoroute, près de
la Base Nautique – ≼ ⊶
2 ha (61 empl.) plat, herbeux 🔲
👤 🗑 ↻ 🗓 🖵 ☺ 🛁 🔜 🖼 – 🔙 – A proximité : ♫
Location : bungalows toilés

46700 Lot 🔟🔟 – 🔽🔟 ⑥ – 412 h. alt. 75.
Paris 595 – Cahors 38 – Gourdon 49 – Sarlat-la-Canéda 63 – Villeneuve-sur-Lot 34.

⚠️ **Le Ch'Timi** avril-sept.
 🌳 05 65 36 52 36 – E : 0,8 km par D 8 – ⛺ – **R** conseillée – 🔀
 3,5 ha (70 empl.) peu incliné, plat, herbeux 🌳🌳
 🔥 ⛺ 🗓 🛁 🚻 ⊕ 🖥 – 🛒 – 🏊 💥 🐟
 Tarif : 👤 26 piscine comprise – 🖥 36 – 🔌 15 (6A)
 Location : 🚗 960 à 1800

⚠️ **Le Clos Bouyssac** mai-sept.
 🌳 05 65 36 52 21, Fax 05 65 24 68 51 – S : 2 km par D 65, bord du Lot – 🏊 ⛺ – **R** conseillée
 juil.-août – **GB** 🔀
 1,5 ha (85 empl.) plat et terrasses, herbeux, pierreux 🌳🌳
 🔥 ⛺ 🗓 🛁 🚿 ⊕ 🖥 – 🛒 🍽 🏖 – 🏠 🏊
 Tarif : 👤 24 piscine comprise – 🖥 30 – 🔌 15 (10A)
 Location : 🚗 1300 à 2700 – 🏠 1000 à 2500

 Verwar niet :

 🔺 ... tot ... 🔺🔺🔺 : **MICHELIN** indeling

 en
 ★... tot ... ★★★★ : *officiële classificatie*

14117 Calvados ④ – 🔟④ ⑮ – 252 h. alt. 60.
Paris 262 – Bayeux 10 – Caen 31 – Saint-Lô 47.

🔺 **Les Bas Carreaux** Pâques-1ᵉʳ sept.
 🌳 02 31 92 54 33 – E : 0,5 km sur D 514, rte d'Arromanches – ⩽ ⛺ juil.-août – **R**
 0,5 ha (22 empl.) plat, herbeux
 🛁 🔥 🗓 🚿 ⊕
 Tarif : 👤 13 – 🚗 13 – 🖥 13 – 🔌 10 (4A) 15 (6 ou 8A)

85360 Vendée ⑨ – 🔟🔟 ⑪ G. Poitou Vendée Charentes – 2 065 h. alt. 4.
🅱 Office de Tourisme pl. Liberté 🌳 02 51 30 33 96, Fax 02 51 27 78 71.
Paris 457 – Luçon 30 – Niort 93 – La Rochelle 63 – La Roche-sur-Yon 40 – Les Sables-d'Olonne 40.

🔺🔺🔺 **Le Jard** 25 mai-15 sept.
 🌳 02 51 27 43 79, Fax 02 51 27 42 92 – **à la Grière,** E : 3,8 km, rte de l'Aiguillon – ⛺ 💥 –
 R conseillée – **GB** 🔀
 6 ha (350 empl.) plat, herbeux 🏊
 🛁 🔥 ⛺ 🗓 🛁 ⊕ 🚿 ⩗ 🖥 – 🛒 🍷 ✕ 🏖 – 🏠 🐟 🍴 🏊 🚲 💥 🎯 🏊 🏊 toboggan aquatique
 – A proximité : 🍴
 Tarif : (Prix 1999) 🖥 piscine comprise 2 pers. 128,50 (144,50 avec élect. 6A)

🔺🔺🔺 **La Baie d'Aunis** avril-sept.
 🌳 02 51 27 47 36, Fax 02 51 27 44 54 – sortie Est rte de l'Aiguillon, à 50 m de la plage – ⛺ 💥
 dans locations et juil.-août sur le camping – **R** conseillée juil.-août – **GB** 🔀
 2,5 ha (155 empl.) plat, sablonneux 🏊 🌳
 🛒 🛁 🔥 ⛺ 🗓 🛁 ⊕ 🖥 – 🛒 🍷 ✕ 🏖 – 🏠 🏊 🏊 – A proximité : 💥 🎣 🌊
 Tarif : 🖥 piscine comprise 2 pers. 125, pers. suppl. 29 – 🔌 20 (10A)
 Location : 🚗 1700 à 3500 – 🏠 2000 à 3900

🔺🔺🔺 **Le Sable d'Or** avril-fin sept.
 🌳 02 51 27 46 74, Fax 02 51 30 17 14 – NO : 2,5 km par D105, rte des Sables-d'Olonne et à droite,
 près de la D 105 A – ⛺ – **R** conseillée juil.-août – **GB** 🔀
 4 ha (200 empl.) plat, sablonneux, herbeux 🏊
 🛁 🔥 ⛺ 🗓 🛁 ⊕ 🚿 🖥 – 🛒 🍷 🏖 – 🏠 🏊 💥 🏊 toboggan aquatique
 Tarif : 🖥 élect. (4A) et piscine comprises 2 pers. 142
 Location 💥 : 🚗 1290 à 3750 – 🏠 1390 à 3750

🔺🔺🔺 **Les Préveils** avril-24 sept.
 🌳 02 51 30 30 52, Fax 02 51 27 70 04 – **à la Grière,** E : 3,5 km rte de l'Aiguillon et à droite, à 300 m
 de la plage (accès direct) – ⛺ – **R** indispensable – Adhésion familiale obligatoire – **GB** 🔀
 4 ha (202 empl.) peu vallonné, sablonneux, herbeux 🏊 🌳🌳 pinède
 🛁 🔥 ⛺ 🗓 🛁 ⊕ 🚿 ⩗ 🖥 – snack 🏖 – 🏠 🏊 💥 🏊 – A proximité : 🍴
 Tarif : (Prix 1999) 🖥 élect. (10A) et piscine comprises 2 pers. 150, pers. suppl. 32
 Location : 🏠 – appartements, bungalows toilés

🔺🔺🔺 **La Savinière** avril-1ᵉʳ oct.
 🌳 02 51 27 42 70, Fax 02 51 27 40 48 – NO : 1,5 km par D 105 rte des Sables-d'Olonne – 🏊 ⛺
 – **R** indispensable 10 juil.-15 août
 2 ha (106 empl.) plat, sablonneux 🏊 🌳🌳
 🛁 🔥 ⛺ 🛁 ⊕ 🚿 ⩗ 🖥 – self-service, crêperie 🏖 – 🏠 🏊 half-court
 Tarif : 🖥 piscine comprise 2 pers. 97 (110 ou 123 avec élect. 10A), pers. suppl. 22
 Location : 🚗 1498 à 3080

La TRANCHE-SUR-MER

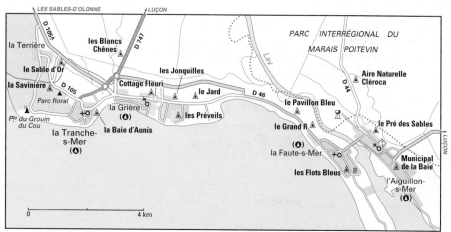

Voir aussi à l'Aiguillon-sur-Mer et la Faute-sur-Mer

▲▲ **Les Blancs Chênes** avril-oct.
    ℘ 02 51 30 41 70, Fax 02 51 28 84 09 – NE : 2,6 km par D 747, rte d'Angles – Places limitées pour le passage ⚫ᴙ saison – **R** conseillée – ⅁ℬ ⚒
    7 ha (375 empl.) plat, herbeux ▭
    🚻 ⚙ ♨ 🛉 🛁 ⚐ ⊕ 🏧 ▣ – 🍴 ☕ snack 🛒 – ▭ 🏹 ⚲ ⚽ ♣ 🎱 toboggan aquatique terrain omnisports
    Tarif : ▣ piscine comprise 2 pers. 120 – 𝄐 27 (5A)
    Location : 🏠 850 à 2800 – 🚐 1400 à 3800 – 🏡 1600 à 4200 – bungalows toilés

▲▲ **Le Cottage Fleuri** avril-15 oct.
    ℘ 02 51 30 34 57, Fax 02 51 27 74 77 – **à la Grière**, E : 2,5 km rte de l'Aiguillon, à 500 m de la plage – Places limitées pour le passage ⚫ᴙ – **R** conseillée juil.-août – ⅁ℬ ⚒
    5 ha (280 empl.) plat, sablonneux, herbeux, étang ⚲ (1 ha)
    🚻 ⚙ 🛉 🛁 ⚐ ⚲ ▣ – snack – ▭ 🏹 ⚲ – A proximité : 🛒
    Tarif : ▣ piscine comprise 2 pers. 135 (160 avec élect. (6A)) – 𝄐 10 (10A)

▲▲ **Les Jonquilles** avril-sept.
    ℘ 02 51 30 47 37, Fax 02 51 27 70 00 – **à la Grière**, E : 3 km rte de l'Aiguillon – Places limitées pour le passage ⚫ᴙ – **R** conseillée – ⚒
    3,5 ha (338 empl.) plat, herbeux
    🚻 ⚙ ♨ 🛉 🛁 ⚐ ⊕ ⚲ ▽ ▣ – 🍴 – ▭ 🏹 ⚲ ⚽ ♣ 🎱 toboggan aquatique
    Tarif : ▣ piscine comprise 3 pers. 125 – 𝄐 25 (10A)

■ **TRÈBES** ─────────────────────────────────────

11800 Aude 🔟 – 🔟 ⑫ – 5 575 h. alt. 84.
🅱 Office de Tourisme (avril-oct.) 1 av. Pierre-Loti ℘ 04 68 78 09 50, Fax 04 68 78 09 50.
Paris 799 – Carcassonne 8 – Conques-sur-Orbiel 9 – Lézignan-Corbières 28 – Olonzac 28.

  ▲ **Municipal** avril-10 oct.
    ℘ 04 68 78 61 75 – chemin de la Lande, bord de l'Aude – ⚫ᴙ – **R** conseillée juil.-août – ⚒
    1,5 ha (70 empl.) plat, herbeux, sablonneux ▭ ⚲⚲
    🚻 ⚙ 🛁 🏹 ⊕ ▣ – ⚲ – A proximité : 🛒 ⚲
    Tarif : (Prix 1999) ▣ 2 pers. 57 (72 avec élect. 10A)

Ne pas confondre :

▲ ... à ... ▲▲▲ : *appréciation* **MICHELIN**

et ★ ... à ... ★★★★ : *classement officiel*

Do not confuse :

▲ ... to ... ▲▲▲ : **MICHELIN** *classification*

and ★ ... to ... ★★★★ : *official classification*

Verwechseln Sie bitte nicht :

▲... bis ...▲▲▲ : **MICHELIN**-*Klassifizierung*

und ★ ... bis ... ★★★★ : *offizielle Klassfizierung*

TRÉBEURDEN

22560 C.-d'Armor **3** – **59** ① G. Bretagne –
3 094 h. alt. 81.

? Office de Tourisme pl. Crech'Héry
℘ 02 96 23 51 64, Fax 02 96 47 44 87.
Paris 524 – Lannion 9 – Perros-Guirec 14 –
St-Brieuc 72.

⚠ **Espérance** avril-sept.
℘ 02 96 91 95 05 – NO : 5 km par
D788, rte de Trégastel, à 100 m de la
plage – ⚞ �o⇁ – **R** conseillée – ⚵
1 ha (70 empl.) non clos, plat, herbeux
⚐
👤🍴⇆📺🛁🏊⊕🖼 – 🍴 – 🏡
Tarif : (Prix 1999) 🔲 *2 pers. 84, pers.*
suppl. 21 – 🔌 *13 (2A) 17 (4A) 20 (5A)*

⚠ **Roz ar Mor** Ascension-15 sept.
℘ 02 96 23 58 12 – S : 5 km, à 200 m
de la plage de Porz Mabo, Accès peu
facile pour caravanes – ⚶ ⚞ « Entrée
fleurie » o⇁ – **R** conseillée – ⚵
0,8 ha (30 empl.) en terrasses, herbeux
👤🍴⇆📺🏊⊕ – 🏡
Tarif : 🚹 *24* – 🚗 *14* – 🔲 *25* – 🔌 *15*
(3A) 20 (6A)
Location : 🛖 *1950*

Voir aussi à Pleumeur-Bodou

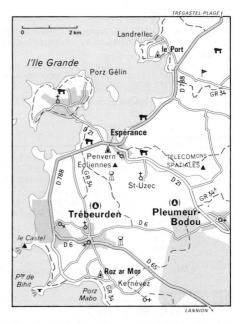

TRÉBONS

65200 H.-Pyr. **14** – **85** ⑱ – 735 h. alt. 525.
Paris 812 – Arreau 43 – Bagnères-de-Bigorre 1020 – Bagnères-de-Luchon 94 – Luz-St-Sauveur 47 – Pau 57
– Tarbes 16.

⚠ **Parc des Oiseaux** avril-oct.
℘ 05 62 95 30 26 – S : 1,5 km par D 87 et D 26, rue de la poste – ⚶ « Cadre agréable » o⇁ –
R conseillée juil.-août – ⚵
2,8 ha (66 empl.) plat, peu incliné, herbeux 🌿🌿
🍴⇆📺🏊⊕🖼
Tarif : 🚹 *20* – 🚗 *10* – 🔲 *20* – 🔌 *15 (10A) 20 (15A)*

TRÉBOUL

29 Finistère – **58** ⑭ – rattaché à Douarnenez.

TRÉDION

56250 Morbihan **4** – **63** ③ G. Bretagne – 875 h. alt. 85.
Paris 443 – Josselin 23 – Locminé 26 – Ploërmel 29 – Redon 53 – Vannes 25.

⚠ **Municipal l'Étang aux Biches** juil.-août
℘ 02 97 67 14 06 – S : 1,3 km par D 1, rte d'Elven – ⚶ ⚞ « Situation agréable au bord de deux
étangs » – 🏕
10 ha/0,5 campable (34 empl.) incliné et plat, herbeux, bois ⚐ 🌿
👤🍴🛁⊕ – 🛝 ⚼ – A proximité : parcours sportif
Tarif : 🚹 *10* – 🚗 *7* – 🔲 *7* – 🔌 *12 (3A)*

TREFFIAGAT

29730 Finistère **3** – **58** ⑭ – 2 333 h. alt. 20.
Paris 587 – Audierne 39 – Douarnenez 39 – Pont-l'Abbé 9 – Quimper 31.

⚠ **Karreg Skividen** 15 juin-15 sept.
℘ 02 98 58 22 78 – SE : 1,8 km par rte de Lesconil et à droite, à 400 m de la plage (accès direct)
– ⚶ ⚞ o⇁ – **R** conseillée juil.-août – ⚵
1 ha (95 empl.) plat, herbeux ⚐
🍴📺🛁⊕ – 🛝 – A proximité : 🏊
Tarif : 🚹 *16* – 🚗 *9* – 🔲 *16* – 🔌 *14 (6A)*
Location : 🛖 *600 à 800*

⚠ **Les Ormes** mai-sept.
℘ 02 98 58 21 27 – S : 2 km, à Kerlay, à 400 m de la plage (accès direct) – ⚶ o⇁ – **R** août – ⚵
2 ha (76 empl.) plat, herbeux ⚐ (🍴 🛁 juil.-sept.) ⊕ 🖼 – 🛝 – A proximité : 🏊
Tarif : (Prix 1999) 🚹 *14,80* – 🚗 *8,50* – 🔲 *15,80* – 🔌 *13 (3A) 16 (6A) 20 (10A)*

⚠ **Municipal le Merlot** 15 juin-15 sept.
℘ 02 98 58 03 09 – à 1 km au Sud-Est du bourg, au stade – o⇁ – **R** – ⚵
3,5 ha (125 empl.) plat, herbeux
🍴🏊⊕ – 🏡 🛝 ⚼
Tarif : (Prix 1999) 🚹 *10* – 🚗 *6* – 🔲 *15* – 🔌 *10 (4A)*

29560 Finistère **3** – 𝟝𝟠 ⑮ G. Bretagne – 164 h. alt. 20.
Paris 563 – Brest 56 – Châteaulin 15 – Crozon 23 – Douarnenez 32 – Quimper 40.

  ▲▲ *Ker Beuz* avril-sept.
     ℘ 02 98 26 08 08, Fax 02 98 26 08 00 – S : 2 km à Kerbeuz, accès par D 60, rte de Châteaulin et
     chemin à droite – ⚲ ☞ – **R** conseillée – ⚲ᵥ
     5 ha (40 empl.) plat, herbeux ⊡ ⚲
     ⅋ ⅃ ⇌ ⊟ ⊡ ⊕ ⊠ – ⵙ snack ⵣ⵰ – ⵗ ⵢⵎ salle d'animation ⵥⵯⵤ ⵝ ⵙ ⵲
     Tarif : ⊟ *piscine et tennis compris 2 pers. 83 (95 avec élect.), pers. suppl. 40*
     Location : ⵧ⵰ *2000 à 3000* – ⵍ

22730 C.-d'Armor **3** – 𝟝𝟡 ① G. Bretagne – 2 201 h. alt. 58.
🛈 Office de Tourisme pl. Ste-Anne *℘* 02 96 23 88 67, Fax 02 96 23 85 97.
Paris 525 – Lannion 11 – Perros-Guirec 9 – St-Brieuc 73 – Trébeurden 10 – Tréguier 27.

  ▲▲ *Tourony-Camping* 2 avril-fin sept.
     ℘ 02 96 23 86 61, Fax 02 96 15 97 84 – E : 1,8 km par D 788, rte de Perros-Guirec, à 500 m de
     la plage « Près de la mer et d'un étang » ☞ – **R** conseillée – ⴳⴱ ⚲ᵥ
     2 ha (100 empl.) plat, herbeux ⚲
     ⅋ ⅃ ⇌ ⊟ ⵣ ⵥ ⊕ ⵓ ⵯ ⵧ⵰ ⊡ – ⵗ – ⵧ⵰ ⵤⵝ – A proximité : crêperie ⵝ
     Tarif : ✶ *24 – ⵣⵯ 12 – ⊟ 27 – [⅁] 16 (6A)*
     Location : ⵧ⵰ *1500 à 2600 – ⵢⵂ 1500 à 2500*

*Demandez à votre libraire le catalogue des **publications MICHELIN**.*

29970 Finistère **3** – 𝟝𝟠 ⑯ – 939 h. alt. 127.
Paris 538 – Carhaix-Plouguer 34 – Concarneau 31 – Quimper 24 – Rosporden 17.

  ▲ *Municipal* 15 juin-15 sept.
     au bourg, par chemin à gauche de la mairie, au stade – ⚲ – **Ɍ** – ⚲ᵥ
     0,6 ha (32 empl.) plat, herbeux ⊡ ⚲
     ⅃ ⇌ ⵣ ⊕ – ⵝ
     Tarif : ✶ *8 – ⵣⵯ 4 – ⊟ 10 – [⅁] 8*

29720 Finistère **3** – 𝟝𝟠 ⑭ – 303 h. alt. 31.
Paris 585 – Audierne 29 – Douarnenez 28 – Pont-l'Abbé 11 – Quimper 29.

  ▲▲ *Kerlaz* avril-sept.
     ℘ 02 98 87 76 79, Fax 02 98 82 62 76 – au bourg, par D 156 – ☞ – **R** conseillée juil.-août – ⚲ᵥ
     1,25 ha (80 empl.) plat, herbeux ⚲
     ⅃ ⇌ ⵓ ⊕ ⵧ⵰ ⊡ – ⵗ – ⵤⵝ – A proximité : ⵣ⵴ crêperie
     Tarif : (Prix 1999) ✶ *20 – ⵣⵯ 10 – ⊟ 20 – [⅁] 14 (3A) 16 (6A) 18 (10A)*
     Location : ⵧ⵰ *1500 à 1800 – ⵧ⵰ 1850 à 2800*

29910 Finistère **3** – 𝟝𝟠 ⑪ ⑯ – 6 130 h. alt. 45.
🛈 Office de Tourisme 16 r. de Pont-Aven *℘* 02 98 50 22 05, Fax 02 98 97 77 60.
Paris 545 – Concarneau 7 – Pont-Aven 9 – Quimper 28 – Quimperlé 28.

  ▲▲▲ *La Pommeraie* avril-9 sept.
     ℘ 02 98 50 02 73, Fax 02 98 50 07 91 – S : 6 km par D 1, rte de la Pointe de Trévignon et à gauche
     rte de St-Philibert « Entrée fleurie » ☞ – **R** – ⴳⴱ ⚲ᵥ
     7 ha (198 empl.) plat, herbeux, verger ⚲ (3 ha)
     ⅋ ⅃ ⇌ ⊟ ⵣ ⵥ ⵯ ⊕ ⵓ ⵗ ⵣ⵴ ⵗ crêperie ⵣ⵰ – ⵧ⵰ ⵤⵝ ⵢ⵰ ⵙ ⵲
     Tarif : ✶ *29 piscine comprise – ⊟ 42 – [⅁] 14 (3A) 20 (6A)*
     Location : ⵧ⵰ *1400 à 3300*

  ▲▲ *Les Étangs* juin-15 sept.
     ℘ 02 98 50 00 41 – sortie Sud-Ouest par rte de Pendruc puis à gauche 5 km par rte de Trévignon,
     à Kerviniec – ⚲ ⵕ ☞ – **R** conseillée 14 juil.-15 août – ⴳⴱ ⚲ᵥ
     3 ha (172 empl.) plat, herbeux ⊡ ⚲
     ⅋ ⅃ ⇌ ⊟ ⵣ ⵥ ⊕ ⵧ⵰ ⊡ – ⵗ ⵣ⵰ – ⵧ⵰ ⵤⵝ ⵙ ⵲ toboggan aquatique
     Tarif : ✶ *29 piscine comprise – ⵣⵯ 7 – ⊟ 33 – [⅁] 19 (5A)*
     Location : ⵢⵂ *1500 à 3100 – bungalows toilés*

  ▲▲ *Le Pendruc* mai-sept.
     ℘ 02 98 97 66 28, Fax 02 98 50 24 30 – SO : 2,8 km rte de Pendruc et à gauche – ⚲ ☞
     R conseillée juil.-août – ⴳⴱ ⚲ᵥ
     3,6 ha (170 empl.) plat, herbeux ⊡
     ⅃ ⇌ ⊟ ⵣ ⊕ ⵓ – ⵗ – ⵧ⵰ ⵦ⵰ ⵤⵝ ⵢ⵰ ⵙ ⵲, poneys
     Tarif : ✶ *25 piscine comprise – ⵣⵯ 12 – ⊟ 38 – [⅁] 18 (6A)*
     Location (avril-oct.) : ⵧ⵰ *1200 à 2000 – ⵧ⵰ 1400 à 3000*

▲ **Loc'h-Ven** avril-sept.
   ℘ 02 98 50 26 20, Fax 02 98 50 27 63 – SO : 4 km, à Pendruc-Plage, à 100 m de la mer – ⑤ « Cadre agréable » ⊶ saison – **R** conseillée 15 juil.-15 août – ⚲
2,8 ha (199 empl.) plat et peu incliné, herbeux ⚲
🔊 ⚏ ⊕ ⓛ – 🛁
Tarif : ¥ 20 – 🅔 26 – [♣] 14,50 (4A) 19,50 (6A)
Location : 🚐 1500 à 2700

TREIGNAC

19260 Corrèze ⑩ – ⑫ ⑲ G. Berry Limousin – 1 520 h. alt. 500.
Paris 459 – Égletons 34 – Eymoutiers 33 – Limoges 67 – Tulle 41 – Uzerche 28.

▲ **La Plage** juin-15 sept.
   ℘ 05 55 98 08 54, Fax 05 55 98 16 47 – N : 4,5 km par rte d'Eymoutiers, à 50 m du lac des Barriousses – ⑤ ≼ ⊶ – **R** conseillée juil.-août – ⒼⒷ ⚲
3,5 ha (130 empl.) en terrasses et peu incliné, pierreux, herbeux 🖵 ⚲⚲
🛍 �& 🔊 ⇆ 🗗 ⚊ ⊕ 🗐 🖥 – 🛒 – A proximité : ⤳ 🏕 🛁 ≊ (plage)
Tarif : ¥ 20 – 🅔 17 – [♣] 15 (6A) 20 (10A)

TREIGNAT

03380 Allier ⑩ – ⑥⑨ ⑪ – 531 h. alt. 450.
Paris 346 – Boussac 11 – Culan 27 – Gouzon 24 – Montluçon 25.

▲ **Municipal de l'Étang d'Herculat** Pâques-sept.
   ℘ 04 70 07 03 89 – NE : 2,3 km, accès par chemin à gauche, après l'église, bord de l'étang – ⑤
– ℞
1,6 ha (35 empl.) incliné à peu incliné, plat, herbeux 🖵
�& 🔊 ⇆ 🗗 ⚊ ⊕ 🝙 – 🛒 🛁 ≊ (plage)
Tarif : 🅔 1 pers. 33, pers. suppl. 10 – [♣] 9 (8A) 12 (10A)
Location : huttes

Le TREIN-D'USTOU

09140 Ariège ⑭ – ⑧⑥ ③ – 351 h. alt. 739.
Paris 827 – Aulus-les-Bains 13 – Foix 37 – St-Girons 30 – Tarascon-sur-Ariège 63.

▲ **Le Montagnou** Permanent
   ℘ 05 61 66 94 97, Fax 05 61 66 91 20 – sortie Nord-Ouest par D 8, rte de Seix, près de l'Alet –
≼ ⊶ – **R** conseillée juil.-août – ⚲
1,2 ha (40 empl.) plat, herbeux
🛍 �& 🔊 ⇆ 🗗 ⚊ ⊕ 🖥 – 🛒 – A proximité : ✻
Tarif : 🅔 élect. comprise 2 pers. 80 (hiver 90), pers. suppl. 23,50

TRÉLÉVERN

22660 C.-d'Armor ⑧ – ⑥⑨ ① – 1 254 h. alt. 76.
Paris 515 – Lannion 12 – Perros-Guirec 10 – St-Brieuc 71 – Trébeurden 20 – Tréguier 16.

▲▲ **Port-l'Épine** 2 mai-15 sept.
   ℘ 02 96 23 71 94, Fax 02 96 23 77 83 – NO : 1,5 km puis chemin à gauche, à Port-l'Épine – ⑤ « Au calme entre plage de galets et colline » ⊶ – **R** conseillée juil.-août – ⒼⒷ ⚲
2,5 ha (160 empl.) plat, peu incliné, herbeux 🖵 ⚲
�& 🔊 ⇆ 🗗 ⚊ ⊕ 🝙 ∀ 🗐 🖥 – 🍺 ⵛ crêperie, snack – 🛁 ⫯
Tarif : 🅔 piscine comprise 2 pers. 95 – [♣] 20 (5A)
Location : 🚐 1300 à 3000

TRÉMOLAT

24510 Dordogne ⑬ – ⑦⑤ ⑯ G. Périgord Quercy – 625 h. alt. 53.
🅱 Syndicat d'Initiative îlot St-Nicolas Bourg ℘ 05 53 22 89 33.
Paris 536 – Bergerac 34 – Brive-la-Gaillarde 86 – Périgueux 53 – Sarlat-la-Canéda 47.

▲▲ **Centre Nautique** juin-sept.
   ℘ 05 53 22 81 18 – NO : 0,7 km par D 30ᵉ, rte de Mauzac et chemin de la Base Nautique, bord de la Dordogne (plan d'eau) – ⑤ « Site et cadre agréables » ⊶ – **R** conseillée 14 juil.-15 août – ⚲
7 ha/2 campables (100 empl.) plat, herbeux 🖵 ⚲⚲
�& 🔊 ⇆ 🗗 ⚊ ⊕ 🝙 🖥 – ⵛ snack ⤳ – 🛒 🛁 ✻ ⫯
Tarif : ¥ 24 piscine et tennis compris – 🅔 36 – [♣] 15 (16A)

Le TRÉPORT

76470 S.-Mar. 🅇 – ⑤⑫ ⑤ G. Normandie Vallée de la Seine – 6 227 h. alt. 12.
🅱 Office de Tourisme q. Sadi-Carnot ℘ 02 35 86 05 69, Fax 02 35 86 73 96.
Paris 181 – Abbeville 37 – Amiens 90 – Blangy-sur-Bresle 26 – Dieppe 31 – Rouen 94.

▲▲ **Municipal les Boucaniers** avril-sept.
   ℘ 02 35 86 35 47 – av. des Canadiens, près du stade – ⊶ – ℞ – ⒼⒷ ⚲
5,5 ha (340 empl.) plat, herbeux
🛍 �& 🔊 ⇆ 🗗 ⚊ ⊕ 🖥 – 🍺 – 🛒 🏕 – A proximité : ✻
Tarif : (Prix 1999) ¥ 14,80 – 🚙 14,80 – 🅔 14,80 – [♣] 20,90 (6A)

TREPT

38460 Isère 🔢 – 🔢 ⑬ – 1 164 h. alt. 275.
Paris 500 – Belley 41 – Bourgoin-Jallieu 15 – Lyon 45 – Pérouges 36 – La Tour-du-Pin 21.

⋀⋀ **Les 3 lacs** mai-10 sept.
  🏕 04 74 92 92 06, Fax 04 74 92 93 35 – E : 2,7 km par D 517, rte de Morestel et chemin à droite, près de deux plans d'eau – 🏕 ⌁ – **R** – 🅶🅱 ⌀
25 ha/3 campables (160 empl.) plat, herbeux ⌀ (1 ha)
🔣 🔣 🔣 🔣 🔣 🔣 🔣 – 🍴 – 🔣 🔣 🔣 ⌀ – À proximité : 🔣 🔣 (plage) toboggan aquatique
Tarif : (Prix 1999) 🔣 30 – 🔣 40 – 🔣 18 (6A)
Location (permanent) - 🔣 : 🔣 2000 à 2500

TRÉVIÈRES

14710 Calvados 🔢 – 🔢 ⑭ – 889 h. alt. 14.
Paris 277 – Bayeux 17 – Caen 46 – Carentan 31 – St-Lô 33.

⋀ **Municipal** Pâques-Toussaint
  🏕 02 31 92 89 24 – sortie Nord par D 30, rte de Formigny, près d'un ruisseau « Emplacements sous les pommiers » – **R** – ⌀
1,2 ha (73 empl.) plat, herbeux ⌀ ⌀
🔣 🔣 🔣 ⌀ 🔣 – À proximité : 🔣
Tarif : 🔣 15 – 🔣 7 – 🔣 12 – 🔣 14 (10A)

TRÉVOU-TRÉGUIGNEC

22660 C.-d'Armor 🔢 – 🔢 ① – 1 210 h. alt. 56.
Paris 513 – Guingamp 36 – Lannion 14 – Paimpol 29 – Perros-Guirec 11 – St-Brieuc 66 – Tréguier 14.

⋀ **Port le Goff** avril-sept.
  🏕 02 96 23 71 45 – sortie Nord rte de Port Blanc et à gauche, à 500 m de la mer – ⌁ – **R** conseillée
1 ha (45 empl.) plat, herbeux ⌀ ⌀
🔣 🔣 ⌀ – À proximité : 🔣 discothèque
Tarif : 🔣 16 – 🔣 9 – 🔣 10,50/13 – 🔣 15 (5A)

TRIAIZE

85580 Vendée 🔢 – 🔢 ⑪ – 1 027 h. alt. 3.
Paris 446 – Fontenay-le-Comte 40 – Luçon 8 – Niort 71 – La Rochelle 37 – La Roche-sur-Yon 41.

⋀ **Municipal** juil.-août
  🏕 02 51 56 12 76 – au bourg, par r. du stade – 🏕 – **R** – ⌀
2,7 ha (70 empl.) plat, herbeux, pierreux, étang ⌀
🔣 🔣 🔣 ⌀ 🔣 – 🔣 – À proximité : 🔣
Tarif : (Prix 1999) 🔣 12 – 🔣 6,80 – 🔣 9 – 🔣 11,50 (6A)
Location (mai-sept.) 🔣 : 🔣 800 à 1750

La TRINITÉ-SUR-MER

56470 Morbihan 🔢 – 🔢 ⑫ G. Bretagne – 1 433 h. alt. 20.
🔣 Office de Tourisme Môle L.-Caradec 🏕 02 97 55 72 21, Fax 02 97 55 78 07.
Paris 490 – Auray 13 – Carnac 4 – Lorient 40 – Quiberon 22 – Quimperlé 66 – Vannes 31.

Schéma à Carnac

⋀⋀⋀ **La Baie** 20 mai-17 sept.
  🏕 02 97 55 73 42, Fax 02 97 55 88 81 – S : 1,5 km, à 100 m de la plage de Kervilen – Places limitées pour le passage « Entrée fleurie » – ⌁ – **R** conseillée – 🅶🅱 ⌀
2,2 ha (170 empl.) plat, herbeux, sablonneux ⌀ ⌀
🔣 🔣 🔣 🔣 🔣 ⌀ 🔣 🔣 🔣 – 🔣 🔣 🔣 🔣 🔣 toboggan aquatique – A proximité : 🔣 🔣 🔣 crêperie 🔣
Tarif : (Prix 1999) 🔣 30 piscine comprise – 🔣 118 – 🔣 16 (6A) 19 (10A)
Location : 🔣 1750 à 3710

⋀⋀⋀ **La Plage** 8 mai-15 sept.
  🏕 02 97 55 73 28, Fax 02 97 55 88 31 – S : 1 km, accès direct à la plage de Kervilen – ⌁ – **R** conseillée – 🅶🅱 ⌀
3 ha (200 empl.) plat et peu incliné, herbeux, sablonneux ⌀ ⌀
🔣 🔣 🔣 🔣 🔣 ⌀ 🔣 🔣 🔣 – 🔣 🔣 🔣 🔣 🔣 toboggan aquatique – A proximité : 🔣 🔣 🔣 crêperie 🔣
Tarif : 🔣 26 piscine comprise – 🔣 114 – 🔣 16 (6A) 19 (10A)
Location : 🔣 1600 à 3650

⋀⋀⋀ **Kervilor** 15 mai-15 sept.
  🏕 02 97 55 76 75, Fax 02 97 55 87 26 – N : 1,6 km – 🏕 « Entrée fleurie » ⌁ juil.-août – **R** conseillée juil.-août – ⌀
4,7 ha/3,5 campables (230 empl.) plat et peu incliné, herbeux ⌀ ⌀
🔣 🔣 🔣 🔣 🔣 ⌀ 🔣 🔣 – 🔣 🔣 – 🔣 🔣 🔣 🔣 🔣 🔣 toboggan aquatique
Tarif : 🔣 26 piscine comprise – 🔣 17 – 🔣 65 – 🔣 13 (3A) 16 (6A)
Location : 🔣 1300 à 3700

△△△ **Park-Plijadur** juin-sept.
    ✆ 02 97 55 72 05, Fax 02 97 55 83 83 – NO : 1,3 km sur D 781, rte de Carnac « Au bord d'un petit plan d'eau » ⊶ – **R** conseillée juil.-août – **GB** ⚿
5 ha/3,5 campables (198 empl.) plat, herbeux, sablonneux ⌺ ♀
    🔥 🏠 ⇄ 🖩 ⚅ 🖳 ⊕ 🖳 🖥 – 🔲 ▾ – 🏕 🚣 🚴 ⋒ 🏊
Tarif : ⚿ *25,50 piscine comprise –* 🖬 *51 –* (½) *15 (6A) 20 (10A)*
Location *(Pâques-fin sept.) -* ⚿ *:* 🕼 *1500 à 3100*

TRIZAC ────────────────────────

15400 Cantal 🔟 – 7️⃣6️⃣ ② G. Auvergne – 754 h. alt. 960.
Paris 523 – Aurillac 70 – Mauriac 23 – Murat 50.

△ **Municipal le Pioulat** 17 juin-17 sept.
    ✆ 04 71 78 64 20 – sortie Sud rte de Mauriac, bord d'un petit lac – ⋞ ⊶ – **R** – ⚿
1,5 ha (60 empl.) plat, peu incliné et en terrasses, herbeux
    🔥 🏠 ⇄ 🖳 ⊕ 🖥 – ⚲
Tarif : ⚿ *10 –* 🚗 *7 –* 🖬 *8 –* (½) *13 (16A)*
Location : *huttes*

TROGUES ────────────────────────

37220 I.-et-L. 🔟 – 6️⃣8️⃣ ④ – 292 h. alt. 60.
Paris 279 – Azay-le-Rideau 24 – Châtellerault 43 – Chinon 21 – Loches 42 – Tours 45.

△△△ **Chlorophylle Parc** Permanent
    ✆ 02 47 58 60 60, Fax 02 47 95 24 04 – SE : 2 km par D 109. rte de Pouzay et chemin à droite, bord d'un étang et près de la Vienne – ⧂ ⊶ – **R** conseillée – **GB** ⚿
17 ha/7,8 campables (150 empl.) plat, peu incliné, herbeux ♀♀
    🔥 🏠 ⇄ 🖩 ⚅ 🖳 ⊕ 🖳 🖥 – 🔲 ▾ 🛒 – 🔲 🚣 ·⊚ 🏊 toboggan aquatique half-court, piste de bi-cross
Tarif : 🖬 *élect. et piscine comprises 2 pers. 168*

TROYES ────────────────────────

10000 Aube 7️⃣ – 6️⃣1️⃣ ⑯ ⑰ G. Champagne Ardenne – 59 255 h. alt. 113.
🅱 Office de Tourisme 16 bd Carnot ✆ 03 25 82 62 70, Fax 03 25 73 06 81, Bureau d'accueil r. Mignard ✆ 03 25 73 36 88.
Paris 170 – Dijon 183 – Nancy 186.

△△△ **Municipal** avril-14 oct.
    ✆ 03 25 81 02 64 ✉ 10150 Pont-Ste-Marie – NE : 2 km par rte de Nancy « Agréable décoration arbustive » ⊶ – **R** – ⚿
3,8 ha (110 empl.) plat, herbeux ♀
    🎦 🔥 🏠 ⇄ 🖩 ⊕ 🖳 🖥 – 🔲 🏕 ⋒
Tarif : *(Prix 1999)* ⚿ *25 –* 🖬 *30 –* (½) *17 (5A)*

Le TRUEL ────────────────────────

12430 Aveyron 1️⃣5️⃣ – 8️⃣0️⃣ ⑬ – 384 h. alt. 290.
Paris 681 – Millau 38 – Pont-de-Salars 39 – Rodez 58 – St-Affrique 23 – Salles-Curan 24.

△ **Municipal la Prade** 10 juin-10 sept.
    ✆ 05 65 46 41 46 – à l'Est du bourg par D 31, à gauche après le pont, bord du Tarn (plan d'eau) – ⋞ « Situation agréable » ⊶ – **R** – ⚿
0,6 ha (28 empl.) plat, pierreux, herbeux ⌺ ♀
    🏠 ⇄ 🖩 ⚅ ⊕ 🖥 – 🔲 – A proximité : ⚿ 🏊 🏊
Tarif : *(Prix 1999)* ⚿ *12 –* 🖬 *25 –* (½) *10 (5 ou 6A)*

TULETTE ────────────────────────

26790 Drôme 1️⃣6️⃣ – 8️⃣1️⃣ ② – 1 575 h. alt. 147.
Paris 652 – Avignon 51 – Bollène 15 – Nyons 20 – Orange 22 – Vaison-la-Romaine 16.

△ **Les Rives de l'Aygues** avril-oct.
    ✆ 04 75 98 37 50, Fax 04 75 98 36 70 – S : 3 km par D 193, rte de Cairanne et chemin à gauche – ⧂ « Cadre sauvage au milieu des vignes » ⊶ – **R** conseillée juil.-15 août – ⚿
3,6 ha (50 empl.) plat, pierreux, herbeux ⌺ ♀♀
    🔥 🏠 ⇄ 🖳 ⊕ 🔲 ⚲ – ▾ pizzeria 🛒 – 🏊
Tarif : *(Prix 1999)* 🖬 *piscine comprise 3 pers. 110, pers. suppl. 20 –* (½) *15 (6A)*
Location : 🕼 *1300 à 1800*

TULLE ────────────────────────

19000 Corrèze 🔟 – 7️⃣5️⃣ ⑨ G. Berry Limousin – 17 164 h. alt. 210.
🅱 Office de Tourisme 2 pl. Émile-Zola ✆ 05 55 26 59 61, Fax 05 55 20 72 93.
Paris 479 – Aurillac 83 – Brive-la-Gaillarde 29 – Clermont-Ferrand 140 – Guéret 129 – Limoges 87 – Périgueux 103.

△ **Municipal Bourbacoup** 2 mai-sept.
    ✆ 05 55 26 75 97 – NE : 2,5 km par D 23, bord de la Corrèze – ⊶ – **R**
1 ha (50 empl.) plat et terrasse, herbeux ♀
    🔥 🏠 ⇄ 🖳 ⊕ ⚲ 🛒 – 🔲 – A proximité : ⚿ 🏊
Tarif : ⚿ *12,50 –* 🖬 *12,50/17 –* (½) *10*

à Laguenne SE : 4,2 km par N 120, rte d'Aurillac – 1 467 h. alt. 205 – ⊠ 19150 Laguenne :

⚐ **Le Pré du Moulin** mai-sept.
⚲ 05 55 26 21 96 – sortie Nord-Ouest rte de Tulle puis 1,3 km par chemin à droite avant le pont, bord de la St-Bonnette – ⌇ « Agréable situation » ⊶ ⚶ 20 juin-août – **R** conseillée juil.-août – ⚷ 0,8 ha (28 empl.) plat, peu incliné, herbeux ⌑
🚿 🍴 ⇄ 🗒 ⚲ 🕭 ⊕ ⚐ 🖾 – ⬥ 🚲
Tarif : ☀ 25 piscine comprise – 🖪 20 – 🖲 10 (3A) 15 (6A)

*En juillet et août, beaucoup de terrains sont saturés
et leurs emplacements retenus longtemps à l'avance.*

N'attendez pas le dernier moment pour réserver.

La TURBALLE

44420 Loire-Atl. ❹ – 🖸🖸 ⑭ G. Bretagne – 3 587 h. alt. 6.
🅱 Office de Tourisme pl. Ch.-de-Gaulle ⚲ 02 40 23 39 87, Fax 02 40 23 32 01.
Paris 462 – La Baule 14 – Guérande 7 – Nantes 87 – La Roche-Bernard 31 – St-Nazaire 27.

⚑ **Parc Ste-Brigitte** avril-sept.
⚲ 02 40 24 88 91, Fax 02 40 23 30 42 – SE : 3 km rte de Guérande « Agréable domaine boisé » ⊶ – **R** conseillée juil.-août – ⚷
10 ha/4 campables (150 empl.) plat, peu incliné, étang, herbeux ⚌
🚿 🍴 ⇄ 🗒 ⚲ 🕭 ⊕ ⚐ 🖾 – ⚲ ✕ ⚲ ⚲ – 🖪 ⚲ – A proximité : parcours sportif
Tarif : ☀ 29,50 piscine comprise – 🚗 16 – 🖪 30,50/60 avec élect.

⚑ **Municipal des Chardons Bleus** Pâques-fin sept.
⚲ 02 40 62 80 60 – S : 2,5 km, bd de la Grande Falaise, près de la plage (accès direct) – ⊶ juil.-août – ❰🅡❱ – ⚷
5 ha (300 empl.) plat, sablonneux, herbeux
🚿 🍴 ⇄ 🗒 ⛭ 🕭 ⊕ 🖾 – ⚲ 🍷 pizzeria ⚲ – 🖪 ⚲ – A proximité : parcours sportif
Tarif : (Prix 1999) 🖪 1 pers. 52,50, pers. suppl. 19,60 – 🖲 16,50 (6A) 23,50 (10A)

⚐ **Le Panorama** avril-15 oct.
⚲ 02 40 24 79 41 – SE : 3 km rte de Guérande – ⊶ – **R** conseillée – ⚷
1,8 ha (70 empl.) plat et peu incliné, herbeux ♀
🍴 ⇄ 🗒 ⛭ ⊕ 🖾 –
Tarif : 🖪 2 pers. 71 – 🖲 15 (10A)

TURCKHEIM

68230 H.-Rhin ❽ – 🖸🖸 ⑱ ⑲ G. Alsace Lorraine – 3 567 h. alt. 225.
🅱 Office de Tourisme Corps de Garde ⚲ 03 89 27 38 44, Fax 03 89 80 83 22.
Paris 446 – Colmar 6 – Gérardmer 46 – Munster 13 – St-Dié 54 – Le Thillot 67.

⚑ **Municipal les Cigognes** 15 mars-oct.
⚲ 03 89 27 02 00, Fax 03 89 80 86 93 – à l'Ouest du bourg, derrière le stade - Accès par chemin entre le passage à niveau et le pont « Au bord d'un petit canal et près de la Fecht » ⊶ – **R** conseillée juil.-août – ⚷
2,5 ha (117 empl.) plat, herbeux ⌑ ♀
🏢 🚿 🍴 ⇄ 🗒 ⛭ 🕭 ⚲ ⊕ 🖽 🖾 – 🖪 – A proximité : ⚲
Tarif : ☀ 19 tennis compris – 🖪 21,50 – 🖲 17 (5A) 28 (10A)

TURSAC

24 Dordogne – 🗆🗆 ⑯ – rattaché aux Eyzies-de-Tayac.

UCEL

07200 Ardèche 🗆🗆 – 🗆🗆 ⑲ G. Vallée du Rhône – 1 677 h. alt. 270.
Paris 631 – Aubenas 5 – Montélimar 44 – Privas 30 – Vals-les-Bains 3 – Villeneuve-de-Berg 19.

⚑ **Domaine de Gil** 21 avril-15 sept.
⚲ 04 75 94 63 63, Fax 04 75 94 01 95 – sortie Nord-Ouest par D 578ᴮ, rte de Vals-les-Bains – ❰ « Au bord de l'Ardèche » – **R** conseillée juil.-août – ⚷
4,8 ha/2 campables (80 empl.) plat, herbeux, pierreux ⌑ ♀♀
🚿 🍴 ⇄ 🗒 ⛭ 🕭 ⊕ ⚲ ⚲ 🖽 🖾 – 🍷 ✕ ⚲ – ⚲ ⚲ 🖪 ⚲ golf (8 trous)
Tarif : 🖪 piscine comprise 2 pers. 110, pers. suppl. 24 – 🖲 20 (3 à 10A)
Location ⚶ : 🚐 1600 à 2950

⚐ **Les Pins** juin-15 sept.
⚲ 04 75 37 49 20 – NE : 1,5 km par rte devant l'église, croisement difficile pour caravanes à certains endroits, accès aux emplacements par pente à 10% – ⌇ ❰ « Joli cadre boisé » ⊶ – **R** conseillée – ⚷
1 ha (25 empl.) en terrasses, plat, herbeux ♀♀
🚿 🍴 ⇄ ⊕ 🖾 – 🖪 ⚲ ⚲ (petite piscine)
Tarif : 🖪 piscine comprise 2 pers. 60, pers. suppl. 18 – 🖲 16 (6A)
Location : 🚐 1000 à 1600 – 🚐 1200 à 2400

URDOS

64490 Pyr.-Atl. **13** – **85** ⑯ G. Aquitaine – 162 h. alt. 780.
Paris 851 – Jaca 45 – Oloron-Ste-Marie 41 – Pau 75.

▲ **Le Gave d'Aspe** 19 fév.-5 mars, 15 avril-1er mai et 15 juin-15 sept.
  𝒫 05 59 34 88 26 – NO : 1,5 km par N 134 et chemin devant l'ancienne gare, bord du Gave d'Aspe
  – 🅢 ≤ ⌐ – **R** conseillée – ⚡
  1,5 ha (80 empl.) plat et peu incliné, terrasse, herbeux, pierreux ⚲
  � ⬛ ⬛ ⬛ ⬛ ⬛ – ⬛ ⬛ – A proximité : ⬛
  Tarif : (Prix 1999) ⬛ tennis compris 2 pers. 53/55 – ⬛ 15 (6A) 30 (10A)

URRUGNE

64122 Pyr.-Atl. **13** – **85** ② G. Aquitaine – 6 098 h. alt. 34.
Paris 796 – Bayonne 29 – Biarritz 22 – Hendaye 9 – San Sebastiàn 34.

▲▲▲ **Col d'Ibardin** avril-sept.
  𝒫 05 59 54 31 21, Fax 05 59 54 62 28 – S : 4 km par D 4, rte d'Ascain, bord d'un ruisseau – 🅢
  « Entrée fleurie et cadre agréable » ⌐ – **R** conseillée juil.-août – ⚡
  4,5 ha (191 empl.) peu incliné, herbeux ⬛ ⬛ chênaie
  � ⬛ ⬛ ⬛ ⬛ ⬛ ⊛ ⬛ ⬛ ⬛ – ⬛ ⬛ ⬛ – ⬛ ⬛ ⬛ ⬛
  Tarif : ⬛ piscine comprise 2 pers. 100, pers. suppl. 25 – ⬛ 18 (4A) 22 (6A) 30 (10A)
  Location : ⬛ 1400 à 3000

*Don't get lost, use **MICHELIN Maps** which are kept up to date.*

USSEL

19200 Corrèze **10** – **73** ⑪ G. Berry Limousin – 11 448 h. alt. 631.
🅱 Office de Tourisme pl. Voltaire 𝒫 05 55 72 11 50, Fax 05 55 72 54 44.
Paris 449 – Aurillac 102 – Clermont-Ferrand 93 – Guéret 102 – Tulle 59.

▲▲ **Municipal de Ponty** mars-1er nov.
  𝒫 05 55 72 30 05 – O : 2,7 km par rte de Tulle et D 157 à droite, près d'un plan d'eau « Site
  agréable » ⌐ juil.-août – **R** – ⚡
  3,5 ha (140 empl.) plat et peu incliné, herbeux, pierreux ⬛ ⬛ pinède
  ⬛ ⬛ ⬛ ⬛ ⬛ ⬛ ⊛ ⬛ – ⬛ ⬛ – A proximité : parcours sportif ⬛ ✕ ⬛ ⬛
  Tarif : ⚡ 14,50 – ⬛ 14,50 – ⬛ 10,50 (6A)
  Location : gîtes

UZERCHE

19140 Corrèze **10** – **75** ⑧ G. Berry Limousin – 2 813 h. alt. 380.
🅱 Office de Tourisme (avril-oct.) pl. de la Libération 𝒫 05 55 73 15 71.
Paris 447 – Aubusson 96 – Bourganeuf 77 – Brive-la-Gaillarde 38 – Limoges 56 – Périgueux 88 – Tulle 30.

▲▲ **Municipal la Minoterie** mai-15 sept.
  𝒫 05 55 73 12 75 – au Sud-Ouest du centre bourg, accès quai Julian-Grimau, entre la N 20 et le
  pont Turgot (D 3), bord de la Vézère (rive gauche) – 🅢 ⌐ – **R** – ⚡
  0,8 ha (65 empl.) plat, terrasse, herbeux, pierreux
  ⬛ ⬛ ⬛ ⬛ ⬛ ⬛ ⬛ ⬛ – ⬛ ⬛ ⊛ ⬛ ✕ ⬛ ⬛ ⬛
  Tarif : ⚡ 14 – ⬛ 20 – ⬛ 12 (10A)
  Location : huttes

UZÈS

30700 Gard **16** – **80** ⑲ G. Provence – 7 649 h. alt. 138.
🅱 Office de Tourisme chap. des Capucins 𝒫 04 66 22 68 88, Fax 04 66 22 95 19.
Paris 685 – Alès 34 – Arles 51 – Avignon 38 – Montélimar 77 – Montpellier 86 – Nîmes 25.

▲▲▲ **Le Moulin Neuf** Pâques-sept.
  𝒫 04 66 22 17 21, Fax 04 66 22 91 82 ⬛ 30700 St-Quentin-la-Poterie – NE : 4,5 km par
  D 982, rte de Bagnols-sur-Cèze et D 5 à gauche – 🅢 « Cadre agréable » ⌐ – **R** conseillée –
  GB ⚡
  4 ha (100 empl.) plat, herbeux ⬛ ⬛
  ⬛ ⬛ ⬛ ⬛ ⊛ ⬛ ⬛ – ⬛ ⬛ snack ⬛ – ⬛ ⬛ ⊛ ⬛ ⬛ ⬛
  Tarif : ⬛ piscine comprise 2 pers. 91 (avec élect. 106 (2,5A) 109 (5A)
  Location (permanent) : ⬛ 1080 à 2730

▲▲ **Le Mas de Rey** 10 avril-15 oct.
  𝒫 04 66 22 18 27 ⬛ 30700 Arpaillargues – SO : 3 km par D 982, rte d'Arpaillargues puis chemin
  à gauche – 🅢 ⌐ – **R** conseillée saison – **GB** ⚡
  5 ha/2,5 campables (60 empl.) plat, herbeux ⬛ ⚲
  ⬛ ⬛ ⬛ ⬛ ⬛ ⊛ ⬛ – ⬛ – ⬛ ⬛ ⬛
  Tarif : ⬛ piscine comprise 2 pers. 95 – ⬛ 18 (10A)

VAGNAS

07 Ardèche – **80** ⑨ – voir à Ardèche (Gorges de l').

VAIRÉ

85150 Vendée 🖪 – 🖸🖪 ⑫ – 942 h. alt. 49.
Paris 446 – Challans 31 – La Mothe-Achard 9 – La Roche-sur-Yon 27 – Les Sables-d'Olonne 13.

△ **Le Roc** juin-août.
   𝄢 02 51 33 71 89 – NO : 1,5 km par D 32, rte de Landevieille et rte de Brem-sur-Mer à gauche –
   ⊶ – **R** conseillée juil.-20 août – ⚲⁄
   1,4 ha (24 empl.) peu incliné, herbeux ⌑ ♀
   ⛫ 🕍 ⇆ ♨ ⌓ ☺ 🖲
   Tarif : 🖹 2 pers. 57, pers. suppl. 12 – [⅍] 11 (10A)

VAISON-LA-ROMAINE

84110 Vaucluse 🔢 – 🖪🖪 ② ③ G. Provence – 5 663 h. alt. 193.
🅱 Office de Tourisme pl. Chanoine-Sautel 𝄢 04 90 36 02 11, Fax 04 90 28 76 04.
Paris 668 – Avignon 50 – Carpentras 27 – Montélimar 65 – Pont-St-Esprit 41.

▲▲▲ **Carpe Diem** 30 mars-oct.
   𝄢 04 90 36 02 02, Fax 04 90 36 36 90 – SE : 2 km à l'intersection du D 938, rte de Malaucène et
   du D 151, rte de St-Marcellin – Ⓜ ⚲ ≤ « Originale reconstitution d'un amphythéâtre autour de
   la piscine » ⊶ – **R** conseillée – 🅶🅱 ⚲⁄
   10 ha/6,5 campables (140 empl.) en terrasses, plat et peu incliné, herbeux ⌑
   ⛫ 🕍 ⇆ 🖲 ⌓ ☺ 🖲 – ⚩ ♈ pizzeria cases réfrigérées – 🏌 ⚞ 🚲 ᐧ☺ ⌓ ⅃
   Tarif : 🛉 25 piscine comprise – 🖹 49 – [⅍] 18 (6A) 25 (10A)
   Location : 🛏 1330 à 3430 – 🛖 1540 à 3780

▲▲ **Le Soleil de Provence** avril-oct.
   𝄢 04 90 46 46 00, Fax 04 90 46 40 37 ⊠ 84110 St-Romain-en-Viennois – NE : 3,5 km
   par D 938, rte de Nyons – ≤ Ventoux et montagnes de Nyons ⊶ – **R** conseillée juil.-
   août – ⚲⁄
   4 ha (80 empl.) plat et en terrasses, peu incliné ⌑
   ▥ ⛫ 🕍 ⇆ 🖲 ⌓ ☺ 🖲 – ⌑ ⅃
   Tarif : (Prix 1999) 🛉 26 piscine comprise – ⇲ 16 – 🖹 16 – [⅍] 16 (10A)

▲▲ **Théâtre Romain** 15 mars-15 nov.
   𝄢 04 90 28 78 66, Fax 04 90 28 78 76 – au Nord-Est de la ville, quartier des Arts, chemin du Brus-
   quet, accès conseillé par rocade – ⊶ – **R** conseillée juil.-août – 🅶🅱 ⚲⁄
   1,2 ha (75 empl.) plat, herbeux, gravillons ⌑
   ⛫ 🕍 ⇆ 🖲 ⌓ ☺ 🖲 – ⚞ (petite piscine) – A proximité : ✂ ⅃
   Tarif : 🛉 25 – 🖹 40 – [⅍] 15 (5A) 19 (10A)

△ **L'Ayguette** avril-sept.
   𝄢 04 90 46 40 35, Fax 04 90 46 46 17 ⊠ 84110 Faucon – sortie Est par D 938, rte de Nyons et
   4,1 km par D 71 à droite, rte de St-Romains-Viennois puis D 86, rte de Faucon – ⚲ « Cadre sauvage »
   ⊶ – **R** conseillée juil.-août – 🅶🅱 ⚲⁄
   2,8 ha (100 empl.) plat, accidenté et en terrasses, herbeux, pierreux ⌑ ♀♀ pinède
   ⛫ 🕍 ⇆ 🖲 ⌓ ⚞ ☺ 🖲 – ⚞ ⅃
   Tarif : 🖹 piscine comprise 2 pers. 92, pers. suppl. 28 – [⅍] 17 (6A)

VAL-D'AJOL

88340 Vosges 🔲 – 🔢 ⑯ G. Alsace Lorraine – 4 877 h. alt. 380.
🅱 Office de Tourisme 93 Grande-Rue ℘ 03 29 30 61 55, Fax 03 29 30 61 55.
Paris 383 – Épinal 45 – Luxeuil-les-Bains 18 – Plombières-les-Bains 10 – St-Dié 72 – Vittel 70.

  ▲ **Municipal** 15 avril-sept.
    ℘ 03 29 66 55 17 – sortie Nord-Ouest par D 20, rte de Plombières-les-Bains et rue des Œuvres à
    gauche – ⩽ ⊶ – **R** – ⚲
    1 ha (50 empl.) plat, herbeux ▨
    🚿 🏠 🔄 🔲 🏧 ☻ ⚷ ⚲ – 🛶 – A proximité : ⚆ 🏊 🔲 toboggan aquatique
    Tarif : 👤 *11* – 🔲 *17* – 🔌 *12 (3 ou 6A)*

VAL-D'ISÈRE

73150 Savoie 🔢 – 🔢 ⑲ G. Alpes du Nord – 1 701 h. alt. 1 850 – Sports d'hiver : 1 850/3 550 m 🎿 6
🎿45 ⛷.
🅱 Office de Tourisme Maison de Val-d'Isère ℘ 04 79 06 06 60, Fax 04 79 06 04 56.
Paris 697 – Albertville 86 – Briançon 137 – Chambéry 135.

  ▲ **Les Richardes** 15 juin-15 sept.
    ℘ 04 79 06 26 60 – sortie Est par D 902, rte du col de l'Iseran – ⚬ ⩽ « Site agréable au bord de
    l'Isère » ⊶ – **R**
    1 ha (75 empl.) plat et peu incliné, herbeux, pierreux
    🚿 🔄 ⚬ ☻ – A proximité : 💡 ✕ 🏊
    Tarif : (Prix 1999) 👤 *14,50 et 6 pour eau chaude* – 🚗 *8,50* – 🔲 *9* – 🔌 *12 (3A) 20 (5A)*

VALENÇAY

36600 Indre 🔟 – 🔢 ⑱ G. Châteaux de la Loire – 2 912 h. alt. 140.
🅱 Office de Tourisme 2 av. de la Résistance ℘ 02 54 00 04 42, Fax 02 54 00 04 42.
Paris 234 – Blois 58 – Bourges 74 – Châteauroux 42 – Loches 48 – Vierzon 51.

  ▲▲ **Municipal les Chênes** mai-sept.
    ℘ 02 54 00 03 92 – O : 1 km sur D 960, rte de Luçay-le-Mâle – ⊶ – **R** conseillée 14 juil.-15 août
    – ⚲
    5 ha (50 empl.) plat et peu incliné, herbeux, étang ▨
    🚿 🔄 🔲 🏧 ☻ 🔲 – 🏊 🔲
    Tarif : 👤 *17* – 🔲 *18* – 🔌 *10 (4A) 15 (6A) 20 (10A)*

VALENSOLE

04210 Alpes-de-H.-Pr. 🔢 – 🔢 ⑯ – 2 202 h. alt. 566.
🅱 Office de Tourisme av. Segond ℘ 04 92 74 90 02, Fax 04 92 74 93 77.
Paris 763 – Brignolles 69 – Castellane 74 – Digne-les-Bains 45 – Manosque 21 – Salernes 60.

  ▲▲ **Oxygène** 15 avril-sept.
    ℘ 04 92 72 41 77 – SO : 19 km par D 6, rte de Manosque et D 4, rte d'Oraison, au lieu-dit les
    Chabrands, à 300 m de la Durance (accès direct), accès conseillé par D 4 - par A 51 sortie n° 18
    Manosque – Ⓜ ⚬ ⊶ – **R** conseillée saison – ⚲
    2,5 ha (90 empl.) plat, pierreux, herbeux ▨ ♀ (1 ha)
    🚿 🏠 🔄 🔲 🏧 ☻ ⚷ 🗦 🔲 – 🎣 🔲
    Tarif : 🔲 *piscine comprise 2 pers. 75, pers. suppl. 25* – 🔌 *12 (3A) 18 (6A) 25 (10A)*
    Location 🏠 : 🚐 *1500 à 3500*

VALEUIL

24310 Dordogne 🔟 – 🔢 ⑤ – 283 h. alt. 101.
Paris 485 – Brantôme 7 – Mareuil 25 – Mussidan 51 – Périgueux 25 – Ribérac 31.

  ▲▲ **Le Bas Meygnaud** avril-sept.
    ℘ 05 53 05 58 44 – E : 2,3 km par chemin de Lassère, accès par D 939 – ⚬ « Cadre boisé » ⊶
    – **R** conseillée – ⚲
    1,7 ha (50 empl.) peu incliné, herbeux ♀♀
    🔲 🏠 🔄 🔲 🏧 ☻ 🔲 – 🎣 🔲
    Tarif : 👤 *15 piscine comprise* – 🚗 *9* – 🔲 *24* – 🔌 *14 (6A)*

VALLABRÈGUES

30300 Gard 🔢 – 🔢 ⑳ – 1 016 h. alt. 8.
Paris 702 – Arles 23 – Avignon 20 – Beaucaire 9 – Nîmes 32 – Pont-du-Gard 25.

  ▲▲ **Lou Vincen** 26 mars-8 oct.
    ℘ 04 66 59 21 29, Fax 04 66 59 07 41 – à l'Ouest du bourg, à 100 m du Rhône et d'un petit lac
    – ⚬ ⊶ – **R** conseillée juil.-août – ⒼⒷ ⚲
    1,4 ha (75 empl.) plat, herbeux ▨ ♀
    🚿 🔄 🔲 🏧 ☻ ⚷ 🗦 🔲 – 🔲 – A proximité : 🏊 🎿 🏊 🐎
    Tarif : 🔲 *piscine comprise 2 pers. 72, pers. suppl. 23* – 🔌 *16 (6A)*

VALLERAUGUE

30570 Gard 🔟🔢 – 🔢🔢 ⑯ G. Languedoc Roussillon – 1 091 h. alt. 346.
Paris 691 – Mende 99 – Millau 75 – Nîmes 85 – Le Vigan 22.

▲ **Le Pied de l'Aigoual** 6 juin-20 sept.
  ℘ 04 67 82 24 40, Fax 04 67 82 24 23 – O : 2,2 km par D 986, rte de l'Espérou, à 60 m de l'Hérault
  – ⊶ – **R** – ⋌
  2,7 ha (80 empl.) plat, herbeux ⋒⋒
  🔲 ⋒ ⊕ 🔳 – 🔲 🔲
  Tarif : 🔲 *piscine comprise 2 pers. 65, pers. suppl. 19* – [₂] *16 (3A) 19 (6A)*
  Location : *gîtes*

VALLET

44330 Loire-Atl. 🔟 – 🔢🔢 ④ G. Poitou Vendée Charentes – 6 116 h. alt. 54.
🅱 Office de Tourisme 1 pl. Ch.-de-Gaulle ℘ 02 40 36 35 87, Fax 02 40 36 29 13.
Paris 374 – Ancenis 27 – Cholet 34 – Clisson 10 – Nantes 26.

▲ **Municipal les Dorices** 15 mai-15 oct.
  ℘ 02 40 33 95 03 – N : 2 km par D 763, rte d'Ancenis et chemin à droite – ⊶ juil.-août – **R**
  0,9 ha (50 empl.) plat, herbeux ⋒⋒⋒
  🔲 ⇔ ⊕ – ✂
  Tarif : (Prix 1999) ⚡ *8,90* – 🚗 *4,50* – 🔲 *7,20* – [₂] *7,70 (6A)*

VALLOIRE

73450 Savoie 🔢🔢 – 🔢🔢 ⑦ G. Alpes du Nord – 1 012 h. alt. 1 430 – Sports d'hiver : 1 430/2 600 m 🎿 1 ⥮ 20 ⋌.
🅱 Office de Tourisme ℘ 04 79 59 03 96, Fax 04 79 59 09 66.
Paris 664 – Albertville 92 – Briançon 53 – Chambéry 102 – Lanslebourg-Mont-Cenis 58 – Col du Lautaret 25.

▲▲ **Ste Thècle** déc.-avril, 15 juin-15 sept.
  ℘ 04 79 83 30 11, Fax 04 79 83 35 13 – au Nord de la localité, au confluent de deux torrents –
  ❄ ⋌ ⊶ été – **R** conseillée 15 juil.-15 août – ⊖⋐ ⋌
  1,5 ha (81 empl.) peu incliné et plat, pierreux, herbeux
  🔲 ⅋ 🔲 ⇔ 🔳 ⇔ ⊕ 🔳 🔳 – 🔲 – A proximité : patinoire, toboggan aquatique, bowling ✂
  🔲
  Tarif : (Prix 1999) 🔲 *1 pers. 28* – [₂] *11 (10A)*

VALLON-EN-SULLY

03190 Allier 🔢🔢 – 🔢🔢 ⑫ G. Auvergne – 1 809 h. alt. 192.
Paris 316 – La Châtre 54 – Cosne-d'Allier 24 – Montluçon 25 – Moulins 70 – St-Amand-Montrond 28.

▲ **Municipal les Soupirs** 15 juin-15 sept.
  ℘ 04 70 06 50 96 – SE : 1,2 km par D 11, entre le Cher et le Canal du Berry, au stade – ⋐ ⊶
  – **R**
  2 ha (50 empl.) plat, herbeux, étang ⅃
  🔲 ⇔ ⇔ ⊕ – 🔲 🔲 – A proximité : ✗
  Tarif : ⚡ *8,85* – 🚗 *4,60* – 🔲 *4,60* – [₂] *11,50 (6A) 20 (10A)*

VALLON-PONT-D'ARC

07 Ardèche – 🔢🔢 ⑨ – voir à Ardèche (Gorges de l').

VALLORCINE

74660 H.-Savoie 🔢🔢 – 🔢🔢 ⑨ G. Alpes du Nord – 329 h. alt. 1 260 – Sports d'hiver : 1 360/1 605 m ⥮2 ⋌.
Paris 630 – Annecy 112 – Chamonix-Mont-Blanc 17 – Thonon-les-Bains 97.

▲ **Les Montets** juin-15 sept.
  ℘ 04 50 54 60 45, Fax 04 50 54 01 34 – SO : 2,8 km par N 506, rte de Chamonix-Mont-Blanc, au
  lieu-dit le Buet, accès par chemin de la gare, alt. 1 300 – ⋐ ≼ « Site agréable au bord d'un ruisseau
  et près de l'Eau Noire » ⊶ juil.-août ⊕(tentes) – **R** conseillée pour caravanes et camping cars 🔳 pour
  tentes – ⋌
  1,7 ha (75 empl.) non clos, plat, terrasse, peu accidenté, herbeux, pierreux
  ⅋ 🔲 ⇔ ⇔ – 🔲 – A proximité : ✂
  Tarif : (Prix 1999) ⚡ *23* – 🔲 *22 à 32/26* – [₂] *13 (3A) 18 (6A)*

VALLOUISE

05290 H.-Alpes 🔢🔢 – 🔢🔢 ⑰ – 623 h. alt. 1 123.
🅱 Office de Tourisme pl. de l'Église ℘ 04 92 23 36 12, Fax 04 92 23 41 44.
Paris 704 – Briançon 21 – Gap 84 – Guillestre 31.

▲ **Les Chambonnettes** 10 déc.-1er oct.
  ℘ 04 92 23 30 26 – au bourg, au confluent du Gyr et de l'Onde – ❄ ⋐ ≼ Parc National des Ecrins
  ⊶ – **R** conseillée – ⋌
  6 ha (210 empl.) plat, herbeux, pierreux ⅃
  🔲 ⅋ 🔲 ⇔ 🔳 ⇔ ⊕ 🔳 🔳 – 🔲 🔲 ✂
  Tarif : 🔲 *tennis compris 2 pers. 60/68 (hiver 70)* – [₂] *14 (3A) 6A : 18 (hiver 24) 32 (10A)*
  Location *(mai-sept.) :* 🔲 *1486 à 1686*

34350 Hérault 🔟 – 🔠 ⑮ G. Languedoc Roussillon – 3 043 h. alt. 1.

🗓 Office de Tourisme pl. R.-Cassin 🖉 04 67 32 36 04, Fax 04 67 32 33 41.

Paris 777 – Agde 26 – Béziers 17 – Montpellier 75.

△△△ **La Yole** 29 avril-23 sept.

🖉 04 67 37 33 87, Fax 04 67 37 44 89 – SO : 2 km, à 500 m de la plage – ⊶ – **R** conseillée juil.-août – ⊖⊟ Ⓒⱽ

20 ha (1 007 empl.) plat et peu incliné, herbeux, sablonneux ᐧᐧ (12 ha)

ᕻ ᵴ ⇆ ⊟ ᵴ ⇆ ⧄ ⊘ ᵴ ᵥ ⊡ ◙ – Ⓓ ♈ brasserie, pizzeria ᵴ – ⊡ ᵴ ᵵ ᵴᵵ ᵴ ᵴ ᵴ half-court – A proximité : ♘

Tarif : 🔳 *élect. (5A) et piscine comprises 2 pers. 175*

Location : �🚐 *1218 à 3857 – 🏠1715 à 4305*

△△△ **Les Foulègues** juin-sept.

🖉 04 67 37 33 65, Fax 04 67 37 54 75 – à Grau-de-Vendres, SO : 5 km, à 400 m de la plage « Cadre agréable » ⊶ – **R** conseillée 5 juil.-20 août – ⊖⊟ Ⓒⱽ

5,3 ha (339 empl.) plat, herbeux, sablonneux ᐧᐧ ᐧᐧ

ᕻ ᵴ ⇆ ⊟ ⇆ ⊘ ᵴ ᵥ ◙ – Ⓓ ♈ ✕ ᵴ – ᵴᵵ ᵴ ᵴ ᵴ – A proximité : ♘

Tarif : 🔳 *élect.(5A), piscine et tennis compris 2 pers. 162, pers. suppl. 26*

Location : ⚡ *1500 à 3200 – 🏠1700 à 3400*

△△△ **L'Occitanie** 20 mai-16 sept.

🖉 04 67 39 59 06, Fax 04 67 32 58 20 – par bd du Cdt-l'Herminier « Cadre fleuri » ⊶ – **R** conseillée juil.-août – ⊖⊟ Ⓒⱽ

6 ha (400 empl.) plat, herbeux ᐧᐧ ᐧᐧ

ᕻ ᵴ ⇆ ⊟ ᵴ ⇆ ⊘ ᵥ ⊡ ◙ – Ⓓ ♈ ✕ pizzeria ᵴ – ⊡ ᵴ ᵵ ᵴ ᵴ

Tarif : 🔳 *élect. (5A) et piscine comprises 2 pers. 125*

Location : ⚡ *1225 à 2950 – bungalows toilés*

△△△ **Le Méditerranée** mai-20 sept.

🖉 04 67 37 34 29, Fax 04 67 37 58 47 – SO : 1,5 km rte de Vendres, à 200 m de la plage – ⊶ – **R** conseillée – ⊖⊟ Ⓒⱽ

4,5 ha (367 empl.) plat, sablonneux, herbeux ᐧᐧ

ᕻ ᵴ ⇆ ⊟ ⇆ ⊘ ◙ – Ⓓ ♈ snack, pizzeria ᵴ – ᵴ toboggan aquatique terrain omnisports – A proximité : ⚥ ᵭᵭ

Tarif : 🔳 *piscine comprise 2 pers. 147, pers. suppl. 21 – 🔌 19 (5A)*

Location : ⚡ *1750 à 3700*

△△△ **La Plage et du Bord de Mer** juin-5 sept.

🖉 04 67 37 34 38 – SO : 1,5 km rte de Vendres, bord de mer « Entrée fleurie » ⊶ ✂ – **R** conseillée fin juil.-août – Ⓒⱽ

13 ha (655 empl.) plat, herbeux, sablonneux

ᕻ ᵴ ⇆ ⊟ ᵴ ⇆ ⧄ ⊘ ᵴ ᵥ ⊡ ◙ – Ⓓ ♈ ✕ ᵴ – ⊡ ᵴ ᵵ ᵭᵭ ᵴ ᵴ

Tarif : (Prix 1999) 🔳 *2 pers. 130, pers. suppl. 21 – 🔌 18 (6A)*

△△△ **Les Sables** mai-16 sept.

🖉 04 67 32 33 86, Fax 04 67 39 51 51 – par bd du Cdt-l'Herminier – ⊶ – **R** conseillée – Ⓒⱽ

6 ha (380 empl.) plat, sablonneux, herbeux ᐧᐧ ᐧᐧ

ᕻ ᵴ ⊟ ⇆ ⊘ ᵴ – Ⓓ ♈ ✕ pizzeria ᵴ – ⚥ ᵴ ᵵ ⊙ ᵴ ᵴ toboggan aquatique

Tarif : 🔳 *piscine comprise 2 pers. 130 – 🔌 19,50 (4A)*

Location : ⚡ *1150 à 3600 – bungalows toilés*

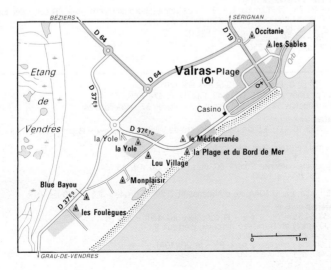

VALRAS-PLAGE

▲▲▲ **Lou Village** 22 avril-16 sept.
    𝒫 04 67 37 33 79, Fax 04 67 37 53 56 – SO : 2 km, à 100 m de la plage (accès direct) – ⊶ –
    R conseillée – ⊞ ⚲
    8 ha (600 empl.) plat, sablonneux, herbeux, étangs ⟋⟍ ᵔᵔ (6 ha)
    占 🔊 ⇌ 🗐 台 ☉ 🅿 – 🛒 🍴 ✗ 😑 – 🛖 💈 🚲 ☕ ➿
    Tarif : 🔲 *piscine comprise 2 pers. 150, pers. suppl. 28* – (₽) *18 (10A)*
    Location ⚗ *saison :* 🛏 *1500 à 3500* – 🏚 *1800 à 3800*

▲▲▲ **Monplaisir** 29 avril-11 sept.
    𝒫 04 67 37 35 92, Fax 04 67 37 54 64 – **à Grau-de-Vendres,** SO : 2,5 km, à 400 m de la plage (accès
    direct) – ⊶ – **R** conseillée juil.-août – ⊞ ⚲
    3,4 ha (254 empl.) plat, sablonneux, herbeux ⟋⟍ ᵔᵔ
    占 🔊 ⇌ 🗐 台 ☉ 🅿 – 🛒 🍴 snack 😑 – 🚐 🛖 🚙 ☕ 🚲 🏊 ➿ toboggan aquatique
    Tarif : 🔲 *piscine comprise 2 pers. 139, pers. suppl. 23* – (₽) *18 (6A)*
    Location : 🛏 *1300 à 3300*

▲▲ **Blue-Bayou** mai-sept.
    𝒫 04 67 37 41 97, Fax 04 67 37 53 00 – à Grau-de-Vendres, SO : 5 km, à 400 m de la plage – 🐾
    ⊶ – **R** conseillée juil.-août – ⚲
    4,5 ha (256 empl.) plat, herbeux, sablonneux ᵔᵔ
    占 🔊 ⇌ 🗐 台 ☉ ⚗ 🅿 – 🛒 🍴 ✗ 😑 – 🛖 ☕ 🚙 ·☉ ➿ – A proximité : 🐎
    Tarif : 🔲 *élect. (6A) et piscine comprises 2 à 4 pers. 170 à 230, pers. suppl. 37*
    Location ⚗ *juil.-août* 🛏 – 🏚

VANDENESSE-EN-AUXOIS

21320 Côte-d'Or 🔟🔟 – 🔢🔢 ⑱ – 220 h. alt. 360.
Paris 276 – Arnay-le-Duc 15 – Autun 42 – Châteauneuf 3 – Dijon 43.

▲▲▲ **Le Lac de Panthier** (en deux campings distincts) mai-sept.
    𝒫 03 80 49 21 94, Fax 03 80 49 25 80 – NE : 2,5 km par D 977 bis, rte de Commarin et rte à gauche,
    près du lac – 🐾 < « Site agréable » ⊶ – **R** conseillée juil.-15 août – ⊞ ⚲
    5,2 ha (207 empl.) en terrasses, plat et peu incliné, herbeux ⟋⟍ ♀
    占 🔊 ⇌ 🗐 台 🔊 ☉ 🅿 – 🛒 🍴 pizzeria, grill 😑 – 🚐 🚙 🚲 ➿ toboggan aquatique – A proximité :
    ⚓ 🛶
    Tarif : 🔲 *piscine comprise 2 pers. 106 (126 avec élect. 6A), pers. suppl. 33*
    Location : 🛏 *1400 à 3000*

VANNES

56000 Morbihan 🔢 – 🔢🔢 ③ G. Bretagne – 45 644 h. alt. 20.
🆔 Office de Tourisme 1 r. Thiers 𝒫 02 97 47 24 34, Fax 02 97 47 29 49.
Paris 460 – Quimper 119 – Rennes 113 – St-Brieuc 108 – St-Nazaire 77.

▲▲ **Municipal de Conleau** avril-sept.
    𝒫 02 97 63 13 88, Fax 02 97 40 38 82 – S : direction Parc du Golfe par l'avenue du Mar.-Juin, à la
    pointe de Conleau « Site agréable » ⊶ – **R** conseillée juil.-août – ⊞ ⚲
    5 ha (260 empl.) incliné à peu incliné, herbeux ♀
    占 🔊 ⇌ 🗐 台 ☉ ⚗ 🌀 🛏 🅿 – 🍴 cases réfrigérées – 🚐 🚙 – A proximité : ⚓
    Tarif : 🚶 *24* – 🔲 *43/50* – (₽) *15 (4A) 17 (6A) 30 (10A)*
    Location : *bungalows toilés*

à Séné S : 5 km par D 199 – 6 180 h. alt. 16 – ✉ 56860 Séné :

▲ **Moulin de Cantizac** mai-15 oct.
    𝒫 02 97 66 90 26 – N : 1 km par D 199, rte de Vannes, bord de rivière – ⊶ – **R** conseillée juil.-août
    2,8 ha (100 empl.) non clos, plat, herbeux ⟋⟍ ♀
    占 🔊 ⇌ 🗐 🔊 ☉ 🅿 – 🚙
    Tarif : 🚶 *25* – 🔲 *30* – (₽) *15 (6A)*
    Location ⚗ 🛏 *2200 à 2500*

Les VANS

07140 Ardèche 🔟🔢 – 🔢🔟 ⑧ G. Provence – 2 668 h. alt. 170.
🆔 Office de Tourisme pl. Ollier 𝒫 04 75 37 24 48, Fax 04 75 37 27 46.
Paris 668 – Alès 44 – Aubenas 37 – Pont-St-Esprit 66 – Privas 67 – Villefort 24.

▲ **Le Pradal** avril-sept.
    𝒫 04 75 37 25 16 – O : 1,5 km par D 901, rte de Villefort – 🐾 ⊶ – **R** conseillée 10 juil.-20 août
    – ⚲
    1 ha (25 empl.) en terrasses, peu incliné, herbeux, pierreux ♀
    占 🔊 🗐 🔊 ☉ – 🍴 – 🚐 ➿
    Tarif : 🔲 *piscine comprise 2 pers. 60, pers. suppl. 30* – (₽) *15 (6A)*
    Location : 🛏 *1000 à 1400*

à Chassagnes E : 4 km par D 104A rte d'Aubenas et D 295 à droite – ✉ 07140 les Vans :

▲▲ **Les Chênes** avril-1er oct.
    𝒫 04 75 37 34 35 – 🐾 < ⊶ – **R** conseillée juil.-août – ⊞ ⚲
    2,5 ha (100 empl.) en terrasses, herbeux, pierreux ♀
    占 🔊 🗐 台 ☉ 🅿 – 🍴 pizzeria, – ➿
    Tarif : 🔲 *piscine comprise 2 pers. 95* – (₽) *20 (10A)*
    Location ⚗ : 🛏 *2300 à 2500*

⚠ *Lou Rouchétou* avril-15 oct.
 𝒫 04 75 37 33 13 – ⑤ – ≼ « Au bord du Chassezac » ⊶ – **R** indispensable juil.-août – ⚡
1,5 ha (100 empl.) plat et peu incliné, herbeux, pierreux ⚏
⚒ ♨ ⇆ ▤ ♨ ⌂ ⊙ ▣ – 🍸 pizzeria – 🚣 ≊
Tarif : ▣ 2 pers. 90, pers. suppl. 23 – 🔌 17 (6A)
Location : ⛺ 2140 à 2500

à Gravières NO : 4,5 km par D 901 rte de Villefort et D 113 à droite – 369 h. alt. 220 – ✉ 07140 Gravières :

⚠ *Le Mas du Serre* Permanent
 𝒫 04 75 37 33 84 – SE : 1,3 km par D 113 et chemin à gauche, à 300 m du Chassezac – ⑤ ≼ « Belle
situation autour d'un ancien mas » ⊶ – **R** conseillée – ⚡
1,5 ha (75 empl.) plat, peu incliné, terrasses, herbeux ⚏
⚒ ♨ ▤ ⚘ ⊙ ▣ – 🚣 – A proximité : ≊
Tarif : ▣ 2 pers. 68 – 🔌 16 (5A)
Location : ⛺

VAREN

82330 T.-et-G. 🔢 – 🔢 ⑲ – 870 h. alt. 112.
🅱 Office de Tourisme 19 r. Gabriel-Péri 𝒫 05 63 64 35 19.
Paris 656 – Albi 47 – Montauban 60 – Rodez 84 – Villefranche-de-Rouergue 30.

⚠ *Les Grillons* 15 juin-30 sept
 𝒫 05 63 65 46 44 – SO : 4,2 km par D 958, rte de St-Antonin-Noble-Val, à la sortie de Lexos, bord
de l'Aveyron – ⑤ ⊶ – **R** conseillée
1 ha (24 empl.) plat, herbeux ⌂ ⚐
⚒ ♨ ⇆ ▤ ⌂ ⊙ – 🚣 🏊 ≊
Tarif : ⊹ 23 piscine comprise – ▣ 15 – 🔌 15 (4A)
Location : ⛺ 1500 à 2500

La VARENNE

49270 M.-et-L. ④ – 🔢 ⑱ – 1 278 h. alt. 65.
Paris 361 – Ancenis 15 – Clisson 30 – Nantes 24.

⚠ *Municipal des Grenettes* juin-15 sept.
 𝒫 02 40 98 58 92 – sortie Est rte de Champtoceaux puis à gauche 2 km par rte du bord de Loire
– ⑤ ⊶ – **R**
0,7 ha (20 empl.) plat, peu incliné, herbeux ⌂ ⚐
♨ ⇆ ⌂ ⊙ – 🚣 – A proximité : ⚒
Tarif : (Prix 1999) ⊹ 8,90 – ▣ 11,40/21 – 🔌 9,60

VARENNES-SUR-ALLIER

03150 Allier 🔢 – 🔢 ⑭ – 4 413 h. alt. 245.
🅱 Office de Tourisme 𝒫 04 70 45 84 37.
Paris 333 – Digoin 59 – Lapalisse 19 – Moulins 31 – St-Pourçain-sur-Sioule 11 – Vichy 25.

⚠ *Château de Chazeuil* 15 avril-15 oct.
 𝒫 04 70 45 00 10 – NO : 2 km rte de Moulins, carrefour N 7 et D 46 – ⑤ « Agréable parc boisé »
⊶ – **R** – 🆔 ⚡
12 ha/1,5 campable (60 empl.) plat, herbeux ⚐
⚒ ♨ ⇆ ▤ ⌂ ⊙ ⚘ ▽ 🚆 ▣ – 🖼 🚣 🏊 parcours sportif
Tarif : ⊹ 28 piscine comprise – 🚗 18 – ▣ 25 – 🔌 18 (6A)

VARENNES-SUR-LOIRE

49730 M.-et-L. ⑨ – 🔢 ⑬ – 1 847 h. alt. 27.
Paris 296 – Bourgueil 16 – Chinon 22 – Loudun 31 – Saumur 11.

⚠ *L'Étang de la Brèche* 15 mai-14 sept.
 𝒫 02 41 51 22 92, Fax 02 41 51 27 24 – O : 6 km par D 85, N 152, rte de Saumur, et chemin à droite,
bord de l'étang – ⑤ ⊶ – **R** indispensable 15 juil.-15 août – 🆔 ⚡
14 ha/7 campables (201 empl.) plat, herbeux, sablonneux ⌂ ⚏
⚒ ♨ ⇆ ▤ ♨ ⌂ ⊙ ⚘ ▽ ▣ – 🍺 🍸 ✕ 🍴 – 🖼 ⚕ 🚣 🚲 ⚒ 🏊 toboggan aquatique
Tarif : ▣ piscine comprise 2 pers. 135, 3 pers. 151, pers. suppl. 29,50 – 🔌 17 (10A)

VARZY

58210 Nièvre ⑥ – 🔢 ⑭ G. Bourgogne – 1 455 h. alt. 249.
Paris 224 – La Charité-sur-Loire 37 – Clamecy 17 – Cosne-sur-Loire 42 – Nevers 52.

⚠ *Municipal du Moulin Naudin* mai-sept.
 𝒫 03 86 29 43 12 – N : 1,5 km par D 977 « Près d'un plan d'eau » – **R**
3 ha (50 empl.) plat, peu incliné et terrasse, herbeux ⌂ ⚐
♨ ⇆ ⌂ ⊙ ⚘ ▽ ▣ – A proximité : ✕ ≊
Tarif : ⊹ 15 – 🚗 10 – ▣ 10 – 🔌 12 (5A)

VASSIEUX-EN-VERCORS

26420 Drôme 🔢 – 🔢 ⑬ – 283 h. alt. 1 040.
Paris 619 – Die 31 – Grenoble 71 – Romans-sur-Isère 56 – Valence 74.

⚠ **Aire Naturelle les Pins** 15 juin-15 sept.
🛎 04 75 48 28 82 – SE : 2 km par D 615, rte du Col de Vassieux et rte à gauche – ⚲ ⬿ –
R – ⚙
2,5 ha (25 empl.) plat, peu incliné, herbeux 🌲🌲 pinède
🔳 ⚲ ⊕ – 🐎
Tarif : 🔲 2 pers. 47 – 🔋 10

VATAN

36150 Indre 🔢 – 🔢 ⑧ ⑨ G. Berry Limousin – 2 022 h. alt. 140.
Paris 238 – Blois 78 – Bourges 51 – Châteauroux 30 – Issoudun 21 – Vierzon 28.

⚠ **Municipal** début mai-début sept.
🛎 02 54 49 91 37 – sortie Ouest par D 2, rte de Guilly et rue du collège à gauche, bord d'un étang
– **R** – ⚙
2,4 ha (50 empl.) plat, herbeux, pierreux 🔲
♿ 🔳 ⏣ 🛁 ⊕ ♨ 🗂 – 🚣 – À proximité : ✂ 🏊
Tarif : 🔲 2 pers. 38, pers. suppl. 14 – 🔋 15
Location : 🏠 900 à 1500

VAUVERT

30600 Gard 🔢 – 🔢 ⑧ – 10 296 h. alt. 20.
🄸 Office de Tourisme pl. E.-Renan 🛎 04 66 88 28 52, Fax 04 66 88 71 25, Point Info (avr. à sept.) Montcalm
D 58 🛎 04 66 73 52 40.
Paris 730 – Aigues-Mortes 19 – Arles 35 – Beaucaire 41 – Montpellier 45 – Nîmes 23.

⛰ **Les Tourrades** Permanent
🛎 04 66 88 80 20, Fax 04 66 88 33 80 – O : 3 km par N 572 et D 135 à droite, rte de Nîmes – ⚷
– **R** conseillée juil.-août – 🆎 ⚙
7,5 ha (180 empl.) plat, herbeux, pierreux
🎦 ♿ 🔳 ⏣ 🛁 ⊕ ♨ 🗂 ⬚ ▯ 🍴 – 🛒 🚴 ✂ 🏊
Tarif : 🔲 piscine comprise 2 pers. 90/100 – 🔋 12 (6A)
Location : ✂ : 🚐 1050 à 1750 – 🚐 1850 à 2900

⚠ **Les Mourgues** avril-15 sept.
🛎 04 66 73 30 88 – SE : 5 km, à l'intersection de la N 572 et D 779, rte de St-Gilles, **à Gallician** –
⚷ – **R** conseillée juil.-août – ⚙
2 ha (80 empl.) plat, pierreux, herbeux 🔲
♿ 🔳 🗂 🛁 ⊕ – ▯ – 🏊
Tarif : 🔲 piscine comprise 2 pers. 71 – 🔋 13 (2A) 16 (6A)

VAUX-SUR-MER

17 Char.-Mar. – 🔢 ⑮ – rattaché à Royan.

VAYRAC

46110 Lot 🔢 – 🔢 ⑲ – 1 166 h. alt. 139.
Paris 516 – Beaulieu-sur-Dordogne 15 – Brive-la-Gaillarde 33 – Cahors 89 – St-Céré 21 – Souillac 26.

⚠ **Municipal la Palanquière** mai-sept.
🛎 05 65 32 43 67 – S : 1 km par D 116, en direction de la Base de Loisirs – ⚷ juil.-août – **R** –
⚙
1 ha (33 empl.) plat, herbeux 🌲🌲
♿ 🔳 ⏣ 🛁 ⊕ ♨ 🗂 – 🚣
Tarif : (Prix 1999) 🔺 15 – 🔲 14 – 🔋 15
Location : huttes

VEDÈNE

84270 Vaucluse 🔢 – 🔢 ⑫ – 6 675 h. alt. 34.
Paris 680 – Avignon 11 – Carpentras 16 – Cavaillon 23 – Orange 23 – Roquemaure 21.

⛰ **Flory** 15 mars-15 oct.
🛎 04 90 31 00 51, Fax 04 90 23 46 19 – NE : 1,5 km par D 53, rte d'Entraigues – ⚷ juil.-août –
R conseillée juil.-août – ⚙
6 ha (136 empl.) plat, peu incliné, accidenté, herbeux, sablonneux, rocheux 🌲🌲 (3 ha)
♿ 🔳 🗂 ♨ 🛁 ⊕ ♨ – 🚞 ✂ 🚣 – 🏊
Tarif : 🔺 22,50 piscine comprise – 🔲 22,50 – 🔋 20 (10A)
Location : 🚐 1900 à 2720

Utilisez les **cartes** *MICHELIN détaillées n°ˢ* 🔢 *à* 🔢 *:*
les localités possédant des terrains sélectionnés y sont signalées par le signe **(o)**.

Elles sont le complément indispensable de ce guide.

VEIGNÉ

37250 I.-et-L. 🔟 – 🔠 ⑮ – 4 520 h. alt. 58.
🅱 Office de Tourisme Moulin-de-Veigné ℰ 02 47 26 98 37, Fax 02 47 26 94 92.
Paris 251 – Amboise 32 – Ligueil 30 – Ste-Maure-de-Touraine 23 – Tours 16.

⚠ **La Plage** 29 avril-10 sept.
ℰ 02 47 26 23 00, Fax 02 47 26 94 31 – sortie Nord par D 50, rte de Tours, bord de l'Indre – �o┳
– **R** conseillée juil.-août – **GB** ⚲
2 ha (121 empl.) plat, herbeux ⛲
🔣 – A proximité : ⛱
Tarif : ⚡ 20 piscine comprise – 🚗 8 – 🔲 20 – [½] 13 (3A) 20 (6A)
Location : bungalows toilés

VENAREY-LES-LAUMES

21150 Côte-d'Or ⑦ – 🔠 ⑱ G. Bourgogne – 3 544 h. alt. 235.
🅱 Office de Tourisme pl. de Bingerbrück ℰ 03 80 96 89 13, Fax 03 80 96 13 22.
Paris 259 – Avallon 54 – Dijon 67 – Montbard 15 – Saulieu 42 – Semur-en-Auxois 13 – Vitteaux 20.

⚠ **Municipal Alésia** mars-oct.
ℰ 03 80 96 07 76 – sortie Ouest par D 954, rte de Semur-en-Auxois et rue à droite, avant le pont,
bord de la Brenne et près d'un plan d'eau – o┳ – **R**
1,5 ha (67 empl.) plat, herbeux, gravillons 🔣 ⛲
🔣 – A proximité : ⛱ ⚓ (plage)
Tarif : ⚡ 13 – 🚗 5 – 🔲 4,10/24 – [½] 13,80 (moins de 5A)

VENCE

06140 Alpes-Mar. ⑰ – 🔠 ⑨ G. Côte d'Azur – 15 330 h. alt. 325.
🅱 Office de Tourisme pl. Grand-Jardin ℰ 04 93 58 06 38, Fax 04 93 58 91 81, Mairie ℰ 04 93 58 06 12.
Paris 928 – Antibes 20 – Cannes 30 – Grasse 26 – Nice 24.

⚠⚠ **Domaine de la Bergerie** 25 mars-15 oct.
ℰ 04 93 58 09 36 – O : 4 km par D 2210, rte de Grasse et chemin à gauche – ⛲ « Sous les pins,
belle situation au pied du Baou de Vence » o┳ – **R** – **GB** ⚲
30 ha/13 campables (450 empl.) plat et accidenté, rocailleux, herbeux 🔣 🔣
🔣 – A proximité : parcours sportif
Tarif : (Prix 1999) 🔲 piscine comprise 3 pers. 107 (127 ou 153 avec élect. 1 à 5A) pers.
suppl. 33,50
Location : 🛖 1470 à 2730

VENDAYS-MONTALIVET

33930 Gironde ⑨ – 🔠 ⑯ – 1 681 h. alt. 9.
Paris 537 – Bordeaux 79 – Lesparre-Médoc 13 – Soulac-sur-Mer 24.

⚠ **Le Mérin** avril-oct.
ℰ 05 56 41 78 64 – NO : 3,7 km par D 102, rte de Montalivet et chemin à gauche – ⛲ o┳ –
R conseillée juil.-août – ⚲
3,5 ha (165 empl.) plat, herbeux, sablonneux ⛲ (1 ha)
🔣
Tarif : ⚡ 12,50 – 🔲 25 (40 avec élect. (6A))

VENEUX-LES-SABLONS

77250 S.-et-M. ⑥ – 🔠 ⑫ – 4 298 h. alt. 76.
Paris 72 – Fontainebleau 9 – Melun 26 – Montereau-Fault-Yonne 14 – Nemours 21 – Sens 45.

⚠⚠ **Les Courtilles du Lido** 22 avril-sept.
ℰ 01 60 70 46 05, Fax 01 64 70 62 65 – NE : 1,5 km, chemin du Passeur – Places limitées pour le
passage o┳ – **R**
5 ha (196 empl.) plat, herbeux 🔣 🔣
🔣 half-court
Tarif : ⚡ 23 piscine comprise – 🚗 16 – 🔲 21/23 – [½] 18 (6A)

VENSAC

33590 Gironde ⑨ – 🔠 ⑯ – 658 h. alt. 5.
Paris 529 – Bordeaux 80 – Lesparre-Médoc 14 – Soulac-sur-Mer 16.

⚠⚠⚠ **Les Acacias** 10 juin-17 sept.
ℰ 05 56 09 58 81, Fax 05 56 09 50 67 – NE : 1,5 km par N 215, rte de Verdon-sur-Mer et chemin
à droite – o┳ – **R** conseillée – ⚲
3,5 ha (175 empl.) plat, herbeux, sablonneux ⛲
🔣 – snack 🔣 – 🔣
Tarif : 🔲 piscine comprise 2 pers. 80 (94 avec élect. 6A)
Location : 🛖 1900 à 3000

▲ *Tastesoule* 19 juin-7 sept.
🖉 05 56 09 54 50 – à 5 km à l'Ouest de la commune, Accès conseillé par D 101 – 🦆 ⊶ –
R conseillée – ⚲
3 ha (100 empl.) plat, sablonneux, herbeux ♀
🕭 🗊 ⏚ ⊛ 🖳 – pizzeria – 🍽 🛝 (petite piscine)
Tarif : 🗉 *2 pers. 82,50* – (½) *20 (6A)*
Location : � *1950*

VENTHON

73 Savoie – **74** ⑰ – rattaché à Albertville.

VERCHAIX

74440 H.-Savoie **12** – **74** ⑧ – 391 h. alt. 800.
Paris 582 – Annecy 69 – Chamonix-Mont-Blanc 60 – Genève 52 – Megève 49 – Thonon-les-Bains 56.

▲ *Municipal Lac et Montagne* Permanent
🖉 04 50 90 10 12 – S : 1,8 km sur D 907, à Verchaix-Gare, bord du Giffre, alt. 660 – ⩽ ⊶ –
R conseillé fév. et été – ⚲
2 ha (111 empl.) non clos, plat, herbeux, pierreux
🕮 🕭 🗊 ⇌ 🖳 ⏚ ⊛ 🖳 – ⚞ – A proximité : ↥
Tarif : 🗉 *2 pers. 41, pers. suppl. 12* – (½) *5A : 12 (hiver 17) 10A : 24 (hiver 34)*

VERCHENY

26340 Drôme **16** – **77** ⑬ – 427 h. alt. 400.
Paris 616 – Crest 24 – Die 18 – Dieulefit 53 – Valence 55.

▲ *Du Gap* mai-15 sept.
🖉 04 75 21 72 62, Fax 04 75 21 76 40 – NE : 1,2 km par D 93, rte de Die – ⩽ « Accès direct à la
Drôme » ⊶ – **R** conseillée – ⚲
4 ha (90 empl.) plat, herbeux
🕭 🗊 🖳 ⏚ ⊛ 🖳 – 🍴 – 🛝 ·⊛ 🏊 – A proximité : ↥
Tarif : 🏃 *23 piscine comprise* – 🚐 *7* – 🗉 *19/21* – (½) *18 (6A)*

▲ *Les Acacias* 10 avril-sept.
🖉 04 75 21 72 51, Fax 04 75 21 73 98 – SO : 2 km sur D 93, rte de Crest « Cadre et situation
agréables au bord de l'Ardèche » ⊶ – **R** conseillée juil.-août – ⚲
3 ha (100 empl.) plat, en terrasses, pierreux, herbeux ♀♀
🗊 ⇌ 🖳 ⋈ ⊛ 🖳 – 🍷 – 🏓 🛝 ↥
Tarif : 🗉 *2 pers. 68, pers. suppl. 19* – (½) *16 (3 à 10A)*
Location : 🚐 *1400 à 1680*

VERDELOT

77510 S.-et-M. **6** – **56** ⑭ G. Champagne Ardenne – 613 h. alt. 115.
Paris 88 – Melun 72 – Reims 80 – Troyes 103.

▲▲ *Ferme de la Fée* 15 fév.-15 déc.
🖉 01 64 04 80 19, Fax 01 64 04 81 84 – S : 0,5 km par rte de St-Barthélémy et à droite – Places
limitées pour le passage 🦆 « Bord du Petit Morin et d'un petit étang » ⊶ – **R** conseillée été
5,8 ha (100 empl.) peu incliné, herbeux 🔲 ♀ verger
🕮 🕭 🗊 ⇌ 🖳 ⏚ ⊛ ⋈ 🕊 🖳 – 🔲 🛝 ↥ – A proximité : 🍽
Tarif : (Prix 1999) 🏃 *30* – 🗉 *40 avec élect. (3A)*

VERDUN

09310 Ariège **14** – **86** ⑤ – 154 h. alt. 548.
Paris 807 – Ax-les-Thermes 18 – Foix 29 – Lavelanet 44 – Vicdessos 25.

▲ *Aire Naturelle d'Emplau* juin-nov.
🖉 05 61 64 77 48 – à l'Est du bourg – 🦆 ⩽ ⊶ – **R** conseillée juil.-août – ⚲
1 ha (17 empl.) plat et peu incliné, herbeux ♀
🗊 ⇌ ⏚ ⊛
Tarif : 🗉 *1 pers. 24* – (½) *12 (5A)*

VERDUN

55100 Meuse **7** – **57** ⑪ G. Alsace Lorraine – 20 753 h. alt. 198.
🛈 Office de Tourisme pl. Nation 🖉 03 29 86 14 18, Fax 03 29 84 22 42.
Paris 263 – Bar-le-Duc 54 – Châlons-en-Champagne 91 – Metz 79 – Nancy 95.

▲▲▲ *Les Breuils* avril-15 oct.
🖉 03 29 86 15 31, Fax 03 29 86 75 76 – sortie Sud-Ouest par rocade D S1 vers rte de Paris et
chemin à gauche « Cadre champêtre au bord d'un étang » ⊶ – **R** – GB ⚲
5,5 ha (162 empl.) plat, peu incliné et en terrasses, herbeux, sapinière 🔲 ♀
🕮 🕭 🗊 ⇌ 🖳 🖒 ⏚ ⊛ 🖾 🖳 – 🍷 🏃 snack – 🛝 🏊 toboggan aquatique
Tarif : (Prix 1999) 🏃 *23 piscine comprise* – 🗉 *20* – (½) *19 (5A)*

VÉRETZ

37270 I.-et-L. **5** – **64** ⑮ G. Châteaux de la Loire – 2 709 h. alt. 50.
Paris 247 – Bléré 16 – Blois 53 – Chinon 52 – Montrichard 34 – Tours 12.

△ **Municipal** 21 mai-25 sept.
℘ 02 47 50 50 48 – par N 76, rte de Bléré, près du Cher – ⛺ – 🍴 – ⚡
1 ha (64 empl.) plat, herbeux, pierreux 🔲 ⚫⚫
⚙ 🏪 🍴 🖼 🍴 ⊕ 🚰 ⚡
Tarif : (Prix 1999) 🏊 *12* – 🚗 *12* – 🔳 *10* – [⚡] *15 (6A) 20 (plus de 6A)*

Si vous recherchez un terrain avec tennis ou piscine,
consultez le tableau des localités citées, classées par départements.

VERGEROUX

17300 Char.-Mar. **9** – **71** ⑬ – 551 h. alt. 4.
Paris 472 – Fouras 12 – Rochefort 4 – La Rochelle 35 – Saintes 44.

△ **Municipal les Sablons** 15 avril-oct.
℘ 05 46 99 72 58 – au Nord du bourg, près de la N 137, à 250 m d'un étang – ⛺ saison –
R conseillée 14 juil.-20 août – ⚡
2,7 ha (120 empl.) plat, herbeux ⚫
⚙ 🏪 🍴 🖼 ⊕ 🖼 – 🖼 ✂ – A proximité : 🎯
Tarif : 🔳 *1 à 4 pers. 43,50 à 76* – [⚡] *12,50 (4A) 20 (10A)*

VERMENTON

89270 Yonne **7** – **65** ⑤ G. Bourgogne – 1 105 h. alt. 125.
Paris 191 – Auxerre 25 – Avallon 28 – Vézelay 28.

△△ **Municipal les Coullemières** 10 avril-9 oct.
℘ 03 86 81 53 02 – au Sud-Ouest de la localité, derrière la gare « Cadre agréable près de la Cure
(plan d'eau) » ⛺ – **R** juil.-août – ⚡ ⚡
1 ha (50 empl.) plat, herbeux ⚫
🏪 ⚙ 🏪 🍴 🖼 ⊕ 🚰 🖼 – 🖼 🏊 🚲 ✂ – A proximité : 🏖 (plage) parcours sportif
Tarif : 🏊 *18* – 🚗 *10* – 🔳 *10* – [⚡] *15 (6A)*

Le VERNET

04140 Alpes-de-H.-Pr. **17** – **81** ⑦ – 110 h. alt. 1 200.
Paris 728 – Digne-les-Bains 31 – La Javie 16 – Seyne 11.

△ **Lou Passavous** avril-1ᵉʳ oct.
℘ 04 92 35 14 67 – N : 0,8 km par rte de Roussimat, bord du Bès – ≤ ⛺ – **R** conseillée juil.-août
– ⚡ ⚡
1,5 ha (60 empl.) peu incliné et plat, herbeux, pierreux
🏪 ⚙ 🏪 🍴 🖼 🍴 ⊕ 🖼 – pizzeria – A proximité : 🏊
Tarif : 🔳 *piscine comprise 2 pers. 89, pers. suppl. 24* – [⚡] *20 (6A)*

VERNET-LES-BAINS

66820 Pyr.-Or. **15** – **86** ⑰ G. Languedoc Roussillon – 1 489 h. alt. 650 – ♨ (15 mars/30 nov.).
🛈 Office de Tourisme 6 pl. Mairie ℘ 04 68 05 55 35, Fax 04 68 05 60 33.
Paris 911 – Mont-Louis 36 – Perpignan 55 – Prades 11.

△ **L'Eau Vive** fermé 2 nov.-14 déc.
℘ 04 68 05 54 14 – sortie vers Sahorre puis, après le pont, 1,3 km par av. St-Saturnin à droite, près
du Cady – 🏊 ≤ ⛺ – **R** – ⚡
1,7 ha (77 empl.) plat et peu incliné, herbeux
⚙ 🏪 🍴 🖼 🍴 ⊕ 🚰 🖼 – 🖼 🏖 (petit plan d'eau)
Tarif : 🔳 *élect. comprise 3 pers. 130 ou 140*
Location : 🏠 *900 à 2750*

△ **Del Bosc** avril-sept.
℘ 04 68 05 54 54 – sortie Nord, rte de Villefranche-de-Conflent, bord d'un torrent « Cadre
sauvage » ⛺ – **R** conseillée juil.-août – ⚡ ⚡
2,5 ha (90 empl.) accidenté et en terrasses, pierreux, rochers 🔲 ⚫⚫⚫
⚙ 🏪 🖼 ⊕ 🖼 – A proximité : 🍴
Tarif : 🏊 *19* – 🔳 *21* – [⚡] *11 (3A) 14 (10A)*

à Casteil S : 2,5 km par D 116 – 102 h. alt. 780 – ✉ 66820 Casteil

△△ **Domaine St-Martin** avril-sept.
℘ 04 68 05 52 09 – au Sud-Est du bourg, près d'une cascade, Prendre la rte à gauche à l'entrée
du village, pente à 10%, mise en place et sortie des caravanes à la demande – 🏊 « Parc » ⛺ –
R conseillée juil.-août – ⚡
4,5 ha (45 empl.) en terrasses, plat, peu incliné, herbeux, pierreux, accidenté, rochers 🔲 ⚫⚫⚫
⚙ 🏪 🍴 🖼 🍴 ⊕ 🖼 – ✂ pizzeria 🍴 – 🖼 🏊 – A proximité : ✂
Tarif : 🏊 *21 piscine comprise* – 🔳 *27* – [⚡] *17 (6A)*
Location : 🏠 *1400 à 2700*

583

à *Corneilla-de-Conflent* N : 2,5 km par D 116 – 417 h. alt. 548 – ⊠ 66820 Corneilla-de-Conflent :

⚠️ ***Las Closes*** avril-sept.
    ℘ 04 68 05 64 60 – E : 0,5 km par D 47, rte de Fillols, alt. 600 – ⚘ ⩽ ⊶ – **R** conseillée – ⚲
    2,2 ha (90 empl.) peu incliné et en terrasses, herbeux ♉♉ verger
    & 🕍 ⚄ ⊕ 🖃 – 🍴 ♨ ⚒
    Tarif : ⚘ *17 piscine comprise* – 🔲 *16* – ⒢ *13 (10A)*
    Location : 🏠 *800 à 1500*

VERNEUIL-SUR-AVRE

27130 Eure **5** – **60** ⑥ G. Normandie Vallée de la Seine – 6 446 h. alt. 155.
🛈 Office de Tourisme 129 pl. Madeleine ℘ 02 32 32 17 17, Fax 02 32 32 17 17.
Paris 117 – Alençon 77 – Argentan 77 – Chartres 57 – Dreux 38 – Évreux 42.

⚠️ ***Le Vert Bocage*** fermeture possible en hiver
    ℘ 02 32 32 26 79 – O : 1 km par N 26, rte d'Argentan – ⊶ – **R** conseillée juil.-août
    3,5 ha (103 empl.) plat, herbeux 🖵
    🎴 🕍 ⚄ ⛁ ⊕ ⚴ ⚒ – 🍴 ⛴ – A proximité : ✗ ⚒
    Tarif : ⚘ *30* – 🔲 *26* – ⒢ *31 (10 à 16A)*

Ne pas confondre :

⚠️ *... à ...* ⚠️⚠️ *: appréciation* **MICHELIN**

et

★ *... à ...* ★★★★ *: classement officiel*

VERNIOZ

38150 Isère **12** – **74** ⑫ – 798 h. alt. 250.
Paris 504 – Annonay 35 – Givors 27 – Le Péage-de-Roussillon 11 – Rive-de-Gier 42 – Vienne 15.

⚠️⚠️⚠️ ***Bontemps*** avril-sept.
    ℘ 04 74 57 83 52, Fax 04 74 57 83 70 – E : 4,5 km par D 37 et chemin à droite, bord de la Varèze
    – ⚘ ⊶ – **R**
    6 ha (100 empl.) plat, herbeux, étangs 🖵 ♀
    & 🕍 ⚄ ⛁ ⛃ ⚴ ⊕ ⚴ ⚒ 🖵 🖃 – ⚖ ♈ ✗ crêperie ⚲ – 🏠 salle d'animation ⚓ ·⊛ ✗ ♨ ⚒
    ⚓ parc ornithologique 🐎 et poneys
    Tarif : ⚘ *30 piscine comprise* – 🚗 *10* – 🔲 *40* – ⒢ *15 (6A)*

VERNOU-EN-SOLOGNE

41230 L.-et-Ch. **6** – **64** ⑱ – 543 h. alt. 94.
Paris 186 – Beaugency 33 – Blois 31 – Contres 25 – Romorantin-Lanthenay 16 – Salbris 35.

⚠️ ***Aire Naturelle Municipale*** 15 avril-sept.
    au Nord du bourg, carrefour D 13 et D 63, à 100 m de la Bonneure et d'un petit étang – **R**
    1 ha (25 empl.) plat, herbeux, sablonneux 🖵 ♉♉
    🕍 ⚄ ⛁ ⛃ ⊕ – A proximité : ✗
    Tarif : (Prix 1999) ⚘ *12* – 🔲 *12* – ⒢ *10*

VERS

46090 Lot **14** – **79** ⑧ – 390 h. alt. 132.
Paris 579 – Cahors 14 – Villefranche-de-Rouergue 53.

⚠️⚠️ ***La Chêneraie*** avril-25 sept.
    ℘ 05 65 31 40 29, Fax 05 65 31 41 70 – SO : 2,5 km par D 653, rte de Cahors et chemin à droite
    après le passage à niveau – ⚘ « Cadre agréable » ⊶ – **R** indispensable – ⚲
    2,6 ha/0,4 campable (25 empl.) plat, herbeux ♉♉
    🕍 ⚄ ⛁ ⛃ ⊕ 🖃 – ♈ grill – 🍴 ✗ ⚒
    Tarif : 🔲 *piscine et tennis compris 2 pers. 77, pers. suppl. 19* – ⒢ *18*
    Location : 🏠 *1100 à 2300* – 🏠 *1200 à 3350*

VERTEILLAC

24320 Dordogne **10** – **75** ④ – 706 h. alt. 185.
Paris 495 – Angoulême 47 – Brantôme 31 – Chalais 32 – Périgueux 49 – Ribérac 13.

⚠️ ***Municipal Pontis Sud-Est*** 15 mai-sept.
    ℘ 05 53 90 37 74 – à 0,6 km au Nord-Est du bourg, près du stade – ⚘ – **R**
    1 ha (24 empl.) peu incliné, herbeux 🖵
    & 🕍 ⚄ ⛃ ⊕ – A proximité : ✗ ⚒
    Tarif : (Prix 1999) ⚘ *9* – 🚗 *4,50* – 🔲 *4,50* – ⒢ *10*

VERTOU

44 Loire-Atl. – **67** ③ – rattaché à Nantes.

VESOUL

70000 H.-Saône 🎱 – 🖫🖫 ⑤ ⑥ G. Jura – 17 614 h. alt. 221.
🅱 Office de Tourisme r. Bains ℘ 03 84 97 10 85, Fax 03 84 97 10 71.
Paris 359 – Belfort 65 – Besançon 49 – Épinal 88 – Langres 78 – Vittel 88.

   ⚠ **International du Lac** mars-oct.
     ℘ 03 84 76 22 86, Fax 03 84 75 74 93 – O : 2,5 km – 🏊 « Près d'un vaste lac » ⊶ – **R** – ⚙
     3 ha (160 empl.) plat, herbeux 🔲
     🎞 ⅙ 🗊 ⇄ 🖫 ⅄ ⇆ ⊚ ⊽ 🖥 – A proximité : snack ✖ 🚣 🎿 (parc aquatique) toboggan aquatique
     Tarif : ⚹ 18 – 🚗 13 – 🅴 19 (32 avec élect. 10A)

VEULES-LES-ROSES

76980 S.-Mar. 🏵 – 🖫🖫 ③ G. Normandie Vallée de la Seine – 753 h. alt. 15.
🅱 Office de Tourisme (saison) 12 r. du Marché ℘ 02 35 97 63 05, Fax 02 35 57 24 51.
Paris 187 – Dieppe 27 – Fontaine-le-Dun 8 – Rouen 57 – St-Valery-en-Caux 8.

   ⚠ **Municipal des Mouettes** 15 fév.-15 déc.
     ℘ 02 35 97 61 98, Fax 02 35 97 33 44 – sortie Est par D 68, rte de Sotteville-sur-Mer, à 500 m de
     la plage – Ⓜ 🏊 ⊶ – **R** indispensable juil.-août – ◖GB ⚙
     3,6 ha (150 empl.) plat, herbeux 🔲
     🎞 ⅙ 🗊 ⇄ 🖫 ⅄ ⊚ 🖽 🖥 – 🖭
     Tarif : (Prix 1999) 🅴 2 pers. 80, pers. suppl. 20 – 🔋 15 (5A)

VEYNES

05400 H.-Alpes 🖫🖫 – 🖫🖫 ⑤ – 3 148 h. alt. 827.
🅱 Office de Tourisme av. du Cdt-Dumont ℘ 04 92 57 27 43, Fax 04 92 58 16 18.
Paris 666 – Aspres-sur-Buëch 9 – Gap 25 – Sisteron 50.

   ⚠ **Les Prés** avril-15 oct.
     ℘ 04 92 57 26 22 – NE : 3,4 km par D 994, rte de Gap puis 5,5 km par D 937 rte du col de Festre
     et chemin à gauche, au lieu-dit le Petit Vaux, près de la Béoux, alt. 960 – 🏊 ≤ ⊶ – **R** conseillée
     10 juil.-20 août – ⚙
     0,35 ha (25 empl.) plat et peu incliné, herbeux ♀
     ⅙ 🗊 ⇄ 🖫 ⊚ 🖥 – 🚣 ⬿ 🛝 (piscine pour enfants)
     Tarif : (Prix 1999) 🅴 2 pers. 56, pers. suppl. 14 – 🔋 12 (4A) 14 (6A) 16 (10A)
     Location : 🏠 1050

VEYRINES-DE-DOMME

24250 Dordogne 🖫🖫 – 🖫🖫 ⑰ – 219 h. alt. 180.
Paris 549 – Cahors 57 – Fumel 49 – Gourdon 27 – Périgueux 69 – Sarlat-la-Canéda 19.

   ⚠ **Les Pastourels** 6 mars-15 nov.
     ℘ 05 53 29 52 49, Fax 05 53 29 15 19 – à 2,7 km au Nord du bourg, au lieu-dit le Brouillet – 🏊
     ≤ ⊶ – **R** conseillée – ⚙
     2,3 ha (55 empl.) plat et peu incliné, en terrasses, herbeux, pierreux ♀♀ (1,5 ha)
     ⅙ 🗊 ⇄ 🖫 ⊚ ⅄ 🖥 – 🖭 🎿
     Tarif : ⚹ 22 piscine comprise – 🅴 23 – 🔋 15 (4A) 20 (6A)
     Location : 🏠 2300 à 2700

24220 Dordogne 🔢 – 🔢 ⑰ – 620 h. alt. 90.
Paris 539 – Bergerac 64 – Brive-la-Gaillarde 60 – Fumel 58 – Gourdon 27 – Périgueux 68 – Sarlat-la-Canéda 9.

Schéma à la Roque-Gageac

⚠️ **Les Deux Vallées** Permanent
ℰ 05 53 29 53 55, Fax 05 53 31 09 81 – O : derrière l'ancienne gare, bord d'un petit étang – ⛵
⊶ – **R** conseillée juil.-août – ⚒
2,5 ha (100 empl.) plat, herbeux ⌷ ♉♉
🎰 ♿ ♨ ⇆ 🖳 📥 ⊛ 📺 – 🔄 🍴 snack ⇶ – 🍽 🔀 🚲 ♉ ⛲
Tarif : 🛉 26 piscine comprise – 🔲 36 – 🚰 16 (6A) 20 (10A)
Location (avril-oct.) - ❌ : 🚐 1000 à 2000

⚠️ **La Cabane** avril-oct.
ℰ 05 53 29 52 28, Fax 05 53 59 09 15 – SO : 1,5 km, bord de la Dordogne et d'un étang – ⛵ ⚞
⊶ – **R** conseillée juil.-25 août – ⚒
2,25 ha (98 empl.) non clos, plat, herbeux, sablonneux ♉♉
♿ 🔀 ⇆ 🖳 🔀 ⊛ 📺 – 🍴 – 🔀 🔀 🔲 (couverte hors saison) ⚞
Tarif : 🔲 piscine comprise 2 pers. 53, pers. suppl.17 – 🚰 10 (3A) 13 (4A) 17 (6A)
Location (permanent) : 🛏 – gîte d'étape

19170 Corrèze 🔢 – 🔢 ⑲ – 133 h. alt. 680.
Paris 460 – Bugeat 4 – Eymoutiers 24 – Guéret 86 – Limoges 68 – Treignac 17.

⚠️ **Municipal Puy de Veix** 15 juin-sept.
au Sud du bourg, près d'un plan d'eau (accès direct), alt. 696 – ⛵ ⚞ « Situation agréable » ⊶ –
R conseillée – ⚒
2 ha (50 empl.) en terrasses et plat, herbeux, pierreux ⌷ ♉
♿ 🔀 ⇆ ⊛ 📺 – 🔀 – A proximité : ⚞
Tarif : 🛉 11 – 🔀 4 – 🔲 7 – 🚰 10 (10A)

34450 Hérault 🔢 – 🔢 ⑮ G. Languedoc Roussillon – 3 517 h. alt. 10.
🅱 Office de Tourisme av. de la Méditerrannée ℰ 04 67 21 76 25, Fax 04 67 21 55 46.
Paris 761 – Agde 4 – Béziers 19 – Narbonne 45 – Sète 30 – Valras-Plage 20.

à la Plage S : 2,5 km par D 137 – ✉ 34450 Vias

⚠️ **La Carabasse** 13 mai-16 sept.
ℰ 04 67 21 64 01, Fax 04 67 21 76 87 « Cadre agréable » ⊶ – **R** conseillée – ☖❸ ⚒
20 ha (995 empl.) plat, herbeux ⌷ ♉♉
♿ 🔀 ⇆ 🖳 🔀 ⊛ 🔀 - 116 sanitaires individuels (🔀 ⇆ wc) ⊛ 🔀 ⚞ 📺 – 🔀 🍴 ❌ snack, pizzeria
⇶ réfrigérateurs – 🔀 ⚞ 🔀 🚲 ⚞ 🔀 🔀 🔲 – A proximité : 💧
Tarif : 🔲 élect. et piscine comprises 2 pers. 175, pers. suppl. 34
Location ❌ : 🚐 1155 à 3990

⚠️ **Farret et la Plage** 15 avril-sept.
ℰ 04 67 21 64 45, Fax 04 67 21 70 49 – en deux camps distincts, bord de plage « Agréable cadre
fleuri » ⊶ – **R** – ☖❸ ⚒
7 ha (437 empl.) plat, sablonneux, herbeux ⌷ ♉
♿ 🔀 ⇆ 🖳 🔀 ⊛ 🔀 ⚞ 🔀 📺 – 🔀 🍴 ❌ ⇶ – ⚞ 🔀 salle de spectacle et d'animation 🔀 🚲
⚞ ❌ 🔲 – A proximité : 🔀
Tarif : 🔲 élect. (6A) et piscine comprises 2 pers. 185
Location ❌ : 🚐 1600 à 3960 – 🏠 1400 à 3390

⚠️ **Californie Plage** avril-15 oct.
ℰ 04 67 21 64 69, Fax 04 67 21 54 62 – au Sud-Ouest par D 137ᴱ et chemin à gauche, bord de plage
– ⊶ – **R** conseillée juil.-août – ☖❸ ⚒
5,8 ha (371 empl.) plat, herbeux, sablonneux ⌷ ♉♉ (4 ha)
♿ 🔀 ⇆ 🖳 🔀 ⊛ 🔀 ⚞ 🔀 📺 – 🔀 🍴 ❌ ⇶ – cases réfrigérées – 🔀 🔀 🚲 🔲 – A proximité :
toboggans aquatiques ❌
Tarif : 🔲 élect. (3A), piscine et tennis compris 2 pers. 170, pers. suppl. 30
Location ❌ : 🚐 1810 à 3900 – 🏠 1810 à 4100

⚠️ **Cap Soleil** Permanent
ℰ 04 67 21 64 77, Fax 04 67 21 70 66 – à 600 m de la plage « Bel ensemble avec piscines et
plantations » ⊶ – **R** conseillée juil.-août – ☖❸ ⚒
4,5 ha (288 empl.) plat, herbeux ⌷ ♉♉
♿ 🔀 ⇆ 🖳 🔀 ⊛ 🔀 ⚞ 🔀 📺 – 🔀 🍴 pizzeria, snack ⇶ cases réfrigérées – 🔀 🔀 ❌ 🔲
toboggans aquatiques – A proximité : 🔀
Tarif : 🔲 piscine et tennis compris 1 ou 2 pers. 120 (135 avec élect. 3A)
Location (avril-sept.) : 🚐 1700 à 3600 – 🏠 1700 à 3600 – studios

⚠️ **Le Napoléon** avril-sept.
ℰ 04 67 01 07 80, Fax 04 67 01 07 85 – à 250 m de la plage – ⊶ – **R** indispensable 15 juil.-
15 août – ⚒
3 ha (250 empl.) plat, herbeux, sablonneux ⌷ ♉♉
♿ 🔀 ⇆ 🖳 🔀 ⊛ 🔀 ⚞ 📺 – 🔀 🍴 ❌ pizzeria ⇶ cases réfrigérées – 🔀 ⚞ 🔀 🔀 🚲 ⚞ 🔲
half-court – A proximité – discothèque
Tarif : 🔲 élect. (6A) et piscine comprises 2 pers. 170, pers. suppl. 30
Location : 🚐 900 à 3100 – 🚐 1300 à 3500 – 🏠 1600 à 3900 – appartements

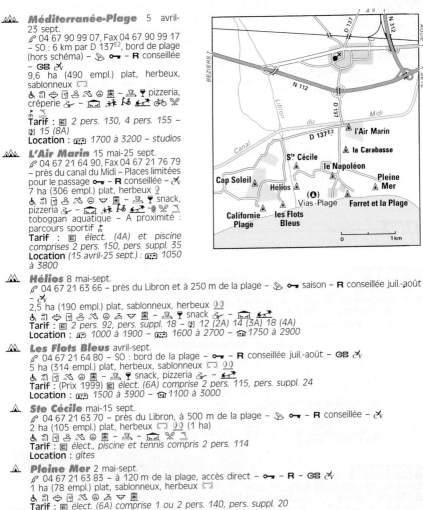

△△△ **Méditerranée-Plage** 5 avril-23 sept.
   🕿 04 67 90 99 07, Fax 04 67 90 99 17
– SO : 6 km par D 137^{E2}, bord de plage (hors schéma) – 🏖 ⊶ – **R** conseillée – ⊖🅱 ⅌
9,6 ha (490 empl.) plat, herbeux, sablonneux ⊏⊐
🕿 🖩 🗑 ⌂ ⚗ ⊛ 🖥 – 🔳 ￐ pizzeria, crêperie 🛒 – 🏠 🏓 🎠 🚴 ﹪
m̂
Tarif : 🖃 2 pers. 130, 4 pers. 155 – ⍃ 15 (8A)
Location : ⊞ 1700 à 3200 – studios

△△△ **L'Air Marin** 15 mai-25 sept.
   🕿 04 67 21 64 90, Fax 04 67 21 76 79
– près du canal du Midi – Places limitées pour le passage ⊶ – **R** conseillée – ⅌
7 ha (306 empl.) plat, herbeux ⚘
🕿 🗑 ⌂ ⚗ ⊛ ⌇ 🖥 – 🔳 ￐ snack, pizzeria 🛒 – 🏠 🏓 🎠 ﹪ 🏊 toboggan aquatique – A proximité : parcours sportif m̂
Tarif : 🖃 élect. (4A) et piscine comprises 2 pers. 150, pers. suppl. 35
Location (15 avril-25 sept.) : ⊞ 1050 à 3800

△△ **Hélios** 8 mai-sept.
   🕿 04 67 21 63 66 – près du Libron et à 250 m de la plage – 🏖 ⊶ saison – **R** conseillée juil.-août – ⅌
2,5 ha (190 empl.) plat, sablonneux, herbeux ⚘⚘
🕿 🗑 ⌂ ⌂ ⚗ ⊛ ⌇ ⌇ 🖥 – 🔳 ￐ snack 🛒 – 🏠 🏓
Tarif : 🖃 2 pers. 92, pers. suppl. 18 – ⍃ 12 (2A) 14 (3A) 18 (4A)
Location : ⊞ 1000 à 1900 – ⊞ 1600 à 2700 – ⊞ 1750 à 2900

△△ **Les Flots Bleus** avril-sept.
   🕿 04 67 21 64 80 – SO : bord de la plage – ⊶ – **R** conseillée juil.-août – ⊖🅱 ⅌
5 ha (314 empl.) plat, herbeux, sablonneux ⊏⊐ ⚘⚘
🕿 🗑 ⌂ ⚗ ⊛ 🖥 – 🔳 ￐ snack, pizzeria 🛒 – 🏓
Tarif : (Prix 1999) 🖃 élect. (6A) comprise 2 pers. 115, pers. suppl. 24
Location : ⊞ 1500 à 3900 – ⊞ 1100 à 3000

△ **Ste Cécile** mai-15 sept.
   🕿 04 67 21 63 70 – près du Libron, à 500 m de la plage – 🏖 ⊶ – **R** conseillée – ⅌
2 ha (105 empl.) plat, herbeux ⊏⊐ ⚘⚘ (1 ha)
🕿 🗑 ⌂ ⚗ ⊛ 🖥 – 🔳 – 🏠 ﹪ 🏊
Tarif : 🖃 élect., piscine et tennis compris 2 pers. 114
Location : gîtes

△ **Pleine Mer** 2 mai-sept.
   🕿 04 67 21 63 83 – à 120 m de la plage, accès direct – ⊶ – **R** – ⊖🅱 ⅌
1 ha (78 empl.) plat, sablonneux, herbeux ⊏⊐
🕿 🗑 ⌂ ⚗ ⊛ ⌇ 🖥
Tarif : 🖃 élect. (6A) comprise 1 ou 2 pers. 140, pers. suppl. 20

VICDESSOS ━━━━━━━━━━━━━━━━━━━━━━━━━━━━━━━━━━

09220 Ariège **14** – **86** ⑭ G. Midi Pyrénées – 483 h. alt. 715.
Paris 809 – Ax-les-Thermes 39 – Aulus-les-Bains 31 – Foix 31 – Tarascon-sur-Ariège 15.

△△ **Municipal la Bexanelle** Permanent
   🕿 05 61 64 82 22 – au Sud du bourg, par rte d'Olbier, rive droite du Vicdessos, Passerelle pour piétons reliant le camp au bourg – 🏖 ≤ ⊶ – **R** conseillé juil.-août – ⊖🅱 ⅌
5 ha (85 empl.) plat, peu incliné, terrasse, pierreux, herbeux ⚘ (0,8 ha)
🎦 🗑 ⌂ ⌂ ⚗ ⌇ 🖥 – ￐ – 🏠 🏊
Tarif : ⚲ 18 piscine comprise – 🖃 19 – ⍃ 10 (5A) 17 (10A)
Location : ⊞ 700 à 2500 – bungalows toilés

LES GUIDES VERTS MICHELIN

Paysages, monuments
    Routes touristiques
        Géographie
           Histoire, Art
              Itinéraire de visite
                Plans de villes et de monuments

VICHY

03200 Allier **11** – **73** ⑤ G. Auvergne – 27 714 h. alt. 340 – ♨.
🛈 Office de Tourisme 19 r. du Parc ℘ 04 70 98 71 94, Fax 04 70 31 06 00.
Paris 358 – Clermont-Ferrand 55 – Montluçon 95 – Moulins 56 – Roanne 68.

à Bellerive-sur-Allier SO par D 984 – 8 543 h. alt. 340 – ⊠ 03700 Bellerive-sur-Allier :

⚠ **Beau-Rivage** mai-sept.
℘ 04 70 32 26 85 – rue Claude-Decloître, bord de l'Allier – ⊶ – **R** conseillée – **GB** ⚐
1,5 ha (80 empl.) plat, herbeux ⊏⊐ ୨୨
⛺ ♻ 🗄 📛 ⊙ 🛆 🖽 🖩 – ⊻ ✕ snack ⚓ – 🛏 🏄 ·⊚ 🏊 toboggan aquatique – A proximité :
※ ♣ ⊠
Tarif : 🖪 *piscine et tennis compris, 1 pers. 52, pers. suppl. 26* – 🔌 *15 (10A)*
Location : 🏚 *700 à 3200*

⚠ **Les Acacias** 3 avril-10 oct.
℘ 04 70 32 36 22, Fax 04 70 59 88 52 – r. Claude-Decloître, près de l'Allier – ⊶ – **R** conseillée
juil.-août – **GB** ⚐
3 ha (160 empl.) plat, herbeux ⊏⊐ ୨୨
⛺ ♻ 🗄 📛 ⊙ 🛆 ▽ 🖩 – 🛏 🏄 – A proximité : ⊻ ✕ ※ ♣ ⊠
Tarif : ✹ *28 piscine comprise* – 🖪 *30* – 🔌 *10 (10A)*
Location : 🏚 *910 à 2700*

VICO

2A Corse-du-Sud – **90** ⑮ – voir à Corse.

VIC-SUR-CÈRE

15800 Cantal **11** – **76** ⑫ G. Auvergne – 1 968 h. alt. 678.
🛈 Office de Tourisme av. Mercier ℘ 04 71 47 50 68, Fax 04 71 47 58 56.
Paris 556 – Aurillac 21 – Murat 31.

⚠⚠⚠ **La Pommeraie** mai-15 sept.
℘ 04 71 47 54 18, Fax 04 71 49 63 30 – SE : 2,5 km par D 54, D 154 et chemin à droite, alt. 750
– ᦙ ≤ les monts, la vallée et la ville « Belle situation dominante, cadre agréable » ⊶ – **R** conseillée
– **GB** ⚐
2,8 ha (100 empl.) en terrasses, herbeux, pierreux ⊏⊐ �୨
▦ ♿ ⛺ ♻ 🗄 📛 ⊙ 🛆 ▽ 🖩 – 🍹 ⊻ ✕ ⚓ – 🛏 🏄 🍴 ·⊚ ※ 🏊
Tarif : 🖪 *piscine et tennis compris 2 pers. 125, pers. suppl. 25* – 🔌 *20 (5A)*
Location : 🏠 *1000 à 2500* – 🏚 *1500 à 3500 – studios*

⚠⚠ **Municipal du Carladez** avril-sept.
℘ 04 71 47 51 04 – rte de Salvanhac, bord de la Cère – ≤ ⊶ – **R** – ⚐
3 ha (250 empl.) plat, herbeux ୨୨
▦ ♿ ⛺ ♻ 🗄 📛 ⊙ ⚒ 🖩 – 🛏 – A proximité : ☕ ※ 🍴 🏄 🏊
Tarif : *(Prix 1999)* ✹ *16,40* – ⇔ *9* – 🖪 *9* – 🔌 *15,30*

VIDAUBAN

83550 Var **17** – **84** ⑦ – 5 460 h. alt. 60.
🛈 Office de Tourisme pl. F.-Maurel ℘ 04 94 73 10 28, Fax 04 94 73 07 82.
Paris 845 – Cannes 62 – Draguignan 19 – Fréjus 30 – Toulon 63.

⚠ **Municipal** juin-sept.
℘ 04 94 73 61 02 – au Nord-Ouest de la localité, Accès conseillé par sortie Nord-Est, rte
du Muy et chemin à gauche, avant le pont SNCF – ᦙ « Au bord de l'Argens » ⊶ – **R** conseillée
– ⚐
1 ha (60 empl.) plat, herbeux, pierreux ⊻
⛺ ♻ 📛 ⊙
Tarif : ✹ *16* – 🖪 *22 avec élect.*

VIEILLE-BRIOUDE

43100 H.-Loire **11** – **76** ⑤ – 1 007 h. alt. 445.
Paris 490 – Brioude 4 – Clermont-Ferrand 75 – Issoire 37 – Le Puy-en-Velay 56 – St-Flour 57.

⚠ **Le Dintillat** avril-oct.
℘ 04 71 50 93 36 – SE : 3,5 km par N 102 et D 16, rte de St-Ilpize, à droite après le pont et rte
à gauche – ᦙ ≤ ⊶ – **R** conseillée – ⚐
1 ha (12 empl.) en terrasses, sablonneux, gravillons ⊏⊐
♿ ⛺ ♻ 🗄 📛 ⊙ 🖩 – réfrigérateurs
Tarif : ✹ *20* – 🖪 *15* – 🔌 *10 (6A)*
Location : *gîtes, studios*

VIELLE-AURE

65 H.-Pyr. – **85** ⑲ – rattaché à St-Lary-Soulan.

40560 Landes 🔟🔠 – 🟨🟨 ⑯.
Paris 724 – Castets 16 – Dax 39 – Mimizan 32 – Soustons 28.

▲▲▲ **Le Col Vert** Pâques-sept.
    𝒫 05 58 42 94 06, Fax 05 58 42 91 88 – S : 5,5 km par D 652, bord de l'étang de Léon « Site
agréable » ⊶ – **R** conseillée 15 juil.-15 août – **GB** ⚲
24 ha (800 empl.) plat, sablonneux ⚲
🕭🗊🏕🍴🖳🏊🍴✕🛶 – 🏠🏛🛝🏖🚤🏊🚴 ·⦿ ※ 🖵 🎿 ≦ ♦ 🐎
– A proximité : ⚑
Tarif : ⚹ *26 piscine comprise* – �car *15* – 🅴 *60/100* – [⚡] *20 (3A) 23 (6A) 32 (10A)*
Location ✎ : 🏠 *1090 à 2790* – 🏠 *1490 à 4490* – 🏠 *1690 à 5190 – bungalows toilés*

▲ **Le Parc du Bel Air** 15 juin-15 sept.
    𝒫 05 58 42 99 28 – SO : 5,2 km par D 652, rte de Léon et D 328, rte de Pichelèbe à droite – Ⓜ
🍂 ⊶ – **R** conseillée août
1 ha (50 empl.) plat, herbeux, sablonneux ⚲ pinède
🕭🗊🏕🍴🖳🍴 – 🛝
Tarif : 🅴 *2 pers. 70* – [⚡] *14 (6A)*

▲ **Municipal les Tourterelles** 27 mai-25 sept.
    𝒫 05 58 47 93 12, Fax 05 58 47 92 03 – O : 5,2 km par D 42, à St-Girons-Plage, à 300 m de l'océan
(accès direct) – 🍂 « Entrée fleurie » ⊶ – **R** – **GB** ⚲
18 ha (822 empl.) plat, peu incliné, vallonné, sablonneux ⚲ pinède
🕭🗊🏕🍴🖳🏊🍴 – 🛝
Tarif : 🅴 *2 pers. 68 (100 avec élect. 6A), pers. suppl. 19*

Ask your bookseller for the catalogue of **MICHELIN** *publications.*

14710 Calvados 🔺 – 🔢 ④ G. Normandie Cotentin – 256 h. alt. 41.
Paris 283 – Bayeux 22 – Caen 51 – Carentan 32 – St-Lô 42.

▲ **Omaha-Beach** 7 avril-10 sept.
    𝒫 02 31 22 41 73 – sortie Nord-Ouest rte de Grandcamp-Maisy et chemin à droite, accès direct à
la plage – 🍂 ⪜ ⊶ – **R** – **GB** ⚲
4 ha (293 empl.) plat, herbeux 🖵
🕭🗊🏕🍴🖳🍴🏊 – 🛝 – A proximité : ⚑
Tarif : ⚹ *22* – 🅴 *22* – [⚡] *22 (6A)*

18100 Cher 🔟 – 🔢 ⑲ ⑳ G. Berry Limousin – 32 235 h. alt. 122.
🅱 Office de Tourisme 26 pl. Vaillant-Couturier 𝒫 02 48 52 65 24, Fax 02 48 71 62 21.
Paris 211 – Auxerre 139 – Blois 74 – Bourges 34 – Châteauroux 59 – Orléans 87 – Tours 115.

▲ **Municipal de Bellon** mai-sept.
    𝒫 02 48 75 49 10 – au Sud-Est de la ville par rte d'Issoudun et à gauche, quartier de Bellon, à 50 m
du Cher (accès direct) – ⊶ – **R** – ⚲
1,8 ha (95 empl.) plat et peu incliné, herbeux 🖵 ⚲
🕭🗊🏕🍴🖳🍴 – 🍴 – 🏠
Tarif : ⚹ *16,50* – 🅴 *17/23* – [⚡] *14,20 (6A)*

40480 Landes 🔟🔠 – 🟨🟨 ⑯ G. Aquitaine – 1 210 h. alt. 5.
Paris 740 – Bayonne 37 – Biarritz 45 – Castets 28 – Dax 36 – Mimizan 55 – Mont-de-Marsan 87.

▲▲▲ **Municipal les Sablères** avril-15 oct.
    𝒫 05 58 48 12 29, Fax 05 58 48 20 70 – au Nord-Ouest de la localité par bd du Marensin, à 250 m
de la plage (accès direct) – ⊶ – **R** conseillée juil.-août – **GB** ⚲
11 ha (591 empl.) plat et accidenté, sablonneux ⚲⚲ (4 ha)
🕭🗊🏕🍴🖳🍴 – 🛝 – A proximité : ※
Tarif : ⚹ *12,50* – 🅴 *62 (74 avec élect. 5 ou 10A)*

30120 Gard 🔟🔠 – 🟨🟨 ⑯ G. Languedoc Roussillon – 4 523 h. alt. 221.
🅱 Office de Tourisme (en saison : fermé dim. après-midi) pl. Triaire 𝒫 04 67 81 01 72, Fax 04 67 81 86 79.
Paris 714 – Alès 64 – Lodève 51 – Mende 102 – Millau 71 – Montpellier 63 – Nîmes 76.

▲▲▲ **Le Val de l'Arre** avril-sept.
    𝒫 04 67 81 02 77, Fax 04 67 81 71 23 – E : 2,5 km par D 999 rte de Ganges et chemin à droite,
bord de l'Arre – ⊶ – **R** conseillée juil.-août – **GB** ⚲
4 ha (180 empl.) plat, peu incliné et en terrasses, herbeux ⚲⚲
🕭🗊🏕🍴🖳🍴 – 🏊🛝 – 🎿 ≦
Tarif : 🅴 *piscine comprise 2 pers. 76* – [⚡] *18 (10A)*
Location : 🏠 *1000 à 2100*

Le VIGAN

46300 Lot 🆔 – 🆖 ⑧ G. Périgord Quercy – 922 h. alt. 224.
Paris 541 – Cahors 42 – Gourdon 5 – Labastide-Murat 19 – Payrac 8 – Rocamadour 28.

⚠ **Le Rêve** 25 avril-23 sept.
🞉 05 65 41 25 20, Fax 05 65 41 68 52 – N : 3,2 km par D 673, rte de Souillac puis 2,8 km par chemin à gauche – 🔊 – ⊶ – **R** conseillée 10 juil.-20 août – ⚒
2,5 ha (60 empl.) en terrasses, peu incliné et plat, bois attenant ⌑
🚫 🔋 🖻 ⊕ 🖥 – 🛖 – 🙇 🎯 🚲 🏊 ≋
Tarif : 🛉 23 piscine comprise – 🔲 29 – 🔌 14 (6A)
Location : 🏠 1350 à 2700

VIGNEC

65 H.-Pyr. – 🔢 ⑲ – rattaché à St-Lary-Soulan.

Les VIGNES

48210 Lozère 🆔 – 🔢 ⑤ G. Languedoc Roussillon – 103 h. alt. 410.
Paris 621 – Mende 53 – Meyrueis 32 – Le Rozier 10 – Ste-Enimie 25 – Sévérac-le-Château 22.

⚠ **La Blaquière** mai-9 sept.
🞉 04 66 48 54 93 – NE : 6 km par D 907Bis, rte de Florac, bord du Tarn – ⊶ juil.-août – **R** conseillée – ⚒
1 ha (72 empl.) plat et terrasse, herbeux, pierreux ⌑ 👭
🚫 🔋 🖻 🔌 ⊕ 🖥 – 🛖 🛠 – 🎯 🎯 ≋
Tarif : 🔲 2 pers. 60, pers. suppl. 15 – 🔌 12 (4A)
Location : 🏠 900 à 1500

⚠ **Beldoire** début avril-15 sept.
🞉 04 66 48 82 79 – N : 0,8 km par D 907Bis, rte de Florac, bord du Tarn – ≼ « Site agréable » ⊶
– **R** conseillée – ⚒
4 ha (141 empl.) plat, en terrasses, herbeux, pierreux 👭 (2 ha)
🚫 🔋 ⌣ 🖻 🔌 ⊕ 🖥 – 🛖 🍴 snack 🛠 – 🔲 🚲 🏊 ≋
Tarif : 🔲 piscine comprise 2 pers. 78, pers. suppl. 20 – 🔌 15 (5A)
Location : bungalows toilés

VIGNOLES

21 Côte-d'Or – 🔢 ⑨ – rattaché à Beaune.

VIHIERS

49310 M.-et-L. 🆖 – 🔢 ⑦ – 4 131 h. alt. 100.
Paris 335 – Angers 45 – Cholet 28 – Saumur 40.

⚠ **Municipal de la Vallée du Lys** Pentecôte-15 sept.
🞉 02 41 75 00 14 – sortie Ouest par D 960, rte de Cholet puis D 54 à droite rte de Valanjou, bord du Lys – 🔊 – **R** – ⚒
0,3 ha (30 empl.) plat, herbeux 👭
🚫 🔋 ⌣ 🖻 ⊕ – 🔲 🎯 🌲
Tarif : 🔲 2 pers. 34,70 – 🔌 11,80 (6 à 10A)

VILLAMBLARD

24140 Dordogne 🔟 – 🔢 ⑤ – 813 h. alt. 120.
Paris 516 – Bergerac 26 – Mussidan 17 – Périgueux 30.

⚠ **Municipal** 15 juin-15 sept.
🞉 05 53 81 91 87 – E : 0,8 km par D 39, rte de Douville et chemin à droite – 🔊 – **R**
1 ha (40 empl.) peu incliné, plat, herbeux 👭
🚫 🔋 ⌣ 🖻 ⊕
Tarif : (Prix 1999) 🛉 10 – 🔲 10 – 🔌 8 (5A) 11 (plus de 5A)

VILLARD-DE-LANS

38250 Isère 🔢 – 🔢 ④ G. Alpes du Nord – 3 346 h. alt. 1 040 – Sports d'hiver : 1 050/2 170 m 🎿2 🎿27 🎿.
🅱 Office de Tourisme pl. Mure-Ravaud 🞉 04 76 95 10 38, Fax 04 76 95 98 39, Centrale de Réservation 🞉 04 76 95 96 96.
Paris 589 – Die 69 – Grenoble 35 – Lyon 127 – Valence 69 – Voiron 49.

⚠ **L'Oursière** fermé 1ᵉʳ au 29 oct.
🞉 04 76 95 14 77, Fax 04 76 95 58 11 – sortie Nord par D 531, rte de Grenoble, chemin piétonnier reliant le camp au village – ❄ ≼ ⊶ – **R** – 🆑 ⚒
4 ha (200 empl.) plat, peu incliné, pierreux, gravier, herbeux
🚿 🚫 🔋 ⌣ 🖻 ⊕ 🖥 – 🔲 🎯 🌲 – A proximité : 🏊 🏊 toboggan aquatique patinoire
Tarif : 🔲 1 pers. 58, 2 pers. 78, pers. suppl. 21 – 🔌 7 (2A) 18 (6A) 30 (10A)
Location ⚒ : 🔲 1320 à 2500

VILLAREMBERT

73300 Savoie 🔲 – 🔲 ⑦ – 209 h. alt. 1 296.
Paris 647 – Aiguebelle 48 – Chambéry 85 – St-Jean-de-Maurienne 13 – La Toussuire 7.

  ▲ *Municipal la Tigny* juil.-août
      𝒫 04 79 83 02 51 – sortie Sud par D 78 et chemin à gauche – ≼ « Cadre verdoyant près d'un ruisseau » – **R**
      0,3 ha (27 empl.) non clos, plat et peu incliné, terrasses, gravier, herbeux
      🗇 ⇆ 🖾 ⊕ 🖧 🖾
      Tarif : (Prix 1999) ⚓ *15* – ⇐ *8* – 🖾 *10* – [𝔤] *10*

VILLARD-LOUBIÈRE

05800 H.-Alpes 🔲 – 🔲 ⑯ – 59 h. alt. 1 026.
Paris 654 – La Chapelle-en-Valgaudémar 5 – Corps 22 – Gap 44 – La Mure 47.

  ▲ *Les Gravières* 20 juin-sept.
      𝒫 04 92 55 35 35 – E : 0,7 km par rte de la Chapelle-en-Valgaudémar et chemin à droite – 🖾 ≼ « Cadre et site agréables au bord de la Séveraisse » o━ – **R** – 🕂
      2 ha (50 empl.) plat, pierreux, herbeux, sous-bois 🙼
      🗇 🖾 🔊 ⊕ 🖾 – 🛠
      Tarif : ⚓ *12* – ⇐ *10* – 🖾 *14/15* – [𝔤] *10 (2A) 15 (5A)*

Michelinkaarten *worden voortdurend bijgewerkt.*

VILLARS-COLMARS

04370 Alpes-de-H.-Pr. 🔲 – 🔲 ⑧ – 203 h. alt. 1 225.
Paris 783 – Annot 33 – Barcelonnette 47 – Colmars 3 – St-André-les-Alpes 25.

  ▲▲ *Le Haut-Verdon* 30 juin-2 sept.
      𝒫 04 92 83 40 09, Fax 04 92 83 56 61 – par D 908, bord du Verdon – ≼ o━ – **R** conseillée 14 juil.-15 août – **GB** 🕂
      3,5 ha (130 empl.) plat, pierreux 🖾 🙼 pinède
      🗇 ⇆ 🖾 🖾 ⊕ 🖾 🗚 🖾 🖾 – 🛒 🍴 – 🖾 🏕 🛠 🏊
      Tarif : (Prix 1999) ⚓ *26 piscine comprise* – 🖾 *56* – [𝔤] *15 (6A) 20 (10A)*

VILLARS-LES-DOMBES

01330 Ain 🔲 – 🔲 ② G. Vallée du Rhône – 3 415 h. alt. 281.
Paris 434 – Bourg-en-Bresse 30 – Lyon 36 – Villefranche-sur-Saône 27.

  ▲▲ *Municipal les Autières* avril-sept.
      𝒫 04 74 98 00 21 – sortie Sud-Ouest, rte de Lyon et à gauche, avenue des Nations, près de la piscine – Places limitées pour le passage « Cadre agréable au bord de la Chalaronne » o━ – **R** conseillée – 🕂
      5 ha (238 empl.) plat, peu incliné, herbeux 🖾 🙼
      🖾 🗇 ⇆ 🖾 🖾 ⊕ 🖾 – 🍴 snack – 🖾 🛠 – A proximité : 🛠 🖾 🏊 toboggan aquatique
      Tarif : (Prix 1999) ⚓ *20* – ⇐ *14* – 🖾 *25* – [𝔤] *18 (6A)*

VILLECROZE

83690 Var 🔲 – 🔲 ⑥ G. Côte d'Azur – 1 029 h. alt. 300.
🛈 Office de Tourisme r. A.-Croizat 𝒫 04 94 67 50 00, Fax (Mairie) 04 94 67 53 29.
Paris 830 – Aups 8 – Brignoles 39 – Draguignan 21 – St-Maximin-la-Ste-Baume 49.

  ▲▲ *Le Ruou* avril-oct.
      𝒫 04 94 70 67 70, Fax 04 94 70 64 65 – SE : 5,4 km par D 251, rte de Barbebelle et D 560, rte de Flayosc, Accès conseillé par D 560 « Beaux emplacements en terrasses, au pied du ruisseau » o━ – **R** conseillée juil.-août – **GB** 🕂
      4,3 ha (100 empl.) en terrasses, plat, herbeux 🙼
      🖾 🗇 ⇆ 🖾 🔊 ⊕ 🖾 🖾 – 🍴 snack, pizzeria 🖾 – 🖾 🏕 🛠 🏊
      Tarif : 🖾 *piscine comprise 1 pers. 70, pers. suppl. 20* – [𝔤] *17 (6A) 22 (10A)*
      Location : 🛏 *1050 à 2600* – 🚐 *1400 à 3400* – bungalows toilés

VILLEDIEU-LES-POÊLES

50800 Manche 🔲 – 🔲 ⑧ G. Normandie Cotentin – 4 356 h. alt. 105.
🛈 Office de Tourisme pl. des Costils 𝒫 02 33 61 05 69, (hors saison) Mairie 𝒫 02 33 61 00 16.
Paris 309 – Alençon 122 – Avranches 22 – Caen 79 – Flers 59 – St-Lô 36.

  ▲▲ *Municipal le Pré de la Rose* Pâques-sept.
      𝒫 02 33 61 02 44 – accès par centre ville, r. des Costils à gauche de la poste – 🖾 « Cadre agréable et soigné au bord de la Sienne » o━ – **R** conseillée 15 juil.-15 août – 🕂
      1,2 ha (100 empl.) plat, herbeux, gravillons 🖾 🙼
      🖾 🗇 ⇆ 🖾 🖾 ⊕ 🖾 – 🖾 🛠 🛠
      Tarif : (Prix 1999) ⚓ *15* – ⇐ *4* – 🖾 *15* – [𝔤] *15,50*

VILLEFORT

48800 Lozère 🔢 – 🔢 ⑦ G. Languedoc Roussillon – 700 h. alt. 600.
🅱 Office de Tourisme r. de l'Église – ✆ 04 66 46 87 30, Fax 04 66 46 85 83.
Paris 625 – Alès 54 – Aubenas 61 – Florac 66 – Mende 57 – Pont-St-Esprit 90 – Le Puy-en-Velay 87.

   🔺 **Le Lac** juin-sept.
     ✆ 04 66 46 81 27 – N : 3,2 km par D 906, rte de Prévenchères et rte de Pourcharesses à gauche,
     près du lac (accès direct) – 🌥 ≤ ⊶ – **R** conseillée juil.-août – ⨯
     4 ha (75 empl.) en terrasses, plat, gravillons, herbeux 🖵 ♀
     & 🛱 ⇆ ⬚ 🖰 ⬚ ☺ 😀 ⚴ ⩊ 🖳 – 🖵 🚗 ⤴ – A proximité : ◗
     Tarif : 🖽 piscine comprise 2 pers. 65 (75 avec élect. 6A)
     Location (permanent) : 🚐 700 à 1000 – 🚃 1600 à 2300 – 🏠 1250 à 2900

   🔺 **La Palhère** 15 mai-15 sept.
     ✆ 04 66 46 80 63 – SO : 4 km par D 66, rte du Mas-de-la-Barque, bord d'un torrent, alt. 750 – 🌥
     ≤ ⊶ – **R** conseillée juil.-août – ⨯
     1,8 ha (45 empl.) en terrasses, herbeux, pierreux ♀
     🛱 ⇆ ⬚ ⚴ ☺ ⚴ ⩊ – ✗ 🚗 – ⤴
     Tarif : 🖽 piscine comprise 2 pers. 54 (67 ou 74 avec élect. 5A), pers. suppl. 20

VILLEFORT

11230 Aude 🔢 – 🔢 ⑥ – 80 h. alt. 420.
Paris 801 – Belcaire 26 – Carcassonne 55 – Lavelanet 24 – Mirepoix 26 – Quillan 21.

   🔺 **L'Eden II** mi-mars-mi-oct.
     ✆ 04 68 69 26 33, Fax 04 68 69 29 95 – S : 1 km par D 12, rte de Puivert, bord du Bleau – 🌥 ⊶
     – **R** conseillée juil.-août – ⅁Ⓑ ⨯
     50 ha/4 campables (75 empl.) plat, terrasses, herbeux 🖵 ♀♀
     & 🛱 ⇆ ⬚ ⬚ (8 sanitaires individuels : 🛱 ⇆ ⬚ wc) ☺ ⚴ ⩊ 🖳 – 🚤 ⴵ snack 🚗 – 🚲 ⩊ 🎯 ⚽ ⤴
     practice de golf
     Tarif : (Prix 1999) 🖽 piscine comprise 1 ou 2 pers. 106 (avec élect. 136 ou 167 avec sanitaires
     individuels), pers. suppl. 19
     Location : 🏠 1590 à 3110

VILLEFRANCHE-DE-LONCHAT

24610 Dordogne 🔢 – 🔢 ⑬ – 735 h. alt. 70.
Paris 539 – Bergerac 39 – Castillon-la-Bataille 16 – Libourne 29 – Montpon-Ménestérol 12 – Ste-Foy-la-Grande 23.

   🔺 **Intercommunal de Gurson** avril-oct.
     ✆ 05 53 80 77 57 – SE : 2 km, près du lac – ⊶ – **R** conseillée – ⨯
     2 ha (80 empl.) peu incliné et plat, sablonneux ♀♀
     🛱 ⬚ ☺ – 🖵 – A proximité : 🏊 avec toboggan aquatique, poneys, parcours sportif ⴵ ✗ 🚗 ⚽
     🏇 🟥 ⤴
     Tarif : 🚶 16,90 – 🖽 14,80 – 🔌 17,95 (6A)
     Location : gîtes

VILLEFRANCHE-DE-ROUERGUE

12200 Aveyron 🔢 – 🔢 ⑳ G. Midi Pyrénées – 12 291 h. alt. 230.
🅱 Office de Tourisme Prom. Guiraudet ✆ 05 65 45 13 18, Fax 05 65 45 55 58.
Paris 608 – Albi 68 – Cahors 61 – Montauban 76 – Rodez 58.

   🔺 **Le Rouergue** 22 avril-sept.
     ✆ 05 65 45 16 24 – SO : 1,5 km par D 47, rte de Monteils – ⊶ – **R** conseillée – ⅁Ⓑ ⨯
     1,8 ha (70 empl.) plat, herbeux 🖵 ♀
     🛱 🖰 ⚴ ☺ – 🖵 – A proximité : ⤴
     Tarif : 🖽 2 pers. 75 – 🔌 10 (5A)

VILLEFRANCHE-DU-QUEYRAN

47160 L.-et-G. 🔢 – 🔢 ⑬ G. Aquitaine – 366 h. alt. 58.
Paris 684 – Agen 42 – Aiguillon 14 – Casteljaloux 9 – Marmande 27 – Nérac 30.

   🔺 **Le Moulin du Campech** avril-oct.
     ✆ 05 53 88 72 43, Fax 05 53 88 06 52 – S : 4 km sur D 11, bord de l'Ourbise et près d'un étang,
     Pour caravanes, accès conseillé par D 120 et D 11 à gauche rte de Damazan – ⊶ – **R** conseillée
     juil.-août – ⅁Ⓑ ⨯
     5 ha/1 campable (60 empl.) plat, herbeux 🖵 ♀♀
     🛱 🖰 ⚴ ☺ 🖳 – ⴵ snack – 🖵 🚗 ⤴
     Tarif : 🚶 26 piscine comprise – 🖽 49 – 🔌 15 (2A) 20 (6A) 30 (10A)

In this Guide,
*a symbol or a character, printed in **red or black**, in **bold** or light type,*
does not have the same meaning.

Please read the explanatory pages carefully.

VILLEFRANCHE-SUR-SAÔNE

69400 Rhône 👐 – 👐 ① G. Vallée du Rhône – 29 542 h. alt. 190.
🛈 Office de Tourisme 96 r. de la Sous-Préfecture ℘ 04 74 68 05 18, Fax 04 74 68 44 91.
Paris 433 – Bourg-en-Bresse 54 – Lyon 35 – Mâcon 45 – Roanne 73.

⚠ **Municipal** mai-15 sept.
℘ 04 74 65 33 48 – SE : 3,5 km « Emplacements agréablement ombragés, près de la Saône et d'un plan d'eau » ⊶ – ℞ – GB ⚒
2 ha (127 empl.) plat, herbeux ♤♤
🛁 🏕 ⚏ 🗇 ⊟ ⊕ 🍴 – 🍸 – ☲ (plage)
Tarif : (Prix 1999) 🗉 2 pers. 49 (59 avec élect.), pers. suppl. 18

VILLELONGUE-DELS-MONTS

66740 Pyr.-Or. 👐 – 👐 ⑲ – 831 h. alt. 150.
Paris 887 – Argelès-sur-Mer 11 – Le Boulou 11 – Collioure 18 – La Jonquera 24 – Perpignan 27.

⚠ **Le Soleil d'Or** Permanent
℘ 04 68 89 72 11 – sortie Nord, rte de St-Génis-des-Fontaines – ≼ ⊶ – ℞ conseillée juil.-août – ⚒
0,6 ha (44 empl.) plat et peu incliné, pierreux, herbeux ☲ ♧ verger
🛁 🏕 ⚏ ⊕ ⊟ – A proximité : ✗
Tarif : 🗉 2 pers. 77, pers. suppl. 21 – 🛢 19 (5A)

Pour une meilleure utilisation de cet ouvrage,
LISEZ ATTENTIVEMENT LE CHAPITRE EXPLICATIF.

VILLEMOUSTAUSSOU

11 Aude – 👐 ⑪ – rattaché à Carcassonne.

VILLENEUVE-DE-LA-RAHO

66180 Pyr.-Or. 👐 – 👐 ⑲ – 3 189 h. alt. 60.
Paris 870 – Argelès-sur-Mer 16 – Céret 29 – Perpignan 9 – Port-Vendres 26 – Prades 54.

⚠ **Municipal les Rives du Lac** mars-nov.
℘ 04 68 55 83 51, Fax 04 68 55 86 37 – O : 2,5 km par D 39, rte de Pallestres et chemin à gauche, bord du lac – ⚲ ≼ ⊶ – ℞ conseillée – GB ⚒
3 ha (158 empl.) plat, herbeux ☲
🛁 🏕 ⚏ 🗇 ⊟ ⊕ ⚘ ☶ ⊡ ⊟ – 🍸 snack 🏖 – 🏄 ☲
Tarif : 🗉 2 pers. 70/80 – 🛢 16 (6A)
Location : ☲ 1500 à 2600 – bungalows toilés

VILLENEUVE-DES-ESCALDES

66760 Pyr.-Or. 👐 – 👐 ⑯ – 457 h. alt. 1 350.
Paris 865 – Ax-les-Thermes 44 – Bourg-Madame 6 – Font-Romeu-Odeillo-Via 13 – Perpignan 100 – Prades 56.

⚠ **Municipal Sol y Neu** Permanent
℘ 04 68 04 66 83, Fax 04 68 04 64 89 – sortie Nord-Est par D 618, rte de Font-Romeu à 100 m de l'Angoustrine – ≼ ⊶ – ℞ – GB ⚒
2,5 ha (90 empl.) plat et en terrasses, herbeux
🎪 🛁 🏕 ⚏ ⊟ ⚏ ⊕ 🖬
Tarif : 🗉 2 pers. 60 – 🛢 15 (3A) 20 (6A)

VILLENEUVE-LÈS-AVIGNON

30400 Gard 👐 – 👐 ⑪ ⑫ G. Provence – 10 730 h. alt. 23.
🛈 Office de Tourisme 1 pl. Ch.-David ℘ 04 90 25 61 33, Fax 04 90 25 91 55.
Paris 682 – Avignon 5 – Nîmes 46 – Orange 22 – Pont-St-Esprit 42.

⚠ **L'île des Papes** avril-oct.
℘ 04 90 15 15 90, Fax 04 90 15 15 91 – NE : 4,5 km par D 980, rte de Roquemaure et D 780 à droite, rte du barrage de Villeneuve, entre le Rhône et le canal – ⚲ ≼ ⊶ – ℞ conseillée – GB ⚒
20 ha (348 empl.) plat, gravillons, herbeux, plan d'eau
🎪 🛁 🏕 ⚏ 🗇 🎱 ⊟ ⊕ ⚘ ☶ 🖬 – ⛾ 🍸 ✗ – ☲ 🏹 🏄 🚴 🎣 ⚓ 🏊
Tarif : 🗉 piscine comprise 2 pers. 150 – 🛢 15 (6A)
Location : ☲ 2180 à 3180 – bungalows toilés

⚠ **Municipal de la Laune** avril-15 oct.
℘ 04 90 25 76 06 – au Nord-Est de la ville, chemin St-Honoré, accès par D 980, près du stade et des piscines « Plantations décoratives » ⊶ – ℞ indispensable août – ⚒
2,3 ha (123 empl.) plat, herbeux ☲ ♤♤
🛁 🏕 ⚏ 🗇 ⊟ ⊕ 🖬 – 🏖 – ☲ – A proximité : ✗ ☲ 🏊
Tarif : ⚘ 21 piscine et tennis compris – 🚗 11 – 🗉 17 – 🛢 15 (6A)

VILLENEUVE-LES-BÉZIERS

34420 Hérault 🔟 – 🔢 ⑮ – 2 972 h. alt. 6.
Paris 770 – Agde 19 – Béziers 8 – Narbonne 36 – Sète 43.

🔺 **Les Berges du Canal** 15 avril-15 sept.
    𝒫 04 67 39 36 09, Fax 04 67 39 82 07 – NE : bord du canal du Midi (halte nautique) – 🐾 ⊶ –
    R conseillée juil.-août – **GB** 🐾
    1,6 ha (75 empl.) plat, herbeux ☐ 🌳
    🔥 🏕 🖩 🗄 🍴 ⊙ 🅿 – 🍴 ✗ 🛥 – 🛶 ⛴
    Tarif : (Prix 1999) 🔲 *piscine comprise 2 pers. 100, pers. suppl. 18 –* ⓗ *15 (6A)*
    Location : 🛖 *1100 à 2300 –* 🛖 *1300 à 2700*

VILLENEUVE-LES-GENÊTS

89350 Yonne 🔟 – 🔢 ③ – 230 h. alt. 186.
Paris 162 – Auxerre 43 – Bléneau 13 – Joigny 43 – Montargis 48 – St-Fargeau 11.

🔺 **Le Bois Guillaume** Permanent
    𝒫 03 86 45 45 41, Fax 03 86 45 49 20 – NE : 2,7 km – 🐾 « Agréable cadre boisé » ⊶ – **R** conseillée
    – **GB** 🐾
    8 ha/3 campables (80 empl.) plat, sous-bois, petit étang 🌳🌳
    🔥 🏕 🖩 🗄 🍴 ⊙ 🅿 🚿 🛒 🗄 – 🍴 ✗ 🛥 – 🚲 ✂ ⛴
    Tarif : ✶ *20 piscine comprise –* 🚗 *13 –* 🔲 *13 –* ⓗ *17 (5A) 25 (10A)*
    Location : 🛖 *810 à 1300 –* 🛖 *1600 à 2750 –* 🛖 *2100 à 2750*

VILLENEUVE-LOUBET

06270 Alpes-Mar. 🔢 – 🔢 ⑨ G. Côte d'Azur – 11 539 h. alt. 10.
🚩 Office de Tourisme 16 av. de la Mer 𝒫 04 93 20 49 14, Fax 04 93 20 40 23.
Paris 919 – Antibes 10 – Cagnes-sur-Mer 4 – Cannes 20 – Grasse 23 – Nice 16 – Vence 13.

à Villeneuve-Loubet-Plage S : 5 km –
✉ 06270 Villeneuve-Loubet

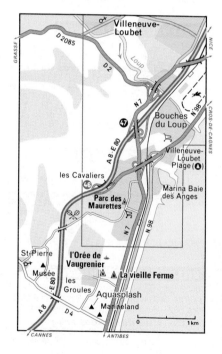

🔺 **La Vieille Ferme** Permanent
    𝒫 04 93 33 41 44, Fax 04 93 33 37 28 – S :
    2,8 km par N7, rte d'Antibes et à droite
    bd des Groules – ⊶ – **R** conseillée –
    GB 🐾
    2,9 ha (153 empl.) en terrasses, plat,
    gravillons, herbeux ☐ 🌳🌳
    🔥 🏕 🖩 🗄 🍴 ⊙ 🅿 🚿 🛒 🗄 – 🛥 – 🗑
    cases réfrigérées 🛥 🕹 ⛴ (couverte
    l'hiver)
    Tarif : 🔲 *piscine comprise 2 pers. 132/155*
    – ⓗ *15 (2A) 20 (6A) 28 (10A)*
    Location : 🛖 *1600 à 3500*

🔺 **Parc des Maurettes** 10 janv.-15 nov.
    𝒫 04 93 20 91 91, Fax 04 93 73 77 20 –
    730 av. du Dr.-Lefebvre par N 7 – ⊶
    🅿 (tentes) – **R** conseillée – **GB** 🐾
    2 ha (140 empl.) en terrasses, pierreux,
    gravier ☐ 🌳🌳
    🔥 🔥 🏕 🖩 🗄 🍴 ⊙ 🅿 🚿 🛒 🗄 – 🍴 snack
    🛥 – 🛖 🛥 – A proximité : 🚲
    Tarif : 🔲 *2 pers. 62 à 113/75 à 132 –* ⓗ *15*
    (3A) 19 (6A) 24 (10A)
    Location : 🛖 *1695 à 3085*

🔺 **L'Orée de Vaugrenier** 15 mars-
    15 oct.
    𝒫 04 93 33 57 30 –, réservé aux
    caravanes, S : 2 km, près du Parc – 🐾
    « Cadre de verdure, à la lisière de la forêt »
    ⊶ – **R** conseillée Pâques, juil.-août
    0,9 ha (51 empl.) plat, herbeux, gravier
    ☐ 🌳
    🏕 🖩 🗄 🍴 ⊙ 🅿 🛒 🗄
    Tarif : (Prix 1999) 🔲 *3 pers. 103, 4 pers. 128*
    ou 140, pers. suppl. 20 – ⓗ *11 à 19 (2 à 10A)*

VILLEPINTE

11150 Aude 🔟 – 🔢 ⑳ – 1 017 h. alt. 130.
Paris 766 – Carcassonne 25 – Castelnaudary 12 – Montréal 13 – Revel 32.

🔺 **Municipal Champ de la Rize** juin-sept.
    𝒫 04 68 94 30 13 – sortie Nord-Est – 🐾 « Parc » ⊶ – **R**
    1 ha (50 empl.) plat, herbeux 🌳🌳
    🔥 🏕 🖩 🗄 🍴 – 🛥 – A proximité : ✂
    Tarif : ✶ *11 –* 🚗 *10 –* 🔲 *15/20 –* ⓗ *12*

VILLERÉAL

47210 L.-et-G. 14 – 79 ⑤ G. Aquitaine – 1 195 h. alt. 103.
Paris 569 – Agen 61 – Bergerac 35 – Cahors 74 – Marmande 57 – Sarlat-la-Canéda 64 – Villeneuve-sur-Lot 31.

⋀⋀⋀ *Château de Fonrives* 8 mai-20 sept.
  ℰ 05 53 36 63 38, Fax 05 53 36 09 98 – NO : 2,2 km par D 207, rte d'Issigeac et à gauche, au château
  – ⅏ ⪡ « Agréable domaine boisé autour d'un étang » o━ – **R** conseillée juil.-15 août – GB ⅍
  20 ha/10 campables (200 empl.) plat, peu incliné, terrasses, herbeux, pierreux 🖵 ⚲ (2 ha)
  ⅊ ♒ ⇗ 🖽 ⅙ 🖰 ☺ 🖳 – 🚙 ▼ ✗ ⅌ – 🖬 ⅋ 🚣 ♣ ⅄ ⇝ parcours sportif
  Tarif : 🖭 *piscine comprise 2 pers. 130, pers. suppl. 35* – ⅊ *20 (4A) 25 (6A) 30 (10A)*
  Location : ⌸ *1320 à 3570* – ⌖ *1150 à 3800 – bungalows toilés*

⋀⋀ *Fontaine du Roc* 15 avril-sept.
  ℰ 05 53 36 08 16 – SE : 7,3 km par D 104, rte de Monpazier et à droite par rte d'Estrade – ⅏
  ⪡ – o━ – **R** conseillée – ⅍
  2 ha (50 empl.) plat, herbeux ⚲ (0,8 ha)
  ⅊ ♒ ⇗ 🖽 ⅙ 🖰 ☺ 🖳 – 🖬 ⅋ – 🖬 ⅋
  Tarif : (Prix 1999) ⅌ *20 piscine comprise* – 🖭 *28/32* – ⅊ *12 (5A) 20 (10A)*

à St-Étienne-de-Villeréal SE : 3 km par D 255 et à droite – 233 h. alt. 130 – ⌧ 47210 St-Étienne-de-Villeréal :

⋀⋀⋀ *Les Ormes* avril-sept.
  ℰ 05 53 36 60 26, Fax 05 53 36 69 90 – à 0,9 km au Sud du bourg – ⅏ o━ – **R** conseillée 10 juil.-
  15 août – ⅍
  20 ha/8 campables (140 empl.) plat et peu incliné, terrasses, herbeux, bois, étang ⁂ (1,5 ha)
  ⅊ ♒ ⇗ 🖽 ⅙ 🖰 ☺ 🖳 – 🚙 ✗ pizzeria ⅋ – 🖬 ⅋ – ✂ ⅄ ⇝ ♞
  Tarif : ⅌ *29 piscine comprise* – 🖭 *40* – ⅊ *17 (4A) 21 (6A)*
  Location *(permanent)* : ⌖ *1500 à 3600*

VILLERSEXEL

70110 H.-Saône 8 – 66 ⑦ – 1 460 h. alt. 287.
Paris 386 – Belfort 42 – Besançon 59 – Lure 18 – Montbéliard 35 – Vesoul 28.

⋀ *Le Chapeau Chinois* avril-15 oct.
  ℰ 03 84 63 40 60 – N : 1 km par D 486, rte de Lure et chemin à droite après le pont – ⅏ « Au
  bord de l'Ognon » o━ – **R** conseillée juil.-août – GB ⅍
  2 ha (80 empl.) plat, herbeux ⚲ (0,5 ha)
  ⅊ ♒ ⅗ ☺ 🖳 – A proximité : ⅋ half-court
  Tarif : ⅌ *13* – ⅋ *10* – 🖭 *31* – ⅊ *14 (7A)*
  Location : ⌸ *(gîte d'étape)*

VILLERS-SUR-AUTHIE

80120 Somme 1 – 51 ⑪ – 354 h. alt. 5.
Paris 214 – Abbeville 30 – Amiens 78 – Berck-sur-Mer 16 – Le Crotoy 15 – Hesdin 32.

⋀⋀⋀ *Le Val d'Authie* avril-oct.
  ℰ 03 22 29 92 47, Fax 03 22 29 94 05 – sortie Sud, rte de Vercourt – Places limitées pour le passage
  ⅏ « Agréables plantations arbustives » o━ – **R** indispensable juil.-août – GB ⅍
  7 ha (158 empl.) plat et peu incliné, herbeux 🖵
  ⅊ ♒ ⇗ 🖽 ⅙ ♒ ☺ ⅄ ⇝ 🖳 – ▼ – 🖬 ⅋ ✂ ⅄ terrain omnisports, parcours de santé, piste
  de bi-cross
  Tarif : ⅌ *28 piscine et tennis compris* – ⅋ *12* – 🖭 *30* – ⅊ *15 (3A)*
  Location : ⌸ *1500 à 3200*

VILLES-SUR-AUZON

84570 Vaucluse 16 – 81 ⑬ G. Alpes du Sud – 915 h. alt. 255.
Paris 698 – Avignon 44 – Carpentras 18 – Malaucène 25 – Orange 41 – Sault 24.

⋀⋀⋀ *Les Verguettes* mai-sept.
  ℰ 04 90 61 88 18, Fax 04 90 61 97 87 – sortie Ouest par D 942, rte de Carpentras – ⅏ ⪡ Mont
  Ventoux « Cadre agréable » o━ – **R** conseillée juil.-août – ⅍
  1 ha (80 empl.) plat, peu incliné et terrasses, herbeux, pierreux 🖵 ⚲
  ⅊ ♒ ⇗ 🖽 ⅙ ♒ ☺ ⅄ 🖳 – grill (dîner seulement) cases réfrigérées – ✂ ♣ ⅄
  Tarif : ⅌ *27 piscine comprise* – ⅋ *15* – 🖭 *24* – ⅊ *15 (5A)*
  Location : ⌸ *2300 à 2800*

VILLEVAUDÉ

77410 S.-et-M. – 1 348 h. alt. 131.
Paris 37 – Coulommiers 43 – Meaux 19 – Melun 51.

à Montjay-la-Tour E : 2 km par D 105 – ⌧ 77410 Villevaudé

⋀⋀ *Le Parc* Permanent
  ℰ 01 60 26 20 79, Fax 01 60 27 02 75 – E : 0,8 km direction Annet – Places limitées pour le passage
  o━ – **R** conseillée juil.-août – GB
  10 ha (330 empl.) plat, terrasses, herbeux 🖵 ⚲⚲
  ⫿ ⅊ ♒ ⇗ 🖽 ⅙ ♒ ☺ ⅊ 🖳 – snack – 🖬 ⅋ – A proximité : ✂
  Tarif : 🖭 *élect. comprise 2 pers. 135, pers. suppl. 33*

VILLIERS-CHARLEMAGNE

53170 Mayenne **4** – 𝟨𝟥 ⑩ – 761 h. alt. 105.
Paris 279 – Angers 60 – Châteaubriant 62 – Château-Gontier 12 – Laval 20 – Sablé-sur-Sarthe 31.

⏶ *Village Vacances* avril-sept.
    𝒫 02 43 07 71 68, Fax 02 43 07 72 77 – O : 0,6 km par D 20, rte de Houssay et rte à gauche près
du stade – Ⓜ ⅏ ≼ « Agréable plan d'eau » ⟞ juil.-août – **R** conseillée – ⚲
9 ha/1 campable (20 empl.) plat, herbeux ⌑
    ᵶ sanitaires individuels (⌂ ⥨ wc) ⊕ ♨ 🏕 🗐 – 🗔 réfrigérateurs ⚑ 🚲 🍴 🖼
Tarif : 🔲 élect. comprise 1 pers. 45
Location (fermé janv.) : 🏠 900 à 1800 – gîtes

VILLIERS-SUR-ORGE

91700 Essonne **6** – 𝟨𝟢 ⑩ – 3 704 h. alt. 75.
Paris 26 – Chartres 71 – Dreux 90 – Évry 16 – Melun 41 – Versailles 32.

⏶ *Le Beau Village* Permanent
    𝒫 01 60 16 17 86, Fax 01 60 16 31 46 – SE : 0,6 km par le centre ville, bord de l'Orge, au stade,
à 800 m de la gare de St-Geneviève-des-Bois - par A 6 sortie N° 6 – Ⓜ ⅏ ⟞ – **R** conseillée –
ⒼⒷ ⚲
2,5 ha (100 empl.) plat, herbeux ⌑ ⚲
    ▥ ᵶ ⌑ ⥨ 🗐 ♨ ⊕ 🏕 🗐 – 🍴 – 🗔 ⚑
Tarif : ♣ 24 – ⬠ 10 – 🔲 18 – [₰] 18 (6A)
Location 🍴 : 🏠 900 à 1100

VIMOUTIERS

61120 Orne **5** – 𝟧𝟧 ⑬ G. Normandie Vallée de la Seine – 4 723 h. alt. 95.
🅱 Office de Tourisme 10 av. Gén.-de-Gaulle 𝒫 02 33 39 30 29, Fax 02 33 67 66 11.
Paris 191 – L'Aigle 45 – Alençon 67 – Argentan 31 – Bernay 39 – Caen 59 – Falaise 36 – Lisieux 29.

⏶ *Municipal la Campière* Permanent
    𝒫 02 33 39 18 86 – N : 0,7 km vers rte de Lisieux, au stade, bord de la Vie « Entrée fleurie » ⟞
– **R**
1 ha (40 empl.) plat, herbeux ⚲
    ▥ ᵶ ⌑ ⥨ ⊕ – 🗔 ⚑ 🍴 – A proximité : ⛹
Tarif : ♣ 16 tennis compris – ⬠ 9 – 🔲 11,30 – [₰] 8A : 10,90 (hiver 17,60)

VINCELLES

89290 Vincelles **7** – 𝟨𝟧 ⑤ – 826 h. alt. 110.
Paris 180 – Auxerre 14 – Avallon 40 – Clamecy 38 – Cosne-sur-Loire 72.

⏶ *Intercommunal les Ceriselles* avril-sept.
    𝒫 03 86 42 39 39 – au Nord du bourg, accès par D 38, rte de Vincelottes, près du canal du Nivernais
(halte nautique) et à 150 m de l'Yonne – Ⓜ ⟞ – **R** juil.-août – ⒼⒷ ⚲
1,5 ha (84 empl.) plat, herbeux
    ▥ ᵶ ⌑ ⥨ 🗐 ⥨ ⊕ ♨ ⤳ 🗐 – A proximité : 🍴 ⚑
Tarif : ♣ 12 – ⬠ 10 – 🔲 23/35 avec élect. (6A)

VINON-SUR-VERDON

83560 Var **17** – 𝟠𝟦 ④ – 2 752 h. alt. 280.
Paris 780 – Aix-en-Provence 48 – Brignoles 56 – Castellane 87 – Cavaillon 79 – Digne-les-Bains 68 –
Draguignan 73.

⏶ *Municipal du Verdon* mai-sept.
    𝒫 04 92 78 81 51 – sortie Nord par D 952, rte de Gréoux-les-Bains et à droite après le pont « Près
du Verdon (plan d'eau) » ⟞ – **R** – ⚲
1 ha (50 empl.) plat, pierreux, gravier, herbeux ⚲⚲
    ᵶ ♨ ⊕ – A proximité : 🍴 ⚑ ⥽
Tarif : (Prix 1999) ♣ 20 – 🔲 20 – [₰] 15
Location : 🚐

VINSOBRES

26110 Drôme **16** – 𝟠𝟷 ② – 1 062 h. alt. 247.
Paris 654 – Bollène 30 – Grignan 23 – Nyons 9 – Vaison-la-Romaine 15 – Valence 95.

⏶ *Sagittaire* Permanent
    𝒫 04 75 27 00 00, Fax 04 75 27 00 39 – au Pont-de-Mirabel, angle des D 94 et D 4, près de l'Eygues
(accès direct) – ≼ « Cadre agréable » ⟞ – **R** conseillée – ⒼⒷ ⚲
14 ha/8 campables (270 empl.) plat, herbeux, gravillons ⌑ ⚲⚲ (5 ha)
    ▥ ᵶ ⌑ ⥨ 🗐 ⥨ ⊕ ♨ ⤳ 🏕 🗐 – ⊿ 🍴 ✖ snack 🍧 – 🗔 ⚑ ⚑ 🍴 ⥽ ⤳ toboggan aquatique
⥽ (plan d'eau avec plage)
Tarif : 🔲 piscine et tennis compris 3 pers. 130, pers. suppl. 30 – [₰] 20 (6A)
Location : 🏠 2200 à 4200

⚠ **Municipal** avril-sept.
𝒫 04 75 27 61 65 – au Sud du bourg par D 190, au stade – ⋞ o━ – **R** conseillée
1,9 ha (70 empl.) plat, pierreux, herbeux ⚇
& 🗊 ⏚ ⊕ 🖩 – 🛻
Tarif : ☀ 12 – 🚙 7 – 🗉 7 – [ʓ] 13 (4A) 14 (6A) 16 (8A)

VIOLÈS

84150 Vaucluse 🔟🛈 – 🛈🛈 ② – 1 360 h. alt. 94.
Paris 663 – Avignon 33 – Carpentras 19 – Nyons 33 – Orange 13 – Vaison-la-Romaine 17.

⚠ **Aire Naturelle Domaine des Favards** mai-sept.
𝒫 04 90 70 90 93, Fax 04 90 70 97 28 – O : 1,2 km par D 67, rte d'Orange – ⋞ « Au milieu des vignes » o━ – **R** conseillée
20 ha/0,5 campable (25 empl.) plat, herbeux 🖵
& 🗊 ⇆ ⏚ 🔊 ⊕ – ⅃
Tarif : ☀ 25 piscine comprise – 🗉 30 – [ʓ] 20 (10A)

VION

07610 Ardèche 🔟🔟 – 🔟🗗 ⑩ G. Vallée du Rhône – 701 h. alt. 128.
Paris 541 – Annonay 30 – Lamastre 35 – Tournon-sur-Rhône 7 – Valence 25.

⚠ **L'Iserand** avril-sept.
𝒫 04 75 08 01 73, Fax 04 75 08 55 82 – N : 1 km par N 86, rte de Lyon – ⋞ o━ – **R** conseillée –
ⅾⱽ
1,3 ha (70 empl.) en terrasses, pierreux, herbeux ⚭
& 🗊 ⇆ 🗗 ⊕ 🖩 – 🛻 ⚲ ⅃
Tarif : ☀ 22 piscine comprise – 🗉 25 – [ʓ] 15 (6 ou 10A)
Location 🞇 : 🗂 1300 à 1700 – 🚐 2200 à 3000

VIRIEU-LE-GRAND

01510 Ain 🔟🛈 – 🔟🗗 ④ – 922 h. alt. 267.
Paris 503 – Aix-les-Bains 39 – Ambérieu-en-Bugey 42 – Belley 12 – Bourg-en-Bresse 73 – Nantua 51.

⚠ **Le Lac** mai-sept.
𝒫 04 79 87 82 02 – S : 2,5 km par D 904, rte d'Ambérieu-en-Bugey et chemin à gauche – ⋞ « Au bord du lac » o━ – **R** conseillée juil.-août – ⱽ
1,7 ha (81 empl.) plat en terrasses, pierreux, gravier, herbeux ⚭
& 🗊 ⇆ 🗗 ⏚ ⊕ – A proximité : ⚱ (plage)
Tarif : ☀ 20 – 🗉 24 – [ʓ] 15 (6A)

VIRONCHAUX

80150 Somme 🛈 – 🛈🛈 ⑫ – 427 h. alt. 45.
Paris 202 – Abbeville 27 – Amiens 67 – Berck-sur-Mer 26 – Hesdin 23 – Montreuil 26.

⚠ **Les Peupliers** avril-oct.
𝒫 03 22 23 54 27 – au bourg, 221 r. du Cornet – 🐾 « Décoration arbustive » o━ – **R** conseillée juil.-août – ⱽ
1,2 ha (49 empl.) plat, herbeux
& 🗊 ⇆ 🗗 ⏚ ⊕ – 🗺
Tarif : 🗉 2 pers. 55 (70 avec élect. 6A), pers. suppl. 15

VISAN

84820 Vaucluse 🔟🛈 – 🛈🛈 ② – 1 514 h. alt. 218.
Paris 656 – Avignon 55 – Bollène 19 – Nyons 20 – Orange 26 – Vaison-la-Romaine 16.

⚠ **L'Hérein** avril-sept.
𝒫 04 90 41 95 99, Fax 04 90 41 91 72 – O : 1 km par D 161, rte de Bouchet, près d'un ruisseau – 🐾 o━ – **R** conseillée juil.-août – ⱽ
3,3 ha (75 empl.) plat, herbeux, pierreux 🖵 ⚇ (2 ha)
▥ & 🗊 ⇆ 🗗 🔊 ⊕ 🜖 ⚑ 🖩 – 🛻 ⅃ m ⚲
Tarif : 🗉 piscine comprise 2 pers. 65, pers. suppl. 18 – [ʓ] 15 (6A) 18 (10A)

VITRAC

24200 Dordogne 🔟🛈 – 🔟🗗 ⑰ G. Périgord Quercy – 743 h. alt. 150.
Pour les usagers venant de Beynac, prendre la direction Vitrac-Port.
Paris 538 – Brive-la-Gaillarde 66 – Cahors 54 – Gourdon 52 – Lalinde 50 – Périgueux 76 – Sarlat-la-Canéda 8.
Schéma à la Roque-Gageac

⚠ **Soleil Plage** avril-sept.
𝒫 05 53 28 33 33, Fax 05 53 29 36 87 – E : 2,5 km, bord de la Dordogne – 🐾 ⋞ « Cadre agréable » o━ – **R** conseillée juil.-août – ⌷⍟ ⱽ
8 ha (199 empl.) plat, herbeux ⚇
& 🗊 ⇆ 🗗 ▤ ⏚ ⊕ 🜖 ⚑ 🖪 – 🏋 ▮ ✗ pizzeria 🛖 – 🗺 🕺 🛻 🞇 ⚲ ⅃ ⚱
Tarif : ☀ 34 piscine comprise – 🗉 57 – [ʓ] 20 (6A)
Location (avril-1er nov.) : 🚐 1600 à 3600

▲▲▲ **La Bouysse de Caudon** Pâques-sept.
✆ 05 53 28 33 05, Fax 05 53 30 38 52 – E : 2,5 km, près de la Dordogne – ❀ ≤ ⊶ – **R** conseillée juil.-août – GB ✗
3 ha (150 empl.) plat, peu incliné, herbeux ▭ ♀
♿ 🚿 ⇔ ▤ ♨ ⊔ ⛆ ⊙ ▣ – 🛒 🍸 ⚒ – ⛹ ✂ ≋ ≈
Tarif : ✶ *28 piscine comprise* – ▤ *37* – ⚡ *16 (6A) 18 (10A)*
Location : ⌂ *1300 à 3300 – appartements*

▲▲ **Clos Bernard** Pâques-sept.
✆ 05 53 28 33 44 – NE : 1 km par D 703 – ⊶ – **R** conseillée juil.-août – ✗
1,7 ha (95 empl.) plat, peu incliné et en terrasses, herbeux ♀
♿ 🚿 ⇔ ▤ ⛆ ⊙ ▣ – 🍸 – ⌂ – A proximité : golf ✂
Tarif : (Prix 1999) ✶ *20* – ▤ *20* – ⚡ *13 (3A) 16 (5A)*
Location ✗ : ⌂ *1280 à 1600 – appartements*

▲ **Le Bosquet** avril-15 oct.
✆ 05 53 28 37 39 ✉ 24250 Domme – S : 0,9 km de Vitrac-Port – ❀ ≤ « Entrée fleurie » ⊶ – **R** conseillée juil.-août – ✗
1,5 ha (60 empl.) plat, herbeux ▭ ♀♀
♿ 🚿 ⇔ ▤ ⊔ ⛆ ⊙ ▣ – 🛒 snack ⚒ – ⌂ ≋
Tarif : ✶ *21* – ▤ *21* – ⚡ *15 (6A)*
Location : ⌂ *1000 à 1800*

▲ **La Rivière** mai-sept.
✆ 05 53 28 33 46 ✉ 24250 Domme – S : 1,6 km, à 300 m de la Dordogne – ❀ ⊶ – **R** conseillée juil.-août – ✗
1,5 ha (50 empl.) plat et peu incliné, herbeux ▭
♿ 🚿 ⇔ ▤ ⛆ ⊙ ▣ – ≋ – A proximité : ≈
Tarif : ✶ *18 piscine comprise* – ▤ *19* – ⚡ *15 (10A)*
Location : ⌂

VITRÉ

35500 I.-et-V. 4 – 59 ⑱ G. Bretagne – 14 486 h. alt. 106.
ℹ Office de Tourisme prom. St-Yves ✆ 02 99 75 04 46, Fax 02 99 74 02 01.
Paris 310 – Châteaubriant 52 – Fougères 30 – Laval 39 – Rennes 38.

▲ **Municipal** Permanent
✆ 02 99 75 25 28 – sortie Sud-Est par D 88, rte d'Argentré-du-Plessis, au complexe sportif « Beaux emplacements délimités » ⊶ – R̶ – ✗
0,5 ha (47 empl.) plat, herbeux, gravillons ▭ ♀
🚿 ⊔ ⊙ 🚐 – ⌂ ◎ – A proximité : ⛝
Tarif : (Prix 1999) ✶ *11,50* – 🚗 *5,70* – ▤ *11,50* – ⚡ *11,50 (10A)*

VITRY-AUX-LOGES

45530 Loiret 6 – 64 ⑩ – 1 622 h. alt. 120.
Paris 112 – Bellegarde 18 – Châteauneuf-sur-Loire 11 – Malesherbes 48 – Orléans 35 – Pithiviers 30.

▲▲ **Étang de la Vallée** avril-1er nov.
✆ 02 38 59 35 77 – à 3,3 km au Nord-Est du bourg, à 100 m de l'étang « Cadre boisé dans un site agréable » ⊶ – **R** conseillée – ✗
3,7 ha (180 empl.) plat, herbeux ▭ ♀
♿ 🚿 ⇔ ▤ ⊔ ⊙ ♨ ⛆ ▣ – ⛹ – A proximité : 🍸 snack ≈ (plage)
Tarif : ✶ *13* – ▤ *24* – ⚡ *20 (10A)*

VITTEFLEUR

76450 S.-Mar. 1 – 52 ⑬ – 678 h. alt. 9.
Paris 189 – Bolbec 37 – Dieppe 42 – Fécamp 25 – Rouen 60 – Yvetot 27.

▲▲ **Municipal les Grands Prés** avril-sept.
✆ 02 35 97 53 82 – N : 0,7 km par D 10, rte de Veulettes-sur-Mer – Places limitées pour le passage « Au bord de la Durdent » ⊶ – **R** conseillée – ✗
2,6 ha (100 empl.) plat, herbeux
♿ 🚿 ⇔ ▤ ⊔ ⊙ ▣ – ⌂ ⛹
Tarif : ✶ *15,60* – ▤ *15,60* – ⚡ *11,20 (6A)*

VIVARIO

2B H.-Corse – 90 ⑨ – voir à Corse.

VIVEROLS

63840 P.-de-D. 11 – 76 ⑦ – 437 h. alt. 860.
ℹ Syndicat d'Initiative Mairie ✆ 04 73 95 31 33.
Paris 471 – Ambert 25 – Clermont-Ferrand 104 – Montbrison 38 – St-Étienne 57.

▲▲ **Municipal le Pradoux** 22 avril-1er nov.
✆ 04 73 95 34 31 – sortie Ouest du bourg par D 111, rte de Medeyrolles – Places limitées pour le passage – **R** conseillée – ✗
1,2 ha (51 empl.) plat, herbeux, gravillons
♿ 🚿 ⇔ ▤ ⊔ ⊙ ♨ ▣ – ⌂ – A proximité : 🚐 ✂
Tarif : ▤ *1 pers. 31, pers. suppl. 10* – ⚡ *12*

VIVIERS

07220 Ardèche 16 – 80 ⑩ G. Vallée du Rhône – 3 407 h. alt. 65.
Office de Tourisme pl. Riquet ✆ 04 75 52 77 00, Fax 04 75 52 81 63.
Paris 620 – Montélimar 11 – Nyons 47 – Pont-St-Esprit 29 – Privas 41 – Vallon-Pont-d'Arc 38.

Rochecondrie avril-oct.
✆ 04 75 52 74 66 – NO : 1,5 km par N 86, rte de Lyon, accès direct à l'Escoutay – – **R** conseillée juil.-août – GB
1,5 ha (80 empl.) plat, herbeux
– –
Tarif : *piscine comprise 2 pers. 105 – 17 (6A) 24 (10A)*
Location : *1650 à 3100*

Municipal de Valpeyrouse mai-fin sept.
✆ 04 75 52 82 95 – à l'Ouest du bourg, à proximité du centre culturel – – **R**
1 ha (30 empl.) plat, terrasses, gravillons, herbeux
– – A proximité :
Tarif : (Prix 1999) *15 – 10 – 10 – 15*

VIX

85770 Vendée 9 – 71 ① – 1 670 h. alt. 6.
Paris 449 – Fontenay-le-Comte 14 – Luçon 31 – Niort 42 – Marans 15 – La Rochelle 39.

La Rivière 15 mars-15 oct.
✆ 02 51 00 65 96 – à 4,6 km au Sud du bourg, accès par rue de la Guilletrie, près de la Sèvre Niortaise – – **R** conseillée juil.-août –
0,5 ha (25 empl.) plat, herbeux
– A proximité :
Tarif : *12,50 – 8 – 10,50 (10A)*

VIZILLE

38220 Isère 12 – 77 ⑤ G. Alpes du Nord – 7 094 h. alt. 270.
Office de Tourisme ✆ 04 76 68 15 16, Fax 04 76 78 94 49 Mairie ✆ 04 76 78 99 00.
Paris 585 – Le Bourg-d'Oisans 32 – Grenoble 18 – La Mure 23 – Villard-de-Lans 46.

Municipal du Bois de Cornage mai-15 oct.
✆ 04 76 68 12 39 – sortie Nord vers N 85, rte de Grenoble et av. de Venaria à droite – – **R** conseillée juil.-août –
2,5 ha (128 empl.) peu incliné, en terrasses, herbeux
– pizzeria –
Tarif : (Prix 1999) *2 pers. 50, pers. suppl. 15 – 18 (6A) 22 (10A)*
Location *(permanent)* : – *1250 à 2000*

VOGÜÉ

07200 Ardèche 16 – 80 ⑨ G. Vallée du Rhône – 631 h. alt. 150.
Paris 640 – Aubenas 10 – Largentière 17 – Privas 40 – Vallon-Pont-d'Arc 25 – Viviers 34.

Domaine du Cros d'Auzon 16 avril-17 sept.
✆ 04 75 37 75 86, Fax 04 75 37 01 02 ✉ 07200 St-Maurice-d'Ardèche – S : 2,5 km par D 579 et chemin à droite à Vogüé-Gare – « Site et cadre agréables, au bord de l'Ardèche » – **R** indispensable – GB
18 ha/3 campables (170 empl.) plat, pierreux, sablonneux, herbeux
– snack – parcours sportif, half-court
Tarif : *piscine comprise 2 pers. 120 – 20 (4 à 6A)*
Location : *1800 à 3500 – (hôtel, motel)*

Les Roches avril-sept.
✆ 04 75 37 70 45 – S : 1,5 km par D 579, à Vogüé-Gare, à 200 m de l'Auzon et de l'Ardèche – « Cadre sauvage » – **R** conseillée juil.-août –
2,5 ha (120 empl.) accidenté, plat, herbeux, rocheux
– – – A proximité :
Tarif : *piscine comprise 2 pers. 94 – 18 (6A)*

Les Peupliers 2 avril-20 sept.
✆ 04 75 37 71 47, Fax 04 75 37 70 83 – S : 2 km par D 579 et chemin à droite, à Vogüe-Gare – « Au bord de l'Ardèche » – **R** conseillée – GB
3 ha (100 empl.) plat, herbeux, sablonneux, pierreux
– snack –
Tarif : *piscine comprise 2 pers. 98, pers. suppl. 20 – 17 (6A)*
Location : *1400 à 1900 – 1600 à 2900*

Les Chênes Verts 15 mars-oct.
✆ 04 75 37 71 54 – SE : 1,7 km par D 103, rte de St-Germain, certains emplacements difficiles d'accès (forte pente), mise en place et sortie des caravanes à la demande « Cadre agréable » – **R** conseillée été –
2,5 ha (42 empl.) en terrasses, pierreux, herbeux
– snack – – A proximité :
Tarif : *piscine comprise 2 pers. 100 – 20 (6A)*
Location : *1500 à 3200 – 1500 à 4200*

VOLONNE

04290 Alpes-de-H.-Pr. **17** – **81** ⑯ G. Alpes du Sud – 1 387 h. alt. 450.
Paris 723 – Château-Arnoux-St-Aubin 3 – Digne-les-Bains 28 – Forcalquier 33 – Les Mées 13 – Sisteron 13.

▲▲▲ **L'Hippocampe** 15 avril-sept.
𝒫 04 92 33 50 00, Fax 04 92 33 50 49 – SE : 0,5 km par D 4 – ⩽ « Cadre agréable, au bord du lac »
o—¬ saison – **R** conseillée juil.-25 août – **GB** ⚲
8 ha (427 empl.) plat, herbeux, verger ☐ ♀
♿ 🎣 ⇄ 🖬 ☷ 🖳 ⊕ ♨ ▽ 🖼 🔥 – 🍺 ♈ pizzeria, self ♋ bureau d'informations touristiques – 🏕
Discothèque 🛶 ⁺ ⁀๏ ※ ♒ 🐎
Tarif : (Prix 1999) 🅴 *piscine comprise 2 pers. 121, pers. suppl. 26* – 🔌 *25*
Location : 🚚 *1260 à 3500* – 🏠 *1610 à 4130* – *bungalows toilés*

VOLX

04130 Alpes-de-H.-Pr. **17** – **81** ⑮ – 2 516 h. alt. 350.
Paris 752 – Digne-les-Bains 50 – Forcalquier 15 – Gréoux-les-Bains 22 – Manosque 9 – Reillanne 22.

▲ **Municipal la Vandelle** juin-sept.
𝒫 04 92 79 35 85 – à 1,3 km au Sud-Ouest du bourg – ⚲ o—¬ juil.-août – **R** – ⚲
1 ha (50 empl.) plat, peu incliné et terrasses, herbeux ♀
♿ 🎣 ⇄ 🖬 ⊕ 🖼 – 🌊 (petite piscine)
Tarif : (Prix 1999) 🕴 *17* – 🚗 *8* – 🅴 *18* – 🔌 *18 (16A)*

VOREY

43800 H.-Loire **11** – **76** ⑦ – 1 315 h. alt. 540.
🅱 Syndicat d'Initiative r. Louis-Jouvet 𝒫 04 71 03 78 09, Fax (Mairie) 04 71 03 49 32.
Paris 539 – Ambert 54 – Craponne-sur-Arzon 19 – Le Puy en Velay 23 – St-Étienne 68 – Yssingeaux 28.

▲▲▲ **Les Moulettes** mai-sept.
𝒫 04 71 03 70 48 – à l'Ouest du centre bourg, bord de l'Arzon – o—¬ – **R** conseillée juil.-août – ⚲
1,3 ha (45 empl.) plat, herbeux ☐ ♀
♿ 🎣 ⇄ 🖬 ☷ ⊕ ♨ ▽ 🖼 – 🛶 🛶⁺ – A proximité : toboggan aquatique 🌊
Tarif : 🕴 *17* – 🚗 *10* – 🅴 *17* – 🔌 *17 (10A)*

VOUILLÉ

86190 Vienne **9** – **68** ⑬ – 2 574 h. alt. 118.
Paris 347 – Châtellerault 45 – Parthenay 33 – Poitiers 17 – Saumur 87 – Thouars 54.

▲ **Municipal**
𝒫 05 49 51 90 10 – au bourg, bord de l'Auxance
0,5 ha (48 empl.) plat, herbeux ♀
♿ 🎣 ⇄ 🖬 ☷ ⊕ – 🌊 – A proximité : ⁀๏ ※

VOUNEUIL-SUR-VIENNE

86210 Vienne **10** – **68** ④ – 1 606 h. alt. 58.
Paris 319 – Châtellerault 12 – Chauvigny 20 – Poitiers 26 – La Roche-Posay 26.

▲▲▲ **Les Chalets de Moulière** 15 mai-15 sept.
𝒫 05 49 85 84 40, Fax 05 49 85 84 69 – sortie Est par D 15, rte de Monthoiron et rue à gauche,
à 60 m de la Vienne (accès direct) – o—¬ – **R** – Adhésion obligatoire – ⚲
1,5 ha (30 empl.) plat, herbeux
♿ 🎣 ⇄ 🖬 ☷ ⊕ 🖼 – ♋ – 🛶 🌊 – A proximité : ⁀๏ ※
Tarif : 🕴 *16 piscine comprise* – 🅴 *27* – 🔌 *15 (6A)*
Location (15 fév.-oct.) : 🏠

VOUVRAY

37210 I.-et-L. **5** – **64** ⑮ G. Châteaux de la Loire – 2 933 h. alt. 55.
Paris 241 – Amboise 17 – Château-Renault 26 – Chenonceaux 28 – Tours 9.

▲ **Le Bec de Cisse** mai-27 sept.
𝒫 02 47 52 68 81 – au Sud du bourg, bord de la Cisse – o—¬ – **R** juil.-août
2 ha (33 empl.) plat, herbeux ☐ ♀
♿ 🎣 ⇄ 🖬 ☷ ⊕ 🖼 – 🛶⁺ – A proximité : ※ 🌊 toboggan aquatique
Tarif : 🕴 *16* – 🅴 *26* – 🔌 *15 (10A)*

WACQUINGHEN

62 P.-de-C. – **51** ① – rattaché à Boulogne-sur-Mer.

Si vous recherchez :
> *un terrain agréable ou très tranquille, ouvert toute l'année,*
> *avec tennis ou piscine,*

Consultez le tableau des localités citées, classées par départements.

67310 B.-Rhin 🎱 – 🖫 ⑨ G. Alsace Lorraine – 4 916 h. alt. 220.
🅱 Office de Tourisme (15 juin-15 sept.) pl. du Gén.-Leclerc ✆ 03 88 59 12 00, Fax 03 88 59 12 22.
Paris 463 – Haguenau 42 – Molsheim 15 – Saverne 15 – Sélestat 51 – Strasbourg 26.

△△ *Municipal* avril-15 oct.
✆ 03 88 87 00 08 – O : 1 km par D 224 rte de Wangenbourg – ≤ « Dans l'enceinte du Centre de Loisirs » ⊶ – **R** conseillée août – ⨍
1,5 ha (100 empl.) en terrasses, herbeux ⑨
🎏 ⇆ 🖫 ⇄ ⊕ 🖳 🔊 – ⚏ – ⚡ 🔳 (découverte l'été) – A proximité : ✗ ✗ 🖾
Tarif : (Prix 1999) ⚡ 17 piscine comprise – 🔲 10 – ⚡ 12,60 (5A) 21,80 (10A)

59143 Nord 🎱 – 🖫 ③ G. Picardie Flandres Artois – 3 030 h. alt. 8.
Paris 268 – Calais 36 – Cassel 21 – Dunkerque 33 – Lille 73 – St-Omer 14.

△ *Le Val Joly* avril-oct.
✆ 03 21 88 23 26 – à l'Ouest du bourg, près de l'Aa (canal) – Places limitées pour le passage ⊶
2,4 ha (136 empl.) plat, herbeux
🖫 (🎏 saison) ⊕
Tarif : ⚡ 15 – 🔲 15 – ⚡ 14 (3A)

59740 Nord 🎱 – 🖫 ⑥ – 128 h. alt. 167.
Paris 219 – Avesnes-sur-Helpe 16 – Cambrai 70 – Charleroi 48 – Charleville-Mézières 79 – Lille 116 – Vervins 43.

△△ *Départemental du Val Joly* avril-1ᵉʳ oct.
✆ 03 27 61 83 76, Fax 03 27 61 83 09 – E : 1,5 km par D 133 rte d'Eppe-Sauvage, à 300 m du lac – 🔊 « Situation dominante sur le lac » ⊶ – **R** juil.-août – 🆁🅱 ⨍
4 ha (160 empl.) plat, peu incliné, herbeux ⑨
🎏 ⇆ 🖫 ⇄ ⊕ 🔊 – ⚏ – 🖵 ✗ 🔥 – A proximité : ⚡
Tarif : ⚡ 22 tennis compris – 🔲 35 avec élect. (5A) – ⚡ 10 (10A) 22 (16A)
Location (fermé janv.) : ☎ 1125 à 2530

88400 Vosges 🎱 – 🖫 ⑰ G. Alsace Lorraine – 1 415 h. alt. 714 – Sports d'hiver : 820/1 213 m ⚡ 2 ⚡.
Paris 428 – Épinal 45 – Gérardmer 5 – Remiremont 32 – St-Dié 26.

△△ *Les Jonquilles* avril-15 oct.
✆ 03 29 63 34 01 – SE : 2,5 km – ≤ lac et montagnes boisées « Situation agréable au bord du lac » ⊶ – **R** conseillée juil.-août – 🆁🅱 ⨍
4 ha (267 empl.) peu incliné, herbeux ⚡ 🎏 ⇆ 🖫 ⇄ ⊕ 🖳 🔊 – ⚏ ✗ 🔥 – 🖵 ⚡
Tarif : 🔲 2 pers. 58 – ⚡ 16 (6A)

△ *La Vologne* mai-sept.
✆ 03 29 60 87 23 – SE : 4,5 km – ≤ « Dans un site boisé, au bord de la rivière » ⊶ juil.-août – **R** conseillée 14 juil.-15 août – ⨍
2,5 ha (100 empl.) plat, herbeux ⚡ 🎏 ⇆ ⇄ ⊕ ⚏ 🔊 – ⚡
Tarif : ⚡ 14,40 – ⚡ 7 – 🔲 8 – ⚡ 12 (2A) 17 (5A) 28 (10A)

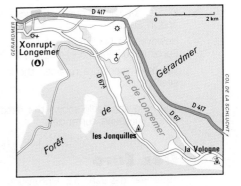

Terrains agréables :
ces terrains sortent de l'ordinaire par leur situation,
leur tranquillité, leur cadre et le style de leurs aménagements.

Leur catégorie est indiquée dans le texte par les signes habituels
mais en rouge (△△△ ... △).

37290 I.-et-L. 🔟 – 🖫 ⑤ – 1 747 h. alt. 74.
Paris 318 – Châteauroux 72 – Châtellerault 28 – Poitiers 66 – Tours 84.

△ *Municipal Bords de Creuse* 15 juin-août
✆ 02 47 94 48 32 – sortie Sud par D 104 rte de Vicq-sur-Gartempe, près de la Creuse – 🔊 ⊶ – **R** – ⨍
1,7 ha (130 empl.) plat et peu incliné, herbeux ⚡ (0,5 ha)
⚡ 🎏 ⇆ ⇄ ⊕ – ⚡ – A proximité : ✗ 🔳
Tarif : ⚡ 9 piscine comprise – 🔲 9 – ⚡ 20

L'Euro

1999 a vu l'avènement de la monnaie européenne commune : l'EURO.

Onze pays de l'Union Européenne ont d'ores et déjà adopté l'EURO : l'Allemagne, l'Autriche, la Belgique, l'Espagne, la Finlande, la France, l'Irlande, l'Italie, le Luxembourg, les Pays-Bas et le Portugal.

Dans ces pays, les prix sont désormais affichés en monnaies nationales et en euros.

Toutefois, les billets de banque et pièces en euros n'étant disponibles qu'en 2002, seuls les réglements par chèques bancaires ou cartes de crédit pourront être libellés en euros.

Dans cette édition, nous avons choisi de mentionner les prix dans la monnaie nationale.

Le tableau ci-après indique la parité fixe entre l'euro et les devises européennes.

The Euro

1999 saw the launch of the European single currency : the EURO.

11 countries in the European Union are already using the EURO : Austria, Belgium, Finland, France, Germany, Ireland, Italy, Luxembourg, Netherlands, Portugal and Spain.

In each of these countries, prices will today be displayed in the local currency and in Euros.

However, as Euro notes and coins will not be available until 2002, payment in Euros is currently only possible by bank or credit cards.

We have therefore retained the local currency prices only for entries in this year's guide.

The following table shows the fixed rates between the Euro and other European currencies.

Der Euro

1999 war das Jahr der Einführung der einheitlichen europäischen Währung : der Euro.

Elf Länder der europäischen Vereinigung haben den Euro eingeführt : Deutschland, Österreich, Belgien, Spanien, Finnland, Frankreich, Irland, Italien, Luxemburg, die Niederlande und Portugal.

Die Preise werden in diesen Ländern in der nationalen Währung und in Euro ausgezeichnet.

Banknoten und Münzen in Euro sind jedoch erst ab 2002 erhältlich. Die Bezahlung in Euro kann bis zu diesem Zeitpunkt nur per Scheck oder per Kreditkarte erfolgen.

Aus diesem Grund haben wir uns entschieden in dieser Ausgabe, die Preise in der nationalen Währung anzugeben.

Die folgende Tabelle zeigt die festgelegte Parität zwischen dem Euro und den europäischen Währungen.

De Euro

In 1999 werd de Europese eenheidsmunt ingevoerd: de EURO.

Elf landen van de Europese Unie hebben nu al de EURO ingevoerd: België, Duitsland, Finland, Frankrijk, Ierland, Italië, Luxemburg, Nederland, Oostenrijk, Portugal en Spanje.

In deze landen worden de prijzen voortaan aangegeven in de nationale munteenheid en in euro.

De bankbiljetten en munten in euro zullen echter pas in 2002 beschikbaar zijn. Voorlopig kunnen alleen betalingen per cheque of creditcard in euro worden uitgedrukt.

In deze uitgave hebben wij ervoor gekozen de prijzen in de nationale munteenheid te vermelden.

De tabel hierna geeft de vaste pariteit tussen de euro en de Europese deviezen aan.

1 € = 13,7603 ATS	A	1 ATS = 0,0726728 €
1 € = 40,3399 BEF	B	1 BEF = 0,0247893 €
1 € = 1,9583 DEM	D	1 DEM = 0,5112918 €
1 € = 166,386 ESP	E	1 ESP = 0,0060101 €
1 € = 6,55957 FRF	F	1 FRF = 0,152449 €
1 € = 5,94573 FIM	FIN	1 FIM = 0,1681879 €
1 € = 1936,27 ITL	I	1 ITL = 0,0005164 €
1 € = 0,787564 IEP	IRL	1 IEP = 1,269738 €
1 € = 40,3399 LUF	L	1 LUF = 0,0247893 €
1 € = 2,20371 NLG	NL	1 NLG = 0,4537802 €
1 € = 200,482 PTE	P	1 PTE = 0,0049879 €

2000 FÉVRIER

1	M	sᵉ Ella
2	M	Prés. Seigneur
3	J	s Blaise
4	V	sᵉ Véronique
5	S	sᵉ Agathe
6	D	s Gaston
7	L	sᵉ Eugénie
8	M	sᵉ Jacqueline
9	M	sᵉ Apolline
10	J	s Arnaud
11	V	N.D. de Lourde
12	S	s Félix
13	D	sᵉ Béatrice
14	L	s Valentin
15	M	s Claude
16	M	sᵉ Julienne
17	J	s Alexis
18	V	sᵉ Bernadette
19	S	s Gabin
20	D	sᵉ Aimée
21	L	s Pierre
22	M	sᵉ Isabelle
23	M	s Lazare
24	J	s Modeste
25	V	s Roméo
26	S	s Nestor
27	D	sᵉ Honorine
28	L	s Romain
29	M	s Auguste

MARS

1	M	s Aubin
2	J	s Charles le B.
3	V	s Guénolé
4	S	s Casimir
5	D	s Olive
6	L	sᵉ Colette
7	M	Mardi-Gras
8	M	Cendres
9	J	sᵉ Françoise
10	V	s Vivien
11	S	sᵉ Rosine
12	D	Carême
13	L	s Rodrigue
14	M	sᵉ Mathilde
15	M	s L. de Marillac
16	J	sᵉ Bénédicte
17	V	s Patrice
18	S	s Cyrille
19	D	s Joseph
20	L	PRINTEMPS
21	M	sᵉ Clémence
22	M	sᵉ Léa
23	J	s Victorien
24	V	sᵉ Cath. de Su.
25	S	Annonciation
26	D	sᵉ Larissa
27	L	s Habib
28	M	s Gontran
29	M	sᵉ Gwladys
30	J	s Amédée
31	V	s Benjamin

AVRIL

1	S	s Hugues
2	D	sᵉ Sandrine
3	L	s Richard
4	M	s Isidore
5	M	s Irène
6	J	s Marcellin
7	V	s J.-B. de la S.
8	S	sᵉ Julie
9	D	s Gautier
10	L	s Fulbert
11	M	s Stanislas
12	M	s Jules
13	J	sᵉ Ida
14	V	s Maxime
15	S	s Paterne
16	D	Rameaux
17	L	s Étienne H.
18	M	s Parfait
19	M	sᵉ Emma
20	J	sᵉ Odette
21	V	Vendredi-Saint
22	S	s Alexandre
23	D	PÂQUES
24	L	Lundi de Pâques
25	M	s Marc
26	M	sᵉ Alida
27	J	sᵉ Zita
28	V	sᵉ Valérie
29	S	sᵉ Cath. de Si.
30	D	Jour du Souv.

MAI

1	L	FÊTE DU TR.
2	M	s Boris
3	M	ss Phil., Jacq.
4	J	s Sylvain
5	V	sᵉ Judith
6	S	sᵉ Prudence
7	D	sᵉ Gisèle
8	L	VICTOIRE 45
9	M	s Pacôme
10	M	sᵉ Solange
11	J	sᵉ Estelle
12	V	s Achille
13	S	sᵉ Rolande
14	D	F. Jeanne d'Arc
15	L	sᵉ Denise
16	M	s Honoré
17	M	s Pascal
18	J	s Éric
19	V	s Yves
20	S	s Bernardin
21	D	s Constantin
22	L	s Émile
23	M	s Didier
24	M	s Donatien
25	J	sᵉ Sophie
26	V	s Bérenger
27	S	s Augustin
28	D	Trinité/F. mères
29	L	s Aymard
30	M	s Ferdinand
31	M	Visitation

JUIN

1	J	ASCENSION
2	V	sᵉ Blandine
3	S	s Kévin
4	D	sᵉ Clotilde
5	L	s Igor
6	M	s Norbert
7	M	s Gilbert
8	J	s Médard
9	V	sᵉ Diane
10	S	s Landry
11	D	PENTECÔTE
12	L	Lundi de Pent.
13	M	s Antoine
14	M	s Élisée
15	J	sᵉ Germaine
16	V	s J.-F. Régis
17	S	s Hervé
18	D	Fête des Pères
19	L	s Romuald
20	M	s Silvère
21	M	ÉTÉ
22	J	s Alban
23	V	sᵉ Audrey
24	S	s Jean-Bapt.
25	D	s Prosper
26	L	s Anthelme
27	M	s Fernand
28	M	sᵉ Irénée
29	J	ss Pierre, Paul
30	V	s Martial

JUILLET

1	S	s Thierry
2	D	s Martinien
3	L	s Thomas
4	M	s Florent
5	M	s Antoine-Marie
6	J	sᵉ Marietta G.
7	V	s Raoul
8	S	s Thibaut
9	D	sᵉ Amandine
10	L	s Ulrich
11	M	s Benoît
12	M	s Olivier
13	J	ss Henri, Joël
14	V	FÊTE NAT.
15	S	s Donald
16	D	N.-D. Mt-Carmel
17	L	sᵉ Charlotte
18	M	s Frédéric
19	M	s Arsène
20	J	sᵉ Marina
21	V	s Victor
22	S	sᵉ Marie-Mad.
23	D	sᵉ Brigitte
24	L	sᵉ Christine
25	M	s Jacques
26	M	s Anne
27	J	sᵉ Nathalie
28	V	s Samson
29	S	sᵉ Marthe
30	D	sᵉ Juliette
31	L	s Ignace de L.

AOÛT

1	M	s Rodolphe
2	M	s Julien-Eym.
3	J	sᵉ Lydie
4	V	s J.-M. Vianney
5	S	s Abel
6	D	Transfiguration
7	L	s Gaëtan
8	M	s Dominique
9	M	s Amour
10	J	s Laurent
11	V	sᵉ Claire
12	S	sᵉ Clarisse
13	D	s Hippolyte
14	L	s Evrard
15	M	ASSOMPTION
16	M	s Armel
17	J	s Hyacinthe
18	V	sᵉ Hélène
19	S	s Jean-Eudes
20	D	s Bernard
21	L	s Christophe
22	M	s Fabrice
23	M	sᵉ Rose
24	J	s Barthélemy
25	V	s Louis de F.
26	S	sᵉ Natacha
27	D	sᵉ Monique
28	L	s Augustin
29	M	sᵉ Sabine
30	M	s Fiacre
31	J	s Aristide

2000 SEPTEMBRE

1	V	s Gilles
2	S	s Ingrid
3	D	s Grégoire
4	L	s° Rosalie
5	M	s° Raïssa
6	M	s Bertrand
7	J	s° Reine
8	V	Nativité N.-D.
9	S	s Alain
10	D	s° Inès
11	L	s Adelphe
12	M	s Apollinaire
13	M	s Aimé
14	J	La S° Croix
15	V	s Roland
16	S	s° Édith
17	D	s Renaud
18	L	s° Nadège
19	M	s° Émilie
20	M	s Davy
21	J	s Matthieu
22	V	AUTOMNE
23	S	s Constant
24	D	s° Thècle
25	L	s Hermann
26	M	ss Côme, Dam.
27	M	s Vinc. de Paul
28	J	s Venceslas
29	V	s Michel
30	S	s Jérôme

OCTOBRE

1	D	s° Th. de l'E.-J.
2	L	s Léger
3	M	s Gérard
4	M	s Fr. d'Assise
5	J	s Fleur
6	V	s Bruno
7	S	s Serge
8	D	s° Pélagie
9	L	s Denis
10	M	s Ghislain
11	M	s Firmin
12	J	s Wilfried
13	V	s Géraud
14	S	s Juste
15	D	s° Térésa
16	L	s° Edwige
17	M	s Baudouin
18	M	s Luc
19	J	s René
20	V	s° Adeline
21	S	s° Céline
22	D	s° Élodie
23	L	s Jean de C.
24	M	s Florentin
25	M	s Crépin
26	J	s Dimitri
27	V	s° Emeline
28	S	s Simon
29	D	s Narcisse
30	L	s° Bienvenue
31	M	s Wolfgang

NOVEMBRE

1	M	**TOUSSAINT**
2	J	Défunts
3	V	s Hubert
4	S	s Charles
5	D	s° Sylvie
6	L	s° Bertille
7	M	s° Carine
8	M	s Geoffroy
9	J	s Théodore
10	V	s Léon
11	S	**ARMIST. 1918**
12	D	s Christian
13	L	s Brice
14	M	s Sidoine
15	M	s Albert
16	J	s° Marguerite
17	V	s° Élisabeth
18	S	s° Aude
19	D	s Tanguy
20	L	s Edmond
21	M	Prés. de Marie
22	M	s° Cécile
23	J	s Clément
24	V	s° Flora
25	S	s° Catherine L.
26	D	s° Delphine
27	L	s Séverin
28	M	s Jacq. de la Marc.
29	M	s Saturnin
30	J	s André

DÉCEMBRE

1	V	s° Florence
2	S	s° Viviane
3	D	**Avent**
4	L	s° Barbara
5	M	s Gérald
6	M	s Nicolas
7	J	s Ambroise
8	V	Im. Conception
9	S	s P. Fourier
10	D	s Romaric
11	L	s Daniel
12	M	s° Chantal
13	M	s° Lucie
14	J	s° Odile
15	V	s° Ninon
16	S	s° Alice
17	D	s Judicaël
18	L	s Gatien
19	M	s Urbain
20	M	s Abraham
21	J	**HIVER**
22	V	s Franç.-Xavière
23	S	s Armand
24	D	s° Adèle
25	L	**NOËL**
26	M	s Etienne
27	M	s Jean Apôtre
28	J	ss Innocents
29	V	s David
30	S	s Roger
31	D	s Sylvestre

2001 JANVIER

1	L	**J. DE L'AN**
2	M	s Basile
3	M	s° Geneviève
4	J	s Odilon
5	V	s Édouard
6	S	s **Épiphanie**
7	D	s Raymond
8	L	s Lucien
9	M	s Alix de Ch.
10	M	s Guillaume
11	J	s Paulin
12	V	s° Tatiana
13	S	s Hilaire
14	D	s° Nina
15	L	s Rémi
16	M	s Marcel
17	M	s Antoine
18	J	s° Prisca
19	V	s Marius
20	S	s Fabien
21	D	s° Agnès
22	L	s Vincent
23	M	s Barnard
24	M	s Fr. de Sales
25	J	Conv. s Paul
26	V	s° Mélaine
27	S	s° Angèle
28	D	s Th. d'Aquin
29	L	s Gildas
30	M	s° Martine
31	M	s° Marcelle

FÉVRIER

1	J	s° Ella
2	V	Prés. Seigneur
3	S	s Blaise
4	D	s° Véronique
5	L	s° Agathe
6	M	s Gaston
7	M	s° Eugénie
8	J	s° Jacqueline
9	V	s° Apolline
10	S	s Arnaud
11	D	N.-D. Lourdes
12	L	s Félix
13	M	s° Béatrice
14	M	s Valentin
15	J	s Claude
16	V	s° Julienne
17	S	s Alexis
18	D	s° Bernadette
19	L	s Gabin
20	M	s° Aimée
21	M	s Pierre Dam.
22	J	s° Isabelle
23	V	s Lazare
24	S	s Modeste
25	D	s Roméo
26	L	s Nestor
27	M	**Mardi-Gras**
28	M	**Cendres**

Zone A

Caen (14-50-61), Clermont-Ferrand (03-15-43-63), Grenoble (07-26-38-73-74), Lyon (01-42-69), Montpellier (11-30-34-48-66), Nancy-Metz (54-55-57-88), Nantes (44-49-53-72-85), Rennes (22-29-35-56), Toulouse (09-12-31-32-46-65-81-82).

Zone B

Aix-Marseille (04-05-13-84), Amiens (02-60-80), Besançon (25-39-70-90), Dijon (21-58-71-89), Lille (59-62), Limoges (19-23-87), Nice (06-83), Orléans-Tours (18-28-36-37-41-45), Poitiers (16-17-79-86), Reims (08-10-51-52), Rouen (27-76), Strasbourg (67-68).

Zone C

Bordeaux (24-33-40-47-64), Créteil (77-93-94), Paris-Versailles (75-78-91-92-95).

Nota : La Corse bénéficie d'un statut particulier.

Parution de votre nouveau Guide. 2001

Issue of your new Guide. 2001

Ihr neuer Campingführer erscheint. 2001

Uw pas verschenen Gids. 2001

Lexique

Lexicon - Lexikon - Woordenlijst

accès difficile	difficult approach	schwierige Zufahrt	moeilijke toegang
accès direct à	direct access to...	Zufahrt zu ...	rechtstreekse toegang tot...
accidenté	uneven, hilly	uneben	heuvelachtig
adhésion	membership	Beitritt	lidmaatschap
août	August	August	augustus
après	after	nach	na
Ascension	Ascension Day	Himmelfahrt	Hemelvaartsdag
assurance obligatoire	insurance cover compulsory	Versicherungspflicht	verzekering verplicht
automne	autumn	Herbst	herfst
avant	before	vor	voor
avenue (av.)	avenue	Avenue	laan
avril	April	April	april
baie	bay	Bucht	baai
bois, boisé	wood, wooded	Wald, bewaldet	bebost
bord de...	shore	Ufer, Rand	aan de oever van...
boulevard (bd)	boulevard	Boulevard	boulevard
au bourg	in the town	im Ort	in het dorp
«Cadre agréable»	pleasant setting	angenehme Umgebung	aangename omgeving
«Cadre sauvage»	wild setting	ursprüngliche Umgebung	woeste omgeving
carrefour	crossroads	Kreuzung	kruispunt
cases réfrigérées	refrigerated food storage facilities	Kühlboxen	Koelvakken
centre équestre	horseriding stables	Reitzentrum	manege
château	castle	Schloß, Burg	kasteel
chemin	path	Weg	weg
conseillé	advisable	empfohlen	aanbevolen
cotisation obligatoire	membership charge obligatory	ein Mitgliedsbeitrag wird verlangt	verplichte bijdrage
croisement difficile	difficult access	Schwierige Überquerung	gevaarlijk Kruispunt
en cours d'aménagement, de transformations	work in progress, rebuilding	wird angelegt, wird umgebaut	in aanbouw, wordt verbouwd
crêperie	pancake restaurant, stall	Pfannkuchen-Restaurant	pannekoekenhuis
décembre (déc.)	December	Dezember	december
«Décoration florale»	floral decoration	Blumenschmuck	bloemversiering
derrière	behind	hinter	achter
discothèque	disco	Diskothek	discotheek
à droite	to the right	nach rechts	naar rechts
église	church	Kirche	kerk
électricité (élect.)	electricity	Elektrizität	elektriciteit
entrée	way in, entrance	Eingang	ingang
«Entrée fleurie»	flowered entrance	blumengeschmückter Eingang	door bloemen omgeven ingang
étang	pond, pool	Teich	vijver
été	summer	Sommer	zomer
exclusivement	exclusively	ausschließlich	uitsluitend
falaise	cliff	Steilküste	steile kust
famille	family	Familie	gezin
fermé	closed	geschlossen	gesloten
février (fév.)	February	Februar	februari
forêt	forest, wood	Wald	bos

garage	parking facilities	üderdachter Abstellplatz	parkeergelegenheid
garage pour caravanes	garage for caravans	unterstellmöglichkeit für Wohnwagen	garage voor caravans
garderie (d'enfants)	children's crèche	Kindergarten	kinderdagverblijf
gare (S.N.C.F.)	railway station	Bahnhof	station
à gauche	to the left	nach links	naar links
gorges	gorges	Schlucht	bergengten
goudronné	surfaced road	geteert	geasfalteerd
gratuit	free, no charge made	kostenlos	kosteloos
gravier	gravel	Kies	grint
gravillons	fine gravel	Rollsplitt	steenslag
herbeux	grassy	mit Gras bewachsen	grasland
hiver	winter	Winter	winter
hors saison	out of season	Vor- und Nachsaison	buiten het seizoen
île	island	Insel	eiland
incliné	sloping	abfallend	hellend
indispensable	essential	unbedingt erforderlich	noodzakelijk, onmisbaar
intersection	crossroads	Kreuzung	kruispunt
janvier (janv.)	January	Januar	januari
juillet (juil.)	July	Juli	juli
juin	June	Juni	juni
lac	lake	(Binnen) See	meer
lande	heath	Heide	hei
licence obligatoire	camping licence or international camping carnet	Lizenz wird verlangt	vergunning verplicht
lieu-dit	spot, site	Flurname, Weiler	oord
mai	May	Mai	mei
mairie	town hall	Bürgermeisteramt	stadhuis
mars	March	März	maart
matin	morning	Morgen	morgen
mer	sea	Meer	zee
mineurs non accompagnés non admis	people under 18 must be accompanied by an adult	Minderjährige ohne Begleitung werden nicht zugelassen	minderjarigen zonder geleide niet toegelaten
montagne	mountain	Gebirge	gebergte
Noël	Christmas	Weihnachten	Kerstmis
non clos	open site	nicht eingefriedet	niet omheind
novembre (nov.)	November	November	november
océan	ocean	Ozean	oceaan
octobre (oct.)	October	Oktober	oktober
ouverture prévue	opening scheduled	Eröffnung vorgesehen	vermoedelijke opening
Pâques	Easter	Ostern	Pasen
parcours de santé	fitness trail	Fitneßparcours	trimbaan
passage non admis	no touring pitches	kein kurzer Aufenthalt	niet toegankelijk voor kampeerders op doorreis
pente	slope	Steigung, Gefälle	helling
Pentecôte	Whitsun	Pfingsten	Pinksteren
personne (pers.)	person	Person	persoon
pierreux	stony	steinig	steenachtig
pinède	pine grove	Kiefernwäldchen	dennenbos
place (pl.)	square	Platz	plein
places limitées pour le passage	limited number of touring pitches	Plätze für kurzen Aufenthalt in begrenzter Zahl vorhanden	beperkt aantal plaatsen voor kampeerders op doorreis
plage	beach	Strand	strand
plan d'eau	stretch of water	Wasserfläche	watervlakte
plat	flat	eben	vlak
poneys	ponies	Ponys	pony's
pont	bridge	Brücke	brug
port	port, harbour	Hafen	haven
prairie	grassland	Wiese	weide
près de...	near	nahe bei ...	bij...
presqu'île	peninsula	Halbinsel	schiereiland
prévu	projected	geplant	verwacht, gepland
printemps	spring	Frühjahr	voorjaar

en priorité	giving priority to...	mit Vorrang	voorrangs...
à proximité	nearby	in der Nähe von	in de nabijheid
quartier	(town) quarter	Stadtteil	wijk
Rameaux	Palm Sunday	Palmsonntag	Palmzondag
réservé	reserved	reserviert	gereserveerd
rive droite, gauche	right, left bank	rechtes, linkes Ufer	rechter, linker oever
rivière	river	Fluß	rivier
rocailleux	stony ·	steinig	vol kleine steentjes
rocheux	rocky	felsig	rotsachtig
route (rte)	road	Landstraße	weg
rue (r.)	street	Straße	straat
ruisseau	stream	Bach	beek
sablonneux	sandy	sandig	zanderig
saison	(tourist) season	Reisesaison	seizoen
avec sanitaires individuels	with individual sanitary arrangements	mit sanitären Anlagen für jeden Standplatz	met eigen sanitair
schéma	local map	Kartenskizze	schema
semaine	week	Woche	week
septembre (sept.)	September	September	september
site	site	Lage	landschap
situation	situation	Lage	ligging
sortie	way out, exit	Ausgang	uitgang
sous-bois	underwood	Unterholz	geboomte
à la station	at the filling station	an der Tankstelle	bij het benzinestation
supplémentaire (suppl.)	additional	zuzüglich	extra
en terrasses	terraced	in Terrassen	terrasvormig
toboggan aquatique	water slide	Rutschbahn in Wasser	waterglijbaan
torrent	torrent	Wildbach	bergstroom
Toussaint	All Saints' Day	Allerheiligen	Allerheiligen
tout compris	everything included	alles inbegriffen	alles inbegrepen
vacances scolaires	school holidays	Ferientermine	schoolvakanties
vallonné	undulating	hügelig	heuvelachtig
verger	orchard	Obstgarten	boomgaard
vers	in the direction of	nach (Richtung)	naar (richting)
voir	see	sehen, siehe	zien, zie

Manufacture Française des Pneumatiques Michelin

Société en commandite par actions au capital de 2 000 000 000 de francs.
Place des Carmes-Déchaux – 63 Clermont-Ferrand (France)
R.C.S. Clermont-Fd B 855 200 507

© *Michelin et Cie, Propriétaires-éditeurs, 2000*
Dépôt légal février 2000 – ISBN 2-06-961044-6
Toute reproduction, même partielle et quel qu'en soit le support
est interdite sans autorisation préalable de l'éditeur.
Printed in the EU 01/2000

Compogravure : MAURY Imprimeur, Malesherbes
Impression et reliure : CASTERMAN, Tournai

Illustrations : Henri Choimet